浙江大学一流基础骨干学科建设计划
资助项目

浙大中文学术丛书

胡可先 主编

语言文学研究的会通与发微

浙江大学中文系教师学术论文精粹

ZHEJIANG UNIVERSITY PRESS
浙江大学出版社

图书在版编目（CIP）数据

语言文学研究的会通与发微：浙江大学中文系教师
学术论文精粹 / 胡可先主编. —杭州：浙江大学出版
社，2020.12
ISBN 978-7-308-20803-1

Ⅰ.①语… Ⅱ.①胡… Ⅲ.①汉语—语言学—文集
②中国文学—文学理论—文集 Ⅳ.①H1-53 ②I211-53

中国版本图书馆 CIP 数据核字（2020）第 230100 号

语言文学研究的会通与发微
——浙江大学中文系教师学术论文精粹

胡可先　主编

策划编辑	宋旭华
责任编辑	陈　翩
责任校对	丁沛岚
封面设计	周　灵
出版发行	浙江大学出版社
	（杭州市天目山路 148 号　邮政编码 310007）
	（网址：http://www.zjupress.com）
排　版	杭州中大图文设计有限公司
印　刷	绍兴市越生彩印有限公司
开　本	710mm×1000mm　1/16
印　张	52
字　数	880 千
版 印 次	2020 年 12 月第 1 版　2020 年 12 月第 1 次印刷
书　号	ISBN 978-7-308-20803-1
定　价	188.00 元

前　言

　　浙江大学中文系已经走过了百年的历程,产生了夏承焘、姜亮夫、王驾吾、孙席珍、胡士莹、任铭善、蒋礼鸿、郭在贻、徐朔方、吴熊和等学术大师和著名学者,凝聚了古代汉语、古代文学、古典文献学等传统优势学科,与语言学、文艺学、中国现当代文学、比较文学等学科的良性互动,编辑出版学、影视动漫学等方向的相互促进,形成了古今汇通、中西融贯的总体格局。呈现在读者面前的是目前中文系教师的论文选集,既有学科发展的总体思考,又有具体而微的真知灼见,故而定名为《语言文学研究的会通与发微》,聚焦于七个领域的研究。

　　古代文学史历经三千余年,现代文学史走过百年历程,当代文学史也有七十余载。文学史研究是百年来不断建构与重构的学术话题。自晚清西学东渐以来,科学主义主导着草创期中国文学史观的学术言路、精神内核、价值维度和话语模式,在为草创期中国文学史观提供新的话语支持、发掘学术增长点的同时,也给其乃至整个 20 世纪中国文学史观的发展留下了无法超越的学术瓶颈。新出文献的逐渐繁盛,可以在一定程度上改变旧的研究模式,开拓新的研究空间,有些方面甚或可以重新书写和建构,从而推动中古文学史研究的多元化进展。对于现当代文学史而言,为了推进学科"历史化"的进程,也为了对走过的道路进行富有深度的根源性反思,有必要改变比较固化的"思想阐释"研究理路,提出史料整理与研究问题并着手解决。分体文学史研究以及文学体裁之间的融合研究,更是文学史体系构建的重要内容,诸如唐前七体讽谏功能的探讨、宋元讲史评话叙事策略的研究、古典小说与戏曲中词"别是一家"的发现,都提出了文学史研究的新问题。

　　古典文学研究是学术研究的大宗,其要旨在于推陈出新。论庄子对文学想象论的贡献,以为庄子想象论体现在虚静之说与言意关系的思考以及寓言创制的意象思维;以《艺文类聚》的存录方式为基点论述六朝文学的变貌,以为六朝文学文本因此发生构造性的变异,文体遭到破坏而弱化;论唐诗题注的形成与特征,梳理从题写到编集的过程,考察唐诗题注中所存的唐诗书写原貌,揭示唐诗题注的独特特征;论元朝高丽文人的本位意识,以李齐贤为例,探讨高丽文人普遍在政治上以特殊的陪臣心态坚守民族本位,从中窥见高丽文人面对中原王朝的特殊心态;论元末明初南方文学群体成员的交往特征,通过婺州和吴中作家群交往的考察,分析其产生异同的复杂原因,探究文人与政治的关系;方惟馨《菩萨蛮》五首,是目前所见的最早的真正具有"词史"意义的作品,开启了清代的"词史"创作。

现代文学研究是学术研究的前沿,其背景是中西文化的融合与冲突,而鲁迅在文化冲突中的双重选择就很有代表性,传统文化与西方文化,构成了鲁迅艰难的双重选择。鲁迅作为现代知识分子,与日本佛教界具有一定的关系,但他只能基于"国族意识大于一切"的立场进行人生选择。现代文学研究中,中国共产党早期文化组织也为20世纪30年代左翼文化的引领风骚奠定了组织基础。乡土中国叙事研究方面,回应时代的挑战,开辟出自己具有巨大思想创造力的新境界,成为新时期以来的当务之急。

域外文学研究与本土文学研究相比,呈现显著的特色。诸如莎士比亚在十四行诗集中力图通过对艺术、爱情等可以超越身外之物的探寻,来超越人的生命隶属于时间的被动地位。从莎士比亚和福音书等非理论写作中,可以发现叙事既解构又建构的双重运作方式,而且二者显示了语言特别是阅读的积极要素。检视近代中日对俄罗斯文学的引介实践,以二者所构成的"对话"为切入点,可以重新思考东亚现代化转型期的内在困境与对抗策略。

文学理论研究来源于文学本身理论层面的探讨,其研究呈现结构化、多元化、生活化与前沿性。文学理论向何处去,文学理论在新的文化语境中的生存方式与发育方向,是文学理论学科建设与深化的一个迫切命题。但文学研究中的许多命题与概念需要厘清与正名,如诗学就是文学创作学,诗性潜藏于人类的一切创造活动之中,我们需要在人类的一切创造活动中寻找"诗性",但不能在文学创作学中消解诗学。解释学是人类通过语言符号的自由创造构建关于对象世界的思想活动,它让我们能够在对象世界或自我世界中更好地生存。再如,身体与写作的关系至为密切,文学创作的基础不是心灵和自我对于世界的认知性观察,而是身体与世界之间的存在性交流。

语言与文化研究涉及生活的各个方面,也熔学术研究的理论性、方法论与考据性于一炉。就理论而言,从形态到句法属性的角度,对罗曼语和汉语运动事件词化类型的历时演化过程做了类型学考察,以体现历时转移的动态发展规律。就方法而言,探讨词义训释的方法,应是中古汉语词汇研究的内容之一,求证中古汉语的词义,大致上要先辨字明词,再进行释义。就考据性而言,以说"鸟"为例,有些方言中不说"鸟",而改称"雀"或"虫蚁"等,这都是缘于避讳,"鸟"的个案既有"字音的更改",又有"词汇的变化","鸟"字意义的特殊演变,对于认识语言的现状与历史意义尤重。

数字与影像研究属于应用性的学术研究领域,具有实践性与社会化的特点。就数字出版而言,印刷媒介数字化与文化传媒的变迁,重塑并改变了人的交流方式、交流对象和文化传递模式。就动画电影而言,当下以数字技术为手段的动画电影方兴未艾,这种动画电影将不仅在未来电影格局中占据重要地位,而且也会推动未来电影形成整体上的"动画特征",强化和提升电影的本质特征。就现代出版而言,社会变迁与现代信息传播使现代出版成为特殊的高风险行业,在应对风险的过程中形成了专门化的出版商与发行商及出版业独特的利润机制,构筑了现代出版的本质特征与演进规律。

最后,在编选这部论文集的过程中,中文系的全体教师付出了辛勤的劳动,提供了自己的佳作;浙江大学出版社宋旭华先生在编辑过程中进行了精心的策划,责任编辑陈翩女士付出了辛勤的劳动,在此表示衷心的感谢!

胡可先

2020 年 8 月写于浙江大学中文系

目　录

数字与影像

文学史建构

学科视域下的当代文学史料及其基本形构

吴秀明

中国当代文学迄今为止已有 60 余载,是"现代文学"的两倍时长,就学科来讲不算"太年轻"了。但由于诸多原因,在取得相当成就的同时仍处在"很大的不稳定性"状态,在许多问题上出现了"分裂",甚至连基本的价值衡估都存在着很大的分歧。这种情况在其他学科是不多见的,包括与它密切关联的"现代文学"学科①。

针对上述状况,近年来有学者提出了"先认识后评价"的主张,认为当务之急是当代文学研究界要转变意识,"起码有部分学者从'前沿'状态抽身退却,不参与各种时论争讦,专心做当代文学史的案头工作"②。也有学者从学科"历史化"的角度,提出"重建当代文学与现代文学、古典文学之间的历史关联"问题,认为当代文学要想成为一个像"现代文学"那样"相对成熟和高水平的学科",就应"按照研究古典文学的方式,对之进行长时期的资料收集和积累",走

---

① 当代文学的价值衡估一直是当代文学研究领域充满歧义的话题,从 2006 年德国顾彬提出所谓的中国当代文学"垃圾说"以后,学界就"如何看待当代文学问题"展开激烈的论争,其间不少学者也介入此讨论。这种情况,正如洪子诚在比较"现代文学史"与"当代文学史"研究差异时所指出的:"对于现代文学史,经过 50 年代,尤其是 80 年代以来,在几代学人的勤奋工作中,已处在一种相对的稳定之中。而对于当代文学史来说,则可以说还是暴露在很大的不稳定性之中","可以看到,在近年的当代文学史研究中,视角、立场、方法上比较一致的情况下,已在发生变化,出现了'分裂'"。见洪子诚:《近年的当代文学史研究》,《郑州大学学报》(哲学社会科学版)2001 年第 2 期,第 55—59 页。

② 李洁非:《典型文案》"写在前面",人民文学出版社 2010 年版,第 5 页。

"古典文学化"的研究路径①;而在当下,尤有必要在研究思路、格局、向度和方法上进行一次带有"战略转移"性质的重要调整,即从原来比较单一的"阐释"走向"阐释"与"实证"兼具②;等等。现代文学在草创时期即具有较强的史料意识,注意史料的搜集和保存,并取得了不俗的成就(如完整的《中国新文学大系》尤其是阿英编选的《中国新文学大系》第十集《史料·索引》的出版),当代文学相形之下就显得滞后了,直到半个多世纪后的今天,才将它作为一个重要的基础性的命题提出。这当然是令人遗憾的。但从另外一个角度来看,这不也正表明当代文学学科已逐步进入对自我的根源性反思的阶段,它开始由不自觉走向自觉。

本文试从学科建设的角度来探究当代文学史料整理与研究,追问它在当下提出这个问题的重要性和学理依据,梳理其自身探索的发展脉络及其基本形构和主要类型特点,辨析它与思想阐释及研究主体之间的内在关联,呈显其在当代文学研究中应有地位、作用和价值,以便更好地推进当代文学学科"历史化"的进程。

一、问题的提出

首先,有必要对文学史料概念作一番界定,以使问题的探讨有个明晰的界域。所谓文学史料,即指研究和编纂文学时所用的资料,就大而言,主要包括目录学、校勘学、版本学等。现当代文学史料概念更宽泛,还进而将注释学、文体学、图书情报学、信息管理学等都涵盖进来,可以说是兼及古今、融会传统与现代的一种"全集息"的综合。文学史料源自历史,带有很强的客观性,但作为以往知识与信息的记录,它又带有一定的主观性甚至夹杂着虚假的信息。因此,文学史料有个考订辨伪的问题,史料进入研究视野,必须经得起历史与理

---

① 程光炜:《主持人语》,转引自蒋晖:《试论赵树理三十年代小说创作的主题和形式》,《文艺争鸣》2012年第12期,第1页。

② 吴秀明:《史料学:当代文学研究面临的一次重要"战略转移"》,《中国现代文学研究丛刊》2012年第2期,第74—80页。

性的叩问与筛选,不是所有能见到的史料都可作为探讨规律之用,也不是所有史料都具有同等价值。以往,"人们通常把史料看作是'死'东西,把史料的发掘与整理看作是一个多少有些枯燥乏味的技术性的工作,这是一个天大的误解。史料本身是一个个活的生命存在历史上留下的印迹"①。因此,文学史料尽管在表现形态和方式上有古今之别,但就其本质来看,它都是人类生命的一种折射,都无不包含着极其丰富的文化内涵与生命内容。那种视文学史料为传统学科的"专利"、消极的单向工作的观点,不仅是片面的,甚至是浅薄的,它只会给文学研究带来伤害。

当然,这是今天的认识,并不意味着它已被人们照单接受。恰恰相反,在相当长的一段时期内,史料在当代文学研究领域是不被重视的,甚至在当下项目生存化、学术浮躁化与功利化的学术环境下,将其视为没有学问的"小儿科"乃至不算其为学术成果,不愿从事这项艰苦寂寞的工作的也不乏其人。克罗齐曾指出,"一个人重新整理一部书的可靠文本,解释已被遗忘的文字和风俗,研究一个艺术家的生活情况,完成一切工作,使艺术作品的品质与本来色调复活,他是不应受到鄙视与嘲笑的"②。遗憾的是,这种"鄙视与嘲笑"在我们这里一直未曾中断。真正认识到这个问题的重要性并开始付诸实践的,是最近一二十年的事。像徐庆全、黎之、刘锡诚、陈徒手、李辉、傅光明、洪子诚、李洁非、刘福春、程光炜、陈思和、於可训、金宏宇、谢泳等都曾在这方面作过专门探索,并给我们留下了一批成果,特别是孔范今、雷达、吴义勤和施战军主编的《中国新时期文学研究资料汇编》、张健主编的《中国当代文学编年史》等,堪称这方面的代表,也为当下和未来史料整理与研究打下了基础。另外,各级行政管理部门出于盛世修史的需要,也普遍加大了对包括当代文学在内的各类史料的重视和投入。就拿 2010—2013 年国家社科基金项目来说,被批准立项资助的就有"中国当代文学文献史料问题研究""当代文学史资料长编"等 14 项,有的

---

① 钱理群:《重视史料的"独立准备"》,《中国现代文学研究丛刊》2004 年第 3 期,第 82—91 页。

② 克罗齐:《美学原理》,朱光潜译,上海人民出版社 2007 年版,第 172—173 页。

还被列为重点项目①。2013 年国家社科基金重大招标项目(第二批基础类)118 项,其中史料整理与研究就有 58 项,立项率占该批项目总数近半。有意思的是,像《文学评论》这样评论或理论类的权威刊物,在 2012 年第 6 期竟打破"常规",以头版头条的位置,刊登了洪子诚以引征史料为主(史料引征占全文五分之四以上)的长文《材料和注释——1957 年中国作协党组扩大会议》。这在以前是没有的。

尽管如此,我认为这一切对当代文学史料来说仅仅开了个头,带有"启动"性质,实际上在成就的背后存在着不少问题,离人们的期待和学科的要求还有很大的差距。也许与"贵古贱今"观念有关,长期以来,中国文史学界确如胡适批评的"仍然不能脱离古董家的习气"②,往往只注意古代史料的辑佚、整理与研究,而漠视当代史料。以至于到了后来,情况愈演愈烈,"乾嘉以后,上流人才集精力于考古,以现代事迹实为不足研究。此种学风及其心理,遗传及于后辈,专喜寻扯残编,不思创垂今录"③。甚至将其排斥于研究的视野之外,造成了研究的封闭和僵硬,这种情形至今仍有相当的市场。君不见不少文献史料学或文献史料丛书将下限锁定至"晚清"(最多下移至 1949 年以前的"现代文学"范畴),并被视作一条隐性的"规则"或"规范"吗?这里特别需要提及的是梁启超,他在 20 世纪初崇古之风甚烈的情况下,仍密切关注当代史料,还以太平天国史、戊戌变法史无人及时整理为忧作过深刻的自我反思,对乾嘉学派学风提出了批评:"我自己便是遗传中毒的一个人,我于现代事实所知者不为少,何故总不肯记载以诒后人?吾常以此自责而终不能夺其

---

① 2010—2013 年国家社科基金项目(不含重大招标项目)有:"中国当代文学文献史料问题研究"(吴秀明)、"当代文学史资料长编"(程光炜)、"抗美援朝文学叙事研究及史料整理"(常彬)、"文学史视野中的中国当代文学期刊研究"(黄发有)、"穆旦诗编年汇校"(易彬)、"网络文学文献数据库建设"(欧阳友权)、"中国当代杂文编年史"(王岩森)、"袁牧之整理研究暨《袁牧之全集》编辑整理研究"(杨新宇)、"华文文学的跨语境传播研究暨史料整理"(颜敏)、"1949—2000 年英语世界中国'十七年文学'传播与接受编年史"(纪海龙)、"《格萨尔》各类版本综合研究"(仁青道吉)、"西藏当代文学编年史(1980—2010)"(东主才让)、"新疆当代江格尔奇的田野调查及其档案库建设研究"(吴铁木尔巴图)、"蒙古族科尔沁叙事民歌田野调查与传承研究"。其中"中国当代文学文献史料问题研究"(吴秀明)、"网络文学文献数据库建设"(欧阳友权)为重点项目。

② 胡适:《胡适文集》(第 3 卷),人民文学出版社 1998 年版,第 371 页。

③ 梁启超:《中国近三百年学术史》,天津古籍出版社 2003 年版,第 311 页。

考古之兴味,故知学风之先天的支配,甚可畏也。呜呼！此则乾嘉学派之罪也。"①他对当代史料价值的认识,以及在这方面的忧思,令人感动,已经化为我们不少同行的广泛共识。尤其是现在知识与材料愈是海量,借助于云计算、云储存技术,愈是容易获取,这对区分、筛选与处理能力提出挑战。其实,就这些数量庞大的当代文学史料而言,当代文学史料搜研面临的压力是空前的。正如鲁迅所说,"中国文学史,研究起来,可真不容易,研究古的,恨材料太少,研究今的,材料又太多"②。从史料实际情况来看,似乎是时间愈远愈清楚,愈近反而愈糊涂、叙述起来愈难。现当代文学是"目的引导型"的一种文学,它不同于"自然生长型"的古代文学,是从生活的土壤中自然而然地成长起来的。从五四文学革命到今天名目繁多的各种文学,都是在理论的"导引"下,往往先有理论后有创作,更多借助于外在的强力推促的结果。③ 因此,其史料不仅庞杂而且呈弥散之状,与社会政治粘连特别紧密。这自然加剧了史料整理与研究的难度。

当然,这里之所以将当代文学史料作为一个问题提出,主要还是基于当代文学研究在现有基础上如何进一步提升发展的全局性考虑,包括文学史编写,也包括学科建设。大家知道,学术研究的推进主要取决于新史料的发掘和新观念的提出,这也可以说是古今中外学术研究的基本规律。而当代文学,由于学术研究时间比较短、积累有限,特别是由于外部学术环境的影响,长期以来盛行的又是"以论带史""以论代史"的研究理路,推动当代文学研究的内驱力和进行学术评价的依据,主要是思想观念而不是文献史料,后者甚至被置于无关紧要的位置。这样一种研究理路在学科发展的某一特定阶段,无可非议,特别是在新时期之初整体文化思想处于十分封闭僵硬的情形下,具有历史的必然性和深刻的合理性,且的确也发挥了作为新的"思想模式"或"理论模型"的

①　梁启超:《中国近三百年学术史》,天津古籍出版社 2003 年版,第 311 页。

②　鲁迅:《魏晋风度及文章与药及酒之关系——九月间在广州夏期学术演讲会讲》,《而已集》,人民文学出版社 1973 年版,第 80 页。

③　张志忠:《序言:严谨而生动的学术灵性》,《海南师范大学学报》(社会科学版)2012 年第 2 期,第 47—49 页。

重要的"生产能力"作用①。但不必讳言,这种研究本身是存在问题的。第一,它用作武器的"理论模型"因来自异域,有些也许适应西方而不一定适应中国。第二,更为主要的是,它忽略了范式赖以存在发展的历史背景、条件与相关的知识谱系,不仅空洞轻飘而且容易走偏误读,影响了学术价值,并催生了焦虑、浮躁与粗疏的学风。

当代文学毕竟走过了 60 多年历程,已有相当的史料积累,现在是可以而且应该进行史料的发掘、整理与研究了。一方面,随着社会的嬗变和档案的开放,陆续不断有新史料的发现或披露,如白洋淀诗歌、"文革"地下文学、"五七"干校文学、校园文学、旧体诗文,以及大量的书信和日记等私人性史料,包括影响很大乃至堪称经典的《刘志丹》《草原英雄小姊妹》《二泉映月》的内幕史料,也包括蒋介石日记、红卫兵小报等诸多新史料或域外史料,等等。另一方面,当代文学文本不同于古代文学和现代文学文本,因作家本人健在,也因政治因素的介入,其中相当一部分都有一个不断修改的问题,有的甚至刚刚发表,马上就进行修改,它处于一种未完成的、不确定的状态。如《青春之歌》《山乡巨变》《野火春风斗古城》等红色经典的修改,《红灯记》《沙家浜》《白毛女》等样板戏的修改,以"修订本"名义获"茅盾文学奖"的两部长篇小说《沉重的翅膀》《白鹿原》的修改等。所有这些,都应及时反映并纳入研究视野或文学史编写之中,相应的文学史书写或原有的研究,也要因这些史料的挖掘而出现或大或小的变动与调整。对此,近些年来虽陆续有所反映,但相比于实践还是很不够的。而这,恰恰是当代文学史料的重要特色,是构成其"当代性"及其特殊存在的一个具体表现。

特别需要指出,当代文学有别于古代文学的一个很大特点,就是除了"死"材料之外,还有不少存留在当事人大脑或口头的"活"材料。相较于那些已形成文字或图片并被收录进档案的"死"材料,"活"材料因没有固化,且受当事人主体条件尤其是不可抗拒自然规律的限制,加上其他各种因素,实际处于自生自灭、随时可能湮没的紧迫状态。有位哲人就曾沉痛地感叹,"每一个老人的死去,就像是一座图书馆的遭到焚毁",这对史料整理来说无疑是灾难性的。

---

① 陈平原、钱理群、黄子平:《"二十世纪中国文学"三人谈·缘起》,《读书》1985 年第 10 期,第 3—11 页。

王乃庄在《舒乙与〈老舍〉》一文中讲到曾 3 次去访问老舍亲戚和同学,而他们都不幸在近期去世,甚至将老舍遗下的一部日记当作"无用的废纸"烧掉的经历,就非常典型。① 如今,不要说老舍等老一辈作家早已作古,就是比他晚几十年出生的右派作家也都垂垂老矣,其中不少已先后谢世,离开了我们。但正因如此,抢救这些所存不多的"活"材料工作就刻不容缓,显得格外重要。我们之所以提出当代文学史料问题,其中一个重要任务就是抢救这批危在旦夕的"活"材料,为改变当代文学史料单一固化的结构,为该学科的长远和可持续发展,提供坚实的基础支撑。

二、作为一个分支学科的探索

当代文学史料问题虽然是近些年来提出来的,是当代文学研究领域一个基础性也是比较专门化的话题,但作为当代文学的一个分支学科,它的存在不仅有其深刻的必然性和合理性,而且与古代文学和现代文学史料具有难以切割的内在关联。某种意义上,当代文学史料是古代文学史料和现代文学史料在当代的一种特殊呈现。在这里,它既有自身具有的"当代"特质,同时也蕴含着古代文学和现代文学史料共性的东西。

大家知道,中国自古有良好的史料传统,从汉代的朴学到清代的乾嘉学派,经过历代学者的不懈努力,逐步形成了以版本、目录、考据、训诂、校勘、辨伪、辑佚为要的一套周密精细而又行之有效的治学方法,对至今的学术研究产生了深远的影响。当然,传统史料毕竟是过去社会文化的产物,它在推进中国学术攀登旧有时代高峰的同时,也留下了难以掩饰的历史局限。这就决定了它在进入 20 世纪之后有一个新旧转换和调整问题。梁启超的睿智和过人之处在于领时代风骚,以雄视百代的开阔视域对此作了拓荒性的探讨。他的无所不包、贯通中西的素养,使他在历史转型的关键时刻担当了中国现代史料学先行者的角色;他的《中国近三百年学术史》《清代学术概论》《中国历史研究法》等成了这方面绕不过去的经典;他的"关于史料是一切历史研究根据的概

---

① 　王乃庄:《舒乙与〈老舍〉》,《北京日报》1986 年 9 月 19 日。

括,关于清代考证的五项成绩、朴学十大原则的评析,关于尊重客观事实、不能强史就我原则的强调,关于研究不能只重视史之躯干,更要关注史之神理,用史料生发学术主张的推崇,以及对史料从古至今面临五大厄运的洞察,所总结的鉴别伪书十二法等,事实上建构起了由古典文学史料学向现代文学史料学转化的基础"①。这也是梁氏对中国学术现代化的一大贡献,它无意之中为包括本文所说的当代文学在内的所有新兴学科史料学的建设,奠定了基础,尽管他的史料研究带有新旧夹杂的特点,显得不无粗疏。梁氏之后,鲁迅、胡适、钱穆、傅斯年、陈寅恪、顾颉刚、郑振铎、闻一多、朱自清、阿英等一批现代文化先驱,接过这个话题,联系自己的实践,从各个方面继续探讨。如鲁迅"受清代学者的濡染"而又"不为清儒所囿"(蔡元培语),强调立足现实,又融怀疑、批判与创造为一体的现代史料观,胡适曾振聋发聩的"大胆的假设,小心的求证"及其基于科学主义(吸纳杜威实验主义方法的优长)、国际宏阔视域与平和豁达心态的现代文学史料观。他们的这些论述虽然在系统性上不及梁启超,但因嵌入了五四精神,显得新颖深刻和富有质感。这在"小学"受贬而"新观念""新方法"盛行的当时是非常难能可贵的。

真正在这方面比较自觉,将其提到"一项宏大的系统工程"的高度来看待并身体力行的,是王瑶、唐弢、李何林等第二代学者和樊骏、严家炎、孙玉石、朱金顺、马良春、刘增杰、钱理群、吴福辉、杨义、陈平原、解志熙等第三、四代学者。他们在现代文学学科逐步独立和成熟的情境下,从事史料的发掘、整理与研究,因而不仅带有很强的实践品格,而且还颇具本体性和体系化特征。这一点在第三代学者那里表现得尤为突出。如樊骏在全面考察基础上提出的从思想观念、方式方法到工作体制等有关文献史料现代化和规范化的构想②,马良春从学科历史、现状与发展出发,提出的以七类史料为核心建立现代文学"史

---

① 刘增杰:《中国现代文学史料学》,中西书局 2012 年版,第 48 页。

② 樊骏:《这是一项宏大的系统工程(上)——关于中国现代文学史料工作的总体考察》,《新文学史料》1989 年第 1 期,第 61—81 页;樊骏:《这是一项宏大的系统工程(中)——关于中国现代文学史料工作的总体考察》,《新文学史料》1989 年第 2 期,第 150—158 页;樊骏:《这是一项宏大的系统工程(下)——关于中国现代文学史料工作的总体考察》,《新文学史料》1989 年第 4 期,第 203—216 页。

料学"的建议①。像这样全面周密，似前所未有。从中可看出乾嘉学派、马克思主义与文化批评的影响。至于从 2003 年开始，在清华大学、河南大学、中国现代文学馆等处召开的现代文学文献史料会议及其提出的有关建议或达成的共识，无疑将史料研究在整体上又向前推进了一步。

　　上述种种，构成了当代文学史料研究的背景，当代文学史料这一分支学科也就是在这样的情形之下尤其是在现代文学史料的影响和推动下，逐步发展起来的。自然，与现代文学史料研究相比，它的羸弱滞后十分显见。这可能与当代文学学科一直处于漂泊的、不稳定的状态有关。但如果撇开这一点不讲，就当代文学史料自身"学科发生史"的角度来看，我们必须承认，它在经历了几十年坎坷与曲折之后也开始出现了某种可喜的局面。这种情况，主要集中于21 世纪之后的这十余年，除上文提到的洪子诚的《材料和注释——1957 年中国作协党组扩大会议》外，还有洪子诚、钱文亮的《当代文学史研究中的史料问题》，张志忠的《强化史料意识，穿越史料迷宫——关于中国现当代文学史料问题的几点思考》，谢泳的《中国当代文学史叙述中的史料拓展问题——以1951 年刘盛亚〈再生记〉事件为例》，吴秀明的《史料学：当代文学研究面临的一次重要"战略转移"》，李洁非的《典型文案》，傅光明的《口述历史下的老舍之死》等一批著述。他们或立足于宏观的史论，或侧重于微观的个案分析，或两者兼而有之，撩开了原来晦暗不明甚至带有点神秘面纱的当代文学史料内幕，让我们具体切实地感受自批俞平伯《红楼梦》研究以来日见稀缺的传统实证的治学路径，也为我们展现了有别于宏大理论的另一种研究的个性魅力。程光炜在这方面似乎更可称道，这些年来，由他领衔的学术团队在全面盘点和反思（包括观念与方法、宏观与微观）的基础上，不仅独辟蹊径地提出了"重返八十年代"的"年代学"问题，而且还孜孜于文学期刊、作家年谱的整理编纂研究，用实际行动为当代文学学科及文学史研究的"历史化"做出了努力。

　　当代文学作为与共和国一起诞生的一个年轻学科，在相当长的一段时期，由于政治意识形态的强力支持，在发展的过程中虽有不少作家纷纷中箭落马，

---

① 马良春：《关于建立中国现代文学"史料学"的建议》，《中国现代文学研究丛刊》1985 年第 1 期，第 75—84 页。

但这一学科被赋予的社会主义属性又使它不仅优越于古代文学而且也优越于现代文学,享有更高等级的待遇,从而使自己在疲于为意识形态奔波时,疏忘了包括史料在内的学科基础工程建设。20世纪80年代以后,当古代文学和现代文学在传承原有丰厚学术积累的基础上,相继重续传统朴学一脉纷纷致力于自我知识谱系建构之时,当代文学为了追踪和阐释那些炫目的来自域外(主要是西方)的各种"思想与主义",又一次丧失了史料"补课"的机会,从而使学科在无限风光之后程度不同地产生某种疲困状态,以至连学科和文学史编写的合法性都有人提出质疑。正是在这样的情形之下,上述出现的转向就显得弥足珍贵,具有特殊的意义。"我厌倦了那种流行的阐释型批评。当年读硕士时很是迷恋过一阵精神分析批评和神话原型批评,后来读博期间又痴迷于福柯的权力话语学说,从现代到后现代的各派西潮理论,曾经牢牢地占据我的心灵","可惜这时我已经失去了当初追逐新潮的激情","近人梁启超在《清代学术概论》中认为,清代朴学的'轻主观而重客观,贱演绎而尊归纳'的学术精神是'治学之正轨'。这对我们时下搞文学批评的人来说是很好的鉴戒"。① 李遇春此言是很有代表性的,这也预示了当代文学学科将不可避免地产生某种结构性的变化。

当然以上这些说法不免有些粗糙,甚至不够准确。其实严格地讲,当代文学研究领域出现的这种"从史料再出发"的趋向,早在90年代初就初露端倪。其中具有标志性的例证就是1991年第2期《当代文学研究资料与信息》(中国当代文学研究会主办的会刊)在《面对历史的挑战:当代中国文学史料学研究笔谈》通栏标题下,刊载的北大青年教师、博士和访问学者的一组笔谈。在当时"以论带史""以论代史"之风依然盛行的情形下,尽管他们对当代文学史料建设的意义及其性质与范围理解不尽一致,但为了"加强当代文学研究的科学性,推动当代文学史料的收集与整理,为当代文学史的研究与写作打下坚实的基础并提供可能的新的起点",都不约而同地将"当代文学史料学"问题作为一个"迫切需要"的问题提出,有的还参考历史学学科等相关内容,进而提出一些

---

① 李遇春:《从阐释到实证》,《南方文坛》2010年第3期,第1页。

具体的设想。①在此前后,还有像黎之、刘锡诚、李辉、徐庆全等一些知情人或编辑也在默默地为史料收集付出辛劳,留下了带有原生态的史料。但限于当时的历史条件,未能引起大家的重视:《当代文学研究资料与信息》的笔谈虽颇具前沿性,但该刊的《当代文学史料学研究论坛》栏目推出后却应者寥寥,只出了一期就终结了,没有再续说;至于史料收集,基本上是个人化行为,没有产生广泛的辐射和影响。这与上面讲的基于史料自觉而引发的带有某种"思潮"特点的研究不可同日而语。

可以这样说,在相当长一段时间里,当代文学史料与研究基本处在分离状态。真正启动并开始付诸实践的还是21世纪以后近十几年的事,也只有在学科"历史化"启动的21世纪,它才有可能真正付诸实践,出现以前所没有的带有某种思潮特点的整体转向。托马斯·库恩在《科学革命的结构》中指出,科学研究必定奉行某些传承下来的公认的范式(科恩将其称为"科学共同体"或"基本原则"),只有当旧的范式弊端充分暴露,在不断流变着的现实中不能解释有关新问题而受到挑战的时候,才有可能产生范式转换并使新确立范式有效地发挥其功能价值。②科恩的范式转换理论,为我们分析21世纪与此前(主要是20世纪八九十年代)史料工作之间的关联,提供了理论特别是方法论的依据。

三、基本形构与泛政治化的几种类型

以上主要从研究者的角度对当代文学史料发展演变作了探讨,还没有触及史料本体及内在结构。其实,当代文学史料无论是作为一种独特的形态,还是作为一个相对独立的分支学科,它都具有属于自己的基本形构的东西。这个基本形构是其存在发展的基础,它主要来自以下两个方面。

---

① 分别是:韩毓海《文学的"重构"与"解构"——建设"当代中国文学史料学"的意义》;马相武《传记工程:当代文学研究的基本建设》;张珙《"当代中国文学史科学"建设的现实》;孟繁华《当代文学的历史叙述与史学的建立》;张颐武《当代中国文学史料学:起点与机遇》。见《当代文学研究资料与信息》1991年第2期。

② T. S. 库恩:《科学革命的结构》,李宝恒、纪树立译,上海科学技术出版社1980年版。

　　首先,是对"传统恒定史料"的借鉴。如古代文学历经千年积累的目录、版本与校勘,以及现代文学在此基础上新增的报刊、出版、传播等。马良春在《关于建立中国现代文学"史料学"的建议》一文中曾将史料分为专题性研究史料、工具性史料、叙事性史料、作品史料、传记性史料、文献史料、考辨性史料七类,这些都可作为基本形构进入当代文学史料之中,成为其不可或缺的重要组成部分,继续发挥作用。其次,是对"现代活态史料"的整合。如近些年来兴起并广泛使用的影像、图像、声像、口述实录、社会调查等有关史料,它以电子技术为载体,虽便于即时获取和现场阅读,但不易储存。如2006年的"韩白之争"几乎都是通过新浪博客这一网络平台展开的,但在风浪过后,韩寒博客就删去了全部相关文字,这在纸媒时代是无法想象的。所以,为建立与之相适应的当代文学史料形构,有必要打破原有的框架体系,对之进行结构性的调整。当然这只是一方面,更为主要的是将其扩大至社会学、文化学、信息学、管理学、图书情报学等其他学科,并向港澳台以及域外华文文学、少数民族文学、民间文学、地下文学、校园文学等拓展,以及与档案馆、图书馆、文学馆、纪念馆对接,从它们那里获取史料以丰富和充实自己。活态史料往往因带有较强的不确定性与不稳定性而显得比较复杂,但无论怎样,它可以而且应该纳入当代文学史料构架之中。这也是史料由传统向现代转型时所面临的一个新的现实和新的问题,是当代文学史料有别于古代文学史料和现代文学史料的一个重要方面。

　　实践表明,当代文学史料本体或曰本体的当代文学史料,主要就由传统恒定史料与现代活态史料两部分组成,它是这两部分史料相互对峙碰撞而又互渗互融的产物。就我目前阅读范围来看,迄今有关这方面的研究大体就是按照这样的思路来搭建其史料形构的。如张颐武在20世纪90年代初的一篇笔谈短文中,曾把它梳理为版本研究与整理、散失或湮没文本收集、重要事件与会议整理等八个方面。[①] 这也是我见到的最早且比较全面探讨当代文学史料构架的文章。吴秀明、赵卫东的《应当重视当代文学的史料建设——兼谈当代文学史写作中的史料运用问题》一文,则将其归纳为公开与未公开发表的各种

---

① 张颐武:《当代中国文学史料学:起点与机遇》,《当代文学研究资料与信息》1991年第2期。

文本、领导人有关讲话与发言、港台文学史料等十三方面"内容和特点"①。它较之现代文学史料似乎更复杂,其史料构架中自然也融入了更多的政治元素。众所周知,国家政治权力对当代文学的规范,主要依靠现行制定和颁发的文艺方针政策,它自身则往往退居幕后以隐性方式存在;当这些方针政策在具体实施过程中遭遇阻力或不能解决所谓的"政治思想问题"时,政治权力才由幕后走到台前出面干预并往往由此及彼演变成一场批判运动或文艺整风运动。这种情形,也就自然而然地铸就了当代文学史料尤其是"前三十年"当代文学史料的泛政治化特征,并使之相应具有显性与隐性两种存在方式。当代文学史料涉及面很广,构成的因素也很多很复杂,但毫无疑问,史料与政治关系是我们观照把握的一个重要维度。

基于这样的考虑,我拟主要就如下三种泛政治化史料类型展开探讨,看它们在"一体化"语境下如何生存发展进而成为当代文学史料形构的无可选择的重要底基,为建立符合"中国特色"实际的当代文学史料学,尽一份绵薄之力。目前,许多重要的史料尚未公开,有关史料的整理与研究成果也比较有限,建立"当代文学史料学"的条件似乎还不具备。在此情形之下,与其泛泛地谈论当代文学史料的宏观框架或追求所谓的完整体系,还不如回到学术研究原点,从具体的支节与细部做起更实在,也更有切实的意义。

第一,政策导向型史料。这是国家权力意志在当代文学史料中的突出体现,它往往诉之于权威的中央文件,决议,或毛泽东等领袖人物的讲话、报告、批示以及社论等形式,成为诸多政治运动的思想指南而处于史料链的最高端。如1951年思想改造运动,当时中共中央总学习委员会颁布了由列宁、斯大林、毛泽东、刘少奇的文章或讲话汇编而成的一个学习文件,指定参加者必须学习。② 就史料的来源来看,其中很大一部分从苏联直接引进,如苏联当时负责文艺工作的领导人日丹诺夫的《关于〈星〉与〈列宁格勒〉两杂志的报告》、联共(布)中央《关于剧场上演节目及其改进方法的决定》《关于改组文学艺术团体》

---

① 吴秀明、赵卫东:《应当重视当代文学的史料建设——兼谈当代文学史写作中的史料运用问题》,《中国现代文学研究丛刊》2005 年第 5 期,第 48—55 页。

② 《中央关于京津高等学校教师思想改造学习的主要情况和经验的通报》,中宣部《宣传通讯》1951 年 11 月 20 日。

等有关决议,都几乎同步地翻译过来。它们或编入整风文件指定必须学习,如刚才提及的1951年思想改造运动的学习文件,其中就包含了日丹诺夫的《关于〈星〉与〈列宁格勒〉两杂志的报告》、联共(布)中央《关于剧场上演节目及其改进方法的决定》等;或直接效仿,也用"决议"做法,对文学问题作出政治裁决性质的结论,如1954年的《关于〈文艺报〉的决议》,1955年关于处理"胡风反革命集团"问题的决议,关于"丁玲、陈企霞反党小集团"的决议,等等。而当时中央主管文艺的领导也明确表态,中国要"坚定不移"和"不能动摇"地"在文学艺术工作上学习苏联"①。从某种意义上,中国当代文学政策导向型史料就是20世纪四五十年代苏联同类文学史料的"中国版",它不仅在大的方针政策而且在具体做法提法上都师法苏联、模仿苏联,带有明显的"苏化"痕迹。这种情况,自然与当时奉行的"一边倒"政策有关,它一直延续到中苏关系决裂前的50年代后期、60年代初。

80年代以后,随着改革开放与社会文化转型,面对新的形势,当代文学史料的生成与发展则更多表现在体制转换过程中的规范与精神守望以及在具体政策的调整。前者如80年代初在处理"胡风反革命集团"案件时,主流权力话语及当年参与其事并发挥重要作用的周扬等人为平反冤假错案而经历的颇为艰难、复杂乃至痛苦的过程,甚至平反的文件也不能一步到位,先后拖了8年②;后者如1984年12月国务院《关于对期刊出版实行自负盈亏的通知》,1991年3月中宣部等《关于当前繁荣文艺创作的意见》,2004年4月国家广电总局《关于认真对待"红色经典"改编电视剧有关问题的通知》等,其文件的政策导向较之以前有很大不同。这种情况,一方面反映了主流意识形态在进入新时期以后的务实态度,它使不少泛政治化文学史料因此从封闭的档案馆里直接进入社会的公共空间;另一方面也向我们揭示了这种类型文学史料背后的双重的"人学"或曰历史主体的内涵:泛政治化文学史料的生成发展,与其所属的当代文学一样,除了毛泽东等制定政策的最高政治领袖外,还离不开像周

---

① 习仲勋:《对于电影工作的意见》,《电影创作通讯》1953年第1期。

② 关于"胡风反革命集团"案件处理,1980年9月,中央曾以批转的形式下发《关于"胡风反革命集团"案件的复查报告》;后因胡风家人不满,又于1988年6月经中央政治局讨论下发《中央办公厅关于胡风同志进一步平反的补充通知》(即中办发〔1988〕6号文件),才认定是最后"平反"。见梅志:《胡风传》,北京十月文艺出版社1998年版。

扬这样的政策的主要阐释者和执行者。由是之故,我们在讲这种类型文学史料时,就应超越现有的数量堪称世界之最的各种各样的文件,同时还要将从毛泽东到周扬这样的政策顶层设计者、中介执行者与管理者的有关讲话、报告、批示纳入视野;不仅关注中央文献出版社、中共中央党校出版社出版的《建国以来重要文献选编》《中共中央文件选集》等大型类书,同时还要关注与这些文件有关高层领导或当事人如杨尚昆、胡乔木等的书信、日记、回忆录等私人性史料;不仅关注"两报一刊"(《人民日报》、《解放军报》、《红旗》杂志)社论,同时还要关注中央文化宣传系统和意识形态机关主办的内部刊物(如中宣部的《宣传通讯》、新华社的《内部参考》、全国人大秘书处的《代表来信》、中国作协的《作家通讯》、《文艺报》的《内部通讯》)的有关信息。而后者,因为涉及比较敏感复杂的政治,一直封存于档案,或属于内外有别,不能进入当代文学史料形构之中成为人们公享的资源;即使有,往往也不是以整合而是以分散的方式存在于包括来自主流机构编撰的出版物或传记,且与政治领袖或重大事件的评价相勾连。这需要我们超越所谓的纯文学思维观念,而从政治文化或曰大文化、大视野角度和路径切入。当代文学研究的隐性障碍,最棘手也最无法跨越的难题,就是这部分泛政治化文学史料。

第二,政治批判型史料。这种类型史料主要集中在当代"前三十年",它不仅数量惊人,而且往往与当时的政治运动直接联系在一起,成为当代文学史料的主要存在。谢泳指出:"中国所有的政治运动,基本保留了一个传统,就是运动中凡被批判的对象,都有较为完整的'批判言论集''罪行录'一类史料保留下来,这些史料在当时都是'供内部批判'的,但当那些政治运动成为历史后,这些史料有可能脱离当时的政治处境,而成为一种独立的史料来源。"[1]他所说的,完全合乎事实。如批判胡适、梁漱溟、胡风,就留下不少政治批判型史料,最有名的是八辑《胡适思想批判》(生活·读书·新知三联书店 1954 年版)、两辑《梁漱溟思想批判》(生活·读书·新知三联书店 1955—1956 年版)、六册《胡风文艺思想批判论文汇集》(作家出版社 1955 年版)等;其中包括不少子女、家属、学生写的批判父母或老师的文章,如胡适儿子胡思杜写的批判父亲

---

[1]　谢泳:《建立中国现代文学史料学的构想》,《文艺争鸣》2008 年第 7 期,第 66—93 页。

胡适的文章《对我的父亲——胡适的批判》①。到了反右运动就更多了,比较著名的有《高等学校右派言论选编》(中国人民大学出版社 1958 年版)、《批判右派分子林希翎等论文集》(中国青年出版社 1957 年版)、《"论'文学是人学'"批判集》(新文艺出版社 1958 年版)、《青年作者的鉴戒:刘绍棠批判集》(东海文艺出版社 1957 年版)、《毒草集·批判右派思想言论选辑之一》(复旦大学图书馆 1957 年版)、《批判〈文汇报〉的参考资料》(解放军报社 1957 年版)等。这些政治批判型史料,尽管当时整理编撰的目的,"主要出于政治考虑",且"不可避免带有'欲加之罪,何患无辞'的特点",但并不等于没有文学史料价值,"至少这些史料为后来的研究者提供了史料线索,或者提供了一般情况下难以为人所知的属于私生活领域中的一些背景,这些材料有助于开阔研究者的思路和让研究者意识到更复杂的社会生活,这使得这些本来供'批判使用'的材料,在政治运动成为历史后,获得了另外的价值"。② 尤其是其中没有公开的那些文学史料,如 1956 年召开全国知识分子问题会议时高等教育部有关北大知识分子情况的调查报告③,1957 年作协召开历时 3 个多月的党组扩大会议④,就更是如此,也更有必要引起我们的重视。可惜有关这方面的史料披露不多,即使像作协党组扩大会议这样的史料搜集已经有了一些成果,但诚如洪子诚所说,它也"仍是水面下的冰山。史实、材料的被封闭和垄断,导致当代文学研究在许多问题上仍是暧昧不明"⑤。需要指出的是,从 60 年代开始,它还由此及彼,

---

① 胡思杜:《对我的父亲——胡适的批判》,《大公报》(香港)1950 年 9 月 22 日。

② 谢泳:《建立中国现代文学史料学的构想》,《文艺争鸣》2008 年第 7 期,第 66—93 页。

③ 高等教育部关于 1956 年前后北京大学知识分子调查的具体情况,谢泳在《建立中国现代文学史料学的构想》(《文艺争鸣》2008 年第 7 期)一文中作了一些披露,该调查见高等教育部:《北京大学典型调查材料》,《关于知识分子问题的会议参考资料》1956 年第 2 辑。

④ 这次会议有关情况,洪子诚根据了解的若干材料在《材料和注释——1957 年中国作协党组扩大会议》一文中作了编排与注释,洪文见《文学评论》2012 年第 6 期,第 5—21 页。

⑤ "1957 年六月至九月召开的近 30 次的中国作协党组扩大会议,批判丁玲、陈企霞、冯雪峰、艾青等人。在会上作批判发言的有 110 多人,几乎囊括了当时大陆全部知名作家、艺术家,而内容则涉及中国现代文学(尤其左翼文学)的历史和现状,表现了不同的人在严峻情境下的思考和反应。会议记录共 100 多万字,当时有的曾打印成册,发到部分参加者手里(后又被收回)。这一重要材料,目前也未见公开。是否将永远封闭于'暗箱'中,甚至从此湮灭,那也是难以逆料的事。"见洪子诚:《历史承担的意义》,《开放时代》2000 年第 3 期,第 88—90 页。

从国内对知识分子的思想批判延展至对以苏联为代表的国际修正主义及其文艺思想的批判,催生了一批堪称"批判经典"的"九评"①,以及限于"内部发行"实则对"潜在写作"和新时期文学产生不可小觑影响的所谓的"黄皮书",如西蒙诺夫的《生者与死者》、索尔仁尼琴的《伊凡·杰尼索维奇的一天》、卡里宁的《战争的回声》以及苏联科学院世界文学研究所汇编的论文集《人道主义与现代文学》等。

新时期开始的十多年,上述情况虽然发生了根本性的变化,但历史转换的艰难复杂,使上述政治批判型难以一时消匿,仍在继续复制政治批判史料的作用。从朦胧诗到《苦恋》,从批判"资产阶级自由化"到清除"精神污染",以至批判电视片《河殇》,围绕着这些敏感而又复杂的事件或问题,都曾留下不少观点不尽相同甚至颇为对峙的史料,其中影响最大的当数《论〈苦恋〉的错误倾向》一文,还有王震化名为"易家言"发表的《〈河殇〉宣扬了什么》、王忍之的《关于反对资产阶级自由化》等②。只是出于短视或某种现实功利考虑,目前往往流于表面而未将其提到史料搜集和细究的层面。这种状况虽可以理解,但从当代文学史料建设的角度讲,无疑是需要克服的一个弊端。

第三,政治检讨型史料。政治检讨型史料与政治批判型史料密切相关,从本质上讲,它们都可说是政治运动的产物,只不过政治检讨型史料是将批判的矛头由针对他人转向批评自身,并且通过这种外在压力达到所谓的"自我批评"实则是迫于无奈与不得已的一种精神"自污"或"洗脑"。从政治话语的角度考察,"检讨以话语顺服的姿态表明对权威的臣服。检讨既是一种主流话语调控的产物,同时又是主流话语运作的策略。通过来自'他者'的检讨,主流政

---

① "九评"即指 20 世纪 60 年代,以《人民日报》编辑部、《红旗》杂志编辑部名义发表的批判以赫鲁晓夫为首的苏共"变修"的九篇文章,如《苏共领导同我们分歧的由来和发展——评苏共中央的公开信》(1963 年 9 月 6 日)、《关于赫鲁晓夫的假共产主义及其在世界历史上的教训——九评苏共中央的公开信》(1964 年 7 月 14 日)等,它是中苏彼时在意识形态领域"大论战"的产物。

② 唐因、唐达成:《论〈苦恋〉的错误倾向》,《文艺报》1981 年第 19 期,《人民日报》1981 年 10 月 7 日转载;易家言:《〈河殇〉宣扬了什么》,《人民日报》1989 年 7 月 19 日;王忍之:《关于反对资产阶级自由化》,《人民日报》1990 年 2 月 22 日。

治和主流话语便得到了证明,并巩固了其'真理性'"①。因此,这也就决定了政治检讨型文学史料的生成与当代中国的政治批判运动息息相关。从 50 年代初思想改造运动开始,一直到批《海瑞罢官》,伴随着一场接一场的政治运动,我们看到上自郭沫若、茅盾、巴金、老舍、曹禺,下至一般作家,包括周扬、夏衍、林默涵、张光年等手握大权的文艺界领导,都先后作过检讨,几乎所有当代作家与学人都不能幸免。仅 1952 年出版的《批判我的资产阶级思想》一书就收录了费孝通等 30 位文化名人的检讨②。据说当时教育界检讨的人数不少于60 万,其中高校教师约 18 万,文艺界仅北京实际参加就有 1228 人,上海 1300人。且调子愈后愈高,文本形式多样,除"自我批评""自我批判"外,还有"检查""交代""思想总结""思想汇报""学习总结",等等。③ 80 年代,当代文学界也存在类似的政治检讨型史料。围绕着《苦恋》、朦胧诗以及人性人道等评价和探索展开的讨论,新时期的作家或学者白桦、徐敬亚、谢冕、张笑天、孙静轩等也都迫于环境撰文作过公开检讨;另如谢冕,即使身处自由度相对较大的北大,其检讨书也须刊登在校刊上"做个交代"或有所"回应"才能过关。④ "但是,思想其实是不能'改造'的,暂时的屈从不能说明内心的接受,一有机会,他们原来的东西还照样会恢复。1979 年的社会批判风暴恰好说明了这一点。"⑤这也说明这种检讨的乏力,作为泛政治化的文学史料,它的价值正如邵燕祥所言,犹如"一堆活化石,记录着特定时期现代作家的生存状态和心理状态,怎样

---

① 尹昌龙:《重返自身的文学——当代中国文学思潮中的话语类型考察》,广东人民出版社1999 年版,第 82 页。

② 陈撷英等:《批判我的资产阶级思想》,五十年代出版社 1952 年版。

③ 这里的统计数据和检讨文本形式多样之材料,引自或借鉴自商昌宝:《作家检讨与文学转型》,新星出版社 2011 年版,第 17、27 页。

④ 有关检讨文章,较有代表性的如:白桦的《关于〈苦恋〉的通讯》(《解放军报》1981 年 12月 23 日、《文艺报》1982 年第 1 期)、徐敬亚的《时刻牢记社会主义的文艺方向——关于〈崛起的诗群〉的自我批评》(《人民日报》1984 年 3 月 5 日)、张笑天的《永远不忘社会主义作家的职责——关于〈离离原上草〉的自我批评》(《人民日报》1984 年 1 月 9 日)、孙静轩的《危险的倾向,深刻的教训》(《文艺报》1981 年第 22 期),以及谢冕的检讨文章《在批评和自我批评中得到提高——访中文系副教授谢冕》(《北京大学校刊》1983 年 11月)——事实上,这篇文章不是谢冕写的,是北大校刊记者的采访,它用访谈的形式进行"检讨"。

⑤ 孟繁华:《1978:激情岁月》,山东教育出版社 1998 年版,第 207 页。

想、怎样说、怎样做的思维方式、语言方式和行为方式"①，即通常所说的历史还原，至于其中到底包含了多少内心的真实感受就很难说了。

需要指出，当代文学中这种类似"活化石"的特殊史料，除不少曾发表在报刊上，还有十倍百倍于读者已见到的并未进入传播领域，它们或被装入各种不同的档案袋里，或已遗失销毁，或还保存在作家家属以及有关的当事人手中，真正流传下来并公之于众的，只有邵燕祥的《沉船》《人生败笔——一个灭顶者的挣扎实录》《检讨书——诗人郭小川在政治运动中的另类文字》，《聂绀弩全集》《沈从文全集》《朱光潜全集》《赵树理全集》，以及廖沫沙的《瓮中杂俎》，王造时的《我的当场答复》等，数量很有限。颇多作家或学人及家属出于各种考虑，对之采取回避的态度。这个问题比较复杂，它涉及史料背后的伦理（个人隐私）问题，需专文探讨。但无论如何，对邵燕祥、郭小川子女在处理泛政治化文学史料时所表现出的坦率和勇气，我们表示由衷的钦佩。

四、思想阐释与研究主体独立性问题

然而对于文学史料重要性的强调，并不意味着对思想的排斥，重返原有的"史料"与"思想"紧张对立的老路。实际上，正如海登·怀特所指出的，各种历史都融合了一定数量的"资料"以及"解释"这些资料的理论概念和叙事结构。在这种理论概念和叙事结构里的这些资料预先被假定出现于过去的时间序列之中，而这种结构性内容则充当了一种特定"历史"解释应该毫无批评便接受的范式。② 这也就是说，世上本无绝对纯粹的所谓文学史料，凡是进入人们阐释视野的文学史料都不可能与主观思想理论无关；即使在今天强调史料实证而反对理论过度阐释，"其实这本身就是某种思想理论的表达，我们其实是用一种'理论'反拨着另外一些我们并不喜欢的'理论'"，只不过为自己的思想理

---

① 邵燕祥：《为什么编这本书——〈人生败笔〉序》，《人生败笔——一个灭顶者的挣扎实录》，河南人民出版社1997年版，第2—3页。

② Hayden White, *Metahistory: The Historical Imagination in Nineteenth-Century Europe*, Balimore and London: Johns Hopkins University Press, 1987, p. ix.

论的表达寻找合适的"质料"。①

当然,今天讲当代文学史料,不是回到一般的"史论结合"或"论从史出"的思维层面,而是主要强调在现有理论思想和认知的高度以及研究成果的基础上,进一步推进"史料"与"思想"或"事实"与"意识"之间的互渗互融,以达到在较高平台上的动态平衡,求得研究工作的新拓展。现在有种误解,以为占有大量史料就能客观地叙述历史。事实上,占有史料只完成了工作的一半,更重要的是对占有的史料要有独到的解读,否则就有可能成为史料堆积的大杂烩。尤其是当代文学史料与研究主体处于"同构"的情况下,对之进行观照把握就愈加困难。然而,唯其如此,才有可能赋予史料以新的生命,并为自己的研究提供可以充分发挥个性的阐释空间。李洁非的《典型文坛》《典型文案》之所以颇受学界好评,原因就在于此。就拿王蒙《组织部新来的青年人》这一作品与他后来被打成"右派"之间关系来说,在当代文学史上一直就是一笔"说不清的糊涂账"。但李洁非通过对毛泽东、中宣部、北京市委、团市委、中国作协、《人民文学》、《文艺学习》等围绕着该作的修改、发表、批评、讨论等大量的第一手史料,包括王蒙自述以及书信、日记、检讨、口述等相关私人性史料的综合考察和仔细辨析,最后给出了自己的解释。此外,像茅盾为什么在精力旺盛、处于思想艺术巅峰状态的 1949 年以后创作难以为继,写出哪怕是一部完整的长篇小说? 舒芜为什么"反正"以及怎样看待他的"反正",将其由个人的道德审思上升为对中国文化及 20 世纪中国知识分子精神史的探察? 在有关当代文学史编纂的诸多问题上,李洁非的"文案"在用史料说话,细细爬梳、条分缕析的同时,每每都有独到精彩的发现或思考。

"以往对文艺和文艺史,都强调主体性,把作家艺术家的才能、性情、修养视为原动力,研究他们如何从事自我创造从而推动文艺发展与变化。但一九四九年以后,顺着这种角度观察,视线会受到阻碍,很难伸展下去。人不是决定者;一个人也好,一件事也好,经常处于'被决定'状态——被预置的各种条件所决定。真正追索下去,在我们文艺中最终面对的不是人而是物:体制、政策、形势、运动,等等。过去,作家作品的成败,一般从其自身找原因,而在当

---

① 李怡:《中国现代文学研究的文献史料:问题与方法》,《汕头大学学报》(人文社会科学版)2005 年第 1 期,第 11—14 页。

代,必须从社会总体找原因,其自身原因却退居次要乃至微不足道","自特殊性言,当代文学史不是作家史,不是作品史,是事件史、现象史和问题史"。① 窃以为,李洁非这段话,不但适合于其《典型文坛》《典型文案》,而且对整个当代文学(尤其是"十七年文学")研究都具有重要的启迪作用。是的,迄今有关当代文学研究大体都是强调"作家主体性"的一种研究。这样一种研究当然无可厚非,且自有价值。但从批评对象化的角度来看,我们不得不承认它与当代文学尤其是"前三十年"当代文学的确存在抵牾——现在有的文学史也正因此不断地压缩"前三十年"当代文学篇幅,然而由于过分强调主体性而忽略了对于事件、现象与问题的还原式探究,致使文学固有的面貌受到很大的伤害和歪曲。在这样的情况下,李洁非提出"当代文学史不是作家史,不是作品史,是事件史、现象史和问题史"的观点,用它统摄、整合史料,自然就有着特别重要的意义。它不仅激活了那些原来被摈弃的史料,赋予其不同凡响的新的生命价值,而且对整体当代文学研究(包括问题与方法、范式与路径等)产生了意想不到的辐射和影响。这相比于当下所谓的"新左派"或"自由主义"的评判,无疑更客观公允,也更通脱大气。

当代文学史料源于"当代",原本就嵌有浓重的观念的印记,它的只有起点而没有终点和日趋开放的学科特点,也使其在发展过程中,较之古代文学和现代文学往往能产生和发掘更多的新史料。这客观上给史料深入研究提供了新的可能,当然也对研究者本身的学术资质尤其是辨析和处理史料的能力提出了挑战。就拿胡风研究来说,21世纪以来,胡风家书,胡风与舒芜、路翎之间的书信,聂绀弩回忆胡风的材料,以及舒芜自传等一批重要史料的披露②,王元化、黄曼君、严家炎、吴福辉、李继凯、支克坚、周燕芬、文贵良、张业松等有关回忆和文章以及博士学位论文等新的研究成果的推出,在事实上为我们更真实、

---

① 李洁非:《典型文案》"写在前面",人民文学出版社2010年版,第4页。

② 比较有代表性的史料有:《胡风家书》,复旦大学出版社2007年版;路翎:《致胡风书信全编》,大象出版社2004年版;《聂绀弩全集》10卷(第10卷"运动档案·附录"尤为重要,内有大量胡风终身老友聂绀弩对胡风的回忆和看法,均为首次披露),武汉出版社2004年版;《胡风致舒芜书信全编》,《新文学史料》2008年第1、2期;《舒芜致胡风书信全编》,东方出版中心2010年版。另有:《舒芜集》8卷,河北人民出版社2001年版;舒芜口述,许福芦撰写:《舒芜口述自传》,中国社会科学出版社2002年版。

更全面地了解胡风,对其作更深入、更高层面的研究提供了可能。它涉及新史料与旧史料、局部与整体、科学主义与人文精神、个人私德与历史评价等颇多以前没有碰到的新问题。而这,无疑需要借助于柯林伍德所说的思想的力量。否则,不仅无法实现对历史的超越,甚至可能被繁杂无序的史料所淹没而不知所向。从这个角度来看,我们也没有理由不高度重视思想之于史料的参证作用。这也许就是陈寅恪将"观念"与"材料"互证作为王国维"二重证据法"之一提出①,胡适在讲史料研究时强调必须具有"精密的功力"和"高远的想象力"②的原因。

　　说到史料的思想阐释和研究主体独立性问题,还不能不涉及与之关联的生存环境与文化保存制度问题,这也是当代文学史料无法回避的一个现实问题。中国有治史传统,也有收集和保存史料的习惯,早在周朝就开始设立保管史料的专职机构。然而,由于战乱频繁、社会动荡和政治文化原因,这些官方保管的史料不仅损毁严重,而且体制封闭,成为殿堂少数人垄断的专利。1949年以后,我国建立了3000多个档案馆,收藏了1亿多卷资料,史料收集有了很大发展。但由于当代文学与当代政治休戚相关的特殊情况,许多重要的、关键性的史料,如文艺批判运动重大决策与内部重大斗争的来龙去脉,许多当事人在斗争中的具体表现及其转变,"大写十三年",中苏大论战缘起、发展与变故,等等,可能涉及某些敏感的政治,某些人的形象、道德和人格的评价,至今仍封存在各个等级的档案馆(尤其是最高等级的中央档案馆),未能进入公众视野。而如果占有的史料不多,特别是没有占有这些重要的、关键性的史料,当代文学研究是很难深入下去的,更不会取得实质性的突破。80年代初平反冤假错

---

① 王国维在1925年的讲义《古史新证》第一章"总论"中说:"吾辈生于今日,幸于纸上之材料外,更得地下之新材料。由此种材料,我辈固得据以补正纸上之材料,亦得证明古书之某部分全为实录,即百家不雅驯之言亦不无表示一面之事实。此二重证据法,惟在今日始得为之。"见王国维:《古史新证》,清华大学出版社1994年版,第2页。陈寅恪在《王静安先生遗书序》中论述王国维治学方法时对此作了发挥,将其概括为三个方面:"一曰取地下之遗物与纸上之遗文相释证","二曰取异族之故书与吾国之旧籍互相补正","三曰取外来之观念与固有之材料互相参证"。见陈寅恪:《金明馆丛稿二编》,上海古籍出版社1980年版,第219页。

② 胡适:《北京大学国学季刊发刊词》,《胡适文集》(第3卷),北京大学出版社1998年版,第15页。

案时,某些尘封的档案曾经启动过,并对当时文学研究产生了很好的推动作用。但严格地讲,这不是体制调整的结果,而是出于暂时的一种策略性考虑,并且只是有选择地开封了很小一部分,整体的文化保存体制没动,依然按照原有方式在运转。尽管后来有中国现代文学馆的建立,不少省市也相继建立或正在筹建文学馆,但这些文学馆收藏的主要是现代文学方面的文学史料(以非政治类的专业书籍为主),因而对当代文学研究影响不是很大。有人说,"现代文学研究领域里对史料的运用主要集中于期刊研究上,那么在当代文学研究领域,目前史料搜集的侧重点则在档案文件、历史记述等。因为当代文学与当代政治历史相伴生的历史特点,查找相关档案文件,梳理当权者与文人集团之间错综复杂的关系是还原历史语境的关键所在。较之现代文学,当代文学研究更担负着澄清历史面貌的任务"①,这是符合当代文学史料实际的。唯其如此,打破沿袭已久的封闭僵硬体制,构建一种与人的自由与解放相适应的、现代开放开阔的文化保存制度,对当代文学史料研究来说就显得十分迫切和重要。21 世纪是更加开放的世纪,随着全球化、民主化、科技化步伐的加快,许多原来陌生或被排斥、被视为禁忌的境外的、异质的史料,通过各种渠道源源不断地浸润进来,如台湾"反共文学"史料,香港的"绿背文学"史料,海外《今天》杂志,"文革"小报,蒋介石日记,高行健和莫言获诺贝尔文学奖及其授奖词,等等。现实已经向我们提出了一个如何超越原有简单意识形态,用开放态度与之对话的问题。王国维、陈寅恪当年在"取异族之故书与吾国之旧籍互相补正"②,即在汉文文献之外搜集、利用外文文献和域外史料方面,取得了丰硕的研究成果,古代文学研究领域在这方面也有很好的学术传统,并在近年来有新的拓展。当代文学史料与之相比,无疑渗入了更多意识形态的元素,情况可能也更为复杂。但无论怎样,这种来自域外的史料对我们固有史料研究模式和格局来说,是有意义的,至少为其丰富和拓展提供了有益的参照。

马克思在《政治经济学批判(1857—1858 年手稿)》中在谈到自由与真理关系时指出:"克服这种障碍本身,就是自由的实现,而且进一步说,外在目的失

---

① 吴舒洁:《浅论当代文学史研究中的史料问题》,《漳州职业技术学院学报》2007 年第 3 期,第 35—36 页。

② 陈寅恪:《王静安先生遗书序》,《金明馆丛稿二编》,上海古籍出版社 1980 年版,第 219 页。

掉了单纯外在自然必然性的外观,被看作个人自己提出的目的,因而被看作自我实现,主体的对象化,也就是实在的自由。"①在马克思看来,所谓自由就是不断克服障碍的一个过程。他所说的障碍,既指外在于主体的自然必然性对人的限制,也包括人对自我主体力量的实现以及将这种主体力量对象化的能力。而就当代文学史料来讲,它同时涵盖外部社会政治环境与研究者自身精神思想两个方面。目前,当代文学文化保存体制还不完善,《中华人民共和国档案法》在实施中也存在不少问题。据说中央档案馆的史料至今解密不到百分之四十,当代文学领域许多重要的、关键性的史料因各种原因仍处于尘封状态,许多历史人事还"包在饺子里"(公刘语)。要解蔽还原,既要有翔实的史料,也要有足够的耐心。对于有些一时还无法解蔽的史事,在条件尚不具备的情况下不作强行的主观臆断,而是存疑,留给后人在条件成熟时索解。在环环相扣而又代代相续的学术链上,我们所能做的就是实事求是,尽最大努力做出属于我们自己的历史贡献。这也是研究者应有的一种科学态度,是研究者通向自由、实践自由,将自由内化为"主体对象化"的一个具体表现。

(原载《文学评论》2014 年第 4 期)

---

① 《马克思恩格斯全集》(第 30 卷),人民出版社 1995 年版,第 615 页。

新出文献与中古文学史的书写和建构

胡可先

中古文学是中国文学发展的一个特定阶段,现代意义上的文学史书写与建构也已走过百年的历程,对于中古文学史研究的问题进行审视,仍然有一些弱点、盲点、偏颇和歧见,尤其是在百年文学史编纂中的单线思维,使得文学史的本来面貌得不到真正彰显;流行百年的魏晋时期"文学自觉"的观念,也受到了多层面的质疑。在这样的背景之下,运用新出文献展开中古文学史的研究,可以在一定程度上改变旧的研究模式,开拓新的研究空间,提供新的研究思路。新出文献对于中古文学史之书写和建构的意义在于:新出土的中古墓志呈现出更多的文学史内涵,新出土的写本文献是中古文学史研究的重要载体,利用新出文献可以促进中古文学史书写的多元化。

一、中古文学史研究的问题审视

(一)文学自觉问题

"文学自觉"说来源于日本铃木虎雄《魏晋南北朝时代的文学论》,该文最早发表在日本的《艺文》1919 年 10 月号,后来收入其《中国诗论史》一书,他的结论是"魏的时代是中国的自觉时代"。1927 年,鲁迅先生做了《魏晋风度及文章与药及酒的关系》,提出了魏晋"文学自觉"说,近百年来在中古文学史研究领域产生了巨大的影响。鲁迅说:"孝文帝曹丕,以长子而承父业,篡汉而即帝位。他也是喜欢文章的。……丕著有《典论》，现已失散无全本，那里面说'诗赋欲丽'，'文以气为主'。……后来有一般人很不以他的见解为然，他说诗赋不必寓教训，反对当时那些寓训勉于诗赋的见解，用近代的文学眼光看来，曹丕的一个时代可说是'文学的自觉时代'，或如近代所说的为艺术而艺术……"①这一论断对于 20 世纪以来的中古文学史研究及批评产生了深远的影响，以至于当今的主流文学史著作仍然以"文学的自觉"为魏晋文学的特征，如袁行霈先生主编的《中国文学史》第三编"魏晋南北朝文学"之"绪论"的第一节就以"文学的自觉与文学批评的兴盛"立目。但也引起了学者们的反思和辨正，认为日本铃木虎雄提出的这一说法并不是一个科学的论断，鲁迅先生接受这一说法本来也是有感而发，虽然具有一定的学术启发性，但不能把它上升为文学史规律性的理论判断，否则会影响我们对魏晋南北朝文学的全面认识，也有碍于对中国文学发展全过程和中国文学本质特征的认识，因而中古文学研究中不适宜使用"文学自觉"这一概念。②诸位先生的商兑，虽然不同意铃木虎雄和鲁迅先生的说法，但往往将论点集中于汉代文学自觉说的挑战、功利主义和文学自觉关系、文学的社会承载和审美价值关系的辨析上。

我们现在来看，"文学自觉"说的核心就是鲁迅先生直接归纳的"为艺术而艺术"，其实这种说法不仅不符合魏晋文学的事实，甚至也不符合整个中国文学史发展的实际。因为无论是铃木虎雄还是鲁迅，这一说法的时间基点是朝代，如果限于诗赋文体，这种说法或许有一定道理，而推及文章甚至涵盖整个文学其偏颇就大了，因为中国任何一个朝代的文学表征和发展演变都不是"为艺术而艺术"的。不仅是一些史学著作如《左传》《史记》《资治通鉴》很重视文学表现，即使是一些地理著作如《水经注》、佛教著作如《洛阳伽蓝记》，其中都有一些很具文学特色的经典篇章为历代文学选本精选。因此，"文学自觉"说很大程度上遮蔽了中国文学发展过程中一些重要的文体和文学现象，尤其是

---

① 鲁迅：《鲁迅全集》（第 3 卷），人民文学出版社 2005 年版，第 526 页。

② 参见赵敏俐：《"魏晋文学自觉说"反思》，《中国社会科学》2005 年第 2 期，第 155—167 页。对此说加以辨正者还有：刘文勇：《"文学自觉说"商兑》，徐中玉、郭豫适主编：《中国文论的情与体：古代文学理论研究（第 25 辑）》，华东师范大学出版社 2008 年版，第 49 页；刘文勇：《"文学自觉说"再商兑》，《人文·第三届古典文学国际学术研讨会论文集》，东吴大学，2015 年版，第 101—119 页。

五四运动以后,引进了西方的文学分类学说,将中国古代文章纷繁复杂的类别和特性屏蔽殆尽。"文学自觉"说的流行也与其产生的时代环境有着密切的关系,而且愈演愈烈,以至发展成了文学史规律性的理论判断,这样也就使得文学史的书写与文学的发展实际逐渐偏离。比如对于北朝文学的地位,按照"文学自觉"说就存在着荒漠化的危机,而新出土石刻文献尤其是墓志表明,北朝文学研究的薄弱局面需要彻底改变。以前的文学研究重经典名家名作,轻应用性文字篇章,这在北朝文学的研究中尤为突出,而北朝墓志作为传记文学的一类,既具文学性,又有社会性,文字质朴,骈散兼融,对于隋唐以后文章学发展影响很大。将新出土的北朝墓志作为一种独立性文体加以研究,并以此为中心展开文学史现象和文学史演变的研究,具有广阔的前景。

(二)单线思维问题

长期以来,传统的中国文学史写作大多按照时间线索叙述其历史发展脉络和演化进程,但由于时间维度的主导性,空间维度难以得到强调和凸显,这使得文学史的本来面貌得不到真正的呈现。[①] 这已成为 21 世纪诸多文学史家的共识。这种按照时间线索叙述文学史进程的思维方式,我们称之为"单线思维"。现代意义上的文学史,从 1904 年林传甲出任京师大学堂文学教授主讲中国文学史以来,已超过百年,文学史著作也由早年的简略发展到后来的繁复,但迄今为止超过两千部的中国文学史著作,大多仍然沿袭着单线思维的方式,由一个时间线串起一系列作家作品,再加上一些背景的叙述和影响的说明。这样就使得中国文学史尤其是中古文学史的研究呈现出诸多偏向:一是重视时间向度,忽视空间维度;二是重视汉族文学史的梳理,忽视少数民族文学史的讨论;三是重视以男性为中心的文学叙述,忽视女性文学的书写;四是注重书面文献的利用,忽视新出资料的挖掘;五是注重文学史研究经典化的共性,忽视文人日常生活的个性。在单线思维下,不仅对于空间维度重视不够,即使是文学演变过程中极为重要的文人群体、文学家族、性别文学,等等,都因

---

① 参见孙妙凝:《构建多维度中华文学史研究图景》,《中国社会科学报》2015 年 12 月 9 日。该文是对中国人民大学文学院、《文学遗产》编辑部共同主办的"空间维度的中华文学史研究"学术研讨会相关文学史研究专家的采访。

为脱离了时间主线而不能被包融在内。这样单一性的书写,忽视了文学发展的丰富性和复杂性,距离文学的原生状态渐行渐远。

要解决文学史书写和研究中的单线思维问题,就要对上述被忽视的地方加以重视。即就新出文献而言,可以开拓的空间就很大。陈寅恪先生在《敦煌劫余录序》中甚至说:"一时代之学术,必有其新材料与新问题。取用此材料,以研求问题,则为此时代学术之新潮流。治学之士,得预于此潮流者,谓之预流。其未得预者,谓之未入流。"①因此,要开拓文学史研究新境,首先是挖掘新材料,其次是研究新问题。敦煌新资料的发现,引领了一个新的学术潮流,这个潮流延续了一个世纪仍然没有消歇。目前看来,新资料主要有三个方面:一是出土文献。20世纪以来,出土文献极为丰富,进入21世纪后,更是日新月异,尤其是上古的简帛文献,中古的石刻和写本文献,出土不计其数,意义尤为巨大,利用这些文献,既有助于文学史原生面貌的探索,起到正本清源的作用,更能够增进文学研究和历史学、考古学的关联。二是域外文献。中古时期的原始文献流传国外而国内散佚者很多,加之20世纪后半段国门关闭,文学史研究对于域外文献利用不足。21世纪以来,学者们不仅出国交流更为方便,域外汉籍的大量回传和成批影印也有利于促进文学史的多元化研究。三是实物材料。新出资料不仅是文献资料,更多的是实物材料,如新出土的各种文物、图画以及遗址等,很多与文学的发生环境和原生状态有所关联,利用实物材料以印证文学文本,阐述文学现象,能够使文学史研究在文字文献以外得到很好的补充。

(三)学科限制问题

学科化尤其是中华人民共和国成立以来的学科分类对于传统学术研究限制最明显的方面是文史研究传统的割裂。就一级学科而言,专门有中国文学和历史学、考古学等;就二级学科而言,中国古代文学与中国古典文献学是分开的。这样就使得中国文学史的研究者在知识结构和学术理念方面失去了历史支撑,也削弱了对古典文献的重视程度,传统的文学、文献和历史一体化的

① 陈寅恪:《金明馆丛稿二编》,上海古籍出版社1980年版,第326页。

局面被打破,必定给文学史的实证研究造成不利的影响。中国的历朝历代文学,都是在当时的具体背景下产生的,又是通过生活于当时的作家运用创造性的语言表现出来的,而削弱历史和文献的支撑也必定带来文学史研究的泛化。这样的影响在中古文学研究领域尤为突出,因为中古文学尤其是魏晋南北朝时期的文学,仍然是文学和学术不分、文学和历史相联的。诸如文笔之辨的讨论就是基于学术基础上的文学讨论,昭明太子所编的《文选》也是经史子集都包容在内的。学科化倾向就是对学术和文学以及四部统一的传统进行了硬性割裂,由于科学化的影响,文学史著述也就具体而为教材模式,这就在一定程度上使得这门学科的发展陷入困境,困境的核心在于实用主义的强化和实证研究的弱化。

要纠正文学史研究过于学科化的弊端,就要在文学史的研究中处理好与历史学和考古学的关系,即"考古的眼,史学的手,文学的心"。史学是借助文献史料以描述过去,文学是借助生活经历以融入想象,考古是力求还原时代风貌;史学要体现社会责任感和思想启蒙意义,文学要体现人性的情怀和审美的特质,考古要体现新资料对文化的印证和视野的开拓。① 文学史的书写既是文学的研究,又是历史的叙述,同时要利用考古发现的原始资料,因而也就最能融合历史、考古和文学的关系。而我们以往的中古文学史编纂与研究,在历史、考古和文学的融合方面是很不到位的,文学、历史和考古之间甚至是有些隔断的,历史变成了划分朝代的单线描述,文学变成了作家作品加上背景、影响的知识罗列,而对于新发现的考古资料更是涉猎甚少,因而在时空拓展方面就带来了很大的局限。

二、墓志:中古文学史内涵的呈现

就中国书写文献的发展而言,汉代是纸简替代的时代,宋代是印刷繁盛的

---

① 参见葛承雍:《文物、史学、文学的互动:学术创新、争鸣与激情的思考》,文化遗产研究与保护技术教育部重点实验室等编:《西部考古》(第 6 辑),三秦出版社 2012 年版,第 34 页。

时代。在处于其间的魏晋南北朝至隋唐五代的中古时期,石刻就成为最值得重视的一个文献类别。作为石刻大宗的墓志,更是中古文学研究最丰富的宝藏。饶宗颐先生在《远东学院藏唐宋墓志目》"引言"中说:"向来谈文献学者,辄举甲骨、简牍、敦煌写卷、档案四者为新出史料之渊薮。余谓宜增入碑志为五大类。碑志之文,多与史传相表里,阐幽表微,补阙正误。"①20世纪以来,中古墓志特别是唐代墓志大量出土,保守估计也不下于万方。利用墓志文献以研究文学,有助于探索文学史的原生状态,挖掘被历史掩埋的文学史现象。就墓志本身而言,值得从文本、文体与文学的不同层面进行探讨;就墓志拓展而言,可以研究家族与文学、政治与文学、书法与文学等诸多方面的联系。比如在中国文学史研究领域,南朝文学与北朝文学一直呈现着不平衡的局面,长期以来重视南朝而忽略北朝,但随着北朝墓志的大量出土,出现了与中国文学史的常态研究反差较大的现象。通过新出土北朝墓志的研究,不仅可以填补北朝文献研究的空缺,也可以进一步认识南朝文学重情感和北朝文学重实用的不同的文学取向。

(一)新出墓志与文学内涵的蕴蓄

墓志作为一种特殊的文体,是当时文人撰写并镌刻于石上的人物传记。因为各种礼仪制度的影响和风俗习惯的约束,不少墓志表现出程式化的特征,但仍然有很多墓志文学价值。相较于传世文献,新出土墓志以原始的实物形态和文字形态反映中古时期家族文化的特点,这样一篇篇活生生的传记,展现了生活于三至九世纪这一中古时期的人物群像。我们列举三类特殊的墓志加以说明。

1.诗人墓志

中古时期尤其是唐代墓志当中,诗人墓志是其精华所在,也是文学史研究得以凭借的最有价值的原始材料和实物载体。诸如大诗人王之涣,在墓志出土之前,人们对他的家世籍贯、生卒年月、生平仕历等,几乎一无所知,而墓志出土以后,其生平经历就昭然若揭,墓志还记载了他"歌从军,吟出塞……布在

---

① 饶宗颐:《饶宗颐二十世纪学术文集》卷十三,中国人民大学出版社2009年版,第448—449页。

人口"①的文学活动,不仅是他作为边塞诗人的有力证据,而且是他诗歌影响的最早文献记载。再如近年出土的韦应物墓志,撰者是与韦应物同时期的著名诗人丘丹。这一墓志不仅对于韦应物的家世、生平、科举、婚宦等方面,都有详细的叙述,还为大诗人丘丹的研究提供了不少重要的线索。又如集政治家和文学家于一身的女诗人上官婉儿的墓志近年出土,为我们展示了一篇极具文学价值的女性人物传记,墓志运用骈体行文,注重细节描写和曲笔表现,将这位特殊女性的形象惟妙惟肖地表现出来。

有些诗人墓志,还有诗歌创作过程的记载。如新出土的崔文龟墓志记载:"大中十二年冬,君始被疾,不果与计偕。明年三月□极,四日谓璐曰:'予之疾不可为也。前十一月时,赋咏题诗云:惆怅春烟暮,流波亦暗随。'是日殼血,盖有征焉。""读浮图书,雅得其奥。每自咏曰:'莲花虽在水,元不湿莲花。但使存真性,何须厌俗家。'旨哉斯言,可以味于人矣。君生平所为古文七十首,赋十首,歌诗八百二十首,书启文志杂述共五十三首。又作《玄居志》十八篇,拟诗人之讽十篇,尚未绝笔。"②墓志记载崔文龟存诗二首,并述其作诗过程,很有助于我们对于唐诗创作环境的了解。尤其是"自咏诗",表现他阅读佛教书籍而深得旨趣后的切身体验,将生命之情怀、佛理之参悟融入简短的二十字当中,形象鲜明,涵蕴深厚,耐人寻味。墓志还记载崔文龟创作古文七十首,赋十首,歌诗八百二十首等,可惜都散佚无存。载有诗作并兼述创作过程的新出土诗人墓志还有不少,如张晔墓志、卢广墓志、卢照己墓志、丁元裕墓志、崔尚墓志、王素墓志、韦志杰墓志、皇甫映墓志,等等,甚至还有女诗人李澄霞的墓志。这些墓志再现了诗人的生活状态和创作风貌,是我们现在阅读《全唐诗》和《全唐文》这样的大型总集也难以获得的。墓志对于创作背景和创作环境原生态的表述,也是我们现在编纂的文学史著作所缺乏的。

2.自撰墓志

自撰墓志是一种特殊的墓志文体,是文人自己给自己立传,侧重于自我形象塑造的自传文章,或叙行迹,或述家世,或抒感慨,或发议论。这样的墓志,既是撰者生命本真的映现,也是文学个性的凸显。比如新出土《唐乐知君自靖

① 李稀泌编:《曲石精庐藏唐墓志》,齐鲁书社1986年版,第95页。
② 胡戟、荣新江主编:《大唐西市博物馆藏墓志》,北京大学出版社2012年版,第858页。

人君室石诗并序，自撰》："乐知，自谥也。自靖人，自予也。名映，字韬之。玄晏十七代孙。祖父兄皆二千石。贞元癸酉生于蜀。映年七十二，太岁甲申终于洛。十岁而孤，母兄育训；长为儒业，无所成名；壮而纳室，竟无嗣续。因缘从事，仅十五载。邴曼容之贤，禄不过六百石，吾已及之；邓伯道之哲，皇天尚使无儿，何足叹也。依释不佞，奉道不谄，与朋以澹，事长以恭，如斯而已矣。今日幸免毁伤，归全泉下，预于先大夫北廿步，先妣东十三步，兄西十五步，凿深九尺，筑高一寻，旁荫故柏，上植三株，衬茔不敢具三代官讳。诗曰：三乐道常，九思不惑。六极幸免，百行惭德。四大无有大患息，一丘乐化永无极。"①这是皇甫映自撰的墓志铭，其后的诗作，实际上就是一篇自挽诗，这样不仅表现出撰者的性格、心理和文才，更是将诗文融为一体了。

　　这些自撰墓志，新出土的数量不下于十方：《唐朝议郎守太子宾客分司东都上柱国赐紫金鱼袋卢载墓志铭并序自撰》《唐故朝议郎检校尚书户部郎中兼襄州别驾上柱国韩昶自为墓志铭并序》《唐太子太保分司东都赠太尉清河崔府君(慎由)墓志自撰》《唐故通议大夫守夔王傅分司东都上柱国赐紫金鱼袋吴兴姚府君(勖)墓志》《唐故尚书水部员外郎以著作郎致仕彭城刘府君(复)墓志文》《通议大夫尚书刑部侍郎赐紫金鱼袋赠工部尚书广平刘公(伯刍)自撰志文并序》《唐乐知君自靖人君(皇甫映)室石诗并序》《唐故中散大夫守太子宾客上柱国赐紫金鱼袋赠工部尚书河东薛府君(丹)墓志》《大唐中岳隐居太和先生琅耶王征君(玄宗)临终口授铭并序》《唐故朝请大夫慈州刺史柱国赐绯鱼袋谢观墓志铭并序》《唐故朝议郎河南府王屋县令上柱国裴珙府君墓志铭并序自撰》。②从撰志主体而言，自撰墓志更加凸显家族背景下的个人化倾向，志主、撰者合而为一，更突出创作者的主体性，因此文学性较其他墓志更强；从文体形态而言，自撰墓志是特殊形式的自传文章，往往以情驱动文笔，侧重于生活叙事和性格刻画；就文化传承而言，自撰墓志侧重于家族背景下自我形象的塑造，也使得家族文化传承的表达更具真实感。

---

① 乔栋、李献奇、史家珍编著：《洛阳新获墓志续编》，科学出版社2008年版，第259页。
② 参见拙作《文学家传和文学自传：新出土唐代墓志文体的家族因素》，《浙江大学学报》（人文社会科学版）2013年第5期，第124—125页。

3.鸳鸯墓志

鸳鸯墓志,一般是指同一墓穴中埋藏的夫妻二人的两方墓志,特殊情况下也会出现三方墓志,还有个别夫妻墓志属于两篇志文而同刻于一石者。"鸳鸯墓志"之称源自于右任先生的"鸳鸯七志斋"藏石,于先生收藏了七对鸳鸯墓志,是北魏时期皇族夫妻的墓志,具有重要的历史文化价值。近几十年来,新出土墓志中鸳鸯墓志颇多,目前笔者统计有四百余对,这些墓志的文学价值非常值得重视。因为鸳鸯墓志中的一方是女性墓志,独具女性形象塑造的意义。合葬墓中仅有一方的非鸳鸯墓志,往往是对丈夫的事迹记载较为详细,而对于妻子的记载非常简略,是作为丈夫的陪衬并与子嗣的介绍连在一起的。而各自一方的鸳鸯墓志则完全不同,妻子的单独墓志是其整个形象的映现。因为古代社会,女性往往很少从事政治活动和社会活动,故而妻子的墓志侧重于家族、婚姻和琐事的记载,以及对于妇德的颂扬,这与丈夫的墓志以仕历和事功为主是完全不同的。因此,鸳鸯墓志较普通墓志而言,独具女性形象塑造的意义,是女性传记文学的一个重要类别。

鸳鸯墓志中有些妻子的墓志是丈夫所撰的,对于妻子的缅怀情真意切,非常有助于悼亡诗的印证和解读。如韦应物有十九首悼亡诗存世,其《出还》诗云:"昔出喜还家,今还独伤意。入室掩无光,衔哀写虚位。凄凄动幽幔,寂寂惊寒吹。幼女复何知,时来庭下戏。咨嗟日复老,错莫身如寄。家人劝我餐,对案空垂泪。"①新出土韦应物所撰的《元苹墓志》,既表现韦应物自己的感受("余年过强仕,晚而易伤。每望昏入门,寒席无主,手泽衣腻,尚识平生,香奁粉囊,犹置故处,器用百物,不忍复视。"),又描写其幼女的表现("又可悲者,有小女年始五岁,以其惠淑,偏所恩爱,尝手教书札,口授《千文》。见余哀泣,亦复涕咽。试问知有所失,益不能胜。天乎忍此,夺去如弃。"②)。这种描写与《出还》诗中的情境不仅可以相互印证,而且更有助于读者探研韦应物悼亡诗的情感底蕴。

还很值得注意的是,鸳鸯墓志和自撰墓志有时是关联的,这表现在三个方

---

① 陶敏、王友胜:《韦应物集校注》卷六,上海古籍出版社1998年版,第396页。

② 赵力光主编:《西安碑林博物馆新藏墓志续编》,陕西师范大学出版社2014年版,第384页。

面:首先,鸳鸯墓志中有一方墓志是自撰墓志,唐代鸳鸯墓志中的自撰墓志,表现了唐代文人对于自我形象的塑造,还突出了对死后世界的想象,这与完全写实的普通墓志是不同的,如薛丹夫妇墓志中的薛丹墓志属于自撰墓志;其次,鸳鸯墓志中还出现妻子的墓志是丈夫所撰的,其对于妻子的缅怀情真意切,尤其是韦应物所撰的《元苹墓志》与其悼亡诗相互印证,可以进一步加深对于悼亡诗的理解;最后,更为特殊的是丈夫自撰墓志和其撰写的妻子墓志出现在同一对鸳鸯墓志中,即如新出土卢载夫妇墓志中的卢载墓志就是自撰的,而其妻墓志是卢载所撰的,这在墓志的叙事抒情方面都具有独特的价值。

(二)新出墓志与文学背景的呈现

我们再拓展一步来看,通过新出土的中古墓志可以探讨文学史演变进程当中的各种背景和联系。因为对于中古以前的文学背景研究,仅靠传世文献是远远不够的。在抄本传播时代,文本具有不确定性和不全面性,这给人们了解文学背景带来很大困难,加以传世文献有些为当事人篡改,或者在后世流传中失实,这都需要出土文献加以补充,而出土文献中的墓志是最值得珍视的材料。

1.家族与文学的关系

21世纪以来,文学家族研究成为古代文学研究的前沿和热点,但以新出土墓志为主要依据进行研究的成果却并不多见。实际上,中古社会重视家族传承,聚族而居,也聚族而葬,因而新出土墓志的重要特点就是其家族性,且其中不乏文学家族的墓志。我们试举卢氏家族为例:中古卢氏定著四房,其中三个支系文学人物出现较为集中。一是阳乌房卢思道一系,出土了卢承福墓志等多方,这样由隋代卢思道到初唐卢藏用直至中晚唐卢拱在文学上的家族影响,可以进行清晰的梳理。二是阳乌房卢昌衡一系,出土了诗人卢士玫、卢载等墓志七十余方,为我们展示了作为望族的文学家族的缩影。三是尚之房卢羽客一系,出土了大诗人卢纶族系的墓志七方,这些墓志能够解决卢纶的家世、生平以及相关的边塞诗渊源研究等重要问题。综合卢氏三个支系的新出土墓志,链接该族系人物的文学创作,就能从一个典型的个案彰显中古时期文学家族的特点和家族文学的风貌。诸如这样的文学家族颇多,最著者有太原王氏家族、清河崔氏家族、河东薛氏家族、京兆杜氏家族、京兆韦氏家族、弘农杨氏家族、武功姚氏家族,等等。

2.政治与文学的关系

新出土墓志当中,最为重要的墓志是兼政治家和文学家于一身的士大夫阶层的墓志。这样的墓志彰显出中古文学与政治是紧密联系、相互影响的。这里我们列举两方特殊的墓志加以说明。一是苑咸墓志。苑咸是李林甫的心腹人物,传世文献对其争议颇多,而新出土的苑咸墓志则言:"天宝中,有若韦临汝斌、齐太常浣、杨司空绾数公,颇为之名矣。公与之游,有忘形之深,则德行可知也。每接曲江,论文章体要,亦尝代为之文。洎王维、卢象、崔国辅、郑审,偏相属和,当时文士,望风不暇,则文学可知也。右相李林甫在台座廿余年,百工称职,四海会同。公尝左右,实有补焉,则政事可知也。"①将其德行、文学与政事融合在一起,表现其异于史传的另一副面孔,这是墓志表现政治与文学关系的集中体现。二是上官婉儿墓志。上官婉儿是一位颇具争议的女性,而其墓志的出土,有助于了解这位女性在复杂动荡的政治环境中的立身行事,特别是对于唐隆政变前后的政治情况做了较为详细的描述,厘清了史书记载的一些疑窦;同时,墓志对于上官婉儿家世的记载非常详尽,突出其父辈和祖辈的政治、学术和文学活动,与传世文献比照参证,可以勾勒出上官氏家族从隋代到唐中宗时期的文学传承情况。

3.书法与文学的关系

新出土墓志是书法与文学融合为一的实物载体,其表现则有多个层面:一是书法家既撰文又书丹的墓志,书法与文学出于同一主体。如诗人郭虚己的墓志题署"朝议郎行殿中侍御使颜真卿撰并书"②,诗人李岵的墓志题署"银青光禄大夫行尚书工部侍郎集贤殿学士上柱国会稽县开国公徐浩撰并书"③。二是文学家撰文、书法家书丹的墓志,不同主体的书法与文学集中于同一墓志。如新出土的王琳墓志,徐峤撰文,颜真卿书丹。徐峤既是文学家也是书法家,他为妻子王琳撰志,请当时还较为年轻的书法家颜真卿书丹,这是很值得重视

---

① 杨作龙、赵水森等编著:《洛阳新出土墓志释录》,北京图书馆出版社 2004 年版,第 258 页。

② 赵君平编:《邙洛碑志三百种》,中华书局 2004 年版,第 211 页。

③ 赵文成、赵君平编选:《新出唐墓志百种》,西泠印社出版社 2010 年版,第 220 页。

的现象。再如既是政治家又是文坛领袖的张说墓志,由当时的文坛冠冕并任工部尚书的张九龄撰文,又由当时八分书名家、朝散大夫中书舍人梁升卿书丹,更是集众美于一体了。三是书法与文学的交互研究。如唐代书坛出现复古的倾向,与唐诗的复古之风和古文运动的发生过程应该有一定的联系。就诗而言,杜甫有吟咏顾诚奢、李潮、韩择木、蔡有邻八分书的作品多首,称赞诸人的书法渊源李斯、蔡邕,臻于"蛟龙盘拿肉屈强""书贵瘦硬方通神"①的境界,从中透露出杜甫的书法观念是崇尚复古并追求正宗的,这也是盛唐时期文学艺术复古思潮在杜甫身上的反映。就文而言,书体的复古与文体的复古也是相互影响的,一方面,因为墓志的性质,要求其文字与书法都古朴典雅、简洁得体;另一方面,盛唐以后的墓志逐渐增入散体文句以接近秦汉古文,到了中唐韩愈而臻于极致,这与杜甫所称道的书家追求复古,崇尚李斯、蔡邕或许有一定的关系。

三、写本:中古文学史书写的载体

写本出现在东汉以后,刻本出现在唐末五代,现在所谓写本是指雕版印刷术发明之前古人手写和传抄的文献。写本是纸张发明以来一直使用的书写工具和文字载体。新出文献中的中古文学写本以敦煌写本和吐鲁番写本居多,这些写本不仅提供了文学研究的文本材料,而且是文学传播和文化交流的重要见证。此外就是东瀛回传的写本,其中以日本各机构所藏最为丰富。这些写本有些已经被文学史家所采纳,有些仍然处在资料整理和汇集的状态。

(一)敦煌写本

20 世纪以来的中古文学史研究,对于敦煌写本文献的研究在写本利用中是最为充分的,尤其是在唐五代词和变文的研究方面取得成就最大。如《云谣集杂曲子》虽然收的都是无名氏词,但其内容丰富,语言质朴,感情真挚,形象

---

① 仇兆鳌:《杜诗详注》卷十八,中华书局 1979 年版,第 1550—1552 页。

鲜明,被誉为"倚声椎轮大辂"。唐代变文自从敦煌莫高窟被发现以来,无论是在整理校订还是艺术研究上,都达到了较高的水平,使得唐代这种文类得以全面生动地呈现于文学史园地当中。但总体来说,有关敦煌写本在文学方面的整理和利用,在文献层面成就较高,代表性成果有周绍良的《敦煌变文汇录》,王重民的《敦煌曲子词集》,任二北的《敦煌曲校录》《敦煌歌辞总编》,王重民等的《敦煌变文集》,黄征、张涌泉的《敦煌变文校注》,徐俊的《敦煌诗集残卷辑考》,张锡厚的《全敦煌诗》等。其中,《敦煌诗集残卷辑考》基于写本的原生状态以确定整理的标准,关注文学的发展以进行叙录的撰写,突出了写本时代诗集的特点,是精审的文献整理与深层的诗学探源相结合的示范著作,对于唐诗研究具有不可替代的作用。而利用这些成果以书写和建构唐五代文学史的标志性论著较少①,甚至在有些文学史著作的编纂中,这些重要的写本文献很少纳入其中。因此,将敦煌写本文献全面系统地运用于中古文学史研究当中,仍然还有很多空间可以开拓,而其重要的文学类别在于诗、词和赋。

就诗而言,敦煌写本的一大宗就是诗歌文献。"从流传情况看,它们又可分为两类:一类是已见于《全唐诗》及其他著作的传世诗歌,另一类是历代不见披载而仅见于敦煌遗书的佚诗。前一类多属知名诗人的作品,为研究者所习知,敦煌本具有校勘和考订的重要价值。后一类则提供了大量崭新的研究资料,其有助于开拓学术研究领域、增长新知的功效尤为巨大。"②项楚先生的《敦煌诗歌导论》初步打下了这一研究领域的基础,但总体上看,这类敦煌诗歌中,仅文人诗歌和王梵志的白话诗得到研究者的关注较多,而诸如佛道诗歌、民间诗歌、乡土诗歌,仍然没有在中古文学史上得到应有的地位。因此,这方面的文献应该是 21 世纪中古文学史建构所应纳入视野的重要内容。

就词而言,唐五代是词的发展时期,并不是词的定型时期。这一时期,各种因素对于词的起源和词体形成都产生作用,敦煌写本对于词体文学研究的开拓空间颇大,诸如佛教音乐对于词体的影响,《十二时·普劝四众依教修行》

---

① 如人民文学出版社 2013 年出版的颜廷亮撰《敦煌文学千年史》,汇集作者多年的研究成果,对敦煌文学从形成、发展、繁荣到消亡的变化过程作了深入系统的剖析,是近年较为罕见的梳理敦煌的专题文学史研究著作。

② 项楚:《敦煌诗歌导论》,巴蜀书社 2001 年版,第 2 页。

第十三至十六首云：

这娘子，年十八，面目端正如菩萨。高堂妙舍伴夫郎，床上追欢悉罗拽。

不知僧，在夏月，房舍无屋日炙热。有甚椽木施些些，如此福田不可说（大圣）。

这郎君，英聪哲，斜文疏张帽抄薛。共于（与）妻子入洞房，同杯饮燕相喻啜。

不知僧，饥以（与）渴，唇口曹熬生蹾烈。若能割减施些些，如此福田不可说。①

很明显，以上四首劝人修行作品，都是长短句式，是按照曲谱演唱的，无论在语词还是音乐层面，都体现出词的特性。

再如敦煌歌辞中的《五更转》《十二时》，虽然文辞属于齐言诗，但是根据一定的曲调传唱，应当是诗词演化时期相互影响的作品。与《五更转》相关的是《曲子喜秋天》：

每年七月七，此是受夫日。在处数座结交伴，献供数千般。今晨连天暮，一心待织女。忽若今夜降凡间，乞取一教言。

二更仰面碧霄天，参次众星竿（遍）。月明黄昏竿州元（圆），星里宾星竿。回心看起□□，吾得更深九（久）。日落西山睡深沉，将谓是牵牛。

三更女伴近彩楼，顶礼不曾休，佛前灯暗更添油，礼拜再三求。频（贫）女彩楼伴，烧取玉炉类。不知牵牛在那边，望得眼精穿。

四更换（缓）步出门听，直是（织女）到街庭。今夜斗（忽然都）不见流星，奔逐向前迎。此时难得见，发却千般愿。无福之人莫怨天（业怨牵），皆（更）是上（少）因缘。

五更数没了，处分总交收。五个恒俄（姮娥）结交（采）楼，那件（伴）见牵牛。看看东方动，来把秦筝弄。黄丁（针）拨镜再梳头，看看到来秋。②

这一写本，任二北先生定名为《五更转》，饶宗颐先生《敦煌曲与乐舞及龟

---

① 根据李小荣《敦煌佛教音乐文学研究》校理文字，福建人民出版社 2007 年版，第 607 页。
② 根据李小荣依 S.1497V，ⅡX.02147 综合校理本，见《敦煌佛教音乐文学研究》，福建人民出版 2007 年版，第 611 页。

兹乐》以为是《七夕相逢乐》,李小荣先生《敦煌佛教音乐文学研究》则定为《喜秋天》之词调。[1] 这一组曲子词用长短句组词的形式表现了七夕节日男女乞巧的民俗,而同时将礼佛发愿的佛教情怀融入作品之中,这和以后的文人词有着明显的不同。

就赋而言,传统研究主要关注律赋,以《文苑英华》所收唐赋为主,而敦煌文献中出现的许多俗赋则打开了赋体文学研究的另一视野,尽管如郑振铎先生的《中国俗文学史》对这样的赋体类别已有涉及,但从传统到现实的主流文学史中,敦煌写本俗赋仍然没有受到应有的重视。敦煌俗赋主要有无名氏的《晏子赋》《孔子项托相问书》《秦将赋》《燕子赋》《韩朋赋》《死马赋》《子灵赋》《双六头赋送李参军》《驾行温汤赋》《贰师泉赋》《渔父歌沧浪赋》《丑妇赋》《佚名赋》《去三害赋》《茶酒论》《𫗦𫗧书》,以及文人赋作刘长卿《酒赋》、白行简《天地阴阳交欢大乐赋》等。敦煌写本之赋至少有四个重要作用:一是呈现了俗赋这一新体裁,这种赋体是与传统的文赋、律赋、骈赋等完全不同的;二是从赋的发展路线看,在典雅的赋体文学发展流变的主线之外,民间的通俗赋体创作仍然流行;三是通过俗赋的考察,可以看出唐五代时期文人赋与民间赋交融之后文人创作俗赋的情况;四是敦煌俗赋与小说、变文的相互影响体现出文体交融渗透的意义,较早的赋作整理作品往往收入《敦煌变文集》中也是一个佐证。

(二)吐鲁番写本

吐鲁番写本文献涉及唐代社会生活的各个方面,是我们研究唐代政治、经济、军事、宗教、文化、文学艺术、民风世俗得以凭借的最为原始的材料。新出吐鲁番文献中还有不少唐代类书的残片,这些写本残片大多是遗佚的类书片断,也是我们研究唐代学术与文学关系不可多得的材料。朱玉麒先生甚至将这些残片定义为"碎片模式":"在整个中古时期,吐鲁番文书不仅具有地域性的意义,更因为它与中原文化的关系,而表现出中国古代文化传播与接受的通性。其'碎片模式'在中国文学史新范式的创立中,便具有了不容忽视的价

---

① 李小荣:《敦煌佛教音乐文学研究》,福建人民出版社 2007 年版,第 612 页。

值。"①下面我们举三个实例加以说明。

1.通过薛道衡《典言》残卷,可以进一步考察类书与文学的关系

薛道衡主持编纂的《典言》是北朝时期的著名类书,然因久已散佚而不为后世学者所知,吐鲁番出土文书面世后,其中有《典言》残页两纸,弥足珍贵。从中可以看出类书的格局特点。尤其值得注意的是,《典言》的正文部分,全部用骈体文书写,而其注释部分又呈现出用典用事繁复密集的特点。如其所存的残句"周武之牢笼九县""汉文之光宅四海""文彊德仁,扇枕而温席;樊儵丁茂,尝唾而吮痈""嗜指心惊,君仲于是返室"等句,明显是骈体文组成的。而其叙述部分每句都运用典故,在文句的夹注中将典故的出处标出。"这里也可以看到骈文盛行时期,对于类书编纂的影响。反过来,类书的编纂,对于骈文的隶事与诗文的用典也起到一定的促进作用。"②还值得注意的是,闻一多先生在20世纪前期曾写过《类书与诗》,指出类书是一种太像学术的文学和太像文学的学术,以为初唐时期类书与文学非常密切,而从《典言》残卷则可以看出,类书与文学在唐以前的南北朝时期就具有紧密联系了,其时类书的表达方式深受骈文的影响,而类书繁复的用事又反过来影响着骈文。类书对于文学的影响,唐以前侧重于文章,唐以后侧重于诗歌。

2.通过吐鲁番出土的唐诗写本,可以考察中古时期西域边陲的诗歌教育和接受情况

吐鲁番出土的唐诗写本数量虽然不是很多,但却是弥足珍贵的。如儿童习字诗残片③,是唐时抄写的隋代岑德润《咏鱼》诗,每字抄写多达三遍,参以吐鲁番以及和田地区出土的其他五言诗残卷以及《急就章》《千字文》等蒙学教材,证实中原文学和文化对周边教育具有很高的启蒙价值,也反映出唐代吐鲁番地区以诗歌作为启蒙教育载体的教育方式;再如吐鲁番出土的唐玄宗《初入

---

① 朱玉麒:《中古时期吐鲁番地区汉文文学的传播与接受:以吐鲁番出土文书为中心》,《中国社会科学》2010年第6期,第182—194页。

② 胡秋妍:《薛道衡〈典言〉唐写本残卷的来源、体例和学术价值》,《文献》2013年第6期,第155—162页。

③ 荣新江、李肖、孟宪实主编:《新获吐鲁番出土文献》,中华书局2008年版,第356页。

秦川路逢寒食》诗残片①,说明诗歌通过唐代帝王的提倡,其影响已经到达了西域,这样的诗歌传播融会了政治与文学,缩短了长安与西域的文化距离。

3.吐鲁番文书非常有助于边塞诗研究的深入

吐鲁番出土的写本文书对于唐代边塞诗研究具有重要意义。如其中所载的多篇家书是研究唐代西域书信文体沿革的重要资料,最典型的是《洪弈家书》②。这是开元七年(719)的写本,记载洪弈在西州于五月一日发向北庭的行程,描述了其时交通阻隔的情况,也书写了当时的心理活动。这些内容不仅本身具有抒情意义和文体价值,同时对于研究唐代边塞诗人的行军路线,以及边塞诗所表现的地理环境都有着重要的印证作用。再如吐鲁番阿斯塔那墓出土的马料文卷有关岑参、封常清、李栖筠等人的记载,为唐代边塞诗研究提供了最有说服力的原始实证材料。

(三)日藏写本

中古写本文献,敦煌和吐鲁番两大宗之外,就要数日本所藏的写本了。尤其到了唐代,中日文化交流密切,日本遣唐使回国时运去了大量的写本书籍,其中不少书籍在中国本土已经失传而在日本保存下来。如著名的正仓院所藏的《王勃诗序》写本一卷③,具有重要的文体学意义,对于诗文的演变和流布研究也价值巨大。我们即举其文体意义而言,正仓院抄本《王勃诗序》共一卷,收文四十一篇,其中最著名的就是《秋日登洪府滕王阁饯别序》。由上面所列的正仓院抄本《王勃诗序》可知,这种题材在王勃的诗文当中是独立的。如果追溯这种体裁起源的话,大概要追溯到魏晋南北朝时期。中国古代严文体之辨,梁代萧统的《昭明文选》收录文体就达三十余种,就中国的文体特点来看,《滕王阁序》属于"序"体,确切地说属于"诗序"体。因为序大体分为"书序"和"赠序"两类,"书序"起源很早,《周易》的《序卦传》、《史记》的《太史公自序》、《汉

---

① 参见朱玉麒:《吐鲁番文书中的玄宗诗》,朱玉麒主编:《西域文史》(第7辑),科学出版社 2012年版,第63—76页。

② 荣新江、李肖、孟宪实主编:《新获吐鲁番出土文献》,中华书局2008年版,第16页。

③ 正仓院抄本《王勃诗序》原卷,收录于道坂昭广《正仓院藏〈王勃诗序〉校勘》一书,香港大学饶宗颐学术馆2011年版。

书》的《叙传》，以及《诗大序》，都是"书序"的体裁，这里不展开论述；"赠序"的起源较迟，古代为送别而相赠所作之序，称为"赠序"，这在唐代较为流行；因为饯别时往往有聚集宴会，故而有"宴序"，也属于"赠序"的一种；有时集体作诗以赠别，集其诗而作者，称为"诗序"。"诗序"实则是兼有"书序""赠序""宴序"中各自的某一些特点，融合而成的一种文体。这些文体，唐代以后在编写总集和别集分类时，往往归入"序"类，没有再作细致的划分。只有正仓院公布的王勃的序文，总题为《王勃诗序》，这对我们是一个很大的启发："诗序"是一种文体，但也是唐诗创作过程的一部分。这类"诗序"产生于文人的饯别宴会集体作诗时，是在诗集前撰写的序言。这种文体有别于一般的"书序"，因为一般的"书序"仅对书的本身进行评价，并不涉及更多的人和更多的作品；这种文体也有别于一般的"赠序"和"宴序"，因为一般的"赠序"和"宴序"不一定要集体写诗而编成诗集，如王维《送高判官从军赴河西序》、韩愈《送孟东野序》、柳宗元《陪永州崔使君游宴南池序》等。由《王勃诗序》关联到唐代诗序文体，我们可以看到这种文体在初盛唐时期非常繁盛，但《王勃诗序》公开了将近一个世纪，而诸多的文学史研究著作几无一字涉及。这样的写本文献，在中华人民共和国成立以后的中古文学史编纂中往往被屏蔽于视野之外，在 21 世纪的文学史的编纂和研究当中，无疑是要加以利用的。

四、新出文献与中古文学史的多元叙事

(一)边缘活力:中古文学研究的空间拓展

传统的中古文学史研究，注重以中原为核心的文学研究，尤其是长安(今西安)、洛阳等京都文学的研究非常繁盛，而对距离京城很远的地区如南方的湖南、岭南等文学的研究则甚为薄弱，至于地处边远的荒漠和蛮夷地区，研究状态也可以用"荒漠"来描述。实际上，这样的研究是不全面的。中古时期，中央和地方以至边疆，一直处于交融的状态，作为中央的中原地区，尤其是政治、经济也是文学核心的长安和洛阳，体现了文化凝聚的特征，而这样的文化凝聚

并不是局部的和单向度的,而是全局的和辐射状的,核心地区以外的边缘活力与文化中心也形成交融和碰撞,因此,中古文学史研究既要注重核心地区的文化凝聚,也要激发中心以外的边缘活力。诸如敦煌的文学写本,体现出边缘的文学活力就非常强大。总体而言,因为政治和军事的原因,敦煌地区在"安史之乱"前后接受中原的文学传播有着很大的差异。"安史之乱"前,流传到敦煌地区的诗歌甚至是诗集颇多,刘希夷、卢照邻、陈子昂、李白、高适等著名诗人的诗歌写本迄今还可见多种,这些作品与当地文化融合,推进了西域地区的文化发展,也激活了中原文化的进一步传播。"安史之乱"后,敦煌地区为吐蕃占领,河西走廊被切断,敦煌地区的文化发展受到一定的影响,但文学的交流并不像政治和军事那样隔绝和对立。后来,归义军统治敦煌,成为敦煌历史的特殊时期,其文化交流与"安史之乱"前仍不相同。尽管如此,我们还是可以看到很多中原的文学作品在敦煌地区广泛流传,晚唐诗人韦庄的名篇《秦妇吟》分别有十余种敦煌写本就是最好的例证。此外,还有"数量可观的敦煌民族题材诗歌,不仅延长了兄弟民族交流碰撞的诗史,也更加全面展示了中古时期的民族关系态势及其影响"①,这体现了"安史之乱"以后,敦煌地区的文学和文化发展仍然具有较强的活力,这也是我们研究文学史所不应忽视的。这里我们再重点列举长沙窑、碎叶城、交趾三个特别的地域进行论述。

1. 长沙窑

长沙窑出土瓷器所题唐诗,是继敦煌文献之后发现的唐人题刻唐诗的重要文献,具有极高的文化价值与文学价值。这些诗歌主要题刻在瓷壶的流部之下,也有少部分写在双耳罐腹部、碟心或枕面之上。笔者曾在《出土文献与唐代诗学研究》一书中对这些唐诗进行过统计著录,总共有 105 首。② 这些诗歌,都没有诗题,不著作者,体裁有五言诗、六言诗、七言诗,其中五言诗占据绝对大的比例,大概是诗句简短,便于镌刻之故。诗歌通俗浅显,明白流畅,带有民间文学的特点。我们将这些诗与《全唐诗》中的文人作品对照,就会发现,这些民间诗歌与文人作品还是有紧密联系的。

----

① 王树森:《论敦煌唐五代诗歌文献的民族史意义》,《文学遗产》2015 年第 4 期,第 83—93 页。
② 胡可先:《出土文献与唐代诗学研究》,中华书局 2012 年版。

长沙窑瓷器题诗的流传情况,与一般的唐诗流传渠道是完全不同的。作为诗歌,其流传具有一定的文化属性;而其诗又是题刻在瓷器上的,是依附于瓷器而流传的,同时具有一定的商品属性。长沙窑瓷器既是内销瓷,也是外销瓷,其流传的范围应该是相当广泛的。长沙窑瓷器大量唐代题诗的发现,足证在当时的长沙,诗歌创作也是空前繁荣的。但从流传的文献如《全唐诗》收录的唐诗来看,湖南一带的诗人与诗作是非常少的,除了北方南贬的诗人之外,堪称杰出者唯李群玉一人。这种状况,不仅与长安、洛阳的都城诗坛无法比拟,即使与江淮的诗歌创作也不能相提并论,个中原因值得探讨。尤其值得我们注意的是文人诗歌民间化的情况,这对于我们从动态方面全方位研究唐代文学史有着很大的帮助。

2. 碎叶城

在唐代西域与边镇的历史上,碎叶尤为重要,唐代于此设立都护府,作为安西四镇之一。这里作为军事重镇,20 世纪以来一直受到研究者的重视,而作为文化和文学交流重镇,近年来随着"一带一路"倡议的提出才逐渐提上议事日程。

张广达先生说:"至于胡语文书和图像文物的作用更是如此,许多历史时空中已经失落的文明篇章或湮没不彰的情节借此而得重显于世。从此,人们研究汉晋以来历史,只要有简牍、胡语文书、图像文物等新史料可资参证,人们便会逸出文本记载的范围,不再让自己局限于传世文献。……学术研究从此受到文本、胡语文书、图像文物等大量新材料的推动,气象日新月异。"①碎叶城与唐代文学的关系极为密切,大诗人李白出生于碎叶城就是最为典型的事例。大诗人王昌龄《从军行七首》中也有诗句"胡瓶落膊紫薄汗,碎叶城西秋月团。明敕星驰封宝剑,辞君一夜取楼兰"②。但长期以来学界对于碎叶城所处之地并不确定,依据文献记载也多有分歧,以至于对于唐代诗歌难以准确地诠释,对于李白出生地的具体位置也难以确定。到了 1982 年,在今吉尔吉斯斯坦托克马克市西南八公里的阿克·贝希姆古城遗址发现了汉文的石刻造像,残留文字 11 行,有"□西副都□碎叶镇压十姓使上柱国杜怀□"等字样。这里的

---

① 张广达:《张广达文集》,广西师范大学出版社 2008 年版,"总序"第 3 页。
② 彭定求等:《全唐诗》,中华书局 1960 年版,第 1444 页。

"杜怀□"就是唐代安西副都护、碎叶镇压十姓使杜怀宝。[①] 1997 年，又发现残存汉字 6 行 54 字的残碑。[②] 托克马克这些汉文残碑的发现，认定了唐代碎叶古城的确切位置，也为唐代文学的实证研究提供了无可移易的实证材料。因此，要研究碎叶对于文学的影响，也必须逸出文本记载和传世文献的范围，而拓展到考古发现所呈现的实物和图像文献。

3.交趾

交趾地处当今的越南河内，唐代隶属于安南都护府，属于内地。其文士在唐学习与获取科名，与当时的两浙、两广无异，而与新罗、高丽、渤海等不同，往来和仕宦于内地都较为自由，因而与中原地区的文学关系非常密切。但唐代交趾处于边远之地，文学文献保存有限，因此历代没有受到关注。但我们网罗传世文献和新出资料，还是可以勾勒出交趾作为唐代东南疆域其文人的产生、文学创作和传播情况。就文人而言，交趾就有本土文人姜公辅、廖有方、杜英策等，流寓文人则有杜审言、沈佺期以及曾为安南都护的高骈等；就作品而言，留存到现在的唐诗也有不少，如杜审言的《旅寓安南》诗"交趾殊风候，寒迟暖复催。仲冬山果熟，正月野花开。积雨生昏雾，轻霜下震雷。故乡逾万里，客思倍从来"[③]，亦可谓与中原境界完全不同的风物呈现。更为重要的是，2006年 1 月，西安碑林博物馆在西安东郊征集到一方唐代墓志，墓志主人是中唐著名诗人廖有方。[④] 这篇墓志不仅为我们提供了廖有方生平事迹的诸多信息，对于研究诗人的名字与籍贯，科举与仕宦，婚姻与家庭，交游与经历等情况，也具有重要价值，而且涉及多个政治事件，有助于我们了解中唐政治背景。墓主廖

① 据俄罗斯汉学家苏普陆年科、鲁博-列斯尼乾克，日本学者林俊雄、加藤九祚、内藤みとり及我国学者周伟洲等撰文解读。参见内藤みとり：《吉尔吉斯斯坦发现杜怀宝碑铭》，于志勇译，《新疆文物》1998 年第 2 期，第 102—108 页。尚永亮：《唐碎叶与安西四镇百年研究述论》，《浙江大学学报》（人文社会科学版）2016 年第 1 期，第 39—56 页。

② 参见努尔兰·肯加哈买提：《碎叶出土唐代碑铭及其相关问题》，《史学集刊》2007 年第 6 期，第 76—84 页。

③ 彭定求等：《全唐诗》，中华书局 1960 年版，第 734 页。

④ 参见张安兴：《诗人、义士、交趾人廖有方：从一方新出土唐墓志说起》，西安碑林博物馆编：《碑林集刊》（第 13 辑），陕西人民美术出版社 2008 年版，第 64—69 页。胡可先：《新出土唐代诗人廖有方墓志考论》，《中山大学学报》（社会科学版）2009 年第 5 期，第 37—44 页。

有方为交趾人,墓志对于了解与研究南裔人物在唐代的仕宦经历、家族迁移等,有着较大的启发意义。

(二)女性书写:性别文学叙事的另类视角

已有的中古文学史叙事当中,对于女性书写这样的性别文学是相当缺乏的,除了像《木兰诗》这样的乐府诗以及侧重表现女性生活情感的花间词外,并没有出现像宋代李清照这样的女性文学大家。因此,中古文学史的叙事当中,性别文学是相当缺乏的。而新出文献则提供了丰富的性别文学材料,为中古文学史的叙事提供了另类视角,这就是众多女性墓志的出土。这些墓志很多都具有较高的文学价值,其主人上起宫廷女性,下至普通妇女,数量繁多,甚至还出现了多方女性文人撰写的墓志。

就宫廷女性而言,新出土的上官婉儿墓志是一篇很好的人物传记。无论是政治的沉浮、历史的进退,还是家世的显荣、个人的升降,都通过这九百余字的墓志文表现出来。又因为上官婉儿的特殊身份和墓志写作的特殊环境,墓志所用的曲笔也很值得我们重视。这种曲笔和史书叙事的"春秋笔法"相似,是墓志尊体的需要,也是为死者讳的需要,因而在特殊政治人物的墓志中较为常见;这种"春秋笔法"也表现出超越一般史书的特殊性。同时,墓志书写注重文学表现,运用骈体构建文章格局,关注细节,彰显人物性格,重视整饬锤炼语言文字,堪称一篇富有文学内涵的政治人物传记。再如唐代诗人李澄霞墓志,墓志名称为《大唐故淮南大长公主墓志铭并序》,为其夫封言道所撰。墓志记载她涉猎文史并擅长作诗:"至于经史,无不游涉。须有篇什,援笔即成。尝□□□,公主等侍宴奉上寿。仍令催酒唱歌,公主随即作歌唱云:'今宵送故,明旦迎新。满移善积,年来庆臻。院梅开花,袭蕊檐竹。挺翠含筠,二圣欢娱。百福九族,献寿千春。'又于洛城门陪宴,御制洛城新制,群官并和,亦令公主等同作。公主应时奉和云:'承恩侍奉乐嘉筵。'凡诸敏速,皆此类也。"①这段文字呈现出初唐时期宫廷诗创作的具体环境,也说明宫廷女性在朝廷诗歌唱和的场合中扮演着重要的角色。

---

① 余华青、张廷皓主编:《陕西碑石精华》,三秦出版社 2006 年版,第 77 页。

就普通妇女而言,新出土的妇女墓志是了解女性社会最具原典性也最为丰富的文献,要了解中古时期女性的生存状态和精神状态,非读这些墓志不可。同时,这些墓志作为一种文体,也具有重要的文学价值。从墓主身份上来说,有妻、妾、室女、宫女等多种类型,其形象的表现往往会有所不同。妻子的墓志注重家风和德行;姬妾的墓志注重姿色和才艺;室女的墓志注重情感的表达(这类墓志中的室女多为早逝者);宫女的墓志则是特殊的类别,虽然程式化严重,但也不乏文学色彩较浓者。还有特殊的墓志,其墓主身份集姬妾和女道士为一体,如李德裕为其妾所撰《滑州瑶台观女真徐氏墓志铭并序》:"惟尔有绝代之姿,掩于群萃;有因心之孝,合于礼经。其处众也,若芙蓉之出蘋萍,随和之映珉砾;其立操也,如昌花之秀深泽,菊英之耀岁寒。仪静体闲,神清意远,固不与时芳并艳,俗态争妍。嗟乎!崖谷之兰,植于庭则易朽;江潭之翠,驯于人则不久。岂天意希奇,芳于近玩,不钟美于凡情? 淑景鲜辉,掩阴氛而遂翳;良珪粹质,委埃尘而忽碎。无心所感,况在同心。残月映于轩墀,形容如觌;孤灯临于帷幔,音响疑闻。冥冥下泉,嗟尔何托?"①志文以第一人称叙事,用骈俪华美的语言赞美了徐盼美艳脱俗、掩于群萃的外貌和良珪粹质、合于礼经的品行,由此透露出对徐盼早逝的深沉哀悼之情。

唐代女性文人撰写的墓志很少,笔者至今收得三方。一是 2001 年出版的《偃师杏园唐墓》在其附录中影印了李全礼墓志题署:"妻荥阳郑氏慈柔撰。"②二是《唐代墓志汇编》所载的何简墓志,题署:"妻陇西辛氏撰。"③三是宋洪迈《容斋五笔》卷二所载的《唐曹因墓铭》④,为其妻所撰。李全礼墓志的文学价值尤高,全篇用散体行文,李全礼一生的事迹叙述得非常清晰,并在经历的描述中突出其"潜文不显,武艺优长"的特点。其武功,"陈武事,布军容,鼓角雷震,旌旗彗云。匈奴退散,无伤一人";其形象,"身长六尺四寸,素肤青髭",身材魁梧,面色威严,指挥作战,胜券在握。最后写出自己的哀伤,从中也透露出撰志的缘由:"公无副二,嫡子早亡。奠马引前,孝妇轮后,白日西下,寒云东征,鸣

---

① 周绍良主编:《唐代墓志汇编》,上海古籍出版社 1992 年版,第 2114 页。
② 中国社会科学院考古研究所编著:《偃师杏园唐墓》,科学出版社 2001 年版,第 290 页。
③ 周绍良主编:《唐代墓志汇编》,上海古籍出版社 1992 年版,第 1540 页。
④ 洪迈:《容斋随笔》,上海古籍出版社 1978 年版,第 825 页。

呼哀哉,瘗我良人于此下。"这样的墓志,情感真挚,文笔晓畅,出于女性之手,无论是在唐代出土文献还是传世文献当中,都堪称"景星一见"之作。

(三)家族传承:中古文学谱系的特别建构

研究中古时期的文学家族与家族文学,是中古文学史构建的主要内容。我们知道,魏晋南北朝时期是门阀士族统治的时期,重要的文化家族由此形成,这些家族因为势力强大,也左右着朝廷的政治导向,其中还出现了传承数百年的文学世家。到了唐代,由于科举制的兴起,门阀士族的势力有所消减,但重要的士族仍然借助文化传承的优势和科举结盟,在社会上具有很大的声望和影响,其中又以山东士族和关中士族社会影响最大。而这些较大的文化家族,也具有文学传家的特点。

即如关中士族的京兆杜氏,渊源于东汉时期的杜周,到了晋代的杜预,武功、文事和学术、文学都鼎立当时并影响后世。到了唐代,京兆杜氏产生了众多的文学家,其中以杜甫、杜牧两个族系最为显赫。新出土文献当中,有关这两个族系的资料很多,与杜甫直接和间接有关的墓志达 20 余方,其中杜甫叔父杜并的墓志更为研究大诗人杜审言和杜甫提供了极为珍贵的家世文献。杜牧一系出土了杜佑所撰《大唐故密国夫人陇西李氏墓志铭并序》、杜佑子杜式方夫妇墓志、杜佑孙杜陟墓志、杜悰长女墓志共 6 方。本来我们研究杜甫、杜牧,仅仅以老杜和小杜作为二者的联系,而通过新出土文献,可以从家族谱系传承的角度将两位大诗人结合起来做进一步研究。

再如山东士族的太原王氏,影响中古文学发展进程者有三个族系:一是王通、王绩、王勃一系,二是王之涣一系,三是王维、王缙一系。我们以前研究初盛唐文学,并不很注意其家族的传承,而从新出土墓志中,却可以找到这三个族系互相联系和传承的线索。这三个族系共出土墓志 20 余方,仅王之涣一族就出土 9 方。而王之涣夫人李氏的墓志就是王缙所撰。在传承过程中还可以看到各族的特点,如王洛客墓志记载他与诗人王勃同隐黄颊山的经历,参以大儒文中子王通和诗人东皋子王绩的隐居,后来又有王维的隐居,可以概括出太原王氏这一家族谱系都较为崇尚隐逸的特点。从新出文献的视角研究初盛唐文学演进,太原王氏家族就是一个缩影。

（四）体制演变：文学本位研究的重新审视

长期以来，中国文学史的研究和编纂，所依据的文本主要是总集和别集，这些尽管是最重要的主流文献，但这些集部文献往往被后世文人重新编纂过，对于诗文体制的定位是模糊的。而新出文献或日本回传的新文献能够在文体定位方面提供新的认识。诸如日本尾张国真福寺所存唐写卷子本《翰林学士集》原目残卷：

> 五言侍宴中山诗序一首奉敕制并御诗
>
> 五言辽东侍宴临秋同赋临韵应诏并同作三首并御诗
>
> 五言春日侍宴望海同赋光韵应诏令同上九首并御诗
>
> 五言侍宴延庆殿同赋别题得阿阁凤应诏同上三首并御诗
>
> 五言七夕侍宴赋韵得归衣飞机一首应诏
>
> 五言侍宴延庆殿集同赋得花间鸟一首应诏并御诗
>
> 五言侍宴莎栅宫赋得情一首应诏
>
> 五言后池侍宴回文一首应诏
>
> 五言奉和咏棋应诏并同上六首并御诗

而具体诗题与题署则如：

> 四言奉陪皇太子释奠诗一首应令
>
> 银青光禄大夫中书侍郎行太子右庶子弘文馆学士高阳县开国男臣许敬宗上

《翰林学士集》残卷纸本，长 701 厘米，宽 27 厘米。日本学者森立之作《解题》称："是书洵为初唐旧帙，近日诗家罕并其目知者，真天壤间仅存之秘笈，零圭碎璧，尤可宝惜。"该卷背面抄德宗贞元间圆照编《代宗朝赠司空大辨正广智三藏和上表制集》卷第五。据日本学者研究，此卷书写的时间，当在唐德宗以后。①

这一诗歌残卷至少提供了两个方面的信息：一是呈现出初唐时期宫廷诗

---

① 参见陈尚君:《翰林学士集》"前记"及"附录"，傅璇琮、陈尚君、徐俊编:《唐人选唐诗新编》（增订本），中华书局 2014 年版，第 3、39 页。

创作的盛况与相关的环境信息;二是每一诗题都标明"四言""五言",清楚地再现了初唐时期诗歌体制的原貌。从这里我们可以看出唐诗发展的初期,是在重视体制的基础上逐渐形成诗歌规范的。这在传世的唐代石刻中也可以得到印证,如石淙集会诗题刻,每首诗题前明确标明"七言",现在各种岩洞石刻如桂林朝阳岩的唐代摩崖题诗也是如此。而这些诗歌收到了别集或总集之中,体制就产生了很大的变化。

　　不仅诗歌如此,我们从新出土的中古石刻尤其是碑志文中,也可以看出文章体制的变化。新出石刻除了正文文字之外,还有特定的题署等内容,这是文章组成的重要部分。但这样的题署,在南北朝到初唐时期是非常罕见的,盛唐以后才逐渐出现,到了中晚唐时期,题署文字繁复,诸多信息呈现出来,因此这样的碑版文章的完整体制,才是唐代碑志文的真面目,而编纂到作者的别集当中,就隐没或删削了这些信息,也就部分泯灭了这一类文章的体式特点。我们以前的文学史研究对这一点一直是忽视的。我们挖掘这些特点,才能进一步了解中古文学的民族特色,而这一特色也是西方文体意义上的诗歌、散文、小说、戏剧等大类区分所涵盖不了的。对于文体之间的关系,新出资料也提供了很可贵的线索,如就唐代墓志而言,还可以看出有些是铭与诗的结合,有些是序与诗的结合,有些是序与铭的分离,文体的渗透和风格的变化都很显然。

五、结　语

　　文学史的书写与建构是中古时期文学研究的核心问题,也是一个世纪以来文学史研究取得显著成就的标志,以至 20 世纪后半期以来形成了读书的文学史时代。① 但是这样一个时代也出现了文学史研究的弱点、盲点和歧见。中

---

① 著名学者王水照先生曾说:"从学术起点而言,我们这一代大都是从文学史开始的,就我自己,也可以说是从《先秦文学史参考资料》入门的,而钱(锺书)先生那一代则是从研读大量原典入手,相比之下,我们有些'先天不足',这个时代差距是无法弥补的。再从面对文献的身份而言,钱先生他们既作为一个研究者,也是一位鉴赏者,又是一位古典诗文的创作者,这三种身份是合一的。"见王水照:《文学史谈往》,《书城》2008 年第 9 期,第 5—12 页。

古时期是文学发展的特定时期,这一时期以纸张的发明和书写工具的改变引起了文学形式和传播的巨大变化,又在印刷术普及之前呈现出纸本文献最为繁盛的局面。就写本文献而言,中古时期的写本主要有敦煌写本、吐鲁番写本和东瀛回传写本,这些文献成为中古文学史书写的重要载体。同时,中古时期石刻文献的大量出土,也给这一时段的文学史研究增添了新的内涵。石刻文献的最大宗是新出墓志,墓志作为一种特殊的文体,是当时人撰写而又镌刻于石碑上的人物传记。就中古文学而言,诗人墓志、自撰墓志和鸳鸯墓志对于形象塑造、叙事抒情和创作过程有了更加细致的呈现。相较于传世文献,新出墓志更能突出文学背景的呈现,能够以原始的实物形态和文字形态反映唐代家族文化的特点,集政治家和文学家于一身的士大夫阶层的墓志,则是政治与文学关系的集中体现。墓志又是文学和书法的结合体,有时在文学思想和书法思想方面的一致性也能表现文学发展的走向,比如盛唐以后墓志书体的复古与文章的复古是紧密相联的,这也为中唐古文运动的研究提供了新的视角。

中古文学史的书写,一个重要途径是要从单线思维转向多元化叙事,要注重文学中心的凝聚与边缘活力的关系,关注中古文学中的女性书写以展现文学发展的特殊路径,通过文学家族传承的梳理构建中古文学的家族谱系,加强文学体制演变的研究以对文学本位研究的定位进行重新审视。

［原载《浙江大学学报》(人文社会科学版)2016 年第 4 期］

科学主义与草创期中国文学史观建构

朱首献

一

晚清以降,西学日炽,时人概"观欧风而心醉,以儒冠为可溺"。上自封疆大吏,下至文人学士,渴望民族图强的知识分子在痛"吾国之不国,吾学之不学"的激愤中,都将西土的科学精神视为摆渡中国走出窘境的诺亚方舟。"中国的问题首先是科学的问题"①,严复这个严肃的判断颇能引起时人的共鸣。1902年"壬寅学制"实施,1904年"癸卯学制"推行,1905年科举制度废除,1909年新式教育体系确立,这些连锁的政府举动将晚清教育改革导向深入,确保了科学精神的中国旅程。新式教育,新的面孔,"科学成了学校的一个科目"②,科学精神上升为教育的灵魂。这种"欺师灭祖"的教育逆行让一度力主"废科举兴学校"的康有为也措手不及,他痛斥新式学校"师欧媚美","以智为学而不以德为学"。但康氏的痛斥根本无力逆转近世中国教育的转型。新式学校依旧我行我素,"所尊仅在知识,不在人"③。内容如此,形式继之,学校的上课下课,"多变成整套的机械作用"④。晚清教育改革曾提过"远法三代,近取泰西",但

---

① 史华兹:《寻求富强:严复与西方》,江苏人民出版社1996年版,第172页。
② 郭颖颐:《中国现代思想中的唯科学主义(1900—1950)》,雷颐译,江苏人民出版社1998年版,第4页。
③ 钱穆:《现代中国学术论衡》,岳麓书社1986年版,第168页。
④ 丁文江、赵丰田编:《梁启超年谱长编》,上海人民出版社1983年版,第1138页。

在实际操作中,"远法三代"显得"过于遥远过于模糊"①,基本悬空,剩下的只有"近取泰西"。这样一来,学术分科、课程设置、讲义编写等,"一环扣一环,已使天下英雄不知不觉中转换了门庭"②。借力教育先行,科学精神由"器"到"学",继而为"道",成为流转于近世中国的学术理念和研究通则,被推演至各个学科。"一年土,二年洋,三年不认爹和娘",这个略带揶揄的调侃生动地折射出近世国人对科学的狂热。晚近,顾颉刚在回顾清季学人为何将科学理念向其他领域推演时说道:"中国的学问是向来只有一尊观念而没有分科观念的"③,"旧时士大夫之学,动辄称经史词章,此其所谓统系乃经籍之统系,非科学之统系也"④。可见,推演的目的是假科学整饬中国学术。因此,"黜伪而崇诚"(严复语)、"天天渴望追求真理,时时企图破除成见"就成了晚清学人心底的纠结。

科学精神滥觞中国,肇自近世。明末清初吴江王锡阐、宣城梅文鼎专治天算,开近代中国科学之端绪。此后,科学精神在中国大扬其途,五四至极盛。梁启超曾描述过此盛况:"海通以还,外学输入;学子憬然于竺旧之非计,相率吐弃之。""综观二百余年之学史,其影响及于全思想界者,一言蔽之,曰'以复古为解放'。……然其所以能著著奏解放之效者,则科学的研究精神实启之。"⑤郭颖颐持同论:"就科学的全面应用来说,在 20 世纪前半叶,中国的各种条件是令人沮丧的,但却激发了思想界对科学的赞赏。"他且将此赞赏名之为"唯科学主义(scientism)"⑥。事实确如此,晚清中国不仅面临"数千年来未有之变局",而且面临"东南海疆万余里,各国通商传教,往来自如,阳托和好,阴怀吞噬,一国生事,诸国构煽","数千年来未有之强敌"。⑦ 两相交加,促使秉持强国念想的近世知识精英对科学推而崇之。王国维即一典型。在《论新学语之输入》中,他就对西方以"综括"及"分析"为特质的科学思维方式倍加赞赏,

---

① 陈平原:《中国现代学术之建立——以章太炎、胡适之为中心》,北京大学出版社 1998 年版,第 101 页。

② 陈平原:《中国现代学术之建立——以章太炎、胡适之为中心》,北京大学出版社 1998 年版,第 18 页。

③ 顾颉刚:《古史辨》(第 1 册),朴社 1926 年版,第 29 页。

④ 顾颉刚:《古史辨》(第 1 册),朴社 1926 年版,第 81 页。

⑤ 梁启超:《清代学术概论》,商务印书馆 1921 年版,第 12—13 页。

⑥ 郭颖颐:《中国现代思想中的唯科学主义》,雷颐译,江苏人民出版社 1998 年版,第 1 页。

⑦ 赵尔巽:《清史稿·李鸿章传》,卷四百十一。

他说:"西洋人之特质,思辨的也,科学的也,长于抽象而精于分类,对世界一切有形无形之事物,无往而不用综括(Generalization)及分析(Specification)之二法,故言之多,自然之理也。吾国人之所长,宁在于实践之方面,而于理论之方面,则以具体的知识为满足,至分类之事,则除迫于实际之需要外,殆不欲穷究之也。……故我中国有辩论而无名学,有文学而无文法,足以见抽象与分类二者,皆我国人之所不长,而我国学术尚未达自觉(Selfconsciousness)之地位也。"① 中国学术落后,在王氏看来就是思维方式的落后。因此,尽备"系统灿然""步伐严整"特质的科学精神就成其学术理念之首选。五四前后中国出现张扬科学主义的高潮。新文化运动的主将胡适、陈独秀等都专注于宣扬科学精神。针对玄学论者的"科学破产论",胡适驳斥:"我们当这个时候,正苦科学的提倡不够,正苦科学的教育不发达,正苦科学的势力还不能扫除那迷漫全国的乌烟瘴气。""中国此时还不曾享着科学的赐福,更谈不到科学带来的'灾难'","那光焰万丈的科学决不是几个玄学鬼摇撼得动的"。② 因为信科学,时人称他"赛先生""活菩萨"。为普及科学,胡适还将科学法则归纳为"五要"(特殊的、问题的、不笼统的;疑问的、研究的、不盲从的;假设的、不武断的;试验的、不顽固的;实行的、不是"戏论"的),方便时人尊而行之。陈独秀也对科学精神投之以抱。五四之初,他即将"想象"置于"科学"的对立面。1915 年,在《新青年》的发刊词中,陈独秀指出:"科学者何? 吾人对于事物之概念,综合客观之现象诉之主观之理性而不矛盾之谓也。想象者何? 既超脱客观之现象,复抛弃主观之理性,凭空构造,有假定而无实证,不可以人间已有之智灵明其理由,道其法则者也。在昔蒙昧之世,当今浅化之民,有想象而无科学。……近代欧洲之所以优越他族者,科学之兴。……举凡一事之兴,一物之细,罔不诉之科学法则以定其得失从违",国人"欲脱蒙昧时代,羞为浅化之民",则"急起直追","当以科学与人权并重"。接着,他枚举士农工商医诸科不知科学会致"无常识思维",最后指出,"欲根治之,厥维科学"。③ 1917 年,在《新青年》第

---

① 傅杰编校:《王国维论学集》,中国社会科学出版社 1997 年版,第 386 页。
② 胡适:《〈科学与人生观〉序》,亚东图书馆编:《科学与人生观》,亚东图书馆 1923 年版,第 7—8 页。
③ 陈独秀:《敬告青年》,《新青年》1915 年第 1 卷第 1 号。

3 卷第 4 号上，他又提出，"政治之有共和，学术之有科学，乃近代文明之二大鸿宝也"①。因此，学问"必以科学为正轨"，一切装神弄鬼的东西，"皆在废弃之列"②，只有"德先生"和"赛先生"才"可以救治中国政治上道德上学术上思想上一切的黑暗"③。傅斯年更偏激，他认为宣教科学乃是天意，"违反科学之文，势不相容，利用科学之文，理必孳育。此则天演公理，非人力所能逆从者矣"④。

将近世科学精神推向极致的当数吴稚晖和丁文江。吴喜自称为"乡下老头"，其实他一点也不"乡下"。早在清末，当诸多国人尚不知"科学者何"时，吴稚晖就很是前卫，不仅熟稔科学，而且对其推崇备至。1907 年，与李石曾同撰《新世纪之革命》，吴稚晖发表如下"高论"："科学公理之发明，革命风潮之澎涨，实十九、二十世纪人类之特色也。此二者相乘相因，以行社会进化之公理。……昔之所谓革命，一时表面之更革而已……若新世纪之革命则不然。凡不合于公理者皆革之，且革之不已，愈进愈归正当。故此乃刻刻进化之革命，乃图众人幸福之革命。"⑤吴氏曾有此信条："我信'宇宙一切'，皆可以科学解说。"⑥故其号召时人迎受"赛先生（science，科学）"，"请他兴学理财""经国惠民"。⑦ 在教育理念上，吴氏也甚为激进："除理化机工等之科学实业外，无所谓教育。足以当教育之二字之名义者，惟有理化机工等科学实业也。"⑧对科学的信念竟然使吴稚晖相信"用清水一百十一磅，胶质六十磅，蛋白质四磅三两，油质十二两，会逢其适，凑合而成一百四十七磅之我"⑨；相信"摩托救国"。1924 年，吴稚晖任《科学周报》编辑，他不仅恪守《科学周报》之宗旨"研求科学的内容，伸明科学的价值"，还滥发他对科学的赞誉之情："科学在世界文明各国皆有萌芽。文艺复兴以后，它的火焰在欧土忽炽。近百年来，更是火星进裂，光

① 陈独秀：《时局杂感》，《新青年》1917 年第 3 卷第 4 号。
② 陈独秀：《再论孔教问题》，《新青年》1917 年第 2 卷第 5 号。
③ 陈独秀：《本志罪案之答辩书》，《新青年》1919 年第 6 卷第 1 号。
④ 傅斯年：《文学革新申议》，《新青年》1918 年第 4 卷第 1 号。
⑤ 吴稚晖、李石曾：《新世纪之革命》，《新世纪》1907 年第 1 期。
⑥ 亚东图书馆编：《科学与人生观》，亚东图书馆 1923 年版，第 137 页。
⑦ 李日章：《现代中国思想家》（第 5 辑），台北巨人出版社 1978 年版，第 44 页。
⑧ 梁冰弦编：《吴稚晖学术论著》，上海书店 1925 年版，第 237 页。
⑨ 罗家伦等：《吴稚晖先生全集》（第 4 卷），台湾中国国民党中央委员会党史史料编纂委员会 1969 年版，第 395 页。

明四射。一切学术,十九都受它的洗礼。即如言奥远的哲学,言感情的美学,甚至瞬息万变的心理,琐碎纠纷的社会,都一一立在科学的舞台上,手携手的向前走着。人们的思想终容易疏忽,容易笼统,受着科学的训练,对于环境一切,都有秩序的去观察、整理;对于宇宙也更有明确的了解。"①几乎同时,丁文江也成为兜售科学主义的"斗士"。这个曾被胡适称为"科学化最深的中国人"认为,科学方法在自然界小试其技,已有伟大结果,故"我们要求把他的势力范围,推广扩充,使他做人类宗教性的明灯"②。在 1923—1924 年科学与玄学论战中,丁文江自信地称:"在知识界内,科学方法是万能,不怕玄学终究不投降。"③由明末清初发端、晚清蔓延,又经五四洗礼,科学精神已经成为国人的普遍信仰。1923 年,胡适为《科学与人生观》作序时就充分肯定了这一伟大"成果":"这三十年来,有一个名词在国内几乎做到了无上尊严的地位:无论懂与不懂的人,无论守旧和维新的人,都不敢公然对他表示轻视或戏侮的态度。那个名词就是'科学'。这样几乎全国一致的崇信,究竟有无价值,那是另一问题。我们至少可以说,自从中国讲变法维新以来,没有一个自命为新人物的人敢公然毁谤'科学'的。"④

二

1904 年,执教于京师大学堂的林传甲(1877—1922)以一百天的速度匆匆赶写了第一部国人自著的《中国文学史》。在第 4 章第 18 节中,林氏曾称"传甲此编……其源亦出欧美"⑤,概非虚言,因为林著已备具科学素质。这部已失体温之作当年可谓风光占尽,它不仅首开国人撰述中国文学史之路径,且以科学精神慰藉此后数位学人,终使科学主义登堂入室,成为主导草创期中国文学

---

① 周云青编:《吴稚晖先生文存》(上册),上海医学书局 1925 年版,第 74—75 页。
② 亚东图书馆编:《科学与人生观》,亚东图书馆 1923 年版,第 40 页。
③ 亚东图书馆编:《科学与人生观》,亚东图书馆 1923 年版,第 16 页。
④ 亚东图书馆编:《科学与人生观》,亚东图书馆 1923 年版,第 2—3 页。
⑤ 林传甲:《中国文学史》,上海科学书局 1910 年版,第 51 页。以下未作特别说明者均见此书。

史想象的价值取向和构筑理念。

林氏早年受教以算术、方志、地理、历史和物理为主，他尝自言"当年六岁失怙，先姚林下老人教以数与方名，遂有蓬矢四方之志。弱冠游学武昌，创时务学堂，讲长江形势。首明乡土、地理历史格致之用，受知南皮张文襄公"①。戴燕认为林氏生平习得和最看重的"不是日后使他名留青史的文学，而是算学和舆地之学"②，实谓言之有据。让深受科学思维浸淫的林传甲来操持中国文学史，他没有理由抑制将科学主义写入自己的文学史想象的冲动。在章目设置上，林著分 16 章，每章 18 节，凡 288 节，安排如此整饬，组合相当井然，林氏的算学功底和理性能力着实令人钦佩。戴燕曾称林氏早在京师大学堂讲授中国文学史课时，就"对课时的精确计算和课程进度的安排"进行过"试练"③，此言不差。倘其没有缜密之思维，如此"科学"地安排教学内容和控制教学时间，恐怕堪为其难。统揽林著，"科学"一词分现于 16 个章节，凡 16 处。16 个章节，16 个"科学"，或属巧合。就此 16 处林氏对"科学"一词的运用看，他不仅深谙科学精神且尤擅科学思维。特别是这 16 处中，"文学科学"一词竟赫然其中，它几乎可视为林氏对文学史的别称。在标题设置及具体论述上，全书 288小节，15 处使用"……的变迁"格式，参以著中第 43 页"凡此可见退化之国亦可进化也"及第 47 页"读赫胥黎之《天演论》，知动植消耗之故矣"语可知，林氏已具进化观念。此外，林著还倡实事求是精神，将"空疏鲜实"的治文学之风斥为"博士卖驴"；推"解剖观察之法"，将古人读书之"分节绘图释例"法与日本汉文典的"解剖观察法"并举，称"不可废也"；以"精实"为品文之标准，第 13 章第 7节言："慕王谢之织丽，不务冲之精实，此中国文学所以每况愈下矣。"第 6 章第 18 节云："论事之文，于科学为近。"同时，林著在运思中多夹杂数学、逻辑学、地理学、语言学等内容，且有评语"诗文亦奇实验之效"等。这些都表明，虽未出现类"汉律断唐狱"之失误，但科学主义委实是林著绳索文学史的主要依据。

林传甲之后，当属黄人。黄著《中国文学史》成于 1905 年前后，初为时人忽视，虽 1926 年由王文濡修订出版，仍然流而不传，在学界反响甚微，"远不及

---

① 林传甲：《大中华安徽省地理志》，中华印刷局 1919 年版，第 2 页。

② 戴燕：《文学史的权力》，北京大学出版社 2002 年版，第 183 页。

③ 戴燕：《文学史的权力》，北京大学出版社 2002 年版，第 183 页。

林传甲的《中国文学史》为士林熟悉"①。虽然如此，黄著之科学精神却紧逼林作，这当得益于黄人深受梁启超新史学的影响，这种影响遍及黄人对文学史观念、功用及方法的理解。有些地方，他甚至直接套用梁氏之论，略加包装即用之不误。权举如下：首先，在文学史观念上，黄人言文学史乃"人事之鉴"，且指出"文治之进化非直线形，而为不规则之螺旋形。盖一线之进行，遇有阻力，或退而下移，或折而旁出，或仍循原轨。故历史之所演，有似前往者，有似后却者，有中止者，有循环者。及细审之，其范围必扩大一层，其为进化一也"②。这和梁氏《史学之界说》中"历史者，叙述进化之现象也。……就历史界以观察宇宙，则见其生长而不已，进步而不知所终，故其体为不完全，且其进步又非为一直线，或尺进而寸退，或大涨而小落，其象如一螺线。明此理者，可以知历史之真相矣"之论如出一辙。③ 其次，在文学史功能上，黄人言文学史可将"美恶妍媸，直陈于前，无所遁形，而使人知所抉择"，且还可"动人爱国保种之感情"。此论亦语出梁氏《论中国之旧史学》中"史学者，学问之最博大而最切要者也，国民之明镜也，爱国心之源泉也"之论。④ 再次，在文学史方法上，黄人指出文学史"循古则戾古，竺旧则违时。用演绎法则近武断，而疏必多；用归纳法则涉更端，而结宿无所"，因此，文学史"属于叙述"，当用叙述之法。此说又有梁之痕迹。梁氏《中国史叙论》中论及史学方法时曾语："史也者，记述人间过去之事实者也。"⑤参以其在《史学之界说》中"历史者，叙述进化之现象也"之论可知，在梁氏看来，历史需采"记述"之法。不仅如此，梁氏所言的"记述"既不是"造家谱"，也不是做"相斫书"，而是"研究人群进化之现象"，"求其公理公例之所在"。⑥ 黄人文学史"属于叙述"之论，无疑得自梁氏，且有梁所赋予"叙述"一词的特定含义。梁氏新史学的目的是使史学"科学化"，创建"梁启超式的科学的史学"⑦，正是如此，许冠三认为梁启超开中国近世史学"'科际整合门径'的

---

① 龚敏：《黄人及其〈小说小话〉之研究》，齐鲁书社 2006 年版，第 75—76 页。
② 黄人：《中国文学史》，国学扶轮社，印行年月不详。以下未作特别说明者均见此书。
③ 梁启超：《新史学》，《新民丛报》（第 3 号），中华书局 2008 年版，第 333—334 页。
④ 梁启超：《新史学》，《新民丛报》（第 1 号），中华书局 2008 年版，第 59 页。
⑤ 梁启超：《中国史叙论》，《清议报全编》（第 1 集），横滨新民社 1898 年辑印，第 63—64 页。
⑥ 梁启超：《新史学》，《新民丛报》（第 3 号），中华书局 2008 年版，第 337 页。
⑦ 许冠三：《新史学九十年》，岳麓书社 2003 年版，第 25 页。

先路"①。我们于此讨论黄人文学史思想与梁之关联,除说明黄人深受梁"历史达尔文主义"的影响外,还在于强调黄氏文学史想象的科学症候。

梁之影响不仅及于黄人,还有来裕恂。来著《中国文学史》概成于1905年,虽不及林、黄之作流布广,但其科学精神却绝不逊色。在"绪言"中,来氏即推崇科学,著中之科学意识更不鲜见。如先秦文学评议部分,来氏认为先秦文学虽制造了中国文学的空前繁荣,但其流弊也不少:其一,该期缺乏"论理之学",因此,文化上多诡辩,少科学,致"文学不能光大";其二,该期缺乏"物理之学",致文学"蹈于空疏"。② 这些指责自然是立足于科学而发,至于是否符合文学史实,则不是来氏所关心的。在第九编"国朝之文学"第一章"总论"中,来氏评议说:"道光以来,西学东渐,于是欧亚文化,混合为一。迄今学校兴,学科分,求学之士,凡得之于学堂者,皆有科学之性质,于是文章益形进步矣。"论及近今文学,来氏又言:"中国之文学,自此将与欧美合乎。是又开前古未有之景象,而文学史上,又为之生色矣。"说到底,在来氏看来,科学乃文学进步之本,只要有科学,文学之昌明则是可以打包票的。此外,散见于该书其他章节中的科学精神也绝不含糊。如第二编第八章"先秦文学之评议"云"文学以竞争而进步,中国六家九流、诸子百氏,其分门别户,立说各不相同。要皆持之有故、言之成理,故文学以竞争而发达(按:这里既有物竞天择、适者生存之意,也有进化之理)"。陈平原认为,若"仔细辨析",来著"也隐约可见梁启超的声影"③,其实何止"隐约",简直就是直接搬用。如梁著《论学术之势力左右世界》(1902)在论及西方近世思想大开、文明灿然时,曾举哥白尼、玛志伦(今译麦哲伦)、倍根(今译培根)、笛卡尔、孟德斯鸠、瓦特、达尔文、奈端(今译牛顿)、边沁、黑拨特(今译费希特)、约翰·弥勒(今译约翰·穆勒)等人为证,而来著在证明今"世界之改观,皆科学为之"时,除将"玛志伦"改为"麦志伦",将"孟德斯鸠"改为"蒙德斯鸠"等外,悉数搬录以上诸人。更有甚者,来氏的先秦文学之"四优五弊"说,除"影响之广远""无抗论别择之风"未取,"师法家数之界太严"

---

① 许冠三:《新史学九十年》,岳麓书社2003年版,第5页。

② 来裕恂:《萧山来氏中国文学史稿》,岳麓书社2008年版,第42—45页。以下未作特别说明者均见此书。

③ 陈平原:《折戟沉沙铁未销——关于来裕恂撰〈中国文学史〉》,《天津社会科学》2008年第2期,第111—115页。

改为"法家之说太严"外,也均为直接搬用梁氏《论中国学术思想变迁之大势》中对先秦学派的评定。上述两作均乃梁氏新史学之先声,来氏援袭之目的,无非想将梁著倡导的科学、进化、竞争精神迁移至其中国文学史想象之中。

在草创期的中国文学史想象中,标举科学主义且彻底贯彻的莫如郑振铎。这位"有搜集旧小说珍本"①癖好的文学史家早在 1923 年就号称自己要"'无征不信',以科学的方法,来研究前人未开发的文学园地"②。在郑氏看来,文学史著者不仅得以"冷静的考察去寻求真理",做"文学之科学的研究",而且需如植物学家研究树木、地质学家研究矿石一般,"把文学当作一株树、一块矿石一样"研究。不仅如此,他还提出归纳考察和进化观念是文学史研究的"必由之路"。③ 20 世纪早期,抱持科学主义文学史想象的尚有周作人、李长之、杨丙辰、胡云翼、钱基博等。周作人认为文学史是"以时代的先后为序而研究文学的演变或研究某作家及其作品的","应以治历史的态度去研究",因此,文学史家实在的"是一个科学家"。④ 李长之指责国人一向不知道研究文学"也是一种'学',也是一种专门之学,也是一种科学"。所以,他不仅宣布文学史"是历史科学的一部分",是对文学发展的具体状况及其规律性进行探讨的"科学"⑤,而且还认为治文学史者"要狠",要有一种"理智的硬性","要如老吏断狱,铁面无私;要如阿吒太子,析骨还父,析肉还母;要分析得鲜血淋漓;万不能婆婆妈妈,螯螯蝎蝎"。⑥ 杨丙辰也遗憾国人缺乏"科学习惯",他呼吁治文学史者要"向着同一的一条正当科学大道奔趋"。⑦ 胡云翼则生怕自己落伍,反复表白他的《中国文学史》采取的是"谨慎、客观和求信"的态度。⑧ 钱基博甚至给文学史下了这样一个定义:"文学史者,科学也。"不仅如此,他还进一步认为文学史乃"客观之学",要求文学史家应如动物学家记载动物、植物学家记载植物一样,"诉

---

① 夏志清:《中国古典小说导论》,胡益民等译,安徽文艺出版社 1988 年版,第 4 页。
② 郑振铎:《新文学之建设与国故之新研究》,《小说月报》1923 年第 14 卷第 1 号。
③ 郑振铎:《研究中国文学的新途径》,《小说月报》1927 年第 17 卷号外。
④ 周作人:《中国新文学的源流》,北平人文书店 1934 年版,第 16—17 页。
⑤ 李长之:《中国文学史略稿》(第 1 卷),五十年代出版社 1954 年版,第 1—2 页。
⑥ 玛尔霍兹:《文艺史学与文艺科学》,李长之译,商务印书馆 1943 年版,"译者序一"第 6 页。
⑦ 杨丙辰:《文艺、文学、文艺科学——天才和创作》,《文学评论》1934 年第 1 期。
⑧ 胡云翼:《新著中国文学史》,北新书局 1932 年版,第 7 页。

诸智力"。① 在以上诸家的努力下,科学主义"顺理成章地进入了文学史家的视野,并由近代的局部发端,蔓延推广到整个中国文学史的理解中去,从而绘成了中国文学史合乎近代理性的科学的发展图式"②。朱自清在谈及早期国人的文学史著述时曾有此评价:"早期的中国文学史大概不免直接间接的以日本人的著述为样本,后来是自行编纂了,可是还不免早期的影响。这些文学史大概包罗经史子集直到小说戏曲八股文,像具体而微的百科全书。"③现在看来,此喻很是到位,或许它影射的就是草创期中国文学史想象的科学主义品质。

三

草创期的中国文学史想象对科学主义如此热忱,哈耶克的解释也许能说明问题:"这些学科为证明自身有平等的地位,日益急切地想表明自己的方法跟它们那个成就辉煌的表亲(按:科学方法)相同,而不是更多地把自己的方法用在自己的特殊问题上。"草创期的中国文学史想象之所以主动向科学"认亲",更多的是为在学科谱系中争得一席之地。但哈耶克接下来的话则不啻一盆冷水:"模仿科学的方法……虽然一直主宰着社会研究",但"它对我们理解社会现象却贡献甚微","它不断给社会科学的工作造成混乱"。为此,哈耶克断言,如果继续采用科学方法,社会研究"进步的梦想必将迅速破灭"。④ 但对草创期的中国文学史而言,背弃科学无异于自掘坟墓。因此,背负进化、胸怀科学,关起门来独自操作就成了是时中国文学史书写的"公例",在某种程度上,这已背离科学精神。当然,科学精神介入中国文学史,确有积极意义,如它有利于文学史理性的张扬,有利于文学史料的甄别,也有利于文学史学科的规范等。但文学史倘过度倚重科学,极易迷失自己的学科个性,最终"被科学打得个旗靡辙乱"⑤。草创期的中国文学史想象只知道埋头印证达尔文的进化公

① 钱基博:《现代中国文学史》,世界书局 1933 年版,第 4 页。
② 戴燕:《文学史的权力》,北京大学出版社 2002 年版,第 10 页。
③ 朱自清:《朱自清古典文学论文集》(上册),上海古籍出版社 1981 年版,第 13 页。
④ 哈耶克:《科学的反革命:理性滥用之研究》,冯克利译,译林出版社 2003 年版,第 4 页。
⑤ 梁启超:《饮冰室合集·专集》(第 5 册),中华书局 1936 年版,第 11 页。

理,却无视文学历史的特殊张力;一味追求演变的规律,却舍弃了参与文学史的每个生命的鲜活气息。戴燕这样评议章培恒、骆玉明主编的《中国文学史新著》:"与最近出版的许多文学史书都不一样,新版章书中的一些片断几乎可以当成文学作品来读,那是不是其中融入了编写者个人的生活经验和情感的缘故? 例如在讲到阮籍由于人生态度与众不同而深感寂寞孤独时,章书选出阮籍《咏怀诗》之'独坐高堂上'一首,作了一段长长的分析,我一口气读完这一节,几乎屏住了呼吸。在今天这样一个和平喜乐的美满时代,我止不住暗中猜想,究竟还会有多少人去分享阮籍那样的寂寞与孤独? 这是一个谜。"①确实,文学史应该摒弃冰冷的公理印证和空洞的归纳演绎,它应该拥有一种气象能让人屏住呼吸,可惜草创期的中国文学史在科学主义的激情中却将此付之阙如。

19 世纪,当科学史学甚嚣尘上时,狄尔泰曾斥责:"现在,在英国人和法国人那里充满了大胆进行科学建造的乐趣,却没有注意历史真实性的内在感受。"②中国早期的文学史著者当和狄尔泰斥责的那些英国人、法国人一样,忽视了历史真实性的内在感受。文学史的真实与科学真实不同,后者立足于客观事实,前者则立足于生命表达。科学真实体现为公理、公例,文学史的真实则体现为此在和差异。正是如此,狄尔泰坚决认为"历史世界中没有……因果性","在历史进程中寻找规律是徒劳的"。③ 因此,他主张将历史真实和科学真实区别对待,反对历史学运用科学方法。狄尔泰的历史观充分重视"我"的在场性,尊重历史学家的生命感受和个体体验,对文学史具有重要的启示意义。不仅狄尔泰,西方学者卡西尔、克罗齐、杜威、别尔嘉耶夫、沃尔什、布克哈特等都对科学主义史学极为不满,布克哈特甚至认为"历史学是一切科学中最不科学的学问"。④ 因此,倘有人一定坚持文学史是科学,那他也必须看到,文学史只可能是一门从事评价和以人的生存价值、意义为主题的科学。哈耶克说过,社会科学的研究对象"不是物与物的关系,而是人与物或人与人的关系"⑤。文

---

① 戴燕:《文学史:一个时代的记忆》,《书城》2007 年第 9 期,第 28—32 页。
② 谢地坤:《走向精神科学之路:狄尔泰哲学思想研究》,江苏人民出版社 2008 年版,第 5 页。
③ 张汝伦:《历史与实践》,上海人民出版社 1995 年版,第 40 页。
④ 卡西尔:《人论》,甘阳译,上海译文出版社 2003 年版,第 321 页。
⑤ 哈耶克:《科学的反革命:理性滥用之研究》,冯克利译,译林出版社 2003 年版,第 17 页。

学史即如此,它的对象并不像草创期的文学史想象所呈现的那样是文学史料与文学史料间的关系,而是文学史家与文学史料间的关系,这只能是一种"主观"或"评价"关系。因此,文学史家也绝不像草创期的文学史学者所宣称的那样,是一个"科学家"。恰恰相反,他首先应该是一个拥有新鲜、活泼感悟的审美家,然后才是一个细致严密的分析家。正是理解上的错位,草创期的中国文学史想象对文学史家的个人感悟、生命体验草木皆兵,执意将其驱逐出文学史的版图。现在看来,这是极其草率的。1932 年国内翻译出版的《文学史方法论》中曾指出:"以文学史的方法来研究文艺作品,谓之文学史的观点,就这观点的源始性而言,与道德论和新闻学的观点迥异,是全属于严格的主观性的范畴的。"①但这并未引起草创期文学史学者的重视,他们一如既往地认为文学史是"专门之学",应当追求科学的真实、准确和客观,无须丝毫成见。卡西尔曾说:"如果历史学家成功地忘却了他的个人生活,那他就会由此而达不到更高的客观性。相反,他就会使自己无权作为一切历史思想的工具。如果我熄灭了我自己的个人经验之光,就不可能观看也不可能判断其他人的经验。在艺术的领域里,如果没有丰富的个人经验就无法写出一部艺术史。"②所以,文学史要求其写作者必须确证自己不只是一个客观规律的寻找者,而且也是一个个人经验丰富并充满活力的创造者。优秀文学史家的与众不同之处恰恰在于其个人经验的丰富与多样、深刻和强烈,冷冰冰的客观主义是无法说明文学史叙述者的内心是站在哪一边的。"认识你自己,就是认识历史",这才是文学史的"公理"。

进化观念是草创期中国文学史想象中的普遍律令,它统帅着几乎所有文学史著者对文学史料的选择、分析和组合。郑振铎曾自诩"文学史上的许多错误,自把进化的观念引到文学的研究上以后,不知更正了多少"③。这种对进化论的笃信几乎是草创期中国文学史想象的通病。当然,文学史既然名之为"史",意味着它首先是一种"历时态"的东西。文学演进的路线在总体上的确

---

① 盖尔多耶拉(Keltuyala):《文学史方法论》,陆一远译,上海乐华图书公司 1932 年版,第16 页。
② 卡西尔:《人论》,甘阳译,上海译文出版社 2003 年版,第 295 页。
③ 郑振铎:《研究中国文学的新途径》,《小说月报》1927 年第 17 卷号外。

和社会发展路径一致，是螺旋式上升的，在这种意义上，早期中国文学史想象推行进化观念带有一定的历史辩证色彩。但关键是，文学史不同于社会史，或者说，它远比社会史复杂。文学发展需遵循社会发展规律，但它还要遵循其特殊规律，如文学话语、艺术形式、表现技巧等的规律。单单进化观念是无法阐释文学历史的丰富性、复杂性和特殊性的。西方学者之所以否定文学的历时性进而否定文学史的缘由正在此。如克尔曾认为，我们不需要文学史，因为"文学史的对象总是现存的，是'永恒的'，因此根本不会有恰当的文学史"；艾略特也坚持文学作品不会成为"过去"，在他看来，"从荷马以来的整个欧洲文学都是同时并存着的，并且构成一个同时并存的秩序"。[1] 草创期的中国文学史想象固守进化观念，对此，后人多有诟病。如易峻曾指出："夫历代文学之流变，原仅一'文学之时代发展'，安可胶执进化之说，牵强附会，谓为'文学的历史进化'。质言之，文学之历史流变，非文学之递嬗进化，乃文学之推衍发展；非文学之器物的时代革新，乃文学之领土的随时扩大；非文学为适应其时代环境而新陈代谢、变化上进，乃文学之因缘其历史环境而推陈出新、积厚外伸也。"[2]吴宓也说："物质科学，以积累而成，故其发达也循直线以进，愈久愈详，愈晚出愈精妙。然人事之学，如历史、政治、文章、美术等，则或系于社会之实境，或由于个人之天才，其发达也无一定之轨辙，故后来者不必居上，晚出者不必胜前。"[3]

事实上，早在中国科学主义文学史思潮方兴之时，瞿世英、周作人等就对之进行了严厉的批判。如瞿世英认为："科学顾得到知识却顾不到感情，顾到物质却顾不到精神，对于人生的一面固然很清楚，但对于人生的全部却遗漏了不少，便是人的心理活动，也用机械的心理学去看他，这是很容易减少人的同情的。这也是文学吃了科学的亏。"[4]周作人也认为："拿了科学常识来反驳文艺上的鬼神等字样，或者用数学方程来表示文章的结构；这些办法或者都是不错的，但用在文艺批评上总是太科学的了。"[5]因为，"文艺不是历史或科学的记

---

① 韦勒克：《文学理论》，刘象愚等译，凤凰出版传媒集团2005年版，第305页。
② 易峻：《评文学革命与文学专制》，《学衡》1933年第79期。
③ 吴宓：《论新文化运动》，《学衡》1922年第4期。
④ 瞿世英：《小说的研究》，《小说月报》1922年第13卷第7号。
⑤ 钟叔河编：《周作人文类编》（第3卷），湖南文艺出版社1998年版，第576页。

载……如见了化石的故事,便相信人真能变石头,固然是个愚人,或者又背着科学来破除迷信,断断地争论化石故事之不合物理,也未免成为笨伯了"[1]。但这似乎并未引起早期中国文学史界重视。文学史的确需要科学精神,脱离实际想当然地勾连文学史,无疑会使文学史文学化、想象化,这自然会歪曲文学史的真实形状,也有悖于文学史的意旨。但文学史毕竟不是科学主义的操练场,只有"理智的硬性"不可能构建真正意义上的文学史。正是在这种意义上,尧斯认为"文学史是一个审美接受和审美生产的过程"[2]。作为文学史家构筑的一个历史想象场域,文学史离不开著者的生命体验和美学感悟。正是科学精神和美学精神"相乐",文学的演变才会是一个富有张力的历史空间。如果草创期的中国文学史想象没有放逐审美主义,那么它呈现出的将是另外一副面孔,或许这副"另类"面孔才符合中国文学史的本来面目。

(原载《文学评论》2010 年第 3 期)

---

① 钟叔河编:《周作人文类编》(第 5 卷),湖南文艺出版社 1998 年版,第 716 页。

② 尧斯、霍拉勃:《接受美学与接受理论》,周宁、金元浦译,辽宁人民出版社 1987 年版,第26 页。

论古典小说、戏曲中的词"别是一家"

叶　晔

在中国古代的小说、戏曲等叙事类文体中,穿插有大量的诗词韵文,这是一个很普遍的文学现象。它在唐传奇和变文中渐次兴起,至明清传奇、白话小说而蔚然大观。对此现象,学界常用两个术语来指称,即"文备众体"和"韵散相间"。本篇从孙楷第先生《日本东京所见小说书目》中的说法,简称之为"羼入"[①]。在羼入诸体当中,词属于后起之秀,虽然在总数上无法与诗歌相比,绝对数量亦不可小觑。据不完全统计,明代小说、戏曲中共有词4000首左右[②],排除因袭前人作品,至少3000首以上可判为原创之作。考虑到《全明词》《全明词补编》的词数量在25000首左右,那么,小说、戏曲中的原创词竟占据了明词总数的十分之一强。这个比重,显然与现在屈指可数的研究成果很不相配。

其实,就羼入韵文而言,这一领域的研究成果已经不少。诸家的考察维度,主要有三:第一种维度,借羼入现象来考察古典小说(或戏曲)之叙事模式的演变,由于其重点在作为主干文体的小说(或戏曲),多对其中韵文持一视同仁的态度,以"诗词"统称,未作细分。此小说、戏曲史家之眼光,陈大康《明代小说史》论说最精。其不足在于,偏重羼入韵文在外部结构上的某些共性,对诗词异质这一文学概念有所忽视。第二种维度,强调羼入韵文的文体差别,专

[①] 对此类体裁的命名,学界一直未有定论。孙楷第《日本东京所见小说书目》(人民文学出版社1958年版)称之为"羼入",赵义山等《明代小说寄生词曲研究》(商务印书馆2013年版)称之为"寄生"。考虑到"羼入"一词更具中性色彩,笔者从孙氏之说。

[②] 据"《全明词》重编"课题组的不完全统计,明代小说、戏曲中的羼入词,至少有4117首,包括传奇中词1805首,杂剧中词145首,文言小说中词795首,白话小说中词1372首。这一数据,未排除不同作品中的重出情况,以及对唐宋金元词的袭用情况。

究一体而自成体系,主张任一文体在羼入现象中皆有其自足的意义。此诗词家之眼光,赵义山等《明代小说寄生词曲研究》可为典型。其不足在于,就羼入韵文的共性来说,词体在普遍性和典型性上皆不如诗体,若没有词学理论的支撑,相关研究易流于平面化的论说。第三种维度,采用小说、戏曲的共生视角,不再单论小说或戏曲,而是把它们放在更宽阔的叙事学视野下来统一论说。笔者眼力所及,张敬的《诗词在中国古典小说戏曲中的应用》(《中外文学》1975年第 11 期)一文,于此用力最多。其不足在于,牵涉的文献数量太大,以致研究者对羼入诗词的异质一面疏于考察。以上三种维度,正好是小说、戏曲、诗、词四种文体在共通性(同质)和差异性(异质)研究上的两两组合。但美中不足的是,研究者的分体意识皆较淡薄,或以诗词相统称,或虽有诗词之别,结论却适用众体,难免有遗憾之处。有鉴于此,笔者尝试取长补短,将之融贯成一种新的研究法,即借鉴中国古典小说、戏曲的同生共长理论,在关注小说、戏曲作为主干文体的同质特性的基础上,进一步考察诗、词作为羼入文体的异质特性,凸显羼入词的"别是一家",用更宽阔的视角来解决更细致的问题。

需要说明的是,词"别是一家",本是李清照在《词论》中提出的重要学术概念,指词在声律等方面有别于诗歌的艺术体性,强调诗词的界限。笔者在此借用,并不是说这一概念出现在了中国古典小说、戏曲文献的直接表述中,而是基于对词研究本位及路径的考虑。一来借此词学观念,可以清晰地展现古典小说、戏曲中羼入诗词的异质一面,即词在小说、戏曲中,不仅可以起到与诗歌相同的常态功能,还可以发挥它有别于诗歌的一些特殊功用;二来强调词学理论之于羼入词研究的重要性,现有成果多脱离整体词史,从文体学、小说史、戏曲史的角度去考察,有其局限的一面,适当地融入词学视角,将让研究局面更加平衡。

一、常态下的"文备众体"与"体适众文"

现今学界对古典小说中羼入诗词之起源的考察,众说纷纭。总的来说,我们可以将相关的考源态度分为"远传统"和"近传统"两种情况。所谓"远传统",即以某一文学现象的基本属性为考察对象,通过多层逻辑关系的推演,追溯至上古文学中的某些元素,从而构成一条长时段的文学演变线索。如有人倾向于将小说中的诗词定性为"韵散相间"现象,而"韵散相间"的文体模式又可上溯至秦汉骚体赋中的"乱"辞。这样,数千年的文学发展便渊源自在。① 所谓"近传统",即以某一文学现象的整体属性为考察对象,探究其具体、直接的源头,既不作过多的抽象提炼,也不介入模糊难辨的间接关系,由此勾勒出一条中、短时段的文学演变线索。"近传统"是本篇的关注重点所在,这方面的研究,有两种说法较为常见。一是唐传奇的"文备众体"说,语见宋人赵彦卫的《云麓漫钞》:

> 唐之举人,先藉当时显人,以姓名达之主司,然后以所业投献。逾数日又投,谓之温卷。如《幽怪录》《传奇》等皆是也。盖此等文备众体,可以见史才、诗笔、议论。②

作为现存文献中对古典小说中羼入韵文现象的最早记载,这条材料的重要性毋庸置疑。因涉及唐传奇行卷一事,在多数学者看来,传奇中羼入韵文的功能,主要在赢得考官赏识,即"炫才"一事。类似观点,在宋末罗烨的《醉翁谈录》中亦有论说:

> 夫小说者,虽为末学,尤务多闻。非庸常浅识之流,有博览该通之理。幼习《太平广记》,长攻历代史书。烟粉奇传,素蕴胸次之间;风月须知,只在唇吻之上。《夷坚志》无有不览,《琇莹集》所载皆通。动啃、中啃,莫非《东山笑林》;引倬、底倬,须还《绿窗新话》。论才词有欧、苏、黄、陈佳句;说古诗是李、杜、韩、柳篇章……曰得词,念得诗,说得话,使得砌。言无诡舛,遣高士善口赞扬;事有源流,使才人怡神嗟讶。③

以上"论才词有欧、苏、黄、陈佳句;说古诗是李、杜、韩、柳篇章"一句,指宋元话本中引用前人诗词的说书技巧。而无论是饱读李、杜、苏、黄等人佳句,还是熟谙《太平广记》《夷坚志》等故事汇编,它们的效果都是相通的,即展现说书

---

① 梅维恒对韵散结合的体制起源的不同说法有详细论辩,参见梅维恒:《唐代变文——佛教对中国白话小说及戏曲产生的贡献之研究》,杨继东、陈引驰译,中西书局2001年版。第104—105页。

② 赵彦卫:《云麓漫钞》卷八,中华书局1996年版,第135页。

③ 罗烨:《醉翁谈录》卷一"小说开辟"条,古典文学出版社1957年版,第3,5页。

人"博览该通"的一面,本质上也是在"炫才",只不过受众对象与唐传奇有别而已。故《云麓漫钞》《醉翁谈录》二书,经常被拿来一起论证古典小说中的羼入诗词,带有作家强烈的炫才意识。不过,以往学者受现代叙事学的影响,不得不强调,这种炫才之法多生硬、浅薄之处,对小说的发展来说,是一条本末倒置的创作歧途,甚至是中国古典小说的一大局限。[①] 现今的我们,当然认为这是用西方成熟的小说观念观看中国古典小说的成长,有以今度古、以西律中之嫌。却在不经意间忽视了另一点,即赵彦卫和罗烨说的,本是两种不同性质的文学体式:前者是唐传奇,属文人小说,诗词作为展示作家才华的原创文本而存在,它代表的"诗笔"[②],是唐传奇中与"史才""议论"并称的重要艺术体性;后者是宋话本,属书会小说,诗词在其中只是推进或搁置叙事的一种素材,不少是非原创的、拿来即用的,它在话本中的意义远没有在传奇中那么重要。一言概之,赵、罗两条材料的早期意义固然都很重要,但指向的创作现象却有着不同的文学内质。宋话本中的诗词虽在客观上也有炫才的效果,炫的却是"口才"而非"诗才",二者不可一概而论。

因此,与罗烨说法相匹配的,其实不是赵彦卫的《云麓漫钞》,而是近人陈寅恪在《敦煌本〈维摩诘经文殊师利问疾品演义〉跋》中的一段话:

> 佛典制裁长行与偈颂相间,演说经义自然仿效之,故为散文与诗歌互用之体。后世衍变既久,其散文体中偶杂以诗歌者,遂成今日章回体小说。其保存原式,仍用散文诗歌合体者,则为今日之弹词。此种由佛教演变之文学,贞松先生特标以"佛曲"之目。[③]

陈寅恪指出变文的"韵散相间"模式对后世章回小说的影响,已成学界公论。偈颂穿插在佛典制裁中,诗歌穿插在演说经义中,都有一个共同的特性,即韵文的程式化和泛用化,这是民间口头文学的重要表征。但同时代唐传奇

① John L. Bishop, "Some Limitations of Chinese Fiction", *The Far Eastern Quarterly*, Vol. 15, No. 2, 1956, pp. 240-241.

② 唐传奇中的"诗笔",实兼"诗歌"和"诗性"二义。如杨义认为,唐人对中国早期小说的贡献,在于使用了"诗笔",从而使"史才""议论"在新的小说体式中渐趋诗化。杨义:《中国古典小说史论》,中国社会科学出版社 1995 年版,第 150 页。

③ 陈寅恪:《敦煌本〈维摩诘经文殊师利问疾品演义〉跋》,《金明馆丛稿二编》,生活·读书·新知三联书店 2001 年版,第 203 页。

的散韵结构，是否也受到变文的影响，笔者颇有疑问。张敬认为，"唐人小说受佛经变文影响，于散文叙述之后，复以韵文重述之风气，民间自然引用，颇为习便"①。但唐传奇受变文的影响，并不意味着其中的散韵结构也一定缘起变文，将二者放在"民间自然引用"的层面上共同考察，有失平允。笔者倒以为，唐传奇作为文人作品，与六朝志怪、志人小说的关系更加紧密，其中的韵文作为塑造人物形象的重要一环，有很强的情境贴合度，并不适合于民间的习便引用。

然而，中国小说史的书写，一直以来都是唐传奇、宋话本的代胜次序，故我们对小说中诗词的考察，习惯把它们放在同一条演进线索之上，却忽视了唐传奇、宋话本的体性截然不同，其中诗词亦有着大相径庭的功能取向。既然学界一贯将唐传奇与韵文的关系称为"文备众体"，那么，笔者有意将宋话本与韵文的关系称为"体适众文"。在唐传奇中，羼入韵文是为了炫才，一切文体皆有备而来，全方位地展示作家的文学才能，是谓"文备众体"。宋笔记、明中篇文言小说中的诗词，皆有类似之处。而在宋话本中，羼入韵文的灵活运用，是为了展开、推进或搁置叙事，尽可能地服务于主干文体，是谓"体适众文"。早期章回小说、诸宫调、杂剧、南戏、传奇中的诗词，多此类情况。一言概之，前者重在"众体"，追求韵文的独立质量和体式的多元化；后者重在"众文"，追求韵文与主干文体的匹配程度及适用场景的多样性。

一旦我们将关注点放在"文备众体"和"体适众文"的功能差别上，那么，小说和戏曲之间的文体差异性就会淡化，它们的文体共通性便逐渐凸显出来。也就是说，在羼入韵文一事上，作为主干文体的小说和戏曲，在一定程度上是同质的。张敬把小说、戏曲中的诗词应用分为"作组织骨干""作题咏插曲""作头尾起结""作段落赞词"②四类，大致来说，前两类正对应"文备众体"，后两类则对应"体适众文"。

针对前两类情况，当代学者颇多批评之辞。特别是"作组织骨干"一类，书中对故事情节的营造，竟是为诗词的登场起铺垫的作用，其本末倒置，令人匪夷所思。但客观地说，唐传奇中的一些作品已有此趋向，如张鷟《游仙窟》，通过诗歌和书信的不断往复将故事情节串联起来。当然，学界批评最多的，还是

---

① 张敬:《诗词在中国古典小说戏曲中的应用》,《中外文学》1974 年第 11 期。
② 张敬:《诗词在中国古典小说戏曲中的应用》,《中外文学》1974 年第 11 期。

明前中期的中篇文言小说,孙楷第斥为"几若以诗为骨干,而第以散文联络之者","不文不白之'诗文小说'"①;陈大康也指出,明文言小说之羼入传统的形成及其束缚力的大小,正是社会上诗文正宗观念的一种反映②。

虽然孙先生称这些诗词"诗既俚鄙,文亦浅拙",认为相关现象的根源,在于"下士俗儒,稍知韵语,偶涉文字,便思把笔,蚓窍蝇声,堆积未已"③。但我们应当留意,就诗词在其中所起的功能而言,这些"诗文小说"与唐传奇、宋笔记并无本质的区别,只是在羼入诗文的比重上更高而已。如果只考虑作者的身份和动机的话,"文备众体"观念下的诗词创作,虽"偶涉文字",态度却是认真的;相反,"体适众文"观念下的诗词创作,却多为摘抄拼凑的应景套式,流于一种习惯性的书写。虽然作品的优秀与否,不完全取决于作家的意志,但至少我们在评价羼入韵文的时候,应当把它和它所依附的小说、戏曲的文学史评价区分开来。因为在古典小说发展的前中期,作家羼入韵文态度的端正,恰意味着其小说观念的淡薄。

从表象上看,在中国古典小说中,唐传奇和明清章回小说一直有着很高的评价。故羼入诗词的价值,在既有的批评体系中,大致呈现一个两端高、中间低的发展态势。但我们必须认识到,这一脉络走势是由文言小说和白话小说两股力量合流而成的,并不适合于整体性的考察。陈寅恪当初提出"散韵相间"的概念,只是针对民间文学体式而言,并不涉及文人小说,后来被人拿来一律论说古典文学中韵文与散文的相杂现象,多少有概念泛化的嫌疑。一旦廓清了这一点,则我们讨论话题的基本原则,不再是小说、戏曲二分,而是文言、白话二分。而在晚明以前,文言、白话二分的实质,就是叙事文学中的文人原创、世代累积两大创作类型。故羼入诗词到底有哪些基本功能,与主干文本的体裁属性关系不大,主要取决于文人、民间两种文学世界的创作模式的差异性。正因此,同为经典的长篇章回小说,"四大奇书"与《红楼梦》中羼入诗词的质量和功能,有着本质的区别。

---

① 孙楷第:《日本东京所见小说书目》卷六"风流十传"条,人民文学出版社1958年版,第126、127页。
② 陈大康:《明代小说史》,上海文艺出版社2000年版,第321页。
③ 孙楷第:《日本东京所见小说书目》卷六"风流十传"条,人民文学出版社1958年版,第126、127页。

综上所论,在古典小说、戏曲的羼入韵文现象中,"文备众体"是一种强调作家意图的视角,"体适众文"是一种满足文本结构的视角。前者代表的是文人传统,后者代表的是书会传统。这两类情况,基本上贯穿了整个中国古典小说史和戏曲史,在明代尤为突出。因为明代横跨了古典长篇小说的两个发展阶段,即世代累积创作和文人独立创作;还横跨了多出连本戏曲的两个发展阶段,即民间南戏和文人传奇。这是小说、戏曲从民间说唱走向文人案头的关键时代,也是民间文学体裁从文人文学世界中汲取养料的时代。在专门论词之前,笔者于此着墨甚多,一方面,对小说、戏曲中羼入诗词的常态功能,作一学理化的探究;另一方面,也为接下来词"别是一家"的讨论,提供一套规范、便捷的专业术语。

二、隐括词传统与南戏、传奇中的开场和冲场

前面说过,在中国的古典小说、戏曲中,无论是民间的话本、演义、南戏,还是文人的原创作品,诗词在多数情况下是同质存在的。换句话说,小说、戏曲中的多数诗词,可以在体式上相互替换而不伤其意。小说的入话或回首文字,可诗亦可词;"有诗为证"或"有诗赞曰",换作词体也无妨。相对来说,戏曲在羼入诗词一事上更固守规范,特别是在一些体制关节处,对所用韵文有较明确的文体要求,如杂剧中的题目正名,传奇中的开场词、收场诗等①。考虑到戏曲中羼入诗的普遍程度远高于羼入词,那么,词体能够一直占据传奇开场这一特殊位置,尤为可贵。因为从文体竞争的角度来说,强势文体占据功能高地,在情理之中,而弱势文体能在分体对话中岿然不倒,自成系统,更有其独特的研究价值。

戏曲开场使用词体这一规范体式,早在宋元南戏中已基本定型。现存《永

---

① 按:现存明传奇中,开场辞不用词体者,仅 11 本,其中《五福记》《白蛇记》《韩朋十义记》《观音鱼篮记》《荔枝记》《薛平辽金貂记》《麒麟洲》《钗钏记》《崖山烈》9 种用诗体,《樱桃梦》一种用散文体,《梦境记》一种用散曲体。收场辞不用诗体者,传奇中未见,杂剧中仅朱权《卓文君私奔相如》、朱有燉《兰红叶从良烟花梦》两本用词体。笔者以为,皆带有鲜明的试验色彩。

乐大典戏文三种》中,《张协状元》的开场,便由两首词和五支诸宫调构成,其中《水调歌头》《满庭芳》二词起到开宗劝世的作用,五支诸宫调起到家门大意的作用。稍晚的《宦门子弟错立身》和《小孙屠》,开场结构已经简化,前者只有一首词,为"开宗或家门"的单篇模式;后者有两首词,是典型的"开宗＋家门"双篇结构。明传奇的开场,基本上沿袭了这两种体制,在数量上各占半壁江山。①而戏曲的另一大宗杂剧,一贯用诗歌联句开场,无涉词体。

现今学界对戏曲中开场词的研究,尚处在起步阶段,没有通用的概念。故在本篇中,笔者将文字层面的传奇首出称为开场辞,将文体层面的传奇首出称为开场词,以示区别。有学者将开场词的某些特殊形态,定性为曲论词和叙事词②,此诚然有见,展现了戏曲中羼入文本之功能演变的一面及其与戏曲本体的关系。但这无法回答一个根本问题,即戏曲开场的韵文,为什么必须是词而不是诗?

笔者以为,先前的研究过于偏重戏曲本位,以致忽视了词史中的一个重要现象,即两宋以来的檃括词传统。张敬曾有提及:"明清传奇首出家门用词一首或两章,说明作者之意及檃括故事。"③但更早的发明,当属李渔的《闲情偶寄》:

> 未说家门,先有一上场小曲,如《西江月》《蝶恋花》之类,总无成格,听人拈取。此曲向来不切本题,止是劝人对酒忘忧、逢场作戏诸套语。予谓词曲中开场一折,即古文之冒头,时文之破题,务使开门见山,不当借帽覆顶。即将本传中立言大意,包括成文,与后所说家门一词相为表里。前是暗说,后是明说,暗说似破题,明说似承题,如此立格,始为有根有据之文。④

文中"包括成文"之"括"字,与"檃括"之"括"同解,都是"包容"的意思。而

---

① 据龚宗杰统计,他所经眼的 243 种使用了开场词的明传奇中,用一首词的有 112 种,用两首词的有 120 种,用三首词的有 11 种。龚宗杰:《明代戏曲中的词作研究》,浙江大学硕士学位论文,2013 年,第 59 页。

② 前者见龚宗杰《明代戏曲中的词作研究》;后者见汪超:《明代戏曲中的词作初探——以毛晋〈六十种曲〉所收传奇为中心》,《中国石油大学学报》(社会科学版)2011 年第 5 期。

③ 张敬:《诗词在中国古典小说戏曲中的应用》,《中外文学》1974 年第 11 期。

④ 李渔:《闲情偶寄》卷二"家门"条,《李渔全集》(第 3 册),浙江古籍出版社 1991 年版,第 60 页。

檃括这一特殊的文体样式,起始于苏轼,它生来就是以词而非诗的面貌出现在文学世界中的。后世只闻有檃括词、檃括曲,未闻有檃括诗。这与檃括体的功能诉求有关,苏轼创作檃括词的初衷,就是为了使原来不入音律的作品合乐可歌。[①] 戏曲同样是一种可歌的文学样式,南戏中的开场辞,虽以念白为主,但它既要起到破题承题、开门见山的艺术效果,又要与舞台表演融为一体,那么,檃括体确是一个合适的选择。李渔所说"上场小曲"和"家门一词"相为表里,形成了明暗呼应的开场结构,正可在入戏之前起到一个暖场的作用。两首词一暗说,一明说,一是道德哲理上的檃括,一是故事情节上的檃括,次第延绵而下,引出主角的登场。

传奇首出的第一、第二首词如何定名,学界尚无统一说法,笔者暂以"开宗词""家门词"相称。所谓"开宗词",即传奇开场的第一首词,一般用来开宗明义,说理劝世,以及表达作者的戏曲思想,属抽象檃括,带有一定的程式色彩。如宋人《青玉案》(人生南北多歧路)一首,既见于张四维《双烈记》首出,又见于张凤翼《红拂记》首出。所谓"家门词",即传奇开场的第二首词,一般用来概述剧情始末,交代人物、时间、地点、主干情节等故事要素,有明显的叙事特征,属具象檃括的原创之作。二者关系,孔尚任在《小忽雷传奇》中有"传奇大意二曲,一叙命笔之由,一述家门始末"[②]之语,言简意赅。

传奇开场用词体檃括剧情的做法,是否始于南戏,很难确证。《永乐大典戏文三种》一般被认为是宋末元初的剧本,我们无法断言它们能否代表更早期南戏的面貌。但至少在北宋中期,叙事文学中已有类似作品出现。赵令畤的《蝶恋花·商调十二首》,便是檃括元稹《莺莺传》故事而来,他感慨唐人传奇"不被之以音律,故不能播之声乐,形之管弦……或举其末而忘其本,或纪其略而不及终其篇",虽未明言"檃括"二字,但创作缘起实与檃括词相似。而且他"别为一曲,载之传前,先叙前篇之义",这开篇的第一首,已有后来南戏、传奇中的开宗之义:

---

① 参见苏轼《哨遍》小序、《与朱康叔二十首》。详论见内山精也:《苏轼檃括词考——围绕对陶渊明〈归去来兮辞〉的改编》,《传媒与真相:苏轼及其周围士大夫的文学》,朱刚等译,上海古籍出版社 2005 年版,第 388—407 页。

② 孔尚任:《小忽雷传奇》,徐振贵主编:《孙尚任全集辑校注评》,齐鲁书社 2004 年版,第 332 页。

丽质仙娥生月殿。谪向人间,未免凡情乱。宋玉墙东流美盼。乱花深处曾相见。　密意浓欢方有便。不奈浮名,旋遣轻分散。最恨多才情太浅。等闲不念离人怨。①

相关例证,不只私筵上的鼓子词奏唱,还有官筵上的大曲表演。南宋董颖的《薄媚·西子词》十首,是现存重要的宋大曲文献,其首篇《排遍第八》亦有开宗之效:

怒潮卷雪,巍岫布云,越襟吴带如斯。有客经游,月伴风随。值盛世、观此江山美。合放怀、何事却兴悲。不为回头,旧谷天涯,为想前君事。越王嫁祸献西施,吴即中深机。　阖庐死,有遗誓,勾践必诛夷。吴未干戈出境,仓促越兵,投怒夫差。鼎沸鲸鲵。越遭劲敌,可怜无计脱重围。归路茫然,城郭丘墟,漂泊稽山里。旅魂暗逐战尘飞,天日惨无辉。②

刘永济说"此遍前半总叙大意,似后世剧曲开场词,后半叙本事"③,可谓目光敏锐。但董词上阕之内容,较之传奇开宗的泛言大意,针对性更强一些;且其上下阕紧密照应,不像戏曲中开宗、家门之联系,止于若隐若现间。这就引出了一个问题:连本戏曲中的开场辞,其创作的正宗一路,到底是像《蝶恋花·商调》《薄媚·西子词》这样的单篇模式,在词体的内部字句上做精细文章,还是像《张协状元》那样的多篇结构,用类似连章的体式畅快无余地表达出来?这涉及明传奇中不同数量的开场词(有一至三首之别),是否来源于不同的戏曲传统。

我们需要再次考察早期的南戏作品④。在《永乐大典戏文三种》中,只有《张协状元》的开场结构较复杂。开篇两首《水调歌头》和《满庭芳》,带有开宗性质;后接《凤时春》《小重山》《浪淘沙》《犯思园》《绕池游》五支曲,摘取全剧中

---

① 赵令畤:《蝶恋花·商调十二首》,唐圭璋编:《全宋词》,中华书局1965年版,第492页。

② 董颖:《薄媚·西子词》其一《排遍第八》,唐圭璋编:《全宋词》,中华书局1965年版,第1165页。

③ 刘永济:《宋代歌舞剧曲录要 元人散曲选》,中华书局2007年版,第26页。

④ 谨慎起见,笔者以文献的实物年代为准,故早期南戏包括《永乐大典戏文三种》、宣德本《刘希必金钗记》、成化本《新编刘知远还乡白兔记》5部。现存的元本《琵琶记》,实清陆贻典抄校本,不在笔者考察之列。

的二三情节,夹杂大量对白,实为诸宫调的一种变体。这在戏中亦有暗示:"诸宫调唱出来因";"似恁唱说诸宫调,何如把此话文敷演"。① 如此繁复的开场结构,至少有两个好处:一来书会才人的文学素养较低,对同出民间的诸宫调有所依傍,有利于剧本质量的提高;二来在家门尚未定型之前,采用跳跃式的倒叙法,可以起到暖场和剧透的作用,在一定程度上制造出与家门大意相仿的表演效果。

同样复杂的,还有宣德本《金钗记》和成化本《白兔记》。《金钗记》的开宗共有《临江仙》《鹊桥仙》《水调歌头》三词,皆泛言情景,再以"内场问答"过渡至家门(据格律判断,当是词体,惜抄本脱残过甚,难辨其调),最后是下场诗;《白兔记》先是一首失调词,后接一首全篇"哩啰连"的《红芍药》②,后为秦观的《满庭芳》(山抹微云),再以"内场问答"过渡至家门词《满庭芳》(五代残唐),最后是下场诗。

比较以上三部南戏与后世诸传奇的开场体制,不难发现一些差别,它们共同指向的,是戏曲开场的简化趋势。首先,从成化本《白兔记》,到崇祯《六十种曲》本《白兔记》,编抄者对开场文字作了大幅度的删减,只剩下自叙家门的《满庭芳》(五代残唐)一首。考虑到现存传奇中有三首开场词的案例都在明前期③,我们有理由相信,开宗、家门的单篇模式或双词结构,是传奇开场的最终定型态。其次,有关开场词的曲论价值,常被学界津津乐道,如沈自晋《望湖亭》传奇中的《临江仙》词,是研究吴江派的重要理论文献。但我们需要留意,曲论文字向来只见于开宗,而不见于家门,开宗词以敷衍情景、说理劝世的面目出现在传奇中,本无须承担文学批评的功能。故笔者以为,开宗词中的曲论元素,实由省略"内场问答"而来。原本自报剧名一幕,因"内场问答"的删减,便由开宗词的下阕担负起来,这在《张协状元》的《满庭芳》词中已有体现。且

---

① 九山书会:《张协状元》,钱南扬:《永乐大典戏文三种校注》,中华书局 1979 年版,第 2、4 页。

② 饶宗颐在《〈明本潮州戏文五种〉说略》一文中指出,用哩啰唱词的传统,可追溯至南宋史浩的词作《粉蝶儿》与金董解元的《西厢记》。见饶宗颐:《明本潮州戏文五种》,广东人民出版社 1985 年版,第 11—13 页。

③ 按:明传奇中开场用三词的有 11 部作品,分别是《伍伦全备记》《香囊记》《金丸记》《双忠记》《宝剑记》《劝善记》《南西厢记》《明珠记》《双红记》《金印记》《韩湘子升仙记》,皆写于嘉靖中叶以前。

后随着文人介入戏曲创作,衍生出一些半自觉的戏曲观念,亦不足为奇。如《伍伦全备记》开宗《鹧鸪天》,"若于伦理无关紧,纵是新奇不足传""今宵搬演新编记,要使人心忽惕然"①;《紫钗记》开宗《西江月》,"点缀红泉旧本,标题玉茗新词。人间何处说相思,我辈钟情似此"②。词中表露出的"教化""唯情"等观念,固然值得学界重视,但我们需留意其中的"今宵搬演""点缀红泉旧本"等辞,本是原有"内场问答"模式中的常用套语。换个角度来说,作为"内场问答"遗留下的一丝痕迹,它从一种仪式化语言,演变为半自觉的理论文字,实在是一次精彩的功能转型。

如果说早期南戏开场体制的变化痕迹还算清晰可辨,那么,以《薄媚》为代表的乐队表演组词,与戏曲开场词之间有无文学史关联,则是一个颇难厘清的问题。笔者以为,至少有两个角度可供讨论。一方面,词之隐括源自文人的抒情传统,而非叙事传统,故就戏曲开场来说,开宗较之家门更适应此法,《张协状元》作为现存最早的南戏作品,开宗为词而家门为诸宫调,便是一个例证。但另一方面,文人隐括词与戏曲隐括词的最大不同,不在抒情、叙事之别,而在文本的外在关系上,文人隐括词是相对独立的单篇,而戏曲隐括词需要考虑与全剧本的整体关系。这在《蝶恋花》和《薄媚》中皆有体现,其篇首的隐括词,都属于在线性叙事的歌舞表演之前的总括性文字,这使它们在创作身份上更接近文人,而在文本结构上更接近戏曲。在某种程度上,这种体式继承了文人隐括词的合乐属性,并将原先相对简单的文本括写,用于更复杂的大曲表演之开端,不仅衍生出了叙事这一新的词体功能,也在一定程度上实现了从士大夫宴乐向民间戏曲的过渡与转变。

总的来说,南戏、传奇借鉴了词体的隐括传统,让开场与全篇的关系更加紧密,对提纲挈领等写作技法的运用更加纯熟。词体则借戏曲这一新兴载体,在元明词乐式微之际,找到了新的生长空间,并在戏曲文体的内部演变中滋生出别样的词体功能,即曲论词和叙事词。这两种类型,都是唐宋词未曾系统探

---

① 《伍伦全备忠孝记》第一出,《古本戏曲丛刊》(初集第 40 册),商务印书馆 1954 年版,第 1 页。

② 汤显祖:《紫钗记》第一出,《汤显祖全集》,徐朔方笺校,北京古籍出版社 1999 年版,第 1875 页。

索过的新领域①，故在一定程度上背离了原有审美范式而难以被读者接受，如何更客观地评价这两类作品的词史价值，将是明清词研究中的一个重要论题。

有关戏曲中词的檃括特性，除了开场词外，李渔还有一段对冲场的表述：

> 开场第二折，谓之冲场。冲场者，人未上而我先上也，必用一悠长引子。引子唱完，继以诗词及四六排语，谓之定场白。言其未说之先，人不知所演何剧，耳目摇摇；得此数语，方知下落，始未定而今方定也。此折之一引一词，较之前折家门一曲，犹难措手。务以聊聊数言，道尽本人一腔心事，又且酝酿全部精神，犹家门之括尽无遗也。同属包括之词，而分难易于其间者，以家门可以明说，而冲场引子及定场诗词全以暗射，无一字可以明言故也。非特一本戏文之节目，全于此处埋根，而作此一本戏文之好歹，亦即于此时定价。②

李渔认为，冲场引子、定场诗词和家门一样，同属"包括之词"。诚然，在实际创作中，定场未必皆用词体，但从词体自足性的角度来说，却是戏曲中词仅次于开宗、家门的一个重要功能。从舞台的角度去分析开场、冲场的区别，前人早有论述，因此，笔者更有意细分开宗词、家门词、定场词三者之间的文本差别。在此基础上，立足词体研究本位，探究戏曲中词与诗体、曲体不同的特置功能。

纯就檃括的技法来说，在李渔眼中，开宗、定场是暗说，而家门是明说。暗说的主要作用是叙事上的破题，即"其未说之先，人不知所演何剧，耳目摇摇；得此数语，方知下落，始未定而今方定"。李渔没有用这句话概说家门词，而是用来指说定场词，自有其深意。

就檃括的难易程度来说，总体呈现一个不断走高、由易变难的趋势。虽然开场明暗兼说才是"有根有据之文"，但李渔对开宗小曲"逢场作戏诸套语"的定位，终究不是正面的评价。作为传奇的首篇暗说文字，开宗主要起到暖场的

---

① 词体的叙事传统，自苏轼、元好问而下，已有相当的发展（参见赵维江、夏令伟：《论元好问以传奇为词现象》，《文学遗产》2011年第2期），但与纯粹檃括剧情的叙事词相比，仍有较大的差异性。

② 李渔：《闲情偶寄》卷二"冲场"条，《李渔全集》（第3册），浙江古籍出版社1991年版，第61—62页。

作用,有浓重的情景程式色彩,原创性较弱,甚至允许适当的袭改和套用,未必体现曲家的真实水准。而接下来的家门,"非结构已完、胸有成竹者,不能措手。即使规模已定,犹虑做到其间,势有阻挠,不得顺流而下,未免小有更张,是以此折最难下笔"①。需要剧作家对整部传奇有一个整体的把握,方可隤括相关情节,显然难于开宗。但这"最难下笔"之处,很快被李渔否定,因为他觉得定场亦难措手,"务以聊聊数言,道尽本人一腔心事,又且酝酿全部精神",既要反映人物角色的心理活动,又要表现剧作家的深刻寓意,在短短的数十字韵文中凸显出来,较之明白顺畅的故事情节,隤括难度更大。虽然家门与定场在李渔口中皆难措手,却难易已分,"以家门可以明说,而冲场引子及定场诗词全以暗射,无一字可以明言故也"。

综上所述,我们可以看到三种对比。首先是开宗和家门在开场内部的明暗对比,其次是开场和冲场中皆难措手的家门和定场的难度对比,以上二种,李渔皆已明言。但还有隐约一层,即同为暗说之辞的开宗和定场的对比,亦不可忽视:开宗由情景而说世情,定场由情景而抒人情,前者是浅显之套说,属于类型化的情景描写;后者是深刻之暗射,有很强的情景针对性。二者重要性的主次之分,从念白角色即可见一斑。传奇首出又称"副末开场",由末脚登场构成"内场问答"形式,而第二出的定场白,则来自生脚登场。众所周知,末脚和生脚在戏曲表演中的职责有很大差别,生脚是故事的男主角,以唱词为主,末脚则扮演一些次要角色,以做功为主。考虑到生脚需要在定场白后自报家门,这是传奇中最重要的人物出场环节,直接关系到整部作品的质量高下,则每位作家对定场白都不敢大意。

通过以上三种对比,传奇开场、冲场的整个流程,展现出错落分明的叙事层次感。从末脚首念逢场套说的开宗词,紧接着简明直白的家门词,到生脚以寓意长远的定场词登场,内容题旨由浅及深,舞台效果由暖场到入戏,可谓循序渐进。虽然从狭义的角度来说,开宗和定场未必可以隤括词视之,但曲家在创作时确有包括全剧内容与精神的理念注入其中,不失为对词体隤括传统的一种新的继承和发扬。

---

① 李渔:《闲情偶寄》卷二"家门"条,《李渔全集》(第3册),浙江古籍出版社1991年版,第60页。

　　考虑到现今学界对传奇开场、冲场未有文辞层面的理论考察，笔者尝试在李渔"开场数语，包括通篇，冲场一出，酝酿全部"①十六字言的基础上，提出"三层包括法"的概念，以突出词体在戏曲中的独特体性与功能，而不是羼入诗体的某种附庸或变形。所谓"三层包括法"，即在传奇的开宗、家门、定场三个环节，采用连续三篇词作的写作技法，用以包括故事的主体情节和精神蕴藉，在整部作品的篇首起到提纲挈领的结构作用。虽然三篇作品有轻重缓急之别，在曲家心中的地位各不相同，但也正因其意义各有轻重，才能在整部传奇的开端制造出一种明暗交织、由远及近的文学体验。当然，传奇中有开宗、家门只作一首的，也有多至三首的，只要得其包括之精神、寓意及效果，篇幅多少自是其次。

　　其实，如果我们留意小说、戏曲的同质一面，会发现小说中的入话、回前诗词，与传奇中的开宗、上场诗词②，在结构功能上有很多相似之处。小说的入话重在情景铺设和说理劝世，以对情景、道德、哲理的抽象羼括为主，这与传奇的开宗如出一辙，都有程式化的特征；小说对入话后一回的重视，与传奇对冲场（开场后一回）的重视，亦有异曲同工之处。古典叙事中的这一开门羼括之法，在宋代说唱艺术中就已出现，小说、戏曲与之关系孰先孰后，殊难考证。但就词体介入一事而言，传奇开场、冲场中的词体羼括现象，确在一定程度上强化了戏曲人物登场时"一引一词"的唱念习惯，而上场词的活跃，正是曲家的用词观念突破了传奇第一、第二出藩篱限制的一种表现。与之对应的，便是明代小说中回前词的使用频率也在逐步提高。现知的265部明传奇中，有158部的定场白使用了词体，特别是在明后期传奇中，使用定场词几成惯例。如晚明最知名的两位曲家沈璟和汤显祖，除了各自处女作《红蕖记》和《紫箫记》外，其余传奇皆用定场词，即可看出他们创作观念的前后转变。更关键的是，明传奇在第二出以下，有超过三分之二的词作，是

① 李渔：《闲情偶寄》卷二"格局第六"条，《李渔全集》（第3册），浙江古籍出版社1991年版，第59页。
② 本篇所谓"上场辞"，指在传奇每一出开头，角色登场时所唱念的"一引一诗（词）"文字，紧接着便是自报家门环节。其中的念白部分若用词体，则曰"上场词"。在严格意义上，第二出的定场词也是上场词的一种，只不过定场词定全剧之场，而普通的上场词定一出之场。

以角色上场白的形式存在的。① 这固然可以理解为戏曲中词的文体功能比较单一，但这种单一性恰好证明，明传奇各出中的上场词，实借鉴自冲场中生角登场的"一引一词"模式。考虑到上场较之开场、冲场更具叙事上的普遍意义，那么，上场词的更大价值，或在于让作家的词体檃括观念跳出戏曲的窠臼，将之理解为在各类叙事文体中的一种普遍应用。明末白话小说中回前词的增多，与此不无关系。先前《水浒传》《西游记》等小说，其羼入词多以赞、证的形式出现，但到天启、崇祯年间，《隋史遗文》60回有19首回前词，《隋炀帝艳史》40回有15首回前词，崇祯本《金瓶梅》100回有48首回前词（有的实为散曲，但文中皆以"词曰"起头），《后七国乐田演义》18回有9首回前词，《醉醒石》15回有9首回前词，甚至《山水情》22回每回前皆用词体。如此高的词体使用率，绝不是一个偶然的现象，而应是一种渐次养成的习惯。在笔者看来，从回前诗到回前词，它们的结构功能并未发生实质的变化，任何文体都有其生来的括写本领，之所以词在章回小说中的使用频率能后来居上，更多地得益于词体的檃括功能在戏曲叙事中的广泛应用，继而在体用观念上对小说创作产生潜在的影响。

再回头看两宋的檃括词创作，学界一般将之视为宋词雅化的一个侧面，是一种由士大夫创造的并适合于士大夫的知识技法。② 据此理解，则戏曲、小说中的包括之词，万不能以檃括词视之，因为这绝对是对宋词雅化的一次倒退。对此，笔者更愿意解释为，檃括词对原作品的二次书写，固然是对知识的一种记忆和炫耀，是原作者与括写者之间的对话，但这并不是檃括词的第一属性，在这之上还有一个前提，即括写者与接受者之间的对话。我们应当考虑到，檃括词的直接受众是听众而非读者，其首要目的不是概括大意或自炫文采，而是用文学的形式促进即时的人际交流。两宋檃括词的初衷，是为了合乐以歌，戏曲、小说中的包括之词，也是为了让听众尽快融入表演情境，故它们有一点是

① 以《汤显祖戏曲集》为例，5部传奇共有词95首，其中包括开宗5首、家门3首、定场4首、上场56首（不计定场）、其他27首。排除各剧的开场、冲场二出，尚有202出，其中56出上场辞使用了"一引一词"模式。5部传奇中的词体使用率，分别为开场辞全用词体，80%的定场辞用词体，28%的上场辞用词体。

② 内山精也:《两宋檃括词考》，《传媒与真相:苏轼及其周围士大夫的文学》，朱刚等译，上海古籍出版社2005年版，第429页。

相通的,即强调舞台效果胜过审美效果,此不可忽视。两宋的檃括词,其实也应作如此观察,只不过词乐失传,加上名家手笔的介入,使我们的研究视角在无意识中有所转移罢了。

三、"情致"说与明"诗文小说"的词史意义

词"别是一家",典出李清照《词论》一文,作为词学史上的重要论词文章,它对后世词学的发展影响深远。这一概念的外延界限,自然是诗、词二体在协律上的差异性,李清照说得很明白,但对这一观念的内涵及所指向的词体风格,却语焉不详:

乃知别是一家,知之者少。后晏叔原、贺方回、秦少游、黄鲁直出,始能知之。又晏苦无铺叙;贺苦少典重;秦则专主情致,而少故实,譬如贫家美女,虽极妍丽丰逸,而终乏富贵态;黄即尚故实,而多疵病,譬如良玉有瑕,价自减半矣。①

李清照对晏几道、贺铸、秦观、黄庭坚四人的评价,无疑比写"句读不葺之诗"的欧阳修、苏轼等人要高一些。至少他们对词有"别是一家"的认识,只不过在创作实践上无法达到完美罢了。按照她的说法,如果填词能在协律的基础上做到铺叙、典重、情致、故实的统一,则是上乘之作。虽然文中出现了四个截然不同的词学概念,但其中的"情致"说,无疑更重要一些,因为它反映了唐五代以下花间词传统的核心理念,同时也是后来学者用来区别北宋、南宋词风甚至定义词之正宗、本色的基本概念之一。

如果说用檃括词传统来认识明传奇的开场,是对词"别是一家"观念的表象理解,或只是一种概念借用,那么,将词的情致体性放在明文言小说中来论

① 李清照:《词论》,王仲闻:《李清照集校注》,人民文学出版社1979年版,第195页。

述①,并将之理解为词在词乐衰亡之际的一条曲线救亡之路,则自始至终符合李清照对词之本色的认知。正是瞿佑、李祯等明代作家,将词较之诗歌更具优势的"情致"二字,在日渐文人化、去音乐化的词体发展趋势下,用"诗文小说"的创作方式,最大限度地保留了下来。

明文言小说的源流,其一在唐传奇。唐传奇的一大特征,即叙述婉转,文辞华艳。这并非今人始有的观点,明人早有类似说法,胡应麟评论"《广记》所录唐人闺阁事,咸绰有情致,诗词亦大率可喜"②。胡应麟笔下的"情致",与李清照笔下的"情致",固然对应不同的时代语境,一说爱情故事的清雅不俗,一说词体风格的婉转多态,其指向迥然有别。但它们亦有不少共通之处,传奇主讲才子佳人故事,词之正宗花间一脉亦"男子作闺音",性别身份与私域书写,是它们异中有同的文学特质。如果说这两类文体存在互动的可能,那么,"诗文小说"中的羼入词便是需要重点关注的对象。瞿佑、李祯的小说史地位,我们早了然于胸,他们有单独的词集、词卷存世,也属于词史常识,却很少有人将他们的这两种创作类型联系起来考察。明人陈霆《渚山堂词话》中的这段文字,学界留意甚少:

> 聚景园有故宫人殡宫,瞿宗吉尝作《木兰花慢》云:"记前朝旧事,曾此地,会神仙。向月地云阶,闲携翠袖,来拾花钿。繁华总随流水,叹一场、春梦杳难圆。废港芙蕖滴露,断堤杨柳摇烟。　　两峰南北只依然。辇路草芊芊。怅波冷山空,翠销凤盖,红没龙船。平生银屏金屋,黯漆灯、无焰夜如年。落日牛羊陇上,西风燕雀林边。"瞿词虽多,予所赏爱者,此阕为最。然瞿有咏金故宫白莲词,即用此腔,而语意亦仍之。首云:"问前朝旧事,曾此地,会神仙。"即此起句也。是知此词为瞿得意者,故叠用如此。③

陈霆最欣赏的这首词,见《剪灯新话》中《滕穆醉游聚景园记》一篇。瞿佑

---

① 有关羼入词之于明代文言小说演变的意义,可参见赵义山等《明代小说寄生词曲研究》第六章第三节"寄生词曲与文言小说的文体变迁"。其落脚点主要在小说史意义上,而非词史意义上,故对羼入词与诗、曲之间的文体差异性,较少留意。笔者在此更强调词的情致体性,凸显羼入现象在词学层面上的意义。

② 胡应麟:《少室山房笔丛》卷三六《二酉缀遗中》,中华书局1958年版,第486页。

③ 陈霆:《渚山堂词话》卷二"瞿宗吉木兰花慢"条,唐圭璋编:《词话丛编》,中华书局1986年版,第367页。

词集《乐府遗音》中有《木兰花慢·金故宫太液池白莲》一词，除起句相同外，余皆大异。我们可以看出，陈霆对词集中词与小说中词的态度，是比较开放和平允的，二者都在其阅读范围之内，他没有先验地将小说中词视为低俗之作而未予考察①。更可贵的是，相似的两首词（或同一首词的两个版本），陈霆举《剪灯新话》而非《乐府遗音》为词例，可见他对文言小说中词的价值有足够的认知，不仅只是文献层面上的涉猎，在审美层面上也认为它有超越传统词作的价值所在。

从词史的角度来看，瞿佑的词风，承接元末明初的苏杭词人群，与杨维桢、凌云翰、杨基等人颇有相通之处，再向前追溯，则与花间一脉相承。清人田同之曰："明初作手，若杨孟载、高季迪、刘伯温辈，皆温雅芊丽，咀宫含商。李昌祺、王达善、瞿宗吉之流，亦能接武。"②他认为李祯、王达善、瞿佑接武的，是明初杨基、高启、刘基等人温雅芊丽的词风。而这三位后起词人中，竟有两位身兼文言小说家的身份，恐怕不是一种巧合。与明中叶的中篇传奇小说相比③，《剪灯新话》《剪灯余话》中的词数量并不算多，但我们应认识到，瞿、李二人在传统词坛足以名家自居，他们在文言小说中大量作词，以词家和小说家的双重阅历，将唐宋词与唐人传奇中的情致体性融合在一起，为后来同类型创作的兴起树立了良好的典范。

我们可从多个维度来看待这种融合。对明代词坛的整体风貌，以前学界常用一句话来概括，即"《草堂》之草，岁岁吹青；《花间》之花，年年逞艳"④。但严格来说，《草堂诗余》的风靡贯穿了有明一代始终，《花间集》却是直到嘉靖年

① 事实上，明人多持此态度，钱谦益《列朝诗集小传》曰："宗吉风情丽逸，著《剪灯新话》及乐府歌词，多偎红倚翠之语，为时传诵。"（钱谦益《列朝诗集小传》，上海古籍出版社1983年版，第189页）从时人并举传诵《剪灯新话》《乐府遗音》二书，可知当时读者对瞿佑之文言小说和词的同质性已有留意。

② 田同之：《西圃词说》不分卷"明初作手"条，唐圭璋编：《词话丛编》，中华书局1986年版，第1454页。

③ 陈大康对明中叶中篇传奇小说中的羼入诗词作过量化考察，见陈大康：《明代小说史》，上海文艺出版社2000年版，第318—319页。以将羼入诗词推至极端的《钟情丽集》和《怀春雅集》为例，两篇皆25000字左右，前者羼入诗词71首，后者羼入诗词213首，远超明初诸家。

④ 冯金伯：《词苑萃编》卷八"菊庄词一卷"条，唐圭璋编：《词话丛编》，中华书局1986年版，第1940页。

间才被重新关注的。只要细读《全明词》及《金明词补编》,就会发现明前中期的词质量不高,或流于鄙俗,或趋于雍容,尚情婉转的本色之作,远没有初期、后期那么多,这与花间词传统的断裂不无关系。但在同时期的"诗文小说"中,尚情之词却比比皆是,可算文言小说中羼入文体之大宗,且有愈演愈烈之势。虽说"诗文小说"的尚情时而流于浮艳,但这一类小说在保持词的原始体性上的客观贡献,我们不应忽视。一方面,"诗文小说"中袭用了不少唐宋的言情小词,而小说的叙事长度,为这些作品提供了更宽阔、更多元的情景阐释空间;另一方面,从原创的角度来说,面对文人词中情致一脉的衰落,"诗文小说"成为明中叶言情词的重要创作阵地之一,词之情致对于才子佳人一类故事的烘托造境作用,小说比戏曲先行了一步。

文言小说中的词调使用情况,也是一个很好的观察角度。因为词较之诗歌,不仅有更丰富的体调可供选择,而且词牌本身还有诗歌没有的缘题功能。据龚霞统计,明 33 部文言小说集外加 96 篇单篇,共有词 795 首,153 部白话小说,共有词 1372 首,白话小说中的词在总数上有明显优势。① 但在某些词调的使用频率上,白话小说却不及文言小说,如《忆秦娥》(文言 11 首/白话 5 首,下同)、《长相思》(14/11)、《菩萨蛮》(20/14)、《念奴娇》(8/3)、《一剪梅》(12/2)、《小重山》(6/3)、《苏幕遮》(5/1)、《好事近》(7/1)等。② 不难发现,这些在文言小说中大展身手的词调,其词牌本义多语涉情致。在一定程度上,它们能够成为文言小说家的宠儿,实因此类小说对羼入词的态度,偏重"文备众体",强调词境与小说情境的契合度。而词调本义的介入,无疑让这种情致的契合更加圆融,这实在是诗歌无法提供的一种融合方式。

另外,词体格律的长短参差之势,亦有助于私域中"情致"意境的营造。我们以文言小说《四块玉传》为例,小说讲述明永乐年间文士缪以文,与二三好友

---

① 龚霞:《明代小说中的词作研究》,浙江大学博士学位论文,2014 年,第 10、17 页。另,赵义山在《明代小说寄生词曲辑纂启示录》(《文学评论》2014 年第 4 期)中也提出了一个大概的数据:有词寄生的白话小说共 100 种,文言小说共 100 种,其中寄生词分别有 1500 首和 1000 首。其统计数据没有龚霞那么精确,但词在白话小说中的数量远多于文言小说,这一情况当属实。

② 龚霞:《明代小说中的词作研究》附录《小说中词用调与词坛用调对比表》,浙江大学博士学位论文,2014 年,第 308 页。

经商陕西,承白马寺住持和光上人相邀雅会。席间众人赋题填词,以文因所填词失之淫放,劝酒又不能饮,遂离寺奔去。后在河畔遇二女郎,受邀至幽径华屋之所,遂有美人歌曲侑酒留寝之事。故事并不新奇,但小说中有一段文字,值得词学研究者注意:

> 少间,东山月上,水天一碧,河汉介空,万籁俱寂。和光曰:"吾侪文士也,不可同俗子之会,须各吟一章,以较胜负,如诗不成,浮以巨觥,亦足以赏心欤?"众曰:"唯命。"和光又曰:"作诗故佳,但短章促句,不能畅幽述景。今者宜为古词,以先吟者为韵,众续而和之。"众曰:"善。"又曰:"主人致酒客致令,以文先生当立题意。"以文沉思允之,曰:"水亭夜宴满庭芳。和上人为东,当启也。"①

和光上人说得明白,诗歌短章促句,不能畅幽述景,故众人允以填词。那么,何为"畅幽述景",竟让功能广泛的诗歌都无法承担,需要由词来专行其事呢?我们当然可以理解为这是承接下文的需要,若是赋诗,便无法引出按拍歌词的后续情节。但"短章促句"之说亦非泛言,绝句、律诗的篇幅,确实没有词之长调那么宽裕,而齐言体式所造成的结构上的紧迫感,不如词那么丰富多变,也是很重要的一个原因。与诗歌相比,词作为长短句,有音律上的不平整性,它又允许存在参差句,可以造成句式节点的变化,由此形成的连绵而婉转起伏的抒情效果,更有利于私人情感的流露和私域场景的表现。至于"水亭夜宴满庭芳"一句,则在一定程度上暗示了若词题与词牌之间存在某种关联性,将是一个巧妙和妥帖的命题方式。以上这些,都是词较之诗歌在情感类故事的造境上更具优势的地方。

明代文言小说中词数量的激增及相关词境的营造,固然得益于古典小说中悠久的才子佳人故事传统。但这只是小说史内部的话题,我们还应认识到,小说中的这一主题类型,一直是明代文人戏曲的重要素材来源,也是古典小说、戏曲同生共长的主干线索之一。那么,文言小说中词的情致体性,是否也通过这一同生共长的发展历程,在戏曲创作及观念中有所体现呢?

我们知道,汤显祖的"临川四梦",皆取材于唐传奇和宋笔记小说,不只是

---

① 陶辅:《花影集》卷三《四块玉传》,程毅中点校,中华书局 2008 年版,第 90—91 页。

本事上的借鉴,还有创作理念上的汲取。汤氏著名的"情至"说,即出自《牡丹亭记题词》:"情不知所起,一往而深。生者可以死,死可以生。生而不可与死,死而不可复生者,皆非情之至也。"①却很少留意到,他还用此语评价过五代词:"词至西蜀、南唐,作者日盛,往往情至文生,缠绵流露。不独为苏、黄、秦、柳之开山,即宣和、绍兴之盛,皆兆于此矣。"②虽然两条史料的具体语境不同,但旨趣却有相通之处,即强调情感真实表露的重要性。在某种程度上,汤显祖笔下的"情至",可视为唐宋"情致"的一种升级,进一步强化了情感表露在文学世界中的广泛合理性。从李清照评秦观词的"情致",到汤显祖评五代词的"情至",从明人对唐传奇"绰有情致,诗词亦大率可喜"的评价并付诸中篇文言小说的实践,到从深受唐传奇影响的明传奇中提炼出来的"情至"说。这些文辞相似的概念,虽然在时代语境及相关指涉上多有不同之处,放在一起论说,有失之牵强的嫌疑,但伏脉其中的,正是古典文学唯情观念的一条演变轨迹。若我们用文体学的视角去深入观察,这是在"情致"的文学外衣下,词与小说、戏曲之间文体互动与交融的一种表现,而其中很重要的一种运作方式,即词体的羼入与转移。

我们通过对小说、戏曲中词在后世的接受情况的考察,亦可见一斑。操持选政,向来是词人表达词学观的一种重要方式,其选录遵循词之主体性原则,词境营造的成功与否,是否符合词之本色和正宗,至关重要。从现存文献来看,词选中大量收录小说、戏曲中词,始于明中叶陈耀文的《花草粹编》,是书采录了宋元笔记、话本小说中词近 30 首,还选录了董解元《西厢记诸宫调》中的《哨遍》一词。至晚明卓人月的《古今词统》,更是"详其逸事,识其遗文,远征天上之仙音,下暨荒城之鬼语,类载而并赏之"③,不仅对《剪灯新话》《剪灯余话》等书中的词广泛搜采,还从"临川四梦"中摘录了汤显祖词 15 首④。从选家的

---

① 汤显祖:《牡丹亭记题词》,《汤显祖全集》,徐朔方笺校,北京古籍出版社 1999 年版,第 1153 页。

② 王奕清:《历代词话》卷三"西蜀南唐词"条,唐圭璋编:《词话丛编》,中华书局 1986 年版,第 1138 页。

③ 徐士俊:《古今词统序》,卓人月编:《古今词统》卷首,《续修四库全书》(第 1728 册),上海古籍出版社 2003 年版,第 442 页。

④ 《花草粹编》《古今词统》对小说、戏曲中词的采录情况,见张仲谋:《明代词学通论》,中华书局 2013 年版,第 440—441、479—482 页。

角度来说，从小说、戏曲中辑录词作，是唯佳篇是选的开明表现，但从作品的角度来说，它们之所以会被传统词选挑中，正是因为其风格符合传统词学的审美标准。尽管陈耀文有浓郁的学者意识，卓人月主张婉约、豪放并重，但他们从小说、戏曲中选出来的词，却是清一色的婉约风格。这与其解释为选家词学观的一种体现，不如说与文言小说、戏曲对词之情致体性的包容不无关系。在某种程度上，不妨视为词之情致体性在明代小说、戏曲中历经了两百年的洗礼，其中脱颖而出的作品再次回到了传统词学的评价体系之中。用传统的审美眼光看，这当然是一桩幸事，但从词体开拓创新的角度来说，又何尝不是一种不幸呢！

四、叙事文学转型视角下的词体沉寂与复起

前面说到戏曲中词的檃括传统，并影响到白话小说中词体的使用习惯；也说到文言小说中词的情致传统，并影响到戏曲中词的风格和意境。它们绝非凭空而来，而是从相对成熟的两宋词学传统中汲取了合适的养料，继而在小说、戏曲同生共长的发展系统中相互作用的。这种循环于小说、戏曲之间的螺旋式生长模式，很好地体现了古典小说、戏曲的同质一面。但我们再怎么强调它们之间的紧密联系，依然带有"两个"（小说和戏曲）的痕迹，仍不是"一个"（叙事文学）的视角。在某种程度上，强调作为整体的"一个"，将促成小说、戏曲等文体概念的进一步淡出，从而摆脱小说史、戏曲史的惯有思维方式，代之以整体词史的研究视角，用一个别样的维度来重新审视羼入词的价值。

一般认为，词的发展，从唐五代至两宋金元，有一个从乐人之词到文人之词的过程。随着"以诗为词"之风的盛行，加上词乐渐衰，词之典雅化、文人化成大势所趋。至元末明初词乐衰亡，词体不振，进入持续两百年的发展低谷期，直到明清之际词的重振，始有二次中兴之面貌。故在词学家眼中，千年词史以唐宋词和清词为两个高峰，呈现一个两头高、中间低的马鞍形发展轨迹。若只是把握主线，这般解释自然没错，但这样的视角，仅以传统词籍文献为考察对象，并没有顾及小说、戏曲中词之存在及其复杂性，更不会考虑它们对于主流词史可能产生的某些影响。有鉴于此，如果我们把小说、戏曲中的词放在整体词史中予以考察，观察其中的内在动力，不失为审视明词不振和清词复兴

的一条隐性线索。

从古典文学雅、俗之别的角度来说,词在相当长一段时间内被视为小道,它所倚赖的歌筵场景,带有浓郁的娱乐色彩,与传统诗文的载道、言志之说差别甚大。虽然经过两宋三百年的改造,词在词风、词境、词调等方面都有了很大的提升和拓展,甚至进入了宫廷雅乐的行列,但多数学者还是承认,词的雅化并逐渐脱离音乐作为一种文人作品而存在,不可避免地造成了自身文学活力的丧失。而在宋、金后期及元代,戏曲、小说的渐次兴起是文学史上的重大事件,如果我们信奉文体代胜说和文学雅俗论的话,戏曲、小说替代的正是词原先占据的那个位置,即作为俗文学之小道向雅文学之正宗发起挑战的一种姿态。在词乐式微、律谱系统尚未建构、生存空间被压缩的大环境中,词是继续雅化,还是回归俗化,是一个相当复杂的问题。

众所周知,词雅化的其中一面,便是"以诗为词";词俗化的其中一面,便是"以词为曲"。吴梅曰:"曲欲其俗,诗欲其雅,词则介乎二者之间。诗语可以入词,词语可以入曲,而词语不可入诗,曲语不可入词。"①就是古代文体互参中"以高行卑"的体位定势在词体上的一种表现。② 总的来说,诗、词、曲皆是小篇幅的抒情文体,它们的文体互参,主要落实在语言风格的层面,即保持俗文学的体式不变,而注入雅文学之精神内涵。但曲的情况比较复杂,它有散曲、杂剧、南戏、传奇之别,后三种属于较大篇幅的叙事文体,有足够的文本空间可供发挥,得以形成另一种"以高行卑"的模式,即诗词全篇羼入戏曲之中。它与传统意义上的"以词为曲"的最大不同,在于保留了诗词的完整性和独立性。较之"以诗为词""以词为曲"对语言风格的精致追求,这种文体互参比较简单和实用,它更注重某一文体所对应的外在雅俗观念,而不是内在的雅俗元素。考虑到早期书会才人的文学素养普遍较低,在小说、戏曲向雅文学发起挑战之始,确有借羼入诗词来实现自身雅化的客观需求,这为困境中的词体提供了一个不小的生存空间。

我们当然不是说词的发展只剩下了非此即彼的选择,但以前讨论元明词的俗化、曲化问题,常用苏轼词体革新后符合文人审美趣味的那套标准,用有

---

① 周本淳引吴梅口述,见周本淳:《诗词蒙语》,上海文艺出版社 2001 年版,第 32 页。
② 蒋寅:《中国古代文体互参中"以高行卑"的体位定势》,《中国社会科学》2008 年第 5 期。

色眼镜去看那些"自甘堕落"的作品,认为小说、戏曲及各类仪式场景中的词,缺乏文学应有的个体精神,却很少考虑到,诗文掌握着文学顶层的话语权,而从"新人"变成"旧人"的词体,既没有很成熟的理论支持,又因词乐衰亡而生存媒介渐少,它所拥有的"以高行卑"的体位优势,并不像诗文那般稳如磐石。故笔者以为,对词乐衰亡之际的词体评价,不应停留在简单的是与否、优与劣上,更应去探究颓势之下的内在张力和复杂局面。文人词的发展固然是千年词史的大盘和主线,但词在步入低谷之后,有着多样的诉求和出路,另外一些隐性的表现和变化,对我们认识词史全貌来说,也是一种有益的补充。

如上所言,词的崛起有一个从乐人之词到文人之词的过程。而乐人之词分两种情况,一种像《云谣集》那样由乐人自己发声,一种像《花间集》那样由文人拟乐人发声,它们最大的区别,在于乐人自身是否参与创作。元明词的沉寂,在一定程度上,亦可作如此观察。我们在着重关注文人词的低迷处境的同时,不妨留意另一条从文人之词到艺人之词的支线。这里的艺人之词,亦可二分:一种是书会才人的口头作品,如南戏、话本、早期演义小说中的口耳相传之作;一种是拟说唱人口吻的文人作品,如明人传奇,只要不是纯案头作品,需要付诸表演,就必须考虑所填之词之于艺人唱念的可行性问题。

如果我们将视角放宽,定位于广义的词之表达,而非狭义的词之创作,则艺人之词中有一类特殊情况,尤值得关注,即袭用前代的文人之词。其文本虽然没变,属性却发生了变化,从原来典雅的文人之词,变成带有活套色彩的艺人口头之作。这样的羼入手法很聪明,既让艺人之词有一个较高的起点,又让文人词中的佳篇有了更广阔的受众,但在笔者看来,它更积极的文学意义,在于修改、袭用二事的并存。适当修改原作,可以让小说家、戏曲家对前人词作有更深刻的理解,并激发他们结合情境进行二次创作的活力。在白话小说、戏曲的发展前期,较之原创词造成的艺术水准低下,以及纯袭用带来的情境违和感,袭改原作不失为艺人之词的一条可行之路。而前代文人之词的介入,恰是元明艺人之词较之唐宋乐人之词最不同的一面,也是更复杂的一面。

理解了以上几点,我们不难发现,从《云谣集》到《花间集》,再到两宋词,从宋元南戏、话本中的词,到明传奇、小说中的词,再到清词,都存在一个由俗变雅的上升过程。即从底层的乐人、艺人之词,变为文人拟写的乐人、艺人之词,最后成为纯粹的文人词。当然,前者是一条随燕乐而起的文学主线,后者只是词乐衰落背景下的一次突围之举罢了。明清之际词体复兴的原因很复杂,主要归功于文人的创作实践和理论建构,笔者无意夸大小说、戏曲在其中的作用,但我们或可留意一点:明清词的复雅,除了文人词坛的努力外,在一定程度上亦受益于古典叙事文学的转型,即从世代累积创作转向文人独立创作。在一批独立创作的小说家、戏曲家的努力下,小说、戏曲中的羼入词,也从艺人之词走向了文人之词,其创作质量有了显著的提高。这些提高虽然未必直接影响晚明清初各词派的词学观念,但小说、传奇作为有明文学的一代之胜,它们对羼入词的功能需求,却在客观上促使了汤显祖等优秀作家介入词体创作之中,这对晚明词的复起来说,不失为一个无心插柳的举动。

这个时候,我们再回头看古典小说、戏曲中的词"别是一家",已经拥有了丰富的词学内涵。它既可指在小说、戏曲的羼入现象中,词有别于诗歌的独特功能;也可指在词乐衰落的元明时代,词在寻求一条雅文学之外的发展道路。如此的观察,将凸显两层意义:首先,词不再作为羼入诗的附庸和注脚而存在。尽管诗词的同质性依然是羼入韵文的主要特征,但我们已然认识到诗词的异质性同样重要,它们与整体词史中某一时段特性的对应关系,更不可忽视。其次,我们可以摆脱南宋以后词史完全是一部文人词史的观念,适当地考察一下以小说、戏曲为代表的俗文学媒介对词的发展所起的作用,并借此发出更多的疑问:它们只是为词在衰落之际提供了一片生存空间,还是在此之上有更积极的词史意义?对于明清之际词的中兴来说,晚明小说、戏曲中的词在数量和质量上渐入佳境,是否为殊途同归的反映?入清以后,小说中的词创作日渐低迷,这当然与小说观念的成熟有关,但从词史的角度来看,是否也与词体在文人世界中找回了足够的自信和尊严有关?笔者在此抛砖引玉,希望能引起学界对明清词研究方法的多维思考,而并不仅仅是业已成熟的唐宋词研究范式的一次重复使用而已。

(原载《中国社会科学》2015 年第 11 期)

唐前七体讽谏功能发微

王德华

唐前骚体和赋体具有类型化的特征,七体可以说是最具代表的一类。[1] 七体在唐前创作也颇丰,据郭建勋先生统计,遗存 47 篇[2],当然其中多为残篇或存目,完篇的仅有 10 篇。从曹植《七启序》、傅玄《七谟序》、挚虞《文章流别论》、刘勰《文心雕龙·杂文》对七体的评论及萧统《文选》立"七"体可以看出,创始于枚乘的七体,在两汉魏晋南北朝时期,无论是创作或评论都被给予相当的关注。目前研究界对七体体类形成、七体主旨变迁以及表达模式,多有论说。要么以"模仿太过"未加深究;要么从文本本身阅读得出枚乘之后唐前七体主旨由"问疾"讽谏向"招隐"颂世的主旨转换的结论。笔者认为,七体代有继作,规仿太过确是其弊端。但从七体的文学与文化功能角度来看,它所体现的对现实政治的不满与微讽是七体代有继作的重要原因。七体的讽谏功能,在文本失却具体历史语境后,原初创作动机被遮蔽,以致形成后人不明语境的"误读"。本文旨在钩稽史料,通过重要的例证阐发七体的讽谏功能以及以颂为讽的表达模式,以期对七体的文学与文化功能有一较为恰当的认识与评价。

---

① 关于唐前辞赋类型化特征与文体功能认同等问题,参看拙文《唐前辞赋类型化特征的文体思考》,《文艺理论研究》2008 年第 4 期,第 56—62 页。

② 详见郭建勋:《"七"体的形成发展及其文体特征》,《北京大学学报》(哲学社会科学版) 2007 年第 5 期,第 56—57 页。

一、七体创作的历史语境与讽谏功能再认识

就赋体体类而言，大赋、对问体赋在先唐史书中多有录载，主要是大赋诸如司马相如《子虚赋》《上林赋》、扬雄四大赋、班固《两都赋》等，都具有相当高的史料价值；而对问体赋也是了解文士生存与心理状态的重要文献。史书为我们了解这两大类赋体的创作时间和创作背景提供了宝贵的文献资料，有些作品当我们失去史书给我们提供的历史语境，单就文本本身阅读，只会得出与文本本身相反的结论，如扬雄四大赋、张衡《二京赋》就是显例（详后）。

史书载录唐前七体只有西晋张协《七命》一篇，但一些七体作品如傅毅《七激》的创作背景还是有所载录的，给我们留下了宝贵的历史背景资料。此外，我们根据现存一些唐前七体文本，还是能找到七体创作的一些具体背景。

首先，我们看看枚乘《七发》①的创作。作为七体奠基之作，《七发》创作时间与创作背景也有争论，但是对其讽谏功能没有不同意见，只是在具体问题上诸如讽谏的是吴王还是梁王，是通过问疾讽谏膏粱子弟浮靡生活还是讽谏吴王谋反上稍有分歧。之所以对《七发》的讽谏功能没有产生异议，主要得自于《七发》正式开导前的一段文字。这段文字，吴客针对楚太子的疾状，已作出了诊断，并断言"久执不废，大命乃倾"，又从正面分析造成太子病疾的原因，就是身处宫室，耽于安乐，四体不勤，嗜欲过度，并指出根除太子"淹沉之乐，浩唐之心，遁佚之志"的最好办法是"独宜世之君子，博见强识，承间语事，变度易意，常无离侧，以为羽翼"，也就是文中最后提到的诸子的"要言妙道"。"七发"前的这段正面劝导，其实说明了《七发》主旨是戒膏粱子弟的奢华生活。后世人们对《七发》的讽谏功能的认识并无异议，关键在于"七发"前吴客与楚太子之间的对话具有实质性的指向，即前六事，都是包括楚太子在内的膏粱子弟所追逐的生活，最后"要言妙道"治疾一事也是针对楚太子的，并和前面一段概括主旨的文字吻合。

---

① 本文所引《七发》，见萧统选编，李善等注：《六臣注文选》卷三四，浙江古籍出版社 1999年版，第 616—624 页。

　　枚乘之后,现存较为完整的是傅毅《七激》①。傅毅此篇只有六事而非七事,或不全,抑或并不着意于"六过一是"的固定程式。前五事涉及音乐、饮食、车马、射猎、游宴,最后一事是对"永平之世"的盛赞:

　　汉之盛世,存乎永平。太和协畅,万机穆清。于是群俊学士,云集辟雍。含咏圣术,文质发曚。达羲农之妙旨,照虞夏之典坟。遵孔氏之宪则,投颜闵之高迹。推义穷类,靡不博观。光润嘉美,世宗其言。

玄通子前五事对徒华公子的劝说都没起到作用,唯最后一事,颂赞永平盛世,推崇儒学,使徒华公子"瞿然而兴",决定弃隐出仕。从文本本身看,《七激》主旨是颂世招隐。但《后汉书·傅毅传》载:"毅以显宗求贤不笃,士多隐处,故作《七激》以为讽。"②由此,傅毅创作此赋的目的并不是劝谏隐士出仕,而是借劝谏隐士出仕,对显宗求贤不笃的微讽,这是汉赋"主文谲谏"的一种表达方式。如果没有《后汉书》对写作背景的交代,我们很难从赋作本身了解傅毅创作此赋的良苦用心。傅毅《七激》对《七发》在人物设计及仕隐题材上的改变甚显,也每每为人论及,但是其在主旨上仍然踵承《七发》对当世的讽谏,且表现出主文谲谏、以颂为讽的特征,具体有两个方面的改变:其一,前五事的铺陈,表面上只是罗列了不为隐者接受出仕的五个方面,但通览全篇,这些铺陈明显具有对尸位素餐者的讥讽,揭示了隐者所以自隐的现实根源,也构成对汉明帝永平之政的微讽;其二,对汉明帝求贤不力的讽谏却是通过歌颂永平之政的方式正面表现的。这两点讽谏,在以颂为讽的模式下,因对帝王的直接讽谏变为以颂为讽的间接表达,因而极易造成颂世招隐的看法。由此,我们也就看到,与《七发》相较,傅毅《七激》主客对答之间的话语所指产生了两个方面的变化:一是《七发》中的六事,可以说是楚太子在内的膏粱子弟们所经历的生活,而傅毅《七激》中的五事,却不是隐士"徒华公子"所经历的,可以说是现实官场的绝妙反映;二是文章最后一段歌颂的"永平之政",也不是现实政治的反映,而是理想的指向。两个方面的结合产生了傅毅《七激》文本主客对答所指与人物之间的游移和分离。主客对答在文本中只是一个虚拟的对话平台,其所表现的并

---

① 本文所引《七激》,见欧阳询:《艺文类聚》卷五七,上海古籍出版社1965年版,第1023—1024页。

② 范晔:《后汉书》卷八〇上《文苑传·傅毅传》,中华书局1965年版,第2613页。

不是对答者本身的问题,而是借此表达对当下政治的批判性看法。可见,文本与具体历史语境的脱离,极易产生阅读的反效果,即以为《七激》等作品是颂世招隐的。

再如张协的《七命》,这是史书全录的唯一一篇七体作品。《晋书·张协传》载:"于时天下已乱,所在寇盗,协遂弃绝人事,屏居草泽,守道不竞,以属咏自娱。拟诸文士作《七命》。"①此篇作于公元300年前后,赵王伦擅政,张华、潘岳、欧阳健、石崇等人因卷入政治风波先后被杀。张协"守道不竞",是对昏暗当世的主动离弃,其"拟诸文士"而作的《七命》,应该不存在什么颂世招隐主题。文中至妙音曲、浩丽居处、壮观畋游、稀世神兵、天下骏乘、感官享乐六个方面的渲染铺陈是西晋末年黑暗、动乱政治的反映,也是冲漠公子超世高蹈的现实原因。因而,文中第七事对晋朝清明圣世的美化,也就值得我们深思:

大夫曰:"盖有晋之融皇风也,金华启征,大人有作,继明代照,配天光宅。其基德也,隆于姬公之处岐;其垂仁也,富乎有殷之在亳。南箕之风不能畅其化,离毕之云无以丰其泽。皇道昭焕,帝载绯熙。导气以乐,宣德以诗,教清乎云官之世,政穆乎鸟纪之时。玉帛四塞,函夏谧静,丹冥投锋,青徼释警,却马于粪车之辕,铭德于昆吾之鼎。群萌反素,时文载郁,耕父推畔,渔竖让陆,樵夫耻危冠之饰,舆台笑短后之服。六合时雍,巍巍荡荡,玄髫巷歌,黄发击壤,解羲皇之绳,错陶唐之象。若乃华裔之夷,流荒之貊,语不传于輶轩,地未被乎正朔,莫不骏奔稽颡,委质重译。于时昆蚑感惠,无思不扰。苑戏九尾之禽,圃栖三足之鸟,鸣凤在林,夥于黄帝之园;有龙游川,盈于孔甲之沼。万物烟煴,天地交泰,义怀靡内,化感无外,林无被褐,山无韦带。皆象刻于百工,兆发乎灵蔡,搢绅济济,轩冕蔼蔼,功与造化争流,德与二仪比大。"

这里对"有晋之融皇风"的描写正是西晋末年乱世所缺失的,因而这种颂世,我们可以说是张协的一种意念、一种理想,是借此对浊乱现实的嘲讽,但绝不会构成对现实政治的歌颂,并借此表达招隐的主题。由此,冲漠公子听后的

---

① 本文所引张协有关资料及《七命》,见房玄龄等:《晋书》卷五五《张协传》,中华书局1974年版,第1518—1524页。

反应也颇值得我们寻思：

> 言未终，公子蹴然而兴曰："鄙夫固陋，守兹狂狷。盖理有毁之，而争宝之讼解；言有怒之，而齐王之疾瘳。向子诱我以聋耳之乐，栖我以蒜家之屋，田游驰荡，利刃骏足，既老氏之攸戒，非吾人之所欲，故靡得而应子。至闻皇风载韪，时圣道醇，举实为秋，摛藻为春，下有可封之人，上有大哉之君，余虽不敏，请从后尘。"

这段文字可以说是点出了张协创作《七命》的真实用意。世人所贵的六事，实"非吾人之所欲"，也是促成士人隐居的重要原因，只有实现了"皇风载韪，时圣道醇，举实为秋，摛藻为春，下有可封之人，上有大哉之君"，士人才会欣然入世。这种对清明盛世意念性的渴望，构成了对现实的批判与嘲讽。

综上，七体创作的历史语境对我们理解七体的讽谏主旨至关重要，文本对话指涉对象的游离以及文本与历史语境的脱离造成了我们对枚乘以后七体创作主旨理解的偏离，从而遮蔽了讽谏这一重要的文体功能。枚乘首创的七体，留给后世效仿的是"六过一是"的表达模式以及七体的讽谏功能，这在枚乘以后的七体创作中始终得到延续。只因时代的变迁及儒家主文谲谏表达方式的进一步渗透，在延续相同模式与讽谏功能的前提下，讽谏对象与主旨却发生了非文本所指涉的变化。

七体是唐前赋体中类型化最为明显的一类，从曹植、傅玄七体序及刘勰的评论来看，枚乘之后七体作家对此有着积极的认同。曹植《七启序》曰："昔枚乘作《七发》，傅毅作《七激》，张衡作《七辩》，崔骃作《七依》，辞各美丽，余有慕之焉。遂作《七启》，并命王粲作焉。"[1]傅玄《七谟序》曰："昔枚乘作《七发》，而属文之士若傅毅、刘广、崔骃、李尤、桓麟、崔琦、刘梁、桓彬之徒，承其流而作之者纷焉。《七激》《七依》《七说》《七触》《七举》《七误》之篇，于通儒大才马季长、张平子亦引其源而广之。"[2]刘勰《文心雕龙·杂文》言："自《七发》以下，作者继踵，观枚氏首唱，信独拔而伟丽矣。……自桓麟《七说》以下，左思《七讽》以上，枝附影从，十有余家。"[3]曹植、傅玄及刘勰都认为七体创自枚乘，且自枚乘之

---

① 萧统选编，李善等注：《六臣注文选》卷三四，浙江古籍出版社1999年版，第624页。

② 李昉等：《太平御览》卷五九〇，中华书局1960年版，第2657页。

③ 刘勰著，范文澜注：《文心雕龙注》卷三，人民文学出版社1958年版，第255—256页。

后,唐前以"七"名篇的作品,俨然成为一体,这也是萧统《文选》立七体一类的重要原因。可见,我们通过《七发》《七激》《七协》文本与历史语境的相互关联说明七体讽谏功能在《七发》后的延续,但更重要的是,这一解读对我们重新认识唐前失去创作历史语境的其他七体作品的讽谏主旨、走出单纯阅读文本产生的阅读误区,具有重要的借鉴价值。

二、扬雄赋论赋作对七体讽谏表达模式及批评的影响

如果从赋体理论与创作角度来看,枚乘之后七体讽谏主旨的以颂为讽的表达模式受到扬雄赋论赋作的深刻影响。虽然讽谏是赋体重要的文体功能,但是在扬雄四大赋创作前,不论是宋玉、司马相如,还是七体的首创者枚乘,其赋体创作的讽谏意义还是非常明朗的。在大赋创作与批评领域,扬雄确立了"丽以则"的批评理论与"以颂为讽"的创作模式。

扬雄赋论在《汉书·扬雄传》中有集中体现:"雄以为赋者,将以风也,必推类而言,极丽靡之辞,闳侈巨衍,竞于使人不能加也,既乃归之于正,然览者已过矣。"①这里一方面体现了扬雄对赋体创作目的的看法,即"以为赋者,将以风也",赋体应该具有讽谏的政治功能;另一方面,为了实现赋体的讽谏目的,在创作方法上,扬雄以为赋体创作"必推类而言,极丽靡之辞,闳侈巨衍,竞于使人不能加也",指出赋体的铺张扬厉与辞藻丽靡的特征。扬雄认为这种"丽靡之辞"的描写是很难实现真正的讽谏目的的,即表现得越好,其讽谏的效果越微,所谓"览者已过矣"。扬雄以上赋论及对赋体创作的批评,在他的《法言·吾子》篇中也有反映:"或曰:'赋可以讽乎?'曰:'讽乎!讽则已,不已,吾恐不免于劝也。'""或问:'景差、唐勒、宋玉、枚乘之赋,益乎?'曰:'必也,淫。''淫,则奈何?'曰:'诗人之赋丽以则,辞人之赋丽以淫。如孔氏之门用赋也,则贾谊升堂,相如入室矣。如其不用何?'"②在扬雄看来,"丽以则"无疑是补救"丽以

---

① 本文所引扬雄赋论及四大赋均见班固:《汉书》卷八七上下《扬雄传》,中华书局 1962 年版,第 3513—3585 页。
② 汪荣宝:《法言义疏》,中华书局 1987 年版,第 45—50 页。

淫"的辞人之赋的创作之弊的重要途径。

关于扬雄四大赋的创作时间,一般均认为创作于汉成帝元延元年(前12)、二年(前11),熊良智先生认为"扬雄四赋中《甘泉赋》《河东赋》《羽猎赋》作于永始四年。而《长杨赋》作于永始四年之明年,即元延元年"①。永始四年,扬雄四十一岁,扬雄享年七十一岁,四赋正作于扬雄一生的壮年时期。因而,扬雄的赋论与其大赋创作是互动的。从扬雄"悔其少作"及"辍不复为"来看,他的赋论成于晚年。而作于壮年的四大赋,可以看到与他的"诗人之赋丽以则"赋体理论一脉相承,为其后期赋体理论提供了创作经验。

四篇大赋有一个共同特征,即均以讽谏为目的,这与他强调讽谏为赋体旨的看法归相一致。但是扬雄四大赋的吊诡之处在于,四大赋的讽谏主旨必须借助于赋序及史书的说明才能让读者明白。如果没有赋序的交代,单就四大赋本身,其讽谏意味实少,而事实上往往与讽谏旨归相悖。如《甘泉赋序》②曰:"孝成帝时,客有荐雄文似相如者,上方郊祀甘泉泰畤、汾阴后土,以求继嗣,召雄待诏承明之庭。正月,从上甘泉,还奏《甘泉赋》以风。"汉成帝无子嗣,其郊祀"甘泉泰畤、汾阴后土",以求子嗣。扬雄对成帝郊祀的奢靡,存有讽谏之意,这是扬雄"从上甘泉,还奏《甘泉赋》以风"的原因。但是整篇《甘泉赋》却对成帝此次郊祀进行了颂扬式的描写。主要表现在三个方面:一是对成帝此次郊祀出行盛况进行了描写,如随行众多,言"齐总总撙撙,其相胶葛兮""骈罗列布,鳞以杂沓兮";车骑之盛,言"敦万骑于中营兮,方玉车之千乘",表现了天子郊祀场面的盛大。二是突出描写了甘泉宫宫观楼阙似神所居的谲诡多变以及非仙所至的高耸入云。三是表现了成帝至甘泉宫后静心斋戒,即"天子穆然珍台闲馆,璇题玉英,蜵蜎蠖濩之中,惟夫所以澄心清魂,储精垂思,感动天地,逆釐三神",以及"方览道德之精刚兮,侔神明与之为资"对道德的涵养与持重。整篇完全以颂美语气表现,与赋序所言的讽谏之意甚相背离。《汉书》本传载:

---

① 熊良智:《扬雄"四赋"时年考》,《四川师范大学学报》(社会科学版)2005年第3期,第72页。

② 此序出自《汉书》本传,实出于扬雄自传,故以篇序直称。下同。

甘泉本因秦离宫,既奢泰,而武帝复增通天、高光、迎风。宫外近则洪崖、旁皇、储胥、弩陆,远则石关、封峦、枝鹊、露寒、棠梨、师得,游观屈奇瑰玮,非木摩而不雕,墙涂而不画,周宣所考,殷庚所迁,夏卑宫室,唐、虞棌椽三等之制也。且为其已久矣,非成帝所造,欲谏则非时,欲默则不能已,故遂推而隆之,乃上比于帝室紫宫,若曰此非人力之所为,党鬼神可也。又是时赵昭仪方大幸,每上甘泉,常法从,在属车间豹尾中。故雄聊盛言车骑之众,参丽之驾,非所以感动天地,逆釐三神。又言"屏玉女,却虙妃",以微戒齐肃之事。

此段说明扬雄《甘泉赋》的讽意有三:一是针对甘泉宫"游观屈奇瑰玮,非木摩而不雕,墙涂而不画"的奢侈,可见篇中对甘泉宫的描写,"乃上比于帝室紫宫,若曰此非人力之所为,党鬼神可也";二是说明"车骑之众,参丽之驾,非所以感动天地,逆釐三神";三是针对汉成帝宠幸后宫赵昭仪,故以"'屏玉女,却虙妃',以微戒齐肃之事"。但是篇中并未直接言说,而是以反话正说的颂美语气加以表现,如果没有本传前后文字的解释与记载,就篇中描写来看,只能让我们感受到天子的虔诚祭祀之心以及对道德的涵养,还有作者的颂美之声。此段也点出了对这一创作思维的表现形式——"推而隆之",即顺着天子之意,极力表现,但其真正的用意并非颂扬而是借此讽谏。因而,《甘泉赋》典型地反映了扬雄大赋"以颂为讽"的创作思维。这一"推而隆之""以颂为讽"的表现模式在其他三篇大赋中得到同样运用。扬雄四大赋所讽谏的内容是一件比一件更切中时弊,虽然表现上各有不同,但总体说来,赋中的汉成帝因作为作者的理想代言而与现实中的成帝判若两人,扬雄以颂美理想中的汉成帝讽谏现实中汉成帝的失德之举,其歌颂的内容恰恰是现实中所缺失的,扬雄无疑是将一种理想的政治理念强加在汉成帝身上。可以说,四大赋共同体现了扬雄大赋创作以颂为讽的思维模式。将扬雄赋论与赋作联系起来,"诗人之赋丽以则"不仅是扬雄的赋论准则,同时也是形成扬雄"以颂为讽"创作模式的指南,是扬雄改变宋玉以来"辞人之赋丽以淫"的一种尝试,但这种以颂为讽的表达方式也使得他的赋体创作讽谏主旨陷入只能借助赋序才能明白的尴尬境地,这应是扬雄悔赋的重要原因之一。

扬雄大赋以颂为讽的表达模式在东汉仍有承继,如创作《七辩》的张衡。《后汉书·张衡传》载:"时天下承平日久,自王侯以下,莫不逾侈。衡乃拟班固

《两都》,作《二京赋》,因以讽谏。"①据此,《二京赋》主旨是讽谏时俗的奢侈,但正文描写却将时俗的奢侈借冯虚公子之口移置"西都",对东都洛阳光武、明帝二朝"文德""武节"铺染的同时,颂扬他们的"遵节俭,尚朴素,思仲尼之克己,履老氏之常足"。所以,《二京赋》虽以"讽谏"为其旨归,但就作品本身来看,还是以"颂"为主。再如傅玄《七谟序》提到的作《七广》的马融,《后汉书·马融传》载《广成颂》创作缘由曰:"邓太后临朝,骘兄弟辅政。而俗儒世士,以为文德可兴,武功宜废,遂寝蒐狩之礼,息战陈之法,故猾贼从横,乘此无备。融乃感激,以为文武之道,圣贤不坠,五才之用,无或可废。元初二年,上《广成颂》以讽谏。"②《广成颂序》曰"方涉冬节,农事间隙,宜幸广成",并云"职在书籍,谨依旧文,重述蒐狩之义,作颂一篇"。可见《广成颂》对天子苑囿的描写及蒐狩的铺排,仅是马融依"旧文"所作出的理想化的描绘,借此讽谏方今大汉"忽蒐狩之礼,阙槃虞之佃"。此赋的讽谏并不是"蒐狩"本身,而是对执政者疏忽此礼的讽谏。所以,本传云:"颂奏,忤邓氏,滞于东观,十年不得调。"马融正是借助这虚设的"颂"来对现实进行讽谏,这是马融《广成颂》题名为颂的原因,也是被刘勰批评为"雅而似赋"的因由。因此,张、马二人将大赋创作中这种以颂为讽的方式应用到七体中,应是得心应手之事。

虽然班固《两都赋》及序无论在赋体理论上还是大赋创作上,对东汉以后大赋从讽谏走向颂美都具有重要的转换作用,但是扬雄大赋以颂为讽的模式在七体创作领域却得到强有力的继承,并且成为扬雄之后士人表达政治批评意见的话语方式之一。

从七体创作角度而言,正如上文已分析的,具有历史背景交代的傅毅《七激》、张协《七命》都表现出与扬雄大赋创作相一致的思维模式,从七体批评角度我们仍然可以看到扬雄的影响。挚虞《文章流别论》云:"崔骃作《七依》,假非有先生之言曰:'呜呼!扬雄有言:童子雕虫篆刻。俄而曰:壮夫不为也。孔子疾小言破道。斯文之族,岂不谓义不足而辩有余者乎?赋者将以讽,吾恐其

---

① 范晔:《后汉书》卷五九《张衡传》,中华书局 1965 年版,第 1897 页。

② 本文所引有关马融及《广成颂》,见范晔:《后汉书》卷六〇上《马融传》,中华书局 1965 年版,第 1954—1970 页。

不免于劝也。'"①崔骃与傅毅同时,所作《七依》,《艺文类聚》卷五七节录,虽不全,但崔骃所引扬雄赋论,说明崔骃所说的"斯文之族"即七体在东汉前期表现出与大赋一样的劝百讽一的效果。其将七体与扬雄赋论联系,也揭示了七体创作与扬雄以颂为讽表达模式的一致。如此,我们再联系上文已论及的傅毅创作的《七激》,就更加证实了七体创作历史语境对理解文本的重要,否则就会产生阅读的反效果。

在西晋,以挚虞为代表的文人对七体的评价也体现了扬雄的影响。挚虞《文章流别论》言:

> 《七发》造于枚乘,借吴楚以为客主,先言出舆入辇,蹷痿之损,深宫洞房,寒暑之疾,靡漫美色,宴安之毒,厚味暖服,淫躍之害,宜听世之君子,要言妙道,以疏神导体,蠲淹滞之累。既设此辞,以显明去就之路,而后说以声色逸游之乐,其说不入,乃陈圣人辨士讲论之娱,而霍然疾瘳。此固膏粱之常疾,以为匡劝,虽有甚泰之辞,而不没其讽谕之义也。其流遂广,其义遂变,率有辞人淫丽之尤矣。②

扬雄对挚虞的影响表现在两个方面:一是对枚乘《七发》讽谕功能的认同,即"虽有甚泰之辞,而不没其讽谕之义也",看到了七体的讽谏功能;二是对枚乘后七体讽谏效果的批评,化用了扬雄"诗人之赋丽以则,辞人之赋丽以淫",即"其流遂广,其义遂变,率有辞人淫丽之尤矣"。南朝刘勰也认同这一观点,云"七窍所发,发乎嗜欲,始邪末正,所以戒膏粱之子也"③,也指出了《七发》的讽谏主旨。对枚乘之后七体的评述,刘勰既强调七体辞丽伟博,也重视七体的讽谏功能,其评桓麟《七说》以下、左思《七讽》以上十有余家的七体创作,也十分强调其讽谏功能及其表达效果:"观其大抵所归,莫不高谈宫馆,壮语畋猎。穷瑰奇之服馔,极蛊媚之声色。甘意摇骨髓,艳词洞魂识,虽始之以淫侈,而终之以居正。然讽一劝百,势不自反。子云所谓'先骋郑卫之声,曲终而奏雅'者也。"刘勰借扬雄语对七体讽谏效果作出"讽一劝百,势不自反"的批评,正是揭示了七体以颂为讽表达模式对讽谏效果的反作用,这种反作用,在我们失去七

---

① 欧阳询:《艺文类聚》卷五七,上海古籍出版社1965年版,第1020页。
② 欧阳询:《艺文类聚》卷五七,上海古籍出版社1965年版,第1020页。
③ 范文澜:《文心雕龙注》卷三《杂文》,人民文学出版社1958年版,第254页。

体创作历史语境之后,势必产生颂世招隐的阅读反效果。但刘勰对七体的批评,正可说明时至梁代,讽谏作为七体主要的文体功能仍然是时人的普遍看法。

可以说,从东汉至南朝,七体创作及批评都受到了扬雄的深刻影响,对七体讽谏功能的强调以及对七体劝百讽一表达效果的批评,都透露出七体以颂为讽表达模式对七体讽谏功能的削弱,这也是七体创作历史语境缺失后产生阅读反效果的重要原因。

三、七体讽谏功能的认同及曹植、萧统等七体讽谏主旨

唐前七体代有继作,其类型化特征说明唐前七体创作主体对七体讽谏功能有着积极的认同。创作主体的儒学背景、怀才不遇或身处乱世的生存境遇以及对现实政治的不满或委婉批评,其中任何一种因素都足以促成创作主体对七体讽谏功能的认同并加以创作实践。

首先,我们从七体创作主体的儒学背景来看。自枚乘后,七体最后一事大都归于对儒学治国所形成的清明盛世的描写,在七体作家看来,这是他们的理想,也是他们抨击现实的依据。这些都可说明七体作为赋体特殊体类,其创作主体自觉地实践着汉儒主文谲谏的话语表达模式。这一文体功能在东汉前期得到确立,与东汉七体创作主体的儒学背景及家族渊源颇有关联,如桓氏家族、崔氏家族就是代表。沛郡龙亢桓氏家族创作七体者有桓麟、桓彬父子二人,《后汉书》卷三七有传。桓麟乃汉初著名大儒桓荣曾孙,《后汉书》论曰:“伏氏自东西京相袭为名儒,以取爵位。中兴而桓氏尤盛,自荣至典,世宗其道,父子兄弟代作帝师,受其业者皆至卿相,显乎当世。孔子曰:‘古之学者为己,今之学者为人。’为人者,凭誉以显物;为己者,因心以会道。桓荣之累世见宗,岂其为己乎!”①涿郡安平崔氏家族七体创作者有崔骃、崔瑗、崔琦,《后汉书·崔骃传》论曰:“崔氏世有美才,兼以沉沦典籍,遂为儒家文林。”②世代为儒的家族

①　范晔:《后汉书》卷三七《桓荣传》,中华书局 1965 年版,第 1261—1262 页。
②　范晔:《后汉书》卷五二《崔骃传》,中华书局 1965 年版,第 1732 页。

背景,对两个家族的七体创作的影响应是巨大的。东汉七体创作者,他如李尤、张衡、马融,虽无家族传作七体的记载,但儒学背景与作赋讽谏的风格则是共同的。张衡、马融上已述及,《后汉书·文苑传》载李尤所作赋有相如、扬雄之风。刘梁著《七举》,《后汉书·文苑传》有传:"刘梁字曼山,一名岑,东平宁阳人也。梁宗室子孙,而少孤贫,卖书于市以自资。常疾世多利交,以邪曲相党,乃著《破群论》。时之览者以为:仲尼作《春秋》,乱臣知惧。今此论之作,俗士岂不愧心!'其文不存。"①从时人评价看,其《破群论》具有孔子著《春秋》的春秋笔法。魏晋南北朝虽然结束了儒学独尊的地位,但是由于帝王统治的社会结构没有改变,儒家思想在政治、家族中仍占有重要地位,并依然影响到统治者、士人对社会理想与人生目标的构想。如西晋创作七体的傅巽、傅玄同为北地泥阳傅氏家族人物,具有深厚的儒学背景,其他如曹植、徐幹、王粲、应贞、杜预、成公绥、左思、陆机、萧统等人,无不受到儒家文化的影响。我们不难看到七体创作主体对七体讽谏功能产生认同及积极实践的儒家文化心理,七体讽谏功能及以颂为讽表达模式正是在儒家主文谲谏话语表达模式的熏陶之下得以确立并代有继作。

其次,从七体创作主体生存境遇来看,西晋末年张协、左思、陆机及东晋湛方生等尤能体现七体创作主体在怀才不遇、身处乱世情境下,运用七体讽谏功能表达对当下政治的不满与微讽的创作目的。张协身处乱世"守道不竞"下创作的《七命》,对现世的讽刺主旨已如上说,与张协基本同时的还有陆机、左思。《晋书·文苑传》载王沈"少有俊才,出于寒素,不能随俗沈浮,为时豪所抑。仕郡文学掾,郁郁不得志,乃作《释时论》。……是时王政陵迟,官才失实,君子多退而穷处,遂终于里闾。元康初,松滋令吴郡蔡洪字叔开,有才名,作《孤奋论》,与《释时》意同,读之者莫不叹息焉"②。元康初,正是张协等人生活的时代,贾后专权,并渐渐拉开了"八王之乱"的序幕。由此可见,士人普遍对混乱不堪的现实开始失望,并在精神与实际行动上都产生一种退隐之风,阅读张协兄张载《榷论》,我们可以感受到时人对清明政治与时代的渴望多么强烈,这强烈渴望的背后就是对现实政治的失望,从而产生出张协等人的表达讽谏主旨

① 范晔:《后汉书》卷八〇下《文苑传》,中华书局 1965 年版,第 2635 页。
② 房玄龄等:《晋书》卷九二《文苑传》,中华书局 1974 年版,第 2381—2383 页。

的七体作品。作为东吴名将的后代,陆机带着志匡世难的抱负入洛,但是在西晋"八王之乱"中没有如张翰那样适时归隐,最终见谗被杀。陆机《七徵》中通微大夫的六段陈述,前五段其实是世俗之人对出仕利益的看法,即具有优裕的物质生活待遇、享受声色之乐以及高贵的社会地位,玄虚子最后答应出仕,并非出于这几个方面的考虑,而是被通微大夫最后所说的圣明之君与清明之世的理想政治所吸引。可以说,陆机《七徵》继承傅毅以来招隐的方式,表达的并非招隐的主题,而是借此表达对盛世明君的渴望与对现实政治的微讽。《晋书·文苑传》载左思于贾谧被诛后,"退居宜春里,专意典籍。齐王同命为记室督,辞疾,不就。及张方纵暴都邑,举家适冀州。数岁,以疾终"①。与张协晚年"守道不竞"十分相似,左思《咏史》八首也非常真切地反映了诗人由追求政治理想到对现实的批判最终走向归隐之路的精神历程。他的《招隐》二首,名曰"招隐",其实通过"聊欲投吾簪"表现了对隐居的向往。东晋湛方生与陶渊明基本同时,其留存的诗赋基调也与陶渊明近似,主要表现对官场的弃绝与归隐田园的乐趣。湛方生与张协等人异代同趣,其《七欢》虽不全,但我们可以想见,其创作主旨不会走向七体讽谏功能的反面而表现颂世招隐的主题。

最后想说明的是,对七体讽谏功能与以颂为讽表达模式的认识,也有助于我们进一步理解现存的但已失去历史参照语境的七体作品的创作初衷,如对曹植、萧统等人的七体创作主旨的再认识。

建安时代,留存的七体作品有曹植《七启》、王粲《七释》、徐幹《七喻》(残)及杨修《七训》(傅玄《七谟序》提及),要理解建安时代七体创作主旨,他们同题创作的背景及创作时间是必须首先明确的。《文选》所载曹植《七启序》曰:"昔枚乘作《七发》,傅毅作《七激》,张衡作《七辩》,崔骃作《七依》,辞各美丽,余有慕之焉。遂作《七启》,并命王粲作焉。"唐写本《文选集注》卷六八曹植《七启序》注曰:"陆善经曰:时王粲作《七释》、徐幹作《七谕》、杨修作《七训》。今案:陆善经本粲下有等并二字。"②《文馆词林》载曹植此序与陆善经本同,最后一句为"并命王粲等并作焉"③,多一"等"字,也可证除王粲外,徐幹、杨修七体为同

---

① 房玄龄等:《晋书》卷九二《文苑传》,中华书局 1974 年版,第 2377 页。
② 佚名编选:《唐钞文选集注汇存(二)》,上海古籍出版社 2000 年版,第 83 页。
③ 许敬宗编:《日藏弘文本文馆词林校证》,罗国威整理,中华书局 2001 年版,第 134 页。

题共作。据俞绍初先生《建安七子集·七子年谱》，徐幹、王粲分别于建安十二年（207）、十三年（208）归曹，杨修也约于此时前后为曹操所用，"总知外内，事皆称意"。曹植于建安十九年（214）七月封为临淄侯，《晋书》卷四四《郑袤传》："魏武帝初封诸子为侯，精选宾友，袤与徐幹俱为临淄侯文学。"①那么，四人在建安十九年七月之后，似更具有同题创作的条件。王粲于建安二十一年（216）十月随征孙权，至次年春军中病逝，无缘与曹植等相与作文，所以，更确切地说，七体应作于建安十九年七月至建安二十一年十月。这正是曹植与曹丕争夺世子之位的关键时刻。

　　从文本本身来看，曹植、王粲七体最后一段都盛赞当今：一是对曹操的歌颂，如《七启》②"镜机子"言"世有圣宰，翼帝霸世。同量乾坤，等曜日月"；一是对以儒学治世的盛世进行了描绘，如《七释》③言"大人在位，时迈其德""制礼作乐，班叙等分""父慈子孝，长惠幼恭。推畔让路，重信贵公""四海之内，咸变时雍"，这是隐士欣然出仕的重要原因。但是曹、王二人所推崇的选拔人才标准，在现实生活中是根本不存在的，与之相反的却是曹操从建安八年（203）就开始明令的突破儒家德行标准的唯才是举，其精神实质的差异是显见的。此外，我们还应该注意曹植在描绘这番盛世图景前对战国时代四公子招贤纳士的描绘，玄微子的态度是"予亮愿焉，然方于大道，有累如何"，而曹操的求才四令对贤士的招纳，方之战国四公子，其唯才是举的择才标准，对儒学的突破有过之而无不及。这种借古讽今的意图应该是明显的。若此，那么文中对清明盛世的推赞，对儒学文德的顶礼，以至使玄微子"愿反初服，从子而归"的言说效果，无疑说明了曹植心目中的圣世理想以及崇儒招贤的愿望，与曹操的求才旨趣是背道而驰的。可以说，曹植《七启》针对曹操的求才令所发出自己的政治见解，也对曹操的求才过于唯才是举进行了微讽，曹植不假雕饰的文人性格，在此又有所表露并成为他败给曹丕的又一原因。徐幹、王粲对儒学的推崇以及杨修对曹植的拥戴，都是他们在曹植带领下创作七体的重要原因。由此，我们

---

①　房玄龄等：《晋书》卷四四《郑袤传》，中华书局 1974 年版，第 1249 页。

②　本文所引《七启》，见萧统选编，李善等注：《六臣注文选》卷三四，浙江古籍出版社 1999 年版，第 624—632 页。

③　本文所引《七释》，见许敬宗编：《日藏弘文本文馆词林校证》，罗国威整理，中华书局 2001 年版，第 130—134 页。

也不难窥见作于建安二十二年(217)求才令及曹丕被立为世子之前的七体创作,其中的讽谏用意体现的不同政治思想,也应是曹操痛下决心立曹丕为世子及杀杨修的诱因之一。

南北朝现存四篇完整七体都作于梁代,单就文本本身来看,仍然沿用"六过一是"的表达模式,最后仍然是颂扬当世,隐士听后欣然出仕。如萧统《七契》①最后一事"君子"言梁朝"既讲《礼》于大学,亦论《诗》于石渠……元帅奇士,庠序鸿生,求礼仪之汲汲,行仁义之明明。隆采椽之义,却瑂瑈之荣。当朝有仁义之睦,边境无烟尘之惊",都是对梁武帝的清明之世的盛赞。但是我们从萧统《七契》创作时间及背景的考索,可以发现时至南朝七体创作仍然延续着七体的讽谏功能。萧统编《文选》立七体一类,又创作《七契》一篇,对七体讽谏的文体功能应有深切体会。刘孝绰于梁武帝普通三年(522)作《昭明太子集序》,其中言:"粤我大梁之二十一载,盛德备乎东朝……若夫天文以烂然为美,人文以焕乎为贵,是以隆儒雅之大成,游雕虫之小道,握椠持笔,思若有神,曾不斯须,风飞雷起。至于宴游西园,祖道清洛,三百载赋,该极连篇,七言致拟,见诸文学。博逸兴咏,并命从游,书令视草,铭非润色。七穷炜烨之说,表极远大之才,皆喻不备体,词不掩义,因宜适变,曲尽文情。窃以属文之体,鲜能周备……深乎文者,兼而善之,能使典而不野,远而不放,丽而不淫,约而不俭,独擅众美,斯文在斯。"②对萧统的儒雅盛德及各体创作倍加推崇,对萧统创作作了"典而不野,远而不放,丽而不淫,约而不俭"的赞美,虽不无溢美之词,但也见出萧统取道中正的创作倾向。其中言及"七穷炜烨之说",指的就是萧统的《七契》,据此可知《七契》应成文于"粤我大梁之二十一载"即普通三年之前。与此同时,郭祖深因"(梁武)帝溺情内教,朝政纵弛,祖深舆榇诣阙上封事",尖锐指出"陛下皇基兆运二十余载",由于好佛致使百姓"比来慕法,普天信向,家家斋戒,人人忏礼,不务农桑,空谈彼岸",由于用人不当,致使"百僚卿士,尠有奉公,尸禄竞利,不尚廉洁"③。那么,作为太子的萧统在《七契》最后一事中,其

---

① 本文所引《七契》,见李昉等:《文苑英华》卷三五一,中华书局 1966 年版,第 1804—1806 页。

② 严可均:《全梁文》卷六〇,中华书局 1958 年版,第 3312 页。

③ 李延寿:《南史》卷七〇《循吏传》,中华书局 1975 年版,第 1720—1721 页。

对儒学的推崇,对当今圣世的颂美,则是继承七体讽谏功能,运用以颂为讽的方式极婉转地表达对其父好佛荒政的讽谏。萧纲著有《毛诗十五国风义》二十卷,已佚,其对汉儒解经模式应有相当了解。萧纲在萧统去世后,亦著有《昭明太子集序》,盛赞其人其文,言其德可赞者十四,言其诗文则云:"至于登高体物,展诗言志,金铣玉徽,霞章雾密。致深黄竹,文冠绿槐。控引解骚,包罗比兴。铭及盘盂,赞通图象。七高愈疾之旨,表有殊健之则。碑穷典正,每由则车马盈衢;议无失体,才成则列藩击缶。近逐情深,言随手变,丽而不淫。"①对萧统各体亦推崇有加,其中言"七高愈疾之旨",指的就是萧统的《七契》创作。萧子范曾为昭明太子中舍人,著有《求撰昭明太子集表》,萧纲、萧子范及无名氏②的七体创作,抑或是在萧纲的带动之下的同题之作。可以说,时至梁朝,上述刘勰对七体讽谏功能的认识应代表着时人的普遍看法,这是萧统《文选》立七体并相与创作的重要原因。

综上所述,我们可以这么认为,讽谏是唐前七体的主要文体功能,代有继作,且表现出以类相从的类型化的特征。其类型化的特征,从文学创作的角度来看,确实存在着"仿规太切,了无新意"③的弊端,也会产生"读未终篇,而欠伸作焉"④的阅读疲劳,但是从文化角度视之,我们却能看到唐前七体创作主体虽然历经两汉魏晋南北朝一统与分裂的八百余年历史变迁,但是他们却有着大致相同的感知社会的思维方式,也有着较为恒定的文化心理结构,以及在儒学熏陶之下所形成的批判现实时主文谲谏的柔性话语方式。因而,对唐前七体讽谏功能的发掘,对我们深入了解唐前七体所承载的文学与文化价值具有重要的意义。

(原载《学术月刊》2010 年第 2 期)

---

① 严可均:《全梁文》卷一二,中华书局 1958 年版,第 3017 页。

② 严可均:《全梁文》卷六九《七召》按:"此篇在简文帝《七励》之后,无名氏前。明叶绍泰刊入《昭明集》。及张溥又编入《何逊集》,不知何据。昭明自有《七契》,此当入阙名类。"今从严氏说。

③ 洪迈:《容斋随笔》卷七,上海古籍出版社 1996 年版,第 88 页。

④ 吴纳、徐师曾:《文章辨体序说 文体明辨序说》,于北山、罗根泽校点,人民文学出版社 1962 年版,第 138 页。

拟史：宋元讲史平话的叙事策略

楼含松

宋代说话的出现，标志着古代民间口头叙事达到了空前繁荣的阶段。宋代说话是高度职业化的说唱表演，题材丰富，表演技艺也日臻成熟，并形成了不同的门派。尽管迄今学术界对所谓的宋代说话"四家数"究竟是哪"四家"莫衷一是，但对"小说"和"讲史"是当时最重要的两个门类，则没有什么疑问。小说和讲史的主要区别在于题材和篇幅。小说以现实题材为主，篇幅较短，通常是一次讲完；讲史是"讲说历代书史文传、兴废争战之事"，时间跨度大，内容复杂，需要分回讲述。另外，两者的叙事方法也有所不同。本文着重从民间讲史与历史著述的关系角度探讨讲史平话的叙事特征。现存的宋元讲史平话并不等同于讲史本身，它是口头文学转换为书面文学的产物，在转换过程中，平话的加工整理者根据自己的文化修养，对口头文学材料作了不同程度的改造，也从传统史著中借鉴了不少内容和叙事技巧，即讲史平话通过"拟史"——对史著的仿效，确立了符合自身题材要求的叙事特征。

一、叙事速度

罗烨《醉翁谈录》"小说开辟"条说："讲论处不滞搭、不絮烦，敷演处有规模、有收拾，冷淡处提掇得有家数，热闹处敷演得越长久。"[1]这段话专指说话叙事艺术的技法和套路，尤其注重叙事速度和节奏的变化。"讲论处"指说话人

---

① 罗烨：《醉翁谈录》，古典文学出版社 1957 年版，第 5 页。

在讲述过程中穿插的议论、评说，这些话头是情节之外的叙述干预，要求简明扼要，不影响情节的连贯，因此，小说话本中纵然常常穿插议论，但不会喋喋不休，往往点到为止，有时还会在议论之后加一句"闲话休提"。"冷淡处"指在故事发展过程中缺乏生动情节的部分。因为说话注意维持叙述的线性，所以这类"冷淡处"也得有必要的"交代"，需通过常用的套路加以"提掇"（提示、连接）。话本中多有"不则一日"和"时光似箭，日月如梭，也有一年之上"等套话来作提示，用来填充因情节"冷淡"而造成的时间空白。这个时候，叙述是快速推进的，即所谓"有话则长，无话则短"。到了"热闹处"，也就是情节发展的关键部位、高潮阶段，则放慢叙事速度，运用敷衍、穿插等手段，精描细刻，尽量盘旋，有意延宕叙事时间，说书人在这方面有惊人的本领。[①] 除细致的描写外，"敷演得越长久"的技巧也包括穿插诗词赞语、议论、书信文牒等。这段话阐述了说话人掌握与控制叙事速度的技巧。

　　讲史平话中同样也有叙事速度的变化，但和小说话本又有所区别。小说"随意据事演说"，敷衍穿插的自由度比较大；而讲史"得其兴废，谨按史书；夸此功名，总依故事"，出于对内容真实性的要求，可以自由发挥的余地比较小。鲁迅最早注意到讲史在叙事速度上的变化规律。他在论《五代史平话》时说："全书叙述，繁简颇不同。大抵史上大事，即无发挥。一涉细故，便多增饰，状以骈俪，证以诗歌，又杂诨词，以博笑噱。"[②]也就是说，凡是史书上记载的事，平话以史书为本，叙事速度较快；而于史无载的情节，主要来源于民间传说和说唱艺术，叙事速度就放慢。在《五代史平话》中，前者主要指兴废争战的大事，后者主要指帝王将相的微时行径。鲁迅虽然是就《五代史平话》而论，但这一叙事速度变化的规律在讲史平话中带有普遍性。

　　叙事速度的快慢，主要与情节和细节的丰富与否有关。在古代史著中，当然也不乏细致的描写，尤其是文学性强的史著，如《史记》作者更以此为能事。不过，史家的法则是简要。刘知幾说："夫国史之美者，以叙事为工；而叙事之工者，

---

① "昔人谓善评话者，于《水浒》之武松打店，一脚阁短垣，至月余始放下。语虽近谑，然弹词家能如是，亦岂易耶？"（《清稗类钞》）引自参见胡士莹：《话本小说概论》，中华书局1980年版，第87页。

② 详见《中国小说史略》第12篇"宋之话本"。《鲁迅全集》（第8卷），人民文学出版社1957年版，第89页。

以简要为主。"并进一步指出："文约而事丰,此述作之尤美者也。"①既要文字简约,又要内容丰富,就必然要加快叙事速度。简要也是一种美,它往往和含蓄联系在一起——刘知幾在论简要的同时就提出"用晦"的主张,这是古代史学的重要叙事原则,其理论依据是历史记载的真实性与客观性。含蓄也是中国传统文化精神和美学理想的重要特征,对简约含蓄的追求,是文人趣味的体现。但说话艺术出于演出的实际要求,必须做到明白易懂、生动感人。说书人一定要态度鲜明,感情饱满,绘声绘色,议论风生,只有这样才能引起听众的情感共鸣,以此增强讲说的吸引力。如《醉翁谈录》"小说开辟"条所说:"说国贼怀奸从佞,遣愚夫等辈生嗔;说忠臣负屈衔冤,铁心肠也须下泪;讲鬼怪令羽士心寒胆战;论闺怨遣佳人绿惨红愁;说人头厮挺,令羽士快心;言两阵对圆,使雄夫壮志;谈吕相青云得路,遣才人着意群书;演霜林白日升天,教隐士如初学道;嗹发迹话,使寒门发愤;讲负心底,令奸汉包羞。"②要获得这样的艺术效果,除了说书人充分运用表情、动作、声调外,主要还得依靠情节和细节,以及说书人直接介入的讨论,这就要说书人发挥想象,形容铺叙,而不是"简要用晦"。这是不同于主流文化的通俗文学的特征。但讲史由于以史书为依托,纯属虚构的想象就不成其为讲史了,所以总体上看叙事速度都是较快的,只有在于史无稽或史书中语焉不详的地方,想象力才得到自由发挥。南宋初郑樵《通志·乐略》就指出了这一特点:"又如稗官之流,其理只在唇舌间,而其事亦有记载。虞舜之父,杞梁之妻,于经传所言者,数十言耳,彼则演为万千言。东方朔三山之求,诸葛亮九曲之势,于史籍无其事,彼则肆为出入。"③如《尚书》载武王誓文中数纣之罪称"焚炙忠良,刳剔孕妇",到了《武王伐纣平话》中则演化为具体生动的情节。根据《史记·殷本记》中"九侯有好女,入之纣。九侯女不喜淫,纣王怒,杀之而醢九侯"的简单记载,平话中就塑造了黄飞虎妻这一坚贞的女性形象。《武王伐纣平话》和《乐毅图齐》离史实较远,并杂以神怪,穿插敷衍较多,叙事速度就比较缓慢,也比较生动。《五代史平话》和《宣和遗事》的后集中依据史书部分,行文峻洁,但生动不足。其他几种,其叙事速度也大抵视离史实远近而定。

---

① 刘知幾撰,浦起龙释:《史通通释》,上海古籍出版社 1978 年版。
② 罗烨:《醉翁谈录》,古典文学出版社 1957 年版,第 5 页。
③ 郑樵:《通志二十略》,中华书局 1995 年版,第 911 页。

叙事的速度变化是作者对现实世界中自然时间的选择性加工，在这一点上文学创作显然比历史著述具有更大的灵活性，它可以像变焦镜头一样根据自己的意愿将时间放大或缩小，速度变化也形成叙事的节奏感，这是叙事魅力的重要组成部分。那些过多倚重史书的讲史平话，其实是放弃了对时间的控制权，也放弃了文学创造力的发挥，结果是平铺直叙，缺乏生气，像《五代史平话》和《宣和遗事》就几乎被开除出文学作品的行列，被当作通俗的历史读物。《五代史平话》的改编者对民间讲史故事作了很大改动，将叙述重点从李存孝、王彦章等人的英雄传奇转向了五代兴亡的历史追述上；《宣和遗事》后半部分是野史资料的汇编，与民间讲史基本没什么关系。现存平话中，从史学角度看，这两种作品最接近史体，而从文学性要求看，则是水平较低的。

二、叙事顺序

故事"发生—发展—结束"的顺序，和"过去—现在—将来"的自然时序是一致的，按照这一顺序叙事称为顺叙，打破自然时序的叙事则称为倒叙或插叙。在中国古代文言小说中，就有不少是运用倒叙的叙述方式，如唐传奇中的《古镜记》是由王度失去古镜开头，再倒叙古镜的来历和灵异的；李复言《续玄怪录》中的《薛伟》，先写薛病愈，再由薛倒叙梦中化鱼事。但在白话小说中，通常不用倒叙手法。个中原因，主要是在登场表演时，按照自然时序的连贯叙述，脉络清晰，易于听众的记忆和理解。[①] 也就是说，白话小说特别注重叙述的线性，而维持叙述线性的最便捷和有效的方法就是顺叙。

维持叙述线性的另一途径是遵循情节的因果顺序。但在通俗小说中，因果顺序总是从属于时间顺序。从逻辑上说，时间上在后的事件不一定是时间上在前事件的结果。但小说叙事是带有作者主观性的叙述活动，经过作者选择的前后事件必然有因果关联。同样，发生在同一时间段上的不同事件，经过作者选择的先后叙述，也就带上了因果关系。因此，即使通俗小说中常有讲述

---

① 陈平原将"三言"中几篇根据文言小说改编的拟话本与原作进行比较说明了这一问题。参见陈平原：《中国小说叙事模式的转变》，上海人民出版社1988年版，第292—294页。

同时发生的两件或更多事件的情况,但从不给人以头绪纷繁的感觉,加上用"花开两朵,单表一枝""再说""却说"来表示叙述起点的话头,使叙述主线清晰可辨。人们普遍认为,中国古代小说基本上是单线结构,但事实上白话小说中多条情节线索交叉叙述的情形并不罕见。如《水浒传》第四十九回宋江准备三打祝家庄时,吴用献上一计,宋江大喜。接着用将近一回的篇幅叙述解珍解宝的故事。这一段故事很长,插进来容易造成叙述主线的中断,为此作者不得不花费笔墨来提醒读者:"看官牢记这段话头,却先说那一回来投入伙的人乘机会的话,下来接着关目。"在说明这另起一头的叙述是事出无奈的同时,又强调了时间连接的方式,并提醒这段叙述和叙述主线有因果联系。受传奇戏曲的影响,明末清初才子佳人小说中有不少以才子和佳人各自的行动组成两条齐头并进的情节线索的叙事结构,但叙述的线性仍然保持得很好。因此,不把单线结构理解成单一线索的结构,而理解为叙事顺序的线性结构,则大致是不错的。线性叙述对情节的连贯、紧凑发挥了重要的作用,同时也是比较容易掌握的叙事结构,因此无论中外,早期小说大都采用单线结构。

情节是性格形成的历史,以人物成长的历史来贯穿故事情节是维持叙事线性结构的有效而自然的方法,在中国古代史著中,司马迁的《史记》首创纪传体,就是以人物为中心的连贯叙事。这一叙事结构的创立不仅对后世历史编纂学影响深远,而且也成为古代小说普遍遵循的结构方式。唐人传奇之所以成为小说发展史的里程碑,标志了古代文言小说走向成熟,在叙事技巧上的一大进步就是借鉴了纪传体的结构特点,即原始要终,首尾完备,与以往"残丛小语""粗陈梗概"的小说判然有别。唐人传奇的篇名也多称"传",如《柳毅传》《补江总白猿传》等。在白话小说中,同样也可看到纪传体的影响:小说话本的中心内容虽然是围绕事件展开的,但对故事中人物的出身、结局都有原原本本的介绍。但小说话本的篇名很少称"传",而往往以对中心事件的概括给作品命名。

讲史平话的内容,时间跨度长,情节丰富,人物众多,其叙事结构比小说话本要复杂得多。但为了使叙事头绪清晰,便于听众掌握,讲史家不得不采取删繁就简的手法,将内容尽量集中到一两个中心人物身上。以《全相平话五种》为例,有四种在正题之下有副题,《武王伐纣平话》的副题是《吕望兴周》,《七国春秋平话后集》的副题是《乐毅图齐》,《秦并六国平话》的副题是《秦始皇传》,《前汉书平话续集》的副题是《吕后斩韩信》。副题就大致告诉了读者该平话的中心人物和中心事件。尤其是《秦始皇传》，更清楚不过地说明了平话和史著的关系：这部作品主要是根据《史记·秦始皇本纪》演绎的。《武王伐纣平话》其实就是"商纣传"，平话从纣王初登帝位叙起，到殷郊斩纣王结束，前半部分写纣王种种倒行逆施，后半部分写武王伐纣、吕望兴周。《三国志平话》虽然没有副题，但可以看作刘备和诸葛亮的合传。这部作品的正话由桃园结义开始，详细介绍了刘备的出身，然后写他讨黄巾、任平原县丞、讨吕布、投徐州、奔袁绍……到跃马过檀溪，差不多是全书一半的篇幅；接下来三顾茅庐，诸葛亮出场、隆中对策、赤壁之战、三气周瑜、收川、七纵七擒、六出祁山等，到秋风五丈原，都是以诸葛亮为主角。诸葛亮一死，平话就以草草数百字结束了全书。

刘知幾《史通·列传》说："夫纪传之兴，肇于《史》《汉》。盖纪者，编年也；传者，列事也。编年者，历帝王之岁月，犹《春秋》之经；列事者，录人臣之行状，犹《春秋》之传。"①核之《史记》，这一概括大致是正确的。本纪大都有明确的纪年，以编年顺序记事，犹如大事年表，即使无事可记，也要标明年份，如《秦始皇本纪》："三十年，无事。"本纪虽然也以人物为中心，但重点不是具体生动的人物形象，而是史实的编年和人物的履历。本纪中有几篇没有编年，如《殷本纪》，是因为年代久远，无从编年。《项羽本纪》也没有编年，因此刘知幾谓之"纪名传体，所以成噫"，在他看来这是"诸侯而称本纪，求名责实，再三乖谬"，是不应该列入本纪的。这并不是刘知幾首创其说，班固早就在《汉书》中将项羽列入列传了。但司马迁这样做是有根据的，因为项羽一度建立了自己的政权。《项羽本纪》确实具备了列传的叙事特点：它着重选择最能显示项羽性格的几个事件来塑造这一人物形象，用巨鹿之战、鸿门宴、楚汉对峙、垓下之围这四大事件勾勒了项羽的一生，并作了十分生动和细致的描写。《项羽本纪》代表了《史纪》人物传记的杰出成就，人物性格刻画与命运起伏紧密相关，具有极强的艺术感染力。《全相平话五种》中《武王伐纣平话》写纣王是通过纳妲己、酒池蛊盆、炮烙铜柱、刳剔孕妇、杀黄飞虎之妻、剖比干之心等一系列情节刻画出他昏聩残暴的性格特征的。《秦并六国平话》以《秦始皇本纪》为本，编年最详细，作者虽对史实作了剪裁，情节比较集中，但没有消除本纪编年的影响。如卷上："始皇八年，韩威（应作桓）惠王卒，立子安为韩王。九年，韩王为元年。

---

① 浦起龙：《史通通释》卷二，上海古籍出版社 1978 年版，第 46 页。

九年,楚考烈王卒,子悍立为楚幽王。十一年,赵卓(应作悼)襄王卒,子迁立为赵王。天下诸国平宁。十四年,韩王纳土为藩臣。"①毫无情节可言,只是为了保持编年的连贯性。《前汉书平话续集》提到的纪元较多,《三国志平话》中纪元就很少,而且"触处皆谬"。如大战虎牢关系于中平五年,实在初平三年;献帝授衣带诏系于中平九年,实在建安四年;三顾孔明系于中平十三年,实在建安十二年。更有甚者,在叙朝代更替这样重大的事件时,也多有错误。如三国之立,平话中记叙甚简:"曹丕受禅台,众官贺新君,改年号黄初元年……却说江吴孙权立为大帝,改黄龙元年。西川军师听得,告汉中王得知……军师不由玄德,立为蜀川皇帝,改建武元年。"其实三国之立的先后顺序,应是魏、蜀、吴;吴开国年号应是黄武元年,蜀开国年号应是章武元年。这些错误固然表明作者的历史知识有限,但也说明作者把自己创作的重点放在塑造性格鲜明的人物和讲叙生动的故事,而不拘泥于具体的年月,这一点正得《史记》人物传记之精髓。②

以纪传体的叙事方式来结构作品,能使线索清晰,情节集中。但以一个中心人物来贯穿情节也有其局限性,即难以展现广阔复杂的社会场景和纷纭的历史事件。在史书中,可以用众多的列传来弥补这一缺陷,但小说显然无法这样做。这一缺陷在《三国志平话》中暴露无遗。三国历史虽然不长,但错综复杂,头绪纷繁,人物众多。陈寿《三国志》分别用《魏书》《蜀书》《吴书》来记载三国历史,这在史学上是一个创举。到了宋代"说三分"中,就不是像陈寿那样平分秋色,而是以说蜀汉为主了。《醉翁谈录》提到讲史内容时说:"《三国志》诸

① 佚名:《秦并六国平话》卷上,古典文学出版社1955年版,第20页。
② 俄罗斯学者李福清在分析《三国志平话》的"艺术时间"时,认为这部作品受到历史散文的影响很大,基本上采用了编年体的叙事结构,但并不是逐年纪事,而是跳跃式的时间描写。"其中的时间(即年代)段变得极大,形成了一个个具有一定逻辑联系(编年史中写在一起的事件并无任何逻辑关系,仅因以生于同一年份)的、具有较大时间跨度的小故事。在《三国志平话》中,时间已经是一种缀合情节的因素,弥补了相邻事件之间并不总是明确的因果关系……作者对实际年代采取这样令人惊异的随意的态度,其原因只有一个,那就是他之所以需要标明年代,仅仅是把它作为一个组织素材的因素,他只模仿编年史的形式,并不着力于准确复述它的按时间顺序的史事记载。"详见李福清:《三国演义与民间文学传统》,尹锡康、田大畏译,上海古籍出版社1997年版,第139—143页。李福清的观点与本文所论稍异,录此供读者参考。

葛亮雄材,收西夏说狄青大略⋯⋯"①前引郑樵《通志·乐略》谈到说话时也说,"东方朔三山之求,诸葛亮九曲之势",以上记载都说明"说三分"以诸葛亮为中心。周密《武林旧事》记载的讲史艺人中有"檀溪子"者,很可能是因为他擅长讲说刘备(蜀汉)故事而取这样一个艺名。《东坡志林》及其他宋人笔记中也说明,到了宋代,"尊刘贬曹"的倾向已经形成。在讲史基础上形成的《三国志平话》正是以蜀汉为主的,它是刘备和诸葛亮的合传,同时也写到了与两人关系密切的关、张、马、黄、赵等人的事迹,整个蜀汉阵营及兴亡过程给人以比较完整和深刻的印象。与之相反,曹魏和孙权阵营则只能给人以模糊的印象,只是在写蜀汉时连带地写到。相对而言,对曹操的描写较多(因为他是刘备的主要对立面),但很粗疏。曹操的出场远没有刘、关、张和诸葛亮那样隆重,其事迹很不连贯,连他的死,在平话中也没有交代。该书中有插图七十幅,其中六十幅画的是蜀汉人物和故事。某种程度上说,这部《三国志平话》还不如称作"蜀汉平话"更合适。造成这种不平衡状态的原因,最主要的是讲史艺人的思想倾向(尊刘贬曹)影响了他们对故事素材的选择,另外则是受到说话艺术的客观限制。讲史艺人虽然舌辩滔滔,并时有穿插敷衍,但必须做到情节连贯完整,人物关系清晰,以便听众理解和记忆,既然选择了蜀汉为中心,就不得不割舍和这一中心没有直接联系的人和事。看来,人物传记式的叙事结构用来反映历史全貌是力不从心的,这种结构对叙事空间势必造成限制。

三、时空结构

在古代历史编纂方法中,虽有"六家"之分,但归根到底则是"二体",即纪传体和编年体。② 编年体在扩展叙事空间上,具有纪传体无法企及的优势。现

---

① 罗烨:《醉翁谈录》卷一,古典文学出版社 1957 年版,第 4—5 页。

② 参见刘知幾《史通》第一篇"六家",指《尚书》《春秋》《左传》《国语》《史记》《汉书》,分别代表纪言、纪事、编年、国别史、通史、断代史六种体裁;第二篇"二体",即论编年体和纪传体,认为"载笔之体,于斯备矣"。详见刘知幾撰,浦起龙释:《史通通释》,上海古籍出版社 1978 年版。

存最早的编年史著是《春秋》，但只是略具雏形。到了《左传》，编年叙事的技巧才得到提高和完善。刘知幾论《春秋》的纪事特点时说："系日月而为次，列时岁以相续，中国外夷，同年共世，莫不备载其事，形于目前。理尽一言，语无重出。此其所以为长也。"①但编年体也有其弱点，如果事件所经历的年代较长，就会被割成一些片断分散到各自发生的年份中，从而损害了整体感。《左传》的成功之处在于必要时打破按年叙述的限制，通过适当剪裁，突出事件的主线，最主要的就是采用"追叙法"。如桓公十年记载郑、卫、齐三国对鲁作战，为说明其起因，追叙了四年前郑公子忽救齐有功，怨恨鲁人亏待他。最长的追叙大约是僖公二十三年，在记述秦伯帮助晋公子重耳回到晋国之前，追叙了重耳出亡十九年的经过。重耳因晋骊姬之难，于鲁僖公五年由晋出奔狄，又经卫、齐、曹、宋、郑、楚，最后到达秦国。若将这些经历分散到十九年中叙述，就会前后悬隔，零乱而无系统，使人印象模糊。而通过集中追述，重耳的成长历程就十分清楚了。《左传》中这类追叙法深受后来史论家、文论家的推崇。自《史记》《汉书》出，纪传体压倒编年体，在宋代以前已很少有史家采用编年体。到北宋中期，司马光撰成《资治通鉴》，使这一体裁重放异彩，并产生深远的影响，不仅导致了《通鉴外纪》《续资治通鉴长编》《三朝北盟外编》《建炎以来系年要录》等编年史著及《通鉴纪事本末》和《通鉴纲目》等新史体的问世，而且其影响还波及民间讲史。《梦粱录》即载："讲史书者，谓讲说《通鉴》，汉、唐历代书史文传，兴废争战之事。"②从现存平话来看，《秦并六国平话》编年叙事的特征比较明显，它除了以《秦始皇本纪》为蓝本，还参考了《资治通鉴》，并从中直接搬用材料，如前文所引一段文字，就是来自《资治通鉴》，这部平话三分之二以上的篇幅写秦并六国的过程，主要是战争场面的描写，作为中心人物的秦始皇其实半隐半现，而以王翦等武将活跃在前台，略具编年体并列叙事的特点。但从总体上看，《秦并六国平话》的头绪并不复杂，基本围绕秦始皇展开叙述。讲史艺人"讲说《通鉴》"，主要是利用《资治通鉴》中丰富的史料，以及编年顺序的叙事方法。但为保持叙述线性，基本不取编年史的并列叙事（主要指互不相关而同时发生的事件），而且还避免使用追叙法，基本采用顺叙。

---

① 刘知幾撰，浦起龙释：《史通通释》，上海古籍出版社 1978 年版。
② 吴自牧：《梦粱录》，浙江人民出版社 1980 年版，第 196 页。

　　《五代史平话》的叙事结构最接近编年体。笔者曾撰文指出,保留宋代说"五代史"内容最多,最接近讲史原貌的应是《残唐五代史演义传》。① 该传差不多也就是李存孝和王彦章的合传,其结构方式和《三国志平话》有相似之处。《五代史平话》则是改编者根据《资治通鉴》等史著修订讲史的产物,它不仅袭取《资治通鉴》的内容,也借鉴了《资治通鉴》的编年叙事结构,引人注目地运用了追叙法。编年体在追叙时例用"初"字起头,成为一种标志。《五代史平话》中以"初"字起头的叙不下十余处,这是模仿《资治通鉴》而对说话传统的顺叙结构的突破。但《五代史平话》同时也吸纳纪传体的叙事结构,最显著的一点是:平话不取《资治通鉴》的纪元,而将梁、唐、晋、汉、周五代分而叙之,以各自的帝王本纪编年。这样做的目的是避免并列叙事,使各代自成起讫,线索清楚。因为五代前后交错更替,时间接得很近。《资治通鉴》以各自开国的纪元编年,结果搞得眉目不清,《五代史平话》的编年取自新、旧《五代史》的本纪,就不存在这个问题。对于同一事件而涉及多人,平话则在"两三书中反复的叙了又叙"②。旧《五代史》的体例是学《三国志》的。《三国志平话》以民间讲史为本,没有采取《三国志》分国别的体例;而《五代史平话》则模仿旧《五代史》以《梁书》《唐书》《晋书》《汉书》《周书》的体例分述,这也是改编者对讲史传统的突破。就各史平话的结构看,则主要还是以人物为中心,保存了讲史的固有特色。

　　通过以上对几种讲史平话的叙事结构的分析可以看出,讲史平话对叙述线性十分重视,尽量保持情节线索的连贯和清晰;虽然借鉴了编年体的叙事方法,但并不致力于开拓叙事空间,摒弃了编年体的并列叙事,其叙事结构尚未达到后来的《三国志通俗演义》那样复杂的程度。

[原载《浙江大学学报》(人文社会科学版)2006 年第 5 期]

---

① 　楼含松:《李存孝形象与五代史故事的传播》,《浙江大学学报》(人文社会科学版),2005年第 4 期,第 159—166 页。

② 　郑振铎:《郑振铎古典文学论文集》,上海古籍出版社 1984 年版,第 378 页。

古典新探

试论庄子对文学想象论的贡献

孙敏强

作为先秦诸子中最具诗人气质和叙事天分的思想家,庄子对中国古代美学与叙事理论多有建树。《庄子》寓言及其理念在中国小说史和小说理论史上也自当占有重要一页。庄子对文学想象论的贡献在理论和实践方面都有突出体现,前者主要为虚静之说,后者则为其撰述《庄子》中所运用的寓言式思维与叙事性想象。对于前者,以陆机和刘勰为代表的文论家予以充分重视,并加以接受和阐发,而有关《庄子》的寓言式思维与叙事性想象,在相当长时期内却似乎没有得到后人足够的重视。

一、陶钧文思,贵在虚静:艺术想象论之渊源

刘勰《文心雕龙·神思》开篇以一段引言揭示了艺术想象的基本特征:"古人云:形在江海之上,心存魏阙之下。神思之谓也。"①此语出自《庄子·让王》:"中山公子牟谓瞻子曰:'身在江海之上,心居乎魏阙之下,奈何?'"②原意指身在草野而心系庙堂,本无涉于想象之论,刘勰却以此引出神思主旨,是因为庄子在此虽非专论神思,而其论却每每自然涵盖和涉及艺术想象。庄子一方面深刻地揭示了人心之思维想象不受控制羁勒的基本特征,同时又对人作为主体谋求和臻于思维想象最高境界的状态、方法和途径等进行了多方面的探讨。

---

① 范文澜:《文心雕龙注》,人民文学出版社 1958 年版,第 493 页。

② 郭庆藩:《庄子集释》,中华书局 1961 年点校本,第 979 页。

《庄子·在宥》有云："女慎无撄人心。人心排下而进上，上下囚杀。淖约柔乎刚强。廉刿雕琢，其热焦火，其寒凝冰。其疾俯仰之间，而再抚四海之外，其居也渊而静，其动也县而天。偾骄而不可系者，其唯人心乎？"①（此亦陆机《文赋》"抚四海于一瞬"句意之所本。）正是庄子，较早揭示了人心及其思维想象难以羁勒与控制，不受时空、虚实与身观所限的特征。对庄子之语的引用，反映出刘勰想象论与庄子学说颇有渊源。

在纵论思理之致及其关键以后，刘勰强调："是以陶钧文思，贵在虚静，疏瀹五藏，澡雪精神，积学以储宝，酌理以富才，研阅以穷照，驯致以怿辞。然后使玄解之宰，寻声律而定墨；独照之匠，窥意象而运斤：此盖驭文之首术，谋篇之大端。"②"疏瀹五藏，澡雪精神"，语出《庄子·知北游》："汝斋戒，疏瀹而心，澡雪而精神。"③"运斤"，则典出《庄子·徐无鬼》。

对思维想象不受控制羁勒之特征的揭示，与强调澡雪精神，都涉及对想象（包括艺术想象）特征、状态与条件的理解，似相反而实相成。由人心之驰骛不羁，而着眼于精神的内省、清虚与澄明。在庄子看来，唯全神贯注，凝心静气，汰除一切尘思俗虑和冗余信息，方能以虚静澄明的心境，感悟自然，观照我生，与宇宙大道默然相契。故《在宥》又谓："君子苟能无解其五藏，无擢其聪明；尸居而龙见，渊默而雷声，神动而天随，从容无为而万物炊累焉。吾又何暇治天下哉！"④其"心斋""坐忘"之说有云："若一志，无听之以耳而听之以心，无听之以心而听之以气！听止于耳，心止于符。气也者，虚而待物者也。唯道集虚，虚者，心斋也。"⑤"堕肢体，黜聪明，离形去知，同于大通，此谓坐忘。"⑥所述修身养性、体悟大道的精神境界与方式，十分契合艺术构思与想象的原理，这成为后世艺术想象论的重要思想资源。

陆机充分认识到上述境界对诗人观照想象的重要性，其论想象之始谓：

---

① 郭庆藩：《庄子集释》，中华书局 1961 年点校本，第 371 页。
② 范文澜：《文心雕龙注》，人民文学出版社 1958 年版，第 493 页。
③ 郭庆藩：《庄子集释》，中华书局 1961 年点校本，第 741 页。
④ 郭庆藩：《庄子集释》，中华书局 1961 年点校本，第 369 页。
⑤ 郭庆藩：《庄子集释》，中华书局 1961 年点校本，第 147 页。
⑥ 郭庆藩：《庄子集释》，中华书局 1961 年点校本，第 284 页。

"收视反听,耽思傍讯,精骛八极,心游万仞。"①即可视为对"心斋""坐忘"及《在宥》《天运》篇两次涉论的"尸居而龙见"说的诠解。"收视反听"是"心斋""坐忘",是"尸居";"耽思傍讯"则是"龙见",是想象的极致境界;唯"收视反听",方能"耽思傍讯",而臻于"精骛八极,心游万仞"的"龙见"之致。有鉴于此,刘勰总论《神思》而外,特撰《养气》《物色》两篇,专论想象所需精神境界、心灵状态和对自然物象的观照,详明深入地阐发了前人所论。

当然,"虚静"说非庄子独创,就道家学派而言,此说源于老子②。"虚静"说体现的是古代哲人观照世界的共同的生命哲学和智慧。如《周易》《黄帝内经》等经典,《管子》《列子》《韩非子》《荀子》直至《淮南子》等子书,都各有其虚静之说。《管子·内业》论治国治心而涉于养生之道,所论与《黄帝内经》相通③。《韩非子·主道》所论重在君人之术、为主之道④。荀子"虚壹而静"之说则重在君子之认知和成就一种伟大的精神人格⑤。刘勰神思、养气诸论自然传承了先秦儒家经典及诸子的思想主张,而庄子之说作为思想渊源,在刘勰《文心》中得到继承和发扬,也是显而易见的。

刘勰《养气》赞语云:"水停以鉴,火静而朗。"⑥前句即出于《庄子·德充

---

① 陆机:《文赋》,萧统编,李善注:《文选》,中华书局1977年版,第240页。

② 《老子》第十六章有云:"致虚极,守静笃。万物并作,吾以观复。夫物芸芸,各复归其根。归根曰静,是谓复命;复命曰常,知常曰明。"

③ 《管子·内业》:"凡人之生也,必以其欢。忧则失纪,怒则失端。忧悲喜怒,道乃无处。爱欲静之,遇乱正之。勿引勿推,福将自归。彼道自来,可藉与谋。静则得之,躁则失之。灵气在心,一来一逝,其细无内,其大无外。所以失之,以躁为害。心能执静,道将自定。得道之人,理丞而屯泄。胸中无败。节欲之道,万物不害。"

④ 《韩非子·主道》:"道者,万物之始,是非之纪也。是以明君守始以知万物之源,治纪以知善败之端。故虚静以待令,令名自命也,令事自定也。虚则知实之情,静则知动之正。"

⑤ 《荀子·解蔽》:"心何以知?曰:虚壹而静。心未尝不臧也,然而有所谓虚;心未尝不满也,然而有所谓一;心未尝不动也,然而有所谓静。……虚壹而静,谓之大清明。万物莫形而不见,莫见而不论,莫论而失位。坐于室而见四海,处于今而论久远,疏观万物而知其情,参稽治乱而通其度,经纬天地而材官万物,制割大理而宇宙里矣。恢恢广广,孰知其极!睾睾广广,孰知其德!涫涫纷纷,孰知其形!明参日月,大满八极,夫是之谓大人。夫恶有蔽矣哉!"

⑥ 范文澜:《文心雕龙注》,人民文学出版社1958年版,第647页。

符》："人莫鉴于流水而鉴于止水，唯止能止众止。"①成玄英疏："止水所以留鉴者，为其澄清故也。"②道家重水之德，《庄子》文中，言水为多。如《天道》："万物无足以铙心者，故静也。水静则明烛须眉，平中准，大匠取法焉。水静犹明，而况精神！……夫虚静恬淡寂漠无为者，天地之平而道德之至，故帝王圣人休焉。休则虚，虚则实，实则伦矣。虚则静，静则动，动则得矣。"③《刻意》："水之性，不杂则清，莫动则平；郁闭而不流，亦不能清；天德之象也。故曰：纯粹而不杂，静一而不变，恢而无为，动而以天行，此养神之道也。"④此亦为刘勰《养气》篇所本。

刘勰《养气》的赞语可以说是对庄子"尸居龙见""心斋""坐忘"诸说的注解。水停，火静，通于庄子所谓"尸居""心斋""坐忘"，而"鉴"与"朗"，便是"龙见"。唯水停，方能鉴照大千；唯火静，蓝色的光焰近乎透明，才是最充分的燃烧。水停，火静，而以"鉴"，以"朗"，即是"心斋"。虚以待物，容纳万有。雕龙之文心，亦理当如此。

《人间世》有云："瞻彼阕者，虚室生白，吉祥止止。"⑤在"汝斋戒，疏瀹而心，澡雪而精神"之后，一方面是所谓收视返听，即"听止于耳，心止于符"，"堕肢体，黜聪明，离形去知"；另一方面，则是虚而待物以后所达到的心与天通的最高境界，是我心的透亮光明，是我思的无所挂碍。《大宗师》称之为"同于大通"。"心斋""坐忘"之后，我心已完全向宇宙天地打开："其来无迹，其往无崖，无门无房，四达之皇皇也。"⑥虚室生白，此心如明窗净几，满心满室光明彻照。以此心观照想象，则由"儵鱼出游从容"，可以知"鱼之乐"⑦。"旧国旧都，望之畅然；虽使丘陵草木之缗，入之者十九，犹之畅然。"⑧"心斋"，可以虚而待物，容纳万有；"坐忘""尸居"而可"龙见"。如《神思》所谓："神思方运，万涂竞萌，规矩虚位，刻镂无形。登山则情满于山，观海则意溢于海，我才之多少，将与风云

---

① 郭庆藩：《庄子集释》，中华书局 1961 年点校本，第 193 页。
② 郭庆藩：《庄子集释》，中华书局 1961 年点校本，第 194 页。
③ 郭庆藩：《庄子集释》，中华书局 1961 年点校本，第 457 页。
④ 郭庆藩：《庄子集释》，中华书局 1961 年点校本，第 544 页。
⑤ 郭庆藩：《庄子集释》，中华书局 1961 年点校本，第 150 页。
⑥ 郭庆藩：《庄子集释》，中华书局 1961 年点校本，第 741 页。
⑦ 郭庆藩：《庄子集释》，中华书局 1961 年点校本，第 606 页。
⑧ 郭庆藩：《庄子集释》，中华书局 1961 年点校本，第 883 页。

而并驱矣。"①《庄子》一书中类此表述随处可见,不胜枚举。如《知北游》:"若正
汝形,一汝视,天和将至;摄汝知,一汝度,神将来舍。德将为汝美,道将为汝
居,汝瞳焉如新生之犊而无求其故!"②唯有滤尽尘嚣,摆脱名缰利锁,以寂寞恬
淡、清虚澄明的心境和逍遥于大化之中的精神状态,方能体道而履真,臻于"天
和将至""神将来舍"的境界。《齐物论》谓:"南郭子綦隐机而坐,仰天而嘘,苔
焉似丧其耦。颜成子游立侍乎前,曰:'何居乎?形固可使如槁木,而心固可使
如死灰乎?今之隐机者,非昔之隐机者也。'"③《天运》借子贡之口谓老聃:"然
则人固有尸居而龙见,雷声而渊默,发动如天地者乎?"④《达生》载纪渻子为王
驯养斗鸡,数十日而至极高境界:"鸡虽有鸣者,已无变矣,望之似木鸡矣,其德
全矣,异鸡无敢应者,反走矣。"⑤都是指喻心灵既向内收视返听,又向外完全打
开,神情彻朗,心天合一,同于大通的最高境界。刘勰论想象而多引庄子之语,
就是深刻认识到,唯有虚静的心境,才能"神与象通",达到艺术想象构思与创
作的最佳境界。庄子上述思想,在陆机和刘勰尤其是后者的文论中得到了传
承与发展。

二、言意对应,立象尽意:庄子言意论
对后人想象论的启迪与导向

先秦哲人极其重视言意关系,对此各有所述。尤其是儒道两家所论,呈现
了对立互补的格局。孔子有"辞达""正名"之说,对语言的表达功能予以充分
肯定,道家则对语言的表意功能深表怀疑与否定。《庄子·秋水》:"可以言论
者,物之粗也;可以意致者,物之精也。言之所不能论,意之所不能察致者,不
期精粗焉。"⑥《天道》谓:"世之所贵道者书也,书不过语,语有贵也。语之所贵

---

① 范文澜:《文心雕龙注》,人民文学出版社 1958 年版,第 493—494 页。
② 郭庆藩:《庄子集释》,中华书局 1961 年点校本,第 737 页。
③ 郭庆藩:《庄子集释》,中华书局 1961 年点校本,第 43 页。
④ 郭庆藩:《庄子集释》,中华书局 1961 年点校本,第 525 页。
⑤ 郭庆藩:《庄子集释》,中华书局 1961 年点校本,第 655 页。
⑥ 郭庆藩:《庄子集释》,中华书局 1961 年点校本,第 572 页。

者意也，意有所随。意之所随者，不可以言传也，而世因贵言传书。世虽贵之，我犹不足贵也，为其贵非其贵也。故视而可见者，形与色也；听而可闻者，名与声也。悲夫，世人以形色名声为足以得彼之情！夫形色名声果不足以得彼之情，则知者不言，言者不知，而世岂识之哉！①《外物》则指出："荃者所以在鱼，得鱼而忘荃；蹄者所以在兔，得兔而忘蹄；言者所以在意，得意而忘言。"②对辞能否达意，正名有无意义表示深刻的怀疑。当然，道家虽然表面上否定语言及其表达功能，但依然不得不以语言言道，其对语言的重视程度实际上也并不亚于儒家（老子五千精妙，庄子寓言诗意与精准的表述都足以说明其斟酌锤炼语言的精心程度）。孔子强调"辞达"，老庄认为辞不能达，其实都涉及同一问题的两个方面：言能尽其所能尽之意，不能尽其所不能尽之意。孔子与儒家，更多着眼于前者，但并不无视后者；而老庄在以言言道的同时更多地强调后者。儒道都运用语言去尽其所欲尽之意，也同样体认着言不能尽其所不能尽之意的困惑，只是在具体论述中两家各有侧重罢了。

面对言不尽意的困境，儒道各自提出了解决方案。《易·系辞上》曰："子曰，书不尽言，言不尽意。……圣人立象以尽意，设卦以尽情伪，系辞焉以尽其言。"③显然，《易》和孔子之说代表的是意象与意象式思维。而庄子学派则提出另一方案。《寓言》云："寓言十九，重言十七，卮言日出，和以天倪。"④《天下》谓："古之道术有有于是者。庄周闻其风而悦之，以谬悠之说，荒唐之言，无端崖之辞，时恣纵而不傥，不以觭见之也。以天下为沈浊，不可与庄语。以卮言为曼衍，以重言为真，以寓言为广。独与天地精神往来而不傲倪于万物，不谴是非，以与世俗处。其书虽瑰玮而连犿无双也。其辞虽参差而諔诡可观。"⑤庄子所谓寓言，当指自拟虚构，用以寄寓和表达特定思理的人与事。以上所述具体表述了其寓言和寓言式思维。两种解决方案各有其特性与取向，《易》和孔子之说所代表的意象与意象式思维，似乎更切合抒情文学与抒情性想象，而

---

① 郭庆藩：《庄子集释》，中华书局 1961 年点校本，第 488—489 页。

② 郭庆藩：《庄子集释》，中华书局 1961 年点校本，第 944 页。

③ 王弼注，孔颖达疏：《周易正义》卷七《系辞上》，《十三经注疏》（上册），上海古籍出版社 1997 年版，第 82 页。

④ 郭庆藩：《庄子集释》，中华书局 1961 年点校本，第 947 页。

⑤ 郭庆藩：《庄子集释》，中华书局 1961 年点校本，第 1098—1099 页。

庄子所述寓言和寓言式思维,似乎更适合叙事文学与叙事性想象。

魏晋时期的言意之辨,承继了先秦哲人关于言意关系的思考而又有所发展。这种发展具体地体现在陆机、刘勰等论家所着力阐释的文学想象论中。言意之辨争议的焦点集中在言尽意、言不尽意,自有其建构与解构的哲学思想上的意义,而其文论意义则在于启发诗人论者探讨如何通过语言之所能尽,尽其所不能尽。纵观魏晋南朝文论尤其是文学想象论,我们不难发现:

第一,受先秦哲人关于言意关系的论述和时人玄学言意之辨的影响,陆机、刘勰等文论家倡论创作与想象,总是以言意及其关系为经纬与焦点。在继承《易》"书不尽言,言不尽意"之说的同时,更多地吸取了庄子的论断。言意的两极对应,构成其想象论的基本框架或理论重心。

《文赋》有"恒患意不称物,文不逮意"之说,如果说"意不称物"属观照事物的认识论(意)范围,而观照表达都离不开语言的定义与指述功能,那么作为陆机创作论总纲,物—意—文三者的理论重心自然落到言意关系。一则曰:"放言遣辞,良多变矣。"再则曰:"随手之变,良难以辞逮。"①让我们联想《庄子·天道》轮扁之语斫轮:"徐则甘而不固,疾则苦而不入。不徐不疾,得之于手而应于心,口不能言,有数存焉于其间。"②而其为数,"臣不能以喻臣之子,臣之子亦不能受之于臣"③。外在事物千差万别,瞬息万变,内心感悟与思维过程也微妙复杂,难以言喻。书写创作之欣悦与苦恼,大半与语言表达息息相关。难怪刘勰在《文心·神思》中深切感慨:"若情数诡杂,体变迁贸。拙辞或孕于巧义,庸事或萌于新意;视布于麻,虽云未费,杼轴献功,焕然乃珍。至于思表纤旨,文外曲致,言所不追,笔固知止。至精而后阐其妙,至变而后通其数,伊挚不能言鼎,轮扁不能语斤,其微矣乎!"④引用的也正是庄子轮扁的寓言。无独有偶,陆机也在类似的论述中引用了庄子的此则寓言:"若夫丰约之裁,俯仰之形,因宜适变,曲有微情。……是盖轮扁所不得言,故亦非华说之所能精。"⑤

① 陆机:《文赋》,萧统编,李善注:《文选》,中华书局1977年版,第239—240页。
② 郭庆藩:《庄子集释》,中华书局1961年点校本,第491页。
③ 郭庆藩:《庄子集释》,中华书局1961年点校本,第491页。
④ 范文澜:《文心雕龙注》,人民文学出版社1958年版,第495页。
⑤ 陆机:《文赋》,萧统编,李善注:《文选》,中华书局1977年版,第242—243页。

《文赋》行文中多处言意对文,相提并论。在对文学想象与表达全过程的理论观照与阐释中,思意与语言成为两极对立的重心与焦点,而言则为落脚点。尤其是在作为其创作论重心的想象论中,陆氏始终将言作为达意的重要元素反复论及。值得注意的是,陆机论灵感状态谓:"方天机之骏利,夫何纷而不理? 思风发于胸臆,言泉流于唇齿;纷葳蕤以馺遝,唯豪素之所拟;文徽徽以溢目,音泠泠而盈耳。"①在他看来,语言的顺畅、丰沛和至美,成为灵感状态的表征,也是灵感效应能够实现的一个关键性因素。刘勰想象论也体现了这样的思致,其论思理之妙,而与辞令同举:"故思理为妙,神与物游。神居胸臆,而志气统其关键;物沿耳目,而辞令管其枢机。枢机方通,则物无隐貌;关键将塞,则神有遁心。""方其搦翰,气倍辞前,暨乎篇成,半折心始。何则? 意翻空而易奇,言征实而难巧也。是以意授于思,言授于意,密则无际,疏则千里。"②可以说,思意与语言的两极对应,构成陆、刘想象论的基本框架或理论重心。

第二,庄子言意论对后人的文学想象论也有导向性影响。魏晋玄学中言不尽意论者对语言尽意功能的怀疑,是和对以语言建构起来的儒家经学大厦的隐约而深切的怀疑联系在一起的,其理论思致,得之于老庄者为多。而作为言意之辨的重要文论成果,时人关于解决言不尽意困境的方案与路径,则以意象与意象式思维理论为主,所论重心也更多的在于抒情性文学与抒情性想象。

如王弼所论,兼综儒道并偏于意象与意象式思维。《周易略例·明象》:"夫象者,出意者也;言者,明象者也。尽意莫若象,尽象莫若言。言生于象,故可以寻言以观象;象生于意,故可以寻象以观意。意以象尽,象以言著。故言者所以明象,得象而忘言;象者所以存意,得意而忘象。犹蹄者所以在兔,得兔而忘蹄;筌者所以在鱼,得鱼而忘筌也。……然则,忘象者,乃得意者也;忘言者,乃得象者也。得意在忘象,得象在忘言。故立象以尽意,而象可忘也;重画以尽情伪,而画可忘也。"③蹄、筌一节,与《庄子·外物》相通,而立象以尽意说,则本《易·系辞传》所引孔子之语。其所论重心似在意象与意象式思维(此可另文详论,兹不赘述)。陆机、刘勰等论家所述基本循此理路,重在意象与意象

① 陆机:《文赋》,萧统编,李善注:《文选》,中华书局1977年版,第243页。
② 范文澜:《文心雕龙注》,人民文学出版社1958年版,第493—494页。
③ 王弼著,邢璹注,陆德明音义:《周易略例》,《钦定四库全书》经部易类。

式思维。其想象论之重心亦在抒情文学与抒情性想象,而意象与意象式思维尤其切合抒情文学与抒情性想象。

中国人以意象来说话,也将意象作为形象思维的基本单元和要素。我们的汉字本身就是意象型文字。整部《易经》,多以象来说话。"立象以尽意"是儒家圣贤著述经典的基本方法。五经之中,《礼》所载礼仪规范、过程环节和特殊细节,《书》与《春秋》中圣王先贤的言行事迹等,多为事象,和《诗经》中意象、《易》中卦象一样,被视为关乎天地人伦,可由此举一反三、见微知著和鉴古知今的象征和标示性符号,也就是象。孔子论《诗经》往往体现着意象式思维的特点,其"兴观群怨"与"多识于鸟兽草木之名"说,亦关乎意象。广义地看,象不仅是儒家构建经学大厦的重要基石和基本元素,而且也成为老、庄等诸子消解经学的武器和手段。庄子寓言中的鲲鹏、蝴蝶、象罔、玄珠等,也是广义的意象,是其阐述大道、消解儒经的手段和符号。由此可见,以象尽意,是先秦经学与诸子著书立说的基本手段,它也成为笼罩中国古代学术与艺术、经学与非经学、文学与非文学的抒情、叙事和论说的传统手段,不仅深远影响中国古代骚人墨客的创作,也影响到民间创作和生活习俗。

《文赋》开篇即言:"伫中区以玄览,颐情志于典坟。遵四时以叹逝,瞻万物而思纷。悲落叶于劲秋,喜柔条于芳春。"①赋中所述,意象满目,其思致所体现的,正是意象式思维。钟嵘《诗品》开篇"春风春鸟,秋月秋蝉,夏云暑雨,冬月祁寒……"一节,通篇体现着意象式思维。刘勰《文心·物色》篇,可谓意象专论。他对文学想象构思有深刻认识,对意象理论的发展也作出了重要贡献。他不仅将玄学热点命题中的"意"与"象"融合而成"意象"一词(此前《文赋》"情瞳昽而弥鲜,物昭晰而互进"一语,实已将人们所欲立、欲忘之物"象",与其所欲尽、欲得之情"意"紧密联系,视为构思想象的核心内容,但别创意象新词者,为刘勰),而且还将艺术意象及其营构与呈现视为核心理念和优先课题②。考虑到《神思》篇作为创作论与下部之首和全书理论重心的地位,则驭文首术、谋篇大端的提法更凸显出意象在作者理论建构中的重要性与特殊性。虽然篇中

---

① 陆机:《文赋》,萧统编,李善注:《文选》,中华书局 1977 年版,第 240 页。

② 刘勰《文心雕龙·神思》:"使玄解之宰,寻声律而定墨;独照之匠,窥意象而运斤。此盖驭文之首术,谋篇之大端。"

所说"意象",明显是指尚未形诸作品的作者头脑中的艺术表象,与后人所说的意象尚有距离,但刘勰是在详论"神思"活动及所需基础条件后提到"意象"的:"然后""使玄解之宰,寻声律而定墨;独照之匠,窥意象而运斤"①。可知,作为"神与物游"的结果,"意象"业已成熟而呼之欲出,只剩如何完美呈现的问题了。因此刘勰所谓的"意象"尽管不能完全等同于现在所说的"意象",但实已本质相通,具有后人意象概念的基本属性。提炼出"意象"这一专门术语,是刘勰对传统"意象"论作出的重要贡献。其想象论聚焦于意象的酝酿和发生,提出了系统性的真知灼见,有其特有的审美意义和价值。

三、不语怪、力、乱、神:被忽视的寓言式思维与叙事性想象

但刘勰想象论或不无偏缺,这主要体现在他囿于传统理念而对叙事性想象虚构的轻忽。我们在《神思》篇中难觅其关注寓言思维和叙事想象的迹象,却在《辨骚》《诸子》诸篇中看到他时时将叙事性虚构斥为"夸诞""踳驳"。

先秦诸子常借寓言立说,其叙事性也成为后世叙事艺术的重要渊源之一,其中成就最为突出、最具有代表性的是庄子。其为文,常以汪洋恣肆、思落天外的寓言,影写讽味世事。他以异于儒家诗学和史学传统的创作理念和极富艺术精神的文学实践,对中国古代小说的发展作出了特殊贡献。庄子常以子虚乌有的情节加诸圣贤名下,如楚狂接舆的一曲狂歌,"儒以诗礼发冢"的寓言故事等,都极尽嘲讽揶揄之能事。他不仅在庖丁解牛中赏会乐曲的旋律和舞蹈的姿势,而且将鲜血淋漓的屠宰与尧舜圣君的庙堂乐舞相提并论,于挥洒谈笑中消解圣贤经典,将崇高庄严的政治历史化作一场闹剧。在庄子鲜活灵动、层出不穷的寓言和诙谐幽默、无所滞碍的言说中,历史人物被戏说嘲讽,被漫画化与文学化,而始终洋溢着的是艺术的精神、自由的思想和诗人的激情。正是凭着这样的审美精神,庄子尝试和实现着诗对经与史的反叛和突围。

庄子寓言的成功实践,不仅充分显示庄子非凡的艺术想象力,也反映出庄子对情节构成性想象的高度重视和自觉的艺术虚构意识。而情节构成性想象

---

① 范文澜:《文心雕龙注》,人民文学出版社 1958 年版,第 493 页。

和虚构正是小说艺术的基本要素之一,是小说区别于诗与史的关键性因素。由此而言,庄子寓言体现着自觉的虚构意识,其叙事大多呈现为艺术性的结构框架,奇思异想而情节连贯。如《外物》篇:"任公子为大钩巨缁,五十犗以为饵,蹲乎会稽,投竿东海,旦旦而钓,期年不得鱼。已而大鱼食之,牵巨钩,铭没而下,骛扬而奋鬐,白波若山,海水震荡,声侔鬼神,惮赫千里。任公子得若鱼,离而腊之,自制河以东,苍梧已北,莫不厌若鱼者。"①又如鲲鹏之怒而飞与庖丁解牛等,也多以想象性的虚构叙事来表达哲学认识。这里,庄子寓言有别于远古创世神话的是,神话作者或许并不认为其所述虚妄荒诞,而庄子却明显是有意识地虚构,有自觉的情节想象和虚构意识。虽然这种想象虚构与后世小说相比还未充分展开,但毕竟有不可忽视的开创性意义,不仅启迪后人的艺术思维与小说创作,其故事本身也成为后代传奇小说构思和取材的渊薮,对小说艺术的自觉、独立和发展也产生了深远的影响。

如前所述,刘勰神思论凸显的是意象式思维,而庄子寓言则是寓言式思维实践的产物。寓言中可以包含诸多意象,且本身也可以说是一种广义的意象,同样,庄子的寓言式思维也通于意象式思维。但具体而言,寓言不等于意象,寓言式思维也不同于意象式思维。因为意象和意象式思维更切合抒情诗,寓言更多地具有叙事性成分和小说的属性。诗人通过意象组合来营构意境,以抒写其主观情感和生命生活体验,而寓言叙事则通过描绘人物及其动作、冲突过程来展现社会人生。意象式思维更契合抒情文学与抒情性想象,而寓言式思维则更契合于叙事文学与叙事性想象。这是庄子寓言与《诗经》中的意象和诗人比兴手法之间的差异之所在。

艺术想象是催生作品的重要环节。文学的构思想象既有总的特征和规律,又随体制样式的差异呈现不同的具体形态。同样是构思想象,抒情者与叙事者在创作中会有不同的侧重和具体微妙的差异。如在诗中表现为抒情性想象(即意境构成性想象,主要着眼于情景关系,通过情景、意象的想象营构,创造艺术意境,抒发生命情感),而在小说中则为叙事性想象(即情节构成性想象,主要着眼于人物事件的逻辑关系,通过人物形象和生活情节、细节的想象描画,书写社会生活和对生活的印象)。这里所谓情节构成性想象,是指作家

---

① 郭庆藩:《庄子集释》,中华书局 1961 年点校本,第 925 页。

在叙事创作中运用的既不同于严格写实的史学原则,又不同于诗歌抒情写意传统的,按照社会生活与人物性格发展的必然逻辑进行的虚构和想象。如果说意境构成性想象应和着诗人心灵的律动,更多遵循抒情逻辑;那么情节构成性想象则对应现实与幻想中的人和事,更多遵循叙事原则。

一般而言,在抒情诗文的创作中,诗人更多地运用抒情性想象和意象式思维;而在叙事性创作中,作家更多地运用叙事性想象(情节构成性想象)和寓言式思维。

在先秦两汉以降论者深具儒家"诗言志"和历史写实传统影响的艺术想象论中,占主导地位的是对想象总体特征的阐述和偏于抒情诗创作的抒情性想象与意象式思维的论述内容,而对叙事文学创作中的情节构成性想象虚构及其文学理念则似乎有些忽视,有时甚至给予否定性评价。

范文澜先生说:"汉族传统的文化是史官文化。"[①]史学传统、史传体制和史官文化理念对中国古代叙事文学的影响至深至巨。先秦以来,"不语怪、力、乱、神"[②]成为一种传统。在孔子对文化遗存的整理和阐释中,先民富于文学色彩、想象奇特的神话故事,经现实理性的曲解和历史主义的解说,被改造成了一段段历史。[③] 这体现了对神话叙事中的荒诞性虚构的漠视或不理解。在相当长时期内,人们总是以史官文化的视野和角度看待叙事文学。受此影响,汉代一些论家(如扬雄)对文学创作中的想象虚构给予了较严苛的批评。这在汉儒对《楚辞》与汉赋的评判中也有所体现。即使是对文学有深刻见解的司马迁,也因历史观念影响而在《司马相如传》中对其创作提出了批评:"无是公言天子上林广大,山谷水泉万物,及子虚言楚云梦所有甚众,侈靡过其实,且非义理所尚。"[④]"相如虽多虚辞滥说,然其要归引之节俭,此与《诗》之风谏何异?"[⑤]

---

① 范文澜:《中国通史简编》(修订本第二编),人民出版社 1949 年版,第 255 页。

② 《论语·述而》,杨伯峻译注:《论语译注》,中华书局 1980 年版,第 72 页。

③ 如《尸子》卷下载:"子贡问孔子曰:'古者黄帝四面,信乎?'孔子曰:'黄帝取合己者四人,使治四方,不谋而亲,不约而成,大有成功,此之谓四面也。'"又,《韩非子·外储说左下》也有相似的记载:"哀公问于孔子曰:'吾闻夔一足,信乎?'曰:'夔,人也,何故一足?彼其无他异,而独通于声。尧曰:"夔一而足矣。"使为乐正。故君子曰:"夔有一足。"非一足也。'"

④ 司马迁:《史记》,中华书局 1959 年版,第 3043 页。

⑤ 司马迁:《史记》,中华书局 1959 年版,第 3073 页。

其对《庄子·逍遥游》中"尧让天下于许由"故事的怀疑,也是基于政治逻辑和历史真实性的要求,这反映了史官文化对太史公的深刻影响。司马迁作为伟大的历史学家,对我国古代叙事文学的发展无疑有积极贡献和深远影响,但他的批评也较典型地体现了汉代人对艺术想象虚构的看法,如扬雄、班固等人对辞赋的批评显然更为峻切。

刘勰文论思想也体现出此种倾向。一方面,他对文学想象有深刻认识,对意象理论作出了重要贡献;另一方面,他也在很大程度上继承了上述轻忽虚构叙事的传统理念。《辨骚》篇把屈原富于神话色彩的想象虚构视为"夸诞":"至于托云龙,说迂怪,丰隆求宓妃,鸩鸟媒娀女,诡异之辞也;康回倾地,夷羿弹日,木夫九首,土伯三目,谲怪之谈也。"①《诸子》篇激赏庄周"述道以翱翔",却直接无视庄子的寓言风格和散文成就,对《天下》篇所述的庄子文风、文学理念和寓言想象更无一语涉及,他赞赏的叙事范型是:"孟荀所述,理懿而辞雅;管晏属篇,事核而言练……"②而"若乃汤之问棘,云蚊睫有雷霆之声;惠施对梁王,云蜗角有伏尸之战;《列子》有移山跨海之谈,《淮南》有倾天折地之说"等等,则被同归于"踳驳之类"③。显然,他对庄子寓言叙事的态度接近扬雄、班固④。究其根由,在下述两个方面。

第一,史家注重史实,影响文论家尤为强调叙事的真实性,对叙事文学的想象与虚构持着较为审慎的态度。诗、骚都有富于浪漫主义神话色彩的想象虚构,但《诗经》中的神话想象,往往属于具民族史诗性质的创世神话,经后人加工改造或重新阐释,积淀了史官文化的理性色彩,自然得到汉儒的尊崇;而《楚辞》中更多地保留着先民天真浪漫的想象,折射出原始巫术与思维的色彩,或异于史官文化传统的理性色彩,因而得到的也往往是有保留的尊崇。

第二,中国古代文论注重抒情言志的传统又使批评家们在论艺术想象时,更多地着眼于与抒情写意、山水物色有关的艺术想象,而相对较为轻忽神话、寓言中与叙事相关的想象和虚构。

---

① 范文澜:《文心雕龙注》,人民文学出版社 1958 年版,第 46—47 页。
② 范文澜:《文心雕龙注》,人民文学出版社 1958 年版,第 309 页。
③ 范文澜:《文心雕龙注》,人民文学出版社 1958 年版,第 308—309 页。
④ 班固《汉书·艺文志》:"小说家者流,盖出于稗官。街谈巷语,道听途说者之所造也。……诸子十家,其可观者九家而已。"

　　史官文化和诗歌抒情传统的双重影响，使文论家注重肯定的，大多是观照映现宇宙与人生的想象，是摹写与反映现实或心灵的想象，是侧重于构思艺术意象意境的诗歌创作中的意境构成性想象。自《文赋》到《文心》《诗品》，在论述创作想象时，往往将其与春恨秋悲四时之感对应和联系在一起，就充分说明了这一点。而对于既不同于真实描述历史与现实，又不同于直抒胸臆的情节构成性想象，对于神话传说和寓言故事等叙事之作的艺术虚构，则常常持否定拒斥的态度。因此，《诗经》中的叙事性想象，因为与记载民族历史的创世神话及史诗联系在一起，得到汉儒的尊崇；而《楚辞》中的浪漫主义想象，凡抒情性的，大多得到首肯，而"异乎经典"的叙事性想象虚构，便不同程度地受到批评。这种不无偏颇的文学理念和文论态度，不利于小说艺术的生长和发育。应该说，刘勰对艺术想象的认识虽然很深刻，却似乎并不全面。其艺术想象论中存在的深刻矛盾也正是上述两方面因素综合作用的结果。

　　刘勰所论极具代表性。在较长时期内，文论家受传统影响，偏于抒情性想象和意象式思维，而轻忽史传之外的叙事艺术，忽视由庄子等阐释和运用的寓言式思维和叙事性想象。一直到唐代，小说虽已发展为独立的文体，但人们仍未摆脱"以文为史"的观念。明代小说论家有"羽翼信史"一派。小说戏曲都曾被称为传奇。传奇，是另类的史，传奇、志怪者，都被归入野史之列，"小说"作为名称，也与"野史"相等相当，恰成对子。戏曲之称戏、戏文，也是被视为游戏、小道。在人们的观念中，小说是讲故事，故事就是过去的事，也就是历史。是以小说常以"记""传""志""录""（历史）演义"为书名，四大名著皆然（《红楼梦》也另有《石头记》别名）。传奇作者每每申明其所述来自耳闻目睹。这显然都是史官文化、历史观念深刻影响的结果。史官文化所包含的政治教化要求和历史真实性原则，对我国古代叙事文学发展有积极贡献和深远影响，史传及其话语方式也成为叙事文学发展的必要艺术准备和材料积累。但史是史，小说、戏剧是小说、戏剧，叙事文学有其自身内在的审美特性和创作规律，史官文化的强大影响和文史不分家的观念，使叙事文学长期处于史学和史观的阴影之中，这也许正是我国叙事文学在早期未能得到充分发育的重要原因之一。

四、由正而奇、由真而幻、大半寓言：
对庄子之说的久远回应

庄子寓言所代表的寓言式思维和奇幻莫测的叙事性想象，体现了叙事艺术试图从史官文化传统中挣脱出来的最初的意向与努力，虽似曾被轻忽，但在创作实践上却一直为后代叙事家所继承，在理论上也得到层出不穷的回应。尤其自中唐以后文风嬗变，审美趋向和文学重心在雅与俗、抒情与叙事间发生微妙的转向与位移。文学叙事实践与理论也呈现出新的进展，除由"以文为史"到"以文为戏"（对此笔者曾有探讨①）外，还表现为叙事理念与审美取向的由正而奇、由真而幻，以及"大半寓言"诸说的产生。这对叙事创作想象自然有导向性意义。

首先值得讨论的是韩愈，总的来说，他持着较为传统的文学理念，但与此同时，其文学实践与主张却也呈现出一些新质。比如他主张"以文为戏"，以游戏笔墨为毛颖（毛笔）立传，并抒写不平。《毛颖传》之作，诚如明胡应麟所说："变异之谈，盛于六朝，然多是传录舛讹，未必尽幻设语。至唐人乃作意好奇，假小说以寄笔端。"②从刘勰的"执正驭奇"和对《庄子》《离骚》的有所保留，到"作意好奇"审美取向的出现，对于叙事艺术的发展是颇有意义的。韩愈以后，苏轼效仿之，分别为杜仲、砚台、干贝、柑橘、茶叶、馒头作传奇，而有《杜处士传》《万石君罗文传》《江瑶柱传》《黄甘陆吉传》《叶嘉传》《温陶君传》等传体寓言，此类寓言体小说，将寓言形式与史传体融而为一，通过虚拟假托，将生活中的常见物人格化，诙谐有趣而深蕴哲理。有意思的是，庄子正是"以文为戏"的鼻祖，其笔下灵动着如此多的活色生香会说会笑会辩论会调侃的物类。而韩愈喜欢并效法庄子，其《进学解》将《庄子》《离骚》并举，列于《易》《诗经》之后，苏轼更是酷爱庄子。二人之作亦可谓颇得庄子之风。此类寓言之作，独成一

---

① 孙敏强：《试论〈庄子〉对我国古代小说发展的重要贡献》，《浙江大学学报》（人文社会科学版）2002 年第 4 期。

② 胡应麟：《少室山房笔丛》卷三十六，广雅书局光绪二十二年（1896）校刊。

体,其影响甚至及于海外。其创作与理念,可说是对庄子久远的回应。

"作意好奇",可谓明清叙事家的共同理念。"传奇者,传其事之奇焉者也,事不奇则不传。……桃花扇何奇乎? 其不奇而奇者,扇面之桃花也;桃花者,美人之血痕也;血痕者,守贞待字,碎首淋漓不肯辱于权奸者也;权奸者,魏阉之余孽也;余孽者,进声色,罗货利,结党复仇,隳三百年之帝基者也。帝基不存,权奸安在? 惟美人之血痕,扇面之桃花,啧啧在口,历历在目,此则事之不奇而奇,不必传而可传者也。"①一部《红楼梦》,写到诸多"奇"字,而"奇"也是评点者运用频率最高的词。

与"奇"相联系的是"幻",奇与正相对,幻与真相对,由传统的求真归正,而取向于奇幻,由艺术的奇、审美的幻曲折映射出更深意味的真与正,这正是明清叙事大师们的创作旨归与阐释理念。而奇与幻,也正是庄子的艺术特点。刘熙载以"缥缈奇变"论庄子,谓:"意生尘外,怪生笔端,庄子之文,可以是评之。"②又云:"庄子寓真于诞,寓实于玄,于此见寓言之妙。"③所论极是。如《至乐》篇述庄子与骷髅一节,对话场景如此荒诞怪异,而思考与思理却是极严正、极认真的。可谓情景如画,极幻而极真。明代戏曲家屠隆,论文极欣赏庄子的奇幻,谓:"庄、列之文,播弄恣肆,鼓舞六合,如列缺乘蹻焉,光怪变幻,能使人骨惊神悚,亦天下之奇作矣。"④无独有偶,著名戏曲家汤显祖论文激赏:"文章之妙不在步趋形似之间。自然灵气,恍惚而来,不思而至。怪怪奇奇,莫可名状。非物寻常得以合之。"⑤其千古绝作《牡丹亭》,情节构思奇幻之至,亦真诚之至。诚如其自序所言:"天下女子有情宁有如杜丽娘者乎。梦其人即病,病即弥连,至手画形容传于世而后死。死三年矣,复能溟莫中求得其所梦者而生。如丽娘者,乃可谓之有情人耳。情不知所起,一往而深,生者可以死,死可以生。生而不可与死,死而不可复生者,皆非情之至也。梦中之情,何必非真,

---

① 孔尚任:《桃花扇传奇小识》,蔡毅编:《中国古典戏曲序跋汇编》(第3册),齐鲁书社1989年版,第1602页。

② 刘熙载:《艺概·文概》,上海古籍出版社1978年版,第8页。

③ 刘熙载:《艺概·文概》,上海古籍出版社1978年版,第7页。

④ 屠隆:《文论》,郭绍虞主编:《中国历代文论选》(第3册),上海古籍出版社1980年版,第137页。

⑤ 汤显祖:《合奇序》,《汤显祖诗文集》(下册),徐朔方笺校,上海古籍出版社1982年版,第1078页。

天下岂少梦中之人耶。……嗟夫！人世之事，非人世所可尽。自非通人，恒以理相格耳。第云理之所必无，安知情之所必有耶。"①奇变幻妙的叙事想象与情节设计，可谓步武庄子而别开生面。"世间多少惊蝴蝶，长恨庄生说渺茫。"②汤显祖的诗句，已然道出其"临川四梦"皆写梦境之渊源有自。由是亦可知庄子之创制及理念对后人叙事原则与叙事想象影响之深远。

尤当注意的是李渔与金圣叹。李渔论戏曲创作，特撰《审虚实》一节，明辨虚实，倡论"实则实到底""虚则虚到底"，有"传奇无实，大半皆寓言"之说。李渔所论实质上涉及戏曲作为叙事艺术不同于史传叙事的本质特征。其说旨在明确强调戏曲与历史的差异，反对以历史真实观混淆和消解戏曲剧本作为叙事艺术的特征，强调戏曲艺术可以虚构叙事。"实则实到底""虚则虚到底"之说，看似绝对，然其本意恰恰是为了强调戏曲艺术的叙事不同于历史叙事，才用不无偏激意味的绝对之语来凸显和强调戏曲叙事与史传叙事的明确区别。"传奇无实，大半皆寓言"一语，也表明其立论重心正在戏曲作为叙事艺术的本位，认为戏曲小说虽然也可借鉴历史叙事，而其本位和重心却"大半"在想象虚构。所以他批评"凡阅传奇而必考其事从何来、人居何地者，皆说梦之痴人，可以不答者也"③。李渔之说最重要的意义，正在于从理论上将戏曲艺术的叙事与历史叙事区分开来，将戏曲艺术与历史区分开来。"传奇无实，大半皆寓言"之说，是对庄子寓言和寓言式思维的继承。

而金圣叹则是在小说理论史上明确将小说艺术的叙事与历史叙事区分开来，将小说艺术与历史区分开来的重要理论家。他显然是对叙事艺术情有独钟的论家，如其将《庄子》、《离骚》、《史记》、杜诗、《水浒》、《西厢记》称为才子书④。"六才子书"中，半属叙事文学，另一半《庄子》、《离骚》、杜诗，也有相当比重的叙事成分。其《谈第五才子书法》有云："《史记》是以文运事，《水浒》是因

① 汤显祖：《牡丹亭记题词》，《汤显祖诗文集》（下册），徐朔方笺校，上海古籍出版 1982 年版，第 1093 页。
② 汤显祖：《甲午秋在平昌梦迁石阡守，并为儿蘧梦得玉床，自占石不易阡，素床岂秋兆，漫志之》，《汤显祖诗文集》（上册），徐朔方笺校，上海古籍出版社 1982 年版，第 456 页。
③ 李渔：《闲情偶寄》，江巨荣、卢寿荣校注，上海古籍出版社 2000 年版，第 31 页。
④ 金圣叹《〈三国志演义〉序》云："余尝集才子书者六。其目曰：《庄》也，《骚》也，马之《史记》也，杜之律诗也，《水浒》也，《西厢》也。已谬加评订，海内君子皆许余，以为知言。"

文生事。以文运事，是先有事生成如此如此，却要算计出一篇文字来，虽是史公高才，也毕竟是吃苦事。因文生事即不然，只是顺着笔性去，削高补低都由我。"①金氏将《史记》与《水浒》相提并论，且"以文运事"和"因文生事"虽则不同，重心却都在于"事"，实际上是将叙事艺术与抒情艺术加以厘清和界划，将小说与诗明确区分开来，真正从叙事文学的视野和角度来进行评点与论述。而对《史记》与《水浒》"以文运事"和"因文生事"差异的揭示，则是将小说叙事与史书叙事明确区分开来，真正从小说艺术的视野和角度来进行评点与论述。这本身就具有文论史的划时代意义。同时，我们对金氏之说丰富的理论内涵也可作多重理解。一方面，叙事者在拟想虚构人物和事件上可以有很大的自由度与能动性，"削高补低"，操之在我。这便是"顺着笔性去"的本义。但另一方面，如考虑"削高补低"之动因与所以然，除了作者主观拟想以外，也有客观外在的因素。叙事者在形象塑造与情节安排上，自然也要考虑顺应生活常理，合乎社会生活发展的必然性与可然律，符合人物思想性格及其发展的内在逻辑。这也当是"顺着笔性去"的题中应有之义。

"顺着笔性去"之说，是值得重视的重要叙事理念，其包含着叙事想象与叙事原则的深刻而丰富的内容。此说深具"无端崖""恣纵而不傥"的意味，可谓颇得庄子之风。如果试为金氏之说在《水浒》之外找范例，我们首先想到的便是《庄子》。其诸多寓言，奇思异想，匪夷所思，如鲲鹏之羽化而南翔，如鲦鱼之出游从容，正可谓"顺着笔性去"的经典。金圣叹将《庄子》列为第一才子书，他是庄子的一位知己，而其所论，也与李渔等一样，成为庄子之说约一千九百年后意味深长的回应。至此，中国的文学想象论方始走向真正的完备和完成。只有在上述背景中，我们才能充分理解李、金之说的历史意义。

（原载《浙江社会科学》2015 年第 1 期，与黄敏雪合撰）

---

① 金圣叹:《谈第五才子书法》,郭绍虞主编:《中国历代文论选》(第 3 册),上海古籍出版社 1980 年版,第 245 页。

论《艺文类聚》存录方式造成的
六朝文学变貌

林晓光

众所周知,唐代类书《艺文类聚》(后简称《类聚》)是六朝文学的渊薮。大量六朝诗文仅赖此书得以留存①,严可均《全上古三代秦汉三国六朝文》和逯钦立《先秦汉魏晋南北朝诗》中均有数量繁多的作品自其中辑出。当然,其中有许多只是零篇断句,并非全帙,这一点也是六朝学界的常识,毋庸多论②。不过,除了那些一望而知其为节选片段的条目之外,《类聚》中也往往可见篇幅不短而且结构完整的作品存录,我们恐怕就很容易直接将其视为完整的作品了③。尤其当这些作品被收入"全文""全诗"等总集,或者被整理进作者别集之后,更失去了其在类书中的原初环境。如果只是通过总集、别集阅读而不小心留意作品的辑录出处,是很容易产生这一印象,将现存作品直接视同创作之际的原貌的。然则事实上的情形又是如何呢?

---

① 上海古籍出版社 1999 年版《艺文类聚》"前言"已指出:"所引用的古籍,据北京大学研究所在一九二三年所作的统计,共为一千四百三十一种……在这些被引用的文籍之中,现存者所占比例不足百分之十。"

② 欧阳询《艺文类聚序》已明言其编选宗旨曰:"文弃浮杂,删其冗长。"欧阳询:《艺文类聚》,汪绍楹校,上海古籍出版社 1999 年版,第 27 页。后引此书均同此版本,不另注。

③ 关于此点,不仅有大量研究论著直接引取其中收录文本进行分析,显示出学界对此问题尚未给予足够的注意,章培恒先生更曾据《类聚》序明确表示:"由此可见,《艺文类聚》对其所收录的古代作品,最多只是删弃其'浮杂''冗长',却并不为了压缩原文而改换字句(其'文'的部分,更有很多篇是收录全文不加删节的)。"[章培恒:《关于〈古诗为焦仲卿妻作〉的形成过程与写作年代》,《复旦学报》(社会科学版)2005 年第 1 期]这不妨视为学界至今对于《类聚》存录方式的一种典型观念。然而如本文所证,无论是在普遍性的删节方面还是在字句的改易方面,这种观念都不能不说是与真实情形相去颇远的。

　　如果说六朝文学是曾经存在过的一个真实世界,那么这个曾经美丽多彩的世界已经一去而不复返了,它得以留存于今日的唯一依据,就是映照过这个世界的镜子中留下的影像。而《类聚》可以说就是这些镜子当中最为重要的一面。但是,如果意识到我们面对的并不是六朝文学本身,而是这些镜中影像,那么镜子本身的清晰度、近真度、完整度,就成为我们不能不关心的基本问题。过去学界对于这一层面的问题,关注点主要集中于文献的辑佚补阙、校勘异文——换言之,致力于收集、拼凑尽可能多的镜子碎片,以及比较不同镜子的差异好坏,选取其中较好的部分。这当然是极为重要的基础性工作。然而同时我们也不能不承认,在过去我们并不是那么关心镜子和真实世界之间的联系——这些镜子究竟是怎样反映了那个曾经存在的世界? 它的反映是完全忠实于本体的吗? 还是有所扭曲,有所变幻,就像哈哈镜将镜子前的你拉长搓圆一样? 不同碎片对世界的反映分别处在什么样的层次? 它的反映又是否有规律可循,让我们得以追溯其源?

　　对于那些仅赖《类聚》而得以存世,没有其他文献来源的作品,我们已经无法对其再有任何的推究了。但是在大量类似的文本中,有不少还可以找到其他的文献来源,包括正史中的引录,《文选》《文馆词林》《文苑英华》《古文苑》等总集的收录,乃至《北堂书钞》《初学记》《太平御览》等其他类书及《三国志》裴注、《世说新语》刘注、《文选》李善注的引文等①。如果比对这些文献来源中收录文本与《艺文类聚》收录文本的异同,是否就有可能窥见《艺文类聚》存录文献的方式甚至规律? 而如果对这些方式乃至规律有所认识之后,我们是否还可以执此反推那些已经无法实证对较的部分,就好像我们可能通过一面哈哈镜的碎片去揣想整面镜子背后的真实面相一样? 这就是本文试图提出的问题。而在正文中,将通过对若干作品进行文本比较,予以分析归纳,尝试对这一问题作出初步的回答。

---

① 事实上,史书及总集所录一般较为完整,多数应可视为全文(但亦非绝对,如《晋书》卷七十六录郗鉴《讨苏峻誓师文》,即有多处文句与《类聚》所引不合,删略情形明显);而诸种唐宋类书本身就都存在着本文所论《类聚》的类似问题,因此《类聚》与其他类书引文差异本身就已经是片段与片段的差异,不可据以论原文。这可以说是唐宋类书在保存六朝文学文献时的普遍现象,它们共同构筑了六朝文学的镜中世界。唯本文所论,专在《类聚》,余书则请俟异日。

一、构造的变貌

让我们先来看看沈约撰于天监九年（510）的名作《郊居赋》。这篇作品今天仍保留下两种文本，分别收录于《艺文类聚》卷六十四"居处"部"宅舍"门，以及《梁书》卷十三《沈约传》。如果加以逐字对勘，我们立刻就能发现两点：其一，《艺文类聚》对《郊居赋》进行了严重的删削。《梁书》所载2601字，大致可以相信为全文；而《类聚》仅录633字，连四分之一都不到。其二，《类聚》所录这633字，并非原样截取其中某一段落，而是择取散落在原赋各处的片段，以及保留其开头结尾，加以整合，使之成为一种首尾叙事完备的文本形态，只是篇幅较为短小而已。换言之，《梁书》所录《郊居赋》是一篇典型的骈体大赋，而如果依据《类聚》中的录文来观察，《郊居赋》却不过是一篇小赋而已。由于《梁书》的载录，我们得以完整地窥见这一重要作品的全貌，然而我们不妨假设一下，如果《梁书》没有抄录这一作品呢？如果我们只能够从《类聚》中看到这一作品，那么我们对此的判断就会是一篇短赋，而这同时也就意味着研究结论对真实世界的背离。《郊居赋》是如此，那么其他的作品呢？并不是任何一篇作品都有这样的运气，能够得到多种文献存录的。当考虑到这一点的时候，我们便不能不在审视六朝文学文献时加以更多的慎重了——在这里不妨略逗一笔的是，六朝小赋盛行是学术界公认的一个重要论断，当然我无意于全面否定这一论断，但是如果考虑到类似于《郊居赋》这样的情形，我们意识中的六朝小赋的数量是否会因此而大大减少？而六朝对于大赋体式的重视、承袭程度是否又会因此而有所增强①？

　　重要的还不仅仅在于这一点。我们有必要细致地对《郊居赋》的文本作一追究。换言之，《类聚》究竟删削了哪些部分，又保留了哪些部分？理由是什么？又产生了怎样的效果？这同样是一个不仅仅对于《郊居赋》有意义的问题，而是追问欧阳询们是以怎样的心态和手段来对待他们面前依然可见的，真实的六朝文学世界，而将其化作镜中世界？下面我们先以列表对照的方式，来看看《郊居赋》的开头部分②（表1）。

　　《类聚》录文读起来是推进相当轻快流畅的一个开头。先以数句哲理性的感言发端，顺次接入作者个人的隐遁之志，下面加一小转，叙述因为遭遇明主而不得不入世事功，违背隐遁初衷，但最终还是念念不忘于平生之志，于是顺理成章地，开始择地隐栖，从而接入"郊居"的主题。如果我们只是这样读下来，绝不会感到其中有任何不顺当的地方。然而事实上，一比对《梁书》所录就知道，这里每隔四句就删去了一大段文字。也就是说，这一段根本是由四组不相连属的断句连缀起来的。尤其标记★处被删去的一整段28句，竟造成了内容的完全变异——一望而知，这一大段叙述的都是吴兴沈氏的家世变迁。从西汉时期沈遵迁居九江（"余播迁之云始"），到东汉初沈戎封为海昏县侯（"违利建于海昏"），到东晋末隆安三年孙恩之乱，沈警、沈穆夫等预乱被诛，导致家门衰败流乱（"逮有晋之隆安，集艰虞于天步"），到沈约祖父沈林子因遇宋高祖刘裕而复振家声（"伊皇祖之弱辰……值龙颜之郁起"）。而这种铺叙家世也正

①　这里不妨再举几例。曹植《洛神赋》，《文选》卷十九录全文901字，《类聚》卷八仅录251字；谢灵运《撰征赋》，《晋书》本传录全文4048字，《类聚》卷五九仅录177字；萧绎《玄览赋》，《文苑英华》卷一二六录全文长达3644字，而《类聚》卷二六仅录520字。并且如下文所述的一样，这种篇幅的缩小同时造成了构造和部分题旨的改变。原赋实际上是典型的大赋体式，被压缩之后这种特征严重消失。又如曹植《七启》，《文选》卷三四录文2189字，而《类聚》卷五七所录仅1294字，虽然由于"七"的文体限制而使得其"七首"的基本结构得以保全，但每一首的层次刻画都遭到严重删削，导致其纵横夸说的风貌大为减弱。事实上，最初铃木虎雄在《赋史大要》中讨论六朝"小赋"命题时，是举萧纲《列灯赋》和庾信《灯赋》为例证的（参《赋史大要》第四篇第五章"小赋"，殷石臞译，正中书局1947年版），然而这两例的文献来源都正是《类聚》，我们根本无法相信这些作品本身就只是这样短小简单的篇幅和结构。

②　《艺文类聚》卷六四，第1146页；姚思廉：《梁书》卷一三《沈约传》，中华书局1973年版，第236—237页。

是典型的大赋传统之一。因此所谓"值龙颜之郁起"云云,虽然在《类聚》版本中完全呈现为沈约本人的奋起,事实上沈约根本不是在自述,而是在追忆祖父的事迹。这里的"龙颜"也不是指沈约所遇的梁高祖萧衍,而是指沈林子所遇的宋高祖刘裕。由于《类聚》的大幅删削,不但原文所希望表达的叙事次序和内容都遭到了隐灭,而且文学风格从宏大沉着转变为轻快流利,甚至还产生了张冠李戴的严重误导。然而反过来,《类聚》虽然进行了如此的删削,却由于巧妙地保存了其中可以前后相连的部分(当然由此产生的误导就在所不顾了),而使得文本依然表现得文通理顺。这正是最有兴味的一点。

表 1　《郊居赋》(开头部分)的《类聚》录文与《梁书》录文比较

《类聚》录文	《梁书》录文
惟至人之非已,固物我而自忘。自中智以下愚,咸得性以为场。 伊吾人之褊志,无经世之大方。思依林而羽戢,愿托水而鳞藏。	惟至人之非已,固物我而兼忘。自中智以下洎,咸得性以为场。兽因窟而获骋,鸟先巢而后翔。陈巷穷而业泰,婴居湫而德昌。侨栖仁于东里,凤晦迹于西堂。伊吾人之褊志,无经世之大方。思依林而羽戢,愿托水而鳞藏。★固无情于轮奂,非有欲于康庄。披东郊之寥廓,入蓬藋之荒茫。既从竖而横构,亦风除而雨攘。昔西汉之标季,余播迁之云始。违利建于海昏,创惟桑于江汜。同河济之重世,逾班生之十纪。或辞禄而反耕,或弹冠而来仕。逮有晋之隆安,集艰虞于天步。世交争而波流,民失时而狼顾。延乱麻于井邑,曝如莽于衢路。大地旷而靡容,旻天远而谁诉。伊皇祖之弱辰,逢时艰之孔棘。违危邦而窜惊,访安土而移即。肇胥宇于朱方,掩闲庭而晏息。值龙颜之郁起,乃凭风而矫翼。指皇邑
值龙颜之郁起,乃凭风而矫翼。指皇邑而南辕,驾修衢以骋力。	而南辕,驾修衢以骋力。迁华扉而来启,张高衡而徙植。傍逸陌之修平,面淮流之清直。芳尘浸而悠远,世道忽其窊隆。绵四代于兹日,盈百祀于微躬。嗟弊庐之难保,若霣箨之从风。或诛茅而蓻棘,或既西而复东。乍容身于白社,亦寄孥
余平生而耿介,实有心于独往。思幽人而轸念,望东皋而长想。	于伯通。迹平生之耿介,实有心于独往。思幽人而轸念,望东皋而长想。

尤其值得注意的是,《梁书》"迹平生之耿介"一句,在《类聚》中却写作"余平生而耿介",这恐怕很难视为单纯的文献存录异文。因为在原本的《郊居赋》开端构造中,是以长篇大论追忆沈约从先祖以至于本人的家族史,其接下去使用表示追想的动词"迹",是很顺当的。然而《类聚》却已经改变了这种构造,将

大段的追忆删去,变为一种个人感喟式的开端,而以"余"字领起的判断句式与之正相匹配。在这里,文字的差异本身是从属于不同的叙事构造的,因此《类聚》的"余"字应当视为随着文本删削而一并出现的改动。之所以出现这种改动,显示出《类聚》编者并不是单纯以抄书的心态对待文献,甚至也不仅仅是囿于篇幅而予以删略,而是不惜以一种改写再造的姿态,在对原文进行删略的同时作出改动,以使得《类聚》中收录的文本依然呈现出符合逻辑的形态。类似的例子,在《类聚》中并非仅见,不妨再举曹丕《典论·自序》为证。《魏志·文帝纪》裴注引:"建安十年,始定冀州,濊貊贡良弓。"①《类聚》卷七四引仅作:"后濊貊贡良弓。"②"后"字显为编者删文后补,使删削之处了无痕迹。又《类聚》卷八七引:

> 余与论剑良久,谓余言:"将军法非也。"求与余对。③

而《魏志》裴注引则作:

> 余与论剑良久,谓言:"将军法非也,余顾尝好之,又得善术。"因求与余对。④

从加着重号的字句可以看到各自符合逻辑的匹配形态。裴注所引,是曹丕认为奋威将军邓展剑法错误,而自称有善术;邓展不服,要求比试。而《类聚》所引,则变成了邓展认为曹丕剑法错误,要求与之比试。《类聚》文本一方面删去"余顾尝好之,又得善术"两句,同时又增入"余"字使主谓关系改变。这两处改写显然是相互配套的,因为如果先说邓展认为曹丕剑法错误,下面却又转换成曹丕自夸"善术",文气就割裂矛盾了。——当然,后一个例子究竟是《类聚》编者所作的改写,还是其所依据的文本已经有所不同,并不是很清楚,但在中世文献中,这种随着文字删节而随宜变异前后,使得句意通畅(但原意已被改变)的积极行动,则是与《郊居赋》同样值得我们注意的。这样的改写无疑使《类聚》在节录原文的同时还保证了文学上的高质量,使之不会因为删削

---

① 陈寿:《三国志·魏书》卷二《文帝纪》,中华书局 1959 年版,第 89 页。
② 《艺文类聚》卷七四,第 1265 页。
③ 《艺文类聚》卷八七,第 1500 页。
④ 陈寿:《三国志·魏书》卷二《文帝纪》,中华书局 1959 年版,第 90 页。标点有改易。原书标点含混,或乃整理者未能确认原文主谓关系之故。

而变得支离破碎,尤其体现出编录者高超的文学眼光和组织手腕,然而从后世的研究角度看来,恰恰是这样的巧妙斡旋,给我们今天回顾六朝文学世界制造出了最容易迷失的幻觉与陷阱。

如表1所示的删削缀合,事实上贯穿于《类聚》所录《郊居赋》的全文。碍于篇幅,这里不复一一引文详论,只能概述一二。在上引录文之后,《类聚》文本开始转入对郊居的营造:

> 本忘情于徇物,徒羁绁于人壤。应属叹于牵幽,陆兴言于世网。尔乃傍穷野,指荒郊。编霜菱,葺寒茅。①

然而在"陆兴言于世网"和"尔乃傍穷野"两句之间,《类聚》其实又删去了长达65句的一大段,而在这一段中沈约倒是真正开始了个人生平的自述:"逢时君之丧德,何凶昏之孔炽"是指南齐东昏侯萧宝卷的昏乱失德,"值衔图之盛世,遇兴圣之嘉期"是称颂梁武帝萧衍起兵革齐,建立梁朝,沈约自己则成为新王朝的重臣宰辅。虽然如此,他毕竟(自认为)心怀隐逸,不慕荣禄,"兢鄙夫之易失,惧宠禄之难持",于是要"傍穷野,指荒郊",筑室隐居去了。原文的叙事逻辑可以说层次分明,而辞藻也是铺张宏富。然而在被《类聚》删削殆尽之后,文章的推进便变成从泛泛的抒发怀抱直接转向了郊居情景。这在文学手法上固然并非不能成立,然而却是严重违背原文构造和旨趣的——尤其如果我们对南朝文学的总体模式有所了解的话,就会知道沈约在这里铺张地歌颂新朝圣明,看似冗余旁逸,但其实是理所当然,甚至不得不然,这才是吻合南朝贵族文学模式的一般常态。由于这样的改动,《郊居赋》便从一篇与沈约(家世和本人)密不可分的特殊作品,摇身一变成了一篇无论任何时代任何人都可能写出的、普泛性的隐居赋。同时也正是类似于这样的处理,使得《郊居赋》从典型的骈偶大赋体式转向了较为简洁的抒情小赋体式。然则《类聚》编者要将这一大段删去的原因何在呢?容易想到的是,在经历过时代变迁之后,对基于"艺文"主旨而进行编撰的类书而言,前朝的陈年往事已经不再具备鲜明的印象。沈约本人所经历过的南齐末年的政局昏乱黑暗,萧衍建立梁朝时带来的中兴气象,沈约本人在梁朝的隆重地位,以及在此背景下依然要觅地郊居的心情反

---

① 《艺文类聚》卷六四,第1146页。

差,这种种因素对于创作者沈约本人固然意义深远,甚至可以视为他创作《郊居赋》的根本契机,然而对唐代的编者而言却毫无意义,因此他也就毫不留恋地大笔一挥,将这些重在叙述历史的部分统统删去了。然而对于理解《郊居赋》这一南朝文学的重要作品乃至理解沈约及其文学而言,如果缺失了这些部分,我们的感觉会偏差到何种程度,却是不言而喻的。

此外,《类聚》还删去了分别长达 722 字(107 句)和 322 字(58 句)的两整段。前者是作者在郊居建成,观鱼赏鸟、俯仰自乐之余,悠然而生上下古今兴废之想;后者则删去了郊居处的人文地理记述,以及作者由此而生的思古怀仙之幽情、隐遁郊栖之逸趣。而在这中间保留下来的内容,都集中于郊居的花果鸟鱼等自然环境的描写。这使得《类聚》版本的《郊居赋》成为一篇单纯以记叙郊居美景为主旨的田园作品,而完全泯灭了其中原本具备的阔大时空感以及严肃的历史思考。最后需要指出的是,除了这种整段删除导致的构造改变之外,《类聚》还往往零散删去一句乃至数句,因此细节处也受到了显著的影响。仅举一例①,见表 2。

表 2 《郊居赋》(营建郊居部分)的《类聚》录文与《梁书》录文比较

《类聚》录文	《梁书》录文
因犯檐而刊树,由妨基而剪巢。织宿楚而成门,籍外廗而为户。既取阴于庭槐,又因篱于芳杜。	因犯檐而刊树,由妨基而剪巢。决涥泾之汀濙,塞井甃之沦坳。艺芳枳于北渠,树修杨于南浦。迁瓮牖于兰室,同肩墙于华堵。织宿楚而成门,籍外扉而为户。既取阴于庭槐,又因篱于芳杜。

这一部分的主题并未遭到大的改变,但《梁书》录文的叙述次序,乃是严格遵循着建筑学原理,先考察地形,刊芟妨碍营造的杂树;其次排除积水,整理地基,修葺周边环境;再次建造墙牖门户。这充分显示出沈约本人营造郊居的真实感受。甚至连"北渠""南浦"这种看似寻常的对句都有可能是当时真实场景的反映。然而《类聚》删去中间数句,就使得这种富于建筑现场感的叙述变成了文士的泛泛修辞,完全失去了原初的写实风貌。

---

① 《艺文类聚》卷六四,第 1146 页;姚思廉:《梁书》卷一三《沈约传》,中华书局 1973 年版,第 238 页。

　　像《郊居赋》这样的情形，在《类聚》中究竟是普遍现象，还是仅为特殊个案？这一问题可以通过普查对勘《类聚》录文中尚存其他早期文献来源的作品来获得答案。目前虽然全面统计尚未完成，但就笔者对《类聚》所录六朝重要作家包括三曹父子、陆机、傅玄、傅咸、王羲之等的文集统计来看（对单个作者而言是完全统计），已勘总数近百篇中同类情形为百分之百，或大段脱落，或删去数句，都不同程度地由于《类聚》的删削改造而导致作品结构及意涵发生改变。而诗歌中只要篇幅较长的作品，基本上也都存在类似的情形。因此《类聚》中的这种现象绝不可视为个别特例，而是基于其统一处理方式所导致的普遍结果。

　　综观《类聚》对于《郊居赋》的存录，可以看到其有着特殊而明确的改造方式。一方面是大加删削，将已经时过境迁、后人不复介怀的部分，以及怀古思今、寄托幽情的部分几乎全部删去，只将华彩最盛的景物描写部分作为主体保留下来；而另一方面，又通过巧妙的选择取舍，保留了开头、结尾，以及较为重要的过渡段落，甚至在必要处予以改写，使得录文依然呈现出首尾通贯、构造完整、主题突出的"全文"形态。和我们通常认为的"删略节录"相比，这种形态毋宁更应当称为带有改写痕迹的"缩写"，而这导致了删改后的文字与原初创作形态边界模糊，极易误认。对于前一点，应该说学界并非无所了解，而对于后一点，则恐怕尚有进一步提请关注的必要。事实上正如本节一开头已经触及的，《郊居赋》虽然由于有《梁书》所录文本的对照而得以复原其真相；但那些已经失去其他来源的作品呢？它们究竟在哪些环节被《类聚》剪出了缝隙、错乱了纹理？我们所能见到的六朝文学的面相，是不是其实在某种程度上，像哈哈镜中的虚像一样扭曲可笑、雾里看花？

二、文体的变异

　　六朝作为文体大盛的时代，文体可以说是这一时代文学的生命线，同时也是当今六朝文学研究的重点之一。那么《艺文类聚》的存录方式，对此又有何影响呢？

　　首先值得注意的是，在骈偶文学时代的六朝，押韵换韵、骈对句数、散骈转换方式等因素往往对文体起着决定性的作用;而《类聚》对六朝文学文本的这种删削正导致了文体的失落,使其变异为一种与原初构思无法匹配的体式。典型的例子可以举出梁王筠《昭明太子哀策文》。从《梁书》卷八《昭明太子传》中的录文可以看到,此文有着极为严整的构造,八句一换韵的手法贯穿始终;同时作为南朝哀策文的通例,由一个长段落和四个小段落组成,每段后以哀诔文体的基本标志语"呜呼哀哉"收束。这显示出南朝作者对形式构成的高度敏感。而同文又见录于《类聚》卷十六"储宫"部(同样经过大量删削),我们这里仅举前三小节①对看,便可窥见端的(表3)。

表3 《昭明太子哀策文》(前三小节)的《类聚》录文与《梁书》录文比较

《类聚》录文	《梁书》录文
式载明两,实惟少阳。 仪天比峻,俪景腾光。	式载明两,实惟少阳。既称上嗣,且曰元良。 仪天比峻,俪景腾光。奉祀延福,守器传芳。
睿哲膺期,旦暮斯在。 识洞机深,量苞瀛海。立德不器,至功弗宰。	睿哲膺期,旦暮斯在。外弘庄肃,内含和恺。 识洞机深,量苞瀛海。立德不器,至功弗宰。
宽绰居心,温恭成性。修襜孝友,率由严敬。 咸有种德,惠和齐圣。	宽绰居心,温恭成性。循时孝友,率由严敬。 咸有种德,惠和齐圣。三善递宣,万国同庆。

原本井然的八句换韵体式,在《类聚》文本中,换韵方式变成了4、6、6,完全看不出什么形式规律了。如果我们依据《类聚》的形态,就会得出南朝作者对换韵形式并不那么在意的结论,然而这显然是远离事实的。同时在经过《类聚》的删削之后,首段篇幅大大减少,因此就整体而言,连"一长四短"的文体构造也失去了。此外,再如曹植《七启》(《文选》卷三四)第五首《歌》曰:

望云际兮有好仇,天路长兮往无由。佩兰蕙兮为谁修,宴婉绝兮我心愁。②

---

① 《艺文类聚》卷一六,第297页;姚思廉:《梁书》卷八《昭明太子传》,中华书局1973年版,第169页。

② 萧统选编,吕延济等注:《宋刊明州本六臣注文选》卷三四,人民文学出版社2008年影印本,第534页。

而《类聚》卷五七所引却失落了末句。如果不是赖有《文选》所录,我们必定以为此《歌》是一种不整齐的三句体式了。像这样,对于骈偶韵文包括歌诗进行不规则的段落、句子删节而导致文体失落支离,在《类聚》中是常常可以见到的。值得讨论的另一个问题是文体标志语。我们可以举出的例子是西晋张华《武元皇后哀策文》①,见表4。

表 4 《武元皇后哀策文》的《类聚》录文与《晋书》录文比较

《类聚》卷十五录文	《晋书·后妃传》录文
天地配享,化成两仪。王假有道,义在伉俪。姜嫄佐喾,二妃兴妫。仰观古籍,觊亦同规。今胡不然,景命凤亏。我膺历运,统临万方。	天地配序,成化两仪。王假有家,道在伉俪。姜嫄佐喾,二妃兴妫。仰希古昔,冀亦同规。今胡不然,景命凤亏。呜呼哀哉!
正位于内,实在嫔嫱。天作之合,骏发其祥。河岳降灵,启祚华阳。奕世丰衍,朱绂斯皇。来翼家邦,宪度是常。缉熙阴教,德声显扬。如何不吊,背世陨丧。瑶齐无住,长去蒸尝。追怀永悼,率土摧伤。陵兆既宅,将迁幽都。	我应图箓,统临万方。正位于内,实在嫔嫱。天作之合,骏发之祥。河岳降灵,启祚华阳。奕世丰衍,朱绋斯煌。缵女惟行,受命溥将。来翼家邦,宪度是常。缉熙阴教,德声显扬。昔我先姑,晖曜休光。后承前训,奉述遗芳。宜嗣徽音,继序无荒。如何不吊,背世陨丧。望齐无主,长去烝尝。追怀永悼,率土摧伤。呜呼哀哉!
宵陈凤驾,元妃其徂。宫闱遏密,阶庭永虚。设祖属绋,告驾启涂。法服翚褕,寄象容车。金辂晻蔼,帷裳不舒。千乘动轸,六骥踟蹰。铭旌树表,翣柳云敷。祁祁同轨,炭炭烝徒。孰云不怀,哀感万夫。宁神虞旐,安体玄庐。	陵兆既空,将迁幽都。宵陈凤驾,元妃其徂。宫闱遏密,阶庭空虚。设祖布绋,告驾启涂。服翚褕狄,寄象容车。金路晻蔼,裳帐不舒。千乘动轸,六骥踌躇。铭旌树表,翣柳云敷。祁祁同轨,炭炭烝徒。孰不云怀,哀感万夫。宁神虞卜,安体玄庐。土房陶簋,齐制遂初。依行纪谥,声被八区。虽背明光,亦归皇姑。没而不朽,世德作谟。呜呼哀哉!

大量的异文可以视为抄本时代的常见现象,这是另一个问题,这里可以不论;但比对两种版本,除了同样存在不少文句删略之外,一个显著的差异

---

① 《艺文类聚》卷一五,第285页;房玄龄等:《晋书》卷三一《后妃传》,中华书局1974年版,第954页。

就是《类聚》版本将区分三个段落的"呜呼哀哉"完全删去了，使得全文成为一气直下，无法明确区分层次的四言韵文。如果失去了比照对象，我们必然会误以为这篇哀策文竟没有这一标志语，而这显然是违反哀诔文体常例的，难解的困惑也就会相应而生。事实上，就哀策文这一文体而言，由于现存六朝哀策文的大部分文本（十七篇）都存录于《类聚》中，这就使得其中的许多文体问题都难以措手，因为我们经常无法确定其中呈现出的种种纷糅乱象，究竟是文本原初的形态，还是《类聚》动完手术之后的结果。即就"呜呼哀哉"一语而论，这些哀策文就表现得相当混乱，有体式整齐严谨，每段末尾必有此语者，有完全无此语者，也有在中途半端莫名插入一两次者，几乎看不出什么规律。而只有当我们通过比对了解到《类聚》的删削对此造成的破坏之后，才可以明白，并不是六朝作者在是否使用"呜呼哀哉"这一文体标志语上有所不同，或者他们缺乏统一的文体意识，而是《类聚》编者对某些作品中的"呜呼哀哉"进行了删削，而对另一些却未加删削或者是删削未净。对于后者，最合理的解释当然就是归责于编者在手工操作过程中的马虎粗略，前后不一——这是每一个从事过类似工作的人都不难给予理解之同情的。至于《类聚》编者为什么要做出这样的处理？不难推想，对时人而言，"呜呼哀哉"一语是一个程式化的、在任何同类文体中都存在的组件，其作用在于标志文体而不在于渲染文采，无法体现出"艺文"性；尤其对于依然处在中世文学体系中的唐人而言，在什么样的文体中应当使用这一标志语，乃是无须介怀的常识。因此将这一用语删去是无伤大雅的。然而对于后世希望重现文体规范，安置作品序列的研究者而言，却不免会造成文体演变中的混乱无章假象，引致误解。

同样的例子还可以举出一点。对于上古至中世最重要的文体之一"骚体"而言，判别文体的几乎唯一依据就在于表达语气延长停顿的"兮"字。缺失了"兮"字的骚体，便会变为四言或六言（偶尔是杂言）的韵文。而《类聚》对此同样予以大刀阔斧的删削（理由恐怕与上面所述的相同）。选入《文选》卷五八的谢朓《齐敬皇后哀策文》，前半部分是四言，而末两段则完全由骚体组成，下面仅录末段：

藉閟宫之远烈兮，闻缵女之遐庆。始协德于蘋蘩兮，终配祀而表命。慕方缠于赐衣兮，哀日隆于抚镜。思寒泉之罔极兮，托形管于遗咏。呜呼哀哉！①

这种从四言转入骚体的体式，显然是为了借重于楚骚悲婉凄切、一咏三叹之风，以表现哀策文的哀切之情。而同样作于南齐时代（但略早几年），体式与谢朓此作几乎完全一致的王融《齐文惠太子哀策文》（录于《类聚》卷十六）末段却全为六言句：

光徙靡而欲沈，山荒凉而遂晚。城阙缅而何期，平原忽而超远。情有望而弗追，顾如疑于将反。呜呼哀哉！②

这初看起来是两种互不相同的写作手法，然而只要一看同样在《类聚》卷十五有收录的《明敬皇后哀策文》，便会发现末两段的"兮"字被完全删除，成为与王融之作毫无二致的六言体式。而反过来，我们也就可以推断，王融之作本来应该也是以骚体收束的。然而由于《类聚》的删削，却使得这种文思用心几乎湮没在了文本的幻象中。——事实上，对于"兮"字的删削，在《类聚》中所引汉魏晋赋的场合最为典型，包括曹植《东征赋》《白鹤赋》《离缴雁赋》《蝉赋》，陆机《感丘赋》，傅玄《阳春赋》《笔赋》《紫华赋》《瓜赋》，傅咸《患雨赋》《萤火赋》等大量例证中都普遍存在。由于"兮"字的删削，骚体句变得与六言句无所区分，这直接导致了骚体赋与骈赋体式的混杂。

关于赋体，还可以举出另一文体改变：赋有序与正文之别，两者之间通常以"乃作赋曰"一类的文句相标示，而《类聚》对这一标示性句子却常常直接删去，曹丕《浮淮赋》与《玛瑙勒赋》、曹植《九华扇赋》等皆是其例，这也使得序和正文之间的关系变得含混。

最后，依然值得指出的是，从文体角度观察，《类聚》同样有着改写适配的问题。如裴秀《禹贡九州地域图序》本为制图之后的序言（见录于《晋书》卷三五《裴秀传》），而《类聚》卷六所录却删去其中自叙作图缘起的一大段，仅保留了论述地图缺略及制图体法的部分，成为一种标准的论说形态。而相应地，标题也变成了《禹贡九州地域图论》。整个文体从标题到内容都发生了配套的转

---

① 萧统选编，吕延济等注：《宋刊明州本六臣注文选》卷五八，人民文学出版社 2008 年影印本，第 878 页。

② 《艺文类聚》卷一六，第 297 页。

移。这种变化的发生,也许是由于《类聚》所面对的文本整体已经如此,也或许是《类聚》编者在删除部分内容之后替换上了一个与文体相适应的标题。更有可能的是,《禹贡九州地域图序》在流传过程中被某些抄本择取了其中较有普遍意义的部分,而《类聚》编者在以此为底本抄录时意识到了这一文本与"序"的文体之间存在着违和感,因此改"序"为"论",进行二次修正。无论是哪一种情形,这种现象的存在都在提醒我们文体之间存在的相互置换性——只要删除或改变若干部分,这在抄本时代是很容易做到的——以及由此而来的文体错位可能。

综上,从文体的角度,我们又可以看到《类聚》处理手法的另一侧面,那就是不措意于文体(但并非没有文体意识),基于内容选择去取而不惜于损伤换韵间隔形式,以及将各种文体标志语视为冗赘而大加删汰等。这对于文体学研究而言,除了导致各种混乱之外,无疑还造成了一种后果,即依据《类聚》而得以保存的文本中,文体统一性较之原初形态大大削弱——反过来也就不难想象,六朝时代(尤其是南朝)对于文体的强调意识和实践,有可能是要远远高于和多于我们现在所能看到的样子的。

三、基于类书功能与体例的改造

在上文的论述中,我们已经触及《类聚》对文本进行的删削改造的一些理由,这些理由中有一些是原则性的,可以推而广之应用于《类聚》录文方式的普遍观察。下面让我们对此进行初步的尝试归纳。首先就是对历史叙述部分的忽略。这可以说是《类聚》的一种功能性表现,在第一节对《郊居赋》的分析中已经有所透露,下面不妨再附举若干例证。请看曹操《请追赠郭嘉封邑表》①(表5)。

---

① 《艺文类聚》卷五一,第 933 页;陈寿:《三国志·魏书》卷一四《郭嘉传》,中华书局 1959 年版,第 435 页。

表5　《请追赠郭嘉封邑表》的《类聚》录文与《三国志·魏书·郭嘉传》录文比较

《类聚》卷五一录文	《三国志·魏书·郭嘉传》裴注引
臣闻褒忠示宠，未必当身。念功惟绩，恩隆后嗣。是以楚宗孙叔敖，显封厥子。岑彭既没，爵及枝庶。诚贤君殷勤于清良，圣祖敦笃于明勋也。故军祭酒洧阳亭侯颍川郭嘉，立身著行，称成乡邦。与臣参事，尽节为国。	臣闻褒忠宠贤，未必当身。念功惟绩，恩隆后嗣。是以楚宗孙叔，显封厥子。岑彭既没，爵及支庶。 故军祭酒郭嘉， 忠良渊淑，体通性达。每有大议，发言盈庭。执中处理，动无遗策。自在军旅，十有余年，行同骑乘，坐共幄席。东禽吕布，西取眭固。斩袁谭之首，平朔土之众。逾越险塞，荡定乌丸。震威辽东，以枭袁尚。虽假天威，易为指麾。至于临敌，发扬誓命，凶逆克殄，勋实由嘉。
臣今日所以免戾，嘉与其功。方将表显，使赏足以报效。薄命天陨，不终美志。上为陛下悼惜良臣，下自毒恨丧失奇佐。昔霍去病蚤死，孝武为之咨嗟。祭遵不究功业，世祖望枢悲恸。仁恩降下，念发五内。今嘉陨命，诚足怜伤。	方将表显，短命早终。 上为朝廷悼惜良臣，下自毒恨丧失奇佐。 宜追赠嘉封，并前千户，褒亡为存，厚往劝来也。

显而易见，《类聚》与《三国志·魏书》裴注遵循着迥然相异的录文原则，使得两种文本恰好形成互补。裴松之作为史家，重视的是历史事实而非文采，因此将叙述郭嘉才能勋业的部分完整保留，而删去若干文学性的辞藻；《类聚》则恰好相反，将郭嘉的实际功业完全删除，却保留了引用典故的骈俪对句，以及表示哀悼追思之情的文辞。

此外，再如曹丕《与吴质书》，其中对"建安七子"成员的评价，可以说是文学批评史研究中论述建安文学时最重要的基本史料：

(1)伟长独怀文抱质，恬淡寡欲，有箕山之志，可谓彬彬君子者矣。著《中论》二十余篇，成一家之言，辞义典雅，足传于后，此子为不朽矣。德琏常斐然有述作之意，其才学足以著书，美志不遂，良可痛惜……(2)孔璋章表殊健，微为繁富。公干有逸气，但未遒耳，其五言诗之善者，妙绝时人。元瑜书记翩翩，致足乐也。仲宣独自善于辞赋，惜其体弱，不足起其文，至于所善，古人无以远过。①

然而我们得以看到这些文字,实际上是赖于《文选》和《三国志·魏书》裴注中对此书的引录,而《类聚》卷二六的录文中,恰恰是将这些部分完全删去,而使得上下文成为这样的形态:

> 顷撰其遗文,都为一集。观其姓名,已为鬼录,追思昔游,犹在心目,而此诸子化为粪壤,可复道哉。(删略1)历览诸子之文,对之收泪。既痛逝者,行自念也。(删略2)年行已长大……②

可以看到,《类聚》对于具体的历史事实,以及对个别人事的评论,是毫不留情地予以删削的——而这恰恰通常是我们今天最关心的部分。《类聚》为什么要作出如此的处理呢?闻一多先生已经指出,隋唐人编类书,是希望从中方便地撷取到众多的典故,以便于作诗。③ 而从这里我们更可以看到,类书提供的不仅仅是典故,其更包含有写作范本集的功能。假如一位唐人要写一份章表,请求为某位已逝的大臣追封,他也许会去翻寻《类聚》,模仿曹操的遣词用典,但却毫无必要将郭嘉的事迹照搬到自己的章表中去;同样地,如果要写一封书信给友人,叹息年华老去,友朋凋零,《与吴质书》也是很派得上用场的范本,但"建安七子"的为人为文如何,却不复是唐人需要追述的部分了(他们会在这一部分填充进自己真正认识的那些友人的情况)。从这个角度出发,我们可以很清楚地看到《类聚》在编撰之时所面对的环境以及编者的考虑。对他们来说,这些前代的文学作品就像从敦煌发现的那些"书仪"一样具有"套子"的功能,套子内部的填充物已经随着时代变迁、人事代谢而过了保质期,但对于仍然处在"活着的"文学环境中的唐人而言,这些套子依然是可以派上用场的,因此《类聚》的编者会把各种套子先倒空再编起来利用,正是自然不过的事情。而今天的读者面对着的"古代文学",却是一个已经死去的庞大躯壳,这些"套子"我们再也不想也不必使用,而其中的填充物反而成为追溯历史的关键证

---

① 萧统选编,吕延济等注:《宋刊明州本六臣注文选》卷四二,人民文学出版社2008年影印本,第646—647页。
② 《艺文类聚》卷二六,第478页。
③ 闻一多:《类书与诗》,《唐诗杂论 诗与批评》,生活·读书·新知三联书店1999年版,第3—11页。

据——只是它们中的许多已经被《类聚》倒进历史的尘埃中去了。

《类聚》删削改造的另一原则,是基于类书条目体例而进行删节。如上所述,《类聚》所引《郊居赋》完全变成了一篇描述郊居风光的作品,而这与类聚将其收录于"宅舍"门恐怕有着很大的关系。对于《类聚》的读者而言,他们所期待的正是在这一门中读到与"宅舍"相关的描写,而不是《郊居赋》的繁富全文。又如曹丕《浮淮赋》①(表6):

表6 《浮淮赋》的《类聚》录文与《初学记》录文比较

《类聚》卷八录文	《初学记》卷六录文
建安十四年,师自谯东征,大兴水军,泛舟万艘。虽孝武舳舻千里,殆不过也。溯淮水而南迈,泛洪潭之皇波。仰岩冈之隆阻,经东山之曲阿。于是惊风泛,涌波骇。众帆张,群棹起。争先逐进,莫过适相待。	建安十四年,王师自谯东征,大兴水运,泛舟万艘。时余从行,始入淮口,行泊东山,睹师徒,观旌帆,赫哉盛矣,虽孝武盛唐之狩,舳舻千里,殆不过也。乃作斯赋云:淮沂水而南迈兮,泛洪涛之湟波。仰崇冈之崇阻兮,经东山之曲阿。浮飞舟之万艘兮,建干将之铦戈。扬云旗之缤纷兮,聆榜人之欢哗。乃撞金钟,爰伐雷鼓。白旄冲天,黄钺扈扈。武将奋发,骁骑赫怒。

很显然,《类聚》所删去的内容,基本上都集中在赋中铺写曹军水师军容之盛的部分,而保留下较为纯粹的水面景象描写。而这与该赋在《类聚》中的位置——"水"部"淮水"门,可以说正相适应。通过这样的操作,六朝文学文本变得层次更单纯,也更密集地围绕于某一特定主题——就像是一种命题作文。在六朝人原初的创作当中,"题目"与正文之间未必具有必然的紧密联系,像"浮淮赋"这样的标题,虽然出现了"淮"水,但作者的重点却在于曹操大型水军的"浮"淮;然而当其片段被作为以"淮水"为主题写作的标本收入《类聚》时,原本并非重点的淮水相关描写反而成为保留的对象,而对水军的大幅铺写遭到了严重削弱。——我们不难想到的是,这种以某一题目为中心的集中描写,类似于应试范文式的形态,与唐代科举试诗赋之间必定有着某种值得进一步追究的联系(这有待于进一步的实证研究)。而据此也就可以推想,那些仅从《类

----

① 《艺文类聚》卷八,第160页;徐坚等:《初学记》卷六,中华书局1962年版,第128—129页。

聚》中辑出的六朝文学文本,其原初面貌很可能比现存形态更为松散宏阔,包含更丰富的层次,而不是那么紧凑地集中于点状主题。

四、结　语

如上所述,《艺文类聚》在保存六朝文学文本方面虽然厥功至伟,但其基于类书功能需求而作出的删削改动,却也使得这些得以保存的文本出现了严重的异化,而这种异化更具有高度的迷惑性,一不小心就会使人掉进以假为真的陷阱里,误以为六朝文学的真面目就是如同其所载录的那样,从而按照这一镜中影像进行研究。和此后其他时代的文学研究相比,六朝文学在这一点上表现出特殊的性质。宋代以后的文学文献,从传世文本与出土资料的对勘可以看到,其文本并未发生本质的变异;明清文学中大量版本、抄本以及记述资料的传世,更使得文学真相(至少时代文学中的核心部分)几乎没有失落之虞——至少重要作家的作品集我们都可以确认其主体完好。通过这些基础文献,就不难构造起近世文学的基本体系。尽管也会有遭到扭曲、遭到掩埋的时候,但这些问题是可以通过全面普查资料、比对版本来得到解决的①。而对于六朝文学,如果不是像先秦、唐代那样地不爱宝,洞出奇书,我们实在已经难以大面积地获得新的(同时也是更确实、直接的)文学史源。这就注定了我们必须在很大程度上通过各种类书的载录——以及那

---

① 然而必须注意的是,之所以宋代以后的文学面貌可信为得到较如实的反映,并非由于删削改造等行为及现象在近世文学中已经完全不复存在,而是由于:一方面,这种行为的普遍性有所削弱;另一方面,刻本文化系统的优势以及准确保存原文意识的增强,使得这一时期的文本即使被删削改造,也不容易取原本而代之,使完整文本因而消亡,故我们尚能追寻其原貌。关于唐宋以后的文学文献删改,如孙康宜、宇文所安主编《剑桥中国文学史》下册指出的,今存元杂剧多经明人改写,故其结构、语辞不可径视为元人原貌;而香港中文大学朱鸿林教授则发现,《明儒学案》所附的明儒文章辑文中,也普遍存在有意识的删改现象。(以上资料承北大程苏东兄来函赐告,谨此致谢。)因此若从"文本变貌"的角度出发作通盘考虑,这一问题恐怕更有溢出先唐界限,而成为中国文学史整体中的一个前提性问题的可能。这一问题若予以深究,或将牵涉中国古代文学文献体系、研究范式等多种基本方面的变革,兹事体大,未敢遽断,姑立此存照焉。

些不知道经过多少次过录的抄本基础上的诗文集（其中大部分甚至还只是明清人辑佚而成的）——来理解六朝文学。如果说宋代以降乃至明清文学研究是直面时代文学本体，或者至少是通过一面高清晰度的平面玻璃镜在进行观察，那么六朝文学研究就像是面对着一座由哈哈镜碎片搭建的迷宫，散落扭曲的影像千变万化，令人迷幻眩惑。我们已经永远无法真实地触摸到六朝文学的真实完整本体，而被映现出来的部分也是充满着缝隙与阴影。

当然，认识到这一点，并不意味着我们就应当对此望而止步，束手无策。恰恰相反，六朝文学的研究工作，因此而从一重性的变为二重性的，我们需要做的工作、需要考虑的问题由此而增添了许多的难度和精密度，这无疑需要我们付出更大的努力。作为最终探究对象的六朝文学本体，以及作为其中间媒介的六朝文学映像，必须在认识到这种二重性的基础之上进行研究。《艺文类聚》，乃至于其他类书，乃至于其他各种文献对六朝文学文本的存录，究竟是以怎样的手法、原则、规律进行的？ 对于六朝文学的面貌又造成了怎样的变化？要彻底清理这座迷宫，摸清每一片哈哈镜碎片中的光学原理，从而探测其对原初世界的扭曲、删落方式，尝试复原真实的六朝文学面貌，无疑是一项长期而艰巨的工作。这当然并非短短一篇文章所能胜任的。谨书此小文，只是抛砖引玉，期待将来能够在学界同人的共同努力下让这些问题获得真正深入完整的解决。

补记：

本文完成后，得读宇文所安教授《中国早期古典诗歌的生成》（胡秋蕾、王宇根、田晓菲译，生活·读书·新知三联书店 2012 年版），其中已触及《艺文类聚》引录作品中"简短的变形"（shorter renditions）。前辈深识高致，非后生浅学所及，然亦可见这确实是一个值得关注的重要问题。事实上宇文教授该书的重点之一，正在于揭示六朝尤其是齐梁人对汉魏歌诗体系的追塑和想象，最终导致今天我们所见的汉魏文学世界的定型。这与本文所讨论的唐代类书对六朝文学进行删落扭曲的主题，在追究"文学中介"方向上无疑具有一致性，从这里我们可以看到整个中国文学的前半段，到唐代为止，至少经历过三次大规模的"层累的赋形"：汉代对先秦典籍的整理；六朝对汉魏文学的追塑；唐代对六朝文学的倒映。每一次"赋形"，都既是对前代文学的保存记录，又是变形遮蔽。作品篇幅、数量因此而缩小（如本文所示），或者反而增加（如宇文书所示）；作品形态也因此而遭到后一时代技术方法以及文学审美观念的改造。对于这一文学生成（making）史的自觉，在我看来，是应当成为汉魏六朝文学研究者的观念前提的。

（原载《文学遗产》2014 年第 3 期）

从题写到编集：
论唐诗题注的形成与特征

咸晓婷

唐代是纸抄文献占主流地位的时代，唐诗流传至今经历了从题写到传抄，再到编集，以及后代刻印等复杂过程。在这一过程中，作为唐诗重要组成部分的题注是如何产生和形成的，尚未引起学界注意。在现存的唐诗原始文献包括唐诗写本与唐诗刻石中，所呈现出来的唐诗书写原貌，相比于后世经过整理的唐诗别集，要复杂得多，其中题记、署名等就是唐诗别集编纂时题注的主要来源。而唐代别集经过后代的辗转刻印及校勘笺注，逐渐流传到现在，其题注常与后人的注释混杂在一起，与以纸抄为主的唐代诗歌书写原貌渐行渐远。因此，利用写本与石刻所保存的部分唐诗书写原貌，以探讨唐诗题注的形成与特征，厘清题注与自注的关系，以及在唐代别集形成过程中的意义，就成为唐诗研究的重要课题。

唐诗题注不是解题，也不是对诗歌本身词义、句义、诗义的阐释，而是具有不同于一般典籍注释的类别与特征，蕴含着丰富的时空要素。题注在唐诗流传过程中具有重要地位，又是唐诗别集形成过程的重要环节，因而在唐代别集的原始文献罕见传世的情况下，选取早期的别集版本作为比照印证的对象，就是目前研究所能采取的最适合方法。诸如白居易诗，我们采用了日本金泽文库本《白氏文集》；杜甫诗，采用了《续古逸丛书》影宋本《杜工部诗集》；李白诗，采用了南宋蜀刻本《李太白全集》；高适诗，采用了毛氏影宋抄本《高常侍集》；王维诗，采用了宋蜀刻本《王摩诘文集》；韦应物诗，采用了宋乾道七年（1171）平江府学刻递修本《韦苏州集》；刘禹锡诗，采用了《四部丛刊》影宋本《刘梦得文集》；权德舆诗，采用了宋蜀刻本《权载之文集》。本文旨在考察写本与石刻所保存的唐诗书写原貌,对比唐诗别集,尽可能探索唐诗题注的形成过程,揭示唐诗题注独特之处背后的原因。

一、唐诗自注的主体:题注

我国典籍注释由来已久,以经注开端,逐渐扩展到史部、子部和集部,其中史部自《史记》《汉书》始即有自注,到魏晋南北朝隋唐时期,其注释书写的方式,均以双行小字附于行文之中。而以内容而言,无论是一般的注释,还是史部的自注,都不外乎释音、释义、揭示义理、揭示主题,为对正文内容的补充和说明。但是唐诗自注中的题注与一般的典籍注释明显不同,与史部自注也颇有差异。

唐诗别集中,存在着数量可观的自注。以白居易集为例,日本金泽文库所藏《白氏文集》为日僧惠萼于会昌四年(877)在苏州南禅院据白居易藏于该寺的六十七卷本白集抄写,是现存最早的白集写本,其时白居易尚在人世,较为完整地保存了白居易所编《白氏文集》原貌。现存该写本每卷均有不少题注和诗中夹注,属于白居易自注。这些自注也在宋刻本如宋绍兴刻本《白氏文集》中得到了完整的保存。

杜甫诗自注也是显例。杜诗唐时原集今天虽已不存,但从宋人的记载来看,杜甫集中多有自注。吴曾《能改斋漫录》卷七载:"杜子美《戏题画山水图歌》,自注云:'王宰画丹青绝伦。'"①胡仔《苕溪渔隐丛话》前集卷十四:"《解闷》云:'孟子论文更不疑,李陵、苏武是吾师。'……兼子美自注云:'校书郎孟云卿,则所谓孟子也。'"②只是后代在《杜甫诗集》当中,没有将杜甫自注与他注区分开来,辨识时就有一定的难度。清代以后,杜集注释之作如《钱注杜诗》《杜诗详注》《读杜心解》等,多以"原注""公自注"等标识杜甫自注。

李白诗集中也有一些自注,如宋蜀刻本《李太白集》中《怨歌行》题注:"长安见内人出嫁,友人令予代为怨歌行。"既云"予",则为李白自注无疑。李白诗

---

① 吴曾:《能改斋漫录》,上海古籍出版社 1979 年版,第 202 页。
② 胡仔:《苕溪渔隐丛话》,人民文学出版社 1962 年版,第 95 页。

题下注中也掺有少量宋人注释，须谨慎辨别，这些他注不属于李白自注，不在本文研究范围之内。清人王琦在注《李太白全集》时对集中的自注和他注作了区分，以"原注"标识李白自注。

唐诗别集中自注的书写方式是以双行小字附于诗题之下或者夹于诗句之中，与正文大字区分开来。

唐诗自注分三种：题注和诗中注、诗末注。题注附于诗题之下，诗中注夹于行文之中，诗末注附于诗歌之后。目前研究唐诗自注的成果，或论自注的文献价值，或论自注与诗歌的关系，均未将唐诗自注中的题注和诗中注、诗末注区分开来。事实上，唐诗自注中的题注和诗中夹注、诗末尾注，虽然同为诗人自注，但其性质却并不相同。诗中注注诗中音韵、字词、人物、地点、时事、史事、典故等，与一般的典籍注释性质相类，为针对正文内容的补充和说明。诗末注数量非常少，暂且不论。而唐诗题注从书写方式而言，附于诗题之下，这于其他类型的自注如史部自注是绝无之事；就注释内容而言，唐诗题注并非针对诗题中某个或某些字词的阐释，而是诗歌创作背景信息的说明和提示，如创作时间、创作地点、创作缘起等。换言之，唐诗题注虽然附于诗题之下，却并非针对诗题的注释，不是解题，其内涵是指向整篇诗歌的。

因此，同样是自注，题注在诗中的地位与其他自注是不同的。题注是唐诗自注的主体，唐诗自注的主要方式不是诗中注、诗末注，而是题注。唐诗诗中注出现的时间要远远晚于题注。初唐与盛唐时期诗人的自注几乎全部为题注，如：《文苑英华》及汲古阁毛氏影宋抄本《高常侍集》自注四处，全部为题注；《四部丛刊》景明正德本《岑嘉州诗》（据边贡家藏宋元遗本刊刻），自注诗二十六首，题注二十五处，诗中注仅一处；宋蜀刻本《王摩诘文集》，自注三十五处，全部为题注；影宋咸淳本《李翰林集》，自注三十五处，全部为题注；宋乾道七年平江府学刻递修本《韦苏州集》，自注三十四处，题注三十二处，诗中注仅两处；明弘治影刻南宋书棚本《刘随州文集》，自注三十处，全部为题注。

自杜甫开始至中晚唐时期，诗中注逐渐增多，一首诗中注释少者一二处，多者达十余处，但题注仍然是中晚唐诗歌自注的主体：《续古逸丛书》影宋本配毛氏汲古阁本《杜工部集》，自注诗一百一十五首，题注七十六处；宋绍兴刻本《白氏文集》，自注诗四百八十三首，题注三百零六处；明杨循吉影宋抄本《元氏长庆集》，自注诗一百四十八首，题注一百一十八处；《四部丛刊》影宋本《刘梦得文集》,自注诗八十四首,题注五十五处;宋蜀刻本《新刊权载之文集》,自注诗五十二首,题注四十一处。

唐诗题注的内容之所以呈现出与诗中注不同的特征,也与一般的典籍注释区别开来,其根本原因在于唐诗题注的文本来源和形成过程与诗中注不同。诗中注为诗人在创作时或此后为诗歌内容所作注释,在这个过程中虽或偶有文字的变动、内容的加工等,但其性质是从注释到注释,双行小字的书写方式也未发生过变化。而唐诗题注是经由诗人在最初创作时所书写的题记、署名、诗记等内容编入别集时改写而来,其性质是从题记或诗记到注释,在这个过程中书写方式和书写位置也发生了相应的变化。厘清唐诗题注和诗中注两者的区别和特征,是认识和研究唐诗自注的基础。本文主要利用唐诗原始文献探索唐诗题注的形成与特征。

二、唐诗题注的类别与特征

诗歌自注虽然在南北朝时期就已经出现,但保存下来的非常少。较为典型者如谢灵运集中自注①,现存八处,其中:五处注创作缘起,如《七夕赋》题注"奉护军王命作",《高松赋》题注"奉司徒竟陵王教作";两处注作者官职,即《临高台》题注"时为随王文学",《秋竹曲》题注"时为宣城守";一处注题中人物,即《郡内高斋闲望答吕法曹》题注"吕僧珍为齐王法曹"。这八处自注无一例外地都属于题注,因此,南北朝时期的诗歌自注是唐诗题注的重要渊源。

唐诗题注的主要类别有注创作体式、注作者官职、注创作时间、注创作地点、注创作缘起和注创作背景。此就大体情况而言,而一处题注同时包含上述两项内容者不在少数,譬如同时注创作时间和创作地点,或者同时注作者官职和创作地点,或者在注创作缘起的同时包含创作时间等。

---

① 曹融南:《谢宣城集校注》,上海古籍出版社 1991 年版。

（一）注创作体式

是对诗歌用韵、字数、诗体等方面的说明。譬如杜甫《白水明府舅宅喜雨》题注"得过字"，表明此诗韵脚为"过"字；元稹《和乐天送客游岭南二十韵》题注"次用本韵"，说明此首和诗次用白居易诗本韵；王维《白鼋涡》题注"杂言走笔"，表明此诗采用杂言体而成；杜甫《愁》题注"强戏为吴体"，说明此诗以吴体写成。王维集中注创作体式者三处，李白集中注创作体式者五处，元稹集中注创作体式者十六处，权德舆集中注创作体式者十七处。

（二）注作者官职

是对作者作诗时担任官职的记录。其自注方式或云"时任某某官"，如岑参《虢州郡斋南池幽兴因与阎二侍御道别》题注"时任虢州长史"，韦应物《答贡士黎逢》题注"时任京兆功曹"；或云"某某官时作"，如元稹《病减逢春期白二十二辛大不至十韵》题注"校书郎时作"；或官职与创作地点并注，如王维《双黄鹄歌送别》题注"时为节度判官，在凉州作"；或同一任官内数首诗并注，如白居易《题浔阳楼》题注"自此后诗江州司马时作"，《西掖早秋直夜书意》题注"自此后中书舍人时作"。王维集中注作者官职者九处，白居易集中注作者官职者二十七处，元稹集中注作者官职者二十处，权德舆集中注作者官职者三处。这种注释方式在唐诗中非常普遍，是后世诗歌研究者依据诗人的仕宦履历为诗歌编年的重要依据。

（三）注创作时间

是作者对作诗年月的真实记载。其书写方式有两种：一是直书"某年某月某日作"，或者"某年作""某月某日作"，如白居易《送春归》题注"元和十一年三月三十日作"，元稹《赋得数蓂》题注"元和年作"；二是书写"时年某某（岁）"或者"年某某时作"，如王维《题友人云母障子》题注"时年十五"，《桃源行》题注"时年十九"，白居易《寄山僧》题注"时年五十"，元稹《代曲江老人百韵》题注"年十六时作"。较为特殊的情况是有些题注将创作背景、创作缘起和创作时间融合在一起，譬如杜甫《发同谷县》题注"乾元二年十二月一日，自陇右赴成都纪行"，元稹《华岳寺》题注"贞元二十年正月二十五日，自洛之京。二月三日春社，至华岳寺，憩窦师院。曾未逾月，又复徂东，再谒窦师，因题四韵而已"。王维集中注创作时间者十一处，白居易集中注创作时间者二十五处，元稹集中注创作时间者十一处。

（四）注创作地点

是作者对诗歌创作时地理位置的记载。这样的题注有三种书写方式：第一种是直书"在某地作"，或者"某地作"，如李白《寄东鲁二稚子》题注"在金陵作"，白居易《舟行》题注"江州路上作"；第二种是书写"时在某地"，如高适《送蔡十二之海上》题注"时在卫中"，岑参《行军二首》题注"时扈从在凤翔"，王维《戏赠张五弟諲三首》题注"时在常乐东园，走笔成"；第三种是同时标明创作时间和创作地点，如韦应物《澧上西斋寄诸友》题注"七月中善福之西斋作"，李白《赠张相镐二首》题注"时逃难病在宿松山作"。王维集中注创作地点者六处，李白集中注创作地点者三处，杜甫集中注创作地点者七处，白居易集中注创作地点者三十四处，元稹集中注创作地点者八处。

（五）注创作缘起

是对作诗因缘的相关说明。或为应邀而作，如李白《怨歌行》题注"长安见内人出嫁，友人令予代为怨歌行"；或为奉酬而作，如元稹《天坛上境》题注"贞元二十年五月十四日，夜宿天坛石幢侧。十五日得盩厔马逢少府书，知予远上天坛，因以长句见赠，篇末仍云'灵溪试为访金丹'，因于坛上还赠"；或怀思旧友，譬如李白《禅房怀友人岑伦》题注云"时南游罗浮，兼泛桂海，自春徂秋不返，仆旅江外，书情寄之"；或忆念同游，如元稹《清明日》题注"行至汉上，忆与乐天、知退、杓直、拒非、顺之辈同游"。这是唐诗自注中常见的一种类型。李白集中注创作缘起者四处，杜甫集中注创作缘起者四处，韦应物集中注创作缘起者五处，白居易集中注创作缘起者三十六处，元稹集中注创作缘起者八处。

（六）注创作背景

创作背景与创作缘起有时不易作严格区分，譬如上述元稹《天坛上境》题下注可看作创作缘起,亦不妨看作创作背景,但相比而言,创作背景内容更为广泛,可以是作者本身的遭遇、行迹、交游,也可以是诗中所涉人物的命运、遭际,还可以是家国时事等时代背景。譬如李白《赠临洺县令皓弟》题注"时被讼停官",为李白自身之遭际;刘长卿《哭魏兼遂》题注"公及孀妻幼子,与僮数人,相次亡殁,葬于丹阳",为友人魏兼遂的悲惨命运;杜甫《戏作寄上汉中王二首》题注"王新诞明珠",叙说汉中王新得女儿之事;岑参《行军九日思长安故园》题注"时未收长安",则点明创作的时代背景。李白集中注创作背景者十二处,杜甫集中注创作背景者四十三处,韦应物集中注创作背景者十一处,刘长卿集中注创作背景者十三处,元稹集中注创作背景者三十四处,权德舆集中注创作背景者十二处。

三、唐诗题注蕴含的时空要素

唐诗题注一个非常值得注意的现象,是许多题注并非诗人创作时所注,而明显带有事后编辑的痕迹。题注中的创作体式、用韵、诗体等方面,一般为创作时所注,如游宴集会时分韵赋诗,参与赋诗的每一位诗人分得一韵后在诗题下注明"得某字",这无疑是作诗时所注;但在唐诗题注中还有一种常见的表达方式如"时某某",广泛地运用于注作者官职、创作时间、创作地点、创作缘起和创作背景等各种类型的题注中,这种题注大多并非作者创作时所注。事后编辑时的题注,无论在题注内容还是注释方式上,都更能凸显时空特征。

就时间而言,通常有三种情况。一是注明担任官职的时间,其书写方式是"时任某某(官)"或"某某官时作"。这是一种过去时态的表达方式,为事后编写,不是作者创作时所注。实例如白居易《松斋自题》题注"时为翰林学士",如果是作者创作时所作,应书写为"翰林学士白居易作";王维《献始兴公》题注"时拜右拾遗",此诗为王维献张九龄诗,如果是王维在献诗时加的题注,那书写方式应该是"右拾遗王维上"。同类的事例有白居易《酬张十八访宿见赠》题注"自此后诗为赞善大夫时所作",元稹《牡丹二首》题注"此后并是校书郎以前作"等,可以肯定这些题注为作者整理诗集时所加。二是注明创作时的年岁,其书写方式是"时年某某(岁)",或者"年某某时作"。以常理推测,作者在创作的当下不当用"时年十八""时年五十"诸如此类的书写方式,而是"某年作"或者"某年某月某日作"等。即便诗人在创作时有意表明自己的年龄,也只当用"年某某",而不是"时年某某"。"时某某"是一种过去时态的表达方式,表示在回忆某个时刻,而不是当下时态。显然,这种注创作时间的方式是作者事后根据诗歌当初的创作时间改写而成的。一个非常突出的例子,就是元稹《清都夜境》题注云"自此至秋夕七首,并年十六至十八时诗"。这一题注属于数首并注型,可以肯定的是,不管元稹《清都夜境》至《秋夕》这七首诗最初是如何标明创作时间的,这条注释都不是创作时所注,而是元稹在整理诗集时将创作时间相近的几首诗编辑在一起时所加。三是题注点明创作缘起和创作背景以体现时间,常见"时某某"的书写方式。譬如李白《春陪商州裴使君游石娥溪》题注创作缘起"时欲东游,遂有此赠",其含义为"当时欲往东游,因而作此以赠",非作诗时语气;题注注创作背景,注一己之遭遇者,如杜甫《寄彭州高三十五使君适虢州岑二十七长史参三十韵》题注"时患疟病";注他人之行迹者,如岑参《冀州客舍酒酣贻王绮寄题南楼》题注"时王子欲应制举欲西上";注时代背景者,如杜牧《感怀诗一首》题注"时沧州用兵";等等。这些以"时某某"为表达方式的缘起注、背景注同样不是作者作诗时当下书写的原貌。

就空间而言,题注注创作地点"时在某地"的表达方式,亦为编辑时所加之注。譬如刘禹锡《砥石赋》题注"时在朗州",诗人当下创作时的表达方式应该为某年月日"作于朗州",或者"郎州作"。元稹和白居易集中亦有数处并注创作地点者都是这种类型,如白居易《放鱼》题注"自此后诗到江州作",元稹《酬翰林白学士代书一百韵》题注"此后江陵时作",元稹《嘉陵水》题注"此后并通州诗",应该是作者整理诗集时所加。

在唐诗题注中,并非所有的注释其书写时间都与诗歌的创作不同步。除创作体式注之外,题注中注创作时间的第一种书写方式,注创作地点的第一种书写方式,以及部分缘起注和背景注,其文本书写的时间与诗歌的创作也具有同步性。试举一例,元稹《汉江上笛》题注创作背景:"二月十五日夜,于西县白马驿南楼闻笛,怅然忆得小年曾与从兄长楚写《汉江闻笛赋》,因而有怆耳。"很明显,这一段文字为创作诗歌的当下所作,具有即时性。但需要注意的是,文本书写时间的同步性,不等同于注释时间的同步性,下文将详论之。问题是,唐诗题注为何会出现或与诗歌写作时间同步或与诗歌写作时间不同步的情形？数量如此庞大的与诗歌创作时间并不同步的题注是如何加注的？是诗人根据回忆补写的吗？当然,我们并不排除有些诗注为诗人后来补写的可能,但是对于大多数唐诗题注来说,却自有其文本来源,并非补写,而是根据原有的信息改写。

四、从唐诗题记看唐诗题注的形成

后世所见唐诗,大多是经过整理的诗人别集,一首诗在别集中的基本结构包括诗题、诗文、诗序和诗注。诗序有时称"记",有时称"引",一般题写在诗题和诗文之间,并在诗题最后二字标明"并序"或者"并引"。然而在唐代,诗歌书写的原貌复杂多样,异彩纷呈。当然,所谓原貌也是相对意义上的原貌,毕竟诗人诗歌原稿已非常罕见,而且写本时代文献传抄,文本具有不确定性。但是相对于书写方式较为整齐和稳定的别集而言,唐诗在最初题写、寄赠和传播过程中,由于书写体例和社交礼仪的需要,除诗题、诗文、诗序之外,往往还包括署名、题记以及诗记。这些署名、题记、诗记内容丰富复杂,涉及创作时间、创作地点、创作缘起、创作背景等各方面的信息,分类方法也可多种多样,广义的题记包括署名和诗记,本文为论述方便且与上文所述诗歌题注的类别相对应,将仅与创作时间、创作地点有关的题记称为题记,与创作缘起、创作背景有关的题记称为诗记。在诗人的实际创作中,诗记也可能包括题记如创作时间、创作地点的内容。同样,将仅有署名者归之为署名,既有署名又有创作时间者归之为题记。这些署名、题记以及诗记部分地保存在唐诗写本和唐诗刻石中,而这些署名、题记以及诗记恰恰是唐诗题注的文本来源。

(一)署名与注作者官职

在诗人别集中,除卷首之外,每一首单独的诗歌都没有署名,亦不需要署名。但是在诗歌被编入别集之前,有相当一部分在创作的当下有其自身独立的署名。

唐代交往诗如应制诗、赠答诗、唱和诗,出于社交礼仪的需要,一般必须署名,而且还要连带署以官职。譬如《权载之文集》卷八权德舆《离合诗赠张监阁老》诗后附张荐等人的酬答诗七首,每首署名完整,分别为:秘书监张荐、中书舍人崔汾、中书舍人杨於陵、给事中许孟容、给事中冯伉、户部侍郎潘孟阳、国子司业武少仪。① 再如《李文饶别集》卷第三载张弘靖《山亭书怀》及李德裕等人的酬和诗八首,各诗同样均以官职署:太原节度使检校礼部尚书同平章事张弘靖、节度掌书记监察御史李德裕、节度副使检校右散骑常侍崔恭、节度判官侍御史韩察、节度推官监察御史高铢、给事中陆澧、右金吾卫大将军胡证、从侄尚书右丞张贾。②

在唐诗刻石中,由于诗歌刻之于石态度郑重,往往也在诗题之下或者诗后署名并加以官职署。如王昶《金石萃编》卷一○七《皇甫湜浯溪诗刻》诗末署"侍御史内供奉皇甫湜书"③,陆继辉《八琼室金石补正续编》卷三一载《五言暮春题龙日寺西龛石壁一首》题下署"巴州刺史严武"④,《北京图书馆藏中国历代石刻拓本汇编》第十九册载《五言隙岁过栖岩寺》题下署"敕河东道括户兼采访使右台监察御史摄殿中侍御史张循宪"⑤。

现存唐诗写本大多为时人诗抄,已非作者署名原貌,不过仍然有相当数量的诗歌保存着以官职署的特征,譬如伯二五五五《高兴歌》题下署"江州刺史刘长卿",伯二五六七、伯二五五二拼合卷《宫中三章》题下署"皇帝侍文李白",伯二六七三《龙门赋》题下署"河南县尉卢竖撰"。

由此可见,以官职署是唐代诗歌自署的常用方式,毕竟,官僚士大夫是古代诗人的最大群体。这些诗歌在编入别集时,根据别集编撰体例,原有的署名都要删掉,于是编撰者将诗人姓名删掉,将官职改写成"时任某某官",以小字题写在诗题之下,成为题注。这就是唐诗题注有相当数量注作者官职的原因和来源。

---

① 权德舆:《权载之文集》卷八,《四部丛刊》本,第 6 页。
② 李德裕:《李文饶别集》卷三,《四部丛刊》本,第 2 页。
③ 王昶:《金石萃编》卷一○七,中国书店 1985 年版,第 6 页。
④ 陆继辉:《八琼室金石补正续编》,《续修四库全书》(第 900 册),第 128 页。
⑤ 北京图书馆金石组:《北京图书馆藏中国历代石刻拓本汇编》(第 19 册),中州古籍出版社 1989 年版,第 140 页。

(二)题记与注创作时间和创作地点

题记是中古写本文献的重要组成部分。敦煌写本文献,无论是佛经道书,还是经、史、子、集四部典籍,多在卷末附有题记。题记的内容,记载了写本抄写的时间、地点、目的、抄写人等。唐代诗文别集抄本同样如此。譬如日本金泽文库藏《白氏文集》卷十二末题记"会昌四年十月日,惠白等写"。又如敦煌伯四〇九四《王梵志诗集》一卷卷末题记"维大汉乾祐二年(九四九)岁当己酉白藏南(下缺)叶,节度押衙梵文昇奉命遣写诸(下缺)册,谨录献上,伏乞容纳,请赐(下缺)"。再如斯六九二韦庄《秦妇吟》抄卷卷末题记"贞明五年己卯岁四月十一日,敦煌郡金光明寺学仕郎安友盛写记"。

抄书有题记,实际上,诗人在作诗时也有题记。我们今天当然已经无法获睹《全唐诗》中诗人诗稿原件,但是在敦煌遗书中,有些抄书人在抄书之末,偶尔写下一两首诗,并附有作诗题记。现举两例以见一斑。其一,伯二五三〇写于《周易王弼注》卷第三末,诗无题:"无(吴)山下泪洽,秦地断长川。语似青江上,分首共妻(悽)然。相冯(逢)尽今日,后语不知年。愿君寮(聊)住马,□谕欲动[□]。"诗后题记:"五年六月十一日造此□□一首。"题记云"造此□□一首",显然为抄书人所作,并且在诗后写下题记。其二,《敦煌莫高窟供养人题记》载敦煌莫高窟第一〇八窟窟檐南壁外侧题壁诗一首,无题,前序,后诗,诗与序略,诗末题记:"乾祐二年(九四九)六月廿三日节度押衙张盈润题。"这两则题记,均为作诗题记,不是抄书题记。

在唐诗刻石中,也会在诗后刻有题记,记载诗歌刻石的时间、撰者和书者情况。譬如胡聘之《山右石刻丛编》卷五载武则天《五言过栖岩寺》,诗末题记:"咸亨三年十一月八日。"[①]又如陶宗仪《古刻丛钞》载:"峰头不住起孤烟,池上相留有白莲。尘网分明知束缚,要须骑马别云泉。"诗末题记:"会昌三年七月十三日,秘书省正字曹汾题。"[②]再如叶奕苞《金石录补》卷二四载后唐宋齐邱《题凤台亭子陈献司空》诗,题署:"乡贡进士宋齐邱上。"诗末题记:"前朝天祐八年二月二十一日题,后唐昇元三年二月八日奉敕勒石,崇英殿副使知院

---

① 胡聘之:《山右石刻丛编》卷五,清光绪刻本,第16页。
② 陶宗仪等:《古刻丛钞(外十二种)》,上海古籍出版社1995年版,第19页。

事、检校工部尚书兼御史大夫、上柱国王绍颜奉敕书。银青光禄大夫兼监察御史王仁寿镌。"①将作诗时间、刻石时间、书写人、镌刻人等内容一应题写完备。

尽管我们现在已经无法获睹诗人诗作的原稿，但由以上材料仍可以想见，唐代诗人们在创作诗歌时，是会在诗末写下某年某月某日作于某地的题记的。这些题记正是唐诗题注注创作时间和创作地点的来源，到作者整理诗集时，这些题记既可以不作改动直接成为题注，也可以稍作改动而成为题注。正因如此，唐诗题注注创作时间和创作地点才会呈现出两种书写方式：一种与诗歌创作时间同步，一种与诗歌创作时间不同步。这样的题注与署名不同，因为在编集时，署名是必须改动的，往往是删掉其中的作者姓名部分，而留下其中的官职部分，其书写方式只有一种。

（三）诗记与注创作缘起、创作背景

唐代诗人在创作诗歌时，除了通过一般性的题记记下创作时间、创作地点之外，还会在诗前或诗后以或长或短的文字记下创作缘起和创作背景。诗记不同于诗序，诗序一般在诗题最后明确标明"并序"二字，其内容也是独立而完整的。相较而言，诗记在诗题之中并没有标识，内容长短也较为自由随意，位置也不像诗序那样固定。诗序一般在诗题之后、诗文之前，而诗记则有时在诗前，有时在诗后，有时甚至置于诗题之前。试举四例言之：其一，《北京图书馆藏中国历代石刻拓本汇编》第十六册载武则天御制诗一首《从驾幸少林寺》，在诗题之后有一段诗记："睹先妃营建之所，倍切荼衬，逾凄远慕。聊题即事，用述悲怀。"②其二，王昶《金石萃编》卷一○八载李谅《湘中纪行》，诗末刻记："大和四年十月廿五日，□管都防御使观察处置等使、桂州刺史、兼御史大夫李谅过此偶题，并领男颖同登览。"③其三，杨笃《山右金石记》卷九载《硖石山杨夫人

---

① 叶奕苞：《金石录补》，《续修四库全书》（第 901 册），上海古籍出版社 1996 年版，第 245 页。

② 北京图书馆金石组：《北京图书馆藏中国历代石刻拓本汇编》（第 16 册），中州古籍出版社 1989 年版，第 193 页。

③ 王昶：《金石萃编》卷一○八，中国书店 1985 年版，第 7 页。

摩崖诗刻》,诗末刻记:"唐天祐丙子岁六月十四日离府,至中旬巡祀到此,登陟碘石山,偶上先师掷笔台,眺观景象,为诗上碣。弘农郡君夫人述。"①其四,王昶《金石萃编》卷五三载任要等人祭岳诗作,在第一首诗的诗题之前有一段长长的诗记:"检校尚书驾部郎中使持节都督兖州诸军事兼兖州刺史侍御史充本州团练使任要,贞元十四年正月十一日立春祭岳,遂登太平顶宿,其年十二月廿二日立春,再来致祭,茶宴于兹。同游诗客京兆韦淇、押衙王迁运、乾封县令王忏、尉邵程、岳令元真、造车十将程日昇后到续题。"②

这些诗记就是唐诗题注注创作缘起、创作背景的文本来源。如前所言,诗人在创作时,诗记有时题写在诗前,有时题写在诗后,事实上,在唐诗自注中,也确有少量的诗末注具有与题注同样的性质和功能,即如刘禹锡《奉和淮南李相公早秋即事寄成都武相公》诗末注创作缘起:"李中书自扬州见示诗本,因命仰和。"但总体而言,诗末注的数量远远少于题注,这些少量的诗末注应当是编撰人在编辑别集时将原题写于诗末的诗记直接以小字附于诗末而来。当然,我们不能排除诗人在创作时将创作时间、创作背景等内容直接以小字附于诗题之下的可能,但是就题记、诗记与创作时间、创作地点、创作缘起、创作背景内容的吻合度来说,仍然可以断定,相当数量的题注源自这些题记、诗记,更何况,许多题注的注释时间与诗歌创作时间并不同步,因为这些题注是由题记、诗记改写而成的。

(四)题注流传过程中产生的错讹

因为唐诗题注有从题写到编集的过程,在此流传变化过程中,也会产生错讹,其情况较为复杂,而大要有如下三种。

一是题注误连为诗题。如杜牧《樊川文集》卷四有《题宣州开元寺水阁阁下宛溪夹溪居人》诗,据前蜀韦毅所编《才调集》卷四载此诗,题为《题宣州开元寺水阁》,而将"阁下宛溪夹溪居人"作为题注。读《才调集》可知,题注是对诗题的补充说明,而《樊川文集》则是将诗题和题注误混为一。同样是《樊川文集》卷四有《赠李秀才是上公孙子》诗,此诗题目,《全唐诗》卷五二二作《赠李秀

---

① 杨笃:《山右金石记》卷九,《山西通志》(单行本),第10页。
② 王昶:《金石萃编》卷五三,中国书店1985年版,第7页。

才》,题注:"是上公孙子。"很显然,题注是对题目中"李秀才"的解释,补充说明李秀才是李上公的孙子。集本将题目和题注误连在一起。

二是题署误连为诗题从而影响诗作归属的判定。如清代赵殿成《王右丞集笺注》卷三收录王维《留别丘为》诗,而此诗又载于《全唐诗》丘为诗卷,题作《留别王维》。检讨宋蜀刻本《王摩诘文集》,该诗次于《送丘为往唐州》诗后,而述古堂影抄宋本《王右丞文集》则以"留别"为诗题,而以"丘为"为题署作者姓名。"寻绎诗意,《送丘为往唐州》无疑是王维的赠诗,而此首则是丘为的答诗。此乃本人集中附载他人的同咏之作因而致误的一个明显例子。"①唐人编纂别集,往往附载友人唱和酬答诗,这首诗即是王维集中附载丘为《留别》诗,本来有题署"丘为"二字,在别集编纂及流传过程中,将作者误连诗题,从而造成诗作归属方面的纠纷。此外,《王右丞集笺注》卷八《留别钱起》,同书卷十三《留别崔兴宗》诗,是与《留别丘为》诗同样致误的例子。

三是并非作者自注的题注在编集时也会形成错乱。比如李白《宣州谢朓楼饯别校书叔云》就是如此。《文苑英华》卷三四三载录此诗,题作《陪侍御叔华登楼歌》,题注标明:"集作《宣州谢朓楼饯别校书叔云》。"《全唐诗》卷一七七收此诗,题作《宣州谢朓楼饯别校书叔云》,题注则言:"一作《陪侍御叔华登楼歌》。"实际上,因李白另有《饯校书叔云》诗,此诗内容又没有登楼之语,故此诗题目应以《陪侍御叔华登楼歌》为是。《宣州谢朓楼饯别校书叔云》则是在流传过程中将诗题和诗注杂糅而致误的。

五、结　语

唐诗从诗人最初题写在纸卷上,到寄送他人,到被传抄、被刻石、被编入别集,以至到宋代被印刷出版,其书写体式先后经历了一系列的变化。以唐诗题注为切入点,对唐诗书写体式的探索不仅关系到对唐诗书写原貌的认识,而且涉及唐诗在唐代是如何被阅读、被传抄以及唐人如何编纂别集等一系列流传问题。其中尤有意义者莫过于从题写到别集编纂的过程。唐诗别集是后世认

---

① 陈铁民:《王维集校注》,中华书局 1997 年版,第 1212 页。

识和研究唐诗的基础，但是我们对于唐人是如何编纂别集的，在编纂过程中是如何添加、删减、修改的，一向知之甚少，毕竟编纂者未作说明而诗人原稿也大多荡然无存。利用唐诗写本和石刻两类最重要的原始文献，对照传世文献，不再局限于从一首诗到另一首诗的文字校勘，而是从书写体式入手，进行整体的观照，或许可以开辟一条发现和归纳唐诗别集若干编纂方法和编纂原则的新的道路。

题注是唐诗书写结构中的一个重要组成部分，在唐诗流传的漫长过程中，唐诗题注的本来面目早已被历史湮没，不为世人所识知，仅将其视为一般的诗歌注释并作为能够提供诗歌创作信息的文本来利用。实际上，我国古典诗歌的题注在诗人最初创作之时并非题注，而是将诗人创作时题写于诗题之前、诗题之后或者诗后的署名、题记、诗记等信息在别集编纂时以双行小字形式改写于诗题之下而来。因此，唐诗题注虽然形似注释，但其本质并不同于一般的诗歌注释，甚至不同于同为自注的诗中注。揭示唐诗题注的特征和形成过程，是我们重新认识和研究唐诗自注的起点和基础，同时这一观察也为探索唐诗别集的编纂过程提供了一个新的视角。

［原载《浙江大学学报》(人文社会科学版)2016 年第 5 期］

论元朝高丽文人的本位意识

——以李齐贤为例

陶　然

唐宋以来,高丽与中国虽有密切往来,但高丽之归属中国,亦止于奉使称臣而已,保留了很强的自治性。而元朝与高丽的关系有所变化,在一定程度上加强了对高丽的控制。故高丽文人留居中国或游宦元廷者远多于前代,其作品受中国文学的影响亦更为深远,这已成为高丽文学史的明显特征。然而在关注高丽文人如何接受中国文学及文化观念的同时,也应认识到民族本位、家邦意识和本土观念同样是其作品的重要内涵。本文拟以高丽著名文人李齐贤的诗文著述为例,分析其在接受中原文化影响的同时所流露出的高丽本位意识,以进一步深化对两国文化交流的丰富性与复杂程度的认识。

李齐贤(1287—1367),字仲思,初名之公,号益斋,亦以栎翁自称。高丽忠宣王王璋留居大都期间,于忠肃王元年(延祐元年,1314)召李齐贤入朝随侍,遂得与赵孟頫、虞集、张养浩等中国第一流文人往来,学问益进。其间曾奉使西蜀,还曾陪同忠宣王降香江南。此后屡往来于高丽及大都。历仕七朝,三度主政,两封府君,是高丽政坛上的元老重臣。其生平详见门人李穡撰《鸡林府院君谥文忠李公墓志铭》①、《文忠公益斋先生

---

①　李齐贤:《益斋乱稿》附,民族文化推进会编:《韩国文集丛刊》(标点影印本)第 2 册,景仁文化社 1990 年版,第 612—619 页。后引《益斋乱稿》均同此版本,不另注。另,《韩国历代文集丛书》本、《粤雅堂丛书》本、《丛书集成初编》本等亦均收录此文。

年谱》①、《高丽史·李齐贤传》等②。李齐贤是高丽时期最负盛名的文人,道德文章,为世所重。柳成龙《益斋先生文集跋》云:"高丽五百年间,名世者多矣,求其本末兼备,始终一致,巍然高出,无可议为者,惟先生有焉。"③他曾长期生活于中国,南北游历,东归后主盟一代,于高丽后期文学有重要影响。其与李奎报合称"高丽文学双璧",其词更有"吾东方一人"④之誉。李穑从其对高丽文学的影响角度指出:"东人仰之如泰山,学文之士,去其靡陋而稍尔雅,皆先生化之也。"⑤固然,李齐贤以其高丽重臣的身份、高丽儒学的早期代表人物的地位,以及深厚的汉语文学成就,足以印证中原文化的强大辐射力。但是,高丽四百余年的历史沧桑和特殊国运,对于李齐贤及同时代的高丽文人来说,同样有着不可忽视的影响。这决定了他们既是中原文化的接受者和继承者,又是高丽国统的坚定维护者,其民族本位与陪臣心态、儒学立场与家邦意识、汉化创作与本土观念始终贯穿于诗文著述之中。

一、民族本位与陪臣心态

元朝与高丽的关系,基本可以元世祖忽必烈即位为界,分为前后两个阶段。中统元年(1260)之前,蒙古与高丽既有合兵攻讨半岛北部的契丹残余势力之举,又自太宗窝阔台汗时起先后七次征讨高丽,时战时和,元统治者不得

---

① 《益斋先生文集》卷首,韩国文集编纂委员会编:《韩国历代文集丛书》(影印本)第13册,景仁文化社1993年版,第8—15页。后引《益斋先生文集》均同此版本,不另注。各本《益斋集》均无年谱,此本独存,然未注撰者名姓。该本据高丽刻本影印,当早于《韩国文集丛刊》本。其中包括《栎翁稗说》四卷、《益斋乱稿》十卷及《拾遗》一卷,前有李穑《益斋先生乱稿序》、李齐贤遗像、年谱、墓志铭、《拾遗》一卷,末有柳成龙跋,而无别本之李时发、李寅烨二跋。这是目前所见较为完整的李齐贤文集版本,尤以《文忠公益斋先生年谱》最可珍,而未甚见论者所称引,故略记之。《词学》第十辑(华东师范大学出版社1992年版)所刊《李齐贤年谱》当录自此本。

② 郑麟趾等:《高丽史》卷110《李齐贤传》下册,亚细亚文化社1972年版,第409—419页。

③ 《益斋先生文集》卷末附,第579页。

④ 高丽刊本《遗山乐府》李宗准语,见《武进陶氏涉园续刊景宋金元明本词》,吴昌绶、陶湘辑:《景刊宋金元明本词》,上海古籍出版社1989年版,第907页。

⑤ 李穑:《益斋先生乱稿序》,《益斋先生文集》卷首,第3—4页。

不承认:"高丽虽小国,依阻山海,国家用兵二十余年,尚未臣附。"①而自忽必烈即位后,调整了对高丽的政策,退兵并撤回派驻高丽各地的达鲁花赤,允许高丽保留本国衣冠风俗,放还被掠高丽人。高丽也通过入质、通婚和朝贡,逐渐与元朝形成较为稳定的藩属关系,维持了相对的独立性。"这种'和亲'安抚的亲密关系,从元世祖忽必烈开始,到元朝灭亡为止,维持了一百零八年(1260—1368),成为蒙古与高丽关系的主流。"②然而,朝贡体系终究是一种不平等的关系,百余年间,两国关系在维持相对稳定的同时,也存在不少波折。高丽政权对于元朝在保持"事大"姿态的同时,亦始终强调其民族本位立场,对于元朝所提出的超出朝贡体系的要求与做法,有着强烈的紧张感和怵惕意识,这也反映在高丽文人的诗文著述中。

元统治者经过数十年的东征西讨,结束了自晚唐以来持续了三四个世纪的对峙分裂局面,建立了一个疆域空前广阔的强盛帝国。天下一家,四海一统,这些只存在于前代文人想象中的局面,陡然成为现实,对于元朝文人所带来的心理震撼是极为巨大的。"九域自此一,益见圣世崇""万里车书自古无"③,这是由南入北的赵孟頫的感慨;"自古有国家者,未若我朝之盛大者矣""我国家幅员之广,极天地覆焘"④,这是盛世文人由衷的自豪感。这种自豪感同样影响了高丽文人的心理,如李穑《益斋先生乱稿序》所云:"元有天下,四海既一。三光五岳之气,浑沦磅礴,动荡发越,无中华边远之异。"李齐贤《益斋乱稿》卷4《朝那》诗云:"圣元德宇同乾坤,外薄四海皆藩宣。"这种赞许并非基于外来者的立场而发,而是将自身置于元朝国运和秩序之中的有感之言。然而这种姿态又是有限度的,李齐贤从未忘记自己高丽陪臣的身份,在其一生的政治经历中,始终坚持高丽民族本位,在两国关系事务中,强调高丽相对元朝的独立性,为高丽国争取政治利益。如忠肃王十年(至治三年,1323),柳清臣、吴

---

① 金宗瑞:《高丽史节要》卷18引忽必烈语,亚细亚文化社1973年版,第463页。
② 杨渭生:《宋丽关系史研究》,杭州大学出版社1997年版,第184页。
③ 赵孟頫:《松雪斋文集》卷2《述太傅丞相伯颜功德》、卷4《钦颂世祖皇帝圣德诗》,《四部丛刊初编》本。
④ 虞集:《经世大典序录》之"帝号""朝贡",苏天爵:《元文类》卷40、41,商务印书馆1936年版,第529、550页。

潜"上书都省,请立省本国,比内地"①,欲将高丽彻底并入元朝版图。李齐贤时在大都,立即上书中书都堂,力陈当年高丽助元讨金山王子之功,历叙元世祖、成宗、仁宗允许高丽"不更旧俗,以保其宗社"的"存恤之深意",尤其强调高丽"地远民愚,言语与上国不同,趋舍与中华绝异",希望元廷能"国其国,人其人,使修其政赋而为之藩篱,以奉我无疆之休。岂惟三韩之民,室家相庆,歌咏盛德而已。其宗祧社稷之灵,皆将感泣于冥冥之间矣"。②其欲存高丽血食庙社的苦心孤诣,正是民族本位立场的反映。另外,在其为援救被诬流放吐蕃的忠宣王而作的《上伯住丞相书》《同崔松坡赠元郎中书》等文中,亦屡屡道及此意。

这种"事大"心态与民族本位的复杂纠葛,使得高丽文人对于元廷与高丽的关系极为敏感,甚至是面对史实时,也免不了选择性地取舍。如高丽助元兵攻打金山王子、忠敬王首先效忠于元世祖等旧事,在前面提及的几封书信中都被作为高丽有功于元廷的论据,对于双方交兵数十年之事,却只能绝口不提。因此当李齐贤见虞集所撰《经世大典》中提及前事有内元而外丽的倾向时,不免极力辩白:

> 元朝《经世大典》,奎章阁学士虞集等撰,书我国事云:太祖皇帝之十二年,天兵讨契丹叛至高丽,国人洪大宣降为向导,共攻其国,其王降。所谓叛人者,金山王子也。僭帝河朔,号年天成。既而席卷东奔,阑入我北鄙。太祖遣哈真扎腊帅师讨之。时忠宪王五年戊寅冬十有二月也。天大寒雨雪而粮道不继,贼深壁以疲之。忠宪王出兵与粟,以资王师。馘金山,坑其众。于是两国为兄弟之盟。今虞公之笔若王师移兵于我,我不得已而降者。其掎角之功、交欢之约,没而不书。而洪大宣边郡之一胥,挺身逃降,乌有一旅之众承其弥缝而谓之共攻其国乎?又言太宗三年,遣撒塔等讨之,其王又降,置京府县七十二达鲁花赤而班师。四年,尽杀达鲁花赤,叛保海岛云。其所谓达鲁花赤,朝廷之所命耶?将帅承制自置者耶?府县之小即不论,二京达鲁花赤必非微者,亦不书名,何也?且以达鲁花赤若是之多,其置之与杀之,非细事也。国史既无其文,问之遗老,亦莫之知,此尤可惑者也。③

① 郑麟趾等:《高丽史》卷110《李齐贤传》下册,亚细亚文化社1972年版,第409—419页。
② 李齐贤:《益斋乱稿》卷6《在大都上中书都堂书》。
③ 李齐贤:《栎翁稗说》前集卷1,《益斋先生文集》,第59—61页。

同书卷二又有"哈真札腊之讨金山王子"条，亦载此事。李齐贤于此反复致意，就是因为在他看来，这是高丽有功于元廷而能保存宗社的政治基础之一，不容含糊。但针对高丽国的内部事务，李齐贤又坚决抱持内丽而外元的民族本位立场，极力反对诉诸元廷。如《益斋乱稿》卷7《推诚亮节功臣重大匡光阳君崔公墓志铭》载："沈府僚佐又疏国家得失，将言之庙堂。公独不肯署。最后主谋者同坐府中，令录事持纸笔请署。公厉声曰：'吾尝备位宰相，佥录欲相胁耶！'众沮丧。"①卷4《哭尚德洪宰相瀹》诗结句谓："应教吠天喙，永愧首丘诚。"自注："时西京人有诉本国于朝廷者。"这无疑都反映了高丽文人的民族本位意识。

民族本位意识与高丽文人相对元廷而言的陪臣身份是相联系的。在这一层面，其陪臣心态有两重性，一以弥缝调和为职，一以有利本国为志，实则两者均合于其民族本位立场。《益斋乱稿》卷1有《过中山府感仓唐事》一诗云："仓唐何为者，魏国一陪臣。敦诗又说礼，幽语皆中伦。一言悟人主，远子复相亲。"用《说苑》卷12《奉使》所载赵仓唐为魏太子击说魏文侯之典："魏文侯封太子击于中山，三年使不往来"，舍人赵仓唐奉使于魏侯，引《诗》说礼，魏侯悦，"遂出少子挚封中山，而复太子击"，故"赵仓唐一使，而文侯为慈父，而击为孝子"。② 这真实地反映了李齐贤作为高丽陪臣游于元廷的立场。忠肃王九年（至治二年，1322），忠宣王被宦官伯颜秃古思所诬，流放于吐蕃撒思吉之地，李齐贤致书元廷重臣，反复申说求赦，使得忠宣王量移朵思麻地。次年李齐贤还不远万里，亲往拜谒，这些举动及途中所作诗文，皆忠愤蔼然，正是其陪臣心态的典型体现。陪臣固可游于或仕于元廷，但对他们来说，本国利益仍是首要的，李齐贤于此尤三致意焉。他在《光禄大夫平章政事上洛府院君方公祠堂碑》（《益斋乱稿》卷7）中盛赞方臣祐"宦于上国，甚见宠任，而能尽忠我有家"，且详载其在元朝宫廷内暗助高丽的几件史实："尽其忠于我者，则至大间辽阳洪重喜诉忠宣王鑽用事大臣，求与王廷辨。平章入侍兴圣宫，色有不豫。太后

---

① 此事亦载郑麟趾等：《高丽史》卷108《崔诚之传》下册，亚细亚文化社1972年版，第375页。

② 刘向撰，赵善诒疏证：《说苑疏证》卷12《奉使》，华东师范大学出版社1985年版，第329—330页。

问其故,跪曰:'重喜,高丽逋民也,顾今与王为两造耶。且王性刚,必不能堪其辱。臣恐不复见故主,以此内忧耳。'因泣下沾襟。太后感悟,言之帝,即日斥去重喜。皇庆初,朔方蕃王八驴迷思率众自归,朝议将处之鸭绿之东。平章奏曰:'高丽地侠(狭)多山,无所田牧,北俗居之,必不乐。徒令东民惊动,或不能按堵耳。'仁宗然其言而止。禄守耶律希逸为征东省官,既受命矣。平章白兴圣宫,以为高丽树功帝室,非一世矣。衣冠典礼,不改其旧,惟世皇诏旨是赖。今遣禄守等,无乃非世皇意乎?于是有旨留禄守等勿遣。倒剌沙之为左相也,主立省之议甚力。平章白中宫,谕辅臣如前意,倒剌沙议诎,事遂寝。"故文末感慨道:"窃惟国家世承皇朝厘降之恩,王宫侍从,夤缘通籍于阙庭,固不为少。而能以忠信保其宠禄者几希。况能导宣德泽,以利父母之邦乎。若平章者,其可尚也已。"其评价的标准仍然是有利于本国。

高丽立国以来,周旋于辽、金、宋之间,尤其是在元军席卷天下、灭国无数的背景下,仍能独存其宗社,故朱熹谓高丽"多是有术以制之"①。此所谓"术"固然主要反映于灵活和实用主义的外交政策,但民族本位和陪臣心理,促使高丽文人在保持臣属姿态的同时,能尽力为高丽国争取政治利益,也是高丽之"术"的重要内容。

二、儒学立场与家邦意识

李齐贤所在的高丽后期,是中国儒学尤其是朱熹性理之学东传至高丽的重要阶段,此前虽有民间私学的交流,但范围和影响都不大。李齐贤和安珦、白颐正、权溥、李穑、郑梦周等,是程朱之学在高丽的早期代表和推广者。《高丽史·白颐正传》载:"时程朱之学始行中国,未及东方。颐正在元,得而学之。东还,李齐贤、朴忠佐首先师受。"②故李齐贤的诗文著述中,有不少都流露出宋代新儒学的观念。如《栎翁稗说》前集卷1之辨庙制、辨仪礼,后集卷1之论荀子、说乾之九三及坤上诸条,均可见。而武后陵一条,屡为人称引:

---

① 黎靖德编:《朱子语类》卷113,中华书局1986年版,第3192页。
② 郑麟趾等:《高丽史》卷106《白颐正传》下册,亚细亚文化社1972年版,第331页。

至治癸亥，予将如临洮，道过乾州，唐武后墓在皇华驿西北，俗谓之阿婆陵。予留诗一篇，其序云：欧阳永叔列武后《唐纪》之中，盖袭迁、固之误而益失之。吕氏虽制天下，犹名婴儿，以示有汉。若武后则抑李崇武，革唐称周，立宗社，定年号，凶逆至矣。当举正之以示万世，而反尊之乎？谓之《唐纪》而书周年，可乎？或曰：纪事者必首年以系事，所以使条纲不紊也。如子之说，中宗既废之后，将阙其年而不书，天下之事，将安所系乎？曰：鲁昭公为李氏逐，居乾侯，《春秋》未尝不书。昭公之年，房陵之废，与此奚异？作史而不法《春秋》，吾不知其可也。其诗略曰：欧公信名儒，笔削未免失。那将周余分，续我唐日月。后阅晦庵《感遇》诗"如何欧阳子，秉笔迷至公"之一篇，拊卷自叹：孰谓后生陋学，其议论有不谬于朱子耶。（范氏《唐鉴》亦有此论，见之不觉一笑。自悔其少作也。）①

虽说自悔少作，但得意之情仍溢于言表。李齐贤曾经为卓光茂的光州别墅题"景濂亭"，亦是仰慕周敦颐之意。其《栎翁稗说》前集卷2还详记道学传入高丽的渊源："白彝斋颐正从德陵留都下十年，多求程朱性理之书，以归我外舅政丞菊斋权公，得《四书集注》，镂板以广其传。学者又知有道学矣。"②

然而在实际政治局势下，攘夷、内中国而外夷狄，始终是高丽后期儒学的内在矛盾。从心理底层来说，高丽文人对于辽、金和元均有以夷狄视之的观念，遑论扶桑。高丽太祖王建即曾告诫后世："契丹是禽兽之国，风俗不同，言语亦异，衣冠制度，慎勿效焉。"③但在元朝统治之下，这种心理却绝无可能诉诸笔端。唯有待明朝推翻元朝之后，李氏朝鲜的文人才可以畅发此旨，如黄景源为高丽陈澕所撰《梅湖遗稿》之序文中即云："世传公在王氏时，以书状奉使金源，与金人周旋居多，故文章得于金人，非也。当宋室南迁之时，礼乐崩坏，图书散逸，自汉以来，董仲舒、司马迁、扬雄、刘向所为文，与唐名家李太白、杜子美、韦应物、柳宗元所为诗，入于灰烬，无一能继其声。至女直窃居中国，虽往往有能文章者，而金源夷狄之音，不足听也。若蒙古北鄙之声，与中国周公、

---

① 李齐贤：《栎翁稗说》后集卷1，《益斋先生文集》，第123—124页。按，诗见《益斋乱稿》卷3《则天陵》。
② 李齐贤：《栎翁稗说》前集卷2，《益斋先生文集》。
③ 郑麟趾等：《高丽史》卷2《世家·太祖二》上册，亚细亚文化社1972年版，第55页。

孔子、颜渊、曾参群圣人之言,有所不同。然文靖公牧隐先生,从欧阳玄学文章,曾不知愧。……公能以高丽陪臣,知先宋之为中国,而蒙古之为夷狄,蔼然有《春秋》之义,岂不贤哉。"①不无责备过严,毕竟平情而论,高丽士大夫在心理上"未尝无忍痛不得已之心,特畏约力,不能有为也"②。

这一背景使得李齐贤等部分高丽文人的儒学,并未过多地反映为学术思辨,故《高丽史·李齐贤传》谓其"不乐性理之学"。李齐贤也没有专门讲论儒学的著述,其《孝行录》一书实际上是《二十四孝图》赞,反映的是儒家孝道的观念,与程朱性理学并没有直接关系。因此,李齐贤的儒家立场主要表现为在思想上接受儒学观念,并力图施之于立身行事和政治活动,而贯穿其中的则是强烈的家邦意识。

李齐贤对佛教的态度很值得玩味。高丽自太祖王建开国以来,尊佛教为国教。太祖遗训共十条,其中三条都涉及崇佛。开篇第一条即谓:"我国家大业,必资诸佛护卫之力。"③受其影响,上至高丽诸王,下至民间,铺张以奉佛的佞佛之习,绵亘数百年。《益斋乱稿》卷3有《中菴居士赠诗八首务引之入道次韵呈似》诗,其一云:

> 道门终古隐然开,脚踏何论士与台。彼佛曾教丹化铁,吾儒奚惮海持杯。信标衣钵非言得,乐在箪瓢岂利回。许我洗心参五叶,希公着眼觑三才。

所谓"乐在箪瓢",基本可以隐喻李齐贤排佛倡儒的姿态,他不像韩愈那样激烈地攻击佛教,也不像程朱那样过多地讲论性理,而是立足于自身,见之于行事。《益斋乱稿》中与佛教有关之文数量不少,如卷5之《送瑚公之定慧社诗序》《金书密教大藏序》《书桧岩心禅师道号堂名后》,卷6之《重修开国律寺记》《重修乾洞禅寺记》《白华禅院政堂楼记》《妙莲寺石池灶记》《妙莲寺重兴碑》,卷7之《清平山文殊寺施藏经碑》《大都南城兴福寺碣》《曹溪山慧鉴国师碑》《慈氏山

---

① 陈澕:《梅湖遗稿》卷首,《韩国文集丛刊》(影印奎章阁藏本)第2册,景仁文化社1990年版,第265—266页。按:此本录陈澕《奉使入金》诗后引崔文清滋《补闲集》,按语谓高丽"历事辽金,恬不知耻。独公此诗,严于华夷之辨,深得《春秋》之义"云云,实则明亡后,朝鲜文人之于清,亦如高丽文人之于元。

② 陈澕:《梅湖遗稿》卷末吴载纯跋,《韩国文集丛刊》(影印奎章阁藏本)第2册,景仁文化社1990年版,第291页。

③ 赵素昂编:《韩国文苑》卷5,亚细亚文化社1994年版,第82页。

莹源寺宝鉴国师碑》等。其中固不乏对于佛教盛行的批评,但这种批评又颇为婉曲,往往通过暗示儒学传统的合理性来衬托佞佛的危害。如《金书密教大藏序》中云:

> 我主上殿下万机之暇,留神于释典,其于密教,信之尤切。发内帑之珍,泥金以书之。……既成,因命臣齐贤为序。臣腐儒也,其文不足以称旨。然而窃念佛氏之道,以慈悲喜舍为本。慈悲,仁之事也;喜舍,义之事也。然则其为书之大旨,亦可概见矣。所谓数千万卷者,以万乘之势,为之非难。其书既多,其费亦广,未免浚民以充其用,恐非佛氏之意也。

奉王命为序,以李齐贤的身份和信仰,本难措笔,但此文却以儒家的仁义,比附佛教的慈悲喜舍的教义,委婉曲折之中,仍坚守儒学立场,指斥佞佛对家邦的影响。李齐贤晚年,值妖僧辛旽乱政,李齐贤曾直斥其非端人。李穑《鸡林府院君谥文忠李公墓志铭》载:"辛旽之败,玄陵曰:益斋先见之明,不可及也。尝言旽非端人,今果验。"这都说明李齐贤排佛,并非是纯学理的,而更侧重于家邦国运的现实层面。对于李齐贤等倡儒排佛的贡献,安有商《谨斋集跋》曾谓:"在罗及丽,禅佛滔天,鸿儒巨公,亦或沦于其教,未能专以期道为任。……吾先祖谨斋先生,出于其时,以文学进位至宰保,名振华夷,其友曰李益斋,曰崔拙翁,曰李稼亭,曰白淡庵诸公也,相与之扶正斥邪,回既倒之澜,而古道乃复。"①这是中肯的评价。

李齐贤的儒学立场和家邦意识还体现于"事大以礼"的观念中。元宫廷密教之风亦盛,高丽宫廷亦如之,但宗教信仰的接近远不足以影响两国关系,高丽文人心目中,能调节两国关系的仍然是儒家传统。《栎翁稗说》尝记俞文安升旦语谓:"天兵大举,侵及京畿。晋阳公崔怡欲迁都江华,请群公议。公独曰:以小事大,理也。事之以礼,交之以信,彼亦何名而每困我哉?"但崔怡不听,导致"数十年之间,北方州郡皆为丘墟矣。识者至今以为恨"②。至少在李齐贤看来,礼、信这些传统儒家的观念,同样应该可以约束元朝和高丽两国的关系,尽管这可能只是高丽文人的一厢情愿而已。不难看出,其儒学立场的指

---

① 安轴:《谨斋集》附,《韩国文集丛刊》(标点影印本)第2册,景仁文化社1990年版,第493—494页。

② 李齐贤:《栎翁稗说》前集卷2,《益斋先生文集》,第82—83页。

向是保存家邦宗社的政治目的。同样,当面对西赴元廷为宦的高丽人时,李齐贤也表现出强烈的家邦意识。《益斋乱稿》卷5《送辛员外北上序》所赠对象即为往元廷为官的高丽人,文中谓:"夫江河之于溟渤,大小则殊,舟于其中者同也。樯而帆之,所以进也;缆而碇之,所以止也。又必有衣袽焉,所以备漏濡者也。王国,江河也,天子之邦,溟渤也。侯之舟,由江河而溟渤之之也。苟能樯其义,帆其信,缆其礼,碇其智,衣袽其敬慎廉勤,何重之不任,何远之不致,何不通之不济乎?"义信礼智,敬慎廉勤,这些传统儒家的观念亦被移用于元丽关系的沟通。另外,此文颇有模仿韩愈《送董邵南游河北序》一文的意味,审如此,则其中微意更反映了高丽文人强烈的家邦意识。《益斋乱稿》卷2《在上都奉呈柳政丞清臣吴赞成潜》诗中有"四百余载流风存,迩来事大义弥敦"之句,恰好可作为其儒学立场和家邦意识的写照。

李穑《鸡林府院君谥文忠李公墓志铭》谓李齐贤"自十五登科,名盖一世。立朝以来,专奉文书,历外制于艺文春秋馆,由属官至两府封君,未尝去职"。他在艺文春秋馆从事的重要工作之一即修撰史书。前后撰有《编年纲目》《三朝实录》《德宗实录》《太祖纪年》《史略》等[①]。今《高丽史·世家》诸宗之赞,均出自李齐贤之手,亦收入《益斋乱稿》卷9上及卷9下,《栎翁稗说》中亦多有史事记载。从这些史籍著述来看,儒学立场和家邦意识同样贯注于其中。如以下两则赞语:

定王以人君之尊,步至十里所浮屠之宫,以藏设利。又以七万石谷,一日而分赐诸僧,一遭天谴,丧心生疾。所谓君子求福不回,敬以直内者,亦尝闻其说耶……(《定王》)

滕文公问井地于孟子,孟子曰:仁政必自经界始。经界不正,井地不均,谷禄不平,是故暴君污吏必慢其经界;经界既正,分田制禄,可坐而定也。三韩之地,非四方舟车之会,无物产之饶、货殖之利,民生所仰,只在地力。而鸭绿以南,大抵皆山,肥膏不易之田,绝无而仅有也。经界之正若慢,其利害比之中国相万也。……惜乎当时群臣,未有以孟子之言,讲求法制,启迪而力行之也。(《景王》)

---

① 关于李齐贤的史学成就,可参见杨渭生《略论李齐贤的史学思想》一文,见沈善洪主编:《韩国研究》第6辑,学苑出版社2002年版,第72—81页。

可见在评论本国历史时,李齐贤所抱持的也是儒家传统。修史本就体现着家邦意识,而李齐贤尤致意于借高丽立国的历史,以激励后王,重振国运。如《太祖赞》引忠宣王语,谓"我太祖规模德量,生于中国,当不减宋太祖"①,表现出强烈的民族观念。

三、汉化创作与本土观念

李齐贤作为元朝最负盛名的高丽文人之一,其高超的汉语文学成就不仅在高丽文学史上有重要的地位,在中国文学史上亦有一席之地。李穑《鸡林府院君谥文忠李公墓志铭》谓忠宣王"以太尉留京师邸,构万卷堂,考究以自娱。因曰:京师文学之士,皆天下之选。吾府中未有其人,是吾羞也",遂自高丽召李齐贤至大都,周旋于元复初、赵子昂诸名士之间。"奉使西蜀,所至题咏,脍炙人口",又"王降香江南,楼台风物,遇兴遣怀。每从容曰:此间不可无李生也"云云。可见当时李齐贤即享有重名。其诗有许多歌咏中国历史、自然景象以及风俗民情的作品,其词更有盛誉,"高丽文人对于词这种特别注重四声阴阳、清浊、轻重之字声的艺术形式不甚了然,虽然历代也有不少人能填词,但揆之格律,都显得疏略,不像中原词人那么讲究。只有像李齐贤这样在中国长期居留,与汉族文人交游频繁的高丽人,才能得心应手地驾驭词体"②。无论是登临览胜、抚迹怀古,还是慨叹羁旅、题咏画卷,李词都足以与当时中国的第一流词人相抗衡。从其所作及《栎翁稗说》所记论诗诸条,可以见出李齐贤对李白、杜甫、白居易、李商隐、苏轼、黄庭坚等唐宋以来的著名中国文人的作品,都极为熟悉,其创作是立足于中国文学传统之上的,体现出"汉化"得非常彻底的一面。但是细读李齐贤的诗词和文章,不难发现其汉化创作和本土观念往往相伴而生、相辅而行。

思乡、思亲、羁旅本就是中国文学传统中的重要题材,李齐贤诗词中更不乏此类话题,但其高丽陪臣的特殊身份,使得这些熟悉的旧题有了新的内涵。

---

① 郑麟趾等:《高丽史》卷2《世家·太祖二》,亚细亚文化社1972年版,第28页。
② 陶然:《金元词通论》,上海古籍出版社2001年版,第177页。

如《泾州道中》云：

> 出谷天无际，登坡路始平。塞云拖雨黑，野日满林明。万里思亲泪，三年恋主情。哦诗聊自遣，渐觉锦囊盈。

此诗将思念故土亲人和眷恋忠宣王之情，以及羁旅之感，打并一气，反映了李齐贤当时的独特心境。这与其《至治癸亥四月二十日发京师》诗中所谓"主恩未曾答丘山，万里驰驱敢道难"，如出一辙。又如《题长安逆旅》其三云：

> 海上箕封礼义乡，曾修职贡荷龙光。河山万世同盟国，雨露三朝异姓王。贝锦谁将委豺虎，干戈无奈到参商。扶持自有宗祧力，会见松都业更昌。

在旅途中感慨高丽国运以及与元廷的关系。"松都"即高丽国都开京的别称，尾联表达了一个高丽文人典型的兴国之愿。又如其《沁园春·将之成都》词中既有"幸今天下如家"的赞语，又感叹"人事多乖，君恩难报，争奈光阴随逝波。缘何事，背乡关万里，又向岷峨"，旨隐而词微。这些都不可当作平常的羁旅诗词来看待。

以此为基点观照其大量的思乡思亲之作，亦完全可以视为本土观念的自然流露，如："安坐岂偿男子志，远游还愧老亲思"（《定兴路上》）、"百年身世千般计，万里庭闱一片心"（《阻友符文镇》）、"扁舟飘泊若为情，四海谁云尽弟兄。一听征鸿思远信，每看归鸟叹劳生"（《思归》）、"辽海燕山路四千，奉觞上寿知何年"（《十一月十五日》）、"惭愧西山子规鸟，何人勤道不如归"（《燕都送朴忠佐少卿东归》）、"一望乡关时自笑，百年天地亦蘧庐"（《感怀》）、"唯念慈亲鬓如雪，数行清泪洒征鞍"（《至治癸亥四月二十日发京师》）、"故国飞云下，征途畏景中"（《相州夜发》）、"旅食京华十过春，西来又作问津人。半生已被功名误，久客偏惊节物新"（《端午》）、"谁能引我丹梯去，手折莲花驾鹤归"（《题华州逆旅》）、"倦客胡为，此日却离筵。千里故乡今更远。肠正断，眼空穿"（《江神子·七夕冒雨到九店》）等。尤其值得注意的是《庚辰四月将东归题齐化门酒楼》一诗：

> 离歌昔未解伤神，老泪今何易满巾。三十年前倦游客，四千里外独归身。山河虽隔扶桑域，星野元同析木津。他日重来岂无念，却愁华发污缁尘。

这是李齐贤在忠惠王后元年（后至元六年，1340）离开大都归国时所作，结句用

"京洛多风尘,素衣化为缁"(陆机《为顾彦先赠妇诗》)的典故,其微意耐人寻味。

这种本土观念,还表现为李齐贤在诗文中经常强化自己的高丽身份,如《中菴居士赠诗八首务引之入道次韵呈似》其二云:"腰无印,家有弦歌手有杯。霖雨应须一龙起,丘山未信万牛回。请看鹤寿峰前地,也著三韩老秀才。"这种身份的自我体认又往往存在于与中国文人的比较中。李齐贤奉使西蜀时,曾游眉州三苏堂,作《眉州》诗,序谓:

吾大人三昆季,俱以文笔显于东方。伯父、季父相次仙去,唯公无恙,年今七十有奇。若使北来,得与中原贤士大夫进退词林间,虽不敢自比于苏家父子,亦可以名动一时。顾水陆千里,干戈十年,所处而安,无慕乎外,故天下莫有知之者。

诗中有"君不见鸡林三李亦人杰,翰墨坛中皆授钺。……机云不入洛中来,皎皎沧洲委明月。两雄已矣不须论,家有吾师今白发"诸句。李齐贤之父名李瑱,伯父为李仁挺,季父为李世基,在高丽虽有文名,但显然难与三苏父子、二陆兄弟相提并论,李齐贤虽谓"不敢自比苏家父子",实则仍有自拟之意,其心态也和本土观念是有关联的。后世的朝鲜文人同样认识到这一点,如宋时烈《月城李公墓碣铭》曾谓:"李氏出庆州,始祖谒平,佐罗祖致大官,世因贵显。丽朝大提学世基与二兄评理仁挺、政丞瑱三人皆大鸣其文于世。政丞之子益斋齐贤追拟于三苏,尝作《眉州》诗,恨不以庆州闻于天下如眉州也。"[1]李惟秦《季父折冲将军行龙骧卫副护军李公行状》亦载:"政丞之子益斋先生齐贤追拟于三苏,尝作《眉州》诗曰:君不见鸡林三李亦人杰。恨其出于偏邦,不以闻于天下也。"[2]实际上,李齐贤的自夸家学,不仅仅是为庆州李氏争地位,也是相对于中国文人为高丽文人争地位。此种强烈的家邦意识和本土观念,既体现了李齐贤在创作中的自我意识,也是元代多民族共存的文化环境的反映。

---

① 宋时烈:《宋子大全》,《韩国文集丛刊》(标点影印本)第114册,景仁文化社1999年版,第61页。

② 李惟秦:《草庐集》,《韩国文集丛刊》(标点影印本)第118册,景仁文化社1999年版,第447页。

任何文化交流都不会仅仅是单向的、透明的,文化输入与传播的过程,往往也是接受者立足于自身本位,进行选择、改造甚至拒斥的过程。高丽国与元朝的特殊关系影响了一代文人的心理,由于语言的相通、思想体系的接近,他们有接受汉文化的便利与兴趣,但在这个过程中,他们又经常从高丽民族本位出发,不断强化其独立观念和自我体认。对这一问题的更充分认识,还需要将其置于高丽与唐宋辽金、朝鲜与明清两朝关系的大背景下,从文化、历史、学术思想等众多方面进行更广泛的考察。

(原载《浙江社会科学》2010 年第 6 期)

元末明初南方两个文学群体成员的交往及其差异

徐永明

元末明初,浙东的婺中地区和东南沿海的吴中地区都出现了异常活跃的文学群体,涌现了一大批作家,他们的活动和创作对当时及后世都产生了极大的影响。婺州作家群主要有黄溍、柳贯、胡助、吴师道、张枢、吴莱、陈樵、吴景奎、李序、李裕、李惠、宋濂、王袆、胡翰、范祖干、戴良、苏伯衡、郑涛、吴沉、金涓、许元、朱廉、傅藻、张孟兼、童冀等,吴中作家主要有王都中、龚璛、陈谦、钱良佑、宋无、郑元祐、杨维桢、顾德辉、陈基、张雨、高启、杨基、张羽、徐贲、钱惟善、王行、袁华、倪瓒、郯韶,谢徽、张简、王彝、杜寅、于立、释良琦、释道衍等,如果我们将这两个同时期的地域性作家群体作一番横向比较,考察两个群体间成员的交往,他们彼此间存在的差异以及这种差异形成的历史原因,无疑会让我们对当时文人的心态和文学现象有更深一层的理解和把握。

一、婺州作家群与吴中作家群的交往

婺州与吴中地区,一个地处浙水之东,一个地处太湖之滨,两地相去十余日之行程,这对于难得出远门的古代文人来说,是一个不近的距离。然而,由于种种原因,婺州文人与吴中地区的文人还是有着这样或那样的联系和交往。

吴中地区的一些城市如苏州(平江)、长洲、无锡、昆山等,或地处交通主干线京杭大运河上,或靠近大运河,这为南来北往的婺州文人与这一地区的文人的交往提供了便利。婺州作家群中的柳贯、黄溍、胡助等都在元都数度做官,而且柳贯、胡助还一度客寓吴中,故他们与吴中文人的来往较为密切。例如,至顺四年(1333)四月九日,柳贯、胡助、王克敬(泰宁人,时养疾吴中)、钱良佑(平江人)、干文传(吴县人)曾一同游玩苏州的天平山,为此,他们作诗唱和,以纪盛游。① 胡助撰有自传体寓言散文《大拙先生小传》,在这篇文章中,胡助直接将钱良佑的姓氏写入,表明了两人有着非同一般的关系。钱良佑为此题跋其后。② 黄溍作有《留别钱翼之》一诗,钱良佑卒后,黄溍为其撰墓志铭。从黄溍撰的墓志铭中,我们还知道钱良佑曾从游于婺州文人胡长孺,这为他们的交往又增进了一层关系。

昆山顾德辉(仲瑛)的玉山草堂,一时间有如吴中文人和往来南北文人会聚的大本营,婺州作家群中的黄溍、胡助、王祎都曾枉道前往,所以,顾德辉编的《草堂雅集》就收有这三人的诗作。黄溍还为顾德辉编的《玉山名胜集》作序,在序中,他将顾氏的玉山草堂与唐朝王维的辋川别墅和杜牧的樊川别墅相提并论。王祎于至正六年(1346)与同门友陈基随老师黄溍北上大都游宦,经过吴中时,吴中作家张简作诗《王子充之京师》为王祎送行。他们还一同至昆山顾德辉的玉山草堂,王祎因此得以与顾德辉定交。至正十年(1350),王祎南归,经过吴中时,又"觞咏累日",以至"吴中习举业者多从之"。③ 王祎在昆山逗留期间,为顾德辉的玉山草堂写下了《绿波亭词》《可诗斋记》等文章。

吴中的作家实际由两部分人构成:一部分是吴中本土作家,如干文传、钱良佑、顾德辉、高启、袁华、倪瓒、释良琦等;一部分是流寓吴中的作家,如郑元祐、陈基、钱惟善、杨维桢、张雨、袁华、于立等。流寓的作家中,有不少来自浙江,他们或是婺州文人的旧识,或因各种机缘而结识。如杨维桢,浙江山阴人,流寓吴中之前早已与婺州文人相识。元泰定三年(1326),杨维桢和郡友胡一中北上参加进士考试时,时任诸暨判官的黄溍即作诗《送胡允文杨廉夫应荐北上》,为他们送行。次年,胡、杨等得中进士,时在大都游宦的胡助即作诗《送胡允文杨廉夫赵彦直登第归越》,为他们送行。杨维桢得第授天台县尹,黄溍作

---

① 唱和诗分别收在《元诗选》三集己集《仁里漫稿》《江村先生集》、庚集《纯白斋稿》中,中华书局 1987 年版。柳贯诗已佚。

② 详见《纯白斋类稿》附录,《丛书集成初编》本。

③ 《草堂雅集》卷十"王祎小传",影印文渊阁《四库全书》本。

诗《送杨廉夫天台县尹》。这些都表明,杨维桢在年轻时即为黄溍、胡助等婺州文人看重。此后,黄溍与杨维桢的关系更加密切,杨维桢在为黄溍作的墓志铭(《故翰林侍讲学士金华先生墓志铭》)中写道:"太史考文江浙时,余辱与连房,卷有不可遗落者,必决于余。在杭提学时,谒文者填至,必取余笔代应,且又不掩于人,曰:吾文有豪纵不为格律囚者,此非吾文,乃杨廉夫文也。自南京归时,余见于天竺山,谓余曰:吾老且休矣,吾子《文绝辩》已白于禁林,宋三百年纲目属之子矣。"从现存杨维桢的《复古诗集》中,我们还可看到黄溍为杨维桢诗所作的点评,足见两人关系之亲密。杨维桢对黄溍、柳贯的评价都很高,他在《故翰林侍讲学士金华先生墓志铭》中说道:"我朝文章雄唱推鲁姚公,再变推蜀虞公,三变而为金华两先生也。……柳太常如东鲁杜翁课间阎子弟,言言有遗事;黄太史如独茧遗丝,初不谐众响,至趣柱絙弦激绝之音出于天成者,亦非众音可谐也。"杨维桢对婺州作家陈樵的诗甚为推崇,认为陈樵之诗是他认可的当代七家诗人中的一家,杨维桢还为陈樵的《鹿皮子文集》作序,对陈樵的诗文给予了很高的评价(杨维桢写序时,他与陈樵还未见过面),杨维桢的序颇遭时忌,以至招来骂声,为此,杨维桢又作《鹿皮子文集后辩》予以反驳。陈樵也作有《和杨廉夫买妾歌》,对杨维桢的神采风流作了夸张的描写。由于杨维桢在元末声名藉甚,婺州也有人如金信等负笈从杨维桢学习诗文的。宋濂与杨维桢的来往,主要是因为黄溍这一层关系。黄溍卒时,宋濂撰成行状,委托同门友郑深请杨维桢作墓志铭。宋濂的第一部文集《潜溪集》编成后,托人请杨维桢作序①。洪武二年(1369),杨维桢被朱元璋召至南京纂修礼乐之书;洪武三年(1370)正月,杨维桢以疾辞归,时为翰林学士的宋濂作《送杨廉夫还吴浙》为其送行,其中有"不受君王五色诏,白衣宣至白衣还"之句。杨维桢归后,也作《寄宋景濂诗》,诗云:"一代春秋付托颛,龙门太史笔如椽。山河大统三分国,正朔中华一百年。麒麟阁上登雄将,龙虎榜头收大贤。试问阮公高隐传,谁填四十满中篇。"是年二月,杨维桢又为宋濂的《潜溪新集》作序,在序中,杨维桢对宋濂的文章给予了极高的评价:"其所独得者三十年之心印,律之前人,石不能压之而钧,钧不能压之而斤者,万万口之定价也。"五月,杨维桢去世,临死前,他对弟子说:"知我文最深者,唯金华宋景濂氏,我即死,非景濂不足铭

---

① 详见杨维桢:《潜溪集后序》,《宋濂全集》,浙江古籍出版社1999年版,第2493页。

我,尔其识之。"卒后三月,宋濂为其撰墓志铭。

又如陈基,他是浙江临海人,与兄陈聚都是黄溍任江浙儒学提举时的弟子,至正六年(1346),他与同门友王祎随老师黄溍北上大都,后被授经筵检讨之职,因"力陈顺帝并后之失",避祸归里。后又流寓吴中,成为顾氏玉山草堂的常客。此外,张雨、郑元祐、钱惟善等也是流寓吴中的浙籍人士,与婺中文人均有往来。张雨,钱塘人,黄溍在钱塘时,曾到过张雨的贞居,并为张雨的《师友集》作序。黄溍归义乌时,张雨则作《送黄先生归乌伤序》送行。柳贯有《玄文馆送张伯雨炼师归三茅》,张雨也曾为胡助的《大拙先生传》作跋。钱惟善,字思复,钱塘人,历官江浙儒学提举,张士诚据吴时,他退隐吴江,后又徙华亭。他年轻时北上大都参加进士考试时,婺州文人吴景奎曾作诗《送钱思复进士赴会试》送行,钱惟善到大都后,曾拜谒时任国子博士的吴师道,吴师道作《送钱思复下第得屈字》诗,为其南归送行。郑元祐为遂昌人,初侨寓杭州,后又流寓吴中。郑在吴中时曾作诗《胡古愚南归》,表明他和胡助也有过交往。

朱元璋定鼎南京后,跟随他的婺州文人得到了重用,但朱元璋下诏征修《元史》,不得不从各地征召一些饱学之士参与《元史》的纂修,其中包括原来在张士诚幕府下的吴中文人。这就为吴中文人与婺州文人的交往提供了一次良机。《元史》的总裁官为宋濂和王祎,二人均是柳贯和黄溍的学生,《元史》的纂修官中,婺州文人还有胡翰、朱廉、张孟兼、苏伯衡等,而吴中文人则有陈基、高启、谢徽、张简、王彝、高逊志、杜寅等。陈基与宋濂、王祎均为同门友,但由于此前处在敌我对立的阵营内,其时聚会不免有些尴尬。陈基在洪武二年(1369)《元史》初稿纂成后,赐金而还,次年即去世,故现在宋濂、王祎的集子中找不出他们在洪武二年交往的痕迹。倒是与陈基曾处同一阵营的戴良,在陈基去世后,曾作《哭陈夷白二首》以示悼念。其中有"师门伟器今余几,藩国奇才独数君"之句。宋濂、王祎的文集中不留丁点与陈基交往的文字,有可能与陈基曾是张士诚的重要文臣,宋、王二人在朱元璋耳目监视下不敢有所表示有关。史馆中,与婺州文人来往较密切的有王彝和高启二人。王彝,字常宗,嘉定人,曾作有《陪宋学士国子学夜坐次韵》。高启,字季迪,号青丘,长洲人。他与宋濂的关系可以从他的《会客成均,及玉兔泉煮茗,诸君联句不就,因戏呈宋学士》《雪夜宿翰林院呈危宋二院长》《送宋学士子仲珩自京还金华省亲》等诗中见其一斑。高启与王祎父子的交往更密,其《缶鸣集》成集时,即请王祎作序。当王祎的儿子王绅到南京省亲时,高启几乎与他形影不离,曾作《约王孝廉看梅》《次韵王孝廉过澄照寺》《送王孝廉游京归钱塘》《送王孝廉至京省其父待制后归金华》《送王孝廉游京回钱塘》等诗。洪武三年(1370)七月,当《元史》最终完成的时候,王祎被朝廷遣往西北边疆招谕吐蕃,高启闻知后,作《闻王翰林使蕃》《雨夜偶读王待制诗》以表达他对友人的关切和思念。高启与婺州文人胡翰、张孟兼的关系也不错。高启的《缶鸣集》,也请胡翰为其作序。张孟兼的《释登西台恸哭记》,曾请高启题诗,高启与张孟兼、宋濂的儿子宋璲一起在金陵的莲房联句。高启还为张孟兼的白石山房作《题张太常金华白石山房图》诗。张羽卒后,童冀为其作《太常司丞张来仪墓铭》①。

二、婺州作家群与吴中作家群的差异

婺州文人与吴中文人虽然交往密切,但总体上看,这两个不同区域的作家群在不少方面还是存在着不少差异的,表现在以下三方面。

(一)生活方式的差异

在生活方式上,吴中文人较婺州文人喜好声色。婺州作家群大多洁身寡欲,他们不反对沉迷声色,但自己却避而远之。如杨维桢在为黄潜撰的墓志铭中写道:"先生位至法从,萧然不异布衣时,又寡嗜欲,年四十即独榻于外,给侍左右者,两黄头而已。"②又如宋濂,在"声色之乐"与"文章之乐"之间,他选择了"文章之乐",他说:"臣为文之时,独潜阁庐,五官内守,形若槁株。……虽身执台枢,腰悬金鱼;膳羞熊蹯,居饰璇题,入则丽姝,吹竹弹丝;出则戎士,负弩曳旛:亦不足以喻其适。"

相反,吴中不少作家对"声色之好"表示出浓厚的兴趣。例如,被推为吴中诗坛盟主的杨维桢,他的"声色之好"是出了名的。瞿佑《归田诗话》记载杨维桢一人独拥"四妾":"杨廉夫晚年居松江,有四妾,竹枝、柳枝、桃花、杏花,皆能

---

① 《静居集》附录,《四部丛刊初编》本。
② 《东维子集》卷二十四《故翰林侍讲学士金华先生墓志铭》,影印文渊阁《四库全书》本。

声乐。乘大画舫,恣意所之,豪门巨室,争相迎致。"①杨维桢自己也作有《买妾》
一诗。杨维桢不独在家中云来雨去,就是在公众场合,他也毫不检点,肆意以
妓女取乐。《清閟阁集·外纪·云林遗事》中云:"杨廉夫耽好声色,一日与元
镇会饮友人家,廉夫脱妓鞋置酒杯其中,使坐客传饮,名曰鞋杯,元镇素有洁
疾,见之大怒,翻案而起,连呼龌龊而去。"杨维桢的行为,即便是吴中文人倪瓒
看来,也是过分。事实上,吴中文人也不独杨维桢好"声色",其他一些较富的
文人家里,都蓄有家妓乐班,以供自己和朋友们宴会时取乐。其中最有名的莫
过于昆山玉山草堂的主人顾德辉了。顾德辉的玉山草堂在当时的文人中几乎
无人不知,无人不晓。这里不仅有亭园池榭之美,书画图史之富,而且群姬狎
坐,歌舞娱人,是文人追欢逐乐、宴集赋诗的理想乐园。无怪乎天下名士都欣
然前往,以图一时之快。据顾德辉编的《草堂雅集》和《玉山名胜集》,当时到过
他玉山草堂的文人达七十多人,而吴中文人郑元祐、张雨、杨维桢、陈基、郯韶、
袁华、于立、释良琦、倪瓒等更是常客。

(二)政治抱负的差异

政治上,婺州文人较吴中文人更有热情和抱负。虽然婺州文人群体中也
不乏隐逸之士,如陈樵、金涓、叶颙等高蹈远引,遁迹山林,但总的来说,婺州的
文人大多汲汲于仕进,在政治上都希望有所作为。柳贯以翰林待制致仕,胡助
以太常博士致仕,吴师道以礼部郎中致仕,黄溍以翰林侍讲学士致仕。王祎曾
随老师黄溍北游大都,有感于元朝的衰敝,"为书七八千言上时宰",轰动一时。
宋濂几次参加进士考试,表明他十分希望借此走上仕途,以展宏图。宋濂的
《龙门子凝道记》《诰皓华文》等文章,表明他对社会、政治和人生价值有严肃的
思考,也表达了他欲拯救黎民于水深火热的强烈愿望。所以,当朱元璋的军队
来到婺州的时候,宋濂、王祎等一大批婺州文人应时而出,成为朱元璋攻取天
下和日后安邦定国的重要文臣。

相对来说,吴中文人的政治热情没有婺州文人高,政治抱负也没有吴中文
人大。这里有几种情况。一种情况是,一些文人开始对政治也有较高的热情,

---

① 杨维桢:《杨维桢诗集》,邹志方点校,浙江古籍出版社 1994 年版,第 542 页。

后来因为受到种种挫折而放弃了仕途的努力。例如，杨维桢进士出身，又自恃才高学富，所以年轻时颇希望自己能在仕途上有一番作为。但是，经历一次次的官场挫折，杨维桢最终绝意仕进，"浪迹浙西山水间"。又如陈基，游宦大都时，被授予经筵检讨，后因得罪元顺帝，不得不避祸归里。后又流寓吴中，悠游度日，成为顾氏玉山草堂的常客。第二种情况是，不少吴中文人压根对政治不感兴趣。如顾德辉，"日与文人儒士为诗酒友"。四十岁以后，似乎对人生有所彻悟，将田业交付子婿，自己则筑起玉山草堂，开始了"不学干禄，欲谢尘事，投老于林泉"的生活，并多次以种种理由和办法谢绝来自各方的征辟。倪瓒溺于诗画，张雨为道士，释良琦、于立为和尚，都是不问时事、远离政治的吴中文人。第三种情况是，已习惯安逸生活的吴中文人，因为元末战乱所逼，不得不投身到张士诚的幕府下。元末南方已形成张士诚、朱元璋、陈友谅为首的军事集团三分割据的形势，这是一场你死我活的战争。张士诚据吴，名义上隶属于元朝，吴中文人跟从张士诚，说起来是出于保家卫国的需要，加上张士诚高官厚禄的利诱，吴中文人也乐于相从。如郑元祐在元末有很高的文名，他初寓钱塘，后寓吴中，在战乱未发生之前，过着优哉游哉的侨寓生活。战乱爆发后，郑元祐被辟为平江路儒学教授、江浙儒学提举等官职。又如陈基，由于张士诚的征聘，他成了张士诚的军事参谋，后又迁学士院学士，一时号称张士诚的"第一文人"。

（三）创作行为的差异

从文体上看，婺州作家与吴中作家都进行过诗歌和散文的创作，不过，从当时及后世的影响来看，婺州作家主要以文章名世，而吴中作家主要以诗歌名世。元末"文章四大家"，婺州占了两个（黄溍和柳贯）。黄、柳的学生宋濂和王祎是明初《元史》的总裁，也均以文章名世，钱谦益云："国初之文，以金华（宋濂）、乌伤（王祎）为宗。"宋濂更有"开国文章之首臣"之誉。吴中作家群则以诗歌名世，声名最著者当推杨维桢，《明史·杨维桢传》云："维桢诗名擅一时，号铁崖体。"玉山草堂诸成员中，杨维桢之外，如顾德辉、郯韶、于立、释良琦、张雨、倪瓒等主要都致力于诗歌的创作。比玉山草堂诸诗人晚一辈的吴中诗人如高启、杨基、徐贲、张羽被称为"吴中四杰"，以比"初唐四杰"。

从创作的内容上看，由于婺中作家受理学和婺州地域文化的影响，他们的文章对历史问题、社会问题以及个人操行节守等严肃的题材较为关注，如王祎的《文丞相画像记》、张孟兼的《释登西台恸哭记》《唐珏传》，苏伯衡的《祭许祭酒文》，宋濂的《龙门子凝道记》《燕书四十首》《诘皓华文》及一些人物传记，或分析历史的成败得失，或批判政治的弊病和社会的不良风气，或忧虑国家的前途命运，或表彰人物的民族气节，显示出婺州作家强烈的社会责任感、历史使命感和深远的忧患意识。当然，由于受理学的影响，他们的不少文章也充满了浓厚的道德说教。除极个别的婺州作家会写一些描写男女艳情的诗，多数婺州作家很少涉及这一题材，他们大多写一些温柔敦厚、合乎儒家诗教的诗，其中以山水诗所占比例最大，当然也不乏表现民族气节和民生疾苦之类的诗歌。

与婺州作家不同的是，吴中作家大多漠视社会问题和政治问题的存在，醉心于聚饮唱和，迷恋于耳目声色，所以，在他们的作品中，宴饮唱和的内容占了相当大的比例。如顾德辉编的《玉山名胜集》，汇集了他与杨维桢、郑元祐、张雨、陈基、郯韶、于立、释良琦、陆仁、秦约、袁华、岳榆等文人多年来在玉山草堂宴饮唱和的诗作，所吟不出池园亭榭之美、歌舞宴饮之乐、友朋相聚之欢、赋诗撰文之雅等内容。即便是元末兵戈四起时，玉山草堂依然置酒赋诗，觞咏唱和，大有"今朝有酒今朝醉，明日愁来明日愁"的味道。如秦约在为《可诗斋夜集联句》作的序中写道："至正十四年冬十二月廿二日，予游吴中，属时寇攘，相君有南征之命。……诸君咸曰：今四邻多垒，膺厚禄者，则当奋身报效，吾辈无与于世，得从文酒之乐，岂非幸哉！"又如熊梦祥于至正十二年（1352）在玉山草堂聚会时写的一则诗序中云："玉山主人方执玉麈长啸，意气自如。……乃张筵设席，女乐杂沓，纵酒尽饮……呜呼！于是时能以诗酒为乐，傲睨物表者几人？能不以汲汲皇皇于世故者又几人？"兵乱之时，国难当头，这些文人丝毫没有危机感和责任感，只顾自己宴饮遣兴，寻欢作乐，可见他们对社会和政治是多么的冷漠！

此外，由于吴中地区红袖添香、歌伎佐尊的现象十分盛行，加之吴中作家与姬、妓来往密切，所以，他们的作品涉及这方面题材的现象也较为普遍。如顾德辉《花游曲》、徐贲《咏妓》、高启《江上逢旧妓李氏见过四首》《两妓》等诗，都表现了这一题材。尤其需要指出的是，杨维桢现存的诗中竟有一百余首的诗作与女性有关，这在元末明初的诗坛上是绝无仅有的。应该说，杨维桢如此醉心于女性题材的挖掘和开拓,而且不少描写女性的诗歌内容健康朴素,格调积极向上,自有一种对正统道德观念,对当时盛行理学思想的叛逆精神在,但也有不少诗歌(如他的香奁宫词之类的诗),内容浅薄,格调低俗,语言浮华,是杨维桢以男性为中心,把女性作为性玩弄和性发泄对象的原始性本能在作品中的反映。如他的《成配》《相见》二诗均赤裸裸描写了性交场面和性交活动,无疑是杨维桢描写女性诗歌中的糟粕。而杨维桢以妓鞋行酒的作风,更是变态性心理的反映。

三、婺州作家群与吴中作家群差异之原因

婺州作家群与吴中作家群是处于同一时代背景下的两个不同区域的作家群体,然而,他们之间存在诸如以上所述的差异,其原因是多方面的。

其一,吴中文人活动的区域主要集中在吴中(苏州、昆山)和浙西(杭州、湖州)一带,这些沿海城市自宋代以来商品经济相当发达,歌舞妓业也相当繁盛,这客观上为吴中文人追求声色之好提供了条件。元朝时,意大利人马可·波罗在其所著《马可·波罗游记》中对杭州的富丽和妓业的繁多曾作过形象的描写。昆山顾德辉玉山草堂规模宏大,草堂内的景点共有二十七处之多。女乐方面,年轻貌美、能歌善舞的小璚英、翠屏、素真、琼花、珠月、素云、小瑶池、小蟠桃、金缕衣等,都是玉山主人常年蓄养以供助兴取乐的妓、姬。无怪乎《明史》本传称其"园池亭榭之盛,图史之富暨饩馆声伎,并冠绝一时"。

其二,婺州作家大多是理学家吕祖谦和朱熹的徒子徒孙,浓厚的理学风气对婺州作家的人格、生活方式及创作都产生了重要的影响。这种影响有积极的一面,也有消极的一面。积极的一面是,理学家大多有强烈的历史使命感和社会责任感,他们提出的"民胞物与""为天地立极,为生民立命,为往圣继绝学,为万世开太平"的理想,一直鼓舞和激励着一代又一代的婺州作家为之奋斗不已。理学家强调个人的道德修养,注重操行节守,所以婺州的作家都以道德节操名世。自然,他们的作品表现民族气节、国家命运、社会问题和民生疾苦的内容较多,而表现个人享乐方面的内容较少。当然,理学家的消极影响也很明显,例如,朱熹的三传弟子、"金华四先生"中的王柏,竟然将《诗经》中三十

多首表现男女爱情的优美诗歌斥为淫诗而统统删去。吴中地区的理学风气远没有婺州浓厚,但个别作家如王彝的理学观念与婺州作家相比,似乎有过之而无不及。王彝曾著《文妖》力诋杨维桢,认为他"文不明道,而徒以色态惑人、媚人,所谓淫于文者也"。考察王彝的受学渊源,发现他是"金华四先生"之一金履祥的再传弟子,所以,他有这样的言论也就不足为奇了。

其三,朱震亨有关节欲的医学思想,对婺州文人的洁身自好产生了很大的影响。朱震亨(1281—1358),字彦修,号丹溪,婺州义乌人。曾从学于许谦,因举试不利,去而习医,受教于杭州罗知悌,遂以医术名一时。著有《丹溪心法》《格致余论》《局方发挥》《金匮钩元》等书。朱震亨的节欲思想主要记载在《格致余论》一书中,此书第一篇即为《饮食色箴序》,紧接着为《饮食箴》和《色箴》,足见朱震亨对节欲思想的重视。如《饮食箴》写道:"口能致病,亦败尔德。守口如瓶,服之无斁。"《色欲箴》写道:"士之耽兮,其家自废。既丧厥德,此身亦瘁。远彼帷薄,放心乃收。饮食甘美,身安病瘳。"虽然饮食男女为人生的基本需求,然而,过度的饮食和纵欲会危害身体的健康,甚至败坏一个人的道德,朱震亨有感于现实生活中的事例,告诫人们要节制食欲和性欲。《格致余论》还有一篇《房中补益论》,对那种片面强调性生活的补益的观念提出了批评:"若以房中为补,杀人多矣。"朱震亨在世时,婺州文人黄溍、宋濂、王祎、戴良、胡翰等都与其有往来,故朱震亨的节欲思想无疑对婺州作家产生了影响。

综上所述,婺州作家群与吴中作家群有着十分密切的交往,但也存在不少差异,这些差异点,正是婺州作家一度为朱元璋所重用的一个重要原因;通过与朱元璋的君臣遇合,婺州作家的思想和创作对明初及以后的文学产生了重要的影响,同时表明了明初以来文学走向的必然性。他们的共通于吴中作家群的特点,则为他们后来的悲惨命运埋下伏笔。

(原载《文学遗产》2004 年第 2 期)

南明词人方惟馨《菩萨蛮》
五首的"词史"价值

周明初

　　产生于明末清初易代之际的南明文学,近年来已逐渐引起研究者的重视,并取得了一定的研究实绩①。不过,与整个明末清初文学研究相比,南明文学研究总的来说还比较薄弱。造成这种局面的一个重要原因是文献资料的缺失,因为涉及南明的各种资料,在清代遭到了不同程度的禁毁,能够留存至今的显得零散、残缺、错舛和隐晦,需要花费很大的工夫进行辑佚、考辨和还原,然后才能有所利用。

　　本文想要做的就是这样一项工作。南明词人方惟馨,有关他的生平的存世资料不多,需要考辨梳理;他的作品,现仅存五首词和两首诗,其中《菩萨蛮》组词,首见于《(康熙)瑞金县志》卷九《艺文志》"诗余"中,端赖《(康熙)瑞金县志》才存于世。这五首词,实录了南明时期瑞金一带错综复杂之情势,所叙虽为一时一地之事,但反映出了当时南明社会的普遍情状,具有"存史""补史"的"词史"价值,可以加深我们对南明时期抗清士人心态的认识和理解,而且这五首词在千年词史上来说是目前所见的最早的真正具有"词史"意义的作品,值得重视。这五首词所述当时情势,需要结合有关史实进行解读才能明了,因此,本着诗(词)史互证的方法,本文将花相当的篇幅对这五首词进行释证。本文的工作有三项:一是稽考方惟馨之生平大略,二是释证《菩萨蛮》五首所涉之史事,三是讨论五首词作之"词史"价值。希望通过这样的实例,对南明文学的

---

① 　如专著方面,已有潘承玉《南明文学研究》(中华书局 2012 年版)、张晖《帝国的流亡——南明诗歌与战乱》(中国社会科学出版社 2014 年版)等。

研究有所助益。

一、方惟馨之生平考略

《(康熙)瑞金县志》卷九《艺文志》"诗余"中录有"邑令方惟馨"的《菩萨蛮》五首并小序,而该志卷六《官制志·职官》中,方惟馨列在"明知县"中最后一位,并有注云:"字蕴羞,直隶寿州人。由拔贡丙戌年任。详《宦迹志》。"①又查同卷《宦迹志》,其小传全文为:

> 方惟馨,忠臣震孺之子。父任两广巡抚,闻怀宗殉难,哭灵而死,有"麻衣如雪见先皇"之句。公雅擅风骚,性多感慨。见于诗歌,有《菩萨蛮》诗。见《艺文志》。②

据《(康熙)瑞金县志》卷六《官制志》,方惟馨是"丙戌年"任瑞金知县的。该志"明知县"部分,方惟馨的前任是刘翼,"乙酉年任";刘翼的前任是熊文梦,"崇祯十五年任";自熊文梦往前的明朝各任知县,任职年份均用年号纪年标示。再查该志"国朝知县"即清朝知县部分,第一位李德美为"暂署县事","顺治三年任";第二位徐珩,也是"顺治三年任";第三位钱江,"顺治七年任"。自钱江以下,任职年份也均用年号纪年标示。

明代在崇祯十七年甲申(1644)就结束了,该年也是清朝开始的顺治元年,而崇祯十七年后的"乙酉年""丙戌年",实际上是清顺治二年(1645)和三年(1646)。方惟馨在"丙戌年"所任的仍是明代知县,而同一年即顺治三年之清知县又有李德美和徐珩两位,也就是说在同一年里瑞金一县出现了三位知县。这是怎么回事?

查《(康熙)瑞金县志》卷十《杂记·祥异》中称:"是岁(指顺治三年)八月,清兵追隆武至汀州。闻报,阖城一夜逃去。"③而该志卷六《官制志·职官》"国

---

① 朱维高修,杨长世纂:《(康熙)瑞金县志》,《中国方志丛书》华中地方第901号,台湾成文出版社1989年版,第278页。下引此书均同此版本,不另注。

② 《(康熙)瑞金县志》,第330页。

③ 《(康熙)瑞金县志》,第727页。

朝知县"所列第一人李德美下有附注称:"浙江山阴人。由吏员原汀州府经历,顺治三年任。大兵围赣未下,贝勒统满兵,由福建汀州府先收服版图。当委,暂署县事。"①结合计六奇《明季南略》卷八"清兵从容过岭"及钱澄之《所知录》卷一等可知,该年八月,清兵突破浙闽交界处的仙霞关进入福建,二十八日在闽赣交界处的汀州俘获南明隆武帝。②

联系起来看,可知在清顺治三年(1646)八月底南明隆武帝被清兵俘获前,地处赣闽交界处、与福建汀州府接壤而行政上属于江西赣州府的瑞金还未被清军所占领,仍在南明隆武朝的版图内,而清兵在福建汀州俘获隆武帝后,才趁势由汀州进入邻近的瑞金。因为刘翼、方惟馨所任知县是南明知县,故《(康熙)瑞金县志》中在记载他们的任职时间时,不用清朝顺治的年号纪年,但它又不承认南明的小朝廷,因此也不用南明弘光、隆武这些年号纪年,而改用干支纪年。可知《(康熙)瑞金县志》中所说的"乙酉年"是指南明弘光元年、隆武元年(1645),"丙戌年"是指隆武二年(1646),若以清朝纪年,则分别对应的是顺治二年和三年。方惟馨作为南明时期的瑞金知县,是隆武二年才上任的,而在该年八月底或九月初清兵占领瑞金时他的知县身份也就终止了,可知他的知县任期是很短的,一年时间都不到。

《(康熙)瑞金县志》中的方惟馨小传,只有寥寥数语,过于简单,显然对于我们较为全面地认识方惟馨是远远不够的,因此还需要结合别的材料对他的生平进行考索。然而方惟馨身前声名不彰,又身处明清之际,且又出仕于南明,故未见有关于他的完整的传记行于世。涉及他生平事迹的资料,不仅零散,而且歧异,需要辑录、考辨、梳理。

方惟馨为明末广西巡抚、忠臣方震孺之子,故在明清之际的史书中有关方惟馨之事迹多附于其父的传记之后。邹漪《启祯野乘》一集卷三《方巡抚传》附传云:

长子至朴,仲子惟馨,端凝博雅,俱负至性,为磊落奇男子。惟馨仕闽兵部司务,署篆瑞金。其上封事有曰:"萧王为将而不为天子,此光武所以复旧物

---

① 《(康熙)瑞金县志》,第 279 页。
② 计六奇:《明季南略》,中华书局 1984 年版,第 325—326 页。鲁可藻、钱澄之、瞿共美:《岭表纪年 所知录 天南逸史》,浙江古籍出版社 1985 年版,第 173—174 页。

也；宋高为天子而不为将，此绍兴所以终南渡也。"时谓名言。寻以清兵南下，痛哭疾走南雄。委顿逆旅，呕血而卒。子居易，发覆额，亦不愿回里，随死之。①

徐开任《明名臣言行录》卷八十三《巡抚方公震孺》、计六奇《明季北略》卷十一《方震孺守寿州》、查继佐《罪惟录》列传卷十三下《方震孺传》所记方惟馨事迹同此，而文字上略有省减，或不记方震孺长子至朴事，或不记方惟馨之子居易事，这里不具引。

此传中所载方惟馨任瑞金知县之后之行迹，为《（康熙）瑞金县志》所缺失，可补《（康熙）瑞金县志》记载之不足。据此传，方惟馨"寻以清兵南下，痛哭疾走南雄。委顿逆旅，呕血而卒"，又钱澄之《藏山阁集》诗存卷九《生还集》有诗《过韶州，知方蕴羞以丙戌秋病殁，哭成》②，可知方惟馨在隆武二年（1646，清顺治三年）的八月底或九月初清兵占领瑞金前撤离并进入广东境内的南雄，不久即过世了。

现已知方惟馨卒于南明隆武二年秋，而其生年，据其父方震孺（字孩未）身前自编、后人修订的《方孩未年谱》"辛亥，先生年二十七岁"条末"是年举次儿馨"③，可知是在明万历三十九年（1611）。

方惟馨早年的活动已很难稽考，现在只知道他曾在南京大会名士，曾替朋友排难解纷。据钱澄之之子钱扨禄为其父所作的《先公田间府君年谱》：

值方蕴修大会名士，府君以直之随造会所，拉尔止于诸君前，述其本末。责尔止报复，辞理备畅。尔止语塞。诸君子皆以府君言为然，众议毁板不行，祸遂止。④

此条中之"方蕴修"即方惟馨，"府君"为年谱编者钱扨禄称其父亲钱澄之，"直之"指方以智（字密之）之弟方其义，"尔止"指方以智、方其义之从叔方文。据

---

① 邹漪：《启祯野乘》一集，《四库禁毁书丛刊》（史部第40册），北京出版社1999年版，第384页。

② 钱澄之：《藏山阁集》，《续修四库全书》（第1400册），上海古籍出版社2003年版，第600页。

③ 方震孺：《方孩未年谱》，《北京图书馆藏珍本年谱丛刊》（第59册），北京图书馆出版社1999年版，第8—9页。

④ 钱扨禄：《先公田间府君年谱》，《清初名儒年谱》（第4册），北京图书馆出版社2006年版，第654页。

该谱前文所叙,方文仗着自己是方其义长辈的身份,常在众人面前凌辱方其义,弄得他很狼狈。方其义的朋友陈焯(字默公)为取悦方其义,将方文诗文中的病句摘出,制成小揭加以嘲讽。性格褊狭的方文怀恨于心,这时正好方其义之父湖广巡抚方孔炤(字仁植,也是方文的从兄)在与张献忠的作战中失利而被朝廷逮捕,方文趁机刻了揭贴送给阮大铖,想要借助阮大铖的力量报复方其义。方其义和陈焯向钱澄之求助,钱澄之乘方惟馨大会名士之机会,排解了方文、方其义叔侄间的纠纷。据该年谱中"是时方仁植以楚抚被逮下狱,密之新第"①,可知是崇祯十三年(1640)事。

所谓大会名士,很可能就是复社成员间的一次活动,因为钱澄之、方文、方其义等均为复社成员。由此看来,方惟馨不仅是复社成员,而且在南京一带的复社活动中曾起着组织者的作用。不过,关于方惟馨与复社之间的关系,由于资料较少,现已难以详细考查了。

关于方惟馨出仕南明隆武朝事,据他的朋友钱澄之的相关记述,也可略知一二:钱澄之《藏山阁集》文存卷二有作于乙酉年即隆武元年(1645)十二月的《寄黄石斋阁部老师书》,内称:"方生惟馨自信州来,言:军前义士云集,唯得法书奖语数字,荣于诰敕。"②黄石斋指黄道周,隆武朝以吏部尚书兼武英殿大学士入阁,故称阁部。据庄起俦所编《黄忠端公年谱》卷四可知,黄道周因在朝与掌握兵权的平虏侯郑芝龙关系不谐,于隆武元年七月自请以师相身份去江西募兵,十月初到达江西广信府。在募得三个月的兵粮后,兵分三路,向清军进攻,十二月六日黄道周率兵向婺源出发,二十四日兵败于婺源并被清军俘获。③钱澄之于该年十月到达隆武行朝的所在地福京(即福州),因为受到黄道周的举荐,故写此信表示感谢。钱澄之写此信时,黄道周应当还未兵败被俘。信中转述方惟馨所言,说的正是该年十月、十一月间黄道周在广信募兵事,可知方惟馨应当是在这个时候途经广信来到隆武行在福京的。

---

① 钱扬禄:《先公田间府君年谱》,《清初名儒年谱》(第 4 册),北京图书馆出版社 2006 年版,第 654 页。

② 钱澄之:《藏山阁集》,《续修四库全书》(第 1400 册),上海古籍出版社 2003 年版,第 630 页。

③ 庄起俦:《黄忠端公年谱》,《北京图书图书馆藏珍本年谱丛刊》(第 59 册),北京图书馆出版社 1999 年版,第 355—387 页。

　　钱澄之与方惟馨本是相识的友人,又是差不多同时到达福京的,两人一到福京即开始了密切的交游,《藏山阁集》诗存卷三中《酬方蕴修》《同鉴在、蕴修饮徐闇公司李署》即写于此时①。诗题中"鉴在"即吴德操,"徐闇公"即徐孚远。他们在到达福京后,与钱澄之一起得到了黄道周的举荐,徐孚远很快接受了天兴府推官的任命,而吴德操、钱澄之没有接受任命而是等待参加乡试。诗题中的"司李署"即指徐孚远所在的天兴府推官公署。所谓天兴府也即福州府,隆武朝在福建建立后,改福州府为福京天兴府,作为行朝所在地。

　　据《先公田间府君年谱》,因为钱澄之、吴德操是被黄道周举荐的,还未等到乡试,在该年十二月,就得到了赴吏部参加官吏选拔考试的通知,方惟馨与他们一同参加了诠试。考试结果是钱澄之获第一名、吴德操第七名。《先公田间府君年谱》接着说:

　　次日榜发,府君得推官,鉴在得知县。同试方蕴修得教谕,愤甚。往谒谢,太宰指府君曰:"观子才,固奇士也。吉安推缺,即以相屈。奇男子须为朝廷任危疆,勿求安乐地。"府君不能辞,因言方生亦奇才,置之散地可惜。太宰问之,知为方孩未(当作未)子也,即改县,随补瑞昌。而鉴在得长汀。②

文中之"太宰"指时任吏部尚书的曾樱。文中说一同参加考试的方惟馨因为仅得教谕之职而"愤甚",经钱澄之居中说情,改补瑞昌知县,这与邹漪《启祯野乘》一集卷三《方巡抚传》附传所说"仕闽兵部司务,署篆瑞金",说法不一。"瑞昌"显为"瑞金"之误记。方惟馨实际所任为瑞金知县,并非瑞昌知县,已见前文所引《(康熙)瑞金县志》等的记载。瑞昌属江西九江府,在长江中游南岸,其时长江中下游沿江地带早已为清军所占领,南明隆武朝实际所能控制的地区限于福建、两广及江西中南部,所以也不可能往已为清军所占领的瑞昌派出官员。这里说方惟馨得教谕,而据上文所引邹漪《启祯野乘》一集卷三《方巡抚传》附传可知,方惟馨在到达福京后、与钱澄之等人一起参加吏部诠试前,已经先行担任了兵部司务一职。钱澄之《所知录》卷一谓隆武朝建立时:

---

① 钱澄之:《藏山阁集》,《续修四库全书》(第 1400 册),上海古籍出版社 2003 年版,第 570 页。

② 钱扴禄:《先公田间府君年谱》,《清初名儒年谱》(第 4 册),北京图书馆出版社 2006 年版,第 662—663 页。

其科道各官或起旧，或召对特授，或因大臣荐举，破格用之。惟翰林、吏部，专循资格。而兵部职方一司，督抚、藩镇题请虚衔为军前赞画、监纪，甚至滥赏，不可胜纪。上亦轻畀之。由是清流往往耻与其列。①

可知隆武朝建立后，前来投奔的士子，很轻易就能得到官职。因此，方惟馨刚到达福京，很可能就得到了兵部司务一职。因为方惟馨之父亲方震孺本是崇祯时之广西巡抚，南明弘光时自请带兵渡黄河，与李自成军队决战，为崇祯帝报仇，为马士英、阮大铖所阻，郁郁不得志而卒。在隆武朝中，原与方震孺相识而交好的"督抚、藩镇"应当不在少数。方惟馨很可能是在他们的题请下得到类似于"军前赞画、监纪"的兵部司务这一虚衔的。这样的虚衔在当时"滥赏不可胜纪"，为清流之士所轻视，因此方惟馨要和钱澄之他们一起参加吏部诠试，期望得到一个有实权的官职。但是主持诠试的吏部尚书曾樱并不知方惟馨其人，因此他仅得到"教谕"一职，后来在钱澄之等人的介绍下，方惟馨才得到瑞金知县之职位。

在《先公田间府君年谱》中记载钱澄之得到吉安推官一职后，"即以是冬随江抚刘广胤出，度岁于横塘。次年行"②。而《藏山阁集》诗存卷三在《授官后呈黄石斋、曾二云两师》后一首即为《入虔，次芋园驿，同方蕴修守岁刘中丞远生昆仲寓中》，诗题有附注："芋园驿，在福建侯官县境。远生，名广胤；令弟客生，名烟客。"③按：附注中"烟客"当作"湘客"，属误记或刊刻有误。可知方惟馨在得到瑞金知县一职后，是与钱澄之、刘广胤他们同行的，在福州近郊侯官县的横塘芋园驿过了年。因此方惟馨到达瑞金上任的时间应当已经是在第二年即隆武二年丙戌的正月了，也由此可知他在瑞金知县任上只有短短八个月的时间。

---

① 鲁可藻、钱澄之、瞿共美：《岭表纪年 所知录 天南逸史》，浙江古籍出版社 1985 年版，第 157 页。

② 钱扬祿：《先公田间府君年谱》，《清初名儒年谱》（第 4 册），北京图书馆出版社 2006 年版，第 663 页。

③ 钱澄之：《藏山阁集》，《续修四库全书》（第 1400 册），上海古籍出版社 2003 年版，第 571 页。

二、《菩萨蛮》五首所涉史事释证

《（康熙）瑞金县志》卷九所收方惟馨《菩萨蛮》五首并序，全文为：

菩萨蛮

秋气袭人，凉风入牖。山衔索处，孤闷无聊。悲客子之流离，悯子遗之凋瘵。兴之所感，吐为诗余。倘此邦之硕彦名流，读之而伤其志，庶几得与道州之咏并传矣。

其一

伤流落也。劳劳末吏，不能造福残疆，徒噉雪瓜，真无辞于饕餮矣。

家山回首沧桑换，孤踪又到绵江畔。墨绶一葳蕤，狂奴态便非。腰支浑欲折，斗米终难得。无力种名花，低头愧雪瓜。

其二

痛焚烧也。城外屋宇，一望萧然，寇兵之祸至此。

云龙桥下滔滔水，中间多少伤心泪。父老咽声声，连年苦寇兵。寇兵烽火恶，树木通焚却。燕子欲巢林，衔泥何处寻。

其三

感田兵也。田兵激而生乱，以致合邑皆殃。安所得惟正之供？秋获届期，新租不入。奈何，奈何。

郊原百里村田偶，农夫社日皆酾酒。丰岁获盈车，枌榆共一家。祝鸡声忽变，牛犊成刀剑。万虎啸平畴，新租那得收。

其四

悯驿站也。驿站之困极矣，而后辈骄横如此。弹丸疲癃，其何以堪。

城边路接虔汀道，邮符络绎红尘报。叠叠上瑶台，呼童扫不开。蝎毛罗案立，叱咤连声急。凋敝汝何关，长夫且折干。

其五

愁檄羽也。杨兵肆逆，库藏如烟，而上台催饷甚迫。又田兵啸聚，不便开征。令君岂有点金之术耶？

健儿夜入河阳县，东西库藏成烟焰。檄羽又频追，量沙情可悲。黄金天不雨，点石侬非品。勉强欲催科，其如鸿雁何。①

现将五首词并序所涉史事略作梳理。其序中言"秋气袭人，凉风入牖"，可知此诗作于隆武二年（1646）七八月间，其时正当清军攻灭隆武朝、占领瑞金之前夕。方惟馨一方面感伤自己流离于此，一方面悲悯民生之困苦，于是写下了这组词。词序中的"道州之咏"，是指唐朝诗人元结在"安史之乱"后出任道州刺史时所作的《舂陵行》，其诗序曰："癸卯岁，漫叟授道州刺史。道州旧四万余户，经贼已来，不满四千，大半不胜赋税。到官未五十日，承诸使征求，符牒二百余封，皆曰'失其限者，罪至贬削。'於戏！若悉应其命，则州县破乱，刺史欲焉逃罪；若不应命，又即获罪戾，必不免也。吾将守官，静以安人，待罪而已。此州是舂陵故地，故作《舂陵行》以达下情。"②这首诗写经过战乱后统治者不顾当地百姓困苦不堪的惨状而加紧横征暴敛的实状，以及作为一个有良知的地方官员在催征赋税时的复杂心态。此诗曾深得杜甫的赞赏，杜甫在《同元使君舂陵行》中说："观乎《舂陵》作，欻见俊哲情。……道州忧黎庶，词气浩纵横。"③因为题材内容和思想感受相同，方惟馨也希望自己的这组词能够像元结的诗作《舂陵行》那样并传于世。

组词的第一首"伤流落"是感伤自己生当乱世，流落于此。在食用雪瓜时，因为自己不能造福于残山剩水之地的百姓，而感到内心有愧。雪瓜是瑞金一带特产的一种瓜，"长逾一尺，围径二尺，青皮红瓤，味甘多浆"④。词中"家山回首沧桑换，孤踪又到绵江畔"，是说自己的家乡已经为敌方所占领了，自己孤身

---

① 《（康熙）瑞金县志》，第 711—713 页。
② 元结：《元次山集》卷三，中华书局 1960 年版，第 34 页。
③ 杜甫著，仇兆鳌注：《杜诗详注》卷十九，第 4 册，中华书局 1979 年版，第 1692 页。
④ 《（乾隆）瑞金县志》卷二《舆地志下·物产·果类》，乾隆十八年（1753）刻本。

一人来到了瑞金。方惟馨的老家安徽寿州以及后来的寓居地南京都在前一年先后为清军占领,这时候早已是清朝的版图了。"绵江"是瑞金境内的一条主要河流,而瑞金县城正处于绵江河畔,据《(康熙)瑞金县志》卷二《地舆志·山川》:"绵江,水出黄竹岭下,至湖洋由罗汉岩、壬田寨抵县前,其源有八十里;又贡水,出汀州新乐山白头岭下,流五十里抵县前,与绵水合流,经会昌、雩都入赣水。"①

第二首"痛焚烧"是写瑞金经过"寇兵"焚烧后的惨状。诗中的"云龙桥"是瑞金县城南门外绵江上的一座桥,《(康熙)瑞金县志》卷九《艺文志》中收有五篇有关修建云龙桥的碑记文。所谓"寇兵"指的是活动于这一带的"山贼""土寇"。福建、江西和广东三省交界之地,民风剽悍,土匪猖獗,历来较难治理。处在明末清初这样的乱世,这一带更是盗贼蜂起。这些土寇山贼,流窜于各地,大肆劫掠,其中有一些名义上还接受南明朝廷的招安,受南明军队的节制。据《(康熙)瑞金县志》卷十《杂志·祥异》载:

> 顺治二年,广贼谢志良假兵由瑞,邑人误视以为兵,因不设备。及至,大肆掳掠,城外财物一空。围数匝攻城。逼城之屋恐贼举火,邑人自焚,贼亦焚屋之十一二乃去。②

对照《(乾隆)瑞金县志》卷十六《杂志·兵寇》此条,"谢志良"作"谢至良",谓"顺治二年广贼谢至良假称官兵,道由瑞邑,人不设备……"则表述更明确。顺治二年(1645)实际是指南明弘光元年及隆武元年,其时清兵尚未南下,瑞金仍在南明的疆域内。因为《(康熙)瑞金县志》是清代官修的志书,不承认南明诸朝廷,因此两志书在这里改用清帝年号。谢志良军队原是广东的少数民族武装,在该年为受封于江西的明朝藩王益敬王之子永宁王所招安,参与了明军与清兵在江西鄱阳湖东的作战,并收复了建昌、抚州、进贤等地,后因粮草不济而溃败。③《(康熙)瑞金县志》此条所记,当是谢志良军队溃散后流窜于各地时经

---

① 《(康熙)瑞金县志》,第98页。

② 《(康熙)瑞金县志》,第725页。

③ 温睿临:《南疆逸史》卷四十八《永宁王由橏传》,《续修四库全书》第332册,上海古籍出版社2003年版,第422页。徐鼒:《小腆纪传》补遗卷一《永宁王由橏传》,《续修四库全书》第333册,上海古籍出版社2003年版,第230页。邵廷采:《西南纪事》卷二,《续修四库全书》第332册,上海古籍出版社2003年版,第108页。前两书"谢志良"作"谢之良"。

过瑞金之事。因谢志良军队曾受明藩王招安，故其得以假称官兵，容易迷惑人。方惟馨组词第二首所写，应当正是瑞金城外在上一年即隆武元年遭遇谢志良军队劫掠和焚烧后的惨象。

所谓"连年苦寇兵"，是指瑞金一带连续遭受这些半匪半兵的山贼土寇的骚扰。据《（康熙）瑞金县志》卷十《杂志·祥异》可知，崇祯四年（1631）和五年（1632），瑞金各乡遭受过境的"广贼钟凌秀"的骚扰，而崇祯十五年（1642）、十六年（1643）两年"广贼十余种，有阎王总、锅刀总、番天营、猪婆总，名色甚多，皆沿劫各县村落"。① 这里所提到的阎王总，又称"阎罗总"，在隆武元年（1645）接受了永宁王的招安，被授予参将之职，而谢志良正是他的同党。②

第三首"感田兵"，写因"田兵"兴起所造成的祸乱。所谓"田兵"，是指由佃农所组成的武装抗租组织。据《（康熙）瑞金县志》卷十《杂志·祥异》载：

顺治三年丙戌春，何志源、沈士昌作乱，鸠集八乡，立百总、千总之号，名曰"田兵"。挟田主更券，欲负租据田。县令刘翼利其赂而主之，田主亦无如何。③

据此可知，"田兵"是顺治三年（实际当为隆武二年，1646）春天所产生的佃农们的武装抗租组织。这一组织强逼田主变更田券，想要占据原属田主的田地而不负担租税。而瑞金当地人杨兆年的《上督府田贼始末》对田兵的起源有更详细的叙述：

瑞金，山邑也，城如斗大。巨族市肆，皆在城外。无他产殖，惟树五谷。承平之时，家给人足。闽广及各府之人，视为乐土，绳绳相引，侨居此地。土著之人，为士为民，而农者、商者、牙侩者、衙胥者，皆客籍也。即黔徒剧贼，窜匿其中，亦无分别。明季谢、阎二贼交炽，凡闽广侨居者思应之。皂隶何志源，应捕张胜，库吏徐矶，广东亡命徐自成、潘宗赐，本境惯盗范文贞等，效宁化、石城故事，倡立"田兵"，旗帜号色，皆书"八乡均佃"。"均"之云者，欲三分田主之田，

---

① 《（康熙）瑞金县志》，第724—725页。
② 见温睿临《南疆逸史》卷四十八《永宁王由樻传》，《续修四库全书》第332册，上海古籍出版社2003年版，第422页。徐鼒《小腆纪传》补遗卷一《永宁王由樻传》，《续修四库全书》第332册，上海古籍出版社2003年版，第230页。此两书称"阎王总"为"阎罗总"。
③ 《（康熙）瑞金县志》，第726页。

而以一分为佃人耕田之本。其所耕之田,田主有易姓,而佃夫无易人,永为世业。凡畚插之家,苟有龃龉,立焚其屋,杀其人。故悍者倡先,懦者陪后,皆蚁聚入城,逼县官印均田帖以数万计,收五门锁钥,将尽掳城中人……①

由杨文可知,田主与佃农的矛盾又是与这一带由来已久的土著与客籍两大族群之间的争端交织在一起的。当地的土著居民拥有土地,成为田主,而从福建、广东及江西本省其他各府侨居于此的客家人或者租种田主的田地,成为佃农,或者经商及从事各种杂役。在明末清初大动荡的情势下,一些客家人趁机行动起来,成立田兵组织,以均田相号召,想要瓜分并永久占有原属田主的田地。

田主和佃农相争斗所造成的后果是"秋获届期,新租不入",即到了秋收季节,新的租税收不上来,政府也就很难维持正常的运转,"安所得惟正之供"。作为知县这一级的地方官员,最重要的事务即是"刑名"和"钱谷",即处理各种刑事、民事案件,征收各种赋税。租税收不上来,对于知县来说是一种严重的失职行为,但在"田兵激而生乱"的情况下,作为瑞金知县的方惟馨也只有徒唤奈何了。

第四首"悯驿站"是感叹驿站的凋敝。从"城边路接虔汀道"可知瑞金城边有连接福建汀州府和江西赣州府(虔州是赣州的旧称)的驿道,这是从福建到岭南的交通要道。从词中可知在瑞金城边原是设有驿站的,而这时候已经凋敝了。事实上,驿站的凋敝是从崇祯初年开始的。崇祯二年(1629)四月,崇祯帝为节省费用,因兵科给事中刘懋之疏请,裁撤驿站,遣散驿卒,造成全国的驿路基本瘫痪,大量驿卒失业。而在陕西、山西一带,因失业而生活无着的驿卒纷纷加入当地的农民军,加速了明王朝的灭亡,像推翻明王朝的李自成即为陕北的一名失业驿卒。关于崇祯年间裁撤驿站及造成的后果,《明史》卷二十三《庄烈帝本纪》、卷二百四十《韩爌传》、卷三百〇九《流寇传·李自成传》等都有所记载,而计六奇的《明季北略》卷五"刘懋请裁驿递"条记载尤详:

初上即位,励精图治,轸恤民艰。忧国用不足,务在节省。给事中刘懋上疏,请裁驿递,可岁省金钱数十余万。上喜,著为令:有滥予者,罪不赦。部、

---

① 《(乾隆)瑞金县志》卷七下《艺文志中》,乾隆十八年(1753)刻本。

科、监、司多以此获遣去,天下惴惴奉法。顾秦晋土瘠,无田可耕,其民饶赘力。贫无赖者,藉水陆舟车,奔走自给。至是遂无所得食。未几,秦中叠饥,斗米千钱,民不聊生。草根、树皮,剥削殆尽。上命御史吴甡,赍银十万两往赈,然不能救。又失驿站生计,所在溃兵煽之,遂相聚为盗,而全陕无宁土矣。①

裁撤了驿站,南方地区虽然没有造成陕西、山西一带那样的严重后果,但驿站凋敝,驿卒失业,却是一样的。而到了南明时期,由于南北分属于不同的政权,驿路受到阻隔,驿站也就更加衰败。"蝎毛罗案立",是说原来驿站的案头上都长满了虫毛,这是极写驿站之衰败。蝎,指的是蝤蛴,即天牛的幼虫。《诗经·卫风·硕人》云"领如蝤蛴",《毛传》:"蝤蛴,蝎虫也。"孔疏引孙炎说:"关东谓之蝤蛴,梁益之间谓之蝎。"②"长夫且折干"是说驿站的役夫还要索取额外的钱物。"长夫"是指驿站长期雇用的役夫,序中所说的"后辈"也应当是指此。"折干"是指额外的财物。由于驿站裁撤,驿卒大量裁减,而经过驿站的人员和货物并没有因此而减少,使得仍留在未被裁撤的驿站的役夫所承担的任务更重,故役夫们也就趁机抬高要价,索取额外的钱物。方惟馨词中所写的虽是瑞金一地的驿站状况,而实际上当时南明驿站的状况应当是普遍如此的。

第五首"愁檄羽"写上司催征粮饷的文书频频发来,而粮饷一时间又征不上来,因此发愁。"檄羽"为插有羽毛表示紧急的征召类文书,这里是指上司发出的非常急迫的催征粮饷的文书。

南明隆武朝建立后,为维持各级政权机构的运转和较大规模的军队的生存,都需要庞大的财政开支,而隆武政权所能直接控制的地区又局限于福建全境及与福建接壤的江西、广东部分地区,这就加重了这些地区民众的赋税负担。朝廷除征收赋税外,还加派"义饷",自然引起民众的抵制和反抗。各级地方官吏的首要任务就是为朝廷征收钱粮赋税,而粮饷收不上来,上司自然是催征频频了。据黄宗羲所编的《行朝录》卷一《隆武纪年》载:

郑芝龙掌户、兵、工三部尚书,奏军兴饷急,请两税内一石预借银一两。民

---

① 计六奇:《明季北略》,中华书局 1984 年版,第 99 页。
② 《毛诗正义》卷三,影印《十三经注疏》本,中华书局 1980 年版,第 322 页。

不乐从,反惩正供。每府差侍郎、科道征发。①

而当时的瑞金,"田兵"正在聚众抗租抗税,没法进行开征,作为"官军"的"杨兵"来到了此地,又将瑞金原有的库藏钱粮耗尽了,这使得作为知县的方惟馨不知所措。

"杨兵"当是指杨斌(杨元斌)所统领的军队。据《(康熙)瑞金县志》卷十《杂志·祥异》载,田兵作乱后:

> 有刑馆来代篆,田贼闭城拒之,使不得入,又杀一职方主事。邑人相议曰:"田贼拒官杀官,肆行极矣。不除,即为大患。"适统兵杨斌至,进而与谋。斌不介马,而驰杀何志源数十人。②

此事杨兆年的《上督府田贼始末》也有记,而"杨斌"作"杨元斌":

> (田兵)悍者倡先,懦者陪后,皆蚁聚入城。逼县官,印均田帖以数万计,收五门锁钥,将尽掳城中人。赣刑厅汤讳应龙来署篆,何志源陈兵拒阻,不容入城。赖客将杨公元斌斩之,城中人幸获安堵。③

又陈燕翼《思文大纪》卷七记隆武二年五月事,也作"杨元斌":

> 安插迎驾副总兵杨元斌兵于将乐。④

今按:《(康熙)瑞金县志》称"统兵杨斌",而《思文大纪》称"副总兵杨元斌",三条材料放在一起看,可知"杨斌""杨元斌"当为同一人。据《思文大纪》可知,这支"杨兵"原是在隆武二年五月安插驻守于福建延平府将乐县的,而在该年秋天来到了江西,并从瑞金过境,因为不是驻扎于本地的原本属于卫所的军队,故杨兆年的《上督府田贼始末》称杨元斌为"客将",可知"杨兵"是一支"客兵"。

明代军队原本实行卫所制度,各地的卫所负责本地的保卫工作,士兵也来源于本地卫所的世籍军户。但在明代中叶以后,由于卫所制的逐渐废弛,更由于抗倭等需要,常常需要从外地调集招募士兵,这种士兵称为"客兵",正如

---

① 黄宗羲:《行朝录》,《续修四库全书》(第442册),上海古籍出版社2003年版,第527页。
② 《(康熙)瑞金县志》,第726页。
③ 《(乾隆)瑞金县志》卷七下《艺文志中》,乾隆十八年(1753)刻本。
④ 陈燕翼:《思文大纪》,《续修四库全书》(第444册),上海古籍出版社2003年版,第75页。

《(万历)高州府志》卷二《戎备志》所说：

> 客兵者，旧无兵制而随时调募者也。有事急调集于他郡者，有事平留守者。有初以郡饷供他郡兵，后议撤回。守土者，率非境内民也。①

而南明隆武朝因为自身防御及对清军作战，需要扩充军队，调募来的"客兵"的数量是很大的。原来卫所制下的军队实行屯田制，士兵所需的粮饷也主要来自屯田。而调募客兵，其粮饷自然要由地方解决，这就加重了地方民众的赋税负担，而临时向地方加派额外赋税，还不一定能够及时征收上来，由此常常造成"客兵"对地方的骚扰和掳掠。

作为"客兵"的"杨兵"经过瑞金，虽然对遏制"田兵"势力、稳定瑞金局势起了积极作用，但这支军队同样对地方造成了很大的骚扰和破坏，而且使得瑞金多年来所积聚起来的钱粮消耗殆尽，方惟馨词序中"杨兵肆逆，库藏如烟"，词中"健儿夜入河阳县，东西库藏成烟焰"，所说的正是这些情况。

"健儿夜入河阳县"，当用唐代郭子仪军队在与史思明军队作战溃败后退守河阳事。据《资治通鉴》卷二二一《唐纪》三七：唐乾元二年三月，安庆绪之叛军被郭子仪等围困于邺城，史思明领军前来救援，在邺城之南与李光弼等进行交战，而后到的郭子仪军尚未完成布阵。交战之时，狂风大作，天昏地暗，两军皆溃。郭子仪之军队退守河阳，而其余军队在溃逃途中，"所过剽掠，吏不能止，旬日方定"。② 杜甫《石壕吏》中"老妪力虽衰，请从吏夜归。急应河阳役，犹得备晨炊"③，《新婚别》中"君行虽不远，守边赴河阳"④，所写也正与此有关。"健儿"本是唐代对戍守边关的士兵的称呼，这里借指防御清兵的南明官兵"杨兵"；"河阳县"在这里借指瑞金县。此处用"健儿夜入河阳县"，可能是说杨(元)斌的军队也是在前线失败后进入瑞金的，因为是败兵，所以军纪溃散，骚扰剽掠，肆逆于地方。

以上是对方惟馨《菩萨蛮》五首组词涉及的史实所作的释证，从中可以看

---

① 《(万历)高州府志》(与《(万历)雷州府志》合刊)，《日本藏中国罕见地方志丛刊》，书目文献出版社1991年版，第30页。

② 司马光：《资治通鉴》(第15册)，中华书局1956年版，第7069页。

③ 杜甫著，仇兆鳌注：《杜诗详注》卷七，第2册，中华书局1979年版，第529页。

④ 杜甫著，仇兆鳌注：《杜诗详注》卷七，第2册，中华书局1979年版，第531页。

出,方惟馨这五首词是纪实性的词作,对于瑞金当时的社会情状的描写,完全是实录性质的,这对于我们认识南明时期的社会历史面貌,具有直观的史料价值。可以说,这是具有"词史"性质的作品。

三、《菩萨蛮》五首的"词史"价值

"诗有史,词亦有史。"①换种说法也就是:有诗史,也就有词史。这里的"诗史"和"词史",不是指诗或词发展、演变的历史,而是指诗或词能够反映历史事件和面貌,具有征史的功能。而"词史"的概念,也正是从"诗史"引申出来的。众所周知,"诗史"之说最早出现于唐代,用来指杜甫写于"安史之乱"时期的带有纪实性的诗作。唐孟棨《本事诗·高逸第三》称:"杜逢禄山之难,流离陇蜀,毕陈于诗,推见至隐,殆无遗事,故当时号为'诗史'。"②

自孟棨提出"诗史"一说之后,关于何谓"诗史",自宋以来直到现在,众说纷纭。③ 其实,"诗史"究竟该如何理解,我们还是应当回到起点,看看孟棨在《本事诗》中对杜甫"诗史"是如何表达的。在这段文字中,值得注意的有三点:一是写于特定的重要历史时期("逢禄山之难");二是将自己的亲身经历全部写入诗中("流离陇蜀,毕陈于诗");三是说具有实录性质,本来为官方所隐讳的各种史实,在诗中毫无遗漏地可以推见("推见至隐,殆无遗事")。其中,诗歌真实记录时事,具有实录功能,应当是"诗史"的核心内涵。离唐代较近的宋人虽然对于杜甫"诗史"的理解各有不同,但对其实录时事这一点的认识是基本一致的,如《新唐书》卷二〇一《文艺传上·杜甫传赞》中说:"甫又善陈时事,律切精深,至千言不少衰,世号'诗史'。"④陈岩肖《庚溪诗话》卷上说:"杜少陵

---

① 周济:《介存斋论词杂著》"词亦有史"条,唐圭璋编:《词话丛编》(第2册),中华书局1986年版,第1630页。

② 孟棨等:《本事诗 续本事诗 本事词》,上海古籍出版社1991年版,第18页。

③ 张晖的《中国"诗史"传统》(生活·读书·新知三联书店2012年版)一书对"诗史"一词在不同时代的内涵有详细梳理,此不赘述。

④ 欧阳修、宋祁:《新唐书》(第18册),中华书局1975年版,第5738页。

子美诗,多纪当时事,皆有据依,古号'诗史'。"①李复《与侯谟秀才书》说:"杜诗谓之诗史,以班班可见当时事。"②文天祥《文信国集杜诗原序》中说:"昔人评杜诗为'诗史',盖其以歌咏之辞,寓记载之实,而抑扬褒贬之意,灿然于其中,虽谓之史可也。"③

杜甫之后,凡是作者以亲身经历所写的具有实录性质的、能够充分反映出历史大变动时期的社会状况的具有历史价值的诗歌,皆可称为"诗史"。如南宋末年汪元量(号水云)作《湖州歌》九十八首叙述自己随南宋六宫被押北上燕京的种种经历,《越州歌》二十首记述元兵南下蹂躏南宋半壁河山的惨状,《醉歌》十首记录南宋朝廷投降元军的经过及降后情况,明末钱谦益在《跋汪水云诗》中说这些诗作"记亡国北徙之事,周详恻怆,可谓'诗史'"④。又如明清之际钱澄之(字幼光)的《藏山阁诗存》用诗歌的形式真实记录了自己在南明隆武、永历两朝所经历的史事,本着"每有记事,必系以诗"的写作宗旨,其中有六十八首诗歌后来选录收入在他本人所著的记载南明史事的《所知录》中,钱谦益在《金陵杂题绝句二十五首继乙未春留题之作》第十四中评价道:"闽山桂海饱炎霜,诗史酸辛钱幼光。"⑤

相对于"诗史"这一诗学观念,"词史"这一词学观念的提出则相对较晚,直到清初才出现。明末清初的著名词人曹尔堪(号顾庵)曾评吴伟业的《满江红·白门感旧》说:"陇水呜咽,作凄风苦雨之声。少陵称诗史,如祭酒可谓词史矣。"⑥这里称吴伟业为"词史",与称杜甫为"诗史"相提并论,可知清初"词史"观念的提出,正是受到诗学中称杜甫为"诗史"这一观念的启发而发展、引

---

① 陈岩肖:《庚溪诗话》,丁福保辑:《历代诗话续编》,上海古籍出版社 1983 年版,第 167 页。

② 李复:《潏水集》卷五,影印文渊阁《四库全书》第(1121 册),台湾"商务印书馆"1986 年版,第 50 页。

③ 文天祥:《文信国集杜诗》,影印文渊阁《四库全书》(第 1184 册),台湾"商务印书馆"1986 年版,第 808 页。

④ 钱谦益:《牧斋初学集》卷八四《题跋二》,第 3 册,上海古籍出版社 1985 年版,第 1764 页。

⑤ 钱谦益:《牧斋有学集》,上海古籍出版社 1996 年版,第 419 页。张晖《中国"诗史"传统》(生活·读书·新知三联书店 2012 年版)第五章有附录《诗与史的交涉——钱澄之〈所知录〉"以诗为史"的书写样态》,对钱澄之《藏山阁诗存》与《所知录》之关系有较详细的梳理,后又收入《易代之悲:钱澄之及其诗》第二章(人民文学出版社 2014 年版)。

⑥ 吴伟业著,李学颖集评:《吴梅村全集》,上海古籍出版社 1999 年版,第 564 页。

申出来的。① 这一"词史"观念在清初提出后,至清中叶渐趋成熟。②

　　作为"词史"观念在清中叶成熟的标志,周济在《介存斋论词杂著》中的这段话常常为学者们所引述:

> 感慨所寄,不过盛衰。或绸缪未雨,或太息厝薪,或已溺已饥,或独清独醒,随其人之性情、学问、境地,莫不有由衷之言。见事多,识理透,可为后人论世之资。诗有史,词亦有史,庶乎自树一帜矣。若乃离别怀思,感士不遇,陈陈相因,唾沈互拾,便思高揖温、韦,不亦耻乎?③

在周济看来:文学作品中对于各种时势盛衰的感慨,都与个人的性情、学问和境地有关,没有不出自作家的内心的。如果"见事多,识理透",这样发出的感慨,可以为后人评论时世所资用。做到这样,无论作为"诗史"还是作为"词史",都能自树一帜。对于词的创作来说,如果只是写些"离别怀思,感士不遇"之类的题材,不过是"陈陈相因,唾沈互拾"而已,而想要取得温(庭筠)韦(庄)那样的地位,不过是自取其辱。在这里,周济将"词史"与"诗史"并提,强调能够自树一帜,具有"诗史"或"词史"价值的作品,是感慨时世盛衰的作品中那些"见事多,识理透,可为后人论世之资"的作品。周济的"词史"说,在传统的"诗史"说强调纪实的基础上,加上了作者个人的主观感受,可以说是对传统的"诗

---

① 清初所说的"词史"还有其他含义。如尤侗《词苑丛谈序》中称:"夫古人有'诗史'之说,诗之有话,犹史之有传也。诗既有史,词独无史乎哉?"(徐釚编著,王百里校笺:《词苑丛谈校笺》,人民文学出版社 1988 年版,第 1 页)《词苑丛谈》是一部词话性质的书,而"词话"这一概念正是由"诗话"这一概念引申而来的。这一条材料中,将诗话比附史传,视诗话为"诗史",从而推导出词话即是"词史",可见这里所说的"词史"主要不是指词具有反映重大社会事件的历史价值这一功能。又陈维崧在《词选序》中称:"选词所以存词,其即所以存经存史也夫。"(《陈维崧集》,上海古籍出版社 2010 年版,第 55 页))这里的"词选"是指他与朋友合编的当代词选《今词苑》。选词为了存词,而存词又与存经存史一样重要,这主要是为了提高词的社会地位,即所谓"尊体",这里的"词史"同样不是指词具有反映重大社会事件的历史价值这一功能。

② 严迪昌《清词史》第二编第一章之第一节(江苏古籍出版社 1990 年版)、陈水云《清代的"词史"意识》[《武汉大学学报》(人文科学版)2001 年第 5 期]、叶嘉莹《论清代"词史"观念的形成》(《河北学刊》2003 年第 4 期)、张宏生《清初"词史"观念的确立与建构》[《南京大学学报》(哲学·人文科学·社会科学)2008 年第 1 期]等均对"词史"进行过讨论。

③ 周济:《介存斋论词杂著》"词亦有史"条,唐圭璋编:《词话丛编》(第 2 册),中华书局 1986年版,第 1630 页。

史"说的发展。但怎样才算是"识理透",周济并没有作进一步的解释,别人也很难说得清楚。

清代虽然形成了"词史"的观念,但用"词史"来评论词人词作的并不是很多,只是到了清中叶以后尤其是晚清时期才有一些。而尽管清中叶以来较为成熟的"词史"观念中加进了作者主观感受、"识理透"之类的内容,但清中叶以来尤其是晚清时期评论词人词作为"词史"的,其实也还是着眼于其人是否亲身经历、其作是否带有纪实的性质,很少有强调作者主观感受和是否"识理透"这些内容的。如清嘉庆、道光年间陶樑《红豆树馆词》中五、六两卷,"举生平境遇,自系以词",其中《壶中天》(刀光如雪)一词,所记为嘉庆十八年(1813)陈爽、陈文魁等率天理教徒突入大内滋事一事,其时任翰林院编修的陶樑正在文颖馆编校《全唐诗》,得以亲见其事。丁绍仪《听秋声馆词话》卷十二评这首词(在该词话中词调名作《百字令》)为"昔人称少陵韵语为诗史,此词正可作词史读也"①。又如在太平天国攻陷常州时殉难的赵起著有《约园词稿》十卷,其中的《晚唱词》"多记寇乱之篇",有鉴于"粤乱以来,作诗者多,而词颇少见",谢章铤在《赌棋山庄词话续编》卷三中评价赵起的这部词稿是"诗史之外,蔚为词史",并且认为"词之源为乐府,乐府正多纪事之篇",作为长短句的词作正可以"抑扬时局"。②

又如谭献是周济之后常州词派的重要作家和词论家,其论词主张是本之于张惠言、周济而有所发展的,在他所编的清词选集《箧中词》中,多处用"比兴""寄托"之类词学理论来评论清人词作,但是,在这部词选中,评论清人词作为"词史"的共有五处,且都只着眼于这些词作是否纪实,并没有涉及比兴、寄托方面的内容,也没有强调识理如何:今集四中评王宪成作于道光二十二年(1842)写鸦片战争后扬州衰落情势的《扬州慢·壬寅四月过扬州,用白石韵》为"醝纲既坏,海氛又恶。杜诗韩笔,敛抑入倚声,足当词史"③;评范凌霨作于咸丰三年(1853)、写扬州饱受太平天国战争之苦的《迈陂塘·癸丑七夕和吴让

---

① 丁绍仪:《听秋声馆词话》,唐圭璋编:《词话丛编》(第3册),中华书局1986年版,第2723页。

② 谢章铤:《赌棋山庄词话续编》,唐圭璋编:《词话丛编》(第4册),中华书局1986年版,第3529页。

③ 谭献:《箧中词》,《续修四库全书》(第1732册),上海古籍出版社2003年版,第672页。

之》，只用"词史"二字①；今集五中评蒋春霖作于咸丰三年（1853）写南京为太平天国所攻陷的《踏莎行·癸丑三月赋》为"咏金陵沦陷事，此谓词史"②；今集续二中评张景祁作于光绪十年（1884）写中法战争中失陷于法军的台湾基隆情势的《秋霁·基隆秋感》为"笳吹频惊，苍凉词史。穷发一隅，增成故实"③；今集续三中评汪清冕写经过太平天国战乱后的杭州的《齐天乐·燹余归里，百感丛生，痛饮狂歌，继之以词，用周美成韵》为"浩劫茫茫，是为词史"④。

因此，我们可以说，虽然在"词史"观念上清人在继承"诗史"的基础上有所发展，但具体在评论词作时，仍然是以杜甫"诗史"为参照标准，即注重是否亲身经历、是否纪实。至此，我们仍以杜甫"诗史"的标准为参照来界定"词史"：所谓"词史"，是作者以亲身经历所写的具有实录性质的、能够充分反映出历史大变动时期的社会状况的具有历史价值的词作。若用这样的标准来衡量自唐五代至清末的词人词作，那么在晚清以前，符合这样的"词史"标准的实在是少之又少。

而方惟馨的《菩萨蛮》五首，可说是标准的"词史"之作：第一，其词作于南明时期，正是历史大变动时期；第二，写的是他本人在担任瑞金知县期间的所见所思，正是以自己的亲身经历所写；第三，所写瑞金城外遭寇兵焚烧后的凄惨景象，写当地因土客之争而产生的田兵抗租据田所造成的混乱，写驿站凋敝和驿卒骄横的情状，写官军的肆逆和掳掠，写上司催交粮饷之紧迫和自己作为地方官收不上租税之窘迫，无不带有实录性质；第四，所写虽然为瑞金一地之事，实际反映出的是整个南明隆武朝的带有普遍性的现状，因此具有历史价值；第五，在纪实的基础上，作者寄托了自己很深的感慨，正如作者自己在序中所说的"悲客子之流离，悯孑遗之凋瘵。兴之所感，吐为诗余"，而写作的目的是"倘此邦之硕彦名流，读之而伤其志，庶几得与道州之咏并传矣"，希望能够流传后世，"为后人论世之资"的意图非常明显，即使用周济的"词史"观念来衡量，也是非常合乎要求的。

---

① 谭献：《箧中词》，《续修四库全书》（第1732册），上海古籍出版社2003年版，第680页。
② 谭献：《箧中词》，《续修四库全书》（第1732册），上海古籍出版社2003年版，第683页。
③ 谭献：《箧中词》，《续修四库全书》（第1733册），上海古籍出版社2003年版，第17页。
④ 谭献：《箧中词》，《续修四库全书》（第1733册），上海古籍出版社2003年版，第40页。

明确了方惟馨这五首组词为"词史",我们就可以讨论其"词史"价值了。

首先,我们从"史"也即史学的角度看,方惟馨这五首组词所描写的虽然是瑞金一地的社会状况,却反映出了整个南明隆武朝直接控制地区的真实社会状况,因而具有"征史""补史"的功能。

南明隆武政权是在南京的弘光政权灭亡后,建都于福州的一个小朝廷,偏于一地,其能够影响和控制的范围其实非常有限,直接控制的地区是福建全省及邻近福建的江西、广东的部分地区。与福建汀州接壤的江西瑞金正是在隆武朝的直接控制范围内。瑞金由于地处赣闽两省之边界,又与广东省相邻近,从一个更大的区域来说,正是处于粤闽赣三省边地。粤闽赣三省边地民风剽悍,土匪山贼猖獗,加上此地为客家人的主要聚居地,土著和客家人之间的矛盾和争斗历来激烈,号称难治之地。在明清易代之际,王朝对地方的控制力与承平之时相比大为削弱,南明隆武政权虽然在福建建立起来了,但处于建政初期,各项工作并没有上轨道,加上这个政权本身就不稳固,因此在明清易代之际,各种社会矛盾表现得尤为激烈,而属于隆武政权直接控制的粤闽赣三省边地更是如此。

方惟馨五首《菩萨蛮》组词中第二首"痛焚烧"所写"寇兵"过境对瑞金的掳掠焚烧的惨状以及"连年苦寇兵"所反映出的情况,在当时的粤闽赣三省边地是个普遍现象,《(康熙)瑞金县志》卷十《杂志·祥异》所记载的崇祯四年(1631)和五年(1632)"广贼钟凌秀"对瑞金的骚扰、崇祯十五年(1642)和十六年(1643)两年"广贼十余种""沿劫各县村落"的情况,翻翻粤闽赣三省各府县的地方志,几乎都有记载。除了过境的"寇兵",各地本土的"山贼""土寇"也非常猖獗。据南炳文对陈燕翼《思文大纪》所作的统计,从隆武元年(1645)七月至隆武二年(1646)六月,不到一年的时间中,在福建一省范围内20多个县发生了16起"寇警""匪乱",如隆武二年四至五月诏安县为"山寇"攻陷,"杀官劫库",该年五月沙县"山寇窃发,焚掠原野一空"。①

第三首"感田兵"中所写"田兵"抗租据田的状况,也发生在瑞金周边的几个县。粤闽赣三省边地是客家人的最大聚居地,土著与客家人之间围绕土地而产生的争端,可以说从客家人迁入当地时就产生了,而处于明末清初这样的

---

① 南炳文:《南明史》,南开大学出版社1992年版,第150页。

历史大变动时期,矛盾更加激化,客家人乘势而起,组织成"田兵",武装抗租占田。这一"田兵"组织,起始于江西省的石城县,并蔓延至瑞金和邻近的福建汀州府下属的宁化、清流等县。

据陈燕翼《思文大纪》卷五,隆武二年二月:

> 青(当作"清")流县因主佃混争,聚众激变,县官谕散,为定租斗。诏褒之。①

又据该书卷六,该年四月:

> 命兵部主事李言,前往宁化、清流,解散乱民。时二县百姓乌合纠众,号为"长关",又托名曰"田兵"。今以较斗为由,恐抢掠成变。故着李言察所害何在,即与销除。②

又据《(乾隆)石城县志》卷七《纪事志》:

> 国朝顺治二年乙酉九月,石马下吴万乾倡永佃,起田兵。本邑旧例:每租一石收耗拆一斗,名为"桶面"。万乾借除桶面名,纠集佃户,号"田兵"。凡佃为之愚弄响应,初辖除桶面,后正租止纳七八。强悍霸佃,稍有忤其议者,径掳入城中。③

《石城县志》中的"国朝顺治二年乙酉九月",实际上是指南明隆武元年(1645)九月,其时邻近瑞金的石城还未为清军所占领,仍在南明控制的范围内,因是清朝官修的志书,故不用南明隆武年号而径书清顺治年号。将上面的几则联系起来看,可知"田兵"起始于石城县,并蔓延至周边的江西和福建几个县。

按照收租的通例,在收取租谷时,在原有的定额上要加收一定的损耗粮。如石城县的旧例是"每租一石收耗拆一斗",也即定额为一石的租谷,实际要收一石一斗,其中加收的一斗是为补偿损耗。各地具体的收租法可能有所不同,但要加收损耗则是一定的。故宁化、清流的"以较斗为由"、石城的"借除'桶面'名",组织"田兵",可以说都是由田租问题而引起的冲突。发展到后来,如

---

① 陈燕翼:《思文大纪》,《续修四库全书》(第 444 册),上海古籍出版社 2003 年版,第 46 页。
② 陈燕翼:《思文大纪》,《续修四库全书》(第 444 册),上海古籍出版社 2003 年版,第 58 页。
③ 《(乾隆)石城县志》,《中国方志丛书》华中地方第 765 号,台湾成文出版社 1989 年版,第 980 页。

在石城、瑞金等县,则演变为使用武力抗租占田。

第四首"悯驿站"、第五首"愁檄羽"所写驿站的凋敝状况和上司对地方官频频发文紧急催征粮饷的状况,在当时的南明社会更具有普遍性,前文中已有较详细的考析,这里不再赘述。

这里需要强调的是:方惟馨的这五首词,除了作为"词史"的"征史"功能外,还具有"补史"的功能,能够像杜甫的"诗史"那样"推见至隐",即为朝廷所隐晦或缺乏记载的史事,也写入了该组词中。如第五首"愁檄羽"所写的"杨兵肆逆,库藏如烟"的状况就是这样。"杨兵"是南明隆武朝的官军,同样对地方造成了极大的破坏。而作为抗清主力的南明官军对地方社会造成极大破坏的史实,在涉及南明的史料中少有记载。方惟馨词中所述可以弥补这方面的不足。

其次,我们从"词"也即文学的角度看,方惟馨的这五首词是词学史上目前所见最早出现的真正具有"词史"意义的词作,不仅洗净了明代中期以来以《花间集》《草堂诗余》为宗尚的艳词习气,开启了清代的"词史"之作,而且其词作词序与词正文相互结合、相互补充的"词史"创作形式,为清代的"词史"之作所接续。

第一,从有明一代的词史来看,明人学词作词,最大的仿效对象是《草堂诗余》,其次是《花间集》《尊前集》之类,其中明代最为流行的词籍是《草堂诗余》,明代中期以来又加入了《花间集》,晚明时期又加入了《尊前集》。以《花间集》《草堂诗余》为写作的主要范本,造成了俗艳之词在明代的盛行,也造成了明词的衰敝局面。明代中后期的词作,要么是传统的香艳题材的强化和扩展,要么沦为世俗生活中应酬社交的工具,还有不少是抒写个人际遇的作品,在词的题材功用上虽然较唐宋词有了进一步的扩大,但仍然很少有深刻地反映社会现实特别是重大历史事件的作品出现。

明末清初的历史巨变,促使词人们直面现实,感事伤时的词作由此产生,出现了像陈龙正因崇祯十四年(1641)李自成军队进攻河南并攻占洛阳而作的《浪淘沙·道中闻河南有变》、徐石麒因崇祯十七年(1644)明朝覆亡而作的《拂霓裳》(望中原)以及吴易作于南明时期的《满江红·和王昭仪》《满江红·除夕丹阳道中》《满江红·姑苏怀古》《浪淘沙·临刑绝命》这样的词作。而方惟馨的《菩萨蛮》五首,正与这些感事伤时之作一起,突破了明代中期以来艳俗之词的创作传统,对清初词风多元格局的形成、清前期词坛的重大转向以至清代词"中兴"局面的出现,都具有导夫先路之功。

第二,从现存的唐宋金元明清千余年的词作来看,虽然在宋代以来尤其是南宋以来的词作中有数量不少的以史入词、以词纪事、寄寓感慨的词作,但符合以杜甫"诗史"为参照标准的"词史"之作,在方惟馨《菩萨蛮》五首出现之前,并没有真正产生,在此之后的清代虽有产生,其实也不多见,只是到了晚清才出现得比较多。因此可以说方惟馨的《菩萨蛮》五首,是目前所见词学史上最早的真正的"词史"之作,开启了清代的"词史"创作之风。①

上文所提到的吴伟业创作的《满江红·白门感旧》被曹尔堪评为"词史"之作,当今学界对吴伟业的"词史"之作也作了进一步的研究,但从所举的词作《风流子·掖门感旧》《贺新郎·赠柳敬亭》《满江红·蒜山怀古》《木兰花慢·话旧》《满江红·金陵怀古》来看,这些词作以怀古、话旧、赠别为题材,虽然有一定的纪事在里面,其实还算不上"词史"之作。② 即使是被曹尔堪评为"少陵称诗史,如祭酒可谓词史矣"的《满江红·白门感旧》,也算不上严格意义上的"词史"之作。此词以"感旧"为题,所写的也并非像杜甫那样是"纪当时事",而是出于事后追忆,而且所涉史事(如清军占领南京、南明弘光朝的灭亡)也并非吴伟业亲身经历,因为在此之前两个月吴伟业已经离开了南京③。因此,其与杜甫以亲身经历记录反映重大事件的具有实录性质的"诗史"还是有很大区别的。

明清之际,有许多词人参加了抗清斗争,有的在抗清斗争中献出了生命,如吴易、陈子龙、夏完淳、钱肃乐等,有的在抗清失败后隐居或逃禅,如万寿祺、曹元方、余怀、方以智、曾灿、来集之、金堡、王夫之、屈大均、陈恭尹等,还有一些虽未参加抗清但也在明亡后选择隐居,如朱一是、彭孙贻、贺贻孙等,他们的

---

① 近年来,随着对清代"词史"观念和意识之探讨的展开和深入,学界对于"词史"观念的发生和"词史"作品的出现有了一些新的探讨。有一些学者认为南宋时期就有了"词史"意识的自觉,并且认为南宋前期的"中兴词",宋元之际文天祥、汪元量、刘辰翁的词和收入《乐府补题》中的词,都具有"词史"性质。实际上,这是对"词史"观念的误读。这一问题因为涉及多位学者的论述,需要用较多的文字篇幅才能说清,拟另撰文章加以探讨。

② 刘萱:《吴伟业的词史观及词史创作》,《山西师大学报》2010年第2期。

③ 据冯其庸、叶君远《吴梅村年谱》(文化艺术出版社2007年版,第124页),可知吴梅村在弘光元年(1645)正月底已经"乞假归里",而弘光朝覆亡是在该年三月。

笔下,有些词作是涉及了明清之际的史事的,但要找出像方惟馨的《菩萨蛮》五首这样具有"词史"性质的作品,实在是很困难。

具有"词史"性质的词作,在清中叶以后尤其是晚清才出现得较多,除了上文所举的已为丁绍仪、谢章铤、谭献等所品评的词作外,晚清道光和咸丰时期、光绪和宣统时期均出现了较多的"词史"之作。①

第三,方惟馨《菩萨蛮》五首,以小序的形式交代并记录史事,在词的正文中用纪实的手法叙写史事,并寄托了自己内心的感慨。这样,序与正文互相配合、互相补充,构成了完整的"词史"。这一形式的"词史"创作,为清中叶以后的"词史"创作所接续。

词前有序的形式产生于宋代,苏轼、辛弃疾、姜夔等宋词大家的许多词作都带有词序,词序已经成为词作的重要组成部分。宋人的词序中,有些词序交代作词的缘起和背景,其中涉及一些重要的历史事件。如刘辰翁的《六州歌头》(向来人道)词序为"乙亥二月,贾平章似道督师至太平州鲁港,未见敌,鸣锣而溃。后半月闻报。赋此"②,对贾似道兵败鲁港的史实作了简要的记录。但笔者之所以不将该词视作"词史",是因为序中的史实记录仅仅作为词作的写作缘起或背景出现,相当于"词本事",而词作正文着重于抒发作者的感慨,对于事件本身是作虚化处理的。方惟馨的《菩萨蛮》五首则与此不同,序中交代写作缘起,涉及有关史实,词的正文也是以纪实的方式叙写史实为主,作者的感慨是通过纪实描写的字里行间抒发出来的。

方惟馨所创作的这一"词史"写作形式,为清中叶以后的"词史"所接续。如上文所举的陶樑《红豆树馆词》卷六中的《壶中天》,作于嘉庆十八年(1813),词序为:

> 首逆林清,潜伏京畿,以八卦教倡乱。癸酉九月十五日,命其党陈爽、陈文

---

① 相关研究如严迪昌:《清词史》第四编第二章"道咸衰世的'词史'",江苏古籍出版社1990年版。巨传友:《论临桂词派的"词史"精神》,《学术论坛》2007年第1期。卓清芬:《王鹏运等〈庚子秋词〉在"词史"上的意义》,《河南大学学报》(社会科学版)2010年第3期。由于对"词史"认识的不同,这些研究成果中将许多主要以比兴寄托为手法表达历史大变动时期个体心灵感受的词作当成了"词史",但也确实发现了不少与杜甫"诗史"相接近的"词史"之作。

② 刘辰翁:《须溪词》,上海古籍出版社1998年版,第351页。

魁等进大内滋事,并勾结太监刘得财、高广福、阎进喜等内应。余以编校《全唐文》,在文颖馆,距西华门□近,数贼持刀突入,供事倪大铨、苏清、戴杰暨茶房李得俱被戕。家人骆升,因拒门,受伤最重。时贼方谋纵火,值雷雨大作,仰见云中关帝圣像,遂弃刀惊逸。是时禁兵入内者尚少,人情惶惧。设少缓须史,几难救挽。乃值急难之时,仰蒙神佑。克日巨魁授首,余党殄平,洵我国家亿万年之福也。余详见是年九月内上谕并史馆撰进林清、曹纶传中。

其词正文为:

> 刀光如雪,镇惊魂、一霎头颅依旧。秘馆校书,刚日午、猝遇跳梁小丑。义胆同抔,凶锋正锐,血溅门争守。狼奔豕突,半空霹雳惊走。　　更遭飞骑讹传,款关谍报,匪党还交构。往事思量,成噩梦、差幸余生虎口。净扫橇枪,肃清辇毂,功大谁称首。神枪无敌,当今圣武天授。①

此词词序中详记八卦教(即天理教)教徒在宫中太监的内应下进入大内滋事并杀人事。其谓"贼方谋纵火,值雷雨大作",当为实事,但云"仰见云中关帝圣像,遂弃刀惊逸",当出于传闻(或出于被俘获之教徒审讯时所言)。此词正文则是在序文的基础上进一步叙写当时的史实,并抒发自己的感慨。词序与词正文互相补充、互相配合,正与方惟馨《菩萨蛮》五首全同。丁绍仪《听秋声馆词话》卷十二评陶樑的《红豆树馆词》卷五、卷六"举生平境遇,自系以词。寓编年纪事于协律中,实为词家创格"②,实际上这种创格并非始于陶樑,方惟馨的《菩萨蛮》五首即是如此了。

晚清光绪年间张仲炘的"词史"之作也是如此。光绪年间,北方各地的义和团在清政府的支持下"扶清灭洋",引发"庚子事变"。光绪二十六年(1900)六月,张仲炘自京南下,在赴天津的途中目睹八国联军与义和团作战后的惨况,作《浣溪沙》一首记录了当时的情景。其序云:

> 行次丁字沽,距天津只数里耳,为兵所阻。烽火连天,浮尸蔽河而下。傍

---

① 陶樑:《红豆树馆词》,《清代诗文集汇编》(第507册),上海古籍出版社2010年版,第585—586页。

② 丁绍仪:《听秋声馆词话》,唐圭璋编:《词话丛编》(第3册),中华书局1986年版,第2722页。

偟五日,莫可复之。返棹北行,打桨寄兴。

其词正文为:

曲曲芳堤浅浅河,微风吹起万层波。橹柔无力奈伊何。申浦潮黄鸥梦断,丁沽月黑鹤声多。明朝愁是雨滂沱。①

此词上片全为写实,下片"申浦潮黄""丁沽月黑"也为写实,"申浦"原是春秋时楚国春申君所开凿的沟通长江的江南水系,这里借指丁字沽所在的海河水系。海河之水直通渤海,回潮时潮水浑黄,故词中称"潮黄"。"鸥梦断""鹤声多"为实中有虚,"明朝"句为感慨语。该首词词序与词正文也是互相配合、互相补充的,词序交代史事,词正文叙写史实并发出感慨。

虽然现在没有材料能够证明清中叶以后的"词史"创作方式是直接受到方惟馨《菩萨蛮》五首的创作方式影响的,但两者之间的形式如此相似却是不争的事实。

作为明清易代之际的人物,方惟馨声名不彰,其留存下来的诗文创作也很少。如此一位人物,在通常的状况下,是会彻底湮没在文学史的长河中的。然而,他所创作的《菩萨蛮》五首,因为康熙以来历次修纂的《瑞金县志》所收录而留存于世。虽然清代历次官修的《瑞金县志》并不承认南明小朝廷的合法性地位,却仍然破格收录了在南明隆武朝短暂担任过瑞金知县的方惟馨的这五首《菩萨蛮》组词,究其原因,应当是这五首词有着与唐朝诗人元结《舂陵行》一样的感事伤时、忧世爱民的情怀,具有直观的史料价值的缘故。虽然这五首《菩萨蛮》组的文学艺术价值并不一定有多高,但它作为目前已知的最早的真正意义上的"词史"之作,具有较高的文学史价值。而它的文学史特别是"词史"价值尚未为世人所认识,故作此文,以期引起学界注意。

(原载《文学遗产》2017 年第 3 期)

---

① 张仲炘:《瞻园词》卷二,光绪三十一年(1905)刻本。

汤显祖研究三题

汪超宏

一、程可中《答汤礼部启(代)》

程可中《程仲权先生集》卷十二有《答汤礼部启(代)》一文,文如下:

恭惟明公龙章凤彩,极纂组之神情;玉韵金声,妙宫商于口吻。骀虞暂出,非追仰秣之蹄;鸳鸯适归,固让伏栖之翼。尻匡岳而廓处,枕豫江以濯清。盖不大笑不足称至玄之道,亦必屡刖而后征寡和之珍。真丹可就,酌日月以抽添;副墨斯藏,敕鬼神而诃护。门辟仙真之径,窗闲笔砚之床。布诵者略刊劝惩之词,佐谑者旁杂传奇之剧,固已穷天人之致,而轶叔季之伦矣。某岱麓鲰生,海滨稗类,薄惭祖德之承,偶快人文之会。安咎窳之弗振,少寡知名;抚凿枘以难合,老不解事。不虞藉令姻之好,而因受君子之知。传以名言,表是陋族,予褒夺刺,无久迩之。或遗削秽猎华,顾鸿纤之毕拾,岂惟史氏之笔,出入春秋,诚乃赋家之心,包括宇宙者也。佩公之德,白日不渝。矢某之酬,丹忱可掬云云①。

程可中(1541? 一?),字仲权(一作中权),安徽休宁人。家贫,为童子师。与梅季豹、何无咎、潘景升盟于长安。入蜀,游吴,遍游南北名山水。善诗文,

---

① 程可中:《答汤礼部启(代)》,《程仲权先生集》卷十二,《四库全书存目丛书·集部》(第190 册),齐鲁书社 1996 年版,第 142 页。

有《程仲权先生集》。

此文目录上没有，正文有，不仔细阅读，很容易忽略。书名"答汤礼部启"，从"尻匡岳而廓处，枕豫江以濯清"来看，此"汤礼部"应是江西人，且善著述，以"传奇之剧"谑人。符合此条件的，只有汤显祖。程可中代作之人是"岱麓鳅生"，山东人，具体身份不详。除此文外，《程仲权先生集》中没有其他与汤显祖相关的诗文，徐朔方先生校笺《汤显祖全集》①中也没有与程可中交往的记录。汤显祖万历十七年己丑(1589)迁南京祠祭司主事；十九年辛卯(1591)闰三月二十五日，上《论辅臣科臣疏》；五月十六日，降徐闻县典史②。因此，此书当作于万历十七年至万历十九年三月。

二、《骚圃笙簧序》略考

国家图书馆藏杜文焕《太霞洞集》卷末附有十九人为其各种著述所作的序，其中有《骚圃笙簧序》一文，下署"临川汤显祖"。全文如下：

> 太史公以屈平正直忠智，以事其君，信而见疑，忠而被谤，能无怨乎？《离骚》之作，盖自怨生也。《国风》好色而不淫，《小雅》怨诽而不乱，若《离骚》者，可谓兼之矣。嗟夫，此有道者之言也。天下英豪奇瑰之士，苟有意乎世者，容非好色者乎？君父不见知，而不怨其君父者乎？彼夫好色而至于淫，怨其君父而至于乱者，则有意乎世之极，而不得夫道者也。至于宋玉、景差之《招魂》，贾谊之《吊屈》，虽兴废异时，有所愤恻，迫发于其中，一耳。厥后《招隐》《哀时》，思沉调急，先汉之人，能为楚声，余则赋而可矣。故赋者，《骚》之流而微异者矣。

> 榆林杜君弢武，以贵介公子，躬上将之姿，而好左徒之业，为《楚词》者数卷，名之曰《骚圃笙簧》。其自序，则以屈原离放，伤悼家国，有所不平，而身当国家之盛际，信而蒙信，忠而见恩，无牢骚伊郁之思，有潇洒优游之致。引类比

---

① 徐朔方校笺：《汤显祖全集》，北京古籍出版社 1999 年版。
② 徐朔方：《汤显祖年谱》，《晚明曲家年谱》(第 3 卷)，浙江古籍出版社 1993 年版，第 300—315 页。

义，宜与《骚》远。原其摅怀述志，时而放言独往，亦未有远殊也。诚有然者。羽人乘游，则阆风昆仑之轨也；餐霞兰生，则云中堂下之思也。次第有作，弥不流离炫烂，宵藐偃蹇。就中辞义曲致，婉焉正则之遗。盖无所好而自不致于淫，无所怨而自不至于乱。至其音清节和，无携无逼，真有气逐指而成笙，思在口而为簧者？殆亦悲笳横吹之助与？

余有慨乎此。风雅之道息，声貌流绝，屈大夫独与其弟子依诗人之义，隤源发波，崩烟决云，为千秋赋颂弘丽之祖，文则盛矣。当其时，尧舜道德之纯粹，未得为怀、襄用也。言杀张仪，止王无西而止。顾是时，楚独无将，其将唐昧、景缺辈战死，武安君且来，屈子之材诚用，固亦未能当也。盖文盛武不能无衰，赖封疆之灵，发武从容词旨，有墨卿文士所逊避者。至其登坛秉麾，镇房禽敌，居然宿将风。以一少年公子，而文武兼盛，谅非有殊绝于人者不能。将万里一疆，神明倍强，古之所难，今之所易与？夫战，怒事也。昔人有临阵必先披发叫天，抗音而歌，左右应之。歌毕，然后进战，其气势然也。诚得《骚》之意而行之，悲恻排荡，愤悁喷薄，驰而入三军之中。援玉枹兮击鸣鼓，诚既勇兮又以武。要未足为儿女子道也。或曰，发武积精于道，于《骚》所为托远游而含朝霞者，如将遇之。若然，则发武固异日之《庄》《骚》也。兹之《笙簧》，殆剑首之一唊也，余何足以称之。①

此文在汤显祖《玉茗堂全集》卷二题作《骚苑笙簧序》。见《续修四库全书·集部》第 1362—1363 册，第 382—383 页。又见徐朔方先生校笺《汤显祖全集》第二十九卷，第 1076—1078 页。除题目有一字区别外，正文中约有十五处文字差异，不一一罗列。

杜文焕何许人也？他与汤显祖的交往如何？此文大概作于何时？下面略作考证。

杜文焕（1581—1646 年后），字发武，号日章、元鹤子，原籍昆山（今属江苏），徙延安卫。神宗时，以荫累官宁夏总兵。熹宗时，镇延绥、宁夏、宁远，进右都督。寻引疾去。崇祯时，复故官，复谢病归②。有《太霞洞集》等。传见《太

---

① 杜文焕：《太霞洞集》卷末附，《原国立北平图书馆甲库善本丛书》（第 898 册），国家图书馆出版社 2013 年版，第 501—502 页。

② 昌彼得、乔衍琯、宋常廉等编纂之《明人传记资料索引》云其"官终浙江总兵"，无据。台湾文史哲出版社 1965 年版，第 187 页。

霞洞集》卷二十九《元鹤逸史传》、《明史列传》卷八十九、《明史》卷二百三十九。

杜文焕生于明神宗万历九年辛巳(1581)①,入清后卒,卒年不详②。一生戎马倥偬,既参与平定西北、西南少数民族的叛乱,又镇压李自成农民起义,还曾抵御清军入侵,屡立战功。其自言:"十三承阴(荫),便习干戈,十九承恩,遂趋戎马。"③又云:"仆自丙午复出,及今己未重归,前后凡十有五年,其间八历偏裨,两膺征镇,身经百战,虏款三成,以致积劳抱疴,屡请谢事。当事误爱,代题为艰。兹遂封印镇署,归卧隐居。咀六气于丹霞,延残喘于绿野云尔。"④杜文焕十三岁是万历二十一年癸巳(1593),十九岁是万历二十七年己亥(1599),丙午是万历三十四年(1606),己未是万历四十七年(1619)。直到崇祯十三年庚辰(1640),杜文焕才有一次江南之行,"求本支于昆山,探名胜于江浙"。⑤汤显祖自万历二十六年戊戌(1598)辞官归里,直至万历四十四年丙辰(1616)六月十六日逝世,足迹未曾踏出江西⑥。二人没有见面的时间与机会。《汤显祖全

---

① 《庚辰元日即兴,时年六十》:"流年青镜雪盈眸,甲子俄惊巳一周。"《太霞洞集》卷十三,《原国立北平图书馆甲库善本丛书》(第898册),国家图书馆出版社2013年版,第323页。庚辰是崇祯十三年(1640),逆计之,则其生年是神宗万历九年辛巳(1581)。同卷《季春六旬初度,奉酬子亮、述之、野鹿诸友,并步来韵》云:"虚度俄惊六十春,扁舟放荡八溪滨。"《原国立北平图书馆甲库善本丛书》(第898册),国家图书馆出版社2013年版,第323页。

② 《明史》卷二百三十九:"国变后,文焕父子归原籍昆山,卒。"中华书局1974年版,第6221页。

③ 《军容赋,并序》,《太霞洞集》卷一,《原国立北平图书馆甲库善本丛书》(第898册),国家图书馆出版社2013年版,第221页。

④ 《己未王正,移疾隐居二首,并序》,《太霞洞集》卷八,《原国立北平图书馆甲库善本丛书》(第898册),国家图书馆出版社2013年版,第277—278页。

⑤ 《庚辰秋仲,南游述志六首,并序》:"先始祖本苏之昆山人。……余久怀故国之思,久为戎马所羁,兼慕江山之胜,不获杖履以游。每一念及,则怅然者久之。兹携室家之半,就养两儿之任,且将求本支于昆山,探名胜于江浙,谅三圣之默佑于大道,而或闻平生胜游,实首在此。漫赋六篇,用述所志云尔。"《太霞洞集》卷五,《原国立北平图书馆甲库善本丛书》(第898册),国家图书馆出版社2013年版,第252页。

⑥ 有文献说万历三十六年戊申(1608)汤显祖曾出游皖南海阳,汪廷讷《坐隐先生集》卷首汤显祖《坐隐乩笔记》:"予尝闻海阳之地,松萝奇秀,不让匡庐、九嶷、巫峡,心窃慕之。戊申秋,偕陈子伯书裹粮履杖其间。"据徐朔方先生《汤显祖年谱》考证,此文为伪托,不可信。徐朔方:《汤显祖年谱》,《晚明曲家年谱》(第3卷),浙江古籍出版社1993年版,第435—436页。

集》中,也没有关于杜文焕的只言片语。因此,汤显祖、杜文焕没有直接交往。

杜文焕《太霞洞集》三十二卷,附二卷。卷首有吴道南、李维桢、冯时可、傅淑训、曹勋序和自序。除李维桢、曹勋二序未署时间外,吴道南《元鹤子太霞集总序》署"万历丙辰(四十四年,1616)仲冬之吉",冯时可《太霞洞集叙》署"万历丁巳(四十五年,1617)初夏",杜文焕《太霞洞集自序》署"万历戊午(四十六年,1618)帝夏天中之节",傅淑训《太霞洞集序》署"天启辛酉(元年,1621)仲冬"。王重民《中国善本书提要》据此将此书定为天启刻本①,国家图书馆出版社影印《太霞洞集》卷首,亦云"据明天启刻本影印"②。此说不确。《太霞洞集》中,不仅有天启年间的诗,如卷十二《辛酉三月,闻命复领镇西,病不能出,移文控辞,且调大儿弘域东援,赋此见志》、卷九《壬戌春日,征蔺启行》等,还有崇祯年间的诗,如卷十五《崇祯壬午春仲,承简命复起讨贼河南,秋仲得旨,改征江北凤皖诸寇志感》、卷十一《甲申仲春,惊闻秦寇入犯北都,天子宵旰羽檄,征天下兵应者甚寡,不胜忧愤,赋示同袍及子侄辈》、卷十五《甲申除夕,守岁纬武堂》等,更有入清后的诗,如卷十五《乙酉元日,早朝武英殿》、卷十一《丙戌长至,同子侄辈赠送仪真尉明行之奏最北上》等。乙酉是顺治二年(1645),丙戌是顺治三年(1646)。因此,国家图书馆藏《太霞洞集》应是顺治刻本。

据汤显祖序,《骚圃笙簧》是杜文焕骚体诗集,未见传本。但《太霞洞集》卷二收有骚体诗四十四篇,应是《骚圃笙簧》中的全部或部分作品。汤显祖序文中,提到了杜文焕《骚圃笙簧》自序。"以屈原离放"至"亦未有远殊也",是杜文焕自序的内容。《太霞洞集》卷二《盍愉,并序》就有类似的话:

> 昔三闾大夫始作《离骚》,原其名义,盖为离者,别也。骚者,愁也。以其遭时放逐,离别愁思而作也。余则异于是。君恩世及,天性常亲,其为愉乐,盍可以喻。因体《离骚》而作《盍愉》。盍者,合也。愉者,悦也。以其遭时荣进,会和愉乐而作也。故其文体略同,而词旨大异。③

① 王重民:《中国善本书提要》,上海古籍出版社1983年版,第660页。
② 《太霞洞集》卷首,《原国立北平图书馆甲库善本丛书》(第898册),国家图书馆出版社2013年版,第186页。
③ 《盍愉,并序》,《太霞洞集》卷二,《原国立北平图书馆甲库善本丛书》(第898册),国家图书馆出版社2013年版,第218页。

在《太霞洞集》卷三十二《太霞艺极·骚体》中,类似的话再次出现:

> 身承门荫,世沐主恩,并茂椿萱,齐芬桥梓,无牢骚抑郁之怀,有潇洒优游之致,故其所作,雅多旷逸。夫飘风云霓,任彼生息;灵修美佚,宁俟远求? 祥禽善鸟,无非娱耳之欢;香草众芳,只为悦目之玩。是则引类譬义,与骚殊矣。原其摅怀述志之情,与放言独往之意,则又未尝殊也。因名诸作之首章曰《盍愉》。夫盍者,合也。愉者,悦也。以表殊情之旨,实非反骚之辞也。①

由此判断,汤显祖读过《骚圃笙簧》及其自序,才能引述序文中的话。"次第有作"至"思在口而为簧者",是评价《骚圃笙簧》在内容、情感、音节上的特点。"盖文盛武不能无衰"至"今之所易与",是赞美杜文焕能文能武,"文武兼盛","殊绝于人"。"或曰"至"余何足以称之",是对杜文焕的期许。说《骚圃笙簧》是"剑首一咉",意谓《骚圃笙簧》是杜文焕骚体诗的锋芒初试(咉,形容声音微小,比喻言论无足轻重),假以时日,会有更大的收获。"异日之庄骚",既是对杜文焕现有作品的肯定,又是对其寄予的厚望。

此序大约作于汤显祖去世前数年内。国家图书馆藏《太霞洞集》虽于清顺治年间刻成,但杜文焕准备编《太霞洞集》起意很早,至少在万历三十二年甲辰(1604)就编成了部分。万历三十二年甲辰(1604)、三十三年乙巳(1605),杜文焕就托何白携三十卷《太霞集》,请李维桢作序。李维桢《杜日章太霞洞集叙》云:

> 所撰《太霞集》三十卷,……天子御历三十余年,久道成化,东却岛寇,西平朔方,西南定播州,北虏则已款塞。……友人永嘉何无咎,东南词人巨擘,晚游榆林,而奇日章,与之结社,谈艺甚欢,走使数千里,委不佞叙其集。②

李维桢(1547—1626),字本宁,京山(今属湖北)人。隆庆二年(1568)进士,万历间迁提学副使,浮沉外僚几三十年。天启初,以布政使家居。召修神宗实录,累官礼部尚书。有《史通评释》《黄帝祠额解》《大泌山房集》等。传见

---

① 《太霞艺极·骚体》,《太霞洞集》卷三十二,《原国立北平图书馆甲库善本丛书》(第898册),国家图书馆出版社2013年版,第495页。
② 《太霞洞集》卷首,《原国立北平图书馆甲库善本丛书》(第898册),国家图书馆出版社2013年版,第190—191页。

《明史》卷二百八十八。何白(1562—?)①,字无咎,号丹丘,永嘉(一作乐清)人。工画山水竹石,能诗。有《汲古堂集》。事迹见李维桢《大泌山房集》卷十三《汲古堂集序》、卷二十四《何无咎诗序》,《(乾隆)温州府志》卷二十《人物·文苑》。李维桢序中说"天子御历三十余年",何以见得杜文焕托何白带《太霞集》就是万历三十二年(1604)、三十三年(1605)呢?

因为在万历三十二年春,何白应郑汝璧之招,至榆林,三十三年乙巳,归家。郑汝璧(1546—1607),字邦章,号昆岩,缙云(今属浙江)人。隆庆二年(1568)进士,授刑部主事,累官佥都御史,巡抚山东,改延绥,进兵部侍郎,总督宣大。有《皇明帝后纪略》《皇明同姓诸王表》《皇明功臣封爵考》《臣谥类钞》《由庚堂集》等。传见焦竑《国朝献征录》卷五十八之孙鑛《郑公墓志铭》、李维桢《大泌山房集》卷六十六《郑少司马家传》。何白《汲古堂集》中有多首诗提到万历三十二年在榆林,如卷一《哭泉篇》:"万历岁在甲辰,予有榆林之役。"卷六《甲辰献岁后八日,古田舍录别四首,时将治装西塞,赴郑中丞昆岩先生之招》《寄怀俞羡长、范东生,予以甲辰岁取道榆林,二君饯予于吴门舟中》、卷十一《万历甲辰上元后一日,赴榆林,舟泊高冈,徘徊月下梅花,遂深离索之感,用赋兹篇》《甲辰仲秋初度,郑中丞置酒清宁台为予寿。醉后拟杜公七歌,时予客中丞榆林幕中》《雪霁,偕邵不朋、汪鼎父登清宁台,忽忆故山,往年同杨汝建、王季法雪中过仙岩寺,访秀公,俯仰今昔,忽历年,所感旧述怀,慨然有作,并呈中丞郑公,用不朋三字韵》、卷十七《清宁台赏雪四首,用不朋三字韵》、卷十九《明圣湖寄怀李云中太史五十韵,……甲辰春,于役榆林,……》,卷二十二《游榆塞,江上临发,别社中诸子》,等等。第二年,已离开榆林。《汲古堂集》卷二十七《书牍·答范东生》:"己巳岁,仆自西塞归。忆与足下依依舟次,一别五六年,闻问阙然。"②"己巳"应为乙巳,万历三十三年(1605)。己巳是隆庆三年(1569)、崇祯八年(1629),与何白生平行年不符。在这一年多时间,杜文焕、何白谈诗讲艺,相交甚欢。《太霞洞集》卷六《雁荡山歌,并引》:"永嘉何征君无咎

---

① 何白:《汲古堂集》卷七《戊子中秋,予生二十七度矣,举酒自寿,戏成短歌,并序》,《四库禁毁书丛刊·集部》(第177册),北京出版社1997年版,第101页。戊子是万历十六年(1588),逆计之,则其生年是嘉靖四十一年壬戌(1562)。

② 何白:《汲古堂集》卷二,《四库禁毁书丛刊·集部》(第177册),北京出版社1997年版,第362页。

以大中丞郑公聘至榆,与余讲艺谈诗,遂成莫逆,歌以赠之。"①《汲古堂集》卷十一《赠杜日章冠军》、卷十七《集杜冠军烟驾园》,就是二人唱和之作。何白离开榆林之际,杜文焕托他携三十卷的《太霞集》,请李维桢作序,就是很自然的事了。

　　除托何白请李维桢作序外,杜文焕还托张凤翼(伯起)请申时行作序②,托金慧光请屠隆作序③。杜文焕托何人请汤显祖作序,杜文焕《太霞洞集》没有涉及,汤显祖序也没提起,无从考证。但同时或稍后的人,曾读过此序。蔡毅中《赋丛鼓吹序》说:"日章诸集为序者,皆宇内明贤,余友弱侯、元介、子兴三太史之宏博,汤义仍、胡元瑞之神奇,祁念东、南思受之爽敏,仲好冯公之理学,本宁李公之博雅,皆尊扬不啻口,则不佞深与日章,盖非无征而然矣。"④蔡毅中(1548—1631),字宏甫,号濮阳子,光山(今属河南)人。万历二十九年(1601)进士,授检讨。天启中,迁礼部右侍郎,领国子祭酒。劾魏忠贤,罢官。卒谥文庄。有《馆阁宏辞》。传见姚希孟《棘门集》卷三《蔡先生墓志铭》、《明史》卷二百十六。阮大铖《南游草序》亦云:"盖先生称万历间虎臣,虽时类贞观之盛年,非建炎之末运,一时词赋诸贤,如纬真、玉茗、云杜、公安,莫不授简分觚、班荆投辖。"⑤由前所述,加上蔡毅中、阮大铖旁证,可知,汤显祖《骚圃笙簧序》在当时或稍后就很有影响。名人效应,古今一理。

---

① 《雁荡山歌,并引》,《太霞洞集》卷六,《原国立北平图书馆甲库善本丛书》(第898册),国家图书馆出版社2013年版,第260页。

② 申时行《乐府诗序》:"余既归田十余年,而榆林杜冠军日章介余友张伯起以所谓玉举斋乐府诗视余,而属余序。"《太霞洞集》卷末附,《原国立北平图书馆甲库善本丛书》(第898册),国家图书馆出版社2013年版,第503页。

③ 屠隆《寄武堂近体序》:"日章以其《寄武集》问序山民,属余友金慧光氏为介。……不腆之文,聊以塞日章数千里远命。试与慧光葫庐读之。"《太霞洞集》卷末附,《原国立北平图书馆甲库善本丛书》(第898册),国家图书馆出版社2013年版,第504—505页。

④ 蔡毅中:《赋丛鼓吹序》,《太霞洞集》卷末附,《原国立北平图书馆甲库善本丛书》(第898册),国家图书馆出版社2013年版,第501页。

⑤ 阮大铖:《南游草序》,《太霞洞集》卷末附,《原国立北平图书馆甲库善本丛书》(第898册),国家图书馆出版社2013年版,第551页。

三、《题牡丹亭》套曲非俞二姑作

有网名罗哲(秒表)者,在博客中贴出了部分历代诗词曲,其中在《明妇女五》中,有署名"俞二姑"《题牡丹亭》套曲一套。全曲如下:

题《牡丹亭》

【桂枝香】杜公名守,陈生宿秀。俏书生小姐聪明,顽伴读梅香即溜。咏《关雎》好述,咏《关雎》好述,春心迤逗,向花园行走。梦绸缪,软款真难得,缠绵不自由。

虽则想边虚构,也是缘中原有。小花神妒色惊回,老冥判原情宽宥。恨风光不留,恨风光不留,把死生参透,只要与梦魂厮守。甚来由,假际犹担害,真时怎着愁?

这是相思证候,谁识个中机构?石姑姑禁术无灵,陈教授医功莫奏。把丹青自勾,把丹青自勾,不在梅边相就,便在柳边相遘。下场头,院草堆坟树,衙斋改寺楼。

风声冬吼,雨情秋溜,似同咱泪点飘零,敢也为嫦娥俦俟。想情缘未酬,想情缘未酬,湖山钻透,觅得个风魔消受。叫无休,直叫得冷骨心还熟,僵魂意转柔。

半年幽邃,一言明剖。注重生阳寿还该,历万劫情肠不朽。笑拘儒等俦,笑拘儒等俦,生人活口,直认作子虚乌有。

魂还非谬,词传可久。若不信拔地能生,可听说和天都瘦?怕临川泪流,怕临川泪流。好趁你残香余酒,略写我慵妆疏绣。数更筹,烛闪搴衣护,窗开剪纸修。

【长拍】一任你拍断红牙,吹酸碧管,可赚得泪丝沾袖。一声何满,便潜然四壁如秋。半晌好迷留,是那般憨爱,那般膀瘦。几阵阴风凉到骨,想又是梅月下悄魂游。若都许死后自寻佳偶,岂惜留薄命自作羁囚。

【短拍】便道今世缘悭,来生信断,假华胥也不许轻游。谁似恁纳采挂坟头,把画卷当彩球抛授。若未必痴情绝种,可容我偷识梦中愁?

【尾声】从今谱梦传奇后,添附新诗一首。你可听说伤心梦里酬。

对汤显祖研究者来说,俞二姑(姑,亦作娘)这个名字,并不陌生。对她与《牡丹亭》的关系,更是津津乐道。俞二姑,娄江(今属江苏苏州)人。年十三,读《牡丹亭》,手不停批,把玩四年。年十七卒。事见张大复《梅花草堂集》卷十四《与临川汤先生书》、《梅花草堂笔记》卷七《俞娘》。

如果《题牡丹亭》套曲真是俞二姑所作,那将是汤显祖及其剧作接受史上一段锦上添花的佳话。然而事实并非如此。此是明末吴炳(1595—1648)《疗妒羹》第九出《题曲》,小旦乔小青读《牡丹亭》时所唱套曲,全曲为【仙吕过曲·桂枝香】【前腔】【前腔】【前腔】【前腔】【前腔】【长拍】【短拍】【尾声】。两相比较,博文所录套曲,有题名,未标【仙吕过曲】【前腔】【前腔】【前腔】【前腔】【前腔】等宫调、曲牌。正文中,第四首【前腔】缺"漫推求,相府开甥馆,天街报状头"三句。【长拍】中"拍断红牙"、【短拍】中"今世缘悭",未重复一次。还有二十余处文字的不同,不一一列出。

杨恩寿在《词余丛话》卷二全文引录此套曲,并云:"小青诗云:冷雨幽窗不可听,挑灯闲看《牡丹亭》。世人亦有痴于我,岂独伤心是小青。《疗妒羹》就此诗意演成《题曲》一出,包括《还魂记》大旨,处处替写小青心事,确是小青题《牡丹亭》,不是吴江俞二姑题《牡丹亭》也。……或有谓第四支'叫无休'三字无谓者,是殆未见《牡丹亭》原本有《叫画》一出,更不识其暗用'叫真真'典耳。余尤爱'拔地能生''和天都瘦'二句,虽老鸹翁,亦不过尔尔。"[1]梁廷枏《曲话》卷三则引录【长拍】一曲,云:"《疗妒羹·题曲》一折,逼真《牡丹亭》。如云:一任你拍断红牙、拍断红牙,吹酸碧管,可赚得泪纷沾袖。总不如《牡丹亭》一声何满,便清然四壁如秋。半晌好迷留,是那般憨爱,那些痨瘦。只见几阵阴风凉到骨,想又是梅月下俏魂游。天那,若都许死后自寻佳偶,岂惜留薄命活作羁囚。此等曲情,置之《还魂记》中,几无复可辨。"[2]其中,"总不如《牡丹亭》"一句,为

---

①　杨恩寿:《词余丛话》卷二,《中国古典戏曲论著集成》(第9册),中国戏剧出版社1959年版,第255—256页。

②　梁廷枏:《曲话》卷三,《中国古典戏曲论著集成》(第8册),中国戏剧出版社1959年版,第268页。

《疗妒羹》中所无。

据罗斯宁教授考证,现存吴炳剧作最早的版本是崇祯间金陵两衡堂刻本《粲花斋新乐府》,收录《画中人》《疗妒羹》《绿牡丹》《西园记》四种,缺《情邮记》。吕天成《曲品》成书于万历三十八年(1610),没有收录吴炳作品。可见吴剧成于此年之后。《情邮记》序言末尾说明它是崇祯三年(1630)出版的,它是吴炳最后的剧作。因此,"吴剧创作的时间,当在十六岁至三十六岁(万历三十八年至崇祯三年)期间"①。博文所录《题牡丹亭》套曲,未交代出处,笔者曾与发文者联系,也没有回应。张大复在《梅花草堂笔记》和《与临川汤显祖书》中,只说俞二姑批点《牡丹亭》,并举《感梦》(即《惊梦》)一出批语为例:"吾每喜睡,睡必有梦。梦则耳目未经涉,皆能及之。杜女故先我着鞭耶?"评其"如斯俊语,络绎连篇"。张大复还将俞二姑批点《牡丹亭》副本请闽中谢兆申(耳伯)送达汤显祖,但未果②。可惜的是,俞二娘评点本《牡丹

---

① 罗斯宁:《吴炳和他的剧作》,中山大学中文系主编:《论古代戏曲诗歌小说》,中山大学出版社 1984 年版,第 109 页。

② 张大复《与临川汤先生书》其二:"敝乡俞氏女,年十三,偶读先生所演杜丽娘事,适感心疾,把玩四年,手不停批,能以细楷注先生之所不欲言,翼丽娘之所未尝言。大是奇事。惜乎十七,竟殀。某得观其手泽,曾用副墨,托闽中谢耳伯送上,不知必答否? 幸先生怜而存之。"张大复:《梅花草堂集》卷十四,《续修四库全书·集部》(第 1389 册),上海古籍出版社 2003 年版,第 584 页。张大复《梅花草堂笔记》卷七《俞娘》:"俞娘,丽人也,行三。幼婉慧,体弱,常不胜衣,迎风辄顿。十三,疽苦左胁,弥连数月,小差,而神愈不支。媚婉之容,愈不可逼视。年十七,殀。当俞娘之在床褥也,好观文史。父怜而授之,且读且疏,多父所未解。一日,授《还魂传》,凝睇良久,情色黯然,曰:书以达意,古来作者,多不尽意而出。如生不可死,死不可生,皆非情之至。斯真达意之作矣。饱研丹砂,密圈旁注,往往自写所见,出人意表。如《感梦》一出注云:吾每喜睡,睡必有梦。梦则耳目未经涉,皆能及之。杜女故先我着鞭耶? 如斯俊语,络绎连篇。顾视其手迹,道媚可喜,当家人也。某尝受册其母,请密与草堂珍玩。母不许曰:为君家玩,孰与其母宝之,为吾儿手泽耶? 急急令倩录一副本而去。俞娘有妹落风尘中,标格第一,时称仙子。而其母私于某曰:恨子不识阿三,吾家所录副本,将上汤先生。谢耳伯愿为邮,不果上。先生尝以书抵某,闻太仓公酷爱《牡丹亭》,未必至此。得数语入《梅花草堂》,并刻批记。幸甚。又虞山钱受之,近取《西厢》公案,参倒、洞闻、汉月诸宿宿,请俞娘本戏作《传灯录》甚急,某无以应也。世间好物不坚牢,彩云易散琉璃脆。斯无足怪。不朽之业,亦须屡厄后出耶? 挑灯三叹,不能无憾于耳伯焉。"《四库全书存目丛书·子部》(第 104 册),齐鲁书社 1996 年版,第 380—381 页。

亭》未能流传下来①。汤显祖收到张大复信后,感慨知音难得,作《哭娄江女子二首》,惋惜她英年早夭,赞扬她是有心之人、有情之人②。据徐朔方先生《汤显祖年谱》,诗或作于万历四十三年乙卯(1615),六十六岁。因为《玉茗堂选集文集》钱谦益序谓"吾友许子洽氏以万历乙卯谒义仍先生于临"③,时间、人物与汤显祖《哭娄江女子二首》诗序所云相吻合。如果《题牡丹亭》套曲是俞二姑作,则《疗妒羹》第九出套曲袭用俞二姑作。但张大复《梅花草堂笔记》《与临川汤先生书》、汤显祖《哭娄江女子二首》都没有说俞二姑有创作,如果有,二人不会略而不提。因此,《题牡丹亭》套曲出自《疗妒羹》第九出《题曲》,署俞二姑作,是后人不明就里、妄加附会的结果。

多年来,笔者一直进行明清散曲的辑佚工作,成《明清散曲辑补》一书。初时以为《题牡丹亭》真是俞二姑所作,大喜过望,收入其中。随着研究的深入,越来越多的证据指明其非俞二姑作,遂从《明清散曲辑补》中抽出,并撰文如上,以免学界同行为前人误题所惑。

(原载《中文学术前沿》第 13 辑)

---

① 沈际飞评汤显祖《哭娄江女子二首》:"此本(俞娘评本)惜不传。"徐朔方校笺:《汤显祖全集》,北京古籍出版社 1999 年版,第 711 页。

② 《哭娄江女子二首·有序》:"吴士张元长、许子洽前后来言,娄江女子俞二娘秀惠能文词,未有所适。酷嗜《牡丹亭》传奇,蝇头细字,批字其侧。忧思苦韵,有痛于本词者。十七惋愤而终。元长得其别本寄谢耳伯,来示伤之。……乃至俞家女子好之至死,情之于人甚哉!画烛摇金阁,真珠泣绣窗。如何伤此曲,偏只在娄江。何自为情死,悲伤必有神。一时文字业,天下有心人。"徐朔方校笺:《汤显祖全集》,北京古籍出版社 1999 年版,第 710—711 页。

③ 徐朔方:《汤显祖年谱》,《晚明曲家年谱》(第 3 卷),浙江古籍出版社 1993 年版,第 461—462 页。

阮元与段玉裁之恩怨探析

陈东辉

阮元(1764—1849)是清代中后期号称"三朝(乾隆、嘉庆、道光)元老"的封疆大吏,同时又是一位学识渊博的大师鸿儒,系扬州学派的中坚人物,在很大程度上具有学界领袖的崇高地位,因此与当时的许多著名学者交往甚多,经常通过当面交谈、书信往来等方式切磋学术。其中段玉裁(1735—1815)就是与阮元交往较多的一位学者。他们之间有恩有怨,其中的一些奥妙,还鲜有人探究。笔者从事阮元及清代学术史研究有年,想就此问题谈一点粗浅的看法。

一、阮元与段玉裁之关系

阮元与段玉裁同为清代乾嘉时期的著名学者,并且均精通小学。阮元在经学、史学、哲学、训诂、文字、金石、书画、校勘、历算、舆地、文学等领域都卓有建树,尤以训诂、考据之学见长,成为乾嘉学派的后起之秀和扬州学派的中坚人物。段玉裁乃杰出的文字、音韵、训诂学家和经学家,他所撰的《说文解字注》是公认的代表清代"说文学"最高水平的传世不朽之作。从师承上看,段玉裁和王念孙共同受业于戴震,而阮元早年师从王念孙研习小学,应该说有渊源关系。此外,段玉裁的故乡金坛虽然属于镇江府,但与阮元的故乡扬州距离很近,仅一江之隔,同时段氏年轻时还曾肄业于扬州安定书院,与扬州有着特殊

239

的关系,故赵航所著的《扬州学派新论》①和《扬州学派概论》②,张晓芬所著的《天理与人欲之争——清儒扬州学派"情理论"探微》③等,均将段玉裁列为扬州学派的主要成员,与王念孙、阮元等一起加以论述。

段玉裁比阮元年长二十九岁,应该说阮元对段玉裁这位长辈是很尊敬和信任的,对他的学问给予高度的评价。阮元在《汉读考周礼六卷序》中有云:

金坛段若膺先生生于其间,研摩经籍,甄综百氏,聪可以辨牛铎,舌可以别淄、渑,巧可以分风擘流,其书有功于天下后世者,可得而言也。其言古音也,别支、佳为一,脂、微、齐、皆、灰为一,之、咍为一,职、德者,之之入,术、物、迄、月、没、曷、末、黠、鎋、薛者,脂之入,陌、麦、昔、锡者,支之入,自唐、虞至陈、隋,有韵之文,无不印合;而歌、麻近支,文、元、寒、删近脂,尤、幽近之,古音今音,皆可得其条贯。此先生之功一也。其言《说文》也,谓《说文》五百四十部,次第以形相联,每部之中,次第以义相属,每字之下,兼说其古义、古形、古音。训释者,古义也;象某形、从某某声者,古形也;云某声,云读若某者,古音也。三者合而一,篆乃完也。其引经传,有引以说古义者,以转注、假借分观之,如《商书》曰"至于岱宗,柴"。《诗》曰"祝祭于祊"。说之之本义也;如《商书》曰"无有作政"。《周书》曰"布重蒉席"。说假借此字之义也。有引以说古形者,如《易》曰"百谷草木丽于地"。说蘦从草丽之意;《易》曰"丰其屋"。说䜌从宀丰之意;《易》曰"突如其来如"。说云从倒子之意;《易》曰"先庚三日"。说庸从庚之意是也。有引以说古音者,如"蠡"读若《诗》"施罟濊濊"。"弇"读若"子违汝弼"是也。学者以其说求之,斯《说文》无不可通之处。《说文》无不可通之处,斯经传无不可通之处矣。此先生之功二也。至若《汉读考》叙例谓:"读如主于说音,读为主于更字说义,当为主于纠正误字。如者比方之词,为者变化之词,当为者纠正之词。读如不易其字,故下文仍用经之本字。读为必易其字,故下文乃用所易之字。《说文》者,说字之书,故有读如,无读为。说经传之书,则必兼

---

① 赵航:《扬州学派新论》,江苏文艺出版社 1991 年版。

② 赵航:《扬州学派概论》,广陵书社 2003 年版。

③ 张晓芬:《天理与人欲之争——清儒扬州学派"情理论"探微》,台湾秀威资讯科技有限公司 2010 年版。又见林庆彰主编:《中国学术思想研究辑刊》八编,台湾花木兰文化出版社 2010 年版。

是二者。"自先生此言出,学者凡读汉儒经子、《汉书》之注,如梦得觉,如醉得醒,不至如冥行摘埴。此先生之功三也。盖先生于语言文字剖析如是,则于经传之大义,必能互勘而得其不易之理可知。①

当然,与古今中外的众多序文一样,也不排除内中有溢美之成分。对于段氏著作中的不足之处,阮元也是看到了的。阮元曾指出:

金坛段懋堂大令,通古今之训诂,明声读之是非,先成《十七部音均表》,又著《说文解字注》十四篇,可谓文字之指归,肄经之津筏矣。然智者千虑,必有一失,况书成之时,年已七十,精力就衰,不能改正,而校雠之事,又属之门下士,往往不参检本书,未免有误。②

应该说阮元的评价是非常中肯的。

阮元在主持编写《十三经注疏校勘记》时,聘请了段玉裁、顾广圻等著名学者参加,并对段氏委以重任。《十三经注疏校勘记》实行分任纂辑,由李尚之负责《周易》《穀梁》《孟子》,臧在东负责《周礼》《公羊》《尔雅》,严厚民负责《左传》《孝经》,徐心田负责《尚书》《仪礼》,洪樾堂负责《礼记》,孙雨人负责《论语》,顾广圻负责《毛诗》,而由段氏总其成。关于《十三经注疏校勘记》由段氏总其成,刘盼遂已言及之,但是说得还不十分肯定,云"阮氏《十三经注疏校勘记》,或出先生手定"③。汪绍楹承其说,并明确指出"段氏主其事无疑"④。笔者认为,"由段氏总其成"的提法更为确切一些。

从段玉裁的角度而言,他与阮元的关系总体上还是不错的,否则他也不会参加《十三经注疏校勘记》的编写工作,不会为该书作序,也不会对阮元的文章提出修改建议。嘉庆十一年(1806)冬,阮元将自己撰写的父母行状寄呈段氏,段氏仔细阅读后提出修改意见三条。⑤ 此外,段氏曾云:"数年以文章而兼通财

---

① 阮元:《揅经室集·汉读考周礼六卷序》,中华书局1993年版,第241—242页。
② 阮元:《段氏说文注订叙》,王绍兰:《段氏说文注订》卷首,道光四年(1824)刻本。
③ 刘盼遂:《段玉裁先生年谱》(原载刘盼遂编:《段王学五种》,来薰阁书店1936年版),《刘盼遂文集》,北京师范大学出版社2002年版,第422页。
④ 汪绍楹:《阮元重刻宋本十三经注疏考》,新建设编辑部编:《文史》(第3辑),中华书局1963年版,第27页。
⑤ 参见段玉裁:《与阮芸台书》,《经韵楼集》卷三,钟敬华校点,上海古籍出版社2008年版,第53—54页。

之友,惟藉阮公一人。"①这句话说明了段、阮交往是较多的,段对阮的总体印象还是好的,并且阮元还给过段玉裁经济上的帮助。此外,清代著名思想家、文学家和今文经学家龚自珍(1792—1841)乃段玉裁之外孙,与阮元结成忘年交。阮元对龚氏这位比自己小二十八岁的晚辈赏识有加,而龚自珍对阮元也非常敬重,道光三年(1823)阮氏在广州任两广总督时,龚氏为了庆祝阮氏六十大寿,在京城专门撰写了《阮尚书年谱第一序》,以彰显其"任道多,积德厚,履位高,成名众"之事迹。阮、龚之忘年交,固然主要是因为双方情投意合,但也有昔年阮、段交情之因素。顺便说一句,龚氏之性格在某些方面与段氏颇有相近之处,他才气纵横,有不可一世之概,有时连他的外祖父也瞧不起。上海图书馆所藏的龚自珍手批《说文解字注》,内有许多龚氏不以为然的地方,有时甚至讥笑怒骂。②

二、段玉裁对阮元不满之事由

段玉裁对阮元的最大不满在于,段氏认为自己在参加《十三经注疏校勘记》的编写工作时,扮演了"为人作嫁衣"的角色。嘉庆九年(1804),段氏曾在致王念孙的函中对此事流露出明显的不满,函中云:"弟七十余耳,乃昏眊如八九十者,不能读书。惟恨前此之年,为人作嫁衣,而不自作,致此时拙著不能成矣。所谓一个错也。"③根据段氏的生平资料,书信中所说的"为人作嫁衣"之事,当指他在编写《十三经注疏校勘记》的过程中,承担了实际负责人的工作,为主编阮元"作嫁衣",而"拙著"是指《说文解字注》。因为一个人的精力总是有限的,所以《十三经注疏校勘记》之事确实耽误了《说文解字注》的撰稿工作。刘盼遂所编的《经韵楼文集补编》卷下收有段氏《与刘端临第二十九书》,书信中说:"弟衰迈之至。《说文》(按:指《说文解字注》)尚缺十卷。去年春病甚,作书请王伯申趱完。伯申杳无回书。今年一年,《说文》仅成三页。故虽阮公盛

---

① 段玉裁:《致王念孙书(三)》,罗振玉编:《昭代经师手简》,1916 年石印本。

② 参见张舜徽:《清儒学记》,齐鲁书社 1991 年版,第 503 页。

③ 段玉裁:《致王念孙书(一)》,罗振玉编:《昭代经师手简》,1916 年石印本。

意而辞不敷文。初心欲看完《注疏考证》，自顾精力万万不能。近日亦荐顾千里、徐心田（养原）两君而辞之。"①由此可见当时《说文解字注》的撰写进度甚慢，业已年迈体衰的段玉裁心急如焚。笔者认为，《十三经注疏校勘记》之事耽误了《说文解字注》的撰稿工作，这是事实，但《说文解字注》撰写进度缓慢，并非都是《十三经注疏校勘记》之事引起的。我们注意到，早在段氏参与编写《十三经注疏校勘记》之前，嘉庆四年（1799），他在《与刘端临第十八书》中云："故近来宿食不宁，两目昏花，心源枯槁，深惜《说文》之难成。"②嘉庆六年（1801），又在《与刘端临第二十七书》中曰："弟贱体春病如故，栗栗危惧，望有以教之。《说文注》恐难成，意欲请王伯申终其事。"③可见当时段氏已深感力不从心，所以即使后来段氏未参与编写《十三经注疏校勘记》，《说文解字注》也不可能很快完成。事实上，《说文解字注》直至嘉庆十二年（1807）方全部完成。另外，段玉裁曾于嘉庆九年（1804）委托阮元刊刻他所著的《说文解字注》。阮元刻成《说文解字注》一卷后④，因丁父艰解职，未能再刻其余各卷，使段氏十分失望，又在很大程度上加深了段氏对阮氏的不满，并成为段氏迁怒于阮氏的导火线。严元照《悔菴学文》中有《奉段懋堂先生书（二）》，谏其与某公重大矛盾事，现引述如下：

前于尊案见所寄某公书稿，词气激直。大致似欧阳公与高司谏之书。欧公之所论者，国事之是非。然后之君子，于欧公不能无遗议。今先生之所争，

① 段玉裁：《与刘端临第二十九书》，《经韵楼集》附《经韵楼文集补编》（刘盼遂辑校），钟敬华校点，上海古籍出版社 2008 年版，第 413 页。刘盼遂将此札定为嘉庆七年（1802）所作，但该年顾氏已与《十三经注疏校勘记》局中人纷争不断，且与段氏亦已生嫌隙，段氏似未必会再荐顾氏。李庆《顾千里研究》（上海古籍出版社 1989 年版，第 87 页）一书中的《新订顾千里年谱》，将此札系于嘉庆六年（1801）。
② 段玉裁：《与刘端临第十八书》，《经韵楼集》附《经韵楼文集补编》（刘盼遂辑校），钟敬华校点，上海古籍出版社 2008 年版，第 406 页。
③ 段玉裁：《与刘端临第二十七书》，《经韵楼集》附《经韵楼文集补编》（刘盼遂辑校），钟敬华校点，上海古籍出版社 2008 年版，第 412 页。
④ 乾隆六十年（1795）冬，段氏在《与刘端临第十三书》中说："弟之《说文》，亦写刻本二卷，嘱江艮亭篆书，剞劂之工，大约动于明冬。"（《经韵楼集》，钟敬华校点，上海古籍出版社 2008 年版，第 401 页）嘉庆十一年（1806）冬，段氏在《致王念孙书（五）》中提到《说文解字注》"尚有未成者二卷也（十二之下、十三之下）。今冬明春必欲完之。已刻者仅三卷耳。精力衰甚，能成而死则幸矣"（罗振玉编：《昭代经师手简》，1916 年石印本）。

较之欧公,其大小何如,而凌厉挥斥,令人无所措手足。《传》有之,凡有血气,皆有争心。受之者岂遽能甘?此今尊意若曰,彼虽不甘,吾何惧之有?夫惧不惧,亦何足深论。且非惧显要也,惧失儒者谨厚之风耳。更就此事论之,在先生始亦失之轻信。夫既身据要津,欲为朋好刊行著述,固非艰大难胜之事也。苟非力所能积,则竟寝其事,有何不可。而乃委曲踌躇,慕助集事。其始也如此,又奚怪有今日之事乎。然而先生之责之也,又已甚矣。人之知此事之颠末者,不能不谓先生处之失其平。不知者传闻失实,不过曰,段先生因某公不为刻书,荐书院,作书骂之耳。如此则先生之品诣亦少损矣。……先生不以鄙意为非,则乞润色元稿,微词缓讽,使之自悟焉可矣。刍荛之言,伏希采纳。天寒欲雪,呵冻临池。不妨学宋广平之赋梅花,慎弗效嵇叔夜作《绝交》书也。①

根据事情发生的时间和缘由,当指段氏因阮元未刻完《说文解字注》之事而大怒,于是写了一封措辞强硬的信。严元照极力劝谏段玉裁对信件原稿加以修改,采用"微词缓讽"之方式。就现有的史料看,段氏此札最终是否发出不得而知,但从中可明显地看出段氏情绪激昂,对阮元意见甚大。刘盼遂所撰的《段玉裁先生年谱》在引用上述文字后,有如下按语:

札中所称某公者殆谓萧山王畹馨(绍兰)也,嘉庆五年十二月,先生与刘端临书云,有经术吏治之王绍兰官闽中,已升知州,许为刻《说文》,当先刻数本。是王氏许为刻书而卒未实行。迨后王氏著《说文段注订补》,深诋先生是书。其凶终隙末,有可概见者。然先生之倔强负气,以言词笔札致嫌者,亦毕呈于此札。故录存之。②

笔者认为,刘氏之论断缺乏足够的证据,值得商榷。札中所称"某公"并非王绍兰,而应当是指阮元,主要理由有三:第一,王绍兰当时虽然已是"知州",但还称不上"身据要津",而阮元则是。第二,王绍兰虽未兑现自己"许为刻《说文》"之诺言,但并无义务一定要为段氏刻书。段氏与王氏既无深交,也未曾替王氏"作嫁衣"。根据一般逻辑,段氏不可能对王氏如此怨恨。第三,严元照的

---

① 严元照:《悔菴学文》卷一《奉段懋堂先生书(二)》,《清代诗文集汇编》(第508册),上海古籍出版社2010年版,第464页。

② 刘盼遂:《段玉裁先生年谱》,《刘盼遂文集》,北京师范大学出版社2002年版,第423页。

《奉段懋堂先生书(二)》作于嘉庆九年(1804)冬,与嘉庆九年夏段氏在《致王念孙书(一)》中提及"为人作嫁衣"之事在时间上很接近。而王氏"许为刻《说文》"已是嘉庆五年(1800)以前之事,隔了整整五年。此外,刘氏"按语"中所谓的"迄后王氏著《说文段注订补》,深诋先生是书",极易使人误解成因为王氏"深诋"《说文解字注》,故而段氏勃然大怒。其实并非如此。因为《说文段注订补》著于嘉庆年间,虽然具体成书年月已难以考证,但肯定比段氏作此札的时间晚。最后,退一步说,即使依刘氏之说,也可帮助我们进一步了解段氏之性格。再者,刘氏所说的《说文段注订补》"深诋先生是书",亦欠妥当。笔者认为胡朴安对《说文段注订补》的评价较为公允:"王氏之订补,其例有二:订者订段之讹;补者补段之略。视徐氏钮氏之书,更为丰富而畅达,而持论之平实,过于钮氏。……为读段注者所不可不读之书。"①

三、段玉裁对阮元不满之原因分析

众所周知,阮元在学术领域的一个重大贡献(甚至可以说是最大贡献)是主持编纂、刻印了几部著名的大型书籍。嘉庆初年,阮元组织编纂了《经籍籑诂》,他亲自拟定了《经籍籑诂》的二十四条凡例,然后由何兰汀、朱为弼等三十三人担任分纂,负责分头摘抄有关古籍中的注释性文字。分纂工作完成后,阮元又延请擅长训诂之学的臧镛堂及其弟臧礼堂任总纂,再由宋咸熙等五人承担分韵工作,洪颐煊等十人完成编韵任务。此外,总校由方起谦和何元锡担任,收掌由汤燧和宋咸熙担任,复校由臧镛堂和臧礼堂完成,刊板复校则由林慰曾充其役。阮元专门在卷首详细列出了上述人员的姓名,以示此乃集体编纂之成果,阮氏个人并无掠美之意。《皇清经解》为阮氏任两广总督时,组织人力在他创立的广州学海堂中所辑刻,由诂经精舍培养的高才生严杰任总编辑,吴兰修为监刻,学海堂诸生充任校对,孙成彦管理复校,阮元之子阮福则在署总理收发书籍、催督刻工诸事。严杰等人以及捐资刊书者李秉绶、李秉文均在《皇清经解》卷首显著位置列名。《十三经注疏校勘记》的做法亦大体相仿。只

---

① 胡朴安:《中国文字学史》,上海书店 1984 年版,第 315—316 页。

是有一点阮元考虑欠周，就是既然段玉裁实际上承担了"总其成"的工作，那么也应该像任命臧镛堂、严杰一样任命他为"总纂"。段玉裁在编写《十三经注疏校勘记》时所担当的职责，与臧镛堂在编纂《经籍籑诂》时所担当的职责和严杰在编纂《皇清经解》时所担当的职责有相似之处。如果按照目前出版的一些大型书籍和学术刊物的署名方式，阮元相当于"主编"，臧镛堂、严杰、段玉裁相当于"执行主编"。"执行主编"所做的具体工作往往比"主编"多不少，这确实是事实。"主编"确实有挂名的，但也有名副其实的，不能一概而论。在编纂上述三部大书时，作为主编的阮元在制定体例、学术指导、遴选人员、物质支持诸方面贡献甚大。在《十三经注疏校勘记》中的各经"校勘记"卷首，均冠有阮元所撰之序。序文简明扼要，学术性很强，论述了各经版本情况以及各家注疏之得失等，显示出阮元的学识。同时，序中还专门说明了各经"校勘记"系委托何人分撰而成，以尊重他人的劳动。就是根据今天的标准来看，阮元也是基本遵守学术规范的。像《经籍籑诂》之类的大型书籍，如果没有阮元这样的高官兼大学者主持编纂或大力支持，单靠某一位或某几位学者的力量，是很难完成的。关于这一点，清代大学者章学诚心中也非常明白，故章氏曾在嘉庆二年（1797）正月上书朱珪，请其代谋于当时的浙江巡抚谢启昆和浙江学政阮元，欲借他们之力来编纂《史籍考》。可见由有地位的学者出面组织编纂大书，是当时的一种通行做法，为广大学者及整个社会所认可。并且，有阮元这样从学者到高官之经历的人，在为官后仍念念不忘学问，同时还积极倡导学术研究，热心于编书、校书、刻书和印书事业，在整个清代乃至古今中外还是为数不多的，理应受到人们的尊敬。关于这方面的情况，尚小明在《学人游幕与清代学术》①一书中有详细的论述。此外，美国著名汉学家艾尔曼在《从理学到朴学——中华帝国晚期思想与社会变化面面观》②一书的第三章"江南学者的职业化"第三节"官方与半官方赞助"亦专门研究了这一问题，其中第三部分即为"阮元的学术赞助"。此外，嘉庆四年（1799）段氏在《与刘端临第十八书》中云：

> 故近来宿食不宁，两目昏花，心源枯槁，深惜《说文》之难成。荒圊宋本《汉

---

① 尚小明：《学人游幕与清代学术》，社会科学文献出版社1999年版。
② 艾尔曼：《从理学到朴学——中华帝国晚期思想与社会变化面面观》，赵刚译，江苏人民出版社1995年版。

书》已校出；弟不暇读；《仪礼疏》已校出，何由足下得见也。……意欲延一后生能读书者相助完《说文》稿子而不可得，在东已赴广东为芸台刊《经籍籑诂》，千里亦无暇助我，归后再图之。①

可见段氏在撰写《说文解字注》的过程中遇到困难时，也很希望"延一后生能读书者"协助他实现自己的心愿。那么为何同样是在阮元主编之书中担负"执行主编"之重任，臧镛堂和严杰都没有什么意见，唯独段玉裁在这个问题上意见很大呢？笔者根据有关史料，再加上自己的分析判断，认为除了阮氏未任命段氏为"总籑"外，尚有如下数方面的原因。

首先，段玉裁过于自信，自视极高，在阮元面前亦有所流露。后人对段玉裁在文字学、音韵学、训诂学和经学等方面的成就评价甚高，但段玉裁将自己看得还要高，如他在《与阮芸台书》中曰："玉裁昔年深究古文辞之旨，惟端临知我耳。"②又在《与刘端临第十八书》中云："弟于学问，深有所见。……吾辈数人死后，将来虽有刻《十三经》者，恐不能精矣。"③自负之情，溢于言表。在清代学者中，从段玉裁的一生来看，他属于比较骄傲的一类，他恃才傲物，对人少所赞许。江有诰乃段玉裁之后学，对段氏恭敬有加，但段氏于江氏则颇为傲慢，他在《与江晋三说说文牙字》中曰："足下音韵功深，古学疏浅，当以多读书为务，即此一字可得考古之法。"④此外，段玉裁与顾广圻曾为校勘原则等事发生异常激烈的争论，后来愈演愈烈，最终导致两人绝交。此乃清代学术史上人所皆知之公案，笔者无意在此评论段、顾嫌隙之是非，然而诚如张舜徽所言：《经韵楼集》"卷十一、十二所载《与顾千里讨论学制》诸书，争西学、四学一字之差，连篇累牍，至于毒詈丑诋，有如悍妇之斗口舌。以七十余岁老翁，不惜与后生校短

① 段玉裁：《与刘端临第十八书》，《经韵楼集》附《经韵楼文集补编》（刘盼遂辑校），钟敬华校点，上海古籍出版社2008年版，第406页。

② 段玉裁：《与阮芸台书》，《经韵楼集》卷三，钟敬华校点，上海古籍出版社2008年版，第54页。

③ 段玉裁：《与刘端临第十八书》，《经韵楼集》附《经韵楼文集补编》（刘盼遂辑校），钟敬华校点，上海古籍出版社2008年版，第405—406页。

④ 段玉裁：《与江晋三说说文牙字》，《经韵楼集》卷三，钟敬华校点，上海古籍出版社2008年版，第106页。

长,角胜负,至于如此,亦未免盛气凌人矣"①。张氏还说:"以余观二人意气之争,段氏实不能辞其咎。"②嘉庆十一年(1806)四月初二,段氏在致王念孙的函中云:"弟落魄无似,时观理学之书。《说文注》近日可成,乞为作一序。近来后进无知,咸以谓弟之学窃取诸执事者。非大序不足以著鄙人所得也。引领望之。"③"咸以谓弟之学窃取诸执事者"固然不符合事实,但也从一个侧面说明了段氏的人际关系不佳,当时许多人对他心存不满,这种不满应该主要源于段氏恃才傲物之性格。《清代学人录》中说:"段玉裁有着良好的学风,他对师长很尊重,虚心好学,对于后学他又能诲人不倦。"④这一评价笔者实在不敢苟同。当然段氏始终对其业师戴震非常尊敬,执弟子礼甚恭,就是到了年老之时,每当提及戴震之名,必垂手拱立,每月的初一和十五还要庄重地吟诵业师之手札一通,但有时不免为尊者讳,甚至不惜曲为之说。并且,人的性格往往具有两面性,段氏确实有对戴震尊敬的一面,但是并不能因此而掩盖其常常好强逞博、负气争胜的另一面。后人将段玉裁和王念孙、王引之的学术并称为"段王之学",其实他们在性格和治学风格等方面都有较大的不同。就总体而言,王氏父子较为平实、谦和,段氏则较为武断、气盛。段玉裁也许认为像他这样的"一流人才",白白花费了那么多时间"为人作嫁衣",导致自己的"一流著作"《说文解字注》耽搁数年,心里越想越不平衡,于是不平则鸣。并且,段氏可能认为编写《十三经注疏校勘记》的难度较编纂《经籍籑诂》为大,他的贡献应该比臧镛堂大,况且他还没有臧镛堂那样的"总纂"名义,这更引起了他的不满。

其次,段玉裁认为凭阮元的地位和能力,完全可以并且应该替自己刊刻整部《说文解字注》。段氏非常希望《说文解字注》这部凝聚着自己大半生心血的代表性著作能够早日面世,但他万万没有想到阮元仅仅刻成了一卷,这对于视学术如生命(清代学者大多如此)的段玉裁来说打击太大了,思想上没有任何准备,于是反应相当强烈,虽然知道阮元未能刻完有其客观原因,但也不予谅解。段玉裁肯定清楚在其委托阮元刊刻《说文解字注》之前,阮氏已经刻印了

---

① 张舜徽:《清人文集别录》,华中师范大学出版社 2004 年版,第 211—212 页。
② 张舜徽:《清人文集别录》,华中师范大学出版社 2004 年版,第 320 页。
③ 罗振玉编:《昭代经师手简》,1916 年石印本。
④ 李春光:《清代学人录》,辽宁大学出版社 2001 年版,第 146 页。

钱大昕的《三统术衍》三卷、孔广森的《仪郑堂文集》两卷、彭元瑞的《石经考文提要》十卷、胡廷森的《西琴诗草》一卷、张惠言的《周易虞氏易》九卷和《周易虞氏消息》两卷等当时学者的著作,并且都是整部刻完的,为何阮元却只为他刻印了一卷?他实在想不通!更重要的是,段玉裁认为他在编写《十三经注疏校勘记》时为阮元出了大力,而阮元此次却没有尽力帮他,实在不够朋友,因此耿耿于怀。同时应该说明的是,段氏之言有些属于气头上的话,有借题发挥和夸张的成分,不可仅仅据此判断是非,而应该同时结合其他文献资料来作分析。段玉裁在《十三经注疏释文校勘记序》中有云:

> 臣玉裁窃见臣阮元,自诸生时至今校误有年,病有明南北雍及琴川毛氏《十三经注疏》本纰缪百出。今年巡抚浙中,复取在馆时奉敕校《石经仪礼》之例,衡之群经,又广搜江东故家所储各善本,集诸名士,授简诂经精舍,令详其异同,抄撮会萃之,而以官事之暇,篝灯燃烛,定其是非。复以家居读礼数年,卒业于郑氏三礼,条分缕析,犁然悉当,成此巨编。[①]

可见段氏在这篇序中充分肯定了阮元在主持编纂《十三经注疏》及其校勘记时的功绩。当然,我们同样不能仅仅根据这篇序来判断阮元与段玉裁在编纂该书时的贡献孰大孰小。再者,笔者认为阮元当时之所以未能刻完《说文解字注》,后来也一直没有再补刻其余各卷或重刻全书[②],除了上文提及的原因之外,还有该书卷帙较多(三十卷,约110万字[③])、刊刻费用较贵之因素。阮元一生中虽然刻印了清代多位学者的著述,但一般篇幅都不大。此外,段氏所流露的不满,也多多少少导致阮元不快,这恐怕也是阮氏后来未再补刻其余各卷或重刻全书的一个原因,当然这不会是主要原因。

再次,段玉裁在内心有些看不上阮元,认为他的学问不如自己。在清代学者中,段玉裁是"发明派",而阮元属于"纂集派"。"发明派"有时不太瞧得起"纂集派",这在清儒和近现代人的论述中均有不少反映,此不赘言。段玉裁曾

---

① 段玉裁:《十三经注疏释文校勘记序》,《经韵楼集》卷一,钟敬华校点,上海古籍出版社2008年版,第2页。

② 《说文解字注》直至嘉庆二十年(1815)方由段氏筹资全部刊成,此即经韵楼原刻本。段氏总算在去世前四个月实现了自己的夙愿。

③ 笔者根据上海古籍出版社1981年影印经韵楼原刻本统计,不含《六书音均表》。

云:"《经籍籑诂》一书甚善,乃学者之邓林也。但如一屋散钱,未上串①,拙著《说文注》成,正此书之钱串也。《广雅疏证》收讫。程易田书来,极赞其书。弟亦以为不朽之作也。"②段氏对其本人的《说文解字注》以及王念孙的《广雅疏证》之评价,显然高于《经籍籑诂》。再加上段玉裁自视极高,对人少所赞许,这种情绪是完全可以理解的。同时,阮元在当时已是官至浙江巡抚的封疆大吏,而段玉裁仅做过被称为"七品芝麻官"的贵州玉屏等县的知县。虽然段氏未必一定想当高官,但这种地位的显著差距也容易引起段氏对阮氏的不满。况且,段玉裁比阮元大出近三十岁,是阮元的长辈,在论资排辈、年长为尊的这种从古至今大体未变的中国传统社会氛围中,以段氏之性格,内心是很难服膺阮元的。在阮、段交往中有一个现象值得注意,即段玉裁对阮元的学问及其著述很少加以评论。笔者认为,段氏的上述心理是一个重要原因。其实,阮元与段玉裁在学术上各有千秋。如果一定要做比较、分高下,那么笔者认为阮元在学问的广博与识见的闳通方面超过段玉裁,而段玉裁因为有《说文解字注》《六书音均表》等传世名著,表明他在文字学、音韵学等领域的研究比阮元深入。大家知道,阮元精通天算学,然而"在乾嘉时期,就具体学者而论,他们中有半数以上的考据学家如惠栋、沈彤、卢文弨、王昶、朱筠、段玉裁、王念孙、王引之、江声、余萧客、洪亮吉、孙星衍、臧庸等人,对天算学有的粗知皮毛,有的根本就不涉此学,对西学接触更少"③。此外,正如笔者曾经指出的那样,阮元应属清代一流的训诂学家,并且在某些方面的成就不亚于段、王。④ 这从阮元的文集《揅

---

① 笔者并不同意段氏的这一观点。事实上,《经籍籑诂》从总体而言,虽属述而不作之书,但绝非材料的简单堆积。该书在义训的排列顺序上,反映了编者对古代汉语词义系统的整理和理解,本身就具有很高的学术价值,为此前的字书所不及。我国古代经籍及其传注卷帙浩繁,搜集材料甚为不易,而汉语之同名异实或同实异名的现象又十分复杂,考辨疑义,求其意蕴,编次先后,难度尤大。段玉裁在《说文解字注》"緘"字条下,因前人训释无定说,歧义纷出,莫可适从,尝慨叹不已:"盖训诂之难如此!"然而《经籍籑诂》的编纂者遵循该书凡例之规定,对纷繁的古训作了尽可能系统的整理,在训义的先后次第排列上,付出了艰辛的努力。详见陈东辉:《论〈经籍籑诂〉的编纂及其功过得失》,《古籍整理研究学刊》1998 年第 1 期。

② 段玉裁:《与刘端临第二十四书》,《经韵楼集》附《经韵楼文集补编》(刘盼遂辑校),钟敬华校点,上海古籍出版社 2008 年版,第 410 页。

③ 漆永祥:《乾嘉考据学研究》,中国社会科学出版社 1998 年版,第 51 页。

④ 参见陈东辉:《阮元与小学》,中国文联出版社 1999 年版,第 9 页。

经室集》就可以看出来。诚如张舜徽所云：

> 从来学者们谈到清代训诂学方面的成就时，莫不称举高邮王氏父子和栖霞郝懿行，很少有人提到阮元。这是由于阮元一生做过大官，他的学术成就，完全为名位所掩，不容易使人注意。加以他在训诂学方面，没有像王念孙著《广雅疏证》，郝懿行著《尔雅义疏》，从事一部书的精深研究，以专门名家，难怪不为学术界所重视。但他自己却承认在训诂学方面是下了一番功夫的。①

本文之所以花费很大篇幅引用阮元《汉读考周礼六卷序》中的有关文字，其中一个重要目的就是说明阮元在小学领域的良好素养。当然，阮元长期为官确实影响了治学，阮元堂弟阮亨的一段话较好地概括了阮元入官前后治学特点之不同，引述如下：

> 兄早岁治文章，尤挈经义，尝手校《十三经注疏》。二十四岁撰《车制图解》，有为江（永）、戴（震）诸先生所未发者。此外如《封禅》《明堂》《一贯论》《仁渐》《浙乐奏》《释且》诸篇，皆独契往古，发前人所未发。至于《十三经注疏校勘记》《经籍籑诂》《十三经经郭》《畴人传》《金石志》等书，篇帙浩繁，皆自起凡例，择友人、弟子分任之，而亲加朱墨改订甚多。自言入翰林后即直内廷，编定书画，校勘石经。旋督学管部领封疆，潜挈时少。故入官以后编纂之书较多，而沉精殚思、独发古谊之作为少，不能似经生时之专力矣。②

诚然，如果阮元不为官，确实难以编纂《经籍籑诂》《十三经注疏》《十三经注疏校勘记》《皇清经解》等具有重大影响的大型书籍，但肯定会有充裕的时间从事个人的学术研究，其个人专集《揅经室集》的部头也会大得多。笔者认为，如果就学问及学术成果的含金量而言，阮、段均系一流大学者，在所有清代学者中都可排入前三十位，但具体孰前孰后很难排定，因为除了钱大昕、顾炎武、戴震似乎可以位居三甲之外，前三十位的其余学者难分伯仲。以今天的眼光来看，段玉裁并没有理由看不起阮元。

纵观阮元与段玉裁交往的全过程，他们之间的"恩"（即友好交往）是主要的，"怨"（即不和谐之处）是次要和局部的。并且，此处的"怨"是指段玉裁对阮

---

① 张舜徽：《清儒学记》，齐鲁书社1991年版，第448页。
② 阮亨：《瀛舟笔谈》卷七，清嘉庆二十五年（1820）刻本。

元的不满，而根据现存的史料，阮元对段氏并未流露出不满，但阮元在未任命段氏为"总纂"这点上确实考虑欠周，对段氏有些不公平。同时，阮氏当时未能刻完《说文解字注》有其客观原因，段氏应该谅解，而阮氏事后也应该尽量想办法加以弥补（凭阮元的能力和地位是可以办到的），但从现存的史料看，并没有什么补救事例，这对段氏也不公平。所以，换一个角度看，段氏对阮氏的不满也有一定的道理。事实上，与段玉裁相比，阮元同郝懿行、凌廷堪、王引之、臧镛堂、江藩等学者的关系更为融洽，更愿意与他们交往，对他们的帮助一般也较段氏为多。郝、凌等人对阮元也是十分感激的。如阮元曾多次寄钱给郝懿行，在经济上对郝氏资助甚多。又如阮元在十九岁即与凌廷堪相识，从此成为终身挚友。凌氏于五十五岁就过早去世了，阮元非常悲痛，后来他去凭吊凌墓时，写下了一首名为《过海州板浦吊凌次仲教授》之诗①，内有"山海应如旧，斯人世已无""耐久真成友，成名定作儒"这样感人的诗句，足见阮、凌之关系非同一般。这大概和段氏的性格与郝、凌等人不同有很大关系，因为恃才傲物之士的人际关系一般都不会怎么好。不过这种情况在古今中外都难以完全避免。

总之，我们应该充分肯定段玉裁在编写《十三经注疏校勘记》时实际担任"总纂"（"执行主编"）的重要功绩，但也不能因此而否认阮元在其中所起的重要作用，更不能像个别人那样想当然地认为阮元乃封疆大吏，他的学术成果大多是凭借他人之力完成的。

[原载《浙江大学学报》（人文社会科学版）2005 年第 3 期，
收入本书时做了修改和增补]

---

① 阮元：《揅经室集》，中华书局 1993 年版，第 924 页。

现代阐释

中西文化冲突与鲁迅的双重文化选择意识

黄　健

随着古老中国艰难地迈入 20 世纪,如何从根本上摆脱近代以来所遭遇的贫困落后、被动挨打的局面,这一严峻的问题仍将摆在每一个中国人的面前,并迫使每一个寄希望于民族振兴的中国人,不得不多方位地对此进行探寻。1840 年鸦片战争强行打开长期闭关自守的国门之后,以魏源、康有为、严复等为代表的第一代"先进的中国人",开始了向西方寻求真理的漫漫历程。但是,在探索救国救民真理的过程中,第一代"先进的中国人"明显地表现出他们自身,以及所处的时代、社会和历史的多重局限。他们一方面从自身的体会中直感到传统文化、传统社会的种种弊端,认识到有必要进行一场深刻的变革,然而另一方面,在如何有效地克服弊端,怎样进行变革的问题上,又缺乏既符合中国的现实状况,又不落后于当今世界发展潮流的成熟的具体方案,尤其是在思想观念上,未能真正地获得现代性质的根本转变,从而也就未能在整体的反叛传统当中,建构起富有独创性的思想文化体系。如果说第一代"先进的中国人"在 20 世纪初中西文化冲突愈演愈烈的过程中,已经开始停步不前,甚至呈现出某种倒退的迹象,那么,作为第二代"先进的中国人"的代表人物——鲁迅,则在接受第一代"先进的中国人"思想影响的基础上,凭借着对传统文化的透彻认识和对近代西方文化思潮的敏锐感受,力求在整体地反叛传统当中,孜孜不倦地致力于 20 世纪中国新文化的建构工作。因此,相对于第一代"先进的中国人"的思想来说,鲁迅在思想文化观念上,已真正地完成了现代性质的根本转变(尽管作为历史的"中间物",鲁迅介于传统与现代、东方与西方之间,与传统文化与现代西方文化思潮都保持着相当深刻的内在联系)。同时,这种富有全新的现代意义的思想文化观念,又促使鲁迅必须在 20 世纪初中西文化冲突的广阔背景下,致力于中国新文化的建构。因而,在这个意义上,传统文化与近代西方文化,也就构成了鲁迅艰难的双重选择。

一

当鲁迅在南京求学期间,从严复翻译的赫胥黎《天演论》那里开始接受进化论思想影响时,可以说,客观现实的逼迫和自身对外部世界渴求欲望的驱使,就已经把他推到了中西文化冲突的前沿阵地。对于鲁迅来说,20 世纪初愈演愈烈的中西文化冲突,使他至少是从自身的切身体验中感受到,迫切需要解决的问题不是如何引进西方的先进技术,或照搬西方的社会制度,而是如何端正对待传统的认识和态度。事实上,鲁迅把渴求观念变更的文化目的,置于 20 世纪初的中西文化冲突背景下,他就必然遇到这一严峻问题的挑战。

20 世纪初是新旧文化更替的历史转折时期。思想文化上的反传统和建构 20 世纪中华民族新文化,已成为历史发展的主流。近代史表明,社会的变革,首先有赖于人的素质、人的思想文化观念的根本变革。维新派、洋务派人士不是没有认识到变革的重要性,问题在于他们只祈求某一方面的变革,未能从急遽变化的社会需要人的素质、思想文化观念产生变化这一高度,来认识变革的意义,尤其是未能深刻地认识传统文化观念的落后、守旧等特征,因而其变革运动的失败,是无法避免的。进入 20 世纪,选择文化变革为突破口时,思想文化观念上的反叛传统与迈向现代化,也就势在必然了。正是在这一特定的历史时期,鲁迅在思想文化观念上,接受了第一代"先进的中国人"思想的影响,但又逐渐走上了一条超越其思想的发展道路。在近代西方文化思想的冲击和对传统文化的深刻认识中,鲁迅非常清楚地看到,传统文化不是一个现成的可以用来为整体文化变革服务的工具。因为它在其内在的机制上、观念上、价值体系上,都是服从于封建社会需要的,而当整个社会迈入 20 世纪时,这种服从于封建社会需要的传统文化思想,已显得不合时宜,与 20 世纪所出现的促进整体文化现代化的思想,每每发生冲撞而不得不沦为文化变革的对象。于是,在鲁迅的思想认识上,一个必然的而又异于第一代"先进的中国人"思想认识的观念就产生了,这就是:要建构 20 世纪中国新文化,必须首先整体上反叛传统。

获得整体上的反叛传统的意识,是鲁迅以近代西方文化为参照系的结果。鲁迅以在南京求学期间接受进化论思想影响为起点,东渡日本后,又广泛地接触了 18 世纪以来近代西方文化的各种思潮、学说和理论。其中,鲁迅尤为注重 18 世纪西方启蒙学者所倡导的"科学"理性精神和 19 世纪后期近代西方非理性主义思潮中强调以"个人"为本、反抗社会的学说。鲁迅认为,社会的变革,历史的发展,人类的进步,都有赖于科学的理性精神,有赖于"科学之进步"①,但是,科学的精神不等于一般的西方先进技术。在鲁迅看来,近代西方文化中的理性精神和以"个人"为本、反抗社会的学说,与传统文化观念存在着尖锐的对立。这种对立反映了认识和把握社会的两种不同的文化价值尺度,而从整个 20 世纪思想文化发展主流来看,"科学""个人"则更具有鲜明的时代精神特点,体现着整体文化发展的方向。为此,鲁迅不满于先前维新人士所倡导的维新运动,而提出"第二维新"之说。鲁迅清楚地看到先前的维新人士虽然也要求"渐知西人之长""知旧法之不足恃""纷纷言新法",但是却没有真正地把握近代西方文化的内在精神,"而究其所携将以来归者,乃又舍治饼饵守囹圄之术而外,无他有也",这样长久下去,"则中国尔后,且永续其萧条"。② 基于对近代西方文化的了解,鲁迅注重人的观念变革对于维新运动的意义。他以为,科学理性精神能够使人"渐悟人类之尊严"③,其"洪波浩然,精神亦以振,国民风气,因而一新"④,并认定医治传统文化弊端的药,只有"科学"一味⑤。因为传统文化中的"家族和礼教制度"、等级观念、伦理道德价值准则,在文化观念性质的差异上,与科学理性精神是格格不入、背道而驰的。然而,由于中国社会变革之难,鲁迅又尤为推崇以"个人"为本、反抗社会的精神,特别是在

① 鲁迅:《坟·科学史教篇》,《鲁迅全集》(第 1 卷),人民文学出版社 1981 年版,第 25 页。鲁迅认为,近代西方的发展,"实则多缘科学之进步。盖科学者,以其知识,历探自然见象之深微,久而得效,改革遂及于社会,继复流衍,来溅远东,浸及震旦,而洪流所向,则尚浩荡而未有止也"。

② 鲁迅:《坟·摩罗诗力说》,《鲁迅全集》(第 1 卷),人民文学出版社 1981 年版,第 100 页。

③ 鲁迅:《坟·文化偏至论》,《鲁迅全集》(第 1 卷),人民文学出版社 1981 年版,第 50 页。

④ 鲁迅:《坟·科学史教篇》,《鲁迅全集》(第 1 卷),人民文学出版社 1981 年版,第 32 页。

⑤ 鲁迅:《热风·三十八》,《鲁迅全集》(第 1 卷),人民文学出版社 1981 年版,第 313 页。

大多数国人还处于"昏睡"之中时，少数"明哲之士"对于社会、对于庸众的批判，更具有反抗的意味。① 为此，鲁迅高度赞赏拜伦"一剑之力，即其权利，国家之法度，社会之道德，视之蔑如"的"立意在反抗，指归在动作"②的战斗精神，推崇尼采、克尔凯郭尔等人"以改革而始，反抗为本"的态度③。因此，强调科学精神与传统观念的对立，强调以"个人"为本的反抗，鲁迅就必然会获得整体上的反叛传统的意识。

整体上的反叛传统的意识，在特定的历史阶段里，导致了鲁迅反传统的激进态度。从鼓吹"与旧习对立，更张破坏"，到以愤懑的情绪发出"要少——或者竟不——看中国书"④的呼声，都十分鲜明地表现出这种反传统的激进态度，孤立地来看待鲁迅的这种激进态度，我们肯定会认为这是鲁迅思想认识上的偏颇之处。其实不然，鲁迅激进的态度，与他的整体上反叛传统的意识恰好一致，或者说，这种激进的态度源于他所获得的整体上的反叛传统的意识，其真正目的还在于建构 20 世纪中华民族新文化。⑤ 整体上的反叛传统，是深知传统文化弊端而欲改之的一种表现。在 20 世纪中西文化的冲突当中，首先进行的工作不是去评价两种文化的优劣，而是要在西方文化像潮水般涌入古老的中国社会之际，借助西方文化来认认真真地审视、反省与选择传统文化，以谋求传统文化在新的历史时期迅速地改变其旧质，并以新的形态来适应日新月异的世界。鲁迅认为，"老大的国民尽钻在僵硬的传统里，不肯变革"，那么，就必然会"衰朽到毫无精力了"。⑥ 在历史新旧交替的转型时期，恪守传统，显然要被历史所无情地淘汰，而温情脉脉地对待传统，试图以较小的变动为代价来

---

① 鲁迅后来在杂文、书信、小说当中，都对中国社会变革之难发出过深深的叹息。参见《坟·娜拉走后怎样》《两地书》《头发的故事》等。

② 鲁迅：《坟·摩罗诗力说》，《鲁迅全集》（第 1 卷），人民文学出版社 1981 年版，第 75 页。

③ 鲁迅：《坟·文化偏至论》，《鲁迅全集》（第 1 卷），人民文学出版社 1981 年版，第 55 页。

④ 鲁迅：《华盖集·青年必读书》，《鲁迅全集》（第 3 卷），人民文学出版社 1981 年版，第 12 页。

⑤ 鲁迅后来更进一步地明确了这种认识，他指出："这是为了未来的新的建设。"参见：鲁迅《集外集拾遗·〈浮士德与城〉后记》，《鲁迅全集》（第 7 卷），人民文学出版社 1981 年版，第 774—781 页。

⑥ 鲁迅：《华盖集·忽然想到（六）》，《鲁迅全集》（第 3 卷），人民文学出版社 1981 年版，第 44 页。

换取对整个传统的维护,也终将为历史的现代化进程所不容。相反,整体上的反叛传统,虽然以激进的方式呈现出来,但却真正地表现出一种彻底的反省精神,一种勇于进取的选择与改革传统的精神。这其中可能会夹杂着某种偏颇或失误,然而在整体的思想文化观念上,则与整个的历史现代化进程趋向一致。因而,情绪上的激进态度和方式,在鲁迅那里,实际上包含着一个严密而完整的逻辑程序:整体上的反叛传统,是为了摧毁一切旧的、不适应时代发展的思想文化体系,同时,也是为了合理地继承与选择传统。

这种近于悖论式的逻辑程序,其实并不在乎情绪上的激进与否,更重要的还在于强调要通过思想文化观念的透视,来对传统的思想、观念和价值标准体系,作出深刻的剖析与批判。美国威斯康星大学历史系林毓生教授将此称为"借思想文化以解决问题的途径",并指出这是"五四时期全盘性反传统主义之所以产生的一个非常重要的因素"。① 实际上,鲁迅整体上的反叛传统的意识和激进的态度,既是他坚持思想革命主张的重要构成部分,同时也是对先前维新派人士思想和主张的修正与发展。近代中国历史上所出现的维新运动,其中的成分是相当复杂的,社会各阶层带着不同的目的,出于不同的动机,投入维新潮流之中,从而使维新运动缺乏统一的思想认识作指导;同时,在中西文化冲突的历史时期,维新派人士一直纠缠于"器"与"用"或"道"与"体"之分,其意图是要谋求在不根本触及传统文化观念的前提下,取西方的某些长处,以富国强兵,而未能在思想文化观念上进行一场深刻的革命,并作出完全现代性质的转变。早在南京求学期间,鲁迅就受到维新风气的熏陶,也目睹和直感到维新运动的种种弊端。② 即便到了晚年,鲁迅也依然对维新运动的一些主张抱有严肃批评的态度。在《文化偏至论》《破恶声论》等文章中,鲁迅就对维新派人士那种只重实利不问根底、只重物质不问精神的倾向持有异议,特别是对一些维新人士"掣维新之衣,用蔽其自私之体"的做法,更是进行了严厉的道德谴责。这种异议和道德谴责,一方面表明鲁迅在思想文化观念上、认识上有别于维新派,另一方面也更加促发了他对于变革思想的文化观念等精神状况的高

---

① 林毓生:《中国意识的危机:"五四"时期激烈的反传统主义》,穆善培译,贵州人民出版社1986 年版,第 43、49 页。

② 鲁迅在回忆性散文《朝花夕拾》中有详细的描述。

度重视,正如他后来所指出的那样:"我们的第一要著,是在改变他们的精神。"①因为人的思想文化观念等精神状况,制约着人们对现实历史的认识和把握。只有首先获得整体的思想文化观念等精神状况的根本性转变,才有可能获得"从旧垒中来,情形看的较为分明,反戈一击,易致强敌于死命"②的实际效果。所以,鲁迅整体上的反叛冲突的意识和激进的态度,其实际内涵又表现为:对传统文化观念的剖析与批判,必须深层地探究其内在的根源。在这当中,思想文化观念的现代性质的转变,是探究并捣毁这种根源的前提和保证。因此,在思想文化观念的现代性质的转变过程中,出现整体的意识、激进的态度,在特定的历史时期,更显得与整个时代的节奏相吻合。

二

当然,整体上的反叛传统,对于鲁迅来说,又并不意味着要完全地隔断传统,与传统进行彻底的分离。但是,鲁迅思想文化观念上的这种类似矛盾的出现,既不像林毓生教授所断言的那样,鲁迅"一方面既有全盘性的反传统思想,但另一方面却从知识和道德的立场献身于一些中国的传统价值"③,也不是一般人所认为的那样,鲁迅"在知识上相信西方的价值,而在感情上眷恋中国的过去"④。我认为,它是作为历史"中间物"⑤的鲁迅在其思想文化观念发生现代性质转变的过程中,对于沟通传统和现代之间内在关联所作出深刻反省和努力的一种表现。林毓生教授在论及鲁迅思想的复杂性时,有一句话说对了,这就是他认为"鲁迅在完全拒绝中国传统的同时,又发现中国传统文化和道德中的某些成分是有意义的"。然而,林教授接下去则又说得不正确,他指出鲁

---

① 鲁迅:《呐喊·自序》,《鲁迅全集》(第1卷),人民文学出版社1981年版,第417页。
② 鲁迅:《坟·写在〈坟〉后面》,《鲁迅全集》(第1卷),人民文学出版社1981年版,第286页。
③ 林毓生:《中国意识的危机:"五四"时期激烈的反传统主义》,穆善培译,贵州人民出版社1986年版,第165页。
④ 这是一些学者采用美国学者约瑟夫·列文森(Joseph Levenson)的"历史"和"价值"之间的二分法所得出的结论,例如,夏志清教授就持这种观点,参见他的《中国现代小说史》。
⑤ 鲁迅在《坟·写在〈坟〉后面》一文中指出:"一切事物,在转变中,是总有多少中间物的。"见《鲁迅全集》(第1卷),人民文学出版社1981年版,第290页。

迅"对某些传统成分的积极态度,并没有导致他去寻求创造性地转化中国传统的可能性"①。其实,鲁迅整体上的反叛传统,如前所述,其真正的目的既然是谋求建构 20 世纪中华民族的新文化,那么他就不可能不去创造性转化中国传统,而要创造性转化中国传统,也就必然要与"某些传统成分"保持着积极的联系,而不是完全割断传统。与此同时,作为历史转变过程中的"中间物",他介于传统与现代之间,又恰恰不能摆脱传统对他的内在制约。对于鲁迅来说,需要的是在这种制约与联系当中作出清醒的历史抉择,并对所制约与联系的传统文化体系进行创造性的转化,从而在反叛的基础上,为建构 20 世纪中华民族新文化作出艰辛的努力和贡献。

历史的"中间物"性质,决定了鲁迅在中西文化冲突之中对待传统的双重态度和视角。在构成传统向现代转变的"桥梁"中,首先需要整体上的反叛传统,"喊出一种新声"②。但是,这种"新声"又必须是在与传统保持着积极的联系当中(鲁迅说是对传统"有些警觉之后")而发出的。正如鲁迅后来所明确的那样:"新的阶级及其文化,并非突然从天而降,大抵发达于对于旧支配者及其文化的反叛中,亦即发达于和旧者的对立中,所以新文化仍然有所承传,于旧文化也仍然有所择取。"③整体上的反叛传统,使处于历史"中间物"位置的鲁迅,获得了一种完全不同于传统观念的对待传统的态度与方式,然而同时也使他通过"中间物"的视角,深刻地发现整体上的反叛传统并非全盘否定传统。如果建构 20 世纪中华民族新文化需要发掘传统的内在潜力,那么,在近代中国社会的中西文化大冲突之中,改造冲突,尤其是赋予传统的某些认知符号以新意,使之成为新文化的因子,这就比单纯地反叛传统,或割断任何联系地建构新文化,要更富有创造性和建设性。因此,在中西文化冲突中,鲁迅整体上的反叛冲突,又明显地呈现出一种"文化寻根"的意识。

"寻根"是历史"中间物"与传统保持内在联系的一种表现。处于历史"中间物"的位置,鲁迅的反叛,既不可能是拜伦式的那种个体与社会极端对立的

---

① 林毓生:《中国意识的危机:"五四"时期激烈的反传统主义》,穆善培译,贵州人民出版社 1986 年版,第 165、166 页。
② 鲁迅:《坟·写在〈坟〉后面》,《鲁迅全集》(第 1 卷),人民文学出版社 1981 年版,第 286 页。
③ 鲁迅:《集外集拾遗·〈浮士德与城〉后记》,《鲁迅全集》(第 7 卷),人民文学出版社 1981 年版,第 355 页。

反叛,也不可能是尼采式的那种绝对超乎个体与社会之上的反叛,而是要顺着历史的脉络,在体察芸芸众生的甘苦之中①,寻找传统与现代之间的内在契合点,确定反叛的基调,从而保存住传统文化中某些合理的成分,使整个新文化"弗失固有之血脉"②。正是这样一种性质的"寻根"驱使着鲁迅在反叛的过程中,对于传统持有合理选择的态度。在鲁迅看来,整体上的反叛传统,需要调整对于传统,尤其是对于传统与现代之间关系的认识。鲁迅认为,对待传统应采取"权衡较量,去其偏颇,得其神明"的态度,目的则是"别立新宗"。③ 因为用新的观念来看待传统与现代的关系时,便可以发现二者之间其实并不存在绝对分割的鸿沟,而是始终保持着内在的关联。鲁迅指出,任何一种文明、文化都"无不根旧迹而演来",绝不可能凭空而产生。从这个意义上来说,传统与现代之间,其内在的关联实际上表现出一种否定形态的继承关系。在这里,否定便是现代对传统的扬弃,而反叛是扬弃的重点,"寻根"则是扬弃的方式。如果仅仅把反叛看作对传统不分青红皂白的全然分离,将"寻根"又视为复古主义倾向,不去仔细地辨认其中所包含的扬弃的成分,那显然未能真正地理解鲁迅的意图。在鲁迅那里,整体上的反叛传统,是在确定传统与现代之间存在着否定形态的内在关联,"寻根"中的扬弃则是通过文化批判意识来积极地吸纳传统中的合理成分,使之成为新的质料,并生成于现代的思想文化体系之中。正是这种对传统的合理选择态度,导致了鲁迅在与传统保持联系的过程中重视和欣赏传统(尽管不是全部)的倾向。

然而,这种倾向并非林毓生教授所说的是在鲁迅"意识中私人领域的基础上接受的",也不是在"隐示的意识层次""信奉中国的某些传统价值"的结果。我认为,这种倾向正是"寻根"的实质性内容之一。处于历史"中间物"的位置,在与传统的联系当中,如果不对传统高度重视,那么也就不可能用现代的观念发掘出传统中积极合理的成分。在这一点上,鲁迅是非常清醒和理智的。当

---

① 鲁迅在《英译本〈短篇小说选集〉自序》中指出,他从小便感受到"下层社会的不幸",知道农民"是毕生受着压迫,很多苦痛"的。可以说,鲁迅的"反叛",带有中国知识分子特有的感时忧国忧民的人道主义思想感情。见《鲁迅全集》(第 7 卷),人民文学出版社 1981 年版,第 818—819 页。

② 鲁迅:《坟·文化偏至论》,《鲁迅全集》(第 1 卷),人民文学出版社 1981 年版,第 56 页。

③ 鲁迅:《坟·文化偏至论》,见《鲁迅全集》(第 1 卷),人民文学出版社 1981 年版,第 58 页。

然,在这当中也并不排除他个人学术的、美学上的兴趣和爱好。从"寻根"内容上来看,鲁迅所重视的乃是传统中与现代意识趋向一致的民族精神,或者说是用现代的观念来指导文化的"寻根"。例如,对汉唐开阔、自信精神的推崇,对古代文化遗产的收集和整理,对古代小说的学术研究,对民间社戏与传说的偏爱,以及在文学创作中有意识地吸收、借鉴传统的艺术技巧,等等,都说明其主要意图还是有意识地通过文化"寻根",来发掘符合现代价值标准的元素,并赋予这些传统元素以新的内容,进行新的文化积累。由此看来,鲁迅的"寻根"是在整体上的反叛当中,用现代的观念来重新地认识传统、反思传统和选择传统,表现出一种在历史的转型时期清醒地认识历史、认识自身、对未来的理性精神,一种对新文化的建构、肯定和设计的主体自觉精神,一种对整个民族的未来抱有的忧患与使命意识。一般来说,这种寻根意识多出现在激烈的社会变革时期①,其本质特征是在旧有的文化发生变化并日趋解体时,对甚至还处在萌芽状态的新文化意识的一种强有力的激活,同时也是文化更富有未来性的一种标志。

基于这样的一种"寻根"性质,鲁迅整体上的反叛传统就不可能走向民族虚无主义的境地。"寻根"是整体上的反叛传统的重要构成部分。如果说整体上的反叛传统,确定了鲁迅思想文化观念与传统的思想文化观念的不同性质,使他表现出坚定的反叛传统的决心,那么,"寻根"则是更深层次地确定了鲁迅作为历史"中间物"的身份、责任和思想认识深度,使他表现出崇高的使命感。对于鲁迅来说,"反叛"与"寻根"构成了他的思想文化观念上相辅相成的两个方面,而且也是为历史"中间物"所制约的必然产物。与同时代人相比,鲁迅的思想文化观念因为整体上的反叛传统而获得了全新的现代意识,他进而成为中国现代历史上最勇猛的反封建斗士,同时也因为文化的"寻根"而获得了高度的选择与建构意识,进而成为中国新文化运动的伟大先驱。可以说,这种特征正是鲁迅思想文化观念的独到之处。

---

① 像卢梭的"归返自然"主张、德国诗人荷尔德林的"还乡"意识,均出现在激烈的社会变革时期。

三

　　建构 20 世纪中华民族的新文化,除了在整体上的反叛传统当中合理选择传统之外,也需要对近代西方文化进行合理的选择。尽管鲁迅整体上的反叛传统是受到近代西方文化影响的结果,但是,近代西方文化并没有为鲁迅带来解决中国社会问题的具体方案。中西两种文化的差异,也导致了变革社会的途径与方式的差异。就中国现代化历史时期的实际情况而言,能否最终摆脱贫困落后的局面而迈进现代化的大门,并不取决于对近代西方文化的全盘接受,而取决于如何创造性地汲取近代西方文化的精髓,以便能够在中国迈向现代化的历史转型时期,产生出应有的作用。因此,在鲁迅那里,接受西方文化的影响而又要合理地选择西方文化,也就势在必行了。

　　近代西方文化对于鲁迅的挑战是双重的,即鲁迅不能不面对这样一个事实:一方面,在接受近代西方文化影响时,又面临着西方列强对中国的强盗式侵略和掠夺,因而如何在维系民族尊严、维护民族独立的同时,勇敢地去学习自己的敌人,这是来自近代西方文化的一重挑战;另一方面,在近代中国的"反对旧文化,提倡新文化;反对旧道德,提倡新道德"的斗争需要近代西方文化以自由、平等和民主、科学为核心的理性精神与启蒙精神时,19 世纪后期一些敏感的西方资产阶级思想家却对这种理性精神与启蒙精神产生了怀疑,感受到其内在的深刻危机,并由此建立了一整套与之相反的非理性主义的思想文化体系,因而如何把近代西方文化中的理性精神和启蒙精神与非理性主义思想融合起来,这是来自近代西方文化的二重挑战。换言之,鲁迅对于近代西方文化的选择,便是在这种挑战中进行的,同时,这也是他选择的基本内容,以作为对这种挑战的强有力回应。

　　鲁迅对于近代西方文化的接受,是从爱国主义和民族主义的立场出发的。早在撰写《中国地质略论》一文时,鲁迅就十分鲜明地表达出了这种思想感情。他指出:"中国者,中国人之中国。可容外族之研究,不容外族之探捡;可容外族之赞叹,不容外族之觊觎者也。"①这种认识明显地表现出浓厚的爱国主义和民族主义的思想感情。这一点,鲁迅与近代史上诸多的思想家相同。不过,相比第一代"先进的中国人"来说,鲁迅在其实质内容上,又表现出内在的差异。这种差异主要表现为:在近代史上,从稍早一些的魏源、林则徐,到稍晚一些的康有为、严复等第一代"先进的中国人"倡导学习西方风气之始,就存在着思想文化观念上的一个致命弱点。他们的许多主张,即便用今天的眼光来看,也仍不失其可贵之处,特别是在同时代人普遍地还把西方文化观念视作"奇技淫巧",并加以道德上的猛烈谴责和抛弃时,他们提出这样的主张无疑是需要相当的见识和勇气的。但是,第一代"先进的中国人"这种学习西方的主张,其指导观念却是传统的"尧舜之治"的反映,并非真正地理解和掌握并要求实施资产阶级的民主制度。在第一代"先进的中国人"那里,由于思想文化观念未能彻底地获得现代性质的转变,因而他们对于学习西方的价值取向与心理基点,则是希求吸收近代西方文化中那些能够使中国传统文化回归到鼎盛时代中去的东西,或仍然试图凭借传统的优势心态去消融西方文化,因而不是一种自觉地走向世界,并大胆地与西方竞争的信念与决心。在近代中国社会所出现的中西文化冲突中,第一代"先进的中国人",其思维模式也往往只限于中西文化孰优孰劣的对比之中,反复争执于"西学与中学""道与器""体与用"等的主次之分,未能将中西文化冲突置于整个世界、整个人类发展的历史潮流中,进行充分的论证、汲取与互补,从而最终只能在一些传统的观念范围内同义反复,以至于在中西文化冲突中,无法对西方文化的全方位挑战,作出真正的、全面的、强有力的回应。相比之下,鲁迅便不是这样。鲁迅的思想发展,当然受到第一代"先进的中国人"的影响,然而鲁迅对于学习西方的价值取向和心理基点,不是将近代西方文化导向与中国传统文化的认同,却是希求在"矫 19 世纪文明"弊端当中,使整个中国步入"当必沉邃庄严"的"20 世纪文明"中去。② 这样,在中西文化冲突当中,鲁迅就不再在所谓"西学与中学""道与器""体与用"之类的传统概念中反复论证。在整个中国置于世界性冲击的背景下,鲁迅自

---

① 鲁迅:《集处集拾遗补编·中国地质略论》,《鲁迅全集》(第 8 卷),人民文学出版社 1981 年版,第 4 页。

② 鲁迅:《坟·文化偏至论》,《鲁迅全集》(第 1 卷),人民文学出版社 1981 年版,第 55 页。

觉地选择时机去面对近代西方文化的整体，来探究其全部的逻辑结构和历史过程，并从中发掘出能够迅速改变落后的中国传统文化的机制，选择其为传统文化所不拥有的新因子，以便在使整个中华民族日益强盛的前途下，重新认识传统、改造传统，以新的面貌去迎接"中国历史上未曾有过的第三样时代"①。

出于这种选择近代西方文化的目的，鲁迅选择的聚焦点是寻求人的解放，其中重点又是人的精神的自由与解放："是故将生存两间，角逐列国是务，其首在立人，人立而后凡事举；若其道术，乃必尊个性而张精神。"②

选择人的解放，其含义是多重的。其一，鲁迅相信，选择近代西方文化中的"人"的观念，这不仅能够弥补传统文化中"人"的观念的不足，而且也能够有效地改变国人的思想文化观念和精神面貌，使"群之大觉"，整个"中国亦以立"。③ 其二，鲁迅认为，近代西方文化造成"欧美之强"，则"根柢在人"。已处于激烈动荡之中的中国社会，如果仍按照传统的伦理原则、等级来规定"人"，这样虽"有贵贱，有大小，有上下"，然而却会陷入"自己被人凌虐，但也可以凌虐别人；自己被人吃，但也可以吃别人。一级一级地制驭着，不能动弹，也不想动弹了"④的恶性循环，永远也不可能迈进富强之国的大门。因而，追求人的解放在鲁迅那里是与追求中国历史未曾有过的"第三样时代"——一个摆脱了封建专制和异族侵略的，高度繁荣与文明的"人国"时代是趋向一致的。其三，选择近代西方文化中的"人"的观念，是更深层次确定寻求人的精神解放，走向主体自觉的逻辑起点，也是张扬个性的必要前提。在鲁迅看来，"人各有己""朕归于我"⑤的精神独立和个性特征，才是最终促使"群之大觉""中国亦以立"的内在动力。如果全体国民能在这个层次上成为具有深刻自我意识能力的独特个体，那么也就必然会真正地摆脱一切内在与外在的、强制性的政治与伦理的制约和规范，从而在一种总体超越的位置上进行符合历史潮流的选择，以推动

---

① 鲁迅：《坟·灯下漫笔》，《鲁迅全集》（第 1 卷），人民文学出版社 1981 年版，第 213 页。
② 鲁迅：《坟·文化偏至论》，《鲁迅全集》（第 1 卷），人民文学出版社 1981 年版，第 57 页。
③ 鲁迅：《集外集拾遗补编·破恶声论》，《鲁迅全集》（第 8 卷），人民文学出版社 1981 年版，第 24 页。
④ 鲁迅：《坟·灯下漫笔》，《鲁迅全集》（第 1 卷），人民文学出版社 1981 年版，第 215 页。
⑤ 鲁迅：《集外集拾遗补编·破恶声论》，《鲁迅全集》（第 8 卷），人民文学出版社 1981 年版，第 27 页。

整个民族一道向现代化的方向大踏步地迈进。

无疑,鲁迅从爱国主义和民族主义的角度,选择近代西方文化中的"人"的观念,追求人的解放,仍然是他所处的历史"中间物"的位置所决定的。尽管作为历史的"中间物",鲁迅在传统与现代、理性与非理性的选择中,从观念的属性来说,多偏重于现代,偏重于现代以个人为中心的非理性主义思想,然而,近代中国特定的历史现状,传统的"实用理性"精神,以及出于感时忧国忧民的知识分子传统,又促使鲁迅不能不在人生的实践当中,更多地关注传统,关注历史现状,并从中建立起一整套关于改变国人的观念、改造国民性、重铸民族灵魂的理性主义思想文化体系。

由历史"中间物"的这种性质所决定,鲁迅从近代西方文化中选择了"立人"的思想观念,同时又以此来作为衡量近代西方文化的价值标准和选择标准。因此,在探究近代西方文化的全部逻辑结构与历史进程时,鲁迅就必然会以此来结合近代中国的实际情况,进行合理的取舍。

首先,对于建立在近代西方启蒙学者所倡导的天赋人权,以及自由、民主、平等等理性原则之上的代议制,鲁迅明确表示了疑虑和反对,甚至认为,代议制不过是借"众治"的名义"遂其私欲","复掩自利之恶名",实质是"托言众治,压制乃尤烈于暴君"。[①] 鲁迅形成这种认识的原因主要在于:一方面,在与传统的联系当中,鲁迅清楚地认识到,在传统的观念里,由于"人"的观念不突出,再加上等级制度的规约和专制压迫,大多数人被视为"愚人"和"庸众",缺少起码的人身自由和人格独立的条件,更谈不上具有独立的自我意识。所以,在中国实行托以"众治"名义的代议制,实在是比实行君主制度还要残酷,其结果只能是"灭人之自我","众昌言自由,而自由之蕉萃孤虚实莫甚焉"。[②] 另一方面,在与近代西方的联系当中,鲁迅也更多地注意到 19 世纪后期兴起的西方现代主义思潮。这种以对工业文明以来人类发展价值取向持有怀疑精神的非理性主义思潮,在"人"的观念中则是更加注重具有独立自我意识的"人",尤其是"大士天才",像尼采、施蒂纳等人的主张,强调根据个人的准则来决定人生权利的

---

① 鲁迅:《坟·文化偏至论》,《鲁迅全集》(第 1 卷),人民文学出版社 1981 年版,第 45 页。

② 鲁迅:《集外集拾遗补编·破恶声论》,《鲁迅全集》(第 8 卷),人民文学出版社 1981 年版,第 3 页。

重要性,而把个人的自由意志同近代西方启蒙学者所倡导的"天赋人权"的理性准则尖锐地对立起来了。在这一点上,鲁迅更倾向于尼采、施蒂纳的观念。例如,他赞扬尼采"希望所寄,惟在大士天才;而以愚民为本位,则恶之不殊蛇蝎"的观点,重视施蒂纳关于"自由之得以力,而力即在乎个人;亦即资财,亦即权利"①的观点,强调对"个人",特别是对那些杰出的"个人"及其作用的重视。鲁迅认为,在当时整个国家的国民还处在"昏睡"之中的背景下,提倡所谓的"众治"式的代议制,其结果只能是牺牲这些杰出的"个人",低就那些凡庸的多数愚民,从而导致整个社会的停滞甚至后退。

其次,由于清楚地看到 19 世纪后期起西方资产阶级文明从政治制度、物质文明到精神文明的危机现象,鲁迅从与传统相联系的角度,也从与近代西方文化相联系的立场出发,对盲目崇拜西方物质文明的倾向,进行了认真的审视和批判。鲁迅反对那种"皇皇焉欲进欧西之物而代之"和对本国的"成事旧章""咸弃捐不顾"的主张,认为不察"欧美之实",盲目将"迁流偏至之物,已陈旧于殊方者","举而纳之中国",必将导致"物欲横流""人欲横流"的悲剧,并断言"黄金黑铁,断不足以兴国家"。② 依据鲁迅的意思,采用物质至上主义,有碍于追求人的解放的总体目标的实现。不论是从近代中国迫切需要解决的问题的角度来看,还是从人自身对物质与精神的渴求原则上来看,属于人的主体观念范畴的人格独立、意识独立和精神独立,均是人的解放的首要内容。在物质与精神的关系当中,鲁迅更侧重以精神为本体,改变国人的精神。以这种主体精神自由为出发点,结合近代中国的实际情况,鲁迅理所当然要拒绝西方的物质至上主义,更何况近代西方社会推崇物质至上的结果,已造成"诸凡事物,无不质化,灵明日以亏蚀,旨趣流于平庸……林林众生,物欲来蔽,社会憔悴,进步以停"③的局面。虽然深究鲁迅追求人的解放的思想来源,似乎更多地与 20 世纪西方现代人本主义有密切的联系,然而,就鲁迅的选择目标来说,他以人的主体精神的解放与自由为出发点,来批判近代西方的物质至上主义,则适应了反对封建专制主义的时代潮流,更体现出科学的

---

① 鲁迅:《坟·文化偏至论》,《鲁迅全集》(第 1 卷),人民文学出版社 1981 年版,第 45 页。
② 鲁迅:《坟·摩罗诗力说》,《鲁迅全集》(第 1 卷),人民文学出版社 1981 年版,第 72 页。
③ 鲁迅:《坟·文化偏至论》,《鲁迅全集》(第 1 卷),人民文学出版社 1981 年版,第 53 页。

理性精神。

再次，在对待西方极端的功利主义道德原则上，鲁迅也表示了否定的态度。鲁迅曾有意识地将"农人"与"士夫"相比，认为农人"气禀未失"，而"士夫""精神窒息，惟肤薄之功利是尚"。① 表面上看起来，鲁迅似乎倾向于农人的道德，推崇那种"无忧""无为"的超然之道德境界。其实，在这里，鲁迅着重的是对那种"惟肤薄之功利是尚"道德原则的批判。唯功利是图，必然会导致人的精神品质、思想作风上的恶劣现象，甚至也会形成性格上的自私、伪诈、势利和贪婪的特征。鲁迅曾对那些"遂其私欲，不顾见诸实事，将事权言议，悉归奔走干进之徒"，那些"假力图富强之名，博志士之誉；即有不幸，宗社为墟。而广有金资，大能温饱"之士，以及那些"虽兜牟深隐其面，威武若不可陵，而干禄之色，固灼然现于外"之人，都予以了道德上的抨击。② 鲁迅认为，唯功利是图的道德原则，有悖于"立人"的思想主张与实践。既然追求人的解放就是使每一个人都成为具有深刻自我意识能力的独立个体，那么也就必然要强调这种独立个体对于一切内在与外在功利的超越，并以充分发展的个性来获得摆脱一切既定规范束缚（像功利心、私心等）的独立精神状态，达到"至高之道德"的境界。所以，鲁迅从他所处的位置来审视近代西方文化的道德原则时，就不能不对那种极端功利主义和利己主义倾向加以摒弃。

基于上述对近代西方文化的选择态度，鲁迅整体上的反叛传统也就不可能走向全盘西化的境地。实际上，这种选择既是整体上的反叛传统的重要构成部分，也是由近代中国的历史现实和鲁迅作为历史"中间物"的身份、责任和思想认识深度所决定的。在如何从较高的思想认识层面，结合近代中国社会现实，来认识、选择近代西方文化方面，鲁迅所把握的尺度和分寸较之同时代人是恰当的，所体现的也是"先进的中国人"先进的那一面。

---

① 鲁迅：《集外集拾遗补编·破恶声论》，《鲁迅全集》（第 8 卷），人民文学出版社 1981 年版，第 28 页。

② 鲁迅：《坟·文化偏至论》，《鲁迅全集》（第 1 卷），人民文学出版社 1981 年版，第 47 页。

四

鲁迅对传统文化和近代西方文化所作出的双重选择,可以看作由历史的"中间物"所决定的特征,而我们也同时看到了鲁迅在作出这种选择时,自身的认识和所处的社会文化环境,以及来自近代西方文化的挑战等诸多因素给他带来的压力,其中还包括这种压力在他内心所挑起的紧张。毫无疑问,在这种压力面前,鲁迅是一个勇敢的献身者,但是,也正因为这样,鲁迅一方面必须承受着过去的一切,即要"背着因袭的重担,肩住了黑暗的闸门"①,另一方面又必须承受着来自现实和内心感受的多重纠缠,即要对这些"作出绝望的抗战"②。因此,处于这种境地的选择,反映在鲁迅的文化心态上,可以说既表现出执着的理性精神,又深藏着浓郁的非理性情绪。鲁迅自始至终都在黑暗与光明之间"抗战"。

在实践层面,鲁迅的选择体现了第二代"先进的中国人"所应有的理性精神。进入 20 世纪的中国,面临的首要问题是如何迅速地摆脱贫困落后、被动挨打的窘迫局面。与此相关的就是要从根本上摧毁封建专制主义的统治,建立起与整个世界发展进程相一致的新型国家和新的思想文化体系,以获得人的真正解放和民族的真正独立。历史证明,解决这个问题,完成此项任务,需要以自由、平等和民主为中心内容的近代理性精神。因为理性精神是价值判断和取舍的一种衡量尺度。无疑,鲁迅的选择,表明了他对这种理性精神的认同。从鲁迅选择的方式和内容上来看,鲁迅是比较清醒地把握到历史内在思路的探索者,而要做到这一点,也就离不开理性精神的指引。整体上的反叛传统需要激进的态度,需要勇于选择的取舍态度,这背后深深地包含着对现代理性之启明星的真诚呼唤。特别是近代中国的落后状况,促使鲁迅在实践层面不能导向对人的存在等一系列非理性主义哲学问题的理论思考,而是相反,他

---

① 鲁迅:《坟·我们现在怎样做父亲》,《鲁迅全集》(第 1 卷),人民文学出版社 1981 年版,第 130 页。

② 鲁迅:《两地书·四》,《鲁迅全集》(第 11 卷),人民文学出版社 1981 年版,第 21 页。

所导向的应是一整套关于变革人的观念、改造国民性、重铸民族灵魂的理性主义思想文化范畴。因此,鲁迅从接受进化论思想影响起,实际上也就开始确立以理性主义精神为基础的社会历史发展认识观,同时也是基于此,在随后爆发的五四新文化运动中,鲁迅以与"科学"和"民主"的理性尺度相一致的精神,投入这场运动中,并一举成为五四新文化运动的主将之一。

然而,在精神层面,鲁迅的选择却又深藏着与 19 世纪后期兴起的西方现代主义思潮冥冥相通的非理性情绪。这是因为从理论上来讲,当鲁迅的思想文化观念已经获得现代性的转变之后,他就不应是介于传统与现代之间的一个人,但实际的情况却又使得他无法这样明了,他恰恰无法摆脱与这两者之间的内在关联,必须承受更多的来自这两者之间的相互纠缠,并付出更多的代价或牺牲。① 因而,这种理应不属于他但实际上却又无法摆脱的苦闷,就包含着对整个"存在"价值、对人的精神价值能否得以完整实现的忧虑,这使得鲁迅的选择往往流露出一种近于绝望的人生悲观与虚无情绪。此外,对科学理性的推崇,固然是近代中国社会所迫切需要的,然而,从科学理性对人的解放所产生的作用来看,科学理性又常常对人的精神自由与真正解放构成了束缚。科学理性要求循序渐进、纷然有序地变革社会、变革传统,对"绝无窗户而万难破毁"的"铁屋子"式的中国②,其作用似乎还不如立于精神荒原或旷野中的呐喊。鲁迅这种在推崇科学理性的同时又对其保持小心谨慎的态度③,本质上是介于传统与现代之间的一种特定心境的反映,并与 19 世纪后期兴起的以非理性主义为特征的西方现代主义思想有着密切的关联。在鲁迅那里,既然确立了以人的解放为最高宗旨的民族解放和社会解放蓝图,那么,就应该把人真正地从封建专制主义统治之下和从绝对的科学理性精神支配下解放出来,做到"人各有己",尔后达到"群之大觉"的阶段,这实际上也就是要求每一个独立的人,应

---

① 许广平女士说鲁迅的苦痛"是在为旧社会而牺牲了自己"。参见鲁迅:《两地书·八二》,《鲁迅全集》(第 7 卷),人民文学出版社 1973 年版,第 254—255 页。鲁迅自己也清楚地意识到自己的这一点,他说自己是"将血一滴一滴地滴过去,以饲别人"。参见鲁迅:《两地书·九五》,《鲁迅全集》(第 7 卷),人民文学出版社 1973 年版,第 290 页。

② 鲁迅:《呐喊·自序》,《鲁迅全集》(第 1 卷),人民文学出版社 1981 年版,第 419 页。

③ 即便是在撰写大力推崇科学理性的文章《科学史教篇》时,鲁迅对科学理性的作用也持小心谨慎的态度。他指出:"盖使举世惟知识之崇,人生必大归于枯寂。"参见:《坟·科学史教篇》,《鲁迅全集》(第 1 卷),人民文学出版社 1981 年版,第 36 页。

具有深刻的自我意识能力，由此摆脱一切内在与外在的强制性规约，获得"不和众嚣""不随风波"的独立人格和个体生存价值。因此，鲁迅在这种状况下进行的选择，就深深地包含着对封建专制主义统治的否定和对近代西方启蒙学者大力推崇的科学理性精神的失望这一双重含义，并表现出在传统与现代、东方与西方的冲突中，执着地寻找人的真正归宿的激情，从而真正地形成了一位现代中国思想家的思想独创性特点。

李泽厚先生认为，鲁迅的特点在于他"一贯具有的孤独和悲凉所展示的现代内涵和人生意义。……这种孤独悲凉感由于与他对整个人生荒谬的形上感受中的孤独悲凉纠缠融合在一起，才更使它具有了那强有力的深刻度和生命力"①。的确，鲁迅的双重选择更是具有这种现代内涵的深刻度和生命力的表现。平心而论，在近代中国社会特定的历史语境中，鲁迅一方面要在整体上反叛传统，另一方面又要在传统中进行"寻根"，甚至要借助传统的认知符号和方式来进行新文化建构；一方面要结合近代中国的实际情况而合理地进行取舍，以及积极地参与现实，另一方面又要保持卓尔不群的精神自由与超越，这的确是一种艰难的选择。处于历史"中间物"的位置及其性质，似乎也注定了鲁迅在理想与现实之间的痛苦：有所离而又无法离，无所为而又要有所为。这种艰难的选择，可以说决定了鲁迅一生都不能不在传统与现代、东方与西方，以及黑暗与光明之间孤寂地奋战……

然而，人们正是在这种孤寂的奋战中，看到了鲁迅的价值及其人格的伟大。人们不应忘记，也永远不会忘记，在传统与现代、东方与西方，以及黑暗与光明之间，永远都屹立着一个伟大的鲁迅。

（原载《社会科学战线》1994 年第 1 期）

---

① 李泽厚：《胡适·陈独秀·鲁迅》，《福建论坛》1987 年第 2 期。

论1930年代鲁迅与日本佛教界之关系

——从日本镰仓圆觉寺的两棵鲁迅赠树说起

陈力君

一、圆觉寺鲁迅赠树的事实辩证

日本镰仓的圆觉寺佛日庵内有两棵树,枝干虬曲,苍劲有力,一棵"木莲",树旁标着"昭和八年四月鲁迅寄赠";一棵"泰山木",树旁标着"昭和八年六月中旬鲁迅寄赠"。

关于两棵树的记载最早出现在《感觉日本》:"还有鲁迅在昭和八年(1933年)寄赠的泰山木和木莲。鲁迅寄赠的这二棵树长得都很茂盛,据说是铃木大拙带回日本的,可在《鲁迅与日本大事系年(1902—1936年)》中均无记载。"① 另有博文记载:"木莲树竟然刻着鲁迅的名字! 向旁人打听,几费周章才大概弄清木莲树是鲁迅与日本朋友的友谊的结晶。"② 这两棵树都标着鲁迅赠送,而关于此树来源,只是模糊地说明与鲁迅相关,一无确定的历史记载,二无具体的场景细节。 如果真是鲁迅所赠,那么鲁迅通过谁赠树呢? 又为何赠树呢?《感觉日本》中提到带树回日本的铃木大拙,他是日本盛名远扬的佛教禅宗大师。 首先,铃木大拙与镰仓圆觉寺关系密切——"铃木见性悟

---

① 商金林:《感觉日本》,安徽文艺出版社2000年版,第378页。
② 李国梁:《从夜幕到黎明》,http://navalantstories. wordpress. com/tag/％E6％A8％AA％E9％A1％BB％E8％B4％BA/。

道,拜圆觉寺住持宗演为师","铃木大拙当时在日本镰仓的家中潜心研究佛学"①,铃木大拙曾在圆觉寺修佛悟道。其次,铃木大拙与鲁迅有过面对面的交往,有据可查。鲁迅 1934 年 5 月 10 日的日记上记载,铃木大拙确有过与圆觉寺佛日庵住持一起来上海拜访鲁迅的经历。"十日晴。上午内山夫人来,邀晤铃木大拙师,见赠《六祖坛经·神会禅师语录》合刻一帙四本,并见眉山、草宣、戒仙三和尚,斋藤贞一君。"②此次见面,鲁迅还与铃木大拙、眉山、草宣(实为静宣)、戒仙及内山完造合影留念,斋藤贞一为他们拍摄。③ 其中眉山即为高畠眉山,时任佛日庵(即树木栽种的寺院)住持,而摄影师斋藤因为摄影没有留影像在相片上。这张照片不仅确证鲁迅曾与铃木大拙见面,还证实鲁迅与佛日庵的住持眉山见面交谈过。虽然没有确定的史料证明鲁迅赠树的行为,但是根据以上的材料,铃木大拙接受了鲁迅赠树,或者和佛日庵的住持眉山一起接受了鲁迅赠树,带到与他关系密切的圆觉寺栽种,似乎顺理成章。并且,植栽树木在寺院建设的传统中具有佛教的象征意义,赠树行为符合寺院的赠物传统。圆觉寺佛日庵内这两棵鲁迅赠树,一棵是木莲,白色木莲花赠送寺院吻合该花于寺院的隐喻含义和文化功用;另一棵名泰山木,泰山木又叫广玉兰。这两棵所赠的高大花木,也符合鲁迅的趣味和情调。鲁迅一直持有花木的喜好,年轻时曾经不远万里从日本带回水野栀子,移栽在绍兴老家庭院中④。鲁迅生前很喜欢广玉兰⑤,在上海虹口公园的鲁迅墓前,也种有广玉兰,现今枝繁叶茂。

然而,为何双方都认为是善意的举止,《鲁迅与日本大事系年(1902—1936

---

① 沈鹏年:《鲁迅先生和铃木大拙》,《佛教文化》1993 年第 3 期。

② 《鲁迅全集》(第 16 卷),人民文学出版社 2005 年版,第 449 页。

③ 黄乔生:《鲁迅像传》,贵州人民出版社 2013 年版,第 302 页。

④ 1934 年 8 月,"回故乡后,鲁迅将带回的日本水野栀子移栽在庭院中,后赠给他的表弟——养蜂专家郦辛农。一九六二年,他的表弟又把水野栀子转赠绍兴鲁迅纪念馆,至今仍存活"。鲁迅博物馆、鲁迅研究室编:《鲁迅年谱》(第 1 卷),人民大学出版社 2000 年版,第 215 页。

⑤ 朱家栋《鲁迅葬仪及鲁迅墓》记:"再登七步石级而上,是方形的墓前大平台。平台上植有两株鲁迅生前喜爱的广玉兰"。薛绥之主编:《鲁迅生平史料汇编》(第五辑下),天津人民出版社 1983 年版。

年)》①却无记载？除了鲁迅日记向来简练，只作为事件记录，并无缘由细节和场景的解释外，是否还有其他的原因？赠树的历史事实如果存在，经由铃木大拙的关系寄赠的树所标注时间也让人困惑存疑。木莲树上所标时间为昭和八年四月（1933 年 4 月），泰山木所赠时间为昭和八年六月（1933 年 6 月），说明是分两次给寺院送树。那么鲁迅为何会在一年内两次赠树呢？如果真的是以树苗实物的形式赠送的，以当时日本和中国的物资运送渠道和方式，显然不合理。另外，圆觉寺赠树标注时间为 1933 年，这是在鲁迅与铃木大拙见面的前一年。按照常理和《感觉日本》中所述，经由铃木大拙带回日本这一行为，应该发生在鲁迅与铃木大拙见面之后，即昭和九年（1934 年）了。如果赠树时间不错，那么为何赠树时间反而在鲁迅与铃木大拙见面之前呢？

据现有史料，在鲁迅面晤铃木大拙一行之前，二人并无交往记录。鲁迅与铃木大拙及眉山第一次见面时间，是 1934 年 5 月 10 日，即昭和九年五月十日，这是所能找到有记录的鲁迅和铃木大拙及眉山的唯一一次见面。赠树所标的时间说明在双方会面前一年存在以赠树的方式进行的交往。这种可能性存在吗？如果树木标注的时间无误，那么关键在于如何确定赠树这一行为。事实上，关于寺院的赠树，除了切切实实地送树苗或者树木外，还存在另外一种方式，即认领，或出资，或不出资，这是历来寺院和信众间交往的一种方式。在镰仓的圆觉寺和建长寺周边，至今还留有不少认领树木的石碑。除了将树苗送给寺院外，还存在寺院借鲁迅的名义标了两棵树的可能，即于昭和八年（1933 年），在四月和六月种下两棵冠以鲁迅赠送名义的树，分别有了不同时间和不同品种的两棵树。由此，存在不同的赠树方式，也存在赠树时间与双方见面时间分离的可能。鲁迅与日本特别是日本佛教界的交流，远比现在所知道的要更多更丰富，而鲁迅并不特别重视记录此类事。再联想到他们当年见面的情景，从鲁迅日记来看，鲁迅因内山夫人的前来告知而赶往内山家与铃木大拙一行见面。以日本人的礼节习惯，一般见面前都需要约定，而铃木大拙此次如此隆重的约会只通过内山夫人传达，显然有些突兀。除了鲁迅与内山完造关系密切的原因外还有另一可能，即

---

① 彭定安：《鲁迅：在中日文化交流的坐标上》，春风文艺出版社 1994 年版，第 1013—1070 页。

在约会的安排之前打过招呼。由于鲁迅没有特别放在心上,当内山夫人赶过来叫他时(此时,鲁迅和内山完造住得很近),他才想起之前答应过,便匆匆赴会。如果如上推测是事实,那么鲁迅与日本佛教界乃至铃木大拙有更长远的联系交往,昭和八年鲁迅托人赠树或者以鲁迅的名义在圆觉寺认领所赠送树木的可能性就存在了。而后,1934 年,铃木大拙一行拜访鲁迅就是有备而来,并不是突然之举了。另外,还有后来被发现的史料可以证明鲁迅忘记或者忽略了日本佛教界当时十分重视的交往。如 1985 年,圆觉寺的佛日庵内,发现鲁迅写给该院住持眉山的字。而鲁迅在与眉山见面时送字,可能只是即兴而作,他并没有记入当年日记。鲁迅与圆觉寺佛日庵的交往史料不限于日记或者史实所载,只是鲁迅可能并不特别重视这一赠树行为。两棵标着鲁迅寄赠的泰山木和木莲,已然葱郁苍翠。关于鲁迅为何赠树、如何赠树的详情,已湮没在历史尘埃了。鲁迅与佛日庵的交好通过寄赠的树木和给眉山的赠字,都因为日方的重视得以传世,而鲁迅又为何以如此模糊不定的关系模式和如此曲折隐秘的心态与日本佛教界进行交往呢?

二、遏抑和阻隔:鲁迅与日本佛教界的交流

鲁迅作为现代启蒙文学的作家、五四新文化运动的力倡者,不仅为改造国民性格努力吸收西方新知,还广泛汲取更为丰富的精神资源,其中包括佛经。当他于 1930 年代在上海接触日本文化时,与日本佛教界进行了一场未及深入就被悬隔的交流。自开埠以来,日本侨民大量迁入上海。1930 年代,随着日本势力的快速扩张,日本与中国文化交流日渐增多,上海的日本侨民人数激增,而当日本侨民势力扩张、日本文化习俗和生活方式日渐繁盛和扩展时,鲁迅自广州来到上海,结识了日本的书店老板内山完造。自此以后,他与日本人交往增多,内山书店成为鲁迅与日本人及日本文化交流的文化空间,内山完造成为鲁迅与日本民间交流的中介和桥梁。在此过程中,鲁迅也接触到来中国的日本佛教人士并与之交流。佛教界颇少关涉时局敏感问题,却切中了鲁迅潜藏在内心并被抑制了的佛学意趣。最初与鲁迅交流的是来上海从事佛法事务的杉本勇乘。1932 年 3 月,杉本勇乘安顿在离内山书店不远的东本愿寺。"东本

愿寺上海别院于 1876 年 8 月在北京路创设,是日本佛教进入中国的开始,该寺院被中国人称为'东洋庙',1883 年移往虹口武昌路。东本愿寺开办学校、诊所,管理墓地,创办《佛门日报》等。"①这则关于东本愿寺的历史介绍,体现了在上海开设的日本寺院的面貌和社会文化价值,也说明它延续着日式的文化功能和宗教定位。明治维新后,日本寺院日渐世俗化,除了传统的宗教事务外,还担负着处理丧葬、买卖坟地等社会服务功能。而当时坐落在上海虹口区的东本愿寺,于聚居此地的日本侨民来说,迎合了他们的文化心理和精神认同,更满足了日本侨民的宗教信仰需求。与杉本勇乘交往后,鲁迅更深地理解到日本佛教的宗教理念、社会功能和运作方式。杉本勇乘仰慕和尊敬鲁迅,他们不仅常在内山书店的文艺漫谈会上见面,而且还发展出了更深的私人情谊。鲁迅作为长者和师者,十分关心这位日本的年轻僧人,一直称他为"师"(所赠照片后面所题字),充分体现了鲁迅对僧人身份的尊重。杉本勇乘曾说,他们之间有过很多交谈,"鲁迅先生的话给我影响很深的,使我弄懂了很多道理"②。鲁迅曾经送给杉本两幅扇面,一是《自嘲》③,一是李白的《越中览古》,除此之外,"还有两张照片"④。杉本勇乘 1933 年 3 月回日本,不到一年时间,鲁迅留赠给杉本这么多的纪念物,说明两人的见面很多,关系相当亲近。在两人逐步深入交好中,身处佛门的杉本勇乘还表现出十足的人情味。他非常关心鲁迅家人,"有一天,鲁迅的孩子海婴病了,我送去儿童玩具电车一辆,气枪一把"⑤。而鲁迅日记确证了这一事实。从两人的交往实际看,两人间曾有过密切的日常交往和情感互动,使鲁迅对日本佛教和日本僧侣获得直接的感受和认识。欣遇的交往、情感的投合给二人留下了温馨深刻的印象,这种不限于寺院事务

---

① 高纲博文、陈祖恩主编:《日本侨民在上海(1870—1945),上海辞书出版社 2000 年版,第56 页。

② 张杰:《鲁迅:域外的接受与接近》,福建教育出版社 2001 年版,第 127 页。

③ 鲁迅 1932 年 12 月 21 日的日记中记载:"为杉本勇乘师书一箑。"《鲁迅全集》(第 16 卷),人民文学出版社 2005 年版,第 339 页。

④ 张杰《鲁迅:域外的接受与接近》一书中详细地介绍了照片的具体情况:"一张是鲁迅与蔡元培、萧伯纳的合影,鲁迅在照片的背面题字,'杉本勇乘师鉴鲁迅一九三三年三月四日上海'。另一张是鲁迅在北京师范大学的讲演照片,照片的背后有鲁迅的英文签名。"(第 126 页)

⑤ 张杰:《鲁迅:域外的接受与接近》,福建教育出版社 2001 年版,第 127 页。

的更富于人情的交往,显然有别于中国寺院和民众的交流方式。

如果说与杉本的交流是无意撞上的、漫无边际的、间或偶然的,那么鲁迅与另一位日本佛界人士——铃木大拙间的交流则是正式的、系统的,却又是未及深入的。1933 年,在抗日战争全面爆发前,日本各方力量对华的不同声音在进行最后较量。铃木大拙带着一众日本佛教人士,进行了一次有计划的、系统而周密的对中国佛教的考察访问。此次考察范围非常广,涉及北京、南方和东北,足迹遍及天台、杭州、普陀、镇江、北京等地的著名寺院,并且与所到之处的文化名流会面,如王一亭、蒋梦麟、胡适等,其中还有鲁迅。回日本后,铃木大拙有感于与鲁迅见面的美好记忆,有如下附记:"内山书店的主人的费力帮助下与鲁迅见面了。虽然与短躯伟貌的鲁迅只交谈了一会儿却是春宵一刻值千金的感受,那是一问一答的爽气快乐的感觉。"①铃木大拙通过简略描述,交代了他们间交谈的现场氛围和心情感受,复现了轻松愉快和心领神会的会面场景。回顾会面缘起,显然是铃木大拙一行主动相邀,而后通过"内山书店的主人的费力帮助"促成了约见。虽然没有记载谈话的具体内容,见面时间亦十分仓促,但能够想象当时相谈甚欢。半个世纪后发现的佛日庵遗留的鲁迅手迹,也证实了当场的融洽氛围及双方的鲜明美好的感受。铃木大拙是将禅宗传到西方的第一人,基于对中国佛教的熟悉和对鲁迅的事先了解,会见时,他特意赠送佛经给鲁迅,其中有新出版的关于禅宗创始人慧能法师的资料。禅宗是最为中国化的佛教支脉,铃木此番所送的佛经显见是有充分准备的向鲁迅示好的举动。一个月后,鲁迅在同一年 6 月 20 日的日记上记载,"晚斋藤君赠麒麟啤酒一箱"②。斋藤贞一正是受铃木大拙之托给鲁迅送啤酒,这是鲁迅第二次收到铃木大拙的礼物。这一补充的赠送行为表明了铃木大拙对鲁迅的重视和用心。可以肯定,此次交谈过后,鲁迅与铃木大拙具备了继续交往的基础,至少在铃木大拙看来如此。铃木大拙回国后所著《中国佛教印象记》发行于 10 月 10 日,鲁迅收到该书的时间是 10 月 28 日。铃木大拙在新书出版后马上寄

---

① 原文为:"内山书店主人の御骨折にて鲁迅先生に面会する。短躯伟貌の鲁迅先生との会談は僅少時間であつたが,全く春宵一刻值千金と云つた感で,その一問一答胸のすく思ひである。"《铃木大佐全集26》,岩波书店 2001 年版,第 157 页。

② 《鲁迅全集》(第 16 卷),人民文学出版社 2005 年版,第 457 页。

给鲁迅,再次表明了铃木希望与鲁迅有进一步交流的意愿。自 1933 年 5 月至 10 月铃木大拙主动相邀与鲁迅见面,共三次赠送礼物,分别是佛经、啤酒和著作。在交流过程中,他们也领略了鲁迅的风采,不断地表示欣赏和敬重,并希望与鲁迅继续深入交流。整个交流过程都可以体现出铃木大拙的积极主动和真挚热诚。梳理日本佛教界与鲁迅的因缘际会,可以看得出这是个逐步深入的过程。而鲁迅的佛学理念能够得到日本佛教界的赏识,源于他经长期的佛经阅读积累和思考所获得的独到见地。早在北京生活期间,鲁迅就表现出对佛学的浓厚兴趣。1912 年,他开始收集佛经书籍[①];1914 年,大量阅读佛经,"是年(引者按:指 1914 年)公余研究佛经"[②]。在他这一年所购买的共 100 多种书目中,佛学相关的书籍占了 80 多种。[③] 鲁迅曾对许寿裳说:"释伽牟尼真是大哲,我平常对人生有许多难以解决的问题,而他居然大部分早已明白启示了,真是大哲!"[④]在大量的、系统的佛经阅读中,鲁迅沉潜于幽深邃密的佛学世界,汲取佛经的思想营养,形成了具有独特见识的佛学思想。同时,鲁迅这份独立不倚的佛学观念不仅使他能长期挣扎于现实苦闷终不至于颓废和自弃,亦成为他决意抗争的精神支撑力量。在创作中,他在吸收佛学精神的基础上,也对苦难、死亡、涅槃等主题进行形而上的思考。由此可以看出鲁迅把佛学视为现代的精神资源并重视其实践性。

首先,鲁迅出于对基本人性的现代理解,在阅读佛经教义的基础上,不断对佛学思想进行现代化的思考。鲁迅年轻时期开始思考宗教于中国文化现代化的作用,重视佛经的思想价值和精神资源作用,"肯定的是宗教和神话可以满足人的'形而上'需求,能激发人的创造性,否定宗教,是否定宗教方术,因为宗教方术已完全丧失了其原初的本体意义和创造性精神,而变成了异化人的精神枷锁"[⑤]。作为五四新文化的实践者,他坚持以人性思考为基准内化和激

---

① 1912 年 5 月 24 日日记:"梅君光羲贻佛教会第一、第二次报告各一册。"《鲁迅全集》(第 15 卷),人民文学出版社 2005 年版,第 2 页。
② 鲁迅先生纪念委员会编:《鲁迅先生纪念集》,上海文化生活出版社 1937 年版,第 3 页。
③ 鲁迅:《甲寅书账》,《鲁迅全集》(第 15 卷),人民文学出版社 2005 年版,第 147—153 页。
④ 许寿裳:《亡友鲁迅印象记》,人民文学出版社 1977 年版,第 44 页。
⑤ 潘正文:《立人中的本体论内涵——鲁迅早期文化思想的哲学透视》,《鲁迅研究月刊》1998 年第 7 期。

活佛经,进行佛学研究和佛理的阐释。他吸收了章太炎先生的佛学理念①,深受尼采的影响。他认为尼采对佛学形而上的阐释是适切现代立场的思想资源②,"所以他对于佛经只当作人类思想发达的史料看,借以研究其人生观罢了"③。这是鲁迅看佛经的出发点,也是他一贯的立场。由此,鲁迅反对僵化地理解佛教教义,在《论雷峰塔的倒掉》中,他严厉批判法海利用宗教法术等强权方式压制美好情感,欢欣鼓舞地庆贺象征威权的雷峰塔倒塌事件。④ 在他看来,当佛教通过戒律形成宗教权威压抑人性,或是违背自然天性时,只能是阻碍社会进步的教条化做法,应该予以批判。

其次,鲁迅在转化佛教思想资源时,尤其强调佛学的实践功能。他曾经在给徐梵澄的书信中明确提出:"捐生噀血,因亦大地之块,足使沉滞的人间,活跃一下,但使旁观者于悒,却大是缺点。此外,作和尚也不行……我常劝青年稍自足于其春华,盖为此也。"⑤鲁迅正是以积极参与时代的态度,鼓励青年哪怕是和尚都要珍视生命的意义,积极入世,强调社会价值和实践能力。为此,广泛研读和思考佛理之外,鲁迅还有为母亲生日刻印《百喻经》的行为⑥,在表达孝心的同时还自觉传播佛教文化。在鲁迅看来,这部先讲故事后阐述佛学义理的佛经通俗易懂,便于信众的理解和接受。坚持现实理性的需要和切实的态度,是鲁迅佛学思想的基础。进而,他尤其反对中国人不明就里、盲目跟风的佛教参拜形式。在他看来,这种方式只不过是欺骗和自欺而已。上海生

---

① 许寿裳:《亡友鲁迅印象记》,人民文学出版社1977年版,第44页。

② 参见刘沧龙:《尼采对佛教的批评及两者形上思想之比较》,《华梵大学第六次儒佛会通学术研讨会论文集》(下册),华梵大学,2002年,第379—400页。

③ 许寿裳:《亡友鲁迅印象记》,人民文学出版社1977年版,第44页。

④ 鲁迅:《论雷峰塔的倒掉》,《鲁迅全集》(第1卷),人民文学出版社2005年版,第179—181页。

⑤ 徐梵澄:《星花旧影——对鲁迅先生的一些回忆》,徐梵澄:《异学杂著》,浙江文艺出版社1988年版,第226页。

⑥ 周作人(署名周退寿)《鲁迅读古书》(《读书月报》1956年第9期)中提到,"鲁迅读古书还有一方面是很特别的,即是他的看佛经。一般文人也有看佛经的,那大半是由老庄引伸,想看看佛教的思想,作个比较,要不然便是信仰宗教的居士。但鲁迅却两者都不是,他只是当作书读,这原因是古代佛经多有唐以前的译本,有的文笔很好,作为六朝著作去看,也很有兴味。他这方面所得的影响大概也颇不小,看他在一九一四年经捐资,托南京刻经处重刊一部《百喻经》,可以明了"。

活期间,鲁迅关注到中国佛教界盛行虚伪的佛教活动。在赠给内山完造的打趣诗中,他讽刺和批评中国人流于表层和形式的吃斋念佛行为,戏谑地借用了佛界常用语"南无阿弥陀"①,嘲弄和揶揄社会名流的虚伪本性。在他看来,这种方士行为无关佛学真谛,是盲目和愚昧的国民性格的表现,是悖逆于现代中国的"立人"目标的,无益于现代文化建设。这些思考和行为体现了鲁迅致力于现实的佛学思想。

鲁迅的佛教见解和佛学观念指向现实社会和现世人生,与他国民性改造的启蒙工作方向一致,因此他比较容易接受具有世俗化功能的日本佛教观念。日本的佛教由中国传入并深受中国影响,双方具有深厚的交流基础。明治维新后,日本佛教改换形态和观念,放弃了许多严格戒律和刻板教条,在现代转型中采用融入世俗的生活方式,承担了许多参与现世的社会职能。和尚在大多数情况下只是一种职业,过着"肉食妻带"的世俗生活。铃木大拙被誉为日本的佛教哲学家,倾向于佛学的形而上阐发。另外,他所奉行的禅宗,侧重于个体可操作的修性成佛,持佛性见诸现实生活、佛性见诸人性的宗教态度。这既传承了中国的佛教传统,又与日本的实际相结合,表现出更多的贴近人性内涵和改造社会的实用主义价值。如此强调理性色彩和侧重实用主义价值的佛学观念,成为双方展开交流和深入探讨的基础。

基于日本佛教界的实际要求和鲁迅的佛学素养,这是一场值得期待的思想交汇。然而,在面对热诚迫切的铃木大拙等日本佛教界时,鲁迅并未表现出足够的主动性。一年内,鲁迅日记上三次记载与铃木大拙的交往。然而,在他收下了铃木的礼物后却没有展开进一步的交往和互动,也看不到他热切的态度。他活用《金刚经》中的话来描摹眉山并送字的行为以及具体场景,也未载入日记。究竟是不经意忘记还是有意隐去更为深入的细节记载,鲁迅的想法现在无从知道。鲁迅与铃木大拙交往的过程中,只是把与日方的交流控制在礼节层面,克制、低调、淡化了进一步交往的可能。在中日关系异常紧张的历史背景下,即使佛教交流也难以摆脱政治影响,在铃木大拙率团访问中国佛教界时,中国现代高僧太虚大师因为日本佛教界的别有用心而冷遇铃木大拙。②

---

① 鲁迅:《赠邬其山》,《鲁迅全集》(第 7 卷),人民文学出版社 2005 年版,第 451 页。

② 沈鹏年:《鲁迅先生和铃木大拙》,《佛教文化》1993 年第 3 期。

与鲁迅态度不同的是,并无日本文化交往经历和政治负累的另一位文化人胡适却是以坦然积极的心态与铃木大拙进行深入交往。在铃木大拙于此次考察中,经北京大学见到了胡适①后,二人在思想上交流和交锋频繁,超越了国族界限。"在 1949 年的夏威夷大学的东西哲学大会上,两人辩论达到了巅峰。"②这与鲁迅只限于私下空间并刻意保持距离的交流方式形成对照。鲁迅与铃木大拙拥有交流基础但并未深入,乃是受限于时代背景和历史境遇。作为个体,很难逃离时代语境。鲁迅除了极其简略的事实记载外,没有具体的表达,更没有后续行动,以淡漠应对铃木大拙的热诚。1930 年代前后,随着日本军国主义的扩张,日本为了全方位了解中国,与中国的交流空前频繁。立足于本国立场,任何文化交流都隐含着觊觎中国的意图。鲁迅只能直面紧张复杂的时局,以淡然和节制的态度,时刻怀揣防备意识设法自我保护,行为尽可能谨慎和克制。

三、纠葛与选择:国族立场与文化情感间

从甲午战争、日俄战争到"九一八"事变和"一·二八"事变,中国与日本的国家民族矛盾加剧。日本军国主义扩张意图已然尽知,中华民族抗日情绪迅猛高涨,中日双方敌意加重,中日文化交往和民间往来的空间越来越局促。这种紧张局势使曾经在日本生活达七年之久,深度感受日本文化的鲁迅处于情感和理智的矛盾交织中。在上海接触日本文化时,鲁迅常会表达他怀念日本的生活,表达他对日本文化的感情。这些美好的情感在行为上转换成促成中日文化交流的动力。鲁迅常利用自己的留日经历和拥有的文化交流优势,增进中日文艺交流,促进中国现代文学走向世界。即使他委婉地拒绝了日本方

---

① 铃木大拙《北京大学校长蒋梦麟先生》一文写道:"蒋先生には北京大学第二院に於て面接する。此処に偶然胡適先生にも面接することを得た。"《铃木大拙全集 26》,岩波书店 2001 年版,第 160 页。

② 胡赳赳:《唯有禅才能超越东西:重温铃木大拙》,《新周刊》2015 年 4 月 15 日。

面交换创作的要求,还是推荐青年作家在日本的《改造》杂志上发表文章。①

然而,由于 1930 年代的国情和局势,中日之间日渐恶化、越来越敌对的关系,鲁迅的日本留学经历及与日本人交往的经历,成为他被指责和误会的"把柄"。基于对双方国力及民族性格的清醒认识,他意识到中国的危险处境,也清楚自己的人生抉择。他曾亲身感受到日俄战争中日本获胜时日本全民狂欢的场景,也曾长期感受弱国子民的屈辱。如何厘清与日方关系,如何在险恶复杂的生活环境和关键的历史时刻不伤害民族尊严,不违背民族立场,又能保持基本情感,不失自主个性,成为鲁迅的困扰。1930 年在上海生活期间,鲁迅多次努力消除国人因不解和误解产生的敌意反感情绪,摆脱不利言论的攻击和伤害。上海日侨居住区与日本人来往交流的经历,令他倍感压力。1930 年代前后至逝世,鲁迅与日本的交流日趋紧迫,双方关系日益走向对立。

最初,关于"汉奸"的猜测和指认使鲁迅意识到与日方交流的危险。他在给增田涉的书信中提到"拙著《南腔北调集》竟大惹其祸。有两三种刊物(法西斯的?)说此书是我从日本拿到一万元,而送给情报处的,并赐我一个'日探'尊号。但这种毫无根据的攻击,很快就会烟消云散的罢"②。显然,该信中所提到的从日本拿钱和"日探"称号说明社会已出现各种直接猜疑和否定鲁迅的民族立场的言论,这是非常危险的信号。随后,1934 年 6 月 2 日致曹聚仁信中,他再度提及"我之被指为汉奸,今年是第二次。记得十来年前,因爱罗先珂攻击中国缺点,上海报亦曾说是由我授意,而我之叛国,则因女人是日妇云。今之衮衮诸公及其叭儿,盖亦深知中国已将卖绝,故在竭力别求卖国者以便归罪,如《汗血月刊》之以明亡归咎于东林,即其微意也。然而变迁至速,不必一二年,则谁为汉奸,便可一目了然矣"③。这两封信说明当时关于鲁迅是汉奸的说法有鼻子有眼地被编造着,并在不断升级中,信中流露出他对所受到的不实猜疑和指责的愤懑情绪。而面对中国文化的习惯势力和中国人的国民性格,即便他再小心、再慎重,也难免被民众误解和猜疑。他意识到日中关系尖锐化的

---

① 参见山本实彦:《鲁迅的死》,鲁迅博物馆等选编:《鲁迅回忆录·散篇》(下),北京出版社 1999 年版,第 1439 页。

② 《鲁迅全集》(第 14 卷),人民文学出版社 2005 年版,第 300 页。

③ 《鲁迅全集》(第 13 卷),人民文出版社学 2005 年版,第 131—132 页。

严重后果,并预估这种恶劣影响的波及面将越来越大,他必须时刻防范被指认为汉奸的危险。明确表明自己的民族立场是首要和关键之举,以理性态度付诸谨慎行为,才是一种有效的自我保护手段。自此,质疑鲁迅民族立场的言论一直不断,直至他逝世都没有完全平息。

当中日矛盾越来越激化,冲击的范围越来越广时,具有共同留日经历的知识分子群体,可能遭遇同样的困境和威胁。自然地,鲁迅不仅考虑到自己,还忧心已经十多年不来往的胞弟周作人。当他看到周作人脱离现实的诗歌遭到批评时,特意指出"周作人自寿诗,诚有讽世之意,然此种微辞,已为今之青年所不憭,群公相和,多近于肉麻,于是火上添油,遽成众矢之的,而不作此等攻击文字,此外近日亦无可言。此亦'古已有之',文人美女,必负亡国之责,近似亦有人觉国之将亡,已在卸责于清流或舆论矣"①。这段话表明鲁迅意识到周作人和自己因与日本的关系,已面临诸多不利。鲁迅在努力为周作人言行辩解的同时,更担心周作人不辨事态一味沉溺于自我世界的处世方式,忧虑周作人看似逍遥和淡漠的姿态将使他面临危机而陷入被动。他在 1936 年关注到平津文化界 104 位教授发起《平津文化界对时局意见书》中未见到周作人签名时,非常担心,特意让周建人带信给周作人,"遇到抗日救国这类重大事件,切不可过于退后"②。然而,鲁迅的这些担忧在后来都被证实。

事实上,中日关系对立日渐尖锐之际,留日知识群体都面临着同样的国族立场和文化情感对立的矛盾。虽然鲁迅已经明确责任和立场,也意识到随之而来的压力和考验,但是,现实困难不是以他个人意愿和能力就能避开的。随着日方扩张野心的日渐明显和愈加膨胀,即使是纯粹的民间交流,其交往空间也变得越来越逼仄。不仅中国对日本的敌意越来越深,日方也不轻易放弃对鲁迅的争取和利用,直至有明显军国主义倾向的日本人直接公开挑衅鲁迅的民族立场。最为激烈的一次是在内山书店与野口米次郎的正面交锋。

N 氏①:中国的将来将会怎么样呢?

L 氏②:我看中国的将来将变成阿拉伯沙漠。所以我才战斗!

① 《鲁迅全集》(第 13 卷),人民文出版社学 2005 年版,第 87 页。

② 参见陈漱渝:《东有启明西有长庚——鲁迅与周作人失和前后》,《鲁迅研究动态》1985 年第 5 期。

N 氏:日中亲善友好能出现吗?

L 氏:要是有可能,那也完全是日本人个人的说法。

N 氏:现在中国的政治家和军人最后要是没有安定群众的力量,那么适当的时候把国防和政治像印度委托给英国那样行不行呢?

L 氏:这么做来就有个感情问题。如果是财产同样化为乌有,那么与其让强盗抢劫而去,莫如让败家子用掉了好,如果是同样被杀,我想还是死在本国人的手里好。

一九三五年秋天的某日,在安静的屋子里两个诗人在谈话。我只是恍惚地听着。这就是那场诗的对话。①

以上对话节选自内山完造记录的《诗的对话》,其中的 N 氏即野口米次郎,L 氏即鲁迅。野口曾在 1935 年 10 月去印度讲学途经上海时,在内山完造的介绍下与鲁迅见面。鲁迅在 10 月 21 日的日记中记载过此事。② 野口逼迫鲁迅表态立场的自大强横态度,代表了当时日本越来越强烈的侵华声音,以及越来越外露的侵略意图,也说明中国的国族危机日益迫近。显然,鲁迅干脆和坚决的回答当场有力地回击了野口。然而,日方傲慢骄横和充满敌意的态度让鲁迅认识到,野口等人的观点代表不利于中国的日方势力在加强。在此恶劣局势下,鲁迅被误会或被指认为汉奸所背负的压力将会越来越大。他极为忧虑,产生不再与日本名人会面的想法:"与名人(日本的)的会面,还

---

① 译自内山完造:《上海漫语》,改造社 1938 年版,选自山东师范学院聊城分院中文系、图书馆编:《鲁迅在上海(三)》,内部资料,1979 年,第 11 页。原文如下:

　　N 氏①:支那の將來はどうなでせうか。

　　L 氏②:支那の將來にわアラビヤの沙漠が見える。それ故に私は戰ふ。

　　N 氏:日華の亲善は出來流でせうか。

　　L 氏:日本人がモット個人的に物言ふことが出來るやうになつたら。

　　N 氏:今日支那の政治家と军人とが到底民眾を安んする力がないとしたら、いつそのこと國防と政治とを印度が英国にまかせて居ろやうにしたらどうてせうか。

　　L 氏:そこ迄行けば感情の問題です。同じ財産をくするなら強盗に奪られるよりは馬鹿息子に使晴れた方がよい、同じ殺されるなら自國の人手に殺されない。

　　一九三五年の秋或る日、靜かな室で二人の詩人は語る。私は只た恍惚と聽いた。それはそのまま詩の對話であんつた。

② 鲁迅 1935 年 10 月 21 日的日记中说:"午,朝日新闻支社仲居君邀饮于六三园,同席有野口米次郎、内山二氏。"

是停止的好。野口先生（米次郎）的文章并没有将我讲的话全部写进去，也许是为了发表之故吧，写出来的部分也与原意有些两样，长与先生（善郎）的文章则更甚了。我想日本作者与中国作者之间的意思，暂时大概还难沟通，第一境遇与生活都不相同。"①

此后，与日方的亲疏关系一直横亘在鲁迅心里，使他为难和焦虑。据内山完造回忆：

> 现在，我打算就记忆之所及，把先生平日的谈论之片段记录在下面：
>
> "老板，孔老夫子如果此刻还活着的话，那么他是亲日呢还是排日呢？"
>
> 听着这十分愉快的漫谈，还是最近的事情。
>
> "大概有时亲日，有时排日吧。"
>
> 听见我这么说着，先生就哈哈哈……地笑了起来。②

这是 1936 年 10 月鲁迅临终之前的日子，鲁迅与内山完造的一番交谈。对是否与日本人继续交流和交往是鲁迅逝世前非常纠结的问题，他通过假设孔子复活向内山完造这位日本人发问，说明鲁迅在心里已经反复追问多次，也说明他在面对日本关系问题上受到的压力很大，实在是希望在现实中能够得到两全的回答来化解矛盾。显然，内山完造模棱两可的回答切中了鲁迅内心深处的两难困惑，所以他心领神会又意味深长地笑了。关于"亲日"或者"排日"的反复追问，看似矛盾，实则又是明晰而确定的。在复杂的社会文化环境中，鲁迅这类亲历日本又有着鲜明国族意识的现代知识分子，在中日敌对关系中，只能坚决克制自己的情感，割舍与日本的交往，力求不被国人误解，明确态度、表明立场成为首要选择。这种谈话也说明鲁迅在面对中日文化交流时，已深感迫于形势的强烈焦虑了。除了内山完造外，周边的人都感受到形势的紧迫，也体会到鲁迅愈来愈大的心理压力。而另一位日本友人山本实彦在与鲁迅交往过程中，也强烈感受到鲁迅理性又复杂的对日情感和态度：

> 他的脑海中非常敏感地把种种现象清晰准确地映现出来。但是，尽管他

---

① 《鲁迅全集》（第 14 卷），人民文学出版社 2005 年版，第 382 页。

② 内山完造：《忆鲁迅先生》，鲁迅博物馆等选编：《鲁迅回忆录·散篇》（下），北京出版社 1999 年版，第 1479 页。

的强而有力的愤恨的心在燃烧着,然而却慎于言。这也是给予每个可嘉的对手的友谊。他的愤怒的墙壁,对分寸界限是反复三省的。……他对我国人的批评的讽刺,也那样洗炼,从中可以看出其深刻性。由此可见,不论多么伟大的人物,如果不把民族的墙壁放在眼中,生存是很困难的。特别是在现在,中日两国关系严峻对立的时刻,这就更为重要。①

以上材料表明,1930 年代鲁迅与日本人交流,已经不得不直面民族立场问题。无论是社会舆论,还是日方的压力,都迫使双方关系变得越来越紧张,交往空间越来越窄迫。不管是野口对鲁迅的试探性提问,还是鲁迅对内山的试探性反问,都说明鲁迅与日本人的交流余地在收缩。此时民族立场于鲁迅来说关乎生存,不容偏差和犹疑存在。为此,鲁迅还计划搬家,表现出急迫的心情和坚定的决心——毕竟,家住日侨聚居地是莫大隐忧。

由此可见,1930 年代鲁迅与日本人的交流一直受迫于日渐尖锐的中日关系压力。强烈的国族意识和沉重的时代责任迫使他坚守民族立场,在民族存亡面前,文化交流相对民族立场,只能消隐和暂且居后。这可能就是日本佛教界积极主动的态度不能促成鲁迅积极回应和全身心投入的原因。

圆觉寺两棵树的扑朔迷离的存在,是鲁迅对中日文化交往复杂心态的影射,既有情感上的留恋和不舍,更有强烈国族意识的界限和区分,还有从传统走向现代的知识分子的强烈时代责任感和使命感。面对 1930 年代紧张而尖锐的中日关系,鲁迅为避免误会和质疑,与日本佛教界只能拥有"有缘无分"的交流。在塞困而紧迫的时代语境中,国族意识大于一切,中国现代知识分子肩负着深重的民族责任,面对普遍人性、公共空间等世界共同命题时,其文化立场和价值定位只能从属于时代抉择。

(原载《中国现代文学研究丛刊》2017 年第 3 期)

---

① 山本实彦:《鲁迅某种内心的历史》,鲁迅博物馆等选编:《鲁迅回忆录·散篇》(下),北京出版社 1999 年版,第 1506 页。

中国共产党早期文化组织实践考述

张广海

中国共产党自成立以来，便十分重视宣传工作，但在最初，工作重心集中于政治宣传方面，对文学和文化领域的宣传及组织工作，着力相对不够。大革命失败之后，经历了血与火之洗礼的中国共产党，逐渐意识到文化宣传和文化组织实践的重要功用，经过一番努力，终于在 1929 年下半年建立了文委，不久左联、社联等文化团体纷纷建立，并在 20 世纪 30 年代大放异彩。关于中国共产党如何组建各左翼文化团体并引导其发展，相关论述已然不少。但对于大革命失败之后，中国共产党如何一步步展开党内的文化组织建设，从而为 20世纪 30 年代左翼文化的引领风骚奠定组织基础，相关论述尚极度缺乏，且主要依赖并不完全可靠的当事人回忆。本文尝试从革命档案文献中爬罗剔抉、钩沉索隐，并对勘其他相关资料，力图尽可能准确地还原中国共产党在文化领域最初的组织实践。

一、回忆录中的早期知识分子支部建设

中共开始系统规划地引导文学界为其服务，要到 1929 年"革命文学"论争的后期了。但自国民革命结束以后，随着共产主义文人纷纷从广州、武汉、芜湖等地转移到上海，并重操文学旧业，文学领域的政治工作也开始逐渐提上中共的议事日程。首先是蒋光慈、钱杏邨、杨邨人、孟超等中共党员创建了太阳社，中共在其中设有约两个党小组。据说当时的中共领导人瞿秋白也答应参

288

加太阳社。① 其次,创造社在大革命时期虽然转变成"左倾"革命团体,共产主义色彩尚不重,大革命后,其元老郭沫若参加了南昌起义,并在南下途中入党,阳翰笙和李一氓这两位参加了南昌起义的党员也经郭沫若介绍加入创造社,而创造社活跃的"小伙计"潘汉年在 1926 年就已入党,中共在创造社中也建立了党小组。1928 年 9 月之后,随着后期创造社新进成员陆续入党,中共实际上已经基本掌握了创造社。

值得一提的是创造社新进成员,正是他们以激烈的批判行动,掀起了无产阶级文学理论和辩证法的唯物论的宣传风潮,导致了激烈的"革命文学"论争。论争展现出了文学和理论宣传所蕴含的巨大能量,因此引起中共注意。约 1928 年 5 月,党中央派出中宣部秘书郑超麟具体指导尚非党员的创造社新进成员,时间达两个月,直到 7 月下旬郑超麟被派往福建工作。1928 年 7 月 17 日,在留守中央政治局常委会议上,应该就是在郑超麟汇报工作之后,留守中央负责人任弼时指出:"创造社有公开活动的作用,要继续保持联系,以后要在革命文学和理论方面多发挥作用。翻译理论书籍是宣传工作的重要方面,要有计划地做下去,最好用'创造社'或其他名义出版,在出版发行上给以帮助;其成员将来是要分化的,少数政治上好的可以秘密吸收入党。"②约两个月后,后期创造社的几位主力成员都相继入了党③,他们后来也成为筹建文委以及左联、社联等团体的主力。

太阳社于 1927 年年底至 1928 年年初成立④,发起人为蒋光慈、钱杏邨、孟超和杨邨人,主力成员还有徐迅雷、楼建南等,均系以文学或艺术为主业的党

---

① 参见吴泰昌记述:《阿英忆左联》,《新文学史料》1980 年第 1 期,第 16—17 页。但瞿秋白似乎并未参加过太阳社具体活动。

② 转引自中共中央文献研究室编:《任弼时传》,中央文献出版社 2004 年版,第 161 页。另参见中共中央文献研究室编:《任弼时年谱(1904—1950)》,中央文献出版社 2004 年版,第 107 页。

③ 创造社新主力成员入党,李立三为核心的中央宣传系统和江苏省委都起了重要作用。参见张广海:《创造社和太阳社的"革命文学"论争过程考述——兼论后期创造社五位主力新成员的入党问题》,《社会科学论坛》2010 年第 11 期。

④ 关于太阳社的成立时间,孟超说是在 1927 年年底,钱杏邨说是在 1928 年年初,杨邨人说是在《太阳月刊》创刊(1928 年 1 月 1 日)之后,当也是在年初。参见孟超:《简述太阳社》,《新民报晚刊》(重庆)1946 年 12 月 9 日。吴泰昌记述:《阿英忆左联》,《新文学史料》1980 年第 1 期。杨邨人:《太阳社与蒋光慈》,《现代》1933 年第 4 期。

员。钱杏邨在 1938 年写道:"一九二八年,太阳社成立于上海,当时'中共'干部参加的,有秋白、杨匏庵、罗绮园、高语罕等。"①其中,除了瞿秋白是因为和蒋光慈有私人交谊而被拉入,其余主要因为流亡至上海,需要暂时在社内过党组织生活。太阳社因为承担了接纳流动党员的职能,内部的党组织情况便相对复杂。

据钱杏邨夫人戴淑真(时与其共同生活)回忆,太阳社成立不久,便在北四川路虬江路口北首建立了一家书店——春野书店,"社内还建立了党的组织,春野支部,隶属闸北区委领导"②。钱杏邨自己也说:"太阳社支部,又称春野支部,属中共闸北区第三街道支部,后叫文化支部,阳翰笙负责过文化支部。"③这里所说的"文化支部",显然指的是闸北区第三街道支部,而不是太阳社支部,从由创造社的阳翰笙曾负责便可明了。不过令人生疑的是:既然中共在太阳社建立的是支部,而按照中共的组织体系,支部下级是支分部或党小组,上级是区委,为何太阳社支部会隶属于应该是平级的第三街道支部呢?

夏衍的回忆则是,当他在 1927 年 5 月底或 6 月初入党后——

> 过了一段时间,郑汉先告诉我,我的组织关系编在闸北区第三街道支部,并带我……去找孟超,告诉我他是我们这个小组的组长。这个小组一共五个人,即孟超、戴平万、童长荣、孟超的夫人和我,代表区委、支部来领导这个小组的是洪灵菲。不久。钱杏邨代替孟超,当了组长。除我之外,这个小组全是太阳社的作家。后来据钱杏邨说,闸北区的第二、第三两个支部,都是不久前才组成的,其成员大部分是"四一二"事件以后,从各地转移到上海的知识分子、文艺工作者。④

根据夏衍所在小组成员基本是太阳社成员推断,其加入太阳社成员所在小组的时间,多半在 1927 年年底或 1928 年年初。太阳社党员不止这 5 人,所以可以从夏衍的回忆推知,太阳社内的党小组肯定不止一个。但值得注意的

① 钱杏邨:《关于瞿秋白的文学遗著》,《阿英全集》(第 6 卷),安徽教育出版社 2003 年版,第 4 页。
② 戴淑真:《阿英与蒋光慈》,《新文学史料》1983 年第 3 期,第 126 页。
③ 吴泰昌记述:《阿英忆左联》,《新文学史料》1980 年第 1 期,第 16 页。
④ 夏衍:《懒寻旧梦录》,生活·读书·新知三联书店 2006 年版,第 85 页。

是,夏衍并未提到太阳社内有支部存在,而只提到党小组,党小组则属于闸北区第三街道支部。

戴淑真的表弟严启文,当在芜湖辗转流亡至上海后,据说也被编入春野支部,而且还曾担任春野支部第三任书记。他回忆说:

> 春野支部也称文化支部,除本支部党员外,还负责收纳因各地白色恐怖而逃避到上海的党员,把这些同志组织起来,看活动能力,各取所长,有的到工厂去拉工人运动,绝大多数在文艺界。①

所谓的春野支部是"文化支部",未见人提起过,常见的说法是第三街道支部才是文化支部,那么春野支部是否就是第三街道支部? 亦无证据。创造社的党小组负责人阳翰笙的回忆中也提到了第三街道支部,但没有提及"春野支部":

> 在创造社里,潘汉年、李一氓和我,成立了一个党小组。与太阳社相比,他们的党员很多,可能有二十多人,他们大概有两个党小组。……创造社和太阳社的党小组,都属于闸北区第三街道支部。……这个第三街道支部,最先担任书记的是潘汉年,我也是支部成员。②

阳翰笙把太阳社的党组织称为小组,并称大概有两个,和创造社小组同属第三街道支部。这和夏衍的回忆契合度极高。③ 据阳翰笙说,第三街道支部后来改为"文化支部",因为闸北区委领导文化工作有困难,就交由江苏省委直接领导,由宣传部长李富春负责④,"担任文化支部书记的,最初是潘汉年,后来我也做过"⑤。钱杏邨也曾说阳翰笙负责过文化支部,二人说法互相印证。那么,太阳社的党组织(不管是否有支部),是否确实属于第三街道支部呢? 钱杏邨

---

① 转引自钱厚祥:《阿英在虹口——纪念阿英诞辰 100 周年》,李果主编:《海上文苑散忆》,上海人民出版社 2006 年版,第 48 页。

② 阳翰笙:《风雨五十年》,人民文学出版社 1986 年版,第 132 页。

③ 夏衍亦把其所在的太阳社小组和创造社的小组,都归入第三街道支部。夏衍:《懒寻旧梦录》,生活・读书・新知三联书店 2006 年版,第 85—86 页。

④ 阳翰笙这一回忆不准确,1928 年 2 月起,江苏省委宣传部长是王若飞。李富春再次任江苏省委宣传部长是 1929 年 11 月底,这或许揭示了阳翰笙所回忆的第三街道支部变为"文化支部"的真正时间。

⑤ 阳翰笙:《风雨五十年》,人民文学出版社 1986 年版,第 133 页。

回忆,第三街道支部曾召集创造社和太阳社开会,解决二社的论争,似可佐证之。① 而解决创造社和太阳社论争的时间,为 1928 年 4、5 月。

1928 年 9 月入党的创造社成员李初梨,也说自己和彭康、冯乃超、朱镜我、李铁声入党后,被编入闸北区第三支部,并说:"这个支部后改称为文化支部。"②

据以上回忆,似乎可以断定:从 1927 年年底到 1928 年,太阳社和创造社内部都各有党小组存在,太阳社内部起码有两个,创造社内部则有一个,这些党小组都归属于闸北区委第三街道支部领导,该支部后来改为"文化支部"。至于太阳社内部的春野支部,虽有多人忆及,但其存在略成疑问。

然而问题在于,根据中共闸北区委的组织史料,在此时间段内,不仅没有春野支部(或太阳社支部),连知识分子属性的第三街道支部也不存在。那么,问题到底出在哪里?

二、文化党团和文化工作者支部的建立

中国共产党确实在 1928 年上半年就开始介入文学领域的活动,比如具体干预创造社和太阳社之间的论战。党史学者刘文军曾根据相关档案材料论述道:

随着党在创造社、太阳社中影响的扩大和力量的加强,这些团体中的党员很快就在各自所属的党组织领导下进行工作,但他们的活动多是分散的,不统一的。为了加强各文化单位和团体中党员的联系,统一各文化团体和单位在公开文化活动中的方针,1928 年 5 月,在江苏省委宣传部领导下组织起了文化工作党团。文化党团有委员 5 人,其中潘汉年为党团书记,潘梓年、孟超、李民治(李一氓)和一位姓万的同志为委员。文化党团主要讨论领导文化运动的内容问题,分别与各文化单位中的党员发生联系,传达省委宣传部的方针。文化

---

① 吴泰昌记述:《阿英忆左联》,《新文学史料》1980 年第 1 期,第 16 页。
② 李初梨:《六届四中全会前后纪事》,中共中央党史研究室、中央档案馆编:《中共党史资料》(第 73 辑),中共党史出版社 2000 年版,第 43 页。

党团成立后,为解决文化界内部的矛盾和加强团结做了许多工作。如由李一氓出面,召集创造社成员谈话,帮助他们解决内部冲突;召集创造社和太阳社双方开联席会议,以解决他们之间的相互攻击,对于双方攻击性的文章,党团决定不予发表等。①

刘文军所据为"潘汉年档案"②,这份材料笔者目前还看不到,不能具体查证;但文化工作党团的成立及成员构成均有细节支撑,再联系到对文化工作党团具体活动的论述,亦符合其时"革命文学"论争较深层的细节,故而大体是可信的。③ 文化工作党团,显然不是党支部,而是文化领导机关。"党团"在当时的含义有二:一为党和团之统称,一为在群众团体中设置的党组织。此处显然不指党和团,而指的是第二种含义。由此可以推断,文化工作党团,乃植根于太阳社、我们社和创造社等社团内部的党的团体。但太阳社和我们社都几乎纯由党员构成,党团活动的空间较小,所以文化党团必定更主要是在创造社等团体内活动。④ 潘汉年作为较资深的知识分子党员,以及时任江苏省委代理书记李富春的旧部,且富有组织能力,成为党团书记不出意外。5 位委员中,潘梓年是潘汉年堂兄,曾在济难会(似不属于文学社团)活动,当时刚刚结束《北新》的编辑工作,孟超是太阳社成员,李一氓是创造社成员,万姓同志不详⑤。可见

---

① 刘文军:《"左联"成立前党对文化工作的领导》,《中共党史研究》1991 年第 1 期,第 25 页。

② 参见刘文军:《"左联"成立前党对文化工作的领导》,中共中央党校硕士学位论文,1989 年,第 8 页。

③ 刘文军所述有"姓万的同志"这样的含混处,因此很可能出自档案中的回忆材料,而非原始记录。笔者对文化党团的成立曾推断:"这一机构的成立和创造社与太阳社之间的激烈论争很可能有着直接的关系,正是这一论争使得建立调解纠纷的机制变得必要。"参见张广海:《"革命文学"论争与阶级文学理论的兴起》,北京大学博士学位论文,2011 年,第 354 页。

④ 上面引文中关于文化党团"分别与各文化单位中的党员发生联系,传达省委宣传部的方针"的内容,在刘文军学位论文原文中加了引号,显示出自"潘汉年档案"。从中不难看出,此文化党团并非只属于某一文化团体的党团,而是统摄多个文化团体的党团。刘文军:《"左联"成立前党对文化工作的领导》,中共中央党校硕士学位论文,1989 年,第 8 页。

⑤ 万姓同志,有些让人疑心为戴平万,因为 5 人中并无我们社成员。虽然我们社也是在 5 月(或稍前)建立,和文化党团的建立不知孰先孰后,但即便当时我们社尚未成立,戴平万也具有潮汕地区流亡党员文人的代表性。

中共也注意到了文化领导机关中代表比例的均衡。

约两个月后,即 1928 年 7 月初(或稍早),文化党团组织创建了"文化工作者支部"。① 该支部的第一次报告,详细记录了全部支部成员的分组和名单:

1. 本支部同学共二十一人,分四小组,每组同学姓名及组长开列于下:

第一组,组长　李民治

李民治,欧阳继修,富(傅)克兴,潘梓年,章进,潘汉年。

第二组,组长　洪灵菲

洪灵菲,杜国庠,戴平万,李春锋,秦梦青。

第三组,组长　杨邨人

杨邨人,楼建南,蒋先(光)赤,严启文,范香谷。

第四组,组长　侯鲁司(侯鲁史)

侯鲁史,钱杏邨,孟超,陈莫归,徐承杰(迅雷)。

2. 干事名单:

(书记)潘汉年,孟超,李民治。②

其中 4 位成员——章进、李春锋、秦梦青、陈莫归,因为未见有作品或事迹流传,暂时难以断定身份。③ 除掉他们不列入统计,第一组除了潘梓年不能确

---

① 时间据《江苏革命历史文件汇集》所载档案文件推定。《江苏革命历史文件汇集》标示此条档案文件名为"上海文化工作者支部第一次报告",其中"上海"二字很可能为编者所加,因为当时或稍后,中共的文化机构很少有以"上海"为组织单元的,故本文只称"文化工作者支部"。根据四个小组的第一次会议发生于 7 月 4 日至 5 日,推断支部的成立在 7 月初或稍前。该文件时间编者断定为 1928 年 11 月 8 日,亦有问题。按照文件内容,7 月 9 日的干事会尚未召开,故文件日期应在 1928 年 7 月 5 日晚至 7 月 8 日。11 月 8 日不知何据,或为归档日期。负责创建此文化工作者支部的机构,应系刚成立不久的文化党团。

② 《上海文化工作者支部第一次报告》,中央档案馆、江苏省档案馆编:《江苏革命历史文件汇集(上海市委文件)》(1927 年 3 月—1934 年 11 月),1988 年 4 月,第 13 页。傅克兴、蒋光赤、侯鲁史三人姓名处的括号为引者勘误所加,其余为原有。后一个"侯鲁史"原文与前一个同,由笔者径改。

③ 章进可能是编有《联俄与仇俄问题讨论集》(北新书局 1927 年版)的燕京大学中共党员学生,1928 年 2 月至 4 月任中共北京市委宣传秘书。参见中共北京市委组织部等编:《中国共产党北京市组织史资料:1921—1987》,人民出版社 1992 年版,第 69 页。或许他在 1928 年 4 月后来到了上海。

定,全是创造社成员;第二组全是我们社成员;第三组除了范香谷是《泰东月刊》编辑,全是太阳社成员①;第四组除了侯鲁史不能确定,也全是太阳社成员。②

以上文化工作者支部,囊括了当时大多数在上海从事左翼文学运动的党员作家。分组基本上依据既有社团,创造社一组、我们社一组、太阳社两组,则兼顾了管理的可行性。费心建立这一支部,中共加强对文学家引导的意图十分明显。支部还规定:"每组准每周开会一次,干事会派人参加。干事会每周开会一次,请省委派人参加。组长联席会议每两周开会一次,由支部书记召集。"③在当时的现实情况下,每周一次的活动频率,对于文学家来说可谓较高。而从对会员、组长和干事全做了独立的开会要求中,也可以看出中共正试图以前所未有的力度加强对党员文学家的领导,以消弭他们之间的矛盾,增强凝聚力。此一举措应该和以任弼时为代表的留守中央的较开放举措有直接关系。但主要的推动和操作者,当系时任江苏省委临时代理书记李富春和文化党团书记潘汉年。④

文化工作者支部,与5月成立的文化党团相比,一为党支部,一为负有领导职能的党的机关,性质不同,但统合党员文人的功能相似,都显示出中共在文艺政策上的重要调整。而党团委员和党支部干事,也有三名成员的重叠,为避免政令多出,文化党团和文化工作者支部干事会,或许是一体化的关系。

中国共产党虽然在文化组织工作上花费了一番功夫,但考察中共上海闸北区的组织史料,发现文化工作者支部并没能实现有效运转,甚至寿命几何都大成疑问。这也许可归因于,中共当时其实仍把绝大多数精力倾注于军事和政治工作,而党内政策变动又十分频繁。

---

① 《泰东月刊》曾大量发表太阳社成员文章,与太阳社关系很深,这或许和范香谷有关。范香谷很可能当时也加入了太阳社,他于1929年加入托派,详细的生平信息不详。

② 侯鲁史,广东澄海人,主要从事左翼戏剧和电影运动,后加入左翼戏剧家联盟,任组织干事,曾任联华影业公司经理。

③ 《上海文化工作者支部第一次报告》,中央档案馆、江苏省档案馆编:《江苏革命历史文件汇集(上海市委文件)》(1927年3月—1934年11月),1988年4月,第13—14页。

④ 何炎牛也表示是江苏省委宣传部长李富春经过法南区委联系上潘汉年,嘱其在省委宣传领导下成立了文化党团。但当时李富春是江苏省委代理书记,并非宣传部长。何炎牛:《从"小伙计"到担任"文委"书记的潘汉年》,《上海党史》1989年第8期,第28页。

三、上海闸北区早期知识分子支部变迁考辨

据 1928 年 8 月的闸北区党支部数据报告,当时闸北区知识分子性质支部仅 3 个,为暨南支部(10 人)、劳大支部(4 人)、尚公支部(6 人)。而且,整个闸北区的中共党员中,知识分子仅 20 人,占比为 8％,相较同时期上海其他区的数据,比如法南区的 78 人(占比 20％),吴淞区的 79 人(占比 33％),数值要低很多,不太符合闸北区知识分子党员大量集中的状况。另外,闸北区当时计有 30 个支部,也并无名称为"街道"或"文化"的支部。① 三个知识分子支部,成员均来自学校——暨南大学、劳动大学和尚公学校(小学),当系大学生和教工,并无太阳社和创造社等文学组织的支部。而闸北区委 9 月的报告也显示,闸北区一共有 30 个支部,数量未变。暨南、劳大、尚公,这 3 个知识分子支部也仍在,人数未变。② 其中劳大支部显示上月人数为 3 人,则可知数据的统计时间和 8 月报告相同,很可能为 8 月或 7 月。如此来看,9 月报告似也没有把太阳社和创造社涵盖在内。但是,9 月报告的表格并未给每个支部标注性质,而在文字表述部分则指出:"对于知识分子支部,第二、暨南、尚公、劳大支部,小资产阶级的色彩非常浓厚,区委应加以严厉的纪律,督促其工作。"③可知,第二支部也是知识分子支部,查表格,第二支部"本月"有 20 人,"上月"有 22 人,有

---

① 《上海市及南京市各区支部统计表》,中央档案馆、江苏省档案馆编:《江苏革命历史文件汇集(省委文件)》(1929 年 3 月—5 月),1984 年 11 月,第 194—212 页。按,此文件时间编者判定为 1929 年 3 月,但统计表显示闸北区数据是根据 1928 年 8 月的报告得出的。闸北区知识分子党员占比原文为 13.5％,系计算错误。不过即便计算正确,也无参考价值,因为此表把闸北区一个 20 人的知识分子支部错误统计成了工人支部(详见下文论述)。更准确的数值,是 16％。与其他区相比,闸北区知识分子党员数量并不多,之所以最常被人提及且影响力最大,是因为上海的知识分子支部大多是学生和教工支部,而闸北区所集中的是能够进行文学或理论创作的知识分子,即所谓"公共知识分子"。本文所讨论的知识分子支部,主要指的也是这类公共知识分子所属支部。

② 《闸北区委工作报告与工作计划》,中央档案馆、江苏省档案馆编:《江苏革命历史文件汇集(上海各区委文件)》(1928 年 3 月—1929 年 4 月),1989 年 9 月,第 374—375 页。

③ 《闸北区委工作报告与工作计划》,中央档案馆、江苏省档案馆编:《江苏革命历史文件汇集(上海各区委文件)》(1928 年 3 月—1929 年 4 月),1989 年 9 月,第 387 页。

干事会,说明文字为"小组会能开,但不能都到"①;再检视 8 月报告的数据,第二支部为 20 人,有干事会,备注文字为"小组能开会,不能都到"②。可知二者必系同一支部。因而 8 月报告的表格标示第二支部 20 名成员,全是工人,为标记错误。③

而根据时间、支部人数来判断,这个第二支部,极有可能就是文化工作者支部。到了 10 月,情况又发生了变化。据闸北区委 10 月的工作报告,这个小资产阶级色彩"非常浓厚"的第二支部,被解散了:"第二支部在上月本来有二十二人,因为他们的生活的关系,开会不能都到,因此第二支部分别编入其他组织。不过,因为他们生活的浪漫与住址的调换,一部分已有组织,而其他一部分尚在与区委直接发生关系。"④同时被解散的还有只有 5 名工人、无干事会的第一支部,解散后合并成立了新的第一支部,拥有干事会,也能召开支部会。对于新的第一支部,表格"说明"栏填写:"第二支解散后成立的。"而其他新成立的支部则仅填写:"新成立的。"⑤则似乎表明第一支部和原第二支部有较直接的继承关系,再考虑到新的支部表格中非工人支部并没有几个,且成员数均不多,不太可能容纳较多分流出来的原第二支部成员,则这个没有标示人数

---

① 《闸北区委工作报告与工作计划》,中央档案馆、江苏省档案馆编:《江苏革命历史文件汇集(上海各区委文件)》(1928 年 3 月—1929 年 4 月),1989 年 9 月,第 374 页。

② 《上海市及南京市各区支部统计表》,中央档案馆、江苏省档案馆编:《江苏革命历史文件汇集(省委文件)》(1929 年 3 月—5 月),1984 年 11 月,第 205 页。

③ 9 月报告的表格中有两个"第二"支部,经复核 8 月报告,可知第二个"第二"系"第三"之误。参见《闸北区委工作报告与工作计划》,中央档案馆、江苏省档案馆编:《江苏革命历史文件汇集(上海各区委文件)》(1928 年 3 月—1929 年 4 月),1989 年 9 月,第 375 页;《上海市及南京市各区支部统计表》,中央档案馆、江苏省档案馆编:《江苏革命历史文件汇集(省委文件)》(1929 年 3 月—5 月),1984 年 11 月,第 207 页。

④ 《闸北区委十月份工作报告——党的组织工作与宣传工作情况》,中央档案馆、江苏省档案馆编:《江苏革命历史文件汇集(上海各区委文件)》(1928 年 3 月—1929 年 4 月),1989 年 9 月,第 404—405 页。

⑤ 《闸北区委十月份工作报告——党的组织工作与宣传工作情况》,中央档案馆、江苏省档案馆编:《江苏革命历史文件汇集(上海各区委文件)》(1928 年 3 月—1929 年 4 月),1989 年 9 月,第 401—403 页。

（仅标示有女成员 1 名①）的第一支部，很可能较多地接受了原第二支部的成员。由此大致可以推断，原第二支部成员多数重新编入新的第一支部，其余加入了其他支部，或暂时还未归入支部。而第一支部此时便成了闸北区最大的知识分子支部。

至此似乎可以做一推断：除非 1928 年 7 月成立的文化工作者支部脱离了闸北区委，直接归属江苏省委管辖，则闸北区原第二支部和新第一支部，必定是太阳社、我们社和创造社中多数党员所属支部。那么，文化工作者支部是脱离了闸北区委的管辖吗？因文化工作者支部系省委宣传部直辖的文化党团创建，此一可能性很大。但问题的关键还在于：倘若脱离了闸北区委管辖，那么脱离了多久？

1928 年 11 月，李维汉受中共中央之命开始巡视上海各区委及基层支部，留下了数十万字的巡视日记，其中也包含了一些与文化活动有关的内容。1928 年 12 月至 1929 年 1 月，李维汉曾和闸北区"书组"（书记和组织干事）谈话，据谈话记录，当时闸北区起码包含 4 个知识分子支部，分别为"第一智支（无职业者）、第二智支（广东来的）、第三智支（反日）、第四智支（创造社）"②，则可知创造社所属支部仍然归闸北区委管辖。但其中并未提到太阳社和我们社。1928 年 12 月 18 日举行的闸北区宣委会议则透露，闸北区其实包含 5 个知识分子支部，闸北区常委决定："将五个智识分子（支部）取消合编一个支部，从中选几个积极分子参加支部，强健支部干事会，使干事会负起责任，同时将区宣委解散，宣委工作交整个支部做。"③这一决策，与 7 月文化工作者支部的

---

① 据笔者见到的材料，当时闸北区知识分子支部中女性较少，仅见曾有 3 名女性在太阳社所属小组活动，为胡毓秀、王鸣皋和孟超夫人凌俊琪。参见楼适夷：《我在"左联"的活动》，《文教资料简报》1980 年第 4 期，第 32—33 页。按，楼适夷该文中将胡毓秀写作胡毓华，误。另参见王鸣皋：《大革命时期第一代女兵的战斗生活回顾》，中国人民政治协商会议江苏省淮阴县委员会文史资料研究委员会编：《淮阴文史资料》（第 2 辑），1988 年 3 月，第 26—27 页。夏衍：《懒寻旧梦录》，生活·读书·新知三联书店 2006 年版，第 85 页。此处标示有一名女性党员，可作支部包含太阳社党员的稀有力量的旁证。

② 《与闸北区书组谈话》，中央档案馆、江苏省档案馆编：《江苏革命历史文件汇集（省委文件）》（1928 年 2 月—1929 年 2 月），1985 年 4 月，第 91 页。时间据陈德辉任区委书记的线索推断。

③ 《闸北区宣委会议》，中央档案馆、江苏省档案馆编：《江苏革命历史文件汇集（省委文件）》（1928 年 2 月—1929 年 2 月），1985 年 4 月，第 135 页。括号勘误为引者所加。

建立,思路大体一致。

但李维汉在会议上表态:"我不赞成把智识分子笼统编一支,如晓山及创造社各有近十个同志,应各单独编一支,其余流动分子可合一支部。"①"晓山"指"晓山书店",是我们社的出版机关。我们社和太阳社虽有区别,但关系十分密切,我们社主力如林伯修(杜国庠)、洪灵菲、戴平万,都加入过太阳社,加上仅我们社的党员不太可能有近10人,因此"晓山"应该包括太阳社在内。而其时创造社内部的党员,若不包括文化工作者支部中的成员,也不可能达到10人。晓山和创造社的党员,加起来约20人,也和此前闸北区第二支部人数相当,那么可以推定:闸北区第二支部主体重新编入第一支部后,第一支部结合其他知识分子支部,不久后又改组建立了5个知识分子支部,命名分别为"第一"至"第五"。而文化工作者支部的成员,即便当时曾脱离闸北区委管辖,也很快就又复归闸北区委管辖,编为第二支部(或文化工作者支部本身就又名第二支部)。

李维汉的意见后来获得采纳,在他12月23日所做调查记录中,有如下记载:"此外第一、第二、第三、第四、第五等五个智识分子支部,除宣传×二支及创造社、晓山二支保有外,余解散合编一支部。"②但这句表述颇含歧义:若真是"宣传×二支"和"创造社、晓山二支"都保有,就只剩下一支了,一支又谈何"解散合编"? 所谓"宣传×二支"也不知详情,看名称可能是区委宣传系统支部。李维汉在和闸北区"书组"的谈话记录中,曾提到"宣委即第一支,无工人",则可知"第一智支"应该就是宣委支部。宣委成员多系职业革命家,当然是"无职业者"。③ 此"宣传×"支部也应当就是"第一智支"。"宣传×二支"中的"二支",很可能指第一知识分子支部,包含两个支分部,也有较小可能是衍文。而问题仍存:创造社和晓山是合属一支,还是各为一支呢? 不论前一"二支"指"二支分部"还是为衍文,二者似都应合属一支。但也有可能后一"二支"指的

---

① 《闸北区宣委会议》,中央档案馆、江苏省档案馆编:《江苏革命历史文件汇集(省委文件)》(1928年2月—1929年2月),1985年4月,第136页。

② 《闸北几个支部的调查》,中央档案馆、江苏省档案馆编:《江苏革命历史文件汇集(省委文件)》(1928年2月—1929年2月),1985年4月,第142页。

③ 《与闸北区书组谈话》,中央档案馆、江苏省档案馆编:《江苏革命历史文件汇集(省委文件)》(1928年2月—1929年2月),1985年4月,第91页。

就是创造社和晓山"二个支部"。比如有可能晓山就是"第二智支",该支部为"广东来的",符合我们社成员基本来自潮汕地区的状况,而太阳社主力之一杨邨人也是广东来的。当然,这一推断缺乏更有力证据。但不管晓山是否属"第二智支",创造社和晓山在李维汉调查时即应本属两支,只不过这里的"两支"更大可能是同一支部的两个分支,因为若考虑到李维汉曾表述"应各单独编一支",则可知当时创造社和晓山还不是"单独编一支",所以二者同属一支但各为支分部的可能更大。① 李维汉这句表述,意思应该是:五个知识分子支部,除了第一知识分子支部(含二分支)和第四知识分子支部(含创造社与晓山二分支),均解散合编为一个支部。现在尚不清楚第四知识分子支部保留后,创造社和晓山是否各自立即就编为独立支部,不过可以确定的是,不久后,创造社和晓山便各自独立了——显然,这体现了李维汉的意见。和闸北区委"合"的思路不同,李维汉倾向于"分",尤其是对实力较强的文学家党员支部,李维汉反对将它们"笼统"合并。如果说"合"是为了便于管理与集中力量,"分"则可能是基于对知识分子支部独特性的考量。

据 1929 年 4 月 10 日的《闸北区支部状况统计表》,此时有 5 个知识分子性质的支部,分别为:创造社支部(6 人)、晓山书店支部(9 人)、时代支部(8人)、尚公支部(5 人)和流动支部(20 人)。暨南支部(8 人)和劳大支部(5 人)

---

① 1927 年 6 月通过的《中国共产党修正章程》规定:"在多量党员产业生产部门中,可组织支分部,支分部亦可组织干事会,不能组织支分部之党员多的支部,得组织小组,支分部之下亦得组织小组。"参见《中国共产党第三次修正章程决案》,中央档案馆编:《中共中央文件选集》(第 3 册),中共中央党校出版社 1989 年版,第 150 页。结合考虑对支分部并无其他条款加以规定,则可知,支分部之设,基本上限定于人数多的产业工人支部。但到了 1927 年 12 月,支分部的设立标准便被放宽,街道支部亦可设立:"街道支部有零星分子六人以上时得分小组,一街道中有同业或同商店同作坊之同志三人以上时得分组支分部,党的组织系统仍受街道支部管理。"参见《中央通告第十七号——关于党的组织工作》,中央档案馆编:《中共中央文件选集》(第 3 册),中共中央党校出版社 1989 年版,第 539 页。而到了 1928 年 5 月,为防止党的机关和组织被轻易破获,规定"以后凡超过五人以上的支部必须按职业或工作部门分成支分部",分别秘密活动。参见《中央通告第四十七号——关于在白色恐怖下党组织的整顿、发展和秘密工作》,中央档案馆编:《中共中央文件选集》(第 4 册),中共中央党校出版社 1989年版,第 203 页。由此可推论:一,支分部的分类依据主要为"同业",因此根据文学社团来划分支分部完全可能;二,我们社恰好在 1928 年 5 月成立,且内部党员数量不少,党在其中设立支分部的可能极大。

仍然存在,但支部性质定为"学校"。在创造社支部的"领导作用"栏中,填写"文化党团颇起作用"。[①] 此文化党团,显然就是 1928 年 5 月成立的"文化党团"。这一文化党团,同时还负责太阳社和我们社(多半还有其他文化团体),中共将这些社团作为一个整体设置了党团。因为后二者就性质而言,仍然是群众团体,按规定应在其中设立党团。若联想到文化党团的成立,源于中共组织协调主力成员尚非党员的创造社和太阳社的论争,则其成立的原因便十分显豁,其活动的主要范围也必是在非党员成员较多的创造社内。

另外值得注意的是,此表显示闸北区开始有了"街道支",仅 1 个,成员3 人。但是,到了 1929 年 5 月,据《闸北区支部情况统计表》,闸北区街道支部的规模获得极大发展,已经有 5 个街道支部,16 名成员。而这些成员,"全是智识分子"。[②] 而据同属 1929 年 5 月的《闸北区支部状况统计表》,闸北区有学校成分支部 3 个,文化成分支部 3 个,街道成分支部 3 个。两组表格"街道"支部数目出现差异的原因主要是,前者的"街道"指的是名称,而后者的"街道"指的是"成分"。故而,文化"成分"的支部也完全可能名称就叫街道支部。实际上也正是如此,闸北区后来成立的多个街道支部,都是"文化"支部。

四、知识分子支部向街道支部的转变

中共在上海的支部划分方式,最初多依据产业、手工业、学校、文化等行业差异,较少依据街道这种地域差异。但是到了 1929 年,情况开始发生较显著变化,街道支部获得较大发展。这一趋势,从属于中共为改变偏重军事斗争而忽略群众动员,以致屡屡失败的城市暴动工作方针而做的

---

① 《闸北区支部状况统计表》,中央档案馆、江苏省档案馆编:《江苏革命历史文件汇集(上海各区委文件)》(1928 年 3 月—1929 年 4 月),1989 年 9 月,第 410 页。

② 《闸北区支部情况统计表》,中央档案馆、江苏省档案馆编:《江苏革命历史文件汇集(省委文件)》(1929 年 3 月—5 月),1984 年 11 月,第 644 页。

组织准备。① 因为街道支部成员多系店员、手工业者、知识分子等小资产阶级②,这一变动自然源自于中共留守中央对小资产阶级革命潜能的重视。③

所谓"支部",据 1929 年 3 月通过(4 月修正)的江苏省委关于组织问题的文件的说法:"支部是党在群众中的核心,是党的政治达到群众的枢纽。"④这里的关键概念是"群众",强调的是支部动员群众的功能。文件同时强调:"城市上店员、手工业工人支部应有相当的街道支部作用,这对于群众政治斗争及将来武装暴动夺取政权时,市民会议、区民会议的准备是基本工作。"⑤显然,街道支部在先进性上虽然比不上无产阶级的产业支部,但不仅在动员群众斗争上有重要意义,而且也是暴动成功后组织新政权的重要力量——尤其是在中国产业工人数量本来就不多的客观条件之下⑥。1929 年 4 月,江苏省委写给江阴县委的信件也格外强调:"城市是党的中心工作所在地,党应尽可能的从速进行建立产业支部、街道支部、运队支〈部〉,这些支部是党的基础,党如没有这

---

① 约 1929 年年初,中共中央曾给广东省委去信(粤字四十号),格外强调了街道支部的重要性,甚至要求(应该是在某些情况下)"取消职业支部而成立街道支部的职业小组"。举措因过于激进,在广东省委中引起争议。参见《中共广东省委给中央的报告——对中央四十号信的两点意见》,中央档案馆、广东省档案馆编:《广东革命历史文件汇集(中共广东省委文件):一九二九年(一)》,1982 年 11 月,第 71—72 页。

② 1928 年 7 月中共广东省委通告中也强调:"街道支部同志之主要的成分,应当是店员与一部分小手工人。"参见《中共广东省委通告(第十五号)——关于支部之组织与支部开会方法》,中央档案馆、广东省档案馆编:《广东革命历史文件汇集(中共广东省委文件):一九二八年(四)》,1982 年 11 月,第 2 页。

③ 关于中共中央此时对小资产阶级评价的改观,参见拙著《政治与文学的变奏:中国左翼作家联盟组织史考论》"结语"相关论述,三联书店(香港)有限公司 2017 年版。

④ 《江苏省委扩大会议组织问题决议案提纲说明书》,中央档案馆、江苏省档案馆编:《江苏革命历史文件汇集(省委文件)》(1929 年 3 月—5 月),1984 年 11 月,第 415 页。

⑤ 《江苏省委扩大会议组织问题决议案提纲说明书》,中央档案馆、江苏省档案馆编:《江苏革命历史文件汇集(省委文件)》(1929 年 3 月—5 月),1984 年 11 月,第 407 页。

⑥ 邓中夏在总结广州暴动失败的原因时,便格外指出了这一点,他认为失败的一个原因便是"没有适于发动群众的灵便组织":"广州产业工人数量本来就不多……党没有采用街道支部的形式,来集中这些散乱的手工业和店员群众。"《邓中夏〈广州暴动与中国共产党的策略〉》,中央档案馆、广东省档案馆编:《广东革命历史文件汇集(中共广东省委文件):一九二九年(三)》,1982 年 11 月,第 479 页。

些支部,党就等于没有工作。"①

不过江苏省委关于组织问题的文件也强调:"但机械的将店员、手工业工人编成街道支部,必然失掉群众的核心作用。因此在组织上只能接近街道支部,即除手工业作坊、大商店可以单独组织支部外,其余仍以业为中心,组织支部干事会,再分区组织支分部,下按街道关系更分小组。支分部和小组所在地,不能编成支部的街道同志可以编入这支分部或小组。在上海,店员、手工业支部之指导属于中心区(该业之中心),但支分部或小组可与所在区委发生工作关系。"②虽然强调的是街道支部的弊端(可能越俎代庖取代"群众的核心作用"),而强调仍应以行业(经济关系)为组织中心,但在实际操作上,起领导作用的行业中心支部,下属各支分部和小组,仍然是以地域(区、街道)为组织原则。于此不难看出,文件之主旨还在于强调街道支部的重要性,对其弊端的强调不过是阶级革命理论的惯性延伸。

店员和手工业工人,均非无产阶级。在当时的中共话语体系中,手工业工人或店员,常常和产业工人、知识分子并列为党员成分的三种最常见分类。比如1927年4月的《上海市国民运动报告》,在征求党员的对象上,便分类为:学生和教职员,店员和商人,工人。③ 李维汉的巡视记录,也显示闸北区委召集支部书记会议,分为产业、手工业和知识分子三批("产、手、智")。④ 中共一方面

---

① 《江苏省委给江阴县委的信——指出过去工作错误与对今后工作的指示》,中央档案馆、江苏省档案馆编:《江苏革命历史文件汇集(省委文件)》(1929年3月—5月),1984年11月,第337—338页。其实还在1928年5月,中共党内普遍轻视小资产阶级革命潜能的时候,中共广东省委就根据暴动的实际情况,对海口市委指示了街道支部的重要功能:"发展赤卫队之组织,亦不是如招兵一样,只是找几个招兵委员负责,而要每个街道支部做中心,发展该街道及其周围的赤卫队,只要有武器或者无武器而勇敢的分子,都应使其加入赤卫队来,做成暴动有组织的群众。"《中共广东省委致海口市委信(海口第一号)——关于琼崖总暴动问题》,中央档案馆、广东省档案馆编:《广东革命历史文件汇集(中共广东省委文件):一九二八年(三)》,1982年11月,第36页。

② 《江苏省扩大会议组织问题决议案提纲说明书》,中央档案馆、江苏省档案馆编:《江苏革命历史文件汇集(省委文件)》(1929年3月—5月),1984年11月,第407—408页。

③ 《上海市国民运动报告》,中央档案馆、江苏省档案馆编:《江苏革命历史文件汇集(上海市委文件)》(1927年3月—1934年11月),1988年4月,第4—5页。

④ 《与闸北区书组谈话》,中央档案馆、江苏省档案馆编:《江苏革命历史文件汇集(省委文件)》(1928年2月—1929年2月),1985年4月,第91—92页。

号召根据情况将店员和手工业工人编为街道支部或编入街道小组,另一方面又强调他们不可偏离行业中心组织的领导,其实体现了当时的革命策略,内含离心和向心两种路径。离心即向外辐射到街道,向心即向内聚合至行业中心。这体现了中共对于店员和手工业工人这些小有产者,既利用其潜能,又掌握领导权的意图。具体到支部建设上来,街道支部主要处理的是暴动中和暴动后小有产者的功能和作用问题(比如巷战势必需要街道居民支持,而街道支部才能更好地起到领导作用;暴动成功后,苏维埃的组织也需要街道支部广泛动员),而行业中心支部处理的则是阶级革命的方针政策等领导权问题。

而知识分子虽然与店员和手工业工人有不小差别,但同样属于小资产阶级,在阶级革命中的地位和功能相似。明乎此,知识分子性质的街道支部在此时集中建立,便可以找到恰当的解释。对店员和手工业工人的工作思路,必然也是中共其时对知识分子的工作思路。于是可以判断,约从 1929 年 4 月开始,中共开始了较大规模的转变原有知识分子支部为街道支部的工作。5 月统计数据中出现的闸北区 5 组街道支部、16 名知识分子成员,正是这一过程正式开始的标志。而同期《闸北区支部状况统计表》中载明 3 个街道支部、3 个知识分子支部,则恰好体现了这一过程开始阶段新旧支部混杂的样态。

1929 年年底出任闸北区委书记的黄理文,回忆当时闸北区的街道支部情况如下:

> 外地来的同志集中在街道支部。街道支部有三个:横浜桥以北划为第一街道支部,支部书记是黄静汶;横浜桥以东划为第二街道支部,支部书记是黄耀(广东人);苏怡、俞怀曾任过第三街道支部书记。彭述之在第三街道支部。①

此一回忆似未能注意到街道支部所应具备的独特功能,相关史实也不准确,比如黄耀应是第三街道支部的书记,而彭述之所在应是第二街道支部。"外地来的同志集中在街道支部"的表述,也容易让人误以为街道支部仅仅是外来党员支部。1929 年下半年,中共开始了在党内大规模肃清托洛茨基反对派的行动。1929 年 12 月,江苏省委对全党公示开除了 8 名托派反对派,其中

---

① 黄理文:《一九三○年江苏省委和闸北区委的一些情况》,《党史资料丛刊》1981 年第 3 辑,第 22 页。

郑超麟、李季、杜琳3人系由"闸北区第二街道支部"一致通过开除党籍。① 据郑超麟回忆,他和另一名先期被开除的党员汪泽楷在同一个支部活动,所在支部书记为杨贤江。② 据较深入介入了闸北区委反对托派反对派活动的李初梨回忆,郑超麟、汪泽楷、彭述之、陈独秀等人都在闸北区委第四支部活动,李初梨本人也加入了第四支部③,则系记错了支部名称,但可以证明彭述之和郑超麟在同一支部。于是彭述之应该是在第二街道支部。1930年4月,闸北区委又决议开除了第二街道支部的段浩、朱崇文、刘静贞等3名托派反对派。④ 而闸北区委第三街道支部,此时也提交了开除"取消派"文人余慕陶党籍的报告,并获区委批准。⑤ 时任第三街道支部书记的黄耀,后来曾回忆:"组织生活刚开始,就和托派头子陈独秀、王独清所派遣的奸细余怀和余慕陶展开不调和的斗争。通过支部大会讨论决定,把余怀和余慕陶开除出党。"⑥但是黄耀并未说自己担任的是第三街道支部书记,而说是"文化支部"书记:

一九二八年,在中共上海闸北区委书记黄理文、组织蔡博生、宣传李初梨等领导下,文化支部由我担任书记,朱镜我担任组织,彭康担任宣传。组织生活以冯乃超、洪灵菲为首,分为若干小组。⑦

---

① 《江苏省委通知第四号——关于开除郑超麟、刘伯庄、尹宽、李季等问题》,中央档案馆、江苏省档案馆编:《江苏革命历史文件汇集(省委文件)》(1927年9月—1934年8月),1987年5月,第162—165页。其他几名被开除的党员,应该也有第二街道支部成员,只是文件未标明。

② 郑超麟:《记汪泽楷》,《郑超麟回忆录》(下),东方出版社2004年版,第175—176页。

③ 李初梨:《六届四中全会前后纪事》,中央档案馆、中共中央党史研究室编:《中共党史资料》(第73辑),中共党史出版社2000年版,第44页。李初梨在"第四支部"参加活动的情况,可以在郑超麟回忆中得到印证,故而较为可信。参见郑超麟:《左派反对派》,《郑超麟回忆录》(上),东方出版社2004年版,第334页。

④ 《闸北区委开除段浩、朱崇文、刘静贞党籍决议》,中央档案馆、江苏省档案馆编:《江苏革命历史文件汇集(省委文件)》(1927年9月—1934年8月),1987年5月,第240页。

⑤ 《江苏省总行委通知第二十号》,中央档案馆、江苏省档案馆编:《江苏革命历史文件汇集(省委文件)》(1927年9月—1934年8月),1987年5月,第237—240页。

⑥ 黄耀:《关于上海闸北区文化支部》,《左联回忆录》编辑组编:《左联回忆录》(上),中国社会科学出版社1982年版,第68页。按,余怀应该就是俞怀(笔名莞尔、苑尔,曾参加左联成立大会),起码在当时并非托派,也没有被开除出党,此处系误记。

⑦ 黄耀:《关于上海闸北区文化支部》,《左联回忆录》编辑组编:《左联回忆录》(上),中国社会科学出版社1982年版,第68页。

这段话开头就写错了时间。根据黄耀回忆的支部活动,可确定此"文化支部"就是第三街道支部。再据前文所述闸北区知识分子支部的演变,第三街道支部的产生肯定要在 1929 年 4 月之后,不可能在 1928 年。而黄理文也是 1929 年年底才开始担任闸北区委书记。黄耀还回忆,曾参加 1929 年"五一"前后的支部活动,则其开始担任支部书记,或就在此时。据黄耀回忆,支部成员包括夏衍、李一氓、冯乃超、杜国庠、王学文、朱镜我、彭康、洪灵菲、戴平万、孟超、王任叔、杨贤江、许杰、沈起予、蔡叔厚、舒怡等。可见主力也仍然是创造社、太阳社和我们社成员。加上黄耀,起码就已经有 17 人之多了,亦可见,不论是第二街道支部还是第三街道支部,党员人数都不少,而且许多都是大革命之后即来到或返回上海的党员,不宜简单表述为外来党员支部。同时不难推知,独立存在不久的创造社支部和晓山书店支部,在 1929 年 4 月至 5 月,主体便被合编为第三街道支部了。

黄耀对时间的回忆错误,其实饶有意味。在此,他和夏衍、阳翰笙、钱杏邨等左翼文人回忆的时间轨迹基本吻合,看似足以相互印证,实则全都出错。鉴于关于文化支部的回忆大体来自左翼文人,黄耀的回忆多半是受到了误导。

黄耀不说第三街道支部,而只说"文化支部",可能也是受到了左翼文人回忆的影响。其实,支部的正式名称为第三街道支部,"文化"只是标示支部属性的一种分类标签,可以泛化使用,本非由第三街道支部独享。① 只不过,该支部因为文学家集中,很可能确实逐渐被许多人改称"文化支部"。

---

① 多位当事的左翼文人,如冯雪峰、冯乃超,都表示不能记起存在"文化支部",根源或即在此。参见冯雪峰:《同 28 年至 36 年之间上海左翼文艺运动中两条路线的斗争有关的一些零碎的参考资料》,《鲁迅及三十年代文艺问题》,甘肃师范大学中文系现代文学教研组翻印,1978 年 4 月,第 6 页。冯乃超:《革命文学论争·鲁迅·左翼作家联盟——我的一些回忆》,《新文学史料》1986 年第 3 期,第 28 页。夏衍在回忆中用到了"一般所说的'文化支部'"的措辞,可见同样记不起。参见夏衍:《懒寻旧梦录》,生活·读书·新知三联书店 2006 年版,第 94 页。

五、结　语

据以上论证,可进一步总结引申,得出如下结论。

第一,因为夏衍和阳翰笙等人的回忆在时间上出现失误或语焉不详,大量后出的当事人回忆录和研究资料,都习焉不察地把 1927 年国民革命后在上海闸北区过组织生活的文人所在支部,称作第三街道支部,因此导致许多错误。比如,认为后期创造社新进成员入党后即被编入闸北区第三街道支部,认为"春野支部"属于第三街道支部,等等。实际上,第三街道支部迟至约 1929 年 4 月才成立。

第二,阳翰笙回忆说,闸北区第三街道支部,后来改为文化支部,由区委转省委直接领导。这一说法目前已被广泛接受,但因为他没有提供明确的时间线索,后世根据回忆文字的前后语境,普遍认定这一过程发生于 1928 年,于是对中共的文化政策形成过程产生误判。其实由区委转省委领导,若确实存在,应该是发生于 1929 年年底筹建左联之时。创造社和太阳社、我们社的党员文人,在 1929 年年底之前,多数都仍然是在闸北区委的领导下工作。第三街道支部改为文化支部的说法目前也缺少直接证据,应该只是在某些场合曾被称作"文化支部"。筹建左联的主力,基本来自闸北区第三街道支部。

第三,有些学者注意到 1928 年 5 月文化党团和 1928 年 7 月文化工作者支部的成立,并由此认为 1928 年中共已经开始对文化领域的积极领导。其实文化党团在左联筹建前,一直未见有积极的行动,而文化工作者支部极有可能很快就被解散,重新编为闸北区第二支部,两个月后又因小资产阶级色彩浓厚等原因被解散重组。但文化党团一直坚持活动,也取得一定成效。其一开始就由江苏省委宣传部管辖,后来归于中宣部管理或受中宣部指导,一直作为文化领导机关而存在,成员也时有变动。[①] 文委最初的基本构成人员,应该来自文化党团。当文委成立后,文化党团直辖于文委,代表文委在文学社团内活动。推断当左联成立,创造社、太阳社和我们社彻底停止活动之后,统一的文

---

① 文化党团在 1928 年 5 月之后的发展,可参见拙著《政治与文学的变奏:中国左翼作家联盟组织史考论》第四章第一节相关论述。

化党团解散,其主体并入左联党团。因为文化党团成员多来自创造社、太阳社和我们社所属支部,而阳翰笙应该也曾在文化党团活动,其回忆的"文化支部",极可能混入了对文化党团的记忆。①

第四,太阳社成员常回忆自己拥有独立的党支部"春野支部",但在档案材料中未见确证,存在的可能只是春野支分部,内含两个党小组,而且存在时间也不长。阳翰笙等人回忆太阳社约有两个党小组,并与创造社党小组同属一个支部,更为可信。1928年5月后成立的晓山书店党支部(最初应是支分部),应该就是"春野支部"被取消后,我们社和太阳社的共同支部。根据党员人数更多的太阳社被并入我们社党支部活动,再结合不久前太阳社在和创造社论战后被强迫检讨,可以做一个较大胆的推断:虽然太阳社成员基本上都是党员,且文学实力不俗,但该社从一开始就未获足够重视,在我们社成立之后就更是逐渐被边缘化了。我们社和创造社,尤其是主力新成员纷纷入了党的创造社,才是中共更信赖和倚重的文学社团。②

(原载《文学评论》2017年第5期)

---

① 较普遍地出现混淆党团和支部的情况,是因为许多人不能了解文化党团之"党团"的特定含义,甚至许多当事人都对此不甚明了。

② 一个有意味的细节差异是,冯乃超多次忆及,李立三连续派出其中宣部得力干将潘东周和吴黎平指导创造社工作,筹建左联时,"我们跟李立三接触较多,他多次找我们在机关见面"。而实际主持太阳社的钱杏邨回忆:"到上海后,单独见李立三的机会不多,知道他在中央,有时见也较匆忙,记不得他特别为商谈筹备左联的事找过我。"参见冯乃超:《革命文学论争·鲁迅·左翼作家联盟——我的一些回忆》,《新文学史料》1986年第3期,第25页、第32页。冯乃超:《左联成立前后的一些情况》,李伟江编:《冯乃超研究资料》,陕西人民出版社1992年版,第41页。吴泰昌记述:《阿英忆左联》,《新文学史料》1980年第1期,第16页。按,引文中冯乃超所说的"我们",字面上泛指筹建左联的人员,但征诸语境,当以创造社成员为主。

从田小娥的四副面孔看陈忠实乡土中国叙事的伦理生成

姚晓雷

一

　　毋庸讳言,20世纪以来的中国一直走在由传统社会向现代社会转型的路上。"现代"这一词不仅被用作一个时间概念,更被用作一个价值概念,即所谓的"现代性"。经过启蒙运动以来一代代精英专家学者的探讨和演绎,"现代性"在19世纪到20世纪初期已成为一个以现代理性为核心的宏大话语体系;它所呈现的知识观念和价值标准,也在相当长的时期内成为与中国社会的现代转型伴生的中国新文学的主要诉求。不过,任何事物都在不断的发展变化过程中。20世纪末以来乡土中国的现代转型过程虽还未完成,可经过近百年的实践,人们终于发现了一个谁也无法否认的事实,即我们转型过程中所面临的社会历史文化的复杂性已经远远超出原初的预想,无法再像初期那样只要简单地祭起现代性的理性、人性、自由、公平、正义的口号就可以理所当然地占据伦理的制高点。现代性的每一种价值元素都需要深入拷问,才能行之有效地切入我们社会历史发展的内在肌理。尤其是过去看似天衣无缝的现代性理性范式也遇到了后现代性的挑战等问题,它固然还没有丧失自己的价值自信,但姿态和具体内涵也在不断调整中。20世纪末以来的乡土中国叙事便在这样现代性与后现代性、经典范式和中国本土独特社会实践内容的复杂糅合背景下展开,文学叙事的立场与方法无不受到新背景下遭遇的各种新问题及新方

309

法的影响,折射着我们时代各种复杂的文化信息,反映着我们当下时代的种种冲突和焦虑。著名作家陈忠实的《白鹿原》创作就是如此。

《白鹿原》是陈忠实20世纪末期写的一部描写白鹿村这个渭河平原上的小村子半个多世纪变迁历史的巨著。小说架构宏大,情节复杂,人物纷繁,内容主要讲白鹿村两大家族白家和鹿家近现代以来的历史遭遇,不仅纳入了民国时期、大革命时期、日寇入侵、三年内战、新中国成立初期的一系列外部社会的历史风云,而且纳入了作家对古老土地的本土精神在近现代以来各种文化碰撞挤压下的阵痛与演变的内在思考。陈忠实在《白鹿原》开篇便写下巴尔扎克的一句话:"小说被认为是一个民族的秘史。"他写该书即打算通过对一个地方几十年历史的史诗性描绘,来解读近现代以来乡土中国转型过程的内在轨迹和文化密码。这部小说塑造了一系列栩栩如生的人物形象,如白嘉轩、朱先生、黑娃、鹿子霖、鹿三,等等,田小娥在里边不是最重要的。但相比其他有相对稳定的个性特征以及大致正常的人生轨迹的人物而言,田小娥形象则不断辗转于人、妖、鬼多条命运轨道上,身份和个性充满矛盾,能更集中地折射转型时代各种社会文化理念的内在诉求和矛盾冲突。我们不妨以陈忠实《白鹿原》中的田小娥形象为中心,来窥探新时期以来乡土中国叙事伦理生成的复杂背景及特点,进而对作家的探索经验进行审视。

陈忠实曾专门谈到田小娥形象的创作缘起,说是他基于读到《蓝田县志》的贞妇烈女那部分内容后的一种反向写作,是用今天新的价值视角对过去那些被官方叙述抹杀了自我属性的贞妇烈女形象的重新解读:

> 一部二十多卷的县志,竟然有四五个卷本,用来记录本县有文字记载以来的贞妇烈女的事迹或名字,不仅令我惊讶,更意识到贞节的崇高和沉重。我打开该卷第一页,看到记述着××村××氏,十五六岁出嫁到×家,隔一二年生子,不幸丧夫,抚养孩子成人,侍奉公婆,守节守志,直到终了,族人亲友感念其高风亮节,送烫金大匾牌一副悬挂于门首。整本记载着的不同村庄不同姓氏的榜样妇女,事迹大同小异,宗旨都是坚定不移地守寡,我看过几例之后就了无兴味了。及至后几本,只记着××村××氏,连一句守节守志的事迹也没有,甚至连这位苦守一生活寡的女人的真实名字也没有,我很自然地合上志本推开不看了。就在挪开它的一阵儿,我的心里似乎颤抖了一下,这些女人用她

们活泼的生命，坚守着道德规章里专门给她们设置的"志"和"节"的条律，曾经经历过怎样漫长的残酷的煎熬，才换取了在县志上几厘米长的位置，可悲的是任谁恐怕都难得有读完那几本枯燥姓氏的耐心。我在那一瞬有了一种逆反的心理举动，重新把"贞妇烈女"卷搬到面前，一页一页翻开，读响每一个守贞节女人的复姓姓氏——丈夫姓前本人姓后排成××氏，为她们行一个注目礼，或者说挽歌，如果她们灵息尚存，当会感知一位作家在许多许多年后替她们叹惋。我在密密麻麻的姓氏的阅览过程里头晕眼花，竟然生了一种完全相背乃至恶毒的意念，田小娥的形象就是在这时候浮上我的心里。在彰显封建道德的无以数计的女性榜样的名册里，我首先感到的是最基本的作为女人本性所受到的摧残，便产生了一个纯粹出于人性本能的抗争者叛逆者的人物。这个人物的故事尚无影踪，田小娥的名字也没有设定，但她就在这一瞬跃现在我的心里。我随之想到我在民间听到的不少泼妇淫女的故事和笑话，虽然上不了县志，却以民间传播的形式跟县志上列排的榜样对抗着……这个后来被我取名田小娥的人物，竟然是这样完全始料不及地萌生了。①

二

一旦要用新的价值视角去对过去那些被官方叙述抹杀了自我属性的贞妇烈女进行反向书写，一个问题就很自然地出现了：正如前面我们一开始就提到的，在乡土中国现代转型的百年实践中，新文化的阵营早已不再单纯，非原初意义上的"现代性"可概括，而有了许多不尽一致的社会文化理念的纷争，陈忠实在这里要具体借用其中的哪种文化视角呢？答案其实很简单，陈忠实在这里并非要单纯地借用某一种文化资源，而是要尽可能地化用有助于他的主题呈现的各种新的思想文化资源。正因为如此，田小娥不可避免地成了诸多现代社会文化理念内在诉求的载体。仔细分辨的话不难发现，与不同社会文化理念内在诉求所各自形成的文化身份相对应，田小娥在小说中至少被赋予了

---

① 　陈忠实:《寻找属于自己的句子》(连载一),《小说评论》2007 年第 4 期。

四副面孔。

田小娥在作品中的第一副面孔是被封建宗法社会礼教制度吃掉的善良弱女。田小娥在作品里首次登场,是在 17 岁黑娃到郭举人家做长工时,作为郭举人的小妾露面的。一方面,她本性善良,对她家的长工很友好,吃饭的时候看到饭凉了总要热一热,不让长工们吃凉饭。另一方面,她看似外表光鲜,享受着有吃有穿的生活,但实际上只是封建妻妾制度的牺牲品。她不要说享受到正常的爱情,连做个正常人的资格都没有。在郭举人眼里,她只是个为自己荒唐的返老还童法子服务的工具,郭举人娶她"不是为了睡觉要娃,专意儿是给他泡枣的。每天晚上给女人那个地方塞进去三个干枣儿,浸泡一夜,第二天掏出来淘洗干净,送给郭举人空腹吃下"。① 不只如此,她还受到郭举人大老婆的严格监视和控制,被视作奴仆,"大女人日夜厮守着老头儿,给他扇凉,给他点烟,给他沏茶,陪他说话儿,伴他睡觉。三顿饭由小女人做好,用紫红色的核桃木漆盘端进窑洞,晚上提尿盆,早上倒尿水,都是小女人的功课,除此小女人就没有什么正当理由进入凉爽的窑洞里去了。大老婆给举人订下严格的法纪,每月逢一(初一、十一、二十一)进小女人的厢房去逍遥一回,事完之后必须回到窑洞(平时在厅房)。郭举人身体好,精力充沛,往往感到不大满足,完事以后就等待着想再来一次,厢房窗外就响起大女人关怀至诚的声音:'你不要命了哇?'"②正是旨在维护男性特权的封建妻妾制度,制造了男女之间和妻妾之间的严重不平等地位,田小娥的悲剧也由此拉开了帷幕。田小娥和黑娃偷情被发现后,郭举人将其赶出了家门,也正是封建宗法社会礼教制度的名节观,导致田小娥被看成声名狼藉、人人唾弃的贱货,她的父亲田秀才为此病倒了,"要尽早把这个丧德丢脸的女子打发出门,像用铲锨除拉在庭院里的一泡狗屎一样急切"③。黑娃把她领回家后,哪怕彼此情投意合,却也因为在封建礼教眼光审视下的严重人格污点而无法兼容于自己的宗族,不仅白嘉轩拒绝为他们举行新媳妇进祠堂拜列祖列宗的仪式,便是黑娃的父亲也将之视为自己

---

① 陈忠实:《白鹿原》,人民文学出版社 1993 年版,第 118 页。下引此书均同此版本,不另注。

② 陈忠实:《白鹿原》,第 119 页。

③ 陈忠实:《白鹿原》,第 134 页。

的奇耻大辱，断然把他们赶出了家门，致使他们只好流落到村头一孔破窑洞里寄身，过着低人一头的生活。田小娥最后的死，也是因为黑娃的父亲鹿三容忍不了孤苦无依的田小娥成了他眼里不断勾引良家子弟的祸害，而采取的自以为正义的杀人行为。田小娥的这样一副面孔，承接的是五四新文学中追求的反传统、反礼教的现代性话语传统。我们知道，出于对改造现实、实现社会现代转型的功利性需要以及对此前西方现代性话语里的价值理想的信任，早期新文学作家设置了一个本土传统和以欧美西方社会为依托的外来现代性理想王国的二元对立模式，让本土社会的传统礼教文化充当一个"吃人"的角色，女性尤其作为被封建礼教吃掉的对象，鲁迅《祝福》中的祥林嫂、柔石《二月》里的文嫂、巴金《家》中的梅表姐等一系列女性形象的塑造都是如此；早期新文学作家也通过他们笔下女性被"吃"的叙事来实现反封建的主题。从这一层意义上讲，田小娥的悲剧的确是个封建礼教"吃人"的悲剧。田小娥的这一副面孔，让我们充分看到了其形象生成背后的五四新文学价值背景和内容。

到此为止的话，田小娥的形象尽管还不足以让人完全耳目一新，但若作家沿情节的曲折性和遭遇的复杂性方面多下功夫，也并非不能自出机杼。从陈忠实在小说中表现出的叙事功底来看，他完全具有这方面的出色能力，整部《白鹿原》本就是以故事情节的绵密曲折、环环相扣、层出不穷而高潮迭起。可陈忠实的目的显然不在于此，他并不想重复一个在文学史上已被别人改头换面地讲了多遍的主题，而是要赋予人物更加复杂的新质。田小娥在作品中的第二副面孔是沉湎于身体本能快感的欲女形象。陈忠实是有意识地在田小娥形象上植入性主题的，他曾解释道："这是我接受了关于人的文化心理结构的新鲜学说，并试探着对《白鹿原》里的人物完成透视和解析，看到蒙裹在爱和性这个敏感词汇上的封建文化封建道德，在那个时段的原上各色人物的心理结构形态中，都是一根不可忽视的或梁或柱的支撑性物件，断折甚至松动，都会引发整个心理平衡的倾斜或颠覆，注定人生故事跌宕起伏里无可避免的悲剧。"[1]呈现一种与县志里的贞妇烈女卷所载截然不同的生命内容，并以此来颠覆看似庄严的传统道德文化的价值大厦，也许是陈忠实要在田小娥身上强化性描写的初衷。不过，陈忠实既没有把她处理成一个可以很容易地在旧有男

---

[1]　陈忠实：《寻找属于自己的句子》(连载五)，《小说评论》2008 年第 3 期。

女伦理框架里寻找性实现的传统女性,也没有把田小娥处理成一个在现代个性解放追求里寻找性定位的现代女性。他在这里大胆启用了一个现代作家们无论是塑造传统女性还是塑造现代女性性格核心时都有意回避或贬低的词:原欲。仔细分析小说文本,在田小娥对黑娃的爱及其他许多行为的表象下,总有一种让人难以简单评判的、非道德化的本能欲望在深水静流,在有意无意地起着主导作用。田小娥初和黑娃在一起发生关系,便是典型的原欲的驱动。面对才 17 岁、从来没有过男女交往经验的黑娃,比他大好几岁、此时在各方面都居于优势地位的田小娥在二者的关系中显然起着主导作用。她先是以腰里疼让黑娃帮她揉为理由,主动诱导着黑娃解除了自己的伦理禁忌,并一步步让他陷于身体的快感而不能自拔。之所以说这是原欲的驱动而非感情的驱动,是因为我们实在找不到能让人相信这是感情主导的理由。田小娥和黑娃此前仅有的几次接触里,除了一些吃饭上的话题几乎就没有更深的交流;田小娥开始诱导黑娃发生关系时,也找不到任何企图抛下自己目前的生活轨道、想要和黑娃在一起厮守的意图。她和黑娃在一起的偷情行为完全属于被压抑的欲望本能迫不及待的发泄需要,最高的满足不是因为找到感情满足而是来源于身体快感。他们是在经历了多次偷情举动后,才逐渐迈进了可以初步精神交流的门槛,田小娥固然在偶然遭遇到泡枣儿这个引发自己屈辱体验的话题时也说出"兄弟啊,姐在这屋里连狗都不如!我看咱俩偷空跑了,跑到远远的地方,哪怕讨吃要喝我都不嫌,只要有你兄弟日夜跟我在一搭……",但也只是气头上的话,她并没有多当真("兄弟你甭害怕,我也是瞎说。"①)和真正的爱情还相差很远。她只是在后来被郭举人赶出家门无路可走被黑娃领走后,才开始和黑娃同病相怜起来。不能说田小娥和黑娃后来没有产生真实感情,但对田小娥来说,即便对黑娃有感情,她也并未将自己的感情和身体完全捆绑。在作品里,田小娥是一个身体不属于爱的、可以很轻易地向别人敞开的人,不管是出于利用的目的在鹿子霖面前,还是出于报复的目的在白孝文那里,都是如此。关键还不在于她习惯性地敞开身体,而在于她每一次敞开身体之后,身体都会自己言说,去主动猎取和享受本能的快感。陈忠实在田小娥身上赋予的这种受本能驱动的身体,一下子使得田小娥的形象复杂起来了。在过去常规的现

---

① 陈忠实:《白鹿原》,127 页。

代性的叙事框架里,惯性的模式是张扬理性的功能和地位,人的肉体也是由理性控制的,身体欲望的功能和理性的功能应该是一致的,或直接或间接地配合着理性的需要登场,一旦出现偏差则往往沦为人格堕落的范例。在陈忠实这里,小说给我们带来的认知上的矛盾在于他既赋予了田小娥超出理性规训的身体,又以非常自然的态度接受了它。陈忠实既不是在把其作为某种现代个性自由价值观念的符号而加以张扬,也不是在指责田小娥的轻浮、堕落、人格分裂,而是自然而然地把它作为人性的一部分来接纳的。周作人在《人的文学》①里,虽说也指出人的内容包括动物性在内,但具体到研究对象时,周作人本人其实并未能贯彻这种对单纯动物性本能的重视,而是把它放在理性升华的坐标上去衡量。如他评论郁达夫《沉沦》中的性欲描写时尽管也承认其本能的"非意识的喷发",可紧接着还是把它处理为不合理的制度造成的"青年的现代的苦闷",即要从现代性的国家民族叙事中为其寻找一个高大上的理由。为什么陈忠实会在田小娥形象塑造上引入这个"不受规训的身体"呢?也许我们可以将其放在20世纪中后期蔚然壮大的社会文化对前期现代性的反思和发展的背景下进行理解。我们知道,现代性逐渐被演绎成一个以理性为本质的、覆盖到所有社会层面的绝对性价值体系后,其弊端也在社会实践中日渐暴露,现代性那种无所不能的姿态也开始受到人们质疑:真的如此吗?以西方后工业化社会为基础,20世纪中后期崛起的后现代文化思潮更是掀起了一场声势浩大的解构运动。在人们的解构声浪中,就包括对现代理性架构中身体价值的思考。例如福柯认为身体是为一系列体制塑造出来的,是权力和知识规训的结果,现代性的理性模式也是规训人身体的一种权力和知识模式,而不代表身体的本质,"现代性不仅是相对于现时的关系形式,它也是一种同自身建立起关系的方式。现代性的自愿态度同必不可少的苦行主义相联系。成为现代人,并非接受身处消逝的时光之流中的那个自己本身,而是把自己看作一种复杂而艰难的制作过程的对象。……这个现代性并不在人的自己的存在中解放人,它强制人完成制作自身的任务"②。许多作家、艺术家基于对理性压抑的反拨,也刻意呼唤不受规训的原始本能,以至于"身体"的突围成了一场"系统的

---

① 刊于《新青年》1918年第5卷第6号。

② 米歇尔·福柯著,杜小真编选:《福柯集》,上海远东出版社1998年版,第536页。

冲动造反,是人身上一切晦暗的、欲求的本能反抗精神诸神的革命"①。在新时期以来改革开放的氛围下,国内许多作家也受到外来影响,从与传统不同的角度来展现和思考不受理性控制的身体,如王安忆的《荒山之恋》《岗上的世纪》。陈忠实在塑造田小娥这一形象时,未必是为了演绎某种后现代的理论,但其思维方向和呈现方式也难免不由自主地受到外部环境的影响,有意无意地接纳或融合了其中的某些前沿元素。陈忠实自己也谈到,书中对性的书写,一开始还是纠缠于尺度和分寸方面,进而增添了某种挑战的味道,即一定程度上开始了一些本体意义上具有文化挑战性的前沿探索。

田小娥的第三副面孔,是以阶级、身份、仇恨、反抗为标志的 20 世纪中国革命话语语境下的阶级反抗女。20 世纪中国社会现代历史转型实践过程的一个重要内容就是阶级斗争,新中国的国家意识形态更是建立在对阶级斗争的认同和强调上。毋庸讳言,这种认同和强调在新中国成立后一度被渲染到覆盖一切的地步,形成了许多偏颇化的结论,但其中并非不包含有对社会历史发展规律的某些真理性认知。不难发现,陈忠实在塑造田小娥形象时,也在一定程度上接纳了近现代革命叙事中某些关于阶级斗争的主导性思维范式。和完全被动地被封建宗法社会礼教制度吃掉的弱女相关又有所不同,陈忠实赋予田小娥的形象则非完全逆来顺受、任人宰割的小白兔,而是充斥着一种内生的反抗性。在郭举人为了延年益寿让她用女性那个部位泡枣来吃时,她报复的方法是把干枣儿再掏出来扔到尿盆里去,"他吃的是用我的尿泡下的枣儿";后来闹农会时,她随着黑娃参加了农会,参与了农会斗地主、斗土豪劣绅的运动;在白孝文做了族长用族规殴打她后,她还故意勾引白孝文,好把白孝文的面子踩在脚下。关于阶级斗争的主导性思维范式在这里主要表现为两个特点:第一,不同阶级身份的人之间的对立是天生的,不是单纯因为某个人的个人品德好或坏,而是因为他们的阶级本性;从不同阶级地位和身份派生出的行为和立场让他们彼此天然地处于对立位置上。小说中田小娥和郭举人之间的矛盾,仔细分析的话,便可以看出是被设置为一种阶级之间的本能对立。之所以这样说,是基于他们之间的矛盾模式设定方式。郭举人虽然是一个地主,但就人品而言,按照一般的道德观念,他不但不能算差,而且还有不少令人称道之处。

① 刘小枫:《现代性社会理论绪论:现代性与现代中国》,上海三联书店 1998 年版,第 23 页。

他对长工不苛刻,"老举人很豪爽,对长工不抠小节,活儿由你干,饭由你吃,很少听见他盯在长工尻子上嘟嘟嚷嚷罗罗嗦嗦的声音"①。而对到他家打工的17岁的黑娃,他一开始兴之所至,甚至还带有一种对子侄辈的关爱和欣赏之情。黑娃和田小娥偷情事发后,郭举人的处理方式在当时的一般人看来也可圈可点:他没为难黑娃,只是给他结清了工钱让他离开。虽说黑娃离开不久发生了郭举人的两个亲门侄儿前来追打黑娃的事,被黑娃理解为郭举人暗地里派两个侄儿来拾掇他,但仔细品味却觉得黑娃的理解大有问题:事发被抓时郭举人本来已经获得了可以名正言顺地处理黑娃的理由,哪怕把黑娃当场打死也没人说什么,又何必事后专门派两个跑儿步路就气喘吁吁的侄儿去对付年轻力壮的黑娃呢?这事情背后更多的可能是郭举人的两个侄儿自作主张想来出口气,黑娃故意借此种理解来减轻自己的负疚感。郭举人对让他丢面子的田小娥也没怎么殴打虐待,只是一休了事,这也从另一个侧面说明了他并非穷凶极恶。那么堪为他那个阶层道德优秀者的郭举人,为什么会做出用田小娥阴道泡枣吃的荒唐事儿呢?我以为这也应该辩证看待:田小娥的小妾身份决定了在传统的道德观念里,她的一切行为的出发点就应该是服务于郭举人的利益,郭举人让她这样做并不是特意要虐待田小娥,只不过按照他所属阶级的道德特权做了他认为理所当然的事。也就是说,不是郭举人故意不把田小娥当人,而是阶级伦理导致占据统治地位的阶层不把下层社会的人当人,这不是阶级矛盾是什么?田小娥要报复做族长的白孝文,主要着眼点也不是白孝文打了她的个人恩怨,而是要撕掉罩在白孝文这个阶层道貌岸然外表下的假面,是一种阶级对阶级的报复。第二,田小娥身上阶级仇恨意识被过度强化。我们知道,人的任何行为都需要一定心理基础的支持,田小娥这样一个传统宗法社会中的女性,当面对某些让她觉得令人发指的行为而不得不诉诸复仇行动时,并非仅靠仇恨就可以百无禁忌:能作出什么行为和能做到什么程度,都要受到诸多心理要素的制约,一旦逾越一定底线,要么会受到良心潜在的极大反噬,要么会表现为惧怕因果报应的不安。要想克服逾越底线后的心理障碍并非不可能,但并不容易,需要一个漫长、艰苦的心理自我说服过程。但在田小娥这里,作家让她很容易地摆脱了所有心理禁忌,只要是基于带有阶级性质

---

① 陈忠实:《白鹿原》,第116页。

的仇恨和报复,都理所当然地、不受任何约束地取得了存在的许可证,即便有违人物的正常心理逻辑。不妨再以田小娥报复郭举人的行为为例。针对郭举人吃泡枣的荒唐行为,田小娥采取的方式是让郭举人吃尿泡的枣,甚至对在一起偷情的黑娃说"等会儿我把你流下的□给他抹到枣儿上,让他个老不死的吃去"①,乍看起来,给人的感觉是田小娥对郭举人的仇恨早已经到了无以复加的程度,她和郭举人在一起的生活早已是苦大仇深、生不如死,以至于在心理上不共戴天。可我反复阅读文本时,发现事实并没有严重到这种程度。小说中田小娥是在写郭举人家有两个很不错的长工时出场的,"时日稍长,郭举人的两个女人也都很喜欢这个诚实勤快的小伙计,很放心地指使他到附近的将军镇上去买菜割肉或者抓药"②。从这里透露的信息是,哪怕内部有再多矛盾,郭举人和包括田小娥在内的两个女人在外人面前还是属于一个阵营的利益共同体,他们以共同的标准来判断和管理长工。田小娥和黑娃开始偷情后,也主要是为了满足本能需要,除了情绪发泄的话,她并没有真想脱离这个利益共同体,只是后来被逼到了只好离开的路上。既然田小娥还对她所在利益共同体有所认可,那就说明除了泡枣和被郭举人大老婆处处监视的事,她还没有在情感和心理上对郭举人决绝到你死我活、势不两立的地步,其仇恨意识就不至于无所顾忌地成为自己的心理主轴,乃至于为示好还是半大孩子、尚无足够心理承担能力和自己建立新的利益共同体的黑娃而不惜彻底自毁形象,将报复行为瞬间加码为把与黑娃做爱流下来的精液也涂到枣上让郭举人吃。为什么一旦涉及阶级时,仇恨意识可以不顾其他心理要素乃至于性格逻辑的制约而被强化到一个无以复加的地位呢? 如果我们将其放在20世纪中国革命历史进程中的阶级话语范式里,一切就不难理解了。如何在现代性的框架中,辨识这种以阶级、身份、仇恨、反抗为标志的阶级斗争话语的合法性,是现代性话语体系诞生后所面临的世界性难题,也是20世纪中国困惑最巨、纷扰最繁的社会学课题。一方面,现代性的追求理性和公平就要消除造成社会不公平的因素,而消除不公平的手段不可能都是和风细雨的,有时必须依赖暴力等极端的反抗手段去解决,特别是不公不义的一方不愿主动放弃自己的既得利益时;另一

---

① 陈忠实:《白鹿原》,第129页。
② 陈忠实:《白鹿原》,第117页。

方面,一旦采取暴力手段去解决又可能带来新的非理性和不公平。田小娥形象的这一副面孔,也不可避免地关联到这个极其复杂的悖论。

田小娥的第四副面孔,是具有恶魔性的女撒旦。陈思和先生在研究张炜、阎连科的小说时,曾提出一个被过分相信人性向上升华能力的现代性叙事所长期忽视的问题,就是人的恶魔性。所谓恶魔性,有些近似于人性中不受理性力量控制的恶本能,它"神通广大,常常在人们理性比较薄弱的时候推波助澜,构成对社会某种文明秩序或正常权威的颠覆,其颠覆对象包括社会意识形态的正统性、社会伦理道德的制约性,以及对自然界规律的神圣性"①。在陈忠实所塑造的田小娥身上,也时时刻刻若隐若现地弥散着这一股气息。它先穿插在作者对田小娥其他面孔的叙事中,在不为人注意的地方悄悄探出头来,如田小娥对郭举人的反常态报复行为,便是指向一种邪恶的心理快感。田小娥那在诸多场合沉溺于理性规训之外的本能欲望的身体,固然有其他多方面的象征意义,但也无法回避其中包含的反文明、反秩序、反道德的恶魔性因素。田小娥身上的恶魔性的进一步暴露,是在她刚开始报复白孝文的行为中。小说里写到,田小娥因被撞见和狗蛋在一起被族规惩罚后,找了白孝文正在看戏的机会去报复他,"白孝文站在台子靠后人群稍微疏松的地方,瞧着刘秀和村姑两个活宝在戏台上打情骂俏吊膀子,觉得这样的酸戏未免有碍观瞻伤风败俗教唆学坏,到白鹿村过会时绝对不能点演这出《走南阳》。他心里这样想着,却止不住下身那东西被挑逗被撩拨的疯胀起来,做梦也意料不到的事突然发生了,黑暗里有一只手抓住了他的那个东西,白孝文恼羞成怒转过头一看,田小娥正贴着他的左臂站在旁侧,斜溜着眼睛瞅着他,那眼神准确无误明明白白告示他:'你要是敢吭声我也就大喊大叫说你在女人身上耍骚!'白孝文完全清楚那样的后果不言而喻,聚集在台下的男人们当即会把他捶成肉坨子,一个在戏台下趁黑耍骚的瞎熊不会得到任何同情。白孝文恐慌无主,心在胸膛里突突狂跳双腿颤抖胸子里一片昏黑,喊不敢喊动不敢动,伸着脖子僵硬地站着佯装看戏。戏台上的刘秀和村姑愈来愈不像话的调情狎昵。那只攥着他下身的手暗暗示意他离开戏场。白孝文屈从于那只手固执坚定的暗示,装

---

① 陈思和:《欲望:时代与人性的另一面——试论张炜小说中的恶魔性因素》,《文学评论》2002 年第 6 期。

作不堪溽热从人窝里挤出去,好在黑咕隆咚的戏场上没有谁认出他来。那只手牵着他离开戏场走过村边的一片树林,斜插过一畦尚未翻耕的麦茬地,便进入一个破旧废弃的砖瓦窑里"①。来到田小娥住的砖瓦窑后,她更是像一个地狱里冒出的可怕的鬼魅一样,时而恐吓,大叫"来人哟,救命呀,白孝文糟蹋我哩跑了……"②;时而挑逗,"哥呀你打,你打死妹子妹子也不恼";时而软语相求,"哥呀,你看我活到这地步还活啥哩? 我不活了我心绝了我死呀:我跳涝池我不想在人世裁了,我要你亲妹子一下妹子死了也心甘了";时而蛊惑,"哥呀你正经啥哩! 你不看看皇帝吃了人家女人的馍喝了人家的麦仁汤还逗人家女子哩";不只语言,身体动作也一起上来,"说着扬起胳膊钩住孝文的脖子,把她丰盈的胸脯紧紧贴压到他的胸膛上,踮起脚尖往起一纵,准确无误地把嘴唇对住他的嘴唇"③。在田小娥的强大攻势面前,涉世未深的白孝文只能被玩弄于股掌之间,很快缴械投降。田小娥的这种报复行为,其时机之准、下手之辣、一系列动作之高难度、高精确性及环环相扣,对人性的弱点掌握的是那么透彻、利用的是那么恰到好处,犹如恶魔附体,完全超出了正常弱女子的智商和情商所能想象出的恶的极限。在这一刻,田小娥也不再是人,而成了吞噬常人和秩序的怪物。哪怕田小娥的报复行为再事出有因,都无法掩盖其手段的无底线和强大毁灭力给读者带来的毛骨悚然之感。田小娥身上这一恶魔性特质使她浑身充满不祥之兆,谁和她靠近,谁的正常生活就会面临灭顶之灾。先是黑娃,一度沦为土匪,革命胜利后作为革命的有功之臣却被成为投机者的白孝文枪毙,其中很难说没有和田小娥的纠缠不清而给双方种下心结的因素;再是白孝文,虽说田小娥后来放弃了对他的报复,但他因为双方此后的相互纠缠而抽上大烟,几乎沦为乞丐,性格大变。田小娥这一人物身上恶魔性的充分显示,是她在自以为无辜被杀后化为瘟疫,对白鹿原上所有或大或小的村庄进行无差别的攻击。田小娥这副具有恶魔性特征的女撒旦面孔,和一些现代派文学中所可以表现的人性恶有所类似,但它并不像那些现代派文学中通常以恶为唯一元素或最本质元素,而是与其他几副面孔的特征彼此纠缠,从而使得这

① 陈忠实:《白鹿原》,第 247—248 页。

② 陈忠实:《白鹿原》,第 248 页。

③ 陈忠实:《白鹿原》,第 249 页。

一形象的意义更为多元和丰富。

田小娥的四副面孔让我们清楚地看到,新时期以来的乡土中国叙事,已经不可能不在远比 20 世纪之初的现代性框架复杂得多的种种价值纠葛中展开。如何回应时代的挑战,开辟出自己独创的价值廊宇,成为新时期以来的乡土中国叙事需要解决的紧迫问题。

三

既然 20 世纪末以来的乡土中国叙事已经不可避免地成为经过近百年转型实践后更为复杂的文化状态和新的历史意识载体,那么衡量作家艺术境界的标准,就不仅要看他的作品有没有大胆表现新背景下的尖锐问题,更要看他在回应这些问题方面是不是具有足够的思想创造力,以及由此派生的艺术圆融度。田小娥的四副面孔,的确包囊了时代提出的许多尖锐问题,它们在很大程度上增加了人物形象的内涵,从而使田小娥形象成为文学所塑造的女性形象长廊里一个无法取代的典型。但客观地说,田小娥四副面孔的主要价值在于提出了问题而非发挥自己的原创性思想能力解决了其提出的问题,在思想融创能力和宏大艺术境界的开拓方面,还是有很多不尽如人意的地方。最典型的表现为四副面孔的内部逻辑并非完全有机统一,而是彼此之间经常充满断裂感,每一副新面孔的加入,在给人物形象的内涵带来新质的同时,往往又在更大程度上破坏了其他面孔单独发掘时本可以演绎出的主题深度,致使几乎所有面孔的塑造都浅尝辄止。

先以陈忠实对田小娥第二副面孔的演绎为例。田小娥在作品中的第二副面孔是沉湎于身体快感的欲女形象,在这一线索上,本可以进一步上升到身体与现代性话语系统里所张扬的“自由”价值关系的前沿性探索。所谓自由,就是作为主体的人自己主宰自己,它在思想、政治、道德文化等不同的领域各有自己的一些具体表现规范,但总体而言,都不外乎拒绝来自外部的一切不合理的控制。在现代性的原初价值谱系中,自由曾被许多启蒙思想家视为最本质的价值。作为 20 世纪中国新文学渊源的五四新文学,也正是在“冲决罗网”这个意义上高高扬起这面从西方启蒙思想家手里接过的旗帜,并在批判压制人性的传统道德、抨击压制人权的传统社会体制等方面进行了多方位出击,取得了丰硕的战果。在田小娥的形象塑造中,我们不难感到其背后明显有一条现代性话语系统里"我是我自己的"的自由价值诉求在做支撑。不过在现代性的原典叙述里,身体自由总被赋予一种理性的维度,成为理性在个人权利层面的一种自然延伸,和同样由理性制造出来的幸福、善、美、正义等乌托邦元素先天结成一种同盟关系。这样的文学叙事大都要在最后给身体的自由套上和心灵同步的"灵肉一致"规范。不过,毕竟到了 20 世纪末,时代对"自由"的解读已经有了许多不太一样的内容,其最主要表现是让"自由"走出理性的控制,放在理性之外的天地进行思考。在当下世界的思想文化语境中,"身体"作为拷问"自由"的一个突破口,的确有其较之别的出发点的得天独厚之处:身体是人物质存在和精神存在的共同载体和源泉,既是人的一切的全部出发点也是人的一切的全部落脚点,人类文明进化的表征之一就是尊重自己身体的程度。然而,"随着社会的发展,智力的进步,人类精神显示出来的智慧日益具有凌驾肉体之上的功能和作用,使得身体在人类与自然界、与其他物种以及与其他同类的激烈的生存竞争中,越来越处于被支配、被统治的次要地位,并日益从生物性身体转化为社会性、政治性、文化性和精神性身体。使人的身体在精神的支配、奴役和形塑下日益被扭曲和异化"①。既然现代性原典话语里的理性亦在解放身体的名义下通过一系列的规训和处罚扭曲了身体的本能,那么回到身体原初的本能欲望、生命冲动和潜意识来反思已有理性的局限性,乃至重塑更具有包容性和开放性的现代性,难道不是一个恰如其分的时机吗?国际上很多现代派或后现代派的文学正是在现代理性关于身体言说裹足不前的地方起步,从而上升到对现代社会文明结构和秩序合理性的叩问。如曾获得诺贝尔奖的大江健三郎的《性的人》即是探索身体在打破理性规训之后的演绎可能性。或者说,在个人获得了本能行为的自由控制权后,身体就真的通向自由了吗?陈忠实塑造田小娥的初衷,本来包含着在这方面深入探索的意图,他看到县志上的贞妇烈女记载后,深感这种对性的压抑和扼杀是"这道原的秘史里缠裹得最神秘的性形态,封建文化封建道德里最腐朽也最无法面对现代文明的

---

① 张之沧、张尚:《身体认知论》,人民出版社 2014 年版,第 410 页。

一页"①，故在《白鹿原》写作中他把它当作要探讨的重大命题而反复嚼磨，最后决定"不回避，撕开写，不作诱饵"，希望能呈现一种先锋性、挑战性的效果。可到了田小娥这里，不能不说，陈忠实只是约略地打开了一个窥探身体的口子，却很快浅尝辄止了，没有沿着身体自由的线索朝其蕴含的社会文化乃至个人心理的颠覆属性进一步开拓，拒绝了对欲望化的身体自由和自由之后的更深层叩问，而匆忙让其止步于对浅层次肉体快感的流连中。甚至由于惧怕这种身体欲望具有的离经叛道色彩过于醒目，除了把它用快感做肤浅化处理，还有意无意地用被封建宗法社会礼教制度吃掉的善良弱女，以阶级、身份、仇恨、反抗为标志的 20 世纪中国革命话语语境下的阶级反抗女等其他几副面孔来稀释，对自由价值的先锋性探索在这里被打了严重的折扣。

再看一下陈忠实对作为阶级反抗女的田小娥的第三副面孔的演绎。田小娥的这一副面孔和以阶级、身份、仇恨、反抗为标志的 20 世纪中国革命话语语境结合在一起，涉及弱势群体在阶级社会中如何追求公平正义的问题，这是世界无产阶级革命的一个组成部分，也是 20 世纪中国革命实践最核心、最精彩的内容。到 20 世纪末为止已有的丰富的社会历史实践内容以及文学文化资源，本可以使得集性释放、革命和阶级于一身的田小娥有着更精彩的演绎。比如说，20 世纪 20 年代大革命时期，在席卷白鹿原的农会风潮中，已经被封建宗法制度和封建礼教剥夺了做正常人的资格、彻底坠落在生活最底层的田小娥完全有全身心投入这场运动的理由，也完全可以像在性生活中充满大胆和创意一样在这场革命中也充满大胆和创意，把身体的完全释放和受压迫的心理情绪的完全释放融为一体，某种意义上就像阎连科在《坚硬如水》中演绎的夏红梅和高占军在"文革"中"越是要革命，越是要做爱"之类特殊的生命绽放一样。若如此让田小娥身上的内在底蕴得到尽情演绎，田小娥后来在农会风潮失败后再度跌入人生低谷受尽各种折磨和侮辱就会更加精彩，而她后来向具有恶魔性特征的女撒旦面孔的滑动也更显得合理。但陈忠实却没有这样开拓，他只是简单地提到她随着黑娃参加了农会，参与了农会斗地主、斗地方上土豪劣绅的运动，就一笔带过。甚至在农会风暴前后，小说里赋予田小娥最多的心理反应是害怕、是乞求，是完全成了和自己平时反叛意识大相径庭的战战

---

① 陈忠实：《寻找属于自己的句子(连载五)》，《小说评论》2008 年第 3 期。

兢兢。总之,一开始赋予田小娥苦大仇深的阶级身份,赋予她不守成规的反抗意识,赋予她再好不过的反抗理由,却让她在有了很好反抗机会的大风暴来临时又缩起头来,陈忠实在对田小娥阶级反抗女这一面孔的书写上也实在有虎头蛇尾之嫌。

以上情况,还有颇多。究其原因,并非陈忠实为了达成某种传奇性的艺术效果而在有意制造这些断裂和矛盾,而是因为把田小娥投入百年中国社会现代转型的价值冲突旋涡中后,尽管想要尽可能丰富地挖掘和表现其具有的各方面主题内涵,可陈忠实自身还未能在思想上完全消化它们。陈忠实在谈田小娥形象创作缘起时,曾将自己所要进行的创作概括为“反向写作”,即有意无意地暴露了其中的奥秘。何为“反向写作”呢? 顾名思义,就是他的写作不是基于对表现对象本体的深入了解和把握,而是基于对过去某种关于表现对象的表述方式的不满,故采用一种逆反式写作。这种逆反式写作的优点和缺点都很明显,优点是能够从固有的表述方式里敏锐捕捉到问题,具有鲜明的问题意识;缺点是常常止步于暴露问题,无法真正深入表现对象的本体内部进行发掘和演绎,提炼出属于自己的理论观念,而只好在写作中依据一些半生不熟的外来理念。由于“反向写作”决定了作家和表现对象之间沟通的方式是外部观念而不是内部经验,作家只好以堆积木的方式将来自外部的不同主题意向简单地罗列在一个人身上,在很多时候看似“七宝楼台,炫人耳目”,却难以细究。陈忠实在塑造田小娥形象时出现各副面孔之间的断裂和掣肘现象,就是这种“反向写作”思维造成的后遗症。再就陈忠实在塑造田小娥第二副面孔时对性的认识高度来看,除了压抑有罪反抗有理,其他就只剩下本能的刺激和快感了,这其实是对“性”丰富的生理、心理内容的另外一种阉割。陈忠实在塑造田小娥第二副面孔时对阶级反抗和革命的认识高度也不太敢恭维。可能是 20世纪历史上的革命实践过程中的诸多偏差使他有所疑虑,以及受到 20 世纪末流行的文化保守主义的影响,他借小说中其他人物之口说出的对 20 世纪中国革命史上不同阶级之间大决斗的最为引人注目的概括,无非是个“鳖子”说:就像烙饼一样,你翻过去,我翻过来。这其实也是一种外部视角的避重就轻,在“此亦无是非,彼亦无是非”的和稀泥调子下,公平正义原则所要求的对每一个内部细节的具体辨识被掩盖,貌似深刻,实则求深反浅,无法帮他做到让田小娥这样的人物深入阶级革命的肌理中尽情释放自己的个性。

陈忠实的这种由"反向写作"带来的问题意识大于内在辨析的弊端,不仅仅是个人问题,在很大程度上还代表着新时期以来乡土中国叙事的一种普遍性局限。这里不妨以莫言《红高粱》的"我奶奶"戴凤莲的形象塑造进行参照。莫言的《红高粱》也是一种"反向写作",基于对现代生活中人们生命力的退化以及革命史教材抗日书写的偏颇,他特意塑造了一些在偏僻乡野有着自由自在生命力的人们及他们的抗日故事,小说中的"我奶奶"戴凤莲不仅敢爱敢恨,而且敢于打破世俗,百无禁忌,丝毫不受自己人妻身份的拘束,和情人土匪头子余占鳌以及家里的长工罗汉大爷等都保持亲密关系。戴凤莲在弥留之际,有大段的对生命总结和感叹的话:"天赐我情人,天赐我儿子,天赐我财富,天赐我三十年红高粱般充实的生活。天,你既然给了我,就不要再收回,你宽恕了我吧!……天,什么叫贞节?什么叫正道?什么是善良?什么是邪恶?你一直没有告诉过我,我只有按着我自己的想法去办,我爱幸福,我爱力量,我爱美,我的身体是我的,我为自己做主。"①表面上看,"我奶奶"戴凤莲的形象似乎在自主性身体欲望的价值阐发上超出了田小娥这方面形象的意义设定,由朦胧的感性层面上升到明确的价值自觉。但真的如此吗?仔细分析起来恐怕都未必然。看似做到了"将自由进行到底"的戴凤莲,其实并没有走出变了形的传统才子佳人情爱伦理模式的窠臼,她的身体也没有真正觉醒,只是在表现的尺寸上更大胆、更放肆而已。在莫言的笔下,戴凤莲的身体欲望的最大满足不是单纯来自于自由的身体,而是爱情的副产品,是在余占鳌这个能满足她爱情想象的另一种英雄面前的一种水乳交融的反映;她和罗汉大爷的性只是一种工具性的拉拢和利用,更谈不上真正的自由。而且这种在戴凤莲身上一系列大胆的、越轨的欲望行为,是因为在更高意义上遵守了传统美德而获得谅解的,正如莫言所说的:"他们杀人越货,精忠报国,他们演出过一幕幕英勇悲壮的舞剧。"②浅层次的叛逆行为有内在的对国家、民族等主流价值核心内容的绝对皈依,从而也使得戴凤莲这一形象所具有的自由层面的探索意义,一定程度上还不如《白鹿原》里田小娥身上那不附加太多外在条件的本能欲望冲动。莫言的例子再次证明了乡土中国叙事中的"反向写作"的局限性,它的价值在于

---

① 莫言:《红高粱》,《人民文学》1986 年第 3 期。

② 莫言:《红高粱》,《人民文学》1986 年第 3 期。

挑战所有反叛对象的"反向",作品中的人物都是服从这一观念而设置的,因而很难形成一种有深度的正面构建。它也提醒我们必须面对这样一个严峻事实:新时期以来文学中的乡土中国叙事境界提升的最大瓶颈,迄今为止,就是由于思想能力和思维方式的限制,大都仅仅满足于以花样百出的方式将问题提出得惊心动魄,而非建构意义上的正面突破。这个问题不解决,文学中的乡土中国叙事就无法走得更远。

不过,虽然有这样那样的毛病,这也并非等于说陈忠实在对一些现代价值命题的阐释上,完全没有自己的拓新性。像陈忠实这样一些对乡土中国生存内容有着深刻体验的作家,自身的现实生活功底以及个人主观上的探索意识,致使他们一旦把一些现代性、后现代性的价值命题导入自己完全熟悉的表现领域中时,就未必再是机械的观念性演绎,而常常能从实际出发催生出一些非常值得重视的开拓性发挥。例如陈忠实对田小娥结局的处理,在我看来就是如此。关于田小娥形象,最引起争议的恐怕是作者所安排的她死后变成邪恶的瘟疫,这也是田小娥第四副面孔的核心所在,我们不妨就此再继续进行一番具体的审视:田小娥表面上是死于看不惯她把东家的儿子勾引到人不人鬼不鬼地步的鹿三之手,事实上是死于她的某些行为严重触犯了当时大家公认的一些伦理观。田小娥能够严重触犯当时大家公认的伦理观的行为是什么呢?封建宗法社会与封建礼教的被动受害者是她的第一副面孔,可这里她充当的是被动的受害者角色,尽管被郭举人赶出门,尽管大家可以鄙视她、可以不让她进祠堂,可也构不成人们必须置她于死地的理由;作为她的第三副面孔的阶级反抗女,由于没有被真正地展开,所以她在中间也没有什么不可饶恕的恶行。田小娥心不坏,但控制不了自己的身体,甚至放纵自己的身体,这才是她被杀的根本原因。问题的关键甚至还不在于田小娥被杀死,而在于陈忠实对田小娥被杀死这件事的态度。陈忠实在访谈里曾谈到,写到田小娥被鹿三杀死的时候,自己眼睛都黑了,乍看起来是在同情和惋惜田小娥;可就作品的实际安排来看,就会发现未必。若陈忠实真的完全站在小娥的立场,他大可以把小娥死后的不甘处理为窦娥冤式的上天示警,即便必须采取邪恶方式复仇也会给她保留一丝人性的良善,而不至于把她弄成人见人憎的恶鬼。人物的命运安排在很多场合本就代表着作家对人物的一种评价,陈忠实故意让田小娥死后化为肆虐的、恶狠狠的瘟疫,显然是传达他的道德价值观时的有意为之。

由此我发现,陈忠实虽然也同情田小娥,可他内心里还是认定田小娥是会给周围的人带来灾难的瘟疫,是需要受到某种惩罚的,即使不让鹿三出手杀她,想必也会让其他人以其他方式出手。陈忠实还借在作品里白嘉轩的行为间接宣示了自己的立场:面对化为瘟疫危害到整个白鹿原并让整个白鹿原人心惶惶的田小娥,陈忠实让白嘉轩表现得像个守护正义的天神——"世中只有敬神的道理,哪有敬鬼的道理? 对神要敬,对鬼只有打","我今日把话当众说清,我不光不给她修庙,还要给她造塔,把她烧成灰压到塔底下,叫她永世不得见天日"。① 陈忠实赋予白嘉轩的正气凛然彻底地镇住了成了瘟疫的田小娥,白鹿原上也恢复了平静。这一结局曾让很多读者和研究者感到无法理解和认同:为什么陈忠实要安排在生活中没有什么多少真正恶迹、比里边很多人物都应该活下去的田小娥,因为身体的不受规训,不仅落个被人杀死的结局,而且死后还要背上化为瘟疫的罪名被再度镇压,以至于彻底不得翻身呢? 对此我是这样理解的:这其实在很大程度上反映的是陈忠实看待公平正义时的历史辩证法眼光。从今天的人文主义立场来说,田小娥的身体权利也是她个性权利的一个有机组成部分,她只要不用害人的手段追求身体的满足,都是被允许的和无可厚非的;毕竟在今天的社会里,现代化的生活方式已经给身体的自由打下了丰厚的各方面基础,身体问题更大程度上成了一种无碍社会公平的私人问题。可在田小娥生活的生产力原始低下、各种资源极其匮乏的时代,如何维持一个社会有机体良性生存和发展,乃是公平和正义原则要考虑的核心问题。这种人的欲望需求的无限性和环境条件的有限性之间无法调和的矛盾,可谓禁欲主义产生的根本原因。一方面,就像战争时期推崇英雄主义一样,物质极度匮乏的时代于公于私都自然要推崇能适当克制自己欲望的道德品质,控制身体被视作控制其他更复杂欲望的基础。另一方面,因为过去生产方式的原始落后,大多数人都必须付出极大的意志和精力才能勉强维持一种基本生存,一般人要维持生存就必须小心呵护自己的体力精力,以应付高强度的劳动;一旦过于放纵,就会透支体力,这对营养不能得到有效补充的人来说损耗极大,影响到他们创造维持进一步生存的物质财富的精力,且医疗条件的落后也使得万一身体虚弱生病就会带来难以估量的影响。这些情况从《白鹿原》的相关

---

① 陈忠实:《白鹿原》,第441页。

描写里也可以看到，如动不动就席卷白鹿原的灾害、饥馑等。陈忠实并不因为个人对田小娥的同情，就置道德伦理背后的历史逻辑于不顾。陈忠实赋予田小娥的最后结局给我们的启示是：不存在超越历史阶段规定性的先天合法的是非标准，衡量一种道德观是否公平合理，要看当时社会历史提供的自由可能性与社会体制赋予它的现实实现程度。这种主动摆脱现代性概念迷信，而在自己对乡土中国生存内容有着深刻体验的领域充分调动个人认知经验进行独创性阐释的能力，恰是新时期以来乡土中国叙事中体现出的一些最难能可贵的价值品格。

结　语

陈忠实所塑造的田小娥的四副面孔，以及在四副面孔整合时出现的问题和形成的经验，都为我们研究和探索当下文学中乡土中国叙事的伦理生成提供了弥足珍贵的范例。20 世纪以来，乡土中国遭遇的是中国历史上"数千年未遇之大变局"：一方面，文学的乡土中国叙事拥有了人类历史上任何一个时期都难比肩的丰富的现实社会生活实践内容及中外各种开放的文化资源；另一方面，时代所面临的种种混乱和无序状态又给作家的深度呈现制造了严重困难，这一切恰如狄更斯在《双城记》开头所说的"这是最好的时代，这是最坏的时代"。进一步总结各方面探索经验，以有助于我们的文学创造出高屋建瓴的大境界，不正是当前文学研究的核心任务吗？

（原载《中国文学批评》2016 年第 4 期）

"更有一般堪笑处，六平方米作郇厨"

——"美食家"汪曾祺论

翟业军

汪曾祺有诗云："年年岁岁一床书，弄笔晴窗且自娱。更有一般堪笑处，六平方米作郇厨。"唐代韦陟，袭封郇国公，性豪奢，厨中多珍馐美馔，后世即以"郇公厨"代指膳食精美的人家，亦简作"郇厨"。汪曾祺好吃，胃口好到让人"生气"，庞杂到"什么奇奇怪怪的东西都要买一点尝一尝"①。汪曾祺还好做吃的，他说，"这些年来我的业余爱好，只有：写写字、画画画、做做菜"②，做菜是他重要的"文章杂事"。就是到了"大去"前夕，因为食道静脉曲张，不能吃硬的东西，他还庆幸中国有"世界第一"的豆腐，自信能捣鼓出一桌豆腐席来，"不怕"!③ 汪曾祺更好谈吃，故乡的野菜、昆明的菌子、内蒙古的手把肉，种种四方、四时美食不断地涌现于他的笔端。"奉旨填词"的岁月里，他甚至闪现过撰写美食史的冲动："我很想退休之后，搞一本《中国烹饪史》，因为这实在很有意

---

① 汪曾祺：《泡茶馆》，《汪曾祺全集》（第 3 卷），北京师范大学出版社 1998 年版，第 373 页。汪曾祺在《吃食与文学》一文中讲过几则吃的轶事：其一，他去内蒙古体验生活，有位女同事闻到羊肉就恶心，看见他吃手抓羊肉、羊贝子，吃得那么香，"直生气"；其二，在西南联大读书时，他跟同学吹牛，说"没有我不吃的东西"，同学请他吃三个菜：凉拌苦瓜、炒苦瓜、苦瓜汤！他咬咬牙，全吃，从此，他也就吃苦瓜了。见《汪曾祺全集》（第 4 卷），北京师范大学出版社 1998 年版，第 54、57 页。

② 汪曾祺：《自得其乐》，《汪曾祺全集》（第 5 卷），北京师范大学出版社 1998 年版，第 278 页。

③ 汪曾祺：《〈旅食与文化〉题记》，《汪曾祺全集》（第 6 卷），北京师范大学出版社 1998 年版，第 279 页。值得一提的是，江淮一带把办丧事所吃的饭叫做"豆腐饭"，写作此文不到三个月，汪曾祺即死于食道静脉曲张破裂所引发的大出血，亲友吃了他的"豆腐饭"。

329

思,而我又还颇有点实践,但这只是一时浮想耳。"①好吃、好做吃的、好谈吃,以至于文艺界"谣传","说汪曾祺是美食家"。不过,一个做来做去无非是大煮干丝、凉拌杨花萝卜、塞肉回锅油条等家常小菜,说来说去也不过是"肉食者不鄙"和"鱼我所欲也"之类上不了台面的喜好的吃客,怎么能算是美食家?对于这一点,他很有自知之明:"我不是像张大千那样的真正精于吃道的大家,我只是爱做做菜,爱琢磨如何能粗菜细做,爱谈吃。"②正是基于此,我在汪曾祺的美食家头衔上打了一个双引号。本文要讨论的问题是:心心念念于吃,汪曾祺为什么到头来只是一位名不副实的美食家,"美食家"的尴尬处抑或是独异处究竟在哪里?这样的尴尬处抑或是独异处该如何在中国饮食文化史上写下一笔,它们又是怎样与汪曾祺的小说创作此呼彼应起来的?

一、吃的非艺术化

一开始,吃之于中国人不仅是生理需要,更是伦理规范的发源和教化的神圣仪式。《礼记·礼运》说:"夫礼之初始诸饮食。其燔黍捭豚,污尊而抔饮,蒉桴而土鼓,犹若可以致其敬于鬼神。"③向鬼神敬献饮食的仪式,原来就是礼之源头。礼不仅由吃所开启,更要经由吃的严明到丝丝入扣、壁垒森严的程序才能推行于万国、浸润于亿兆灵台,所以,《周礼·大宗伯》云:"以嘉礼亲万民:以饮、食之礼,亲宗族兄弟;以昏、冠之礼,亲成男女;以宾射之礼,亲故旧朋友;以飨、燕之礼,亲四方之宾客;以脤、膰之礼,亲兄弟之国;以贺庆之礼,亲异姓之国。"④——饮、食,飨、燕,脤、膰,均是能够"亲万民"的"嘉礼"的重要组成。孔子更要躬行起吃的繁文缛节,以垂范于世人:

---

① 汪曾祺:《致朱德熙》,《汪曾祺全集》(第8卷),北京师范大学出版社1998年版,第160页。
② 汪曾祺:《〈汪曾祺散文随笔选集〉自序》,《汪曾祺全集》(第5卷),北京师范大学出版社1998年版,第460页。
③ 杨天宇:《礼记译注》,上海古籍出版社2004年版,第268页。
④ 杨天宇:《周礼译注》,上海古籍出版社2004年版,第279页。

食不厌精，脍不厌细。食饐而餲，鱼馁而肉败，不食。色恶，不食。臭恶，不食。失饪，不食。不时，不食。割不正，不食。不得其酱，不食。肉虽多，不使胜食气。唯酒无量，不及乱。沽酒市脯，不食。不撤姜食，不多食。①

礼崩乐坏的直接后果，是伦理性的吃之不可挽回的式微，又因为可吃之物种的贫乏以及烹饪方式的单调，吃的新形态一时便无从生成，就连吃本身都不再受到应有的重视，难怪汪曾祺感慨，"唐宋人似乎不怎么讲究大吃大喝"，"宋朝人的吃喝好像比较简单而清淡。连有皇帝参加的御宴也并不丰盛"。② 直至明清两朝，随着新物种的大量引入、烹饪方式的不断丰富以及人们对于养身的近乎病态的关注，吃的花样骤然翻新到精致、繁复和奢靡。吃之不足，文人们还要一再地玩味吃、思索吃、提升吃，从而开启出一种吃的崭新形态——作为艺术的吃。对此，王学泰有所总结："清代，江南一些士大夫承晚明之余绪把饮食生活搞得十分艺术化，超过了以往的任何时代。"③作为艺术的吃不是为了果腹，用周作人的话说，就是要"喝不求解渴的酒，吃不求饱的点心"④；也无关教化，《随园食单序》劈面就是"诗人美周公而曰：'笾豆有践。'恶凡伯而曰：'彼疏斯粺。'古之于饮食也，若是重乎"，袁枚的用意却只是在于引申出"圣人于一艺之微，其善取于人也如是"，从而为自己"四十年来，颇集众美"⑤地精研于吃下一个悠远的注脚。吃的艺术化体现在两个方面：(1)食材的精挑细选和工艺的尽善尽美，董小宛"制豉"即可作一说明："制豉，取色取气先于取味。豆黄九晒九洗为度，颗瓣皆剥去衣膜。种种细料，瓜杏姜桂，以及酿豉之汁，极精洁以和之。豉熟擎出，粒粒可数。而香气醋色殊味，迥与常别。"⑥(2)对于吃本身的反动。大块吃肉、大碗喝酒纵然快意，说到底却是粗鄙的、动物性的，艺术化的吃

① 《论语译注》，杨伯峻译注，中华书局1980年版，第102—103页。

② 汪曾祺：《宋朝人的吃喝》，《汪曾祺全集》（第4卷），北京师范大学出版社1998年版，第109页。北宋吕大防向宋哲宗所历数的祖宗家法，亦可为汪曾祺的论断提供支撑："至于虚己纳谏，不好畋猎，不尚玩好，不用玉器，饮食不贵异味，御厨止用羊肉，此皆祖宗家法，所以致太平者。"见周辉：《清波杂志》，刘永翔校注，中华书局1994年版，第16页。

③ 王学泰：《中国饮食文化史》，广西师范大学出版社2006年版，第260页。

④ 周作人：《北京的茶食》，北京鲁迅博物馆编：《苦雨斋文丛·周作人卷》，辽宁人民出版社2009年版，第99页。

⑤ 袁枚：《随园食单》，别曦注译，三秦出版社2005年版，第1页。

⑥ 冒襄：《影梅庵忆语》，宋凝编注：《闲书四种》，湖北辞书出版社1995年版，第49页。

一定要超越于吃本身，舍形悦影，去跟自然与真气相悠游，这就像四月芳菲"闹"出满满生意，却终究是壅塞的、世俗的，君子、高士爱之不尽的还是繁花飘零之后安静地绽开在陶篱的秋菊和"凌寒独自开"的数点梅花。吃非吃的理念，李渔的一句颂语可作剖明："陆之蕈，水之莼，皆清虚妙物也。"①往清、虚处走的吃，与中国哲学的"淡"的传统若合符节——"遗音"才是正音，"遗味"乃为大味。② 作为艺术的吃的特点，一言以蔽之，就是"精微"，正如袁枚《杂书十一绝句》（其十）所云："吟咏余闲著《食单》，精微仍当咏诗看。"写吃竟如咏诗般"精微"，就必然导致"出门事事都如意，只有餐盘合口难"的尴尬，因为仅能果腹的腌臜、粗糙的食物怎么合得了既精且微的嘴巴和灵魂？与吃的艺术化同步发生的，是对于吃的艺术化的自觉，自觉的结果和表征就是食谱的大量问世，并被当作艺术品对待："明清以后，食谱多出于文人之手，因而食谱之作转而与书画笔砚同著录于'谱录'类，被视为艺术的一种，《四库全书总目提要》即作如此的分类。"③我想，只有在吃上面不厌"精微"且对此"精微"葆有充分自觉的食客，才称得上是美食家吧！

汪曾祺并不反对作为艺术的吃，谁不好一口更"精微"一点的吃食？不过，他意识到吃的艺术化容易走向偏至，流于为艺术而艺术，乖离了吃的本意，于是，他反对作为艺术的吃的流弊，从而与吃的艺术化谨慎地保持着距离，这样一种态度，我称之为吃的非艺术化。汪曾祺对吃如果真的持有一种非艺术化的态度的话，他的"美食家"头衔上的双引号也就加粗了、描黑了。汪曾祺所警惕的吃的艺术化的流弊有三。

（一）作为艺术的吃当然要求工艺的尽善尽美，工艺之尽善尽美也是"精微"的题中应有之义。但是，我们必须注意到，"精微"不是一个普通的形容词，它来自《中庸》："君子尊德性而道问学，致广大而尽精微，极高明而道中庸。"这里的"精微"与"广大"是二而一的关系：只有"尽精微"方能"致广大"，没有"致广大"的胸襟也不可能有"尽精微"的功夫，而"广大"与"精微"相激相荡出一片"中庸"构境。具体到吃，如果单是属意于"精微"，忽略了"要使清者配清，浓者

① 李渔：《闲情偶记》，江巨荣、卢寿荣校注，上海古籍出版社 2000 年版，第 265 页。
② 参见余莲：《淡之颂：论中国思想与美学》，卓立译，桂冠图书股份有限公司 2006 年版。
③ 逯耀东：《肚大能容》，生活·读书·新知三联书店 2002 年版，第 228 页。

配浓,柔者配柔,刚者配刚,方有和合之妙"(规律)①、"吾虽不能强天下之口与吾同嗜,而姑且推己及物。则食饮虽微,而吾于忠恕之道则已尽矣,吾何憾哉"(境界)②之类的"广大","精微"就一定会沦为穿凿和奇技淫巧,而穿凿正是《随园食单》所力戒的。穿凿之集大成者,要数工艺菜。工艺菜在餐盘中摆出龙、凤、鹤,或者"辋川小景",装上彩色小灯泡,闪闪烁烁。面对这些奇技淫巧,汪曾祺怒不可遏:"这简直是:胡闹!"③他还直接宣判:"工艺菜不是烹调艺术的正路,而是歪门邪道!"④汪曾祺当然不是一味地反对"精微",就算是一些家常吃食,也要布置得有模有样,方能勾起人们的食欲,比如,拌荠菜上桌要抟成塔形,红方要切得方方正正,这其实就是袁枚所说的"做到家"了:"譬如庸德庸行,做到家便是圣人,何必索隐行怪乎!"⑤

(二)一时一地的食材大抵是家常的、有限的,哪里经得起精挑细选,美食家便把搜寻的目光抛向非时非地。非时非地的食材之于一时一地的人们当然是异,异甚至成了考量食材是否艺术化和名贵的充要条件:越异越艺术化、越名贵,同时也就越奢靡。冒襄说董小宛精于饮馔:"细考之食谱,四方郇厨中一种偶异,即加访求,而又以慧巧变化为之,莫不异妙。"⑥一句话出现两个"异"字,说明冒襄对于异的迷信,他所谓的异一来说的是工艺之异,二来指的正是食材非时非地的异。汪曾祺在小说《金冬心》里开列出扬州头号盐商程雪门宴请两淮盐务道铁保珊的菜单,这里仅撷取一角:

> 甲鱼只用裙边。鲥花鱼不用整条的,只取两块嘴后腮边眼下蒜瓣肉。车螯只取两块瑶柱。炒芙蓉鸡片塞牙,用大兴安岭活捕来的飞龙剁泥、鸽蛋清。烧烤不用乳猪,用果子狸。头菜不用翅唇参燕,清炖杨妃乳——新从江阴运到的河豚鱼。

---

① 袁枚:《随园食单》,别曦注译,三秦出版社 2005 年版,第 8 页。

② 袁枚:《随园食单》,别曦注译,三秦出版社 2005 年版,第 2 页。

③ 汪曾祺:《作家谈吃第一集——〈知味集〉后记》,《汪曾祺全集》(第 4 卷),北京师范大学出版社 1998 年版,第 468 页。

④ 汪曾祺:《多此一举·工艺菜》,《汪曾祺全集》(第 4 卷),北京师范大学出版社 1998 年版,第 280 页。

⑤ 袁枚:《随园食单》,别曦注译,三秦出版社 2005 年版,第 34 页。

⑥ 冒襄:《影梅庵忆语》,宋凝编注:《闲书四种》,湖北辞书出版社 1995 年版,第 50 页。

铁大人听完菜单，引了一句俗话："咬得菜根，则百事可做。"他请金冬心过目，冬心先生想起了颜回的"一箪食，一瓢饮"。异到奢靡与清简到苛酷之间形成巨大反差，这一反差交代出汪曾祺对于异的警惕和敌意，正是在这样的情绪的驱策之下，惜墨如金的他才会不吝笔墨地报起了菜名——报菜名是呈现，更是揭露。冬心先生"尝了尝"（只能尝了尝，尝了尝才是品，是艺术）美食，想起《随园食单》把家常鱼肉说得天花乱坠，"嘴角不禁浮起一丝冷笑"。我想，汪曾祺是站在袁枚和家常鱼肉这一边的，他向冬心先生浮起了一丝冷笑。①

（三）以异为高，吃的什么、好不好吃就不再重要，重要的是我吃到别人吃不到或者想不到去吃的东西，别人吃不到或者想不到去吃我却能吃到或者独出机杼地想着去吃，恰恰证明了我的身份之高贵和品位之不群。此一逻辑导致的后果，就是吃虚化成了吃的传奇——没有几则吃的传奇，算什么高人？比如，董小宛的饮馔与她的习书、作画、闻香、艺兰、玩月一道组构成一个"木兰沾露，瑶草临波"的圣境，此一圣境与我们——一个与他和她的世界绝缘的庸俗群体——隔着两层，如"影"似"忆"，他们不是传奇，是什么？再如，梁实秋《雅舍谈吃》讲述了一则则类似于正阳楼吃蟹、"蚝油豆腐"（徐悲鸿、蒋碧薇在座）的传奇，就算是写到沿街贩售的老豆腐，他也不忘添上一句："天厨的老豆腐，加上了鲍鱼火腿等，身份就不一样了。"②汪曾祺不是没有吃过传奇一般的美味，但他并不以为傲，反而会觉得"酒足饭饱，惭愧惭愧"③（吃"干炸鳜花鱼"）、"这东西只宜供佛，人不能吃，因为太好吃了"④（吃"拔丝羊尾"）。同样是写豆腐，他觉得北京豆花庄的豆花以鸡汤煨成，过于讲究，倒不如乡坝头的豆花存其本位，他更有失"身份"地认定，坐在街边摊头的矮脚长凳上，要一碗老豆腐，就半斤旋烙的大饼，夹一个薄脆，"是一顿好饭"⑤——他要的不是艺术，而是

---

① 袁枚有"戒暴殄"之说："暴者不恤人功，殄者不惜物力。"见袁枚：《随园食单》，别曦注译，三秦出版社 2005 年版，第 371 页。程雪门的宴席极暴殄之能事，食客们还只是"尝了尝"，实在罪过。

② 梁实秋：《雅舍谈吃》，文化艺术出版社 1998 年版，第 114 页。

③ 汪曾祺：《鳜鱼》，《汪曾祺全集》（第 4 卷），北京师范大学出版社 1998 年版，第 188 页。

④ 汪曾祺：《手把肉》，《汪曾祺全集》（第 6 卷），北京师范大学出版社 1998 年版，第 8 页。

⑤ 汪曾祺：《豆腐》，《汪曾祺全集》（第 5 卷），北京师范大学出版社 1998 年版，第 386 页。

好饭。

说明一点:以上论述并不是要否定吃的艺术化,也不是以汪曾祺之所是为必是,而是以吃的艺术化为参照,逼视出这位"美食家"对于吃的基本态度来——吃的非艺术化。

二、吃满足需求,吃带来神圣快乐

吃的非艺术化就是要把吃跟馋、享乐以及通过吃的艺术化姿态来自我祝圣的企图毫不苟且地区分开,还吃以本来的面目。那么,吃本身是什么样子?有哪些功能? 巧的是,汪曾祺讨论过专注于吃本身、严格甄别吃与馋的阿城的《棋王》。(这位"美食家"对好友陆文夫的名作《美食家》未赞一词,这应该不是疏漏,而是有意识的回避,因为那只是一个馋人的故事。)关于《棋王》的吃,他总结:"《棋王》有两处写吃,都很精彩。一处是王一生在火车上吃饭,一处是吃蛇。一处写对吃的需求,一处写吃的快乐——一种神圣的快乐。"[1]这一判断意义重大,因为它不仅指向《棋王》,更是汪曾祺本人对于吃的功能的直接揭示:吃满足人的基本需求,吃带来神圣的生之快乐。

作为现代派小说家的"早期"汪曾祺耻于言吃,他认定吃是低级的、动物性的:"人在吃的时候本已不能怎么好看,容易教人想起野兽和地狱。(我曾见过一个瞎子吃东西,可怕极了。他是'完全'看不见。幸好我们还有一双眼睛!)"[2]拿瞎子说事,当然不是歧视残疾人,他的深意在于:吃,人畜皆需,是肉的、幽暗的,与排泄无异,而瞎子吃东西时,吃的人与所吃之物直接同一、彼此吞噬,于是,生命无非是进食—消化—排泄的生理过程这一丑陋、残酷的真相就被更加触目、粗暴地推到我们面前;眼睛的存在则是吃的人与所吃之物的有限度的分离,是人抽离自身、打量自身、超逾自身并进而挣脱自身之动物性的

---

[1]　汪曾祺:《人之所以为人——读〈棋王〉笔记》,《汪曾祺全集》(第3卷),北京师范大学出版社1998年版,第413页。

[2]　汪曾祺:《风景·堂倌》,《汪曾祺全集》(第3卷),北京师范大学出版社1998年版,第34页。

一点点可能。他还写过云南脚夫的冷淡的、毫不动情的、像是牛反刍一样的"慢慢慢慢地咀嚼",他说:"看这种人吃饭,你不会动一点食欲。"①这句话透露出两重讯息:第一,为吃而吃,了无生意,是丑的,令人发狂;第二,食欲很美好,它是主体朝向客体突进的渴望,是人被世界的五味所激发和开启,蓬勃而飞扬。由此可见,此时的汪曾祺已经萌生出乐于言吃的端倪。

到了"新时期",汪曾祺先是从大街小巷变魔术一般"欻"地铺展开来的吃食中觉出时代确实在变,欢欣之不足,他还要赋上一首打油诗:"十载成都无小吃,年丰次第尽重开。麻辣酸甜滋味别,不醉无归好汉来。"(《成都小吃》)——五味真是让人醺然啊。醺然的汪曾祺周身荡漾着吃的欢喜,以至于吃成了他打量世界的眼光,衡文论世的标尺。于是,我们看到,吃是他的"月令",在为电视片《梦故乡》所作主题曲中,他说:"八月十五连枝藕,九月初九闷芋头。"吃是他的度量衡,在《受戒》里,小英子震惊于善因寺的肃穆、魁伟,她想:"这么大一口磬,里头能装五担水! 这么大一个木鱼,有一头牛大,漆得通红的。"(庵,叫菩提庵,叫讹了,成了荸荠庵,宗教场所被吃食世俗化。)吃甚至成了他的创作的高标,他为《蒲桥集》撰写广告词,说自己的散文滋味"近似"(怎么可能达到?)"春初新韭,秋末晚菘"。吃还是他的屐痕处处,是他回不去的青春印记……

奇怪的是,汪曾祺乐此不疲地吃了又吃、写了又写的大抵只是一些寻常到卑贱,滋味也未见得惊艳的食物。比如,在《故乡的食物》一文中,他写炒米,"炒米这东西实在说不上有什么好吃";写焦屑,焦屑是"我家乡的贫穷和长期的动乱"的印记;写茨菇,"我小时候对茨菇实在没有好感。这东西有一种苦味";写蚬子,"这种东西非常便宜"……故乡亦有"鳊、白、鲑"等名贵的鱼和极肥的蟹,却"以无特点,故不及"。但是,"不及"的借口实在太过牵强,我们当然可以反唇相讥:炒米、焦屑又有什么了不得的特点值得你大书特书? 其实,大书特书的理由从《板桥家书》的片段就可以看得分明:"天寒地冻时暮,穷亲戚朋友到门,先泡一大碗炒米送手中,佐以酱姜一小碟,最是暖老温贫之具。"写它们,原来是因为是它们、只有它们,才是"暖老温贫之具",换一种说法,就是

① 汪曾祺:《背东西的兽物》,《汪曾祺全集》(第 3 卷),北京师范大学出版社 1998 年版,第 46 页。

"小户人家的恩物"。这些家常食物满足了小户人家的基本需要,小户人家的基本需要也只能由家常食物来满足,这样一来,写家常食物就是在凸显吃的满足基本需要的功能,是感动于家常食物与小户人家的"心连手,手连心",是发现、淘洗小户人家再苦再难也能稳稳地活下去的韧性,是赞叹天地到底是仁的,万物皆在一种奇妙的因缘和平衡中流转——这哪里是在写,分明是在咏、叹、歌和颂。他写了多少家常食物颂啊:马齿苋,现在少有人吃,三年饥荒时,"这是宝物";萝卜,一年到头都有,可生食、煮食、腌制,"萝卜所惠于中国人者亦大矣①;豆腐,可老可嫩,宜荤宜素,"遂令千万民,丰年腹可鼓。多谢种豆人,汗滴其下土"……周作人云:"人生一饱原难事,况有茵陈酒满卮。"诚哉斯言! 不过,周作人的境界真是高妙,"一饱"之外,他还要来上满满一杯茵陈酒,方能抵得"十年的尘梦"。汪曾祺笔下的小户人家一般无酒可喝,喝,也是像《露水》里的"他",就着几条小鱼(他不忘注解:"运河旁边的小鱼比青菜还便宜。"),炒一盘咸螺蛳,喝二两稗子酒——一种又苦又上头的最便宜的酒。这样的喝酒是纯物质性的,与精神的升华无涉,他的太操劳、太紧张、太麻木的生命需要用劣酒打一打,松一松,然后就是无梦的酣眠,就像"他"的空虚的胃亟待小鱼小虾来填充一样。瞩目于吃的满足基本需要的功能,汪曾祺自然略过名贵的食物不提,他说:"我到海南岛去,东道主送了我好些鱼翅、燕窝,我放在那里一直没有动,因为不知道怎么做。"②什么吃的都要尝一尝且熟读各路食单的老饕怎么会"不知道怎么做"? 不会做就不能学一学? 可靠的解释只能是,他不感兴趣,因为它们所满足的不是人的基本需要。袁枚亦鄙视燕窝者流,他的理由一定曾让汪曾祺粲然,因为他说,这些劳什子淡而无味,根本不好吃:"不知豆腐得味,远胜燕窝;海菜不佳,不如蔬笋。余尝谓鸡、猪、鱼、鸭,豪杰之士也,各有本味,自成一家。海参、燕窝,庸陋之人也,全无性情,寄人篱下。"③不好吃,世人还趋之若鹜,是因为"贪贵物之名,夸敬客之意"④,这正是吃的艺术化的流弊。

---

① 汪曾祺:《萝卜》,《汪曾祺全集》(第 5 卷),北京师范大学出版社 1998 年版,第 10 页。
② 汪曾祺:《文章杂事》,《汪曾祺全集》(第 6 卷),北京师范大学出版社 1998 年版,第 86 页。
③ 袁枚:《随园食单》,别曦注译,三秦出版社 2005 年版,第 31 页。
④ 袁枚:《随园食单》,别曦注译,三秦出版社 2005 年版,第 31 页。

　　家常食物满足了小户人家的基本需要,不过,满足是消极的,只是在保证生命的持存。小户人家的生命力可旺着呢,不过是一些粗茶淡饭,他们也吃得那么快乐,那么恣肆,他们仿佛在用最汹涌的吃的方式证明他们活着,活着真好,他们还会继续结结实实地活下去。这样的快乐是积极的、创生的、神圣的,快乐着的他们是有光的。比如,《大淖记事》中的挑夫们蹲在茅草房子的门口,捧着蓝花大海碗,大口大口"吞食"紫红紫红的米饭(《八千岁》说,紫红色的米是"头糙",也就是只碾一道、才脱糠皮的糙米),就着青菜小鱼、臭豆腐、腌辣椒。"他们吃饭不怎么嚼,只在嘴里打一个滚,咕咚一声就咽下去了。看他们吃得那样香,你会觉得世界上再没有比这个饭更好吃的饭了。"这哪里是什么好饭呢? 但他们的胃口是这么好,汲取生命养料的渴望又是这么强,于是,就连糙米都在如此酣畅的流转中完成了自身,它们是有用的,它们真好啊。再如,北京人喜欢喝豆汁儿,豆汁儿是"贫民食物"。"豆汁儿沉底,干糊糊的,是麻豆腐。羊尾巴油炒麻豆腐,加几个青豆嘴儿(刚出芽的青豆),极香。这家这天炒麻豆腐,煮饭时得多量一碗米,——每人的胃口都开了。"①你能知道究竟是炒麻豆腐的"极香"(这玩意儿能有多香呢,但他言之凿凿地说:"极香。")打开了胃口,还是健旺的胃口把炒麻豆腐吃得"极香"? 吃带来神圣的快乐,带来生之肯定,所以,每到一个新地方,别人爱逛商场、书店,汪曾祺则宁可去逛逛菜市,"看看生鸡活鸭、鲜鱼水菜、碧绿的黄瓜、彤红的辣椒,热热闹闹、挨挨挤挤,让人感到一种生之乐趣"②。

　　吃能满足人的基本需要,还能带来神圣的快乐。这样一来,什么样的人就会尽可能地选择什么样的最符合自己的口味和身份的吃食,从什么样的吃食中也能反观出什么样的吃的人,此所谓:吃中有人,呼之欲出。汪曾祺当然不会放过以吃观人,让人与吃相互映照的机会,就像张爱玲痴迷于人物的衣着一样——真是性别决定兴奋点。于是,初二、十六的傍晚,人们常常看到王瘦吾拎着半斤肉或一条鱼回家,他正走了一点小小的红运(《岁寒三友》);那对沉默的夫妻一天只能打到一点杂鱼,连两寸不到的"罗汉狗子"、薄得无肉的"猫杀子"都要,他们的日子一定饘粥不继(《故乡人·打鱼的》);开米店的八千岁顿

---

① 汪曾祺:《豆汁儿》,《汪曾祺全集》(第6卷),北京师范大学出版社1998年版,第463页。
② 汪曾祺:《食道旧寻》,《汪曾祺全集》(第4卷),北京师范大学出版社1998年版,第36页。

顿吃"头糙"，菜是一成不变的熬青菜，有时放两块豆腐，他当然是个吝啬鬼，这个吝啬鬼怎么能够理解宋侉子竟然喜欢吃卤麻雀（麻雀能有多少肉？），也只有认定卤麻雀是"下酒的好东西"的宋侉子才会在虞小兰身上花那么多钱，不会去想值不值得（《八千岁》）；季匋民一边画画，一边喝酒，"画一张画要喝二斤花雕，吃斤半水果"，他正是笔致"疏朗"、画风"飘逸"的大师（《鉴赏家》）；杨家大小姐吃的是拌荠菜、马兰头、虾子豆腐乳，清淡到餐风饮露，她是董小宛一样的薄命人，早早得了噎嗝症，死了（《忧郁症》）……

三、火腿入画与韭菜花进帖——家常食物的再艺术化

不吃饭是会死人的，人活一世，草木一秋，要吃，要痛痛快快地吃，所以，汪曾祺荤腥不忌，上穷碧落下黄泉地吃。他写过一首打油诗："重升肆里陶杯绿，饵块摊来炭火红。正义路边养正气，小西门外试撩青。人间至味干巴菌，世上馋人大学生。尚有灰藋堪漫吃，更循柏叶捉昆虫。"一首小诗，汇集了多少令人胃口大开的饮食啊："玫瑰重升"酒，烧饵块，正义路的汽锅鸡，小西门马家的牛舌，干巴菌，灰藋，干爆豆壳虫。他的"七载云烟"竟是由吃来"铭刻"的。不过，他之于吃的趣味，是会让美食家们齿冷的，因为真正的美食家有所吃、有所不吃，比如，李渔一生绝葱、蒜、韭不食，以其秽、臭也，而他却连豆壳虫都捉来干爆，还"恬不知耻"地说：好吃，有点像盐爆虾，还有一股柏树叶的清香。但是，他蛮可以振振有词地反驳：是真好吃啊，而且，眼睛都饿得发绿了，守着那么多豆壳虫不吃，等死？于是，他不拘一格地吃着各路美食，特别是那些家常食物，吃得忘乎所以，齿颊留香。有趣的是，某些时候，他对吃，特别是热衷于吃猪肘、猪耳、猪下水，又抱有偏见，甚至是生理性的厌恶。比如，《可有可无的人——当代野人》认定唱架子花脸的庾世荣是一个"野人"，一个未进化的庸俗的人，"野人"的主要标志，就是他爱吃猪下水，肠子、肚子、猪心、肺头，"吃起来没个够"。《唐门三杰》中的老大唐杰秀爱吃天福号的酱肘子，而且只归他一个人吃，孩子们干瞧着，"他觉得心安理得，一家子就指着他一个人挣钱"——他"叫人感到恶心"。《迟开的玫瑰或胡闹》里的邱韵龙在发愿"胡闹"之前，生活平静如一汪死水，死水的淤滞，正体现在他对于肘子的超常的沉溺，他好像吃

啊吃啊，就要吃出猪的身形：

> 他不赌钱，不抽烟，不喝酒，唯一的爱好是吃。吃肉，尤其是肘子，冰糖肘子、红焖肘子、东坡肘子、锅烧肘子、四川菜的豆瓣肘子，是肘子就行。至不济，上海菜的小白蹄也凑合了。

《晚饭后的故事》是这样开头的：

> 京剧导演郭庆春就着一碟猪耳朵喝了二两酒，咬着一条顶花带刺的黄瓜吃了半斤过了凉水的麻酱面，叼着前门烟，捏了一把芭蕉扇，坐在阳台上的竹躺椅上乘凉。他脱了个光脊梁，露出半身白肉。

二两酒，不能多也不能少，少了，没有那种类似于冬日蒙头大睡的窒息的醺醺然，多了，滑出日常生活的边界，或者就一剑把它刺破了，不多不少，正好养出他的一身白肉，一种纯动物性的、腻滞的、带点腥气的身体。那么，问题来了：猪肉本是最家常的吃食，东坡居士《猪肉颂》曰"黄州好猪肉，价贱如泥土"①，如此价贱物好的吃食不正是"小户人家的恩物"，汪曾祺何以重小鱼小虾而轻猪肉，庾世荣一干人等嗜吃猪肉，究竟罪在何处？

让我们从汪曾祺一再申说的家常食物谈起。他说：

> 家常酒菜，一要有点新意，二要省钱，三要省事。偶有客来，酒渴思饮。主人卷袖下厨，一面切葱姜，调佐料，一面仍可陪客人聊天，显得从容不迫，若无其事，方有意思。如果主人手忙脚乱，客人坐立不安，这酒还喝个什么劲！②

家常食物当然必须省钱、省事，倒是"有点新意"颇令人难解：每菜都要有出人意表的思路，这跟董小宛调鼎又有何区别？而影梅庵的饮馔恰恰是极费钱、费事的啊。其实，汪曾祺的重心不在"新意"而在"有点"。也就是说，他的家常食物不必"新"到"尖"的程度，尖新饮馔超尘出世，与日常世界格格不入，而他却是要跟日常世界若"即"若"离"的——没有"离"的冲动，"即"就是被日常世界彻底吞噬，被吞噬到醺醺然，就像庾世荣们没有羞耻的穷凶极恶的吃；没有"即"把吃牢牢锚定于日常世界，"离"就是尖新，尖新饮馔就像园林、书画，

---

① 苏轼：《猪肉颂》，《苏轼文集》（第 20 卷），孔凡礼点校，中华书局 1986 年版，第 597 页。

② 汪曾祺：《家常酒菜》，《汪曾祺全集》（第 4 卷），北京师范大学出版社 1998 年版，第 192 页。

是让"韵人纵目，云客宅心"(明祁彪佳语)的，与口腹之欲无涉；若"即"若"离"就是既建基于日常世界之上，又葆有一点"离"的渴望，化日常世界之腐朽为神奇。"离"体现在如下三个方面：(1)食材不必名贵，却一定应时当令。应时当令的食材一来新鲜，二来在吃的当下仿佛可以与季节共流转，就像杨花满城时，拌一碟杨花萝卜，吃到嘴里，是整个春天的"细嫩"，也像李复堂的欣喜："大官葱，嫩芽姜，巨口细鳞时新尝。"(《题〈大葱鳜鱼图〉》)(2)做菜时不为调鼎之劳所缚，有"若无其事"的淡定，有"从容不迫"的潇洒。陶渊明诗云："故人赏我趣，挈壶相与至。班荆坐松下，数斟已复醉。父老杂乱言，觞酌失行次。不觉知有我，安知物为贵。悠悠迷所留，酒中有深味！"(《饮酒·其十一》)"离"的核心就在一个"趣"字，得"趣"则"班荆坐松下"亦能"不觉知有我，安知物为贵"，又何必孜孜于吃本身？(3)"'粗菜细做'，是制家常菜不二法门。"[1]这里的"细做"说的不是费工夫，而是指善体食材之性，让它发挥、生长、飞扬，于是，就连回锅油条都可以极酥脆，"嚼之真可声动十里"——"声动十里"的欢畅，不就是"鸢飞戾天，鱼跃于渊"？东坡居士赞曰："无一物中无尽藏，有花有月有楼台。"汪曾祺不喜欢参禅悟道，没有办法从无中生出有来，他必须从"粗菜"一样的日常世界点染开去，开创出属于他的"无尽藏"。

与日常世界若"即"，就是尊重仅止于"六平方米"的局促的现实；若"离"，就是哪怕只有"六平方米"也要操持成一个"邰厨"，让家常食物以最本真的样态来与我们相见。这就是"美食家"汪曾祺的尴尬处，更是独异处。于是，在"美食家"汪曾祺的手中和笔下，淘洗、创造出多少与日常世界若"即"若"离"、既家常又飞扬的吃食啊，胪列数则如下：(1)裘盛戎生活清简，请客时，菜不过数道，但做得讲究。比如，吃涮肉，涮的不是羊肉，而是一块极嫩的牛肉，不要乱七八糟的调料，只一碟酱油，切几个蒜片，这正是"淡而能浓，存本味，得清香"[2]。(2)《吃饭》中的靳元戎好吃，也会做，有一次煎几铛鸡肉馅的锅贴，用的是大骟鸡，撕净筋皮，用刀背细剁成茸，加葱汁、盐、黄酒，其余什么都不搁，"那叫一个绝！"(3)《故乡人·钓鱼的医生》里的王淡人先生钓得鱼来，刮鳞洗净，

---

① 汪曾祺：《文章杂事》，《汪曾祺全集》(第6卷)，北京师范大学出版社1998年版，第87页。

② 汪曾祺：《难得最是得从容》，《汪曾祺全集》(第6卷)，北京师范大学出版社1998年版，第199页。

就手放进锅里,不大一会儿,鱼就熟了,他一边吃鱼,一边喝酒,一边甩钩再钓,这叫做"起水鲜"。① 王淡人先生"大其心",故能体物之性,当"物吾与也"的时候,自然就"民吾同胞"了,正是有了"民吾同胞"的体认,他才会扁舟一叶,颠簸于惊涛骇浪,救孤村之人于时疫的魔爪。② 他真是一个孤胆英雄。小说结尾说:"一庭春雨,满架秋风。你好,王淡人先生!"瓢儿菜在春雨里疯长,扁豆花在秋风中翻飞,它们是它们自己,它们又超越了它们自己,它们是艺术的,就像一个普普通通的医生也可以"如光风霁月",他真好啊!

就这样,在与日常世界既"即"且"离"的微妙距离中,家常食物实现了自身的再艺术化。再艺术化了的它们,比如火腿,是可以入画的,就像汪曾祺为友人作画,画了青头菌、牛肝菌、大葱、蒜,外加一块很大的宣威火腿——"火腿很少入画的"③;也如韭菜花,为什么不能进法帖,就像五代杨凝式的《韭花帖》一样? ——汪曾祺说:"我读书少,觉韭花见之于'文学作品',这也是头一回。"④其实,何止火腿、韭菜花,只有到了汪曾祺这里,挑夫、锡匠、卖熏烧的、和尚、药店相公等贩夫走卒者流,才不再是"毫无意义的示众的材料和看客",不再是"蚯蚓们",不再是"个人主义的末路鬼",也不再是即便脚上沾着牛粪都比知识分子还要来得干净的革命生力军,他们就是他们自己,他们是美的,是可以入画、进帖,写成一首首《受戒》《大淖记事》一样的诗,让世人传唱的。

谨以此文纪念汪曾祺先生逝世二十周年

2017 年 4 月 24 日,玉泉

(原载《文艺争鸣》2007 年第 12 期)

---

① "起水鲜",即袁枚所谓"戒停顿":"不过现杀、现烹、现熟、现吃,不停顿而已。"袁枚:《随园食单》,别曦注译,三秦出版社 2005 年版,第 36 页。

② 从"大其心"到"体物"再到"民胞物与"的逻辑,张载阐释得明明白白:"大其心则能体天下之物。物有未体,则心为有外。……圣人尽性,不以见闻梏其心。其视天下无一物非我,孟子谓尽心则知性知天以此。"张载:《张载集·大心篇第七》,章锡琛点校,中华书局1978 年版,第 24 页。

③ 汪曾祺:《金岳霖先生》,《汪曾祺全集》(第 4 卷),北京师范大学出版社 1998 年版,第145 页。

④ 汪曾祺:《韭菜花》,《汪曾祺全集》(第 4 卷),北京师范大学出版社 1998 年版,第 373 页。

域外视野

论莎士比亚十四行诗的时间主题

吴　笛

莎士比亚的十四行诗是作者思想和艺术高度凝练的结晶,历来受人重视,特别是 20 世纪以来,研究十四行诗的论著,其数量仅次于《哈姆莱特》的研究论著。其中有许多颇有价值的探讨和发现,但很多问题至今仍未得到令人信服的解答。不过,提出问题的主要意义在于加深人们对莎士比亚诗歌的理解。

关于这部诗集的中心内容和主题,传统的观点认为是歌颂真善美以及友谊和爱情,从而表现了人文主义的思想。多数学者认为该诗集的主题是歌颂真善美,也有专家认为《十四行诗集》按内容可以分为三类:歌颂美的诗,以友谊为题的诗,以爱情为题的诗"①。国外的一些学者也大多持这种观点,国外的一些教材甚至把这部诗集当成"爱情十四行诗"来看待。② 就连近年出版的《哥伦比亚英国诗歌史》也把它列入"爱情抒情诗集"(collection of love lyrics)的范畴,而且认为:"威廉·莎士比亚的十四行诗集比别的爱情抒情诗集激起了人们更为紧要的推测。"③

但这种观点确实有些牵强附会,我们只有结合莎士比亚整个的创作生涯,才能作出比较客观的评价。莎士比亚的十四行诗集的创作年代是 16 世纪末和 17 世纪初,这正是他的戏剧创作从喜剧朝悲剧过渡的时期。十四行诗集所

---

① 杨周翰:《谈莎士比亚的诗》,《文学评论》1964 年第 2 期。

② 如 *The Poetry Handbook* 的编者伦纳德(John Lennard)将莎士比亚的十四行诗集形容为"love poems and declarations of courtship"(John Lennard ed. ,*The Poetry Handbook* , Oxford:Oxford University Press,1996,p. 23.)。

③ Carl Woodring ed. ,*The Columbia History of British Poetry* ,New York:Columbia University Press,1994,p. 194.

反映的恰恰是情绪从乐观向悲观乃至失望的转变。而导致这种情绪转变的一个重要因素，是对"时间"这一概念的理解以及由此产生的悲观主义的时间意识。

因此，我们认为，莎士比亚十四行诗的主题是多元的，而时间是其十四行诗中的一个重要主题。在莎士比亚著名的十四行诗集中，无论是美还是友谊和爱情，都因为受到了"时间"的无情吞噬而弥漫着强烈的悲观的情调。在这部作品中，始终贯穿着与时间抗衡和妥协的思想以及面对时间而表现出的茫然和困惑。这种困惑正是 16 世纪末和 17 世纪初人文主义者对时代感到困惑的一个反映。

一、美和艺术与时间的妥协和抗衡

时间（time）是莎士比亚十四行诗集中一个极为关注的对象。time 这个词语在诗集中出现过 79 次，而且大多是以大写字母出现的。另有 hour、week、day、month、season、winter、spring 等多种表示时间概念的词语频繁出现在诗集中。如 day 出现 46 处，hour 出现 16 处，winter 出现 10 处。可见，时间主题是我们探究莎士比亚十四行诗集一个不可忽略的重要方面。

我们先从歌颂真善美这一传统观点入手。一些学者之所以认为莎士比亚十四行诗集的主题是歌颂真善美，其主要依据是莎士比亚第 105 首诗中的陈述：

真，善，美，就是我全部的主题，
真，善，美，变化成不同的辞章；
我的创造力就用在这种变化里，
三题合一，产生瑰丽的景象。①

仅从以上流行的译文中难以看出问题。我们不妨核查一下英文原文：

'Fair, kind and true' is all my argument,

---

① 莎士比亚：《莎士比亚十四行诗集》，屠岸译，上海译文出版社 1988 年版，第 210 页。

'Fair, kind, and true' varying to other words;

And in this change is my invention spent,

Three themes in one, which wondrous scope affords.

可见,这里的"主题"是译自英语的 argument 一词。然而,argument 就文学作品而言,是较为泛指的情节和内容,这与文艺复兴时期艺术的基本原则是相一致的:所主张的是"形式之美"以及"人物和事件的真实"。① 可以说,这里说的是艺术主张,并非主题。而且,argument 在严格意义上是争论、讨论之意,也就是说,在此即使是指主题,那也并非歌颂它们,而是指讨论这些话题。这样,不妨理解为讨论这些话题在时间的长河中的变幻以及与时间的冲撞。如诗集开头部分写给年轻友人的诗,也主要是想规劝年轻友人成婚来把自己的美在后代身上保存下来,从而与时间抗衡,避免时间对美的扼杀。

为了避免时间对美的扼杀,诗人在诗集开头部分的十多首诗中,主要是想通过劝婚来与时间妥协,以及通过艺术来与时间抗衡。其中第 1 首至第 14 首主要是想通过婚姻繁衍子孙来与时间妥协。

在第 1 首中,诗人的确歌颂了友人的难以比拟的美:

你现在是大地的清新的点缀,

又是锦绣阳春的唯一的前锋……②

但是,诗人接着在第 2 首诗中认为只有通过结婚,繁衍后代,才能战胜时光,重焕青春:

这将使你在衰老的暮年更生,

并使你垂冷的血液感到重温。

在第 5 首中,诗人以极具表现力的形象化的语句直接表达了时间的恐怖和对美的残忍的摧残。诗人写道:

---

① Hilton Landry ed. , *New Essays on Shakespeare's Sonnets*, New York: AMS Press, Inc. , 1976, p. 109.

② 莎士比亚:《十四行诗集》,梁宗岱译,《莎士比亚全集》(第 6 卷),人民文学出版社 1995年版,第 525 页。文中凡未注明出处者,基本上选自这一译本。

那些时辰曾经用轻盈的细工

织就这众目共注的可爱明眸，

终有天对它摆出魔王的面孔，

把绝代佳丽剃成龙钟的老丑：

因为不舍昼夜的时光把盛夏

带到狰狞的冬天去把它结果；

生机被严霜窒息，绿叶又全下，

白雪掩埋了美，满目是赤裸裸：

那时候如果夏天尚未经提炼，

让它凝成香露锁在玻璃瓶里，

美和美的流泽将一起被截断，

美，和美的记忆都无人再提起：

但提炼过的花，纵和冬天抗衡，

只失掉颜色，却永远吐着清芬。

在这首"4442"结构的十四行诗中，诗人以前面的"起、承、转"三个部分的12个诗行来描述时间这一"魔王"的恐怖以及对人生和自然的盲目的作用。而最后两行的"合"，尽管以"提炼"与时间进行了抗衡，但这种以结婚来抗衡的思想相对显得苍白无力。因此，他必须寻找新的抗争方式。

所以，在自第15首起的几首诗里，诗人展现的是与时间妥协或抗争的矛盾冲突。在第15首诗中，诗人不再指望靠友人以结婚的方式来与时间抗衡了，而是决心要用自己的诗篇来记录男性青年的美，与时间抗衡。

诗人相信诗歌可以使朋友的美永存，第15首中的最后两句写道：

And all in war with Time for love of you,

As he takes from you, I engraft you new.

（为了对你的爱我与时间交战，

它把你夺走，我把你重新嫁接。）

可是，第16首笔锋一转，说无论是诗还是画都不能使你永存，抵抗时间的最好的办法还是生儿育女，这比枯燥的诗要好得多。经过一番犹豫，诗人终于认识到，对待时间这样的顽敌，仅靠诗歌也是不够的，得联合起来进行抗争。

所以在第17首诗中,诗人提出既靠繁衍后代,又靠诗歌创作来使美丽得以永存,从而获得双重的生命:

But were some child of yours alive that time,

You should live twice,in it and my rhyme.

(但那时你若有个儿子来到了人世,

你就活两次:在他身上,在我诗里。)

第18首是表达艺术与时间抗衡这一思想的代表性诗篇。正如国内学者所说,该诗的主题是表达"唯有文学可以同时间抗衡;文学既是人所创造的业绩,因此这里又是宣告了人的伟大与不朽"[1]。这样,该诗就具有了明显的人文主义思想:

被机缘或无常的天道所摧折,

没有芳艳不终于雕残或销毁。

但是你的长夏永远不会凋落,

也不会损失你这皎洁的红芳,

或死神夸口你在他影里漂泊,

当你在不朽的诗里与时同长。

诗中可以感受到对爱的信念,正是相信这种爱,使得他的诗能够永恒,而诗歌又使情人的美得以永恒。不过,这种永恒到了诗集的后部分,仍然反复受到怀疑。如在第65首中,诗人在歌颂美的时候,也哀叹美的短暂、美的脆弱,认为"她的活力比一朵花还柔脆",转眼枯萎凋落。在第104首中,诗人觉得所谓美的常驻,不过是自己的眼睛被迷惑而已。所以美也像时针一样,它蹑着脚步移过钟面,悄然而逝。因此,他在该诗的结尾写道:"颤栗吧,未来的时代,听我呼吁:/你还没有生,美的夏天已死去。"

---

[1] 王佐良等主编:《英国文学名篇选注》,商务印书馆1987年版,第93页。

二、友谊与爱情的"时间"审视

"爱的永恒"是许多诗人所着力表现的主题。如在爱情与时间的关系上，17 世纪初的英国诗人约翰·多恩认为爱情是超越时空的：

爱情呀，始终如一，不懂得节气的变换，

更不懂钟点、日子和月份这些时间的碎片。①

对于莎士比亚十四行诗集的主题，传统的观点基本上认为是歌颂友谊和爱情。②《莎士比亚诗全集》的编者的观点更具有一定的概括性和代表性："从表面上看，十四行是描写友谊和爱情的。具体地说：前面部分写给诗人朋友的一百二十六首，主要写友谊，余下二十八首写爱情。但这只是外部的情节构架，实际上，在这一表层下面，还有一个贯穿全诗的真正主题，即'真、善、美'。"③诚然，莎士比亚的十四行诗集中确有一条关于友谊和爱情关系的线索，或者如某些学者所说，有一个"与英俊的年轻男子和黑肤女郎相关的'故事'"④，尤其是开头部分，确有一些歌颂友谊和爱情的作品，但是，由于"莎士比亚(十四行中)所讲述的故事轮廓是清晰的，细节却是朦胧的"⑤，所以，我们同时也应在清晰的爱情叙事中看到潜在的悲剧情绪。实际上，随着作品的展开，爱情和友谊便受到了"时光"的无情吞噬，抒情主人公只是在消极地及时行乐，尽管有的论者认为是莎士比亚不会写"carpe diem"（及时行乐）这类主题的

---

① 约翰·多恩：《日出》，汪剑钊译，飞白主编：《世界诗库（第 2 卷）：英国　爱尔兰》，花城出版社 1994 年版，第 152 页。

② 中国大百科全书总编辑委员会《外国文学》编辑委员会、中国大百科全书出版社编辑部编：《中国大百科全书·外国文学（Ⅱ）》，中国大百科全书出版社 1982 年版，第 902 页。

③ 莎士比亚：《莎士比亚诗全集》，陈才宇等译，浙江文艺出版社 1996 年版，第 19 页。

④ Thomas P. Roche, *Petrarch and the English Sonnet Sequences*, New York: AMS Press, Inc., 1989, p. 381.

⑤ Stanley Wells ed., *Shakespeare Studies*, Shanghai: Shanghai Foreign Language Education Press, 2000, p. 37.

缘故。①

其实,莎士比亚不同于同时代的诗人,并不像其他诗人那样歌颂"爱的永恒",或像约翰·多恩那样认为爱情不受时间和空间的限制,他的这部十四行诗集中的友谊和爱情的线索是处于发展和变换之中的,并且在时间的支配下,在思想感情和气氛上造成一种一致的比较合乎逻辑的发展。无论是对男性青年的友谊还是对"黑肤女郎"的爱情,其实主要是作为一种铺陈,来突出时间的残酷和无情。所以,到了诗集的最后部分,即第 146—152 首,随着时间的流逝,诗人遭遇的则是友谊和爱情的双重背叛。他似乎完全陷入绝望,在失恋的痛苦中挣扎,同时万般悔恨自己有眼无珠,错爱一场。

可见,莎士比亚描写爱情,主要是悲叹爱情短促易逝。

他曾想依靠婚姻和爱情来与威严的时间抵抗:

没有什么能抵挡时间的长镰,

除非在他曳走你之前,把子孙繁衍。

主张爱情主题论的学者总是以著名的第 116 首为依据,坚持认为莎士比亚在这一首诗中提出了爱是"两颗真心的结合",把爱情"提高到了崇高的境界"。然而,应该看到,莎士比亚在此即使是歌颂爱情,也是以时间为参照物的,他甚至勇敢自信地以爱情来向时间挑战,而且一反常态,以爱情的永恒来对照具体时间的短暂和无常。

我绝不承认两颗真心的结合

会有任何障碍;爱算不得真爱,

若是一看见人家改变便转舵,

或者一看见人家转弯便离开。

哦,决不! 爱是亘古长明的塔灯,

它定睛望着风暴却兀不为动;

爱又是指引迷舟的一颗恒星,

你可量它多高,它所值却无穷。

---

① 朱·伊丽莎白:《当代英美诗歌鉴赏指南》,李力、余石屹译,四川人民出版社 1987 年版,第 137 页。

爱不受时光的播弄，尽管红颜

和皓齿难免遭受时光的毒手；

爱并不因瞬息的改变而改变，

它巍然矗立直到末日的尽头。

我这话若说错，并被证明不确，

就算我没写诗，也没人真爱过。

我们结合其他诗篇，可以看出，在爱情与时间的关系上，莎士比亚"爱不受时光的播弄"的思想与其他的诗句有着明显的矛盾。俗话说，没有上下文也就没有文本，我们也只有从上下文的关系上，才可以正确地把握诗人的思想倾向。从上下文中我们看到，该诗与前三首和后四首共同构成一组，讨论爱情。前三首是讨论爱情怎样既欺骗了眼睛又欺骗了心灵，后四首则是力图为各自对爱的不忠和背叛寻找理由。

此外，我们还应考察此首诗中"时光"的确切含义。原文中关键性的四行（9—12行）是这样写的：

Love's not Time's fool，though rosy lips and cheeks

Within his bending sickle's compass come：

Love alters not with his brief hours and weeks，

But bears it out even to the edge of doom.

按古希腊哲学家亚里士多德的观点，时间是具有双重含义的，时间是间断性和连续性的统一，既是有始有终的直线时间，又是无始无终的连续系列。[①] 在上述的诗句中，爱所战胜的显然只是指能以日月星体的运转所测量的直线时间：his brief hours and weeks（时间的短暂的钟头和星期），而最终仍然难逃厄运（to the edge of doom）。

而且，尽管他在这首诗中宣称"爱不受时光的播弄"，但这也仅仅是作为一种理想，该诗所处的上下文已经对此作出了解释。而且就该诗的基调而言，也有一种潜在的感伤的成分，诗人在强调不要见异思迁时，却在句首用"Let me not...admit..."（让我不要承认……）这样的话语，这实际上包含着对这种现

---

① 赵敦华：《西方哲学通史》（第1卷），北京大学出版社1996年版，第194页。

象的哀叹,所以,该诗只是说明了理想的爱情与现实之间的距离,整部诗集的结构更是对这一理想予以了否定,因为如上所述,面对时间的"播弄",诗人最后所遭受的是男性青年的友谊和"黑肤女郎"的爱情对他的双重背叛。

三、时间主题的悲剧意识

一般认为莎士比亚的戏剧创作分为喜剧、悲剧、传奇剧等三个创作阶段,这一观点较为客观,也被许多学者所认可。既然如此,那么创作于16世纪末和17世纪初的十四行诗集,就应该相应是莎士比亚从喜剧向悲剧过渡时期的创作。抒情诗创作不同于戏剧,常常是作者个人经历和心灵历程的记录,比其他任何形式的作品都更能展现作者本人的思想情绪。

从莎士比亚这部诗集所表现的时间主题来看,可以深刻地探究出诗人的悲观情绪。由于莎士比亚诗中所表现的时间时常是直线地朝前无情运动的时间,而不是神话意义上的周而复始、循环运动的时间,所以就体现了深沉的悲剧意识。我们仅从措辞方面便可感受莎士比亚的这种悲观情绪。

如上所述,莎士比亚在诗集中频繁使用"time"这一词语,而且常常用多种多样的拟人化的形容词来修饰它,使之形象生动逼真。

用来修饰"time"的形容词有"never-resting"(从不停止的,第5首)、"devouring"(吞食的,第19首)、"swift-footed"(脚步迅疾的,第19首)、"sluttish"(淫荡的,第55首)、"injurious"(不公正的,第63首)、"balmy"(芳香的,第107首)、"reckoning"(精打细算的,第115首)、"inviting"(引人动心的,第124首)等等。

此外,还有一些以时间作所有格而与之连用的名词,如"Time's pencil"(时间之笔)、"Time's furrows"(时间皱纹)、"Time's tyranny"(时间暴君)、"Time's chest"(时间之胸)、"Time's fickle glass"(时间的无常的沙漏)、"Time's injurious hand"(时间的毒手)、"Time's fell hand"(时间的无情的手掌)、"Time's scythe"(时间的镰刀)等等。

这类名词的使用使"时间魔王"这一可怖的形象显得更为具体、栩栩如生。尤其是scythe或sickle这一意象,在第12首、60首、100首、116首、123首、126首诗中多次出现。

那么，为什么镰刀这一意象反复出现呢？这与古希腊的神话传说有着必然的联系。"镰刀一直作为克洛诺斯的象征物，他被看成了古希腊之前的丰产之神。后来人们混淆了他和时间的化身克洛诺斯的名字，于是克洛诺斯手执着镰刀（或长柄大镰刀），以提醒人们时间的无情流逝。"[①]在此，莎士比亚如文艺复兴时期的其他诗人一样，把时间与克洛诺斯的可怕形象融合在一起，是为了"强调时间的破坏作用"[②]。

这一挥镰割草的"时间魔王"的形象在第 60 首诗中最具典型性。在该首诗中，诗人写道：

像波浪滔滔不息地滚向沙滩：

我们的光阴息息奔赴着终点；

后浪和前浪不断地循环替换，

前推后拥，一个个在奋勇争先。

生辰，一度涌现于光明的金海，

爬行到壮年，然后，既登上极顶，

凶冥的日蚀便遮没它的光彩，

时光又撕毁了它从前的赠品。

时光戳破了青春颊上的光艳，

在美的前额挖下深陷的战壕，

自然的至珍都被它肆意狂喊，

一切挺立的都难逃它的镰刀：

可是我的诗未来将屹立千古，

歌颂你的美德，不管它多残酷！

在这一首诗中，"scythe to mow"（割草的镰刀）典型地说明了时间的残忍和恐怖。镰刀是恐怖的时间的象征，那么，被割的草在此处则是人的肉体的象征。如《圣经·新约·彼得前书》所说："凡有血气的，尽都如草，他的美荣，都像草上的花。草必枯干，花必凋谢。"所以诗人在此强调，一切挺立的东西都难

---

① 檀明山主编：《象征学全书》，台海出版社 2001 年版，第 445 页。

② 胡家峦：《历史的星空——文艺复兴时期英国诗歌与西方传统宇宙论》，北京大学出版社 2001 年版，第 161 页。

逃被时间镰刀割除的命运,这充分说明了时间的强大、恐怖以及人的生命在时间面前的渺小和不堪一击,也充分表现了莎士比亚时间观方面的强烈的悲剧意识。

莎士比亚的时间主题的悲剧意识在第 73 首诗中表现得最为强烈:

在我身上你或许会看见秋天,

当黄叶,或尽脱,或只三三两两

挂在瑟缩的枯枝上索索抖颤——

荒废的歌坛,那里百鸟曾合唱。

在我身上你或许会看见暮霭,

它在日落后向西方徐徐消退:

黑夜,死的化身,渐渐把它赶开,

严静的安息笼住纷纭的万类。

在我身上你或许会看见余烬,

它在青春的寒灰里奄奄一息,

在惨淡灵床上早晚总要断魂,

给那滋养过它的烈焰所销毁。

看见了这些,你的爱就会加强,

因为他转瞬要辞你溘然长往。

诗人在该诗中尽情流露自己的悲观情绪,甚至感到生命已进入黄昏(尽管诗人创作这首诗时年龄不过 30 来岁),犹如在寒风中瑟瑟颤抖的几片黄叶,又如日落西山时的黄昏,或一团奄奄一息的、只剩下灰烬的火焰。因此,他恳求他的爱友能看出这一切,并企求对方加强对诗人的爱。这一恳求,使全诗的基调显得更为凄凉。

综上所述,时间是莎士比亚十四行诗集中一个不可忽略的重要主题。单纯歌颂美颜以及友谊和爱情或歌颂真善美并非莎士比亚这部作品的本意。在这部十四行诗集中,无论是美颜还是友谊和爱情,都受到时间的制约。莎士比亚力图通过对艺术、爱情等可以超越身外之物的探寻,来摆脱人的生命隶属于时间的被动地位,尽管这种探求只能加深他的困惑。

我们考察莎士比亚十四行诗中的时间主题,既能使我们从一个侧面加深对其戏剧创作从喜剧向悲剧转换的理解，同时也更能加深我们对文艺复兴时期人文主义作家世界观的理解，尤其更能加深我们对人文主义者强调现时生活意义的理解。正是他与时间妥协和抗衡但又无法摆脱时间的无情吞噬而表现出来的大胆揭露的精神和悲观的情绪，使他的诗作超越了时空，有了普遍的意义，成了"时代的灵魂"，从而"不属于一个时代而属于所有的世纪"。①

（原载《外国文学评论》2002 年第 3 期）

---

① 本·琼生语，引自王佐良：《英国诗史》，译林出版社 1997 年版，第 119 页。

叙事的建构作用与解构作用

——罗兰·巴尔特,保罗·德曼,莎士比亚和福音书

徐 亮

一

罗兰·巴尔特在《叙事作品结构分析导论》结尾处说了一句发人深思的话:"总之,如果不作有意扭曲发育史的假设,认为儿童在同一时刻(三岁左右)'创造'句子、叙事,以及俄狄浦斯,可能是意味深长的。"[①]三岁左右的儿童不仅发展出恋母情结,同时开始创造句子和叙事。这暗示了我们这两件事——创造句子、叙事,与俄狄浦斯——的相似性:它们都是出自无意识,属于我们的本能。这是一种什么样的本能呢? 通过叙事建构意义的本能。之所以说它是本能,是因为从发育史角度看来,人的一生似乎就是朝着这个目标行进的过程。为了实现这种建构,人的成长似乎一直与叙事能力的增长同步推进。幼年的牙牙学语,学习组织句子,是为叙事作准备;青少年的学习开阔了知识方面的眼界,积累了叙事的语料,训练了叙事的技术;成年的人生规划是一种预设的关于自我的叙事,其实现完全有赖于对自身投入其中的一个前景的设计,这个设计综合了自我、家庭、社会等因素,平衡了理性、道德和信仰等多种维度,纠

---

① 伍蠡甫、胡经之主编:《西方文艺理论名著选编(下)》,北京大学出版社 1987 年版,第 504 页。引者按英译本(Susan Sontag ed., *A Barthes Reader*, London: Jonathan Cape Ltd., 1982, p.295)对译文作了改动。

合了叙事的所有路径，主人公在其中时隐时现。最后到了人老话多的总结性阶段，到处讲述他知道和"经历"的故事。其句式是回顾式的——"我这个人……""我们那时……"，有光荣，不再梦想；话语聚合方式是隐喻性的——"人生就这么回事"。在人生的结束阶段，也是叙事的完成处，他要做的主要是唠嗑，而且充满了重复（听者的反应是"你又来了……""这话你讲了多少遍了！"），脚本已经形成，也许有时候略有微调。

　　人的一生就是由自己写就的、也可以被别人重写的关于他自己和他的世界的故事。"活得明白"就是所设计的情节富有主题性并且得到了实现，"活得浑浑噩噩"就是没有主题甚至没有任何设计、没有故事。前者成为有意义的人生，后者成为无意义的人生。人生的真谛原来就在建构意义。无疑，叙事具有一种建构性力量，它是通过赋予被建构者以意义实现的。

　　罗兰·巴尔特详细解释了这种建构力量的运作方式。在《叙事作品结构分析导论》中，他把这种运作方式称为"跛行"，这是叙事作品的情节与意义的互动。这首先表现在叙事单位的分类上。叙事需要横向地推进，故事情节的序列环环相扣，适应这种横向推进功能的要素属于分布类单位；但是叙事还需要一种结合类单位，它的功能是成为上一级意义层次的标志。意义是纵向贯穿的，它是一个内涵或隐喻。而在叙事作品中，这种纵向组织不是单层的，它至少包括"行动"和"叙述"两个上层组织。其中"行动"是与人物性格（行动者）有关的层面，"叙述"则是与叙事者和主题有关的层面。标志作为基本单位必须对上一层的行动者乃至更上一层的叙述总策略有所意指。比如托尔斯泰小说《安娜·卡列尼娜》描写安娜在火车站目睹火车轧死人事件，这时首次遇见安娜的沃伦斯基捐给了遇难者二百卢布，这既是沃伦斯基这个人物性格的标志——富有、慷慨、投其（安娜）所好等等，也是小说叙述总策略的一个标志——是这个故事的一个解释成分。分布展开情节，标志透露主旨，二者的合作才能完成叙事：人们不能接受一个情节平淡无奇、悬念贫乏的故事，但人们也不能接受不知所云的故事，因为不知所云就是意义的阙如，也就抽去了叙事的精髓。其次，在更重要的叙事结构运行方面，这种"跛行"就得到了充分展露：情节进行过程中所有要素向意义汇聚，即一边展开情节，一边意有所指，在缜密推进横向要素的同时不停地对纵向意义进行意指，被它所吸附。横向和纵向同时并进的这种起伏式前行，类似"跛行"，或一种兼顾上下左右的编织。

因此,叙事意义的最高端,罗兰·巴尔特不称其为"主题",而称其为"逻辑",因为从序列展开的角度和意义的角度看,它都是一种必然会如此的逻辑现象。

罗兰·巴尔特认为,经过这样一种"跛行"和编织,叙事可以建构出想要的意义来。叙事是一种创造性的建构工作,而不是对已有事物的重复和再现,因而也就能鼓舞人的热情,当然这是一种与语言相关的热情:"在阅读一部小说时,使我们燃烧的热情不是'视觉'的热情(事实上,我们什么也'看'不见),而是意义的热情,也就是说,是一种高级关系上的热情,这种高级关系也有自己的感情、希望、威胁和胜利。叙事作品中'所发生的事'从(真正的)所指事物的角度来说,是地地道道的子虚乌有,'所发生的'仅仅是语言,是语言的历险,是对语言的产生一直不断的热烈的庆贺。"①

这种令人鼓舞的局面的支持力量来自两个相互关联的预设。第一,意义建构是可能的;第二,这种可能性建立在结构可靠性的基础上。所以,探索在叙事背后起支配性作用的结构实际上是确保意义建构的关键。在《叙事作品结构分析导论》中,这种意义建构的可能性还仰赖结构的"整体性"的设想:"序列基本上是一个内部没有任何重复的整体"②,而整体性正是结构可靠性的预表,它意味着序列或任何微小的结构因素是向引导和制约它们的一个方向聚合的,它的内部是没有裂痕或即使有也是非典型的和可修复的。在人们所说的"后结构主义"阶段,罗兰·巴尔特抛弃了这个整体性观念,转而朝向文本的"可写性"。他发现,文本的各个节点都有丰富的可能性,它们不只具有已经写出的那种定式,可对它们进行各种转喻写作,例如一个情节并不是必定按小说已有的路径发展,可以转向不同的方向,文本是有多种转写可能性的。为此他做了一些实践:《恋人絮语》是一次充实的实践,对热恋中人的缺乏话语完整性的絮叨、喃喃自语加以充实,补足其情境和上下文;《S/Z》是通过稍许转写而进行的一种解码操作,即对巴尔扎克小说《萨拉辛》一些关键性叙事节点的多种可能性加以探讨,暴露文本在罗兰·巴尔特所谓的"五种编码"间穿插编织的

---

① 伍蠡甫、胡经之主编:《西方文艺理论名著选编(下)》,北京大学出版社 1987 年版,第 504 页。引者按前述英译本对译文作了改动。

② 伍蠡甫、胡经之主编:《西方文艺理论名著选编(下)》,北京大学出版社 1987 年版,第 504 页。

方式,从而达到解码的目的。与结构主义时期不同的是,此时他"关心的不是展示一种结构,而是生产一种结构过程(structuration)"[①],也就是说不再以揭示各种符号系统(图像、广告、汽车、时装、叙事)的意指模式为目标,而是找到一些关键的节点,把围绕诸可能性对它们作试探和选择,最终完成编码的过程展示出来。"可写性"突破了结构的整体性,为破裂和不确定性留下了空间,结构不再是唯一的了。但总的说来,罗兰·巴尔特对此只作了一种理论性推证,他的实践并没有达到他此时理论所开拓的视野,比如让建构自行遇到犹豫,乃至自我解构。就像在《S/Z》中我们看到的情况,"五种编码"的预设使得这种结构过程的"生产"更像是展开一份产品说明书,是对"五种编码"及其相互关系的预定理论的图解或操作指导。

虽然叙事可视为人生命的本能,但是叙事必定能够建构意义,这个确定性并不是先验给定的。因为,首先,叙事结构本身就不可靠,或者,其可靠性只是一种假设。就以罗兰·巴尔特的叙事结构来说,叙事的基本单位分为分布和结合两类,且不说这个分法马上会碰到尴尬(一个特定单位经常同时兼具两种身份),它在运作中也会陷入窘境。沃伦斯基的捐赠既是一个结合单位(标志他的个性等),也是一个分布单位:它是火车站发生的那个事故序列中的一个要素。罗兰·巴尔特注意到了一个单位同属于两个类别的情况,却只是把它作为一种例外加以说明。这种双重身份的单位能够保证结构朝着建构意义的方向正向运作吗? 结合类单位与分布类单位存在着相向而行的基础吗? 实际上,捐赠如果被作为上一层意义的标志,就一定会影响其在序列中的分布和走向,反之亦然。作为序列,捐赠有自己的合理走向,这个走向不一定都会朝着说明沃伦斯基性格的方向走去,它与标志之间的龃龉要花很多的努力去摆平,最好的结果也只是表面上看起来抹平了。托尔斯泰没有让这个序列继续下去,这个序列就成了游离于小说主干序列之外的一个插曲。这也是一种抹平结构裂痕的方法。但如果二者的离心力发生在叙事文本的主干序列中,其破坏性就显而易见了。比如王实甫的《西厢记》,主题的鲜明的现代性是它获得赞誉的主要原因,但是主题本身的运作方式却造成了它对情节合理性的伤害。

[①]　Roland Barthes, *S/Z*. trans. Richard Miller, New York: Blackwell Publishing Ltd. /Hill and Wang,1990,p. 20.

这出戏的主角们的行动序列一直被试图结合到整个作品的主题中去,以至于张生为了爱情而愿意承诺并实施那个绝无胜算的计划——"白夺一个状元"。到长亭送别为止,作品的结构裂痕并未明显暴露,但是后续的情节就显露出它们被上一层的意义单位所拖累的情况。为了说明有志者事竟成,说明爱情力量的强大,张生真的考上了状元(全国第一名),这是在他进京赴考的考试准备期间不好好复习,却艳遇崔莺莺,陷入热恋,且分心于说服老夫人的情况下做到的。而为了使"天下有情人皆成眷属"的主题成为事实,张生就一定要在考上状元后回来迎娶崔莺莺,这回避了状元被王公贵族招赘入婿的诸多可能性,也回避了"还将旧来意,怜取眼前人"(崔莺莺语,意为考取状元后张生移情别恋)的可能性。一切都被强行纳入主题,而不顾甚至侵害序列本身的可连接性。《西厢记》第五出就这样在情节和主题的离心作用之下成为"狗尾续貂"之作。这反映出叙事结构内在的分裂性:情节的逻辑与意义的逻辑不是内在统一的,罗兰·巴尔特设想的那个合而为一的作为叙事作品高光亮点的逻辑并不存在。因为这个原因,结构性的裂痕实际上布满叙事框架。这就是在许多叙事中会留下尴尬的沉默的原因,这是因为意义撕扯了情节,或故事情节对于其意义归属产生了破坏,以至于作者和解释者都无法弥合这种裂痕,只能对此沉默不语。如果《西厢记》在第四出结束,将会是这种情况。而这种情况下一些叙事还能"成功",则只是由于这种沉默的裂痕幸运地被解读出了朝向统一性的各种意义。

二

保罗·德曼把这种将情节序列纳入主题的情况称为意义的暴力。德曼认为语言与意义并不是并存的,二者并没有天生的相互配合的关系,意义对于语言而言是一个外来的入侵者。这一点并不难理解,比如语法(它属于语言)并不顺着意义的规则加以构成,合乎语法与合乎所要表达的意义之间就势必产生龃龉。语言富有意义只可能是因为对语言本身作了意指性的操作和理解,是阅读把意义涂抹到了语言上,夸张地说,这就是意义对语言的一种强加和暴力。叙事作品的情节遵从毗连性规则,它与遵从对应性规则的意义没有先验的适配关系;战争场面中人体的前倾可能是外作用力的后果,它遵从力学规则,但很可能被诗意地解释为出于勇敢和正义。德曼晚年出版了一本名为《审美意识形态》的论文集,就是在揭露审美旗号下意识形态对语言施行的暴力。总之,在德曼看来,语言与意义的关系不是建构性的,而是解构性的。

具体说来,德曼至少指出了意义建构方面的两种破坏性力量。

第一,述事句与述行句的解构性关系。顺着约翰·奥斯汀的言语行为理论可以得出,语句(包括叙事性语句)并不只是在述事(它的典型句式就是过去时态的叙述),同时也是述行的,因此述事与述行构成了语句的一组二元对立。述事可以被理解为复述,即对已经发生的事件的描述;述行则是借助语句做事情,例如通过语言发布命令、劝说、辩解,等等。在德曼看来,二者并没有交汇点。一个故事本身包含道德寓意这种事情是不存在的,因为道德寓意要通过述行加以构建,而故事是通过述事构建的,两者的差别恰如康德的认知理性与道德理性的差别,它们的界限无法逾越。康德借助审美判断力搭建的二者之间的桥梁,在德曼看来不仅不可靠,而且根本上反映出了一种强制阐释的暴力。述事句与述行句之间的解构性关系在德曼对卢梭作品的分析中得到揭示。《阅读的喻说》(*Allegories of Reading*)第十二章分析了卢梭《忏悔录》对自己过去不道德行为的忏悔,集中在卢梭对年轻时曾经行偷窃却嫁祸于人一事的忏悔上。这件事的叙述见《忏悔录》第一部第二章末,卢梭说他当时在雇主家偷了一条丝带被当场抓获,因为怕丢脸,他诬赖说是一位无辜的女仆偷了给他的,这个诬赖让女仆当场丢掉了工作,而且想必她日后会一生背负污名。因为这个罪行及其可怕的后果,卢梭说自己付出了一生痛苦的代价。不过,卢梭又透露说"当时的一些实际情况"可以为自己的行为作辩解,当时他的内心意向是对这女仆抱有感情,"我心中正在想念她,于是就不假思索地把这件事推到她身上了"。这个辩解当然令人难以置信,因而并不成功。保罗·德曼指出,这里发生的事正是源于句子述事与述行两个维度的不兼容性。忏悔(confession,有"坦白"之义)是在真相名义下所作的一种道德性补偿,只要说出真相,谎言就被揭露,并且因其被揭露,当事人就受到了惩处,付出了代价。但是卢梭不然,他要对所忏悔之事作辩解,而辩解是一种言语行为(述行)现象;更有甚者,他把辩解的述行句处理为述事句,把辩解的理由处理为事实。"我心中正在想念她""我对她有感情",这些无法验证而只能被当作自我辩护的主观理由的东西,被他当作认知性的"实际情况"说出来,让读者把这种本来只能选择信或不信的说辞,当作知与不知的事实来处理。卢梭本人想必也相信了这个说辞并且把它当作事实接受了下来。但是一厢情愿地且粗暴地撮合述事与述行关系的做法,其结果却适得其反:这个辩解不仅因其非事实性而令人怀疑,而且根本没能减弱述事序列的自然后果的严重性,更何况,这个被处理成"实际情况"的辩解中的两个前后要素(因想念她,就诬陷了她)之间没有可毗连性,不合逻辑。最关键的是,一个需要辩解的忏悔就不是真心的忏悔。辩解解构了忏悔。虽然卢梭在《忏悔录》中发誓"关于这件事我要说的话只此而已。请允许我以后永远不再谈了",但是这个辩解的明显的失败使得他在后来写的自传续篇《一个孤独的散步者的梦》中对此又作了一次描述和说明以及辩解,德曼称之为对(首次)忏悔的忏悔。这一次情况更糟。为了消除首次忏悔未能消除的人们对诬陷事件本身的后果的疑虑,以及这种疑虑对于他辩解的破坏性作用,卢梭要求人们别让话语的认知作用(述事性)干扰了辩解。他解释说,对自己和他人无害的撒谎不是撒谎,只能算虚构;真理如果无用就不是一件必须具有的东西。因此,如果《忏悔录》对女仆的诬陷被认为是有害的虚构,那是因为人们对那个陈述作了指称性解读,没有意识到那个陈述本质上的非意指性(即非认知性)。这样,卢梭似乎在说,他作为忏悔而说出的那个诬陷的事实并不是事实,而是虚构。为了给一个事实辩解,只能编造新的谎言。卢梭的忏悔变成了辩解,而辩解变成了谎言的连续。述事和述行的深刻的解构关系使得他的辩解和忏悔都适得其反。

第二,语言的置放力。如果语言与自然世界没有对应关系,我们势必要注意它自身的运行方式,继而马上就会发现各种语言成分(词语及标点)本身的置放现象。例如它们必须遵从语法,又必须与意义加以协调,这就要对它们相互之间不同的顺序和排列组合作出选择,这些成分存在着一个秩序安排的问题。不同的置放带来不同的意指,这看起来是一种建构意义的正能量,但要命的是,它带来的解构效应更加显著。保罗·德曼在《浪漫主义修辞学》中通过对雪莱生前最后一个作品——长诗《生命的凯旋》的细读,揭露了由语言的置放力所产生的意义解构作用。德曼列出三个互相抵触或需要协调的语言层面:语言的指称性、语言的意义、语言的定位。语言的指称性指语言所描绘的事物及其关系,它们有自己的秩序;语言的意义指文本的意指方面;语言的定位指文本的各种形式要求。它们预设了某些特定位置的词语外形,例如诗歌中的韵脚、音步等等。这三个层面都需要通过特定的要素安置来实现,但是每一种安置都是顾此失彼的。意义与指称性根本上是两回事,并没有天然的合作关系,且常常冲突。常常是,意义层面上有力的一个象征无法在指称层面上获得连续性、合理性,以致最终消解了意义本身。而语言定位层面上的置放分别对指称和意义两方面都造成了难以消除的影响。以《生命的凯旋》为例。首先,为了歌颂阳光(意义),雪莱作了广泛的无所不用其极的描写,结果这个光线,不仅能够照亮,甚至像那喀索斯的眼睛一样,还能够看见,这两者,即光线与看见,怎样在指称性中找到相互关系,却变成一团迷雾;更有甚者,光线还被描写为一种能够编织(thread)的力量,它把世界编织到一个织体中。而一旦使用了编织这个词,它就要求与那喀索斯的眼睛和其他被描写因素形成协调关系,如果做不到,堆积到它身上的意义就会失效。但也不能设想取消这个词,"光线"对于这首诗重要到如此地步:取消光线这个意象,就等于取消了总的意义建构,它必须被置放在那儿。所以,德曼说,尽管如此不尽如人意,"这一光线依然被允许在极其牵强的状况下存在于《生命的凯旋》中"①。其次,"编织"这个词的选择还涉嫌受制于诗歌的韵律。在这首诗中,thread、tread、seed、deed组成了一个韵律图,这意味着它们所在的位置有语音方面的预定要求,这些词语的置放带有强制性,它们在实现韵律图的同时又必须实现各自的指称性和意义。与要实现的意义相比,这些词强横地置放在相应位置成为更硬的现实,它们成为意义的前提。保罗·德曼指出,这首诗的意义产生方式,与诗中那些强制性的韵脚配置,诸如"波浪(billow)""柳树(willow)"和"枕头(pillow)",以及"编织(thread)""踩踏(tread)""种子(seed)""行为(deed)"等等,是相互关联的,看起来特殊的、充满意义的许多运动或事件,实际上是由能指的、随意的与表面的属性所产生的。正是韵律导致了思想的毁灭,因为它强行设置的这些词语引起了意指运动内部的解构性冲突,从而无法支持对一个

---

① Paul de Man, *The Rhetoric of Romanticism*, New York: Columbia University Press, 1984, p. 111.

连贯性思想的建构。① 德曼总结道:"语言的置放力,既是武断的,又是丝毫不可撼动的。武断是因为它具有一种不能还原为必然性的力量,不可撼动是因为没有任何东西可替代它。它位于机缘与决定性的两极之外,不是事件的时间序列的一部分。"②在本质上不能还原的置放力量上建构具有必然性的意义图谱,其基础显然是不牢靠的。

这里应该稍作说明的是,语言的置放力所引起的解构作用并不只是针对诗歌作品,虽然德曼的分析落在了雪莱的诗歌上。因为其中涉及的三个语言层面及其相互关系也是叙事作品共有的,虽然它们的表现有所不同:在叙事中,指称性与意义的冲突最为突出,如此等等。

三

总的来看,罗兰·巴尔特的理论肯定了叙事在意义建构方面的正能量,而保罗·德曼显然在强调包括叙事在内的意义建构的不可能性,而且看起来德曼的论证并没有问题,更击中要害。让我们回到本文的开头。罗兰·巴尔特那句意味深长的话,假设人从三岁开始表现出叙事的本能,我们也设法展开它在生命的各个阶段的表现,这表明叙事是人终其一生要做的最重要事情之一。无疑,叙事乃至言语活动都是为了建构意义,否则很难解释人为什么要终其一生去做这件事。当然,叙事乃至意义建构都会遭遇解构力量的搅扰,来自多种话语相互龃龉的作用力,致使最终的建构往往不能如愿以偿,但人们不会放弃建构的努力,放弃一次次地对这些相互龃龉的力量作暂时性的协调和撮合,以求意义的显现。这同样说明了人为什么需要终其一生去做这件事。德曼的不只是对叙事意义的解构,也是对所有通过语言建构意义的可能性的否定。然而他的解构本身恰恰是建构性的,是对意义建构的不可能性的建构。

---

① Paul de Man, *The Rhetoric of Romanticism*, New York: Columbia University Press, 1984, p. 114.

② Paul de Man, *The Rhetoric of Romanticism*, New York: Columbia University Press, 1984, p. 116.

一种致力于解构的理论自身具有建构性。我们从这儿可以看到一种反讽性。用德曼自己的概念来表述，就是当他得出修辞阅读内在的解构性这一"洞见"的时候，他陷入了他视为不可能的某种意义的建构的"盲目"。德曼本人在《抵制理论》一书中从另一个视角注意到了这一点，他是这样表述的："无论什么东西都无法克服对于理论的抵制，因为理论本身就是这种抵制。"①德曼的"理论"是指"不再以非语言学的即历史的和审美的考虑为基点"②的活动，易言之，就是以语言论立场解读文本的活动。强调这个侧重点的目的与语言论转向的目的一致，就是通过解构形而上学的理论据点——反映论（"历史的和审美的考虑"显然属于反映论的理论模式），来达到反形而上学。为此保罗·德曼建议采用一种修辞阅读的方法，将焦点放在语法、逻辑和语义的关系上，修辞（或转义修辞）就是能够显示这种复杂关系的一个界面。修辞阅读就是纯语言论的阅读，也是真正的阅读，即不受形而上学或意识形态控制的阅读，也即德曼意义上的"理论"。可是德曼迅即发现，当人们进行这种阅读时，必然带有一种总体化的蓄意，因为这个过程会故意避免一些东西，或故意推向某个方向，以避开已经得知的某些会导致形而上学的程序，也因为这种阅读要获得某些能够加以展示或教学的知识。这样，每一种理论活动就都会生产出一些通则，即放之四海而皆准的结论，而这正是纯粹的修辞阅读所要避免的。

修辞阅读的实际操作产生出一种抵制纯粹修辞阅读本身的力量，理论的运行产生出一种抵制理论的力量。这个具有反讽意义的现象揭示出来的问题并不是语言运作的问题，而是理论这项事业内在的某种缺陷：它包含了某种单向性维度。语言的运作只是把理论话语的这种单向性暴露了出来。这在罗兰·巴尔特和保罗·德曼的著作中是一样的。巴尔特通过《叙事作品结构分析导论》及其他写作所要传达的信息是：意义建构是可能的，而且我发现了其运作规律；其中没有任何关于语言运作解构性的信息作为平衡机制。德曼则意在指出：结构主义仍然是一种形而上学的理论，它所宣称的意义建构是不可能的，我发现了这种不可能性的语言论基础。德曼对卢梭和雪莱的文本

---

① 见保罗·德曼：《解构之图》，李自修等译，中国社会科学出版社 1998 年版，第 114 页。
② 保罗·德曼：《解构之图》，李自修等译，中国社会科学出版社 1998 年版，第 98 页。

的分析都是修辞阅读的典范,在文本细读方面的繁复程度绝不亚于任何新批评分析,把他们话语结构中的极其细小方面,只要有可能和必要,都作了转喻,也就是说,竭力对之进行一种修辞阅读。尽管如此,我们仍然能够看出掩藏在这些细密文本背后的那个主题,或用他自己的话说,那种"总体化"。"总体化"作为前景一直在引导转喻写作。另外,尽管德曼承认了纯粹修辞阅读的不可能性和自反性,却仍然只能听任这种反讽现象蓬勃发展,他甚至对这种现象本身作出了略带嘲讽的断语:"文学理论并没有沉没的危险;它不由自已地兴盛起来,而且愈是受到抵制,它就愈是兴盛,因为它讲说的语言是自我抵制的语言。不过,这种兴盛是一种胜利抑或是一种失败,却仍然无法做出定论。"①就是说,只要理论存在着,就无法走出这种局面。理论,为了得出结论,为了证明自己正确,必须强调某一面。这就把话语的双重运作现象过滤为单向度的。理论话语本身要求这种所谓的发现和创新,这是它无法克服的逻辑。理论家需要证明:第一,自己的发现是有来由的,是从理论传统中得来的;第二,自己的发现是全新的。所以,如果不摆脱理论的话语方式,这种单向的肯定性就无法克服。

单向的肯定性、总体化或主题化,是修辞阅读走向自身解构的推动力,也是理论话语的主要陷阱。当然,这些问题却并不只在哲学和科学论文里存在,它们也在叙事文学写作中存在,比如前文提及的《西厢记》,由于主题化的处理,各种话语力量的冲突被强行拧直,因而暴露了更大的裂痕。然而,一方面,并非所有叙事写作都如此;另一方面,理论肯定不是修辞阅读或者转喻写作的合适的场所,从理论视角看到的叙事无法将其解构的力量与建构的力量汇聚成一种叙事话语的正能量,这种汇聚却是摆脱理论悖论所必需的。

四

一种不受总体化约束的话语何以可能? 哪种话语或叙事既能够在处理建构问题的时候充分暴露解构的因素,而不至于像罗兰·巴尔特那样对此置若

---

① 保罗·德曼:《解构之图》,李自修等译,中国社会科学出版社 1998 年版,第 114 页。

阃闻,又能够在处理解构现象的同时诚实地意识到自身的建构性,而且超越保罗·德曼的消极(否定)的建构性,让解构要素也能够发挥建构作用?

在写下这个问题的时候,我头脑中一直在想莎士比亚《麦克白》中麦克白的那句著名台词:"人生如痴人说梦,充满了喧哗与骚动,却没有任何意义。"这句话直接顶撞了罗兰·巴尔特的预设,因为巴尔特把叙事设为人的本能,并且保证了叙事意义建构的可能性,而这儿却说人生毫无意义。这句话很好地形容出保罗·德曼、雅克·德里达的立场,即意义是被强加的,与他们稍有不同的是,它被强加到"人生"而非"语言"上,但考虑到这儿的"人生"恰恰是叙事的标的物,它说出的其实是叙事建构意义的不可能性。除去意义的强加,叙事或语言就剩喧哗与骚动,前者(sound)既是叙事意义上的喧哗,也是语言学意义上的音响(半个能指)。这似乎暗示了莎士比亚持解构论的立场。不过,有两个因素使莎士比亚这句台词避免了总体化的倾向。第一,这并不是莎士比亚所有作品中所强调的东西。我们可以在他的作品中找到许多肯定人生意义的话语,比如《罗密欧与朱丽叶》对爱情的肯定,"爱情没有任何意义"在那个语境中是不可能存在的。第二,那是《麦克白》中麦克白的台词,根据复调理论,我们只能把那句话理解为所有话语中的一种可能的组合,这个立场并不属于某个作者或主体,莎士比亚并不与这句话捆绑在一起。作者必须在一篇文本或所有他名义下的文本中秉持一种立场,这并不是戏剧写作的圭臬。所以,在这种非理论的写作中,并不需要总是为立场的统一性犯愁。莎士比亚把每一种话语立场(或角色的逻辑)发挥到极致,以至于诸如玩世不恭的福斯塔夫,甚至阴谋报复的伊阿古,他们的否定性都带有很强的肯定性,故事指称性层面所展示的东西令一般的道德哑口无言,在这种情况下,莎士比亚减弱了述行的力量,以至于很难看出他的立场。看起来莎士比亚的叙事总是有办法接纳各种解构性的力量,哪怕是消极性的沉默的接纳,这才开启了对它们的修辞阅读可以被一再搁置和一再重启的可能性。

在《圣经》福音书(这是说理但并非理论的著作)中,我们可以遇到更好的例子。谨举三例。

《路加福音》16:1—13:

耶稣又对门徒说:"有一个财主的管家,别人向他主人告他浪费主人的财物。主人叫他来,对他说:'我听见你这事怎么样呢? 把你所经管的交代明白,因你不能再作我的管家。'那管家心里说:'主人辞我,不用我再作管家,我将来做什么? 锄地呢? 无力;讨饭呢? 怕羞。我知道怎么行,好叫人在我不作管家之后,接我到他们家里去。'于是把欠他主人债的,一个一个地叫了来,问头一个说:'你欠我主人多少?'他说:'一百篓(注:每篓约五十斤)油。'管家说:'拿你的账,快坐下,写五十。'又问一个说:'你欠多少?'他说:'一百石麦子。'管家说:'拿你的账,写八十。'主人就夸奖这不义的管家做事聪明,因为今世之子,在世事之上,较比光明之子更加聪明。我又告诉你们:要借着那不义的钱财结交朋友,到了钱财无用的时候,他们可以接你们到永存的帐幕里去。人在最小的事上忠心,在大事上也忠心;在最小的事上不义,在大事上也不义。倘若你们在不义的钱财上不忠心,谁还把那真实的钱财托付你们呢? 倘若你们在别人的东西上不忠心,谁还把你们自己的东西给你们呢? 一个仆人不能侍奉两个主,不是恶这个爱那个,就是重这个轻那个。你们不能又侍奉神,又侍奉玛门。"①

　　故事中这个管家的所作所为类似《战国策》里的冯谖,不过冯谖是为孟尝君免除了众人的债务,而他是为自己。但这儿引出了两个互相矛盾的道理,一个与钱(玛门)有关,一个与上帝和天国(永恒的帐幕)有关。一方面,管家慷主人之慨,为自己赢得后路,就后一点而言,这很聪明;但这个行为同时是不忠的,耶稣用带有"精明,奸诈"意思的"聪明"(英译作 shrewd)一词形容他,这看起来具有否定性。另一方面,管家的免债之举从修辞层面上还含有"散财"的意思,这又是符合耶稣关于光明之子对于钱财应有的态度的,这就在指称与意指之间产生了巨大的裂痕;在类似情况下,卢梭和雪莱都陷入了结构上的崩溃。《路加福音》在这儿显然采用了不寻常的话语路线:慷主人之慨确实是奸诈的,但是比起财产来更重"永恒的帐幕"又确实是要肯定的。文本没有用意指拧直指称,而是让指称在两个看似矛盾的方向上曲尽其意:管家的所作所为既是可称赞的,又是可谴责的。然而最后,我们会发现这一解构要素成为意义建构的一部分:管家(今世之子)的聪明在某个意义上可以成为光明之子的正

---

①　本文中福音书的引文译本均据《圣经》和合本。

369

面教训,但是他的根本问题在于"不忠",不忠就得不着托付,这就从根本上阻断了他行为的哪怕是朝利己的方面发展的可能性。而且,耶稣的最后一句话似乎表明,虽然管家作出"散财"的动作,从手段(慷主人之慨)和目的(未来接受受捐者款待,相当于由自己收回这些财富)来看,他仍然是侍奉玛门的。

在另一个例子中,福音书甚至让同一句话同时发出两种意义相反的信息。《约翰福音》第十一章讲述耶稣让拉撒路复活的事,这件事令法利赛人和犹太人上层十分震惊,探讨除灭耶稣的计策。耶稣在当时已经深得人心,一些犹太人领袖也表达了对这个计策的合法性的担心。但是大祭司该亚法想出了一个理由。《约翰福音》11:49—50:

> 内中有一个人,名叫该亚法,本年作大祭司,对他们说:"你们不知道什么。独不想一个人替百姓死,免得通国灭亡,就是你们的益处。"

这个理由是要安慰那些对杀害耶稣感到不安的人:因耶稣的到来,我们民族即将陷入巨大的灾难,即使耶稣没有罪,让他去死而可以解除这个灾难,免得通国灭亡,这也是好事。这句话的解构性在于:该亚法为残害耶稣性命而找出来的借口,恰好就是《圣经》要揭示的耶稣献身的理由,也是耶稣降世的原因。按福音书,耶稣作为神的独生子,降临到这个世界,其使命就是把自己的身体作为祭物献给神,赎回所有人因罪而必须付出的生命。这句话中每一个成分的置放所产生的关系,无意中(该亚法一定是无意的)都恰好表达出说这句话的人的对立面——神的意思,就像一段乐曲奏出了另一种意味。这个事实让我们不得不考虑,置放的武断性,在特定情况下会容纳意味深长的双重的肯定性;一个分裂力量的节点可以变成两个迥然相异的境界的界面。解构与建构像镜子和镜像般相互依存。

面对两种互相龃龉的解构力量,莎士比亚使用了沉默,通过容纳保留其建构作用的可能性,而福音书不仅容纳它们,而且直接让它们参与了意义建构,这里显示的是语言掌控力(或阅读理解力)程度的差别吗?

第三个例子见于《马太福音》。"天国"是这部福音书的一大话题。"天国"是一个词,一个概念,对它的谈论很容易陷入断语和定义的模式。但是在《马太福音》里,耶稣使用的主要谈论方式是叙事,引人注目地用了六个小故事(耶稣称之为"比喻")讲述什么是"天国"。这个叙事语体的选用减弱了语言述行的力量，比如教训、命令、规劝，增加了述事的戏份，而让述事唱主角。这是故意的。耶稣看起来一点也不担心述事会使故事的意义建构失去控制，相反，他从故事本身的逐次展开看到了所要的意义。每一个小故事都以这样的奇特句式开始："天国好像……"省略号代表了一个或长或短的故事，作为"好像"的宾语结构。耶稣猛烈批评的对象法利赛人是一些古板老套、墨守成规且心怀恶意的人，他们用命令句教训人，用判断等简单句式表述道理，遇到耶稣的时候也期待耶稣用类似句式回应他们的诘难。他们理解的《圣经》是一些行为规范，即所谓戒律，信仰就是守这些戒律。他们因此认为不按照他们的方式理解《圣经》的耶稣是一个离经叛道者，对耶稣的诘难就集中在诸如寡妇如何再嫁，安息日能不能做工，如何处分淫妇这一类反映戒律且用简单句就可以回答的问题上。"天国"对于他们只是一个用判断句就足以说清的概念。但在耶稣那里，天国就好像这个故事乃至所有这些故事所给出的全部信息。比如《马太福音》13:24—30：

> 耶稣又设个比喻对他们说："天国好像人撒好种在田里。及至人睡觉的时候，有仇敌来，将稗子撒在麦子里就走了。到长苗吐穗的时候，稗子也显出来。田主的仆人来告诉他说：'主啊，你不是撒好种在田里吗？从哪里来的稗子呢？'主人说：'这是仇敌作的。'仆人说：'你要我们去薅出来吗？'主人说：'不必，恐怕薅稗子，连麦子也拔出来。容这两样一齐长，等着收割。当收割的时候，我要对收割的人说，先将稗子薅出来，捆成捆，留着烧；唯有麦子，要收在仓里。'"

"天国"不是一个名词，而是一个生长的过程，其中麦子（天国之子）要与稗子（恶之子）一起成长，直至成熟期的到来。主人（神）不许仆人在麦子的成长期薅稗子，包含了怕伤害年轻的麦子的意思，但也包含了让麦子在艰难的阳光和营养争夺中成就自身的意思。"天国"还包含最后的审判，让麦子成熟，充分展示其优良的品性，让稗子也成熟，充分展示其劣性，把它们分别收在仓里或烧掉，大团圆。"天国"不是一个已经成就好的状态，而是往一个方向的征战，这里面有诸多因素的考虑，更有磨炼和历险的想象，对于这种种信息，一个故事也只能说出其一二，更不要说一个词语或词组了。事实上，耶稣用了六个故事（比喻），还不能肯定已经说全备了。当每一个故事展开其复杂意蕴之时，其实也就是对简单句、对概念定义的否定，因为其中每个细节及其转喻对"天国"意义的构成都不可或缺。

用故事（比喻）讲道是福音书的一大特点。耶稣的这个选择不仅仅是因为故事文体上的优势，还有一个他视为更重要的原因。他是这样表述这个原因的：

> 门徒进前来，问耶稣说："对众人讲话，为什么用比喻呢？"耶稣回答说："因为天国的奥秘，只叫你们知道，不叫他们知道。凡有的，还要加给他，叫他有余；凡没有的，连他所有的，也要夺去。所以我用比喻对他们讲，是因他们看也看不见，听也听不见，也不明白。在他们身上，正应了以赛亚的预言，说：'你们听是要听见，却不明白。看是要看见，却不晓得。'"（《马太福音》13:10—14）

在这儿，故事对"你们"和"他们"的效用是不同的，"你们"很可能目不识丁，是底层百姓，故事这种浅显的形式更适合"你们"。但是对于甚至是高级知识分子、法利赛人和教师的"他们"，故事何至于竟失去了浅显性，变得浑然不清？除了对概念和定义的偏好损害了"他们"对具有相当长度的叙事的敏感性外，信心的因素是主要的。这儿的"你们"是耶稣的门徒，"他们"则是不相信耶稣的人。"你们"和"他们"二者之间唯一的差别就是信心："你们"对故事及其讲述者抱有信心，这加强了故事的可理解性；而"他们"则对之持怀疑态度，这增加了其理解的难度。怀疑者并非不聪明，他们只是没有理解的诚意，但是却因此丢失了"天国的奥秘"。

这样，诚如保罗·德曼所假定的，语言（故事）与意义并没有先验的汇聚点或共存关系，意义是添加（按德曼，是"强加"）上去的，因为我们无法找到二者之间一对一的关系，理解只能通过组建文本的脉络并落实意义于其上。但是对于意义可靠性的预判会使得这种添加工作的效果判若云泥。德曼一直致力于对各种时代性的意义结构如某种特定意识形态的揭露，例如他指出浪漫主义话语方式对近现代文学学术具有深刻的影响，它规定了我们的问题视野。这种揭露的后果是：支配学术乃至一般话语的意义的稳定性和严实性都是可消解的，它们是时代性的，因而不是永恒的。建构的不可能性，其实是源于对意义的可靠性的怀疑。这就露出了掩藏在下面的虚无。我们可以从耶稣的非理论话语（比喻，或故事）中获得的教益是，意愿可以成为意义建构的决定性推力：如果你相信那个故事及其讲述者，你就能够在解读中建构意义，当然在耶稣的门徒那里，那个故事及其讲述者都是绝对真理。不抱怀疑和反思地绝对接受，从科学的立场看，这涉嫌迷信。

换一种方式来思考。尽管对意义的可靠性的怀疑令我们对任何话语和叙事保持警惕，尽管这种怀疑令我们看到了虚无的底牌，但是人们仍然在不知疲倦地建构意义。这就回到本文的开头，人通过叙事在自己的一生历程中寻找意义，不知疲倦地。酒神的老师西勒诺斯的逻辑（人最好是根本不出生，次好是一出生就死）很透彻，但不现实。解构论者德里达专门写了一本书——《多义的记忆：为保罗·德曼而作》，无疑，德里达认为德曼留下（建构）了一些东西，而且还是多义的。喧哗与骚动是对这种意义建构活动的反讽，然而如果人的世界到处充满了这种喧哗与骚动，那我们是不是要考虑，这种本能何以如此顽固地附着在人的生命中？是不是还有我们没能看穿的底牌？

（原载《文学评论》2017 年第 1 期）

布氏"黑弥撒"对歌德《浮士德》的
继承与改造

许志强

一

布氏"黑弥撒"(black mass)是指《大师和玛格丽特》(总)第二十三章"撒旦的盛大舞会"的魔女加冕仪式;总体上还包括小说第二部开篇五个章节的叙述,即从玛格丽特变形和飞翔到魔王主持舞会的情节。

这五个章节的叙述继承了歌德的"巫女狂欢会"(witches sabbath)模式,即《浮士德》第一部第二十一场"瓦尔普吉斯之夜"的情节:魔女身上涂擦油膏,骑扫帚柄、山羊和叉棍飞行,前往布罗肯山聚会。小说1933年的稿本中"舞会"一章的题目就叫做"巫女狂欢会"("Shabash")。① 也有学者将"玛格丽特骑扫帚飞翔"归入"果戈理式的幻想"。② 但是从"黑弥撒"的仪式及构成来看,布氏的创作与歌德诗剧应该有着更密切的亲缘关系。"瓦尔普吉斯之夜"开

---

① Edythe C. Haber,"The Mythic Bulgakov:The Master and Margarita and Arthur Drews's The Christ Myth",in *The Slavic and East European Journal*,Vol. 43,No. 2(Summer,1999),pp. 352-353.

② 参见符·维·阿格诺索夫主编:《20世纪俄罗斯文学》,凌建侯等译,中国人民大学出版社2001年版,第319页。和果戈理《维》中的魔女变形和飞翔的情节做比较,这种联系无疑是存在的。

篇,靡菲斯特正是用"容克·沃兰德"(Junker Voland)的名字介绍他自己。①
小说中沃兰德自称其膝盖风湿病是 1571 年在布罗肯山和魔女厮混的结果。②
这些细节是在暗示"瓦尔普吉斯之夜"的神话谱系。包括小说第一部结尾写库
兹明教授以水蛭驱魔的细节,也能在"瓦尔普吉斯之夜"中找到出处。③

　　巴赫金《俄国文学讲座》论及索洛古勃的创作,"原编者脚注"有一段说明:

> 应当补充一点:"假面舞会——火灾——女妖五朔节(五月一日之前夜,据
> 中世纪民间传说,在德国的勃罗肯山上,女妖们举行狂欢集会)",这些主题之
> 密集的纠葛,是索洛古勃的主要长篇小说成为从《群魔》(陀思妥耶夫斯基)到
> 《彼得堡》(别雷)再到《大师与玛格丽特》(布尔加科夫)这一系列上的一个
> 链环。④

　　这段话点明"巫女狂欢会"模式,指出它在白银时代创作中形成的主题链。
该模式的移植已经化为俄国文学自身的传统,梅列日科夫斯基《基督与反基
督》三部曲之二《诸神的复活:列奥纳多·达·芬奇》、瓦列里·勃留索夫《燃烧
的天使》,都已使用这个模式,布氏并非首创者。本文将《诸神的复活》《燃烧的
天使》和《大师和玛格丽特》视为一个系列,在此基础上试图分析它们的异同,
进而阐明布氏创作的特质。

　　总体上讲,梅列日科夫斯基和勃留索夫的创作更多保留诗剧的气氛,对女
妖五朔节(瞻礼日)的传说未作太大改造。两部小说对布罗肯山夜会的描述也
是如出一辙,《燃烧的天使》中的鲁卜列希特和《诸神的复活:列奥纳多·达·
芬奇》中的卡桑德拉,都是在涂擦油膏后从炉灶烟囱里飞出,"骑在一只黑色
的、毛厚而蓬松的公山羊身上";觐见魔王的过程也相仿,"履行亵渎神灵的典
礼"时都有"割破乳头"的细节。这些情节延续歌德诗剧的幻象,探讨魔力与狂
欢的主题。布氏的"魔女变形"开启小说第二部的幻象叙述,进入的正是"黑色
魔法"的世界,异教渎神的世界,死亡和禁忌的世界。三部小说沿袭同一个神

---

① 钱春绮译本叫做"福兰特公子",并加注说是"中古高地德语中称呼恶魔的别名"。参见
　　歌德:《浮士德》,钱春绮译,上海译文出版社 1989 年版,第 226 页。
② 布尔加科夫:《大师和玛格丽特》,戴骢、曹国维译,作家出版社 1998 年版,第 331 页。
③ 参见钱春绮译本第 233 页有关"肛门幻视者"的描写。
④ 巴赫金:《文本 对话与人文》,白春仁等译,河北教育出版社 1998 年版,第 492 页。

话模式,试图把诗剧的叙述转化为小说的叙述。

相比歌德的诗剧,梅列日科夫斯基和勃留索夫对"巫女狂欢会"的描绘出现了两点变化:一是渎神的淫欲描写极为露骨;二是注重历史性场景、空间向度和心理细节的描摹。前者属于神话学范畴,宣扬酒神巴克科斯的狂欢传统;后者属于叙事学范畴,是相对于诗剧的一种小说化处理,可视为布氏同类叙述的先驱。对"瓦尔普吉斯之夜"的模式进行小说化处理,利用歌德模式构筑小说化的魔幻场景,大体上讲,就是布氏和其他两位作家的共同点。

布氏和其他两位作家的不同点首先在于,其"巫女狂欢会"的描写基本剔除了色情成分,几乎也是改变了酒神狂欢的既定成分,这一点本文稍后要做具体分析。其次是布氏对魔幻叙述的处理不同于梅列日科夫斯基和别留索夫,虽说三部小说都注重"狂欢会"具体场景和心理感受的刻画,并呈现其魔幻叙事的独特肌理,布氏的处理和其他两位作家的差异却十分显著。

梅列日科夫斯基将"狂欢会"变成一个插曲,并在小说第四部第十节点明该插曲的梦魇性质,使它局限于梦幻的相对性;较之于歌德的诗剧,其幻象叙述的强度无疑是大大减弱了。勃留索夫的小说探讨中世纪魔法学,引导人物进入一门复杂的学科;其渊博的魔法学知识既包含迷恋也隐藏反讽,其叙述勾勒出中古奇幻和异域情调,给"魔幻场景"提供了一种文化形态学的基础和诠释。勃留索夫和梅列日科夫斯基的作品都是历史题材,前者写中世纪德国,后者写意大利文艺复兴盛期;尽管勃留索夫的"风格模拟"及"三重面具"的叙事包含现代诗学意识[1],梅列日科夫斯基的"思想小说"的主题侧重于当代意识形态,但在相当程度上,历史题材的回溯使得魔法和秘教的气氛合法化;尤其是《燃烧的天使》,人物愈是在时间和空间上接近魔法学策源地,其魔幻叙事的异质因素便愈是受到削弱,同化为中古异域的一场奇幻体验。

可以说,勃留索夫和梅列日科夫斯基都是把魔幻叙述局限于历史叙述之中,实质是把人物的魔幻体验当做一种历史性传奇来描绘。尽管勃留索夫对梅列日科夫斯基的长篇历史小说持保留态度,试图打破"线性历史主义"观念,

---

① 周启超:《志怪·传奇·历史·现实——译者序》,瓦列里·勃留索夫:《燃烧的天使》,周启超、刘开华译,哈尔滨出版社 1999 年版,第 3 页。

提供一种"被审美化的历史主义"图式①,本质上他还是把魔幻故事等同于历史性传奇,并未脱离"志怪"或"传奇"的窠臼。

布氏的不同之处在于,他的"巫女狂欢会"并不是一种历史性传奇的描绘,而是建立在现实讽喻的基础上,体现为对"当下"时间概念的一种摧毁和重建。玛格丽特的变形和飞翔,使用的道具相比之下最为普通;其场景描写也相对透明,剪除了魔法学的玄秘细节和装饰;其叙述达到的效果却最让人震撼。布氏将歌德的幻象嫁接于当下现实语境,并不提供"魔女变形"的某种合理性解释和前提,而是公开张扬叙事中的异质因素,让魔幻叙事保持最大限度的惊奇。我们看到,作家通过对摹仿论前提(语言反映现实)的巧妙利用和引导,营造一种现实和神话相互融合的语言镜像;人物的魔幻体验诉诸当下现实,而"当下"这个时间概念又嵌入末世论性质的神话时间;这种现实和神话互相融合的视觉效应愈是显得"公开"和"逼真",叙述的奇异、诙谐和颠覆的处理便愈是富于张力,而其现实讽喻的力量也就愈是尖锐和强劲。

如上所述,布氏将诗剧的叙述转化为小说的叙述,对这种转化的叙事学意义的考虑相比之下最为自觉,从而构建其"魔幻现实主义"的小说叙事法则。稍加观察不难发现,小说第一部和第二部的两个开篇(分别描述魔鬼沃兰德造访牧首塘和玛格丽特的变形及飞翔)是对诗剧形象的挪用和转化,而且从叙事学的角度讲两者是同构的,都是让幻象和现实出现在同一个视觉平面上,造成现实和神话互相融合的讽喻性画面,因此,"玛格丽特飞翔"也渗透着全篇的叙事法则。

从魔幻叙事角度考察歌德诗剧,有两个特点不能不注意。一是其魔性存在和现实性存在被置于同一个叙述层面,有意消除两者之间的界限,而非宣称所谓的假定性叙述,这在诗剧第一部第五场("莱比锡奥艾尔巴赫地下酒室/快活的小伙们聚饮")中就表现得很明显;二是基于中世纪德国民间传说的"巫女狂欢会"打破历史性传奇的范畴,试图在超时空的幻象叙述中展示玩闹性质的时事讽刺和抨击,以诙谐而奇异的方式表达对现实的讽喻。"瓦尔普吉斯之夜"的基调泼辣谐谑,并无勃留索夫和梅列日科夫斯基笔下那样露骨的淫欲色

---

① 周启超:《志怪·传奇·历史·现实——译者序》,瓦列里·勃留索夫:《燃烧的天使》,周启超、刘开华译,哈尔滨出版社1999年版,第7—8页。

彩,而是张扬魔幻叙事本身的异质性和颠覆性,突出其讽喻的尖锐。这种创作旨趣在布氏笔下得到传承,"玛格丽特飞翔"一节被注入意识形态挑衅色彩,其讽刺的尖锐更是把全篇的幻象叙述推至戏剧性高潮;所谓超时空的幻象叙述,其本质是讽喻精神的扩展,而不仅仅是"魔幻场景"的玄秘演示。歌德的诗剧虽不具有小说叙事学意义上的那种自觉,却无疑为布氏的创作带来了启迪。

英语布学研究十分重视布氏小说和歌德诗剧之间的对应关系,尤其是对人物形象、典故和细节的对比研究相当细致,获得了不少有价值的发现,但是从魔幻叙事角度看待小说和诗剧之间的关联,这个方面的探讨显得不足,尚未形成专题。布氏小说中的幻象叙述,并非像莱斯莉·米尔恩所说的是一种叙事的"插笔"或"装饰"①,而是居于全书主导地位。对这个问题的争议和讨论很有必要:它不是一般意义上的叙事技巧或叙事方法的问题,实质是关乎该篇体裁属性的定义——究竟是属于神话小说、哲理小说、乌托邦小说、古典现实主义小说,还是魔幻现实主义小说,等等,而且涉及与加西亚·马尔克斯《百年孤独》、萨尔曼·拉什迪《撒旦诗篇》等作品的创作性质的比较研究,故而有必要在研究中加以廓清。

二

前面已经谈到,布氏"黑弥撒"的仪式主调不同于传统模式,明显缺少传统的粗俗淫秽成分。对这个问题的分析和探讨,关乎布氏小说的神话学意义。

传统"黑弥撒"的王后必须与魔王性交,这是仪式不可或缺的部分。《诸神的复活:列奥纳多·达·芬奇》中的魔王蜕去山羊皮,变形为酒神巴克科斯与"女王"交合。②《燃烧的天使》中谈到"巫婆与恶魔联手的聚会上,常有一些令人耻辱、不堪入目、龌龊下流的狂欢仪式"③,像《诸神的复活:列奥纳多·达·

---

① 莱斯莉·米尔恩:《布尔加科夫评传》,杜文娟、李越峰译,华夏出版社 2001 年版,第 270 页。

② 梅列日科夫斯基:《诸神的复活:列奥纳多·达·芬奇》,刁绍华、赵静男译,北方文艺出版社 2002 年版,第 125—126 页。

③ 瓦列里·勃留索夫:《燃烧的天使》,周启超、刘开华译,哈尔滨出版社 1999 年版,第 83 页。

芬奇》中说的"僻静角落里的交媾——女儿跟父亲,兄弟跟姐妹……到处都有成双成对的下流坯在蠕动"①。

这种露骨的淫欲描写在布氏小说中是没有的。舞会来宾亲吻玛格丽特膝盖,而不是像传统仪式中亲吻魔王屁股;礼仪的优雅取代了粗俗下流的细节。伊迪斯·哈伯的文章告诉我们,类似的色情描写原先是有的,1933年的稿本中写到玛格丽特进入柏辽兹故居,"见女巫跨坐在裸体男孩身上,拿烛台的脂油滴洒他的身体,男孩尖叫并在女巫身上抚摸抓挠;花瓶中的葡萄藤出现在玛格丽特面前,根茎是金色阳具形状;玛格丽特触摸阳具,它在她手中变得活跃起来……",而定稿中不仅删除了这一段,也祛除了河边森林狂欢序曲的色情意味。② 沃兰德说他的膝盖风湿病是1571年在布罗肯山和魔女厮混的结果,说明他并不反感跟漂亮的魔女有染,但事实上他对玛格丽特并没有提出那种要求。③ 总之,布氏的"黑弥撒"小心避免色情渲染,与传统模式区分开来。

如何看待布氏删除传统狂欢会的淫秽成分?爱德华·埃里克森的文章提供了一种较有代表性的解释,认为作者在熟练使用魔鬼学知识的同时,为避免冒犯基督教的象征性,对任何被视为亵渎的描写都加以淡化和删减;魔鬼发誓满足玛格丽特一个要求,这是浮士德传统的典型再现,在这个传统中巫女必须公开否认基督教信仰,但在玛格丽特故事中我们看不到类似描写,这是因为玛格丽特作为象征是对应于圣母玛利亚的;因此布氏剔除"狂欢会"的淫秽色情成分,倒不是由于他不喜欢此类描写,而是为了避免冒犯基督教的象征性。④

说玛格丽特对应于圣母玛利亚,这是要指出布氏神话谱系中的东正教意义。英语布学研究发现,布氏"黑弥撒"的创作,除了受到《浮士德》传统的影

① 梅列日科夫斯基:《诸神的复活:列奥纳多·达·芬奇》,刁绍华、赵静男译,北方文艺出版社2002年版,第123页。

② Edythe C. Haber, "The Mythic Bulgakov: The Master and Margarita and Arthur Drews's The Christ Myth", in *The Slavic and East European Journal*, Vol. 43, No. 2(Summer, 1999), pp. 352-353.

③ Elizabeth Klosty Beaujour, "The Uses of Witches in Fedin and Bulgakov", in *Slavic Review*, Vol. 33, No. 4 (Dec., 1974), p. 702.

④ Edward E. Ericson, "The Satanic Incarnation: Parody in Bulgakov's Master and Margarita", in *Russian Review*, Vol. 33, No. 1(Jan., 1974), pp. 33-34.

响,还有其他两种来源,一是对东正教仪式的戏仿,二是对古代异教神话知识的综合运用。埃里克森的文章指出,小说中撒旦为邪恶之徒举办舞会,应该理解为对"圣餐"(Eucharist)的一种戏仿;子夜是巫女聚会时间,而东正教一年中最大的庆典复活节也是安排在子夜时分,作为复活节日(Easter Sunday)这一天的开端;更重要的是,东正教传统不仅想象基督访问地狱,也想象圣母玛利亚访问地狱;圣母升入天堂为人类求情,因此玛格丽特也可以在魔鬼阴司为人求情,不仅是为她的爱人大师,还为弗莉达、女仆娜塔莎等。①

东正教仪式的影响以及圣母访问地狱的典故,在伊丽莎白·斯滕博肯-费莫尔那篇重要论文中也有论述。② 这为布氏的神话学来源提供了又一种参照,对我们理解该篇叙述时间的精心设计尤有助益。但是埃里克森的文章试图抹去"黑弥撒"的异教色彩,这么做是把相关的问题简单化了。

且不说撒旦舞会及其嗜血仪式是对东正教弥撒的冒犯,玛格丽特这个形象,其野性、纵情和愤激,从基督教教义看也不能说是正统的。玛格丽特没有照浮士德传统公开否认基督教信仰,鉴于苏联社会的无神论背景也是解释得通的,以此确认她的基督教象征性似乎显得较为牵强。魔鬼以"玛戈王后"的名义为玛格丽特加冕,这就清楚地标明其象征世俗权能的身份;也只有"玛戈王后"才会接受不计其数的淫邪之徒的朝拜,并喝下金杯中的鲜血。布氏"黑弥撒"的异教色彩是不容否认的,即便剔除了色情淫猥成分,该仪式的恶魔气质也彰明较著。承认该仪式的描写借鉴东正教仪式成分,并不等同于布氏的"黑弥撒"是在宣扬东正教精神。再说,用"戏仿"(parody)一词来定义东正教仪式的作用,也未尝没有一点亵渎意味。

哈罗德·布鲁姆在论述歌德诗剧时指出:"歌德以他习惯的大胆方式对荷马和雅典悲剧作了戏拟,从而献给我们一部最独特的诗作……像古典的瓦尔普吉之夜以及《第二部》结尾天堂的合唱一样,歌德所创造的海伦也是一种反经典的诗篇,令人难以想象地改造了荷马、埃斯库罗斯和欧里庇得斯等人的创

---

① Edward E. Ericson,"The Satanic Incarnation:Parody in Bulgakov's Master and Margarita",in *Russian Review*,Vol. 33,No. 1(Jan.,1974),pp. 33-34.

② Elisabeth Stenbock-Fermor, "Bulgakov's The Master and Margarita and Goethe's Faust",in *The Slavic and East European Journal*,Vol. 13,No. 3(Autumn,1969), p. 319.

作,甚至瓦尔普吉之夜也颠倒了希腊神话的源泉,终篇合唱则以巧妙的野蛮风格戏拟了但丁的《天堂篇》。"①

布氏"黑弥撒"也是在多种神话学来源的基础上形成新的综合;其主导精神是继承歌德的"大胆戏拟"和对经典模式的改造,最终形成其颇富个性的神话诗学体系。有关"撒旦舞会"一节,涉及的议题颇为复杂,这里试图指出其中一个值得重视的方面。

正如俄语布学研究指出的,与复活节仪式的语义学建构("生命—死亡—重生")相反,对舞会大部分来宾而言,"黑弥撒"的语义学是按照"死亡—生命—死亡"的公式建构的。② 换言之,布氏"黑弥撒"展示异教狂欢的场面,本质上却没有逾越基督教精神等级;舞会上复活的淫邪之徒复归于死亡;主角大师和玛格丽特,他们同样没有复活,其结局是富于浪漫色彩的"死亡"和"安宁",而非基督教意义上的"重生"。这一点跟诗剧的处理不一样,歌德的《浮士德》最终是升天获救,而布氏的主角却是被安排在"灵簿狱"(limbo)里,没有被带往"光明世界"。如果说玛格丽特作为象征是对应于圣母玛利亚,那么这个安排就说不通了。

笔者认为,布氏的"黑弥撒"总体上是按照浪漫的喜剧性原则建构的。它以基督教神话为前提,既未逾越基督教精神等级,也未宣扬复活节的象征意义,而是显示布氏独特的神话诗学面貌。玛格丽特作为"接引者"形象,大师作为"受宠者"形象,保留了歌德诗剧的原型意义;只是"接引者"的接引并非指向上天,而是通向魔鬼的阴司。我们看到,"黑弥撒"作为小说的一个叙事环节,引导着大师和玛格丽特悲剧的走向;通过主角与魔鬼为伍、魔王主持正义等情节,体现为"悲剧的形势向着超自然存在突破"③的喜剧性处理;死亡和魔力的结合是在歌剧般流光溢彩的舞台上展开的;而超自然的魔性存在无疑得到提升,成为某种惩恶扬善的道德化人格和中介,因此在相当程度上也被浪漫化了。可以说,"黑弥撒"固有的那种鬼怪邪气和布氏的浪漫化倾向是在喜剧性

---

① 哈罗德·布鲁姆:《西方正典:伟大作家和不朽作品》,江宁康译,译林出版社2005年版,第177页。

② 梁坤主编:《新编外国文学史——外国文学名著批评经典》,中国人民大学出版社2009年版,第411页。

③ 董问樵:《〈浮士德〉研究》,复旦大学出版社1987年版,第201页。

的基调中获得平衡的,而粗鄙的淫秽描写显然已不适合布氏的创作格调,故而必须予以删除。

作家把世俗的权威、尊严和智慧几乎都给了魔鬼。魔鬼不仅选中玛格丽特,加冕她为舞会王后,而且帮她找到大师。这个构想体现了布氏体系中的"魔力"及其定位,对全书的主题和基调的形成起到至关重要的作用。作家抑制传统的粗俗描写,意在提高魔鬼的精神等级,塑造传统模式中所没有的庄重高贵特性。小说不仅别除淫秽色情描写,也对魔王的嘴脸及"狂欢会"粗鄙怪诞的场景彻底加以改造,使之具有慑服人心的庄严、惊讶、神秘、奇妙、优雅和嬉戏,也就是说,使之具有罗曼蒂克的魔幻色彩。魔王及其仆从的形象透过一种"异教的精神美"获得正面描写,获得较高一级的肯定。正如有论者指出的,这种描写还有一个特点与传统不同,王后、魔王及其随从都没有加入狂欢(除了别格莫特在香槟酒池里嬉戏),始终与来宾和舞会保持距离。[①] 此类处理显示异教狂欢与庄严魔力之间的细致区分,与删除淫秽描写的动机是一致的,说明布氏"黑弥撒"在很大程度上摆脱了传统模式的制约,不仅让异教渎神的主题大为淡化,而且还注入一种浪漫的喜剧性格调,形成其独具一格的神话诗学面貌。

有人说,布氏笔下的魔鬼惩恶扬善,行为一点也不像魔鬼;沃兰德这个角色绝非怀疑论者,这和歌德塑造的靡菲斯特相反;而由沃兰德讲述耶稣故事也与魔鬼身份不符,因此有论者认为,单就魔鬼的描写而言,"《大师和玛格丽特》是对《浮士德》的一种颠倒处理"[②]。

这种处理还不限于靡菲斯特;和梅列日科夫斯基的"玄妙大仙"、勃留索夫的"列昂纳尔德大师"相比,布氏的魔王形象也是大为改观了,不仅充当社会意识形态批判的司命之神,甚至散发出布氏独特的个性气息。从整体结构看,魔鬼的存在已越出"黑弥撒"范围,成为贯穿全书的主要线索,这也是梅列日科夫斯基和勃留索夫的小说未能做到的。总的说来,布氏的"黑弥撒"体现一种"反

---

① Elizabeth Klosty Beaujour, "The Uses of Witches in Fedin and Bulgakov", in *Slavic Review*, Vol. 33, No. 4(Dec., 1974), p. 702.

② Edythe C. Haber, "The Mythic Structure of Bulgakov's The Master and Margarita", in *Russian Review*, Vol. 34, No. 4(Oct., 1975), pp. 386-389.

经典"的诗学构想,无论是在叙事学还是在神话学的意义上,都是对歌德传统更为自觉的改造和拓展。

也许悖谬之处并不在于布氏的魔鬼惩恶扬善,而是在于某种程度上"魔鬼做的是驱魔工作"①。我们看到,作者一方面试图张扬"黑弥撒"异教狂欢的恶魔气质,一方面试图提高魔鬼的精神等级,赋予其庄敬高贵的特性;这种创作意图本身就包含尖锐的对立,由于打破逻辑上的统一性而容易让读者感到难以适从,甚至也会给全篇主题和形象的统一带来不利影响。然而,对这样一部复合型小说而言,那种试图消弭矛盾的统一性观念并不一定就是可取的,而取得对立元素的微妙平衡才真正值得重视。布氏的处理不仅富有新意,其对立元素的平衡和张力也堪称"精妙绝伦"(加西亚·马尔克斯语),从而构筑其开放的"多层次精巧结构"。事实上,布氏的复合型叙事意识为某种"介于现实主义和现代主义、后现代主义的模式"②提供了范例,其影响已不限于当代苏联文学。

(原载《外国文学》2013 年第 4 期)

---

①　Joan Delaney. "The Master and Margarita: The Reach Exceeds the Grasp", in *Slavic Review*, Vol. 31, No. 1(March, 1972), pp. 90-93.

②　温玉霞:《布尔加科夫创作论》,复旦大学出版社 2008 年版,第 154 页。

《在西方目光下》中的俄罗斯

龙瑜宬

1886 年,已经流亡多年的约瑟夫·康拉德(Joseph Conrad,1857—1924)终于加入英国国籍,从法律上摆脱了自己的"俄国公民"身份。[①] 而在发表的诸多文字中,这位波兰革命者后裔除了痛斥帝俄之专制、蒙昧外,更断然否认自己与其存在任何文化或精神上的联系。该主题的反复出现以及作家态度之激烈,甚至让康拉德研究中出现了专门的"俄罗斯议题"。[②]

作为作家唯一一部以俄罗斯为背景的小说,完稿于 1910 年的《在西方目

[①] 1795 年,经俄、奥、普第三次瓜分,作为一个独立国家的波兰在欧洲政治版图上消失。而因多次参与反抗帝俄、争取民族独立的地下活动,康拉德的父亲于 1862 年获罪,一家人也随其开始了艰苦的流放生活。其间,父母的先后离世给康拉德带来沉重打击。1874 年他离开祖国开启了自己的航海生涯。关于这段痛苦经历可参考:Owen Knowles, "Conrad's Life", in J. H. Stape ed. , *The Cambridge Companion to Joseph Conrad*, Cambridge:Cambridge University Press,1996,pp.4-8.

[②] Willam Freedman,*Joseph Conrad and the Anxiety of Knowledge*,Columbia:University of South Carolina Press,2014,p. 98.《文学与人生札记》(*Notes on Life and Letters*, 1921)中有多篇涉及俄罗斯与波兰问题的重要文章,而在《在西方目光下》之前完成的《黑暗的心》(*Heart of Darkness*,1899)与《间谍》(*The Secret Agent*,1907)两部小说中,俄国人都曾作为次要人物出场,并在殖民掠夺或恐怖袭击这类罪恶活动中扮演着推波助澜的角色。在私人信件中,康拉德也常常表明自己对俄罗斯的漠视态度,如在 1912 年写给友人的信中,他声称自己"实际上完全不了解"俄罗斯人,"在波兰,我们与俄罗斯人不相往来,我们知道他们在那儿,这就已经够让人讨厌的了"。Frederick R. Karl,*The Collected Letters of Joseph Conrad*,Vol. 4,Cambridge:Cambridge University Press, 1990,p.490.康拉德尤其反感批评家强调其写作的"斯拉夫性",并极力将自己的写作归入英法传统。参见 Peter Kaye,*Dostoevsky and English Modernism*,*1900-1930*,New York:Cambridge University Press,1999,pp. 124,129-130.

光下》(*Under Western Eyes*)也几乎从一开始就被纳入这一讨论背景之中。尤其是"冷战"期间,评论者十分顺当地将小说读解为受难者的一份"证词",或是认为作家对那篇发表于日俄战争期间的著名檄文《独裁与战争》("Autocracy and War",1905)又进行了一番文学演绎。① 这类研究的盛行,让托尼·坦纳(Tony Tanner)忍不住在 1961 年著文抱怨:"太多缺乏感觉的批评已经让这部作品变成了一本粗糙而充满愤怒的反俄情绪的小册子。"②当代研究者对这类批评进行了卓有成效的清理,发掘出小说叙事的种种矛盾。但在去意识形态化的过程中,将《在西方目光下》视为探究康拉德个人创伤之捷径的倾向反而加强了:小说被普遍认为是康拉德作品中"最具自传性的一部",主要人物之间思想与精神气质的碰撞,被一再追溯到"1857—1874 年作家经历的核心冲突"。③ 而古斯塔夫·莫夫(Gustav Morf)等早期论者通过传记研究与精神分析方法做出的推论也在约瑟夫·多布林斯基(Joseph Dobrinsky)、吉斯·卡拉维内(Keith Carabine)等人近年的研究中激起新的回响,作家因逃离俄罗斯、"背叛"祖国波兰而产生的愧疚心理被判定为理解拉祖莫夫忏悔行为的关键。④

---

① Lewis M. Magil 发表的 "Joseph Conrad:Russia and England"[in *A Quarterly Journal Concerned with British Studies*,Vol. 3,No. 1(Spring,1971),pp. 3-8]就颇为典型。文章大量引用《独裁与战争》原文解读小说,最后总结称康拉德以俄罗斯为"可怕的例子",证明了在实现"人类统一"这一珍贵理想的过程中,有着无政府主义与道德虚无主义历史的民族"已经并将继续遭遇巨大的困难"。关于"冷战"时期《在西方目光下》更详细的研究情况,参阅:Owen Knowles and Gene M. Moore, *Oxford Readers's Companion to Conrad*,Oxford:Oxford University Press,2000,p. 384.

② Tony Tanner,"Nightmare and Complacency:Razumov and the Western Eyes",转引自 Owen Knowles and Gene M. Moore,*Oxford Readers's Companion to Conrad*,Oxford:Oxford University Press,2000,p. 382.

③ Owen Knowles and Gene M. Moore,*Oxford Readers's Companion to Conrad*,Oxford:Oxford University Press,2000,p. 382. Daniel C. Melnick,"Under Western Eyes and Silence",in *The Slavic and East European*,Vol. 45,No. 2(Summer,2001),p. 231. 最常为论者提及的,是小说人物拉祖莫夫与霍尔丁分别代表了康拉德成长过程中母系与父系留下的双重遗产。参见 Jeremy Hawthorn,"Introduction",in Joseph Conrad,*Under Western Eyes*,Oxford:Oxford University Press,2008,pp. xviii-xix.

④ 参见 John G. Peters,*Joseph Conrad's Critical Reception*,New York:Cambridge University Press,2013,pp. 26,146. Keith Carabine,"Under Western Eyes",in J. H. Stape ed.,*The Cambridge Companion to Joseph Conrad*,Cambridge:Cambridge University Press,1996,pp. 122-139.

无论是否道破,在这些讨论中,小说中的俄罗斯都多多少少被简化为一系列自传性事件的集合地,无声地接受着作家愤怒或悲伤"目光"的审视。

但越来越多的材料与研究也显示,俄罗斯带给康拉德的体验与问题意识要远比他愿意公开承认的更为复杂。而且,在这个问题上,直接进入"敌人的领域"的《在西方目光下》也留下了最多"破绽"。① 1908 年作家就曾颇为兴奋地给一众友人去信介绍这部小说的构思,称自己"正努力抓住俄罗斯事物的真正灵魂"(the very soul of things Russian)②;这位宣称自己对俄罗斯人"没有了解"也"毫无兴趣"的作家更明确写到,希望在小说中呈现的"不只是外在的礼仪风俗,而是俄国人的感情与思想","这主题已经长时间地萦绕于心中,现在必须一吐为快"。③ 而在后来为《在西方目光下》再版写的札记中,康拉德再次表露了用这部作品探究俄罗斯历史、政治以及最为重要的"民族心理"的野心;尤其值得注意的是,作家承认,在写作过程中,他清楚地意识到"来自民族与家庭的独特经历"会对达成上述写作目标所要求的"客观公正"造成不利影响。为此,他投入了巨大精力以"做到超脱"。④ 这也在相当程度上解释了为何小说的写作时长与艰难程度会大大超出康拉德的

---

① 即使仅从《在西方目光下》中俄罗斯人物富有寓意的名字来看,康拉德关于自己"连(俄语)字母也不认识"的说法就很难成立。参见 Peter Kaye, *Dostoevsky and English Modernism*, *1900-1930*, New York: Cambridge University Press, 1999, p. 123. 而 1924 年, 作家也一度承认, 之所以拒绝承认与俄罗斯文化传统的关联, 可能是"自我欺骗"的需要。参见 Willam Freedman, *Joseph Conrad and the Anxiety of Knowledge*, Columbia: University of South Carolina Press, 2014, p. 97. 当然, 研究者的关注点更多地还是集中于《在西方目光下》和俄罗斯文学(尤其是陀思妥耶夫斯基的创作)之间的关系。本文将在最后一部分对这一问题做出回应。

② Frederick R. Karl, *The Collected Letters of Joseph Conrad*, *Vol. 4*, Cambridge: Cambridge University Press, 1990, p. 8.

③ Frederick R. Karl, *The Collected Letters of Joseph Conrad*, *Vol. 4*, Cambridge: Cambridge University Press, 1990, p. 14.

④ 约瑟夫·康拉德:《作者札记》,《在西方目光下》,赵挺译,上海译文出版社 2014 年版,第 1—2 页。本文凡小说引文,都出自这一译本,后文将随文标出页码,不另注。英文版本将参考前注提到的 2008 年牛津版。

预期。①

当然，无论怎样奋力"超脱"，和所有关于异域的书写一样，《在西方目光下》归根结底仍是自我的一种映射；但比起这一程式化结论，映射的具体"介质"与过程也许更值得探究。在充分借鉴已有研究的基础上，本文希望论证，在俄罗斯这个真实与虚构相混合的特定空间中，康拉德看到的不仅仅是自己渴望逃离的过去，更有充分激发其探索欲望的诱惑——这片土地并不那么容易被绘入这位"海洋""丛林"小说家此前已经完成的那幅文学地图，甚至对其中隐含的秩序构成了威胁。在对它的探索中，处理某些普泛性命题的诉求让康拉德做出了压制个人强烈情绪的努力，但与此同时，又看似悖论地推动了作家对更深层的自我意识的发掘。而所有这一切，构建了小说中俄罗斯的多重形象。

一、被驱逐的"边地"幽灵

《在西方目光下》的情节并不复杂：身世不明的俄国大学生拉祖莫夫一心在彼得堡求学。一日，成功暗杀政府大臣的同学霍尔丁突然前来求助。几经挣扎后，拉祖莫夫告发了友人，导致其被捕并很快被处以极刑。接着，因此告密经历，他被当局派往日内瓦监视那里的俄罗斯革命者，结果遇到霍尔丁的妹妹。两人相互倾慕，拉祖莫夫最终选择对其说出实情，却被革命者施暴致残。1907 年刚开始创作这部作品时，作家将书名定为"拉祖莫夫"，也即聚焦于主人公个体。而最终改为"在西方目光下"，是因为所有人物与事件都是在叙事者"我"——一位西方语言教师的"目光之下"展现的（第 3 页）。换言之，拉祖莫夫的悲惨故事只有通过"我"的翻译和讲述才得以保存，而"我"也明确指出，这个故事的"目标"是西方读者（第 123 页）。

这一标题与相应的解释很容易让人联想到一场规模更为庞大的书写

---

① 此外，这一时期作家的经济与健康状况也加重了其写作负担。关于小说的成书与出版情况，可参阅：Owen Knowles and Gene M. Moore，*Oxford Readers's Companion to Conrad*，Oxford：Oxford University Press，2000，pp. 382-384.

活动：16世纪以来，西方旅行者与观察家已留下大量记录俄罗斯印象的文字。而和其他东方主义话语并无本质差异，作为一个被观看的对象，这个国度"专制""野蛮"而"毫无法律与个人自由"，处处映照着美好的西方世界。① 不过，与康拉德笔下那些分布于亚、非、拉美的遥远的冒险地还是稍有不同，俄国与所谓的中心地带无论在地理还是文化源头上都相对接近一些。它更像是一片住着"穷亲戚"的欧洲"边地"。② 尤其是从彼得大帝开始，俄罗斯在政府主导下积极进行西化改革，拉近与"中心"的距离。这种靠近反而意味着它在西方的形象不那么清晰和稳定。至少，19世纪的俄罗斯已有足够信心和力量干涉欧洲事务，如康拉德在《独裁与战争》中所抱怨的，其"欧洲宪兵"的身份被西欧诸强普遍接受。③ 对于作家的归化国英国而言，俄国更已成为海外利益的有力竞争者。19世纪末20世纪初在巴尔干争端与日俄战争中的不同立场，让两国关系颇为紧张，但也让这个庞大的专制帝国开始真正进入英国大众的视野，引发后者的好奇。④ 而俄罗斯在文化层面的异军突起，标志着其西方形象的进一步松动：几乎就在康拉德努力获得新身份的同一时期，西欧知识界对俄罗斯文学、艺术与"俄罗斯心灵"产生了极大兴趣。康拉德身边的许多朋友也深陷这股热潮，开始善意地将作家的写作归入"伟大的斯拉夫文学传统"。⑤ 可以说，在受到"中心"辐射的同时，"边地"俄罗斯也在不断侵入"中

---

① William Henry Chamberlin, "Russia under Western Eyes", in *Russian Review*, Vol. 16, No. 1(Jan., 1957), pp. 3-12. 作者借用康拉德小说的标题，在文章中梳理了近四个世纪西方关于俄罗斯的书写历史。

② 尼古拉·梁赞诺夫斯基、马克·斯坦伯格：《俄罗斯史》，杨烨、卿文辉等译，上海人民出版社2007年版，第8页。

③ 约瑟夫·康拉德：《独裁与战争》，《文学与人生札记》，金筑云等译，中国文学出版社2000年版，第106、130页。

④ 参见尼古拉·梁赞诺夫斯基、马克·斯坦伯格：《俄罗斯史》，杨烨、卿文辉等译，上海人民出版社2007年版，第355—357、369页。稍后俄罗斯的斯托雷平改革(1906—1911)与1907年《英俄协约》的签订让英国人对俄罗斯的观感更为复杂。参见 Samuel Hynes, *The Edwardian Turn of Mind*, London：Pimlico, 1991, p. 311. L. R. Lewitter, "Conrad, Dostoyevsky, and the Russo-Polish Antagonism", in *The Modern Language Review*, Vol. 79, No. 3(Jul., 1984), p. 660.

⑤ Peter Kaye, *Dostoevsky and English Modernism*, 1900-1930, New York：Cambridge University Press, 1999, pp. 129-130.

心"。

对此,康拉德很难保持沉默。作为一位流亡的波兰人,他对与帝俄相关的地缘政治问题的敏感与担忧远远超过其他欧洲作家。[①] 同时,因为用非母语写作而受到质疑,康拉德还向故友坦言,自己渴望能用"他们(英国人)自己的语言告诉他们点什么"[②]。这意味着他不仅要用西方读者能理解的语言来进行表述,还必须讲出一些后者并不知道且感兴趣的东西。这无疑也是一直否认自己与俄罗斯存在联系的康拉德此时愿意发表"一个讲给西方人听的俄国故事"的动力之一。而小说对叙事者"我"的身份的精心设定,或许也透露出这位有着跨界经历的作家并非没有意识到自己充当"中介"的真正优势所在:小说叙述过半后,一直以标准的英国绅士形象示人的"我"突然揭破,自己其实直到九岁时才离开出生地圣彼得堡(第206页)。而这番自陈正是为了打消拉祖莫夫的戒心,获得后者不愿向"西方人"吐露的独家真相。

但在小说绝大部分篇幅中,"我"的出身却丝毫未影响"我"将俄罗斯视为彻底的异域,用"我"的"西方目光"对那些穿过边界的俄罗斯人加以审视。甚至,对于在家门口遭遇的这些所谓异族,"我"探索的热情还不如远航冒险的马洛。"我"欣然接受了西方关于俄罗斯的流行话语,并在自己的实践中加以扩散:那些报道俄罗斯恐怖事件的报纸,正是"我"的日常读物。当"我"向读者形容被霍尔丁暗杀的P先生"性格疯狂,鸡胸""一张脸像烤焦的羊皮纸,戴着一副眼镜,目光呆滞"时,"我"所依据的并不是宅居苦读的拉祖莫夫的日记[尽管"我"曾承诺,讲述整个故事时自己"所起的作用就是利用我的俄文知识,也只要这点知识就够了"(第1页)];"我"的自信源自"曾经有一度",这位先生的"肖像几乎每月都会出现在欧洲某家图片报上",而这家图片报显然对其血腥镇压手段有着详细描写,让"我"深信这位俄国重臣"为国效力的方式就是囚禁、流放、绞杀。他做这些事时,不论男女老少,一视同仁,不遗余力,不知疲倦"(第5—6页)。

---

① 参见 Harold Ray Stevens, "Conrad, Geoplitcs, and 'The Future of Constantinople'", in *The Conradian*, Vol. 31, No. 2(Autumn, 2006), pp. 15-27.

② Zdzislaw Najder, *Conrad's Polish Background: Letters to and from Polish Friends*, trans. Halina Carroll, London: Oxford Universtiy Press, 1964, p. 234.

哪怕在凭借母语优势逐渐与日内瓦的俄罗斯人有了更多交往后，"我"对真正走进对方世界一事仍持消极看法。将俄罗斯"翻译"给西方的亲身经历不仅没有证明二者最基本的可通约性，反而只是为"我"的否定性判断增加了权威："我"不断抱怨"源文化"给自己的翻译带来的阻碍，并断言俄罗斯人是一个根本不能被理解的族群（第 2 页）；当霍尔丁小姐热烈地表达她与母亲对"我"的信任时，"我"的第一反应却是"深深感到自己作为欧洲人与她们之间的隔膜"，并决心将"旁观者"扮演到底（第 373 页）。而造成这种隔膜的，正是早已让西方人谈之色变的俄罗斯专制制度："只要两个俄国人碰到一起，专制的阴影就会如影随形地出现，沾染他们的思想，他们的观点，他们之间最紧密无间的情感，他们的私人生活。"（第 118 页）尤其是，作为一名语言教师，"我"还特别敏感地注意到了专制阴影在俄罗斯人语言中留下的痕迹：一方面，它让拉祖莫夫这样的"小民"在谈话中言辞模糊、拒绝袒露心迹，甚至将沉默视为最好的自我保护手段；另一方面，却又让许多俄罗斯人尤其是那些坚信自我正义的反抗者无形中也沾染了专断气质，形成一种丝毫不关心听众所想为何的"独白"风格。而无论是上述哪种症状，都导致了正常的信息交流无法进行。诚如论者已经指出的，"我"翻译的整个故事就是以"误读"构成的。[1] 在专制的黑色深渊里，每个人都不能正确地表达自己和理解他人，拉祖莫夫更是因此而被直接推入绝境。

毫无疑问，在以"专制臣民"描绘出某种"连贯"的俄罗斯性时，"我"实际确认的是西方与俄罗斯之间不可弥合的"断裂"："这个故事里面包含的愤世嫉俗、冷酷残忍、道德沦丧甚至道德苦痛在我们这一端的欧洲已经销声匿迹了。"（第 179 页）在此过程中，"我"当然也带着一种优越感否定了自己与"那一端"的亲缘性。甚至，（与康拉德一样）民族身份暧昧的"我"在面对"侵入"的俄罗斯人时还表现出更强的防御姿态。即使小说中的俄罗斯人无不习惯性地引用各种西方典故与时髦思想，他们与"真正"的西方人之间的区别仍然被穿梭于两个世界的"我"尽收眼底：流亡革命领袖彼得·伊凡诺维奇以自由与女权斗士的姿态在西欧赢得广泛同情，而"我"极尽详细地转录了其向女随从特克拉

---

[1] Penn R. Szittya，"Metafiction: The Double Narration in *Under Western Eyes*"，in *ELH*，Vol. 48，No. 4（Winter，1981），p. 818.

施暴的故事(第 159—169 页),揭穿了他"专制暴君"的真实面目;为革命活动提供经费的 S 夫人"自我标榜是现代世界和现代情感的引领者,并像伏尔泰和斯塔尔夫人一样,庇护日内瓦这座共和之城"(第 137 页),"我"则直言其经历都是"披上神秘外衣的专制独裁"的产物,充满了受虐狂的臆想,与那些法国典范"不可同日而语"(第 156 页)。在此,与顽固不化的俄罗斯性对应的,似乎是某种正统而纯洁的西方性,俄罗斯人对它的模仿不可避免地伴随着走形与损耗。而让"我"尤其憎恶的,是那些利用西方规则逃离专制镇压的革命极端分子,他们在深入日内瓦这个民主的腹地后却蔑视这些规则。其聚集地"小俄罗斯"向西方人封闭,"我"偶然闯入后,竟撞破一桩针对巴尔干地区的军事阴谋,"见识了古老稳定的欧洲幕后的乱象"(第 367 页)。

这些文字似乎颇为准确地预言了欧洲世界即将迎来的大动乱。不过,需要立即指出的是,在将俄罗斯视为一股破坏性力量的同时,"我"更小心地将之置于西方目光"之下",也即可以认知与控制的范围内。作为俄罗斯人呕呕以求的现代政治权利的实际享有者,"我"不仅轻松识破了他们与其试图扮演的角色之间的差异,更自信握有历史走向的正确剧本,随时可以对俄罗斯人的表演加以点评。在和"我"就霍尔丁事件交谈了一番后,痛苦挣扎中的拉祖莫夫敏感地意识到,一切对"我"来说"不过是一出戏","可以怀着优越感居高临下地欣赏"(第 219 页)。而从《旗帜早报》上得知霍尔丁遇难消息的夜晚,"我"在睡梦中也一度强烈地感觉到自己"像是在看戏,而且自己陷入感动不可自拔"(第 122 页);但次日,相较于"戏中人"霍尔丁母女,"我"已快速从中抽离,并以"站在不确定的同情立场的西方人"的超然态度批评霍尔丁实施的暗杀"使人联想到炸弹和绞架——这是一种疯狂的、俄国式的令人谈之色变的东西"(第124 页)。对于端坐一侧的西方观众而言,这样的剧目终究与现实生活相距太远,更谈不上有何教益。当"我"注视着这幕大戏时,生活在日内瓦的俄罗斯人更多地被抽象为舞台上的一个个妖魔符号,如"野兽"(彼得·伊凡诺维奇)、"巫婆"(S 夫人)和"侏儒"(朱利斯·拉斯帕拉)等等。他们高呼自由却缺乏实感,幻想发挥作用的空间总是大于实际能够影响的范围。[1] 至于主要存在于

---

[1] 参见 H. S. Gilliam,"Russia and the West in Conard's Under Western Eyes",in *Studies in the Novel*,Vol. 10,No. 2(Summer,1978),p. 227.

"我"的书写中的俄罗斯本土,更是毫无真实感可言——在与索菲亚·安东诺芙娜交谈时,拉祖莫夫根本心不在焉,但这位女革命者对俄罗斯形势的总结性描绘仍出现在了"我"翻译的拉祖莫夫日记中:"那儿的人们身处邪恶之中却麻木不仁,身边是些比食人女妖、食尸鬼和吸血鬼更坏的家伙们在看守。"(第283页)实际上,这段"译文"基本沿用了康拉德在《独裁与战争》中所用的修辞。① 而相较于恐怖与威胁,"虚张声势"显然更能概括"我"以及日俄战争期间的康拉德急于用这些密集的形象向西方传递的俄罗斯形象。毕竟,对于成熟理性的西方受众而言,只存在于想象中的妖魔并无任何威胁性,它们的强大也总是与某种致命的缺陷(如专制之于帝俄)相伴。正如大戏终会落幕,而传说中越界作恶的恶灵总会在"公鸡啼鸣"时消失②,"边地"永远无法真正侵入文明世界的"中心"。

二、抵抗西方目光的"受辱者"

在"我"看来,俄罗斯就是这样一个与西方格格不入的异邦,危险却并不具有真正的颠覆性力量。然而,"我"的权威并非不可动摇。在《元小说:〈在西方目光下〉中的双重叙事》这篇影响颇大的论文中,斯兹提亚(Penn R. Szittya)指出,康拉德属于那类能够战胜自身想象的作家,因为他强烈意识到了这一想象的局限,包括"过于夸大、隐秘的放纵以及那些似是而非的判定";而他的这种自反意识尤其突出地表现在《在西方目光下》叙事的双重性上。③ 在"我"对俄罗斯的许多指认中,人们难免会怀疑自己听到的是康拉德自己的声音(比如前面那段可疑的日记"译文",以及后面还将提到的"我"对革命的批判),但无论是小说叙事的矛盾重重,还是康拉德思想本身的复杂与变化不定,都会提醒人

---

① 约瑟夫·康拉德:《独裁与战争》,《文学与人生札记》,金筑云等译,中国文学出版社2000年版,第106、116页。

② 约瑟夫·康拉德:《独裁与战争》,《文学与人生札记》,金筑云等译,中国文学出版社2000年版,第106—107页。

③ Penn R. Szittya, "Metafiction: The Double Narration in Under Western Eyes", in *ELH*, Vol. 48, No. 4(Winter, 1981), pp. 817-819.

们对他与"我"之间的距离加以更谨慎的辨识。想象并精细模拟"我"的"西方目光"意味着将之更彻底地对象化。而对"我"的审视正好为康拉德提供了一个机会,让他可以清楚地看到那些指认背后所隐藏的独断与傲慢——相比康拉德笔下另一个让研究者着迷的叙事者水手马洛,身为语言教师且安享西方小资产阶级生活的"我"经历贫乏,却更热衷于在表述中对有限经验进行理性规整、确认秩序。[①] 而如果说,作为一位"对自己流亡边缘人身份"有着持久意识的作家,康拉德曾"十分小心地用一种站在两个世界的边缘而产生的限制来限制马洛的叙述"[②],那么,这种限制在《在西方目光下》变得更为直接,且饱含讽刺意味。

小说一开篇,"我"就以从业者的经验指出语言和叙事并不可靠,"词语是现实的大敌",因为现实总是比语言这种人为建构的秩序更为复杂,沉浸于词语意味着对"想象力、观察力和洞察力"的扼杀(第 1 页)。而按此逻辑,只存在于"我"的叙述中的那个俄罗斯当然也是可疑的。作者甚至让"我"亲身示范了这一指认过程的失败:在明知词语之局限性的情况下,"我"仍然试图用一个关键词来揭示那个庞大帝国的道德风气。一番冥思苦想后,"我"相信这个词正是"愤世嫉俗"(cynicism,第 73 页)。但在"我"的频繁使用中,该词的词义不仅模糊且高度风格化,恰恰显示出作为对象的俄罗斯很难一言以蔽之:它可以指怀疑一切价值、不惜以狂暴形式摧毁一切;但同时,又可追溯至更久远的古希腊传统,并结合俄罗斯文化中对尘世欢愉的否定,指向遭受苦难时的坚忍与自我牺牲。"我"在霍尔丁小姐身上看到的正是这样一种精神倾向。[③] 虽然"我"

---

① 一个很有趣的现象是,马洛和"我"的生活正对应了作家流亡生活的两个阶段(先是以水手,后是以语言工作者的身份谋生)。他们或许也代表了康拉德对自身形象两种不无矛盾的想象。参见 Jeremy Hawthorn,"Introduction",in Joseph Conrad,*Under Western Eyes*,Oxford:Oxford University Press,2008,p. xxi.

② 爱德华·W. 萨义德:《文化与帝国主义》,李琨译,生活·读书·新知三联书店 2003 年版,第 31 页。

③ 此处关于"愤世嫉俗"这一关键词的分析,参考了以下文献:H. S. Gilliam,"Russia and the West in Conard's Under Western Eyes",in *Studies in the Novel*,Vol. 10,No. 2(Summer,1978),pp. 220-221. Keith Carabine,"Under Western Eyes",in J. H. Stape ed.,*The Cambridge Companion to Joseph Conrad*,Cambridge:Cambridge University Press,1996,pp. 126-134.

坚持以成熟世故的庇护人姿态称她的"愤世嫉俗"是幼稚而又无望的（第115页），但第一次见面"我"就深深为其吸引。"我"一边强调自己并不理解"东方逻辑"，一边又不断寻找各种理由造访霍尔丁小姐的寓所，按照作者的设计，成为"她的理想情怀，宽广心胸和纯真情感"的目击者（第3页）。而所有这一切都让"我"深刻感受到自己的"衰老"：

> 她的眼神坦荡而直接，像一个还没被人情世故带坏的年轻人。她的目光中透着一股巾帼豪气，但并不咄咄逼人。如果说是天真又多思的沉着自信可能更准确……只要看她一眼就能知道，她的热情会因某种思想甚至某个人而激发出来。……但显然我成不了能令她激情澎湃的人——我的思想也成不了那样的思想！（第112—113页）

对于"我"这位保有维多利亚时代拘谨做派的老绅士而言，霍尔丁小姐代表的青春世界可视却不可欲。她对个人信仰与情感的忠实追随，让"我"忍不住感慨（像自己这样的）西方人是不是过分珍视生活，以至于和俄罗斯人一样"滥情夸大"了某些价值（第115页）。"我"拒绝接受她有关西方民族实利至上、缺乏超越性追求的批评（第126页），但与这些情感炽热的俄罗斯人身处同一空间时，久居日内瓦的"我"却开始不自觉地感到，这个作为西方文明"窗口"的城市也不尽美好："市镇上整齐划一的斜坡屋勾勒出它那清晰可辨的轮廓"，"显得妥帖但不优雅，舒适却不投契"，天空"非但不显得高远，反而被黝黑丑陋的少女峰形成的屏障一下子挤压得逼仄不堪"（第155页）。[①] 尤其是在城市花园陪伴霍尔丁小姐等待拉祖莫夫时，"我"对日内瓦生活的怀疑在想象性的对比中达到了顶峰：毫无疑问，只有在这个自由世界，两位俄罗斯青年才可以获得在本土没有的畅谈机会；但逐渐占据了"我"视野的那对喝着啤酒、"平淡无奇"甚至"土里土气"的瑞士夫妇似乎也并不指向某种值得期待的理想未来（第192页）。

正如衰老的"我"终究无法点燃霍尔丁小姐的热情，过于成熟理性的西方

---

① 长期居住于某一城市，往往代表着人与城市风格的亲近，而这里"我"对日内瓦印象的改变，意味着"我"对"自己的生活方式与思想"产生怀疑，并开始为那些此前加以排斥的特质所吸引。参见 H. S. Gilliam, "Russia and the West in Conard's Under Western Eyes", in *Studies in the Novel*, Vol. 10, No. 2 (Summer, 1978), p. 225.

陷入了平庸；俄罗斯野蛮而落后，但也保留了更多的青春激情——很容易指出，小说中的这类描写无非是重复了"理性的、物质的西方"/"情感的、精神的东方"这样一组经典的二元形象。与康拉德其他作品中那些处于"西方目光之下"的异域一样，这里的"俄罗斯"只是（作者眼中）失去上升活力的西方世界对自我力量的一种想象与召唤。但康拉德并不那么牢靠的西方立场也许会要求我们的分析更为周全一些。事实上，正是这部小说让康拉德的"异乡人"身份在其同时代评论者的眼中变得格外突出。人们声称，与其书名相悖，《在西方目光下》明显有着"带有俄罗斯思维习惯的洞察力"[1]；康拉德的创作"与其说是英式的，不如说是斯拉夫式的……虽然是用英语写作，他却有着东欧的血液"。[2] 而自19世纪上半期，在浪漫主义与民族主义思潮的影响下，上面提到的那种关于俄罗斯与西方的想象性对比就已频频出现在俄罗斯知识界的讨论以及文学创作中[3]，这似乎让上述批评有了更多根据。

应当看到，丰富的跨界经历让康拉德对任何一个世界的认识都很难是本质化的，也不可能拥有"纯粹"的西方或斯拉夫目光。[4] 如斯兹提亚所说，当他把小说标题从"拉祖莫夫"改为"在西方目光下"，康拉德与其说是进一步明确，

---

[1] Unsigned review, in *Nation*, 21 October, 1911. 转引自 Keith Carabine, "Under Western Eyes", in J. H. Stape ed., *The Cambridge Companion to Joseph Conrad*, Cambridge: Cambridge University Press, 1996, p. 123.

[2] R. A. Scott-James 发表于 *Daily News*（13 October, 1911）的文章，题目不详，转引自 Norman Sherry ed., *Joseph Conrad: The Critical Heritage*, London: Routledge and Kegan Paul Ltd., 1973, p. 20.

[3] 普希金《叶甫盖尼·奥涅金》(1823—1831)、《青铜骑士》(1833)等作品已触及俄罗斯与西方文明的激烈碰撞。而在19世纪40年代正式形成的斯拉夫派与西方派两大阵营更是有意识地将两种文明加以对比。尽管存在观点分歧与细节差异，但总的来说，"斯拉夫主义者痛恨法律、法理思考、胁迫与暴力；所有这些都归于西方社会的属性"；相对应地，他们号召回到彼得大帝改革前崇尚"风习、仲裁和道德教育"的"有机"的俄罗斯传统。艾恺：《世界范围内的反现代化思潮——论文化守成主义》，贵州人民出版社1991年版，第64—66页。此外，亚历山大·赫尔岑在回忆录《往事与随想》中记录的康·阿克萨科夫等人对斯拉夫传统进行"再发明"的逸事，也很具代表性。参见赫尔岑：《往事与随想》（中），项星耀译，人民文学出版社1998年版。

[4] 康拉德被萨义德称为"自觉的外国人"，而关于流亡状态带来的多重的、非本质化的视角，可参阅爱德华·W.萨义德：《知识分子论》，单德兴译，生活·读书·新知三联书店2013年版，第54—55页。

不如说是"刻意模糊了自己对这个俄罗斯故事的立场";读者很容易发现老教师言行中的种种矛盾,其"唯一的连贯之处",也许就是反复申诉,自己并不能真正理解眼前发生的一切。而康拉德当然也知道他在叙事中选择的这个面具是"可笑而不胜任的"。① 甚至,我们完全有理由赞同某些更富有反西方中心主义热情的分析,承认对"我"那种僵化目光的嘲讽本身正是作者希望表现的"主题的一部分"。② 但过分拔高康拉德相对于"我"的高明却是不适宜的。康拉德真正的尴尬恰恰在于,作为一位对西方主导的帝国秩序并非毫无怀疑的作家,他自己也无法想象出这个秩序之外的其他可能。③ 而无论他的位置(如果真的存在这样一个固定的"立足点"的话)更靠向哪一边,只要是以将理性推举到前所未有之高度的西方现代文明作为标准,那些彼此存在明显差异的"非西方"文明就会无一例外地出现在坐标轴的另一端,都表现出某种"非理性""情感化"的特质。这或许是作家描绘的庞大地图有时也不免给人以色彩单调之感的根本原因。

不过,康拉德毕竟成长于俄罗斯与西方直接竞争文化控制权的波兰④,自己的写作又屡屡被归入"斯拉夫传统",在所谓的非西方世界中,他对俄罗斯试图建立"另一种秩序"的对抗声音确实格外熟悉,产生的情绪也尤为微妙:尽管并未遭受政治与地理意义上的殖民,甚至在周边区域还扮演了殖民者的角色,俄罗斯同样生活在西方这一强势文明的压力之下。在积极向"中心"靠拢的同时,身处东西方之间的特有尴尬也让其率先反弹,成为世界上

---

① 参见 Penn R. Szittya, "Metafiction: The Double Narration in Under Western Eyes", in *ELH*, Vol. 48, No. 4 (Winter, 1981), pp. 822-823. 关于"我"在讲述故事时暴露出的种种破绽与矛盾,可参阅 Willam Freedman, *Joseph Conrad and the Anxiety of Knowledge*, Columbia: University of South Carolina Press, 2014, pp. 92-95.

② H. S. Gilliam, "Russia and the West in Conard's Under Western Eyes", in *Studies in the Novel*, Vol. 10, No. 2 (Summer, 1978), pp. 218-219. Jeremy Hawthorn, "Introduction", in Joseph Conrad, *Under Western Eyes*, Oxford: Oxford University Press, 2008, pp. xxi-xxii.

③ 爱德华·W. 萨义德:《文化与帝国主义》,李琨译,生活·读书·新知三联书店 2003 年版,第 30—32 页。

④ 约瑟夫·康拉德:《瓜分的罪行》,《文学与人生札记》,金筑云等译,中国文学出版社 2000 年版,第 133—151 页。朱建刚、唐薇:《俄国思想史中的"波兰问题"——保守派的视角》,《俄罗斯研究》2014 年第 1 期,第 3—21 页。

第一个使用"西方世界"这个概念标示"他者"的地方。① 俄罗斯知识界那些关于"情感俄罗斯"与"理性西方"对立形象的书写即出现在这一背景之下。与《在西方目光下》中痛骂西方已然堕落的S夫人在街头进行的、带有神秘意味的公开"展示"一样（第138页），它们表现出某种自我东方化倾向；但非此，似乎也难以在高压下勾勒自己的形象。毋庸赘言，对于俄罗斯斯拉夫主义中狭隘甚而带有外扩性霸权倾向的那一面，康拉德深恶痛绝。在波兰的文化归属问题上，他更竭力让西方诸强相信，尽管被帝俄殖民，波兰"在道德和精神上"始终与西方存在"亲密关系"②；不过，这并不意味着康拉德对广义的斯拉夫世界发出的意在标示文明边界、强化共同体内部凝聚力的申诉完全无动于衷。关于这一点，研究者已从其1881年与舅父的通信中找到一些证据。③ 从逃离帝俄到游历西方殖民地，康拉德对强势文明的碾压深有体会。小说中，当看到一位普通日内瓦工人在街头安然享受休憩时光时，拉祖莫夫突然迸出了一声恶毒的咒骂："有选举权！有被选举权！受过启蒙！可还是个畜生。"（第224页）这句没头没脑的咒骂也许比任何长篇宏论都更能传达出落后者的满心渴慕与强烈的挫败感。当俄罗斯的形象从"傲慢的专制帝国"摆向"受辱的民族"时，作家如其所承诺的表现出了对个人创伤的"超脱"，流露出某

---

① 艾恺：《世界范围内的反现代化思潮——论文化守成主义》，贵州人民出版社1991年版，第62页。

② 约瑟夫·康拉德：《瓜分的罪行》，《文学与人生札记》，金筑云等译，中国文学出版社2000年版，第149页。

③ 在1881年的一封回信中，舅父波字卜罗夫斯基（Tadeusz Bobrowski）表示很高兴看到身处异乡的康拉德能"表现出对我们民族事务的热情"。他指出，来信中对"基于泛斯拉夫主义的理想的描述从理论上看美好而易行，但在实际操作中，将遭遇巨大的困难"，因为各个"有影响力的民族"都希望能争夺这个斯拉夫联盟的领导权，包括康拉德本人，也为了提高波兰的地位而赋予了其一些"并不全然符合实际"的优点。参见Zdzislaw Najder, *Conrad's Polish Background*, trans. Halina Carroll, London: Oxford Universtiy Press, 1964, pp. 79-80. 研究者据此判断，虽然在"领导权"问题上与泛斯拉夫主义的主要倡导者俄罗斯保守派知识分子存在分歧，康拉德在这一时期还是接受了该思潮的基本主张，希望实现斯拉夫各民族大联合，走一条不同于西欧的发展道路。参见 Peter Kaye, *Dostoevsky and English Modernism*, *1900-1930*, New York: Cambridge University Press, 1999, pp. 137-138. Eloise Knapp Hay, "Reconstructing 'East' and 'West' in Conrad's Eyes", in Keith Carabine et al., eds., *Context for Conrad*, Bouder/Lublin: Maria Curie-Sklodowska University Press, 1993, pp. 24-25.

种珍贵的同情。

坚信"我们俄罗斯人将会寻找到一种更好的形式实现民族自由"(第117页)的霍尔丁小姐正是因此而被想象性地赋予了特殊魅力。"当理智明显看不到出口的时候,情感却可能找到一条出路,没人能够知道这条路是通向拯救还是通向万劫不复——情感甚至根本就不提这个问题。"①康拉德对波兰的这番寄语,吊诡地在这一俄罗斯女性形象身上得到先行验证。小说中,且不论其对西方的直觉式批评确实抓到了某些要害,霍尔丁小姐的自信与激情似乎就足以让"我"的世界不再那么封闭自满。"我"甚至开始不自觉地从掌控局面的观看者转而成为被观看者:"她看着我,目光中有种令我不自在的超凡的洞察力"(第145页);"她朝我投来迅速的一瞥。短暂,却不偷偷摸摸……反而是我自己看她时不那么大方"(第156页)。而在这种目光的交互与身份的转化中,"我"那种手握历史剧本的优势地位也被严重动摇:相较于那些俄罗斯行动者,"我"甚至更像虚幻无力的"幽灵",在霍尔丁母女身旁"盘旋逗留,却无法为她们提供保护"(第139页)。尤其是,"我"曾老到地批评霍尔丁小姐轻视西方"政治自由的各种实际操作方式",并劝导这位理想主义者"对于爱和坚忍,最理想的设想也需要活生生的人类体现"(第117页);但随着霍尔丁事件的发酵,连"我"自己也意识到,西方经验并不完全适用于(更不用说轻松解决)俄罗斯问题:

> 我现在不想奢谈自由,因为哪怕一点较为开明自由的观点,对于我们不过是讲几句话,表表雄心,或为选举投票(就算有感觉,也不会触及我们灵魂深处的情感),但对于生活在同一片天空下,和我们几乎没有差别的另一部分人来说,却是对毅力的严峻考验,关系到泪水、悲痛和鲜血。(第354页)

在这番自白中,一直将俄罗斯人描绘为异类的"我"罕有地承认他们"和我们几乎没有差别",并表达了某种超越民族与政治边界的人道关怀。霍尔丁等人不再是"我"眼中不真实的舞台影像,他们在历史森严结构中做出的牺牲得到正视,并被归入"我"所说的关于理想的"活生生的人类体现"。更有意思的是,当"我"日渐为霍尔丁小姐身上那种可以抵御生活中种种不义与苦难的"俄

---

① 约瑟夫·康拉德:《瓜分的罪行》,《文学与人生札记》,金筑云等译,中国文学出版社2000年版,第141页。

国人的天性"折服时,两人隐含支配性质的性别关系也奇异地发生了颠倒:羞怯的"我"感到她身上有着"英雄"气概(a quality of heroism,第 145 页)和"阳刚"味道(masculine quality,第 155 页)。至少在这些时刻,在作者的想象中,霍尔丁小姐及其背后的那个俄罗斯世界已不再只是一个被动接受"我"审视的对象。

三、悲剧性的冲突之地

然而,也正因为仅仅获得了作者情感而非理智层面的认同,小说中俄罗斯的前途命运仍然晦暗不明。甚至,相较于早已成为众矢之的的专制政府,霍尔丁小姐最终选择的革命道路还在小说中遭到了更多质疑。如前所述,从语言到行事,"我"在俄罗斯革命者身上都看到了与其反抗对象一样的气质。而在霍尔丁小姐面前一向木讷寡言的"我"也唯就革命问题发表过一长篇演说,痛陈"希望被扭曲出卖,理想被丑化嘲讽——这就是所谓的革命成功"(第 148 页)。

利维斯直言,这里的老教师"让人毫不怀疑地是在替康拉德说话"。[①] 挣扎于理想主义与怀疑主义,既无法接受严酷的社会现实,又担心革命走向自由的反面;既想争取集体的进步,又想保全个体的自由。康拉德对这些困境绝不陌生。而众所周知,他选择了远走逃避。但这并不意味着问题的解决。小说中有一幕,"我"远远看着桥上的拉祖莫夫,而拉祖莫夫"身子朝栏杆外探出一大截",俨然被桥下湍急的河水"摄去了魂魄"(第 217 页)。乍一看,这幅画面俨然就是 18 世纪以来西方文学对"崇高"景致的描绘。[②] 然而,在康拉德笔下,那

---

① F. R. 利维斯:《伟大的传统》,袁伟译,生活·读书·新知三联书店 2009 年版,第 287 页。小说中的这些文字还曾大大激怒爱德华·加纳特。作为俄罗斯革命与流亡人士的著名同情者,他指责作家将自己的"仇恨"注入小说之中。而在回信辩解时,康拉德重申了这部作品"关心的除了思想再无其他",并且忍不住抱怨这位左翼友人只看到自己愿意看到的"真相"。参见 Norman Sherry ed. , *Joseph Conrad : The Critical Heritage* , London:Routledge and Kegan Paul Ltd. ,1973,pp. 176-177. 到 1920 年小说再版时,作家相信刚过去的俄罗斯大革命已经验证了《在西方目光下》的这部分内容。约瑟夫·康拉德:《作者札记》,《在西方目光下》,赵挺译,上海译文出版社 2014 年版,第 1 页。

② Stephen Bernstein,"A Note on *Under Western Eyes*",in *Journal of Modern Literature* , Vol. 19,No. 1(Summer,1994),pp. 161-163.

个既安全又可以通过与对象的对抗获得精神提升的黄金位置已不复存在。现实生活中的康拉德最终站在了"我"的位置,避免被毁灭性的历史洪流瞬间吞没;但在虚构世界中,或许是作为一种补偿,作家将更多热情投入于塑造拉祖莫夫式的人物:和"我"安稳却略显乏味的生活不同,他们被逼入死角,必须在各种同样珍贵却相互冲突的价值间做出悲剧性的抉择。这种极致的生命体验让康拉德着迷,反复出现于他的作品中。作家甚至宣称:"创作唯一合理的基石即在于勇敢承认所有不可调和的对立,它们让我们的生活如此高深莫测、负累沉重,如此令人迷醉、危险重重——却又如此充满希望。"①

这些对立性冲突无疑普遍存在于人类生活。但在康拉德笔下那"一长串被各种对立观折磨得痛苦不堪的主人公"中,拉祖莫夫被卡拉班判定为一个"最高版本",因为在他身上集中了太多的矛盾和焦虑。这当然与《在西方目光下》格外贴近康拉德本人的独特经历尤其是那些他"不赞成却又无法逃避的波兰记忆"有关②;但也许同样重要的是,与康拉德选择栖身的善于调和各种竞争性价值的盎格鲁-撒克逊文化相较,俄罗斯这一空间本身提供了绝佳的观察"标本"。一方面,这里无处不在的专制阴影进一步挤压了选择的"余地";另一方面,"边地"的特殊位置,又偏偏让俄罗斯人面临着更多种价值、生活模式之间的激烈冲突。前文提到的种种表演或真实抗争无不是在此大背景下展开的。而作为全书核心的告密事件更是对这种选择困境的直接演绎。无须像《吉姆爷》(*Lord Jim*,1900)或《诺斯特罗莫》(*Norstromo*,1904)那样刻意"造境",拉祖莫夫就在一个再普通不过的日子,在都市的一间小屋里被带到生死选择的关口。因为背叛霍尔丁而心绪难平,他列出了高达五组矛盾,包括:"历史/理论""爱国主义/国际主义""演变/革命""指引/毁灭""统一/断裂"(第72页)。与选择继承十二月党人遗志的霍尔丁兄妹不同,他选择了每组对立性价值的前一项。毋庸赘言,拉祖莫夫的告密是不可辩驳的道德污点;但仅就其对保守立场的选择而言,他确实和诸多拥有卓越心智的俄罗斯人一样充分考虑

---

① Frederick R. Karl and Laurence Davies,*The Collected Letters of Joseph Conrad*,*Vol. 2*,Cambridge:Cambridge University Press,1986,pp. 348-349.

② Keith Carabine,"Under Western Eyes",in J. H. Stape ed.,*The Cambridge Companion to Joseph Conrad*,Cambridge:Cambridge University Press,1996,p. 126. Jacques Berthoud,"Anxiety in *Under Western Eyes*",in *The Conradian*,Vol. 18,No. 1 (Autumn,1993),p. 1.

到了现实的严酷与复杂(第 36 页)。而他的第二次告密,竟是在日内瓦的卢梭岛上完成的。他写密告信时,小岛一片寂静,"只有那位《社会契约论》作者阴郁的青铜雕像静静地伫立着,俯瞰底下拉祖莫夫低垂的头"(第 325 页)。这个讽刺性画面所揭示的,有专制政府对拉祖莫夫施加的无形压力,因为立约首先要求个体具有充分的自由,"强力并不能产生任何权利"[①];但更多的讽刺,却是留给被拉祖莫夫告发的那些革命者,以及他头顶的那位契约论作家的。作为卢梭思想的信徒,霍尔丁和日内瓦的革命领袖都不假思索地默认拉祖莫夫必定会与自己立约,"以其自身及其全部的力量共同置于公意的最高指导下"[②]。但拉祖莫夫——这个名字意为"理性"的年轻人的选择却一再动摇了"公意"存在的基础,一个在启蒙时代影响广泛的思想命题——每个理性的主体在相同自然条件下判定的善会相一致,同样好的价值之间会天然和谐。[③]

事实上,除了革命者和代表保守一方的拉祖莫夫外,事件中还有另一个俄罗斯人面临着选择:被霍尔丁寄予厚望的"人民"的代表兹米安尼奇。他的遭遇更能凸显选项间的难以"和谐":在革命者的想象中,这位马车夫身上"有种对自由不可或缺的需求"(第 60 页),哪怕他的理性力量尚未完全觉醒,也不妨先为他做出觉醒后必然会做出的选择;就连他最后的自杀,在革命者看来也只可能是为了向共同的事业赎罪(第 311 页)。然而,小说不断揭示的真相完全是对这一系列卢梭式推论的嘲讽。读者被告知,兹米安尼奇自始至终沉浸在自己庸俗却也同样真实的酒色生活中(第 29 页);他死于一场失败的爱情,与政治没有丝毫关系(第 308 页)。在他所居住的人口密集的贫民窟里,拉祖莫夫的引路人更三次向其确认,这样的浑噩度日正是"地道"的俄罗斯人的表现(第 28—29 页)。换言之,对于俄国异常庞大的未受教育阶层而言,争取政治权利根本就不是首要需求。相较于"管理自己",他们很可能会将"被妥善地管理"放在优先位置。而兹米安尼奇们与更加西化的社会精英之间的这种严重隔阂,让人们更难按照所谓的历史或政治进步序列来简单判定霍尔丁与拉祖莫夫的正误。在做出选择的时刻,他们都

---

① 卢梭:《社会契约论》,何兆武译,商务印书馆 2010 年版,第 10 页。
② 卢梭:《社会契约论》,何兆武译,商务印书馆 2010 年版,第 20 页。
③ 参阅以赛亚·伯林:《自由及其背叛》,赵国新译,译林出版社 2005 年版,第 34—40 页。

主动或被迫地牺牲了自己珍视的部分理念。

正是作为一个充满悲剧性的冲突之地，俄罗斯让康拉德既恐惧又难抵窥探的诱惑。对应于他纾解个人创伤与"客观"探究这片冲突之地的两种诉求间的紧张，《在西方目光下》在"渲染专制制度的决定性影响"与"表现比政治更复杂的人心"之间矛盾地摇摆着。拉祖莫夫剧烈而跳跃的心理状态成为小说的焦点。① 评论家更称赞这是英国文学里"詹姆斯·乔伊斯《尤利西斯》中利奥波德·布卢姆之前心理刻画最丰富复杂的一个角色"。② 但在俄罗斯文学中，这样的心理描写自 19 世纪以来就已形成强大传统。而按照奥尔巴赫的分析，这恰恰与这个国度承受着多种生活模式与价值观之间异常激烈的冲突有关。③ 若循此说，哪怕康拉德有意抹除自己阅读俄罗斯文学的一些痕迹，我们至少仍然可以从平行比较的角度指出，在对价值冲突与选择困境的描写中，他前所未有地靠近了不得不直面这些难题的俄罗斯同行。而事实上，除了被推向极致的心理描写外，从主题到情节、人物设定，《在西方目光下》与《罪与罚》的互文性都如此之明显，以至于欧文·豪（Irving Howe）、皮特·凯（Peter Kaye）等一批研究者都断言，没有陀思妥耶夫斯基的示例，就不会有这部作品，"它可以被视作对《罪与罚》的系统性重写"④。

在此前提下，两部小说的一个明显差异，或许能在最后为我们更好地揭示

---

① Frederick R. Karl, *The Collected Letters of Joseph Conrad*, Vol. 4, Cambridge：Cambridge University Press, 1990, p. 9.

② 理查德·拉佩尔：《〈在西方目光下〉中文版导读》，《在西方目光下》，赵挺译，上海译文出版社 2014 年版，第 8 页。

③ 参阅埃里希·奥尔巴赫：《摹仿论》，吴麟绶等译，商务印书馆 2014 年版，第 617—618 页。以赛亚·伯林在其经典著作《俄国思想家》（彭淮栋译，译林出版社 2006 年版）中详细分析了托尔斯泰、屠格涅夫与赫尔岑等人对帝俄激烈的价值冲突困境的回应，可以作为参考。

④ Peter Kaye, *Dostoevsky and English Modernism, 1900-1930*, New York：Cambridge University Press, 1999, p. 120. 该书第五章对康拉德与陀思妥耶夫斯基的关系进行了深入研究。陀思妥耶夫斯基及其创作向来被视为"俄罗斯性"的典型代表，而康拉德一方面毫不掩饰自己对他的憎恶之情，另一方面却又最了解这位同行的魅力所在，并试图对之加以超越，这样一种复杂关系，正可以视为康拉德对俄态度的一个缩影。关于两位作家之间的关系，还可参阅：Owen Knowles and Gene M. Moore, *Oxford Readers's Companion to Conrad*, Oxford：Oxford University Press, 2000, pp. 95-96. 胡强：《康拉德政治三部曲研究》，中国社会科学出版社 2008 年版，第 234—260 页。

康拉德写作这个俄罗斯故事时遭遇的困境:身为斯拉夫主义的坚定拥护者,陀思妥耶夫斯基相信俄罗斯终将克服"西方目光"带来的种种挤压。他把救赎的希望放在俄罗斯自身传统尤其是东正教精神上,为此不惜对作品结尾进行"降神"式的处理;而《在西方目光下》不仅基本悬置了《罪与罚》中最重要的宗教主题,更对冲突的最终解决提出了质疑。和拉斯柯尼科夫不同,拉祖莫夫的忏悔与信仰的觉醒并无关系,他也并未因为正视自己的道德污点而获得索尼娅式的宽恕。他被暴打致残的结局讽刺性地"剥夺了整个叙事都在渴求的忏悔作用,也剥夺了对他的任何真正有意义的宽慰或对他人的作用"①。作为一个带着怀疑目光的跨界旅行者,康拉德得以避开狭隘的民族与地域主义②;但与此同时,"无根"也意味着无法与世界建立任何有效的联系。小说付梓数日后,作家发生了严重的精神崩溃。某种程度上,《在西方目光下》对"俄罗斯灵魂"的追踪和对作家个人记忆、身份的捕捉一样,不断接近又不断脱手:它/他是渴望进入"中心"的边缘者,却又难以摆脱异类的烙印;文明间的等级秩序让其感到民族心的受辱,但在理智层面却并未发现其他可能的存在;而最终,深陷于种种对立性冲突,却找不到任何坚实的价值内核可以作为支点。在嘲讽没有亲人关爱的拉祖莫夫试图抓住"俄罗斯"作为最后的身份标记的同时,康拉德不能不面对自己更为彻底的无处着力:"他活在世上就像一个人在深海里游泳一样孤独。"

（原载《外国文学评论》2016 年第 2 期）

---

① Kenneth Graham,"Conrad and Modernism",in *The Cambridge Companion to Joseph Conrad*,Cambridge:Cambridge University Press,1996,p.215.

② 《在西方目光下》对霍尔丁小姐这类美好形象的塑造,让《罪与罚》中对波兰人的种族性侮辱尤其扎眼。见陀思妥耶夫斯基:《罪与罚》,朱海观、王汶译,人民文学出版社 1982 年版,第 378、535 页。

"俄国想象"与近代中日
对俄罗斯文学的引介

王胜群

　　俄罗斯文学在中国的译介与传播肇始于清末,崛兴于五四。近代中国知识分子最早注意到俄罗斯文学是受到日本的影响。早有学者指出:"正是由于日本文坛的刺激,中国新文学先驱者们才得以关注俄国文学。……据统计,辛亥革命之前中国所译俄国作品基本上是通过日文转译的。"[①]自 19 世纪 80 年代起,日本便陆续介绍、翻译了大批俄罗斯文学作品。在 20 世纪初的数十年间,日本在中俄文学关系中担负了重要的媒介职能。围绕近代中日俄三国间的文学关系,既有研究已取得一定成果。但目前为止讨论主题基本还局限于文学领域,尤其多集中在以日本为中介的翻译研究层面。[②] 然而,作为各自现代化探求实践的重要组成部分,中日对俄罗斯文学的引介并不仅仅是纯粹的文学翻译活动,而是充满了复杂的权力交锋、意识形态冲突和主体性危机的历史性场域。因此,超越单一的文学视野,在事实或现象层面的影响研究以外,引入话语、历史等层面互为参照的平行视角,对于理解中日与俄罗斯之间错综复杂的文学关系,也极为必要并且有效。

---

① 王向远:《中国早期写实主义文学的起源、演变与近代日本的写实主义》,《中国文化研究》1995 年第 4 期,第 109—114 页。

② 在翻译文学史方面,如郭延礼、连燕堂等学者的相关专著,各辟章节介绍了戢翼翚、吴梼等从日译本转译俄罗斯文学的清末译者,并提供了较为翔实的译本信息及相关的文学交流史实;在个案研究方面,如中村忠行、李艳丽对晚清"虚无党"小说译介路径的考辨、樽本照雄对吴梼由日文转译契诃夫、高尔基的考察,以及陈退关于俄罗斯文学在日本的译介对于创造社作家的影响的研究等等。因篇幅有限,不在此详细列举。

出于上述问题意识,本文聚焦于中日两国的现代化转型期——日本明治时期与中国五四时期,尝试将两国对俄罗斯文学的引介过程,并置于东亚探求现代性的整体脉络中进行对比考察。需要说明的是,本文关注的重点并非俄罗斯文学在中日具体的译介与传播情形(这方面两国学界已有大量相关的先行研究),而是回到具体历史语境下,探询一个迄今未被讨论的问题:在近代东亚的外国文学译介风潮中,俄罗斯文学之所以能够脱颖而出、备受瞩目,与中日现代化转型期的"俄国想象"①有何内在关联? 或者说,后者究竟如何参涉、影响了两国引介俄罗斯文学的历史过程? 本文将分别检视近代中日对俄罗斯文学的引介实践,对此问题进行回应,并以二者所构成的"对话"为切入点,重新思考东亚现代化转型期的内在困境与对抗策略。

一、明治日本:作为另一个"他者"的俄国想象

众所周知,自 1868 年明治维新以降,日本在新政权领导下开始全力推行系统化学习西方的政策。需要注意的是,最初其学习对象只限于以西欧与北美为主体的西方,并不包括俄国。这主要归因于明治初期盛行的以"文明等级论"为内核的世界观。如 1869 年《明治月刊》(官版,开物新社)曾把世界诸国按文明的序列划分为"文明国""开化国""半开化国""夷俗国"和"野蛮国"五个等级,其中将俄国归为"开化国"一级。同年,启蒙思想家福泽谕吉在所著《掌中万国一览》中,又将世界各国分成"浑沌""蛮野""未开""开化文明"四类。其中,美、英、法、德四国被明确定级为"开化文明"。而俄国虽亦列入此类,却被指陈"缙绅贵族独极尽穷奢,小民则多苦于苛政、无智识,毕生不得尝自由之

---

① 本文所使用的"俄国想象"这一术语在含义上不同于"俄国观"。在此,"想象"一词试图强调引介/接受主体(中、日)带有自我投射的集体性共识与形构过程,而非关于被接受/引介的对象(俄罗斯文学)本身。就此意义而言,"想象"也接近于本尼迪克特·安德森的《想象的共同体:民族主义的起源与散布》(*Imagined Communities:Reflections on the Origin and Spread of Nationalism*,London:Verso,1991)中的含义:无关虚假/真实性,关键在于被想象的方式。

味"①;与之并提的是,美国"律令而权制,国民同享教化自由,行善者多幸,修德者身安。此方为开化文明之真境"②。诸如此类颇具影响力并广为流传的看法显示,其时与位居文明金字塔顶端的西方相比,俄国被视为相对落后的次等国。这亦即意味着,俄国实际上被排除在了日本所欲求教的现代化楷范之外。在明治初期这种对世界差序格局的认知下,相较于此时纷涌而入的英、法、德等西欧文学,俄罗斯文学尚未进入当时读者的视野。

到明治第一个十年(1877—1887),兴盛一时的政治小说热潮中曾涌现大批俄国虚无党题材的作品。这被视为俄罗斯文学最早引起日本文学界注意的契机。③ 例如,屠格涅夫的长篇《父与子》便曾作为"虚无党"一词的出处而见诸报端。④ 尽管如此,俄罗斯文学引发更为广泛的关注还要到明治20年代(1887—1897)以后。1890年2月,综合杂志《国民之友》(74号)刊登了一则题为《俄国的小说及小说家》(「魯国の小説及び小説家」,"魯国"一词为日本对俄国的旧称)的文章,其中写道:"白雪皓皓如常,寒风飒飒不绝,以如此冷酷黑暗之地闻名之魯国,其文学而今有若曙光微茫,遍传于世。"同年9、10月,该杂志以《俄国文学泰斗托尔斯泰》[「露国文学の泰斗トルストイ伯」(上、中、下),"露国"亦为日本对俄国的旧称]为题,介绍了"震撼欧美两大陆"的俄国作家托尔斯泰。显而易见,19世纪后半期俄国作家在西方文坛显著上升的影响力是唤起日本重视的关键因素。尽管在经历维新以来一系列卓有成效的政治、经济、教育等领域的现代化改革后,明治日本得以成功地跻身于世界强国之列,

---

① 福沢諭吉:『掌中万国一覧』,『福沢諭吉全集2』,岩波書店1959年版,第464頁。

② 福沢諭吉:『掌中万国一覧』,『福沢諭吉全集2』,岩波書店1959年版,第465頁。关于福泽谕吉的"文明论"思想的生成背景及影响,可参见赵京华:《福泽谕吉"文明论"的等级结构及其源流》,刘禾主编:《世界秩序与文明等级》,生活·读书·新知三联书店2016年版,第209—234页。

③ 值得一提的是,明治初期流行的"虚无党"题材作品对晚清"虚无党"小说的译介产生了重要影响。相关研究如中村忠行:『晚清に於ける虚無党小説』(『天理大学学報』1973年第3期)。森川登美江:『清末小説点描5:ロシア虚無党を描いた小説』(『大分大学経済論集』2000年第3期)。李艳丽:《晚清俄国小说译介路径及底本考——兼析"虚无党小说"》,《外国文学评论》2011年第2期。

④ 关于屠格涅夫在日本的早期译介情况,参见安田保雄『ツルゲーネフ』(福田光次·剣持武彦·小玉晃一編:『欧米作家と日本近代文学——第三巻 ロシア·北欧·南欧篇』,教育出版センター1976年版)。

但还未能摆脱"对西洋的自卑感和对进步的自卑感"①,尤其是在思想文化领域,明治日本极力否弃本土传统而崇奉西方为典范。因此,饱受西方瞩目的俄罗斯文学便极大地吸引了其歆羡的目光。也正因如此,即便在日俄战争(1904—1905)中击败俄国而确立在西方俱乐部成员的地位之后,日本对俄罗斯文学的兴趣也有增无减。在日俄战争结束后,日本一度掀起了对俄罗斯文学的翻译高潮。并且,根据太田三郎的统计,就年翻译作品数目而言,俄罗斯文学自 1908 年超过英国文学,直至 20 世纪 30 年代中期常居翻译文学首位。②究其原因,战争这一重大事件无疑是促发对俄国全方位关注的催化剂,但正如昇曙梦所注意到的,在当时的舆论界,"虽在战争中取胜,却在文学上落败了"③之类的言论不绝于耳。此种论调便是明治日本现代化进程中潜存的文化焦虑的直观反映。其结果是,西方不仅成为日本引进俄罗斯文学的参照标准,同时也提供了作品译介的重要渠道。通过英、德、法等西欧语言译本阅读乃至转译俄文作品,成为明治直至大正时期知识阶层的普遍选择。④

而与此同时,明治的现代化大潮以迅猛之势渗透到社会生活的各个层面,带来剧烈的动荡和冲击。在大量涌入的西方文明与本土传统的矛盾冲突下,固有秩序、生活习俗与价值观念的日益衰微,引发了明治日本人精神层面的混乱与不安。由此,他们对西方现代主义文学抱有强烈疏离感的同时,却对俄罗斯文学怀有一种特殊的亲近感。这一点看起来很大程度上源于俄罗斯文学书

---

① 丸山真男:《日本的思想》,区建英、刘岳兵译,生活·读书·新知三联书店 2009 年版,第 23 页。

② 太田三郎:『翻訳文学』,『岩波講座日本文学史 第 14 巻』,岩波書店 1959 年版,第 22 頁と表 A。

③ 昇曙夢:『日本文学と露西亞文学』,中島健蔵·吉田精一編:『比較文学——日本文学を中心として』,矢島書房 1953 年版,第 272 頁。

④ 如作家田山花袋在对明治时代文坛的回忆(『東京の三十年』,岩波書店 1981 年版)中屡次提及,包括他自己在内的明治文学青年之间经常相互借阅俄罗斯文学的英译本,并且热烈地交流读后感。此外,根据新谷敬三郎的考察,大量进口西欧语言译本俄罗斯文学作品的丸善书店,是明治以来俄罗斯文学进入日本的重要路径;而柳富子在对明治、大正时期关于契诃夫的译介与评论的研究中,指出早稻田英文科学生的贡献占了绝对比重(新谷敬三郎:『〈概観〉日本におけるロシア文学』、柳富子:『チェーホフ』,福田光次·剣持武彦·小玉晃一編:『欧米作家と日本近代文学——第三巻 ロシア·北欧·南欧篇』,教育出版センター 1976 年版)。

写的"前现代"(premodern)景观。例如,作家宫本百合子谈到自己看托尔斯泰的小说曾深为感动,因为被唤醒了年幼时生活过的村庄风景与人事的记忆。①而实际上,这种情感内在呼应的是明治读者对日本现代化进程中不断消逝的本土传统的"乡愁"(nostalgia)。八岛雅彦在论及对托尔斯泰的接受时指出:"不仅限于托尔斯泰的文学,日本人对于俄国文学普遍感到有种土腥气,甚至觉察出西欧文学所没有的怀念与可亲。"②不难发现,此种情感关联着一种基于线性时间观的俄国想象:在明治的现代化道路上,如果说西方代表着"新",标识着日本的前进方向,那么俄国则象征着"故",投映着日本自我形象的过去时。这种二元对立式的认知,无疑根植于把文明的空间差异转化为时间差距的一种典型的现代性观念。而究其本质,仍是以西方为中心的文明等级论的延伸。颇具悖论意味的是,在此种语境下,俄罗斯文学反而以一种象征性补偿的形式,被明治日本的读者视作西式现代化路途中的一方精神故土,借以纾解现代性症候下的原乡情结。

较之这种现代化转型期的精神焦虑与情感失落感,身处东西方文明夹缝中的知识分子的身份认同危机,构成了明治日本面临的现代化困境的另一个层面。事实上这也是俄国在现代化进程中曾遭遇的问题。在谈到被视为日本现代文学开篇之作的《浮云》(1887—1889)的创作过程时,二叶亭四迷坦承在这部小说中关于"新旧两种思想的冲突"的描写受到了冈察洛夫《悬崖》的启发,并对之进行了模仿。③ 以二叶亭四迷为代表的明治知识分子,在现代与传统的冲突、新旧秩序的更迭中产生的主体性焦虑与内在紧张,也在俄罗斯文学的"多余人"形象中迸发出共鸣。④ 相对于前述线性发展观的现代性观念,文明的空间差异也逐渐开始被意识到。尤其是在明治末期,部分留欧归来的知识

---

① 宫本百合子:『作者の言葉』,『貧しき人々の群』,角川書店 1953 年版,第 207 頁。

② 八岛雅彦:『日本におけるトルストイの原像』,柳富子編:『ロシア文化の森へ——比較文化の総合研究』,ナダ出版センター 2001 年版,第 498 頁。

③ 二葉亭四迷:『作家苦心談』『二葉亭四迷全集 第 5 巻』,岩波書店 1964 年版,第 163 頁。

④ 关于俄罗斯文学中"多余人"形象对明治文学的影响,参见松本鶴雄:『ロシア文学と明治〈余計者〉小説考——「浮雲」、「其面影」、「青春」、「何処へ」、「それから」を中心に』,『群馬県立女子大学紀要』1984.4。

分子对完全照搬西方模本的所谓"外发性"①现代化模式发出质疑。此种情况下，俄罗斯文学又作为先于日本而"对现代化路线产生怀疑、并时而生发出抵抗的实例"②，激起了日本知识分子的兴趣和关心。

如此追溯俄罗斯文学在日本明治时期的接受轨迹，可以窥见其间交织的复杂且不无矛盾的俄国想象。在明治初期盛行的文明等级观影响下，西方与俄国虽同为外部"他者"，但前者被视为更高等更优越的文明，成为日本效法的楷模和竭力追赶的对象，后者则被排拒在求教视野之外。而在此后的现代化实践过程中，作为西方之外的另一个"他者"，俄国为明治日本提供了一种对西方现代性的补偿乃至于反思、抵抗的想象。俄罗斯文学不仅因其在西方文坛的影响力激发了明治日本的密切关注，更是在西式现代化道路上被引为象征性的精神代偿乃至发出质疑、反思的先驱性范本。明治日本对俄罗斯文学的引介，看似为日俄间的二元文学关系，实则始终内置于日本、西方、俄国三者关系的复杂框架之中。最终，在明治日本引进的外来文学资源中，俄罗斯文学与西方文学形成并存互补型架构。

二、五四时期："镜像化"想象的建构

与前述明治初期日本的情况相类似，相较于晚清以降广受关注的西方文学，俄罗斯文学传入中国之初也遭遇了冷落。在清末以降反传统求新学的背

---

① "外发性"是夏目漱石对于日本现代化性质的著名判定。他于明治末年的演讲「现代日本の開化」(《现代日本的开化》)(1911)中谈道："西洋的开化(也即一般的开化)是内发性的，日本现代的开化是外发性的。这里所说的内发性是指由内部自然生发之意，恰如花开，花瓣自然而然地向外破蕾而出。而外发性是指在强加的外力作用下不得已采取某种形式。"(『社会と自分——漱石自選講演集』，筑摩书房 2014 年版，第 59 頁)值得注意的是，西洋的开化被夏目漱石称为"一般的开化"，这透露出即便是在批判日本现代化模式的语境中，西方仍被作为判定标准。

② 松本健一：「ドストエフスキイと日本人——二葉亭四迷から芥川龍之介まで(上)」，第三文明社 2008 年版，第 116 頁。

景下,作为中国现代化主导性动力群体①的知识分子的目光,多投向了发达的西方以及新崛起的日本。尽管日本文坛对俄罗斯文学的关注引发了部分留日知识分子的注意,但直至五四运动前夕爆发的十月革命,才吸引众多感时忧国的知识分子转而关注俄国社会,也迅速加温了其对俄罗斯文学的热情。俄罗斯文学的功能性、工具性价值受到中国知识分子的重视,被视为一条通往社会、思想革命的途径,为变革中国现实提示了新的可能性。"文学之于俄国社会,乃为社会的沉夜黑暗中之一线光辉,为自由之警钟,为革命之先声。"②李大钊的这句著名论断便直观地反映了当时进步知识群体对俄罗斯文学的期待视野。同样,瞿秋白在为一本俄罗斯短篇小说选集所作的序言中写道:"听着俄国旧社会崩裂的声浪,真是空谷足音,不由得不动心。因此大家都来讨论研究俄国。于是俄国文学就成了中国文学家的目标。"③郭绍虞在《俄国美论与其文艺》一文中强调文学与社会的相互关系,将"卒至创造新俄罗斯"的俄罗斯文学称为"光明的指导者"。④ 正是在此语境下,俄罗斯文学较之西方文学取得了压倒性优势,在五四时期掀起译介与传播的热潮。

而在这些乐观而积极的话语表象背后,中国知识群体接受外来文化的深层心理颇耐人寻味。一方面,他们迫切渴望引进外来思想文化资源以促进变革,如"对西方事物的狂热追求表明了力图将整个 19 世纪压缩到 10 年之内的努力"⑤;另一方面,尤其是在 20 世纪 20 年代启蒙思潮渐次让位于民族主义浪潮的文化思想氛围中,中国知识分子对西学的接受态度显得十分暧昧,时常陷入自相矛盾的困境。在这一点上,史书美的指摘极具启发性。她敏锐地捕捉

---

① 正如许纪霖、陈达凯所直观指出的:"从启动现代化的动力群体来看,西欧属于资产阶级主导型,日本属于政府官员主导型……中国则可称之为知识分子主导型。"(许纪霖、陈达凯主编:《中国现代化史(第一卷,1800—1949)》,学林出版社 2006 年版,第 20 页)与日本的情况有显著差异的是,近代以来,中国知识分子在包括政治、社会、文化等诸领域中都居于主导性地位。因此,本节主要聚焦于这一群体的话语实践。

② 李大钊:《俄罗斯文学与革命》,《人民文学》1979 年第 5 期,第 3—7 页。

③ 瞿秋白:《〈俄罗斯名家短篇小说集〉序》,《瞿秋白文集·文学编》(第 2 卷),人民文学出版社 1986 年版,第 248 页。

④ 郭绍虞:《俄国美论与其文艺》,《小说月报》1921 年 9 月第 12 卷号外《俄国文学研究》,第 1—9 页。

⑤ 李欧梵:《文学的趋势Ⅰ:对现代性的追求(1895—1927 年)》,费正清编:《剑桥中华民国史:1912—1949》(上卷),杨品泉等译,中国社会科学出版社 1994 年版,第 551 页。

到中国知识分子对"西方"这一概念的二元划分倾向,即对存在于中国领土上的帝国主义("殖民西方")与引进中国的西方文化话语("都市西方")予以严格区分。① 这种区分无疑成为引进西方文化资源的一种行之有效的策略,"因为如此一来,对西方文明的追寻就不会受到来自于'西方帝国主义存在于中国'这一事实的压抑和限制"②。实际上,近代中国知识分子自向外来文明求教之初,便抱持着对其学习对象——史书美仅以"西方"笼统地加以涵盖而未作进一步区分——合法性问题的忧虑。这不禁引发追问:具体到俄罗斯文学的引介当中,中国知识分子的此种忧虑是如何得到化解的? 与史书美所观察到的"都市/殖民"的两分策略又有何不同之处?

细察之下不难发现,五四知识分子在谈及俄罗斯文学时,往往反复强调中俄两国之间的相近性、相似性,并诉诸某种共通的修辞模式。例如,瞿秋白主张文学是社会的反映,直言创造新文学的材料虽不必非取之于俄国文学,"然而俄国的国情,很有与中国相似的地方,所以还是应当介绍"③。又如鲁迅晚年宣称,虽然伟大的文学是永久的,"但我自己,却与其看薄凯契阿,雨果的书,宁可看契诃夫,高尔基的书,因为它更新,和我们的世界更接近"④。与此类似,周作人在著名的《文学上的俄国与中国》一文中,尽管对中俄国民性的若干差异作了详细的对比分析,仍再三申明:"我的本意,只是想说明俄国文学的背景有许多与中国相似,所以他的文学发达情形与思想的内容在中国也最可以注意研究",并强调"中国的特别国情与西欧稍异,与俄国却多相同的地方"。⑤ 这一表述既言"中国的特别国情"(独特性),又及"与俄国却多相同的地方"(相似性),在逻辑上不乏自相抵牾之处,却正透露出深植于五四知识分子内心的一种集体意识:既寄望于外来文化资源以促成本国的现代化变革,又力求保持中

---

① 史书美:《现代的诱惑——书写半殖民地中国的现代主义(1917—1937)》,何恬译,江苏人民出版社 2007 年版,第 17、43 页。

② 史书美:《现代的诱惑——书写半殖民地中国的现代主义(1917—1937)》,何恬译,江苏人民出版社 2007 年版,第 312 页。

③ 瞿秋白:《〈俄罗斯名家短篇小说集〉序》,《瞿秋白文集·文学编》(第 2 卷),人民文学出版社 1986 年版,第 249 页。

④ 鲁迅:《叶紫作〈丰收〉序》,《鲁迅全集》第 7 卷《荆天丛笔(下)》,中国文联出版社 2013 年版,第 200—201 页。

⑤ 周作人:《文学上的俄国与中国》,《新青年》1921 年第 5 期,第 1—7 页。

国自身的主体性与民族文化特性。而不应忽略的是,这些异同比较得以成立的预设前提,在于将作为参照物的西方视为绝对"他者"的表征(差异性)。而反过来也恰恰佐证了西方作为潜在衡量标尺的隐形在场。

相对于上述开宗明义式的表达,对中俄之间亲缘性的强调也常以另一种叙述方式呈现。以广为引用的鲁迅的这段话为例:"那时就知道了俄国文学是我们的导师和朋友。因为从那里面,看见了被压迫者的善良的灵魂,的酸辛,的挣扎……我们岂不知道那时的大俄罗斯帝国也正在侵略中国,然而从文学里明白了一件大事,是世界上有两种人:压迫者和被压迫者!"①类似于前述史书美所提出的区分策略,鲁迅在此也采用了两分法:一是俄国在国际政治中的帝国主义属性;二是俄罗斯文学内含的普世性的人道主义精神。同样,后者被赋予高度价值和重要性,使前者可以被搁置。但不同于区分策略中对西方文化优越性的凸显,后者更强调了中俄内部作为"被压迫者"立场的相似性。这一点在鲁迅的另一篇文章中体现得更为具体而显明。鲁迅抱憾于历来中国文学描写的大众"平和得像花鸟一样",然而看到一些外国小说"尤其是俄国、波兰和巴尔干诸小国的小说"时,"才明白了世界上也有这许多和我们的劳苦大众同一运命的人,而有些作家正在为此而呼号,而战斗"。② 当然,知识精英以启蒙者和引导者的身份立场,意图为"被压迫"的底层民众代言,确是五四以来常见的话语景观。③ 但此处重要的是,对于以鲁迅为代表的五四知识分子而言,"劳苦大众同一运命"也即"被压迫者"的相似境遇,消泯了中俄两国间政治意识形态层面的对立性。在此之上,还有着对作为知识分子"为此而呼号、而战斗"的责任感与使命感的强烈认同。由此,中俄间的相通、相似性得到进一

---

① 鲁迅:《祝中俄文字之交》,《鲁迅全集》第 4 卷《南腔北调集》,中国文联出版社 2013 年版,第 363 页。

② 鲁迅:《英译本〈短篇小说选集〉自序》,《鲁迅全集》第 6 卷《荆天丛笔(上)》,中国文联出版社 2013 年版,第 647 页。

③ 关于中国知识阶层为底层大众发声这一现象的内在机制,贺萧(Gail B. Hershatter)有过一段极富洞见的归纳指摘:"二三十年代时,中国知识分子经常以替工农、妓女和其他位卑者申冤诉苦为己任(同时也为其福利和对之的管理出谋划策)。……他们并不承认自己享有社会权力、处于下属群体的上方并参与对他们的压迫,而是以下属群体受到的压迫作为证据,来讨伐中国的政治和文化。"见贺萧:《危险的愉悦——20 世纪上海的娼妓问题与现代性》,韩敏中、盛宁译,江苏人民出版社 2010 年版,第 29 页。

步复沓与巩固,也为俄罗斯文学笼罩上道德优越性的光晕。

尽管具体表述方式各有不同,但正是种种中俄"相似性"话语(不妨如此加以概括),贯穿着整个五四时期的"俄国想象",甚至构成近代中国引介俄罗斯文学的基调。本文无意于分析此类话语本身所对应的历史真实性,因为关键问题不在于此。更为重要的是,从生产和流通效应上来看,与其说它表达了知识分子群体在特定历史语境下对于俄国的共识,毋宁说反映了他们基于同种心理机制而分享的一套共通的话语策略。透过"相似性"话语的表象,可以洞见中国知识分子在现代化转型期的历史语境下所抱持的焦虑与欲望的杂糅:对于大量引进的外来文化资源,既需辨别、界定其异质性以确认中国的本土特性,又需从中寻求同质性以探索中国问题的解决之道。在此两难困境中,西方文学与俄罗斯文学实际上被进行了微妙的区分:五四知识分子念兹在兹的中俄"相似性",使后者被贴上合法性的标签,赋予引介的优先权。

进而言之,中国知识分子接受外来文化资源的态度表明,如果说对于西方是凭借二元划分式的处理而试图削弱殖民主义的威胁(此种运作其实正清晰地显示出,西方被定位为全然异己的绝对他者),那么对于俄国则更构建了一种极富张力的"镜像化"想象。这其中包含着双重含义:一方面,以俄国为"鉴",寄望于通过向其求教以促成文学改革、思想启蒙乃至社会变革;另一方面,将其同化为中国的镜像,进行去意识形态化的"相似性"话语的生产与反复,从而赋予了俄罗斯文学以合法性,引为仿效、借鉴的典范。正是基于此种"镜像化"想象,对俄罗斯文学的引介不仅得以规避中西文学关系的两难困境,还暗含了中国知识分子对现代性的另类探究途径的吁求。

而反过来,五四知识分子在现代化探索实践中的主体性焦虑,也在此显露无遗。他们虽看似彻底冲破了晚清"体用之争"的束缚,彻底与本土传统相决裂而走向全盘西化,实则仍为本土主义(nativism)的幽灵所缠扰。不禁联想到,列文森在描述 20 世纪以来西方对中国社会和思想文化的全面冲击时,运用了一个意味深长的比喻:"西方给予中国的是改变了它的语言,而中国给予西方的是丰富了它的词汇。"①尽管列文森的论断不乏可商榷之处,但不妨借用

---

① 列文森:《儒教中国及其现代命运》,郑大华、任菁译,中国社会科学出版社 2000 年版,第 139 页。

这一比喻,如此概括中国知识分子在俄罗斯文学引介过程中一系列运作的集体共谋:他们试图将俄罗斯文学作为新鲜的"词汇"引进,通过"镜像化"想象的构建以消解其原有"语法",借此回避与中国"语言"环境的冲突,亦免于本土"语言"及文化主体性被改变的威胁。在今日看来,这一诉求不仅具有浓重的理想化倾向,后亦为政治革命洪流裹挟而染上文化民族主义的激进色彩,但这仍烛照出特定时代中国知识分子在西方现代性之外探寻本民族出路的可贵尝试。

三、结语:作为对抗性话语的"俄国想象"

近代以降,随着帝国主义与殖民主义在全球范围内的扩张,东亚无可避免地被卷入以西方为中心的世界秩序体系。在强烈的危机意识与现实困境的共同驱使下,中日相继走上寻求变革、全力探索现代化的道路。两国对于俄罗斯文学的大规模引介,便是在此种现代化转型期的历史语境中展开的。

正如本文所试图阐明的,中日对俄罗斯文学的引介实际上都内置于与西方的复杂关系之中,贯穿着各自的现代化焦虑及其影响下的"俄国想象"。看似在中俄、日俄文学关系中缺席的西方,却正潜藏于背景之中并且规约着关系的诸多方面。就此意义而言,在上述多元关系中扮演重要角色的西方亦非实体性的具象存在,而同样对应着一种"西方想象"——作为现代性的源起与旨归,既被视作现代性的普适标准,也构成了对非西方的本土性的挑战与威胁。以中日为代表的东亚的现代化进程,事实上始终摆荡于"现代性/本土性""西方/非西方"的对立结构之间。而随着现代化进程的展开,东亚的本土文化遭到了全面批判与否弃,无法构成对西方现代性的抗衡。由此催生的焦虑之下,明治日本将俄国作为西方之外的另一个他者,也即对于西方现代性的补偿、补充乃至于反思、抵抗的文化想象;五四时期的中国则将西方置于绝对他者的地位,同时通过中俄"相似性"话语的生产与反复,构建了一种"镜像化"的"俄国想象"。近代中日两国对俄罗斯文学的"偏爱"都并非出自历史的偶然,而是在遭遇强势的西方时,各自借助了对于俄国这一对抗性话语的挪用。显而易见,中日的"俄国想象"亦是"西方想象"的回声,二者互为表里地共同参涉了两国对俄罗斯文学引介的历史过程。

值得注意的是,截然相异的挪用方式,实际上折射出中日两国对于现代性显著不同的接受/抵抗(resistance)模式。有别于丸山真男所指出的,外来思想在日本通常呈现空间性的"杂居"状态①,"镜像化"想象反映出的中国知识分子的接受机制,更困囿于本土文化的身份认同焦虑。这一点显示出东亚现代化的不同面向。然而在深层动机上,可以看到中日两国都有意识地乞灵于俄罗斯文学,力图打破西方中心主义的文明空间秩序,从"现代化=西方化"的单一价值困局中突围,最终在西方现代性的裂隙中探寻新的路径与可能性。

（原载《外国文学研究》2017 年第 6 期）

---

① 丸山真男:《日本的思想》,区建英、刘岳兵译,生活·读书·新知三联书店 2009 年版,第 11—17 页。

"移步不换形"：论昆剧《血手记》和
京剧《欲望城国》的迥异"移步"

李小林

  昆剧《血手记》①（以下简称《血》）和京剧《欲望城国》②（以下简称《欲》）是20世纪80年代中国戏曲改编莎士比亚戏剧比较成功的两个案例。然而，值得人们关注的是，两剧在艺术呈现上是迥异的。它们留给观众的总体印象是：《血》剧基本遵循昆剧传统③，即使有所创新也是在中国本土戏曲

---

① 昆剧《血手记》，郑拾风改编，艺术指导黄佐临，导演李家耀，上海昆剧团演出。本文所据改编剧本（未出版复印件）和演出光盘 VCD（1987 年录制）均于 2005 年 7 月购于上海昆剧团。

② 京剧《欲望城国》，李慧敏改编，导演吴兴国，台湾当代传奇剧场演出。本文所据改编剧本发表于《中外文学》1987 年第 15 卷第 11 期，演出光盘 DVD 由台湾当代传奇剧场 2005 年发行。

③ 曹树钧："在艺术上，昆曲《血手记》在'中国化'方面也是做得相当彻底。"见曹树钧、孙福良：《莎士比亚在中国舞台上》，哈尔滨出版社 1989 年版，第 192 页。左绂："昆剧《血手记》的导演和演员有心于运用昆剧特点以发扬莎翁剧作之长，他们别具匠心地做出了努力。"见左绂：《"昆味"与"莎味"的结合——昆剧〈血手记〉观后》，《上海戏剧》1987 年第 4 期。亢西民："《血》剧的改编是彻底的中国化、昆剧化的改编，有着浓重的中国味和昆剧味。"见亢西民：《昆剧〈血手记〉与莎剧〈麦克白〉比较摭谈》，高福民、周秦主编：《中国昆曲论坛 2004》，苏州大学出版社 2005 年版，第 321 页。李伟民："昆剧《血手记》不是一般的搬演莎剧，而是用昆剧传统手法精彩地进行再创造。"见李伟民：《莎士比亚悲剧〈麦克白〉在中国的传播和影响》，《西北民族大学学报》（哲学社会科学版）2006 年第 1 期。张晓阳："昆剧《麦克白》得依靠传统的中国戏剧舞台技巧，因为它的目标是要成为完全的中国化作品。"见 Zhang Xiao Yang, *Shakespeare in China: A Comparative Study of Two Traditions and Cultures*, Newark: University of Delaware, 1996, p. 158.

传统之内互相借鉴①；《欲》剧则大大地突破了传统，借鉴了戏曲之外的话剧、电影、舞蹈等现代艺术元素。"《欲望城国》与《血手记》风格不同，前者更具现代风格，突破传统的服装、舞蹈以及其他方面的创新令观众和评论者震惊，并引起了巨大的争议。"②二十多年后的今天，我们重新审视《血》剧和《欲》剧，发现两剧迥异的艺术呈现实际涉及不同的创作方法和主客关系，更是关系到中国戏曲的"移步不换形"的艺术原则问题。

"移步而不换形"是由京剧艺术大师梅兰芳针对旧戏改革于 1949 年冬提出的。③ 当年为此还曾引起过小小的风波，为了平息风波，梅兰芳不久又"纠正"自己的观点，提出"移步必须换形"。撇开当时的政治因素不谈，梅兰芳先后提出的两个不同观点的焦点在于一个"形"字。若对"形"字有不同的理解，那自然会得出不同的结论。让我们先来看一下梅兰芳当年说过的这两段话：

我想，思想改革和技术改革最好不要混为一谈，后者在原则上应该让它保留下来，而前者也要通过充分的准备和慎重的考虑再行修改，才不会发生错误。……俗话说，"移步换形"，今天的戏剧工作却要做到"移步"而不"换形"……④

我现在对这问题的理解，是形式与内容的不可分割，内容决定形式，"移步必须换形"。⑤

---

①　李如茹认为，《血手记》通过吸收本土其他戏曲样式的技巧，扩展了昆剧传统的表现规则。见 Li Ruru, *Shashibiya*: *Staging Shakespeare in China*, Hong Kong：Hong Kong University Press, 2003, p. 121.

②　Lei, Bi-qi Beatrice, *Macbeth in Chinese Opera*, Moschovakis, Nicholas R., ed. *Macbeth*: *New Critical Essays*, New York：Routledge, 2008, p. 185. 另，施文山认为："总的来说，《欲望城国》变成了非传统的京剧剧本，不仅体现在表演的外在形式，而且体现在它也是一个完整的阅读文本。"见 Shih Wen-shan, "Intercultural Theatre：Two Beijing Opera Adaptations of Shakespeare", Ph. D. dissertation, Toronto：University of Toronto, 2000, p. 235）。章新强认为，《欲望城国》"忽略了京剧重'唱'的最大特色。全剧对白很多，唱的不多，给人的感觉更像是一出古典舞台话剧"。见章新强：《中国戏曲舞台上的"麦克白"》，《中国戏剧》2006 年第 2 期。

③　详见梅兰芳：《移步不换形》，百花文艺出版社 2008 年版。

④　转引自徐城北：《京剧与中国文化》，人民出版社 1999 年版，第 285—286 页。

⑤　转引自徐城北：《京剧与中国文化》，人民出版社 1999 年版，第 289 页。

从这两段话中,不难发现梅兰芳的"移步"的"步"是指"思想"或"内容",而"换形"的"形"则是指"技术"或"形式"。如果把"形"理解为具体的戏剧表现技巧或形式,那么,我们认为梅兰芳"纠正"后的观点"移步必须换形"是有道理的。梅兰芳一生的艺术实践告诉我们,他随着戏剧主题或人物性格的改变而改变其表现形式或风格。《贵妃醉酒》的"主题有了变化,所有全部的表演风格,也随着起了变化,剧中人物身份就和从前不同了。……至于身段部分,经过一再整理,修改的地方很多"①。戏曲发展进程也告诉我们,戏曲表演程式"虽然从生活中提炼并成为一种规范,但在创造具体的舞台形象时,又必须从生活出发,根据人物性格和规定情境对之有所发展和变化,以求得程式的规范性和人物性格的统一"因此,表演程式"既是相对定型的,又是可以变化的"。②

很显然,这样理解"形"的内涵,是有悖于梅兰芳开始所主张的"移步而不换形"的原则的。相信当初很多人也是这么理解的,有学者写道:"认真研究诸多'移步必须换形'的发言,道理同样是正确的。"③然而,结合梅兰芳于1953年的答记者问④以及他对京剧艺术的诸多见解,笔者认为,对于梅兰芳的"移步不换形"的"形"应当这样理解:"形"是指戏曲之所以为戏曲的那个特质,而并非指具体的戏曲表现技巧或形式。这一含义明确地体现在梅兰芳答记者问中,他坚持认为"移步而不换形","京剧还该是京剧",也就是说,戏改不能失掉京剧之为京剧的那个特质。这种特质,前人有过许多探讨,王国维认为:"戏曲者,谓以歌舞演故事也。"⑤齐如山概括国剧的原理为"'无声不歌,无动不舞'。凡有一点声音,就得有歌唱的韵味;凡有一点动作,就得有舞蹈的意义"⑥。另外

---

① 梅兰芳:《移步不换形》,百花文艺出版社2008年版,第330页。
② 中国大百科全书总编辑委员会《戏曲 曲艺》编辑委员会:《中国大百科全书·戏曲 曲艺》,中国大百科全书出版社1983年版,第21页。
③ 徐城北:《京剧与中国文化》,人民出版社1999年版,第290页。
④ 王尔龄:《梅兰芳不改初衷》,《文汇报》2007年5月18日。
⑤ 王国维:《王国维戏曲论文集》,中国戏剧出版社1984年版,第163页。
⑥ 齐如山:《齐如山回忆录》,辽宁教育出版社2005年版,第101页。

还有许多戏曲理论家、艺术家对此发表过精辟的见解。① 凡此都是属于"形"的范畴。

如果将梅兰芳的"移步不换形"的"形"理解为戏曲特质的话，那么，梅兰芳的"移步不换形"的"步"则应包含"思想内容"和"技术表现"两个方面的内容。梅兰芳认为"创造是艺术修养的成果"②，因此，他一生致力于国剧内容和形式的创新。他尝试时装新戏、改编剧目、修改唱词唱腔、增添二胡伴奏、受绘画和雕塑艺术启发而创制各种舞台装扮和舞蹈，等等，正是这些内容和技术的种种"移步"才使得他创立了梅派艺术。同时，他还提出："我们进行艺术改革，首先必须考虑到戏曲传统风格的问题。"③可见，梅兰芳的"移步"又是十分注重遵循戏曲自身的规律的，也即"'移步'而不'换形'"。

正是在这个意义上，我们运用"移步不换形"这个艺术原则来考量《血》剧和《欲》剧。它们在"技术表现"④方面做了怎样的"移步"？ 两剧"移步"为何迥异？ 迥异的"移步"说明了什么？"移步"之后有没有"换形"？ 怎样的"移步"才是最合适的？ 本文将结合两剧的表演文本⑤试图回答以上问题。

---

① 关于戏曲的"形"，齐如山称之为"国剧原理"，焦菊隐的表述为"戏曲表演精神或原则"。见齐如山：《齐如山回忆录》，辽宁教育出版社 2005 年版。焦菊隐：《北京人艺演剧学派创始人——焦菊隐论导演艺术》（下），中国戏剧出版社 2005 年版。其他关于戏曲"形"的论著文章，见黄佐临：《梅兰芳、斯坦尼斯拉夫斯基、布莱希特戏剧观比较》，中国艺术研究院戏曲研究所编：《中国戏曲理论研究文选》（上），上海文艺出版社 1985 年版。阿甲：《戏曲表演论集》，上海文艺出版社 1962 年版。

② 梅兰芳：《移步不换形》，百花文艺出版社 2008 年版，第 318 页。

③ 梅兰芳：《移步不换形》，百花文艺出版社 2008 年版，第 136 页。

④ "思想内容"的"移步"笔者已做粗浅探讨。见李小林：《野心/天意——从〈麦克白〉到〈血手记〉和〈欲望城国〉》，《外国文学评论》2010 年第 1 期。

⑤ 中国戏曲的表演文本有广义和狭义之分。广义指"舞台美术"，包括灯光布景、服饰化妆等，与西方的"舞台绘景"（scenography）的内涵相似；"狭义"指包括唱腔、身段、舞蹈或其他各类艺术手段的选择安设，即演员的唱念做打。本文用于分析的主要是狭义的表演文本。见王安祈：《当代戏曲（附剧本选）》，台湾三民书局 2002 年版，第 98 页。

一、两剧导演的艺术理念不同

(一)戏曲呈现莎剧:更有优势／需要拓展

虽然两剧导演的改编意图几乎相同,都想借助于莎士比亚戏剧给中国传统戏曲注入新鲜的活力①,但是,他们对于中国戏曲呈现莎剧的能力却有着迥异的认知。

《血》剧的艺术指导黄佐临对于以昆剧表现莎剧充满自信。他不仅看到莎翁时代的舞台和中国戏曲的传统舞台有着许多相似之处②,同时还认为戏曲的表现手段更丰富,有着莎剧所没有的优势。譬如:"我国戏曲讲究'四功五法''戏不离技,技不离艺''手眼身法步,精神力气功'——仅凭这一招就比莎士比亚高明得多。"再如:"莎士比亚只强调'念''做',而不注意'唱''打',不管'唱念做打'有机结合。"③

《欲》剧的导演兼主演吴兴国却没有黄佐临那么乐观。他也发现京剧与莎剧《麦克白》有很多共同点④,但他认为,莎剧和京剧之间最大的不同是"演员的表演方式",他觉得大部分京剧演员只能突破技巧那一关,而很少有人能真正融入角色做更深刻动人的表演,"《马克白》的戏剧实验会帮助国剧演员,在自己和表现艺术之间,有一个重新思考的起点"。⑤

---

① 黄佐临:"我想借助莎翁的《麦克白斯》,给昆曲这个'温'字打一针'强心针'。"见黄佐临:《昆曲为什么排演莎剧》,《戏曲艺术》1986 年第 4 期。吴兴国:《马克白》是刺激演员重新面对角色的一股新力量。"见吴兴国:《从传统走入莎翁世界》,《中外文学》1987 年第11 期。

② 黄佐临:"二者演出都质朴无华,不用布景,连续不断,突出人物……",几乎可说是"门当户对"。见黄佐临:《昆曲为什么排演莎剧》,《戏曲艺术》1986 年第 4 期。

③ 黄佐临:《昆曲为什么排演莎剧》,《戏曲艺术》1986 年第 4 期。

④ 吴兴国:"(比如)剧本对语言功能的发挥和诗的应用、浓厚的叙述性,使剧中人物常常跳出情节与观众交谈,人物出现的秩序性和场次繁多……"见吴兴国:《从传统走入莎翁世界》,《中外文学》1987 年第 11 期。

⑤ 吴兴国:《从传统走入莎翁世界》,《中外文学》1987 年第 11 期。

　　两剧导演对于戏曲呈现莎剧能力的不同认知决定了他们日后各自不同的改编原则。黄佐临自信戏曲表现手段更有优势，"他决定要创造一个真正的昆剧作品，要让观众相信改编后的作品就是昆剧，而不是关于西方戏剧的改编"①。因此，《血》剧将"充分发挥本剧种传统的程式手段'载歌载舞'，努力使莎剧昆曲化"②。吴兴国则认为只有拓展京剧艺术才能够表现莎剧中复杂的人物，他要借改编莎剧对京剧表现艺术进行重新思考。因此，《欲》剧将"运用任何可资改编的材料来拓展艺术层面以重振京剧"③。

（二）结构场景安排：一人一事/分幕分场

　　两剧导演不同的艺术理念首先体现在两剧的结构和场景安排上。黄佐临曾经赞叹传统戏曲结构的"流畅性"，"它不像话剧那样换景，而是连续不断的，有速度、节奏和蒙太奇"。④ 这就不难理解《血》剧按照中国传统戏曲的"一人一事""一线到底"的结构原则，围绕麦克白夫妇弑君篡位这一主要情节将原作《麦克白》改编为八场戏。⑤

　　《欲》剧则采用了话剧的分幕分场的结构形式，将莎剧原作的五幕二十七场精简为四幕十四场。⑥ 因为吴兴国认为莎剧《麦克白》中的情景"和东周列国历史中所描写的历史事件相当接近。所以取材《马克白》的架构，再转化成中国的背景和中国的情感，就不会有太大的突兀"⑦。可见《欲》剧采用话剧的分幕分场的结构形式，主要是想在结构和内容上与原著更加贴近。

　　然而，《血》剧的分场结构并不完全同于传统戏曲，《欲》剧的分幕分场结构

---

① Li Ruru, *Shashibiya: Staging Shakespeare in China*, Hong Kong: Hong Kong University Press, 2003, p. 120.

② 黄佐临：《昆曲为什么排演莎剧》，《戏曲艺术》1986 年第 4 期。

③ 戴雅雯（Catherine Diamond）：《做戏疯，看戏傻：十年所见台湾剧场的观众与表演（1988—1998）》，吕健忠译，台湾书林出版有限公司 2000 年版，第 40 页。

④ 黄佐临：《梅兰芳、斯坦尼斯拉夫斯基、布莱希特戏剧观比较》，中国艺术研究院戏曲研究所编：《中国戏曲理论研究文选》（上），上海文艺出版社 1985 年版，第 170 页。

⑤ 根据上海昆剧团演出的《血手记》（VCD，1987 年录制）；八场戏分别为：晋爵、密谋、嫁祸、刺杜、闹宴、问巫、闺疯、血偿。

⑥ 根据台湾当代传奇剧场演出的《欲望城国》（DVD，2005 年发行）。

⑦ 吴兴国：《从传统走入莎翁世界》，《中外文学》1987 年第 11 期。

也有别于话剧。"分幕和分场的基本区别在于：分幕的特点是在有限制的舞台领域，组织情节，按照生活的样子，创造具有真实感觉的生活情景（包括自然环境），诱导扮演者进入角色的生活。……戏曲分场的特点，在于扮演者对待舞台的态度，主要不是依靠物质环境的诱导而进入角色的情景的，而是靠自己特殊的表演——一边虚拟环境，同时就在虚拟环境的过程创造生活幻觉进入角色的生活的。"①但实际情况是，《血》剧并没有像传统戏曲那样完全由演员的表演来决定场景"不受舞台空间、时间的限制"；《欲》剧也没有像话剧分幕分场那样，"对扮演者的舞台调度，必须受舞台布景的制约"。②

  两剧几乎每场戏都用了精简的场景。莎剧女巫所在的荒原在两剧中分别成为烟雾缭绕、幽光（追光）闪烁的"鬼影滩"/"黑森林"③。麦克白府邸变成只有简单桌椅和香炉的马佩/敖叔征府邸，几近传统戏曲舞台上的"一桌二椅"，只是没有用传统戏曲那种红色绣花的桌围椅披来装饰。④鬼魂闹宴的王宫在两剧中都设置成类似传统戏曲的"三堂桌"⑤，桌上有酒壶杯盏，舞台主色调是暗黑色，以此表明马佩/敖叔征夫妇及其大臣们阴暗不轨的心理，演员的表演多用追光显示。麦克白夫人疯癫的卧室，在两剧中更为简单，仅在舞台右侧添放一把椅子/一个洗手盆和盆架⑥，全场也是基本暗黑，用追光突出演员表演。麦克白与讨伐大军交战的郊外战场在两剧中则基本成为一个空的舞台⑦。可见，《血》剧并没有像传统戏曲舞台那样不用布景和灯光，《欲》剧也没有像话剧

---

① 阿甲：《戏曲表演论集》，上海文艺出版社 1962 年版，第 5 页。
② 阿甲：《戏曲表演论集》，上海文艺出版社 1962 年版，第 5 页。
③ 《血》剧的"鬼影滩"用了绿色追光；《欲》剧的"黑森林"用了蓝色追光。
④ 两剧都在舞台右侧摆放了桌椅，《血》剧中两个椅座用了黄色绣花椅披，椅座两旁各有三层台阶表示楼阁；《欲》剧用的是红木一桌二椅，椅背较高，椅背和桌面上均有如意云头形等精致的中国古代雕刻图案。象征吉祥、威严、祈福、消灾的香炉居于《血》剧舞台中央靠后，《欲》剧中则在舞台左侧靠后用追光显示。
⑤ 舞台正中和两侧各设一大座，即各摆放桌椅。见中国大百科全书点编辑委员会《戏曲曲艺》编辑委员会：《中国大百科全书·戏曲 曲艺》，中国大百科全书出版社 1983 年版，第 540 页。
⑥ 《血》剧中铁氏的卧室仅在舞台右侧摆放一把椅子，椅子旁悬挂一面"墙柱"代表房间。《欲》剧中敖叔征夫人的卧室，除了舞台中央的红木一桌二椅之外，在舞台右侧添放了一个洗手盆和盆架。
⑦ 《血》剧的舞台中央有一个斜坡/坡台，《欲》剧的舞台左侧有一高台，分别表示将台。

那样用实景来限制演员表演。两剧都设置了比较空灵写意的场景,给演员表演留下了较大的空间。

(三)人物形象安设:贴近戏曲传统/靠近莎剧人物

两剧导演的不同理念还体现在对剧中人物的形象安设上。《血》剧中人物的化装和服饰贴近昆剧传统,观众对此并不陌生。因此,有评论者指出:"《血》剧的服饰也是完全中国化的。马佩登场时头戴老爷夫子盔、身着红靠、口挂髯须、手提马鞭、腰悬龙泉剑,俨然一个中国古代武将;而铁氏的服饰则一如中国古代的皇室、贵族内眷命妇模样。"①黄佐临曾经指出:"在中国戏曲里,服饰已不仅是用以区别不同角色外部形象的'符号',而且还同演员的动作、身段、舞蹈等等糅合在一起,创造了种种精采、美妙的艺术语汇。它们既能生动地刻画人物的内心活动,又能给人以美的享受。"②

与《血》剧相比,《欲》剧中的人物形象安设显然更靠近莎剧人物。《血》剧中的马佩以老生行扮演,而《欲》剧中的敖叔征是以武生行③扮演,这与麦克白的武将身份吻合。此外,不同于《血》剧中马佩脸上柔和的色彩,《欲》剧中敖叔征脸上的红、黑及底色之间更加分明,印堂、两颊、眼眶处的红色更浓,黑色更深④,这既显示他更加年轻有力,也能令观众想象他刚从战场平叛归来的疲倦。不过,《欲》剧中与传统服饰和化装最有出入的是敖叔征夫人,她眉心画有一颗

---

① 亢西民:《昆剧〈血手记〉与莎剧〈麦克白〉比较摭谈》,高福民、周秦主编:《中国昆曲论坛2004》,苏州大学出版社 2005 年版。第 321 页。

② 黄佐临:《莎士比亚剧作在中国舞台演出的展望——在首届中国莎士比亚戏剧节学术报告会上的发言》,中国莎士比亚研究会编:《莎士比亚在中国》,上海文艺出版社 1987 年版,第 9 页。

③ 武生,扮演擅长武艺的人物,分长靠武生和短打武生两类。长靠武生以扮演大将,穿厚底靴而得名。敖叔征正是长靠武生的打扮,他不戴髯口,身穿硬靠,手执马鞭,脚穿厚底靴。见中国大百科全书总编辑委员会《戏曲 曲艺》编辑委员会:《中国大百科全书·戏曲 曲艺》,中国大百科全书出版社 1983 年版,第 352 页。

④ 表现一般青壮年,眉心、眼眶和两颊的红色,以及黑眼圈,都可以浓些,老年则淡些。见中国大百科全书总编辑委员会《戏曲 曲艺》编辑委员会:《中国大百科全书·戏曲 曲艺》,中国大百科全书出版社 1983 年版,第 171—172 页。

红痣,显得冷面有心计,也有评论说红痣"表示她的勇气和坚定"①。她的服饰很特别,不用水袖但有着近似唐装的宽袖,服饰后有一拖曳着的尾裙。

应该指出,两剧的主人公虽然向观众呈现出不同的外在形象,但有两点是共同的。第一,两剧导演对于人物形象的安设都是从莎剧人物的复杂性格着眼的。黄佐临将《血》剧中马佩这一角色安设在老生行中是有其特别的意图的,老生行在戏曲中一般是正面人物的行当。这样安设"说明了黄佐临对于《麦克白》的理解",同时也体现出他要"鼓励中国观众去看清人物的复杂性"的意图。② 吴兴国将《欲》剧中敖叔征安设在武生行中,除了武生与麦克白的武将身份吻合之外,也有人指出,"《马克白》无疑适合武戏传统,那正是吴兴国的本行"③。第二,两剧扮演麦克白夫妇的演员均突破了原先安设的行当,糅合其他行当来表现莎剧人物的复杂性。《血》剧导演说:"我们突破了昆曲角色分行归路的严格程式,扮演铁氏的张静娴将闺门旦、花旦、劈刺旦糅为一体,有机地把真、善、美和假、恶、丑的灵魂揭示给观众。"④对此许多评论都有涉及。⑤ 而《欲》剧导演同样认为京剧的"生、旦、净、丑的个性划分也往往局限了演员表演的范围","只有结合武生、老生、大花脸的力量才足以诠释'马克白'将军,只有结合青衣、花旦、泼辣旦的个性才能演活'马克白'夫人"。⑥ 由此可见,两剧的人物形象安设虽然从表面看,一个紧贴戏曲传统,另一个则往莎剧人物靠,但

---

① Shih Wen-shan, "Intercultural Theatre: Two Beijing Opera Adaptations of Shakespeare", Ph. D. dissertation, Toronto: University of Toronto, 2000, p. 241.

② Li Ruru, *Shashibiya: Staging Shakespeare in China*, Hong Kong: Hong Kong University Press, 2003, p. 133.

③ 戴雅雯(Catherine Diamond):《做戏疯,看戏傻:十年所见台湾剧场的观众与表演(1988—1998)》,吕健忠译,台湾书林出版有限公司 2000 年版,第 42 页。

④ 沈斌:《中国的、昆曲的、莎士比亚的——昆剧〈血手记〉编演经过》,《戏剧报》1988 年第 3 期。

⑤ 张晓阳:"《闺疯》中的铁氏打破了昆剧人物行当的严格规定,糅合了闺门旦、花旦和泼辣旦的表演形式","生动地刻画了外形的美然而也是内心的残忍和疯癫"。见 Zhang Xiao Yang, *Shakespeare in China: A Comparative Study of Two Traditions and Cultures*, Newark: University of Delaware, 1996, pp. 158-159. 黄佐临:《莎士比亚剧作在中国舞台演出的展望——在首届中国莎士比亚戏剧节学术报告会上的发言》,中国莎士比亚研究会编:《莎士比亚在中国》,上海文艺出版社 1987 年版,第 321 页。

⑥ 吴兴国:《从传统走入莎翁世界》,《中外文学》1987 年第 11 期。

导演安设人物形象的主观意图却是一致的，都想尽力表现莎剧中复杂的人物个性。

二、两剧演员的舞台表演不同

（一）麦克白（马佩／敖叔征）：含蓄／张扬

《血》剧中扮演马佩的计镇华和《欲》剧中扮演敖叔征的吴兴国在表现麦克白这个人物形象时给观众最深刻的印象是：前者主要通过传统戏曲的细节表演，特别是运用各种不同的眼神和亮相来刻画人物的内心世界；后者在塑造人物时没有恪守传统，而是从充分表现人物个性出发，有些地方还借鉴了话剧表演的元素。因此，两个人在表演上的总体特征是：一个含蓄，一个张扬。实际上，这种不同的表演特征在他们刚一出场时就呈现给观众了。

戏剧人类学(theatre anthropology)学者主张，演员的外在形象具有"前表达性"(pre-expressivity)[①]，"人们完全根据他（舞蹈者）看上去的样子以及他的行动来确定他的特质和动作"[②]。马佩的扮演者计镇华和敖叔征的扮演者吴兴国，除了上面提及的行当和服饰的不同之外，他们的外形和气质也很不相同。计镇华面庞饱满，眼神柔和，给人以善良内敛的印象；吴兴国五官棱角分明，特别是在他表演时嘴角常常下撇，显得刚硬、冷酷且凶狠。因此，计镇华和吴兴国在他们表演之前就呈现给观众不同的外形和气质了。当然，计镇华的含蓄和吴兴国的张扬这种迥异的特征在剧中的"国王封赏"和"谋害国王"这两个场景中表现得尤为突出。

在莎剧原作中，国王对于麦克白的封赏是通过大臣前去通报，而昆剧《血》

---

① Eugenio Barba and Nicola Savarese. *A Dictionary of Theatre Anthropology: The Secret Art of the Performer*, trans. Richard Fowler, London and New York: Routledge, 2006, pp. 216-234.

② Eugenio Barba and Nicola Savarese. *A Dictionary of Theatre Anthropology: The Secret Art of the Performer*, trans. Richard Fowler, London and New York: Routledge, 2006, pp. 216.

和京剧《欲》均将其改编为国王亲自封赏,前者是在英雄回朝途中(《血》第一场"晋爵"),后者则是在英雄回到国王宫中(《欲》第一幕第一场"封赏")。

《血》剧中当马佩听到郑王的封赏("一字并肩王,兼兵马大元帅")时,他急速转身,左手撩开斗篷惊立亮相,头盔上的珠子因抖动而瑟瑟作响。他瞪大眼睛,眼珠急速转动,心里似乎在说:仙姑的预言怎么会应验了呢?! 这难道是天意不成?! 接着,郑王给马佩的同行将军杜戈封赏,马佩再次惊立亮相,头盔上的珠子再次瑟瑟抖动,他左手抱着郑王刚赐予的龙泉古剑,右手翻甩斗篷,向前迈出有力的一步,那坚定的眼神表示自己将会战胜这一强有力的对手。

《欲》剧中敖叔征听到蓟侯对于同行将军孟庭的封赏时,他猛地由里朝外跪转身来亮相,孟庭自己也吃惊不小,二人瞪大眼睛对望,似乎在说:山鬼预言怎么应验了?! 敖叔征在传统的吃惊亮相之后又添加了一些细微表情,由于惊怕而喘不过气来,他强使自己镇定。再当敖叔征听到自己被蓟侯封为"相国西城郡"时,他再次吃惊地跪转身来并跌坐在舞台上,一只脚悬在空中,张着嘴瞪着眼,大气也不敢出。孟庭也张嘴瞪眼表示吃惊,二人再次用眼神交流示意:山鬼的话果然当真?! 封赏完毕,众人下场,舞台上剩下敖叔征和孟庭,二人手捧封印,伴随着音乐无言地瞪眼对望两次,然后惶恐地直望苍天,眼睛里透着不安:"这是冥冥之中天意的安排吗?!"

显然,在"国王封赏"这场戏中,扮演马佩的计镇华只是用了戏曲舞台常见的惊眼亮相和转眼抖珠等表演程式,而扮演敖叔征的吴兴国则在传统戏曲的惊眼亮相之外还增添了跌坐在地、张嘴瞪眼、大气不敢出等细微表情和瞬间动作,将敖叔征此时此刻的惊愕、恐惧、困惑又有点喜悦的复杂的内心体验更多地外化出来,更显生动细腻。

在"谋害国王"这场戏中,计镇华和吴兴国的表演更为迥异。原著中麦克白在弑君前夕有一段著名的内心独白,表现其内心世界经历着道义与野心之间的激烈交战,以至思维狂乱而出现幻觉,一把流着血的刀子在他眼前摇晃。《血》剧将麦克白这段内心独白改为唱念做一体的程式化表演,《欲》剧则更多以无言的动作和音乐节奏来表现。

《血》剧中马佩手持龙泉宝剑在寂静中上场,他伴随着文场的音乐和武场的打击乐边唱边舞,运用跟跄的台步、恐慌的眼神、惊立的亮相、头盔上珠子的抖动以及髯口和宝剑,综合地表现了行刺前的心旌、惶乱、迷茫。有评论指出:

"计镇华通过他的富有表现力的唱腔让观众认识到他的感情","他运用不同的形体动作……使观众真的看见他想象中的无形的剑"。① 正当马佩在良心的忍与不忍之间犹豫不决之时,他的耳边响起了铁氏振振有词的画外音——"九五之尊,虎踞龙床,皇天有命,违命不祥",背朝观众的马佩随着铁氏响亮的画外音和有力的锣声,惊立抬头,颤步后退,头盔上的绒珠发出瑟瑟声响,随即他转过身来坚定地亮相,表明其野心的再度膨胀。

《欲》剧中敖叔征在其夫人去给轮班侍卫酒内下药时愕然呆立,全场寂静无声。少顷,他伴随着打击乐和"行弦"②踱步向前,双手在胸前交叉颤抖,他在杀与不杀之间犹豫徘徊。若是谋杀成功,他将成为一国之君,享尽荣华富贵;但若是谋杀败露……激动和恐惧之情交替写在他的脸上,他的心深深地被害怕攫住,情绪渐渐不能自已,最后他摇晃着身体退回桌旁饮酒壮胆。当夫人回来将刀递给他时,他再次退缩,跌坐在椅子上,手扶椅把背转身去。后来他是在夫人的"男子汉""威猛将"的激将下完成了谋杀,他发出了一声惊天动地的吼声"好!——",接着唱了一段流水快板,并在最后一句唱词"金龙驾虹翼冲天"的"天"用了高腔以示自己最后的决心。

与计镇华相比,吴兴国在"谋害国王"这场戏中的表演更加夸张,更多运用细微的表情外化其内心活动,更多突破武生行当而运用丑行、花脸等其他行当的表演方式。这是因为吴兴国看到了莎剧和京剧的不同之处,"比如对犯罪心理的刻画之深,在放眼世界的剧本中都难有匹敌"。吴兴国还意识到"传统中国理学的不愠不火,循规蹈矩,使人性被淹没在道德下,没有抒发的自由。于是角色就失去人性的真实感,也失去了感动力"。③ 因而,吴兴国在塑造麦克白这个人物时没有恪守传统,他在程式化的亮相和夸张的动作之外添加了体现内心体验的细微表情和肢体动作,这就更凸显了人物心理冲突的张力。

然而,黄佐临曾不无自豪地说过:"比起莎士比亚时代的表现手法来,我们

---

① Li Ruru, *Shashibiya: Staging Shakespeare in China*, Hong Kong: Hong Kong University Press, 2003, pp. 111-112.

② 行弦,在唱腔之间有较长的动作、身段、思想过程所用的音乐。见中国大百科全书总编辑委员会《戏曲 曲艺》编辑委员会:《中国大百科全书·戏曲 曲艺》,中国大百科全书出版社 1983 年版,第 28 页。

③ 吴兴国:《从传统走入莎翁世界》,《中外文学》1987 年第 11 期。

的戏曲要丰富得多。""比如计镇华这次在《马克白斯》(《血手记》)中的表演,在表现角色的心理活动时,头盔上所有的珠子、绒球都在颤抖,可以说每个细胞都调动了,很有表现力。"①的确,计镇华非常传神地演绎了人物心理活动,给观众留下了极其深刻的印象。除了上面提及的惊愕、惶惑、恐怖的眼神之外,其他诸如"密谋"中的骇然震惊的眼神,见到鬼魂大惊失色的眼神,获得女巫天意后侥幸有望的眼神,森林移动时惊怕绝望的眼神……无不生动细腻地展现了人物的内心世界和性格特征。无怪乎有评论说计镇华"精擅于利用'亮相'的艺术手段,来凸显人物刹那间的意态神韵"②。

(二)麦克白夫人:具象/意念

莎剧中麦克白夫人在助其丈夫弑君之后精神恍惚,为洗不尽血手而苦恼,又常常梦见谋害场景,最后在精神备受折磨之后自尽而亡。《血》剧和《欲》剧中的麦克白夫人(铁氏/敖叔征夫人)也都经历了这种精神之苦,被害者的鬼魂不断地出现在她们的脑海中。所不同的是《血》剧将铁氏头脑中的鬼魂实体化、具象化;而《欲》剧则将敖叔征夫人头脑中的鬼魂只是停留在其意念中,通过其唱念做来表现。

在《血》剧第七场"闺疯"中,铁氏先伴随【斗鹌鹑】曲牌边唱边表现"洗血手",接着,铁氏幻觉中的鬼魂影像一个个以实体的形态出现在舞台上。面对郑王鬼魂的追逐,铁氏快速圆场、鹞子翻身,翻甩水袖亮相。杜戈鬼魂挥刀砍来,铁氏跪步求饶。看见梅妻鬼魂,铁氏惊吓得连转身蹲式亮相,在梅妻鬼魂的逼近下她用了繁复精彩的水袖功,还用了快速的碎步"圆场",二人"推磨"③。

---

① 黄佐临:《莎士比亚剧作在中国舞台演出的展望——在首届中国莎士比亚戏剧节学术报告会上的发言》,中国莎士比亚研究会编:《莎士比亚在中国》,上海文艺出版社 1987 年版,第 14 页。

② 陈芳:《演绎莎剧的昆剧〈血手记〉》,《戏曲研究》(第 76 辑),文化艺术出版社 2008 年版。

③ "圆场""推磨"等是戏曲表演术语。"圆场",即一人或数人在舞台上按圆形路线行进,表示空间的转换。"推磨",即甲乙两人或两组人,对面相视,同时环行一周,表示互相观察、打量。见中国大百科全书编辑委员会《戏曲 曲艺》编辑委员会:《中国大百科全书·戏曲 曲艺》,中国大百科全书出版社 1983 年版,第 225—226 页。

对于绿鹦鹉鬼魂，铁氏与其追打，也运用了云手水袖，绿鹦鹉则在其周围"走旋子"①一圈。最后，几个鬼魂一起上场围住她，铁氏惊叫逃窜（圆场）、跪步求饶、翻甩水袖，鬼魂一齐向她"喷火"，铁氏用了一个高难度动作②来表现自己的一命呜呼。总之，面对一个个出现的鬼魂，铁氏运用各种台步、繁复的水袖功、高难度的翻跌扑打等传统戏曲表现手法，淋漓尽致地表现她心理上的恐惧、虚弱、勉强支撑等不同的层面。这场戏赢得很多好评，导演也认为这是"神来之笔"，并引以为傲。③

《欲》剧中更多强化了莎剧中"洗血手"的意象。在"洗手"这场戏开始，敖叔征夫人拖着病体，伴随着大段唱腔，重复做着看血手、抖血手、搓血手等各种手势，"拼全力，洗不净，血迹犹存"。唱腔之间，她伴随着"行弦"走到红色灯光映照的洗手盆，洗血手的动作也随着越来越激烈的音乐而加快，洗不净的血手使她痛苦不堪。突然间，她瞪大惊恐的双眼，抖手摇手、翻甩宽袖，在台上东逃西窜，最后用衣袖遮住自己的脸无力地蹲下，恐惧万分。不难想象此时敖叔征夫人也看到了屈死的鬼魂，只不过鬼魂停留在她的意念之中，但她惊恐的神情、颤抖的双手和衣袖的不停翻甩则表明了她对鬼魂的害怕、逃避和驱逐，她感到了"屈死的冤鬼魂前来索命"，"挥不尽满眼中鬼魅幻影"。经受了鬼魂的纠缠之后，敖叔征夫人惊惶地后退，连甩宽袖，最后无力地蹲坐在舞台上。她没有像《血》剧中铁氏那样"暴死"在舞台上，而是后来悬梁自尽了。

可见，《血》剧比《欲》剧更加突出了鬼魂的表现，将铁氏遭受鬼魂纠缠的心理活动具象化。这跟导演黄佐临的艺术理念有关，他认为中国戏曲舞台演出有"许多具有惊人应变能力的技巧，倘将它们应用到莎剧演出中，便能以极简单的办法解决那些很复杂的问题"，比如"把一束白纸飘带挂在演员的耳上，一

---

① "走旋子"，戏曲武功的表演术语。

② 先下腰，后摔僵尸，戏曲表演基本功中的毯子功。演员僵直身体，往后跌扑。见中国大百科全书编辑委员会《戏曲 曲艺》编辑委员会：《中国大百科全书·戏曲 曲艺》，中国大百科全书出版社 1983 年版，第 383 页。

③ 沈斌：《中国的、昆曲的、莎士比亚的——昆剧〈血手记〉编演经过》，《戏剧报》1988 年第 3 期。

直垂到膝盖处,便可获得鬼魂的效果。这是其他任何方法都难以有效地表达的"。① 因此,不同于莎剧中"班柯的幽灵是较为无形的"②,《血》剧和《欲》剧中的班柯鬼魂都用了实体。只不过,《血》剧将鬼魂的塑造发挥到了极致,更具中国传统戏曲文化色彩。而《欲》剧中敫叔征夫人头脑中的鬼魂意念化则比较符合吴兴国的艺术理念,一切要往莎剧人物靠近。因此,和莎剧原著一样,"洗血手"也成了《欲》剧"洗手"这场戏中的主要表现意象。

(三)女巫及其他人物:局部规整/整体互动

《血》剧和《欲》剧中的女巫及其他人物的舞台表现也有所不同,最大的区别在于:局部规整/整体互动。具体说来,前者是行当明确、动作齐整规范;后者是突出人物,动作个性各异。下面以女巫、报子和士兵的表演为例。

莎剧三女巫在昆剧舞台上成了一高二矮的三仙姑,在京剧舞台上变成了一个长发飘飘的山鬼。在《血》剧第一场戏"晋爵"中,三仙姑均由"丑行"扮演,以"矮子步"、翻"滚背"等程式化动作以及各种造型的群体亮相笑着舞着念着,给观众新鲜而又熟悉的视觉冲击。导演将原本应归彩旦行的三仙姑改为用"丑旦"来表演,是要"把传统的矮子功运用上,按照剧情的需要,把三个女巫诱惑马佩野心疯狂症的戏剧行动与造成剧情需要的恐惧气氛糅合起来,塑造成现在的一高二矮的女巫形象"③。这样安排更具艺术表现力。事实上,"三仙姑"这场戏不仅是导演着力处理的三个场次之一④,也常受到评论者的好评⑤。

《欲》剧中的山鬼,脸上涂白,黑线勾画皱纹,身着满是碎片流苏、毫无形状

---

① 黄佐临:《莎士比亚剧作在中国舞台演出的展望——在首届中国莎士比亚戏剧节学术报告会上的发言》,中国莎士比亚研究会编:《莎士比亚在中国》,上海文艺出版社 1987 年版,第 14 页。

② 阿·尼柯尔:《西欧戏剧理论》,徐士瑚译,中国戏剧出版社 1985 年版,第 130 页。

③ 沈斌:《中国的、昆曲的、莎士比亚的——昆剧〈血手记〉编演经过》,《戏剧报》1988 年第 3 期。

④ 其他两场分别是"嫁祸"("谋害国王")和"闹宴"("鬼魂闹宴")。见沈斌:《中国的、昆曲的、莎士比亚的——昆剧〈血手记〉编演经过》,《戏剧报》1988 年第 3 期。

⑤ 李如茹在其著作中重点论述了这三个场次:"三仙姑、马佩行刺前和宴会是《血》剧中黄佐临'泼墨堆金'的三个重要场次。"见 Li Ruru, *Shashibiya: Staging Shakespeare in China*, Hong Kong: Hong Kong University Press, 2003, pp. 128-131.

的长裙，手执一根树权拐杖。山鬼边念边跳，以一种不规则的舞蹈来到昏黑的森林中，在幽蓝的追光下，亮相定格为鬼的形态，眼睛发直盯着前方。下场前又发出怪笑"嘻嘻……"，长久回荡在剧场里。从其化妆、服饰、念白和舞蹈中，我们很难判断出她是什么行当，她外表看上去倒更像是电影中的鬼魅，没有人形。因此，有评论说："她扬嗓而笑——听来有点像万圣节前夕的女巫——舞蹈一番，然后消失。"①

《欲》剧中报子的表演令人难忘。一般传统戏曲舞台上，报子常常是疾步或翻扑上场，这样既可表现军情紧急同时又可展示演员的基本功。可是，《欲》剧中的报子表现却不同。在第一幕第二场"三报"中，报子随着一声高喊"报——"，他疾步踉跄上场，亮相后还在那里喘气抖动。这时，报子的表现不仅表现出军情紧急，还反映了他这个角色慌张的个体情绪。《血》剧中没有安排报子的表演，只是在最后一场"血偿"中有一侍卫甲上场禀报："那城外森林渐渐移动。"其表现如同传统舞台上常见的龙套角色，而《欲》剧中的报子却超出常规，个性十足。

《欲》剧中士兵的表演更是不同寻常。在"毁灭"那场戏里，中箭之后的敖叔征手捧着扎进胸口的箭，看着背叛自己的士兵，痛苦地挣扎着，晃荡着，硬是将身体里的箭拔出，绝望地从战台倒翻下来。场上的士兵一面密切地关注着他的一举一动，一面紧张地随之移动肢体。敖叔征又从地上挣扎起来，和周围的士兵互为推磨，敖叔征踉跄着一会儿冲着士兵，一会儿冲着天，众士兵随着他的逼近而后退着，又随着他踉跄的步子在其周围慌乱无规则地移动着。敖叔征倒地死亡时，众士兵则惊愕地以各种造型亮相，舞台上一幅凄惨的战场画面。而在《血》剧最后一场戏"血偿"中，马佩与众将士的开打照例是传统戏曲的那种从一对一单打发展到群打，然后是马佩单独耍各种式样的长刀以显示自己的武艺。最后，马佩被梅云一枪刺中，捂着胸口挣扎着，眼睛直瞪，手指苍天，梅云和杜宁架着马佩，众将士上前乱刀砍死马佩，并将其托起走下场，这都是戏曲舞台常见的调度和表演。

可见，《血》剧中群众演员的表演更多保持了传统的特性，他们动作齐整规

① 戴雅雯（Catherine Diamond）：《做戏疯，看戏傻：十年所见台湾剧场的观众与表演（1988—1998）》，吕健忠译，台湾书林出版有限公司 2000 年版，第 45 页。

范,但和主要角色少有互动。而《欲》剧中的士兵却始终和主要角色互为反应、互为动作,戏的整体感很强,没有传统戏那种龙套的木讷感。导演吴兴国认识到,"每个演员必须完全入戏,结合整体的力量才能完成对命运的恐惧感及对野心的愤懑"①。所以,《欲》剧中的群众戏不仅有个性,而且与全剧的剧情以及人物息息相关。

三、两剧的艺术呈现迥异

由上可知,《血》剧和《欲》剧因导演不同的艺术理念和演员不同的舞台表演而导致两剧迥异的艺术呈现。前者紧贴戏曲传统,成为"真正的昆剧作品",实现了黄佐临几十年的心愿——"莎士比亚戏剧昆曲化"②。而后者总是往莎剧人物靠近,为了表现莎剧复杂的人物,有些地方突破了戏曲传统,如吴兴国所希望的那样,《欲》剧"运用任何可资改编的材料来拓展艺术层面以重振京剧"③。对于两剧迥异的艺术呈现,我们应当如何认识?

(一)由外到内/ 由内到外

所谓"由外到内",是指在改编中导演注意运用已有的戏曲程式来表现剧情和人物。《血》剧主要采取的就是"由外到内"的创作方法。如前所述,"他要让观众相信改编后的作品就是昆剧"④。因此,《血》剧的服装"就是行头箱里翻出来的"⑤。由于用了旧有的服装,计镇华在采访中说:"当我穿着红色长袍时,

---

① 吴兴国:《从传统走入莎翁世界》,《中外文学》1987 年第 11 期。
② 黄佐临:《昆曲为什么排演莎剧》,《戏曲艺术》1986 年第 4 期。
③ 戴雅雯(Catherine Diamond):《做戏疯,看戏傻:十年所见台湾剧场的观众与表演(1988—1998)》,吕健忠译,台湾书林出版有限公司 2000 年版,第 40 页。
④ Li Ruru,*Shashibiya:Staging Shakespeare in China*,Hong Kong:Hong Kong University Press,2003,p. 120.
⑤ 黄佐临:《莎士比亚剧作在中国舞台演出的展望——在首届中国莎士比亚戏剧节学术报告会上的发言》,中国莎士比亚研究会编:《莎士比亚在中国》,上海文艺出版社 1987 年版,第 9 页。

同事说我看起来像曹操。当我走起来的时候，他们说我是陆游。"①《血》剧中演员的表演更是戏曲舞台上常见的表现形式。前文中提及的关于马佩的惊立亮相、转眼抖珠，铁氏的水袖、跪步，仙姑的"矮子步"，士兵的"开打"和舞蹈等都是观众熟悉的戏曲程式。不过，最能体现"由外到内"的是被导演称之为"神来之笔"的"闺疯"那场戏②，无怪乎有观众看过《血手记》之后，称那场戏就是"昆剧的'女《打金砖》'"③。

而"由内到外"则是指在改编中导演总是先考虑人物的性格特征，然后再考虑如何运用贴切的技巧或形式来表现他们。相比较而言，《欲》剧的创作方法则主要是"由内到外"。吴兴国为了贴合莎剧原著剧情和人物，不仅是《欲》剧的化妆、服饰和道具突破了传统，而且更重要的是剧中演员为了刻画人物的内心活动而在表演上有了重大突破。前文中提及的关于敖叔征表现内心惊愕和害怕的细微动作和表情、报子表现内心慌乱的个性表演以及士兵与主要角色的互动表现等，都是在表演上突破传统的例子。这种"开创性的实验手法，不但观众看得大呼过瘾，也在艺文界激起不小涟漪，被视为一个现代与传统交融的重要契机"④。

两剧导演采取不同的创作方法，除了与二人的艺术理念密切相关之外，还与二人的文化理念相关。黄佐临早年留学英国研究莎士比亚，一心想把莎士比亚戏剧搬到中国的舞台上。他后来对梅兰芳、斯坦尼斯拉夫斯基和布莱希特三位艺术大师不同的戏剧观做了比较研究，从中发现了中国传统戏曲文化

---

① 转引自 Li Ruru，*Shashibiya：Staging Shakespeare in China*，Hong Kong：Hong Kong University Press，2003，p. 134.

② 沈斌：它"发挥了昆曲以歌舞表演人物内心世界的特征。最后四鬼魂用'喷火'的绝技表现喷出冤鬼胸中的怒火"。见沈斌：《中国的、昆曲的、莎士比亚的——昆剧〈血手记〉编演经过》，《戏剧报》1988 年第 3 期。

③ 《幽兰馨香 玉兰芬芳——记著名昆剧表演艺术家张静娴》。转引自陈芳：《演绎莎剧的昆剧〈血手记〉》，《戏曲研究》（第 76 辑），文化艺术出版社 2008 年版，第 27～28 页。

④ 刘蕴芳：《好一个〈当代传奇〉》（"Good Show，Contemporary Legend Theatre"），《光华》（*Sinorama*）1991 年 5 月。

的优长①，他认为中国戏曲具有西方戏剧所无法比拟的优势②。由此，黄佐临决定用昆剧形式演出莎剧《麦克白》，他在改编过程中力求保持昆剧的传统和特质。有研究者指出，黄的这一意图还体现在他的导演组成员中，"除他和李家耀之外，其他导演都来自昆剧界。昆剧的艺术顾问郑传鉴是过去曾经历过严格的昆剧训练，至今仍活着的少数老艺人之一。高度编制的唱念做舞打在剧中得以充分展示，使观众有机会欣赏真正的昆剧表演"③。无疑，黄佐临的戏剧理论和实践都表明了他对中国传统戏曲文化的认可，他用昆剧改编莎剧就是想要证明中国传统戏曲文化的优长之所在。

对于吴兴国来说，他更多地看到了中国戏曲文化和西方戏剧文化的不同，也更多地看到了京剧艺术的不足和延续的危机。京剧艺术中存在"过时的语言"、"过于喧闹"的音乐等问题，最严重的是，"京剧体现的是古老的道德与世界观，和现代世界脱了节"。④ 1983 年，由年轻人组成的当代传奇剧场就是在这样的背景之下成立的，吴兴国和这些青年演员们思考如何"让传统和现代在剧场里接轨"⑤。当代传奇剧场成立之后的第一个剧目就是改编自莎剧《麦克白》的《欲望城国》，吴兴国要"借着西方剧本深刻的思想性，来撼动四平八稳的传统剧场，破除一些格律，寻求属于当代的风格"⑥。负责执笔《欲望城国》的李慧敏当时"只是个爱看戏的大学生，唱腔形式都不懂"。从这里我们不难看出

---

① 黄佐临提出，中国戏曲有四种外在特征（即流畅性、伸缩性、雕塑性、规范性）、四种内在特征（即生活写意性、动作写意性、语言写意性、舞美写意性）。见黄佐临：《梅兰芳、斯坦尼斯拉夫斯基、布莱希特戏剧观比较》，中国艺术研究院戏曲研究所编：《中国戏曲理论研究文选》（上），上海文艺出版社 1985 年版，第 170—171、183 页。

② 即："简单的舞美"、"讲究的服装"、极具"表现力和美感"的程式动作和音乐。见黄佐临：《莎士比亚剧作在中国舞台演出的展望——在首届中国莎士比亚戏剧节学术报告会上的发言》，中国莎士比亚研究会编：《莎士比亚在中国》，上海文艺出版社 1987 年版，第 1—17 页。

③ Li Ruru, *Shashibiya: Staging Shakespeare in China*, Hong Kong: Hong Kong University Press, 2003, p. 121.

④ 戴雅雯（Catherine Diamond）：《做戏疯，看戏傻：十年所见台湾剧场的观众与表演（1988—1998）》，吕健忠译，台湾书林出版有限公司 2000 年版，第 39 页。

⑤ 《"当代传奇剧场"手册》。

⑥ 刘蕴芳：《好一个〈当代传奇〉》（"Good Show, Contemporary Legend Theatre"），《光华》（*Sinorama*）1991 年 5 月。

吴兴国急切地改编《麦克白》，是要从思想性和表现形式两个方面来补中国传统戏曲艺术之不足，也就不难理解吴兴国在改编中为何总是从莎剧人物着眼，并突破戏曲传统来表现莎剧复杂的人物了。

然而，至关重要的是，无论是《血》剧的"由外到内"还是《欲》剧的"由内到外"，两剧都注意到内与外的统一。戏曲表演若有外而无内只是匠艺，若有内而无外则不再是戏曲。而两剧正是做到了内与外的结合（尽管创作方法不同，但都有着出色的表现力），因而也成为成功的莎剧改编案例。

（二）主动 vs. 被动/ 主动 vs. 客动

从哲学角度来看，两剧迥异的艺术呈现，特别是两剧中配角与主角的关系折射出两种不同的主客模式。孙惠柱从社会表演学出发，提出"主动 vs. 被动"（active/passive）和"主动 vs. 客动"（proactive/reactive）这两组概念。他认为："被动"，意即"在他人的动作之后，个体的消极反应甚至避让"；"客动"，意为个体对他人的动作作出的积极的反应动作。[1] 据此，我们认为《血》剧中主角和配角的关系属于"主动 vs. 被动"模式。它保留了传统舞台上的龙套角色，如在第二场"密谋"中，马佩夫妇的府邸仍有使女、兵卒站立两旁，他们和主要人物马佩夫妇几乎没有交流；又如，在最后一场"血偿"中，众将士的舞蹈齐整优美，但他们和剧中主要人物以及他们彼此之间都没有什么互动。而《欲》剧中的配角与主角之间有了频繁的交流和互动，特别是在最后一场戏"毁灭"中，众将士和敖叔征之间在动作和神情方面都有了紧张密切的互动，给观众留下了深刻的印象。所以《欲》剧中的这种互动比较符合"主动 vs. 客动"模式。

《血》剧以及传统戏曲表演中的"主动 vs. 被动"模式反映了中国传统文化的"无我"特征。梁漱溟曾经指出："西洋人是有我的，中国人是不要我的。"[2]黑格尔也曾说过，东方世界观中缺乏"主体的自由权和驾御世界的自觉性"[3]。这种缺乏主体性的文化特质本来主要体现在中国传统戏剧的主旨和人物的内质上，现在看来它同样也蕴含在戏曲形式中。而吴兴国由于深入了解并

---

[1] 孙惠柱：《主动 VS 客动：社会表演学的哲学探索》，《戏剧》2011 年第 2 期。
[2] 梁漱溟：《东西文化及其哲学》，上海人民出版社 2006 年版，第 145 页。
[3] 黑格尔：《美学》（第 3 卷下册），朱光潜译，商务印书馆 1981 年版，第 297 页。

大量接受西方戏剧文化,他相信:"'每个人的力量同时发挥,那力量胜过主角。'因此区区小兵不再只是活动布景,而必须熟稔剧情,用自己的方式表演出来,成为剧中真正的一部分。"①他还"鼓励团员多涉猎西方美术、音乐、戏剧、电影等"②。所以,两剧中配角和主角的不同的主客关系实际是中西戏剧文化的体现。重视群众演员,加强全剧的整体性,这在台湾剧场应该是普遍现象。2007年10月台北"新剧团"来大陆演出的"新老戏"《奇冤报》,剧中也凸显了"主动 vs. 客动"的特征。③ 因此,两剧中不同的主客关系也反映了大陆和台湾戏曲人的戏剧观念的差异。《欲》剧的主演魏海敏对此深有感受:"若与大陆比较,对岸的制作环境好,地方戏题材广,唱腔新颖也有相当程度,但是观念老旧;台湾唯一能与之抗衡的,就是尽量吸收现代理念,活用现代资源。"④

尽管传统戏曲剧场往往以主角为灵魂,少有"主动 vs. 客动"的表现,但是,笔者以为过去老艺人常说的"一棵菜"精神与"主动 vs. 客动"概念比较相似。"老脚们讲究,演戏要成为一棵菜,意思是全剧各脚之表情动作,都要彼此极端呼应,情形如一棵菜之菜帮一样,两帮之间,没有一点不贴紧的地方。"⑤戏曲理论家齐如山早就指出演戏要有整体性:"戏是全体演的,不是一个人唱一段就算演好的。"他还提出"一棵菜"精神是"国剧改良的初步"。⑥ 因此,可想而知,随着国人主体意识的增强,表演中"主动 vs. 客动"的表现应该会

---

① 刘蕴芳:《好一个〈当代传奇〉》("Good Show, Contemporary Legend Theatre"),《光华》(*Sinorama*)1991年5月。

② 刘蕴芳:《好一个〈当代传奇〉》("Good Show, Contemporary Legend Theatre"),《光华》(*Sinorama*)1991年5月。

③ 笔者记得2007年10月15日台北"新剧团"来杭州红星剧院演出"新老戏"《奇冤报》,剧中众小鬼和判官之间的互动以及个性化的表演给观众留下深刻的印象。在演出结束后的互动中,笔者向主演李宝春先生请教:您是如何做到剧中强调每个演员的主体性以及全剧的整体性的? 他回答说这一改变是在他们无数次征求年轻观众的意见之后完成的。可见,当今中国青年一代的主体意识增强,戏剧中的"主动 vs. 客动"的表演关系是深受他们欢迎的。

④ 刘蕴芳:《好一个〈当代传奇〉》("Good Show, Contemporary Legend Theatre"),《光华》(*Sinorama*)1991年5月。

⑤ 齐如山:《齐如山回忆录》,辽宁教育出版社2005年版,第377页。

⑥ 齐如山:《齐如山回忆录》,辽宁教育出版社2005年版,第378页。

越来越多。

(三)"移小步"/"移大步"

两剧迥异的艺术呈现也关乎戏曲"移步换形"的原则问题。实际上，与传统戏曲相比，两剧在结构场景、形象安设和演员表演方面都发生了"移步"。《血》剧是"移小步"，演员们为了塑造莎剧人物，几乎无一例外地借鉴了其他行当、戏曲样式以及戏曲剧目中人物的表演程式。如计镇华说："'剑刺'一场，我用了高宠的进门来表现马佩的傲慢态度和勇敢的行为。""在'鬼魂闹宴'一场，我用了花脸行当的台步，甚至有些是丑行的台步。"[1]再如，张静娴为了表演麦克白夫人，"从其他地方戏剧中学习了更多的水袖动作"[2]。又如，三仙姑戴在脑后分别表示"假、丑、恶"的面具"借鉴了川剧中的变脸"。[3] 其他方面，如《血》剧的唱腔音乐"改变了过去死套曲牌，一唱三叹的慢节奏"[4]。这些借鉴和改变都极大地丰富了表现人物复杂心理的手段，同时也扩展了昆剧的表现形式。由于《血》剧是在中国传统戏曲内部扩展昆剧，因此"移小步"之后的《血》剧没有变形，观众和专业人士都认为它是真正的昆剧作品。我们可以说，《血》剧是"移小步不换形"。

《欲》剧是"移大步"，与《血》剧不同，它还到戏曲之外寻求艺术元素来表现剧情和人物。那么，"移大步"之后的《欲》剧还是京剧吗？有评论指出："《欲望城国》即使看得出其与传统剧场的关系，却又走出了新的方向。"[5]《欲》剧真的"移步换形"了吗？其实《欲》剧的"移大步"主要是剧中演员在表演时借用了话

---

[1] 转引自 Li Ruru, *Shashibiya：Staging Shakespeare in China*, Hong Kong：Hong Kong University Press,2003, p. 134.

[2] 转引自 Li Ruru, *Shashibiya：Staging Shakespeare in China*, Hong Kong：Hong Kong University Press,2003, p. 134.

[3] 沈斌：《中国的、昆曲的、莎士比亚的——昆剧〈血手记〉编演经过》,《戏剧报》1988 年第 3 期。

[4] 马佩在"谋害国王"中开头的那段唱腔即是成功的一例，也常被评论者提及。见沈斌：《中国的、昆曲的、莎士比亚的——昆剧〈血手记〉编演经过》,《戏剧报》1988 年第 3 期。

[5] 戴雅雯（Catherine Diamond）：《做戏疯，看戏傻：十年所见台湾剧场的观众与表演（1988—1998）》,吕健忠译，台湾书林出版有限公司 2000 年版，第 55 页。

剧"体验"①式的表现方法和现代舞技法。《欲》剧首演时有人说："这不是国剧！"②但笔者认为，《欲》剧的表演总体上是戏曲的、程式的、写意的。首先，剧中敖叔征和报子的话剧体验式的表演是短暂的、少量的。他们在表演中确实用了张嘴瞪眼、大口喘气、大气不敢出等细微表情和即时动作来传达他们内心的惊怕、慌乱、困惑、痛苦等情绪和体验，但是，他们没有像话剧演员那样总是保持肌肉松弛、无意识状态、内心情感自然流露③，而是时时代之以程式化的形体和"雕塑的美"的亮相，话剧式的"体现"只是瞬时散落其间，并且恰到好处地帮助演员淋漓尽致地展露人物的内心世界。其次，敖叔征、士兵和山鬼表演中的现代舞技法，虽然突破了国剧的形体规则，但它也是少量地穿插于演员程式化的表演之中，更重要的是，它使《欲》剧中的群众演员有了主体性，不再是传统舞台上跑龙套的小角色了。加之《欲》剧中有敖叔征夫人关于鬼魂意念的写意表演④，所以，笔者认为"移大步"之后的《欲》剧总体上没有离开京剧/戏曲的"形"。

围绕《欲》剧评论的焦点也正好涉及京剧的"形"的问题，有评论指出："《欲》剧集合了两种不相容的形式：莎士比亚的心理写实主义和京剧以角色为基础的程式化表演。"⑤京剧的表演是程式化的，但它不能有"写实"或"体验"的成分吗？有过多年戏曲实践经验的戏曲理论家阿甲曾经说过，戏曲表演是体验和表现的统一，"角色，必须靠演员的思想、情感，去分析它，体会它，所谓'设身处地将心比心'，这就不可能没有体验；演员，只是在假定的生活环境、虚构

---

① "体验"和"体现"是斯坦尼体系关于演员创造角色过程中两个最重要的时期。见斯坦尼斯拉夫斯基：《演员创造角色》，郑雪来译，中国电影出版社 1987 年版，第 19—23 页。

② 刘蕴芳：《好一个〈当代传奇〉》（"Good Show, Contemporary Legend Theatre"），《光华》（Sinorama）1991 年 5 月。

③ 斯坦尼斯拉夫斯基：《演员创造角色》，郑雪来译，中国电影出版社 1987 年版，第 192—193 页。

④ 象化和意念化都是戏曲舞台上的表演特征。焦菊隐曾经指出：戏曲的独创性"不仅下功力于形象本身，而且用形象以外的形象来揭示形象。"同样，"戏曲非常重视和相信观众的丰富想象力"。见焦菊隐：《北京人艺演剧学派创始人——焦菊隐论导演艺术（下）》，中国戏剧出版社 2005 年版，第 752、549 页。

⑤ 戴雅雯（Catherine Diamond）：《做戏疯，看戏傻：十年所见台湾剧场的观众与表演（1988—1998）》，吕健忠译，台湾书林出版有限公司 2000 年版，第 60 页。

的事件中互动，所谓'假戏真做'，这就不可能没有表现"①。阿甲这段话清楚地告诉我们，戏曲表演是内在的写实体验与外在的写意表现的结合。梅兰芳通过艺术实践也表明了这一观点。② 因此，戏曲的理论和实践都告诉我们，莎士比亚的心理写实主义和京剧以角色为基础的程式化表演是可以相容的。

然而，程式和内容又是矛盾的。吴兴国之所以做了突破传统的艺术探索，就是因为他意识到了这一问题："如何在文字上有贴切的阐述及人物同等深度的刻划，一直是我们面对莎剧有力有未逮之感的困难处。"③《血》剧的演员计镇华也意识到了这一问题，"新的角色迫使我向他人学习来发展自己的技巧"④。为了解决这一矛盾，吴兴国在《欲》剧的排练中增加了现代舞技法，"扩张情绪和肢体动作，产生出戏剧的张力"⑤。深谙中外戏剧的导演艺术家焦菊隐一直主张戏曲和话剧互相学习，他认为戏曲可以接受话剧等其他艺术形式，关键"是要根据传统的艺术法则，把生活形式提炼成新的程式"⑥。《欲》剧正是做到了这一点，突破旧有的程式而创造新的程式，演员表演在总体上"是一种有规则的自由动作"⑦。所以，尽管有学者指出当代传奇剧场"要探索的是当代中国戏剧的新形态"⑧，但笔者认为，至少《欲》剧仍没有变形——内在的写实体验与外在的写意表现的结合。我们也可以说，《欲》剧是"移大步亦不换形"。

《血》剧的"移小步"和《欲》剧的"移大步"实际也是戏曲移步的"渐进"和

---

① 阿甲：《戏曲表演论集》，上海文艺出版社 1962 年版，第 10 页。

② "其实每一个戏剧工作者，对于他所演的人物，都应该深深地琢磨体验到这剧中人的性格和身份，加以细密的分析，从内心里表达出来。"见梅兰芳：《移步不换形》，百花文艺出版社 2008 年版，第 24 页。

③ 戴雅雯（Catherine Diamond）：《做戏疯，看戏傻：十年所见台湾剧场的观众与表演（1988—1998）》，吕健忠译，台湾书林出版有限公司 2000 年版，第 52 页。

④ 转引自 Li Ruru, *Shashibiya：Staging Shakespeare in China*, Hong Kong：Hong Kong University Press, 2003, p. 134.

⑤ 刘蕴芳：《好一个〈当代传奇〉》（"Good Show, Contemporary Legend Theatre"），《光华》（*Sinorama*）1991 年 5 月。

⑥ 焦菊隐：《北京人艺演剧学派创始人——焦菊隐论导演艺术（下）》，中国戏剧出版社 2005 年版，第 660 页。

⑦ 转引自梅兰芳：《移步不换形》，百花文艺出版社 2008 年版，第 198 页。

⑧ 王安祈："所谓'新形态'，即意味着将抛开昆曲京剧的传统程式而开发出一套全新的表演方法。"见王安祈：《传统戏曲的现代表现》，里仁书局 1996 年版，第 110 页。

"大跳"①。梅兰芳的"'移步'而不'换形'"遵循的是"循序渐进"②的原则,即"渐进"或"移小步"。他考虑到观众审美接受的适应性:"我不喜欢把一个流传很久而观众已经熟悉的老戏,一下子就大刀阔斧地改得面目全非,让观众看了不像那出戏。"③即便如此,梅兰芳的艺术实践中既有"渐进",又有"大跳"。梅兰芳年轻时经历过三次宏伟的"大跳"④,而三次"大跳"都是成功的。事实上,"渐进"和"大跳"是戏曲发展过程中始终并存的两种移步方式,实验戏剧往往具有"大跳"性质。因此,笔者以为,是否"渐进"/"大跳"并不重要,重要的是,无论移步多少,戏曲之特质"形"永远是引领移步的标尺,即"移步不换形"。

戏曲移步是必然。新的内容不仅会导致狭义的"形"即表现技巧或形式的改变,而且也会使广义的"形"的内涵得以丰富。有学者就对当代戏曲的特质"形"做了精当的论述⑤,《血》剧和《欲》剧在结构场景、形象安设、演员表演这三方面共有的特质也证明了这个注入新鲜水源之后的"形"之特征,即形成"一场一景一时空"的新分幕观念。⑥当代戏曲则改为让人物从"对事件的反应抉择"中体现个性。⑦"演员对人物性格的塑造,早已突破了流派的限制、角色的规范,甚至更已结合了其他类艺术的各种手段。"⑧

诚然,戏曲的审美心理有着相对稳定性,但是时代的变化总会影响着人们的生活和观念。戏曲培养了观众的审美爱好,反过来观众的审美心理又影响着戏曲的发展。事实上,《欲》剧在 20 世纪 80 年代首演时受到许多责难和批评,毁誉参半,到了 90 年代却被广泛接受和肯定。⑨而《血》剧也在首演 22

---

① 徐城北:《京剧与中国文化》,人民出版社 1999 年版,第 290 页。

② 梅兰芳:《移步不换形》,百花文艺出版社 2008 年版,第 70 页。

③ 梅兰芳:《移步不换形》,百花文艺出版社 2008 年版,第 330 页。

④ "第一次,革除了不少梨园旧俗;第二次,接受了积极的海派戏剧文化;第三次,梅先后访问了美国和苏联,以东方的艺术和欧美西方文化进行对撞。"见徐城北:《京剧与中国文化》,人民出版社 1999 年版,第 291 页。

⑤ 作者从"情节结构""表演设计""性格塑造""演员形塑""曲文念白""思想内涵""舞台美术""导演统筹"等几个层面,归纳当代新编戏现有的成就,作为评骘剧作时的背景与基准。见王安祈:《当代戏曲(附剧本选)》,台湾三民书局 2002 年版,第 97 页。

⑥ 王安祈:《当代戏曲(附剧本选)》,台湾三民书局 2002 年版,第 112 页。

⑦ 王安祈:《当代戏曲(附剧本选)》,台湾三民书局 2002 年版,第 102 页。

⑧ 王安祈:《当代戏曲(附剧本选)》,台湾三民书局 2002 年版,第 103 页。

⑨ 《"传奇十年"手册》。

年之后的 2008 年重新排演了,导演正是考虑到"与 22 年前相比,观众的审美观念、欣赏习惯已发生了巨大变化"①。这正印证了一位学者所说的:"文化设想影响表演,表演又重写文化设想。"②

(原载《戏剧艺术》2013 年第 3 期)

---

① 沈斌:《是昆剧 是莎剧——重排昆剧〈血手记〉的体验》,《上海戏剧》2008 年第 2 期。

② "文化设想"(cultural assumptions),这里指观众对表演的解释和期待。见 Shih Wen-shan, "Intercultural Theatre: Two Beijing Opera Adaptations of Shakespeare", Ph. D. dissertation, Toronto: University of Toronto, 2000, pp. 268-269.

文 学 理 论

文学理论："跨文化"抑或"跨文学"？

——关于文学理论的境况态势与发育路向的反思

周启超

一、文学理论范式的多样性

文学理论的境况与态势可以作多面观。这首先是文学理论这一学科自身的反思。

要反思文学理论当下的存在境况与当下的发育态势，就有必要对当代文学理论的范式转型作一番审视，就有必要对当代文学理论的学术生态作一番检视。

一曰"解译"，即对文学作文化意识形态层面的解译。它关注文学述说了什么——作品反映、再现、表现了什么（社会政治风雨、阶级群体心声、个人情感意识），它关注作品的思想内涵代码信息的"解译"，它视文学为载道的工具，而凸显其宣传教化功能，所谓"兴观群怨"，所谓"镜子反映"。社会学文论、心理学文论、精神分析学文论就是这种"解译"。这一范式的主要旨趣在于追问作品文本写了什么。

二曰"解析"，即对文学作语言艺术形态层面的解析。它关注文学怎么述说——作品的审美方式（材料、手法、形式、结构），关注作品是如何反映、再现、表现审美对象，关注作品生成机制建构方式的"解析"，关注作品的"文学性"的生成。它视文学为自主自律自成系统的机体，而凸显其作为语言艺术的审美功能,所谓"《外套》是如何制成的",所谓"胸中之竹"如何化为"纸上之竹"的。语义学文论、符号学文论、叙事学文论就是这种"解析"。这一范式的主要旨趣在于追问作品文本是怎么写的。

三曰"解说",即穿行于语言艺术形态的解析与文化意识形态的解译之间,而旨在对与文本有涉但在文本之外或文本背后的世界加以解说。它关注谁在述说、何以述说这个、何以这么述说、如此述说会让读者产生怎样的联想——关注作者的身份与文本意旨的流变;关注该文学文本的"前文本"与"潜文本",关注作者的真实意图和读者可能产生的种种解读,而视文学文本为开放的、充满多方位对话与多链环意义延异的"场",而着力凸显其文化文本的媒介功能,所谓"互文性""文学场""话语权力",所谓"由一个文本(一个人物)谈开去"。女性主义、新历史主义、后殖民主义等透过文学甚至跨过文学而述说其他的"文化批评",就是这种"解说"。这一范式不再聚焦作品文本,而是倾力解说作者这样写意味着什么。

"解译"式文论独家称霸"文学学",易造成文学理论的发育畸形:在这种状态中,文学理论要承受那种"以认识功能为中心"的重压,会由于种种非"文学学"职业的解译者的"插足"或"兼管",而沦为无主无属而任人利用的学术"公海",就会由于对文学理论这门学科的规范性的漠视与践踏,而流于"准文论"状态。

"解析"式文论若得到正常培育,则易促进文学理论的学科化进程:在这种状态中,那种"以审美功能为中心"的取向,会将文学理论的能量凝聚于文学本体,而促成文学理论进入自立状态。但"解析"式文论易"沉于内而疏于外","精于微观结构而疏于宏观语境",推重"文学性"而漠视"文学场",倾心于文学理论的科学性而忽视文学理论的人文品格(主体性)与文化功能(文化批判精神),易使文学理论陷入封闭与孤立状态,这也是其难以克服的局限。"解析"式文论因其视界小期望也小,可以称之为"小文论"。

"解说"式文论则有意突破"小文论"这一局限,它以文化功能为中心,显示出成熟自立的现代文学理论向其他文化理论扩张的姿态。但其无所不包的文化批评及介入激情,易使文学理论远离文学本体而滑入泛意识形态批评,使文学理论膨胀成为气度不凡甚至欲"替天行道"但已然无文学内核的"大文论"。

可以说,从"载道"到"行道",由被动而主动,文学理论的发育大体上经历了由重"解译"的"准文论"、重"解析"的"小文论"至重"解说"的"大文论"这几次范式转型。

二、文学理论发育的多形态性

文论无国界。现代文学理论的发育更是超越了民族与语言的疆界。大洋彼岸文学理论界时兴的某一思潮某一主义,很快就会漂洋过海。现代学人间的国际交流尤其是现代信息技术,加速了文论新潮新说的"旅行"与"播撒"。但这并不意味着世界各国文学理论发育状态是整齐划一的,并不标志着文学理论形态可以全球化。就欧美、俄罗斯、中国这三大板块而言,文学理论发育状态上的多形态性是显而易见的。

在欧美,"小文论"有过长足的发育,"大文论"一度极为盛行。目前则处于"理论之后"的大反思。德国学者汉斯·古姆布莱希特指出,"在其作为一门学科几近两百年的存在中,文学学还从没有像近十年这样执着于自身的历史"。法国学者安托万·孔帕尼翁主张将"文学理论"与"文学的理论"区分开来,认为后者更多的是一种意识形态批评,包括文学理论的意识形态,而批评"文学的理论"之自杀性的极端主义;英国学者拉曼·塞尔登、彼得·威德森看出,"那些经过理论历练而希望站在文学本身的立场上向文学研究中理论话语的统治发起挑战的年轻一代学人,希望为讨论文学文本、阅读经验和评论文本找到一条路径",他们呼吁:需要将"文学"拯救出来,使之再度获得资格,而不再不尴不尬地混迹在近来盛行的诸如"写作""修辞""话语"或"文化产品"等泛泛的称谓之中。甚至美国学界不少名人又开始"转向"了——"转回到作品的'文学性',而反对所有这些'政治化'或'政治正确化'的新潮流"。①

在俄罗斯,"准文论"曾被奉为主流而称雄多年。"小文论"在备受挤压中也不时突围而不乏建树。苏联解体以降十多年来的俄罗斯文论界呈现出新人

---

① 勒内·韦勒克、奥斯汀·沃伦:《文学理论》,刘象愚等译,江苏教育出版社 2005 年版,第 7 页。

耳目的新气象、新格局。① 不少学者致力于文学理论本身的历史清理、文学理论关键词研究、"文学学现状"的问卷调查。其中的问题就有："文学学"的界限（"文学学"对相邻学科的扩张与文学学家的自我限定）、"文化对话"与文化学的强暴、"文学学"的教学与研究、"文学学"是"纯科学"还是文学。也就是说，把"文学学"作为一个课题在研究。

在中国，当代文学理论发育过程中的每个阶段都深受外国文论的影响。先是仿效俄罗斯式"准文论"，后是追随美英式"大文论"，在"三十年河东，三十年河西"之左奔右突中，"小文论"一向少有市场。其先天的禀赋不足，后天的发育又甚为不良。反思一番，不难看出：多少年来，我国的文学理论建设时不时就失去自主性，文学作品的诗学机制问题，作家与读者的审美能量问题，文学的艺术特质问题之科学的、实证的研究，似乎总是难以稳定地落入我们的"文学学"视野之中，总是难以在我们的"文学学"中成为一个引起普遍关注的兴奋点。

多少年来，我国的文学理论似乎注定要依附于政治学、社会学，注定要寄生于美学、心理学，注定要栖身于人类学、文化学。文学理论的学术本位问题，文学理论的学科定位问题，文学理论这门学问的独立品格问题，似乎仍旧处于悬置状态。

及至"大文论"新潮势头疯长，文学的文化研究已然由泛意识形态批评向泛文化批评转向，文学理论在扩张中面临自身的消解。已有学者开始质疑文学理论存在的合理性，提出"文论何为"的追问，已有学者宣布"文学理论终结"；已有学者主张"没有文学的文学理论"，以期在"全球化"语境中与国外学者的视角接轨；但也有学者在关注文学理论的边界扩张所带来的问题，已经看出加强文学本体研究的必要性，而强调"求诸本心"可能更属当下中国文学理论建设的当务之急。已有学者在提醒，文学固然是社会文化的一个领域，但文学并非全无独立的空间，将文学仅仅看作社会文化的缩影，这样的文学—文化

---

① 关于苏联解体之后十多年来俄罗斯文论建设格局，请参阅拙文《"解构"与"建构"，"开放"与"恪守"——苏联解体以来俄罗斯文论建设的基本表征》，《新疆大学学报》（社会科学版）2002 年第 4 期；收录于申丹、秦海鹰主编：《北京大学欧美文学论丛》（第 3 辑），人民文学出版社 2003 年版，第 339—353 页。

研究膨胀到不恰当的地步是有其负面效应的:强调文学之社会文化功能而忘记文学的第一要义,实则会导致文学理论的解体。

三、文学理论建设的战略姿态

文学本体研究之所以成为文学理论建设的当务之急,是因为"小文论"在我们这里一直没有得到应有的重视,是因为我们总是急于同西方文论时尚"接轨"唯恐落后的浮躁心态,是因为我们对国外文论的了解失之于"偏食"(受意识形态取向左右,在一个时代跟定一个方位),是因为我们对世界文论的研究失之于"跟踪"(习惯驻足于思潮更替与主义斗争诸现象层面)。

针对这"偏食"与"跟踪",要有积极的应对之举。应大力拓展理论观照的视野,应对国外文论的思想成果作多方位而有深度的检阅。

第一个应对要求开放胸怀,拓展眼界,从一个国度一个地区的框架中走出去,从那种不是"言必称希腊"就是"言必称罗马"、非此即彼择一而从的思维定式中走出去,多一些参照物,多一些生长点。这就需要将文学理论置于其生成与发育于其间的文化之中,置于彼此异质的多种形态的文化之中,进行跨文化的文学理论研究,所谓"比较诗学"。

第二个应对则要求坚守阵地,恪守本位,既抵抗一味"载道"的"泛文论"对文学之自主自律的践踏,对文学理论这门学科之基本规范的漠视,也抵抗一味"行道"的"大文论"对文学理论之核心命题的疏离,将文学理论空间无边地扩张而走向"跨文学"的泛文化批评的取向。这就需要对文学理论本身的发育状况也加以批判性思考,需要对文论史上各种形态的文论(譬如,就其生成方式而言的"流派型"与"非流派型",就其存在方式而言的"挑战型"与"改革型")在文学本体研究中的重要建树与主要局限加以系统清理,需要对文学理论轴心环节(譬如作者理论、作品理论、读者理论)上的思想成果加以系统梳理。这已是理论之理论,是文学理论之理论性反思,所谓"理论诗学"。

四、"比较诗学"与"理论诗学"

"比较诗学"可谓当代比较文学园地中的一门显学。"理论诗学"在目前似乎还是一个有待阐释有待界说的新命题、新课题。"比较诗学"与"理论诗学"的研究路向,应当成为 21 世纪比较文学与文学理论两学科反思的一个基本起点。

"比较诗学"的价值与活力,不仅已为不少学者所预见,而且已然是一个毋庸置疑的事实。钱锺书先生早就指出,文艺理论的比较研究,即所谓的比较诗学(comparative poetics)"是一个重要而且大有可为的领域"①。近些年来,国内外"比较诗学"研究可谓硕果累累。有术语和范畴的清理与对比,也有名家名说与文论学派的梳理与比照,更有不同的诗学思想体系的整理与比较。一些高校的比较文学中心均将"比较诗学"确定为主攻方向。这些研究各有特色,也颇有局限。究其原因,一则受制于思想资源,一则受制于学术心态。思想资源的匮乏,易导致观照视野的狭窄,或者是"X vs. Y"式简单化叠加,或者是西方主"摹仿—再现"、东方主"抒情—表现"之类的绝对化对比;学术心态上的偏执,易造成方法论层面上"比较"的不到位,"比较"的缺席,"比较"过程中的"主观化强制":要么是以汉语言文化来诠释西方诗学思想,要么是以英语文化来阐释中国诗学思想。这种"比较"的科学性何在?而对比较诗学之科学性的关怀,已成为比较文学界愈来愈多的学者反思与探索的一个焦点话题。

与此同时,文学理论在走出与语言学与符号学如胶似漆的蜜月期之后,面临着"文化批评"与"文化研究"新潮的诱惑。着眼于文学作品结构,或文学接受机制,或作家主体能量,乃至文学演变进程的种种关注文学本体的"小文论"研究,诸如"生成诗学""文本诗学""结构诗学""历史诗学"等似乎已是明日黄花,已然沦为学界兴趣的边缘。甚至文学理论学科本身存在的合理性,也在经受种种后现代文化理论的颠覆。文学理论的堤岸,面对种种由其自身扩张而

---

① 张隆溪:《钱钟书谈比较文学和"文学比较"》,北京师范大学中文系比较文学研究组选编:《比较文学研究资料》,北京师范大学出版社 1986 年版,第 92 页。

生发的"文化批评"与"文化研究"浪潮的冲击，大有被淹没、被解构的危机。文学理论向何处去？这已是目前仍在文学理论园地耕耘的学者们不得不正视的重要议题。换言之，文学理论的现代性，文学理论在新的文化语境中的生存方式与发育方向，已成为文学理论建设与学科深化的迫切命题。

正是基于对"比较诗学"的科学性与文学理论的现代性追求，我们认为，可以构思"理论诗学与比较诗学"两个平台联动的研究路向，即以追求科学性的"比较诗学"为路径，进入富有现代性的"理论诗学"建设，来应对上述双重挑战。"理论诗学"（theoretical poetics）这个术语本身似乎就有一点令人费解。其实，它也是学科之现代分化的产物，是"诗学"这门古老的人文学科在其现代发育过程中走向多种形态的产物。从亚里士多德与贺拉斯到布瓦洛，"诗学"的"诗"，不是指狭义的诗歌，而是泛指文学。"诗学"这一术语并非专指诗歌理论，而是泛指文学的一般理论。亚里士多德的"诗学"，乃指称与伦理学、政治学、修辞学、形而上学等学问相并列，关于整个语言艺术即文学的一门学问。"诗学"这个词，已经同现今的"文学理论"同义，或者说，"诗学"已经成为"文学理论"的一个"雅号"。及至 19 世纪末，尤其是进入 20 世纪这一"批评的世纪"，"诗学"这一术语广为流行，其内涵发生了不小的变异，其外延也大大地扩展，涌现出带有各种形容词与修饰语的"诗学"："历史诗学""总体诗学""共同诗学""普通诗学""描述性诗学""规范性诗学"，等等。"诗学"这门学问进入了一个空前繁荣因而分化愈来愈细的时期。但有的只是学者的理想构设，如"总体诗学""共同诗学"；有的则是从研究对象上对"诗学"的分类，如"普通诗学"（研究文学作品所构成的艺术手段与方式）、"描述性诗学"（描述某一作家乃至整个时期具体作品的艺术结构特征）、"规范性诗学"（检视某一文学流派的艺术经验且为该流派论证）等等。

"理论诗学"则是以比较开阔的文化视野，就文学发育本身的基本环节上的机理展开理论性反思，以文学作品的结构肌理神韵，作家与读者的主体能量审美创造机制、接受方式，"文学性"与"文学场"的生成机理与互动形态等诗学的核心命题上的理论积累，作为批判性审视的对象，对各种范式的文论所关注的基本课题加以清理，在理论抽象的层面寻求客观存在着的各民族文学所内在共通的"诗心"与"文心"。

"理论诗学"起始于 19 世纪末 20 世纪初。20 世纪下半叶，在重作家主体意识的"日内瓦学派"、重作品文本结构的"塔尔图学派"、重读者接受机制的"康斯坦茨学派"的探索中,"理论诗学"获得了又一次大繁荣。

事实表明,"理论诗学"在 20 世纪卓有建树。至少可以说,20 世纪也是"理论诗学"开始形成的时期。《新编普林斯顿诗歌与诗学百科全书》(1993)的"诗学"条目,就是按西方诗学与东方诗学两个板块,每一板块又以"理论诗学"与"历史诗学"两条线索来叙述的。1990 年,列宁格勒国立大学(今圣彼得堡国立大学)语文系的一位教授就曾直言"历史诗学"的那些原则难以成为具有普适性的理论原则,而将波捷勃尼亚的文论遗产编辑成书,冠之以《理论诗学》,并作为"文学学经典"推出。20 世纪 90 年代初新建的俄罗斯国立人文大学文史系设有"理论诗学与历史诗学教研室",并开设"理论诗学"课程。这门课程在教学大纲中写道:"理论诗学旨在研究立足于哲学美学的科学诗学的概念系统,将这些概念作为艺术文本之分析工具而加以考察,用这工具可以更为深入地领悟那些艺术文本的意蕴,并且对它作等值的阐释。"这门课程的主题分为三组:作为艺术的文学(作为认识的艺术、作为语言的艺术、作为创作的艺术等);作品结构(艺术世界、情节、视角、人物等);作品类型。后来,该校专攻"理论诗学"的教授还编写了一部《理论诗学文选》(2002);莫斯科大学在世纪之交推出的教科书《文学理论》(1999、2001、2002、2004)中,也加大了"理论诗学"的分量,重点对"理论诗学"的一些基本概念加以界说。可见,"理论诗学"不但在文学理论研究中已获确认,而且在文学理论教学实践中也已博得一席。

"理论诗学"的学术理念,是针对 19 世纪文学研究中的失衡,针对文学本体研究在社会学、政治学、心理学、伦理学等种种非文学视界中的缺席这一危机,而倾心于文学理论自身审视,它在 20 世纪前半叶就取得了丰硕的成果,而成为现代诗学发育中成绩突出、具有划时代标志意义的一个类型。

"比较诗学"的学术理念,乃针对比较文学研究中的失调(或拘泥于不同民族、不同国家、不同地区的文学交流关系之史实清理考证的"影响研究",使比较文学陷入纯然实证之中,失去了对"文学性"的关注;或沉醉于打破时空、质量与强度方面限制的"平行研究",而疏落了对可比性的关注,使比较文学陷入肤浅比附的危机之中,从而甚至使比较文学失去存在理由),而渴望科学地拓展比较研究的空间,由作品的比较上升到创作观念及批评观念的比较,由文学创作现象的比较拓进到文学理论的比较,即不同民族、不同国度、不同地区、不同文化体系的文学理论的比较,或者说,是以跨文化的视野对文学理论进行比较研究。

然而,比较并不是理由,"比较诗学"本身也并不是研究目标,为比较而比较没有多大学术价值。"比较诗学"应当是一种路径。通过它,可以走向"理论诗学"的深化;"理论诗学"建设可以也必须在"比较诗学"中进行。世界文学的多元格局与互动机制,决定了"理论诗学"的建构可以也必须在不同的诗学思想体系的对话与会通之中展开。

发端于 20 世纪初叶的"诗学复兴"运动之中的"理论诗学",孕生于 20 世纪 60 年代的文论新潮之中的"比较诗学",其内在的学术理念与思想学脉是相通的。而抛开"比较诗学"来推进"理论诗学",已是不可思议;同样,抛开"理论诗学"建设而展开"比较诗学"研究,也没有多大意义。

只有通过"比较诗学"这一路径,对不同质的诗学思想体系加以相互生发、相互印证,方可寻求那些具有普遍科学性、能表征文学发育一般规律的"文心";也只有以"理论诗学"为指归,"比较诗学"才能永葆其独特的生命力。所谓"指归"指的是:"理论诗学"是"比较诗学"的出发点与归宿点。只有明确这一目标,"比较诗学"才有新的界面、新的操作平台与新的研究框架。要言之,我们的"比较诗学"研究,应当是为"理论诗学"建设而展开的;我们的"理论诗学"建设,应当以"比较诗学"研究为依托。因此,我们的研究路向是:"理论诗学"与"比较诗学"两个平台联动,即由"理论诗学"切入"比较诗学",再由"比较诗学"来提升"理论诗学"。

以"理论诗学"为指归的"比较诗学",应当克服思想资源的贫乏。不论是"西方中心主义(欧洲中心主义)"还是"东方中心主义(中国中心主义)"的取向,都不足以建构具有真正世界性的"理论诗学"。比较文学界流行的"中西对话"或"东西方对话",在学理层面都带有明显的局限性。

"中西"二分法,暗含着学理上的不对称。将东方诗学缩小为中国诗学,显然忽略了东方其他国度的诗学思想,诸如印度诗学、日本诗学;"东西"二分法也忽视了诗学发育形态的复杂性与多样性;抛开并不归属于西方也不隶属于东方的一些诗学形态,譬如俄罗斯诗学。

我们应当更加开放地拓展视野,真正全方位地胸怀世界。我们的目光应当投射到多种文化圈培育的多种诗学形态。将诗学切分成古典诗学与现代诗学,是以通行的文明进程两大时段为标尺,主要还是历史的视角;若是将历史的视角与文化的视角结合起来,从诗学思想发育于其中的文化形态来看,即以文化圈为框架,便可以将诗学切分成古希腊诗学、古罗马诗学、古阿拉伯诗学、古印度诗学与古代中国诗学,现代俄罗斯诗学、现代法国诗学、现代德国诗学、现代英国诗学与现代美国诗学,等等。比较理想的方式是,由一些在上述领域素有研究而又有比较诗学之自觉意识的专家学者,形成一种志趣相投的学术集群,围绕一些共同关心的"理论诗学"基本命题,展开那种由互参互证而进入"会通"之境的交流与对话,来探讨不同文化圈里不同形态的文学理论思想发育进程中,一些具有普遍性并带有规律性的问题,去发现那些"隐于针锋粟颗,放而成山河大地"的诗学"通律"。

五、集群会通

"集群会通"式的探讨,有助于克服简单化、绝对化与主观化的比较。这种探讨,不必急于新体系的构建,也不应拘泥于具体名词术语上的译释。比较理想的路径,是直面各种诗学思想体系的原生态,从"分子水平"切入。诸如文论学派比较、文论范畴比较、文论理念比较,就是"分子水平"上的研究。譬如,学派比较可循着"学派—学说—学理"的内在逻辑,以逐层的梳理与辨析方式,在学派的对立与互补之中透视某些重大诗学思想的发育机理。

就 20 世纪而言,文论学派林立,文论学说纷呈,为"比较诗学"提供了十分丰富的材料。我们可以采用"影响研究"的范式,去考察俄罗斯形式论学派与捷克布拉格学派在诗学理念上的传承;也可以采用"平行研究"的范式,去观照英美新批评派与俄罗斯形式论学派在诗学旨趣上的相通;更可以采用"类型学研究"的范式,去对比塔尔图学派与巴黎学派在符号学文论上的不同取向。

学派比较,可以使我们透过不同的理论姿态(挑战、叛逆、颠覆)、不同的理论背景(或受惠于语言学,或倾心于符号学,或倚重于哲学——现象学、解释学,等等),不同的理论定位(或重作家主体意识,或重作品文本结构,或重读者接受机制,或重文学话语的文化功能,等等),去把握一个时段甚至一个世纪"理论诗学"的基本脉络。例如,透过对日内瓦学派、塔尔图学派、康斯坦茨学派与耶鲁学派的比较研究,就可发现 20 世纪 60 年代至 80 年代文论大潮中"理论诗学"的不同取向与共通追求。

诚然,学派比较只是"分子水平"上的比较研究的一种形式。范畴比较甚至理念比较,也是比较诗学的重要形式。譬如,"文、文本、潜文本""象、意象、象征""境、意境、境界""文气、风骨、味、韵""技、辞""幽玄、风雅""结构、系统"这样一些对于"理论诗学"甚为关键的核心范畴的辨析,也是有待于"集群会通"式的探讨,有待于专题研究方可深化的。

"集群会通"式的探讨,在具体操作上,可以由"清理"而"会通"。只有系统地清理不同形态的理论诗学的思想脉络,才有可能进入言之有据的比较,进入一定层面的"会通"。"会通"可以是"同中见异",也可以是"异中见同"。为了保证"会通"的科学性,必须以比较全面、客观、冷静的系统清理为先行;为了保证"会通"的现代性,必须有多方位多形态的诗学思想为参照。这样,才能使比较不至于沦为比附。陈寅恪先生早在 20 世纪 30 年代就指出,"盖此种比较研究方法,必须具有历史演变及系统异同之观念。否则古今中外,人天龙鬼,无一不可取以相与比较。荷马可比屈原,孔子可比歌德,穿凿附会,怪诞百出,莫可追诘,更无所谓研究之可言矣"①。我们以为,系统性的清理乃是"集群会通"的前提。

如何展开这种旨在"会通"的"清理"? 我们不妨就从构成文学创作与文学接受的基本链环入手,不妨就以作者理论、作品理论、读者理论的清理与比较为起点,进入"比较诗学—理论诗学"这一整合式理论研究阵地。

"比较诗学·作品理论研究"所面对的理论资源应当有:中国古典文论、俄罗斯形式论学派、社会学派与巴赫金文论、波兰英伽登的现象学文论、捷克布拉格学派、英美新批评学派、俄罗斯塔尔图学派、德国康斯坦茨学派、法国结构主义文论、美国解构主义文论等诸多学派或名家的"文本/作品理论"。这一研究,要从上述种种"文本/作品理论"中清理出不同界面上的"文本观/作品观":语文学意义上的文本、符号学意义上的文本、文化学意义上的文本,以及后结构主义视野中的文本;要梳理出现代文论中的"文本理论"由追求"自立自足"至"扩张膨胀",最后"自我消解"的演进轨迹;要考察"作品等于文本""作品大

---

① 陈寅恪:《金明馆丛稿二编》,上海古籍出版社 1980 年版,第 224 页。

于文本"与"作品小于文本"等不同形态中"作品理论"容量的变化,不同形态的"文本/作品理论"对"科学化"与"人文化"立场之不同的选择;进而在诸种不同形态的"文本/作品理论"的比较中,探讨其共通的追求,通观其正面的理论建树(诸如对文学之独立性的高扬,对文学的语言艺术本质与审美品格的推崇,对现代文论"学科化"进程的促进,等等)与负面的理论影响。

"比较诗学·作者理论研究"也应当将中国(儒家、道家)文论、欧美(古典、现代)文论、俄罗斯文论("作者形象"理论、审美"外位性"理论)纳入比较视野,去考察创作主体的不同姿态、作者意志的显现方式、作者创作能量的表现机制,去探讨种种作者理论的合理性与局限性。

"比较诗学·读者理论研究"则应同时关注几种不同形态(诸如德国、美国、中国)的"阐释学"中的意义理论,以其对文本意义与读者接受之关系的研究成果为思索原点,去探讨读者在作品意义解读中的作用与功能及其实现方式,去考察读者之意义构建活动的不同类型,去分析"误读理论"或"过度诠释理论"的积极价值与消极价值,进而去对比种种文学接受理论的得失。

六、双向推动

诚然,文学与文论的发育也是今非昔比。今日之文学与文论,其涵纳已大大丰富,其疆域已大大拓展。文学研究要审视"文学"的行程,要审视"理论"的行程,要审视"文学学"的行程;文学已被解构为大写的文学与小写的文学。文论已被解构为"文学理论"与"文学的理论";但作家、作品、读者仍然是从"文学性"到"文学场"的种种文论研究可以有所侧重却难以回避的基本话题;作品理论、作者理论、读者理论仍然是文学理论的核心命题。

诚然,这"三论"并不足以覆盖整个文学理论,但它们确是文学理论中最基本的环节,确是"理论诗学"的轴心。

诚然,以"理论诗学"为指归的"比较诗学"课题,是十分丰富的。即便在其"分子水平"上,也还有许多颇有价值的论题,诸如"文学性""互文性""文学场"等等。这类范畴的比较,其难度就更大了。

以"三论"为起点的清理与会通,可以使我们进入在拓展中到位的、尊重科学性的"比较诗学",可以使我们逼近形态丰繁、富于现代性的"理论诗学"的思维原点与思想精髓。

"三论"可以使我们比较扎实地进入"理论诗学"与"比较诗学"这两个平台的双向联动。而这种以深化"理论诗学"为指归的"比较诗学",既追求思想视野的开阔,又追求学术定位的明确;既追求文学理论的现代性,又追求"比较诗学"的科学性。它有"系统清理"而"集群会通"的研究路径,也有面向教学与研究之实际需要的可操作性,其学术价值是毋庸置疑的:它对于比较文学的健康发展,对于文学理论的不断深化,都将是起到切实而有力的双向推动作用。

总而言之,在我们看来,作为一门人文学科的文学理论,应守护其"文学学"的本土,深掘其"文学学"的资源,直面现代文学理论在跨文化的时空中发生、发育、旅行、播撒之原生态,积极涵养多元对话的"复调意识",开放胸怀,拓展眼界,汲取"偏执"与"偏食"而造成发育不良的教训,从一个国度、一个地区的理论框架中走出去,从那种不是"言必称希腊"就是"言必称罗马"、非此即彼择一而从的思维定式中走出去,去审视现代文论在跨文化的时空中发育与旅行的轨迹,去获取多方位的参照。这就需要将各种形态的文学理论置于它发育于其间的原初文化语境之中,置于它旅行于其间的彼此异质的不同文化的交往对话之中,而积极展开跨文化的文学理论研究。鉴于文学理论在当代中国的发育处于生态失衡状态,在文学理论园地耕耘的我们要坚守阵地,恪守本位,既抵抗一味"载道"的"准文论"对文学之自主自律的践踏,也抵抗一味"行道"的"大文论"对文学理论核心命题的疏离,而不去追逐"跨文学的文化理论"之时风。这就需要既关心"文学性"的生成机理,也关注"文学场"的运作机制,需要对文学理论本身的发育状况也加以审视,尤其需要对各种形态的文学理论在文学本体研究中的重要建树与主要局限加以系统清理,需要对文学理论轴心环节上的思想成果加以深度检阅。既追求思想视野的开阔,又追求学术定位的明确,针对我们自己的问题,多方位地吸纳,有深度地开采,在开放中有所恪守,在对话中有所建构——应是我们深化文学理论学科建设的一个基本旨趣。

(原载《中国社会科学院研究生院学报》2006 年第 1 期)

为诗学正名

——它是什么和不是什么 *

金健人

一

在"反本质主义"思潮盛行的今天,选这个题目来做显得颇为不合时宜。对比曾经辉煌过的"美是什么""文学是什么""诗学是什么"的种种学术热,竟恍如隔世。面对复杂问题,现今流行的做法便是"搁置",然而,问题的搁置并不等于问题的解决,新出的状况便是:"什么都是美""什么都是文学""什么都是诗学"。

随便搜寻一下,我们便得到了"战争诗学""法律诗学""宗教诗学""伦理诗学""比较诗学""哲理诗学""自然诗学""生态诗学""宇宙诗学""数学诗学"……甚至于与诗、与文学、与艺术处于最为遥远的另一极的科学也不例外,如今也有了"科学诗学"。通常我们总认为,诗学分广、狭二义,广义诗学为文学理论,狭义诗学为有关诗歌的理论和知识。于今看来,诗学所包含的,或者说所涉及的,要远为复杂得多!

再怎么复杂的对象,如果设立一个标准,那也是可以进行区分的。比如以范围大小进行界定:最小的圈子是诗歌,关于诗歌的理论,以至于包括知识,统称为"诗学",似乎争议不大;中国数量庞大的诗话,也都可圈进。扩展一点即

* 本文得到教育部项目"汉语诗学"(批准号 10YJA751030)的资助。

为文学理论,可以看到两种情况:一种情况较为随意,"文学理论"与"诗学"可以并行互换;另一种情况则较为审慎,并非文学理论的全部,而是其中的一部分可以冠以"诗学"。再扩展开来,我们发现与文学最为邻近的艺术各类,其理论也被称为"诗学",如"绘画诗学""舞蹈诗学""音乐诗学"……因为同属艺术大类,许多人对此也还认可。再扩而广之,我们便有了"历史诗学""哲学诗学""语言诗学""法律诗学""宗教诗学""伦理诗学"等等,人们往往只在修辞的意义上接受这种"冠名"。那么,即便是修辞,如比喻、比拟的用法,也得具有某种共同性或相似性才行。当然,我们在这里是就诗学的学科性发言,仅仅只有比喻、比拟的共同性或相似性还是不够的。

众所周知,在学科层面使用此词语的,首推古希腊的亚里士多德。中国元代杨载的《诗学正源》,尽管也有"诗学"二字,但与我们现在所说的"诗学"含义,显然相去甚远。亚里士多德的诗学,主讲悲剧,也讲史诗,所以,人们理所当然地把它看作文学理论或文艺理论。但于今隔了两千多年的岁月,到中国又隔了万水千山,再要把它"定于一",显然不可能。诗学是什么?形而上学层面的探讨也就碰到了障碍。维特根斯坦认为,"一个词的含义是它在语言中的用法"[①],这就承认了时空变迁和上下文置换,"诗学"应该领有不同的外延和内涵。不认可一成不变的"本质",并不等于不承认相互间的联系。维特根斯坦又指出:"我想不出比'家族相似'更好的说法来表达这些相似性的特征;因为家族成员之间的各式各样的相似性就是这样盘根错节的:身材、面相、眼睛的颜色、步态、脾性,等等,等等。"[②]一个家族的男男女女,尽管难以找出某一固定特征,但又总有着某些"家族相似"存在。而现代科学又更前进了一步,让我们知道家族的血缘关系,可以通过或隐或显的 DNA 予以证明。那么,诗学的"DNA"是什么呢?

先从学科层面来分析争议最小的两个圈:一个是诗歌理论,包括诗歌知识;一个是文学理论。说文学理论是诗学,最少争议,因为这与亚里士多德的《诗学》一脉相承。说诗歌理论与诗歌知识是诗学,圈子似乎更小,争议却可能

---

① 路德维希·维特根斯坦:《哲学研究》,陈嘉映译,上海人民出版社 2005 年版,第 25—26 页。

② 路德维希·维特根斯坦:《哲学研究》,陈嘉映译,上海人民出版社 2005 年版,第 38 页。

变大。这争议不在诗歌理论,而在诗歌知识。与诗歌理论比起来,似乎诗歌知识不如诗歌理论"诗学"。为什么会这样呢?因为人们会觉得,似乎隐隐藏着某个标准,在诗歌理论和诗歌知识之间,它更青睐前者。再深入一层,即使最少争议的文学理论,在动态的创作理论和静态的文体理论之间,在韦勒克所区分的"内部理论"和"外部理论"之间,我们是不是也会觉得,这个标准似乎也更青睐前者?

同理,我们再来分析更大的两个圈:一个是非文学的艺术;一个是非艺术的百科。当人们说出或写下"绘画诗学""舞蹈诗学""音乐诗学"……再说出或写下"历史诗学""哲学诗学""语言诗学""法律诗学""宗教诗学""伦理诗学"的时候,仅仅只是类比或比喻吗?难道没有更深一层的东西值得探究吗?如果能静下心来进行一番词语辨析,我们会发现,其中还是有规律可循的。

法律与文学是相距甚远的一门社会学科,法律文书与文学文本相比,就更是以严谨的法律术语写成的。文学作品的解读可以千人千样,而法律判决的解读则只能是一种理解,假如也可千人千样,那将天下大乱。然而,近年来"法律诗学"却成为一个热词。

法律诗学倾向把文学名著看作发现法律价值、意义和修辞的媒介,认为法律有必要从文学的传统准则中汲取伦理教益,文学的情感教化和移情感化,能够使法律判决更为人性,莎士比亚、狄更斯、卡夫卡、加缪、梅尔维勒、奥威尔等人涉及法律问题的作品是律师和法官们良好的教材。怀特把法律与文学视作同类,认为把法律也看作创造性艺术,可以扩展人们的同情心,削弱工具理性的统治地位,"因而,法律生活在今天成为一种艺术生活,在语言中与他者制造意义的艺术生活"[①]。邓洛普提到,"在一名律师或者一名法律系学生阅读卡里斯·狄更斯的《荒凉山庄》之后,他就不再会对在桌间穿梭的当事人完全冷漠或'客观'了"。威斯伯格的《语词的失败:现代小说中作为主人公的律师》是这方面的范本,他认为判决意见所使用的语言和修辞比判决结论更加重要,因为它们决定着所要得出的结论的对错;他甚至认为文学文本对法律家比对文学

---

① 胡水君:《法律的政治分析》,北京大学出版社 2005 年版,第 257 页。

理论更有价值。① 这种法律与文学的"联姻"兴起于 20 世纪 70 年代,到 20 世纪 80 年代后期影响已经相当巨大。有人甚至称,这种新视角将会彻底改变法律学者谈论和思考法律以及判决的方式。福柯、德里达、利奥塔、萨义德等人的著作都为法律与文学的新关系提供了理论基础。

细辨"法律诗学",此语覆盖之下实存数义:(1)欢迎涉及法律内容的文学作品对理解法律文本的帮助;(2)吸收文学的读写方法以丰富法律读写的方法;(3)鼓励文学的人性内容对律师、法官断案的影响;(4)倡导文学的人文性对法律工具性的调整;(5)认为法律生活如同艺术生活,容忍其中创作性的存在。

从最小范围的诗歌,到文学、到艺术,再到非艺术,"诗学"词语的频频出现,所指肯定是不相同的。然而,促使人们说出或写出"诗学"这个词语的是什么呢?表面看来,就"诗"的因素的存量多少来说,随着一圈一圈地向外扩展,所谓"诗"的因素也只能是越来越被稀释,但为何人们仍然以"诗学"名之?正如我们手执一筷,平举,自然有一左端;断其一半,手执其中,仍有一左端,哪怕执于手中的是原来的右半段;再断一半,亦复如是。这说明什么?说明词语的具体所指在不同的语境中时时在变,但词语相互间的结构关系却难以打破。也就是说,"诗学"的具体所指可以从诗歌到文学、到艺术,再到非艺术,随着语境链条中的移动而变,但"诗学"与"非诗学"在词语系统中的结构关系却并未打破,它们的各自指向则更难改变。那么,我们该以何种标准来区分"诗学"与"非诗学"的不同指向呢?

季涛在他的《法律之思:法律现代性危机的形成史及其现象学透视》一书中,使用了"后现代法律诗学的源始自然法"这样的名称。为何使用这样的名称?他是这样解释的:

因为海德格尔之思本身就是源初的作诗,他通过返回的步伐穿越形而上学史达到了远古诗人的前形而上学之思,这种思就是最早的诗作和最早的诗学。然而,海德格尔又从这种达到中再度穿越形而上学来到了后形而上学之思,因此他的思是后现代的源初诗学。而这种后现代诗学一旦被用来思入法

---

① 参见胡水君:《法律的政治分析》,北京大学出版社 2005 年版,第 251 页。

律现象,它就成了后现代法律诗学,其内容主要表现为源始自然法。它出现在形而上学的法学之后,与前形而上学的远古法律诗学,也即氏族自然法形成了一种对照。这种对照来源于经由整个形而上学史的经验而对前形而上学之思的克服。①

为什么形而上学之前之"思"和之后之"思"可称为"诗学"?因为远古法律诗学的最大特点是虔诚,它是氏族自然法中的神性、自然和习俗得以完美统一的保证。而海德格尔的后现代法律诗学,脱却了"形而上学是存在—神—逻辑学机制"的一神论普世理性,返归远古法律诗学的经验,同时又开放出新的虔诚样式,即保留在追问中的思的虔诚。在如此思的虔诚中,启示和理性的尊严都重新得到了维护,自然和历史的真理都再次得以展开。② 由此可以得知,法律之"诗学"并非文艺之"诗学",它的自然和启示,与形而上学的理性和逻辑相背,而与文艺诗学的直觉和独创相向。无论具体所指有何不同,这种结构关系都不会被打破。

首创"翻译诗学"的勒菲弗尔似乎也是在这样的结构关系上展开他的多元系统理论的。他的一套术语里有三个关键词,就是意识形态、诗学和赞助人。意识形态关注的是社会应该或者可以是怎样的,而诗学则关注文学应该或者可以是怎样的。诗学有两个组成部分,"一个是一张文学技巧、体裁、主题、典型人物和情景、象征的清单;另一个是关于文学在整体社会系统里有什么或应有什么角色的观念",后者"显然与来自诗学的范畴之外的意识形态影响有密切关系,是由文学系统的环境中的各种意识形态力量产生的"。"只要翻译诗学的性质不再是规范性的而是描述性的——只要它的内容不再是一系列的规定,而是对译者能用和已用的种种可能的策略的描述",那便是翻译诗学。在所谓的"忠实(或称保守)型译者"和"灵活型译者"两者中,勒菲弗尔显然偏袒后者,他指出:"保守的译者注意的层面是词或句,而灵活型译者注意的层面是

---

① 季涛:《法律之思:法律现代性危机的形成史及其现象学透视》,浙江大学出版社 2008 年版,第 234—235 页。

② 季涛:《法律之思:法律现代性危机的形成史及其现象学透视》,浙江大学出版社 2008 年版,第 235 页。

整体文化,以及文本在文化中的功能。"①概括地说,写诗必须遵守某些规则,而诗学研究的不仅是这些规则,它更看重的是这些规则如何被活用甚至被打破。而翻译诗学,正同此理。包括前述法律诗学的虔诚、自然、直觉、启示等等,都集中于一点:诗性。

自维柯在《新科学》中提出"诗性"这个范畴后,沿亚里士多德《诗学》轨迹发展的诗学理论,产生了重大而深刻的变化。亚里士多德以他的世界整体观,借由《诗学》与其他大量的学术著作(内容涉及哲学、伦理、历史、逻辑、心理、语言、政治、法律、诗学、经济、教育以及物理、动物、天文等等),一起完成了他的百科全书式的知识大厦。随后贺拉斯的《诗艺》、布瓦洛的《诗的艺术》等,都只是在其中修修补补,基本内容大都是以自己的创作体验为基础的艺术家的理论反省所支持的看法。而维柯的《新科学》,旨在创建一种人类社会的科学,"花了足足二十年光阴去钻研",终于找到了"诗性智慧"这一开启新科学的万能钥匙。"我们发现各种语言和文字的起源都有一个原则:原始的诸异教民族,由于一种已经证实过的本性上的必然,都是些用诗性文字来说话的诗人。这个发现就是打开本科学的万能钥匙,它几乎花费了我的全部文学生涯的坚持不懈的钻研。"②"诗性"的本义就是"创造性",诗性智慧也就是创造性的智慧。原始民族的人们,由于强壮而无知,全凭肉体方面的想象创造出事物,而这种事物因为全凭肉体方面的想象,所以又格外具有惊人的崇高气派,使后人把他们称为"诗人们"。维柯对诗学的最大贡献,便是一反传统的关于诗的"摹仿"原则,确立起"想象"这一新的诗学原则。如同磁极吸引指南针一样,无论处于任何地点或海域,指针都得牢牢地指向磁极。"创造性想象"这一诗性内核,也牢牢吸引着"诗学"这一词语,无论是在诗歌、文学、艺术、非艺术中的哪一个范畴,"诗学"词语的出现,总会指向"创造性想象"的一端。

---

① 张南峰:《中西译学批评》,清华大学出版社 2004 年版,第 148—151 页。
② 维柯:《新科学》,朱光潜译,人民文学出版社 1987 年版,第 28 页。

二

在我们的诗学研究中，可以看到两种现象：一种是在诗歌、文学、艺术以及其他学科，凡是出现"诗学"的地方，便要寻找相同的外延和内涵；另一种是看到了"诗学"在不同领域、不同语境以及不同上下文中的语义相对性，干脆否认诗学比较中有共性的存在。

"如果词的任务是在表现预先规定的概念，那么，不管在哪种语言里，每个词都会有完全相对等的意义；可是情况并不是这样。""我们说价值与概念相当，言外之意是指后者纯粹是表示差别的，它们不是积极地由它们的内容，而是消极地由它们跟系统中其他要素的关系确定的。"①在这里，索绪尔指出，一个词语在一种语言中的价值，是由系统中其他词语的价值所决定的。那么，一个术语在学科中的含义，也是由此学科内其他术语所构成的系统所限定的。所以，在不同学科的不同术语系统内，尽管在汉语中发音相同且写法也相同的"诗学"这一词语，其含义便是由围绕着它的其他要素所决定的。学科不同，系统也便不同，随着"对立面"的改变，它的含义也便相应改变。如在诗歌理论中，把"诗学"与"诗话"对立并举，那便是强调诗学的系统性和理论性，以别于诗话的片断、驳杂和感性。在法学理论中，把"法律"与"诗学"相连，便是在法学理论原有的逻辑、理性的体系中切入情感人性的一面，由工具理性向人文感性倾斜。

索绪尔还指出，证明一个价值能够存在的因素有二：（1）能够与一定数量的物相交换，例如面包；（2）能相当于某种币制的一定货币，如多少法郎或美元。"同样，一个词可以跟某种不同的东西即观念交换；也可以跟某种同性质的东西即另一个词相比。因此，我们只看到词能跟某个概念'交换'，即看到它具有某种意义，还不能确定它的价值：我们还必须把它跟类似的价值，跟其他可能与它相对立的词比较。我们要借助于在它之外的东西才能真正确定它的

---

① 费尔迪南·德·索绪尔：《普通语言学教程》，高名凯译，商务印书馆 1980 年版，第 162—163 页。

内容。"①这就是说,"诗学"到底是什么,并不取决于它本身,而是由它周围的其他词语所决定的。

在同一种语言内部,所有表达相邻近的观念的词都是互相限制着的。同义词如法语的 redouter"恐惧",craindre"畏惧",avoirpeur"害怕",只是由于它们的对立才各有自己的价值。假如 redouter 不存在,那么,它的全部内容就要转到它的竞争者方面去。反过来,也有一些要素是因为同其他要素发生接触而丰富起来的。②

让我们来看看"诗学"周围的词语。我们可以把簇拥在"诗学"周围的词语,粗略地分成三圈。最紧的一圈应该是文学理论、文学语言学和文学写作;然后是文学批评、文学史、艺术理论、语言学和写作学;最外围的应该是美学、历史学、心理学、社会学、文化学等。它们或上或下、或远或近地聚集在"诗学"周围。比"诗学"更形而上抽象的,有文学理论、美学;形而下实证的,有文学批评、文学写作;你中有我、我中有你的,有文学语言学、文学心理学;距离更远一点的,便是普通语言学和普通心理学;等等。在其中增加一个词语或减少一个词语,都会引起相应词语意义的变化。如一度非常热络的文艺美学,它要在其中插足,就必得在文学理论、艺术理论和美学中"跑马占地",分享或共享诗学的某些地盘;如认可了音乐诗学、舞蹈诗学、绘画诗学的存在,那就等于把"诗学"推到了它们的上位,在共属"诗学"的小系统中,既然已有了音乐诗学、舞蹈诗学、绘画诗学等,似乎就还应该有个文学诗学。之所以没有出现这么别扭的名称,完全得益于人们早就习惯了的汉语的弹性,在广、狭含义悬殊的情况下也可使用同一词语。小则聚焦于最紧内圈的核心,即文学理论、文学语言学和文学写作的某个结合处;大则普照于最广外圈的方方面面,如历史诗学、社会诗学、文化诗学等等,人们都可把它们叫做"诗学"。

这就很好地解释了在我们的诗学研究中,有不少人在诗歌、文学、艺术以及其他学科,凡是出现"诗学"的地方,便要寻找相同的外延和内涵而终究不得的原因。此"诗学"原本就不同于彼"诗学";而另外一些人看到了"诗

---

① 费尔迪南·德·索绪尔:《普通语言学教程》,高名凯译,商务印书馆 1980 年版,第 161 页。
② 费尔迪南·德·索绪尔:《普通语言学教程》,高名凯译,商务印书馆 1980 年版,第 162 页。

学"在不同领域、不同语境以及不同上下文中的语义相对性,也就干脆否认了诗学比较中有共性的存在,而导致的负面结果便是:什么都是诗学,又什么都不是诗学。

我们认为,寻找不到相同的外延和内涵,并不表示就可以否认这些各有所指的诗学中所具共性的存在。前文提到的"创造性想象",就是它的内核。但作为诗学,还应该有几条可以展开的维度,以穿越它如今颇为宽广的领地。聚焦于最紧内圈的核心,在文学理论、文学语言学和文学写作的相互结合处,是创作性想象安营扎寨的地方。其实瓦莱里早在近百年前就已一语道破:正确地说,"诗学,或者不如称之为创作学"①,"创作学的学科对象不是艺术家,只是在他们和作品格斗之间,将他们和作品相联结的动力关系"②。

帕斯伦把瓦莱里的观点继续前推:

"创作学"以按照事实,阐明创造性、自发性、创造性努力、灵感、表现、依据作品而获得的解放、影响、借用、艺术系统、引用、剽窃、临摹、制作、未完成、开放的作品、偶然性、反艺术等词语的意义为目标。以精确的事实为基础加以研究的"创作学",以一般的创建活动,尤其是有关艺术领域中的创建活动的规范性反省中获得的认识为基础,结果,创作学被定义为"有关作品的各项指标和创建作品的各种作用的规范学"。③

他还指出,创作学的规范性和美学的规范性不同。从某种意义来说,在事物的秩序上,前者先行于后者。④

他们的这些论述,呼应着维柯的论述,都如指南针指向磁极一样,指向诗学的核心:诗性、创作、想象。循着这一指向,在诗学探索的迷雾中,也许能让我们找到出路。

---

① 今道友信主编:《美学的方法》,李心峰等译,文化艺术出版社 1990 年版,第 304 页。
② 今道友信主编:《美学的方法》,李心峰等译,文化艺术出版社 1990 年版,第 315 页。
③ 今道友信主编:《美学的方法》,李心峰等译,文化艺术出版社 1990 年版,第 307 页。
④ 今道友信主编:《美学的方法》,李心峰等译,文化艺术出版社 1990 年版,第 307 页。

三

总括这些年来的中国诗学研究,可以看到三大路径。

(一)时间向度的古今之变

中国诗史三千年,先秦诸子百家始,对诗及文学多有论及。要建立今天的诗学体系,祖宗的宝贵遗产不能弃之不顾,但如何继承,则众说纷纭。汗牛充栋的诗话文论中,有多少是属于文学史的?有多少是属于作家作品评论的?又有多少是属于文学理论的?应该予以清理。文学史的归文学史,文学批评的归文学批评,文学理论的归文学理论,在这之中,该属诗学的归诗学。但谈何容易,这能清楚地区分吗?不能!但是如果以诗性的创作性想象为一端,根据与此端点的关系远近进行比量取舍,那么,哪些属于学科意义,哪些属于对象意义,哪些属于对比意义,还是可以明晰的。如古代律诗定型于初唐,但真正为大多诗人仿效遵循,则在盛唐以后。其中可以研究在这个过程中,哪些诗人古诗多于律诗,哪些诗人古诗与律诗相当,哪些诗人律诗多于古诗;也可以研究律诗为什么定型于初唐、流行于盛唐,是否缘于试帖诗,是否因为科举考试诗歌必须合格律还是其他;也可以研究字数、对仗、平仄、押韵等方面的规定,律诗都要严于古诗,这给诗人遣词造句带来束缚的同时,又给诗人追求音谐律合提供了新的路径;还可以研究"一简之内,音韵尽殊;两句之中,轻重悉异"的求异原则,以及由此激发出来的汉语本身所潜藏着的音韵美的种种诗律形式……这些研究,哪些更贴近诗性的创作性想象一端,哪些更为远离,其实是不言自明的。

诗歌可以分为述德诗、劝励诗、公宴诗、祖饯诗、咏史诗、游仙诗、游览诗、咏怀诗、哀伤诗、行旅诗、军戎诗等等,也可以分为古歌谣辞、四言古诗、乐府诗、五言古诗、七言古诗、杂言古诗、近体歌行、近体律诗、排律诗、绝句诗、六言诗、和韵诗、联句诗、集句诗、杂句诗、杂言诗、杂体诗等等,前者认识的是对象,后者认识的是形式,对象包括外部的大千世界和内部的心灵世界,林林总总,千殊万变,而形式则是使对象成为诗的路径,当然,形式更靠近诗本身。有人把写三峡的诗集于一册,起书名为《三峡诗学》;如法炮制,很快就可以有《黄山诗学》《东海诗学》《黄河诗学》,也许这些书都很有价值,但与我们所说的诗学没什么关系。在古今之变中,不要老纠结于祖先的遗产是学科资源多还是学理资源多,亟待进行的是:不管多与少,用学科资源去完善诗学体系,用学理资源去丰富诗学体系。

(二)空间向度的中西之比

要说中西之比,该承认比较诗学乃当今显学。但乐黛云指出:"现已出版的各种比较诗学论著,大多只是简略介绍了什么是比较诗学之后,就进入具体分析,缺少一以贯之的理论思想和方法路径,正是'视其难者,觉得其理论原则和方法范式都有些难以捉摸;而视其易者,常常以为只要把两种不同文化的文学理论范畴概念放到一起,说说它们之间的异同就大功告成'。"[①]如果有心要到异同背后做做文章的,也往往是比文化、比文字、比语言,最后落实到西语的形合与汉语的意合所导致的思维方式之差异,形成了西方诗学的系统、理性、逻辑、严密和注重模仿与中国诗学的灵动、感性、体悟、模糊和偏重想象等特点。如果说在比较诗学中,中国诗学作为被比较的一方还一席尚存的话,那么,在当代文学理论中,几乎就是西方学术的一统天下,连"体用之争"都干脆免谈。一种种思潮、一个个流派的轮番上阵,到底解决了诗学的什么问题呢?有位作家朋友给我讲了个故事,说小时候看人杀猪,刀叉剪刮,十八般武器,该干啥干啥,开膛破肚,去毛刮肠,放得血干净,切得肉条直。即使如金圣叹、毛宗岗那样的点评,写得不明白,但叫人看得明白。可如今,满架子的书,本本都有新理论,好比一群人个个操着新家伙上场,直追得那猪满院子跑,但就没见谁把猪捅倒。我算明白了,敢情是来叫卖手中家伙的。

当然,也有不甘于中国诗学的"失语"而寻觅新途的。余虹在他的专著《中国文论与西方诗学》及相关论文中,都一再地强调了中国文论与西方诗学两者的不可通约。而走现象学还原之路,才可以找到"文论"和"诗学"之外的"第三

---

① 陈跃红:《比较诗学导论》,北京大学出版社 2005 年版,"序言"第 4 页。

者",并将之作为比较研究的支点。而这个"第三者",便是排除了工具之维和审美之维后的语言的意义之维。这样的分析对我们更深入地理解中国文论与西方诗学的差异实质是有帮助的,但同时我们也应认识到,诗学比较和诗学建构是不同的。不同语种、不同文化间的诗学比较,首先应该还原、尊重各自的"是其所是",然后才能以此为支点进行比较,这叫"我注六经"。而诗学建构,则是以"诗性"为指归的打破和重构,中国文论和西方诗学的词语,都得摆脱原有概念系统的束缚加以改造,"它的全部内容就要转到它的竞争者方面去",或者"也有一些要素是因为同其他要素发生接触而丰富起来"。① 也就是说,"六经注我"须成为"诗学话语"。可惜的是,在中西之比中,许多人没有意识到诗学比较与诗学建构之间的这种区别。

(三)文化向度的学科之争

近些年来,文化诗学成了许多人趋之若鹜的热点。由新批评、结构主义、语言学转向等汇成的"向内转"潮流,当其研究资源耗尽后,"向外转"的"方法热"、文化研究、跨学科与跨文化研究也就成为必然。20世纪中后期流行于国际的文学研究回归历史主义、社会学、作家传记等"外部研究",至20世纪80年代成为主流;詹姆逊、萨义德、米勒、科恩等人的学术主张,在新旧世纪之交,被许多中国学者奉为圭臬。在中国的理论实践中,比较文学也很自然地扩展为比较文化。不同类型、不同民族、不同区域、不同性别、不同媒介、不同身份的文化之间,包括不同的学科之间,都可以进行跨界研究。这里面又可区分为三类。

一是针对传统文学作品内容而进行的文化层面的研究。如探讨沈从文笔下的湘西流俗,老舍文中的京味余韵,或唐诗中的西域风情,宋词中的士大夫精神,明清小说中的科举制度,等等。文学作品所包容的现实生活、社会心理、历史遗存、风情民俗、世态人情等等,本身就是文化,或者说是文化的重要组成部分,从这个意义层面看,对这些构成作品实际内容的文化层面进行研究,原本就是文学研究的题中应有之义,至于是不是就属诗学研究,还得看它与诗性

---

① 费尔迪南·德·索绪尔:《普通语言学教程》,高名凯译,商务印书馆1980年版,第162页。

创作这一核心端点是趋近还是远离。

二是运用文化研究方法对文学的固有论题进行研究,以文化的多学科视角去审视文学,以多学科方法去探究文学。每个学科不仅有着自己的特点,还有着自己的视角和方法,从语言、神话、宗教、艺术、科学、历史、政治、伦理、教育、哲学、民俗等跨学科的文化大视野来考察文学问题,运用综合的理论背景、开放的研究方法,即便是古已有之的传统论题,也会在学科视域的"位移"或"叠合"中产生新的解答。苏联理论家巴赫金的身体力行,为中国同行树立了榜样。他之所以能发人所未发,得益于他能运用文学学科之外的多种其他学科的新方法。文化研究以其众多学科的多元价值观和多维度视角,必然将其引入跨学科交叉与多学科综合,这使研究者不仅在学科传统边界的裂隙和空白处拨开长久积习的遮蔽而寻找到被遗忘与疏漏的问题,而且在多学科间、在并非简单相加的映照彰显中,发现新问题,觅得新答案,催化新学科。也正是在这一方面,我们不能不为中国的文化诗学难有巴赫金"复调"这样的理论发现而感到遗憾。①

三是这样的研究空间既非文艺的传统范围,又非文艺的固有论题。如在小说、诗歌、散文、戏剧、绘画、雕塑等传统艺术门类之外,出现一些新兴的泛审美、泛艺术门类,如广告、流行歌曲、时装,乃至环境设计、城市规划、居室装修等等。在这样的生活空间中,文化活动、商业活动、社交活动与审美活动之间往往不存在严格的界限。对于这种现象与传统审美文化之间的矛盾,有的学者概括为"审美主义"与"文化主义"之争。

凡此种种,可以看到拓展研究空间与承认学科规范之间的矛盾。但我们必须明确:文化诗学不等于诗学文化。至此,我们应该给诗学正名:诗学,就是文学创作学;而诗性,潜藏于人类的一切创造活动中。也许有人又会问:那什么是文学?我们说,一条河,可以时宽时窄,时清时浊,但它还是那条河,它会流入大海。在入海口,如果一定要划分哪是海哪是河,那是很困难的。因为任何界定都是人为的。但如果问:长江的入海口是在上海、南京还是在武汉?谁都会说是在上海。这就是相对中的绝对。也正是上述的这位帕斯伦,他在倡

---

① 参见拙文:《文学研究:正在越来越远离文学吗?——当代文学研究变化轨迹的理据分析》,《浙江大学学报》(人文社会科学版)2007 年第 3 期;《新华文摘》2007 年第 15 期。

导创作的创造性时,混淆了"诗"的"可以预想出在作品的观念中可以涵盖的为数众多的人类活动的创作学,即宗教、语言、神话、哲学、科学技术、习俗、法、政治等的创作学"①。帕斯伦在人类的一切创造活动中找到了"诗性",但也在他和瓦莱里的创作学中消解了诗学。但愿我们不要重蹈他的覆辙。

(原载《中国文学批评》2016 年第 3 期;《人大复印资料·文艺理论》

2017 年第 2 期全文转载)

---

① 今道友信主编:《美学的方法》,李心峰等译,文化艺术出版社 1990 年版,第 315 页。

解释学即通过语言符号建构对象世界

李咏吟

一、解释学通过语言确证主体的思想

解释学到底是作为学科创建的方法,还是作为科学思想的构成活动本身?这个问题一直存在争议。伽达默尔主张解释学不仅是方法论而且是本体论[①],利科主张解释学就是语言的思想活动[②];不过,也有许多学者主张解释学就是诠释经典文本的学问,主张解释学就是科学建构的方法论。我们把解释学看作科学思想的构成活动。这就是说,一切人类的语言、艺术与科学解释活动都可以称为解释学,德国当代哲学家科赫(A. Koch)甚至把先验解释学看作"第一哲学"。事实上,只有从最广义的理解出发,才能把握解释学的真正意义,因为人的全部实践活动和语言思想活动,都可以通过解释学得以呈现。不过,每一学科都有自己独立的解释符号与解释传统。对于中国人来说,解释学在当代的兴起,在很大程度上是由西方现代哲学解释学运动所推进的。我国学者历来重视经典诠释,特别重视通过音韵、训诂、文献等解释方法对经典的意义形成正确的把握。当然,在西方解释学的作用下,我国学者重估了古典中国诠释学的传统,但是,这种解释学认识主要还是致力于经典诠释。[③]

---

① 伽达默尔:《诠释学Ⅱ:真理与方法》,洪汉鼎译,商务印书馆 2010 年版,第 271—287 页。
② 利科:《解释的冲突:解释学文集》,莫伟民译,商务印书馆 2007 年版,第 93—94 页。
③ 周光庆:《中国古典解释学导论》,中华书局 2002 年版,第 67 页。

随着哲学解释学的深化,解释学的方法与理念渗透在不同的科学与思想领域之中。人类的解释活动,其实就是通过语言符号的表达寻求关于对象世界的独立探索与建构。为此,我们试图从普遍科学的意义上讨论解释学,并试图对科学解释学形成基本论述,这就是必须将解释学视作"通过语言符号构建对象世界的活动"。语言符号的公共性,是主体思想确证的最重要保证;语言符号的私人性,是无法获得普遍解释效果的,它只能造成思想的神秘。严格的语言私人性是不存在的,因为所有的语言都是在现成语言的基础上进行再创造,完全属于个人创造的语言必然无法真正存在,因为无人理解的语言等于是动物的叫喊。因此,严格的解释学就是人类的知识建构活动,就是人类的语言符号传达活动,就是关于对象世界的理性建构。解释学主要是为了生命与生命之间的交流,文化与文化之间的沟通,思想与思想之间的传递,科学与科学之间的相互作用,人类正是通过解释学活动构建了属于人类的"文明生活世界"与"科学理性生活世界"。

为何要从科学意义上讨论解释学,而不从经典诠释意义上讨论解释学?一个重要的原因就是:解释学本来就是作为科学思想创造活动而显示其存在价值的。解释学的根本目的,是传达个体的智慧与意志,通过知识的严格证明道说共同的真理。从原初意义上说,解释学既有严格的科学解释方式,也有相对自由的非科学解释方式。无论是运用科学的方式还是非科学的方式,只要能够达成主体间的思想沟通,就具有一定的意义。由于运用科学的方式更容易接近解释的真理,因此,解释学与科学方法或科学精神的联系便成为自然而然的事情。广义的解释学,就是文化创造与科学创造的对象构造方法,是原创性的解释学与科学解释学,例如,神话、诗歌、哲学、音乐、绘画、语言、历史、数学、逻辑、物理、天文、化学、动物学、植物学,等等。人类所有的自然科学、社会科学和人文科学解释活动,无一不是解释世界的方式。为了寻求人类知识与思想的真正沟通,解释者皆有科学思想创造的解释学意志,都相信自己的解释属于真理。没有创造性的思想活动就没有关于对象世界的解释学,虽然后来的狭义解释学的主要任务是诠释经典,但是,这并不影响我们对解释学的科学创造价值与方法论价值的真正理解。狭义的解释学,即通过文本或经典的语言解释完成对经典文本的意义建构与思想建构。广义的解释学,则是文本解释学或语义解释学。在西方,这是由施莱尔马赫、狄尔泰、海德格尔、伽达默尔、利科等建立的"哲学解释学";在中国,这是由孔子、孟子、许慎、陆德明、孔颖达、朱熹、孙诒让等伟大诠释家共同构建的"文本解释学"。① 狭义解释学是解释学的特殊应用,广义解释学则是解释学的实践拓展。从根本上说,"解释学"就是人类通过语言符号的自由创造构建关于对象世界的思想活动。

实践的解释学活动,必须先确立对象世界,通过对象世界构造自己的创造性解释与创造性理解。一般说来,日常的人类生命活动确立了自己的对象世界。我们通过日常语言解释自己的生命需要,并形成主体间的生命交流,服务于生活本身的需要。日常生活的解释活动,往往通过口头语言进行,或者通过电话、邮件、书信等方式进行传达交流。职业的人类生命活动或科学的人类生命活动,往往通过技术实践的方式进行,虽然没有科学研究的严格思想表达要求,但是,技术本身也需要确切的说明与交流。更多的解释学活动,则是自然科学、社会科学和人文科学的创造性表达活动。自然科学的解释活动,强调严格的实验数据与实验分析,强调实验的可还原性。科学技术解释活动,往往通过实验方法、实验数据与实验结果加以呈现,其严格的实践与理论建构必须通过严格的科学论文形式进行解释。主体解释在面对文本时,还需要回到历史生活、精神生活或心理生活的现场。社会科学的解释,致力于对社会生活的真实情景与真实需要进行解释:一方面,它需要对社会生活进行定量定性分析;另一方面,它又需要建立正确的社会科学规范,形成自由的社会科学分析。人文科学的解释,强调文本的优先性地位,通过文本解释还原历史或精神生活的真实,特别强调经典文本的人文精神价值。人文科学的解释,既有严格的逻辑的事实论证,又有形象的语言符号的情感象征表达。诗歌与艺术的解释,主要是通过形象构建的方式完成对象世界的生命建构。②

在解释活动中,解释者必须面对自己的真实对象世界,必须运用固定的解释工具,遵守特定的解释学习惯,针对对象世界进行真实事实的分析,形成真正有效的解释学构造。在自由的解释活动中,人对世界充满了好奇,由于人面对不同的对象世界,这样,就构成了人类不同的对象世界建构活动。日常生活

---

① 黄俊杰:《中国孟学诠释史论》,社会科学文献出版社 2004 年版,第 1—4 页。

② 伽达默尔:《美学与诗学:诠释学的实施》,吴建广译,北京大学出版社 2013 年版,第 40—42 页。

世界有日常生活的解释要求，正因为这样，许多生活技术与生活法则都需要解释。在这种日常生活中，不同的文明构造活动，皆独立发展起了伦理的解释、宗教的解释、科学的解释、技术的解释、文化的解释等等。与此同时，科学的发展使得人类更加客观地面对自然科学的世界，先是天文学、地理学、气象学、农学（包括桑、蚕、渔、牧、农、林等等），在生活实践的基础上得到了充分发展。当这些朴素的科学形成之后，抽象的、精密的科学就得以形成，例如，数学、几何学、物理学、化学。科学发展至今，所有的精密的科学皆得到了发展，而且面对自然生活世界的丰富复杂性，正不断发展出新的科学分支，最大限度地满足民族国家的现实需要。在生活世界与科学世界之外，人类精神生活世界也越来越成为重要的研究对象。人的审美艺术生活，构建了艺术对象或审美对象；人的道德伦理生活，构建了伦理法则反思与规范的实践对象；人的宗教信仰生活，构建了宗教神话想象与神圣实践法则的研究对象；人的理性反思生活，构建了哲学的语言逻辑意识思维活动，形成了理性反思的对象世界。此外，还有研究经济问题的经济学，研究货币运作与理财的金融学，研究社会问题与生活实践问题的社会学。各种各样的社会科学或人文科学，服务于人类精神生活的丰富复杂需要。每一对象世界皆可形成科学解释的对象，形成科学解释的认知，构成解释学的知识体系与智慧体系，这就是解释学的对象形成及解释学的知识谱系，它显示出解释学的无限广阔的人类生活价值。

在解释活动中，解释学的想象性创造与实证性创造，形成了主观性与客观性的对立。解释学的客观性创造，通过数学与物理分析得以确证；解释学的主观性创造，通过神话与诗歌或宗教与文学的方式得以确立。在解释学创造与解释学构造中，想象性与实证性是解释学的两种基本思想方式。"想象性"使得解释学的创造超越了规范性的要求，能够最大限度地显示个性的创造与个体生命创造的价值；"实证性"使得解释学具有严格的规范性与应用性，能够提供清晰具体的知识，真正认知事物本身的构成法则。想象性与实证性并不是完全对立的，只不过，自由的解释更重视想象性，而科学的解释更重视实证性。当我们与世界打交道时，世界的图像进入了我们的记忆，与此同时，主体的记忆对此形成生命情感的加工，它构成了我们生命最重要的存在记忆。生命存在的记忆，伴随着生命存在的实践活动。记忆的图像构成了生命想象的动力，于是，通过诗性语言重建心灵图像与记忆图像，构建出属于主体记忆的新的生命图像。这种生命图像,往往具有激发情感与激发记忆的作用,从而使他者获得生命主体独特的体验与形象记忆;这种形象记忆,对主体的生命情感形成新的作用,构成新的生命解释效果。想象性的图像与想象性的形象充分体现了生命主体的创造性,它将不可能的世界呈现在人的面前,将虚构的形象世界构成生命的新启示。布克哈特就预见到,"艺术充分地意识到了自己的崇高地位,它认识到自己就是一种权力和一种力量,只要人们需要它,只要它与人们的生活有所接触,它就能完成伟大的事情"①。创造性的形象解释学,皆是通过语言完成的。形象的语言多种多样,符号化语言、民族性语言、色彩性语言、影像化语言、声音化语言,各种不同的语言构造了生命世界的独特记忆性存在。实证性则不同,有生活实证、历史实证、科学实证,这些实证性活动只需要通过准确有效的语言叙述就可以进行事实的还原。生活实证就是要从生活出发证实生活本身的法则。例如,《第三极》通过大量的真实生活图像叙述西藏的生活故事,既有影像语言又有民族语言,充分展示了西藏生活的特殊性与传奇性。历史实证则是文献资料与图像实物证实历史生活中发生的事件。当事人的口头回忆也成为佐证的一部分,通过历史实证可以最大限度地还原生活真相,构建独特的历史生活世界。科学实证则是通过科学实验完成的,需要科学的定理定律支持,需要科学的实验数据,需要科学实验的结果加以验证。科学实证使得所有的科学解释具有真实的知识价值与生活价值,有利于人类生活世界的主观意志的实现。

在解释活动中,解释学有着自己的语言构成性或符号学构成性。这种构成性,有的基于经验,有的基于天赋的创造。与此同时,解释学的经验性与超验性,使得日常生活逻辑与逻辑符号的逻辑成为解释学的根本方法。语言学与逻辑学有着最内在的联系,在感性解释与理性解释活动中,解释学语言与解释语言的逻辑,是解释学最重要的载体。只要是解释学语言,就有自己的意义构成方式。诗性语言构成形象的意义,生活语言构成生活的意义,历史语言构成历史的意义。不同的语言构成方式,可以构建完全不同的世界。这种通过语言构建的世界,提供了人类知识的独特记忆方式。语言的逻辑,既可以通过语言的意义加以体现,也可以通过语言的符号演绎规则形成独特的思维加工。

---

① 布克哈特:《世界历史沉思录》,金寿福译,北京大学出版社 2007 年版,第 72 页。

事实上,数学的运演就是遵守逻辑的规则,这不是逻辑学的规则,但是,它符合数理逻辑的内在要求。自然科学与人文科学的逻辑,并不都是形式逻辑或符号逻辑。形式逻辑或符号逻辑,是对生活逻辑与自然科学和人文科学的抽象把握。因此,解释学就是要最大限度地构造对象世界,给予人以知识与思想、智慧与想象,一切皆从生存出发并最大限度地回到生存,同时指向自由的目标。

二、解释学语言的诗性与逻辑呈现

不同的解释学构造活动,其解释学语言有着巨大的差异。解释学对语言的不同要求,发展出语言的诸多特性。例如,日常生活的语言强调口语化,解释者必须运用最有效的语言表达达成主体间的理解。亚里士多德指出:"口语是心灵的经验的符号,而文字则是口语的符号。正如所有人的书法并不是相同的,同样地,所有的人也并不是相同的说话的声音,但这些声音所直接标志的心灵的经验,则对于一切人都是一样的,正如我们的经验所反映的东西对于一切人也是一样的。"[①]在此,亚里士多德强调了口语、心灵和文字符号的关系,揭示了解释学最根本的特性。即使是日常生活语言,也不是一成不变的。例如,日常生活的语言解释充满着强烈的情感反应,它需要天才的解释者很好地关注主体的语言心理。日常语言的情感效应与实用特征,要求它以最简单直接的语言表达达成主体的意图。文学语言的解释,在很大程度上就是在这种日常生活语言的情感体验与情感传达的基础上发展起来的。它必须充分发掘主体的语言心理与语言个性,最大限度地呈现生命的历史情感与主体的自由形象唤醒力量。与日常生活语言和文学艺术语言不同,人文科学、社会科学与自然科学的语言,往往追求逻辑呈现的力量与思想构成的力量,它需要理性的指导,即通过语言符号最大限度地呈现理性生活世界的价值与真理。因此,解释学的语言表达方式,大致可以分成"艺术的情感的语言"与"科学的逻辑的语言"。前者以感性形象表达为原则,追求语言的形象效果与诗性作用;后者则

---

① 亚里士多德:《范畴篇 解释篇》,方书春译,商务印书馆1959年版,第55页。

以语言的清晰性为原则,追求语言的逻辑力量与解释准确性。

要想回答解释学如何通过语言构造世界这一问题,我们必须回到语言自身。解释学就是通过不同的语言符号,并且通过不同个体的语言符号与意义创造,重构自我的世界、主体的世界与对象的世界。因此,解释学语言极为重要。解释学的语言有各种各样的形式,日常生活的语言、诗意的语言、科学的语言,各自服务于个体的自由创造。精神性语言、哲学化语言、历史学语言、宗教性语言,虽然也通过不同个体进行思想表达,但服务于不同的思想体系构建。不同的语言可以达到不同的目的,语言符号的意义确证皆可以实现自己的思想价值或真理价值。我们并不能主观确定某种语言的合法性与真理性,只能通过语言与实在、语言与真理的关联,确立语言的科学性与语言的真理性。不过,接近日常生活的感性化语言与通俗易懂的科学化语言,在生活实践中发挥着巨大的作用,而专业化语言或纯粹科学的语言符号,则只能被专门的人才所掌握。当然,无法证实的非科学化语言或神秘语言,虽然也能唤醒某些主体的神秘反应,但是,它无法获得真正有效的交流,因此,它不能达成解释学真理的真正自由表达,往往很容易形成理解与解释的巨大分歧。语言的有效性,在很大程度上取决于生命解释与科学解释的有效性。当语言解释有益于生命或社会生存时,语言符号就成为有效的符号,语言解释就成为有效的解释。

在解释学的语言创造中,文学艺术家作为解释学主体,往往通过感性化的诗性语言构造出审美想象的世界,并由此显示出作家、艺术家的语言创造力量与形象构成力量。人最喜欢感性地触摸世界,由于科学语言或理性思想语言太严肃和沉重,它无法直接唤醒普通人的生命情感与思想,因此,必须经过严格的科学语言与科学知识建构的训练。情感性的语言与感性化的形象语言则不同,它以最简单的方式轻松地唤醒起生命主体的情感。这种简单而感性的语言具有极大的影响力,人们通过这种感性化、形象化的语言了解自由而美好的生命世界。"诗的感性语言"通过有节奏、有美感、有形象质感的语言构造生命的意境与生命的自由想象,可以激发人最美好的生命情感。"小说叙述"以语言构造生命存在者的历史故事,使过去的形象活生生地重建在生命的历史时空之中。"戏剧语言"通过舞台与对话构建生命存在的情境,通过人物的矛盾展开生命的悲剧或喜剧故事,从而对人类生命形象形成直接观照。"音乐语言"是声音的旋律的语言,它构成了生命最美好的音响,与人的听觉器官和感知神经形成最亲切的和鸣。"绘画语言"是以图像与色彩作为意义传达的符号,通过生命形象的直接象征或间接想象达成生命的自由交流。"电影语言"是以综合的形式呈现生命的语言,以全方位的语言表现形式撩动人的生命情感。这就是语言的世界,通过语言唤醒生命,通过语言构造形象,通过语言建立感性世界,通过语言建立最形象生动的生命感知。①

在解释学的语言创造中,历史学家作为解释学主体,往往通过实用性的生活语言与历史学语言构成了现实历史生活世界,这是生活亲证与历史学家构造的语言世界。生活世界的语言,就是用最通俗易懂的形式讲述生活与生活技术。生活的亲切可感导致生活语言最容易被记忆。它是应用化的语言,也是最质朴的语言。历史学的语言,就是以质朴的语言讲述历史人物与历史故事,通过真实的事实描述与数据统计显示历史事件的内在变化,通过人物的语言与行动探讨历史事件背后的真相。由于历史语言的真实性要求,它与生活语言自身可以形成最亲切的联系。历史语言追求真实性与感性化,它要建立最真实的历史记忆,构建最真实的历史人物形象。虽然历史语言的重构过程充满解释主体的主观性,未必是真实的历史事实本身,但是,历史语言的数据化或统计化、历史场景的时空化、历史人物的真实化,可以构建最亲切的生命记忆,还原相对真实的历史生活世界。它不仅可以建立与活着的人们之间最直接的生命关系,而且通过历史人物与历史事件建立与现实生活决策之间最重要的生存关联。历史语言具有巨大的影响力,问题在于,历史的真实往往直接影响生存者的权利或合法性利益,许多人并不希望历史的真相得到呈现,而历史学家的选择性重构,通常使得历史语言自身服务于存在者的价值需要与主体精神价值重建。因此,历史的真相就变得昏暗不明,历史的叙述变成了主体的自由取舍工作。历史语言与生活语言具有最朴实的特质,只要真实地叙述就能构建真实的生活历史或生活技术。由于人为因素,真实的历史生活变

① 伽达默尔曾有选择地讨论了荷尔德林、歌德、里尔克与策兰等四位重要诗人,为诗歌解释提供了独特的解释学范式。参见伽达默尔:《美学与诗学:诠释学的实施》,吴建广译,北京大学出版社 2013 年版,第 1—2 页。

得不可捉摸,历史生活的语言很容易失去真实感,于是,生活语言可能通过技术传承不断获得历史真实重建的能力。历史人物语言或历史事件叙述则变成了倾向性叙述,我们已经无从判断真正的历史性与历史真实。历史叙述与历史的错误认知极难得到有效的改正,即使是翻案文章,也未必具有历史的真实性。所有的选择性叙述或非当事人的回忆,使得历史语言愈来愈偏离真相,因此,历史语言对于生命存在者而言构成巨大的挑战。对此,布克哈特指出:"一个民族的语言在该民族的精神发展的历史过程中发挥了不可估量的作用。"①如何重建历史语言与历史真相,是对民族国家的人格与历史精神价值最大的考验。

思想科学的语言,既可能是人文科学的传达方式,也可能是社会科学的传达方式,还可能是自然科学的传达方式。哲学的逻辑的语言传达方式,建立了人文科学、社会科学与自然科学之间的内在联系。哲学语言与哲学思想的根本在于逻辑学。逻辑学是思想最纯粹的表达形式,它既可以保证思想的内在严格性,即命题与命题之间的严格,又能保证语言与语言之间的严格性。哲学的逻辑学构造创造了严格的语言传达工具,它最接近严格的思维活动,将思维活动的法则进行严格的抽象。从古典逻辑学到现代逻辑学,逻辑学自身也发生了真正的变化,因为逻辑学不仅吸收了哲学的最新成果,而且吸收了语言学和自然科学的最新成果。逻辑学的纯粹符号化更接近纯粹的数学,逻辑学甚至给人文科学和社会科学中的主观判断与客观判断提供了严格的思想方法,因此,解释学的严格语言活动,通过逻辑学的工具和哲学的主题抽象得到了最深刻而严格的表达。

在解释学的语言创造中,科学家作为解释学主体,通过数学科学语言与物理科学语言等构造了自然科学世界。在当代,还有通过计算机语言构造的自然科学世界,这是科学家所构造的语言世界。在科学语言所构造的语言世界中,纯粹自然事物通过语言符号转化成虚拟的实在,或者通过语言符号构造运动的世界。科学语言的纯粹性与可验证性,使得科学语言变成了最精确的语言。通过数学语言,我们可以理解事物的数量与质量,理解事物的体积与容积,理解事物的深度与广度。同时,数学语言可以抽象地构造世界万物的特

---

① 布克哈特:《世界历史沉思录》,金寿福译,北京大学出版社 2007 年版,第 53 页。

征,建立对自然世界与生活世界的最真实、最科学的理解。物理学语言则重视自然事物的力与场的构造,解释事物本身的构成是原子、分子还是量子。物理学可以构造无限的宇宙,也可以构造有限的物体。物理学可以描述看得见的世界,也可以触摸看不见的世界,正是物理学对量子与质子的发现,使得人类对自然世界的理解更加深入。物理学正在不断地揭示自然世界与生活世界的无穷秘密。化学科学的语言符号,通过生物化学分析与各种事物的分析化验建构了更加具有生命力量的世界。化学通过物体的活性分析、液态分析、固态分析、血液分析、气化分析,使得生物化学世界或物理化学世界展示出无限的力量。无论是数学语言还是物理学语言或者化学语言,都在构造自然科学的真实世界,特别是宏观世界的模型与微观世界的图像,让人类视野与经验所无法企及的世界在科学的语言世界获得抽象表达与模型重建,由此建构起科学对生命存在的伟大认识,推动人类生活的进步,使人类生活不再局限于人自身的经验。正如苏珊·哈克所言:"自然科学已经积累了一个巨大的和不断增长的关于自然世界及其如何动作的知识体系,虽然还有着一定的不可调和与不完善,但却是越来越好地植根于经验并且其内部也是在不断整合的。"①科学语言,通过定理定律、数学模型、化学反应式,构建了独特的生命存在世界,这就是科学语言的伟大力量。人类的科学实验活动,最终必须通过语言符号加以表达。

必须看到,解释学语言的感性化与理性化,或者说想象性与逻辑性,既有相融性,又有根本冲突性。现代理性社会生活,人们越来越重视语言的逻辑性与纯粹规范性,人们通过科学语言纯粹地理解自然生活世界。语言自身的构成性,语言自身通过符号逻辑与意义,构成纯粹理性的生活世界。在科学实证变得越来越强大的今天,解释学语言的科学就成为普遍自由的价值追求。

---

① 苏珊·哈克:《理性地捍卫科学——在科学主义与犬儒主义之间》,曾国屏、袁航等译,中国人民大学出版社 2008 年版,第 309 页。

三、科学的语言与科学解释学的建构

我们必须特别谈及科学解释学的语言要求以及科学的语言解释学构造活动所具有的价值。科学的语言必须是严格的、公共的、可通约的语言,它最少私人性与情感性因素,甚至可以说,为了语言的精确,科学解释学语言绝对排斥情感性,以求科学思想的严格而纯粹性表达。在科学解释学创造中,科学论文的具体解释虽然强调普遍科学程式的要求,但在具体内容探究上则高度强调原创性。这说明,科学解释学虽然在语言形式上严格遵循逻辑的要求,但针对具体的解释对象与解释结论,必须寻求最准确的语言解释,特别是实验设计、实验数据与实验分析,必须具有独立的科学内容。科学解释学追求形式上的某种严格的论文要求,但在具体的论据与论题上则是完全独立的,特别是实验数据与实验结果,几乎都是独特的。

在科学解释中,科学解释的语言是数学语言、物理学语言、化学语言、生物学语言、医学语言、工程技术学语言、电子计算机语言,等等,它们通过实验,通过定理与定律,通过数学公式与数学计算符号,构造了对世界的描述。学习和探索科学知识就是要学习科学的语言与科学的解释规则。科学语言要求摆脱任何主观性,必须形成公共语言或纯粹科学的语言。科学解释完全不同于审美解释或社会解释,审美解释主要是感性的想象性的解释,基于生命的记忆与体验,通过生命情感与生命情景的描摹与叙述达成对生命存在的想象性再现或审美世界重构。社会解释则基于社会生活经验与社会生活构造讨论社会规则与社会对策,其目的是解决人类生活的许多实际问题,构建自由的社会秩序。科学解释则不同,它完全是为了揭示自然生活的规律,构建对自然世界的科学理解。伯特在评价牛顿时指出:"真正重要的外在世界是一个坚硬、冷漠、无色、无声的死寂的世界,一个量的世界,一个由服从力学规律,在数学上可以计算的运动所组成的世界。"[①]自然科学的对象就是我们的自然生活世界,这个

---

① 伯特:《近代物理科学的形而上学基础》,张卜天译,湖南科学技术出版社 2012 年版,第 203 页。

物质生活世界需要进行纯粹科学的解释,不以人的任意想象或猜测为目的,必须通过科学的方法、科学的手段、科学的结论达成对世界真正客观的理解。自然科学世界的认识是普遍共同可理解的,没有民族语言的独特性问题。在现代科学语言中,英语语言在科学交流中获得了优势地位,它在科学表达上极力追求的语言精确性,也在一定程度上保证了科学解释的准确性与可理解性。科学语言的科学性与科学解释的体系性,构造了科学解释的独特生命世界。

科学语言的形式构建与科学语言揭示的自然科学法则,在数学语言中显示了特殊的意义。数学语言是由数字、数学符号、函数关系等建立的语言符号世界。数学语言符号构建的世界,是对自然世界与生存世界的纯粹抽象。在数学语言中,我们无法直接还原数学语言所构造的世界,但是,在数学语言的抽象中,我们可以从自然生活世界或社会生活世界形成定量与定性的分析,它构建自然生活世界与社会生活世界的数学解释。不过,数学语言并不适合精神生活世界的描述,甚至可以说,精神生活世界的建构总是有意识地远离数学语言世界。除了在编年顺序上遵循数学的指示,在具体的精神想象或思想夸张中,精神科学的解释甚至有意识地排斥数学的真理性。精神生活世界构造了非数学的世界,尽管精神生活世界也会运用一些数学知识解释复杂的精神现象,但是,从根本上说,精神生活世界的建构是反对数学科学的。有意思的是,精神生活世界与物理学的语言表达有时会形成奇妙的一致性,物理学的语言与物理学的知识体系或概念体系,对于精神生活世界的建构具有直接的启示性。

科学语言的精确性与科学语言重构的自然生命世界,揭示了自然生命存在世界的真实运动。物理学语言必须通过物理实验获得证明,理论物理学建构的物理学模型、提出的物理学理论,往往需要实验物理学加以论证,例如,理论物理学只有得到实验物理学的证明才能显示真正的科学价值。物理学语言,就时间与空间存在问题已经形成了伟大的科学解释。没有物理学的语言想象,没有物理学的解释学建构,就不可能有现代人类生活世界的巨大改变。正是由于经典物理学与现代物理学,科学解释才构成了自然生活世界的科学理解向度。在现代物理学建构中,量子理论、粒子理论、宇宙天文演化的新假说,极大地推进了人类对自然宇宙生活世界的科学理解。

必须看到,科学解释通过语言重构了自然生活或宇宙存在的世界形态。

在这种科学重构中,是语言重要还是实验重要? 显然,科学语言就是通过实验数据与实验模型,形成对自然世界的科学描述,形成自然生活世界的科学解释。解释的解释,二次解释,三次解释,后继解释与原创解释,涉及解释学的历史链条与解释学的无限创造性问题。人文科学的解释与再解释问题,是无限循环的解释过程,并没有明显的思想超越,甚至可以说,古老的解释始终具有关键的价值。例如,《易传》对《易经》的解释在周易解释学史上始终具有奠基性意义,后起的解释很难超越这一解释学传统。[①] 这说明,与自然科学的解释不同,人文科学的解释并不是直线向前的。自然科学的解释,不是为了证明古老的定理与定律的正确性,而是为了不断发现新的科学规律,形成新的科学解释结论。在科学解释中,解释结论只要被无数次证明,就可以成为科学定理或定律。因此,在科学解释中新发现显得极其重要,它可以挑战固有的理论,更需要创造新的理论,进行新的发现,像天体物理学、量子物理学、核物理学等等,在现代科学史上已经形成许多新的科学解释成果。

社会科学的解释,也与自然科学解释不同。虽然社会科学在一定程度上也追求自然科学的实证性与准确性,但是,社会科学毕竟是对人的社会行为与社会活动的解释,因此,它更需要对社会生活与制度约束进行有效的解释,使社会秩序与社会公平得到最大限度的实现。只有自然科学的解释追求纯粹的科学性,虽然它也是服务于人类的自由生存,满足人类求知的欲望,但是,它更多的是为了揭示自然世界的科学秘密。人类生活之所以完全被科学解释所主宰,就是因为科学解释给人类生活提供了最大限度的自由。科学解释延伸了人类的器官,提升了人类的欲望意志,最大限度地实现了人类的自由想象。因此,科学解释成了人类生命智慧的最高表达,它满足了人类对知识的最大要求。

四、解释学建构的独特性与互通性原则

不同的科学解释,很难获得互通的效果,甚至可以说,科学的解释与非科

---

① 　廖名春:《周易经传与易学史新论》,中国人民大学出版社 2014 年版,第 224 页。

学的解释有时存在根本性冲突。如果只有独立的科学,没有跨学科的科学间的沟通,那么,科学的解释就会是封闭的系统。事实上,由于科学解释面对不同的对象世界,每个对象世界需要不同的解释法则与解释规范,因此,科学解释必须遵循自己的学科独特性原则。在人类社会分工细化的前提下,独特的科学解释成了现代社会最重要的现象,很少有人能够自由穿行于不同学科之间。现代科学的独特性立法,为每一学科解释与对象世界的建构提供了合法性,这是解释学分工细化的结果,每个社会成员在遵循社会分工的前提下,运用学科的独特性原则解释对象世界自身。在古代社会,则是另一种情况。伟大的解释者,几乎都是大百科全书式的解释。在短时间内,同一解释者完全可以建构不同的对象世界,甚至将不同的对象世界融为一体。例如,亚里士多德的解释几乎涉及所处时代的全部对象世界问题,他不仅是哲学家、逻辑学家、伦理学家、政治学家、修辞学家、诗学家,而且是心理学家、动物学家、物理学家。亚里士多德严格地遵循逻辑思想的解释原则,运用解释学的独特方法面对对象世界自身,通过不同的语言符号构造了完全不同的对象世界,形成解释学语言各异的科学解释学体系,奠定了古希腊人理解全部生命世界或对象世界的思想基础。[①] 科学解释与科学构造有着严格的科学法则,它呈现出对象世界的严格性,但是,所有的科学解释又遵循着共同的法则,这就是数学法则与物理法则。科学哲学的法则,就是自然科学解释遵循的普遍共同法则。不同的解释学之间可以相互作用,或者说,不同的解释学在一定程度上可以互相借鉴。应该说,解释学的相互作用,往往有着自己的内部边界。例如,文学艺术之间的诗性解释与形象学解释,可以形成有效的内部沟通;人文科学之间,在面对历史现象与精神现象时,往往可以通过概念与事实进行沟通,以便最大限度地接近事实或真理;自然科学之间,除了跨学科的解释,不同的学科特别是前沿性、技术性的学科之间,很难形成有效沟通。当然,数学、物理学与化学,作为最传统的自然科学解释形态,往往对许多新的科学解释起到奠基作用。必须承认,越是同一类别的解释,越能进行自由的解释学沟通,反之则很难形成真正有效的解释学沟通。在科学日新月异的今天,无数自然科学之间的严格分界,显示了对象世界的独特性创造,因而在面对

[①]　Otfried Hoffe, *Aristoteles*, München: Verlag C. H. Beck, 2006, pp. 28-35.

对象世界时总能开辟新的研究领域。

从语言与形象意义上说,文学艺术解释学之间的自由作用是非常显著的。除了语言与形象,文学艺术解释的目的,就是强调文学艺术对生命与生活的丰富性与创造性解释。这意味着诗歌、小说、戏剧、绘画、音乐、电影、电视等艺术形式之间,在解释学价值上具有互通的可能。文学艺术解释上的相通,是情感的相通与生命体验的相通,更是人性与生命价值的相通。从严格意义上说,这是形象创造的相通与生命精神的相通。文学艺术形象解释之间,通过语言形象创造可以达成生命存在与情感体验的有效沟通。解释学的相互作用,是指不同的解释学形成了不同的解释学立法,而每一种解释学立法,皆可能对别的科学形成新的启示。一般说来,科学解释与学科解释本身具有严格的专业界限,不太容易达成解释学的启示,但是,不同的科学确能对世界形成独立而自由的启示,特别是物理学解释提示了自然存在与宇宙演化的新变化与新现象。这种新的发展,往往正是通过解释学的创新而获得的。解释学具有独立的格局,具有自己的科学解释体系,但是,创造性的、成熟的科学解释体系,往往对别的学科解释会产生积极的启示。既有的科学解释往往囿于成见而不敢创新,但科学解释学的交流则会促成解释学的相互作用,形成跨学科解释的新原则与新科学。不同的学科在解释相同或相似的对象世界时,往往赋予了对象自身最独立的价值,这些解释就对其他学科的原创性提出了独特的思想挑战。

在文学艺术中,只要不是同类的艺术形式与艺术形象,它们就可以自由地相互借鉴并进行不同艺术形式的创造。例如,小说的形象创造直接被电影艺术或电视艺术接受,通过故事的改编重建小说的形象世界与生活世界。这种改编,只是借鉴了小说艺术的故事与语言,但是,电影与电视艺术的解释语言,是图像与声音以及生命运动组成的对生活世界与生命人物的再建构。从鲜活的生活世界到鲜活的影像世界,这是电影艺术最独特的形象创造方式。通过这种综合创造方式,文学艺术解释创造了独特的鲜活生命形象。如果说,小说语言解释创造的形象是通过间接语言的方式加以表达的,那么,影像艺术语言则是通过直接表演形成的影像语言形象创造的。这就是艺术之间的相互影响,它们通过不同的艺术形象创造方式共同构建对生命存在的真正理解。我们还可以通过绘画与诗歌之间的相互作用来讨论艺术解释之间的互通性。绘画通过视觉语言表达生命存在,诗歌则通过民族语言表达生命想象,前者提供了基于实在的创造性图像,后者则通过语言唤醒主体的生命体验与记忆,建构出民族语言的生命情感图像。诗歌可以影响绘画的生命解释,绘画也可以影响诗歌的生命理解。由于艺术共同面对生命存在的记忆,共同面对人类的生命情感,因此,艺术之间的相互作用与互通性解释经常发生,甚至可以说,经典艺术作品可以永远不断地得到新的创造。这是相近的对象世界的解释学沟通,尽管如此,每个学科关于对象世界的建构,总是通过独特的语言符号实现的,始终遵循着学科自身的语言符号法则,只是在面对共同的对象世界时,它们才形成了交互作用。正如特蕾西所言:"我们经由语言去理解并且在语言中理解。"[1]

人文社会科学解释之间的相互作用,不像文学艺术的解释那样自由。相对说来,人文社会科学的解释,在解释语言与解释方式上具有相似性,但是,不同的人文社会科学解释的理论建构与科学规范有着内在的立法区别,其理论追求与理论解释目标各不相同。虽然中国解释学中一直强调文史哲不分家,但是,文史哲等学科之间还是有着内在的分别的,只不过,它们在生命存在解释上有着一定的共同性。在人文科学解释中,文史哲彼此试图达成生命真理解释目标的方式完全不同。哲学解释追求思想的智慧与逻辑的推断,它通过严格的理论命题与经验判断构建存在的学说,构建生命存在的意识活动与意向学说。它通过严格的逻辑学的建构,形成对哲学的纯粹理论规范,并且通过纯粹的语言规定与语言逻辑实现解释的确定性。哲学解释还提供道德伦理与审美体验的法规,通过审美与道德立法最终确立生命存在的价值。此外,哲学解释试图给科学认知以最纯粹的解释,它在追求知识的确定性与意识理解的独特性方面提供了独特的思想创造。为此,伽达默尔指出:"诠释学这一向度特别关系着已经历了数千年的哲学概念的工作。因为哲学中创造的和留传下来的概念词汇并不是标志某种明确意义的固定符号和记号,而是在人类通过语言而形成的解释世界的交往活动中产生的。"[2]历史学则追求对历史事实与

① 特蕾西:《诠释学·宗教·希望——多元性与含混性》,冯川译,上海三联书店 1998 年版,第 80 页。

② 洪汉鼎主编:《理解与诠释:诠释学经典文选》,东方出版社 2001 年版,第 491 页。

历史事件的最终解释,不过,历史解释受制于历史材料与历史时空的限制,使认识历史真相相当困难,但是,历史学解释对人类生活的智慧极为重要。在经济学的解释、社会学的解释与文化学的解释中,这些人文社会科学的解释最终形成了相互作用的关系。社会科学解释,面对的现实社会生活世界各不相同,这是社会制度、文化社会生活习俗以及个体生存价值所导致的巨大社会差异。社会科学的解释,构造了完全不同的社会生活世界,体现了现代人类社会生活与历史民族国家的独特命运。

纯粹科学解释之间的相互作用,数学、物理学与化学之间的相通,为一切自然科学的构造提供了共同的方法论基础。数学的解释具有纯粹的抽象应用作用,数学是自然科学的基始,数学的解释提供了一切科学的理解基础。物理学主要运用数学模型解释自然世界。物理学的天文探索与物质探索,提供了物理学世界的独特解释。化学的解释则通过物理化学问题,与物理学形成交互作用。在现代科学解释中,数学与物理学之间、物理学与化学之间可以构成自由解释模型,生成自然科学不同对象的科学创造与技术创造,推动人类社会生活的科学技术世界的发展。在科学解释中,物理数学问题提供了许多新的解释空间,物理化学问题也提供了无限自由的解释空间。

社会科学与自然科学解释之间的相互作用,是更值得人们思考的时代问题。到底是社会科学借助自然科学获得相通性,还是自然科学借助社会科学获得相通性?必须承认,应该是社会科学借助自然科学为主,而自然科学借助社会科学并不多,这就使得自然科学解释具有自己的特殊独立性,这也是自然科学所具有的超越性功能价值。事实上,它已经构成了自然科学的伟大创新价值。数学与统计学对社会科学具有重要的影响,特别是数学对金融学与经济学,影响尤重。通过数学的介入,金融学与经济学问题可以得到更加科学合理的解释,特别是使经济学与金融学超越感性经验而成为理性的科学,对社会生活形成极为独特的把握。数学对社会学也有影响,特别是通过计算机科学或信息技术使社会生活形成新的模型建构和新的舆情建构。这是不同学科建构对象世界时对自然科学普遍解释法则的共同遵守。在社会分工前提下,人类科学解释虽然具有无限的创造性空间,但是其本身还是可以找到普遍共同的科学解释原则的。

人类试图建立纯粹理性的科学,但是,这种纯粹理性的科学解决不了人类的全部生活问题,于是,人们依然沿用或怀念精神生活的想象方式,特别是诗性自由的想象方式,或者直接用艺术图像直观的解释方式。解释就是为了生存,生存的自由就是为了解释与创造的自由。① 在理性生活价值为主导的解释学时代,感性化的解释方式到底应该如何判断? 应该承认,无论是感性化的解释方式还是理性化的解释方式,都有自己的价值,只不过,在现代生活世界,理性化的解释方式占主导地位,感性化的解释方式起调节作用。这种解释学格局的构成,就是人类生活的自然世界与自由世界的解释学建构。

严格说来,解释学是人类生命自由交流的最后环节,也是人类知识交流与情感交流和思想交流的中介环节。并非全部的人类活动都是解释学活动,毕竟,人类更重要的活动是生命存在活动与生命实践活动。许多人类实践活动是不需要解释的,它是约定俗成的,完全可以通过实用技术的传递,一代又一代不断地从事相关的活动。实用技术的学习与训练,就是人类生命活动的全部。从这个意义上说,解释学的诞生,与人类的自我进化以及人类的智慧追求有着密切关系。正是由于文化传承、生命确证与自由交流的必要,解释学便成了最自由的知识、情感与思想构成活动,也成了最重要的生命形象与生命情感构成方式。生命对象世界,通过解释学构造,可以超越个人的局限,让知识、思想与情感获得普遍传达与普遍交流,这就是人类精神生命活动与自由解释学活动所具有的重大价值。解释学通过语言构造世界,这种构造并不是随心所欲的,它必须遵守一定的规范。世界完全可以通过语言进行重构,正如维特根斯坦所言,语言的界限就是世界的界限。在哲学家那里,世界就是我们生存的对象,对象世界的重构就是对生命存在价值的精神重构。解释学建构,为人类生命存在活动提供了真正的知识基础与思想基础,它是人类一切实践活动的必要前提。狭义的解释学离不开语言文本,经典解释通过语言意义而获得了自己的力量。广义解释学则是通过语言的创造性构造活动,不仅构造了对象世界的知识,而且构造了人类生命存在的智慧,更建立了人类世界共同的思想

---

① 高宣扬:《利科的反思诠释学》,同济大学出版社 2004 年版,第 73—81 页。

与文化科学基础。① 因此,真正的解释学就是通过语言符号构造对象世界,它让我们能够在对象世界或自我世界中更好地生存,这就是解释学的真理与解释学的本质。

(原载《东疆学刊》2003 年第 4 期)

---

① 洪泽鼎系统地介绍了西方诠释学的发展,简要地叙述了古代诠释学、中世纪诠释学以及17、18 世纪的诠释学,重点介绍了 19 世纪的普遍诠释学和当代诠释学,特别强调了历史诠释学、哲学诠释学和现象学诠释学,给我们提供了广阔的诠释学思想背景。显然,他主要从狭义诠释学入手,也涉及了广义诠释学问题。参见洪汉鼎:《诠释学——它的历史和当代发展》,人民出版社 2001 年版,第 1—7 页。

文化飞地的空间表征

张德明

飞地是一种特殊的人文地理现象,指的是隶属于某一行政区管辖,但又游离于该行政区主体范围之外的土地。要想去往一块行政区的飞地,需要"飞跃"其他行政区的属地,方能到达。[①] 一般把本国境内包含的外国领土称为内飞地(enclave),外国境内的本国领土称为外飞地(exclave)。飞地的术语第一次出现于 1526 年签订的《马德里条约》的文件上,以后这个概念主要用于政治地理学。大多数现存的飞地是封建时代的遗迹,而且大部分出现在西欧。

文化飞地(cultural enclaves)则是一个更为复杂的文化地理空间概念,目前尚无统一的定义。如果删繁就简,大致可表述为:行政上归属于某个政治主体,身份上认同于某个更古老或更遥远的文化母体。总体上讲,文化飞地是现代性展开的产物。近代以来,资本主义的全球扩张带来了一波又一波拓殖、移民和族群流散的浪潮,使原生态的单一的文化地理空间发生了质的变化,有着不同语言和文化背景的族群互相碰撞、冲突和融合,在西方帝国及其海外殖民地中形成了无数规模不一、层次复杂的文化飞地(包括种族飞地、族群飞地和租界飞地等),其所具有的空间诗学功能在后殖民时代特别引人注目。

一

在《空间的生产》一书中,法国文化批评家列伏斐尔曾把人类在空间中的

---

① 《寻找中国版图上的飞地》,《中国国家地理》2012 年第 6 期,第 64 页。

活动及其结果分为三个维度:首先是空间的实践(spacial practice),"包括生产和再生产,以及特殊的位置和每种社会结构的空间性特征";其次是空间的表征(the representation of space),它"与生产关系和这种生产关系置于其中的秩序有关",主要指人类对空间秩序的规划、设计等一系列涉及想象、编码和文本建构的活动;最后是表征的空间(the representational space),指已经被规划和编码的空间,它具有一定的社会规约性,伴之以一系列象征、符号、标记或仪式,有时也与艺术相关。① 在实际生活中,空间中的这三个维度是交织在一起的。比如,我们进超市购物,这是一种涉及生产和再生产的空间实践,而这种实践实际上是建立在城市规划师、房地产商和建筑师对这个空间的表征的基础上的。是他们对土地的规划、投资和空间设计等一系列活动决定了超市的布局和结构,而这个空间的表征一旦被付诸实施,就形成了表征的空间,它的一系列编码(通道指示、商品摊位、广告牌等)决定了我们在这个特定空间中的行为模式。比如,我们不会到超市中去烧香,也不会到寺庙中去购物。此外,我们还得遵守特定空间的表征对人的言行举止的规范。在广场上我们可以大声喧哗,但在公共图书馆中则必须保持安静。

列伏斐尔没有论述过飞地现象,但他的空间研究思路对我们考察文化飞地颇有启发。文化飞地首先是一种空间的实践。当早期殖民者进入新大陆时,他们最初只不过是出于生存需要,在陌生的空间中进行生产和再生产——将荒地改造成良田,在旷野中搭建屋舍、修筑道路、建造桥梁等。但这种空间的实践同时也是一种空间的表征,因为殖民地本来就是帝国扩张规划的有机组成部分。没有殖民地就没有帝国,反之亦然。比如,在英国伊丽莎白时代的殖民化宣传(以哈克路特编辑的一系列航海—旅行文集最为典型)中②,就已经突出了这样的观点,即殖民地能解决一个过分拥挤的国家的社会问题。按照汉娜·阿伦特在《极权主义的起源》一书中提出的观点,资本主义的发展不仅产生了剩余资本,而且还产生了剩余人口。就是说,每当资本主义发生经济恐

---

① Henri Lefebvre, *The Production of Space*, trans. Donald Nicholson-Smith, Oxford & Cambridge USA: Blackwell, 1984, p. 33.

② 张德明:《旅行文献集成与空间身份建构》,《杭州师范大学学报》(社会科学版)2010 年第 6 期。

慌的时候,就会产生大批的"被迫脱离生产者行列,陷入永久性失业状态"的人们,即"被废弃的人"。他们与过剩资本的所有者一样,"对社会来说,是多余的存在"。于是,帝国把这些剩余的人和剩余的资本,即过剩的劳动力和过剩的资本结合起来,在海外寻求它们的输出地和市场。① 这两者的输出加上保护它们的权力的输出,则宣告了帝国主义的开始。

但之后这种空间实践的性质慢慢地起了变化。因为进入殖民地的不光有被帝国的殖民机构遣送的刑事犯,还有被劫掠或拐买来的非洲黑奴,以及那些出于生存压力来到殖民地"淘金"的拓荒者(中国苦力、印度契约劳工和本土原住民等)。此外,还有为数不少的希望在异域他乡建立起地上天国的宗教分离主义者和空想社会主义社团。② 这些来自不同的族群、操着不同的语言、有着不同的文化和宗教背景的人们聚居在一起,构成了一个个五光十色的小型社区,形成一块块规模不等、犬牙交错的文化飞地。这些文化飞地在政治上归属于某个大的政治主体,而在文化上又各有其族群记忆和身份认同(大多数飞地从其命名即可看出其文化归属③)。更为重要的是,它们还会像滴在一张白纸上的墨迹般逐渐渗开,进而蚕食帝国的领地,动摇其疆界的稳定性,将帝国的空间表征转换成符合自己生存需要的表征空间。在空间实践过程中,这些文化飞地实际上不知不觉地成为解构帝国的前沿,以及酝酿后殖民主义思想的温床。

---

① 汉娜·阿伦特:《极权主义的起源》,蔡英文译,台北联经出版事业公司1982版,第39—41页。

② 欧洲空想社会主义者向美洲的移民在19世纪达到高潮。这方面的资料可参见让-克里斯蒂安·珀蒂菲斯:《十九世纪乌托邦共同体的生活》,梁志斐、周铁山译,上海人民出版社2007年版。

③ 如遍布世界各地的华人移民社区唐人街(Chinatown)、犹太移民社区(ghetto)、印度移民社区"小印度"(Little India)、欧美和中东的巴基斯坦移民社区"小巴基斯坦"(Little Bakistan)、芝加哥意大利移民社区"小意大利"(Little Italys)、爱尔兰移民社区"爱尔兰城"(Irishtown)、纽约黑人聚居的哈莱姆区(Harlem)、越南移民社区"小西贡"(Little Saigon)、菲律宾移民社区"小马尼拉"(Little Manila, Manilatown or Filipinotown)、佛罗里达古巴移民社区"小哈瓦那"(Little Havana)、南美日本移民社区"小东京"(Little Tokyo)或曰"日本町"(Nihonmachis)、伦敦葡萄牙人社区"小葡萄牙"(Little Portugal)、加拿大多伦多希腊移民社区"小雅典"(Little Athens),以及西印度群岛的逃亡黑人社区马垅(Maroon),等等。

二

尼采说,"我相信绝对空间是力的基础:后者限制并给予形式"。宇宙空间中包含了能量,包含了力,并通过它们起作用。地理空间和社会空间也如此:"哪里有空间,哪里就有存在。"("Where there is space,there is being.")力(能量)、时间和空间之间的关系是值得探讨的问题。一种能量或一种力只有借助它在空间中的效果才能得到确认,即便这些力本身不同于其效果。① 无疑,近代欧洲崛起的帝国是一种巨大的能量,像宇宙中别的能量一样,这种社会的和文化的能量必然要寻求释放,其在空间中的表征便是殖民地的规划和实施。同时,被这种能量裹挟着进入殖民空间的拓殖者、囚犯、移民、奴隶和劳工也是能量,这些能量同样寻求着自己的释放空间。各种不同的能量与能量之间的碰撞、冲突和交汇,成了生成并维系不同性质和规模的文化飞地的原动力。生活在文化飞地中的各族群之间,既有着对外的力的较量,如加勒比地区的非洲黑人社区与英国殖民当局的斗争;又有着对内的力的比拼,如唐人街不同华人社区之间的内耗,或意大利社区黑社会势力之间的火拼;更有着因错综复杂的力的冲撞而造成的族群生理变化,如西印度群岛中英国殖民者与原住民结合生下的混血儿,就生活在尴尬的夹缝或居间状态,他们因肤色浅褐而被本土不列颠人视为"退化的"英国人,又因同样原因被当地黑人称为"白蟑螂"。于是,在各种不同的能量冲撞和族群融合的过程中,文化飞地的身份认同问题就凸显出来了。

如前所述,生活在文化飞地中的人们,大都是在帝国扩张过程中出于生存压力而被迫迁徙或自愿移民的族群或人群。从国籍上说,他们属于某个帝国主义宗主国;从文化上说,他们又有着各自的文化背景、集体记忆和宗教信仰;从情感上说,他们更愿意认同本族文化(尽管它存在于遥远的本土,或碎片化的传说中),但为了生存,他们又不得不依附于某个更强大的政治实体,甘心做

---

① Henri Lefebvre,*The Production of Space*,trans. Donald Nicholson-Smith,Oxford & Cambridge USA:Blackwell,1984,p. 22.

帝国的二等臣民或二等公民。这种自相矛盾的生存状态使得他们几乎从一开始就遭遇了文化身份危机。对文化飞地中的人们来说,人类最基本的三个困惑("我是谁?""我来自哪里?""我将去何方?")不是抽象的、形而上的哲学问题,而是具体的、直接关乎生存的形而下的现实问题。加勒比裔女作家简·里斯的《藻海无边:〈简爱〉前篇》中,女主人公伯莎向罗切斯特发出的一连串问题,道出了西印度群岛白种克里奥尔人的身份认同危机:

> 在你们中间,我常常弄不清自己是什么人,自己的国家在哪儿,归属在哪儿,我究竟为什么要生下来……[1]

伯莎的这种困惑具有普遍性。种族的、语言的和文化的"克里奥尔化"(Creolization)[2]几乎是所有生活在文化飞地中的少数族群的特征。以生活在马来半岛上,被称为土生华人的族群为例。这个族群主要由明清两朝"下南洋"(闽粤方言中也称"过番")的福建、广东移民构成。在明末和清末这两段历史时期,国内战乱不断,民不聊生。当时福建、广东一带人多地少,荒乱穷困,生活难以维持。为了躲避战乱,改变个人或家族的命运,闽粤地区的百姓一次又一次、一批又一批地偷渡到南洋谋生。之后朝廷实行"海禁",使得之前下南洋的华人后裔无法归国,只能选择在马来半岛定居,从此落地生根,与当地人杂居。由于早期移居的华人绝大部分是男性,导致当时在马来半岛的华族人口中男女比例相差悬殊,许多华人只能与当地马来妇女或是来自爪哇、苏门答腊地区的妇女通婚,形成了特有的峇峇娘惹(Peranakan)社会。

更为复杂的情况是,从 16 世纪开始,马来半岛相继遭到葡萄牙、荷兰等

---

[1] 简·里斯:《藻海无边:〈简爱〉前篇》,陈良廷、刘文澜译,上海译文出版社 1996 年版,第 60 页。

[2] 一般认为,克里奥尔(Creole, creole)一词源于西班牙语 criollo,原意为"土生土长的"。目前欧美学界对克里奥尔有两种不同的理解。大写的克里奥尔(Creole)首先指的是"一个生物学的现实"。它通常用于指称出生在加勒比地区的欧洲人后裔,对这些人有许多不同的叫法:克里奥尔人、欧洲克里奥尔人、移居者、"红腿子"(redlegs)等。一些学者用"大西洋克里奥尔"(Atlantic Creoles)这个词指称"那些凭借出生、经验或选择而成为一种文化组成部分的人们,这种文化从 16 世纪开始在大西洋沿岸——非洲、欧洲和南北美洲——兴起"。

国殖民者的侵略；19 世纪 20 年代起，又沦为英国殖民地。为了强化殖民统治，英国殖民者将这些在海峡殖民地①出生的峇峇娘惹人统称为"海峡华人"，并强迫他们效忠于大英帝国，称之为"华裔英国子民"（Strait Chinese British）。显而易见，这个词只指称了华人的出生地，而无法概括其文化特质。峇峇娘惹人和马来原住民并不完全认可这个称呼。比起"海峡华人"，"土生华人"（Peranakan）这一名称在民间更为流行。19 世纪中叶，"土生华人"一词已颇为流行。根据 1856 年出版的字典，马来人称混血的华人后裔为 Peranakan Cina。② 立足于经济领域的峇峇娘惹人将自己定位于一个新的名称，即"土生华人"，以有别于后来大量南来的"新客"。随着第二次世界大战后殖民体系的崩溃，如今海峡殖民地已不复存在，"海峡华人"一词用在土生华人身上自然就不合适了。20 世纪 60 年代后，随着马来西亚、新加坡等国的独立，各地的峇峇公会将原本建立的"海峡英国华人协会"（Strait Chinese British Association）改称为"土生华人公会"（Persatuan Peranakan Cina），一直沿用至今。③

从这个比较典型的文化飞地案例中，我们看到了至少三种以上（包括华南移民、马来原住民、英国殖民者，以及后来的印度移民等）不同的文化和社会能量的冲撞、整合和交融。尽管从经济和军事上说，英国的力量更为强大，但它并没有办法阻止在属于它的殖民地内部形成犬牙交错的文化飞地，只要求其在政治归属上认同大英帝国，在文化认同上只能听之任之。结果，在这些文化飞地中就出现了族群、语言和文化杂交的复杂现象，形成一个布尔迪厄称之为场域（field）的空间，其中包括空间中的知识、秩序和权力关系，每一个场域都有一套惯习（habitus），亦即空间的实践。④ 正是通过这种空间的实践，生活

---

① 1826 年，英国政府为强化对马来半岛的槟榔屿（即今日的槟城）、新加坡和马六甲的殖民统治，将这三个殖民地合并为"海峡殖民地"（Strait Settlement），以槟榔屿为首府（后又移至新加坡）。

② Tan Chee-Beng, *Chinese Peranakan Heritage in Malaysia and Singapore*, Kuala Lumpur： Fajar Bhakti, 1993, p. 21.

③ 1900 年 8 月 17 日，新加坡首先成立第一个峇峇公会，称"海峡英国华人协会"（Straits Chinese British Association, SCBA）。同年，马六甲也成立该公会，而槟城则到 1920 年才成立。

④ 皮埃尔·布尔迪厄：《文化资本与社会炼金术——布尔迪厄访谈录》，包亚明译，上海人民出版社 1997 年版，第 139—161 页。

在文化飞地中的各族群对帝国的殖民空间实行了解域化（deterritorization）和再域化（reterritorization），进而将自己的身份在文化上作了重新定位。

三

在人类学和移民研究领域，最早采用空间概念的理论家是阿帕杜莱。他认为在全球化的脉络下，移民的流动构成了族群地形（ethnoscape），这个地形是由移民的解域化和再域化的经验形成的。阿帕杜莱的贡献在于把空间视为一个社会过程，其间存在着很多文化政治的关系与互动；而移民是通过流动和实践来创造新的跨地域的社会空间（translocality）的。① 基于整体考察，我们可以将文化飞地视为一个集经济、文化、习俗和信仰于一体的特殊社会空间。在后现代状况下，对于居住在周边大城市的居民来说，文化飞地成了饮食、购物和旅游的天堂，如在"小意大利"品尝意大利面，在唐人街观赏舞龙舞狮表演，购买"正宗的"中国工艺品等。而对于移民人群来说，文化飞地这个特殊的夹缝空间使他们将"面对面的社会"扩展成了"想象的共同体"。② 通过一年一度或一年数度的象征仪式、狂欢表演和诗性文学的创作，他们重新确认了自己的文化定位，恢复了集体记忆和族群认同。对于生活在不同文化飞地上的不同族群来说，狂欢化是一种想象历史、重塑历史并赋予历史以新的意义和价值的一种方式。狂欢节（以及狂欢精神的其他许多方面）为他们提供了一种将大众变成人民，探索为自由而斗争、肯定自己的道路的意义的工具。狂欢节既唤醒了来自世界不同地区的同一族群的民族记忆和族裔身份意识，也促进了一种新的、混杂的本土身份意识的形成。通过这种仪式性的表演和即兴创作，表演者和参与者激活了被遗忘的集体记忆，共享了因移居和迁徙而疏远的社团情感，重建或凝聚了因居住在异域他乡的生存压力而被疏离

---

① Arjun Appadurai, "Sovereignty without Terreitoriality: Notes for a Postnational Geography", in Setha M. Low et al., *The Anthropology and Place: Locating Culture*, London: Blackwell, 2003, pp. 337-350.

② 本尼迪克特·安德森：《想象的共同体：民族主义的起源与散布》，吴叡人译，上海人民出版社 2003 年版。

了的社会关系。

　　同时需要指出的是,文化飞地中被激活的集体记忆并不完全等同于其文化原生地的传统,它不可避免地在流散过程中丢失了一些东西,掺杂了外来文化元素,因而是某种文化传统在新的空间中的重组,也是对帝国殖民地的解域化和再域化。在这些集空间的实践、空间的表征和表征的空间三位一体的活动中,我们看到,宏观空间结构中的族群流散具体转化为微观结构中的文化整合和重组,来自本族的集体记忆外化为表征空间中的仪式和象征。正是通过这种复杂的转换,文化飞地上的人们重新建立起自己的身份认同,建立起一个介于帝国与殖民地、本土与异域之间的"第三空间"(the third space)。

　　"第三空间"这个概念是霍米·巴巴提出的。所谓"第三空间",指的是在文化交流过程中出现的一个非此非彼、亦此亦彼、既虚又实的空间。按照这位印度裔后殖民批评家的观点,某个文化的特征或身份并非预先存在于该文化中,而是在该文化与他文化交往的过程中形成的一个看不见摸不着但又确实存在的虚拟空间。这个空间既不完全属于该文化,又不完全属于他文化,而是存在于两者接触交往的某个节点中。其对文化的认同和身份的建构正是发生于这个节点,这个非此即彼、亦此亦彼的"第三空间"中。"第三空间"本身是非再现性的,但它为"发声"提供了话语条件,正是这个话语条件保证了文化意义和象征不会固定化和僵死化,它们可以随着话语条件的变化而改变自己的存在形态,甚至同样的符号也可以被挪用、转译,重新历史化而读出新的意义。显然这是一种非本质主义的思考方式。霍米·巴巴特别指出,"只有当我们认识到所有的文化陈述和系统都是在这种自相矛盾的发声的空间中建构起来的,我们才能认识到为什么那些等级化的宣称文化的原质性或纯洁性的观点是站不住脚的"①。换言之,文化始终是杂交的。不存在一个先在的、原始的主体身份,文化身份存在于各种不同类型的文化交往"之间"(in between),而这个过程又是永远持续进行、无法完结的。文化身份认同即是寻找差异的过程。个人的或集体的身份认同或主体意识正是在此过程中才建立或建构起来的。

　　从这个角度来看,文化飞地作为表征的空间,不是一个静态的反映社会关

---

① Homi Bhabha,"Cultural Diversity and Cultural Difference",in Bill Ashcroft et al. ,*The Post Colonial Studies Reader*,London & New York:Routledge,2001,p. 208.

系的隐喻或象征,而是一个动态的用以建构和生产新的社会关系和文化习俗的场所。从空间诗学角度看,它发挥了既能解域化又能再域化的功能。随着全球化的持续展开,民族与民族、族群与族群相互卷入与依赖的程度不断加深,当代资本主义空间的生产出现了值得注意的新动向:一方面,发展中国家以发达国家为目的地的移民潮方兴未艾,正在不断扩展和改变着已有文化飞地的疆界;另一方面,新兴工业国家为了吸引外资、发展本国经济,纷纷建立免税区、高科技工业区和软件园等,让发达工业国家的跨国公司通过独资、合资、转包等方式进入沿海城市,雇用本地员工为其工作。全球空间中这种人流、物流和信息流的远距离互动,在相当程度上改变了移入地的文化生态环境,形成新的文化飞地。① 在这些文化飞地上,全球力量与本土习俗互相作用,产生了一种建立在商讨与妥协基础上的新的工作文化(working culture)。② 作为一个具有历史性、当下性和前瞻性的现象,文化飞地已经引起经济学家和社会学家的充分关注,因而它理应成为文化批评家深入研究的课题。

[原载《杭州师范大学学报》(社会科学版)2012 年第 6 期]

----

① 据中国新闻网和国际在线论坛等多个媒体报道,21 世纪初以来,以洪桥为中心,半径约 10 公里的地带,已经聚集起占广州总人口的 2%、人数超过 20 万的黑人。该地带被出租车司机称为"巧克力城"。

② 近来,一些印度学者在论述印度 IT 产业的论文中指出:"由于专注于转包和离岸软件以及由信息产业驱动的服务业,印度的 IT 产业大部分已经发展成为一个飞地,它与全球经济的联系更为密切,而与本土、本地区和本国的经济却缺少实质性的联系。""这些飞地不但发展出不同于其所在社区的特有的经济个性,而且也通过内在于其工作实践中的全球影响而发展出自己的文化身份。"参见 Gurpreet Singh Suri and Pamela Abbott, "Cultural Enclaves: The Interplay Between Indian Cultural Values and Western Ways of Working in an Indian IT Organisation", http://www.globdev.org/files/proceedings2009/6_FINAL_Singh_Cultural_Enclaves_2009.pdf. 2012-06-20.

身体何以能够写作？[*]

苏宏斌

身体为什么能够写作？这看起来是个过时的话题，因为有关身体写作的讨论几年前就偃旗息鼓了。在这个"一切坚固的东西都烟消云散了"（马克思语）的时代，理论话题的转换可以说是日新月异，任何新颖和热门的话题转眼间就会成为明日黄花。不过本文提出身体写作问题，却并不是为了重拾一个旧话题，而是为了提出一个新问题，因为数年前高举身体写作大旗的作家和批评家，只是把身体作为写作的对象，强调要用"写身体"来取代"写心灵"或"写精神"；我们提出身体写作，则是把身体视为创作活动的主体，强调作家是用身体写作，而不是用心灵或者精神写作。把身体作为写作的对象，充其量只是拓展了文学创作的题材领域，因此只是一个批评问题；把身体作为写作的主体，则彻底颠覆了传统的文学观念，因此是一个基础性的理论问题。

一

作家是用身体写作的，这本是一个显而易见的事实，然而长期以来人们对这个事实却视而不见，始终把文学创作视为心灵之事业。弗里德里希·施莱

　＊　本文受到国家教委人文社会科学跨世纪优秀人才培养计划基金资助，为"审美直观与艺术真理问题研究"的中期成果。

格尔把艺术家称作人类"至高无上的精神器官"①，圣·佩韦则宣称，"任何一部伟大作品，只能由一个灵魂、一个独特的精神状态产生——这是一般的规律"②。至于身体的作用，则一向被贬低甚至无视，人们认为身体只是创作的工具，必须服从心灵的指挥。表面看来是手在书写，实际上却是心灵在劳作。正是由于这个原因，在古今中外的文学理论中，身体始终处于缺位状态，变成了一个看不见的幽灵。

人们之所以如此轻视身体而高扬心灵，根本上缘于身体和心灵二元对立的传统看法。无论是在中国还是在西方，这种二元对立都是根深蒂固的。中国的宋明理学明确主张"存天理，灭人欲"，认为肉体的欲望必然导致人的堕落，必须加以抑制甚至扼杀，才能保障灵性和天理。西方的身心二元论则从古希腊时代就确立起来了。柏拉图认为，人的产生是灵魂和肉体相结合的结果，是灵魂赋予了肉体以生命，离开了灵魂，肉体只是一团僵死的物质。他甚至认为，灵魂是由于堕落才与肉体结合的，按其本性，它应该存在于天国或者彼岸世界。肉体的作用就是限制和约束灵魂，灵魂应该努力挣脱这个牢笼而重返天国。这种二元论的观点构成了此后西方思想的传统。古罗马的普罗提诺认为，心灵本来是美的，只是由于和肉体的结合才变得丑陋："我们说心灵的丑是由于这种掺杂，这种混淆，这种对肉体和物质的倾向，我们是持之有故的。同理，只有在清除了由于和肉体结合得太紧而从肉体带来的种种欲望，洗净了因物质化而得来的杂质，还纯抱素之后，它才能抛弃一切从异己的自然得来的丑。"③奥古斯丁也认为，肉体应该服从灵魂的指引："你为何脱离了正路而跟随你的肉体？你应改变方向，使肉体跟随你。"④这种身心二元论在近代的笛卡儿那里进一步得到了强化。他把身体和心灵看作两种截然对立的实体："除了我是一个在思维的东西之外，我又看不出有什么别的东西必然属于我的本性或

① 弗里德里希·希勒格尔：《断片》，伍蠡甫主编：《西方文论选》（下卷），上海译文出版社1979年版，第320页。

② 圣·佩韦：《泰纳的〈英国〉文学史》，伍蠡甫主编：《西方文论选》（下卷），上海译文出版社，第204页。

③ 普罗丁：《九章集》，马奇主编：《西方美学史资料选编》（上卷），上海人民出版社1987年版，第180—181页。

④ 奥古斯丁：《忏悔录》，周士良译，商务印书馆1991年版，第62页。

属于我的本质,所以我确实有把握断言我的本质就在于我是一个在思维的东西,或者就在于我是一个实体,这个实体的全部本质或本性就是思维。而且,虽然也许我有一个肉体,我和它非常紧密地结合在一起,不过,因为一方面我对我自己有一个清楚、分明的观念,即我只是一个在思维的东西而没有广延,而另一方面,我对于肉体有一个分明的观念,即它只是一个有广延的东西而不能思维,所以肯定的是:这个我,也就是说我的灵魂,也就是说我之所以为我的那个东西,是完全、真正跟我的肉体有分别的,灵魂可以没有肉体而存在。"①从这段话来看,笛卡儿认为虽然灵魂和肉体紧密地结合在一起,但它们是截然相反的:灵魂是无广延的思维和精神,肉体则是广延性的物质。这样一来,只有灵魂才具有能动性和主体性,身体则只是对象和客体。

归结起来,身心二元论把身体看作物质性的存在,认为肉体的欲望会导致人的堕落,因此必须对其加以压抑和限制,使其服从灵魂和理性的指引。正是这种观点,导致人们在文学研究中贬低身体的作用,大唱灵魂的赞歌。不过,这种二元论的观点本身存在着许多难以克服的缺陷。从哲学上来说,把身体和心灵截然对立起来,必然使其无法统一。笛卡儿为了解决这个问题,提出了所谓"松果腺"的理论,认为人的大脑中存在一个腺体,可以在身体和心灵之间充当中介和桥梁。这个说法一经提出就传为笑谈,现代科学的发展也早已揭示了其荒谬之处。身体和心灵无法统一,必然使笛卡儿的认识论陷于破产,因为心灵是通过肉体认识世界的,如果心灵和肉体之间没有中介,那么心灵就无法认识世界。这一问题一直困扰着现代哲学,就连20世纪的胡塞尔也仍在追问:"认识如何能够确定它与被认识的客体相一致,它如何能够超越自身去准确地切中它的客体?"②并且感叹哲学长期无法解决这一问题,乃是一种耻辱。从社会学和伦理学的角度来看,片面地高扬灵魂而贬低肉体,必然导致对人性的束缚和限制,剥夺了人的自由,从而加深了人的异化状态。随着现代社会的发展,这些问题暴露得越来越充分和彻底,因此身心二元论也受到了人们的强烈质疑。从文学的角度来看,这种观点也对文学创作产生了许多不利的影响。由于身体被看作低级、丑恶的存在,因此对身体的描写和表现在很大程度上变

---

① 笛卡儿:《第一哲学沉思集》,庞景仁译,商务印书馆1996年版,第82页。

② 胡塞尔:《现象学的观念》,倪梁康译,上海译文出版社1986年版,第22页。

成了文学的禁区，稍加涉猎，就会被指责为庸俗、猎奇和低级趣味，甚至与色情文学挂起钩来。显然，这种观点限制了作家的创作自由，使得文学创作的题材变得狭隘和贫乏。更重要的是，这还限制了作家的思想视野，使他们对人性的看法囿于社会的成见或者偏见，从而影响了作品的思想深度。

从这个角度来看，"身体写作"的主张自有其合理和可取之处。事实上，西方现代的身体写作理论本身就是女性主义思潮的产物，带有反抗男权文化、追求妇女解放的目的。西方身体写作的代表人物埃莱娜·西苏明确指出，"妇女必须通过她们的身体来写作"①，因为"通过写她自己，妇女将返回到自己的身体，这身体曾经被从她身上收缴去，而且更糟的是这身体曾经被变成供陈列的神秘怪异的病态或死亡的陌生形象，这身体常常成了她的讨厌的同伴，成了她被压制的原因和场所"②。为什么身体写作会与妇女解放联系在一起？因为在西方女性主义者看来，对身体的贬低和压抑是与男权文化联系在一起的。自古以来，男性就被认为是富有理性和理智的存在物，妇女则更多地与感性、情感联系在一起，这与灵魂和肉体的二元对立显然是相互对应的，因此灵魂对身体的统治和男性对女性的支配是一脉相承的。就此而言，身体写作就不仅仅是把身体纳入文学创作的领域，拓展了文学创作的对象和题材，同时也改变和消除了作家对于身体的偏见，推进了文学创作的发展。正是因此，我们不能同意某些学者对于身体写作的批评，在他们看来，身体写作只不过是一种当代形式的色情文学或"淫妇文学"而已。③ 当然，我们不否认某些主张身体写作的作家，尤其是我国当代某些"美女作家"的作品带有某些色情倾向，她们实际上只是把身体作为性和欲望的代名词，通过对性行为的露骨描写来吸引读者的眼球而已。然而纵观西方以及我国当代的身体写作景观，其主流仍然是为身体、为女性正名，将身体写作与色情文学画上等号，显然是一种极为片面的做法。

不过，身体写作尽管在一定程度上触及了人们对于身体的偏见，但这种挑战却是极不彻底的。从某种意义上来说，这种主张只是动摇了古希腊以及中

---

① 埃莱娜·西苏：《美杜莎的笑声》，张京媛主编：《当代女性主义文学批评》，北京大学出版社 1992 年版，第 201 页。

② 埃莱娜·西苏：《美杜莎的笑声》，张京媛主编：《当代女性主义文学批评》，北京大学出版社 1992 年版，第 193 页。

③ 黄应全：《解构"身体写作"的女权主义颠覆神话》，《求实学刊》2004 年第 4 期。

世纪的身心二元论,不再把身体看作丑陋和邪恶的代名词,但却没有触及笛卡儿以来的身心二元论,因为它仍然把身体作为写作的对象,而没有将其视为创作的主体。尽管西苏等人强调要通过身体来写作,但其含义却是主张作家要重视并描绘自己的身体经验,而不是说作家要用自己的身体来写作。在她看来,身体写作就是要描绘身体,对于女性作家来说,就是要写出"一个寻觅的世界,一个对某种知识苦心探索的世界。它以对身体功能的系统体验为基础,以对她自己的色情质热烈而精确的质问为基础"①。当然,这种写作在一定程度上是对男权文化和传统观念的颠覆,其看待身体的态度是严肃而深刻的,然而深入一步来看,被严肃看待的身体也仍然只是被审视的对象,而不是具有积极性和主动性的身体。即便作家把身体及其欲望描绘得活灵活现,这身体也仍然是僵死的物质,因为它只是书写的对象,创作的主体依旧是灵魂。无怪乎"美女作家"的代表棉棉竟然宣称:"作家在神的手上。作家是灵魂的传达者。"②在这里,身体写作的立场与传统观念竟然出奇的一致,致力于反抗男权文化的女性作家,恰恰成了自己压迫者的同谋,这实在是一种奇妙而残酷的讽刺!

二

从上面的分析可以看出,要想真正确立起身体写作的理念,就必须从根本上解构或者消解笛卡儿的身心二元论,把身体而不是心灵视为写作的主体。或许有人会说,用身体取代心灵,岂不是与数年前引起轩然大波的"下半身写作"同流合污了? 然而稍加细究就不难发现,所谓下半身写作的主张尽管貌似激进,实际上其对身体的看法仍然是十分传统的。试看下半身写作的这段宣言:"所谓下半身写作,指的是一种诗歌写作的贴肉状态,就是你写的诗与你的肉体之间到底是一种什么样的关系,紧贴着的还是隔膜的。紧贴肉体,呈现的

---

① 埃莱娜·西苏:《美杜莎的笑声》,张京媛主编:《当代女性主义文学批评》,北京大学出版社 1992 年版,第 189 页。
② 棉棉:《一场"美女作家"的闹剧》,《文学自由谈》2001 年第 5 期。

将是一种带有原始、野蛮的体质力量的生命状态；而隔膜则往往会带来虚妄。"①从这段话来看，下半身写作只是改变了写作对象——从描写心灵（上半身）转向了描写身体（下半身），然而写作的主体却并未改变，仍然是心灵或者精神，这与女性主义的写作理论显然并无二致。

从这里可以发现一个值得深思的问题：这些激进的创作主张何以只是变革写作的对象，而不是变革创作的主体呢？这是由于论者仍旧秉持着笛卡儿的身体观：身体是一种纯粹的物质，因此无法成为创作的主体，只能成为创作的对象。这种情况看似怪异，实则不难理解，因为这种身体观在今天已经成了一种常识，其真理性似乎不容置疑，无论多么激进的作家和批评家都将其视为当然的前提。然而如果我们撇开这种成见，直面具体的创作经验，就不难发现一个显而易见的事实：作家是用身体，而不是用心灵来写作的。梅洛-庞蒂曾经说过，"事实上，人们也不明白一个心灵何以能够绘画。正是通过把他的身体借给世界，画家才把世界转变成了画"②，这段话显然也适用于写作。人们之所以不愿承认作家是用身体在写作，是因为他们把身体当作客体而不是主体。然而如果我们不是囿于笛卡儿式的成见，就不难发现身体并不是纯然的客体，它同样可以成为行为的主体：当我们观察自己身体的时候，身体就是客体，但当我们观察其他事物的时候，身体就变成了主体。人们通常认为，即使在观察他物的时候，主体也不是身体而是心灵，身体只是心灵的工具，其作用是被动地接受外界的刺激，并把这种刺激传递给心灵。造成这种看法的原因，在于人们把身体和器官混为一谈了，认为身体是由各种感觉器官组合起来的，因此在具体的感知活动中，只有相关的器官参与进来，身体的其他部分则置身事外。按照这种看法，身体自然就变成了心灵的工具，因为被分离和孤立出来的感觉器官只是一种纯粹的有机组织，不具有任何主动性，只能充当接受和传递信息的工具。这种看法发展到极端，就必然把身体看作一架机器。用法国 18 世纪的启蒙哲学家拉·梅特里的话来说，"人体是一架会自己发动自己的机器：一架永动机的活生生的模型"③。然而事实上，这种看法完全颠倒了身体和器官

---

① 沈浩波：《下半身写作及反对上半身》，《诗刊》2002 年 8 月上半月刊。

② 梅洛-庞蒂：《眼与心》，杨大春译，商务印书馆 2007 年版，第 35 页。

③ 拉·梅特里：《人是机器》，顾寿观译，商务印书馆 1996 年版，第 20 页。

的关系,因为身体本身是一个整体,它并不是由各种感觉器官组合起来的,相反,感觉器官是由于身体的需要才产生和发展起来的。梅洛-庞蒂曾经指出:"我的身体不是并列器官的综合,而是一个协同作用的系统。"①由于身体是一个整体,因此任何感知活动都不只是个别感觉器官的行为,而是需要整个身体的参与。以视觉活动为例,除了眼睛的作用之外,身体其他部分的参与也是不可或缺的:为了看见事物,我们必须走到一个距离适当的地方;为了全面地观察事物,我们需要围着事物转动,有时还需要用手抓住事物,以便更近地观看,或者将其翻转过来,以便观察那些其他的侧面。正是因此,胡塞尔强调感知活动具有"侧显"的特征。他认为,事物在感知活动中从来不是一次性完整地呈现给我们的,而是依次显现出不同的侧面,从而构成了一个连续的侧显复合体。②据此我们认为,感知活动不仅仅依赖感觉器官,而是需要整个身体的参与。

那么,作为整体的身体是否仍然只是感知活动的工具呢?回答是否定的,因为当身体进行感知的时候,它并不只是被动地接受和传递信息,而是具有了一种意向性的功能。在传统思想中,意向性被看作心灵和意识活动的特征,意思是意识总是关于某物的意识,或者说意识总是指向某种外在的事物。现代的布伦坦诺和胡塞尔也是在这个意义上来使用该词的。然而事实上意向性并不仅仅是意识活动的特征,海德格尔就认为,人类此在的生存活动也是意向性的,而且这种生存论上的意向性构成了意识活动意向性的基础。用他的话说,"意向性是奠基于此在的超越性之中的,而且只有在超越性中才是可能的,而不是相反"③。所谓此在的超越性,实际上就是此在生存的意向性,因为在海德格尔看来,超越的含义就是"越出自身",此在之所以是超越性的,是因为此在的生存方式就是"在世界之中存在",也就是处于其他事物之中,并与其他事物打交道。这就说明,此在的生存是向其他事物敞开的,正是通过这种敞开状态,存在的意义才向此在显现出来,在此基础上,事物才变成了意向活动的对

---

① 梅洛-庞蒂:《知觉现象学》,姜志辉译,商务印书馆 2001 年版,第 299 页。

② 胡塞尔:《纯粹现象学通论》,李幼蒸译,商务印书馆 1996 年版,第 115 页。

③ Martin Heidegger, *The Basic Problems of Phenomenology*, trans. Albert Hofstadter, Indiana: University of Indiana Press, 1973, p. 157.

象。因此，意识的意向性是以此在的超越性为基础的，超越性就是生存论、存在论意义上的意向性。而从我们的角度来看，此在的意向性实际上就是身体的意向性，因为此在与意识的区别就在于它是有身体的。当然，海德格尔所说的此在指的是人的生存方式，而不是作为实体的人，但人的生存方式与意识活动的差别，就在于人的生存是身体性的。海德格尔尽管没有挑明，但从他一再强调此在和主体的差别，并且把生存活动刻画为通过使用器具来组建一个世界，还是可以清楚地看出这一点的。

正是身体的意向性和超越性使其具有了一定的主体性，成了梅洛-庞蒂所说的"身体主体"。当然，身体的主体性不同于心灵的主体性：心灵主体是一种纯粹的精神实体，身体主体则既不是精神也不是物质，而是介于两者之间的第三种存在。用梅洛-庞蒂的话来说，"它是一种新的存在类型"[①]，"在任何哲学中都没有名称"[②]。其所以如此，就是因为身体本身具有一种暧昧性或两重性。我们在前面曾经指出，身体既可以成为客体，也可以成为主体：它既是看者又是可见者，既是触摸者又是可触者，或者说它就是这两者的交织。从这种新的身体观来看，笛卡儿的身心二元论就站不住脚了，因为人并不是由身体和心灵这两种实体组合、嫁接起来的，作为一个统一的整体，人就是自己的身体。当然，这样的身体也不再只是一种广延性的物质，而是成了某种灵化的物。反过来，心灵或者灵魂也不再是一种独立的实体，而是还原成了身体的某种灵性。梅洛-庞蒂把这种现象称作"身体的灵化"："身体的灵化并不是由于它的诸部分一个挨一个地配接，另外，也不是由于有一个来自别处的精神降临到了自动木偶身上：这仍然假定身体本身没有内在，没有'自我'。当一种交织在看与可见之间、在触摸和被触摸之间、在一只眼睛和另一只眼睛之间、在手与手之间形成时，当感觉者—可感者的火花擦亮时，当这一不会停止燃烧的火着起来，直至身体的如此偶然瓦解了任何偶然都不足以瓦解的东西时，人的身体就出现在那里了……"[③]

身体主体与心灵主体之间的差异，导致它们与事物发生关系的方式也截

① 梅洛-庞蒂：《可见的与不可见的》，罗国祥译，商务印书馆 2008 年版，第 184 页。
② 梅洛-庞蒂：《可见的与不可见的》，罗国祥译，商务印书馆 2008 年版，第 182 页。
③ 梅洛-庞蒂：《眼与心》，杨大春译，商务印书馆 2007 年版，第 38 页。

然不同:心灵主体与事物之间处于相互对立的关系之中,因此面临着如何切中或符合对象的问题;身体主体则不与事物形成对象性的关系,而是通过与事物的相互作用和交流来把握对象。从某种意义上来说,身体主体也是一个自我,但这却是一个特殊的自我:"这是一种自我,但不是像思维那样的透明般的自我(对于无论什么东西,思维只是通过同化它,构造它,把它转变成思维,才能够思考它),而是从看者到它之所看,从触者到它之触,从感觉者到被感觉者的相混、自恋、内在意义上的自我——因此是一个被容纳到万物之中的,有一个正面和一个背面、一个过去和一个将来的自我……"①这就是说,身体在感知事物的时候,不是同化对象,而是与对象相混、相交融。具体地说,身体不是站在事物之外被动地接受事物的刺激,获得事物的表象,而是侵入事物内部,让事物从内部变得可感可知。当然,这是一种相互的侵越:当我们侵入事物内部的时候,事物同样侵入了我们自身。之所以会出现这种差异,是因为心灵与事物之间具有异质性,因此只能从外部来观察和把握对象。相反,身体与世界则是同质的,因为它们是由相同的材料所构成的,因此就能够相互侵越和交融:"我的身体是可见的和可动的,它属于众事物之列,它是它们中的一个,它被纳入到世界的质地(tissu)之中,它的内聚力是一个事物的内聚力。但是,既然它在看,它在自己运动,它就让事物环绕在它的周围,它们成了它本身的一个附件或者一种延伸,它们镶嵌在它的肉中,它们构成为它的完满规定的一部分,而世界是由相同于身体的材料构成的。"②

三

正是这种身体与世界的相互交流,构成了文学创作的基础。文学创作的起点是作家自身的生活体验,这正如狄尔泰所指出的,"体验为宗教、艺术、人类学和形而上学提供了基础","宗教思想家、艺术家和哲学家都是在体验的基

① 梅洛-庞蒂:《眼与心》,杨大春译,商务印书馆2007年版,第37页。
② 梅洛-庞蒂:《眼与心》,杨大春译,商务印书馆2007年版,第37页。

础上进行创作的"。① 那么，作家又是如何体验生命的呢？显然是通过身体来进行的，因为生命主体不同于认识主体："在由洛克、休谟和康德建构起来的认识主体的血管中没有现实的血液流淌，有的只是作为思想活动的稀释了的理性汁液。"②

或许有人会说，任何人的生命活动都建立在身体经验的基础上，何以只有作家的生命体验能够成为创作的财富呢？这是因为，普通人的生命活动主要是由功利性的生存活动所构成的，在这种活动中，身体已经在一定程度上蜕变成了物质，成了认识以及实践活动的工具，从而丧失了主体性的功能。以感知活动为例，普通人的感知实际上已经变成了认知性的活动。什克洛夫斯基就曾指出："多次被感觉的事物是从识别开始被感觉的：一个事物处在我们面前，我们知道它，但是我们不再去看它。"③作家则不同，他们始终保持着感知的身体性，因此能够与世界建立起本源性的交流关系。在这种关系中，艺术家不是站在世界之外去客观地观察和认识生活，而是把事物也看作有生命的存在，与其建立起一种平等的交流关系："我通过我的身体进入到那些事物中间去，它们也像肉体化的主体一样与我共同存在。"④梅洛-庞蒂曾经通过对绘画艺术的分析深入地揭示了这种关系。他认为，画家在进行艺术创作的时候，他并没有把自己与要表现的对象区别或对立起来，也没有人为地设置灵魂与身体、思想与感觉之间的对立，而是重新回到了这些概念所以产生的那种初始经验。在这种原初的经验中，画家不是面对着对象，而是置身于对象之中，为对象所包围。在这种时刻，画家会感到不仅自己在注视和观察着对象，而且对象也在观察着自己。法国画家安德烈·马尔尚曾经这样描绘自己的创作体验："在一片森林中，我有好多次都觉得不是我在注视着森林。有些天，我觉得是那些树木在注视着我，在对我说话。"⑤显然，这种现象不仅存在于绘画艺术中，作家和诗

① 转引自李超杰：《理解生命——狄尔泰哲学引论》，中央编译出版社 1994 年版，第 113 页。

② 转引自李超杰：《理解生命——狄尔泰哲学引论》，中央编译出版社 1994 年版，第 71 页。

③ 什克洛夫斯基：《艺术作为手法》，托多罗夫编选：《俄苏形式主义文论选》，蔡鸿宾译，中国社会科学出版社 1989 年版，第 65 页。

④ 梅洛-庞蒂：《作为表达和说话的身体》，《眼与心——梅洛-庞蒂现象学美学文集》，刘韵涵译，中国社会科学出版社 1992 年版，第 22 页。

⑤ 转引自梅洛-庞蒂：《眼与心》，杨大春译，商务印书馆 2007 年版，第 46 页。

人也常常产生这种体验。李白诗云："只有敬亭山,相看两不厌。"辛弃疾词云："我见青山多妩媚,料青山见我应如是。"以往人们总是把这些诗句归结为拟人手法,殊不知这种手法的基础正是诗人的真实经验。

作为一种身体经验,作家的感知活动与普通人有着截然不同的内在机制。普通人的感知之所以会蜕变成一种认知行为,是因为这种感知是通过孤立的感觉器官来进行的,比如视觉依赖于眼睛、听觉依赖于耳朵,如此等等。身体一旦被分解为器官,就立刻丧失了主体性,变成了感知活动的工具和手段,其作用只是接受刺激和传递信息;感知活动的主体则是心灵,只有心灵才能把这些信息整合为统一的表象。因此,康德把感性看作一种基本的认识能力。作家则不同,他从不把自己的身体分解开来,而是始终将其作为一个整体,因而始终保持了身体的主体性。身体主体在感知世界的时候,其感觉器官之间并无明确的界限,相反,它们总是协同运作的。正是由于这个原因,作家的感觉天然就具有通感的特征。人们一般把通感看作一种修辞手法,认为这是作家借助于想象打通了不同感觉之间的界限。殊不知作家之所以能够产生这种想象,是因为他们的感觉本来就是互通的。杜甫《船下夔州郭宿,雨湿不得上岸,别王十二判官》一诗云"晨钟云外湿",含义复杂而微妙,叶燮对此有段著名的分析:"声无形,安能湿?钟声入耳而有闻,闻止耳,止能辨其声,安能辨其湿?曰'云外',是又以目始见云,不见钟,故云'云外',然此诗为雨湿而作,有云然后有雨,钟为雨湿,则钟在云内,不应云'外'也。斯语也,吾不知其伟耳闻邪?为目见邪?为意揣邪?俗儒于此,必曰'晨钟云外度',又必曰'晨钟云外发',决无下'湿'字者,不知其于隔云见钟,声中闻湿,妙悟天开,从至理实事中领悟,乃得此境界也。"①在这段话中,叶燮罗列了常人对这句诗所产生的各种疑问,不难看出,这些疑问的产生都是由于常人把感觉看作孤立的器官活动,认为钟声须诉诸耳朵,湿度须诉诸触觉,云彩则诉诸视觉,三者各行其是,泾渭分明,诗人却将这三者混为一谈,自然就令人感到困惑。殊不知诗人所描绘的是一种身体经验,在这种经验中,各种感觉器官协同运作,浑然天成,因而三种感觉自然就交织在了一起。常人之所以惊诧莫名,是因为他们已经疏远和遗忘了感知活动的身体维度。

---

① 叶燮:《原诗》,郭绍虞主编:《中国历代文论选》,上海古籍出版社 1979 年版,第 335 页。

正因为作家的感知活动是一种身体经验，他们才总是能给人以新鲜的感觉。什克洛夫斯基说："为了恢复对生活的感觉，为了感觉到事物，为了使石头成为石头，存在着一种名为艺术的东西。艺术的目的是提供作为视觉而不是作为识别的事物的感觉；艺术的手法是使事物奇特化的手法，是使形式变得模糊、增加感觉的困难和时间的手法，因为艺术中的感觉行为本身就是目的。"[①]艺术为什么能够恢复人们对事物的感觉呢？原因在于艺术家每次感知事物的时候，都不是简单地识别或辨认事物，而是回到了原初的身体经验当中，仿佛第一次看到这个事物一样。事实上，普通人在初次看到某个事物的时候，也是通过整个身体来进行感知的，只不过当他们掌握了相关情况之后，就再也没有兴趣重复这种实体经验，而是满足于简单地将其识别出来而已。久而久之，人们便淡忘了当初那种鲜活的感受。因此，当作家把这种感受重新呈现出来的时候，自然就让读者产生了一种新鲜感。由于这种感受打破了人们习以为常的行为模式，因此会让人们产生一种反常化或陌生化的感觉。从这个角度来看，所谓陌生化，既是作家的一种艺术技巧，也是其感知方式的真实体现。

对于感知经验的身体性特征，作家们显然是最有发言权的。普鲁斯特就曾经指出，作家是通过身体来保存记忆的。他把记忆分为两种类型：意愿记忆和非意愿记忆。意愿记忆是一种主观的理智行为，它总是习惯于把事物从环境以及时间流程中分离出来，变成一个孤立的对象，然后通过机械性的重复来加以记忆。对于日常生活或者认识活动来说，这种记忆是十分重要的，因为它能够增加我们的知识储备。但对作家的创作来说，更重要的则是非意愿记忆。这种记忆是一种无意识的身体行为，用普鲁斯特的话来说，这是一种四肢的记忆，"这种记忆……寿命更长，犹如某些无智慧的动物或植物的寿命比人更长一样。双腿和双臂充满了麻木的记忆"[②]。看起来这似乎只是一种低级的本能，但对作家来说却意义非凡，因为这种记忆并不把事物孤立出来，而是将其放在某种环境和氛围之中；不是把事物作为僵死的事实，而是作为作家体验的对象，并且将这一切以鲜活的形式保藏在记忆之中。对于这样的记忆来说，

---

① 什克洛夫斯基：《艺术作为手法》，托多罗夫编选：《俄苏形式主义文论选》，蔡鸿宾译，中国社会科学出版社 1989 年版，第 65 页。

② 普鲁斯特：《追忆似水年华》（第 7 卷），徐和瑾、周国强译，译林出版社 1991 年版，第 9 页。

"一个小时并不只是一个小时,它是一只玉瓶金尊,装满芳香、声音、各种各样的计划和雨雪阴晴"①。正是由于这个原因,艺术家才能把自己的生活经历转化为取之不尽的创作财富。表面看来,他们的生活经历与普通人并无两样,有时甚至十分简单而平凡,但由于其中浸润着作家的丰富体验,因此当这些经历被作家形诸笔端的时候,总是显得那么生动、鲜活,充满了诗情画意。人们常把创作比喻为生活的"炼金术",其根源就在这里。

四

身体经验并不仅仅是为创作活动准备素材和材料,在创作活动开始之后,身体同样承担着主体性的职能。人们通常认为,作家只是用手来充当写作的工具,至于身体的其他部分则与创作无关。然而事实上,身体在创作中的参与是全方位的。尼采曾经生动地描绘过艺术家在创作中的身体状态:"某种官能的极端敏锐,以至于它能够理解并且创造出一种完全不同的符号语言,这种敏锐常常同有些神经病相联;极端的灵活性,从中发展出一种高度的传达能力;谈论一切能给出符号的事物的愿望;似乎要通过符号和表情姿势摆脱自我的需要;用成百种语言方式来谈论自己的能力——一种爆发状态。首先必须把这样一种状态设想为通过各种肌肉劳作和活动而从极度的内在紧张中摆脱出来的驱迫和冲动……设想为整个肌肉组织在从内发挥作用的强烈刺激推动下的一种自动作用。"②这就是说,作家在创作中整个身体都处于强烈的紧张和兴奋状态,而创作本身则产生于作家把自身从这种状态中摆脱出来的愿望和冲动。

不过在传统观念中,这种身体状态只不过是作家内在心灵活动的伴随物,是由于作家在精神上处于紧张和亢奋状态,身体才随之兴奋起来。真正的创作活动是在作家的心灵之中完成的:形象的孕育、情节的构思、语言的表达等

---

① 普鲁斯特:《追忆似水年华》(第 7 卷),徐和瑾、周国强译,译林出版社 1991 年版,第 197 页。
② 尼采:《悲剧的诞生》,周国平译,生活·读书·新知三联书店 1986 年版,第 359 页。

等,这些内在的精神活动是身体所无法参与的。我们认为,这种看似无可置疑的观点实际上是二元论思想的产物。人们之所以把身体排除在创作活动之外,是由于把心灵和身体截然对立起来,认为它们分别归属于精神和物质范畴。对于这种看法,我们在上文已做过分析。这里要指出的是,我们所说的身体乃是物质和精神的统一体,至于心灵,则不再是独立的精神实体,而是身体所具有的某种灵性。因此与传统观点相反,我们认为作家内在的心理活动只是身体活动的伴随物,是统一的身体活动的组成部分。从这个角度来看,创作活动的整个过程,都建立在身体经验的基础上。

文学创作的核心是作家对艺术形象的孕育。有关形象思维的研究和论争在我国曾一度成为人们关注的焦点,在西方也长期成为文学研究的中心。撇开各种观点之间的差异,不难发现这一理论的核心是把文学形象归结为作家心灵中的某种主观表象,认为形象乃是表象被外在化和客观化(通过语言)的结果。既然表象是一种主观的心理影像,其产生自然就和身体没有本质的关联了。深入一步来看,这种观点的背后乃是一种源远流长的认识论学说:从洛克、休谟的经验主义,到康德的批判哲学,无不把认识看作一种表象活动。康德就认为,感性直观的作用就在于把感觉器官所接受的各种感觉材料(感性杂多)加工为统一的感性表象,而后再由知性能力把这种表象与知性概念结合起来,从而形成判断和知识。问题在于,现代哲学和心理学的发展已经彻底推翻了这种观点,因为人们发现,这种与客观事物相对应的主观表象实际上是根本不存在的。胡塞尔的现象学主张,意识行为具有意向性特征,即意识总是"关于某物的意识",也就是说意识总是直接指向某种对象,而不是把对象复制为某种内在的心理表象。他曾经说过,"我知觉着这个物,这个自然客体,花园中的这株树;除此以外别无他物是知觉的'意向的'现实客体。一株第二个内在的树,或者哪怕一株在我面前的这株现实的树的'内在形象',绝未被给与,而如要做此假设只会导致悖谬"①。萨特在系统地考察了影像理论的全部历史之后,断然宣布:"在意识中,没有,也不可能有影像。"②不过,这并不意味着影像

---

① 胡塞尔:《纯粹现象学通论》,李幼蒸译,商务印书馆 1996 年版,第 228—229 页。
② 萨特:《影象论》,李瑜青、凡人主编:《萨特哲学论文集》,潘培庆等译,安徽文艺出版社 1998 版,第 341 页。

或形象本身是不存在的,而是说影像并不是一种主观的表象,它是介于主观和客观之间的一种独立存在物,用柏格森的话说,"它大于唯心论者指称的表象,但是却又小于实在论者指称的物体——它是一种介于'物体'和'表象'之间的存在物"①。那么,影像是如何产生的呢?只能来自于身体与事物之间的相互交流。以视觉影像为例,事物之所以对我们变得可见,是因为我们的身体与其他事物是由相同的材料组成的,因此事物就能够与我们的身体发生一种内在的相互作用和交流,从而在我们的身体之中形成一种内部等价物。用梅洛-庞蒂的话来说,"由于万物和我的身体是由相同的材料做成的,身体的视觉就必定以某种方式在万物中形成,或者事物的公开可见性就必定在身体中产生一种秘密的可见性"②。所谓影像,就是通过身体与事物的交流而产生的某种等价物,这种等价物并不存在于我们的心灵内部,而是拥有自己的独立存在。举例来说,原始人把动物的影像描绘在岩壁上,这影像并不是某种主观表象的外在表现,而是直接在岩壁上被创造出来的。同时,它尽管附着于岩壁,但却与岩壁本身的存在截然不同。

从这个立场出发,文学作品中的形象就不再是作家心灵的产物,而是由身体直接创造出来的。这种观点看似怪异,实际上却得到了作家创作经验的反复印证。许多作家在谈到人物形象孕育过程的时候,都描述过相关的身体经验。狄更斯在创作的过程中,与自己笔下的人物产生密切的关联,以至于当作品完成的时候,他仿佛要与自己的亲人告别一般难分难舍;屠格涅夫甚至为笔下的人物建立了各自的档案,随时记录下他们的一言一行;福楼拜在写到包法利夫人服毒自尽的时候,自己的嘴里也充满了砒霜味;巴尔扎克把自己创造的形象当作现实中的人物,甚至过起了他们的生活。勃兰兑斯对此曾有过精彩的描述:"终于巴尔扎克就过上了他们的生活,正如他在《法西诺·喀恩》(一八三六年)里告诉我们的那样,'感到身上披着他们的那些破破烂烂的衣服,脚上穿着他们的掉了鞋底的鞋子在走路'。他们五花八门的梦想,他们千头万绪的需要,都一一萦回在他的脑际,他做着白日梦到处走。当他的心灵在尽情陶醉

---

① 转引自王理平:《差异与绵延——柏格森哲学及其当代命运》,人民出版社 2007 年版,第 132 页。

② 梅洛-庞蒂:《眼与心》,杨大春译,商务印书馆 2007 年版,第 39 页。

的时候,他放弃了他一切的通常习惯,变成了跟自己不同的另外的人,变成了时代精神。他不仅在创作他的故事,他是在亲身经历他的故事;他虚构的人物是那样活灵活现呈现在他的面前,以致他跟朋友谈起他们来,仿佛他们是确实存在的。"①人们通常把这种现象归结为想象活动的结果,认为作家是在强烈的想象支配之下陷入了某种幻觉。但在我们看来,事实恰恰相反,作家的想象之所以如此强烈,正是因为他与人物建立了身体上的交流关系。在传统思想看来,这种交流只是一种精神活动,是在作家的心灵内部进行的。然而正如前面所指出的,人物形象并不是在作家的心灵中孕育出来的,而是处于主体与客体之间。因此,人物对作家来说是一个他者,是另一个主体,他有着自己的意志和性格。作家要想了解人物,不能通过内省,而必须通过主体间的交流。柯罗连科对作家与人物之间的这种关系有过深刻的分析:"您,作为一个艺术家,想象一个人物、一种性格;他活生生地在您的想象中出现,从此以后,他对您来说,就是一个具体的事实,它是活的,而且有行动。不管他是您从自然界临摹来的,或者是创造性的想象的成果,都没有关系,重要的是他必须像一个有个性的人物般地存在于您的想象中,您能够看到他的面貌,看到他的动作,看到他的行为,您既然对他有了这样的概念,——他已经就是一个具体的事实,他已经独立地存在。他不能照您的命令行动,而是依照自己的性格行动,而且他已经这样行动。"②

或许有人会说,无论人物有着怎样的独立性和主动性,它都是由作家想象和虚构出来的,怎么可能和作家的身体建立一种交流关系呢?这种看法的根源显然还是把身体当作一种物质性的存在,而人物则被视为精神现象,因此认为两者之间不可能发生直接的交流。但在我们看来,无论是作家的身体还是人物,都不是纯然的物质或者精神,相反,两者恰恰是同质的:它们都是物质和精神之外的第三种存在。即便人物是被虚构出来的,他也不是一个虚幻的精神存在,因为作家并不是单凭心灵之力,而是借助于语言媒介才将其创造出来的(对此我们将在下文展开论述)。因此,无论作家交往的对象是现实中的他

---

① 勃兰兑斯:《十九世纪文学主流(第五分册):法国的浪漫派》,李宗杰译,人民文学出版社 1982 年版,第 220 页。

② 柯罗连科:《致彼得洛巴夫洛夫斯基-卡罗宁》,《世界文学》1959 年 8 月号。

人，还是自己笔下的人物，都必须通过身体来进行。他必须先把自己的身体置于人物的地位和情境之中，让身体去主动地体验人物的生活，才能使自己的想象有所依托。从某种意义上来说，作家对人物的创造实际上就是对自身生存方式的拓展，或者说他是在向人物生成。当然，这个过程并不是单向性的，而是一种相互侵越：作家通过身体侵入人物的生活，从而了解了人物的奥秘，在此基础上想象得以展开；由于作家的身体向着人物开放，人物也因此侵入了作家内部，寄居在作家的身体之中，迫使作家去过他的生活。福楼拜说"包法利夫人就是我"，这不是说包法利夫人表达或象征着"我"的欲望和思想，而是说包法利夫人就是另一个"我"，因为是"我"把自身生成为包法利夫人。

五

文学是一种语言的艺术，因此有关身体写作的探讨最终必须落脚于身体与语言的关系。传统理论认为，语言在文学创作中的职能，只是把作家在心灵中孕育和构思出来的人物形象和故事情节传达出来而已，因此只有在创作的传达阶段，才会涉及语言以及身体问题。究其根源，是因为人们把语言看作传达思想和情感的工具或者媒介。用黑格尔的话说，"心灵不用单纯的音调而用文字作为表达工具"①。这种观点似乎也得到了作家创作经验的佐证，比如，陆机就感叹，在创作中"恒患意不称物，文不逮意，盖非知之难，能之难也"②；刘勰也说过，"方其搦翰，气倍辞前；暨乎成篇，半折心始"③；高尔基也曾指出："很少有诗人不埋怨语言的'贫乏'。……而这种埋怨的产生，是因为有些感觉和思想是语言所不能捉摸和表现的。"④在这里，思想、感觉等都被认为是在语言之前产生的，后者的功能只是对其加以表现而已。

然而，这种观点在现代哲学和语言学中已经受到了广泛的批评。越来越

---

① 黑格尔：《美学》（第 3 卷下册），朱光潜译，商务印书馆 1991 年版，第 8 页。
② 陆机：《文赋》，郭绍虞主编：《中国历代文论选》，上海古籍出版社 1979 年版，第 66 页。
③ 刘勰：《文心雕龙·神思》，郭绍虞主编：《中国历代文论选》，上海古籍出版社 1979 年版，第 84 页。
④ 林焕平编：《高尔基论文学》，广西人民出版社 1980 年版，第 188 页。

多的学者认为,思维和语言并不是相互分离的,因为语言并不仅仅是传达思想的工具,思维本身就是通过语言来进行的,离开了语言,思想就无法产生。美国学者福多把这种和思维相关的语言称作思维语言,认为这种语言是思维直接的、名副其实的媒介,任何思想内容都是通过思维语言而得到加工、储存和表征的,思维活动本身就是对思维语言的提取和处理。[①] 有些学者甚至提出了语言决定思维的观点,如萨丕尔(1929)、沃尔夫(1956)等。苏联的许多心理学家也持这种观点,认为人类的劳动和语言乃是思维和意识产生的最主要的推动力。当然,他们强调语言与思维是相辅相成的,语言决定思维的发展,思维的发展对语言又起着反作用,但无论如何,他们都坚决反对那种把思维和语言分割开来的观点。

因此我们认为,语言并不是在形象和情节产生之后才介入的,相反,形象和情节正是通过语言才得以产生。屠格涅夫在孕育人物形象的时候,常常不厌其烦地记录人物可能具有的各种言行举止:"围绕着我当时所感兴趣的主题开始浮现这个主题所应该包含的那些人物。于是我马上把一切记在小纸片上。我仿佛为了写戏似的规定这人物:某某,多大年纪,装束怎样,步态又是怎样。有时我想象起他的某种手势,也马上把这写下来:他用手摸摸头发或者理理胡子。当他还没有成为我的老相知之前,当我还没有看见他,还没有听到他的声音之前,我是不动手来写的。我就是这样地写所有的人物……其余一切,只不过是技巧的事情,那就轻而易举了……"[②]在这里,作家对人物的想象和塑造完全是通过语言活动来进行的。当然,有些作家并不在写作之前记录人物的言行,而是在写作过程中进行直接描绘,但这一过程仍然是通过语言来进行的。不过在许多论者看来,即便人物是通过语言而产生的,但语言本身却是一种精神活动,因而仍旧与身体无关。事实上,这种看法可以说是语言学思想的主流。传统的语言学理论一向把语言视为精神活动的产物,比如德国语言学家洪堡特就认为,语言是"精神不由自主的流射","语言与人类的精神发展深

---

① 参看宋荣、高新民:《思维语言——福多心灵哲学思想的逻辑起点》,《山东师范大学学报》(人文社会科学版)2009 年第 2 期。

② 转引自列特科娃:《关于屠格涅夫》,中国社会科学院外国文学研究所编:《外国理论家作家论形象思维》,中国社会科学出版社 1979 年版,第 104 页。

深地交织在一起,它伴随着人类精神走过每一个发展阶段,每一次局部的前进或倒退,我们从语言中可以识辨出每一种文化状况"。① 按照这种理论,语言尽管包裹着一层物质外壳,其内在本质却是精神性的。索绪尔甚至把这层物质外壳也从语言中剥离出去了。他认为,"语言符号连结的不是事物和名称,而是概念和音响形象。后者不是物质的声音,纯粹物理的东西,而是这声音的心理印迹"②。就创作活动而言,由于作家所使用的是内部语言,其精神性似乎更加无可置疑。福多就认为,思维语言是一种纯粹的心理语言,是"心理表征的无穷集合"。③

然而在我们看来,这种把语言的本质归结为精神活动的做法是大可质疑的。事实上,物质属性对语言来说并不是一种可有可无的外壳,这正如马克思所说的,"'精神'从一开始就很倒霉,注定要受物质的'纠缠',物质在这里表现为震动着的空气层、声音,简言之,即语言"④。在这里,马克思直接把语言说成精神的物质媒介或者载体。不过,这并不意味着语言反过来成了一种纯粹的物质存在。我们认为,语言与身体一样,乃是介于物质和精神之间的存在物,因为语言在根本上是身体的表达活动的产物。梅洛-庞蒂说过:"词语在成为概念符号之前,首先是作用于我的身体的一个事件,词语对我的身体的作用划定了与词语有关的意义区域的界限。"⑤这就是说,词语首先是一个身体事件,并且通过这一事件获得了意义,然后才变成了概念符号。什么是这里所说的身体事件呢? 这就是身体的表达活动。在规范化的语言产生之前,人类就是通过身体的某种手势和姿态来表达自己的情绪和思想的,因此梅洛-庞蒂认为语言的根源蕴含在情绪动作之中:"应该在情绪动作中寻找语言的最初形态,人就是通过情绪动作把符合人的世界投射在给出的世界上。"⑥在这种最初的语言形态中,意义仍然和动作保持着高度的一体性,并没有蜕变为主观的心理

① 威廉·冯·洪堡特:《论人类语言结构的差异及其对人类精神发展的影响》,姚小平译,商务印书馆 1999 年版,第 21 页。
② 索绪尔:《普通语言学教程》,高名凯译,商务印书馆 1996 年版,第 101 页。
③ 参看宋荣、高新民:《思维语言——福多心灵哲学思想的逻辑起点》,《山东师范大学学报》(人文社会科学版)2009 年第 2 期。
④ 《马克思恩格斯全集》(第 3 卷),人民出版社 1960 年版,第 34 页。
⑤ 梅洛-庞蒂:《知觉现象学》,姜志辉译,商务印书馆 2001 年版,第 300 页。
⑥ 梅洛-庞蒂:《知觉现象学》,姜志辉译,商务印书馆 2001 年版,第 245 页。

事实：“我不把愤怒或威胁感知为藏在动作后面的一个心理事实，我在动作中看出愤怒，动作并没有使我想到愤怒，动作就是愤怒本身。”[①]那么，语言的意义是怎样产生的呢？索绪尔曾经宣称：“能指和所指的联系是任意的，或者，因为我们所说的符号是指能指和所指相联结所产生的整体，我们可以更简单地说：语言符号是任意的。”[②]这一断言对于现代思想的影响可谓极其广泛而深远，几乎被人们当成了定论。对于现代的拼音文字来说，这种说法当然是无可非议的，但如果我们追溯语言的身体根源，就会发现意义的表达绝不是任意的，因为身体的姿态乃是情绪的自然流露，并未经过任何设计和选择，因此其表达程式是固定的和自发的。

不过，文学创作所使用的显然是符号化的文字语言，而不可能是原始的身体语言。在这种情况下，强调文学语言的身体性还有什么意义呢？在我们看来，恰恰是在文学活动中，语言的身体性得到了较为完美的保存和彰显。毋庸讳言，人类的语言早就疏远了身体经验，演变成了抽象的文字符号。诸如计算机所使用的程序语言等，更是一种极为抽象的符号体系。不过，文学语言却恰恰扎根在身体经验的土壤上，这一点从古至今都未改变。现代西方文学理论曾经对文学语言的特征进行过广泛的探讨，提出了许多富有影响的理论主张，比如：理查兹主张诗歌语言的根本特征在于表达情感；燕卜荪认为诗歌语言具有复义性或含混性（ambiguity）；等等。我们认为，这些特征与文学语言的身体性都有着密切的关联。文学语言的情感性显然可以追溯到身体语言的情绪表达功能；文学语言的多义性则是由于作家经常会抛弃语词的词典含义，回溯到原初的身体经验当中。肖洛霍夫在名著《静静的顿河》中写到女主人公阿克西妮亚听到恋人死亡的消息时，说她看到了一轮“黑太阳”，这种写法的背后显然不是一种单纯的比喻，而是以真实的体验为基础的，因为女主人公在这一消息的打击之下，实际上已经悲痛欲绝、两眼发黑了。

正是由于文学语言建立在身体经验的基础上，阅读文学作品常能给人以新鲜而陌生的感受。日常语言的含义是整个社会所通用的，作家的身体经验却是独一无二的。通过把语言引回到自己的身体经验，作家就成功地松动了

---

① 梅洛-庞蒂：《知觉现象学》，姜志辉译，商务印书馆2001年版，第240页。
② 索绪尔：《普通语言学教程》，高名凯译，商务印书馆1996年版，第102页。

符号语言那僵化的逻辑体系,从而创造出个人的语言风格。什克洛夫斯基指出:"列夫·托尔斯泰的反常化手法在于,他不用事物的名称来指称事物,而是像描写第一次看到的事物那样加以描述,就像是初次发生的事情。"①托尔斯泰在创作中之所以有意识地抛开事物的常用名称,就是因为这些名称在反复使用之后,已经变成了一些抽象的符号,用这些名称来描绘事物,只能产生一些毫无新意的陈词滥调,无法给读者以美的享受。那么,作家怎样才能像第一次看到事物那样进行描绘呢?只能是回到原初的身体经验之中,因为身体经验乃是语言的诞生地,当作家直接描绘自己身体经验的时候,他实际上就是在创造一种新的语言,自然就能让读者产生新鲜感。无怪乎诗人会感叹:"世界上没有比语言的痛苦更强烈的痛苦。"因为诗人的每次创作都是一次新的创造。梅洛-庞蒂说过,"在巴尔扎克或在塞尚看来,艺术家不满足于作一个文化动物,他在文化刚刚开始的时候就承担着文化,重建着文化,他说话,像世上的人第一次说话;他画画,像世上从来没有人画过"②。这就是说,作家的每次言说,都仿佛一个孩子在咿呀学语,其艰难与滞涩可想而知。不过,正是通过作家的这种努力,人类的语言才得以永久保持生命的血脉,历久常新,永不枯竭!

(原载《学术月刊》2013 年第 6 期)

---

① 什克洛夫斯基:《艺术作为手法》,托多罗夫编选:《俄苏形式主义文论选》,蔡鸿宾译,中国社会科学出版社 1989 年版,第 66 页。

② 梅洛-庞蒂:《塞尚的疑惑》,《眼与心——梅洛-庞蒂现象学美学文集》,刘韵涵译,中国社会科学出版社 1992 年版,第 53 页。

时代铭纹深重的话语风貌

——对 20 世纪 40—70 年代三个文艺批评"样板"的文本细读

黄　擎

　　20 世纪 40—70 年代的文艺批评及其影响下生成的文艺景观虽然已经离我们远去,但自有其社会政治批评的承传与异变轨迹,具有一定的政治合法性与历史合理性,对当代文学的发展和国民文化人格建构的深层影响至今仍有遗痕与回响,简单的否定或肯定都难以认识其复杂的话语风貌和实践功效。20 世纪 40—70 年代文艺批评话语流变的过程即其主导形式——政治批评范式的确立与衍生过程,这当中也显现了主流批评话语对支流批评话语和潜流批评话语的控制与改造的关系。以《在延安文艺座谈会上的讲话》(以下简称《讲话》)为标志,通过延安整风,解放区各种不同的批评话语和批评理念趋于一致。政治话语成功地收编了知识分子话语,形成、维护和巩固了文艺领域的权威话语,进而更好地服务于现实政治的需要。新中国成立后,通过对电影《武训传》《红楼梦》的研究与胡适资产阶级唯心论思想、"胡风反革命集团"等的批判,文艺批评臻达话语的"大一统"。文艺创作与批评主动汇入了这种政治与文学"一体化"的时代主流,扮演了意识形态权力话语的诠释者和大众行动的向导的角色。"十七年"时期,文艺批评几经起伏,数次出现了相对宽松和活跃的批评氛围,但旋即又都由于政治原因被打压下去,取而代之的是更为苛严的政治干预。文艺批判运动的不断铺展和升级,促发了以大批判为主的政治化文艺批评话语的迅速喷涌。至"文革"时期,极左思潮成为社会主潮,文艺批评畸形发展为以《林彪同志委托江青同志召开的部队文艺工作座谈会纪要》(以下简称《纪要》)为圭臬,以"根本任务"论和"三突出"原则为核心的粗暴批评,并异化为帮派文艺的同谋,体现了实用理性与非理性的异常结合。此时的文艺批评完全以政治支点取代理论支点,以政治风向为文艺批评的导向,异变为极度膨胀的政治野心的载体和权力争夺的手段。

1942 年毛泽东的《讲话》、1960 年周扬在中国文学艺术工作者第三次代表大会的主报告《我国社会主义文学艺术的道路》和 1966—1976 年的"文艺宪法"《纪要》①分别是延安时期、"十七年"时期和"文革"时期文艺批评的典型文本,可谓 20 世纪 40—70 年代三个时代特色鲜明的文艺批评"样板"文本。它们分别采用了"讲话"文体、"报告"文体和"纪要"文体,并非学理意义上严格和典型的文艺批评文本,但在那个时间段内,我们的主流文艺思想和文艺观念的表达恰恰不是通过常规形态的文艺批评,而是通过不同层次和不同形式的领导讲话、会议报告、座谈纪要,甚至批示、书信等文本体现的,并对当代文艺格局的形成和发展产生了广泛而重要的影响。愈到后来,这种非常规文艺批评形态左右文艺批评界和文坛的倾向愈明显。

这三个文本都对相当长一个时期的文艺状况产生了深远影响,有的至今仍有显殊或隐在、正面或负面的影响。《讲话》是中国革命文艺的纲领性文献,具有重要的历史地位与卓越的历史功绩,虽然其中一些观点随着时代语境的变更显示出一定的历史局限性,但其核心思想对当下的社会主义文艺创作与批评的健康发展仍然具有重要的指导意义。当然,《我国社会主义文学艺术的道路》和《纪要》这两个文本的历史地位无法与《讲话》相比,尤其是《纪要》由于政治性的因素被钉在了历史的耻辱柱上。但从批评话语形态上考察,三个文本在话语风貌上具有一定的家族相似性和历史沿袭性。借鉴批评话语分析视角对《讲话》《我国社会主义文学艺术的道路》《纪要》进行文本细读,可以发现三个文本深受极性思维与战争文化心理的双重影响,在话语风貌上形成了时代铭纹深重的语体表征,尤其是在体现主流文艺批评的基本话语风格上存在一些共同点:好用绝对性语词,非此即彼的两极表述成为话语常态;充斥战争话语,具有鲜明的话语暴力色彩;大量采用设问、反问句式,喜用表示命令意味的词语和语气等。随着时代的发展和"左"倾思潮的加剧,上述三个文本在这些基本话语风格上有所强化或弱化,各自表现出了一些契合时代语境的新特点。

----

① 《讲话》,《解放日报》1943 年 10 月 19 日;《我国社会主义文学艺术的道路》,《文艺报》1960 年第 13—14 期;《纪要》,《人民日报》1967 年 5 月 29 日。

一、《讲话》：隐匿话语缝隙和话语矛盾的革命文艺纲领

毛泽东的文艺思想主要体现在《新民主主义论》《讲话》《关于正确处理人民内部矛盾的问题》《在中国共产党全国宣传工作会议上的讲话》《同音乐工作者的谈话》等作品，一些批示、通信、谈话、按语以及为报刊代拟的社论中。其文艺思想表述得较为系统，影响也最为广泛的当数《讲话》。《讲话》是毛泽东文艺思想体系形成的标志，是一篇具有里程碑意义的革命文艺的纲领性文献，也是一篇把马克思主义和中国革命文艺实践结合起来的马克思主义文艺理论的经典文献。《讲话》总结了我国五四以来，尤其是20世纪30年代革命文艺运动的基本经验教训，首次全面系统地阐述并确立了我国无产阶级文艺发展的工农兵方向，提出了一系列指导文艺实践的意见，确定了党对文艺工作的基本方针。《讲话》是毛泽东文艺思想体系形成的标志，延安文艺界的整风运动则是它的第一次和典范性的实践，从此中国革命文艺迈进了新的时代。1949年召开的第一次文代会确立《讲话》为新中国文艺工作的总方针，"文艺为人民大众首先是为工农兵服务的方向"为新中国文艺运动的总方向。《讲话》是半个多世纪以来中国主流文艺思想、运动和批评的圭臬，对当代文艺的发展起到了纲领性的指导和规范作用。

由于毛泽东是以政治家和中国共产党领袖的身份发表关于文艺问题的谈话的，《讲话》在文本和话语层面彰显了明确的政治效用性。细读《讲话》文本，我发现其中隐匿着一些话语缝隙和话语矛盾，正是这些缝隙和矛盾愈加凸显了《讲话》的政治性和革命性。我尝试着从以下三个方面来分析《讲话》的话语特色。

一是在句式上较多地采用了设问和反问句式。《讲话》共有37处使用了设问句，14处使用了反问句，有时还是几个设问连用或设问与反问并用。偏好使用设问，这与"讲话"这种形式有关，设问句更能引起听众的注意和参与。与多处使用设问句式相关联的是，毛泽东的回答都是简明有力的。在谈到文艺工作者与工作对象的疏离状态时，毛泽东说："工作对象……我们的文艺工作者对于这些，以前是一种什么情形呢？我说以前是不熟，不懂，英雄无用武之

地。什么是不熟？人不熟。……什么是不懂？语言不懂。"再如论及普及与提高时，毛泽东谈道："所谓普及，也就是向工农兵普及，所谓提高，也就是从工农兵提高。用什么东西向他们普及呢？用封建地主阶级所需要、所便于接受的东西吗？用资产阶级所需要、所便于接受的东西吗？用小资产阶级所需要、所便于接受的东西吗？都不行，只有用工农兵自己所需要、所便于接受的东西。""比如一桶水，不是从地上去提高，难道是从空中去提高吗？那末所谓文艺的提高，是从什么基础上去提高呢？从封建阶级知识分子的基础吗？从资产阶级的基础吗？从小资产阶级的基础吗？都不是，只能从工农兵群众的基础上去提高。"设问的连用或与反问并用形成了一种独特而强烈的表达效应，使清浊更分明，是非更显著，不仅能够增强语言的吸引力，更有益于增强说服力与感召力。

毛泽东的许多讲话和文章也都注重以势取胜，较多地采用设问、反问句式。在《新民主主义论》①中，毛泽东就运用了 15 处设问句式，13 处反问句式。全文的第一个小标题"中国向何处去"和最后一段话也都是设问句式，第三部分"中国的历史特点"、第四部分"中国革命是世界革命的一部分"、第五部分"新民主主义的政治"、第八部分"驳'左'倾空谈主义"都在首段即采用设问句式。第七部分"驳资产阶级专政"中有这样一段文字："依国内环境说，中国资产阶级应该获得了必要的教训。中国资产阶级，以大资产阶级为首，在一九二七年的革命刚刚由于无产阶级、农民和其他小资产阶级的力量而得到胜利之际，他们就一脚踢开了这些人民大众，独占革命的果实，而和帝国主义及封建势力结成了反革命联盟，并且费了九牛二虎之力，举行了十年的'剿共'战争。然而结果又怎么样呢？现在是当一个强大敌人深入国土、抗日战争已打了两年之后，难道还想抄袭欧美资产阶级已经过时了的老章程吗？过去的'剿共十年'并没有'剿'出什么资产阶级专政的资本主义社会，难道还想再来试一次吗？……但是这种新的'剿共'事业，不是已经有人捷足先登、奋勇担负起来了

---

① 原题为《新民主主义的政治与新民主主义的文化》，是毛泽东 1940 年 1 月 9 日在陕甘宁边区文化协会第一次代表大会上的演讲，载于 1940 年 2 月 15 日延安出版的《中国文化》创刊号。1940 年 2 月 20 日刊载于延安出版的《解放》第 98、99 期合刊时，题目改为《新民主主义论》。

吗？这个人就是汪精卫,他已经是大名鼎鼎的新式反共人物了。谁要加进他那一伙去,那是行的,但是什么资产阶级专政呀,资本主义社会呀,基马尔主义呀,现代国家呀,一党专政呀,一个主义呀,等等花腔,岂非更加不好意思唱了吗？如果不入汪精卫一伙,要入抗日一伙,又想于抗日胜利之后,一脚踢开抗日人民,自己独占抗日成果,来一个'一党专政万岁',又岂非近于做梦吗？抗日,抗日,是谁之力？离了工人、农民和其他小资产阶级,你就不能走动一步。谁还敢于去踢他们,谁就要变为粉碎,这又岂非成了常识范围里的东西了吗？但是中国资产阶级顽固派(我说的是顽固派),二十年来,似乎并没有得到什么教训。不见他们还在那里高叫什么'限共''溶共''反共'吗？不见他们一个《限制异党活动办法》之后,再来一个《异党问题处理办法》,再来一个《处理异党问题实施方案》吗？好家伙,这样地'限制'和'处理'下去,不知他们准备置民族命运于何地,也不知他们准备置其自身于何地？……"这里通过 3 处设问句和 8 处反问句的并置连用,雄辩地说明了在中国走建立资产阶级专政的资本主义社会之路是行不通的,必须走新民主主义政治和新民主主义经济的共和国之路。

语言表达是人的个性、思想、学养、胆识和创造才能的集中表现,毛泽东集农民、学者、政治家、诗人的秉性于一身。而丰富复杂的个性内涵又使其语体呈现着多种色彩:散文的风采情致,杂文的自由活脱,政论文的逻辑力量。毛泽东的话语风格是通俗与儒雅、生动与庄重、绚烂与朴素、挥洒与节制的和谐展现。他擅长使用修辞,辞藻丰富,表达灵活,使其语体简明通畅又文采焕发,富有表现力,具有鲜明的个性和魅力,澎湃的激情也使他的文章洋溢着一种磅礴雄壮的美。① 他人在对毛语体的仿效当中出现了复杂的增损情况,尤其在大批判文体盛行期间,简化了文艺与政治的关系,简单机械地套用政治标准,所增加的是文章的痞气,虚张声势,粗陋低俗;所减损的是毛泽东的诗性智慧、纵横捭阖和挥洒自若。在大批判文体式的文艺批评中,也出现了大量模拟毛泽东语体气势的文章。为取得一定的话语表达效果和批评效应,这类文章往往是叠加使用反问句式,以增强语势。"难道……吗？"之类的质问方式是 20 世

---

① 傅金祥:《毛泽东语体在现代汉语写作发展史上的地位和影响》,《文艺理论与批评》2001 年第 1 期。

纪50—70年代常见的文艺批评的话语表述。1951年11月24日首都文艺界召开整风动员大会,胡乔木作了题为《文艺工作者为什么要改造思想》的动员讲话。周扬曾赞誉性地对张光年说:"你看乔木的报告还是有点日丹诺夫味道哩。"胡乔木在报告中历数了文艺界种种严重问题后,连问三个"这难道不是事实吗?"紧接着又严厉地责问道:"这种现象难道是可以忍受的吗? 但是为什么这种现象竟可以存在两年之久呢?"日丹诺夫的报告中经常使用这样的语气,他在《关于〈星〉及〈列宁格勒〉杂志所犯错误的报告》一开头就连用了三个"难道……吗?"并责问"为什么……容许这些可耻的事实呢?"①袁水拍在《质问〈文艺报〉编者》中也不断地发出质问:"难道这是可以容忍的吗?""这不是容忍依从吗?""这不是赞扬歌颂吗?""这究竟是什么动机呢? 难道《文艺报》和《文学遗产》的其他作者一律都是充分研究了中国古典文学的老年吗? 难道他们所发表的其他文章一律都不是'试图'或'供我们参考',而一律都是不能讨论的末日的判决吗?"②洁泯在《论"人类本性的人道主义"——批判巴人的〈论人情〉及其他》中也诘问道:"巴人的那种'普通的人情''人情味''人人相通的人道主义'等等,不正就如我们前面所说的,是要在阶级斗争面前'偷偷下泪'的人性,为博得资产阶级'爱抚'而向资产阶级投降的人性,战士在死亡面前'伤心落泪'的人性么? 这种人性,不也正是'地主阶级资产阶级的人性'么? 在巴人眼中,无产阶级的人性不都是'矫情'么? 不是'不合于人性'的么?"③这类文艺批评好用一连串盛气凌人、不容辩驳的反问斥责批评的对象,在语势上压倒对方,以荫蔽论证的乏力和论据的不足,予人酣畅淋漓的阅读快感。

二是受极性思维的显著影响,偏好采用全括性、极度加强语气的词语,强化了不容置疑的语气。毛泽东在《矛盾论》《片面性问题》等文中均表现出了卓越的辩证思维,他用辩证唯物主义与历史唯物主义观点将趋于两个极端的矛盾方面统一起来,这种辩证思维在其文艺思想中也得到了一定体现。然而,在战争语境中,毛泽东更加注重矛盾中对立的一面。革命战争时期,文学艺术已

---

① 黎之:《文坛风云录》,河南人民出版社1998年版,第511页。

② 袁水拍:《质问〈文艺报〉编者》,《人民日报》1954年10月28日。

③ 洁泯:《论"人类本性的人道主义"——批判巴人的〈论人情〉及其他》,《文学评论》1960年第1期。

然成为革命事业颇有战斗力的重要组成部分,文艺批评的表层话语形态和深层思维模式均深受极性思维的影响。极性思维过于强调对立、分化、斗争性和敌对关系,往往夸大差异处,突出"二元对抗",偏好采用两极表述,抹杀矛盾的复杂性、相对性、易变性及中间状态。毛泽东早在《湖南农民运动考察报告》中就用"好得很"和"糟得很"来划分各阶层人物在农民运动前的复杂心态,在《讲话》中也针对"我是不歌功颂德的,歌颂光明者其作品未必伟大,刻划黑暗者其作品未必渺小"的观点,旗帜鲜明地指出:"你是资产阶级文艺家,你就不歌颂无产阶级而歌颂资产阶级,你是无产阶级文艺家,你就不歌颂资产阶级而歌颂无产阶级与劳动人民;二者必居其一。"他还断然认定,"歌颂资产阶级光明者其作品未必伟大,刻划资产阶级黑暗者其作品未必渺小,歌颂无产阶级光明者其作品未必不伟大,刻划无产阶级所谓'黑暗'者其作品必定渺小"。毛泽东的这类表述具有鲜明的排他性和不容置疑性。毛泽东的文艺功能观也同样体现了这种对立乃至对抗的紧张关系,面对任何文艺问题,都只能站在其中一个立场坚决、彻底地反对另一个立场。毛泽东的这一文艺观念在革命战争时期具有一定的合理性,但是,在社会主义建设时期就有将阶级斗争扩大化之虞。极性思维与战争文化心理的红色交响致使 20 世纪 40 年代的文艺批评话语呈现出特殊的话语风貌,偏好采用全括性、极度加强语气的词语,强化了不容置疑的语气。《讲话》中就大量采用了这类词语,如"中国的革命的文学家艺术家,有出息的文学家艺术家,必须到群众中去,必须长期地无条件地全身心地到工农兵群众中去,到火热的斗争中去,到唯一的最广大最丰富的源泉中去,观察、体验、研究、分析一切人,一切阶级,一切群众,一切生动的生活形式和斗争形式,一切文学和艺术的原始材料,然后才有可能进入创作过程"。谈到"为什么人的问题"时,毛泽东指出:"我们却必须解决它,必须明确地彻底地解决它。我们的文艺工作者一定要完成这个任务,一定要把立足点移过来,一定要在深入工农群众、深入实际斗争的过程中,在学习马列主义和学习社会的过程中,逐渐地移过来,移到工农兵这方面来,移到无产阶级这方面来。只有这样,我们才能有真正为工农兵的文艺。""我相信,同志们在整风过程中间,在今后长期的学习与工作中间,一定能够改造自己和自己作品的面貌,一定能够创造出许多为工农兵和人民大众所热烈欢迎的优秀的作品,一定能够把根据地的文艺运动和全中国的文艺运动推进到一个光辉的新阶段。"这里多处使用"一切"

"必须""一定""唯一"等词语,并与排比句式或必要条件句式结合使用,使表述的观点更为鲜明,信服力也大增。彼时,文艺批评是作为阶级斗争和政治斗争的锐利武器而存在的,其话语形态也很自然地高度政治化了。

三是对鲁迅的高度赞誉和具体观点上存在差异的话语矛盾。召开延安文艺座谈会之初,毛泽东指示发表了鲁迅《对于左翼作家联盟的意见》。1943 年 3 月 13 日,《解放日报》在报道中央文委和中央组织部展开党的文艺工作者会议的消息里第一次披露毛泽东在文艺座谈会上的讲话的部分内容,值得注意的是,报道是以鲁迅提出的文艺与群众、与实际斗争结合为导语的。1943 年 10 月 19 日,毛泽东特意选择在鲁迅逝世纪念日正式发表《讲话》,并加了这样的"按语":"今天是鲁迅先生逝世七周年纪念,我们特发表毛泽东同志一九四二年五月在延安文艺座谈会上的讲话,以纪念这位中国文化革命的最伟大的最英勇的旗手。"另据有关人士回忆,毛泽东在《讲话》"引言"中曾说:我们有两支军队,一支是"朱总司令的",一支是"鲁司令的"。后来正式发表时改成了"手里拿枪的军队"和"文化军队"。[①] 在正式发表的《讲话》中则有 12 处提及鲁迅,1 处直接引用了鲁迅的话,可见毛泽东对鲁迅的评价之高。

然而,细细推敲,我发现《讲话》在对鲁迅的评价上存在话语缝隙和话语矛盾。毛泽东确实对鲁迅的文学地位和历史地位给予了极高的评价,但同时,在一些问题上,毛泽东和鲁迅的观点是不一致的。总的说来,毛泽东巧妙地借重鲁迅的威望和影响力来宣扬无产阶级革命文艺思想,鲁迅实际上成了一个话语符号,这个符号的所指不再是原来意义上的鲁迅。

二、《我国社会主义文学艺术的道路》：
彰显"跃进"时代氛围的集体意志表达

周扬是我国左翼文学的重要理论家,始终与我国无产阶级革命文艺和社会主义文艺的发展紧密地联系在一起,他个人的沉浮很大程度上就是红色文艺发展的缩影。20 世纪 40 年代至 60 年代初期,周扬成为毛泽东文艺思想的

---

① 胡乔木:《胡乔木回忆毛泽东》,人民出版社 2003 年版,第 257 页。

权威阐释者和党的文化、宣传部门的高级官员,这就使他主要不是以批评家的身份,而是以权力话语的体现者和代言者的身份参与文艺批评的。作为毛泽东文艺思想的权威阐释者和文化、宣传部门的主管高官,周扬是新中国文艺政策的实际制定者和文艺创作、批评方向的导引者之一,批评话语也多为毛泽东文艺思想的阐释和贯彻,体现了以政策阐释为文艺批评生命线的被动与尴尬。

显赫的文艺界领导者身份和接踵而至的政治运动,极大地消弭了周扬作为批评家的独立个性和创造精神。周扬虔诚地阐释毛泽东文艺思想,自觉地捍卫毛泽东文艺路线,并在较长时期内深受毛泽东的信任和嘉许。周扬的文艺思想在整体"左"倾的缝隙中,也有着服务政治与尊崇文艺特性的矛盾,显得被动和尴尬。李辉论及周扬时曾说:"这的确是一个难以描述的人物……他留给我们的诸多公文和报告,很难让人能从中窥探到他内心的变化。实际上,在延安之后的许多时间里,他的自我已经消失在报告的后面,人们只能从历史风云的变化中看出他自己生活的蛛丝马迹。"[1]周扬的批评文章主要刊发在《人民日报》《解放日报》以及《红旗》杂志等权威的党的机关报刊上,主要有三种样式:一是在各种文学艺术工作、宣传工作会议上的讲话,如《新的人民的文艺——在全国文学艺术工作者代表大会上关于解放区文艺运动的报告》等;二是参与文艺运动的批评文章,如《反人民、反历史的思想和反现实主义的艺术——电影〈武训传〉批判》等;三是对作家作品进行具体批评的文章,如《论赵树理的创作》《论〈红旗谱〉》等。周扬在这三类文章中都重在自觉地阐释、传达、贯彻党的文艺方针、政策和毛泽东的文艺思想,又各有特点和侧重。第一类文章是典型的官方关于文艺问题的发言,具有浓郁的报告气和强烈的权威性,批评个性和个人见解罕见;第二类文章具有浓烈的火药味,也鲜明地体现了那个时代大批判文体简单定性、上纲上线、牵强附会的特点;第三类文章则是毛泽东文艺思想在具体作家作品论中的运用和印证。

1960 年 7 月 22 日至 8 月 23 日,中国文学艺术工作者第三次代表大会在北京举行,会议总的主题是反对国内外的修正主义,把 1957 年以来的反右派和 1959 年以来的反右倾继续向"左"推进。周扬的《我国社会主义文学艺术的

---

① 李辉:《摇荡的秋千——关于周扬的随想》,李辉:《人生扫描》,上海远东出版社 1995 年版,第 147 页。

道路》是大会的主报告,除前言和结束语外,报告的主体分为五大部分:为工农兵服务、为社会主义事业服务,百花齐放、百家争鸣,革命现实主义和革命浪漫主义的结合,驳资产阶级人性论,遗产的批判和继承。报告指出:"在为工农兵服务、为社会主义事业服务的方向下,实行百花齐放、百家争鸣和推陈出新,这就是我国社会主义文学艺术发展的道路。"毛泽东审阅报告时予以了"写得很好"的总体评价,认为报告高屋建瓴、势如破竹、令人神旺。① 这个报告是在"大跃进"背景下产生的,在文本细节上也体现了"跃进"的时代氛围,主要体现在三个方面。

其一,多处使用了表示速度迅捷的词语。有时直接说"迅速成长""迅速发展";有时加上具有极度强调功能的词语,如说社会主义经济建设以"空前速度持续跃进";有时则以修饰性的文学语言来夸张性地表述,如说社会主义建设"正在一日千里地前进",我国文艺"正沿着社会主义轨道飞跃前进"。这类强调高速的词语的频繁使用直接显示了"大跃进"时代的话语特色,某种程度上也是文艺界和社会各领域人们急躁冒进心理的折射。

其二,大量使用了表示层进关系的词语和递进关系的句式结构。报告一共出现了25处"越来越""进一步""一步一步""逐步"之类的词语,55处与"更"字有关的表述,如"更高""更多""更好""更大""更光辉""更美好""更细致""更深入""更聪明""更优美""更有力""更强烈""更扩大""更典型""更理想""更耀目""更大量""更辉煌""更崇高""更需要""更加健壮""更多样化""更加锋利""更加民族化""更带普遍性""更有集中性""更加正确和熟练""更加细致和丰满"等。此外,还12处使用了"不但……而且……""不但……还……""不但……也……"等表示递进关系的句式结构。有的是从反面驳斥错误的文艺倾向和文艺思想,如:"垄断资本家们不但使在他们控制下产生的文学、电影和艺术作品成为腐蚀和毒害人类心灵的麻醉剂,而且还通过他们雇佣的文人们制造了不少赤裸裸地鼓吹侵略战争、殖民统治和种族歧视,直接为帝国主义战争势力服务的血腥的作品。"又如,谈到有的马克思主义者退回到

---

① 参见林默涵 1977 年 12 月 29 日在《人民文学》编辑部座谈会上的讲话,见《热烈欢呼华主席的光辉题词 向"文艺黑线专政"论猛烈开火——记本刊编辑部召开的在京文学工作者座谈会》,《人民文学》1978 年第 1 期。

资产阶级的历史唯心论和人性论的立场时,周扬指出:"其结果,不但使自己成为资产阶级思想的俘虏,而且扮演了有意无意地帮助资产阶级欺骗和麻醉人民的角色。"但更多的是从正面立论,用以评估其时的大好形势和展望文艺的辉煌前景。如周扬指出:"毛泽东同志对马克思主义文艺理论的伟大贡献,不但在于最明确最透辟地提出了文艺为什么人的问题,还在于从根本上解决了如何为的问题。""百花齐放、百家争鸣的方针,是迅速发展我国文艺和科学的最正确的方针,不但有利于正确处理意识形态领域内人民的内部矛盾,而且有利于同资产阶级文艺和伪科学进行较量和斗争。""在我们的社会中,劳动人民由于物质生活日益改善,精神生活日益丰富,他们对物质产品和精神产品的要求也将日益增长,不但要求这些产品有更多的数量,而且要求有更多的品种和更好的质量。"发表于1958年2月28日《人民日报》和1958年第5期《文艺报》的《文艺战线上的一场大辩论》也曾得到毛泽东"写得很好"的嘉许,文中一共出现了20处"逐步""越来越""愈""不断"之类的词语、24处"更"和13处"不但……反而"等表示递进关系的句式。这些词语和句式频现周扬的报告中,彰显了官方冀望文艺在"大跃进"时代有更快的发展和更大的作为之宣传导向。

其三,文体风格上存在矛盾。一方面,周扬报告中多处使用了"应当""应该""必须""要"等表示祈使和命令口吻的词语,仅"应当""应该"就出现了35次之多。这些都是报告文体常用的典型词语,体现了报告的话语权威性和影响力。另一方面,与这种规整严谨的报告文体风格不一致的是,在不少地方周扬又使用了文学修饰意味较为浓重的表达。如:"社会主义经济建设以空前速度持续跃进,农村和城市人民公社正如旭日东升,千百万群众卷入了热火朝天的技术革命和文化革命运动。人民群众的精神面貌发生了无比深刻的变化。""中国正在一步一步地改变着贫弱落后的面貌,以雄伟的革命姿态,青春焕发地站立在世界上。""修正主义在我国文艺界没有能够占据主要地位,但并不是说它们已经不存在了,它们是看气候行事的,只要国内外有一点风吹草动,它们又会兴风作浪,像渣滓一样浮上水面,乘机散布毒素。"再如,谈到推陈出新方针促进了旧传统的革新,在继承和发展我国文学艺术遗产方面做了大量卓有成效的工作时,周扬说:"我们打开了一座又一座长期被埋没的民族、民间艺术的宝库,拭去了淤积在它们身上的尘土,在马克思主义思想的照耀下,去芜存菁,使它们焕然一新,发出夺目的光彩。"严格地说,这些文学笔法是不应该出现在报告这类文体中的,但它们又具有豪迈的革命浪漫主义色彩,与大会正式确认的"革命的现实主义和革命的浪漫主义相结合"的创作方法也是相适宜的。另外,这些文辞表达还特别具有渲染高歌猛进的时代氛围的造势功能。因此,在周扬的报告中这两种看似矛盾的文风得以兼存,并形成了一定的话语张力,有益于展现主张文艺持续跃进的报告主题思想。

会议与机构、团体、刊物等一样,是党和国家掌控社会各领域的体制化形式。在很大程度上,会议就是传达贯彻国家方针政策、统一思想认识的重要形式和主要渠道,是官方意志和权力话语的强有力表达。会议的这些功能主要是通过其派生的相应文体——会议报告来实现的。会议报告作为会议的思想载体和传播形式,是由官方认可的权威人物代表某一权力机构所作的官方意识形态表达,"会议报告并不是体现报告人意志或研究成果的一种文体,它是掌握'话语领导权'的统治阶级的'集体发言',具有至高无上的权威性"①。因此,重大文艺会议的精神往往直接影响一个时期文艺创作和批评的风貌和特质,会议报告也集中体现了官方文艺政策的变化。在中国,会议及会议报告具有如此鲜明的政治功能,周扬的《我国社会主义文学艺术的道路》完全是权力话语和集体意志的表达,消弭了批评家的批评个性和创造精神,就是非常正常和自然的事情。毕竟,周扬是以国家文艺和宣传部门主管高官的官方身份,而不是以职业文艺批评家的身份在做这个报告的。

《我国社会主义文学艺术的道路》的写作过程同样体现了报告的政治功能和官方意志载体的特点。第三次文代会召开之前,中央书记处就作出了四点指示:要充分肯定成绩;修正主义只点南斯拉夫的名,国内修正主义不占主导地位;我们的文艺队伍是好的;参加大会的代表应照顾各个方面。② 周扬组织邵荃麟、刘白羽、何其芳、林默涵、袁水拍等人根据中央书记处的意见起草大会报告,反复修改后又送毛泽东审阅修改,周扬再根据毛泽东的意见修改定稿。因此,这个报告虽然是以周扬的名义写作和宣讲的,但其实是包括国家领袖在

---

① 孟繁华:《中国 20 世纪文艺学学术史(第三部)》,上海文艺出版社 2001 年版,第 177 页。
② 黎之:《文坛风云录》,河南人民出版社 1998 年版,第 254—255 页。

内的集体写作的产物。《文艺战线上的一场大辩论》同样也是虽有周扬的个人署名,实质上却仍是集体意志的产物。这篇文章是周扬根据 1957 年 9 月 16 日在中国作家协会党组扩大会议的讲话整理、补充而成的,发表之前反复征求过毛泽东等领导人的意见,林默涵、张光年等人也参与了修改,最后经毛泽东审阅修改才定稿并公开发表。《我国社会主义文学艺术的道路》的写作班子由一些当时著名的文艺家组成,在文体追求和文字风格上有所不同,如在谈到国内大好形势时周扬加了一句:中国"以雄伟的革命姿态,青春焕发地站立在世界上"。林默涵几次删去,周扬又几次恢复。① 在文艺观点上,他们却是高度一致的。因此,《我国社会主义文学艺术的道路》的写作主体和言说主体既不是周扬个人,也不是以他为主的写作班子,他们都只是国家意志和政治话语的代言人。

三、《纪要》:极左文艺思潮话语膨胀的"文艺宪法"

1966 年 2 月 2 日至 2 月 20 日,江青以林彪委托的名义在上海召开了"部队文艺工作座谈会"。会后形成的《林彪同志委托江青同志召开的部队文艺工作座谈会纪要》,由总政治部文化部的刘志坚、陈亚丁等人起草,陈伯达、张春桥等作了多次修改,又经过毛泽东三次亲自审阅修改。《纪要》共有十条内容,包括"文艺黑线专政论"、重新组织文艺队伍、破除对 30 年代文艺的迷信、破除对中外古典文学的迷信、文艺上反对外国修正主义等。中心内容体现在一破一立两个方面,"破"的是"资产阶级文艺黑线","立"的是"无产阶级文艺样板"。在"破"的方面,《纪要》提出了"文艺黑线专政"论,从领导、队伍、理论、路线、创作、批评等方面全盘否定革命文艺的成就,在"破除迷信"和"彻底革命"的旗号下,排斥一切中外文艺遗产,否定了五四以来特别是 20 世纪 30 年代以来左翼文艺运动的成就。《纪要》指出,"十六年来,文化战线上存在着尖锐的阶级斗争",新中国成立以来的文艺界"被一条与毛主席思想相对立的反党反社会主义的黑线专了我们的政,这条黑线就是资产阶级的文艺思想、现代修正

---

① 黎之:《文坛风云录》,河南人民出版社 1998 年版,第 256 页。

主义的文艺思想和所谓 30 年代文艺的结合"，并表示要"进行一场文化战线上的社会主义大革命，彻底搞掉这条黑线"。破除"文艺黑线"与"重新组织文艺队伍"相呼应，从文艺路线和文艺组织两个方面彻底否定了革命文艺。《纪要》在抛出"空白"论，否定革命文艺传统的同时，又在"立"的方面提出"样板"文艺论、"新纪元"论、"根本任务"论。《纪要》主张创造"开创人类历史新纪元的、最光辉灿烂的新文艺"，"搞出好的样板"来"巩固地占领阵地"，提出"要努力塑造工农兵的英雄人物"，指出"这是社会主义文艺的根本任务"。

　　"文革"文艺与"十七年"文艺存在丝丝相扣的历史关联，《纪要》所批判的"现实主义广阔道路"论、"现实主义深化"论、"中间人物"论、"反题材决定"论、"时代精神汇合"论、"反火药味"论、"写真实"论、"离经叛道"论等所谓"文艺黑线"的"代表性论点"，都已在"文革"之前受到批判，"根本任务"论也是"文革"之前就已确立的。"文革"时期，占据文艺领域统治地位的是以《纪要》为标志的极左文艺思潮。《纪要》贯穿着文化专制主义思想，是文艺界历次运动中"左"倾错误的集大成，也是中国革命文艺思潮中"左"倾路线登峰造极的理论形态。以《纪要》为标志，激进的文艺思想实现了对文艺领域的全面统治，彻底褫夺了异己声音的生发。与此同时，大批文艺工作者被污蔑为"黑线人物""叛徒""走资派""反动文人""三反分子"等，被投入"牛棚""干校"，或长期遭到监禁，有的还被迫害致死。《纪要》是林彪、江青等人以"文化革命"之名实行封建法西斯文化专制的文艺纲领，他们企图以文艺为跳板，实现夺取党和国家的最高领导权的政治野心。《纪要》的出台是江青在文艺界领导地位确立的历史标志，而随着《5·16 通知》的发布，"文化革命"从文化领域扩展到了政治领域，江青等人也步入了政治权力的中心。

　　与前文分析的《讲话》和《我国社会主义文学艺术的道路》两个文本存在明显差异的是，《纪要》的问世是一个经过精心策划的结果。《讲话》的发布虽也经过了周密的部署：先在 1943 年 3 月 13 日《解放日报》报道中央文委和中央组织部召开党的文艺工作者会议的消息里披露毛泽东讲话的部分内容，再于 1943 年 10 月 19 日正式发表。但这只是体现了毛泽东对宣传口径中文本化了的《讲话》正式发表的慎重与重视，毕竟毛泽东是在公开的场合对延安文艺界的广大知识分子做的讲话，并不存在什么隐秘性。周扬的《我国社会主义文学艺术的道路》的酝酿和发表都是通过正常的渠道和形式，由于是第三次文代会的主报告,较之《讲话》亦无正式发表的延宕现象。《纪要》则处处显示出了别有用心的政治化运作。1966年4月16日,这个会议纪要以《林彪同志委托江青同志召开的部队文艺工作座谈会纪要》为题,用中共中央文件的形式下发全党。1966年4月18日,《解放军报》发表社论《高举毛泽东思想伟大旗帜,积极参加社会主义文化大革命》,在没有提及座谈会和《纪要》的情况下,公布了《纪要》的主要内容。直至1967年5月29日,《人民日报》等报刊才公开发表《纪要》全文。可以说,《纪要》看似着眼部队文艺工作,其实瞄目整个文艺界,而更深层的意旨则在政治权力的争夺和掌控。

在《纪要》的文本层面,我们也不难窥见这种政治性和策略化运作的印迹。《纪要》是江青登上文艺界领导位置进而把控政治大权的开始,此前江青极少在公开场合露面,在文艺界也几无影响力。因而,策略性之一表现在精心修改过的《纪要》文本在对江青的定位上就表现出了很耐人寻味的处理。《纪要》说:"在座谈开始和交谈中,江青同志再三表示:对毛主席的著作学习不够,对毛主席的思想领会不深,只是学懂哪一点,就坚决去做。最近四年,比较集中地看了一些作品,想了一些意见,这些意见不一定全对。我们都是共产党员,为了党的事业,应当平等地进行交谈。……根据林彪同志的指示,请同志们来共同商量。"这里用江青自己谦虚谨慎的言谈,塑造了一个谦和民主、一心为公、带病工作的江青形象。但在《纪要》的开头就已用林彪的话推出了一个文艺很在行、政治素养很高的江青形象——"来上海之前,林彪同志对参加座谈会的部队同志曾作了如下的指示:'江青同志昨天和我谈了话。她对文艺工作方面在政治上很强,在艺术上也是内行,她有很多宝贵的意见,你们要很好重视,并且要把江青同志的意见在思想上、组织上认真落实。今后部队关于文艺方面的文件,要送给她看,有什么消息,随时可以同她联系,使她了解部队文艺工作情况,征求她的意见,使部队文艺工作能够有所改进。'"此外,《纪要》又借参加座谈的人员之口对江青大加吹捧——"我们在接触中感觉到:江青同志对毛主席思想领会较深,又对文艺方面存在的问题作了长时间的、相当充分的调查研究,亲自种试验田,有丰富的实践经验。这次带病工作,谦虚、热情、诚恳地同我们一起交谈,一起看影片、看戏,给了我们很大启发和帮助。"这种文辞上的有意处理,使作为军委领导的林彪和参加座谈会的部队文艺工作者的极度褒扬与江青自己的连连谦辞之间,既形成了对比,更在对比中呼应,汇成合力,高度抬升了江青的政治地位和文艺地位。

策略性之二表现在模糊用语与精确数字的比照映衬。江青召开的这个所谓的部队文艺座谈会实际上除了她自己之外只有四人参加,而且,名为座谈会,实则为江青的"一言堂"。《纪要》中有这样一段话:"在文艺工作中,不论是领导人员,还是创作人员,都要实行党的民主集中制,提倡'群言堂',反对'一言堂',要走群众路线。"这和座谈会的实际情况恰好构成了反讽。但这样的真实情况是不适宜在公开发表的为众人周知的《纪要》文本中出现的,因而,凡是涉及这些不利因素的数字时就都采用了模糊化的处理方式。如:"江青同志根据林彪同志的委托,在上海邀请部队的一些同志,就部队文艺工作的若干问题进行了座谈。"而在那些有利于提升江青形象的方面则多次采用非常准确的数字加以说明,如:"江青同志给我们阅读了毛主席的有关著作,并先后同部队的同志个别交谈八次,集体座谈四次,陪同我们看电影十三次,看戏三次。……另外,还要我们看了二十一部影片。……江青同志……接见了《南海长城》的导演、摄影师和一部分演员,同他们谈话三次,给了他们很大的教育和鼓舞。"这些看似不起眼的数字的表述也都彰显了《纪要》在文字处理上的用意和用心。

除了政治性和策略化操作在文字层面留下了上述明显的印迹之外,《纪要》还有两个鲜明的语词特点。一是大量运用了"很""最""极"之类的表示极致程度的词语。仅"很"字就出现了18次之多,有"很好""很坏""很强""很多""很大""很紧""很正确""很尖锐""很顽强"等。二是对一个中心词同时使用2~3个修饰性或限定性的形容词。譬如,《纪要》说江青"谦虚、热情、诚恳地同我们一起交谈",还提出与所谓"文艺黑线"的斗争是"一场艰巨、复杂、长期的斗争",而保卫和发展社会主义文化革命的成果,把社会主义文化革命进行到底,"还需要人们作长期的、艰苦的努力","要提倡革命的战斗的群众性的文艺批评","写一些系统的,有理论深度的较长的文章",等等,《纪要》有十余处诸如此类的表述。此外,《纪要》不仅多次出现2~3个修饰性或限定性词语连用的情况,有时还与表示极致程度的词语并用,如《纪要》认为毛泽东的《新民主主义论》《讲话》《看了〈逼上梁山〉以后写给延安平剧院的信》"就是对文化战线上的两条路线斗争的最完整、最全面、最系统的历史总结",又说自林彪主持军委工作以来对文艺工作"作了很多很正确的指示"等。作为极左文艺总路线的

《纪要》，在语词上的这两个特点也是"文革"时期社会用语和文艺用语中极性思维和话语膨胀在语词层面初步而典型的显现。

在《纪要》的影响下，"文革"文艺批评话语高度政治化、模式化，貌似正确，唯我独尊，却掩盖不住思想的苍白和失控的情绪。^① 这些大批判式文艺批评往往不进行任何分析，就直接把批判对象置于与毛泽东语录相敌对的位置进行批判。那时的批评文章热衷于以毛泽东语录为理论依据，在凡是需要推理的地方就引用"语录"，以遮掩论证的乏力和思想的贫乏。姚文元的文章是"文革"时期最具代表性的大批判文体式文艺批评，充斥着红卫兵式的声讨语言和血腥气息。这类恶吏断案似的大批判文体式文艺批评，以断章取义、强词夺理、上纲上线、乱扣帽子、乱打棍子为特点，引领了"文革"霸权话语之风尚。文艺批评失却了研究文艺发展规律的功能，蜕变为专政机器。这种批评话语是对当时政治话语的演绎，"文革"文艺批评本身也是政治宣传的组成部分。"文革"文艺批评形成了特定的写作模式，用既定的一般的政治原则来规范和取代文艺创作的规律，作家对生活的独特观察、体验、思考和描写，以及文艺批评的自身特点和标准。"文革"文艺批评是一种独断霸道的政治性批评，以对作家作品的政治性判决为价值判断的最后结果。文艺上的斗争一律被看作两个阶级、两个阵营的敌对斗争，对作家、作品、流派、思潮很自然地也只有两种态度：肯定或否定，"捧杀"或"骂杀"。是否贯彻"根本任务"论和"三突出"原则，溢出了文艺范围，成为是拥护、执行还是反对、抗拒无产阶级革命路线，以及区别无产阶级文艺家和资产阶级文艺家的分水岭。^② 复杂的现实关系和文学关系就这样被整合进服从与被服从、陪衬与被陪衬、专政与被专政的简单化模式中。虽然姚文元并非真正意义上的文艺批评家，但从姚文元、关锋、戚本禹等人的文艺活动和人生沉浮中，我们可以窥见"工具论"在极左文艺思潮中的畸形发展。他们的文艺批评，完全以政治支点取代理论支点，以政治风向为文艺批评的导向，异变为极度膨胀的政治野心的载体和权力争夺的手段。

话语是社会权力关系生成和再现的场所，话语形态则是文艺批评的显性

---

① 祝克懿：《"文革"元旦社论话语的逻辑语义分析》，《贵州大学学报》（社会科学版）2001年第4期。

② 钱浩梁：《塑造高大的无产阶级英雄形象》，《红旗》1967年第8期。

层面,文艺批评语言符号系统和文体风格的表层变化隐匿了批评范式、思维方式、文艺观念等深层特质。在一定程度上,话语生产"意味着规定一个社会的主导词语库,意味着让这些词语的意义成为社会的强大信念。这个意义上,话语生产无疑是意识形态的重要组成部分。因此,话语生产并非一种自然的积聚。相反,话语生产过程充满了冲突与斗争"①。话语生产所派生的话语关系与社会关系相对应,话语生产的权力也与现实社会政治权力的分配和争夺息息相关。文艺批评话语的形成和发展绝非单纯的语言问题,而是始终与新旧文化的话语斗争相互牵绊。在历史大变革中产生的新老话语都想争夺话语权,以通过话语实践和社会实践实施对社会现实的有效干预。这就使得政治权力的争夺与文化权力的争夺往往交织缠绕,而且在更多的时候是通过新旧话语的争斗消长来体现的。况且,语言问题从来就不只是单纯的语言问题,文艺批评领域内话语权的争夺往往直接显现了政治权力的争斗,就像海然热指出的那样:"语言是一种政治资本,语言实践反映着一种从未公布的霸权,任何语言政策其实都是一种权力游戏,目的在于将人们纳入语言编成的网绳中,便于控制。"②从以上对《讲话》《我国社会主义文学艺术的道路》《纪要》进行的文本细读,可以见出,在时代风云裹挟和政治规范的局囿下,20世纪40—70年代的文艺批评秉持张扬意识形态性的政治批评立场,很大程度上成为国家权力话语的回音壁,在批评话语、批评功能、批评策略等方面均表现出了时代印痕深重的批评理论特质。

(原载《文学评论》2010年第6期)

---

① 南帆:《文学批评与文化批评——批评与话语生产》,《作家报》1997年11月13日。
② 海然热:《语言人:论语言学对人文科学的贡献》,张祖建译,生活·读书·新知三联书店1999年版,第267页。

语 言 与 文 化

中古汉语词义求证法论略

方一新

要准确考定词义，需要掌握正确的方法。尽管近些年来，中古汉语词汇研究取得了令人瞩目的成绩，但总结经验、探讨方法的论著还不多见①。本文试图在前人时贤研究的基础上，结合实例，讨论中古词义求证的基本方法，以就正于博雅。

求证中古汉语词义，大致要经过辨字、明词和释义这样几个步骤。姑举述如次。

一、辨　字

求证考释词义，首先必须依据可靠的版本和文字。人们常说，校书如扫落叶，随扫随生。故光有好的版本还不够，在研究过程中仍需要进行必要的校勘。因此，辨识文字正误就成为释词的第一步工作。这里试举两例：

（1）呛喑。《晋书·文苑传·王沈》："呛喑怯畏于谦让，阘茸勇敢于饕

① 关于中古、近代汉语词义求证的方法，郭在贻《训诂学》（湖南人民出版社 1986 年版，第 79—104、165—170 页）、蒋绍愚《近代汉语研究概况》（北京大学出版社 1994 年版）、蔡镜浩《魏晋南北朝词语例释》（江苏古籍出版社 1990 年版，"前言"第 1 页）都有介绍；江蓝生《演绎法与近代汉语词语考释》[收入北京中文系《语言学论丛》编委会编：《语言学论》（第 20 辑），商务印书馆 1998 年版，第 99—107 页]一文对词义考释的方法作了补充。此外，朱城有《古书词义求证法》（四川人民出版社 1997 年版）专著出版。笔者孤陋，所了解的情况大致如此。

净。"①《汉语大词典》已收"呛哼"条,释为"愚怯貌",并加按语说:"呛哼,《集韵·平庚》作'呛哼'。"按:应从《集韵》作"呛哼"为是。"呛哼"和"阘茸"对文,当是联绵词。从声音上看,《集韵》"呛"锄庚切,"哼"虚庚切,"呛哼"是叠韵联绵词。"哼",《集韵》有他昆切、朱伦切等音,声、韵都和"呛"字较远。《集韵·庚韵》:"脝,膨脝,腹满貌。""悙,悙悙,自矜健貌。""哼,呛哼,愚怯貌。"又:"呛,呛哼,愚怯。"都可以证明作"呛哼"是对的。

(2)解白。《全晋文》卷二三王羲之《杂帖》:"仆日弊,而得此热,勿勿解白耳。"②此据中华书局影印清严可均《全上古三代秦汉三国六朝文》辑本。"解白"费解,疑文字有误。二王书帖中多见"解日"一词,义为混日子、度日,如"忽忽解日尔""劣劣解日""忧悴解日"等,"白"应当是"日"的形近之误。

考释汉魏以降的中古语词,还应注意因为写本俗字而造成的错误和问题。在汉字的发展演变过程中,魏晋南北朝是一个重要的阶段。这一阶段的汉字特别是碑铭、写卷中的异形别构变化繁多,产生了大量俗字。识别俗字是考释词义的关键。六朝古籍中因俗字造成的讹误十分常见,至少有以下几类。

(一)因俗写加点而误

(3)斤——斥。《高僧传》卷四《支遁》:"昔匠石废斤于郢人,牙生辍弦于钟子。"③中华本校注:"原本'斤'作'斥',据《弘教》本、《世说》改正。"按:写本俗字中,在一个字上加点是通例,如"床"作"牀"、"氏"作"氏"、"社"作"社"、"吐"作"吐"、"民"作"**民**"、"弄"作"弄"、"友"作"友"等,"斤"加点成"**斥**"也是其例。梓民不察,遂误作"斥"了。

(二)因俗写加横而误

(4)印——印。《异苑》卷九:"永康有骑石山,山上有石人骑石马,(赵)侯以印指之,人马一时落首,今犹在山下。"④中华本《校勘记》:"《太平御览》卷七

---

① 房玄龄等:《晋书》卷九二,中华书局 1974 年版,第 2383 页。
② 严可均:《全上古三代秦汉三国六朝文·全晋文》卷二三,中华书局 1958 年版,第 1591 页。
③ 释慧皎:《高僧传》卷四,中华书局 1992 年版,第 163 页。
④ 刘敬叔:《异苑》卷九,中华书局 1996 年版,第 90 页。

百三十七引'印'作'仰',此句当作'俟仰以指之'。"按:校"印"为"仰",出发点大体不错,但没有找到错误的根源。其实,"印"是"卬"的俗字("卬"俗写加一横线成"印")之误,而"卬"是"仰"的古字;《异苑》作"卬",《太平御览》作"仰",二者是古今字关系。"卬"原系"卬"之俗写,手民不知,误作"印"耳。《世说新语·排调》二十八:"支道林因人就深公买印山,深公答曰:'未闻巢、由买山而隐。'"①"印山"就是"卬山",其致误原因和《异苑》本例相同。王利器、徐震堮等先生径校为"岇山",同样未得其源。进一步看,从"卬"之字在写本或早期的刻本中常添一横线作"印",如:"迎"作"**迎**",或作"**迎**";"抑"作"**抑**";"仰"作"**仰**";等等。

(三)因俗写偏旁相混而误

(5)析——折。《世说新语·豪爽》十一:"陈林道在西岸,都下诸人共要至牛渚会。陈理既佳,人欲共言折,陈以如意拄颊,望鸡笼山叹曰:'孙伯符志业不遂。'于是竟坐不得谈。"②"折","残写本《世说新书》作"**枂**"。王利器、徐震堮等先生校"折"为"枂","枂"即"析"字。《经律异相》卷三九引《六师誓经》:"彼所道说,达古知今,前知无极,却睹无穷,判义**枂**理,事不烦重。"③也用俗字。按:"言析"犹言言谈剖析,也就是下文"不得谈"的"谈",指清谈玄理;"言折"不可解,诸家所校是。写本从手从木之字往往相混,"析"之误作"折",就是一例。《高僧传》卷六《释道恒》"至于敷折妙典,研究幽微,足以启童稚,助化功德"④,宋元明三本、金陵本"折"作"析",也是"折""析"相混的例子。

(四)因俗写形讹而误

(6)鲑——鲛。《世说新语·纰漏》七:"虞啸父为孝武侍中,帝从容问曰:'卿在门下,初不闻有所献替。'虞家富春,近海,谓帝望其意气,对曰:'天时尚

---

① 徐震堮:《世说新语校笺》,中华书局1984年版,第430页。
② 徐震堮:《世说新语校笺》,中华书局1984年版,第330页。
③ 僧旻、宝唱等:《经律异相》卷三九,上海古籍出版社1988年版,第208页。
④ 释慧皎:《高僧传》卷六,中华书局1992年版,第248页。

暖，鱟鱼虾鮵未可致，寻当有所上献。'"①"鮵"字字书不载，莫详其义。影宋本作"鮺"，《晋书·虞啸父传》作"鮓"。"鮺"同"鮓"，《集韵·马韵》："鮺，《说文》：'藏鱼也。'南方谓之鮂，北方谓之鮺。或作鮓。"指腌鱼。则"鮵"当为"鮺"字之误。李慈铭《世说新语简端记》有校，可从。实则此字的谬误也和俗字有关。盖俗书"差"作"差"形，"鮺"俗写作"鮺"。浅人不识，遂误"鮺"为"鮵"，赖宋本得以存其真。

（五）因俗写二字合为一字或一字析为二字而误

（7）上下——弄。《世说新语·规箴》二十六："王绪、王国宝相为唇齿，并上下权要。"②"上下"二字，残写本作"弄"，余嘉锡《世说新语笺疏》、徐震堮《世说新语校笺》并校从写本。按：古书有一字误为二字者，参俞樾《古书疑义举例》卷五。"卡"为"弄"字俗体，《龙龛手鉴·入声·杂部》："卡，古文，灵贡反。"③《字汇补·卜部》："卡，与弄同。"后人少见"卡"字，遂误"卡"为"上下"二字，以致文意扞格不通。

除了以上几种情况外，还有因俗写加偏旁构成俗字的，像"习"和"憎"。《生经》卷二《佛说舅甥经》："王诏之曰：'勿广宣之，令外人知。舅甥盗者，谓王多事，不能觉察；至于后日，遂当憎忕，必复重来。'"④"憎忕"即"习忕"，意思是习惯、习以为常。"憎"是"习"（习）的增旁俗字，"忕"是"忕"的加点俗字。⑤"习"之所以写作"憎"，大概是受"忕"的影响偏旁类化而然。与此相反，也有因俗写省偏旁而成俗字的，像"俘"和"孚"。敦煌写卷第2965页《佛说生经》："饮酒过多，皆共醉寐。孚困酒瓶，受骨而去，守者不觉。""孚困"二字，现今的刻本如《大正藏》等均作"俘囚"。写卷"困"当为"囚"字之误，而"孚"则为"俘"之俗省。写本中既有增旁俗字，也有省旁俗字，"俘"之省作"孚"，就是一例。"俘囚酒瓶"意即俘获酒瓶、缴得酒瓶，是较为风趣的说法。类似之处也应细加辨察，避免出错。

---

① 徐震堮：《世说新语校笺》，中华书局1984年版，第488页。

② 徐震堮：《世说新语校笺》，中华书局1984年版，第315页。

③ 释行均：《龙龛手鉴》，中华书局1992年版，第552页。

④ 竺法护：《生经》卷二，《大正藏》（第3册），新文丰出版公司1985年版，第3/78c页。

⑤ 参看太田辰夫、江蓝生：《〈生经·舅甥经〉词语札记》，《语言研究》1989年第1期，第81页。

二、明　词

所谓"明词"，就是进行词的切分，区别词与非词，明确考释对象。求证词义，首先必须做词的切分，确定词与非词。由于汉文没有分词书写的传统，词与非词的界限是比较模糊的，要正确切分并不容易。尤其是古语词，有时不能套用现代汉语中区分词与词组的方法。中古语词中这类例子并不鲜见。谨参考张永言先生主编《世说新语辞典》（四川人民出版社 1992 年版，下简称《辞典》）和张万起先生《世说新语词典》（商务印书馆 1993 年版，下简称《词典》），举《世说新语》的例子。

(一)《辞典》立条而《词典》未收释的词

(1)游肆。谢车骑道谢公："游肆复无乃高唱，但恭坐捻鼻顾睐，便自有寝处山泽间仪。"（《容止》三十六）①

(2)刑辟。"岂有盛德感人若斯之甚，而不自卫，反招刑辟，殆不然乎？"（《言语》六刘注）②

(二)《词典》收释而《辞典》未收的词

(3)遊集。"是时胤十余岁，（王）胡之每出，尝于篱中见而异焉。谓胤父曰：'此儿当致高名。'后遊集，恒命之。"（《识鉴》二十七）③

(4)行来。"每与周旋行来，往名胜许，辄与俱。"（《赏誉》一一四）④

两部词典互有得失。如"游肆"，又见本书《识鉴》二十一、《任诞》三十六两条注；"刑辟"，《宋书·百官志上》："廷尉一人，丞一人。掌刑辟。"⑤犹言"刑法"

---

① 徐震堮：《世说新语校笺》，中华书局 1984 年版，第 342 页。
② 徐震堮：《世说新语校笺》，中华书局 1984 年版，第 33 页。
③ 徐震堮：《世说新语校笺》，中华书局 1984 年版，第 225 页。
④ 徐震堮：《世说新语校笺》，中华书局 1984 年版，第 263 页。
⑤ 沈约：《宋书》卷三九，中华书局 1974 年版，第 1230 页。

"惩罚";"遊集",又见《识鉴》二十七刘注、《宋书·武帝纪上》等,都是晋宋习语。"行来",始见于《诗经毛传》,中土典籍及佛典多见。这几个词似都可考虑收释。

(三)《辞典》和《词典》都没收的词

(5)善能。"(杨)朗有器识才量,善能当世。"(《识鉴》十三刘注)①"刘琨善能招延,而拙于抚御。"(《尤悔》四)②"能"也有善于、擅长义,故"善能"当属同义复合词,多见于汉魏六朝载籍。

(四)内部结构值得注意的词

(6)严惮。《德行》三十一刘注引《晋阳秋》:"侍从父琛避地会稽,端拱巍然,郡人严惮之,觏接之者,数人而已。"③《词典·副编》在"严"的"形容程度高。犹'极'"义项下举《晋阳秋》例,则是把它当作偏正结构。"严"有畏惧义,《孟子·公孙丑上》:"无严诸侯,恶声至,必反之。"朱熹集注:"严,畏惮也。""严惮"连言,也已见于《史记》。由于"严"在六朝时又有程度副词的用法,犹言极、甚,故在"严惮"一类的"严~"结构中,其语义构成关系就值得推敲。

(7)挺生。《方正》五十六刘注引《罗府君别传》:"及致仕还家,阶庭忽兰菊挺生。"④《吕氏春秋·仲冬》:"芸始生,荔挺出。"高诱注:"挺,生出也。"⑤《抱朴子内篇·塞难》:"圣人之死,非天所杀,则圣人之生,非天所挺也。"⑥这样看来,"挺生"当为同义连文,"挺"也是"生"的意思。《词典·副编》未收此词。《汉语大词典》释"挺生"为"挺拔生长。亦谓杰出",疑误解了"挺生"一词的内部结构。

---

① 徐震堮:《世说新语校笺》,中华书局 1984 年版,第 218 页。
② 徐震堮:《世说新语校笺》,中华书局 1984 年版,第 480 页。
③ 徐震堮:《世说新语校笺》,中华书局 1984 年版,第 342 页。
④ 徐震堮:《世说新语校笺》,中华书局 1984 年版,第 19 页。
⑤ 陈奇猷:《吕氏春秋校释》卷一一,学林出版社 1984 年版,第 574 页。
⑥ 王明:《抱朴子内篇校释》卷七,中华书局 1985 年版,第 138 页。

三、释　义

辨正了文字、确定了考释对象后,就进入释义阶段。释义的步骤大致有以下几个:查考、汇证、推阐、审例、比较、探源、验证。

(一) 查考

所谓"查考",是指调查了解前人对所释词语的研究情况,除了今人的著作外,就是通常听说的"古训",包括历代的注释、字典辞书和笔记等三个方面。如:

(1)吴康僧会译《六度集经》中数见"遁迈"一词,时贤有解释。检碛砂藏本《经律异相》卷三一后附音义:"遁迈,逃往也。"①可知此词是逃跑的意思。"叛"有逃跑义,学者多有抉发,碛砂藏本《经律异相》卷一九后附音义:"叛,音畔,逃叛。"②都已释其义。

有时候,根据文意,已经可以作出解释,但如果有旧训佐证,就会更有说服力。

(2)《搜神记》卷一〇"张车子"条:"吾昔梦从天换钱,外白以张车子钱贷我,必是子也。财当归之矣。"③《南史·曹武传》:"时帝在戎多乏,就武换借,未尝不得,遂至十七万。"④从两例的上下文来看,已经可以推知"换"有和借贷大致相当的义位。检《玉篇·手部》:"换,贷也。"说明"换"确实有借贷的意思。

有时候,某个词语在古训中已有载录,但须做一些辨识的工作。

(3)东汉以来,有一个口语词"欨"频频出现在佛典中,又作"欨嗽""欨嗻";中土文献中,比较口语化的小说《世说新语》《异苑》等也有用例。此词字书早就有记载。《说文·欠部》:"欨……一曰口相就也。"《广韵·屋韵》:"欨嗽,口

---

① 僧旻、宝唱等:《经律异相》卷三九,上海古籍出版社 1988 年版,第 171 页。

② 僧旻、宝唱等:《经律异相》卷三九,上海古籍出版社 1988 年版,第 110 页。

③ 干宝:《搜神记》卷一〇,中华书局 1979 年版,第 123 页。

④ 李延寿:《南史》卷四六,中华书局 1975 年版,第 1154 页。

相就也。""欪"就是"呜","欪嗷"就是"呜嗷"。

上例说明,即便像《说文》这样的经典字书,在解释中古词义方面的作用也不可小看。又如:

(4)《三国志·魏志·梁习传》裴注引《魏略·苛吏传》:"白日常自于墙壁间窥闪,夜使干廉察诸曹。"①这里的"闪"也是窥视的意思,"窥闪"当属同义连文。《说文·门部》:"闪,窥头门中也。"《三国志》此例正是用其本义。②

(二)汇证

如果查考的结果是没有旧训可以依据,那就必须自己考释。考释一个词语,归纳法是首选的研究方法。王引之认为训释的结论要能够"揆之本文而协,验之他卷而通",要做到这一点,首先必须把有关的"他卷"给找出来;在综合归纳了较多的例证后得出的结论,自然比较可靠。东晋王羲之、王献之父子的书帖中,习见"匆匆"一语,《颜氏家训·勉学》注意到了这个词,但引《说文》"匆"字的训释,用"匆遽"来解释它,殊非确诂。郭在贻师汇集"匆匆"的数十个例子细加推敲,发现它们都用在作者表示自己身体状况或心情欠佳的场合,"乃疲顿、困乏、心绪恶劣之意",纠正了颜说。③ 试再举两例:

(5)肉薄。《汉语大词典》释为"两军迫近,以徒手或短兵器搏斗"。从此词的实际用例来看,这个解释值得商榷。检其用例有:"(托跋)嗣又遣南平公托跋嵩三万骑至,遂肉薄攻营。"(《宋书·朱超石传》)④"虏乃肉薄登城,分番相代,坠而复升,莫有退者。"(《宋书·臧质传》)⑤"虏众由西道集堰南,分军东路,肉薄攻小城。"(《南齐书·垣崇祖传》)⑥"(侯)景军肉薄苦攻,城内同时鼓噪,矢石雨下,贼乃引退。"(《南史·王僧辩传》)⑦综合各例来看,"肉薄"攻打的对象都是"城"或"营",用来形容进攻一方兵力多,攻势猛;"肉薄"犹言成群结队,蜂

---

① 陈寿:《三国志》卷一五,中华书局1982年版,第471页。
② 郭在贻:《训诂丛稿》,上海古籍出版社1985年版,第209页。
③ 郭在贻:《训诂丛稿》,上海古籍出版社1985年版,第209页。
④ 沈约:《宋书》卷四八,中华书局1974年版,第1425页。
⑤ 沈约:《宋书》卷七四,中华书局1974年版,第1913页。
⑥ 萧子显:《南齐书》卷二五,中华书局1972年版,第462页。
⑦ 李延寿:《南史》卷六三,中华书局1975年版,第1537页。

拥而上,或搭人梯(强攻),这是此词的语义重点,而不是"以徒手或短兵器搏斗"(虽然也可能出现这种情况)。《汉语大辞典》之误,在于没有区分它和"肉搏"一词的差别。

(6)蓐食。始见于《左传》,《史记·淮阴侯列传》也有"晨炊蓐食"之语。杜预在《左传·文公七年》"秣马蓐食"下注:"蓐食,早食于寝蓐也。"张晏注《史记》(裴骃《集解》引)云:"未起而床蓐中食。"王引之不同意杜、张二注,据《方言》《广雅》"蓐,厚也"之训,释为"食之丰厚于常"(厚食),说见《经义述闻》卷一七。

笔者对从《三国志》《后汉书》到《南史》《北史》《隋书》等13种六朝及唐人撰写的史书做了调查,一共搜集到"蓐食"的14个后代用例(有几例重出),例如:"于是严行蓐食,须明,便带鞬摄弓上马,将两骑自随。"(《三国志·吴志·太史慈传》)①"弇闻之,晨夜倍守。至期夜半,弇敕诸将皆蓐食,会明至临淄城。"(《后汉书·耿弇传》)②"时慧景等蓐食轻行,皆有饥惧之色。"(《南齐书·崔慧景传》)③"遂夜令三军蓐食待命,鸡鸣而驾,后出者斩。"(《晋书·王如传》)④"会文帝遣送米三千石,鸭千头,帝即炊米煮鸭,誓申一战。士及防身,计粮数脔,人人裹饭,娓以鸭肉。帝令众军蓐食,攻之,齐军大溃。"(《南史·陈高祖武皇帝纪》)⑤"候骑言,贼去洺州四十里,蓐食干饭,神武曰:'自应渴死,何待我杀!'"(《北史·彭乐传》)⑥

综观上述两例,发现两个特点:其一,这些"蓐食"用例,除了最后一例时间不明外,其余6例都是在正常的食时前(夜里或凌晨)提前开饭;其二,是匆忙进食,或以干粮充饥,这都是行军打仗的特点造成的。在作战前夕,为了节省时间、避免暴露或限于条件,将士可能会将就着吃一些饭或干粮,而未必能好饭好菜,饱餐一顿。因此,至少从六朝的例证来看,"蓐食"不是饱食,而是早食、提前开饭。

---

① 陈寿:《三国志》卷四九,中华书局1982年版,第1187页。
② 范晔:《后汉书》卷一九,中华书局1965年版,第710页。
③ 萧子显:《南齐书》卷五一,中华书局1972年版,第873页。
④ 房玄龄:《晋书》卷一〇〇,中华书局1974年版,第2618页。
⑤ 李延寿:《南史》卷九,中华书局1975年版,第263页。
⑥ 李延寿:《南史》卷五三,中华书局1975年版,第1923页。

（三）推阐

对出现次数较多的词语，可以采用"汇证"的方法，排比用例来加以考释。但如果出现次数甚少或为仅见之词，则有必要运用"推阐"的方法来解释了。换句话说，是在本例之外，搜集相通、相关的例证，通过推理演绎或综合分析的办法，加以疏通证明。① 例如：

（7）婢。《文选·任昉〈奏弹刘整〉》是一篇弹劾文章，除了首尾部分外，记述了诉讼当事人的陈诉和证词，都是当时口语的直接记录，是研究南朝口语面貌的宝贵材料。其中有一些难解之处，如："（刘整）又以钱婢姊妹、弟温，仍留奴自使。""寅亡后，第二弟整仍夺教子，云应入众：整便留自使。婢姊及弟各准钱五千文，不分逯。"②

这两例"婢"和本篇中其他"婢"（如婢绿草、婢采音）的用法不同，显然不是"婢女"之义。按：一批从"卑"得声的字都有增加、补益的意思，"婢"从"卑"得声，这是考释该词的一条线索。疑两例"婢"为"裨"字之借。中古音"裨"隶并母支韵，"婢"并母纸韵，声音很近，具备通假条件。在这篇实录的原始文书中，不知是说话者还是记录者的原因，把"裨"写成了"婢"。"裨"有补益、补偿义，也有给予义，《广雅·释诂三》："裨，予也。"《南史·蔡兴宗传》："起二宅，先成东宅以与兄轨。轨罢长沙郡还，送钱五十万以裨宅直。"③"婢"读为"裨"，上面两例都说得通了。第一例是说，刘整用钱补偿给他的姐姐和名温的弟弟后，就把原来供全家使唤的奴隶教子当作自己的私奴来使唤。第二句是说，刘整付给姐、弟各五千文，用作独自使唤教子一奴的补偿金。

破除通假、因声求义是传统训诂学在词义考释过程中的重要法则和锐利武器，前辈学者已经作出了很好的示范。在求证中古、近代汉语词义时，仍然应该遵循这一原则。但在使用推阐特别是破假借的方法时要谨慎，要有足够

---

① 江蓝生曾举实例作了很好的论述。参看江蓝生：《演绎法与近代汉语词语考释》，北京大学中文系《语言学论丛》编委会编：《语言学论丛》（第 20 辑），商务印书馆 1998 年版，第 99—107 页。

② 李善等：《六臣注文选》卷四〇，浙江古籍出版社 1999 年版，第 724 页。

③ 李延寿：《南史》卷二九，中华书局 1975 年版，第 765 页。

的证据,避免滥用。如汉魏以来习以"极"表示疲劳,或以为是"剽"字之借①。"极"本指房屋的正梁,由此引申则有极点、尽头义。人的体力到了极点就会疲倦,由此产生出疲劳、疲倦义,其引申途径是一清二楚的,似不必别求本字。

(四)审例

所谓"审例","审"就是审度考察,"例"就是古书惯用的文例。"审例"是指考察古人行文的规律,包括连文、对文、异文,此外还有通览全书用词惯例、考察上下文等。通过审度文例的方法来求证词义,也是古已有之的研究方法,兹分述之。

1.连文例

汉魏六朝是汉语词汇复音化的重要阶段,产生了大量的复音词。这当中多数是由词义相同或相近的两个语素构成的并列式复音词。不了解这类复音词的语义结构,就容易误解词义。举两例:

(8)称叫。《生经》卷二《佛说舅甥经》:"甥素殟黠,预持死人臂,以用授女。女便放衣,转捉死臂,而大称叫。"②"称"也有叫义,"称叫"就是叫喊,应该属于同义复合词。"称"此义在六朝典籍中并不鲜见,如《三国志·魏志·吕布传》裴注引《先贤行状》:"城上称庆,若大军到。"③"称庆"谓欢呼庆贺。又可以和同义词连用,构成"称叫""称唤"等并列式复音词。

(9)忧惨。三国吴支谦译《撰集百缘经》卷一《长者七日作王缘》:"时有长者,多财饶宝,不可称计,闻王愁恼,来白王言:'……今者何故,忧惨如是?'"④"惨"有忧义,"忧惨"同义并列,就是忧愁,多见于东汉六朝典籍。

2.对文例

处在相对应位置的两个词,可能构成同义、近义或反义的关系,这就是"对文"。运用对文求证词义,是一条行之有效的方法。例如:

---

① 徐震堮在《世说新语校笺》中注"小极"说:"谓体中不适也,乃尔时常语。'极'盖'剽'之借字。"中华书局1984年版,第52页。

② 竺法护:《生经》卷二,《大正藏》(第3册),新文丰出版公司1985年版,第3/78c页。

③ 陈寿:《三国志》卷七,中华书局1982年版,第230页。

④ 支谦:《撰集百缘经》卷一,《大正藏》(第4册),新文丰出版公司1985年版,第4/207b页。

(10)能——善。"(殷)浩善《老》《易》,能清言。"(《世说新语·文学》二十七注引《殷浩别传》)①"(羊)忱性能草书,亦善行隶。"(《世说新语·巧艺》五注引《文字志》)②"能"和"善"相对,可知"能"就是善,指擅长某种才能技艺,而非能够义。

(11)分——恩、情。"平生结交,情厚分深。"(《人物志·八观》"爱惠分笃,虽傲狎不离"下刘昞注)③"仆小人也,本因行役,寇窃大州,恩深分厚。"(《三国志·魏志·臧洪传》)④两例"分"分别和"恩""情"相对,那么,"分"就有恩情、情谊义。

(12)譬——犹、若。"窃见玉书,称美玉白若截肪,黑譬纯漆。"(《三国志·魏志·钟繇传》裴注引《魏略》)⑤,"譬"和"若"对文,说明"譬"有好像、如同义。

运用对文求义法要科学合理,注意从词义出发,兼顾词性、句法,不能扩大无边,凡是对文者必定同义。如杜甫诗:"内蕊繁于缬,宫莎软胜绵。"徐仁甫先生《广释词》认为"于""胜"相对,"于"犹"胜",谓内蕊繁胜缬也。⑥ 其实,"于"仍然是介词,用来引进比较的对象,"繁于缬"犹言比缬繁,"于"本身并无"胜"义。

3.异文例

所谓"异文",是指同一书的不同版本,或同一件事的不同记载,文字上有差异。从词义的角度看,同义、近义或反义词都可以形成异文。不明异文有可能误校。

(13)形——身。《异苑》卷八:"须臾,见一人形长七尺,毛而不衣。"⑦"形",《太平广记》卷三九七引作"身"。按:"形"谓身、身体,"形长七尺"就是身高七尺。《高僧传》卷五《竺法汰》:"汰形长八尺,风姿可观。"⑧"形"的用法都和《异苑》相同。在身高这一义位上,"形"和"身"相同。《太平广记》是用其同义词。中华本《异苑·校勘记》认为"身"是"形"非,误。

---

① 徐震堮:《世说新语校笺》,中华书局 1984 年版,第 118 页。
② 徐震堮:《世说新语校笺》,中华书局 1984 年版,第 386 页。
③ 刘邵:《人物志》卷中,上海古籍出版社 1990 年版,第 22 页。
④ 陈寿:《三国志》卷七,中华书局 1982 年版,第 233 页。
⑤ 陈寿:《三国志》卷一三,中华书局 1982 年版,第 396 页。
⑥ 徐仁甫:《广释词》,四川人民出版社 1981 年版,第 29 页。
⑦ 刘敬叔:《异苑》卷八,中华书局 1996 年版,第 82 页。
⑧ 释慧皎:《高僧传》卷五,中华书局 1992 年版,第 192 页。

有些异文是因后人不明词义而擅改。如：

（14）剩——利。《周书·寇儁传》："家人曾卖物与人，而剩得绢五匹。"①
"剩"，《北史》作"利"。"剩"有多义，习见于六朝及唐宋以来作品，"剩得绢五
匹"就是多得了五匹绢，切合文义。作"利"可能出于误改。

也有因易俗为雅而改。像《世说新语·惑溺》"充就乳母手中呜之"的
"呜"，《晋书·贾充传》改为"拊"。又《世说新语·雅量》："下官家故有两娑千
万。""娑"犹言"三"，是一个方言词。《太平御览》卷六八七引作"两千万"，删去
"娑"字。总的来看，《晋书》采写《世说新语》的内容，唐宋类书引六朝典籍，往
往存在着"以雅代俗"的倾向。

运用异文求证法同样要注意科学性，因为造成异文的原因很复杂，有形
讹、音讹，有同音假借，有同义互换，有同词异写，有后人妄改，有来源、版本的
不同，等等，不可一概而论。

（五）比较

所谓"比较"，就是对所释作品本身以及相关文献作比较考察，发现规律，
考定词义。就中土文献而言，像《三国志》《世说新语》，既有正文又有注文，正
文、注文可以参照对比，进行研究。相关文献如《三国志》和《后汉书》、《世说新
语》和《晋书》等也有比较研究的价值。佛典如同时代的译者或同经异译之间
也可作对比研究。姑以《世说新语》为例，条陈如下：

1. 正文、注文互证法之一——正文印证注文

（15）赘述——赞。《赏誉》六十二刘注："言非圣人，不能无过，意讥赘述之
徒。"②"赘述"何义？本条正文云："常集聚，王公每发言，众人竞赞之；（王）述于
末坐曰：'主非尧、舜，何得事事皆是！'"刘孝标用"赘述"来代替正文的"赞"，可
见，"赘述"和"赞"同义，就是称赞。

2. 正文、注文互证法之二——注文印证正文

（16）可儿——可人。《赏誉》七十九："桓温行经王敦墓边过，望之云：'可

---

① 令狐德棻等：《周书》卷三七，中华书局1971年版，第657页。
② 徐震堮：《世说新语校笺》，中华书局1984年版，第251页。

儿！可儿！'"刘注引孙绰《与庾亮笺》："王敦可人之目，数十年间也。"①魏晋时"儿"有"人"义，故"可儿"犹言"可人"，注文正好为正文作注脚。②

3.上下文相互印证

不少词语可根据上下文来印证。如果能找出规律，举一反三，定能起到事半功倍的效果。

（17）信受——信。《方正》九刘注引干宝《晋纪》："皇太子有醇古之风，美于信受。"③"信受"是什么意思？本条下文云："侍中和峤数言于上曰：'季世多伪，而太子尚信，非四海之主。'""信"相当于"信受"的"文中自注"，那么"信受"就是"信"，也就是相信、取信的意思。太子指司马衷，后来的晋惠帝，他资质愚钝，容易受人欺骗，故说"尚信"，也就是上文所说的"美于信受"，译成白话，就是容易相信别人。

（六）探源

诠释词义后，如果能进一步对其来源、理据作出解释或推测，那就属于"探源"工作了。这项工作的目的是"知其然而且知其所以然"，难度很大，当然也很有意义。

例如，前述二王法帖中的"勿勿"一词，《训诂丛稿》已经作出了正确的解释。那么，"勿勿"是如何有"疲顿、困乏、心绪恶劣之意"的呢？其构词理据是什么？笔者以为，"勿勿"应该是"忽忽"的省写。"忽忽"有闷闷不乐义，也有身体不佳义，《全晋文》卷二二王羲之《杂帖》："仆日弊，而得此热，忽忽解日耳。"④在卷二四《杂帖》中有相似的文句，而"忽忽"作"勿勿"，是其证。《诸病源候论》中多见"忽忽"一词，形容身体状况不好。书札就是昔日的便条，写时龙飞凤舞，只求便捷，故把"忽忽"省写作"勿勿"了。与此相似的是句尾疑问语气词"耶"在法帖中有时被省写作"耳"。这是书法家的一种临时创造或即兴书写，未必符合汉字简化的规律。

---

① 徐震堮：《世说新语校笺》，中华书局 1984 年版，第 256 页。
② 有关内容可参看郭在贻：《郭在贻语言文学论稿》，浙江古籍出版社 1992 年版，第 3 页。
③ 徐震堮：《世说新语校笺》，中华书局 1984 年版，第 160 页。
④ 严可均：《全上古三代秦汉三国六朝文·全晋文》卷二二，中华书局 1958 年版，第 1584 页。

"探源"是不容易做好却又是不可缺少的一步,推测不妨大胆,但求证必须小心,做到"实事求是,无征不信",避免穿凿附会。

(七)验证

中古新产生的词义有些只在六朝通行,有些沿用到唐宋及元明清,有些直到现在仍然活跃在普通话或某些方言中。所谓"验证",就是检核现代汉语特别是方言的材料,对中古词义的考释进行检验证实,用来证明释义的准确性和可信度,加强古今汉语的沟通。例如:

(18)"椅",义为用筷子夹取。《世说新语·黜免》四:"桓公坐有参军椅烝薤,不时解,共食者又不助,而椅终不放。"①"椅",本字是"敧",《广韵·支韵》:"敧,居宜切。箸取物也。"今吴方言仍有此语。

(19)"捺",义为用手摁压。《兴起行经》卷上《佛说背痛宿缘经》:"便右手捺项,左手捉裤腰,两手蹙之,挫折其脊,如折甘蔗。"②《百喻经·老母捉熊喻》:"老母得急,即时合树,捺熊两手,熊不得动。"③今吴方言仍把用手摁住叫做"捺"。《肉蒲团》第二十回:"睡到半夜,那孽物不知不觉就要磨起人来,不住在被窝中碍手碍脚,捺又捺他不住。"

用现代方言来证古语是求证词义的辅助手段,而不是主要证据。此外,由于时代悬隔,语言(包括语音、词汇、语法等)变迁,运用这一方法应该谨慎从事,注意科学性。

释义的主要步骤有上述七种。而具体的词义求证考释过程错综复杂,并无一定之规,往往是多种方法参互贯通,综合运用。因此,对方法的运用不应机械呆板,流于教条。

[原载《浙江大学学报》(人文社会科学版)2002 年第 5 期]

---

① 徐震堮:《世说新语校笺》,中华书局 1984 年版,第 462 页。
② 失译:《兴起行经》卷上,《大正藏》(第 4 册),新文丰出版公司 1985 年版,第 4/167c 页。
③ 求那毗地:《百喻经》卷四,《大正藏》(第 4 册),新文丰出版公司 1985 年版,第 4/557a 页。

说"鸟"*

汪维辉

　　"鸟"(bird)属于人类语言的基本词,被斯瓦迪士(M. Swadesh)列入 100 核心词表。汉语中的"鸟"字已有不少学者做过研究,本文在已有研究的基础上进一步讨论相关的一些问题。

---

　　* 谨以此文祝贺太田斋教授和古屋昭弘教授六十华诞。本文为国家社科基金项目"汉语核心词的历史与现状研究"(11BYY062)的阶段性成果。在文章初稿草就之际,同窗挚友黄树先教授得知我在写作此文,特地发来他的新作《说"鸟"》(第三届汉语历史音韵学高端论坛提交论文,2011 年 10 月 14—17 日,武汉),笔者得以先睹为快,深感欣幸。黄文立足于穷尽性地搜罗汉语核心词"鸟"的相关系列,并与亲属语言进行比较,征引宏富,令人叹服,有些资料是我之前没有关注到的,比如顾学颉、王学奇《元曲释词》(中国社会科学出版社 1983 年版),李荣《温岭方言的变音》(《中国语文》1978 年第 2 期),李玉《说"鸟"字的上古音声母及其词义变化》(《古汉语研究》1991 年第 3 期),拙文修改时得以参考,在此谨向黄教授致谢。不过黄文与拙作的思路和旨趣全然不同,所以我回复黄教授说"咱俩不妨'同题各作'",拙文也就仍用原题而不避重名了。写作过程中承秋谷裕幸先生指教;友生史文磊、顾军、张文冠、真大成提供研究信息及资料多种;2011 年 12 月 23 日同门学术沙龙曾讨论过此文,友生贾燕子、胡波等或提出意见,或提供资料;友生李雪敏、王翠协助整理《汉语方言地图集》的材料;李雪敏帮助翻译高田时雄先生的文章。一并在此致谢。文中错误概由作者负责。

一、现 状

(一)"鸟"的两音两义

"鸟"在现代汉语通语(普通话)里有两个读音、两个意思:niǎo 是通用音、通用义,指"鸟类的总称";diǎo 是专用音、专用义,指"男阴①"。②

"鸟"在现代方言中的读音情况,有多位学者曾经论及,但限于资料,所述都不够全面,这里依据曹志耘主编《汉语方言地图集·语音卷》098"鸟特字的声母"地图③,归纳为表 1。

———————

① 《现代汉语词典》第 5 版释作"男子阴茎的俗称"(见"屌"字条),恐未必准确,应该是指整个"男阴"。南京师范大学博士生朱乐川君来信告知:2002 年增补本《现代汉语词典》288 页"屌"字条释作:"男性生殖器的俗称。"反比第 5 版释义准确。笔者在此感谢乐川君提供这条信息。

② 参看《现代汉语词典》第 5 版"鸟 niǎo"条(998 页)、"鸟 diǎo"条(313 页)和"屌 diǎo"条(313 页)。新近出版的《现代汉语词典》第 6 版同第 5 版。"通用音"和"专用音"是李荣先生的用语,参看李荣:《论"入"字的音》,《方言》1982 年第 4 期;又收入李荣:《语文论衡》,商务印书馆 1985 年版,第 110 页。"通用义"和"专用义"则是笔者的类推。

③ 曹志耘主编:《汉语方言地图集》,商务印书馆 2008 年版。

表 1 方言中"鸟"的声母

方言区	读音				
	读如端母	读如泥母	读如精母①	其 他	无
官话、晋语	12	141		2	208
吴语	99	8			15
赣语	54	13		1	23
徽语	5	6		1	3
湘语	29	7			6
客家话	62	2			6
粤语	2			1	57
闽语	6		84	1	11
平话	10	5		2	20
土话	18	2			2
畲话	2				
儋州话		1			
乡话					4

说明:①地图原注:以"鸟儿"里的"鸟"字音为依据,不包括其他场合的"鸟"字。
　　　②读如端母的包括:t、tʰ、ɗ、l。
　　　③读如泥母的包括:n、l、ȵ、ɲ、ndz。
　　　④读如精母的包括:ts、tɕ。
　　　⑤其他的包括:l、ŋ、∅。
　　　⑥"无"指有些方言点不说"鸟儿",而用其他词代替。参看下文表 2。
　　　⑦表中数字是方言点数。

---

① 《汉语方言地图集》"读如精母"类列有湖南耒阳(赣语)、永兴(赣语)和泸溪乡话三个点,
　　前两个点读作 tɕ,泸溪乡话读作 ts。秋谷裕幸先生来信告知:"湖南耒阳这个方言中,t
　　组声母拼细音时读成 tɕ,导致'焦'和'刁'同音。因此,'鸟'假使读塞擦音,它并不一定
　　与闽语的塞擦音有关系。我手头没有永兴方言的材料,但还是首先要确认精组和端组
　　的分合情况。"(2011 年 10 月 21 日电邮)秋谷先生的意见是对的,笔者谢谢他的提醒。
　　据胡斯可《湖南永兴赣方言同音字汇》(《方言》2009 年第 3 期),永兴的情况与耒阳完全
　　相同,也是"焦"和"刁"同音。因此,这两个点"鸟"的声母读法虽跟闽语相似但性质不
　　同,《汉语方言地图集》的处理不妥。本文把这两个点归入"读如端母"而不归入"读如精
　　母"。泸溪乡话的情况,友生胡波帮我请教了吉首大学的瞿建慧老师,她回信说:"我个
　　人认为,泸溪乡话说的是'雀儿',而不是'鸟儿',在泸溪话里没有古端母字今逢齐齿呼
　　读如精母的现象,至于把'鸟儿'说成'雀儿'是不是由于避讳,我不敢妄言。"(2012 年 3
　　月 20 日电邮)实际上,在《汉语方言地图集·词汇卷》的 036"鸟儿"地图中,泸溪乡话标
　　的是"□[dʑy³³⁴]子等"(详见下文表 2),而不是"鸟",可见把泸溪乡话标作"读如精母"也
　　不妥,本文把它归入"无"类。如此看来,就目前所知,"鸟"读如精母的现象只见于闽语。

表 1 中读如端母的是保持旧读,读如泥母、精母和"无"的则是出于避讳。各方言区的大致情形如下。

官话区(包括晋语)57％的点不说"鸟儿"(即表 1 中的"无"),说"鸟儿"的读如泥母的占 39％,这都是出于避讳;读如端母的只有 12 个点:湖北黄梅,湖南常德、汉寿、临澧、桃源、郴州、靖州、通道、张家界,江苏丹徒,江西九江、瑞昌——都是处在周边读如端母的地区;此外,四川华蓥和重庆忠县两个点读作零声母(即表 1 中的"其他")。

平话"无"和读如泥母的占到约 68％,读如端母的占 27％,总体上靠近官话。其中桂北平话多读如端母,只有贺州、富川、钟山等为"无",而桂南则多为"无"或读如泥母,湖南宁远平话也读如泥母。

徽语读如泥母和"无"的点比读如端母的多将近一倍,也与官话靠近。

吴语读如端母的占 81％强;不说"鸟儿"和读如泥母的占 19％,具体的方言点是:安徽池州、清阳,江苏溧阳、常州、通州、靖江(吴)、江阴、浙江杭州①(以上读如泥母),安徽黄山区、当涂、铜陵县、繁昌、南陵、芜湖县、泾县、宣城,江苏金坛、高淳、溧水、海门、启东,上海崇明,浙江洞头(以上为"无")。绝大部分处在跟官话接壤的地区,只有浙江杭州和洞头是例外,杭州的情况详见下文。

客家话读如端母占绝对优势(占 89％);只有 2 个点读如泥母(广东信宜、湖南汝城),6 个点为"无"(广东东源、和平、龙川、博罗、惠州、连南),当是周边强势方言的影响所致。

湘语读如端母的占 69％,其余 31％读如泥母或"无"。

赣语读如端母的约占 60％,不过还有约 40％为"无"或读如泥母。

土话读如端母的占 82％,"无"和读如泥母的占 18％。

以上吴语、客家话、湘语、赣语和土话总体上倾向于保持旧读。

粤语 95％是"无",说明粤语是避讳"鸟"字的(详下);只有广东阳春、广西玉林读如端母,广西兴业读如来母。

---

① 《汉语方言地图集》杭州标作"无",可疑。据笔者调查,杭州是说"鸟儿"的,读如泥母。详下。

闽语读如精母的是主流,占 82%。平山久雄先生认为是由于避讳。① 笔者曾就这个问题请教过秋谷裕幸先生,他回信说:"闽南区、闽东区和莆仙区'鸟'的声母存在读同精母的现象,原来的[ˀt]现在改读成[ts]。我认为原因应该是避讳。那么,为什么改成[ts]声母而没有改成其他声母呢? 这大概是受到'雀'字声母的影响而成立的。"(2011 年 10 月 18 日电邮)又说:"平山教授指出了闽语'鸟'字[ts]声母出于避讳,但没有讨论其成因,这仍然是一个谜。"(2011 年 10 月 19 日电邮)此外,福建龙岩、建阳、浦城(闽)、武夷山、南平、福安、莆田、大田、沙县、尤溪 10 个点不说"鸟"字,福建光泽、建宁、将乐、泰宁、浙江苍南(闽)、泰顺(闽)6 个点读如端母,福建三明、漳平读[ŋ]。

(二)"鸟"的异称

有的方言干脆不说"鸟",而用其他词代替。据曹志耘主编《汉语方言地图集·词汇卷》036"鸟儿"地图,归纳为表 2。

表 2 方言中"鸟"的异称

方言区	用词							
	鸟	雀	虫蚁	鹐	鸦	飞禽	其他	无统称
官话、晋语	139	203	7	6	2	2	2	2
吴语	103	16			1		1	
赣语	64	22					2	
徽语	12	4						
湘语	37	6						
客家话	61	8					1	
粤语	3	56						
闽语	89	12					1	
平话	17	18					2	

---

① 平山久雄:《中国语における避讳改词と避讳改音》,神户大学文学部中文研究会编:《未名》1992 年第 10 号,第 1—22 页。

方言区	用词							
	鸟	雀	虫蚁	鶌	鸦	飞禽	其他	无统称
土话	20	2						
畲话	2							
儋州话	1							
乡话		1			3			

说明:①"鸟"类包括:鸟儿、鸟子、鸟崽/鸟仔、鸟团、鸟—("—"不包括儿、子、崽、仔、团);鸟﹅、鸟～鸟儿、鸟～鸟子、鸟鸟、鸟鸟子、鸟□[nan⁰]、飞鸟、□[mi⁴⁴]鸟。

②"雀"类包括:雀儿、雀儿～雀子、雀儿～雀仔、雀儿～雀娃子、雀儿～鸟儿、雀儿～鸟﹅、雀儿～拐﹦拐﹦、将﹦等、雀儿子、雀子、雀子～鸟﹅、雀子～鸟子、雀崽/雀仔、雀仔～鸟仔、雀团、雀—("—"不包括儿、子、崽、仔、团);雀﹅、雀～雀崽/～雀仔、雀～鸟﹅、雀雀、雀雀～拐﹦拐﹦、雀雀儿、雀雀儿～雀鸟、雀雀儿～拐﹦拐﹦儿、雀雀子、雀娃子、雀伢崽、鸟雀、鸟雀～鸟仔、麻雀、渺﹦雀嘚。

③"虫蚁"类包括:虫蚁、虫蚁儿、虫蚁子。

④"鶌"类包括:鶌儿、鶌子。

⑤"鸦"类包括:鸦儿、鸦鸟。

⑥"飞禽"类包括:飞禽、飞飞儿、□[dʐy³³⁴]子等。

⑦表中数字是方言点数。

上面两个表要对着读①,因为有些点不说"鸟",所以也就没有"鸟"字的音;说"鸟"的方言,有些因为避讳而声母改读泥母或精母,有些则不避,仍读端母。

"鸟"在方言中的异称,大致分布如下。

官话区(含晋语)主要是"雀"类和"鸟"类,"鸟"大都读泥母(见上),此外还有"虫蚁"(安徽濉溪,河南嵩县、社旗、西峡、鲁山、扶沟,湖北郧县)、"鶌"(山东平度、潍坊、临朐、诸城、沂南、日照)、"鸦"(山西襄垣、襄汾)、"飞禽"(山西大宁、甘肃隆德)及其他(山西娄烦、四川盐亭)。以上都属于避讳改名或改音。

吴语、徽语、湘语、客家话、闽语、土话都以"鸟"类为主。吴语中"雀"类只有安徽池州、黄山区、当涂、铜陵县、繁昌、南陵、芜湖县、泾县、宣城,江苏金坛、高淳、溧水、海门、启东,上海崇明,浙江昌化(旧)16个点②,绝大多数是靠近官

---

① 两幅地图有些数据不相对应,是《汉语方言地图集》成于众手、尚欠精致所致。

② 《汉语方言地图集》杭州标作"雀儿",不确,应该是"鸟儿"(泥母),详下。

话的地区,另外江苏宜兴说"鸦鸟",浙江洞头是"其他"。徽语中"雀"类只有安徽祁门与旌德、江西浮梁、浙江淳安 4 个点,湘语中只有湖南辰溪(湘)、溆浦、保靖、花垣、吉首、泸溪(湘)6 个点,客家话中只有广东东源、龙川、博罗、惠州、连南、清新、廉江以及香港新界 8 个点,土话中只有广东南雄、湖南江华 2 个点,闽语中有福建龙岩、漳平、建瓯、建阳、浦城(闽)、武夷山、福安、莆田、大田、三明、沙县、尤溪 12 个点,另外福建南平是"其他"。赣语也是以"鸟"类为主,也有一些"雀"类,两者的比例约为 3∶1。不过徽语中"鸟"读如泥母的多于端母(参见表 1);客家话虽然基本上都说"鸟"并且读如端母,但实际上也是避讳"鸟"的(改声调),李如龙先生说:"在粤语和客家话,都了切的'鸟'用来表示男女交合,广州音 diu²,梅县音 tiau(上声),也是为回避此音,禽鸟的鸟分别改读 niu²、tiau(阴平)。"①闽语虽然说"鸟",但绝大多数读如精母,平山久雄先生认为也是出于避讳,已如上述。

粤语基本上都是"雀"类,只有广东阳春、兴业以及广西玉林 3 个点是"鸟"类。

平话"鸟"类和"雀"类不相上下,其中桂北平话基本上是"鸟"类,只有贺州、富川是"雀"类;而桂南则基本上是"雀"类。

无统称的只有四川宝兴、古蔺 2 个点。

(三)避讳的结果

"鸟"字《广韵·筱韵》"都了切"②,今天作为专用音,读作 diǎo③,符合音变规律;通用音读作 niǎo,则是出于避讳改音。大概是因为形状相似,"鸟"被用作男性生殖器的代称④,后来人们专门为这个专用义造了一个形声字——

---

① 李如龙:《从"操"的读音谈到读音的避讳》,(香港)《中国语文通讯》1990 年第 7 期。客家话中只有个别地点不改变声调。参看兰玉英:《客家方言中"鸟"、"卵"的意义及其文化意蕴》,《中华文化论坛》2010 年第 4 期。

② 该小韵共有 9 个同音字,不过除"鸟"以外都是不常用的字。

③ 《现代汉语词典》diǎo 音节下只有鸟、屌两个字。

④ 参看李玉:《说"鸟"字的上古音声母及其词义变化》,《古汉语研究》1991 年第 3 期;蒋冀骋:《近代汉语词汇研究》,湖南教育出版社 1991 年版,第 141 页。

"屌",又可省作"屌",或径写作"吊/弔"①,历史上也有借用同音字"乚"来书写的(详下)。一些方言区不说"鸟",而用其他词代替,也是出于避讳。

在汉语中,一个词如果由于避讳的原因不能说,通常会采取以下几种办法。

(1)同义词替换。比如:邦—国、启—开、世—代(以上为避皇帝名讳),卵—蛋(避亵词),等等。

(2)别的同音词改变读音,为它让道。比如:笔(屄),松(屄),操、糙(肏)②,徙(死),等等。又如据平山久雄先生研究,"昆"由 gūn 改读成 kūn,是为了避同音字"裈"。③

(3)本身改音也是一途,不过比较少见。"入"是一个,山西方言的"透"也是一个④,它们都跟"鸟"的情况一样,有"通用的"和"专用的"两个读音。平山久雄先生举了20多个例子,除了"鸟"以外,大概只有第 12 例即山西平遥方言"埋"的声母由[m-]改读成[p-](为了避免联想到"埋葬")⑤属于此类。⑥

以上(2)(3)都属于"避讳改音",但又有他词改音和自我改音之别。

"鸟"的情况最为复杂,既有自我改音,也有词汇替换。这种局面是如何造成的呢?让我们来看看它的历史。

---

① 参看:顾学颉、王学奇:《元曲释词》(第 1 册),中国社会科学出版社 1983 年版,第 471 页。王学奇、王静竹:《宋金元明清曲辞通释》,语文出版社 2002 年版,第 303 页。曹德和:《晋辞演变与雅化倾向——从"鸟"等的语音、语义和字符演变说起》,《汉语史学报》(第 6 辑),上海教育出版社 2006 年版;又收入曹德和:《语言应用和语言规范研究》,文化艺术出版社、中国社会科学出版社 2006 年版,第 216 页。

② 参看李如龙:《从"操"的读音谈到读音的避讳》,(香港)《中国语文通讯》1990 年第 7 期。

③ 平山久雄:《昆明为什么不读 Gunming?》(1995 年),《平山久雄语言学论文集》,商务印书馆 2005 年版。

④ 关于"入"和"透",参看李荣:《论"入"字的音》,《方言》1982 年第 4 期;又收入李荣:《语文论衡》,商务印书馆 1982 年版,第 110—111 页。李文说:"山西很多地方,'透(送气)'字是比'入(音日)'字还要粗野的话。山西本地话专用的'透'字送气,通用的'透'字常常不送气。"

⑤ 平山久雄先生说,此例是侯精一先生在私人谈话时告诉他的。

⑥ 平山久雄:《中国语における避讳改词と避讳改音》,神户大学文学部中文研究会编:《未名》1992 年第 10 号,第 1—22 页。

二、历　史

作为鸟类的总名，"鸟"这个词在汉语中可以说亘古未变，甲骨文已有①，历代载籍习见，直到今天仍说。

古代除了"鸟"，还有一个"隹"字，《说文解字·隹部》："隹，鸟之短尾总名也。象形。"②此字虽然甲骨文中已有，但一直未见文献用例③，它是否曾经作为一个词在汉语中使用过，值得怀疑，故本文姑置不论。

"禽"有一个义项与"鸟"对当，即"鸟类的总名"，《尔雅·释鸟》："二足而羽谓之禽，四足而毛谓之兽。"今天仍有"飞禽走兽"的说法。但"禽"的本义是"走兽总名"（见《说文》），段玉裁认为用作鸟类总名是"称谓之转移假借"。据王泗原《古语文例释》"禽但谓兽，鸟不曰禽"条，"禽"之古义与"兽"同，不作"鸟类"讲，后来由于四个因素的影响，"禽"才有了"鸟"义。④ 可见这个义项是后起的，它在古书中可以得到印证，如汉张衡《归田赋》："落云间之逸禽，悬渊沉之鲂鲤。"但用例并不多。实际上"禽"是个义域宽泛的词，它并未作为"鸟"的对等词跟"鸟"形成过竞争，只是有时用作"鸟"的同义词而已。类似的还有一个"雀"，有时词义也相当于"鸟"，但唐以前通常都是泛指小鸟，大鸟不能称"雀"，如《左传·襄公二十五年》："（然明）对曰：视民如子。见不仁者，诛之，如鹰鹯之逐鸟雀也。"所以在唐以前的上古和中古汉语阶段，可以说从来没有一个词

---

① 《说文解字·鸟部》："鸟，长尾禽总名也。象形，鸟之足似匕，从匕。"林义光《文源》："匕象鸟足形，非匕箸字。"按：甲骨文、金文均象鸟有喙、头、羽、尾、足之形。（据《汉语大字典》）

② 罗振玉《增订殷虚书契考释》说："卜辞中隹（许训短尾鸟者）与鸟不分，故隹字多作鸟形，许书隹部诸字亦多云籀文从鸟，盖隹、鸟古本一字，笔画有繁简耳。许以隹为短尾鸟之总名，然鸟尾长者莫如雉与鸡，而并从隹，尾之短者莫如鹤、鹭、凫、鸿，而均从鸟，可知强分之未为得矣。"王凤阳也说："在古文字中'鸟'和'隹'其实就是同一字的象形意味更强的字和更标准化、简易化的字的区别而已，是无所谓'长尾''短尾'的。"参看王凤阳：《古辞辨》（增订本），中华书局 2011 年版，第 112 页。孙玉文则认为"鸟""隹"同源，参看孙玉文：《"鸟""隹"同源试证》，《语言研究》1995 年第 1 期。

③ 参看王凤阳：《古辞辨》（增订本）"鸟 隹"条，中华书局 2011 年版，第 112 页。

④ 王泗原：《古语文例释》，上海古籍出版社 1988 年版，第 230—235 页。

跟"鸟"形成过真正的竞争之势。

(一)词汇替换

但是,唐代以后,情况发生了变化。据目前所知,"鸟"用作詈词可以上推至唐代,最早论及这个问题的当推蒋礼鸿先生,《敦煌变文字义通释》"鸟"条①云:

> 骂人的话,读入端纽,和《水浒传》里的"鸟人""鸟男女"的"鸟"相同。

燕子赋:"燕子被打,可笑尸骸:头不能举,眼不能开。夫妻相对,气咽声哀。'不曾触犯豹尾,缘没横罹鸟灾?'"②这是燕子气愤的话,说自己没有触犯皇帝的仪仗,为什么要遭受这种倒霉的灾祸呢! 并不是因为被雀儿所打而称为鸟灾。雀儿和燕子是同类,燕子自视是"人"而不是鸟,也不会用"鸟"来指雀儿而称为"鸟灾"的。《太平广记》卷二百七十三,李秀兰条引《中兴间气集》③:"秀兰尝与诸贤会乌程县开元寺,知河间刘长卿有阴疾,谓之曰:'山气日夕佳。'长卿对曰:'众鸟欣有托。'举坐大笑。""山气"谐疝气。这是刘、李借陶诗④作猥亵语相嘲谑,可见唐人已用"鸟"如"鸟男女"的"鸟"。⑤

---

① 蒋礼鸿:《敦煌变文字义通释》(第四次增订本),上海古籍出版社 1981 年版,第 303—304 页。

② 《汉语大字典》"鸟(diǎo)"字条释作"人、畜雄性生殖器",即引《燕子赋》例及蒋说。(缩印本第 4613 页,修订本第 4914 页)

③ 按:李秀兰(? —784),唐代女诗人。《中兴间气集》是唐代高仲武编选的唐诗选集。高仲武,渤海(今山东省滨州市)人,生卒年、字号不详。《中兴间气集》2 卷,选录肃宗至德初年(756)到代宗大历末年(779)20 多年间作家作品,计 26 人,诗 130 多首。旧史家称此时为"安史之乱"后之"中兴"时期,书名取此。此书在每家姓氏之后,都有简短评语。

④ 按:陶渊明《饮酒》:"山气日夕佳,飞鸟相与还。"又《读山海经》:"孟夏草木长,绕屋树扶疏。众鸟欣有托,吾亦爱吾庐。"

⑤ 查《敦煌变文字义通释》各版,1959 年第 1 版、1960 年第 2 版及 1962 年第 3 版都只引《燕子赋》一例,至 1981 年增订本第 1 版增补了《太平广记》例,此后各版均同。谢谢张文冠博士为笔者提供上述各个版本。

此后也有多位学者论证过这一点，但证据不出蒋先生所引的两条。① 宋代以后例子稍多，学者们多有引述，这里不再详举。此外，《汉语大字典》"𡳞"字条云："②男性生殖器。《通志·六书略一》：'𡳞，男子阴。'"②说明宋代已有借同音字"𡳞"来记录"鸟"的专用义。

可见，大概从唐代起，口语中说"鸟"（端母）就不大方便了。久而久之，它就成了一个需要避讳的亵词和詈词，于是就有了一些替代形式，主要有"雀（儿）"和"虫蚁"等。下面分别讨论。

1. 雀（儿）

《文选·宋玉〈高唐赋〉》："众雀嗷嗷，雌雄相失。"李善注："雀，鸟之通称。"这条唐人的注解颇堪注意，说明其时"雀"已可用作鸟类的通称。

下面我们挑几部书来做一个抽样调查。

（1）《新编五代史平话·周史平话上》（部分）

此书讲述周太祖郭威发迹的故事，有一段说道：

年至十一岁，武安令郭威去看守晒谷，怕有飞禽来吃谷粟时，驱逐使去。无奈那雀儿成群结队价来偷吃谷粟，才赶得东边的去，又向西边来吃。无计奈何，郭威做成竹弹弓一张，拾取小石块子做弹子，待那飞禽来偷谷时分，便弯起这弓，放取弹子，打这禽雀。却不曾弹得雀儿，不当不对，把那邻家顾瑞的孩儿顾驴儿太阳穴上打了一弹。弹到处，只见顾驴儿幞倒在地气绝。被那地分捉将郭威去，解赴黎阳县里打着官司。离不得委官亲到地头，集验验视顾驴儿尸首，除太阳穴一痕致命外，余无伤痕。取了郭威招伏，解赴潞州府衙去听候结断。那潞州刺史坐厅，将郭威管押立于厅下。刺史一觑，却是孩儿每打杀了孩

---

① 如李玉《说"鸟"字的上古音声母及其词义变化》（《古汉语研究》1991年第3期）、曹德和《詈辞演变与雅化倾向——从"鸟"等的语音、语义和字符演变说起》[浙江大学汉语史研究中心编：《汉语史学报》（第6辑），上海教育出版社2006年版；又收入曹德和《语言应用和语言规范研究》，文化艺术出版社、中国社会科学出版社2006年版，第216页]及杨琳《训诂方法新探》（商务印书馆2011年版，第127—133页）等。

② 此条材料承南京师范大学博士生朱乐川君提供，谨致谢忱。查郑樵《通志·六书略第一》，原文是："𡳞，丁了切。男子阴。"[《通志二十略》（上册），王树民点校，中华书局1985年版，第239页]又，于智荣《谈"鸟"字》（《汉字文化》1999年第2期）已提到詈词"鸟"可写作"𡳞"。

儿,把笔就解状上判:送法司拟呈。那法司检拟郭威弹雀误中顾驴儿额上,系是误伤杀人,情理可恕;况兼年未成丁,难以加刑,拟将郭威量情决臀杖二十,配五百里,贷死。呈奉刺史台判:推拟照断,免配外州,将颊上刺个雀儿,教记取所犯事头也。司吏读示案卷,杖直等人将郭威依条断决,决讫唤针笔匠就面颊左边刺个雀儿。① 刺讫,当厅疏放。

此书通篇只用"雀(儿)"或"飞禽""禽雀",未见一例"鸟",应该是宋元时期北方口语的真实反映。

(2)《训世评话》

此书编成于1473年,是一部故事体的汉语教科书,全书采用文白对照的方式,编了65则故事,语言带有明显的江淮官话色彩。编者李边是朝鲜王朝司译院都提调辅国崇禄大夫领中枢府事。全书"雀"在文言部分和白话部分均有出现,"鸟"则只出现在两篇故事的文言部分,其中一例为"乌鸟猛兽,驯扰其傍"(6文),另一例如下:

唐末天下大乱,贼兵四起,百姓不得力农,四海饥荒,人民畜产殆死无余。又值冬日,雪深四五尺,禽兽亦皆饿死。有一野鸟,饥甚,飞集田头。见鼠往来田间,鸟以为鼠藏米谷,进前请米。鼠即借米。鸟得米而归,饱腹终日,飞啼自在之际,又有一饥乌,见野鸟饱腹快乐,默计以为鸟得米而食,低声问曰:"小弟,汝何处得米,近日如此飞啼自乐欤?"野鸟直告借米之处,乌云:"大兄怜我饥馑,率我偕归借米之家,如何?"鸟应诺。偕诣其处。田鼠见鸟之归,问曰:"汝何故来欤?"鸟曰:"此乌大兄饥饿,因我乞米来耳。"鼠一见乌之憎态,心不悦,反曰:"我之积米,曾已散尽。"即走入穴,良久不出。鸟闻其言惭愧,与乌言曰:"汝在此,见鼠之出。"鸟即飞还。乌忿忿不已,独立穴前,待鼠之出,谋欲害之。鼠以为乌曾飞去矣,走出穴外。乌击啄鼠之头脑,鼠须臾而毙。乌即飞去,告鸟曰:"我啄杀鼠矣。"鸟闻其言,痛甚哀鸣,飞至鼠死之地,鼠死已在沟中矣。鸟悲鸣彷徨不去。此乃借米不均之患也。(32文)

白话部分翻译为:

唐末天下乱了,四下里贼兵横行,百姓每不得耕种,天下饥荒,饿死的人马

_____

① 郭威后来绰号就叫"郭雀儿"。

头口且不说,冬月天连日下雪四五尺高,飞禽走兽也都饿死。有一个野雀儿饿的昏了,飞到那田头谷梃里头坐的时节,有一个田鼠频频的来往。这野雀心里计较:"他好歹有趱积米粮。"就到根前去,要借些粮。田鼠说:"有粮借馈你。"野雀借得粮去,吃的饱了,早起晚夕噪鸣快活。老鸦却见野雀吃饱快活,料磨者说:"这野雀必定讨粮米吃。"就低声哀问:"兄弟你那里去讨些米粮吃,这几日那般噪鸣欢乐?"野雀儿老实说了借粮的意思。老鸦说道:"雀大哥,可怜见带我去借者米粮。"野雀儿便引他去见那田鼠。田鼠对野雀说:"雀兄弟,你来何故?"野雀回说:"我这老鸦大哥无有吃食,教我引来借些米谷吃。"这田鼠一见老鸦生的形容狠歹,心里嫌他,说:"我有多少粮米么,这两日都散了。"这般说,就走入窟陇里,一向不肯出来。野雀儿听他说害羞,教这老鸦看一看他,便飞去了。老鸦恼的当不得,独自站在窟陇前面,等出来要害他。田鼠只想老鸦已自去了,忽然走出来,三不知被那老鸦把头脑上啄破就死了。老鸦飞去,对野雀说:"啄杀田鼠来了。"野雀听得这话,悲鸣哀痛,飞到田鼠死处,见了田鼠被杀,飚在田沟里。这野雀凄惶哀鸣,彷徨不去。这是借粮不均,逢这灾害。

(32 白)

"鸟"一律改成了"雀(儿)",说明在李边习得的口语中鸟类的通称是"雀(儿)"。

(3)《朴通事谚解》(1480—1483 年)

此书中"雀"4 见(另有 1 例"孔雀"未计),未见"鸟"字:

后面北斗七星板儿做的好,那雀舌儿①牢壮便好。

墙上一块土,吊下来礼拜。这个是雀儿。

每日家寻空便拿雀儿,把瓦来都躐破了。

这应该是明代前期北方官话的真实反映。

《红楼梦》中有这样的对话:"说他'雀儿拣着旺处飞,黑母鸡一窝儿,自家的事不管,倒替人家去瞎张罗'。"(六十五回)"咱们家没人,俗语说的'夯雀儿先飞',省得临时丢三落四的不齐全,令人笑话。"(六十七回)"夯雀儿先飞"就是"笨鸟先飞"("夯"即"笨"字)。这都是口语中说"雀儿"的真实反映。

这些北方文献中"鸟"说成"雀(儿)",跟今天官话区许多地方的情形是一

---

① "雀舌儿"是腰带上的一个部件。

脉相承的。

2. 虫蚁(虫䖪)

许政扬说:"今开封地区方言,谓禽鸟为'虫蚁'。此词亦见于宋元戏曲、话本中。"①

"虫蚁"一词大约始见于东汉,起初当是指昆虫、蚂蚁之类,如《金匮要略·禽兽鱼虫禁忌并治第二十四》:"蜘蛛落食中,有毒,勿食之。凡蜂蝇虫蚁等,多集食上,食之致瘘。"②此义魏晋南北朝隋唐时期沿用,例子颇多。后来可以泛指一切动物,正如许政扬所说:"所有一切古昔目为'虫'的,不论飞禽走兽,昆虫鳞介,无不可称'虫蚁'。"③例如《五灯会元·保福清豁禅师》:"未几,谓门人曰:'吾灭后将遗骸施诸虫蚁,勿置坟塔。'言讫,入湖头山,坐磐石,俨然长往。门人禀遗命,延留七日,竟无虫蚁之所侵食,遂就阇维,散于林野。"④这是泛指鸟兽等动物。元尚仲贤《洞庭湖柳毅传书》第三折:"(柳毅笑云)钱塘君差了也。你在洪波中扬鳍鼓鬣,掀风作浪,尽由得你。今日身被衣冠,酒筵之上,却使不得你那虫蚁性儿。"⑤这是指蛟龙。更多的例子可看许政扬《宋元小说戏曲语释(三)·虫蚁》一文。但在宋元以来的戏曲、小说等通俗文献中则常专指鸟类,如:

金董解元《西厢记诸宫调》卷一:"虫蚁儿里多情的,莺儿第一。"凌景埏校注:"指小的鸟雀和虫,也写作'虫䖪'。"⑥按:此"虫蚁儿"当义同"鸟儿",凌释恐未确。

《喻世明言》卷三十六《宋四公大闹禁魂张》:"见个小的跳将来,赵正道:'小哥,与你五文钱,你看那卖酸馅王公头巾上一堆虫蚁屎,你去说与他,不要道我说。'那小的真个去说道:'王公,你看头巾上。'王秀除下头巾来,只道是虫蚁屎,入去茶坊里揩抹了。走出来架子上看时,不见了那金丝罐。……王秀道:'师父,我今朝呕气。方才挑那架子出来,一个人买酸馅,脱一钱在地下。

---

① 许政扬:《宋元小说戏曲语释(三)·虫蚁》,《许政扬文存》,中华书局1984年版,第63页。

② 张仲景:《金匮要略通解》,三秦出版社2001年版,第642页。

③ 许政扬:《宋元小说戏曲语释(三)·虫蚁》,《许政扬文存》,中华书局1984年版,第68页。

④ 普济:《五灯会元》(中册),朱俊红点校,海南出版社2011年版,第676页。

⑤ 徐征等主编:《全元曲》(第4卷),河北教育出版社1998年版,第2460页。

⑥ 凌景埏校注:《董解元西厢记》,人民文学出版社1962年版,第32页。

我去拾那一钱，不知甚虫蚁屙在我头巾上。我入茶坊去揸头巾出来，不见了金丝罐，一日好闷！'"①

《喻世明言》卷二十六《沈小官一鸟害七命》："有个客人，时常要买虫蚁。""偶然打从御用监禽鸟房门前经过，那沈昱心中是爱虫蚁的，意欲进去一看，因门上用了十数个钱，得放进去闲看。只听得一个画眉十分叫得巧好，仔细看时，正是儿子不见的画眉。那画眉见了沈昱眼熟，越发叫得好听，又叫又跳，将头颠沈昱数次。"②

《西游记》第三十二回："原来行者在他耳根后，句句儿听着哩；忍不住飞将起来，又琢弄他一琢弄。又摇身一变，变作个啄木虫儿。……这虫鹭不大不小的，上秤称，只有二三两重，红铜嘴，黑铁脚，刷刷的一翅飞下来。"

《金瓶梅词话》第二十四回："妇人道：'贼短命，你是城楼上雀儿，好耐惊耐怕的虫蚁儿！'"

以上例子中的"虫蚁（虫鹭）"明显都是指鸟。

《水浒传》第六十回："（燕青）更且一身本事，无人比得，拿着一张川弩，只用三枝短箭，郊外落生，并不放空，箭到物落；晚间入城，少杀也有百十虫蚁。"许政扬云："此言射猎，岂有不取狐兔，只逐雉雁之理？ 这里所谓'虫蚁'，其意也为兼概飞走两者无疑。"③按：从上下文的"落生""箭到物落"等语来看，这个"虫蚁"当专指鸟类而非泛指飞禽走兽。《水浒传》第六十一回："却说燕青为无下饭，拿了弩子去近边处寻几个虫蚁吃。""虫蚁"义同。

许政扬说："又吴自牧《梦粱录》卷十三'诸色杂卖'条、周密《武林旧事》卷六'小经纪'条，均载'虫蚁笼'，《旧事》又著'虫蚁食'，此或鸟笼与鸟食。"④所释甚是。顺便一提，在《水浒传》和《金瓶梅词话》里，对话中的"鸟"字几乎都是用作骂人话。

可见至晚元明以后"虫蚁"其实就成了"鸟"的别称，一直沿用到今天的部

---

① 冯梦龙：《喻世明言》，金城出版社 1998 年版，第 335 页。

② 冯梦龙：《喻世明言》，金城出版社 1998 年版，第 242、245 页。

③ 许政扬：《宋元小说戏曲语释（三）·虫蚁》，《许政扬文存》，中华书局 1984 年版，第 67 页。

④ 许政扬：《宋元小说戏曲语释（三）·虫蚁》，《许政扬文存》，中华书局 1984 年版，第 63 页。

分官话方言中。《汉语大词典》"虫蚁"条第二个义项为"对禽鸟等小动物的通称",恐未确。

现代方言中所见的其他鸟类通称"鷐""鸦儿""鸦鸟""飞禽"等,有些在近代汉语文献中偶见用例,略举如次。

鷐(chén):《汉语大字典》"鷐"字条:小鸟。《字汇·鸟部》:"鷐,小鸟。"元王元鼎《河西后庭花》:"泥中刺绵里针,黑头虫黄口鷐。"元刘庭信《寨儿令·戒嫖荡》:"学调雏黄口鷐,初出帐小哥喽,怎当他风月担儿沉。"

鸦鸟:《大唐三藏取经诗话·入鬼子母国处第九》:"又过一山,山岭崔嵬,人行不到,鸦鸟不飞,未知此中是何所在。"又《入王母池之处第十一》:"前去之间,忽见石壁高岑万丈,又见一石盘,阔四五里地,又有两池,方广数十里,弥弥万丈,鸦鸟不飞。"比较同书《入竺国度海之处第十五》:"佛住鸡足山中,此处望见,西上有一座名山,灵异光明,人所不至,鸟不能飞。"[1]"鸦鸟"显然跟"鸟"同义,是用作鸟类的统称。明哈铭《正统临戎录》:"一日,铭与袁彬及达子也先帖木儿等同在爷爷前奏说:'吃金一心愿忠朝廷。若驾有好歹时,铭等务要奉金身归朝廷。如铭等有好歹时,亦愿爷爷深埋着,不要触污天地,使鸦鸟残吃。'"[2]

飞禽:《通制条格》卷二十七"禁捕秃鹙":"奉圣旨:您行文书,这飞禽行休打捕者。好生禁了者。钦此。"[3]《西游记》中"飞禽"多见,如第六回:"等待片时,那大圣变鱼儿,顺水正游,忽见一只飞禽,似青鹞,毛片不青;似鹭鸶,顶上无缨;似老鹳,腿又不红:'想是二郎变化了等我哩!……'"

"飞飞儿"则未见文献用例。

(二)读作泥母的来源

除了寻求同义词来替代"鸟"字以外,人们还试图用改音的办法来达到避讳的目的。

---

[1] 朱一玄、刘毓忱编:《西游记资料汇编》,南开大学出版社 2002 年版,第 52、55、58 页。此书"鸟"字一共就这 3 例。

[2] 刘坚:《古代白话文献选读》,商务印书馆 1999 年版,第 425 页。此文"鸟"字仅此一见。

[3] 黄时鉴点校:《通制条格》,浙江古籍出版社 1986 年版,第 278 页。

"鸟"本为端母字,到了《中原音韵》中已读作泥母,跟"袅""嫋""裹"列在一起(萧豪韵)①,也就是跟今天普通话通用音的声母一致了。从上文所引的《中兴间气集》和敦煌本《燕子赋》可知,早在唐代"鸟"字已产生专用义,因此我们推测这个读音在实际口语中的产生年代当更早。赵庸说:"郑张尚芳在论述吴语中官话层次分析的方言史价值时,提出可以把杭州话作为识别判认南方方言中北来层次先后的重要的语音史坐标,并列出杭州话在语音上的十个官话特点……之后又补充了一点:特字'鸟'说 liɔ,也属官音,吴语则另有白读 ɕiɔ。②……特字'鸟'说 liɔ,可能是更早的读音,我们这次没有调查到,老中青年均说 ȵiɔ,另有婺语音 ɕiɔ,同吴语异读音。"③也就是说,现代杭州话"鸟"的读音是 [ȵiɔ],口语中通常说"鸟儿"。从这一间接证据来看,"鸟"读作泥母大概至晚北宋后期已然,杭州话的读音应该是宋室南渡时从中原带过来的。④当然,这一推测尚需进一步证实。到了明代的字书、韵书中,就明确记载了这个读音,如《洪武正韵》《篇海类编》均是"尼了切"。

至于为什么避讳要改读作泥母而不是别的声母,单周尧已经作了有说服力的回答:"由[t-]转[n-],跟'钩'(古侯切)在广州话中为了避讳不读[kɐu]而读[ŋɐu]音理正同。"⑤上引山西平遥方言"埋"的声母由[m-]改读成[p-]也属

---

① 蒋冀骋《近代汉语词汇研究》(湖南教育出版社 1991 年版,第 141 页)、李玉《说"鸟"字的上古音声母及其词义变化》(《古汉语研究》1991 年第 3 期)、单周尧《"鸟"字古音试论》(《中国语文》1992 第 4 期)等均已指出这一点。

② 郑张尚芳:《吴语中官话层次分析的方言史价值》,上海:首届国际汉语方言历史层次研讨会提交论文,2004 年。

③ 赵庸:《杭州话白读系统的形成》,《语言研究》2012 年第 2 期。

④ 岑仲勉云:"……再合观元曲不多用'鸟'字一节,可信转入泥纽,当早在宋代。"参看岑仲勉:《说两个俗语·"鸟"音改变之原因》,《中央日报》1948 年 3 月 15 日第 7 版《文史周刊》。曹德和根据"褭"与"鸟"的关系的分析,也推测"鸟"的泥母一读可能宋代已经产生。参看曹德和:《晋辞演变与雅化倾向——从"鸟"等的语音、语义和字符演变说起》,浙江大学汉语史研究中心编:《汉语史学报》(第 6 辑),上海教育出版社 2006 年版;又收入曹德和:《语言应用和语言规范研究》,文化艺术出版社、中国社会科学出版社 2006 年版,第 216 页。

⑤ 单周尧:《"鸟"字古音试论》,《中国语文》1992 年第 4 期。

于同类现象。这里不再赘述。①

三、讨　论

平山久雄先生曾指出："我认为避讳改音是一种社会风气的产物，人们可能对某字与秽字同音本不大在乎，后来就变得敏感了。"②此论甚确，避讳确实是有时代性和地域性的。本节我们讨论三个问题。

（一）为什么上古、中古时期"鸟"字不需避讳？

邢公畹先生说："'鸟'字音何以上古、中古都不讳，唯独到了明代才避起讳来？"③除了"明代"需提前外（详上），邢先生所问的问题是对的。

目前尚未发现唐以前避"鸟"字讳的证据。唐以前"鸟"为何不需避讳呢？大概是因为那时"鸟"还没有被用作亵词和詈词。那么唐以前男阴称什么呢？《正字通》说："屌，男子阴名。按：此为方俗语，史传皆曰势。"④《汉语大词典》"势"字条释作"男性生殖器"，首引《太平御览》卷六四八引汉郑玄《尚书纬·刑德放》："割者，丈夫淫，割其势也已。"《汉语大字典》则释作"人及动物的睾丸"，引《字汇·力部》："势，阳气也。宫刑：男子割势。势，外肾也。"始见书证同。

除"势"之外，可能还有"卵"。从很早的时候起，"卵"就可以用作睾丸的俗称，《汉语大字典》所引的始见书证是《素问·诊要经终论》："厥阴终者，中热、嗌干、善溺、心烦，甚则舌卷、卵上缩而终矣。"又如《素问·骨空论》："腰痛不可以转摇，急引阴卵，刺八髎与痛上，八髎在腰尻分间。"《灵枢经·五色》："男子色在于面王，为小腹痛，下为卵痛，其圜直为茎痛，高为本，下为首，狐疝㿉阴之

---

① 岑仲勉 1948 年的《说两个俗语·"鸟"音改变之原因》一文可能是最早论及"鸟"字变音及其原因的文章，岑先生认为改读泥母是道学先生"强改其读"而又师徒相传造成的。可备一说。

② 平山久雄：《昆明为什么不读 Gunming？》（1995 年），《平山久雄语言学论文集》，商务印书馆 2005 年版，第 104—105 页。

③ 邢公畹：《说"鸟"字的前上古音》，《民族语文》1982 年第 3 期。

④ 转引自单周尧：《"鸟"字古音试论》，《中国语文》1992 年第 4 期。

属也。"早期医籍中此类"卵"字数见。

不过,唐以前对于这一类亵词似乎很少避讳,这大概就是平山久雄先生所说的跟"社会风气"有关吧。高田时雄"俗讳之一例"举了唐代因俗讳改音的两个例子,颇给人以启发。① 一是"裸",本音鲁果切(或郎果切等),为避俗讳而改读作胡瓦切(或户瓦切,音髁等),如慧琳《一切经音义》卷一百《惠超往五天竺国传》中卷:"【裸形】鲁果反。赤体无衣曰裸,或从人作倮,或从身作躶,今避俗讳,音胡瓦反,上声。"可洪《藏经音义随函录》:"【躶形】上郎果反,俗谓阴囊为躶也。古文作胞,像形字也。《说文》:'赤体。躶,裸也。'又肥,是身之少分,亦不合偏露其躶也。今宜作裸,音髁,裸即全体无衣也。""【躶者】上胡瓦反,正作裸、倮二形。又郎果反,《说文》云:'赤体,躶裸也。'风俗以为恶口也。""【躶形】上户瓦反,净也,无衣也,正作裸也。又郎果反。《说文》云:'赤体,躶裸也。'南方谓恶口也,非此呼。"慧苑《新译华严经音义》:"【躶露】上郎果反,隐处也,俗为恶口也。又按躶是身之少分也。今宜作裸,户瓦反。"按:这个例子实际上是说,"裸"因为与表"阴囊"义的"卵"同音②,俗读改变声母读作"胡瓦切"的音。二是"圆",本字应作"圂",音户官切,避俗讳改读作于拳切,写作"圆",如可洪《藏经音义随函录》第十册《菩萨地持经》卷十:"【两圆】或作圈,同于拳反。天体也,核也,圂也,正言圂,避俗讳,故作圆也。圂户官反。"高田先生说:"容易推测出'户官反'乃至'胡官切'的音是表达睾丸之意。随着俗讳就写成'圆'了。"《菩萨地持经》中的"两圆",在玄奘翻译的《瑜伽师地论》中作"两核",定宾法师的《四分律疏饰宗义记》有注:"核谓卵也。"这是说民间避"圂"字(音户官切,义为"卵"),把它改读成于拳切的"圆"字。由此可见唐时人们对表生殖器的词已经很敏感了,大概常常用作詈词,所以民间称之为"恶口"。这跟"鸟"(端母)从唐代开始用作詈词可谓不谋而合,反映了一种时代风气。

---

① 高田时雄:《避讳と字音》,京都大学人文科学研究所编:《东方学报》(第 85 册),2010年。此文承真大成博士从京都大学发给我,甚谢。

② "卵",《广韵》卢管切,又郎果切。

(二)为什么有些方言里"鸟"不需避讳?

避"鸟"字讳应该是从北方兴起的,这从共时分布中可以看得很清楚。^① 到明代以后,有些吴语区的作品中也出现了"鸟"用作亵词和詈词的例子,比如明冯梦龙编《山歌·会》:"铁店里婆娘会打钉,皂隶家婆会捉人,外郎娘子会行房事,染坊店里会撇青。"原注:"第三句或作'打生船上姐儿会弄鸟'。亦可。"《型世言》中用作骂人的"鸟"4见,如下:

邓氏去开门,便嚷道:"你道不回了,咱闭好了门,正待睡个安耽觉儿,又来鸟叫唤!"(第五回)

邓氏嚷道:"扯鸟淡,教咱只道是贼,吓得一跳。怪攘刀子的!"(第五回)

那左首的笑了笑道:"我徐明山不属大明,不属日本,是个海外天子,生杀自由。我来就招,受你这干鸟官气么?"(第七回)

又寻了些监生秀才去,撞了这两个蛮掌家,道:"他盗了咱进御玉带,还要抄没他。干你鸡巴鸟事,来闲管!"(第三十二回)

这几例皆为模拟北方人口吻,文中自称用"咱"也是一个显证。《型世言》中指"男阴"还是说"卵"的。在今天的吴方言中,"鸟"一般是不需要避讳的,因为男阴不叫"鸟"。明清吴语作品中的这类"鸟"字,很可能是受了北方话的影响而使用的。像《喻世明言》卷二十六《沈小官一鸟害七命》中虽然有称"鸟"为"虫蚁"的(见上引),但"鸟"也十分常见,比如故事一开头说到主角沈秀特别喜欢鸟儿,"养画眉过日。……街坊邻里取他一个诨名,叫做'沈鸟儿'"。诨名叫"鸟儿",可见口语中是并不避讳"鸟"字的。

在不需避讳"鸟"的吴语等一些南方方言中,男阴称"卵(卵子、卵袋等)"^②等,不称"鸟"。所以在这些方言中常常需要避讳"卵"而无须避讳"鸟"。这就像"球""蛋"一类的词,在北方地区常被用作亵词,而在南方则是无须避讳的。人名中有"球"字的(如鲁冠球、王球之类),一定不会是北方人。这是方言之间的避讳差异。

---

① 多位学者都已指出,称男阴为"鸟"是北方方言词。

② 此类词语习见于明清吴语小说中。

(三)"鸟"字避讳的结果为什么改音和词汇替换并存?

如上所述,历史上人们试图采用同义词替换的办法来避讳"鸟"字,并且在一些地区成功了;但是在通语中却仍然使用"鸟",只是改变了声母,并没有被其他词所取代。这又是为什么呢?

原因大概是找不到一个语义上完全合格的替代词,像"雀(儿)"和"虫蚁(儿)"等,都不如"鸟"字简明而准确。从上面所引的一些文献用例可以看出,"雀(儿)"和"虫蚁(儿)"虽然常用作鸟类的通称,但是实际上都蕴含着一个隐性义素[+小的],在今天的活方言中也是如此。语义上真正合格的大概只有"飞禽",不过这个词书面语色彩过重,而且是双音节,在实际口语中用来表示一个经常要说到的基本概念并不十分合适。方言中虽然有用"飞禽"来称呼鸟类的,但很少,《汉语方言地图集》上标出的只有甘肃隆德一个点。所以,曾经用来替换"鸟"的那些词,语义上大都存在缺陷,结果在音和义的竞争中,义胜出,于是就只有采用另一种办法来避讳,即改变"鸟"的读音。

"鸟"在词汇替换方面遇到的困难,如果跟"卵—蛋"的历时替换作一对比,就会看得更清楚。"卵"(egg)也被斯瓦迪士列入 100 核心词表,属于人类语言的基本词,由于避讳的原因,后来被"蛋"替换。这一过程相对简单,替换也比较彻底(只是在南部吴语、闽语和部分客家话中没有发生替换),"卵"本身并没有发生改音的现象,只是"蛋"的字形有一个从"弹"到"鴠"等最后定型于"蛋"的过程。①

四、结 语

李荣先生说过:"研究语言的人常常排斥有关'性'的字眼,编辑字典跟调查方言都是这样。其实说话的时候要回避这类字眼,研究的时候是不必排斥

---

① 范常喜对"卵"和"蛋"的历时替换作过研究,不过结论多可商补。参见范常喜:《"卵"和"蛋"的历时替换》,浙江大学汉语史研究中心编:《汉语史学报》(第 6 辑),上海教育出版社 2006 年版。关于这个问题,我们将另文讨论。

的,并且是不能排斥的。就学问本身说,这类禁忌的字眼常常造成字音的更改,词汇的变化,对认识语言的现状跟历史,都是很重要的。"①"鸟"的个案既有"字音的更改",又有"词汇的变化",属于比较复杂的一类,这种例子并不多见,对于"认识语言的现状跟历史"的确是很有意义的。"鸟"的个案反映出汉语在入唐以后确实发生了很大的变化,记录原生态口语的语料也逐渐增多,为探明口语演变的真相提供了条件。

有意思的是,在当代汉语中,读作泥母的"鸟"字也常常被用作詈词(年轻人中尤为常见,包括方言区的人说普通话),这跟普通话的迅速普及和电视剧②等有声媒体的影响有很大的关系,正如李如龙先生所说:"民族共同语对方言有天然的影响,尤其在社会生活节奏加快的时候。"③

(原载中国语学论集刊行会编:《太田斋、古屋昭弘两教授还历记念中国语学论集》,《中国语学研究·开篇》第 15 期,[日]好文出版社 2013 年版)

---

① 李荣:《论"入"字的音》,《方言》1982 年第 4 期;又收入李荣:《语文论衡》,商务印书馆 1985 年版,第 107—110 页。
② 如电视剧《水浒传》中骂人的"鸟"字都读作 niǎo。
③ 李如龙:《从"操"的读音谈到读音的避讳》,(香港)《中国语文通讯》1990 年第 7 期。

《汉语大词典》所收中古史书
词语释义辨正

真大成

　　本文所谓"《汉语大词典》所收中古史书词语"是指《汉语大词典》（下文简称《大词典》）中以中古史书为例证的词语。① 中古史书是《大词典》设立词目的重要文献来源，而《大词典》也对许多中古史书词语作出了精审的解释。毋庸讳言，由于种种原因，《大词典》对所收录的中古史书词语误解、误释的条目也不在少数。近几年来，笔者颇留意于中古史书词语，在使用《大词典》时，对释义有误或未确的条目随时记录，并试作辨正，今刺取 33 则，都为一篇，敬请方家指教。

（一）称绩

　　可称颂的政绩。《三国志·蜀志·马忠传》："（张表、阎宇）继踵在忠后，其威风称绩，皆不及忠。"《宋书·张永传》："除建康令，所居皆有称绩。"《南史·刘潜传》："出为阳羡令，甚有称绩。"《北史·杨播传》："父懿，延兴末为广平太守，有称绩。"②

　　按：将"称"释作"称颂"，误；"称绩"也不是偏正结构。"称"指名声、声誉。《后汉书·崔寔传》："大人少有英称，历位卿守。""英称"犹言英名。《三国

---

①　"中古史书"是指记叙魏晋南北朝史事的《三国志》《晋书》《宋书》《南齐书》《梁书》《陈书》《魏书》《北齐书》《周书》《隋书》《南史》《北史》十二部正史。

②　楷体字部分为《汉语大词典》释义及所引中古史书例证，下同。

志·蜀志·法正传》:"天下有获虚誉而无其实者,许靖是也……靖之浮称,播流四海。""浮称"犹前言"虚誉","称"指声誉。《魏书·严棱传》:"及世祖践阼,以棱归化之功,除中山太守,有清廉之称。""清廉之称"即清廉的名声。"绩"指劳绩。"称绩"应为并列复合词,谓名声功绩。①

(二)风检

1. 指对自身言行方面的检点约束。《晋书·江统孙楚传论》:"江统风检操行,良有可称,陈留多士,斯为其冠。"

按:"检"不是"检点约束"之义,而是名词,指风度、仪范。"检"有法度义,《文选·曹丕〈典论·论文〉》:"譬诸音乐,曲度虽均,节奏同检。"李善注引《苍颉篇》:"检,法度也。"由此引申则指人的风度、仪范。《三国志·魏志·陈思王植传》注引荀绰《冀州记》:"(杨)准子峤,字国彦,髦字士彦,并为后出之俊。准与裴頠、乐广善,遣往见之。頠性弘方,爱峤之有高韵……广性清淳,爱髦之有神检……评者以为峤虽有高韵,而神检不逮,广言为得。""神检"指气韵风度。《世说新语·赏誉》"刘琨称祖车骑"注引虞预《晋书》:"(祖逖)豁荡不修仪检,轻财好施。""仪检"犹言仪范。《三国志·魏志·王粲传》注引韦仲将曰:"仲宣伤于肥戆,休伯都无格检。"《汉魏南北朝墓志汇编·北魏·魏故使持节都督恒州诸军事前将军恒州刺史韩(震)使君墓志铭》:"祖宁朔府君,清规素誉,标映侪等。考平州使君,检格峻举,藉甚当世。""格检""检格"谓风度格调。②《大词典》所引《晋书》"风检"犹言风度、仪范。

(三)规弼

规划辅佐。《周书·李贤传》:"(李贤)斯土良家,勋德兼著,受委居朕,辅导积年,念其规弼,功劳甚茂。"

---

① 《晋书·胡奋传》:"奋家世将门,晚乃好学,有刀笔之用,所在有声绩,居边特有威惠。""称绩"犹"声绩"。

② 《大词典》"格检"条引《三国志》例,释作"检点",非是。

按：高祖自在襁褓即居李贤家，"六载乃还宫"，故而李贤"辅导积年"。"规弼"也是说李贤的"辅导"之功，"规"应指规劝、劝谏，而不是指谋划、规划。"规弼"近义连文，谓劝谏辅佐。《太平御览》卷四三〇引《唐书》："杨再思在位累载，屈节希旨，无所规弼，然慎畏，未尝忤物。或谓再思曰：'公名高位重，何为屈折如此？'再思曰：'世路艰难，直者受祸，苟不如此，何以全其身哉。'"亦其例。

（四）简第

谓甄别等第。《晋书·石季龙载记上》："先是，大发百姓女二十已下十三已上三万余人，为三等之第以分配之……季龙临轩简第诸女。"

按："第"不作名词当"等第"义讲，而是指评定、品评。"第"作名词有次第、等级义，用作动词则可指定（次第）、评（等级），《管子·度地》："凡一年之事毕矣，举有功，赏贤，罚有罪，迁有司之吏而第之。"《汉书·王褒传》："上令褒与张子侨等并待诏，数从褒等放猎，所幸宫馆，辄为歌颂，第其高下，以差赐帛。"《梁书·柳恽传》："恽善奕棋，帝每敕侍坐，仍令定棋谱，第其优劣。"《封氏闻见记·讨论》："著作郎孔至，二十传儒学，撰百家类例，品第海内族姓。""品第"同义连文，谓品评。《大词典》所引《晋书》"简第诸女"例，"诸女"是"简第"的宾语，"简第"显然不能是动宾结构，释作"甄别等第"，而应指甄别品评。

（五）谨急

谨严急刻。《陈书·程文季传》："文季临事谨急，御下严整。"

按：以"急刻"释"谨急"之"急"，恐未然。"急"有严格、严厉义，《中论·修本》："孔子之制《春秋》也，详内而略外，急己而宽人。""急""宽"对文，"急己"犹言严己。《颜氏家训·风操》："今人避讳，更急于古。""更急于古"谓比古时更加严格。《晋书·王恭传》："时内外疑阻，津逻严急，（殷）仲堪之信因庾楷达之，以斜绢为书，内箭簳中，合镝漆之，楷送于恭。""急"即谓严，"严急"同义连文，谓津逻防察严密。《魏书·萧宝夤传》："萧衍既克建业，杀其兄弟，将害宝夤，以兵守之，未至严急。""严急"也指严密、严格。《大词典》所举《陈书》例，

"谨急"犹谨严,谓程文季行事严密,一丝不苟。

(六)口马

口北出的马。泛指良马。《北齐书·李密传》:"高祖频降手书劳问,并赐口马。"《隋书·王韶传》:"以功进位开府,封晋阳县公,邑五百户,赐口马杂畜以万计。"

按:《大词典》"口北"条:"泛指长城以北地区。也称口外。主要指张家口以北的河北省北部和内蒙古自治区中部。因长城关隘多称口,如古北口、喜峰口、张家口、杀虎口等,故名。"据此,"口马"条释文"口北出的马"是指长城以北地区出产的马。但是以"口"指称长城关口大约是宋元以后事,这种用法在南北朝时尚未出现,故"口马"之"口"是否指"口北"不能无疑。其实,"口马"应指二事,"口"谓生口,"马"指马匹。《魏书·吕罗汉传》:"高祖诏罗汉曰:'……然赤水诸羌居边土,非卿善诱,何以招辑? 卿所得口马,表求贡奉,朕嘉乃诚,便敕领纳。其马印付都牧,口以赐卿。'"前言"口马",后则"马""口"分言。

《魏书·世祖纪上》:"(始光)四年春正月乙酉,车驾至自西伐,赐留台文武生口、缯帛、马牛各有差。"《隋书·李穆传附兄子询》:"及平尉迥,进位上柱国,改封陇西郡公,赐帛千匹,加以口马。"比较上引二例画线部分,"口马"为生口、马匹之合称灼然可知。

(七)荣贯

荣宠备至。《魏书·高道悦传》:"臣既疏鲁,滥蒙荣贯。"

按:"贯"在中古可指职务、官职,"荣贯"谓荣显之职。高道悦时任谏议大夫,本传称其"正色当官,不惮强御","滥蒙荣贯"后又谓"司兼献弼,职当然否","荣贯"显然即指谏议大夫一职。"荣贯"一词又见于《宋书·后妃传·文帝路淑媛》:"前车骑咨议参军路休之、前丹阳丞路茂之,崇宪密戚,蚤延荣贯,并怀所勖,宜殊恒饰。"上文云"休之、茂之并超显职",前后对比,"荣贯"即指"显职"甚明。

《易·剥》:"贯鱼,以宫人宠。"陆德明释文:"贯,穿也。"汉魏六朝以来以

"贯鱼"表示按次铨序进官,如《风俗通义·过誉》:"举其子,如无罪,得至后岁贯鱼之次,敬不有违。"王利器校注:"此用为铨次而进意。"《周书·黎景熙传》:"是以古之善为治者,贯鱼以次,任必以能。"后单用"贯"表示任官授职,《宋书·孝武帝纪》载诏:"凡一介之善,随才铨贯。"又《隐逸传·宗炳》:"(刘裕)问申永曰:'今日何施而可?'永曰:'除其宿衅,倍其惠泽,贯叙门次,显擢才能,如此而已。'"①"贯"与"铨""叙"同义连文。这个意义的"贯"又转指名词,指官职、职务。

除"荣贯"外,还有"清贯",谓清显的职务。《南齐书·张欣泰传》:"下直辄游园池,着鹿皮冠,衲衣锡杖,挟素琴。……世祖大怒,遣出外,数日,意稍释,召还,谓之曰:'卿不乐为武职驱使,当处卿以清贯。'除正员郎。""正员郎"即散骑侍郎(据《通典·职官四》"历代郎官"条),此职清显,多由有望实者任之。齐武帝处张欣泰以"清贯",即授以清显之职,亦即正员郎。《文苑英华》卷六一一梁元帝《荐鲍几表》:"脱蒙显居良局,登以清贯,将齐毛玠古人之服,实同吴隐酌水之廉。""清贯"与"良局"相对,"贯""局"并谓职务、职任。

又有"华贯",《文苑英华》卷三八〇沈约《王亮王莹加授诏》:"京辅(叶)〔华〕贯,端副要重……尚书左仆射(王)亮,浚哲渊深,道风清邈,时宗民誉,金望所归。""端"即端右之省称,指尚书令或尚书仆射,"华贯"显然指华贵之职②,与"端"相应。

又有"显贯",《唐大诏令集》卷五五《韦贯之吏部侍郎制》:"(韦贯之)早著淑声,累经显贯。"据《旧唐书》本传,韦贯之历任校书郎、监察御史、秘书丞、中书舍人、礼部侍郎、尚书右丞,又以尚书右丞职同中书门下平章事,所任均为显要的官职,所以制书中称他"累经显贯","显贯"犹言显职。

(八)三注

1.三次瞄准。《晋书·宣帝纪》:"爽帐下督严世上楼,引弩将射帝。孙谦止之曰:'事未可知。'三注三止,皆引其肘不得发。"

---

① 《资治通鉴》卷一一六"晋安帝义熙八年"条引此文,胡三省注:"贯叙者,以次叙之,若穿钱贯然也。"释"贯"为"次",恐未确。

② 《大词典》"华贯"条释作"显要的行列",恐不确。

按："注"不是瞄准义，而是指安放、放置，这里指将箭搭到弦上。《左传·襄公二十三年》："乐射之，不中。又注，则乘槐本而覆。"杜预注："注，属矢于弦也。"又《昭公二十一年》："城怒而反之，将注，豹则关矣。"杜预注："注，傅矢。"《宋书·沈怀文传》："俄而被召俱入雉场，怀文曰：'风雨如此，非圣躬所宜冒。'(王)景文又曰：'怀文所启宜从。'(江)智渊未及有言，上方注弩，作色曰：'卿欲效颜竣邪？何以恒知人事。'""注弩"谓将箭搭到弩弦上。此语唐人尚习用，《汉书·李广传》"广乃令持满毋发"颜师古注："注矢于弓弩而引满之，不发矢也。"《文选·潘岳〈射雉赋〉》"属刚罳以潜拟"李善注："属，谓注矢于弦也。"刘禹锡《答容州窦中丞书》："今夫挟弓注矢溯空而发者，人自以为皆羿可矣。"均其比。《大词典》所引《晋书》事，又见于《三国志·魏志·诸夏侯曹传》注引《世说新语》："(督)乃上门楼，引弩注箭欲发。将孙谦在后牵止之曰：'天下事未可知！'如此者三，宣王遂得过去。""注"即注箭，"引弩注箭"犹今语"张弓搭箭"。

《左传·定公十四年》："使罪人三行，属剑于颈。"杜注："以剑注颈。"《北齐书·王昕传附弟晞》："帝使力士反接，拔白刃注颈，骂曰：'小子何知，欲以吏才非我，是谁教汝？'""拔白刃注颈"谓将兵刃架于脖颈间。

(九)申达

1.显达。《魏书·甄琛传》："于时赵修盛宠，琛倾身事之。琛父凝为中散大夫，弟僧林为本州别驾，皆托修申达。"

2.指使显达。《北史·宋弁传》："时大选内外群官，并定四海士族，弁专参铨量之任……高门大族意所不便者，弁因毁之；至于旧族沦滞而人非可忌者，又申达之。"

按：将"申达"释为"显达"，误。"申达"是举拔、举荐之义。"申"有伸展义，引申可指举拔、提拔。《晋书·挚虞传》："若有文武器能有益于时务而未见申叙者，各举其人。"又《冯跋载记附冯素弗》："好存亡继绝，申拔旧门。"《宋书·沈演之传》："性好举才，申济屈滞。"《南齐书·幸臣传·吕文度》："永明中，敕亲近不得辄有申荐，人士免官，寒人鞭一百。"《魏书·刘休宾传》："太和中，高祖选尽物望，河南人士，才学之徒，咸见申擢。"《汉魏南北朝墓志汇编·北魏·元举墓志铭》："暨大驾纂戎,禁卫须人,伯王申举,简充直后。""申"均是举拔、提拔之义。

"达"有引进、举荐义。《周礼·天官·太宰》："以八统诏王驭万民……七曰达吏……"郑玄注："达吏,察举勤劳之小吏也。""察举"亦即举拔、举荐。《汉书·佞幸传·邓通》："文帝时间如通家游戏,然通无他技能,不能有所荐达,独自谨身以媚上而已。""达"与"荐"同义连文。《汉书·灌夫传》："两人相为引重,其游如父子然,相得欢甚,无厌,恨相知之晚。""引重"下颜师古注引张晏曰:"相荐达为声势也。""引"有荐举义,故张晏以"荐达"释之。又有"进达"连文者,"进""达"均谓引进、荐举。《礼记·儒行》："儒有内称不辟亲,外举不辟怨,程功积事,推贤而进达之。"《三国志·魏志·荀彧传》："太祖以彧为知人,诸所进达皆称职。"

"申达"同义连文,谓举荐、引举。①《大词典》所引《魏书·甄琛传》例谓甄凝、甄僧林都托赵修举荐自己。《北史·宋弁传》例也是举荐、引举义,不是指"显达"。

(十)谈价

谈论和评价。《梁书·袁昂传》："从兄提养训教,示以义方,每假其谈价,虚其声誉,得及人次,实亦有由。"

按:将"谈"释作"谈论"、"价"释作"评价",均未谛。"谈价"与下文"声誉"对文,义同。"谈"有称颂、赞誉义,《韩非子·孤愤》："学士不因,则养禄薄礼卑,故学士为之谈也。"王先慎集解引旧注:"谈者,谓为重人延誉。"引申作名词则有名誉、名声义。《魏书·崔休传》："休聪明强济,雅善断决,幕府多事,辞讼盈几,剖判若流,殊无疑滞,加之公平清洁,甚得时谈。""时谈"犹言时誉。《北史》同传"谈"作"誉",乃李延寿以同义词替换。又《魏书·甄琛传》："侍中、领御史中尉甄琛,身居直法,纠摘是司,风邪响黩,犹宜劾纠,况赵修奢暴,声著内

---

① "申达"还可表示申说、叙述义,如《梁书·武帝纪下》："细民有言事者,咸为申达。"《太平广记》卷三四二"独孤穆"条(出《异闻录》):"有顷,青衣出谓穆曰:'君非隋将独孤盛之后乎?'穆乃自陈,是盛八代孙。青衣曰:'果如是,娘子与郎君乃有旧。'穆询其故,青衣曰:'某贱人也,不知其由,娘子即当自出申达。'"

外,侵公害私,朝野切齿。而琛尝不陈奏,方更往来,绸缪结纳,以为朋党,中外影响,致其谈誉。"谓甄琛与赵修交结往来,使其得到名声。"谈誉"同义连文,"谈"亦即"誉"。

"价"谓声望、声名。《魏书·崔休传》史臣曰:"袁翻文高价重,其当时之才秀欤?"袁翻本传则云"翻既才学名重",可见"价"就是指声名。《后汉书·宗室四王三侯传·北海靖王兴》:"中兴初,禁网尚阔,而(刘)睦性谦恭好士,千里交结,自名儒宿德,莫不造门,由是声价益广。"《世说新语·文学》:"庾仲初作《扬都赋》成,以呈庾亮。亮以亲族之怀,大为其名价云:'可三《二京》,四《三都》。'""价"与"声""名"连文,即谓声名。

《抱朴子·外篇》卷二七《刺骄》:"所论荐则蹇驴蒙龙骏之价,所中伤则孝己受商臣之谈。""价""谈"分而对举。《梁书·袁昂传》中"谈价"合而成词。

(十一)文迹

文字所记载的事迹。《陈书·废帝纪》:"此诸文迹,今以相示,是可忍,谁则不容?"

按:将《陈书》"文迹"释作"文字所记载的事迹",误。当时安成王陈顼专政,假借慈训太后令,诬帝(废帝陈伯宗)与刘师知、华皎等通谋,令书中列举多种通谋之事,如征召余孝顷、"密诏华皎"、"别敕欧阳纥"等等,最后云"此诸文迹,今以相示","文迹"实谓废帝所下文书,"迹"指废帝之亲笔手迹。《文选·陆机〈谢平原内史表〉》注引王隐《晋书》载陆机《与吴王晏表》:"禅文本草,今见在中书,一字一迹,自可分别。"《魏书·崔玄伯传附崔衡》:"天安元年,擢为内秘书中散,班下诏命及御所览书,多其迹也。""迹"谓书迹、手迹。《宋书·张茂度传》:"见汝翰迹,言不相伤,何其滔滔称人意邪?"《南齐书·刘祥传》:"私之疑事,卫将军臣俭,宰辅圣朝,令望当世,囚自断才短,密以谘俭,俭为折衷,纸迹犹存。""翰迹""纸迹"均谓文书、书迹,"文迹"与之义同。《魏书·释老志》:"自羲轩已还,至于三代,其神言秘策,蕴图纬之文,范世率民,垂坟典之迹。"则是"文""迹"分言之例。

(十二)行备

1. 出行的准备。《晋书·礼志中》："泰始二年八月,诏曰:'思慕烦毒,欲诣陵瞻侍,以尽哀愤。主者具行备。'"

按:"备"不是指"准备",而是指器具,"行备"犹言行装。《左传·襄公五年》："季文子卒……宰庀家器为葬备,无衣帛之妾,无食粟之马,无藏金玉,无重器备,君子是以知季文子之忠于公室也。"杜预注:"器备,谓珍宝甲兵之物。""器备"同义连文。又《昭公三年》:"郑伯如楚,子产相。楚子享之,赋《吉日》。既享,子产乃具田备,王以田江南之梦。""田备",田猎的用具。《庄公二十八年》:"楚令尹子元欲蛊文夫人,为馆于其宫侧,而振万焉。夫人闻之泣曰:'先君以是舞也,习戎备也。'""戎备",军事装备。《商君书·兵守》:"发梁撤屋,给徙,徙之;不洽,而燎之,使客无得以助攻备。""攻备",攻击的器具。《国语·吴语》:"审备则可以战乎?"韦昭注:"备,守御之备。""备"指守卫之器具。《汉书·终军传》:"今鲁国之鼓,当先具其备,至秋乃能举火。"颜师古注:"备,犹今言调度。""调度"即用具。《左传·昭公元年》:"具行器矣!楚王汰侈而自说其事,必合诸侯。吾往无日矣。"杜预注:"行器,会备。""行备"即"行器"。

(十三)营度

2. 量度营造。《周书·王思政传》:"思政以玉壁地在险要,请筑城。即自营度,移镇之。"

按:若"营"是营造义,则应言"度营"——先量度再营造;既言"营度",则"营"恐非指营造。"营"亦谓度,指测量、量度,"营度"同义连言。《广雅·释诂一》:"营,度也。"《吕氏春秋·孟冬》:"审棺椁之厚薄,营丘垄之小大、高卑、薄厚之度,贵贱之等级。"高诱注:"营,度也。""营""审"对举。《大词典》所引《周书》例谓王思政即自测量,"筑城"则略言。

（十四）障吝

围堤占夺水面并加守护。《魏书·食货志》："自后豪贵之家复乘势占夺，近池之民，又辄障吝。"《北史·酷吏传·崔暹》："遣子析户，分隶三县，广占田宅，藏匿官奴，障吝陂苇，侵盗公私，为御史中尉王显所弹，免官。"

按：释义迂曲，"围堤"云云恐是误解，而"占夺水面"云云又是凿空之辞。"障"本义指阻隔，《说文·自部》："障，隔也。"引申则有守护、保护义。《艺文类聚》卷五九引南朝梁简文帝《庆洛阳平启》："每兴燔燧之警，常劳守障之民。"①"守障"并列复词。"障吝"之"障"亦此义，指守护、看守。"吝"在中古也有守护、据守义，《大词典》所引《魏书·食货志》文后又云："但利起天池，取用无法，或豪贵封护，或近者吝守，卑贱远来，超然绝望。""封护""吝守"对举，"吝"即谓守护。《晋书·刁协传附刁逵》："刁氏素殷富，奴客纵横，固吝山泽，为京口之蠹。"《魏书·列女传·刁思遵妻鲁氏》："父母不达其志，遂经郡诉，称刁氏吝护寡女，不使归宁。""吝""护"同义。《管子·幼官》："明养生以解固，审取予以总之。"尹知章注："固，谓护悋也。生既须养，则物不可悋，故曰解固。""固""护""悋（吝）"义同"守"。"障吝"同义连文，指守护、据守。

（十五）静遏

沉着地控制住。《魏书·源贺传》："南安王余为宗爱所杀也，贺部勒禁兵，静遏外内。"

按：将"静遏"之"静"释作"沉着地"，恐未确。"静"当读作"靖"（静、靖相通乃是常例），"靖"有平定、止息义，《诗经·周颂·我将》："仪式刑文王之典，日靖四方。""靖"犹言定。《左传·昭公十三年》："诸侯靖兵，好以为事。"杜预注："靖，息也。""靖兵"即息兵。"静（靖）遏"同义平列，谓安定控制。《魏书·羊祉传》："委捍西南，边隅靖遏。"谓羊祉任上边境局势得以安定、控制。

---

① 《大词典》"守障"条引此例，释作"犹守隘。把守城寨关隘"，误解"障"义。

（十六）邪累

指邪杂心念的牵累。《魏书·释老志》："其为教也，咸蠲去邪累，澡雪心神，积行树功，累德增善，乃至白日升天，长生世上。"

按："邪累"犹言邪弊，"累"是弊病、缺陷之义，非指牵累。《抱朴子外篇·酒诫》："其抑情也，剧乎堤防之备决；其御性也，过乎腐辔之乘奔。故能内保永年，外免衅累也。""累"与"衅"连文，谓过失。《晋书·东海孝献王越传》："若端坐京辇以失机会，则衅累日滋。""衅累"犹"衅弊"。《文心雕龙·才略》："仲宣溢才，捷而能密，文多兼善，辞少瑕累。""瑕"本是玉上的斑点，引申指缺陷，"累"也是此义。《抱朴子外篇·自叙》："其论文也，则撮其所得之佳者，而不指摘其病累。""累"谓弊病、缺点。《大词典》所引《魏书》"蠲去邪累"与"澡雪心神"相对，"邪累"为并列复词，谓邪僻弊病。《弘明集》卷六载周颙答张融书："然自释之外儒纲为弘，过此而能与仲尼相若者，黄老实雄也。其教流渐，非无邪弊。""邪累""邪弊"义同。

（十七）绣错

色彩错杂如绣。《魏书·地形志上》："犬牙未足论，绣错莫能比。"

按：释义误。《魏书·地形志上》："《夏书·禹贡》、周氏《职方》中画九州，外薄四海，析其物土，制其疆域，此盖王者之规摹也。……自刘渊、石勒倾覆神州，僭逆相仍，五方淆乱，随所跨擅。□□□长，更相侵食，彼此不恒，犬牙未足论，绣错莫能比。"由此可见，此篇乃论述地形疆域，故"绣错"是指（绣品五彩般）交错、错杂。《文苑英华》卷八二四柳宗元《马退山茅亭记》："是山崒然起于莽苍之中……苍翠诡状，绮绤绣错。"指山势交错。《旧唐书·贾耽传》载其上表："臣闻地以博厚载物，万国棋布；海以委输环外，百蛮绣错。""绣错"与"棋布"对举，指百蛮错杂。

(十八) 衿期

犹心期。指人与人之间的相互期许。《魏书·崔休传》:"仲文弟叔仁,性轻侠,重衿期。"

按:"衿"即"襟",指心怀、襟怀。"期"不是期许之义,而是指相合、契合。《说文·月部》:"期,会也。"段注:"会者,合也。""衿(襟)期"指襟怀相合,在具体语境中或指襟怀相合之情义,或指情投意合之人,或指襟怀、情意。《梁书·侯景传》载齐文襄帝《与侯景书》:"先王与司徒契阔夷险,孤子相于,偏所眷属,缱绻衿期,绸缪寤语。""衿期"谓情投意合,《文苑英华》卷六八五作"襟期"①。《广弘明集》卷二三东晋丘道护《道士支昙谛诔》:"晞风宗玄,自远来宾,亦有衿期,时来问津。"又卷四北齐高祖文宣皇帝《废李老道法诏》:"又倾散金玉赠诸贵游,托以襟期冀兴道法。"《汉魏南北朝墓志汇编·北魏·魏故襄威将军大宗正丞元(斌)君墓志铭》:"凡在衿期,慨焉丧气,朝野有识,莫不嗟酸。""襟(衿)期"谓情意志趣相投之人。《陈书·侯安都传》载陈文帝平侯安都后下诏:"(侯安都)志唯矜己,气在陵上……朕以爱初缔构,颇著功绩,飞骖代邸,预定嘉谋,所以淹抑有司,每怀遵养,杜绝百辟,日望自新。款襟期于话言,推丹赤于造次。""款襟期"谓叙说心怀。《广弘明集》卷二二释明濬《答博士柳宣》:"太史令李君者,灵府沈秘,襟期邈远。""襟期"与"灵府"相对,指心怀、襟怀。《大词典》所引《魏书·崔休传》"重衿期"是指看重襟怀相合之情义。

《北史·阳尼传附阳休之》:"重衿期,好游赏。"亦其例。

(十九) 无庸

2.平庸,无所作为。《魏书·高崇传》:"臣以无庸,谬宰神邑。"

按:《魏书》例中的"无庸"不是指平庸,"庸"是功劳、功绩义,"无庸"即无功。《尔雅·释诂下》:"庸,劳也。"《左传·昭公四年》:"告之以文辞,董之以武师,虽齐不许,君庸多矣。"杜预注:"庸,功也。"《魏书·高崇传附高道穆》:"臣

---

① 宋人校语谓"一作矜","矜"当为"衿"之误。

以无庸,忝当今任,所思报效,未忘寝兴。""无庸"也是指无功。《魏书·李欣传》:"(范)欑以无功,起家拜卢奴令。"可相参比。

(二〇)威制

用威力压服或用暴力制服。《汉书·赵广汉传》:"威制豪强,小民得职。"《魏书·崔浩传》:"此是国家威制诸夏之长策也。"

按:《大词典》将"威"释作"威力""暴力",非是。"威"有震慑、制服义。《易·系辞下》:"弦木为弧,剡木为矢,弧矢之利,以威天下。"《汉书·货殖传》:"礼谊不足以拘君子,刑戮不足以威小人。""威"均谓震慑。《宋书·恩幸传·徐爰》:"臣以为威虏之方,在于积粟塞下。""威虏"犹制虏。《汉魏南北朝墓志汇编·北齐·公讳彻(徐彻)墓志》:"乘边守险,威虏服戎。""威""服"互文,"威"犹言制服。"威制"同义连文,谓震慑制服。

(二一)敦课

督促考核。《宋书·文帝纪》:"有司其班宣旧条,务尽敦课。游食之徒,咸令附业。"《魏书·卢道将传》:"(道将)优礼儒生,励劝学业,敦课农桑,垦田岁倍。"

按:根据释义,《大词典》显然是将"敦"释作"督促"、"课"释作"考核"。"课"确有考核义,《说文·言部》:"课,试也。"徐锴《说文系传》:"《汉书》云'考课'是也。""考课"即考核。但"敦课"之"课"恐非考核义,而是与"敦"同义,均指督促,"敦课"为同义复词。《宋书》《魏书》"敦课"均谓督促民人从事农业生产。

(二二)沮异

谓情绪低落,意见分歧。《魏书·咸阳王禧传》:"初欲勒兵直入金墉,众怀沮异,禧心因缓。自旦达晡,计不能决,遂约不泄而散。"

按:从释语"情绪低落"云云来看,《大词典》是将"沮"理解为沮丧、丧气义。但"沮"与"异"连文，更可能指怀疑、疑虑。《小尔雅·广言》："沮，疑也。"《宋书·张兴世传》："今若以兵数千，潜出其上，因险自固，随宜断截，使其首尾周遑，进退疑沮。"司空图《太尉琅琊王公河中生祠碑》："公实宽宏，且无猜沮，每示坦夷之道，不行谗佞之言。""沮"与"疑""猜"同义连文。《大词典》所引《魏书》"众怀沮异"谓众人皆有猜疑分歧。又写作"阻异"，"阻"为"沮"之通假字，《北史·冯子琮传》："和士开居要日久，子琮旧所附托，中虽阻异，其后还相弥缝。"《旧唐书·东夷传·高丽》："今二国通和，义无阻异。""阻异"谓猜疑分歧。

（二三）展思

辗转思念。《魏书·彭城王勰传》："今因其展思，有足悲矜。"

按："将"展"释作"辗转"、"思"释作"思念"，均误。《广雅·释诂四》："展，舒也。"引申则可指抒发、表达，"展思"之"展"正是此义；"思"是哀伤、悲伤之义。中古时期对某人去世后致以哀伤之情，可用"展思"。《大词典》所引《魏书》"展思"即其例。彭城王元勰的亲生母亲潘氏去世后，勰"痛随形起"，所以"展思"，"展思"犹言致哀。与"展思"结构、词义、用法相同的还有"展哀"，《南齐书·宗室传·安陆昭王缅》："（永明）九年，卒……高宗少相友爱，时为仆射，领卫尉，表求解卫尉，私第展哀，诏不许。"《魏书·孝文五王传·废太子庶人恂》："迁洛，诏恂诣代都。……及恂入辞，高祖曰：'今汝不应向代，但太师薨于恒壤，朕既居皇极之重，不容轻赴舅氏之丧，欲使汝展哀舅氏，拜汝母墓，一写为子之情。'""展哀舅氏"谓对去世的舅氏抒发哀痛之情，"展哀"犹言叙哀、致哀。

（二四）录序

依次录用。《陈书·世祖纪》："萧庄伪署文武官属还朝者，量加录序。"

按："录序"之"序"不是指"依次"，而是"铨序""序用"之"序"，指授予官职。"录序"近义连文，谓任用授官。

(二五)课订

征收赋税。订,赋税。《陈书·宣帝纪》:"州郡县长明加甄别,良田废村,随便安处。若辄有课订,即以扰民论。"

按:"订"应为动词,指征收、征发①;"课订"同义连文。《南齐书·王敬则传》:"臣昔忝会稽,粗闲物俗,塘丁所上,本不入官。良由陂湖宜壅,桥路须通,均夫订直,民自为用。……今郡通课此直,悉以还台,租赋之外,更生一调。"前言"订直",后谓"课此直",可知"订"即谓"课"。《梁书·太祖五王传·鄱阳忠烈王恢》:"成都去新城五百里,陆路往来,悉订私马,百姓患焉。"又《江革传》:"送故依旧订舫,革并不纳,惟乘台所给一舸。""订"谓征收。《梁书·处士传·沈颙》:"天监四年,大举北伐,订民丁。吴兴太守柳恽以颙从役……""订民丁"谓征发民丁(服役)。《陈书·徐度传附子敬成》:"坐于军中辄科订,并诛新附,免官。""科订"同义连文,义同"课订"。

(二六)戚援

亲党的援助。《陈书·文学传·颜晃》:"晃家世单门,傍无戚援,而介然修立,为当世所知。"

按:释"戚援"之"援"为"援助",非是。"援"由"援助"义引申,可指施援之人,中古时期常与"党""朋""亲"等连文成词,犹言朋党、亲党。《晋书·简文三子传·会稽文孝王道子》:"庐江太守会稽张法顺以刀笔之才,为元显谋主,交结朋援,多树亲党。""朋援""亲党"并举,"朋援"犹言朋党。《后汉书·袁术传》:"乃各外交党援,以相图谋。""党援"犹言党羽。《魏书·恩幸传·赵邕》:"(赵邕)微与赵修结为宗援,然亦不甚相附也。""宗援"犹言宗党②。《宋书·索虏传》:"至此非唯欲为功名,实是贪结姻援。"《魏书·杨椿

---

① 《资治通鉴》卷一四三"东昏侯永元二年"条:"又订出雉头、鹤氅、白鹭缞。"胡三省注:"齐、梁之时,谓赋民为订。"

② 《大词典》释作"谓以同姓而攀缘结党",不确。

传》:"吾自惟文武才艺、门望姻援不胜他人。""姻援"亦即姻亲。《北齐书·崔昂传》:"前者崔暹、季舒为之亲援,后乃高德政是其中表,常有挟恃,意色矜高,以此不为名流所服。"崔暹、崔季舒是崔昂亲戚,故谓"亲援"。《南史·垣护之传附垣昙深》:"昙深妻郑氏……昼夜纺织,傍无亲援,年既盛美,甚有容德。"《陈书·文学传·颜晃》谓晃"家世单门,傍无戚援","亲援""戚援"均指亲戚,"援"犹亲党。

(二七)克荷

能够承当。《陈书·程文季传》:"故散骑常侍、前重安县开国公文季,纂承门绪,克荷家声。"

按:将"克"释作"能够",乃是不察文例而误解。"克荷"与上文"纂承"并举,"克"显然也应是动词。"克"有胜任、承担义。《易·大有》:"公用亨于天子,小人弗克。"孔颖达疏:"小人德劣,不能胜其位。""克"犹"胜"也。"克荷"之"克"即此义,"克荷"同义连文,谓承当、承担。《易·蒙》"子克家",孔颖达疏:"即是子孙能克荷家事,故云'子克家'也。"孔即以"克荷"释"克"。

(二八)逋叛

叛逃。亦指叛逃之人。《宋书·袁豹传》:"而野心不革,伺隙乘间,招聚逋叛,共相封殖,侵扰我蛮獠,摇荡我疆垂。"《梁书·武帝纪下》:"所讨逋叛,巧籍隐年,暗丁匿口,开恩百日,各令自首,不问往罪。"《南史·循吏传·孙廉》:"或有身殒战场,而名在叛目,监符下讨,称为逋叛,录质家丁。"

按:《大词典》释作"叛逃",当以为"叛"谓背叛、反叛,其实"叛"即指逃亡,"逋叛"同义连文。《陈书·侯安都传》"招聚逋逃",《大词典》所引《宋书》作"招聚逋叛","叛"亦即"逃"。"逋逃"同义连文早见于《书·费誓》:"马牛其风,臣妾逋逃。"伪孔传:"马牛其有风佚,臣妾逋亡。""逋叛"与"逋逃""逋亡"义同。《后汉书·隗嚣传》:"陛下宽仁,诸侯虽有亡叛,而后归,辄复位号,不诛也。"《三国志·吴志·陈修传》:"时诸新兵多有逃叛,而修抚循得意,不失一人。""亡叛""逃叛"之"叛"均谓逃亡。

（二九）发讲

开始讲解；发表讲演。南朝宋刘义庆《世说新语·文学》："提婆初至，为东亭第讲《阿毗昙》。始发讲，坐裁半，僧弥便云：'都已晓。'"《梁书·谢举传》："北渡人卢广有儒术，为国子博士，于学发讲，仆射徐勉以下毕至。"

按："发讲"之"发"既不是"开始"义也不是"发表"义，而是指（口头）阐述、阐发，与"讲"义近。《三国志·魏志·陈思王植传》："左右唯仆隶，所对唯妻子，高谈无所与陈，发义无所与展。""发义"谓阐发义理。《北齐书·元文遥传》："文遥历事三主，明达世务。每临轩，多命宣敕，号令文武，声韵高明，发吐无滞。""吐"指言说，"发"谓阐述。《续高僧传》卷十六"释僧实"："发谈奏议，事无不行。""发谈"谓阐述谈论。"发讲"之"发"亦此义。还有"讲发"，系"发讲"之逆序形式，《续高僧传》卷六"释惠超"："安成康王萧雅秀钦敬戒德，出蕃要请，相携于镇，讲发风被，远近服叹。"《宋高僧传》卷十五"唐湖州八圣道寺真乘传"："又章信寺众僧辟其讲发，醉千日者，一听而自醒，迷终身而永悟。""讲发"均谓讲论阐述。

（三〇）扰逼

骚乱逼迫。《梁书·武帝纪上》："永明季年，边隙大启，荆河连率，招引戎荒，江淮扰逼，势同履虎。"

按："逼"作形容词有危急、紧急义①，"扰逼"之"逼"即此义，"扰"谓纷乱，"江淮扰逼"谓江淮地区纷乱危急；《大词典》释"逼"为逼迫，不确。《晋书·王敦传》史臣曰："王敦历官中朝，威名夙著……既而负勋高而图非望，恃势逼而肆骄陵。""逼""高"对文，"势逼"谓情势危急。又《甘卓传》："吾适径据武昌，敦势逼，必劫天子以绝四海之望。""逼"又作"偪"，《三国志·蜀志·先主传》注引

---

① 既可指客观情势的危急、紧急，也可指心理情绪的焦虑、惶急。《晋书·殷仲堪传》："时朝廷新平恭、楷，且不测西方人心，仲堪等拥众数万，充斥郊畿，内外忧逼。""逼"谓忧虑、紧张。《资治通鉴》卷一一〇"晋安帝隆安二年"条录此文，胡三省注："言内忧而外逼也。"似以"逼迫"义释"逼"，非是。

习凿齿曰："先主虽颠沛险难,而信义愈明,势偪事危,而言不失道。""偪""危"对文。《梁书·王亮传》："亮协固凶党,作威作福,靡衣玉食,女乐盈房,势危事逼,自相吞噬。""势危事逼"正可与《三国志》"势偪事危"比读。"逼(偪)"谓危急、紧急。《晋书·刁协传》："既而王师败绩,协与刘隗俱侍帝于太极东除,帝执协、隗手,流涕呜咽,劝令避祸。协曰:'臣当守死,不敢有贰。'帝曰:'今事逼矣,安可不行!'""今事逼矣"犹言"现在情况危急了"。

中古文献中还有"逼急""切逼""危逼""困逼""窘逼"等复音词,"逼"也均为危急、紧急义。《后汉书·董卓传》:"(张)温时亦使卓将兵三万讨先零羌,卓于望垣北为羌胡所围,粮食乏绝,进退逼急。""进退逼急"谓无论进退均情势紧急危险。《宋书·武帝纪中》:"大司马臣德文及王妃公主,情计切逼,并狼狈请命。""切"有急义,"切逼"同义连文。《北史·薛辩传附薛孝通》:"韩陵之役,此辈前后降附,皆由事势危逼,非其本心。""事势危逼"可与上引《三国志》"势偪事危"、《梁书》"势危事逼"参比。《晋书·刘乔传》:"今奸臣弄权,朝廷困逼,此四海之所危惧。""困逼"谓艰难危急。又《忠义传·曲允》:"久之,城中窘逼,帝将出降,叹曰:'误我事者,曲、索二公也。'""窘逼"犹言窘迫,谓(城中情势)危急。

(三一)势素

指身居要职的权臣和无实权的闲官。《梁书·文学传下·伏挺》:"挺少有盛名,又善处当世,朝中势素,多与交游,故不能久事隐静。"

按:《大词典》的释义显然是以"身居要职的权臣"释"势",以"无实权的闲官"释"素",这恐怕误解了"素"的含义。南北朝时,"素族""素士""素门""素姓"与皇族、皇室相对而言时,往往指豪门甲族①,"素"由纯朴义引申指高贵、清高。"势素"又可简称"素",《南齐书·王融传》:"融辞曰:'因实顽蔽,触行多愆,但凤忝门素,得奉教君子。'"王融是琅琊王氏子弟,世代为高门甲族,"门""素"均指此。《梁书·杜崱传附杜龛》:"以霸先既非贵素,兵又狠杂,在军府

---

① 参看周一良:《魏晋南北朝史札记·〈南齐书〉札记》"素族"条,中华书局 1985 年版,第217—218 页。

日,都不以霸先经心。"《陈书·孙玚传》:"有鉴识,男女婚姻,皆择素贵。""素"指高门世家。《大词典》所引《梁书》例谓伏挺"善处当世","朝中势素,多与交游"显然是指伏挺多与朝中权贵交往,"势"当指有权势者,"素"当指豪门世家,"势素"犹言权贵。

(三二)辨括

普遍搜求。辨,通"徧"。《南齐书·东昏侯纪》:"八月丁巳,诏雍州将士与虏战死者,复除有差。又诏辨括选序,访搜贫屈。"

按:《大词典》以为"辨"通"徧",普遍;又将"括"释作"搜求",均不确。"辨"有察看义,这里指稽考、核查①。《广韵·末韵》:"括,检也。"故"括"也有考查、核查义。"辨括"应为同义连文,与"访搜"相对,指稽考核查。《魏书·乐志五》:"今请依前所召之官并博闻通学之士更申一集,考其中否,研穷音律,辨括权衡。"亦其例。

(三三)赏异

赞赏称异。《南齐书·周颙传》:"益州刺史萧惠开赏异颙,携入蜀,为厉锋军,带肥乡、成都二县令。"《北史·僭伪附庸传·蔡大宝》:"尝以书干仆射徐勉,勉大赏异,乃令与其子游处,所有坟籍,尽以给之。"

按:以"称异"释"赏异"之"异",未为确诂。"异"由惊异、诧异引申则有赞许、称赞义,"赏异"同义连文。除"赏异"外,这种含义的"异"还可与其他一系列同义、近义词复合为双音词,如有"叹异",《后汉书·皇后纪上·明德马皇后》:"后时年十岁,干理家事,敕制僮御,内外咨禀,事同成人。初,诸家莫知者,后闻之,咸叹异焉。""叹异"谓赞叹称许②。有"旌异",《周书·孝义传·皇甫遐》:"远近闻其至孝,竞以米面遗之,遐皆受而不食,悉以营佛斋焉。郡县表上其状,有诏旌异之。""旌异"谓表彰赞许。有"褒异",《魏书·裴叔业传》:"并

---

① 《宋书·始安王休仁传》:"申诏诰砺,辨核事原。""辨核"同义连文,谓查验、核查。
② 《大词典》释作"赞叹诧异",恐不确。

有敕与州佐吏及彼土人士,其有微功片效,必加褒异。""褒异"谓褒奖夸赞。有
"嘉异",《南齐书·陆慧晓传》:"会稽内史同郡张畅见慧晓童幼,便嘉异之。"
"嘉异"谓嘉许称赞。这些复合词中的"异"均应理解为赞许、称赞①。

(本文为首次发表)

---

① 方一新《东汉魏晋南北朝史书词语笺释》"异"条释"异"有"敬重""器重"义,"赞许""称
赞"与之相近。黄山书社 1997 年版,第 165 页。

语境还原与《名义》校释

姚永铭

　　《篆隶万象名义》（以下简称《名义》）是日本空海（774—835）编撰的一部汉语字典，由于其所依据的蓝本——顾野王《玉篇》仅存若干残卷，欲全面窥探《玉篇》原貌，舍此别无他途，因此《篆隶万象名义》是一部十分重要的工具书，在日本更被指定为国宝，其重要价值自不待言。

　　但是这样一部重要著作，长期以来仅以手抄本的形式流传，中华书局 1995 年出版的《名义》也是据日本高山寺藏抄本影印，刘尚慈先生《校字记》附于该影印本之后。国内一直到 21 世纪初才有人对此书进行了全面的校勘研究，吕浩《〈篆隶万象名义〉研究》（上海古籍出版社 2006 年版）超过全书一半的篇幅是校勘记，吕氏的另一部专著《〈篆隶万象名义〉校释》（学林出版社 2007 年版）更是全面校勘了此书，成为"一个便于使用的《名义》校本"（臧克和《序言》）。但是毋庸讳言，该书仍存在大量失校、误校之处。如何校释《名义》仍是一个值得深入探讨的问题。

　　杨守敬曾经指出："若据此书校刻饷世，非唯出《广益玉篇》上，直当一部顾氏原本《玉篇》可矣。唯钞此书者草率之极，夺误满纸，此则不能不有待深于小学者理董焉。"①正是由于《名义》存在诸多讹误，直接影响到它的使用价值②，因此，校释《名义》就越发显得迫切和重要。

---

① 杨守敬：《日本访书志》，《杨守敬集》（第 8 册），湖北人民出版社、湖北教育出版社 1997 年版，第 115 页。

② 刘尚慈《〈篆隶万象名义〉考辨》："至今未有任何一部字词书的选字、义训利用过《名义》。"《中国语言学报》1997 年第 8 期。据吕浩研究，《汉语大字典》仅有两处引用过《名义》，见吕浩：《〈篆隶万象名义〉研究》，上海古籍出版社 2006 年版，第 196 页。

一

《名义》以顾野王《玉篇》为蓝本,而顾氏《玉篇》今仅存《原本玉篇残卷》(以下简称《残卷》),无疑地,校释《名义》应该十分重视《残卷》。

1. 呼瓜反。化也,然也。

《残卷》:"譁哗,呼瓜反。《尚书》:'人无譁聴朕命。'孔安国曰:'无讙譁也。'《方言》:'譁,化也。燕朝鲜洌水之间曰譁。'"又:"諤,《方言》:'諤,然也。'郭璞曰:'亦应声也。'《说文》亦哗字也。《广雅》:'諤,应也。'"

按:《名义》此处误脱字头"譁"字,又误以反切上字"呼"为字头。据《残卷》,《名义》"然也"当为下"諤"字义。

但是,正如《名义》一样,《残卷》也以抄本形式存在,其中充斥着各种各样的错误,校释者在利用《残卷》时同样要对《残卷》本身作一番考辨。

2. 歔,火八反。无渐也,诃也,词也。

《残卷》:"歔,丑出、大八二反。《说文》:'蚰歔,无渐也。一曰:无肠音也。'《苍颉篇》:'诃也。'"

吕校本作"大八反"。

按:当据《名义》改《残卷》之"大八"为"火八"。《龙龛》:"歔,丑律、许吉二反,词[当作诃]也。"王仁昫《刊谬补缺切韵》:"欱,许吉反,笑。歔,诃。又丑出反。""许""火"均属晓母。《名义》:"欱,火一反。恴也。"《残卷》:"欱,太一反。《说文》:'欱欱,書也。'《广雅》:'欱欱,吉也。'"①

按:《残卷》"太一反"当作"火一反",其误与"火八反"作"大八反"正同。《玉篇》:"欱,火一切,喜也。"《龙龛》:"欱,许吉反,笑也。"《新撰字镜》:"歔,丑出、火八二反。无腹意也,讨也。"②

---

① 今本《说文》:"欱,喜也。"《广雅·释训》:"欱欱,喜也。"《文选·宋玉〈登徒子好色赋〉》:"嫣然一笑,惑阳城,迷下蔡。"李善注引《广雅》曰:"嘻嘻,欱欱,喜也。"《残卷》"書也""吉也"皆当为"喜也"之误。

② 《新撰字镜》注音不误,"无腹意也,讨也"当作"无肠意也,诃也"。

《名义》"无渐也"与《残卷》同,《名义》"欻"字下亦有"无渐"义,当是混同"欸""欻"二字。"无渐"当作"无惭"。《说文》:"欻,咄欻①,无惭。一曰:无肠意。从欠、出声。"《集韵·质韵》:"欻,无惭也。"

《名义》"诃也""词也"当作"诃也","词也"盖"诃也"之误重。《玉篇》:"欻,丑律切,诃也。""欻"或作"咄",《慧琳音义》卷九四《续高僧传》卷十七音义:"咄哉,上敦骨反。《字书》云:'咄,叱也。'《苍颉篇》云:'诃也。'"

《名义》某些义项并非来源于《残卷》,要探明真相,还得另谋出路。

3.章,诸羊反。勾也,表也,行也,书也,程也,来也,明也。

《残卷》:"章,诸羊反。《尚书》:'天命有德,五服五章哉!'孔安国曰:'五服五章之别也。'《考工记》:'乎[当作采]章各别,所以命有德也。'《国语》:'为车服旗章以旍之。'贾逵曰:'章者,尊卑之别也。'《考工记》:'画绘之事,赤与白谓之章。'《论语》:'夫子之文章。'野王案:谓章勾也。《礼记》'丧复常读乐章'是也。《毛诗》篇分别为章勾,亦即是也,《礼记》:'大章之也。'②郑玄曰:'尧乐名也。言尧之德彰明也。'《周礼》曰:'大卷也。'《说文》:'乐歌竟为一章也。'《楚辞》:'耶[当作聊]翱翔兮周章。'王逸曰:'周章,流也。'《汉书》:'审如御史章,当伏两观之诛。'野王案:笺表之属也。《汉旧仪》:'羕[承之俗字,通丞]相大将军黄金印龟文曰章。'二③,表也。章,书也。章,程也。《释名》:'俗名舅曰章,妇诸夫之兄曰兄章也。'《谥法》:'温恭令仪曰章。法度明文曰章。敬春高服曰章。'《说文》以文章为彰字,在彡部。"

按:《名义》"勾也"当与字头连读为"章勾也","勾"同"句"。

《名义》"行也""来也""明也"义未见《残卷》。《广雅·释训》:"章章,行也。"《周礼·考工记·画缋》:"杂四时五色之位以章之谓之巧。"郑玄注:"章,明。""来也"当作"采也"。《广雅·释训》:"章章,采也。"《玉篇》:"章,诸羊切,章句也,又明也,采也。《书曰》:'天命有德,五服五章哉。'"

---

① "咄",从口出声,"欻"从欠出声。从口、从欠于义相通。疑"咄"为旁注字羼入正文。

② 今本《礼记》作"大章,章之也"。

③ "二"当为重文符号"ﾚ"之讹。

二

就今存各类文献而言,可以对校释《名义》起到举足轻重作用的,除了《残卷》以外,当数各种佛经音义。

1. **欱**,丘庶反。欠呿,张口也。

《残卷》:"**欱**,丘庶反。《埤苍》:'欨欠也。'野王案:此亦与呿字同。呿,张也,在口部。"

吕校:"《名义》此条似当作'**欱**,欨欠也。呿字,张口也。'"

按:此说误。《名义》当作"欠呿,张口也"。《慧琳音义》卷三《大般若波罗蜜多经》卷三〇三音义:"欠**欱**,音去,《埤苍》云:'欠**欱**,张口也。'案:欠**欱**,张口引气也。或作呿。"又卷五《大般若波罗蜜多经》卷三四〇音义:"欠**欱**,下音去,《埤苍》云:'欠**欱**,张口也。'"又卷四六《大智度论》卷十六音义:"呿提,又作**欱**,同,丘庶反,秦言虚空也。依字,《埤苍》:'张口也。'"又卷六三《根本说一切有部毗奈耶摄颂》卷四音义:"欠**欱**,下音去,《通俗文》云:'张口运气谓之欠**欱**。'顾野王云:欠**欱**,引气张阝[当作口]也。"《玉篇》:"**欱**,丘庶切,欠**欱**,张口也。""**欱**"同"呿",故《名义》"欠**欱**"作"欠呿"。

2. **餓**,达奚反。饵也,酪藕也。

《残卷》:"**餓**,徒奚反。《餓苍》:'餹**餓**,饵也。'"《玉篇》:"**餓**,徒兮切,餹**餓**。"

按:《名义》"酪藕也"不见于《残卷》,当另有所据。《龙龛》:"**餁**,正;**餁**,今。音提,寄食也。又都奚反,又**餁餬**也。**餓**,音同上,餹**餓**也。""**餓**"与"**餁**"音同。《玄应音义》卷七《正法花经》卷八音义:"**餁餬**,徒奚反,下户孤反。《通俗文》:'酪酥谓之**餁餬**。'"又卷二一《大菩萨藏经》卷七音义:"**餁餬**,徒奚反,下户孤反。《通俗文》:'酪苏谓之**餁餬**。'苏酪精醇者也。""酪酥""酪藕"音义同。

3. **憩**,却厉反。息也,企也。

按:《名义》"企也"当作"止也"。《慧琳音义》卷二六引云公《大般涅盘经音义》:"憩驾,上去厉反。《尔雅》:'憩,止也。'注云:'止乏息也。'《说文》作偈字,《苍颉篇》作屟。"又卷三一《新翻密严经》卷一音义:"游憩,下丘利反。《毛诗》

传》曰：'憩，息也。'《苍颉篇》：'止息也。'"《文选·谢灵运〈邻里相送方山诗〉》："祗役出皇邑，相期憩瓯越。"吕向注："憩，止也。"

三

　　宋人重修《大广益会玉篇》虽非顾氏之旧，但其在保存音读、义项方面，仍有非常重要的价值，校释《名义》也需要关注《大广益会玉篇》。

　　1. 㦖，亡善反。止也。

　　吕校："疑当作'亡喜反'。"

　　按："喜"属止韵，"㦖"属纸韵，两字韵异。其实，"亡善反"不误。《玉篇》："㦖，亡善、亡婢二切，属［当作厉］也，止也。"《玉篇》一音"亡善"切，《名义》音同。《说文》："㦖，厉也。一曰：止也。从心、弭声。读若沔。"《广韵·狝韵》"沔"音"弥兖切"，《集韵·獮韵》"㦖"音"弥兖切"，均与"亡善反"音同。《名义》以下各书注音盖取自《说文》"读若沔"。

　　需要注意的是，《大广益会玉篇》毕竟经过宋人重修，已非顾氏之旧，利用它校释《名义》必须慎之又慎。

　　2. 愿，儒属反。耻也，污也，恶字。

　　吕校本字头改作"愿"，云："此字头原误。愿同辱。'恶字'当作'辱字'。"

　　按：吕校盖据《玉篇》。该书云："愿，而欲切，古辱字。"《名义》此字字头原作"愿"，不误。《集韵·烛韵》："辱，儒欲切。《说文》：'耻也。从寸在辰下，失耕时于封畺上戮之也。辰者，农之时也，故房星为田候也。'亦姓。古作愿，或省。"其省文正作"愿"。《玄应音义》卷八《维摩诘经》上卷音义："辱来，又作愿，同，而属反。辱，耻也。"《慧琳音义》卷一三《大宝积经》卷四六音义："挫辱，下如欲反。贾注《国语》云：'辱，耻也。'《说文》：'从寸在辰下，古者失耕时，则封壇上戮之，故为辱也。或从心作愿，古字。"《古文四声韵》"辱"下收崔希裕《纂古》作"愿"。"愿"省作"愿"，正犹《说文》籀文"薅"省作"𦵔"（薅）。《新撰字镜》："愿，儒属反。辰［当作辱］字古文。耻也，污也，恶也。"

　　《名义》"恶字"当作"恶也"。《广雅·释诂三》："辱，恶也。"《玉篇》："辱，如烛切，耻也，恶也，污也。"《广韵·烛韵》："辱，而蜀切，耻辱，又污也，恶也。"

3.溠,作贺反。折也。

吕校:"'折也'当作'淅也',《玉篇》作'溠淅也'。"

按:"折也"当作"淅也"。《礼记·丧大记》:"管人汲,授御者,御者差沐于堂上。"郑玄注:"差,淅也,淅饭米取其潘以为沐也。"陆德明音义:"差,七何反,注差淅同。"孔颖达疏:"差谓淅米取其潘汁也。"《集韵·戈韵》:"差,淅也,通作溠。""差""溠"音义同。《玉篇》盖误"淅"为"浙"。《玉篇》:"浙,桑激、之舌二切,淅,洗也。"其中"之舌"切当为"淅"字之音。《新撰字镜》:"溠,正,仕驾反,去。借仓何、在何二反。淅余[饭]米取其潘以为沐,又郡名也,又地名也。"字亦作"淅"。

四

校勘学上早就有本校一法,今日校释《名义》,其中很重要的一项数据就是《名义》本身。

1.遏,扵曷反。绝也,止也,遂也,逮也,病也,阙字,遮也。

《名义》"遠也"未详。

疑《名义》误以"遏"为"遏"。①《名义》:"遏,逊字。"又:"逊,托懕反。遏,遂也,往来也,疾也,臬也。"②按:"逊"无"遏"义,《名义》"遏"当作"遏"。③《慧琳音义》卷八五《辩正论》卷四音义:"逊听,上汀历反。孔注《尚书》云:'逊,遠也。'郑玄曰:'往来疾貌。'《说文》作遏:'从辵,狄声。'"《说文》:"逊,遠也。从辵,狄声。遏,古文逊。"《玉篇》:"逊,托懕切,遠也。遏,古文。"

据此,则《名义》之"遠也"义当属之"遏"字下。

2.谄,譄字,疑也,悦也。

吕校:"《残卷》作'《说文》或譄字也'。'疑也,悦也'未详。"

---

① 《新撰字镜》:"遏,乌盍反。畱也,塞也,壅也,止也,遮也,绝也,病也,遠也。"其误与《名义》正同。

② "往来也,疾也,臬也"当作"往来疾臬也"。

③ 《新撰字镜》:"遏、逊,二同,天夕、天狄二反。遏也,遠也,遥也。""遏也"亦误。

按:《名义·心部》:"慆,他劳反。疑也,悦也。"又《言部》:"謟,他劳反。疑也。"据此,则《名义》"疑也,悦也"为"謟"字(或作"慆")之义。《新撰字镜》:"謟、诏,上圡高反,诸子[字]同声者并从舀;下丑冄反,上。疑也,谀也。"①

《尔雅·释诂》:"盅,謟,贰,疑也。"郭璞注:"《左传》曰:'天命不謟。'"陆德明音义:"謟,郭音绦,他刀反。字或作慆,沈勑检反。"②《玉篇》:"謟,他劳切,疑也。""干禄字书":"謟、诏,上圡高反,诸字同声者并从舀;下丑冄反,诸字同声者并从臽。"《龙龛》"諂诏"二字之俗字一作"謟"。《名义》"疑也"当是"謟"字之义。俗书"舀"旁、"臽"旁每每相混。上引陆德明音义"慆"字"沈勑检反",则字当作"诏",亦为"舀"旁、"臽"旁相混。③

"謟"或作"慆"(见上)。《说文》:"慆,说也。""说",古"悦"字。《左传·昭公二十六年》:"天道不慆,不贰其命,若之何襄之?"杜预注:"慆,疑也。"

3.謱,洛口反。不解也,重也,忌謱也。

吕校:"《名义》'忌謱也'未详。"

按:《残卷》:"謱,洛口反。《广雅》:'謱诶,嘲哗也。'《字书》:'诶謱,不解也。一曰:重也。'或为嗖字,在口部。""忌謱也"义不见于《残卷》。此处当系《名义》误以"謱"为"讳"。《名义》字头"謱"作"謱"(页82),"讳"作"讳"(页84),字形几乎无别。④《名义》:"讳,诣贵反。隐也,避也,忌也,谥也,忌

---

① "疑也"为"謟"字义,"谀也"为"诏"字义。
② 黄焯《经典释文汇校》:"《左传》哀十七年释文亦云:'謟,本又作滔。'案:滔为正字,謟、慆通用字。沈音勑检反,乃诏字之音。沈旋盖作诏也。然经传诏无疑义,郑樵从之,其注本作诏,云:'诏谓逸诏、诏贰,心不一也。'恐非。"见黄焯:《经典释文汇校》,中华书局2006年版,第845页。案:"滔"恐非正字。
③ 王念孙《读书杂志·晏子春秋》:"隐情奄恶,蔽诏其上。案:蔽者拥蔽,诏者诏谀,二字义不相近,不当以蔽诏连文。诏当为謟,字之误也。謟读若滔。謟者,惑也。谓隐其情,掩其恶,以蔽惑其君也。《尔雅》:'盅,謟,疑也。'疑即惑也。《管子·五辅篇》曰:'上謟君上而下惑百姓,是以忠臣之常有灾伤也。'案:之字衍。"见王念孙:《读书杂志》,江苏古籍出版社2000年版,第520页。案:此亦"謟""诏"相混之一证。
④ 《名义》第83页"诽,甫遧反",吕校本录作"甫遧反"。按:"遧"当为"违"字,《残卷》正作"违";又第56页"撑"作"捷",与"搂"形近。

諱."据此,则《名义》"忌謱也"当为"忌諱也",为"諱"字义羼入此处。① 《新撰字镜》:"謱,洛口反。嗖字。不鮮也,重也。"亦不收"忌謱也"或"忌諱也"。

五

顾氏自称《玉篇》"总会众篇,校雠群籍,以成一家之制,文字之训备矣",继承这一传统的《名义》同样保持了这一特色。因此,校释《名义》除了应该关注上述几种与之有直接关系的著作以外,还得关注自先秦至六朝(甚至更晚)的各种典籍。

1.脮,乃罪反。臭败也,肉烂也。

按:《名义》"臭败也","臭"当为"魚"(或作"奐")字之形近讹字。《玉篇》:"脮,乃罪切,魚脮。他罪切,腲脮。"《龙龛》:"脮,或作。奴罪反,与脮同,魚败也。又于伪反。"又:"腲脮,上乌每反,下他每反,腲脮,肥貌也。下又奴罪反,魚败也。"《广韵·贿韵》:"餒,饥也。一曰:魚败曰餒。奴罪切。八。餧,上同。……鰀,魚败。脮,上同。"《论语·乡党》:"魚餒而肉败不食。"何晏集解:"魚败曰餒。"释文:"餒,奴罪反。《说文》云:'魚败曰餒。'本又作鰀,字书同。"《史记·孔子世家》:"魚餒肉败,割不正不食。"《集解》引孔安国曰:"魚败曰餒也。"《说文》:"餒,饥也。从食,委声。一曰:魚败曰餒。""餒"与"脮"音义同。

2.膚,除有反。疛字,少肠痛也。

吕校:"《名义》'少'字为'小'之误。"

按:《名义》"少肠"字当作"心腹"。《玉篇》:"疛,除又切,心腹疾也。《吕氏春秋》云:'身尽疛肿。'又知有切。癉,同上。"《龙龛》:"癉,或作。疛,正。直又反,心腹病也。"《诗经·小雅·小弁》:"我心忧伤,惄焉如擣。"毛传:"擣,心疾也。"陆德明音义:"擣,丁老反,本或作癉,同。《韩诗》作疛,除又反,义同。"《吕

---

① 梁晓虹《试释〈佛说安墓经〉》指出,名古屋七寺所藏卷子本《佛说安墓经》有"无忌无謱","'无忌无謱'应指没有忌讳及令人心烦之事。'謱'一般单独少用,多用作联绵词。……'諓謱'为'语烦',则'謱'即可表烦恼、烦虑之义"。见梁晓虹:《佛教与汉语史研究——以日本资料为为中心》,上海古籍出版社 2008 年版,第 56 页。按:"无忌无謱"当作"无忌无諱",其误正与《名义》同。

氏春秋·情欲》：“耳不可赡，目不可厌，口不可满，身尽府种，筋骨沈滞，血脉壅塞，九窍寥寥，曲失其宜。”高诱注：“府，腹疾也。”毕沅《吕氏春秋新校正》：“孙云：‘案《玉篇》：疛，除又切，心腹疾。引此作身尽疛种。’然则府字误也。”①《名义》“心腹疾也”似据毛传、高注为说，今本《说文》作“小腹痛”者，盖传写之讹。②

3. 惫，古县反。急也，乐也，猒也，怠也，早也，预也，辨也，供也，叙也。

吕校：“此处字头作‘悬’，注音为上一‘缓’字音，释义中有多个义项与上文‘忬’字同，疑为这些义项误入此处。”按：此字字头作“**惫**”，注音亦非“缓”字音，而是“古县反”，由形、音判断，绝非“悬”字。《龙龛》：“悤，古文。音绢，今作狷。”《字汇》：“悤，吉馔切，音绢。与狷同，急也，跃也。”“**惫**”“悤”与“**惫**”形近音同。③《文选·潘岳〈射雉赋〉》：“若夫多欲少决，胆劣心狷。”李善注：“《说文》曰：‘狷，急也。’古县切。”字或作“懁”。《玉篇》：“懁，火还切，慢也，轻也。又古县切，心急也。”《慧琳音义》卷九三《续高僧传》卷一四音义：“慧懁，恚玄反。《韵英》：‘急之也。’”《史记·货殖列传》：“中山地薄人众，犹有沙丘纣淫地余民，民俗懁急。”《集解》引徐广曰：“懁，急也，音绢。”

《名义》“乐也”以下当为“忬”字之义。《周易·豫》：“豫，利建侯行师。”陆德明音义：“马云：‘豫，乐。’”《名义》：“忬，余据反。预字，缓也，安也，㼖也，供也，猒也，叙也。”

吕校：“‘卑也’当作‘早也’。”按：本作“㼖”，与“早”形近而讹。④《广雅·释言》：“豫，早也。”“豫”“忬”音义同。《玉篇》：“忬，余据切，缓也，安也，早也。”《龙龛》：“忬，正。羊恕反，安也，悦也。”《广韵·御韵》：“豫，逸也，备先也，辨

---

① 转引自王利器：《吕氏春秋注疏》，巴蜀书社 2002 年版，第 188 页。

② 《说文》：“疛，小腹病。”段玉裁注：“小当作心，字之误也。隶书心或作小，因讹为小耳。《玉篇》云：‘疛，心腹疾也。’仍古本也。”

③ 就字形结构而言，此字从心、从血（或作**血**、皿）。《慧琳音义》卷八二《大唐西域记》卷二音义：“狷急，上音绢。《考声》云：‘褊急而守分也。’或作狷，古文作**惫**也。”《新撰字镜》：“**惫**，古县反。狷字古文。疾跳也，急也。”明陈士元《古俗字略》：“懁，慧也，急也。**惫**、狷、狷，并同。”明顾充《字义总略》：“**惫**，古狷字。”明李登《重刊详校篇海》：“**惫**，吉馔切，音绢，与狷同，急也，跃也。又呼渊切，音喧，亦急也。”此字或为“懁”字之省。《说文》：“懁，急也。从心，睘声。读若绢。”

④ 《左传·成公二年》：“亦早死。”阮元校勘记：“毛本早误㼖。”《经典释文》卷二十：“㼖下之，户嫁反。一本㼖作早。”

也,早也,安也,厭也,叙也。……预,安也,先也,厠也,乐也,佚也,厭也,怠也。"《玄应音义》卷一七《俱舍论》卷四音义:"住预,古文预、忬二形,今作豫,同,余据反。《苍颉篇》:'预,安也。'"《楚辞·九章·惜诵》:"行婞直而不豫兮,鯀功用而不就。"王逸注:"豫,厭也。""猒""厭",古今字。《尔雅·释言》:"豫,叙也。"

《名义》"供也"疑当作"佚也"。① 《玄应音义》卷一三《轮转五道罪福报应经》音义:"淫豫,翼庶反。《苍颉篇》:'豫,佚也。'"

从以上诸例不难看出,校释《名义》绝非仅仅是一个识字的问题,它需要综合运用文字学、音韵学、训诂学知识,参证历代各类典籍,采用语境还原的方法,尽可能探究《名义》释义的依据和来源。只有这样,《名义》的释义才会真正可靠、可信。也只有这样,《名义》的研究才会建立在可靠的基础之上。

（本文为首次发表）

---

① 王念孙《读书杂志·淮南内篇》"供其情"条:"彼皆乐其业,供其情。念孙案:供当为佚,佚与逸同,安也。逸、乐义相近,若云供其情,则与上句不类矣。隶书佚或作**佚**,与供相似而误。"见王念孙:《读书杂志》,江苏古籍出版社 2000 年版,第 879 页。又《墨子》"共扗"条:"共扗其国家,倾覆其社稷。念孙案:共字义不可通,当是失字之误。隶书失字或作失,与共相似。《说文》:'扗,有所失也。'《尚贤篇》云:'失损其国家。扗、损古字通。倾覆其社稷。'《天志篇》云:'国家灭亾,扗失社稷。'《齐策》云:'守齐国,唯恐失扗之。'皆其证。"见王念孙:《读书杂志》,江苏古籍出版社 2000 年版,第 593 页。

汉语运动事件词化类型的历时转移

——基于形态—句法属性的类型学考察

史文磊

一、引　言

人类语言在表达运动事件(motion events)时存在类型学差异。根据核心图式①

---

① 本文相关的表层语言形式和概念要素依次翻译为：main verb/verb root＝主要动词/动词词根；satellite＝附加语；PATH＝［路径］；MANNER＝［方式］；CAUSE＝［致使］；MOTION＝［运动］；GROUND＝［背景］；FIGURE＝［主体］；framing event＝构架事件；co-event＝副事件；core schema＝核心图式。说明：(1)附加语是 Talmy 新创的概念，指的是与主要动词(或动词词根)平级的(sister relation)、除名词短语和介词短语补足语(complement)之外的语法类别。附加语既可来自形态层面(词缀)，亦可来自句法层面(自由词)，跟动词词根是依附成分与核心的关系。例如英语 go out 之助词 out、汉语"跑过"之补足语"过"。Leonard Talmy, *Toward a Cognitive Semantics*, *Vol. 2*, Cambridge：MIT Press,2000,pp. 101-102. (2)［运动］是个抽象概念，笔者认为，它是形态—句法核心在运动事件概念结构中的投射。不是形态—句法核心，就不具备融合［运动］的资格。(3)本文所言运动事件指发生整体位移(translational)的事件，所言运动动词指蕴含了位移运动事件的动词。

（主要指［路径］）是由主要动词还是由附加语编码，Talmy① 将运动事件词化类型（typology of motion event integration）②归纳为两类，即 V 型（verb-framed，动词构架，［路径］由主要动词编码）和 S 型（satellite-framed，附加语构架，［路径］由附加语编码），并据此将语言分为 V 型语和 S 型语两大类。英语是典型的 S 型语，如例（1a），［路径］由附加语 out 编码，主要动词 float 融合［方式＋运动］；西班牙语是典型的 V 型语，如例（1b），主要动词 *salir*（出）融合［路径＋运动］，而副事件（在此为［方式］）由非限定性动名词形式（gerundive form）*flotando* 编码③。

(1)a. The bottle floated out.　　　b. *La botella salió flotando.*

瓶子飘出　　　　　　　　　　　瓶子出飘

瓶子飘出去了。　　　　　　　　瓶子出去了，以飘的方式。

运动事件的词化类型是近年来国内外语言学界热烈讨论的一个重要理论问题。大量文献从共时平面对现代语言的词化类型进行了验证

---

① 参见 Leonard Talmy,"Lexiealization Patterns：Semantic Structure in Lexical Forms", in Timothy Shopen ed. , *Language Typology and Syntactic Description. Vol. 3：Grammatical Categories and the Lexicon*, Cambridge：Cambridge University Press, 1985, pp. 57-149. Leonard Talmy,"Paths to Realization：A Typology of Event Conflation", in Proceedings of the Seventeenth Meeting of the Berkeley Linguistics Society, Berkeley：Berkeley Linguistics Society, 1991, pp. 480-519. Leonard Talmy, *Toward a Cognitive Semantics*, *Vol. 2*, Cambridge：MIT Press, 2000.

② 为表述简便，下文"运动事件词化类型"简称"词化类型"。

③ 西班牙语亦可使用 S 型结构，不过要受到所表达的事件是否逾界或状态改变（change of state）的制约。表达逾界类［路径］时（过、进），必须用 V 型；表达非逾界类时，亦可用 S 型。参见 Jon Aske,"Path Predicates in English and Spanish：A Closer Look", in Kira Hall, Michael Meacham and Richard Shapiro eds. , Proceedings of the 15th Annual Meeting of the Berkeley Linguistics Society, Berkeley：Berkeley Linguistics Society, 1989, pp. 1-14. Dan I. Slobin, "Mind, Code and Text", in Joan Bybee et al. eds. , *Essays on Language Function and Language Type*, Amsterdam：John Benjamins Publishing Company, 1997, pp. 437-467. 同类情况还有希腊语等。Anna Papafragou, Christine Massey and Lila Gleitman, "Motion Event Conflation and Clause Structure", Proceedings from the 39th Annual Meeting of the Chicago Linguistic Society, 2007, pp. 144-162.

和探讨①。然而,语言是不断演变的,若只看共时,往往似无源之水、无本之木,难觅其解。Talmy② 也指出,词化类型存在历时延续和转移的现象。有的语言历经演化、重建,延续了原来的类型,如德语、希腊语;而有的语言则发生了类型转移,如拉丁语(S→V)、汉语(V→S)。遗憾的是,Talmy 未曾对此做详细具体的描写和论证,也就留给我们以下问题:

其一,如果词化类型的确存在历时转移,其演化的具体过程和机制是怎样的?

其二,不同路向(S→V vs. V→S)的演化机制有何类型学差异?

---

① William A. Croft, Jóhanna Baredal, Willem Hollmann and Violeta Sotirova, "Revising Talmy's Typological Classification of Complex Event Constructions", in Hans C. Boas ed. , *Contrastive Studies in Construction Grammar*, Amsterdam: John Benjamins Publishing Company, 2010, pp. 201-236. Iraide Ibarretxe-Antuñano, "Motion Events in Basque Narratives", in Sven Strömqvist and Ludo Verhoeven eds. , *Relating Events in Narrative*, Vol. 2: *Typological and Contextual Perspectives*, New York: Lawrence Erlbaum Associates, 2004, pp. 89-112. Yo Matsumoto, "Typologies of Lexicalization Patterns and Event Integration: Clarifications and Reformulations", in Shuji Chiba et al. eds. , *Empirical and Theoretical Investigations into Language: A Festschrift for Masaru Kajita*, Tokyo: Kaitakusha, 2003, pp. 403-418. Dan I. Slobin, "Two Ways to Travel: Verbs of Motion in English and Spanish", in Masayoshi Shibatani and Sandra Thompson eds. , *Grammatical Constructions: Their Form and Meaning*, Oxford: Clarendon Press, 1996, pp. 195-219. Dan I. Slobin, "The Many Ways to Search for a Frog: Linguistic Typology and the Expression of Motion Events", in Sven Strömqvist and Ludo Verhoeven eds. , *Relating Events in Narrative*, Vol. 2: *Typological and Contextual Perspectives*, New York: Lawrence Erlbaum Associates, 2004, pp. 219-257. Dan I. Slobin and N. Hoiting, "Reference to Movement in Spoken and Signed Languages: Typological Considerations", Proceedings of the 20th Annual Meeting of the Berkeley Linguistics Society, Berkeley: Berkeley Linguistics Society, 1994, pp. 487-505. Jordan Zlatev and Peerapat Yangklang, "A Third Way to Travel: The Place of Thai in Motion-Event Typology", in Sven Strömqvist and Ludo Verhoeven eds. , *Relating Events in Narrative*, Vol. 2: *Typological and Contextual Perspectives*, New York: Lawrence Erlbaum Associates, 2004, pp. 159-190.

② Leonard Talmy, *Toward a Cognitive Semantics*, Vol. 2, Cambridge: MIT Press, 2000, pp. 118-120.

本文拟就以上问题，对比罗曼语史和汉语史词化类型的转移途径与机制①，试图从中归纳出词化类型演变的一些类型学规律，并由此加深对汉语乃至人类语言运动事件词化类型的认知。文章大致分三部分：一，罗曼语词化类型的历时转移；二，汉语词化类型的历时转移；三，总结和讨论。

二、罗曼语词化类型的历时转移

（一）S→V 演化例示

现代罗曼语由古典拉丁语（classical Latin）、后期拉丁语（late Latin）发展而来②，其词化类型表现出 S→V 演化倾向。例（2）是现代罗曼语的拉丁语源词形式，它们在现代已是单语素词③，[路径]与[运动]融合于主要动词，V 型；与此相对，其源词却是复合结构④，[运动]由动词词根编码，而[路径]则由前缀编码，S 型。

---

① Slobin 对英语做过历时考察，发现英语在 19 世纪产生了大量方式动词，使得现代英语在区分动作方式上更加精细化。这是英语向 S 型语转移的重要证据，但是研究缺乏系统性和全面性。Dan I. Slobin, "The Many Ways to Search for a Frog: Linguistic Typology and the Expression of Motion Events", in Sven Strömqvist and Ludo Verhoeven eds. , *Relating Events in Narrative*, *Vol. 2*: *Typological and Contextual Perspectives*, New York: Lawrence Erlbaum Associates, 2004, pp. 219-257. Dan I. Slobin, "What Makes Manner of Motion Salient? Explorations in Linguistic Typology, Discourse and Cognition", in Maya Hickmann and Stéphane Robert eds. , *Space in Languages*: *Linguistic Systems and Cognitive Categories*, Amsterdam: John Benjamins Publishing Company, 2006, pp. 59-81.
② 史文磊：《类型学与汉语运动事件词化的历时考察》，南京大学博士学位论文，2010 年，附录《拉丁语→罗曼语族路径动词源流表》。
③ Nataya I. Stolova, "From Satellite-framed Latin to Verb-framed Romance: A Syntactic Approach", in Roger Wright ed. , *Latin vulgaire-latin tardif VIII*: *Actes du VIII Colloque international sur le latin vulgaire et tardif*, Oxford, 6-9 Septembre (2006), Hildesheim: Olms-Weidmann, 2008, pp. 253-262.
④ 其他有些极个别的由词义引申而来或是借自希腊语。

(2) 内移:intrare＜in-(在内,向内)＋﹡trare(跨越)

上移:ascendere＜a/ad-(朝向)＋scendere(攀爬)

下移:descendere＜de-(向下)＋scendere(攀爬)

外移:exire＜ex-(向外)＋ire(行走)

往至:pervenire＜per-(通过)＋venire(到来)

(二)S→V 演化机制

归纳起来,罗曼语 S→V 转移途径主要有二:强词汇化和[运动]信息融合。

1.强词汇化

这里的词汇化指原先大于词的单位凝固为词汇性单位的过程。① 词汇化程度有强弱之分。强词汇化:之前的组合形式融合在一起,甚至有的形式脱落,形成一个无法分析的单位。弱词汇化:尽管各部分形式依旧可以分析,但已表现出固化倾向,在搭配选择上受限。强词汇化在罗曼语 S→V 演变过程中有"词缀＋动词词根""介词/前缀＋名词"两种类型。

(1)"词缀＋动词词根"

词汇化之前,形义对应关系透明;词汇化之后,词缀与词根融合为一个单位,形义关系晦暗。如此一来,原先各有所依的双语素结构被重新分析为一个单语素词。如例(2)descendere(下移),语义本是可分析的,但随着词汇化而逐渐模糊。在现代意大利语中,既能看到附缀词形 *descendere*,又能看到失缀词形 *scendere*,皆表"下移"。这说明前缀 de-已进一步融合而发生脱落,其语义值不再透明,成了可有可无的形式。intrare、exire 及 pervenire 在现代罗曼语中都有强词汇化倾向。

以上生成的路径动词,其[路径]意义比较纯粹。还有一种生成[路径＋方

---

① Laurel J. Brinton and Elizabeth C. Traugott, *Lexicalization and Language Change*, Cambridge:Cambridge University Press,2005.董秀芳:《词汇化:汉语双音词的衍生和发展》,四川民族出版社 2002 年版。蒋绍愚:《打击义动词的词义分析》,《中国语文》2007年第 5 期。

式]的情况,如法语 *a fluer*(古代:朝向—飞)→ *affluer*(现代:飞向)①,分别表达[路径]和[方式]的两个形式融合在一起,形成综合性词化结构。此类模式晚近才产生②,跟汉语词化结构从综合到分析的演化倾向呈相反趋势③。

(2)"介词/前缀+名词"

如 * adripare 是罗曼语表"往至"义的一个源词形,该形式源于拉丁语介词短语 ad-(朝、向)+ripa(水岸)。ripa 有界标(landmark)功能④,所以伴随着该介词短语(朝向水岸)的词汇化,原先的介词与名词融合为一个词汇单位,被重新分析为路径动词,引申出"朝向路标行进"之义,S 型结构由此变为 V 型⑤。法语 *dégringoler*(倒塌)源自 *dé(s)*-(离开)+*gringole*(小山,斜坡),现代法语中 *gringole* 已无法独立成词,但 *dégringoler* 却作为不可分析的词存活下来。

2.[运动]信息融合

(1)[运动]融入名词

如后期拉丁语 * montare 是现代罗曼表"上移"义的一个源头,该词源于拉丁语名词 mons、montis(高山、山脉),本身包含"向上、上"的[路径]信息,但没有[运动]信息。到后期拉丁语 * montare,[运动]融入,从而派生出法语 *monter*、意大利语 *montare*、加泰罗尼亚语(Catalan)*muntar* 等动词。

---

① Anetta Kopecka,"Continuity and Change in the Representation of Motion Events in French",in Jiansheng Guo et al. eds. ,*Crosslinguistic Approaches to the Psychology of Language:Research in the Tradition of Dan Isaac Slobin*,New York:Psychology Press,2009,pp. 415-425.

② Anetta Kopecka,"Continuity and Change in the Representation of Motion Events in French",in Jiansheng Guo et al. eds. ,*Crosslinguistic Approaches to the Psychology of Language:Research in the Tradition of Dan Isaac Slobin*,New York:Psychology Press,2009,pp. 415-425.

③ 史文磊:《类型学与汉语运动事件词化的历时考察》,南京大学博士学位论文,2010 年。

④ 自然界标(environmental landmark)是[路径]范畴的重要来源。

⑤ 感谢《中国语文》审稿人提醒笔者,拉丁语的介词短语历经词汇化后成为路径动词,这是由虚转实的违背语法化单向性的演变。需要说明的是,这里并非介词向动词的演变,而是介词短语发生词汇化,而后整个形式用作动词。这跟下文所言[运动]融入名词、形容词等词类的转类现象相似。

（2）[运动]融入形容词

如表达"上移"的 * altiare(后期拉丁语)＜altus(古典拉丁语)。altus 是形容词，"高"义，由此发展出 * altiare 和后来各罗曼语中的路径动词。该发展过程中[运动]融入包含[路径]的形容词中。

3. 词义引申

罗曼语有些路径动词由词义引申而来，如 partiri/partire 本义为"分离(to divide)"，后来引申出"离开"义。sallre 本义为"跳跃(to jump)"，后从垂直方向的运动引申出水平方向的"外移"义。

（三）现代法语词化类型的多样性

法语是现代罗曼语的重要代表。除使用 V 型以外，现代法语同时采用 S 型结构：[路径]由前缀编码，空出来的动词词根槽位(slot of verb root)用来表达[方式]。如：

（3）*Les abeilles se sont envolées de la ruche.*

The bees flew away from the hive.

蜜蜂飞出了蜂窝。①

例（3）之 *envoler*，分别由表[路径]（离开）的前缀 *en* 和表[方式]（飞）的动词词根 *voler* 组合而成，为 S 型。可见，现代法语的词化结构呈现出多样性。

（四）拉丁语结构在现代法语中的遗存

一方面，古代法语 S 型结构占优势，现代法语 V 型结构占优势；另一方面，

① 引自 Anetta Kopecka，"The Semantic Structure of Motion Verbs in French：Typological Perspectives"，in Maya Hickmann and Stéphane Robert eds.，*Space in Languages：Linguistic Systems and Cognitive Categories*，Amsterdam：John Benjamins Publishing Company，2006，pp. 83-101.

现代法语依然有一些 S 型结构在使用①。这种格局主要是拉丁语结构在现代法语中的遗存使然。具体而言,路径前缀在 15 世纪之前的法语中能产性很高,可以用来构成大量新的复合词;然而 15 世纪以后,这些前缀逐渐丧失了能产性,构成新词的能力大大衰退。如前缀 a(d)-(朝、向)(表 1②),在 13 世纪,其构成的新词竟达 312 个,可见其能产性之高,而此后构词能产性迅速下降,到 15 世纪以后,基本上不再用来构成新词了。

表 1　前缀 a(d)-能产性升降表

世纪	13th	14th	15th	16th	17th	18th	19th	20th
新词数/个	312	24	18	12	1	3	2	2

　　一个形态句法范畴丧失能产性以后,往往会导致其遗存结构的词汇化③,法语前缀丧失能产性以后,带来了同样的后果。在法语 S→V 转变过程中,前缀与动词词根结合,词汇化程度高的(强词汇化),结构变得晦暗不可分析,从而凝结为路径动词;少数词汇化程度低的(弱词汇化),条件性地(如能产性低、搭配受限)遗存在现代法语中,成为少数 S 型结构的来源。由于越来越多的"前缀＋词根"组合发生强词汇化,造成了现代法语 V 型结构占主导的局面。由此看来,现代法语共时平面中的不同词化类型反映了不同的历史层次。④

① Anetta Kopecka,"Continuity and Change in the Representation of Motion Events in French",in Jiansheng Guo et al. eds.,*Crosslinguistic Approaches to the Psychology of Language：Research in the Tradition of Dan Isaac Slobin*,New York：Psychology Press,2009,pp.415-425.

② 引自 Anetta Kopecka,"The Semantic Structure of Motion Verbs in French：Typological Perspectives", in Maya Hickmann and Stéphane Robert eds.,*Space in Languages：Linguistic Systems and Cognitive Categories*,Amsterdam：John Benjamins Publishing Company,2006,pp.83-101.

③ 董秀芳:《汉语的句法演变与词汇化》,《中国语文》2009 年第 5 期。

④ 顺带说一下,贝罗贝先生告诉笔者,现代法语出现了一种很有趣的现象,周边地区的法语由于受临近 S 型语言接触的影响,从而又带上了一些 S 型结构特点。

三、汉语词化类型的历时转移

(一)上古汉语对 V 型结构的偏好

既有研究大多主张上古汉语是典型 V 型语。[①] 归纳起来,论据主要有三点:①上古汉语大量的路径动词单用,是 V 型结构;②现代汉语动趋式中的趋向补语在上古汉语句法性连谓结构中是主要动词;③上古汉语[方式]由动名词成分或副词性成分表达。

①②两点旨在证明上古汉语运动事件[路径]由主要动词表达,这样就符合 V 型结构的形态—句法属性标准,③用来支持 Talmy 对古汉语的假设:古汉语是西班牙语型的 V 型语。本文的调查结果显示,一方面,上古汉语并非典型的西班牙语型的 V 型语;另一方面,上古汉语也确实表现出较强的 V 型语倾向,但策略不同。论析如下:

其一,①是可以证明上古汉语表现出 V 型语倾向的重要证据,但问题是,上古汉语不仅有路径动词单动式,还有方式动词单动式及动词谓语连用结构,所以单凭路径动词单动式就断言上古汉语是 V 型语,显然不足以令人信服。根据笔者对上古汉语表达运动事件所用动词结构的调查(见下文表 2),纯路径

---

① Fengxiang Li(李凤祥),"A Diachronic Study of V-V Compound in Chinese",Ph. D. dissertation,New York:SUNY at Buffalo,1993. Fengxiang Li(李凤祥),"Cross-Linguistic Lexicalization Patterns:Diachronic Evidence from Verb-Complement Compounds in Chinese",in *Language Typology and Universals*,Vol. 50,No. 3(Sep. ,1997),pp. 229-252. Alain Peyraube(贝罗贝),"Motion events in Chinese:A Diachronic Study of Directional Complements",in Maya Hickmann and Stéphane Robert eds. ,*Space in Languages:Linguistic systems and Cognitive Categories*,Amsterdam:John Benjamins Publishing Company,2006,pp. 83-101. Leonard Talmy,*Toward a Cognitive Semantics*,Vol. 2,Cambridge:MIT Press,2000,pp. 118-119. Dan Xu,*Typological Change in Chinese Syntax*,New York:Oxford University Press,2006.

类动词结构占总数的 73.75%，方式类和"方式＋路径"类动词结构分别只占 11.25%[①]、11.56%。可见，上古汉语[路径]信息表达占绝对优势，从而使得上古汉语表现出很强的 V 型语倾向。据此来看，少用"方式＋路径"类句法性连谓结构，而多用纯路径类动词结构（V 型结构），是上古汉语保持 V 型语倾向的重要策略。

其二，对于论据②，尽管现代汉语动趋式（V$_{1方式}$＋V$_{2路径}$）之补语（V$_2$）在上古汉语中是主要动词，但方式动词 V$_1$ 同样也是主要动词，整个结构的词化模式为：V$_{1[方式＋运动]}$＋V$_{2[路径＋运动]}$。可见，上古汉语句法性连动式并非典型的西班牙语 V 型构架，应是 E 型，即对等构架（equipollent-framed）[②]。

其三，Li[③] 对③进行了详细论证，他认为，上古汉语是类似于西班牙语的 V 型语言，[路径]由主要动词表达，而[方式]由动名词成分或副词性成分表达。其证据主要是例（4）所列的诸条文例[④]：

(4)a. 十有一月，卫侯朔出奔齐。(《春秋·桓公十六年》)

　　b. 秋，九月，荆败蔡师于莘，以蔡侯献舞归。(《春秋·庄公十年》)

　　c. 戎伐凡伯于楚丘以归。(《春秋·隐公七年》)

　　d. 纪侯大去其国。(《春秋·庄公四年》)

　　e. 是月，六鹢退飞，过宋都。(《春秋·僖公十六年》)

例（4a）之"出奔"可以看成两个动词并列。Li 说，从语境来看，我们无从断定是先"出"后"奔"，还是"奔"作为[方式]伴随着行为动词"出"，如果理解为后

① 且许多是综合性的或直接带背景 NP 的动词，如"奔、乘、登、济、驱、涉、逾、越、追、坠、逐"等。

② Dan I. Slobin, "The Many Ways to Search for a Frog: Linguistic Typology and the Expression of Motion Events", in Sven Strömqvist and Ludo Verhoeven eds. , *Relating Events in Narrative*, *Vol. 2*: *Typological and Contextual Perspectives*, New York: Lawrence Erlbaum Associates, 2004, pp. 219-257.

③ Fengxiang Li(李凤祥), "A Diachronic Study of V-V Compound in Chinese", Ph. D. dissertation, New York: SUNY at Buffalo, 1993. Fengxiang Li(李凤祥), "Cross-Linguistic Lexicalization Patterns: Diachronic Evidence from Verb-Complement Compounds in Chinese", in *Language Typology and Universals*, Vol. 50, No. 3(Sep. , 1997), pp. 229-252.

④ Fengxiang Li(李凤祥), "A Diachronic Study of V-V Compound in Chinese", Ph. D. dissertation, New York: SUNY at Buffalo, 1993, pp. 150-151.

者,则"奔"就可以视为副词性成分,换言之,"奔齐"充当动名词短语修饰主要动词"出"。仔细推敲一下就会意识到,Li 似乎是受到了现代英语"主要动词+副词性修饰语"结构(如 come slowly)的影响,认为上古汉语也存在此类结构,而事实上这种结构并不符合上古汉语的语法。此其一。其二,句中"奔"是"逃向"义,按语境理解,语义重心在"奔齐",而非以"奔齐"的方式"出",若依后者理解,于情于理都难以令人接受。试比较例(5)、例(6),例(5)之"出""奔"构成连动式[与例(4a)同],例(6)之"出""奔"则分属于连谓的两个动词小句。两句画线部分内容相对应,足以说明"出奔"为句法性连动结构,"奔"绝非副词性从属成分。

(5)十有二年春,周公<u>出奔</u>晋。(《春秋·成公十二年》)

(6)周公楚……怒而<u>出</u>。及阳樊,王使刘子复之,盟于鄤而<u>入</u>。三日复<u>出</u>,<u>奔晋</u>。(《左传·成公十一年》)

(7)公孙阏与颍考叔争车,颍考叔<u>挟辀以走</u>。(《左传·隐公十一年》)

例(4b)、例(4c),Li 将"以蔡侯献舞""(凡伯)以"分析为动名词短语,描述"归"的方式。看做方式,这没问题,问题是,"以"在此理解为动名词是否合适?首先,例(4c)之"以"恐怕已是连词。其次,"以"字结构并非只能修饰路径动词,还可以修饰方式类运动动词,如例(7)。此类表达[方式]的手段是除了主要动词以外的另一种表达手段①,无论是 V 型语还是 S 型语,都有此类结构。因此,表伴随性[方式]的"以"字结构的存在跟该语言是 S 型还是 V 型无关。例(4d),Li 认为,"大"作为副词性成分修饰主要动词"去"(V 型),所以上古汉语是 V 型语。该论断面临着与例(4b)、例(4c)同样的问题,即,不单是"副词性成分+V$_{路径}$"类结构("大去"),"副词性成分+V$_{方式}$(+V$_{路径}$)"类结构(S 型)在上古汉语中也不少见。同理,我们无法就此断言上古汉语是西班牙语型的 V 型语。例(4e),Li 认为"退飞"是与主要动词"过"分开的动名词短语,表达运动[方式]。然而,按照上古汉语的表达习惯,这里描述的显然是两件事,先说六

---

① Dan I. Slobin, "The Many Ways to Search for a Frog: Linguistic Typology and the Expression of Motion Events", in Sven Strömqvist and Ludo Verhoeven eds., *Relating Events in Narrative*, Vol. 2: *Typological and Contextual Perspectives*, New York: Lawrence Erlbaum Associates, 2004, pp. 219-257.

鹢退飞，后说六鹢过宋都，是典型的动词短语连用结构，这在上古汉语中是很常见的用法。前后分开，更是连用结构的重要标志。

可见，Li 所列例证大多不能成立，不足以证明上古汉语是西班牙语型 V 型语；事实上，上古汉语运动事件的表达模式与西班牙语差别很大。调查发现，上古汉语［方式］信息的表达手段绝非一种，除主要动词之外，尚有副词性短语、连谓结构之 $V_1(VP_1)$、独立小句等；而上古汉语词化类型表现出 V 型倾向的策略来自语用（language use）倾向，而不能单从句法结构（language structure）判定。路径动词单动式占绝大多数，是上古汉语表现出较强的 V 型语倾向的重要策略。

（二）汉语词化类型历时演化的证据

尽管对现代汉语词化类型的归属尚存争议[①]，但古今相较，现代汉语表现出 S 型倾向是没问题的。历时方面的证据如下。

其一，上古汉语表达运动事件的连动式（$V_{1方式}$ ＋ $V_{2路径}$）为双句法核心（E 型），而现代汉语与此对应的句法结构演变为动趋式或动结式。从句法属

① 沈家煊：《现代汉语"动补结构"的类型学考察》，《世界汉语教学》2003 年第 3 期。William A. Croft, Jóhanna Baredal, Willem Hollmann and Violeta Sotirova, "Revising Talmy's Typological Classification of Complex Event Constructions", in Hans C. Boas ed., *Contrastive Studies in Construction Grammar*, Amsterdam: John Benjamins Publishing Company, 2010, pp. 201-236. Chengzhi Chu（储诚志）, "Event Conceptualization and Grammatical Realization: The Case of Motion in Mandarin Chinese", Ph. D. dissertation, Hawai'i: The University of Hawai'i, 2004. Christine Lamarre（柯理思）:《空间移动表现のタイポロヅ一と限界性》，第二回中日理论言语学研究会，2005 年。Fengxiang Li（李风祥）, "A Diachronic Study of V-V Compound in Chinese", Ph. D. dissertation, New York: SUNY at Buffalo, 1993. Fengxiang Li（李风祥）, "Cross-Linguistic Lexicalization Patterns: Diachronic Evidence from Verb-Complement Compounds in Chinese", in *Language Typology and Universals*, Vol. 50, No. 3（Sep., 1997）, pp. 229-252. Yo Matsumoto, "Typologies of Lexicalization Patterns and Event Integration: Clarifications and Reformulations", in Shuji Chiba et al. eds., *Empirical and Theoretical Investigations into Language: A Festschrift for Masaru Kajita*, Tokyo: Kaitakusha, 2003, pp. 403-418. James H-Y. Tai（戴浩一）, "Cognitive Relativism: Resultative Construction in Chinese", in *Language and Linguistics*, Vol. 4, No. 2（2003）, pp. 301-316. Leonard Talmy, *Toward a Cognitive Semantics*, Vol. 2, Cambridge: MIT Press, 2000.

性标准考量,现汉动补结构之 V_1 是句法核心,V_2 为附加语,已经得到了许多著述的支持①。

其二,从语用倾向来看,如表 2 所示,上古汉语以路径动词单动式为主(V 型),现代汉语则以"方式＋路径"动趋式为主,S 型结构在汉语史上呈渐增趋势。

表 2　汉语史各时段动词结构统计表②

动词结构	现代汉语	近代汉语	中古汉语	上古汉语
方式＋路径	70.39％	40.06％	15.35％	11.56％
方式	6.73％	5.48％	6.39％	11.25％
路径	22.12％	42.47％	65.49％	73.75％
指向	0.77％	7.87％	7.33％	1.88％

其三,从动词语义要素包容度来看,也可证明汉语词化类型的演变。根据 Slobin③ 的报告,就综合性词化模式[运动＋方式＋路径]的使用比例来看,V 型语要高于 S 型语。换言之,V 型语运动动词对综合性词化模式的接受度高于 S 型语,S 型语[方式]和[路径]两类要素表现出互补分布的倾向。

表 3 分别给出了英语、土耳其语、现代汉语和上古汉语对应不同词化模式

---

① 参看史文磊《类型学与汉语运动事件词化的历时考察》第 22—24 页的介绍。南京大学博士学位论文,2010 年。

② 汉语史各阶段语料的选取以及详细统计请参看史文磊《类型学与汉语运动事件词化的历时考察》第四章。现代汉语数据引自:Liang Chen and Jiansheng Guo(陈亮、郭建生),"Motion Events in Chinese Novels:Evidence for an Equipollently-framed Language", in *Journal of Pragmatics*,Vol. 41,No. 9(Sep. ,2009),pp. 1749-1766. 说明:Chen 和 Guo 将现代汉语"方式动词(M)＋指向动词(D)"归入"纯方式"类结构,笔者认为应归入"方式＋路径"类,因此对有关数据做了修正。Huang 和 Tanangkingsing 将[MD]结构归入[MPD]类,而未归入"纯方式"类,跟本文处理相同。参见 Shuanfan Huang and Michael Tanangkingsing,"Reference to Motion Events in Six Western Austronesian Languages:Toward a Semantic Typology", in *Oceanic Linguistics*,Vol. 44,No. 2(Dec. ,2005),pp. 307-340.

③ Dan I. Slobin,"The Many Ways to Search for a Frog:Linguistic Typology and the Expression of Motion Events", in Sven Strömqvist and Ludo Verhoeven eds. ,*Relating Events in Narrative*,Vol. 2:*Typological and Contextual Perspectives*,New York:Lawrence Erlbaum Associates,2004,pp. 219-257.

620

的词汇项。英语是较典型的 S 型,故其融合模式有[运动＋方式]和[运动＋路径],但难以找到对应于综合性模式[运动＋方式＋路径]的词项;相对而言,土耳其语是较典型的 V 型,所以有 V 型[运动＋路径]和综合性模式[运动＋方式＋路径],却难以找到 S 型结构。上古汉语词化模式更接近于 V 型("上车""登车"),而现代汉语更接近于 S 型("爬到车上""? 登车")。不仅表 3 所列概念,上古汉语大量综合性模式到近现代以后演变为分析性模式①。这证明汉语词化类型表现出 V→S 倾向。

表 3　词化模式分布表

词化模式	英语	土耳其语	现代汉语	上古汉语
[运动＋方式]	climb		爬	
[运动＋方式＋路径]		tırmanmak	? 登	登
[运动＋路径]	ascend	çıkmak	上	上

英语和土耳其语语例引自 Dan I. Slobin,"The Many Ways to Search for a Frog: Linguistic Typology and the Expression of Motion Events",in Sven Strömqvist and Ludo Verhoeven eds. , *Relating Events in Narrative*, Vol. 2: *Typological and Contextual Perspectives*,New York:Lawrence Erlbaum Associates,2004,pp. 219-257.

Rappaport Hovav 和 Levin② 提出:英语(S 型)运动事件的方式和结果(或状态改变,在此指[＋抵界/逾界]类[路径])在概念化过程中有互补分布的倾向。一个动词或者倾向于只融合[方式],或者只融合"[＋抵界/逾界]"类[路径],不可兼有。根据本文的调查来看,上古汉语不太符合这个原则,因为上古汉语有大量的综合性动词,既融合了结果([路径])又融合了[方式];而在发展过程中,伴随着词化类型的演变,汉语逐渐呈现出[方式]与[路径]互补分布的趋势③,表现出英语型(即 S 型)倾向。

---

① 史文磊:《类型学与汉语运动事件词化的历时考察》,南京大学博士学位论文,2010 年。

② Malka Rappaport Hovav and Beth Levin,"Reflections on Manner/Result Complementarity",in Malka Rappaport Hovav et al. eds. , *Lexical Semantics*, *Syntax*, *and Event Structure*, Oxford:Oxford University Press,2010,pp. 21-38.

③ Zubizarreta 和 Oh 也曾提及,动词一般不同时编码方式(manner)和方向性位移(directed motion,即路径),二者倾向于相互独立编码。但是上古汉语确实表现出不太符合该规则的特点,这值得进一步调研。参见 Maria Luisa Zubizarreta and Eunjeong Oh, *On the Syntactic Composition of Manner and Motion*,Cambridge:MIT Press,2007,p. 4.

(三)V→S 演化机制

总体而言,上古汉语的词化类型发展到现代汉语表现出 V→S 类型学转移的倾向,然而,转型的途径和机制仍有待深入探讨:①既有研究认为,汉语 V→S 转变主要是依靠连动式语法化为动趋式来完成的①,问题是,除此之外,是否还有其他途径,同样演化出 S 型结构? ②即便是第一条路子,也值得继续讨论:语法化的具体过程是怎样的? 是否所有的路径动词都完成了转变? 这对汉语向 S 型语的发展有何影响? ③现代汉语是否彻底完成了 V→S 的转型? 其表现是什么? 下面详细论述汉语词化类型的演变过程。

1. 连动式语法化

双句法核心的连动式(如上古之"走入")发生语法化而核心左倾,成为单句法核心的动趋式,是汉语向 S 型发展的重要途径。概言之,趋向补语的语法化沿以下步骤向前推移:

(8) i. 主要动词 $V_{2路径}$ > ii. 附加语$_{趋向}$ > iii. 附加语$_{结果}$ > iv. 附加语$_{时体}$

(1)第一步:主要谓语降格为次要谓语

语法化链第一步是路径动词 V_2 从主要谓语降格为次要谓语。有关这一环实现的时间,学界看法不一,如何乐士②认为《左传》中便有了趋向动词补语。问题是,怎样才算是动趋式未见明确的标准。从一个结构向另一个结构的语法化历程往往是漫长的。对于缺少显性形态标记的汉语而言,单从语义上判

---

① Fengxiang Li(李凤祥),"A Diachronic Study of V-V Compound in Chinese", Ph. D. dissertation, New York:SUNY at Buffalo, 1993. Fengxiang Li(李凤祥), "Cross-Linguistic Lexicalization Patterns:Diachronic Evidence from Verb-Complement Compounds in Chinese", in *Language Typology and Universals*, Vol. 50, No. 3(Sep. , 1997), pp. 229-252. Alain Peyraube(贝罗贝), "Motion events in Chinese:A Diachronic Study of Directional Complements", in Maya Hickmann and Stéphane Robert eds. , *Space in Languages: Linguistic systems and Cognitive Categories*, Amsterdam:John Benjamins Publishing Company, 2006, pp. 83-101. Dan Xu, *Typological Change in Chinese Syntax*, New York: Oxford University Press, 2006.

② 何乐士:《从〈左传〉和〈史记〉的比较看〈史记〉的动补式》,《东岳论丛》1984 年第 4 期。

断很难得到一致答案,这就促使我们找寻形式上的标志。根据梁银峰[①]、魏兆惠[②]、Peyraube[③] 等的研究,中古汉语三类非常规句法格式的出现与推广为连动式向动趋式的转化提供了条件。

(9)A. NP_{主语}＋V＋来/去 → V＋来/去＋NP_{主语}

　　飞来双白鸽,乃从西北来。(《古辞·相和歌辞十四》)

　　B. V＋来/去＋LP(处所短语)→ V＋LP＋来/去

　　a. 今日还家去(去:往至),念母劳家里。(《玉台新咏·古诗为焦仲卿妻作》)

　　b. 自外四边,大有余树,汝可速疾,移他处去。(阇那崛多译《佛本行集经》)

　　C. NP_1＋V_t＋NP_2＋来/去 → NP_2＋NP_1＋V_t＋来/去

　　舍中财物,贼尽持去。(《百喻经·奴守门喻》)

例(9A),主体 NP 作主语是常规格式(白鸽飞来),后移导致趋向动词跟 V_1 结合("飞来")的紧密度大大超过此前的常规格式,逐渐取消了二者之间的句法边界,使得趋向动词向 V_1 的附着性成分演化。与 A 不同,例(9B)、例(9C)是 NP 前移。例(9C)是 V_t 受事 NP_2("舍中财物")前移,导致趋向动词与 V_t 紧密结合,逐渐被重新分析。例(9B)是背景 NP 或 LP("家""他处")前移[例(9Bb)受事 NP("树")也前移],使得"来/去"后没有了终点背景,逐渐分析为非核心成分。

值得注意的是,上述三类格式中,例(9Bb)、例 9(C)皆表他移事件。他移事件是 V_2 向趋向补语语法化的重要环境。太田辰夫[④]早就指出,趋向补语的

---

① 梁银峰:《汉语趋向动词的语法化》,学林出版社 2007 年版。

② 魏兆惠:《论两汉时期趋向连动式向动趋式的发展》,《语言研究》2005 年第 1 期。

③ Alain Peyraube(贝罗贝),"Motion events in Chinese: A Diachronic Study of Directional Complements", in Maya Hickmann and Stéphane Robert eds. , *Space in Languages*: *Linguistic Systems and Cognitive Categories*, Amsterdam: John Benjamins Publishing Company,2006,pp. 83-101.

④ 太田辰夫:《中国语历史文法》,蒋绍愚、徐昌华译,北京大学出版社 2003 年版,第 200 页。

产生和使成复合动词(即他移)有很深的关系,可谓一语中的。Peyraube[①] 也说,例(9Bb)中的"去"显然更容易语法化为补语。他移事件的位移体是受动而为,具有[—自主]、[—可控]等语义特征,从而导致 V_2 更易失去运动性和句法核心地位。因此,往往是他移事件中先发生句法核心左倾,而后类推至自移事件。[②] 一般而言,在语法化过程中,形式演变要滞后于意义演变[③]。从上述非常规格式出现的时间反推可知,连动式的语义演变应当早在汉末就已经开始了,而指向动词"来/去"很可能是最先语法化为附加语的两个路径动词。

(2)继续推进:结果补语、时体标记

演化为趋向补语以后(ⅱ),V_2 的语法化并没有就此止步,而是沿着语法化链继续前行,又发展出了结果补语(ⅲ)、时体标记(ⅳ)等用法。[④] 以"上""下"的语法化为例:

【上】

ⅰ.楚王英宫楼未成,鹿走上阶,其后果薨。(《论衡·乱龙篇》)(路径动词)

ⅱ.有时妆成好天气,走上皋桥折花戏。(刘禹锡《泰娘歌》)(趋向补语,上移)

单于亲领万众兵马,到大夫人城,趁上李陵。(《李陵变文》)(趋向补语,去、到)

ⅲ.殿直焦躁,把门来关上,掁来掁了,唬得僧儿战做一团。(《简帖和尚》)(结果补语)

---

① Alain Peyraube(贝罗贝),"Motion events in Chinese:A Diachronic Study of Directional Complements",in Maya Hickmann and Stéphane Robert eds., *Space in Languages*:*Linguistic Systems and Cognitive Categories*,Amsterdam:John Benjamins Publishing Company,2006,pp. 83-101.

② 汉语运动事件连动式语法化的机制和动因与本文主旨关系不大,这里不多说,将另文详述。

③ Paul J. Hopper,"On Some Principles of Grammaticalization",in Elizabeth C. Traugott and Bernd Heine eds.,*Approaches to Grammaticalization*,Amsterdam:John Benjamins Publishing Company,1991,pp. 17-36.

④ 曹广顺:《近代汉语助词》,语文出版社 1995 年版。梁银峰:《汉语趋向动词的语法化》,学林出版社 2007 年版。蒋冀骋、吴福祥:《近代汉语纲要》,湖南教育出版社 1997 年版。徐丹:《趋向动词"来/去"与语法化——兼谈"去"的词义转变及其机制》,袁行霈主编:《国学研究》第 14 卷,北京大学出版社 2004 年版,第 315—330 页。

ⅳ. 他心里早和咱们这个二姉娘好上了。(《红楼梦》第 117 回)(动相补语，情状开始)

【下】

ⅰ. 冯妇攘臂下车，众皆悦之。(《孟子·尽心下》)(词化模式 A)［运动＋路向_下移＋矢量_离开］

(水)上天则为雨露，下地则为润泽。(《淮南子·原道》)(词化模式 B)［运动＋路向_下移＋矢量_往至］

ⅱ. 昨夜霜一降，杀君庭中槐。干叶不待黄，索索飞下来。(白居易《谕友》)(自移)

佛日便归堂，取柱杖抛下师前。(《祖堂集》卷 7"夹山和尚")(他移)

ⅲ. 女郎剪下鸳鸯锦，将向中流匹晚霞。(刘禹锡《浪淘沙》)(模式 A→结果：脱离)

去时留下霓裳曲，总是离宫别馆声。(王建《霓裳辞》)(模式 B→结果：遗留)

ⅳ. 结下雠冤，怎肯成亲？(《刘知远诸宫调》第 1)(动相补语，情状开始)

ⅰ、ⅱ、ⅲ、ⅳ 分别代表语法化链的四个阶段。调查可知，与"上""下"类似，还有一些动词都走完了上述语法化链(见下文表 4)。

概括起来，用来判定 S 型语的标准主要有三：①S 型语的［路径］信息由附加语承担，［路径］与［运动］分别由不同的表层形式表达；②与主要动词相比，附加语是一个相对封闭性的类别，即数量有限；③通常 S 型语之附加语可以用来对路径、体、状态改变(结果)、行为序列和行为实现进行编码[①]。

当连动式之 V₂ 语法化为趋向补语，便符合了标准①；当趋向补语发展出结果补语、时体标记，标准③得以满足。现在来看标准②，即附加语是一个封

---

① Talmy 以汉语路径动词处在 V₂ 和单用时语义中不同作为判断是否已经是附加语的标准，其实主要是指引申出结果、时体意义的 V₂ 和单用时的区别。Leonard Talmy，"Main Verb Properties and Equipollent Framing"，in Jiansheng Guo et al. eds.，*Crosslinguistic Approaches to the Psychology of Language：Research in the Tradition of Dan Isaac Slobin*，New York：Psychology Press，2009，pp. 389-401.

闭性类别,数量有限。笔者对汉语中一批路径动词的历史演变做了调查①,结果显示,由古至今,汉语的[路径]表达形式逐渐从非封闭向封闭类范畴过渡,途径大致有四。其一,在句法性连动式向 S 型结构转化的过程中,一批路径动词没赶上演化就衰退了,如"逸、各、赴、于、戾、及、即、之、适、如、诣、逾、复、还、返、陟、济、堕"等。其二,汉语运动动词词化模式从综合性到分析性的历时演化。上古汉语多综合性动词,往往兼融[路径]和其他要素(如[方式][致使][背景][主体])②,这其实是扩大了表达[路径]义动词的数量。中古以后,事件要素呈分析性发展趋势,[路径]倾向于由专门的词形记录,而不再与其他要素共容,从而压缩为一批专门融合[路径]的动词。其三,有一批路径动词,在演化过程中倾向于只出现在 V_1 的位置,如"离、逃、超、越、归、退、登、降、落(自移)"等,如此一来,这批动词就难以语法化为附加语。其四,还有一批路径动词在演化过程中语法化为介词,如"循、经、向、往"等,这也减少了路径动词的数量。上述四方面变化,导致动趋式之 V_2 成员数量逐渐缩小③。时至近现代,汉语的趋向补语系统表现出极强的择一性,每类语义范畴往往只选择一个词项,形成了一个相对封闭的类别,从而逐渐满足标准②。现代汉语动补式(动趋式和动结式)正显出大增之势,使得现汉表现出较强的 S 型语倾向。

(3)强势类推:其他结构重新分析为动趋式

动趋式逐渐成为强势结构模式,不断向其他结构类推④,从而使得其他结构也被重新分析为动趋式。这也是汉语词化类型向 S 型转移的一条重要途径。至少有下列三种情况。

其一,并列式的动趋化。

有些类型的事件表达,最初主要用单动式,后来大概由于双音节韵律模式的规约,出现了同义动词并列式,常常可以逆序。近代以来,在动趋式强势类推的作用下,并列式被类化为动趋式。以"越过"为例:

---

① 史文磊:《类型学与汉语运动事件词化的历时考察》,南京大学博士学位论文,2010 年。
② 史文磊:《类型学与汉语运动事件词化的历时考察》,南京大学博士学位论文,2010 年。
③ 史文磊:《类型学与汉语运动事件词化的历时考察》,南京大学博士学位论文,2010 年。
④ 这里所说的类推是一个动态的过程,与李明、姜先周《试谈"类推"在语义演变中的地位》(《汉语史学报》第 12 辑,上海教育出版社 2012 年版,第 69—79 页)提到的比例式所指不同。

(10) ⅰ.单动式→ⅱ.并列式→ⅲ.动趋式

　　ⅰ.醉者<u>越</u>百步之沟,以为跬步之浍也。(《荀子·解蔽》)

　　ⅱ.a.我等三鱼,处在厄地。漫水未减,宜可逆上,还归大海。有碍水舟,不得<u>越过</u>。第一鱼者尽其力势,跳舟<u>越过</u>。第二鱼者复得凭草<u>越度</u>。(竺佛念译《出曜经》卷3)

　　　b.时有一士夫,自然出彼。——皆数诸世界尘,<u>过越</u>若干亿百千垓诸佛刹土,乃着一尘。(竺法护译《佛说宝网经》)

　　ⅲ.共三万人,<u>越过</u>阿剌兀惕土儿合兀的岭,要与成吉思厮杀。(《元朝秘史》)

如上例,上古单用“越”,中古出现“越过”同义并列。例(10ⅱa)“越过”“越度”共现,例(10ⅱb)又有逆序结构“过越”,说明此期为同义动词并列。到近代类化为动趋式,如例(10ⅲ)。类化为动趋式之后,原路径动词倾向于出现在 V_1, V_1 和 V_2 所融合的[路径]信息表现出一定程度的羡余性(“越”“过”都有“经越”义)。V_2 更倾向于表达 V_1 运动所达成的结果,而 V_1 的方式性和运动性则相应地愈加显著。所以,尽管此类结构不是典型的 S 型($V_{1方式}$＋$V_{2路径}$),但也确实表现出 S 型倾向。其他例证如“登上、降下、超过”等。

其二,路径动词连用结构的动趋化。

中古汉语以前,常常见到多个路径动词连用的句法性连动式。如:

(11)楼烦目不敢视,手不敢发,遂<u>走还入</u>壁,不敢复出。(《史记·项羽本纪》)

(12)居二年,二弟<u>出走</u>,公子夏逃楚,公子尾走晋。(《韩非子·外诸说右上》)

(13)景公<u>出之舍</u>,师旷送之。(《韩非子·外储说右上》)

(14)白头公可长四五尺,忽<u>出往赴</u>叔高。(《风俗通义》卷9)

例(11)至例(14)中的各类路径动词连用结构到后世一般都被整合为下列动趋式:

(15)<u>走还入</u>壁　→　逃回壁垒中

　　<u>出走</u>　→　向外逃走

　　<u>出之舍</u>　→　从(宴会处)出来,向住所走去

出往赴叔高　→　跑出来,向叔高处奔去

整合前,[路径]融于各动词;整合后,一部分由前置词、后置词承担("向外""向叔高""向住所""壁垒中"),一部分由趋向补语承担("逃回""逃走""走去""出来""奔去")。整合前,[运动]由句法性连动式的各动词承担;整合后,由动趋式之 V_1 承担。

其三,中立动词的位移化。

大约南宋以来,有一批中立动词[1],单用时并非运动动词,而是行为动词,不具有整体位移性,但当它们后面附上趋向补语以后,整个结构便同于动趋式,也有了位移义。如:

(16)这里人瑞却躺到烟炕上去烧烟,嘴里七搭八搭的同老残说话。(《老残游记》第 17 回)

(17)潘三乐得受不得,便道:"奶奶何不请坐过来。"(《品花宝鉴》卷 40)

(18)那人道:"在那里陪酒。"说了,又站到那里去了。(《品花宝鉴》卷 51)

(19)那贼……摸到床上,见一个朝着里床睡去。(《错斩崔宁》)

(20)那小娘子正待分说,只见几家邻舍一齐跪上去。(《错斩崔宁》)

(21)包兴挤进去,见地下铺一张纸,上面字迹分明。(《三侠五义》第 3 回)

上述动词结构可分成两类,第一类如例(16)至例(18),形式上是动趋式,语义上表达的是" V_2 (或 V_2 V_3)以后 V_1 "。当然, V_1 似乎也会影响事件的运动方式,譬如"坐过来",并非简单的"过来坐",通常是在还未到目的地时就做出了"坐"的姿势。第二类如例(19)至例(21), V_1 的词义中增添了位移性,在整个动趋式中表达运动[方式]。譬如"摸"在"摸到床上"中表示以偷偷摸摸、摸索的方式到床上,"挤"在"挤进去"中表示以"捱挤"的方式进去。如此一来,其结果是:①出现在 V_1 (主要动词)上的方式类运动动词数量随之增多。根据

---

① Şeyda Özçalışkan and Dan I. Slobin,"Codability Effects on the Expression of Manner of Motion in Turkish and English",in A. S. Özsoy et al. (eds.),*Studies in Turkish Linguistics*,Istanbul:Boǧaziçi University,2003,pp. 259-270. Liang Chen and Jiansheng Guo(陈亮、郭建生),"Motion Events in Chinese Novels:Evidence for an Equipollently-framed Language",in *Journal of Pragmatics*,Vol. 41, No. 9(Sep.,2009),pp. 1749-1766. 史文磊:《类型学与汉语运动事件词化的历时考察》,南京大学博士学位论文,2010 年。

Talmy 的"类别数量"标准①,S 型语表达[方式]的主要动词成员数量相对开放化,表达[路径]的附加语成员数量相对封闭化。V₁ 数量的增多,增加了汉语S 型结构的比例,增强了汉语 S 型语的倾向性。②利用"中立动词位移化"的动趋式来表达运动事件,在以前的汉语史上没有见到。此类结构的应用,使得运动动词所表达的[方式]信息更富于表达性和多样性,这正是汉语在语言使用层面表现出 S 型语倾向的重要指标②。

2.语义要素分离

从语义表达的古今对应而言,[运动]最初跟[路径]共融于同一动词,后来

① Leonard Talmy, *Toward a Cognitive Semantics*, Vol. 2, Cambridge: MIT Press, 2000, pp. 101-102. Leonard Talmy, "Main Verb Properties and Equipollent Framing", in Jiansheng Guo et al. eds., *Crosslinguistic Approaches to the Psychology of Language: Research in the Tradition of Dan Isaac Slobin*, New York: Psychology Press, 2009, pp. 389-401.

② 参看 Dan I. Slobin, "Two Ways to Travel: Verbs of Motion in English and Spanish", In Masayoshi Shibatani and Sandra Thompson eds., *Grammatical Constructions: Their Form and Meaning*, Oxford: Clarendon Press, 1996, pp. 195-219. Dan I. Slobin, "Mind, Code and Text", in Joan Bybee et al. eds., *Essays on Language Function and Language Type*, Amsterdam: John Benjamins Publishing Company, 1997, pp. 437-467. Dan I. Slobin, "The Many Ways to Search for a Frog: Linguistic Typology and the Expression of Motion Events", in Sven Strömqvist and Ludo Verhoeven eds., *Relating Events in Narrative*, Vol. 2: *Typological and Contextual Perspectives*, New York: Lawrence Erlbaum Associates, 2004, pp. 219-257. Liang Chen and Jiansheng Guo(陈亮、郭建生), "Motion Events in Chinese Novels: Evidence for an Equipollently-framed Language", in *Journal of Pragmatics*, Vol. 41, No. 9(Sep., 2009), pp. 1749-1766.《中国语文》审稿人指出:文章列举"并列式的动趋化""路径动词连用结构的动趋化"等演变,但从文中所举例子看,这些过程跟连动式的语法化很难区分。感谢审稿人提醒笔者这一点。需要说明的是,这里"并列式的动趋化"强调的是两个同义路径动词并列,而后受到动趋式类推,V₂ 用为补语。尽管 V₁、V₂ 所表路径发生分化,但仍有所重合或羡余。"路径动词连用结构的动趋化"强调的是东汉以前各类路径动词相承连用结构后来被重新整合为其他动趋式或介词结构。"中立动词的位移化"强调的是中立动词以前不表位移,近代以来进入该格式以后,具备了位移动词的功能,表运动方式,这同时为汉语表现出 S 型语倾向注入了语言使用层面的策略。参见 Dan I. Slobin, "The Many Ways to Search for a Frog: Linguistic Typology and the Expression of Motion Events", in Sven Strömqvist and Ludo Verhoeven eds., *Relating Events in Narrative*, Vol. 2: *Typological and Contextual Perspectives*, New York: Lawrence Erlbaum Associates, 2004, pp. 219-257. 从历时演化来看,现代汉语中的非典型 S 型结构往往是那些由于类推形成的"杂糅"结构(见表 5)。鉴于这些结构跟本文所言典型的连动式语法化不同,加之其特殊地位,我们对它们作单独分析。

分离出来,由不同形式编码,从而产生 S 型结构。有以下三种情况。

其一,伴随句法性连动式的语法化以及动趋式的类推,句法核心左倾,路径动词 V_2 所承担的[运动]信息与[路径]分离,专由 V_1 承担,从而产生 S 型结构。例如:

(22)捉发走出(《左传·僖公二十八年》)→握着头发跑出来(沈玉成《左传译文》,中华书局1981年版)

(23)往入舜宫(《孟子·万章上》)→走进舜的屋子(钱逊《〈孟子〉读本》,中华书局2010年版)

例(22),[运动]要素在上古汉语由"走[方式+运动]""出[路径+运动]"共同承担,到了现汉("跑出"),[运动]从"出"脱离,专门由方式动词"跑"编码。例(23),"往入"是两个路径动词连用,到现汉改用"$V_{1方式}＋V_{2路径}$"动趋式("走进")。[运动]从 V_2("入"→"进")脱离,专由 V_1("走")编码。由于[运动]是句法核心在运动事件概念层面的投射,所以此类语义要素分离与上文所述连动式的语法化可以看做语义变化与表层形式变化对应的关系。

其二,[方式]从隐含到呈现导致[运动]分离。调查显示(见上文表2),相对而言,汉语运动事件表达在上古倾向于使用路径动词单动式,近代以后,倾向于使用"$V_{1方式}＋V_{2路径}$"动趋式。这个过程是[方式]从隐含(语境)到呈现(词汇形式)的过程①,同时又意味着,[运动]从单动式路径动词分离出来,转而由 V_1[方式类运动动词(自移)或行为动词(他移)]承担,[路径]则由变为补语的路径动词(V_2)承担,这样就实现了从 V 型结构向 S 型结构的转移。自移类如:

(24)过→行过、走过

　　来→走来、飞来

　　出→走出、跑出

　　还、回→走回、奔回

　　入→走入、走进

　　至、到→走到、跑到

---

① 史文磊:《类型学与汉语运动事件词化的历时考察》,南京大学博士学位论文,2010年。

他移事件亦然。就在外部事件［方式］经历了从隐含到呈现这一重要变化的同时（例如"<u>出</u>其尸→<u>挖出</u>他的尸体"），内部事件之［运动］从单动式路径动词转移到 $V_1 V_2$ 之 V_1 上，［路径］由 V_2 承担（$V_{［致使＋路径＋运动］} \rightarrow V_{1［致使＋方式＋运动］}$ ＋$V_{2［路径］}$）。该变化促生了大量动趋式（及动结式），使汉语逐渐向 S 型倾斜。如：

(25)他移：

　　走→赶走、打跑

　　入→放入、放进

　　出→挖出、捉出

　　来→拿来、担来

　　去→除去、拔去

　　起→扶起、提起

从上述演变我们还可以看到路径动词单动式是如何向 S 型结构靠拢的。一方面，伴随着汉语运动事件语义要素词化模式从综合性到分析性、从隐含到呈现的演化，上古综合性动词所融［路径］和［方式／致使］逐渐分离，导致了路径动词数量逐渐减少，从而压缩成一个相对封闭的类别；另一方面，分离出去的［方式／致使］要素往往要出现在 V_1，促生了 S 型结构。此类语义要素的分化对汉语 V→S 演化影响较大。

其三，［运动］从背景动词（如上古动词"东$_{［背景＋路径＋运动］}$"）中分离，转而由其他动词承担（主要是动趋式之方式动词 V_1），同时［路径］也分离出来，由前置词专门记录，从而产生 S 型结构。如：

(26)V→Pre＋N ＋$V_{1方式}$＋$V_{2路径}$

　　东→向/往/朝　东　转去/走去

　　西→向/往/朝　西　奔去/逃走

3.双音节结构模式与汉语 S 型结构之强化

上古末期以来，汉语对双音节结构模式表现出愈来愈显著的偏好。[①] 双音

[①]　冯胜利：《汉语韵律句法学》，上海教育出版社 2000 年版。冯胜利：《汉语双音化的历史来源》，《汉语韵律语法研究》，北京大学出版社 2005 年版。

节模式无疑为汉语从句法性连动式(E 型)和路径动词单动式(V 型)向动趋式复合结构(S 型)的转移提供了强有力的形式条件①,有了这个结构模式的规约,上古汉语用单音节的,现在越来越倾向于采用双音节的动趋式。表 2 显示,现代汉语作家使用动趋式的比例远远超出使用单动式的比例。

(四)现代汉语词化类型多样性以及古代汉语在现代汉语中的遗存

现代汉语运动事件表达多采用 S 型结构,但同时又有 V 型(进、出)及一些非典型结构(见下文分析),表现出多样性。笔者认为,这是在汉语向 S 型转移的过程中,古代汉语及其演化中的结构在现代汉语中的遗存使然。大致有以下三种情况。

1. 单动式的遗存

现代汉语词化类型多样性的重要表现之一是路径动词单动式的存在,这批单动式动词既能充当趋向补语,又能单独充任主要谓语,被视为现代汉语 V 型结构的主要来源。然而,正如前文所言,跟古代汉语比较起来,大量路径动词(包括纯粹的路径动词和综合性的路径动词)后来都衰落了,现代汉语中剩下的这批路径动词数量少之又少,形成一个相对封闭的类别,而且其词义结构中大多只剩下纯粹的[路径]意义了。笔者对汉语史语料样本的调查结果显示②,从上古到现代,汉语史四个阶段路径动词的使用种数依次是 23 种、25 种③、16 种、13 种,趋减及封闭化走势明显。有鉴于此,我们将现有的路径动词单动式看做古代 V 型结构在现代汉语中的遗存。

2. 弱词汇化

现汉中有一些"V$_{方式}$＋V$_{路径}$"类连动结构,将其分析为动趋式有困难。如:

---

① Fengxiang Li(李凤祥),"A Diachronic Study of V-V Compound in Chinese",Ph. D. dissertation,New York:SUNY at Buffalo,1993. Fengxiang Li(李凤祥),"Cross-Linguistic Lexicalization Patterns:Diachronic Evidence from Verb-Complement Compounds in Chinese", in *Language Typology and Universals*, Vol. 50, No. 3(Sep. ,1997), pp. 229-252. Dan Xu, *Typological Change in Chinese Syntax*, New York:Oxford University Press,2006, pp. 146-188.

② 史文磊:《类型学与汉语运动事件词化的历时考察》,南京大学博士学位论文,2010 年。

③ 样本调查结果显示,中古比上古略多,但总体发展趋势显而易见。

（27）她们走入了城墙门洞，站在日本人的面前。（余华《一个地主的死》）

（28）这当儿妇人奔入棚内，拿起一把放在地上的利刃，朝幼女胸口猛刺。（余华《古典爱情》）

（29）我的头颅大汗淋漓，像一颗成熟的果子似的力不可支地坠入到浓雾下面。（张贤亮《绿化树》）

（30）这些中子再打入铀或钚的原子核，就再引起裂变。（《现代汉语词典》"链式反应"条）

（31）父亲孙广才和哥哥孙光平……第一桩事就是走至井边打上来一桶水。（余华《在细雨中呼喊》）

（32）后来，他行至后山，看到花木掩映、山石遮蔽内的一间厕所。（王朔《我是你爸爸》）

（33）"纽约"号军舰，11月2日上午首次驶抵纽约市。（天涯社区，2009-11-04）

（34）首批紧急人道主义援助物资已经运抵海地首都太子港机场。（中国新闻网，2010-01-17）

以上画线诸例在现汉中很难理解为动趋式，表现在：①无法扩展，如不能说"走/打/奔/坠（得/不）入、走/行（得/不）至、驶（得/不）抵"；②一般的动趋式中，补语往往轻读，但"入、至、抵"之类一般不轻读；③搭配能力和使用数量有限，能产性低。笔者认为，这是由于上述路径动词（"入、至、抵"）发生了语素化，一般不再成词单用，从而导致整个结构的弱词汇化。V₁"奔、坠"也有语素化倾向，所以"奔入、坠入"听起来要比"走入、打入"词汇化程度更高一些。如前文所言，当一种句法范畴或成分衰落以后，往往会存留一些结构形式，此时就很容易发生词汇化，这与罗曼语S型结构在现代的遗存异曲同工。因此我们有理由认为，弱词汇化导致了少数连动结构向S型结构（动趋式）转化的阻断。

3.类推导致的杂糅结构

有一批结构受到动趋式类推。问题是，有些并未完全转为典型的S型结构，而是表现出"杂糅"的特点。如前面提到的"并列式的动趋化"（"登上、越过、超过"）、"路径动词连动式的动趋化"（"进到、回到"），前后两个成分都包含

[路径]信息，不是典型的 S 型结构；"中立动词位移化"形成的动趋式中，有的已经转化为 S 型结构（"摸进、站到"），而有一些则貌似 S 型结构，但表达的意思有别（"坐到、躺到"）。上述杂糅结构可视为动趋化类推过程中产生的非典型结构。这些非典型结构也是现汉词化类型多样性的重要来源。

4.语法化链阻断

走完了语法化链的路径动词，基本上就符合了 S 型结构的三条标准。然而，现代汉语中并非所有路径动词都走完了语法化链。

（35）a.他走进了公园。

　　　b.他进了公园。

（36）a.他走过了公园。

　　　b.他过了公园。

Talmy[①] 认为，现代汉语例（35a）"走进"类结构是 E 型结构，而例（36a）"走过"类是 S 型结构。原因是例（35b）之"进"（V_0，单用）和例（35a）之"进"（V_2，补语）语义功能相同；而例（36b）之"过"（V_0，单用）与例（36a）之"过"（V_2，补语）语义功能不同，前者是路径动词，强调经过，后者表达了运动结果，不强调经过。因此，在 Talmy 看来，有没有进一步语法化，是判定典型 S 型结构的重要指标。从笔者所调查的词项来看，除"进"之外，"出""回"等也有此倾向，它们在语法化链上只走到第 ii 步，没有继续前行，这样就不太符合 S 型语标准③；各项路径动词演变大致可以归为表 4 所示几类。

表 4　路径动词演变阶段列表

阶段	例证
未及而衰	堕、返、复、各、归、还、及、即、济、如、涉、适、往、诣、于、之、陟、坠等
到阶段 ii	出、到、回、进、落等
到阶段 iii、iv	过、开、来、起、去、上、下等
转为 V_1	超、登、渡、降、离、逃、退、行、逾、越等

①　Leonard Talmy，"Main Verb Properties and Equipollent Framing"，in Jiansheng Guo et al. eds.，*Crosslinguistic Approaches to the Psychology of Language：Research in the Tradition of Dan Isaac Slobin*，New York：Psychology Press，2009，pp. 389-401.

阶段	例证
转为介词	从、经、向、循、沿等
弱词汇化	达、抵、赴、入、至等

根据 Kopecka[①]，古代法语中有同一形式的不同语法化阶段共存于同一共时平面的情况，譬如 par(-)、sous(-)、tres(-)，同时具有副词、介词、助词及前缀的功能。这跟近代汉语以来的趋向补语有相似之处，趋向补语同时有补语和主要动词两种功能(有的是前置词和主要动词两种功能并存，如：经、沿)。

就现汉而言，各类词化结构可以排成一个连续统(V 型→过渡型→S 型)，如表 5 所示。

表 5　现代汉语词化类型连续统

V 型	过渡型	S 型
进、出	走入(弱词汇化)	跑开、走过
	登上(类推)	
	进到(类推)	
	站到(类推)	

四、总结和讨论

第一，上古汉语并非纯粹的 V 型语，更非典型的西班牙语型的 V 型语。其单动式是 V 型结构，连动式是 E 型结构，V₁ 和 V₂ 句法地位对等。事件表达多用路径动词单动式而少用连动式，是上古汉语保持较强 V 型语倾向的重要策略。近代汉语以来，基本符合 S 型特征的动趋式愈加流行，所以总体而言，现代汉语表现出 S 型语倾向。

---

① Anetta Kopecka, "The Semantic Structure of Motion Verbs in French: Typological Perspectives", in Maya Hickmann and Stéphane Robert eds., *Space in Languages: Linguistic Systems and Cognitive Categories*, Amsterdam: John Benjamins Publishing Company, 2006, pp. 83-101.

第二,语言的历史是一个连续统。从历时发展的角度考量,汉语表现出不断远离 V 型而逐渐向 S 型靠拢的倾向。根据笔者[①]对历时抽样语料的调查,类型演变的加速期是在近代。途径大体有二:语法化、语义要素分离。

①语法化。V_2 发生语法化,导致了句法运作的连动式发展为短语(乃至词法)运作的动趋式;在此基础上,许多 V_2 进一步语法化为结果补语、时体标记,从而使得汉语不断向典型 S 型结构过渡。该演变过程是 E 型→S 型的过程,而非 V 型→S 型的过程。可以概括为:

$$(37)\ V_{1[方式+运动]}+V_{2[路径+运动]} \longrightarrow V_{1[方式+运动]}+V_{2[路径]}$$
$$E\ 型\ \longrightarrow\ S\ 型$$

伴随动趋式不断兴盛和双音节结构模式的推动,这一强势结构类推至其他结构(如并列式、连动式、中立动词结构等),促使其他结构也向动趋式过渡,也产生了一批 S 型结构(及杂糅结构)。

另外,从古今表达的对应结构来看,其他结构改用动趋式,亦是一条重要途径。如路径动词单动式改用动趋式("至→走到"),可以概括为:

$$(38)\ V_{[路径+运动]} \longrightarrow V_{1[方式+运动]}+V_{2[路径]}$$
$$V\ 型\ \longrightarrow\ S\ 型$$

②语义要素分离。上古用的路径动词单动式,后世逐渐发生[运动]要素分离,[运动]要素分离以后,转由 V_1 表达,[路径]要素贮留在语法化为补语的 V_2 中,从而产生动趋式(S 型)。动词词化模式从综合性向分析性转化,导致路径动词封闭化,也是汉语向 S 型结构靠拢的重要表现。

第三,汉语词化类型在转型过程中,有些古代的结构或转化过程中的杂糅结构在现代汉语中遗存,从而导致了现代汉语表现出词化类型多样性的特点。

第四,对比汉语和罗曼语词化类型的转移具有重要的类型学价值。①汉语和罗曼语的词化类型转移呈相反方向走势,汉语是 V→S,罗曼语是 S→V。可见,词化类型的迁移并非像语法化那样表现出单向性的倾向,而是既可以从 V 型到 S 型,也可以从 S 型到 V 型;②二者转移的机制基本是反向的:罗曼语主要经历了强词汇化和语义要素融合,汉语则主要是语法化和语义要素分离;

---

① 史文磊:《类型学与汉语运动事件词化的历时考察》,南京大学博士学位论文,2010 年。

③现代汉语和罗曼语词化类型都表现出一定程度的多样性,这跟各自的历史演化和积淀有重要关系。

第五,现代汉语和罗曼语词化类型多样性说明,词化类型是原型范畴与原型范畴的区分,要看倾向,不宜绝对化。笔者不赞成增设 E 型①这样一种独立的词化类型,它可以看成处于过渡阶段的不稳定状态。我们在承认现代汉语表现出 S 型语倾向的同时,也应当看到汉语本身词化结构的多样性。更为重要的是,要认识到语言类型的变化性,于历史变化中看问题,才不至于僵化。

(原载《中国语文》2011 年第 6 期)

---

① Dan I. Slobin, "Verbalized Events: A Dynamic Approach to Linguistic Relativity and Determinism", In S. Niemeier and R. Dirven eds. , *Evidence for Linguistic Relativity*, Amsterdam: John Benjamins Publishing Company, 2000, pp. 107-138. Dan I. Slobin, "The Many Ways to Search for a Frog: Linguistic Typology and the Expression of Motion Events", in Sven Strömqvist and Ludo Verhoeven eds. , *Relating Events in Narrative*, *Vol. 2: Typological and Contextual Perspectives*, New York: Lawrence Erlbaum Associates, 2004, pp. 219-257.

汉语的主观情态与客观情态

彭利贞

一、引　言

情态(modality)是说话人对句子表达的命题的真值或事件的现实性状态所表现的主观态度。在情态定义中，一般都有说话人的"观点与态度"，是说话人是对句子表示的命题的态度的语言表现。[①] 情态定义的关键因素是"说话人的态度"，而"态度"当然是主观的。因此，情态总是与说话人的主观性有关，因为情态是在"客观"的命题之外由说话人强加上去的对该命题的"主观"限制或修饰。从这种意义上看，情态的根本特征就是"主观性"。

Palmer[②] 认为，传统逻辑不考虑说话人，而更关心所谓的客观情态。但是，语言中的情态，特别是当它以语法形式标记出来后，看起来主要是主观的。

---

① 参见：John Lyons, *Semantics*, *Vol. 2*, Cambridge：Cambridge University Press, 1977, p. 452, 787-849.（后引 Lyons 观点均出自该书，不另注）Randolph Quirk, Sidney Greenbaum, Geoffrey Leech and Jan Svartvik, *A Comprehensive Grammar of the English Language*, London：Longman, 1985, p. 219. Frank Robert Palmer, *Mood and Modality* (1st edition), Cambridge：Cambridge University Press, 1986, p. 16. Frank Robert Palmer, *Mood and Modality* (2nd edition), Cambridge：Cambridge University Press, 2001. 汤廷池：《华语情态词序论》，《汉语语法论集》，台北金字塔出版社 2000 年版，第 81—102 页。彭利贞：《现代汉语情态研究》，中国社会科学出版社 2007 年版，第 41 页。

② Frank Robert Palmer, *Mood and Modality* (1st edition), Cambridge：Cambridge University Press, 1986, p. 16.

它关注的主要是句子的主观特征,也就是说,情态可以定义为说话人(主观)态度或意见的语法表现,因此,主观性才是情态的本质标准。

Lyons 虽然详细论述了主观情态与客观情态的区别,但是他也强调,在对情态的理解中最重要的还是它的主观性。

尽管对情态的讨论都强调其主观性,然而,还是有很多学者主张区分主观与客观的情态,虽然这种区别或者说对这种区别的论述,直到现在也并不是非常清楚。

Lyons 主张情态存在主观情态与客观情态的区别,并对此进行过较详细的讨论。Lyons 认为,对(1)的解释,存在主观与客观的区别。

(1)Alfred may be unmarried.(Alfred 可能未婚。)

按主观情态的解释,(1)是根据说话人自己的不确定性对句子命题可能性的确信程度的主观认定。按这种理解,说话人可以在(1)之后加上诸如"我对此表示怀疑"或"我认为多半就是这样的"。这时,(1)几乎与(2)一样,强调的是说话人的主观推定。

(2)Perhaps Alfred is unmarried.(也许 Alfred 未婚。)

但是,如果说话人说(1)的时候不是仅仅根据自己的主观猜测,而是根据以某种客观事实为基础的推理结果,那么(1)也会得到客观情态的解释,这时(1)所要表达的是:"Alfred 未婚的可能性是存在的,而说话人也可能希望把它当作一个客观事实说出来。"这时,说话人可能有理由说,他"知道",而不仅仅是"认为"或"相信"存在 Alfred 未婚的可能性。因此,假如在已经知道包括 Alfred 在内的某一群人中未婚人数的比例,我们也可以用(3)来宣称知道"Alfred 未婚"这个命题必然真,也就表达了客观认识情态。虽然在其他情况下,比如在"武断"或"臆断"的情况下,也可以从主观认识情态的角度来解释(3)。

(3)Alfred must be unmarried.(Alfred 一定未婚。)

Lyons 进一步指出,主观情态与客观情态的主要区别似乎在于,客观情态化的句子,包含一个直言的"(依)我说"(I-say-so)成分,即说话人用这种句子保证他所表达命题的事实性。也就是说,他正施行一个"告诉"的言语行为。听话人可以对他的陈述进行否认或怀疑(比如:"不是那样的""是这样吗?""我不相信你说的"等等）；也可以作为一个事实来接受（比如："我同意""是的""我知道"等等）；这种陈述还可以在一个真实条件陈述中被假定，或者由叙实谓词（factive predicator）的补足语（宾语）来表示（比如："我知道 Alfred 一定未婚。"）。

Lyons 认为，与这种表示"告诉"的言语行为（acts of telling）不同，主观情态化的句子的语力（illocutionary force）有点像疑问句，是非叙实的。因此，主观认识情态是说话人对句中的 I-say-so 成分的限定，而客观情态化的句子中 I-say-so 成分未加限定。在客观情态化的句子中，倒是存在一个从可能性的某种程度上进行限定的 it-is-so 成分。如果可以对这种可能性进行量化，那么可以表示为从 1 到 0 的不同等级。比如说，如果一个认识情态化的句子的事实性（factuality）的等级是 1，就是认识的必然；如果事实性为 0，则是认识的不可能。Lyons 指出，在日常话语中，一般不对这种事实性用数字来量化，但也有一些看似量化的手段。比如，英语 certainly、probably、possibly 这三个情态副词表达了三种不同的事实性程度，而 probably 和 possibly 之间的区别在于：当它们用作客观情态叙述的时候，大致可以认为前者大于 0.5，后者则小于 0.5。

有趣的是，汉语在这一点上似乎有更"数字化"的表达倾向，除了与英语相应的表达外，汉语还有一些对事实性程度量化的表达，如"多半""八成""十有八九""八九不离十"，都是以数字的形式来量化事件事实性的大小。

正如 Lyons 所说，关键之处在于，客观认识情态原则上可从必然与不可能的两端之间的量（scale）上进行限定，而且不同的语言系统很可能根据程度大小的不同对这个量进行不同的语法与词汇表现。

但是，Lyons 也认为，情态的这种主观与客观的区分无关宏旨。原因在于，情态的这种主观与客观的区分在日常语言中并不是非常清楚的，而且在认识论上也不一定能得到证明；更重要的是，逻辑上所谓的真值情态与客观情态之间也很难划出一条非常明确的界限。尽管如此，Lyons 还是认为，区分客观情态与主观情态的确会有一些理论价值。

按 Lyons 的看法，认识情态的主观与客观之间的区别，与作为说话人认识基础的证据的状态有关①，换言之，如果说话人的认识有可靠证据可循，认识情

① Jan Nuyts, *Epistemic Modality, Language, and Conceptualization: A Cogintive-Pragmatic Perspective*, Amsterdam: John Benjamins Publishing Company, 2001, p. 393.

态就带有客观性;而如果说话人的认识源于某种直感的猜测,认识情态则具有主观性。按这种观点,主客观的区别只与认识情态有关。

从以上分析可以看出,Lyons 的讨论还无法帮助我们比较透彻地理解情态的主客观区别。

此后的很多学者也讨论过情态的主客观问题。Palmer[①] 把情态的主客观区别看作说话人对命题的确信程度(commitment)的大小。Nuyts[②] 则在认识的范围内考察了情态的主客观之别。他在分析 Lyons 关于情态主客观区别的观点后,认为不能把主观性与说话人的确信程度等同起来,而应该把情态主客观的区别理解为证据来源上的对立;也就是说,如果证据只为说话人所知,那么,说话人据此来表达认识时,该情态是主观的;如果证据在一定程度上为说话人与听话人所共享,或者说为整个语言社团所共有,那么,说话人据此来表达认识时,该情态则具有客观的特征。当然,只为说话人所知的证据,也可能是在不同程度上共享的或公共的证据。因此,Nuyts 更倾向于把客观性理解为主观间性(intersubjectivity)。

Le Querler[③] 分出三种情态:主观情态、主观间情态、客观情态。其中的主观情态大致对应于认识情态,主观间情态大致对应于道义情态,而客观情态则对应于类似于(4)表示的某种隐含意义。

(4)Pour grandir,il faut manger.(为了长大,得吃饭。)

(4)中"得吃饭"是从"为了长大"这个从句中推出来的,这种情态意义是在设定某种条件下得出的,是一种隐含意义,从而具有客观性。把客观情态限制

---

① Frank Robert Palmer,*Mood and Modality*(1st edition),Cambridge:Cambridge University Press,1986.

② Jan Nuyts,*Epistemic Modality,Language,and Conceptualization:A Coginitve-Pragmatic Perspective*,Amsterdam:John Benjamins Publishing Company,2001. Nuyts Jan, "Subjective vs. Objective modality:What is the difference?",in M. Fortescue et al. (eds.),*Layered Structure and Reference in A Functional Perspective*,Amsterdam: John Benjamins Publishing Company,1992,pp.73-98.

③ Nicole Le Querler,*Typologie des Modalités*,Caen:Presses Universitaires de Caen,1996, p.63. 转引自 Michael Herslund,"Subjective and Objective Modality",in Alex Klinge and Henrik Hegel Müller,*Modality:Studies in Form and Function*,London:Equinox,2005.

为"隐含"意义,范围可能太窄了,所以 Le Querler 也承认某种更宽的解释,如:

(5)Il faut qu'une porte soit ourerte ou fermée.(门一定开着或关着。)

(5)可以重构为类似"每个事物都有它存在的地方"的命题。"门开着或者关着"是"门"存在的两种状态,而这两种状态涵盖了"门"可能存在的状态的总和(把"半开半关""虚掩着"等"非关"的状态都看作"开")。全部的"存在",隐含了"必然"性。也就是说,在"门"的状态中,所有的"可能"都是存在的。但是,与(4)不同的是,这种必然性不是通过说话人的推理得出的。从这个角度看,(5)中的"一定"表达的[必然]当然是一种客观情态。下边的句子,同样隐含了这种客观必然性的存在:

(6)或者把老虎打死,或者被老虎吃掉,二者必居其一。

在说话人看来,在那种情境下,"打死老虎"和"被老虎吃掉"就是这一事件发展的全部可能性,这时的必然性命题"二者必居其一"具有客观色彩。

还有一种对情态的主客观区别的理解出自 Hansen 和 Heltoft[1],他们认为,情态的主观功能(subjective function)只限于第一人称的句子、带有命题态度限制(neustic)或说话方式限制(tropic)的句子,而其他情形都被看作属于情态的客观(objective)功能。

Verstraete[2] 以情态施为性(modal performativity)为标准,以条件句、疑问句和时态为参照,讨论了情态的主观与客观的区别,结果得到表 1。

表1　认识情态、道义情态、动力情态的主客观区别

情态类型	主观	客观
认识情态	+	—

[1] Erik Hansen and Lars Heltoft,*Grammatik Over det Danske Sprog*,Roskilde:Roskilde Universitets Center,1999,pp. 5-122. 转引自 Michael Herslund,"Subjective and Objective Modality",in Alex Klinge and Henrik Hegel Müller,*Modality:Studies in Form and Function*,London:Equinox,2005.

[2] Jean-Christophe Verstraete,"Subjective and Objective Modality:Interpersonal and Ideational Functions in the English Modal Auxiliary System",in *Journal of Pragmatics*,Vol. 33,No. 10(Oct.,2001),pp. 1505-1582.

情态类型	主观	客观
道义情态	+	+
动力情态	−	+

Herslund① 则认为,主观与客观的区别是贯穿整个直言性情态(categoricity-modality)领域的普遍的区别,并把所有的直陈句分为两类:一类是表客观陈述的,一类是表主观陈述的。

以上分析表明,学界在情态有主观与客观的区别这一点上有比较一致的意见,但是在主观情态和客观情态存在的范围及方式、主观情态与客观情态的区分标准、主观情态与客观情态存在区别的原因等方面,依然没有一致的意见,在很多场合,对这些问题的认识还不是非常清晰。

本文拟主要以现代汉语的情态动词为观察对象,从如下一些方面来探讨主观情态与客观情态的区别:①从表达不同类型情态的情态动词连续同现顺序来观察不同类型情态的主观特征与客观特征,从而证明情态的主客观区别首先表现为不同类型的情态不同程度的主观、客观特征;②从表达相同类型的情态动词,特别是表达同义的不同的情态动词的连续同现顺序、表达相同情态的不同情态构式的功能差异,来考察相同类型情态的下位情态的主观与客观的区别,从情态来源上证明主观情态与客观情态的区别;③考察情态的客观化表达,以此进一步考察同类型情态主观与客观区别的存在,同时也说明情态出现主客观区别的动因。

二、不同类型情态的主观与客观

在情态的主客观之别的讨论中,主要涉及同类型的情态内部是否存在主观与客观的区别,即是否存在主观认识情态和客观认识情态、主观道义情态和

---

① Michael Herslund,"Subjective and Objective Modality", in Alex Klinge and Henrik Hegel Müller, *Modality: Studies in Form and Function*, London: Equinox, 2005.

客观道义情态之间的区别。但是,也有学者注意到不同类型的情态之间似乎也存在主观与客观的区别。

从 Verstraete 的表 1 可以看到,认识情态只有主观特征,动力情态只有客观特征,而道义情态则主观、客观特征兼有。这说明不同类型情态之间存在着主客观的差异。观察汉语情态动词表达的情态,也可以看到这种不同类型情态之间主客观的差异,而且在形式上也可以找到更直观的表现。

与英语的情态动词①一样,汉语的情态动词也能表达三类不同类型的情态:动力情态、道义情态和认识情态。现代汉语情态动词表达情态的情况见表 2。

表 2　现代汉语主要情态动词及其表达的情态

情态	语义	语用及用词	语义	语用及用词	语义	语用及用词
认识情态	［必然］	［推定］:必然、肯定、一定、准、得、要 ［假定］:要	［盖然］	［推断］:会、应该（应当、应、该、当）	［可能］	［推测］:可能、能（能够）、
道义情态	［必要］	［命令］:必须、得 ［保证］:肯定、一定、准	［义务］	［指令］:应该、要 ［承诺］:会	［许可］	［允许］能、可以、准、许 ［允诺］:可以
动力情态	［能力］(无障碍):可以 ［意愿］(强):要 ［勇气］敢		［能力］(恒定):会 ［意愿］(被动):肯		［能力］能 ［意愿］(一般):想、愿意	

资料来源:彭利贞:《现代汉语情态研究》,中国社会科学出版社 2007 年版,第 160 页。

现代汉语情态动词表达的三种不同类型的情态,其主观与客观的区别可以从如下三个方面得到较充分的证明:①现代汉语多个情态动词连续同现时的语序受主观性程度的控制;②多义情态动词的几个语义的历时发展,符合从

---

① Frank Robert Palmer,*Mood and Modality*(2nd edition),Cambridge:Cambridge University Press,2001.

客观到主观的所谓主观化路线;③动力情态的特殊句法表现也能证明该类情态的客观特征。

(一)主观性控制下的情态动词的同现顺序

作为汉语情态动词的重要特征之一,很多语言学家提到汉语的情态动词可以连用。Palmer① 提到,标准英语的情态动词的一个非常明显的句法表现是,情态动词之间不可连续同现。两种语言在这一点上似乎带有类型学意义上的区别。当然,杨慧②、黄和斌与戴秀华③也指出,英语的某些方言也存在情态动词并用的现象,在苏格兰,美国中部、中南部的一些方言里,这种所谓的双重情态(double modal,即 DM 结构)则更为常见,而且 DM 结构中的两个情态动词的语序,也遵循严格排列规则。Palmer④ 也指出,法语的情态动词也是可以连用的。这样看来,情态动词的连用并非汉语的区别特征,更有可能是人类语言中一种较为普遍的现象。

汉语情态动词的连续同现古已有之。⑤ 现代汉语情态动词连续同现也较早就引起了汉语语法学家的注意。赵元任⑥、吕叔湘⑦也都注意到助动词一起使用的现象。刘月华⑧也指出,只要意义上允许,能愿动词可以连用。当然,这些研究较少涉及这种连续同现的原因和规则,比如,刘月华只说到连用的条件是"意义上允许",但也没有说明什么情况下是"意义上允许",什么情况下是"意义上"不"允许"。

---

① Frank Robert Palmer,*Mood and Modality*(2nd edition),Cambridge:Cambridge University Press,2001,p. 100.

② 杨慧:《英美方言中的双重情态动词刍议》,《荆州师专学报》1997 年第 1 期,第 88—92 页。

③ 黄和斌、戴秀华:《双重情态动词的句法语义特征》,《外语与外语教学》2000 年第 3 期,第 24—27 页。

④ Frank Robert Palmer,*Mood and Modality* (1st edition),Cambridge:Cambridge University Press,1986,p. 35.

⑤ 段业辉:《中古汉语助动词研究》,南京师范大学出版社 2002 年版,第 61 页。

⑥ Yuen Ren Chao(赵元任),*A Grammar of Spoken Chinese*,Berkeley and Los Angeles:Uuiversity of California Press,1968,p. 609.

⑦ 吕叔湘:《现代汉语八百词》,商务印书馆 1980 年版。

⑧ 刘月华:《实用现代汉语语法》,外语教学与研究出版社 1983 年版,第 106 页。

较早探讨汉语情态动词同现规则的是马庆株①。他首先把能愿动词分为"①可能 A、②必要、③可能 B、④愿望、⑤估价、⑥许可"等六个小类,然后考察了各小类能愿动词连用形成的各种格式,他在分析了 5 类能愿动词开头(以可能动词 A 类开头、以必要动词开头、以可能动词 B 类开头、以愿望动词开头、以估价动词开头)的连续同现情形以后,得出了规则(7):

(7)①可能 A>②必要>③可能 B>④愿望>⑤估价>⑥许可②

马庆株认为,汉语情态动词的连续同现,会遵循规则(7)。但是,因为马庆株对能愿动词的语义归类本身存在一些问题,正如齐沪扬③所指出的那样,规则(7)存在反例。

随着对汉语情态动词表达的情态类型认识的发展,从不同角度提出的汉语情态动词的同现规则也随之不断出现。

Her④把汉语情态动词表达的情态分为说话人取向(speaker-oriented)和主语取向(subject-oriented)。前者包括[可能]与[义务],后者包括[意愿]和[能力]。情态动词连用时,遵循规则(8):

(8)说话人取向>主语取向

Her 的主要问题是分出的两类情态存在交叉,比如,"说话人取向"并不能概括[可能]和[义务],因为有的"义务"是否属于"说话人取向",可以有不同的理解。

Guo⑤指出,汉语情态动词的连用有一定的顺序,可表示为(9):

(9)认识情态>道义情态>动力情态

---

① 马庆株:《能愿动词的连用》,《语言研究》1988 年第 1 期,第 18—28 页。

② ">"意为"先于"。

③ 齐沪扬:《语气系统中助动词的功能分析》,中国语言学会《中国语言学报》编委会编:《中国语言学报》第 11 期,商务印书馆 2003 年版,第 33—50 页。

④ One-Soon Her,"Grammatical Functionas and Verb Subcategorizaton in Mandarin Chinese",Ph. D. dissertation,Hawaii;University of Hawaii,1990.

⑤ Jiansheng Guo,"The Interactional Basis of the Mandarin Modal Neng 'Can'",in Joan Bybee and Suzanne Fleischman eds. ,*Modality in Grammar and Discourse*,Amsterdam;John Benjamins Publishing Company,1995,pp. 205-238.

后来,黄郁纯①把汉语情态动词语义归纳为五类,即潜力(capacity)、习性(generic)、道义(deontic)、认识(epistemic)、意愿(volition);并把这几类情态语义以取向为标准归为三类,即认识情态属逻辑取向(logic-oriented),道义情态属话语取向(discourse-oriented),潜力、习性、意愿则属于主语取向(subject-oriented)。以此为基础,得出汉语能愿动词的连用限制规则(10):

(10)逻辑取向>话语取向>主语取向

(10)与(9)本质上并无太大的差别,但因为(10)的情态分类采取了不同的角度,就汉语情态动词这一分析对象而言,反而不如(9)简明。

再后来,宋永圭②考察情态动词"能"在否定的句法环境下与其他情态动词连用的情况,进一步证明了(9)。他指出,情态动词连用否定式(以双重否定为主)也遵循肯定情态动词连用的规律,即"认识情态>道义情态>动力情态"。

在此基础上,彭利贞③更全面地探讨了现代汉语情态动词连续同现的语义组配,认为规则(9)对汉语情态动词的连续同现有较强的解释力,不同情态语义类的情态动词的连续同现一般都遵循(9)这一 EDD 规则(即 epistemic>deontic>dynamic 的情态动词的连续同现的顺序规则)。

在观察了大量的情态动词连续同现的用例之后,彭利贞④得到了多义情态动词同现时可能出现的语义组配:

(11)"应该能":[盖然]>[能力],[义务]>[能力],[盖然]>[可能]

"应该不能":[盖然]>¬[能力],[义务]>¬[许可],[盖然]>¬[可能]

"不应该能":¬[盖然]>[能力],¬[义务]>[许可],¬[盖然]>[可能]

"不应该不能":¬[盖然]>¬[能力],¬[义务]>¬[许可]

(12)"应该会":[盖然]>[盖然];[盖然]>[能力]

"应该不会":[盖然]>¬[盖然]

① 黄郁纯:《汉语能愿动词之语义研究》,台湾师范大学硕士学位论文,1999 年,第 132—133 页。

② 宋永圭:《现代汉语情态动词"能"的否定研究》,复旦大学博士学位论文,2004 年,第113—119 页。

③ 彭利贞:《现代汉语情态研究》,中国社会科学出版社 2007 年版,第 372—437 页。

④ 彭利贞:《现代汉语情态研究》,中国社会科学出版社 2007 年版,第 406—419 页。

"应该不会不":[盖然]＞¬[盖然]¬

"不应该会":¬[盖然]＞[盖然]

"不应该不会":¬[盖然]＞¬[盖然];¬[盖然]＞¬[能力]

(13)"应该要":[义务]＞义务]

"应该不要":[义务]＞¬[义务]

"应该不要不":[义务]＞¬[义务]¬

(14)"要能":[必然]＞[能力];[义务]＞[能力]

"要不能":[必然]＞¬[能力]

"要不能不":?[义务]＞¬[许可]¬

(15)"要会":[义务]＞[能力];?[必然]＞[能力]

"要不会":[必然]＞¬[能力]

(16)"能会":[可能]＞[盖然];

"能不会":[可能]＞¬[能力];[许可]＞¬[能力]

"不能会":¬[可能]＞[盖然];?¬[可能]＞[能力]

"不能不会":¬[许可]＞¬[能力];?¬[可能]＞¬[能力]

(17)"会能":[盖然]＞[能力]

　　彭利贞[①]利用 EDD 规则,进一步考察了汉语情态动词连续同现时多义情态动词的语义呈现问题,认为依靠这一规则,可以利用单义情态动词的"定位作用",即"前定位"的"挤压"和"阻断"功能和"后定位"功能,也可以利用多义情态动词之间的相互索引机制,来为连续同现中的多义情态动词提供情态呈现的组配限制,从而反过来证明了 EDD 规则的有效性。

　　然而,EDD 规则只说明了汉语情态动词同现时语义组配控制,即情态的不同类型决定了相应的情态动词出现的句法位置,却没有从根本上说明为什么表达不同情态类型的情态动词会出现特定的句法位置,也就是说,EDD 规则还需要从形成的原因上得到更充分的解释。

　　Foley 和 Van Valin[②] 曾在"小句结构的分层模式"(layered model of clause

①　彭利贞:《现代汉语情态研究》,中国社会科学出版社 2007 年版,第 372—437 页。

②　William Foley and Robert D. Van Valin, Jr. , *Functional Syntax and Universal Grammar* , Cambridge:Cambridge University Press,1984.

structure)下讨论不同类型的情态的句法位置。他们认为，小句结构包括层层递加的三层，每一层都有一组与之相联系的语法算子。他们把第一层叫句核(nucleus)，由谓词及与之相伴的、表示体(aspect)和方向(direction)的算子组成；第二层叫句心(core)，其组成成分包括句核及其核心论元(core arguments)，加上与之相随的表示道义、动力情态的算子；第三层叫句边(periphery)，由句心及其附加成分(adjuncts)组成，与之相随的是表示时态、认识情态、示证(evidentiality)和语力(illocutionary force)的语法算子。在分析英语的情态动词时，他们认为，非认识情态算子，即那些表示义务、许可、能力、意愿的情态成分，属于句心算子，它们属于句心的内部；而认识情态算子，则属于句心的外部，是所谓的句边(periphery)算子。Hengeveld① 提出了与 Foley 和 Van Valin 相似的小句结构分层模式，而且进一步指出不同的句法层存在主观与客观的差异。

我们认为，汉语情态动词的连续同现顺序正好与 Foley、Van Valin 和 Hengeveld 的小句分层模式相合。因此，我们有理由认为，汉语情态动词之所以按 EDD 规则(9)配列，原因也是受到句法分层的控制，而句法分层也正好体现了主观与客观的不同：越内层的情态类型越客观，越外层的情态类型越主观。这也符合 Lyons 等的分析，即动力情态带有明显的客观性，道义情态有表达主观性的时候，也有表达客观性的时候，而认识情态的主要特征是其主观性。因此，情态动词的同现顺序其实是一种主观性强弱顺序，情态动词的同现，按照它们表达的情态语义，主观性强的情态类型在句子的前边，而动力情态则出现在道义情态或认识情态之后。

综合以上分析，汉语情态动词的连续同现的语序是一种在主观性强弱控制下出现的分层排列，它从形式上体现了不同情态类型的主观与客观的差异。

汉语不同类型的情态处于不同的主客观地位，还可以从汉语情态动词的

① Kees Hengeveld,"Clause Structure and Modality in Functional Grammar",in Johan Van der Auwera and Louis Goossens, eds. , *Ins and Outs of the Predication*,Dordrecht: Foris,1987,pp. 53-66. Kees Hengeveld, "Illocution, Mood and Modality in a Functional Grammar of Spanish",in *Journal of Semantics*,Vol. 6,No. 1(Jan. ,1988),pp. 227-269. Kees Hengeveld,"Layers and Operators in Functional Grammar",in *Journal of Linguistics*, Vol. 25,No. 1(Mar. ,1989),pp. 127-157.

历时发展、儿童语言习得顺序、动力情态的现实性特征等方面得到证明。

(二)汉语多义情态动词表义的历时发展

同一个情态动词可以表达认识情态、道义情态和动力情态三种类型的情态，这是一个跨语言的现象。① 同一个情态动词表达的几个不同类型的情态之间存在密切的联系，从历时的角度看，它们之间存在同一个语言符号的几个意义之间的历时演变的先后关系。

情态动词表达情态都遵循这样的演变规律，即认识情态是根情态（root modality）的引申。Ehrman②、Shepherd③ 的研究表明，英语的情态动词是从非情态，如表示"强大、有能力"之类的意义（如古英语的 magen），发展出道义情态，再发展出认识情态。Shepherd 在安提瓜岛克里奥尔语找到的证据也表明，这种语言先发展出根情态，然后再引申发展出认识情态。

汉语情态动词的语义演变同样遵循了这样的规律。太田辰夫④、白晓红⑤、朱冠明⑥对"能"的分析，李明⑦、朱冠明⑧对"须"的分析都表明，情态动词的几个情态语义之间存在着历时演变的关系，多义的情态动词一般先有动力情态，然后发展出道义情态或认识情态。

---

① Frank Robert Palmer, *Mood and Modality* (1st edition), Cambridge: Cambridge University Press, 1986. Frank Robert Palmer, *Mood and Modality* (2nd edition), Cambridge: Cambridge University Press, 2001. Eve Sweetser, *From Etymology to Pragmatics*, Cambridge: Cambridge University Press, 1990, p. 49.

② Madeline E. Ehrman, *The Meaning of the Modals in Present-day American English* (*Series Practica 45*), The Hague: Mouton, 1966.

③ S. C. Shepherd, "Modals in Antiguan Creole, Child Language Acquisition and History", Ph. D. dissertation, Palo Alto: Stanford University, 1981.

④ 太田辰夫:《中国语历史文法》,蒋绍愚、徐昌华译,北京大学出版社 1987 年版,第187 页。

⑤ 白晓红:《先秦汉语助动词系统的形成》,南开大学中文系《语言研究论丛》编委会编:《语言研究论丛》第 7 辑,语文出版社 1997 年版,第 211—229 页。

⑥ 朱冠明:《〈摩诃僧祇律〉情态动词研究》,复旦大学博士学位论文,2002 年,第 84 页。

⑦ 李明:《汉语助动词的历史演变研究》,北京大学博士学位论文,2001 年,第 26—27 页。

⑧ 朱冠明:《〈摩诃僧祇律〉情态动词研究》,复旦大学博士学位论文,2002 年,第 85—87 页。

　　太田辰夫也说，"能"原来表示有某种能力，现代也有表示事态的可能性的用法。白晓红也认为，先秦时代的"能"是及物动词，表示"能够做到""胜任"之义，后来虚化，表示"可能"。朱冠明认为，"能"先有"能力"义，再发展出表示"外界客观条件限制"的"中性可能性"，并由此发展出"能"的道义意义或认识意义。

　　根据李明、朱冠明对"须"的分析，"须"的情态语义的发展呈现了同样的轨迹："须"到东汉发展成情态动词，表示道义的"须要"，至唐初发展出表"一定，会"这种认识情态的必然性意义。

　　语法化理论[1]认为，语义演变一般都遵循意义从实到虚的道路，这种演化其实是一种主观化进程。越是后来出现的意义，越有可能带上主观性。这正好能从一个侧面说明为什么动力情态具有边缘情态的特征：因为动力情态是"前语法化"的，因而具有较明显的客观性特征。

　　有趣的是，儿童对不同类型的情态的习得（acquisition of modality），与情态动词的语义类型的历时发展有着整齐的对应。Kuczaj 和 Daly[2]、Shepherd[3]对儿童的情态习得的研究表明，儿童在习得情态时，先习得情态动词的道义意义，然后再习得情态动词的认识意义。[4] Guo[5] 考察汉语情态动词的儿童习得，得出了同样的结论。他指出，对于汉语"能"的表达的情态，3 岁儿童习得"能力"义，到 5 岁时习得"许可"义，到 7 岁时才习得认识情态的用法。

　　这可能与人类认知机制有关，人类认识事物存在从具体到抽象的隐喻机制。比如，在人类语言中，普遍存在着语言成分表义从空间到时间的隐喻映

---

① 　Paul J. Hopper and Elizabeth Closs Traugott, *Grammaticalization* (2nd edition), Cambridge：Cambridge University Press，2003.

② 　Stan A. Kuczaj and Mary J. Daly，"The Development of Hypothetical Reference in the Speech of Young Children"，in *Journal of Child Language* , Vol. 6，No. 3（Nov. ，1979），pp. 563-579.

③ 　S. C. Shepherd，"Modals in Antiguan Creole，Child Language Acquisition and History"，Ph. D. dissertation，Palo Alto：Stanford University，1981.

④ 　参见 Eve Sweetser, *From Etymology to Pragmatics* ，Cambridge：Cambridge University Press，1990，p. 50.

⑤ 　Jiansheng Guo， " Social Interaction， Meaning， and Grammatical Form：Children's Development and Use of Madal Auxiliaries in Mandarin Chinese"，Ph. D. dissertation，Berkley：University of California，1994.

射,因为空间是具体可感的,相对于空间,时间则要抽象得多。认识的对象越抽象,花费的认知努力就越大,而认知的结果也就越具有主观性。

情态动词表义的历时演变和儿童语言的情态习得,从一个侧面证明了不同类型的情态存在主观与客观的区别,认识情态具有明显的主观特征,而动力情态的客观特征也比较突出。

关于动词情态的客观特征,我们还可以作进一步的说明。

(三)动力情态的客观特征

前文的分析表明,情态动词表达的三类不同的情态——认识情态、道义情态、动力情态在主观性上存在差别。再审视一下情态的定义,"主观性"是其关键标签。以"主观性"为标准看动力情态,动力情态的情态地位似乎已经动摇,因为动力情态在主观性上就不是那么充分。在情态分析的文献中,有一些学者把动力情态排除在情态范畴之外。比如,Tsang① 就认为,按照情态的主观性定义,动力情态的情态范畴地位是令人怀疑的。原因在于,动力情态是所谓"句子主语所控制"的,它直接与句子表达的命题的真值有关,而与说话人的态度无关。

更重要的是,动力情态在句法上的种种表现,也表现出与另外两类情态不同的客观性特征。下面仅就情态动词与汉语的否定标记同现现象作一简要的分析。

在与否定标记同现时,动力情态表现出客观性倾向。彭利贞② 指出,"没"只能外部否定"能""能够""敢""肯""要""想""愿意",是因为只有动力情态与"没"的现实特征没有冲突。"没"不能否定表达具有非现实特征的道义情态和认识情态的情态动词。

---

① Chuilim Tsang,"A Semantic Study of Modal Auxiliary Verbs in Chinese", Ph. D. dissertation, Florida: University of Miami, 1981.

② 彭利贞:《现代汉语情态研究》,复旦大学博士学位论文,2005 年。彭利贞:《情态动词受"没"外部否定现象考察》,《现代中国语研究》2005 年第 7 期,第 80—94 页。彭利贞:《现代汉语情态研究》,中国社会科学出版社 2007 年版。

下列句子中的多义情态动词受"没"否定后,却都只表动力情态:

(18)芬尼在悉尼,她没能赶回来。

(19)最可惜的是,丈夫没能够同她一起活到今天,默默带走了她生活中的一半……

(20)可我当时也没要完全置你于死地。

动力情态受"没"否定,除了缘于它的现实性特征外,也与它的客观性有关。一般认为,"没"与"不"的区别之一,就是"没"否定的事件带有客观性,而"不"否定的事件也可带上主观性。① 证据之一是"没"是对现实体"了"与经历体"过"的否定,而这类体标记表达的事件都是已经发生的(或者是在可能世界中已经发生的)事件,具有客观的特征。在语气上,带"没"的句子只会有直陈表达,而没有典型的主观介入的祈使之类的表达。

这一节先分析了汉语情态动词的连续同现现象,目的是探讨控制汉语情态动词连续同现的语义组配的机制。分析结果表明,汉语情态动词连续同现呈现规则(9)所控制的语义组配,原因在于不同类型的情态存在主观与客观的差异,表达的情态越客观,该情态动词越有可能占据句法的核心层;反之,则越有可能出现在句法的外层。规则(9)的实质,在于三种类型的情态的不同的主观性特征:认识情态最主观,动力情态倾向于客观,而道义情态的主观性则介于二者之间。不同类型情态的这种主观与客观的差异,还可以从多义情态动词的语义历时演变、儿童的情态习得等方面得到佐证;而动力情态在与否实词"没"同现时表现出的现实性特征,也从一个侧面证明了它的客观性。

三、同类型情态内部的主客观差异

本节我们想换一个角度来分析情态的主客观差异:同类型的情态是否也有主观与客观的区别?

---

① 聂仁发:《否定词"不"与"没有"的语义特征及其时间意义》,《汉语学习》2001 年第 1 期,第 21—27 页。

Guo[①] 指出,汉语情态动词的连续同现遵循规则(9),但他似乎强调,连续的两个情态动词不会属于同一情态语义类。也就是说,在汉语情态动词的连续同现的语义组配中,不会存在"认识情态＞认识情态"或"道义情态＞道义情态"。

另外,按照表1,Verstraete[②] 认为认识情态总是主观的,动力情态总是客观的,只有道义情态存在同一种情态内部的主客观区别。我们先不讨论动力情态,那认识情态内部是否有主观与客观的区别?

彭利贞[③]发现,在现代汉语中,同一情态语义类的情态动词的同现也是很普遍的。

现代情态动词的同现,不但存在异类情态之间的语义组配,而且也大量存在同义情态之间的语义组配。在认识情态的内部,存在[必然]＞[必然]、[必然]＞[盖然]、[必然]＞[可能]、[盖然]＞[盖然]、[盖然]＞[可能]等多种方式;在道义情态内部,也存在[必要]＞[必要]、[必要]＞[义务]、[义务]＞[义务]、[义务]＞[许可]等多种组配方式。在这些组配中,两个看似同义的组配尤其引人注目,因为,从概念结构上说,两个在语义范畴、语义强度都相同的意义,没有必要同时出现。从语言的经济原则看,说话人为什么常常在这类情态表达中"浪费"一个情态成分呢? 我们认为,这也可以情态的主客观差异来进行解释。

(一)认识情态:推论基础的主观与客观

彭利贞[④]考察了认识情态内部下位语义之间的组配,并总结出规则(21):

---

① Jiansheng Guo,"The Interactional Basis of the Mandarin Modal néng 'can'",in Joan Bybee and Fleischman Suzanne eds.,*Modality in Grammar and Discourse*,Amsterdam:John Benjamins Publishing Company,1995,pp.205-238.

② Jean-Christophe Verstraete,"Subjective and Objective Modality:Interpersonal and Ideational Functions in the English Modal Auxiliary System",in *Journal of Pragmatics*,Vol.33,No.10(Oct.,2001),pp.1505-1582.

③ 彭利贞:《现代汉语情态研究》,中国社会科学出版社 2007 年版,第 419—437 页。彭利贞:《论同类情态的组配原则》,邵敬敏、谷晓恒主编:《汉语语法研究的新拓展(四)》,北京大学出版社 2009 年版,第 301—313 页。

④ 彭利贞:《现代汉语情态研究》,中国社会科学出版社 2007 年版,第 419—437 页。彭利贞:《论同类情态的组配原则》,邵敬敏、谷晓恒主编:《汉语语法研究的新拓展(四)》,北京大学出版社 2009 年版,第 301—313 页。

（21）认识情态内部下位情态之间的情态组配，主观情态先于客观情态。

两个认识情态成分的多种组配形式中，［必然］＞［必然］的语义组配是比较引人注目的一种，因为组配的两个语义成分至少从表面上看是"同义"的。［必然］＞［必然］的语义组配，表现之一是"肯定得（děi）"，如：

（22）她结了婚肯定得挨揍。

（23）这么漂亮的汤盆砸了，伯母回来肯定得说我的不是。

（24）大姑娘家的大了肚子，在小胡同里还是一个很大的新闻，肯定得有人戳你的脊梁骨。

"肯定得（děi）"的［必然］＞［必然］组配，从概念结构上看，［必然］已经处于认识情态的最强等级，如果说是为了加强情态，再加上一个［必然］，无非还是［必然］。即"［必然］＋［必然］＝［必然］"。从语言的经济性原则上看，也没有必要连续出现两个［必然］。这就有必要从其他角度来解释何以存在"肯定得（děi）"组合表达的［必然］＞［必然］情态组配。

"肯定得（děi）"中的两种［必然］存在着主观和客观上的差别。"肯定"作出的［必然］推断，推断的基础是说话人自身的主观感受或感觉，是一种主观情态。说话人用"肯定"表达推断时，不一定注重说话的证据，而主要从主观认识出发，或者说，这种认识源自说话人自己直觉的推断。而用"得（děi）"时作出的［必然］推断，推断的基础往往是可及的证据。从证据的来源上看，这是一种客观情态。说话人用"得（děi）"作出推断时，注重证据，带有示证（evidentiality）的意味。用"肯定"时，有时候给人的感觉可能是武断、臆断，而用"得（děi）"时，说话人表达的认识给人的感觉是在某种客观证据基础之上的唯一结论，即必然性结论。这一分析印证了 Lyons 和 Nuyts[①] 关于主观的认识情态与客观认识情态的区别的认识，即认识情态的主客观区别，在于说话人在得出该结论时所依据的证据在主客观特征上的区别。

说话人以"肯定"表达［必然］时，一般直截了当，如（25）、（26）；而以"得"表达［必然］时，常常有设定的条件。当然，这种条件有时候是隐性的。如（27）、

① Jan Nuyts, *Epistemic Modality, Language, and Conceptualization: A Coginive-Pragmatic Perspective*, Amsterdam: John Benjamins Publishing Company, 2001.

(28)。

(25)你肯定认错了。

(26)你肯定没说这话，这都是你瞎编的。

(27)你嚷嚷一声倒没什么，弄不好我得让人家当流氓抓了。

(28)好在她还是个人，要是只鸡，卖出去也得叫顾客退回来，以为好部位被售货员贪污了。

说话人以"得(děi)"表达的[必然]可以用表猜测、估量等意义的词语修饰，而"肯定"表达的[必然]因为其典型的主观性特征，一般不再受其他具有主观性的手段限制。如：

(29)你要是人，恐怕就得属于层次比较低的那种……

(30)你有肝炎，不吃你，起码也得让人咬死。

除了(29)、(30)中的"恐怕"和"起码"之外，"也许""大概""多半""八成"等表可能性大小的情态副词也可用来修饰表[必然]的"得(děi)"，这些词也具有典型的主观性特征。然而，"肯定"本身就是具有典型主观性特征的情态动词，所以它也就没有与(29)、(30)中"得(děi)"一样的句法表现。

以上分析表明，"肯定"与"得"虽然表达了"相同"的[必然]，但这两种[必然]却存在主观与客观的区别。正因为存在这种区别，"肯定得"形成的[必然]＞[必然]的语义组配中也就不存在"浪费"。实际上，该语义组配准确地说，应该是[主观的必然]＞[客观的必然]。

(二)道义情态：道义来源的主观与客观

彭利贞①也考察了道义情态内部下位语义之间组配的可能性，并在此基础上得到规则(31)：

(31)道义情态的两种下位情态的组配，说话人来源的道义情态先于环境

---

① 彭利贞：《现代汉语情态研究》，中国社会科学出版社 2007 年版，第 419—437 页。彭利贞：《论同类情态的组配原则》，邵敬敏、谷晓恒主编：《汉语语法研究的新拓展(四)》，北京大学出版社 2009 年版，第 301—313 页。

来源的道义情态。

根据 Verstraete① 的标准,(31)可以改写为(32):

(32)道义情态内部下位情态之间的情态组配,主观情态先于客观情态。

在所有可能出现的道义情态的下位情态的组配中,[必要]＞[必要]的语义组配也是最值得拿来作特别说明的。原因在于,从逻辑结构看,"[必要]＋[必要]＝[必要]",按语言的经济性原则,其中有一个[必要]是冗余的,或者说是被"浪费"的。[必要]＞[必要]组配的表现之一是"必须得(děi)",如:

(33)但是你必须得听!

(34)吃面浇什么,不论,但是必须得有蒜。

(35)你必须得同叶桑好好谈谈,她有些不太正常。

"必须得"同现,形成[必要]＞[必要]组配;已经出现了"必须"的[必要],紧跟着又出现另一个"得"的[必要],是不是存在羡余?其实,这一组配还是在规则(32)控制下出现的正常组配,即前后两个[必要],虽然"同义",但前者是主观的,后者是相对客观的,这种主客观的区别,源自情态来源的差异。

在[必要]＞[必要]组配中,前后两个情态的来源存在区别。在"必须得(děi)"组合中,"必须"表达的[必要]情态来源于说话人,"你必须去!"是从说话人的主观出发,对听话人发出的强指令,存在着说话人的强烈介入;而"得"表达的[必要]的来源则是外在的环境,是说话人从环境要求的角度来对听话人提出强烈的要求。

从主观性上说,前者是主观情态,后者则倾向于客观情态;从言语行为上说,前者在于发出指令,而后者则重在对指令内容的陈述;从话语的得体性而言,用"得"要比用"必须"礼貌,因为用"得"的时候,说话人是在情态之外,从客观的角度"告诉"听说人该[必要]性的存在,而不是像"必须"那样,直接对听话人发出最强烈的指令。这可以从下面这组句子中看出些端倪:

① Jean-Christophe Verstraete, "Subjective and Objective Modality: Interpersonal and Ideational Functions in the English Modal Auxiliary System", in *Journal of Pragmatics*, Vol. 33, No. 10(Oct., 2001), pp. 1505-1582.

　　(36)a. 马林生……把他按坐在桌子旁,"今天你必须吃饭!"

　　　　b. 肖科平坐下说:"我没那么严重,喝点板蓝根就好了。"

　　　"板蓝根管什么用?"韩丽婷拍手叫,"你得吃西药。"

　　(36a)的"必须"表达的是具有"父亲"这一权威的说话人"马林生"对儿子直截了当的命令;然而,(36b)的"得"表达的更可能是说话人对听话人就"吃西药"的必要性的陈述。(36a)用"必须"发出指令,在语力上属于"命令",而(36b)用"得(děi)"是在"告诉"这种"命令"的存在,在言语行为上属于"陈述"。

　　因为"得(děi)"的情态来源于外在的客观环境,所以说话人对"得(děi)"表达的[必要]还可以加上表猜测、估量之类缓和语气的情态副词,使"得(děi)"表达的[必要]显得缓和,在听话人看来则显得有礼貌,似乎还有商量的余地,如:

　　(37)咱们的书大概得烧!

　　(38)看来这恐怕还得去和《大众生活》解释一下。

　　(39)真想跟这种人干,起码也得使刮刀。

　　"必须"是说话人直接用来表达指令的,又因为是处于情态的最强等级,是一种最强的命令,所以"必须"都不会有(37)—(39)所示的用法。"得(děi)"的这种客观环境来源特征还表现为,迫于情势和设定条件的情况下,一般用"得(děi)";如用"必须",则在当时的情境下会显得不得体。迫于情势者如(40),设定条件者如(41):

　　(40)抱歉,我得去趟茅房。

　　(41)既然走了,就得走下去。

　　另外,从"得(děi)"与"必须"的否定形式也可以看出它们的区别。"得(děi)"的外部否定是"甭"或"不用",是从外部环境的要求上说的;"必须"的外部否定形式是"不必"或"无须",是从说话人的权威出发而言的;"必须"可以接一个否定命题,形成"必须不"的组合,即说话人用"必须"不仅可以命令听话人去做什么,也可以命令听话人不去做什么,而"得(děi)"是从环境的要求而言的,所以不出现环境要求句子主语不去做什么的情况。

　　总之,因为道义情态来源的区别,"必须"和"得"表达的看似同义的[必要],也存在主观与客观的区别。主观的[必要]源自说话人,语力上表现为直接的命令;客观的[必要]则源自外在环境,是外在环境对听话人提出的要求,而说话人只是"转述"这种[必要],语力上表现为陈述。

(三)同义情态构式的主客观差异

有些情态构式表面上看起来表达了相同的情态,"不能不"与"不得不"就是这种情态构式。

武惠华①认为,"作为双重否定形式的'不得不'和'不能不'大致相同,都含有'必须'的词义"。但是,武惠华只看到"不能不"与"不得不"与"必须"的有机联系,却没有考虑到"不能不"与"不得不"之间的差异。谭惠敏②对"不能不"与"不得不"进行了专门的辨析,既注意到"不能不"与"不得不"之间的同,也注意到二者之间的异,但是,在关键的问题上,即"不能不"与"不得不"有时不能互相替换的原因上,还很有必要作进一步的讨论。

"不能不"与"不得不"的差异,首先表现为多义与单义的区别,即"不能不"是多义的,它既可以表达类似于[必然]的认识情态,也能表达道义情态[必要];而"不得不"是单义的,只能表达道义情态[必要]。这一点与本文的讨论没有直接关系,故不再深入。

本文感兴趣的是表达道义情态[必要]时的"不能不"和"不得不"的联系与区别。它们都能表达道义情态[必要],但是并不是任何时候都能互换,例如:

(42)a. 我也不能不对国内语法学的前辈大师,赵元任先生,吕叔湘先生,朱德熙先生表示由衷的敬佩之情。(沈家煊《不对称和标记论·前言》)

  b. 麦凯恩受到中间派支持,逼得布什不得不向共和党传统保守派靠拢。

"不能不"与"不得不"在(42)中表示了相同的语义范畴,即道义情态[必要],在这一点上它们是同义的;那么,为什么(42a)中的"不能不"不能说成"不

---

① 武惠华:《"不由得"和"不得不"的用法考察》,《汉语学习》2007 年第 2 期,第 91—96 页。
② 谭惠敏:《"不得不"与"不能不"的辨析》,辽宁师范大学硕士学位论文,2006 年。

得不",而(42b)中的"不得不"也一般不说成"不能不"?

其实,"不能不"和"不得不"虽然都可以表达道义情态[必要],存在表面上的同义,然而,"不能不"与"不得不"并非可以互换着使用。原因在于,"不能不"与"不得不"表达的道义情态,存在情态来源上的区别:"不能不"的道义情态,来源于说话人,带有较强的主观色彩,表达是主观的道义情态,而"不得不"的道义情态主要来自客观环境,表达的是客观的道义情态。也就是说,"不能不"和"不得不"虽然都表示[必要],但"不能不"是主观的[必要],而"不得不"是客观的[必要]。这种主客观差异可以从如下几个方面得到进一步证明。

首先,"不能不"与"不得不"表示的[必要]存在意愿与非意愿的区别。

"不能不"与主语的意愿有关,所以,(42a)的说话人显然不是要表达完全为外在客观环境所迫而不得已作出的被动"表示",也就是说,这种"敬佩"之情的"表示"是有主观的内在意愿的。这个句子的"不能不"如果换成"不得不",虽然也能表示有[必要]"表示",但表示的效果却是相反的,也就是说,如果换成"不得不",意思就成了:"我是不想""表示"的,但迫于情势,只得出于无奈而"表示"。而(42b)的"不得不"与说话人的意愿无关,"不得不"前的"逼得"非常直观地说明"不得不"表示的[必要]来自外部环境而不是说话人的主观意愿。这也说明,"不能不"的[必要]是说话人取向的,属于主观情态,而"不得不"的[必要]则是非说话人取向的,属于客观情态。

其次,"不能不"与"不得不"表示的[必要]存在祈使与陈述语力上的区别。

"不能不"与"不得不"表示的[必要]在道义来源上的区别还表现在"不能不"和"不得不"生成的句子的语力区别。它们表达的同样是[必要]这种强道义情态,但是,用"不能不"是给听话人去实施某种行为的指令,而用"不得不"主要是"告诉"听话人这种[必要]的存在。从语气的分别上,前者是祈使的(imperative),而后者则是直陈的(declarative)。

典型祈使句的主语为第二人称。通过"你不能不"与"你不得不"的差异分析,可以更清楚地看到这种直陈与祈使的区别。"不能不"句和"不得不"句都可以有第二人称主语,所不同的是,"不能不"是对"你"发出指令,而"不得不"是告诉"你"某种[必要]道义的存在。如果说从言外之意的角度上说二者都表达了指令,那也应该说,"不能不"表达的祈使是直接的,而"不得不"表达的祈使是间接的。通过下面几组在相同句法环境中出现的"不能不"与"不得不"的

对比,可以比较清楚地看到这一点:

(43)a.你不能不佩服人家那爹妈会养孩子。

　　b.当年的假设敌人现在可成了真正的敌人,你不得不佩服丁伟的战略预见性和勇气。

(44)a.金枝这丫头的聪明,你不能不服。

　　b.爱情心理学,那是够科学的,叫你不得不服。

(45)a.你不能不承认石根先生的野心是美妙的野心。

　　b.你不得不承认,这位画家的这两幅作品足够他鉴赏、体味整整一生。

(43)—(45)三组句子中的"不能不"与"不得不"出现在基本相同的句法环境中,特别是它们所在的句子的主要动词是一样的。在这些句子中,二者都表达道义情态[必要],表示听话人"你"有[必要]施行主要动词表示的行为。但是,"不能不"是说话人对"你"发出施行该行为的指令,而"不得不"只是告诉"你"有这种客观的[必要]性的存在。也就是说,"不能不"是说话人取向的,而"不得不"是环境取向的,前者主观,后者客观。

再次,"不能不"和"不得不"的[必要]存在直接祈使和间接祈使的区别。

当"不能不"所造成的句子是明显的祈使句时,由于"不能不"的直接指令的语用意义,在这种句子中,"不能不"不能替换成"不得不",这从一个侧面表明"不能不"中主观[必要]的存在和"不得不"主观性的缺失。如:

(46)你得还,你不能不理!

(47)你不能不回来!

(48)你不能不讲理。

这些句子都是说话人直接发出指令,道义情态来源于说话人,符合Verstraete① 所说的具有施为性的特点,具有明显的主观特征,而这正是"不得不"所不具备的。

---

① Jean-Christophe Verstraete,"Subjective and Objective Modality:Interpersonal and Ideational Functions in the English Modal Auxiliary System",in *Journal of Pragmatics*,Vol. 33,No. 10(Oct.,2001),pp. 1505-1582.

这些句子都有明显的命令句的特征,如句子都有显性的主语"你",句子的主要动词都是施为动词。因为这些句子都是直接的命令句,所以,句子中的"不能不"都不能换成"不得不"而还保持句子原有的直接命令的语气。或者说,这些句子中的"不能不"如果换成"不得不",就成了非完整句,还得加上其他成分,如表示客观环境的说明成分,句子才显得完整。如:

(49)有时候你不得不含混一点,将就一点,入乡随俗,否则,那就不好办!

(50)为了写出新意,你不得不看看别人都写过些什么。

这两个句子或前或后都有说明环境要求的分句,原因在于,说话人只是要告诉听话人这种[必要]的存在,而不是直接下达某种指令。如果说这也是一种指令,那也只是间接的。

最后,与祈使的直接与间接的区别密切相关的,是"不能不"与"不得不"的[必要]在祈使强度上也存在区别。

有时候,说话人为了表示更直接、更强烈的祈使语气,还可以加上副词来达到这一语用效果。现代汉语的祈使句常常用一些表现主体性的主观副词来加强命令的强度,这些副词主要有"可""千万""绝""决""绝对""总"等。因为"不能不"与"不得不"在语效上的差异,所以,在与这些副词同现上表现出明显的对立,"不能不"前可出现这些副词加强祈使的强度,而"不得不"前则一般不出现这类副词,如:

(51)年轻轻的,可不能不讲信义!

(52)你提别的都可以,但千万不能不让我说话!

(53)你可以骂我,但绝对不能不理我!

(51)的"可"、(52)的"千万"、(53)的"绝对"等等,都起到了加强祈使强度的作用,使得这些句子表达的指令显得更加直接,祈使语气得到加强,说话人的主观介入得到凸显。正是这个原因,"不得不"就很少出现在这种句法环境中。这是因为,"不得不"的情态来源是外在的客观世界,而这些表示祈使强度的副词表达的主要是主体取向的主观情绪,二者存在概念结构上的冲突。这从一个侧面证明了"不得不"情态的客观性质。

总之,"不能不"与"不得不"表达的[必要]存在意愿与非意愿的区别、祈使与陈述的区别、祈使语力的直接与间接的区别以及祈使强度的区别,原因都在于两种[必要]的主客观差异。

综上所述,同类型情态内部也存在主观与客观的区别,本节讨论的三种比较特殊的现象都证明了这种区别。看似完全同义的两个情态动词连续同现,其实并非同义,因为两个情态动词表示了主观和客观两种情态,就像"肯定得"的语义组配[必然]>[必然]和"必须得"的语义组配[必要]>[必要]一样,其实都是[主观情态]>[客观情态]的组配。而看似同义的两种情态表达式,其实也存在主观与客观的区别,"不能不"和"不得不"表达的[必要]就存在这种区别,前者是主观的,而后者是客观的。

四、情态的客观化表达

情态在标记时被认为主要是主观的,但是,有时候,说话人为了某种特殊需要,会选择不同的情态表达方式来表达语义上等值的情态,导致现代汉语中"可能"与"有可能"、"必须"与"有必要"、"应该"与"有义务"在使用上并存的现象。这种并存现象,也可以用情态的主观与客观的差别进行解释。

(一)认识情态的客观化表达

在现代汉语中,"可能"表达的[可能]在一般情况下表达说话人对事件可能性的主观推测,是一种典型的主观性范畴。但是,[可能]的表达,还有别的方式。说话人为了某种特别的目的,故意把自己从前景隐藏到背景之后,使说出的句子显得客观,从而达到使主观的情态判断客观化的目的。例如:

(54)他同时表示相信,巴以双方在经历了戴维营会谈之后,有可能在9月13日之前达成和平协议。

(55)有关专家指出,如不采取保护措施,死海有可能成为名副其实的死海。

(54)和(55)中表达[可能],用的是"有可能","有"在此处的语义是"存在",说话人用"有可能"是想强调,事件发生的"可能性是存在的"。说话人用"可能"来对事件的发生进行[可能]性的推测时,说话人是情态的来源;用"有可能"时,说话人从前景退为背景,使听话人感觉到事件发生的可能性的确是存在的。这些句子的"有可能"都可以换成"可能"。也就是说,"可能"与"有可能"存在语义上的等值,但是,在让听话人相信事件发生的可能性的确存在的语用效果上却存在差别。纯粹出于主观限定的命题,听话人对该命题的相信程度可能最低,当"可能性"带上客观色彩后,就增加了听话人相信这种可能性的分量。

(二)道义情态的客观化表达

道义情态在现代汉语也存在客观化的表达方式,那就是与"必须"等值的"有必要"、与"应该"等值的"有义务"等。如:

(56)你有必要知道真相。

(57)你觉得婚前有必要做婚检吗?

(58)根据诉讼法第六十四条,你有义务如实供述涉及你的一切。

(59)你有义务承担起这个责任。

"有必要"相当于"必须","有义务"相当于"应该",这些句子中的"有必要"和"有义务"可以换成相应的"必须"和"应该"。但是,在语用上存在区别,原因就在于说话人出于特殊的语用目的,有意地把道义情态通过"有 M"的格式客观化了。用"有必要""有义务"时,至少可以看出如下不同:道义的来源是非说话人的,而是"客观存在的";因为这种情态来源上的客观性特征,所以会有这样的会话含义,即句子表达的要求并不出于说话人的主观强制,道义的客观要求使道义的承担者更无法不履行句子表达的道义;因为情态并非出于说话人,所以这种句子都不表示直接的命令,从这种意义上说,这种道义情态客观化的说法是礼貌原则的表现。

综上所述,情态在无标记时都能贴上主观性的标签,但是,出于礼貌原则或其他语用目的,现代汉语中却存在情态的客观化表达。认识情态的客观化,因为说话人的故意隐藏,导致认识情态来源的客观化,从而使得情态所辖命题可信度更高。道义情态的客观化表达,因为说话人出于语用目的从前景退为背景,导致道义来源从说话人变为客观环境,从而使得指令显得更为间接,语力也从祈使完全变成了陈述,即说话人"告诉"听话人该道义情态是存在的。

本来主观的情态表达,出于增加命题可信度目的或出于礼貌的考虑,可以变换为客观的表达,从交际的角度证明了同类情态存在主观与客观的区别,也揭示了情态主客观区别出现的原因在于交际的需要,而这可能也就是语言中存在主观情态与客观情态的语用动因。

五、结　语

情态研究中关于主观情态与客观情态的区别认识还不是非常清楚,本文的讨论目的就在于通过对汉语情态表达的考察来深化对情态的主客观区别的认识。

汉语情态的主观与客观的区别,首先表现为不同类型情态存在主观和客观的差别,即情态动词表达的三类不同的情态——认识情态、道义情态、动力情态在主观性上存在程度差别。汉语不同类型情态动词连续同现表现的语义组配,比较充分地证明了这一点。

汉语情态动词连续同现表现出的语义组配,遵循"认识情态＞道义情态＞动力情态"这一 EDD 规则。汉语情态动词的连续同现之所以呈现 EDD 所控制的语义组配,原因在于不同类型的情态之间存在主观与客观的差异,EDD 规则其实是一个体现情态的主观与客观差异的规则:越客观的情态动词越有可能占据句法的核心层;反之,则越有可能出现在句法的外层。因此,EDD 规则的实质在于三种类型的情态的不同的主观性特征:认识情态最主观,动力情态倾向于客观,而道义情态的主观性介于二者之间。也就是说,不同类型情态动词的同现顺序其实是一种主观性强弱顺序,情态动词的同现,按照它们表达的情态语义,主观性强的情态类型在前,而动力情态则出现在道义情态或认识情态之后。不同类型情态的这种主观与客观的差异,还可以从多义情态动词的语义历时演变、儿童的情态习得等方面得到佐证:认识情态具有明显的主观特征,而动力情态的客观特征也比较突出;动力情态在与否实词"没"同现时表现出的现实性特征,也从一个侧面证明了它的客观性。

汉语情态动词的主观与客观的区别,也表现为同类情态内部存在主观情态与客观情态的区别。看似同义的两种情态的语义组配,比较充分地体现了同类情态内部主观情态与客观情态的区别。

"肯定得(děi)"表达的认识情态"[必然]＞[必然]"的语义组配之所以会出现,原因在于两种认识情态[必然]内部存在主观与客观的区别,该语义组配其实是[主观的必然]＞[客观的必然]。

同样,"必须得(děi)"表达的道义情态[必要]＞[必要]"组配之所以会存在,也是因为前后两个[必要]不同的情态来源,前者主观,后者客观。这一组配,其实也是[主观的必要]＞[客观的必要]。主观的[必要]源自说话人,语力上表现为直接的命令;客观的[必要]则源自外在环境,说话人只是"转述"这种[必要],语力上表现为陈述。

另外,看似同义的两个情态构式,其实也表达了存在主观与客观差异的同类型情态。"不能不"和"不得不"虽然都表示[必要],但"不能不"是主观的[必要],而"不得不"是客观的[必要]。这种主客观差异可以从两种[必要]的意愿与非意愿的区别、祈使与陈述的区别、祈使语力的直接与间接的区别、祈使强度的区别等到证明。

汉语情态主观与客观的区别,还表现为汉语情态的客观化表达。本来是主观的情态,说话人为了某种特殊语用目的,比如出于礼貌原则,会选择情态客观化的表达。认识情态的客观化,即说话人故意从前景隐为背景,导致认识情态证据来源的客观化,从而提高情态所辖命题的可信度。道义情态的客观化,即说话人从前景退为背景,导致道义来源从说话人变为客观环境,从而使得指令显得更为间接,从祈使完全变为陈述,即说话人"告诉"听话人该道义情态的存在。情态的客观化表达,一方面证明了同类情态甚至同一种情态内部存在主观与客观的差别,另一方面也揭示了情态存在主观与客观区别的语用动因。

[原载《汉语作为第二语言研究》(*Chinese as a Second Language Research*)
2012 年第 1 卷第 2 期]

类型学的施格格局

罗天华

一、引　言

类型学"施格"与形式语法"非宾格(作格)"两个概念的混乱由来已久。

施格研究主要肇源于当代语言类型学,较早的施格研究大都是形态—句法类型学研究[①]。至 20 世纪 70 年代末,相关研究在类型学中已趋于成熟,施格格局被广泛看作表达动词与论元之间语法关系的形态手段[②]。

关系语法研究(relational grammar)打乱了刚刚建立起来的概念和术语系统。Perlmutter[③] 提出,按照及物性的不同,动词有"非作格"(unergative)和"非宾格"(unaccusative)之分;其研究内容与类型学迥异,却使用了形似的术

① B. J. Blake,"Degrees of Ergativity in Australia",in Frans Plank,*Ergativity：Towards a Theory of Grammatical Relations*,London：Academic Press,1979,pp. 291-305. Bernard Comrie,"The Ergative：Variations on A Theme,in *Lingua*,Vol. 32,No. 3,(Dec. ,1973),pp. 239-253. G. A. Klimov,*Očerk Obšěj Teorii Ergativnosti*(*Outline of a General Theory of Ergativity*),Moscow：Nauka,1973. G. A. Klimov,"On the Character of Languages of Active Typology",in *Linguistics*,Vol. 131,No. 12,(Jan. ,1974),pp. 11-26.

② R. M. W. Dixon,"Ergativity",in *Language*,Vol. 55,1979,pp. 59-138. Frans Plank,*Ergativity：Towards a Theory of Grammatical Relations*,London：Academic Press,1979.本文"形态"指狭义层面,形态手段主要包括表达语法关系的词形变化和小词。

③ David M. Perlmutter,"Impersonal Passives and the Unaccusative Hypothesis",in *Proceedings of BLS*,Vol. 4,1978,pp. 157-189.

语(参看第三部分)。关系语法虽早已式微,但以生成语法为主的形式学派继续使用了这套术语。动词及物性是语法理论的一个基本问题,也是生成语法的重要研究对象,因而这种"误用"不断得到加强,以至于和类型学施格研究相混淆。例如,Grewendorf[①] 的著作虽然讨论的是德语非宾格现象,却题为 *Ergativity in German*,使读者误以为德语也有施格特征[②]。

国内的有关研究也较为芜杂,绝大部分源于和形式语法相关概念的纠缠不清。仅就 ergative 的译名看,就有"作格""施(事)格""做格""唯作格""唯(被)动格""动(者)格""夺格"等多个,反映出相关研究尚不成熟。[③] 近年来,学界陆续有把类型学施格分析应用于汉语研究的尝试[④],但由于汉语不是类型学意义上的施格语言,这些研究讨论的主要是形式学派的非宾格现象,而非类型学的施格格局。[⑤]

本文尝试厘清类型学、形式语法中与施格相关、相似以及似是而非的一些概念,认为施格的本质是动词与核心论元之间语法关系的形态编码方式(第二部分)。在此基础上,指出汉语动词及物性、"把"字句等语法问题的本质是形式语法的非宾格现象,而非类型学的施格格局(第三部分)。此外,文章也提出了一条鉴别施格语言的标准,并以此标准对施格语言的语法关系标记模式进行了取样分析(第四、五部分)。

---

① Gunther Grewendorf, *Ergativity in German*, Dordrecht: Foris Publications, 1989.

② Mirian Butt, *Theories of Case*, Cambridge: Cambridge University Press, 2006, p. 154.

③ 罗天华:《也谈语言学术语的翻译问题——以增译〈语言共性和语言类型〉为例》,《当代语言学》2012 年第 1 期,第 73—79 页。本文使用并提倡这种术语区分:"施格"用于类型学,"非宾格"用于形式语法。

④ 曾立英、杨小卫:《从"作格"角度谈主语系统的选择》,《汉语学报》2005 年第 4 期,第 22—30 页。曾立英:《现代汉语作格现象研究》,中央民族大学出版社 2009 年版。金立鑫、王红卫:《动词分类和施格、通格及施语、通语》,《外语教学与研究(外国语文双月刊)》2014 年第 1 期,第 45—57 页。

⑤ 曾立英和杨小卫《从"作格"角度谈主语系统的选择》、曾立英《现代汉语作格现象研究》认为汉语属于"变动的主语系统"(fluid-S system,参见 R. M. W. Dixon, *Ergativity*, Cambridge: Cambridge University Press, 1994),因为:①许多动词可以自由选择施事或受事主语;②小句合并综合了施格转换和宾格转换。其中,①属于非宾格问题,见第三部分,②虽与施格格局相关,但对问题的理解不同,我们将另文讨论。

二、类型学的"施格"

要讲清类型学的施格,需要引入三个术语:A(及物动词的施事论元)、S(不及物动词的当事论元)、P(及物动词的受事论元,也记为 O)。在施格格局中,核心论元与动词之间语法关系的编码方式表现为三类:①用于 A 的标志不同于 S、P;②A 独用一个标志,多为显性形式;③S、P 合用一个标志,多为零形式。①。

在宾格语言中,语法关系常有两种落实方式:一是在代词、名词上添加格标志,二是在动词上添加与主宾语相一致的标志(动词一致)。例如,英语"He loves her"中的宾语 she 用宾格 her,动词 love 用第三人称单数现在时标志-s。与此类似,施格格局也有这两种落实方式:或在名词、代词上添加格标志,或在动词上添加人称标志。

把名词、代词区分开来,主要是因为有些语言名词与代词的语法标记系统有别。例如英语普通名词、第二人称代词没有主宾格形态变化,而第一、第三人称代词却有这类变化。表 1 是两项对近 200 种语言语法标记模式的考察结果②。

表 1　名词、代词系统的语法标记模式

标记模式	名词(190 种)	代词(172 种)
主格—宾格	52	64
施格—通格	32	20
中性	98	79

---

① R. M. W. Dixon,"Ergativity", in *Language*, Vol. 55,1979, pp. 59-138. R. M. W. Dixon, *Ergativity*, Cambridge:Cambridge University Press,1994, pp. 1-22.

② Bernard Comrie,"Alignment of Case Marking of Full Noun Phrases;Alignment of Case Marking of Pronouns", in M. S. Dryer and M. Haspelmath, *The World Atlas of Language Structures Online*, Leipzig: MPI-EVA, 2013. http://wals. info/chapter/98-99.

续表

标记模式	名词（190 种）	代词（172 种）
活动—非活动	4	3
三分	4	3
其他	/	3

注：中性（neutral）指 A、S、P 标记相同，活动（active）、三分（tripartite）参看第四部分。"/"表示无关。

据表 1，名词使用施格格局的比例（32/190＝16.8％）高于代词（20/172＝11.6％），使用宾格格局的比例（52/190＝27.4％）低于代词（64/172＝37.2％）。

澳大利亚的 Dyirbal 语是一种施格语言：

（1）Dyirbal 语[①]

    a. ŋuma   banaga-nʸu

      父亲.通格.S   回来—非将来时   （父亲回来了）

    b. ŋuma   yabu-ŋgu   bura-n

      父亲.通格.P   母亲—施格.A   看见—非将来时（母亲看见了父亲）

例（1）中，A 独用一个施格标志-ŋgu，S 与 P 均为通格（absolutive，这里为零形式）。在形态标志上，S 与 P 相同，而 A 不同，即有 A/{SP} 的对立。

除了通过名词格标记表达施格格局，一些语言也在动词上添加与主宾语一致的人称标志，例如 Konjo 语［马来亚-波利尼西亚语系（Malayo-Polynesian）的一种语言］：

（2）Konjo 语[②]（"1/2/3"指第一/二/三称，下同）

      a. na-peppe'-i   Amir   asung-ku

---

① R. M. W. Dixon, *Ergativity*, Cambridge：Cambridge University Press, 1994, p. 10.

② A. Siewierska, "Alignment of Verbal Person Marking", in M. S. Dryer and M. Haspelmath, *The World Atlas of Language Structures Online*, Leipzig：MPI-EVA, 2013. http：//wals.info/chapter/100.

　　3. A—打—3. P　　　　阿米尔　　狗—1（阿米尔打了我的狗）

　b. a'-lampa-i　　　　　　Amir

　　通格—走—3. S　　　　阿米尔　　（阿米尔走了）

　　例（2）中，动词上附着的第三人称标志表现为施格格局：如果指涉 A 则使用na-，如果指涉 S、P 则都用-i。

　　可以看到，施格格局的 A/{SP} 对立与宾格格局的{AS}/P 对立完全不同。在宾格格局中，例如英语"He loves her""He talks"两句，及物/不及物动词的主语都用主格（零形式），及物动词的宾语用宾格；在动词一致关系上，动词与及物/不及物动词的主语一致，而不与及物动词的宾语一致。

三、形式语法的"非宾格"和汉语语法现象

　　本文篇首提到，非宾格（unaccusative）现象的研究始于关系语法，后来成为形式学派特别是生成语法理论的重要论题。

　　unaccusative 是相对 accusative 而言的：unaccusative verbs 是不及物动词，accusative verbs 是及物动词。据关系语法的"非宾格假说"（the unaccusative hypothesis），不及物动词主要有两个次类：动作动词（例如：哭、笑、飞、跳）和存现动词（例如：是、有、来、去）。为了区分，前者被称为非作格动词（unergative verb），后者被称为非宾格动词（unaccusative verbs；等同于 ergative verbs，作格动词）。

　　按形式语法对单论元结构的分析，非作格动词句的实质是一个无宾句，深层宾语位置没有论元，例如"张三笑了[e]"；而非宾格动词句的实质是一个无主句，深层主语位置没有论元，例如"张三来了"的表层主语"张三"来源于从后至前的移位，其深层结构是"[e]来了张三"①。

---

① 黄正德：《题元理论与汉语动词题元结构研究》，沈阳、冯胜利主编：《当代语言学理论和汉语研究》，商务印书馆 2008 年版，第 136—161 页。

除了不及物动词（带一个论元的动词，"一元动词"），Burzio[①] 指出二元动词也可相应地分为及物和致使两类（分别对应非作格、非宾格），黄正德[②]则进一步提出三元动词也有非作格、非宾格之分。我们把非作格、非宾格动词与其相应的论元结构整理为表 2。

表 2　非作格、非宾格动词与相应论元结构

动词类型	一元	二元	三元			
非作格动词（动作）	施事（doer）	施事	受事	施事	受事	蒙事（affectee）
非宾格动词（状态）	受事（patient）	致事（causer）	受事	致事	受事	历事（experiencer）

非作格动词强调动作，施事是必不可少的论元成分：一个论元为（深层）施事本身，两个论元则增加受事，三个论元则增加蒙事（动作遭受者）；非宾格动词指涉状态，受事是必不可少的论元成分：一个论元为受事本身，两个论元则增加致事，三个论元则增加历事（动作经历者）。语义上的动作、状态之分，是这两类动词的根本差别。

动词语义的动作、状态之分，或者说动词的非作格、非宾格之分，导致了所谓作格现象。例如，英语"John $_A$ broke the window $_P$"和"The window $_S$ broke"，其中 window 既是及物动词的宾语，又是不及物动词的主语，即 S＝P。[③] 按生成语法的分析，无非因为 break 是一个状态动词（非宾格动词、作格动词），"The window broke"的深层结构是"break the window"，the window 只是移到了表层主语的位置，该句实质上是一个无主句。类似及物/不及物结构的差异在许多语言中都普遍存在，例如汉语"死诸葛吓走生仲达""仲达走了"，"（司马）仲达"与上例英语 the window 的角色完全一样。

---

①　Luigi Burzio, *Italian Syntax：A Government-binding Approach*, Dordrecht：Kluwer Academic Publishers, 1986.

②　黄正德：《题元理论与汉语动词题元结构研究》，沈阳、冯胜利主编：《当代语言学理论和汉语研究》，商务印书馆 2008 年版，第 136—161 页。

③　金立鑫、王红卫：《动词分类和施格、通格及施语、通语》，《外语教学与研究（外国语文双月刊）》2014 年第 1 期，第 45—57 页。

形式语法对非宾格问题的成果被直接应用于汉语研究并取得许多成果①。这里仅讨论与施格相关相似以及似是而非的一些问题,具体涉及作格动词和动词分类以及"把"字句等问题。

首先看作格动词和动词分类问题。曾立英②指出:"汉语是属于作格语言、宾格语言还是混合型语言呢? ⋯⋯要确定这一问题,首先涉及一个语言中作格动词的多少和动词分类的问题。如果一种语言的动词都是作格—通格动词,该语言无疑属于作格语言;反之,如果动词都是主格—宾格动词,该语言属于宾格语言。"同时,曾立英③提出了确定现代汉语作格动词的三条标准:①有"NP$_1$+V+NP$_2$"和"NP$_2$+V"句式的同义转换;②能出现在"使+NP+V"句式;③能受"自己"修饰,出现在"NP$_2$+自己+V 了"句式。曾立英以此确定了现代汉语的 160 个作格动词。

曾立英④所述"作格语言"(即本文"施格语言")、"宾格语言"指语法关系的标记类型,"作格动词"指动词的一个小类(即"非宾格动词"),虽然曾都冠以"作格"之名,但此作格非彼作格,其内部体系是清晰的。问题在于,"作格动词"从来都不是鉴别"作格语言"的标志,换言之,形式语法的非宾格动词不能用于鉴别施格语言类型,因为几乎所有的语言都有非宾格动词,但毫无疑问,大多数语言并不是施格语言。

金立鑫、王红卫⑤提出了汉语一元、二元动词的四分格局,他们不使用"非宾格动词""作格动词",而使用术语"(非)施格动词",其动词分类如表 3。

表 3　一元、二元动词的四分格局

动词类型	及物性	对应论元
通格动词	不及物	通语(通格成分)

---

① 相关的讨论和文献,参看黄正德:《题元理论与汉语动词题元结构研究》,沈阳、冯胜利主编:《当代语言学理论和汉语研究》,商务印书馆 2008 年版,第 136—161 页。

② 曾立英:《现代汉语作格现象研究》,中央民族大学出版社 2009 年版,第 33 页。

③ 曾立英:《现代汉语作格现象研究》,中央民族大学出版社 2009 年版,第 101—118 页。

④ 曾立英:《现代汉语作格现象研究》,中央民族大学出版社 2009 年版。

⑤ 金立鑫、王红卫:《动词分类和施格、通格及施语、通语》,《外语教学与研究(外国语文双月刊)》2014 年第 1 期,第 45—57 页。

续表

动词类型	及物性	对应论元
施格动词	及物	施语（施格成分）
及物动词	及物	宾语
不及物动词	不及物	主语

这种分类将一元非宾格动词（作格动词）称为"通格动词"，将双元非作格动词称为"施格动词"，与黄正德①的分类在实质上并无二致。当然，金、王的分类是基于不同理论诠释以及对施通格语言和主宾格语言句法配置的理论思考，但似乎并未超出黄正德的范围：金、王的分类不能涵盖三元及物动词，而黄文的主要贡献之一即在于把非宾格—非作格的对立从 Perlmutter 的一元动词、Burzio 的二元动词拓展到三元动词。相反，这种分类可能带来术语使用的混乱：其一，"施格动词"是及物的，"通格动词"是不及物的，在名称上并未与及物、不及物动词区分开来；其二，"施格动词"（ergative verb）不见于类型学文献，只用于形式语法，"通格动词"（absolutive verb）尚未见于任何语言学文献。正如金、王所指出的，与施格相关的研究有着严重的术语使用混乱问题，此种背景下，把类型学术语"施格"用于形式语法恐有不妥，似无必要创制新术语。

再看"把"字句。"把"字句的研究主要涉及三类：普通"把"字句、"把个"句、保留宾语的"把"字句。分别举例如下：

（3）a.张三把工作干完了。

　　←b.张三干完了工作。

（4）a.把个晴雯姐姐也没了。

　　b.把个老张给病倒了。

（5）a.张三把橘子剥了皮。

　　b.张三把纸门踢了个洞。

---

① 黄正德：《题元理论与汉语动词题元结构研究》，沈阳、冯胜利主编：《当代语言学理论和汉语研究》，商务印书馆 2008 年版，第 136—161 页。

金立鑫、王红卫①对(3)、(4)的处理是:例(3)的动词"干"是"施格动词",名词"工作"是"通语"(通格成分),因为它既可出现在动词前,也可出现在动词后;例(4)的动词"没""病"是"通格动词",名词"晴雯姐姐""老张"是"通语"。黄正德②对(5a)的解释是:"把"是一个轻动词,语义成分是"加之于"(do to);"皮""橘子"都是宾语,"皮"是内宾语,"橘子"是外宾语,外宾语的角色是蒙受者(affectee)[(5b)的分析类此]。

这两种处理看似不同,其实一样。二者都认为动词决定结构,所不同的只是名目:前文已经指出,"施格动词"[(3a)]就是"双元非作格动词"[(5a)、(5b)],"通格动词"[(4a)]就是"一元非宾格动词"(作格动词)。

真正的类型学比况是将"把"字句中的"把"看作通格标志,认为诸如例(6)中的"把"标记的是通格成分"我":

(6)a.他把我气死了。

b.把我气死了。

对此,Li 和 Yip③ 已有反驳分析,认为"把"标记的是宾语而不是主语,并指出官话"把"字句、粤语"将"字句都不是施格格局,汉语从任何角度来说都不是施格语言。这种分析是有道理的,因为较之施格成分,通格成分通常无标记,如果"把"是汉语的通格标记,那么汉语的施格标记是什么? 如果说是零形式,显然是缺乏说服力的。

我们认为,要一揽子解决这里的"把"字句问题,不妨将"把"看作宾语标记。如此一来,上述对例(3)到例(6)分析所涉及的论元成分全都是宾语,因为使用标记"把"而使得位置较为自由。跨语言的考察表明,宾语添加识别标记

① 金立鑫、王红卫:《动词分类和施格、通格及施语、通语》,《外语教学与研究(外国语文双月刊)》2014 年第 1 期,第 45—57 页。
② 黄正德:《题元理论与汉语动词题元结构研究》,沈阳、冯胜利主编:《当代语言学理论和汉语研究》,商务印书馆 2008 年版,第 136—161 页。
③ Y. Li and M. Yip, "The *Bǎ*-Construction and Ergativity in Chinese", in Frans Plank, *Ergativity: Towards a Theory of Grammatical Relations*, London: Academic Press, 1979, pp. 103-114.

而使得位置更为自由是一个普遍现象,符合标记—语序的互动模式。①

总之,汉语有形式语法的种种非宾格表现,但不是类型学意义上的施格语言。非宾格研究与施格研究界限分明,我们不能不注意汉语研究中把二者混为一谈的一些情况,也不能不谨慎对待将类型学施格分析直接应用于汉语的一些做法。正如吕叔湘②所指出的:"区别作格语言和宾格语言必须要有形态或类似形态的手段做依据。汉语没有这种形态手段,要说它是这种类型或那种类型的语言都只能是一种比况的说法。"③

四、施格语言的判断标准

施格语言的判定是一个较难的问题,原因在于有些语言的语法关系标记模式呈现出部分施格特征,从而干扰了对语言类型的明确判断。主要表现在两个方面。

一是有"分裂施格"(split ergativity)的存在。分裂施格指施格格局不纯、不典型,标记系统有时采用通格—施格,有时采用主格—宾格等非施格格局。事实上,典型的施格格局只是一种理想状态,尚未见实证语言。换言之,绝大多数施格语言都是分裂施格语言,分裂是施格格局的内在属性,是施格概念本身的一部分。④

---

① 参见罗天华:《也谈语言学术语的翻译问题——以增译〈语言共性和语言类型〉为例》,《当代语言学》2012 年第 1 期,第 73—79 页。

② 吕叔湘:《说"胜"和"败"》,《中国语文》1987 年第 1 期,第 1—5 页。

③ 《外国语》审稿人指出,考虑到不少中性和宾格语言也有类似施格的句法配置,可不拘泥于狭义的屈折形态,而将分布/语序这种广义形态纳入施格现象中进行考察。这是一种将施格与非宾格(作格)研究打通的思路,是一个富有启发性但较大较难的问题,我们拟再作探索。

④ M. Silverstein,"Hierarchy of Features and Ergativity",in R. M. W. Dixon,*Grammatical Categories in Australian Languages*,New Jersey:Humanities Press,1976,pp. 112-171. Johanna Nichols,*Linguistic Diversity in Space and Time*,Chicago:University of Chicago Press,1992,p. 65.

以 Dyirbal 语为例,其普通名词采用通格—施格标记[上文例(1)],而人称代词采用主格—宾格标记[1]:

(7)Dyirbal 语[2]

　　a. ŋama　　　　banaga-nʸu

　　我们.主格　回来—非将来时　(我们回来了)

　　b. nʸurra　　　　ŋana-na　　　bura-n

　　你们.主格　我们—宾格　看见—非将来时　(你们看见了我们)

分裂有多种,最常见的是生命度(包括人称)分裂和时、体分裂。例如 Jiwarli 语(一种已消亡的澳大利亚语言)第一人称单数代词使用主格—宾格屈折形态(第二人称代词可使用主格—宾格形态,也可不用),无生命名词、代词使用施格—通格屈折形态,而其他有生命名词、代词不取施格格局。又如, Yidiny 语(一种澳大利亚语言)的代词使用宾格格局,但普通名词使用施格格局。再如,Lak 语、Ritharngu 语等东北高加索语言,其宾格格局多见于代词系统,施格格局多见于名词系统。[3]

分裂不仅见于施格格局,也见于宾格格局。例如,英语普通名词不用主宾格标志,第一、第三人称代词有主宾格之分,第二人称代词没有主宾格之分。虽然英语可勉强算作宾格语言,但其标记系统是不齐整的。

二是有"活动"(active)格局的存在。"活动"指一些语言的 S 按照施事性的强弱有 Sa、Sp 之分,在格标记系统中 Sa 与 A 同格、Sp 与 P 同格,或在动词一致关系上 Sa 与 A 等同、Sp 与 P 等同。如 Koasati 语[美国马斯科吉语族(Muskogean)的一种语言]:

---

①　R. M. W. Dixon,"Ergativity",in *Language*,Vol. 55,1979,pp. 59-138. R. M. W. Dixon, *Ergativity*,Cambridge:Cambridge University Press,1994,pp. 14-15.

②　R. M. W. Dixon,*Ergativity*,Cambridge:Cambridge University Press,1994,pp. 14-15.

③　Bernard Comrie,*Language Universals and Linguistic Typology* (2nd edition),Chicago:University of Chicago Press, 1989, p. 131. R. M. W. Dixon, *Ergativity*, Cambridge:Cambridge University Press,1994,pp. 14-15.

（8）Koasati 语①

    a. okolcá   hóhca-li-halpí∶s

      井   挖—1 单数. A—能力（我会挖井）

    b. tálwa-li-mp

      唱—1 单数. S—听说［（他说）我在唱歌］

    c. ca-pa∶-batápli-t

      1 单数. P—处所—打—过去时（他打了我的后背）

    d. ca-o∶w-ílli-laho-V

      1 单数. S—处所—死—非现实（我会淹死）

    例（8）中，第一人称单数标志-li 在（8a）里标示的是 A，在（8b）里标示的是 S；第一人称单数标志 ca-在（8c）里标示的是 P，在（8d）里标示的是 S。这是动词人称标记上的"活动"模式。

    此外，还有一种"三分"（tripartite）格局，用于 A、S、P 三者的格标志均不相同（动词人称标记为三分格局的语言尚无报道）。在下例 Hindi 语中，（9a）的 S "男孩"没有标记，（9b）的 A"男孩"使用后置词 ne，P"女孩"使用宾格后置词 ko。

（9）Hindi 语②

    a. laRkaa   kal   aay-aa

      男孩   昨天   来—单数. 阳性（那男孩昨天来了）

    b. laRke   ne   laRkii   ko   dekh-aa

      男孩   施格   女孩   宾格   看—单数. 阳性（男孩看见了女孩）

    在这种三分格局中，虽然 A 独用一个显性标志，但没有 A 与 S、P 的对立，本文暂且把这种标记模式排除在施格格局之外。这种三分格局极为罕见，仅

---

① A. Siewierska，"Alignment of Verbal Person Marking"，in M. S. Dryer and M. Haspelmath，*The World Atlas of Language Structures Online*，Leipzig∶MPI-EVA，2013. http∶//wals. info/chapter/100.

② Bernard Comrie，"Alignment of Case Marking of Full Noun Phrases；Alignment of Case Marking of Pronouns"，in M. S. Dryer and M. Haspelmath，*The World Atlas of Language Structures Online*，Leipzig∶MPI-EVA，2013. http∶//wals. info/chapter/98-99.

见于 Hindi 语、Marathi 语、Nez Perce 语、Semelai 语等少数几种语言。[1]

要言之,确定施格语言的标准是:名词格标记、代词格标记或动词人称标记三者至少有一种采用施格格局或活动格局。

这是一个广义的标准。首先,标记位置较为宽泛,不要求名词、代词、动词三者的语法标记模式均为施格,三者之一即可视为施格格局。其次,标记模式较为宽泛,"活动"模式也被视为施格格局,所包含的语言更广泛。

广义标准带来的一个问题是标记系统的典型性问题。假使一种语言的名词为施格标记,代词为宾格标记,如何认识这种语言的基本标记类型? 是施格、宾格还是兼类? 对此我们有两点解释。其一,这里有一个蕴含关系。前文曾提及,代词有取宾格格局的倾向,如果代词为施格标记,则名词必定也取施格标记。这可能是一条语言共性,我们尚未发现代词取施格、名词取宾格/中性的语言。换言之,在一种语言内部,代词施格标记蕴含名词施格标记。如果一种语言的代词使用施格格局,那么其施格性更为显著、彻底。其二,典型的、彻头彻尾的施格语言尚无实证。事实上,宾格格局也有类似的典型性问题,宾格语言内部也有许多标记性差异,例如有些宾格语言的主格有标记、宾格无标记(marked nominative)[2]。因此,施格格局、宾格格局都是理想化的语法标记模式,在作为原型存在的性质上并无不同。

---

[1] Bernard Comrie,"Alignment of Case Marking of Full Noun Phrases;Alignment of Case Marking of Pronouns",in M. S. Dryer and M. Haspelmath,*The World Atlas of Language Structures Online*,Leipzig:MPI-EVA,2013. http://wals. info/chapter/98-99.

[2] 参看 Bernard Comrie,"Alignment of Case Marking of Full Noun Phrases;Alignment of Case Marking of Pronouns",in M. S. Dryer and M. Haspelmath,*The World Atlas of Language Structures Online*,Leipzig:MPI-EVA,2013. http://wals. info/chapter/98-99. Corinna Handschuh,*A Typology of Marked-S Languages*,Berlin:Language Science Press,2014.

五、一个施格语言样本

根据上述标准,我们选取了 78 种施格语言作为样本①,以此讨论这些语言的语法标记模式。大体上,这些语言作为一个随机的样本是合适的。首先,这些语言分属 42 个语系,具有较广泛的发生学代表性,地域分布也较广。其次,各语系的代表语言数量与其所涵盖的语言总数成比例,语言数量较多的语系其代表语言也较多,语言数量较少的语系其代表语言相应减少。这些语言的语法标记模式如表 4。

表 4 78 种施格语言的语法标记模式

标记模式	名词格标记	代词格标记	动词一致
施格	34	21	19
活动	6	5	26
宾格	2	7	13
中性	14	16	13
不明/其他	22	29	7

注:表中数字为实证语言数量。

---

① 这 78 种语言是(括号内斜体字为各语言所属语系):Acehnese,Atayal,Chamorro,Drehu,Konjo,Kapampangan,Larike,Taba,Tsou,Tukang Besi,Uma(*Austronesian*);Dyirbal,Gooniyandi,Ngiyambaa,Pitjantjatjara,Wambaya,Wardaman,Yidiny(*Australian*);Amuesha,Apurinã,Arawak,Campa(Axininca),Warekena(*Arawakan*);Ingush,Hunzib,Lak,Lezgian(*Nakh-Daghestanian*);Bawm,Kham,Ladakhi,Tibetan(*Sino-Tibetan*);Dani(Lower Grand Valley),Kewa,Suena,Una(*Trans-New Guinea*);Carib,Macushi(*Cariban*);Bribri,Ika(*Chibchan*);Greenlandic(West),Yup'ik(Central)(*Eskimo-Aleut*);Mohawk,Oneida(*Iroquoian*);Jakaltek,Tzutujil(*Mayan*);Tsimshian(Coast)(*Penutian*);Araona,Cavineña(*Tacanan*);Guaraní,Karitiâna(*Tupian*);Paumarí(*Arauan*),Basque(*Basque*),Imonda(*Border*),Burushaski(*Burushaski*),Wichita(*Caddoan*),Epena Pedee(*Choco*),Chukchi(*Chukotko-Kamchatkan*),Nasioi(*East Bougainville*),Georgian(*Kartvelian*),Acoma(*Keresan*),Canela-Krahô(*Macro-Ge*),Zoque(Copainalá)(*Mixe-Zoque*),Koasati(*Muskogean*),Tlingit(*Na-Dene*),Päri(*Nilo-Saharan*),Abkhaz(*Northwest Caucasian*),Coos(Hanis)(*Oregon Coast*),Shipibo-Konibo(*Panoan*),Yagua(*Peba-Yaguan*),Lakhota(*Siouan*),Tonkawa(*Tonkawa*),Arapesh(*Torricelli*),Trumai(*Trumai*),Tunica(*Tunica*),Nadëb(*Vaupés-Japurá*),Sanuma(*Yanomam*),Ket(*Yeniseian*),Yuchi(*Yuchi*)。

不难看到，一些施格语言也可使用宾格或中性格局。例如前文多次提到的澳大利亚语言 Dyirbal 语、Yidiny 语，名词格标记为施格，代词格标记为宾格，动词人称标记为中性；又如藏语，名词、代词格标记为"活动"，动词人称标记为中性。

又如 Kham 语（即藏语康方言，原作者的调查区域位于尼泊尔），施格标志仅见于及物小句的第三人称主语：

(10)Kham 语①

    a. la:-Ø   si-ke

      豹—通格   死—完成 （那只豹死了）

    b. tipəlkya-e   la:-Ø   səih-ke-o

      Tipalkya—施格 豹—通格 杀—完成—3 单数（Tipalkya 杀了那只豹）

    c. no:-ye   la:Ø   səih-ke-o

      他—施格   豹—通格 杀—完成—3 单数（他杀了一只豹）

    d. ŋa: la:-Ø   ŋa-səih-ke

      我   豹—通格 1 单数—杀—完成（我杀了一只豹）

    e. * ŋa:-ye   la:-Ø   ŋa-səih-ke

      我—施格   豹—通格 1 单数—杀—完成

上例只有第三人称主语[(10b)、(10c)]使用施格标志-e/-ye；无人称[(10a)]、第一人称单数[(10d)]均不使用施格标志，如果使用则不合语法[(10e)]。

这些都反映了施格标记系统的复杂性。施格特征常常见于自然语言的一部分结构和语法范畴，这也是我们在判定施格语言时倾向于采用上述广义标准的主要原因。

---

① David E. Watters, *A Grammer of Kham*, Cambridge：Cambridge University Press, 2002, pp. 66-67.

六、结语:施格的本质

类型的归类型,形式的归形式。类型学里的施格格局,其本质是动词与论元之间语法关系的编码落实方式,也是识别语法关系的标志,或附着于名词/代词论元(格标记),或附着于核心动词(动词一致),具体表现为形态上 A 与 S、P 之间的对立。判断一种语言是不是施格语言,广义的标准是:名词格标记、代词格标记或动词人称标记三者至少有一种采用施格格局或活动格局。施格语言是人类语言中的少数派,例如,据 Dixon① 估计,约有 25% 的语言使用施格格局。而形式语法的非宾格(作格)现象,其本质是动词在语义上的动作、状态之分以及由此带来的及物性差异,几乎所有的自然语言都存在这种动词语义差异。

简言之,施格讲语法关系的形态表现,而非宾格(作格)讲动词语义的句法表现,这是二者的根本差别。此外,施格格局与宾格格局对立,非宾格(作格)现象与非作格现象对立,二者的研究内容完全不同,从来就不在一个层次上(见表 5)。

表 5 施格、宾格格局与非宾格、非作格现象

	施格	宾格	非宾格(作格)	非作格
A 与{SP}形态对立	+	－	/	/
{AS}与 P 形态对立	－	+	/	/
动作动词	/	/	－	+
状态动词	/	/	+	－

注:"/"表示无关。

动词与核心论元之间语法关系的标记模式往往十分复杂。施格语言的内部远非匀质一片,要想把一种语言从整体上划定是否属于施格语言往往是行不通的。可取的做法应该是确定一种语言在什么程度上、在哪些结构上属于施格语言。施格语言如此,宾格语言亦然。

(原载《外国语》2017 年第 4 期)

---

① R. M. W. Dixon, *Ergativity*, Cambridge: Cambridge University Press, 1994, p. 224.

新"被＋X"结构及其生成机制与修辞意图

池昌海

一、新"被"字结构的涌现及相关研究

(一)新"被"字结构的产生

原本寻常、使用率很高的"被"字句自 2008 年起产生了重要的引人注目的变异形式,有网民针对广东谭静跳楼事件及安徽李国福狱中"自杀"事件,创造性地组合出"被自杀"①的新结构。

(1)被自杀? (博文标题,2008/10/15)

由此,一种新兴的"被"字结构以极为快捷的速度和庞大的数量衍生扩散开来,产生了"被就业""被小康""被潜规则"等"被＋X"结构。标记该类结构的"被"字成为 2008 年的流行语②,成为 2009 年的年度汉字③。截至目前,仍不断出新,用域不断扩大。笔者看到的较新的两个"被"字句是:

(2)4 人离奇"被谋杀"阳朔县委书记 (《钱江晚报》,2011/07/30)

---

① 笔者找到的最早的该类"被"字组合是"被自杀",源于天涯网 ID"上善弱"针对"谭静案"所发的帖子(http://www.tianya.cn/publicforum/contentfree1/1201604.shtml,2008 年 4 月 22 日)。

② 王灿龙:《"被"字的另类用法——从"被自杀"谈起》,《语文建设》2009 年第 4 期。

③ 郑庆君:《流行语"被＋XX 现象及其语用成因》,《西安外国语大学学报》2010 年第 1 期。

（3）老汉"被处女"（《钱江晚报》，2011/02/27）

例（2）是报道广西阳朔县出现的一起事件的新闻标题：在该县领导换届公示期间，4 人被政法机关认定要谋杀县委书记而遭拘留，公示结束后，即获释。例（3）是针对河北井陉县老汉吕某住院收费清单中列有"处女膜修复"项目这一新闻所刊漫画的配文标题。可见，该结构已经从带有浓厚的网络语境的特殊组合走向了一般语境，为各类媒体和使用者所接受。

（二）已有的看法

随着特殊的"被"字结构的产生，研究者及时注意到了这一现象，并给予了快速而准确的观察和研究。截至笔者撰写本文时，已经看到在短短的两年内，便有 20 多篇论文在各级别学术刊物上发表，与新兴"被"字结构潮流产生了相呼应的研究热点。综合起来看，就这一新兴结构"NP1＋被＋X"而言，这些文章共得出了以下结论。

句法上：从 X 的词性上看，与原"被"字句中的 V 均为及物动词不同，X 绝大多数却为不及物动词，还可以是形容词、名词①；从句法功能上看，与原"被"字句充当谓语不完全相同，新"被"字结构还能充当主语、宾语和修饰语②。

语义上：与原"被"字句行为的不可控性、只具有一个施事不同，新"被"字结构的行为"具有可控性"，并且"一个动作包含两个施事"③；新"被"字结构的

---

① 王灿龙：《"被"字的另类用法——从"被自杀"谈起》，《语文建设》2009 年第 4 期。王灿龙：《"被就业"并不等于"被迫假就业"》，《语文建设》2009 年第 10 期。刘斐、赵国军：《"被时代"的"被组合"》，《修辞学习》2009 年第 5 期。彭咏梅、甘于恩：《"被 V 双"：一种新兴的被动格式》，《中国语文》2010 年第 1 期。胡雪婵、胡晓研：《近来流行的"被＋X"结构说略》，《通化师范学院学报》2010 年第 1 期。梁倩倩：《模因视阈下"被 XX"流行语现象浅析》，《宁波教育学院学报》2010 年第 5 期。张明辉：《论时下流行格式"被 XX"》，《广东技术师范学院学报》2010 年第 3 期。郑庆君：《流行语"被 XX"现象及其语用成因》，《西安外国语大学学报》2010 年第 1 期。

② 阮厚利、邵平和：《网络"被 XX"格式的句法功能及流行原因》，《语文学刊》2010 年第 5 期。胡雪婵、胡晓研：《近来流行的"被＋X"结构说略》，《通化师范学院学报》2010 年第 1 期。

③ 胡雪婵、胡晓研：《近来流行的"被＋X"结构说略》，《通化师范学院学报》2010 年第 1 期。

X成分没有"致使"或"处置"含义①；新"被"字结构的主语不再是受事（客事、被动者），而是施事（主事、主动者）②；新"被"字结构的语义类型更为复杂，可归纳为三种，即X分别表示代替行为（被就业）、认定（被自杀）、要求或强迫（被捐款）③。

语用上：XX为双音节④；新"被"字结构有助于实现"形象性"和"简洁性"的语用价值，多出现于标题中⑤；具有"发泄不满""制造幽默"的作用⑥；多见于网络语境，主要描写弱势群体任人摆布的状态⑦；揭露社会问题，表达深刻含义⑧；表现受动者被强制、被欺骗、被愚弄，体现权利意识的觉醒⑨。

构式特点：认为新"被"字结构是一种新兴的"被"字构式，并归纳为"被＋VP""被＋AP""被＋NP"三小类，在此基础上总结出该构式的语义内容为"否认"，"被XX"表达的不是"被迫XX"，而是具有认知义的否定评判式构式⑩。

生成机制：有人还探究了新"被"字结构的产生机制，具体内容及本文的结论详见第三部分。

从以上归纳可以看出，研究者从不同的角度对新"被"字结构作了多层面的描写，为揭示该结构的特点、认识它们的功能及生成机制都提供了很好的参考。同时，我们也发现，某些看法不够科学，未能揭示该结构的本质，不能令人

① 梁倩倩：《模因视阈下"被XX"流行语现象浅析》，《宁波教育学院学报》2010年第5期。郑庆君：《流行语"被＋XX"现象及其用成因》，《西安外国语大学学报》2010年第1期。
② 张明辉：《论时下流行格式"被XX"》，《广东技术师范学院学报》2010年第3期。郝世宁：《浅析"被"字句活用现象》，《世纪桥》2010年第11期。冯地云：《"被XX"的形成及其原因阐释》，《文学界》2010年第5期。
③ 郑庆君：《流行语"被＋XX"现象及其用成因》，《西安外国语大学学报》2010年第1期。陈文博：《汉语新兴"被＋X"结构的语义认知解读》，《当代修辞》2010年第4期。
④ 张明辉：《论时下流行格式"被XX"》，《广东技术师范学院学报》2010年第3期。
⑤ 胡雪婵、胡晓研：《近来流行的"被＋X"结构说略》，《通化师范学院学报》2010年第1期。
⑥ 梁倩倩：《模因视阈下"被XX"流行语现象浅析》，《宁波教育学院学报》2010年第5期。方林刚：《新被字句的选择性继承与创新》，《重庆师范大学学报》（哲学社会科学版）2011年第3期。
⑦ 阮厚利、邵平和：《网络"被XX"格式的句法功能及流行原因》，《语文学刊》2010年第5期。
⑧ 张明辉：《论时下流行格式"被XX"》，《广东技术师范学院学报》2010年第3期。
⑨ 刘斐、赵国军：《"被时代"的"被组合"》，《修辞学习》2009年第5期。
⑩ 张明辉：《论时下流行格式"被XX"》，《广东技术师范学院学报》2010年第3期。

信服地解释该结构的生成机制及其流行的内在原因。笔者拟在此基础上作进一步的探究,提出如下看法,以就正于大家。

二、新"被"字结构的主要特点

(一)句法方面

研究者都强调,新"被"字结构中 X 成分与原型结构不同,不再是及物动词。这个结论确实反映了一部分状况,但事实远非那么简单。能出现在新结构中的 X 成分,除了数量并不少的形容词和名词外,也非"绝大多数是非及物动词",及物动词也近乎占了动词总数的一半。就笔者所做的调查看,在已收集到的 103 个样本中,有 59 个动词性成分,其中非及物动词与及物动词数量相当,前者有"自杀、就业、道歉、忏悔、自愿、辞职、退休、发烧、从良、加班、投票、缴税、复苏、怀孕、悔婚、退役、分手、吸烟、下降、脸红、全勤、中奖、痊愈、觉醒、跳楼、脱轨、留学、井喷、考研、旅游",但后者也有相当的数量,如"谋杀、认领、参与、培训、重建、扩张、同意、代表、抄袭、失踪、支持、学习、捐款、绿化、增长、倾销、协商、进入、发展、统计、录取、志愿、奖励、爱、用水、生孩子、涨工资、代言烤肉"。除动词性成分外,形容词和名词性成分所占比例也并非少数,共有 44 个,前者如"幸福、开心、强大、民主、满意、慈善、繁荣、和谐、出名、快乐、富裕、省钱、洋气、巧合、高尚、寂寞",后者有"小康、会员、高铁、动车、温饱、民意、犀利(代人名)、小三、网瘾、G2、EO、中考、爱心、处女、艾滋、广告、支柱、冰雪、八创、潜规则、下等人、高工资、精神病、阿凡达、灰太狼、信用卡、怀孕专业户、考试焦虑症"。

就新结构与 X 成分的关系看:首先,形容词和名词性成分是完全违反原型结构的句法要求的,它们绝对不含有"致使"或"处置"的行为属性,该类成分所在结构的主语就不可能成为受事,也就不能构造出让受动者遭遇施动者施与的某种行为。如:

(4)香港《文汇报》:中国"被强大"的启示 (中新网,2009/10/20)

就不及物动词而言,这些动词也称自动动词,即指实施者自己发出并控制的动作,即便受制于外力,但动作本身并非由外力直接参与造成,如"自杀",一般都是被迫的,但却不能说是由他人直接施杀的,否则应称"他杀"。因此,下面这个标题很奇怪:

(5)网瘾少年"被发烧"致死? (《网络导报》,2009/08/14)

然而,当 X 是及物动词时,构成的结构也可以表达超常的效果,与"被"字句不同:

(6)汪晖"被抄袭"? 请慎用"抄袭"这根大棒 (人民网,2010/04/13)

该例不是说汪晖的成果被别人抄袭了,作者想表达的意思是,汪晖抄袭了他人的成果这一指责是不实的,汪没有抄袭而被人说成了抄袭。可见,用于新结构中的及物动词已经失去了原来的对受事主语产生处置或致使效应的语法意义[即"汪晖"(受事)＋被＋(施事)＋"抄袭"]已经消失,其本身具有的"致使"意义不再直接针对受事主语(如"他被打了","打"针对的是"他"),而是针对省略了的实际受事:别人的成果。但从句法上看,动词在表层或形式上与"被"结合成一个整体,构成在语音及句法上与原型结构没有一点区别。当然,新结构语法意义的承载主体完全不同了,这一点将在下文作分析。

其次,我们也注意到,在句法功能上,新结构有了一些新的表现。原结构所以称作"被"字句,就在于它们都存在于句子层面,一般作句子的谓语。新结构继承了这一功能,但也有新的发展,可以作主语、定语及介词宾语。基于这一区别,本文沿用学界成说,将原型句称为"被"字句,而将新结构称为"被"字结构。

最后,从句法单位看,进入新结构的大多数是词,但也可以是短语,如"潜规则""下等人""高工资"等名词性短语和"用水""代言烤肉"等谓词性短语。

(二)语义方面

已有的研究得出了不少结论,但有些值得商榷。第一,X 由名词或形容词充当的,就无所谓施事或受事了,而这样的样例占了总数的一半,显然是不能忽略的。即便是动词,主语也并不都应看作施事,即"李国福"并没有实施"自杀"，"陈冠希"并无"从良"的行为，等等。第二，有些动词没有"致使"或"处置"含义，对其中的不及物动词来说，确是事实，但有"处置"义的及物动词进入该结构后就不能解释了，如例（2）中的"谋杀"、例（6）中的"抄袭"以及"培训""重建"等。第三，新结构中的主语与 X 似乎构成陈述关系，但实际上这一陈述关系对言说者来说是虚拟的，也即该陈述是不被认同的，甚至就是言说者要批评的事实。如例（2）并非要说 4 人被别人"谋杀"，也不是说他们"谋杀"了县委书记，而是说他们被公安机关错定为"谋杀"，获释时公安机关的道歉就是证明。其他诸例莫不如此。

笔者通过更深入的分析发现，新旧"被"字句固然有以上语义层面的差异，但根本差异却在于：它们借助于同一个结构装置，实现了主体不同的被动语法意义表达。具体内容包括：

1.被动意义与被动主体差异。

原"被"字句[NP1（受事）＋被＋（NP2）＋VP]表达的是以主语为对象的受事遭受或经历 VP 这一行为，如"小王被小李打了"，该句表达的是"小王"遭受了行为"（小李）打"，即"打"是小李对小王采取的处置行为。新结构却不同，虽然句法结构形式相同，但被动意义和被动主体发生了根本变化，如例（1），要表达的语法意义不是主语（省略）遭到了"自杀"，或真的被他人"自杀"了。这种组合从句法上说违反规范，在事理上也不合逻辑。该句的真实意图要说"自杀"是被用来指称某人死的方式，但实际上这不真实。换句话说，"NP1＋VP"成了被动的行为指称，即"某人自杀"被当作遭遇的行为对象或状态内容。不及物动词构成的新"被"字结构如此，及物动词构成的新"被"字结构也相同，如：

（7）捐 50 返 100，我们又"被捐款"了 （人民网，2009/08/27）

该例说的不是别人捐款给"我们"，而是"我们捐款"是被迫的，是武汉某单位为完成指标带有指令性地要求职工完成捐款任务（当然，最后双倍奖励了捐款额）。显然，"捐款"不是"我们"遭遇的行为或经历，而"我们捐款"是要表述的被动对象，"我们"不是动作"捐款"的致使对象，当然，职工单位领导是主导这一行为发生的隐身施事。X 是名词或形容词时也具有相同的特点，如：

(8)乘客"被动车"或是"被高铁"的情况也是屡见不鲜。 （人民网,2010/04/14）

"动车"或"高铁"本身不可能具有某种可以"处置"乘客的行为能力,它要表达的是"乘客乘坐动车或高铁"成了一种遭遇的经历,即被强迫作这种选择。同样,例(4)中的"强大"也并非要"致使"主语"中国"经历"变强大"的行为或状态,而要表述"中国强大"成了有些国家以舆论要完成的状态,即"中国强大"成了遭遇实施被动的状态。

2.新"被"字结构隐藏着一个实施"NP1＋VP(或 AP/NP)"的施事(S)及其控制的动作(VP1),而且该施事有复杂的语用含义。

该施事均不出现,原因多样。或因为施事行为而使具有某种状态的主体不便说,如强势机构或拥有强势权力的个人。例(2)中"4 人＋谋杀"的施事主体先是被网民猜想后也自认的当地警方,即上述行为是"警方(S)＋假定(VP1)"而产生的,只是在标题中施事主体及其发出的行为不能指明。不出现施事的另外一种情况是,某个对象被他人处置于某种状态,只是并非强势部门,多为在某一方面有优越感甚至虚构新闻的个人。如:

(9)一不小心被"下等人"了 （大洋网,2010/05/23）

该标题源自一个网帖,一网友有感于有人在网上宣称"月收入 3000 元以下就是下等人",感慨很多人被"认定"为"下等人"。显然,其中的施事即该宣称的发布者难以确认,也无须确认。下文中的例(19)也属该类。此类情况中的实际施事是隐性的,是被陈述者处置成的一种语义角色,可看作语境施事。

3.和原"被"字句的介词宾语可以省略但主语不能省略不同,新结构除了实际施事成分不出现外,其陈述对象或主语也经常省略,如例(9)。另如:

(10)（ ）宁愿被忽略,也不要"被赞成" （新华网,2009/08/24）

(11)（ ）支援玉树不能搞"被捐款" （《中国日报》,2010/04/19）

(12)教育乱收费的最高境界（ ）是被自愿 （《扬子晚报》,2009/05/29）

通过调查,笔者发现该类可以省略主语的例子有两个共性:一是"被 VP"所针对的对象一般是非个人的,带有社会性,即"被下等人"的人是指收入在3000 元以下的所有人;二是使用者言说的立场不完全是自己或某个确定的对象,而是泛指该群体或群体中的任何一员。该类主语虽然不出现,但很容易在实际语境中找回或补充。

4.从新结构语义实现的真值性质看,也与原型结构有差异。原型结构一般表达的是受事主语遭受了VP行为,如"鬼子被赶跑了了""衣服被雨淋湿了"等这类已经发生的事实,或将来要遭遇的可能,如"你明天要被骂的"等。新结构也可以实现上述言说,如:

(13)最长黄金周四成人想外出,三成人抱怨"被加班" (《广州日报》,2009/08/21)

"加班"已经成为事实,而且是被迫遭遇的安排。但更多也更经典的是"被自杀"类的:

(14)传一记者在山西采访被"失踪" (人民网,2008/12/14)

(15)"被小康":拷问官员的政绩观 (闽北互助论坛,2009/08/16)

(16)关于马化腾被"小三" "不是事实,不会回答" (人民网,2010/04/6)

该类结构言说的并不是已经发生的真实行为,而是用"被"字结构表达出对VP行为的质疑和否定。也就是记者并没有失踪,但被宣称或处置成"失踪"了;某地人民的生活并没有"小康",但被官方宣称为"小康"了;2009年3月蔡卓妍与郑中基离婚,原因被一媒体暗示是马充当了其间的"小三",但腾讯公司随即发表声明予以否认。

(三)语用方面

新"被"字结构在运用条件和功能上还另有值得注意的属性。就笔者的观察,所收集到的能充当X成分的单位,除主要是双音节的外,也有少量是多音节的,如例(9),还有单音节的,如:

(17)我们被爱了被暂住了 (博文标题,《博客日报》,2010/12/10)

(18)《KAO,被潜了》(书名,金刚芭比撰,中国画报出版社,2009年)

与"被"字句要求动词不能是光杆的不同,新结构的X成分多是光杆的动词、名词或形容词,在上举的18个例子中,13个是单纯的形式。此外,与"被"字句的受事成分没有特定限定不同,有研究者认为,新结构适用对象多是弱势群体,描写的是他们被摆布的状态①,作用在于批评个别部门的弄虚作假②等。关于这一点,可能要作更深入的分析。据笔者对所收集材料的分析,该类结构的陈述主语有两类。一种是弱势者,如"被自杀"的李国福、"被小康"的百姓、"被捐款"的基层职员、"被处女"的老汉、"被就业"的毕业生等等,他们的某个行为(包括虚构的)或状态都是被强势部门或人物强加的,因此,对这一类主体的陈述意在揭露事实、追讨真相或批评时事,这正是此类新结构所要宣扬的语用意义。这一类占了新结构的绝大多数。但也存在第二种情况,即陈述主体无所谓弱者,甚至可能是强者,他们的某个行为或状态也并非是被强势部门或人物莫名或故意强加的。这种表述的目的主要在于用这个特殊的"违规"结构陈述一个令人感兴趣的现象,并借此获得传播上的诙谐或幽默效果。如例(16)中的"马化腾"恐怕就不应该看作弱者,又如例(19)中的"陈冠希从良"肯定不是被强势部门假造或逼迫的,这样的结构也自然不具有强烈的社会批判功能了。

(19)陈冠希"被从良" (搜狐博客,2009/08/21)

三、新"被"字句的生成机制与其被接受的内在原因

(一)已有的观点

在相关论文中,多篇对新"被"字结构的产生机制和流行原因作了探讨,总结起来看,可以归纳为三种观点。

1. 构式说

该观点认为新结构的产生与原句式有着相承的关系,因为"被"字句具有的结构特征产生了固定的构式功能,将不及物动词或自动动词置入后,"在句

---

① 阮厚利、邵平和:《网络"被XX"格式的句法功能及流行原因》,《语文学刊》2010年第5期。刘斐、赵国军:《"被时代"的"被组合"》,《修辞学习》2009年第5期。
② 郝世宁:《浅析"被"字句活用现象》,《世纪桥》2010年第11期。

式结构的压制下,进入'被组合',非及物动词被'及物化'了"①,"'被……'凭借自身强大的框架同化功能,迫使那些原本不能进入该结构的谓词性词语进入了该结构并具备了被动意味"②,"这些词语在'被 XX'字结构中受到构式义的压制,即其自身所带有的自主自愿的语义要素被中和,而构式所表示的被动承受、非真实的意义得到凸显"③。此外,还有一种事关构式表述却不同的观点,就是认为新结构蕴含着特殊的构式语义:含而不露的否认。④ 与此相类的是陈文博⑤借用福柯尼耶(Fauconnier)的"概念整合说"加以解释,认为语言成分的整合效应依赖于两个因素:一个是整合的框架;另一个是输入的"元素",即被选择提取出来参与整合的语言成分在框架的作用下产生整合效应,浮现新的意义。

2. 模因说

该观点认为新结构产生的重要机制是模因,即语言结构具有强大的复制功能:"'被就业'出现后,'被+动词性成分'这一结构马上'繁衍'出诸多复制性结构"⑥,"'被 XX'格式从最初的'被+动词'结构,被复制出'被+名词'和'被+形容词'结构"⑦。与此说法形异而实同的是仿拟说⑧。

3. 语境说

该观点认为新"被"字结构的产生主要缘于特殊的网络环境和处于弱势的网民心态⑨,也有人认为是出于特定的对社会现实的批评需要⑩,还有文章将动因归结为"个体权利的无奈追求",以及"在语言动态下所隐含的政治参与意

---

① 刘斐、赵国军:《"被时代"的"被组合"》,《修辞学习》2009 年第 5 期。
② 冯地云:《"被 XX"的形成及其原因阐释》,《文学界》2010 年第 5 期。
③ 张建理、朱俊伟:《"被 XX"句的构式语法探讨》,《杭州师范大学学报》(社会科学版)2010 年第 5 期。
④ 张明辉:《论时下流行格式"被 XX"》,《广东技术师范学院学报》2010 年第 3 期。
⑤ 陈文博:《汉语新兴"被+X"结构的语义认知解读》,《当代修辞学》2010 年第 4 期。
⑥ 郑庆君:《流行语"被+XX"现象及其语用成因》,《西安外国语大学学报》2010 年第 1 期。
⑦ 梁倩倩:《模因视阈下"被 XX"流行语现象浅析》,《宁波教育学院学报》2010 年第 5 期。
⑧ 张建理、朱俊伟:《"被 XX"句的构式语法探讨》,《杭州师范大学学报》(社会科学版)2010 年第 5 期。
⑨ 阮厚利、邵平和:《网络"被 XX"格式的句法功能及流行原因》,《语文学刊》2010 年第 5 期。
⑩ 张明辉:《论时下流行格式"被 XX"》,《广东技术师范学院学报》2010 年第 3 期。

识的主动态"①。

4.本文的看法

在笔者来看,第三种看法立足于新"被"字结构产生和流行的外在原因,很有说服力,反映了新的社会条件下,我国民众(首先是网民)针对特定的事件运用固有的语言手段言说社会现象、传达个人判断和情感、宣示自身态度的言语努力。但仅用这一外在动因来解释该结构的产生和流行机制显然是欠充分的。第二种看法虽然以存在"被"字结构这一构式为依据,但实质是从语言运用的角度着手,认识到了语言运用行为中经常存在的复制或仿拟行为。更需指出的是,虽然梁文认为新结构是对原结构的复制,但这一结论与该文对新结构违反语法规范的判断相抵牾,未能解释新结构能复制的内在原因。模因说则更是从新"被"字结构产生后具有强大的衍生能力角度解释的,未能解释与原"被"字结构的直接关联性。最接近内在机理解释的是第一种观点,即试图以构式理论推演新结构的产生原理。可惜的是,各家的说明都完全囿于新"被"字结构的框架而未能找到真正的生成机制。按照这一说法,原"被"字句是一个具有特定构式功能和意义的框架,新的结构只是将原本不能置入的不及物动词或谓词(未将名词、形容词计入)强行放入,在原有框架的"压制"下便"及物化"了,于是产生了一个被大家接受且具语用效果的特殊的新结构,也就有了被动的意义,以及"表示蒙受、遭受某种不幸或者不愉快的事情"②的作用。因此,似乎不符合组合制约的成分进入一个原有的框架或构式就一定能生成一个合格的与原结构特点及功能类似的新结构来。笔者认为,这种推导是简便的,但不够合理,甚至远离事实,也与学界公认的"新结构违背了语法规范"这一结论相冲突。笔者认为,类似解释至少有这样几点无法回避。

第一,被违规置入的违反原有组合制约的非及物动词并没有因此被"压制"成具有"处置"意义的及物动词。如,"自杀"并非被置入新结构就真的能"处置"受事,"我们"也不能因为"捐款"的置入而成为它的对象。当置入的成

---

① 刘斐、赵国军:《"被时代"的"被组合"》,《修辞学习》2009 年第 5 期。

② 张建理、朱俊伟:《"被 XX"句的构式语法探讨》,《杭州师范大学学报》(社会科学版)2010 年第 5 期。

分是名词或形容词时,这一说法更加无力:"××被小三"中的"小三"仍然是名词,"××被小康"中的"小康"也依然表示状态,看不出它有"及物化"的表现。更麻烦的是,当符合该结构的及物动词置入时,产生的也竟然是违规的结果,如例(2)中的"4 人"并不能成为"谋杀"的对象。另外,传统"被"字句并不能再带宾语,但新结构中却有了"县委书记"这一宾语。

第二,新结构中的主语与被"压制"过的名词、形容词或非及物动词之间并不具有原句式的语义关系。例(6)中的"汪晖"并不是"抄袭"的目标,例(7)中的"我们"也不是"捐款"的对象。动词尚且如此,当 X 是名词、形容词时,更不可能在原结构特点的"压制"下具有及物动词的功能而对主语产生"处置"结果了。

第三,原结构"NP1 被 NP2＋VP"可以转换成"NP2＋VP＋NP1",但新结构即使补充出 NP2 也均不能进行平行变换。如例(7)不能转换出句子"(某机构)＋捐款＋我们"。即便具有"处置"义的及物动词构成的结构也不能转换。如例(6)不能转换成"NP2 抄袭了汪晖",而例(9)转换出的句子"一不小心(她)＋下等人＋我们了"更是荒谬。可见,局限于原结构式内的"压制"说并不能解释新结构产生的内在机制。

(二)新结构与原句式的托形嫁接

笔者认为,新结构与原句式(甲)之间确实存在着语法上的关联,两者的关联也的确表现在构式特征上,不过这不是上述文章理解的构式"压制"式关联,而是新结构对原句式的托形嫁接,并策略性地省略了"语境施事＋述语"。

原"被"字句的作用"基本上是表示不幸或者不愉快的事情"[1],当然,"被字句表示中性以至褒义,有扩大之势,但总的情况还是以表示贬义为主"[2]。有学者进一步探究了"被"字句产生这一语法意义的原因:被动这一动作的发生不是以 NP1(即主语)的主观愿望决定的,该句式强调的是动作行为的非主观

---

[1]　王力:《汉语语法史》,商务印书馆 1989 年版,第 285 页。
[2]　李临定:《"被"字句》,《中国语文》1980 年第 6 期。

性。① "被"字句作为一种较为成熟的构式,上述语法意义就是它的语法构式意义。新"被"字结构继承了"被"字句的这一语法构式意义,只是这一继承不是在"被"字句框架内的合理衍生或"压制",前述相关文章的该类理解就难以合理解释新旧"被"字结构在句法、语义等方面具有的不匹配性。笔者认为,新结构只是延续了原句式的结构形式,通过省略一个述谓结构而表达特别的修辞意图,两者在被动动作承受对象或语法意义的实现主体上有根本的区别。具体地说就是:被动对象的暗换;修辞策略与修辞意图。

1. 被动对象的暗换

原句式的被动动作是针对 NP1 的,即 NP1 遭遇了 VP 动作;新结构的被动动作则是相对"NP1＋VP(NP/AP)",即不是 NP1 对象本身遭遇了 VP 行为,而是"NP1＋VP(NP/AP)"作为一个陈述或状态成为被动的内容,(假设)被语境施事(表层不出现)操控而产生。因此,原句式"他被小偷打了"是"他"遭遇了小偷"打击"这一动作。而新结构不同:X 有"处置"义的例(2),在该文作者看来则是"4 人谋杀"这一行为是某部门虚构并强加的,虽然"4 人"是结构中的主语,但并不是"谋杀"动作针对的对象,并不是表示"4 人被别人谋杀"的意思。可见,此时的 NP1 不是受事,而是被虚拟的施事。X 是不及物动词时的例(1)也是如此,并非 NP1(省略)遭遇到了来自他人操控的"自杀"这一动作,也不可能有这样的被动状态,即便 NP1 是被迫自杀,也仍然是"自杀",因此,"NP1＋自杀"作为一个述谓体被他人当作结论或托词,李国福确实死在监禁中,但事实证明不是自杀而死,而是被虐致死,但"他＋自杀"被当时的某部门作为对外解释的理由。X 是形容词或名词时这一特点更为明显,例(3)中的"老汉"并不是真的遭遇了将他变为"处女"的行为,而是"老汉作为处女"成为被乱收费的对象即被"处置"的结果。对这一差异,我们还可以通过下面的变换更为明晰地看出:

原"被"字句:

小偷被(警察)抓了　⇒ 警察抓了小偷　⇒ 警察把小偷抓了

新"被"字结构:

---

① 范剑华:《论现代汉语被动式》,《华东师范大学学报》(哲学社会科学版)1990 年第 11 期。

A 式

(1)李国福被(S)自杀 ⇒？S 自杀了李国福 ⇒？S 把李国福自杀了

(2)我们被(S)小康了 ⇒？S 小康我们了 ⇒？S 把我们小康了

(3)4 人"被(S)谋杀"书记⇒？S 谋杀了书记⇒？S 把书记谋杀了

B 式

(1)我们被(S)捐款 ⇒？S 捐款(给)我们 ⇒？S 把我们捐款

(2)乘客被(S)高铁 ⇒？S 高铁乘客 ⇒？S 把乘客高铁

从语义可能性上看,新结构有两种情况,A 式是对没有发生的行为的陈述,更确切地说,该式实际要表达的是"NP1＋VP"是虚假的,是被 S(语境施事)认定或宣传成的行为或状态;B 式则是对已经发生行为的陈述,即"NP1＋VP(NP)"是真实的,但是被 S 强迫或欺骗才产生的,如 B1 的"我们"对某次捐款不情愿,但单位劝说或指令性要求捐款,B2 的乘客可能并不都愿意乘高铁,但铁路部门在开通高铁后减少了普通列车车次,就不得不乘高铁。之所以新结构不能产生与"被"字句相同的变化结果,就是因为新结构内在语义关系与原"被"字句是不同的,语法意义实现的主体也是不一样的。

不过,两种语义类型的新结构均允许有以下的变换式:

A 式

⇒S 认定(说)＋李国福自杀(即"李国福自杀"是"被 S 认定")

⇒S 认定(说)＋我们小康了(即"我们小康"是"被 S 认定")

⇒S 认定(说)＋4 人谋杀了书记(即"4 人谋杀"是"被 S 认定")

B 式

⇒S 强迫＋我们捐款(即"我们捐款"是"被 S 强迫")

⇒S 强迫＋我们乘高铁(即"我们乘高铁"是"被 S 强迫")

上述变换表明,新结构实现的被动不是说 NP1 遭受了 VP(NP/AP),而是"NP1＋VP(NP/AP)"作为述谓结构体成为遭遇的对象,这一被动行为或状态是隐身的语境施事 S 通过隐身的动作(即"认定"或"强迫"等)完成的,还原的完整结构式应为:NP1("4 人")＋被[S(警方)＋VP1("认定")]＋VP2[NP/AP("谋杀")]＋[O("县委书记")]。当然,这一完成并非像"被"字句一样实际实施了 VP,而是借助于权力(如权力机关)或便利条件(如某人发布消息)假说/

认定或强迫而完成的。相反,原"被"字句因不具有新结构的这一特点,也就不能作如上的变换:

? 警察认定(说)＋小偷抓了

? 警察强迫＋小偷抓了

2.修辞策略与修辞意图

作为新社会条件下借助已有句法结构"违规"产生的这一新格式,不但没有被视作语病,反而获得所有人的肯定,从网络语境走向普通媒介,除了上述语法层面的解释外,一定有其更为复杂的深层原因和修辞或语用意图。笔者认为,新"被"字结构完整式中刻意省略掉"S＋VP1"既是修辞策略,也包含着说者"欲盖弥彰"的修辞意图。如果将这一被刻意隐藏起来的部分补充出来,新结构(左)就成了经典的"被"字句(右)了。

4人离奇"被谋杀"阳朔县委书记　⇒ 4人离奇被(某部门假造为)谋杀阳朔县委书记

我们被小康了　⇒ 我们被(某部门假造成)小康了

三成人抱怨"被加班"　⇒ 三成人抱怨被(老板强迫)加班

经考察我们发现,新"被"字结构中的"S＋VP1"构成一个述谓结构,其中的成分有以下属性。

S作为语境施事:具有强势或优势的处置权力或便利条件;是言者推测或认定的;期望被证实。

VP1作为施事控制的动作:具有隐蔽性;具有非法或不合理性;对结构主语NP1来说具有强迫性或欺骗性;是言者期望揭露或证实的行为。

"S＋VP1"作为一个述谓结构:是言者怀疑的内容——S针对NP1实施了具有欺骗性或强迫性的有违法律、职业道德或社会公德的恶意行为;直接说出被怀疑或被推测的该行为可能给言说者带来难以预想的报复行为或麻烦,因而所有的新结构其表层形式中都不会出现这一述谓体。

笔者认为,该结构中这一述谓结构被隐藏是言说者刻意营造的修辞策略,以实现说话人对"S＋VP1"这一虚造事实或强迫作为等非法或不合理的潜在行为的推测和揭露,并通过表面矛盾、"违规"的语法结构实现其欲言又止、欲盖弥彰地对隐瞒真相进行揭露或批判的目的,希冀引起社会舆论注意,并试图借此改变"NP1＋VP2"(如"李国福自杀""网瘾少年发烧"等)的结论或行为。也正因为有了这样的修辞意图,笔者认为新结构增加了一个构式意义——批判性。

同样基于以上意图,言说者这一有针对性的言说,就有了一定的社会背景支持,且能获得社会民众更广泛的共鸣,又可机智地避开言说本身的直白断言可能带来的追究行为,使得这一看上去荒谬违规的结构在假借原"被"字句形式的基础上,因其机智的修辞手段和强烈的语用意图,凭借影响力超常的网络语境,在短时间内被各类媒介的言说者心领神会地接受并迅速向全社会传播,成就了当代汉语语境下的一个语言奇迹——具有独特属性和语用意图的修辞行为的鲜活标本。我们有理由相信,该类修辞或语用行为还将因社会背景的延续而继续存在和发展,产生更多更新式的修辞结构。

［原载《福建师范大学学报》(哲学社会科学版)

2012 年第 4 期,与周晓君合撰］

商水方言中指示词及指示词短语的功能

陈玉洁

一、引　言

商水方言隶属于中原官话洛项片①,本文主要探讨该方言中指示词短语的功能,本文所探讨的指示词短语包括光杆指示词(Dem)、"指示词＋量词"(Dem＋Clf),"指示词＋数词＋量词"(Dem＋Num＋Clf)等三类结构。一般认为,普通话中"指名"和"指量名"是"指一量名"结构的省略,但商水方言中"指名""指量名""指一量名"结构在句法语义和语用角度都存在差异,不但指称意义各异,而且指示词的指示功能也存在不同,即不同形式的指示词短语拥有不同的功能,并且这种差异不仅仅只表现在作限定词时,还表现在作领属语标记和关系从句标记上。本文主要探讨这些层面各不同形式的指示词短语的功能,以及量词"个"在指示词短语中个体化作用的消失。

本文例句主要来源于本文作者采集的自然口语句子,主要发音合作人王玉华(女,37岁,大专文化)、王占(女,83岁,文盲)、陈维灵(男,65岁,初中文化),有些句子经过了本文作者和发音合作人(本文作者和发音合作人母语都为商水方言)进一步的加工整理,部分对比性例句是本文作者进行问卷调查的结果。

---

① 贺巍:《中原官话分区(稿)》,《方言》2005年第2期。

699

二、商水方言 NP 中"一"的省略

(一)宾语位置上"一量名"结构中"一"的省略

李艳惠、陆丙甫①指出,普通话中"数量名"结构有两种基本的解读:一种是无定解读(指称解读),一种是数量解读(非指称解读)。当数词为非"一"数词时,其指称解读是无定的,并且不能为无指的,但"一量名"结构还可以有无指解读②,如:

(1)他曾是一名菜农。

作无定解读时,"一量名"结构可能是特指的,也可能是非特指的。如:

(2)他想娶一个北京姑娘。

上例中"一个北京姑娘"可以是无定特指的,即现实中已经存在一个特定的北京姑娘,也可以是无定非特指的,即任意一个北京姑娘③。

一般认为,普通话中宾语位置上"一量名"结构中的"一"可以自由省略(数量解读除外),省略后的"量 NP"在功能上和"一量 NP"没有差异。如:

(3)他买了(一)件新衣服。

有数量解读的"数量名"结构中的数词无法省略,在普通话和商水方言中都是如此,因为数量解读不牵涉 NP 结构的指称,所以下文我们对"一"的省略的探讨中不再涉及这类解读。

商水方言中的情况和普通话略有不同,"一量名"结构中"个"和其他量词存在对立。量词为"个"时,"一"的省略规则和普通话类似,相当自由。

---

① 李艳惠、陆丙甫:《数目短语》,《中国语文》2002 年第 5 期。
② 陈平:《释汉语中与名词性成分相关的四组概念》,《中国语文》1987 年第 2 期。
③ 陈平:《释汉语中与名词性成分相关的四组概念》,《中国语文》1987 年第 2 期。

(4)你上街去弄啥去噯?

———我去买(一)个盛汤里大碗。(非特指,无定)

(5)我夜个儿买了(一)个衣裳,回来一看掉了好几个扣子。(特指,无定)

(6)他是(一)个好学生。(无指)

量词不是"个"时,"一量名"结构中"一"的省略规则是:"一"只能在"一量名"结构表示非特指的情况下省略,在无指和特指解读时,"一"不能省略。①

(7)我想买(一)件儿新衣裳,想要一个厚点儿里。(非特指,无定)

(8)这还是*(一)件儿新衣裳里,你别扔了。(无指)

(9)我夜个儿买了*(一)件儿新衣裳。(特指,无定)

概括来说,商水方言"一+非'个'量词+N"结构中,非特指情况下"一"可以省略,其他情况下(包括无指和特指)则不可以省略。如果量词是"个",省略则较为自由。

"个"和其他量词的对立显示了商水方言中"个"有发展为指称标记的倾向,吕叔湘曾探讨过"个"的不定冠词化现象:"'个'字是单位词,但是和别的单位词比较起来它有些地方更近似某些语言里的无定冠词","所以省略'一'字的现象,换一个看法,也可以说是单位词本身的冠词化"。②

这个推断非常符合商水方言的语言事实。从商水方言中"个"的表现来看,宾语位置上的"一个NP"中的"一"可以自由省略,"个NP"有无定解读,可以是非特指或特指的;在"是"字句中的表语位置上,"个NP"还可以有无指解读,"个"的表现和有无定冠词语言中的无定冠词用法类似,比如近似于英语中的a(n)。与其他量词相比,"个"使用范围更广,更像一个不定冠词。其他量词由于"一"不能自由省略,所以其量词特征(个体化作用)更加突出。

---

① 刘丹青先生指出,粤语以动词后有无量词决定是否特指,而商水方言以动词后有无数词决定是否特指。这一对立从语言类型上显示,南方方言中的量词确实存在更加发达的句法语义功能,不但能和指示词构成一组对立参项,也能和数词构成一组有意义的对立参项。参见刘丹青:《所谓"量词"的类型学分析》(摘要),http://www.blcu.edu.cn/cscsl_y/newworks/liudq.doc。

② 吕叔湘:《個字的应用范围,附论单位词前一字的脱落》,吕叔湘:《汉语语法论文集(增订本)》,商务印书馆1984年版,第145、174页。

（二）商水方言中指示词短语的形式

指示词短语有多种表现形式，包括光杆指示词、"指示词＋量词"、"指示词＋数词＋量词"等结构，它们可以充当动词的论元、表语、限定词或定语标记。

一般认为，在普通话中，"指数量名"结构中当数词为"一"时，可以自由省略为"指量名"；当名词为话语中可以推导出来的对象时，可以省略为"指量"。

商水方言"指一量名"结构的省略和普通话也存在不同，而和上文"一量名"结构的表现类似。当量词为"个"时，"一"可以自由省略；当量词非"个"时，"一"不能省略。这显示了数词对量词的依赖，当数词出现时量词必定要出现，"一 N"和"这一 N"在任何情况下都不是合格的句法结构。当数词不出现时，量词可以不必出现，表现为光杆指示词作限定词。这种现象是量词个体化作用的强制性体现：对其进行数量计算的对象必然强调其个体性。这显示了汉语中个体量词的个体化功能，带量词的 NP 其内在语义特征就是个体指的，而相对立的光杆名词其本质语义特征是类指的。汉语中光杆名词无标记地表示类指，这一点许多学者进行过明确阐述，如 Chierchia[1]、刘丹青[2]等。同时，汉语中的量词有个体化作用。[3] 量词在数词出现时的强制性体现了个体指和类指这组对立在商水方言中已经形成了一组严格的语法范畴。商水方言中指示词结构的形式如表 1 所示。

表 1　商水方言中指示词短语的形式

结构形式	量词	
	量词"个"	其他量词
指量名	这个衣裳	*这件衣裳
指一量名	这一个衣裳	这一件衣裳

---

[1]　Gennaro Chierchia, "Reference to Kinds Across Language", in *Natural Language Semantics*, Vol. 6, No. 4(Dec., 1998), pp. 339-405.

[2]　刘丹青：《汉语类指成分的语义属性和句法属性》，《中国语文》2002 年第 5 期。

[3]　刘丹青：《汉语名词性短语的句法类型特征》，《中国语文》2008 年第 1 期。Li Xuping, "*On the Semantics of Classifers in Chinese*", PH. D. dissertation, Ramat Gan：Bar-Ilan University, 2011.

结构形式	量词	
	量词"个"	其他量词
指名	这衣裳	这衣裳
指一名	*这一衣裳	
一名	*一衣裳	

从表 1 可以看出,非"个"量词在"一量名"和"指一量名"结构中的表现是一致的,都受特指限制的制约:"一"只能在非特指情况下省略,在特指情况下不能省略,由于"指一量名"是一个特指的短语,不符合"一"需要在非特指的情况下才能省略的条件,因而无法省略。

从共时角度看,似乎表 1 中各类指示词结构之间有完整与省略之别,但从历时角度看,情况并非如此简单。贝罗贝①认为,量词出现于汉代,"数量名"结构出现于魏晋南北朝。Li② 指出,唐代开始使用的新的指示代词"这""那"出现之前,没有出现"指量名"结构,随着"数量名"对"数名"结构的代替,"指量名"结构开始代替"指名"结构。她对敦煌变文和《祖堂集》进行考察后发现,"指量名"结构中的指示词以"这"为多,并且量词只有"个"。吕叔湘③提出"这个"中的"个"是后缀而非量词的假设,他的理由有二:第一,"这个""那个"的例子出现很早(从吕所举例句来看,唐五代就已经出现),但中间加"一"的形式早期很少见,宋代以后才多起来。由此可见,"指个名"结构并不是"指一个名"结构省略"一"的结果。第二,"个"以外的量词前头,加"一"的"指一量名"结构是早期唯一通行的形式,而不加"一"字的出现靠后。由这一观察似可以推断,非"个"的"指量名"结构有可能来源于"指一量名"结构中"一"的省略。

吕叔湘的观察可以看出"个"和其他量词的对立。结合 Li④ 的看法,从时

---

① 贝罗贝:《上古、中古汉语量词的历史发展》,北京大学中文系《语言学论》编委会编:《语言学论丛》(第 21 辑),商务印书馆 1998 年版。

② Li Luxia:"The 'Dem+Cl+N' and 'Dem+N' Constructions in Chinese-A Diachronic Prospect",第七届国际古汉语语法研讨会,罗斯科夫(法国),2010 年。

③ 吕叔湘:《近代汉语指代词》,学林出版社 1985 年版,第 200 页。

④ Li Luxia:"The 'Dem+Cl+N' and 'Dem+N' Constructions in Chinese-A Diachronic Prospect",第七届国际古汉语语法研讨会,罗斯科夫(法国),2010 年。

间上看,各类指示词短语出现的先后顺序为:

　　这名＞这个名＞这一个名

　　这名＞这一量名＞这量名("量"指非"个"量词)

　　商水方言的情况是:当量词为"个"时,三种结构都成立;当量词非"个"时,前两种结构成立,还未发展到第三种结构。

　　拥有具有个体化作用的个体量词是汉语的一个特点。刘丹青[①]明确指出,个体量词是汉语中个体指这个语法范畴形成的标志,是个体指和类指构成范畴对立的标志,带量词的 NP 和光杆 NP 构成个体指和类指的对立。虽然商水方言中"个"和其他量词在指示词短语中呈现出不同特点,不管"个"的来源如何,在商水方言中它已经发展成为一个和其他量词功能类似的通用量词,其主要功能就是把名词个体化,但由于其活跃度较高,发展出了一些不同于别的个体量词的句法语义特征。

三、指示词短语的句法语义功能

(一)研究背景

　　对指示词短语进行研究牵涉通指性(genericity)的概念。Krifka 等[②]认为通指性和两个概念相关,即类指(kind-reference 或 kind-denoting)和通指句(generic sentences 或 habitual sentences)。Carlson[③]认为,通指句关涉句子,和特指句(episodic sentences)构成对立。Carlson 给出的定义是特指句表达特

---

① 刘丹青:《汉语名词性短语的句法类型特征》,《中国语文》2008 年第 1 期。

② Manfred Krifka,Francis J. Pelletier and Greg N. Carlson,et al. ,"Genericity:An Introduction", in Greg N. Carlson and Francis J. Pelletier eds. , *The Generic Book* , Chicago:The University of Chicago Press,1995,pp. 1-124.

③ Greg N. Carlson, "Generics, Habituals, and Iteratives", in Keith Brown ed. , *The Encyclopedia of Language and Linguistics (2nd Edition)* ,Oxford:Elsevier,2006,pp. 18-21.

定事件,包括多个个体或多个事件的发生,而通指句总结事件和动作的规律。类指关涉名词短语自身的指称属性,和个体指(individual reference)构成对立。通指句和名词短语自身的类指之间存在语义关联,但二者并不等同,如英语中不定冠词短语"a(n)＋N"可以用于通指句描述一个普遍现象,但是就其本身的指称功能而言,仍然可被解释为保持个体无定单数意义。① 汉语也如此,用于个体指的"一个 N"也可以用于通指句,但我们认为这里"一个 N"可解释为保持它个体无定指称的意义。如下例:

(10)一个学生就应该好好学习。

通指句得到通指解读的原因比较复杂,和本文主旨关联也不大,因而我们不再深入探讨。我们所探讨的类指和个体指都是只关涉名词短语自身的指称。如"这种/这类 N"是一种用词汇明确表示的类指,表示特定的类别,因而我们称为有定类指,汉语中的光杆名词其本质语义是表示类指,这是光杆名词语法上的特征,所表示的类指我们称为一般类指或普通类指。指示单个个体的我们称为个体单数(singular individual)指称,指示多个个体(集体)的我们称为个体复数(plural individual)指称。个体单数和个体复数都属于个体指,和类指构成对立。

(二)充当论元的指示词短语

光杆指示词指"这""那"可以单独而不和其他成分一起(名词或量词等)充当句子中的论元成分,商水方言中充当论元的光杆指示词主要有以下三种表现形式。

第一,自由做主语

(11)这都不合你里意,你想要个啥样儿里嗳?这你都觉得不合适,你想要个什么样儿的?

---

① Manfred Krifka, "Bare NPs: Kind-referring, Indefinites, Both, or Neither?", in R. B. Young and Y. Zhou eds., *Proceedings of Semantics and Linguistic Theory* (*SALT*) *XIII*, Seattle: University of Washington, Cornell: CLC Publications, 2004, pp. 180-203.

第二,自由做宾语

(12)我今儿个不想买这/那,带里钱不够。_{我今天不想买这/那,因为我带的钱不够。}

第三,光杆指示词还可以用作方位名词,相当于普通话中的"这里""那里"。

(13)你上那弄啥去来?_{你去那里干什么?}

当光杆指示词用于指称方位处所时,其所指是有定的特定对象;而指称对象为普通名词时,由于光杆指示词没有数的区分,因而可以表示单数,也可以表示复数,由于又没有个体化量词的介入,因而常用来表示类别,其所指可以是有定的一个个体(个体单数)或有定的多个个体(个体复数),也可以是特定的类别(有定类指),具体指称意义由语境决定,包括与之相搭配的谓语的属性。Carlson① 指出,名词的指称属性和谓语特征存在关联,类指性主语一般只和属性谓语(individual-level predicates)相搭配,所以例(14)中和非属性谓语(即阶段性或事件性谓语,stage-level predicates)相搭配的光杆指示词只能解读为有定个体(单数或者复数)。不过,属性谓语并不要求主语必须是类指的,所以例(15)中的"这"可以指示有定个体(单数或复数),也可以指示有定类别(类指)。②

(14)这沾上油了,你别招。_{这沾上油了,你别碰。}("这个"或"这些",有定个体单数或有定个体复数)

(15)这管治咳嗽。_{这种东西可以治疗咳嗽。}("这个""这些"或"这种",有定个体单数、有定个体复数或有定类指)

(三)作为限定词的指示词短语

"指一量名""指量名"和"指名"这些有指示词作为限定词的指示词结构都可以出现在论元位置上,我们以主语位置上的"这"为例来说明。

---

① Greg N. Carlson,"A Unified Analysis of the English Bare Plural", in *Linguistics and Philosophy*, Vol. 1, No. 3(Jan. ,1977), pp. 413-457.
② 感谢《中国语文》审稿人提出这一点。

(16)这一个闺女是谁嗳?（只指示个体单数,只用于直指,并且与其他同类对象构成对立）

(17)这个闺女是谁嗳?（只指示个体单数,可以用于直指,也可以用于回指、认同指）

(18)这闺女是谁嗳?（和"这个闺女"意义相同）

出现在主语位置上的指示词短语当其所指为高生命度名词时,所指都是有定个体单数对象,但是不同结构在指示功能上存在一些区别。根据 Diessel[①],从直指到回指的发展意味着指示功能的弱化,由此可见带"一"的结构其指示功能更为实在,只能表示直指功能,并且与同类对象构成对立,而"一"去掉之后的形式可以表达更加虚化的回指和认同指功能,同时与同类对象构成对立的意义也消失了,这显示了无"一"结构的指示功能的虚化。

当指示词短语所指为低生命度名词,并且出现在主语位置时,不同形式有意义上的如下对立:

(19)这一个盆他不愿意要。（个体单数,只能用于直指,并与同类对象构成对立）

(20)这个盆他不愿意要。（可以表示有定单数和类指,可以用于直指、回指和认同指）

(21)这盆他不愿意要。（可以表示有定个体单数,有定个体复数和有定类别,可以用于直指、回指和认同指）

仅从指示词的语用功能上说,高生命度名词和低生命度名词无区别:"指一量名"结构的功能最实在,只能用于直指,且显示远近距离对立,"指量名"和"指名"结构无差异。但从指称意义上看,高生命度名词和低生命度名词存在差异。高生命度名词为核心的指示词短语无论以何种形式出现,只能指示个体单数,但对于低生命度名词而言,每种形式的指示词短语都有不同的指称意义,如表2所示。

---

① Holger Diessel, *Demonstratives: Form, Function, and Grammaticalization*, Amsterdam: John Benjamins Publishing Company, 1999.

表 2　低生命度名词为核心的指示词短语在主语位置上的指称意义

形式	非"个"	个	指称意义
指一量名	这一件衣裳	这一个桌子	个体单数
指量名	*	这个桌子	个体单数、类指
指名	这衣裳	这桌子	个体单数、个体复数、类指

汉语中,量词是个体指的语法标记,显示个体指与类指的范畴对立①,而指示词无此功能,因而不带量词的指示词短语有多种解读可能。但指示词短语的核心为高生命度名词时,由于高生命度名词本身的个体性就很强,因而"指名"结构只能理解为个体单数解读。这种解读是语境引发的,而不是"指名"结构自身的本质语义。"指名"结构具体的指称语义由语境决定,和谓语的属性也有关。在谓语要求类指论元②时,"指名"结构只能指示类别,而在表示个体性事件即特定事件的句子中,只能指称个体单数。

(22)这电视停产了。(类指)

(23)这电视不出影儿了。(个体单数)

同时,无论名词的生命度高低,"指一个名"只有个体单数一种解读。

对于"指个名"而言,如果名词是高生命度的,则只有个体单数解读;而如果名词是低生命度的,则"指个名"有类指和个体单数两种指称解读,类指解读显示了"个"的个体化功能的丧失。

---

① 刘丹青:《汉语名词性短语的句法类型特征》,《中国语文》2008 年第 1 期。

② 这里所说的要求类指论元的句子,即 Krifka 所谓的 kind-reference 类句子,与 Carlson 所定义的属性谓语句有重合之处,但并不完全等同。参见 Manfred Krifka,"Bare NPs:Kind-referring, Indefinites, Both, or Neither?", in R. B. Young and Y. Zhou eds., *Proceedings of Semantics and Linguistic Theory（SALT）XIII*, Seattle:University of Washington,Cornell:CLC Publications,2004, pp. 180-203. Greg N. Carlson,"A Unified Analysis of the English Bare Plural", in *Linguistics and Philosophy*, Vol. 1, No. 3(Jan.,1977),pp. 413-457. 蒙期刊审稿人指出,类指主语一般只能和属性谓语相匹配,但只有部分属性谓语只能和类指主语相匹配,如"灭绝""停产""常见"等类属性谓语只要求类指主语,而很多属性谓语对同现论元的指称属性没有要求,如"喜欢吃零食"一类谓语与类指性主语和个体性主语都可以匹配。同时,还有一些非主语论元也是类指的,如"瓦特 1782 年发明了蒸汽机"中的"蒸汽机"也有类指解读。类指论元出现的具体句法语义环境值得进一步研究。

概括来说,对于指示词短语而言,名词的生命度和谓语的属性都是决定它的指称解读和语用功能的重要因素。同时,蒙期刊审稿人指出,和指示词同现的名词的修饰性成分的多少也会影响指示词短语的指称解读。按照 Xu[①] 的观点,修饰性成分的增加会增强名词短语的有定性。所以,如果名词前有多个修饰性成分,则"指个名"和"指名"被优先理解为指称有定个体,比如例(24)就优先被理解为有定个体单数:

(24)这(个)红塑料盆他不愿意要。

不过,根据发音合作人的语感,无论加"个"与否,这个句子仍然有被理解为有定类指的可能性。这显示了商水方言中"个"的个体化功能的丧失。但是,如果再加上一个关系从句型修饰语,带"个"的名词短语,比如"这个带黄花儿里红塑料盆",只能被理解为有定个体单数,而不加"个"的"这带黄花儿里红塑料盆"仍然有有定个体单数、有定个体复数和有定类指三种解读,这显示了"个"的个体化意义的留存。

(四)指示词的话题标记功能与评论标记功能

1. 商水方言中"指示词(+个)"的话题标记和评论标记功能

下面一类句子中,所有生命度类型的名词都可以用于"指名"和"指个名"中,表示一般类指。

(25)这(个)小孩儿最不听话了。(有定个体单数,一般类指)

(26)这(个)大樱桃还怪好吃里。(有定个体单数、有定个体复数、有定类指,一般类指)

这两个句子都是歧义句,其中一种解释是有定解读:当 N 为高生命度名词时,只能解释为有定个体;当 N 为低生命度名词时,有有定个体单数、有定个体复数、有定类指三种解读。在有定解读中,"这(个)"和其后的名词组成一个NP,指示词的有定意义始终存在。第二种解读中,"指示词(+个)+名词"被

---

① Liejiong Xu, "Limitation on Subjecthood of Numerically Quantified Noun Phrases: A Pragmatic Approach", in Xu ed., *The Referential Properties of Chinese Noun Phrases*, Paris: Ecole des Hautes Etudes en Sciences Sociales, 1997, pp.23-44.

理解为一般性类指短语,指示词的有定性完全消失,句子是通指句。如果量词出现,则只能是"个",不能是其他量词。

我们认为,此时的指示词和其后的名词有两种关系。其一,光杆指示词或者"指量"结构充当话题标记,标记其后的名词是话题。其二,光杆指示词或"指量"结构和紧随其后的名词之间存在比较松散的句法关系。从语音上看,指示词或"指量"结构和其后的名词之间存在比较明显的语音停顿;从句法关系上看,其操作域是后面的整个句子,整个句子是说话人对某种现象的一个评论,所以指示词或"指量"结构宜于理解为全句的评论性标记存在,而不是名词的限定性成分。

(27)这小闺女儿比小男孩儿还皮里。

第一种解读为有定单数,"这个小女孩儿比小男孩儿还调皮"。第二种解读为类指,这又分为两种情况。第一种情况下指示词是一个话题标记,其后的名词是全句的话题,句法上可以做如下分析:

(28)这小闺女儿/比小男孩儿还皮里。

意思是"说到小女孩儿,比小男孩儿还调皮",话题之后可以加话题标记"啊"。

另一种情况下,指示词以全句为操作域,全句全部是新信息和焦点信息,是说话人的评论,指示词在此是一个评论标记。句法上可以分析如下:

(29)这/小闺女儿这会儿比小男孩儿还皮里。

意思是:"我想表达一个观点:小女孩儿比小男孩儿还调皮。"

作为评论标记的"这",甚至"这个",其后可以跟"数量名"结构,但是"数量名"结构仍然保持数量解读,无指称意义。这一证据进一步说明评论标记和其后的名词之间的关系比较松散:

(30)这(个)一个/两个孩子可不好养活。一个/两个孩子可不好养。

无评论标记功能的"这一个"无此类用法:

(31)* 这一个一个/两个孩子可不好养活。

"Dem 一个"也不能作话题标记,下句中"这一个"只能作"小闺女"的限定成分,指称有定个体单数。

(32)这一个小闺女儿比小男孩儿还皮里。_{这一个小姑娘比男孩子还调皮呢。}

作为评论标记的指示词可以是"这",也可以是"那",不同之处在于,"这(个)"的功能为接续先前的话题,而"那(个)"的功能为转移话题:

(33)这会儿小孩儿上个幼儿园都贵里不能行。_{现在小孩儿上个幼儿园都很贵。}

——可不是嗳,这(个)小孩儿可不好养活。_{对啊,小孩儿可不好养啊。}

(37)我觉摸着老张这个人不中。_{我觉得老张这个人人品很差。}

——那(个)孩子这会儿可不好养活啊。_{孩子现在可不好养啊。}

2.指示词短语的话题标记功能和评论标记功能在汉语其他方言中的表现

指示词短语在通指句中的话题标记功能和评论标记功能不仅只存在于商水方言中。张伯江、方梅①提到北京口语中的指示词有类似的功能,如下例:

(35)哎我说,你为什么专爱租给学生们呢? 这学生,可没什么老实家伙啊!

张、方明确指出,此句中"学生"有"作为一类人的概念意义"(一般类指,引者注),如果不用"这","则话题身份不够明确",点明了"这"作为话题标记的功能。我们可以从例句中看出,"这"之后的"学生可没什么老实家伙啊"是个明确的有总结意味的通指句。

所以,在对指示词的功能进行描写时,我们要区分指示词两个层面的不同功能:一类是语用层面的功能,作话题或评论标记;一类是句法语义层面的功能,指示词是名词的限定成分。由于指示词的限定用法比较突出,或者说更被认可,所以描写者往往会把指示词的话题或评论标记用法划归限定用法。如湖南衡阳方言中②的一个句子:

(36)你得只梦冲起吧? 箇秋天又有吗桃花开吗?_{你在做梦吧?这秋天又有什么桃花开呢?}

描写者认为此处"箇(这)"作定语,即限定成分,但从对句子的解释看,它表达的是一个明确的通指意义:秋天没桃花,"这秋天"不指示任何秋天,"箇"应该是一个话题或评论标记。

---

① 张伯江、方梅:《汉语功能语法研究》,江西教育出版社 1996 年版,第 180 页。

② 卢晓群:《湘语语法研究》,中央民族大学出版社 2007 年版,第 140 页。

指示词短语真正意义上的一般类指功能(非有定类指)应该是从限定成分发展而来的,应区别于这种仅仅是线性序列上相邻而和名词无句法关系的指示词短语,应该指作为限定词的指示词完全丧失了有定意义和指示功能。具体表现是有一般类指意义的"指示词＋名词"不但能够出现在句首,也能出现在句中,比如宾语位置。

按照方梅①的观点,指示词短语朝话题或评论标记的发展属于典型的语用化(pragmaticalization),而从商水方言的语言事实中可以看出,这种语用化的发生受到语义因素的影响,比如只出现在类指句中。语用化和语义之间的关系值得进一步探讨。

(四)小结

从以上讨论可以看出,"指名"组合的指称功能最为复杂,可以指称有定个体单数和复数,也可以指示有定类别。这种结构既不显示数目(不带数词),又不显示个体(无量词),所以有多种指称可能性。

带上数词的"指数量名"结构只有个体指称功能,当数词为"一"时则只能指示个体单数。"指个名"除有定个体单数指称外,还突破了量词的个体化限制,并且可以用于指称有定类别,但不能用来指称有定个体复数。"指数量名"和"指个名"的指称意义显示了量词和数词的密切相关度,数词"一"和量词同时出现的指示词短语只能指示个体对象,但数词一旦不出现,则带量词的指示词短语可以突破量词的个体化局限,还可以用于指示类别。

四、指示词短语的定语标记作用

(一)定语标记的轻声变调现象

商水方言中的轻声规则与很多句法现象有联系,其中之一就是充当定语

---

① 方梅:《语用化与相关篇章问题》,浙江大学人文学院学术报告,2014 年。

标记的指示词的语法化。在商水方言中,轻声实际上表现为一种变调现象,这类所谓的轻声变调不体现在音节的音强(轻)和音长(短)上,是一种以变调形式体现的形态句法手段。它的特点有二。

第一,变调音节位置上位于词尾或者句尾,和受后一个音节调值影响而变调的普通变调模式不同,这些所谓的轻声变调音节都遵循依据前一个音节的调值进行变调的规律。这一特点和轻声音节总是后附于前一个音节类似。其具体变调规则如下:

35＋轻声——35＋55

31＋轻声——31＋51

55＋轻声——55＋51

51＋轻声——51＋11

第二,这类变调对应于普通话中的轻声音节,有类似的别义作用。比如"地道",当它为"地下通道"之义时,"地"和"道"都读成本调去声51,根据商水方言中的变调规律,两个去声相结合的音节,第一个去声音节变阴平35调,因而变调之后调值组合形式为35＋51;而当它表达"很正宗"的意思时,第一个音节读本调,调值组合形式为51＋11。

基于以上两点,我们把这种变调形式称为轻声变调现象。

根据轻声变调规律,有时会遇到变调和原调相同的情况,此时我们只能依据旁证。比如"豁子"(原调35＋55),根据上述变调规则,"子"无论是否变调,调值都是"55",所以无法判断是否经过了变调,这个词和短语"豁纸(35＋55,意思是用剪刀裁纸)"同音。但以"子"作为后缀的其他名词中,"子"的调值明显区别于原调,如"篓子(55＋55——55＋51)""篦子(51＋55——51＋11)""皮子(31＋55——31＋51)"。变调可以从变调音节的儿化中得到进一步证明。商水方言中,"子"和"儿"结合时合音为[tər],其声调在上面几个例子中明显不同,"豁子儿"中为[tər55],"篓子"中为[tər51],"篦子"中为"[tər11]","皮子"中为[tər51]。

商水方言中,通用定语标记是"里"[li55]。如果一个名词短语中带有作为限定成分的指示词短语,且指示词短语之前有名词的其他修饰性成分,这个指示词短语常常可以代替"里"充当定语标记,本节我们考察不同形式的指示词短语充当定语标记的情况。

(二)指示词结构作关系从句标记

我们首先考察作为关系从句标记的指示词短语。关系从句结构里的指示词以"那"居多①,所以我们下文多以"那"为例。在关系从句结构里,指示词短语可以和"里"同现:

(37)a. 他夜个儿相中里那个衣裳。

b. 他夜个儿相中里那衣裳。

c. 他夜个儿相中里那一个衣裳。

"里"在上述结构中出现时,后面的指示词读原调51。省略"里"之后,"那"必然要发生轻声变调现象,按照它前面的动词的声调进行变调。

(38)a. 他夜个儿相中那衣裳。

b. 他夜个儿相中那个衣裳。

c. 他夜个儿相中那一个衣裳。

上述结构中的"那"按照"中"的读音进行轻声变调:"中"读 35 调,商水方言中 35 之后的轻声为 55 调,"那"在此读为 55 调;如果"相中"被调值为 55 的"买"代替,"买"的原始调值为 55,按照前文中的轻声变调规则,55 之后的轻声为 51,轻声和原调调值相同。

作定语标记的"那个"和"那一个"都只能指示有定个体单数,这和"那个"在主宾语的限定词位置上可以指示个体单数和类别不同,说明在内嵌较深的定语标记位置上,量词的个体化功能仍相当明确,"那个"作定语的关系从句结构只能指示有定个体对象。由此可见,"这个""那个"个体性功能的丧失只出现在主宾语的限定词位置上。光杆指示词"这""那"充当定语标记和"指名"结构的指称属性类似,有多种指称可能(有定个体单数、有定个体复数或有定类指),并且和核心名词的生命度有关,高生命度名词一般只能被理解为有定个体单数,而低生命度名词则有多种指称可能。

---

① 陈玉洁:《汉语指示词的类型学研究》,中国社会科学出版社 2010 年版。

如果名词性结构中核心名词在语境中已经明确,则核心名词可以省略,指示词结构可以充当关系从句结构的核心,包括单个的"这"和"那"。如:

(39)a. 他夜个儿相中那

b. 他夜个儿相中那个

c. 他夜个儿相中那一个

核心名词省略后,指示词必然要发生轻声变调。在这种结构中,只有"那个"和"那一个"之前可以加定语标记"里","那"无法和"里"共现,这说明"那"在例(39a)中的名词化标记(nominalizer)功能已经相当凸显,而名词短语的功能(可以充当 NP 核心)在逐渐减弱,此处已经不能作为名词性短语的核心成分出现,因为不能被典型的定语(带"里"的定语)修饰。

在通用定语标记"里"不出现的情况下,兼任定语标记的指示词失去本调,变为轻声,其变调受其前一个音节声调的控制。从例(38)、例(39)两例中的 b、c 例句看,指示词和其后的量词或者数量结构组成一个 NP 性成分,还不能从NP 性成分中分离,但这里出现了韵律(变调规则)和句法结构的不匹配现象:指示词的变调规则受到其前面音节的制约,并且韵律上指示词附着于前面一个音节,但是句法上并不后附于前面一个音节,而和其后成分构成一个 NP 结构。从例(38)、例(39)中的 a 例来看,韵律上指示词后附于前面一个音节,指示词如果被"里"替换,指称意义完全不会改变,都有可能指示类别、个体单数或个体复数。作为名词化标记的指示形式不能和通用定语标记"里"同现,说明它不再具有"那个""那一个"之类具有代名词作用的功能。所以我们认为,此类结构中有轻声变调现象的指示词已经经历了较为明显的语法化,指示词逐渐丧失了作为代名词的功能,而可以分析为跟"里"性质类似的名词化标记或专用定语标记。[①]

虽然经历了比较明显的语法化,"那"和"里"也存在不同。作专用定语标记时,"那"所在的名词短语的指称对象受核心名词的生命度制约,当核心名词为高生命度名词时,带"那"结构只能指示有定个体单数,而带"里"结构可以指示有定个体单数和复数,也可以指示类别。当核心名词为低生命度名词时,

---

① 区别于兼有指示功能的兼用定语标记。

"那"和"里"的解读类似。

当作名词化标记时,带"那"结构所指不能为高生命度名词,"卖苹果那老头"不能说成"卖苹果那",但是可以为低生命度名词,"我夜个儿相中那衣裳"可以说成"我夜个儿相中那";带"里"结构不受此限制,所以"卖苹果里"和"我夜个儿相中里"都是合法结构。

作为来源于指示词的成分,"这"和"那"作名词化标记还保留有指示功能和距离意义,"那"一般指示时间或空间上较远的、不在眼前的对象,"这"用来指示在说话现场或者是时间上较近的对象。

(40)你说这我一点儿也不信。(意思是"你说的话我一点儿也不相信","你说的话"是刚刚说出的)

(41)他说那我一点儿也不信。(意思是"他说的话我一点儿也不相信","他说的话"是距离现在时间较久的,至少是不在现在的说话现场的谈话)

一般而言,关系从句结构中的指示词以"那"为多,虽然有时候也可以用"这",这可能跟关系从句结构一般用来指示较远的对象有关(在现场的对象一般用不着使用关系从句进行详细描述或限定)。正因为此,"那"的使用范围高于"这",有时候可以覆盖"这",指示时间上较近的对象。

(42)他前个儿上北京去了。

——你说那/这(话)我一点儿也不信,我夜个儿还见他里。

作为名词化标记来说,"那"的语法化程度高于"这"。

至于"指量"和"指一量",作定语标记时用于指示个体,当结构中中心名词省略时,它们是代名词,只能用于指示个体单数,没有发展为名词化标记。和光杆指示词不同,它们也不是专用定语标记。作为专用定语标记,光杆形式"那"的有定功能已经丧失①,有少许距离意义,表示对象不在现场,但是无明确的指示功能,和带上"里"之后有指示功能、有距离意义,并且表示有定的"那"

———————————

① "那"在语境中也可以表示有定对象,但是有定并不是必然的,因为"那"在一定的语境中也可以表示无定,这一点和不带任何限定词的光杆名词类似,所以我们认为即使带"那"的结构表示有定,也和光杆名词表示有定类似,是语境赋予的,而不是"那"本身仍保留有定意义。

在意义上有非常明显的区别。

(43)他相中那衣裳。＝他相中里衣裳。≠他相中里那衣裳。

例(43)前两种结构指称功能上接近于光杆名词,本质上是类指的,在不同语境中可以得到不同的指称解读:可以带限定成分,如"想买一件他相中那/里衣裳";核心名词可以另外加带"里"的领属定语构成多重定语结构,如"他相中那/里我里衣裳"。"那"和"里"并列用于多重定语显示了它作为专用定语标记的属性。而后一种"里"和"那"同现的结构虽然有多种指称意义("他看中的那一件/那些/那种衣服"),但多层意义都是有定指称,并且指示词有明确的指示功能,用于直指、回指、认同指等,所以"那"还保留有典型的指示词功能。这类结构只有在表示有定类指时才可前加数量类限定成分,核心名词不能再带领属定语。

"指量"和"指一量"在作定语定语标记时仍有比较明显的指示功能,只能指示有定个体单数,和带"里"结构意义无别。

(44)他相中里那个衣裳。＝他相中那个衣裳。

(45)他相中里那一个衣裳。＝他相中那一个衣裳。

(三)关系从句的限定性限制

以指示词结构充当定语标记的关系从句,对限定性成分(句子层面的成分,如时体标记、情态成分、语气成分,以及补语成分如"V完""V了"等)的限制性更强。如下所示(*表示此处不能理解为关系从句,但是有时候作为小句是可以成立的):

(46)我盛过酒里那个坛子。

*我盛过酒那个坛子。

(47)他正用着里那个筷子。

*他正用着那个筷子。

(48)他该干里那个活。

*他该干那个活。

(49)他干完里那个活儿。

　　*他干完那个活。

指示词作定语标记时,对关系从句的要求更高,关系从句中一般不能出现限定性成分,我们认为这可能是因为要保持主句和从句的区别度。[①] 商水方言中有定指示词短语又可以作宾语,那些能够显示主句特征的限定性成分如果出现在关系从句结构中,就会出现关系从句和主句无法辨识的现象,而口语中一般会排除歧义句式,所以关系从句结构中严格限制了这些成分的出现。而当通用定语标记"里"出现时,关系从句结构绝对不会被理解为主句,经常出现在主句层面的限定性成分就可以相对较为自由地出现了(当然,比起主句,还是有一定的限制,此处我们将另文探讨)。

(四)领属结构中指示结构的定语标记作用

1. 直系亲属为领有对象

所有指示词短语都不能出现在以直系亲属为领有对象的领属结构中。如:

(50)* 恁这/那爸

(51)* 俺这个/那个姥姥

(52)* 他这一个/那一个爷

但是,当同样的核心名词所指为非直系亲属,则可以使用指示词短语(只能是"指量"和"指数量"形式,不能是光杆形式)进行指示。如:

(53)俺这个舅

(54)恁那个姥姥(此处"姥姥"指和自己的直系亲属姥姥平辈的母系妇女)

(55)他那一个妗子

使用"指数量"充当领属语标记时,带有对比意义,并且保持有指示词的远近距离意义。如:

(56)他那一个舅搁哪儿来?(一定有和已知的某个舅舅相对立的意思,并

---

① 唐正大:《汉语关系从句的类型学考察》,中国社会科学院研究生院博士学位论文,2005年。

且表示较远的实际距离或心理距离）

"指量"作定语标记时,可以有对立意义,但也可仅表示一种较远距离的意义。如：

(57)恁那个妹妹上大学没有哎？（说话人知道听话人仅有一个妹妹,或者是说话人知道听话人有几个妹妹,此时"那个"指示其中特定的一个,有对立意义）

2.社会关系名词为领有对象

当社会关系名词为领有对象时,光杆指示词、"指量"和"指数量"都能充当领属标记,但光杆指示词只能是"那",不能是"这"。

(58)俺那老师

　　*俺这老师

(59)恁那校长

　　*恁这校长

(60)他那领导

　　*他这领导

光杆指示词在上述结构中没有任何指示意义,也没有距离意义,其指称意义受语境影响。比如一个人可以有多位老师和领导,所以"俺那老师"和"他那领导"可以指称个体复数对象,但是"校长"一般只有一个,所以"恁那校长"一般指称个体单数,这些领属结构虽然也是指示特定的群体或个人,但这种有定不是指示词带来的靠指示确认对象的有定,而是领属结构提供的有定,其直接证据是"那"可以被"里"替换而意义并无变化,在实际使用中,"那"比"里"更加常用。

"指量"和"指数量"可以较为自由地出现在此类领属结构中,都只能用来指称有定个体单数对象。不过,"指数量"多了和同类对象对比的意义。

3.集体名词为领有对象

当集体名词为领有对象时,光杆指示词作领属标记表示从属关系,领属结构只能指示有定个体单数。如

（61）俺那学校

　　　俺这学校

（62）恁那公司

　　　恁这公司

（63）他那庄儿

　　　他这庄儿

此处"这/那"已经没有指示功能，和直指、回指等皆无太大关联，只保留一些距离意义，说"这"时一般对象在现场，用"那"时对象不在现场，显示了语用功能上的弱化。不过，同出现在关系从句结构中的光杆指示词和"里"的指称功能类似存在不同，此处"这/那"用于集体名词时表示从属关系。比如："恁那公司"意思是"你所在的公司"，只能指示个体单数；而"里"用于集体名词时表示拥有关系，"恁里公司"表示"你们所拥有的公司"，可以指示个体单数对象，也可以指示个体复数对象。不可能由个人所拥有的集体名词，则不能加"里"，如"庄儿"不可能由个人所拥有，不能说"恁里庄儿"或"你里庄儿"。从指称功能来看，带"里"的领属结构表达的关系更靠近典型的领属关系，不过"里"和"那"的分工显示了"那"又朝专门的领属语标记功能迈进了一步。"那个"作领属语标记的功能靠近"那"。"那一个"作领属语比较靠近"里"，表示的结构关系是"拥有"，但同时保持了自己典型的指示词功能，有指示功能和距离意义，常用来指示有同类对象与之构成对立的对象。

4. 普通名词为领有对象

光杆指示词为领属标记，领属结构有多种指称可能：个体单数、个体复数和有定类别。比如"你这衣裳"可以指"你这件衣裳""你这些衣裳"或者"你这种衣裳"。

"指数量"为领属标记只能指示有定个体单数对象，并且有同类对立意义。

"指量"结构作此类领属语标记的指称功能和作为限定词时的功能类似：可以有，但也可以无同类对立意义，距离意义存在，指示意义留存，但只能指称有定个体单数或者有定类别（比如"你这个玉米"，可以是"你手中拿的这一根玉米"，也可以是"你这种玉米"），而不能指示有定复数。

总的来说，当用于领属结构作标记时，光杆指示词的语法化程度最高，"指量"次之,"指数量"的意义最为实在,指示词在"指数量"结构中保持有最纯粹的指示功能。

五、结　语

汉语中不区分名词的可数和不可数,英语中的不可数名词,比如"米(rice)"和"沙子(sand)",在汉语都有相应的量词使之个体化。汉语中只区分类别和个体,以量词作为标记。

个体指实际上可以分为两类:个体单数、个体复数。

"指示词＋名词"结构并不显示所指的指称性质,甚至可以认为它的本质语义是表达类指的,指示个体只是它在语境作用下引发的意义。即:指示词有有定功能,常用来表示确定的对象。"指示词＋名词"本质语义是用来指称确定的类别(类指),而当所指的个体性比较突出时,"指示词＋名词"也可以用来指示个体(包括单个个体和多个个体),不过我们认为这些意义是语境所赋予的。

语言学者大都承认汉语中的个体量词有个体化功能,刘丹青[1]和 Li[2] 都详细论证了汉语量词的个体化语义特征。刘丹青[3]还明确指出,量词的出现显示了汉语中个体指作为语法范畴的确立,加量词的名词性结构一般呈现个体指功能,而不加量词的名词性结构和光杆名词的功能类似,比如"指示词＋名词"结构、领属结构等。刘丹青[4]的研究也表明,汉语中领属结构可以表达类指。这些不带量词的名词性结构可以表示类指,一定语境中也可以是有定的,其表现也和光杆名词类似。

商水方言中,"指示词＋个"有了去范畴化的倾向,开始和类指产生某些混淆,但是只局限在低生命度名词中。数词可以增加名词短语的个体性,"这一

---

① 刘丹青:《汉语名词性短语的句法类型特征》,《中国语文》2008 年第 1 期。
② Li Xuping,"*On the Semantics of Classifiers in Chinese*",PH. D. dissertation,Bar-Ilan University,2011.
③ 刘丹青:《汉语名词性短语的句法类型特征》,《中国语文》2008 年第 1 期。
④ 刘丹青:《汉语类指成分的语义属性和句法属性》,《中国语文》2002 年第 5 期。

个"类由于有数词的出现,个体性比较强,没有发展出表示类指的功能。而其他量词中,由于"这量 N"不能出现,所以不会出现"这/那"加其他量词表示类指的用例。我们看到,数词可以对个体指起强化作用,带数词的结构只能表示个体指。量词为"个"时,"一"可以较为自由地省略,造成"个"的个体化特征逐步丧失。

对于"数量名"结构来说,虽然用于指称时都可以表示个体指,但是只有"一量名"结构能够表示无指,其他"数量名"结构不能。这显示了"一量名"结构的特殊性。所以只有"一量名"结构能够用于表语位置说明属性,其他"数量名"结构则不能。例如:

(64)他是一个好学生。

　　* 他们是五个好学生。

通过对商水方言中指示词短语在各类句法层面的表现,我们发现,位于限定词位置时,光杆指示词和"指量"结构功能类似,语法化程度较高,因而功能比较复杂,而"指一量"结构意义实在,无虚化现象。

在领属结构和关系从句中作为定语标记的"指量"和"指一量"结构都没有虚化,但是光杆指示词得到了较高程度的语法化,近似通用定语标记的功能。

指示词和"指个"结构还可以充当话题或评论标记,但"指一个"结构无此用法。

(原载《中国语文》2014 年第 4 期)

吴语名词性短语的指称特点：

以富阳话为例

李旭平

一、引　言

通过对普通话和粤语名词短语进行对比研究，Cheng 和 Sybesma[①] 指出普通话的光杆名词可以有类指（kind reference）、不定指（indefinite reference）和定指（definite reference）三种解读，如例（1）；而粤语的光杆名词只有类指和不定指的用法，而没有定指的用法，如例（2a）、例（2b）。作为补偿机制，当表示定指时，粤语则可使用量名结构，如例（2c）。

（1）普通话

　　a.鲸鱼是哺乳动物。（类指）

　　b.我看见了鲸鱼。（不定指）

　　c.鲸鱼受伤了。/ *条鲸鱼受伤了。（定指）

（2）粤语[②]

　　a.狗中意食肉。（类指）

---

① Lisa Cheng and Rint Sybesma,"Bare and Not-so-bare Nouns and the Structure of NP",in *Linguistic Inquiry*,Vol. 30,No. 4(Fall,1999),pp. 509-524.

② Lisa Cheng and Rint Sybesma,"Bare and Not-so-bare Nouns and the Structure of NP",in *Linguistic Inquiry*,Vol. 30,No. 4(Fall,1999),pp. 510-511.

b. 吴菲去买<u>书</u>。（不定指）

c. *<u>狗</u>要过马路。/<u>只狗</u>要过马路。（定指）

从另一个角度看,这两个语言的光杆名词和量名短语一定程度上呈现互补分布。普通话的量名短语只能有不定指的解读,要表示定指则可使用光杆名词,而粤语的量名短语可以有不定指或定指的解读,因此它的光杆名词不表定指。因此,粤语量词的功能比普通话要更为发达一些,或者说普通话的光杆名词的语义比粤语更为多样。刘丹青[①]指出,粤语和吴语都属于“量词强势型”语言,而普通话则是“指示词强势型”语言。如果从名词性短语的指称关系来看,吴语富阳话的指称类型应该与粤语更为接近,但它们也不全然一样(参见表1)。[②] 根据后文的论述,跟普通话和粤语相比,吴语的光杆名词的使用范围最受限制,它一般只能表示类指(或通指),而不能表示定指和不定指,后者的任务落到了量名短语的身上。从这个角度看,吴语可能是一种比粤语更具有“量词强势型”特点的语言。[③]

表1　普通话、粤语、吴语中光杆名词和量名短语的语义内涵

语义内涵	普通话		粤语 广东话/香港粤语		吴语 富阳话	
	光杆名词	量名短语	光杆名词	量名短语	光杆名词	量名短语
表类指	＋	－	＋	－	＋	－
表定指	＋	－	－	＋	－	＋
表不定指	＋	＋	＋	＋	－	＋

---

① 刘丹青:《所谓“量词”的类型学分析》,北京语言大学对外汉语教学研究中心讲座摘要,2002年。

② 富阳话属于吴语太湖片临绍小片,通行于杭州市富阳区,约有65万母语者。本文所用语料主要体现了富春江江南一带乡镇(灵桥、春江)所使用的富阳话的用法特点。

③ 根据刘丹青对苏州话的论述,由通用量词“个”构成的量名短语“个＋名词”甚至可以表示“类指”(a—b),但是特殊量词则只有个体指示的用法(a'—b')。(刘丹青:《汉语类指成分的语义属性和句法属性》,《中国语文》2002年第5期)不过,富阳话的量名短语无类指用法。综合比较这几个语言,可能苏州话的量名短语所表示的语义范围是最为广泛的。

　　a.个蛇是蛮怕人葛。(这蛇是挺让人害怕的。)

　　a'.条蛇咬仔俚一口。(这蛇咬了他一口。)

　　b.个电脑我也勿大懂。(这电脑我也不大懂。)

　　b'.部电脑拨俚弄坏脱哉。(这台电脑被他弄坏了。)

在名词短语跨方言语义差异的背景下，本文考察北部吴语富阳话中四类名词性短语独用或被修饰时的指称性质，其中包括光杆名词（NP）、量名短语（ClP）、数量短语（NumP）和指示词短语（DemP）。就修饰语而言，我们以关系从句为例考察它对名词中心语的语义限制或要求。

普通话的关系从句一般由定语标记"的"引导，可以修饰光杆名词［例（3）］或者指示词短语［例（4）］。当修饰光杆名词时，该短语可以有定指和通指（generic）两种解读。例（3a）主语位置的光杆名词"同学"为定指，表示某个（或某些）特定的戴眼镜的同学；例（3b）的主语则为通指，泛指任何戴眼镜的同学。当关系从句修饰指示词短语时，它可以出现在指示词辖域的内部［例（4a）］或外部［例（4b）］，前者称之为"关内式"关系从句，后者为"关内式"关系从句。①根据赵元任②，例（4a）的关系从句是描述性的，例（4b）的关系从句是限定性的（参看唐正大③对这两类关系从句功能差异的讨论）。

(3) a.［RC戴眼镜的］同学走丢了。（定指）

　　b.［RC戴眼镜的］同学学习都很用功。（通指）

(4) a. 那个［RC戴眼镜的］同学是上海人。（"关内式"关系从句）

　　b.［RC戴眼镜的］那个同学是上海人。（"关外式"关系从句）

富阳话的关系从句必须由结构助词"葛"引介。④相较于普通话，吴语富阳话关系从句的中心语类型更为丰富和复杂，它可以是光杆名词、量名短语和指示词短语（或数量短语）。富阳话这三类关系从句的构成和所表达的意义与普

---

① 唐正大：《关系化对象和关系从句的位置——基于真实语料和类型分析》，《当代语言学》2007 年第 2 期，第 139—150 页。

② Yuen Ren Chao, *A Grammar of Spoken Chinese*, Berkeley and Los Angeles: University of California Press, 1968.

③ 唐正大：《关系化对象和关系从句的位置——基于真实语料和类型分析》，《当代语言学》2007 年第 2 期，第 139—150 页。

④ 同属于北部吴语的苏州话，它有不同的语法标记来引介关系从句。根据刘丹青（《汉语关系从句标记类型初探》，《中国语文》2005 年第 1 期）的考察，苏州话至少包括以下三种从句标记形式：

　　a. 定语标记"葛"（相当于普通话里的结构组词"的"）：[[小张买葛]书]穷好看。

　　b. 定指量词：[[小张买][本]书]穷好看。

　　c. 半虚化的处所词-体标记，如"勒海"：[[我摆勒海在/着]饼干]哈人吃脱哉?

通话的关系从句有明显的差异。

首先,富阳话中关系从句修饰光杆名词时,该名词短语往往表示通指,而不能表示定指。

(5)a. [[我买葛]书]都打折打过格。(关系从句+光杆名词:通指)

b. *[[我买葛]书]寻勿着嘚了。(关系从句+光杆名词:无定指解读)

其次,富阳话有两类普通话没有的关系从句。第一类,富阳话的关系从句可以修饰量名短语,表示定指,如例(6a)。第二类,我们可以在例(6a)的基础上在该名词性短语前再加上一个定指量词,构成"量词+关系从句+量词",我们称之为"框式量词式"关系从句(参见方梅①讨论的"框式指示词式"从句)。

(6)a. [[补鞋子葛]个老倌]到何里哪里去嘚?(关系从句+量名:定指)

b. [个[[补鞋子葛]个老倌]]到何里哪里去嘚?(框式量词式关系从句:定指)

最后,富阳话只有"关外式"关系从句,而无"关内式"关系从句,即指示词只能出现在关系从句的域内。

(7)a. [[我早间早晨买葛]唔搭那本书]打折打过格。(关系从句+指示词)

b. *[唔搭本[我早更买葛]书]打折打过格。*(指示词+关系从句)

富阳话和普通话几类名词性短语被关系从句修饰时的指称差异简单归纳如表2。

表2　普通话和富阳话名词性短语修饰后的指称异同

类别	修饰短语内部结构	普通话	吴语富阳话
第一类	关系从句+光杆名词	通指	通指
		定指	—
第二类	关系从句+量名短语	—	定指
	量词+关系从句+量名	—	定指

---

① 方梅:《从章法到句法——汉语口语后置关系从句研究》,中国社会科学院语言研究所、《中国语文》编辑部编:《庆祝〈中国语文〉创刊50周年学术论文集》,商务印书馆2004年版,第70—78页。

类别	修饰短语内部结构	普通话	吴语富阳话
第三类	关系从句＋指量＋名词	限定性	限定性
	指量＋关系从句＋名词	描述性	—

注："—"表示无此用法。

在下文,我们将依次详细论述吴语富阳话中关系从句修饰这三类名词中心语时的句法限制和语义表现。并且,我们将试图解释框式量词式关系从句的语义特点以及为什么富阳话没有"关内式"关系从句这两个问题。

二、光杆名词的指称：通指和类指问题

(一)"通指"和"类指"的界定

在讲述富阳话光杆名词的指称之前,我们有必要对几个涉及指称的术语进行梳理,尤其是"通指(句)"和"类指(句)"这一组概念,以便我们更好地理解不同作者所使用的该术语的具体内涵。

通指句(generic sentences)包括类指句(kind generics)和特征句(characterizing statements)两大类。类指句是指对某类物体的类属特征作出描述的句子("kind generics involve reference to an entity that is related to specimens"[①])。这类句子往往出现在科学性较强的语境和文体中,生物课本或自然课本中就较常见,如例(8)所示。其中,"绝种""进化"等谓语只能表示某类物体或物种的特征,而不表示某一特定个体的特征。刘丹青[②]将其称为"属性谓词"(kind-level predicate),其相应的主语则必须解读为类指。所以,例(8a)表示"熊猫这种动物快绝种了",例(8c)表示"爱迪生发明了灯泡这种东西"。

---

① Manfred Krifka,F. J. Pelletier and Greg N. Carlson et al.,"Genericity：An Introduction",in Greg Carlson and Jeff Pelletier,*The Generic Book*,Chicago：The University of Chicago Press,1995,pp. 1-124.

② 刘丹青：《汉语类指成分的语义属性和句法属性》,《中国语文》2002 年第 5 期。

（8）a. 熊猫快绝种了。

　　b. 鸟是恐龙进化而来的。

　　c. 爱迪生发明了灯泡。

　　d. 金丝猴很罕见。

特征句表示对某个个体集合或情景集合的某种特征的总结和概括（"characterizing statements express generalizations about sets of entities or situations"[①]）。英语中这类句子的主语一般为光杆单数（bare singulars）或者光杆复数（bare plurals）形式。从形式上看，它们均为无定短语，但是在指称上，它们不特指任何具体个体，即所谓的通指。汉语中光杆名词是典型的通指表达，如例（9c），但是"一量名"和"这量名"也可以用于特征句表通指，如例（9d）和例（9e）[②]。这一类通指表达区别于类指表达，因为它们只表示单数或复数个体的集合，即表示可以被通指算子 GEN 约束的变量 x。

（9）a. A gentleman opens doors for ladies.

　　b. Potatoes contain vitamin C.

　　c. 猫吃鱼，狗吃肉骨头。

　　d. 一个学生应当刻苦学习。[③]

　　e. 这女人全是死心眼。[④]

类指句的通指特征来源于类指名词（kind terms）本身，而特征句的通指性

---

①　Manfred Krifka, F. J. Pelletier and Greg N. Carlson et al. , "Genericity: An Introduction", in Greg Carlson and Jeff Pelletier, *The Generic Book*, Chicago: The University of Chicago Press, 1995, pp. 1-124.

②　刘丹青：《汉语类指成分的语义属性和句法属性》，《中国语文》2002 年第 5 期。方梅：《指示词"这"和"那"在北京话中的语法化》，《中国语文》2002 年第 4 期。

③　引自刘丹青：《汉语类指成分的语义属性和句法属性》，《中国语文》2002 年第 5 期，第 418 页。

④　引自方梅：《指示词"这"和"那"在北京话中的语法化》，《中国语文》2002 年第 4 期，第 156 页。

则是植根于整个句子或命题，即整个句子表示对某一个体的某种特征进行概括。① 两者的区别在于，特征句需要足够多的个体具备这个特征，从而使之成为一种规律或概括（generalization），而类指句的谓词所表述的特征只适用于某类个体，而不能是某一个体的特征概括。例（8）和例（9）这两类通指句中的主语均可以称为广义上的通指成分（generic NP），其中类指句的主语可以称为类指名词，而特征句的主语则可以称为狭义上的通指成分。②

张伯江、方梅③在讨论"这女人全是死心眼"这类句子时，指出此处的"女人"不是特指某个具体的女人，而是指"所有女人"。"这种着眼于一类事物通称的名词被称为通指成分（generic NP，或译为类指）……汉语里通指成分典型的用法是在名词前加'这种，这类'一类成分，而不能加'这个，这几个'等。"④"通指"这一术语可能可以追溯至陈平⑤。从严格意义上看，张、方文中所说的通指对应于特征句中的主语，即狭义上的通指表达。

刘丹青⑥专文讨论了汉语中的"类指"。他指出，"类指专指 Chierchia⑦ (1998)所说的 kind-denoting 或者 reference to kinds。它大致相当于文献中更常用的 generic（译为通指或类指），但 generic 的含义更加复杂多样"。他在后

---

① Ariel Cohen, "On the Generic Use of Indefinite Singulars", in *Journal of Semantics*, Vol. 18, No. 4(August, 2001), pp. 183-209.

② 关于 generic 这一术语的使用，有以下两点需要注意。第一，generic 可以做名词，如 BP generics 和 IS generics，此时一般表示通指句，即 BP 和 IS 分别做主语的通指句。第二，generic 可以做形容词使用，如 definite generic NPs（Krifka, 2003），以及 generic indefinite singulars 和 generic bare plurals(Cohen, 2001)。参见 Manfred Krifka, "Bare NPs：Kind-referring, Indefinites, Both, or Neither?", in *Proceedings of Semantics and Linguistic Theory*, Vol. 13(Jan. , 2003), pp. 180-203. Ariel Cohen, "On the Generic Use of Indefinite Singulars", in *Journal of Semantics*, Vol. 18, No. 4(August, 2001), pp. 183-209. 它表示对 definite NPs、IS 和 BP 这种本身有多种解读的名词性短语的一种限制和选择，如区分类指和个体指，或区分特指和非特指。因此，从广义上看，generic NP 可能的解读应该包括类指解读和（狭义上）的通指解读。

③ 张伯江、方梅：《汉语功能语法研究》，江西教育出版社 1996 年版，第 156—157 页。

④ 方梅：《指示词"这"和"那"在北京话中的语法化》，《中国语文》2002 年第 4 期。

⑤ 陈平：《释汉语中与名词性成分相关的四组概念》，《中国语文》1987 年第 2 期。

⑥ 刘丹青：《汉语类指成分的语义属性和句法属性》，《中国语文》2002 年第 5 期。

⑦ Gennaro Chierchia, "Reference to Kinds Across Languages", in *Natural Language Semantics*, Vol. 6, No. 4(Winter, 1998), pp. 339-405.

文又明确强调,"类指(kind-denoting)是一种凸显内涵、暂时抑制了全量外延的成分,可视为 generic(类指、通指)这个术语最原型的理解;generic 这个术语所指称的,除了 kind-denoting 以外,还包括若干种偏离原型的变体"。纵观全文,刘丹青文章中并未使用"通指"这一术语,但从他所讨论的通指句的例子来看,"类指句"应该包括类指句和特征句两类句子,所以他的"类指表达"可能更接近广义上的"通指表达",包括类指名词和特征句中的通指主语。

由于 generic 这一术语本身对应于两个不同的概念,我们可以分别从广义和狭义去理解。为了避免 generic 引起的歧义,本文拟采用"广义的通指表达包括类指表达和狭义的通指表达"这一分类方法。

(二)光杆名词的指称

在吴语富阳话日常对话中,光杆名词的使用有诸多限制,其频率要大大低于量名短语。具体来说,富阳话的光杆名词往往只有(广义)通指的用法,而没有表示个体指称的定指或者不定指之类的用法。富阳话表示定指或者不定指的功能一般由量名短语承担。

在真实的日常语境中,由于方言语域(register)的限制,我们很少使用或听到用方言表示类指句;即使偶尔听到,也往往是从普通话直接对译而来。尽管方言中类指句较为贫乏,但是我们还是可以从其他语境中观察到光杆名词表示类指的用法。虽然类指名词的典型位置是主语或话题,但是富阳话中光杆名词可以出现在动词宾语的位置上,表示类指。如例(10)的"书""饭"和"香烟"都应该解读为类指。

(10)a. 我读书上学去。

　　b. 好可以吃饭嘚。

　　c. 吃香烟吃勒三十年!

我们认为,例(10)只表示"读书","吃饭"和"抽烟"这个事件整体,本身不涉及名词的指称为有定或无定,所以它类似于"宾语融合结构"(object incorporation)。该结构中的光杆名词应解读为类指,而不能解读为表示具体个体的不定指或定指。汉语的该类结构类似于英语的 NV 复合词,如例(11)的 baby-sitting 和 apple-picking 这样的表达,其名词为光杆形式,并且不能作代词的先行词。对比例(11)和例(12)：

(11)a. Jane is baby-sitting. * It/* she/* they/the baby is acting cranky.

　　a'. Jane is looking after babies. They/the babies are acting cranky.

　　b. I went apple-picking. * They/the apples were sweet.

　　b'. I picked apples. They/the apples were sweet.

(12)a. 我<u>读</u>书去。[#]渠蛮难读。

　　b. 好_{可以}吃饭嘚。[#]渠将刚_{刚刚}烧好。

　　c. 吃香烟吃勒三十年。[#]渠蛮贵。

相对于类指句，富阳话中的特征句的使用还是较为常见的，毕竟归纳、总结还是一种具有一定普遍性的日常言语行为。如例(13a)和例(13b)均应分析为特征通指句(characterizing generics)。例(13a)表示，"作为一种常识，蒸的菜比炒的菜更健康"，其中的主语"菜"不特指某一盘菜，大致可以解读为所有蒸的菜，是一种(狭义的)通指表达①。特征通指句最大的特点就是它所表示的规则或规律允许反例的存在。比如，例(13c)并不表示所有的山东人都比浙江人高，而是一般说来存在北高南矮的趋势。

(13)a. <u>菜</u>炒葛还是蒸葛健康。［光杆名词：(狭义)通指］

　　b. 外国，<u>肉</u>还是<u>菜</u>贵，<u>水</u>还是<u>牛奶</u>便宜！

　　c. <u>山东人</u>比<u>浙江人</u>长_高。

普通话的光杆名词不仅可以表示类指和(狭义)通指，也可以表示无定和有定等个体指。比如，"晚上，我吃了面"的意思可以理解为"我吃了一些面"，其中的宾语为无定。再如，"面，我早吃完了"中的"面"则解读为有定。关于普通话光杆名词有定和无定在句子中如何分布，以及受何制约，前人已经有大量的研究，这里不再赘述。但是，在吴语富阳话中，光杆名词没有无定或者有定的解读。如例(14)、例(15)，普通话中的光杆名词的地方，富阳话都会相应地使用量名短语来表示有定或无定的个体指。

---

① Manfred Krifka, F. J. Pelletier and Greg N. Carlson et al. , "Genericity: An Introduction", in Greg Carlson and Jeff Pelletier, *The Generic Book* , Chicago: The University of Chicago Press, 1995, pp. 1-124.

(14)a. 我昨晚头吃勒_了[*]（碗/丢_点）面。

　　b. 旧年子，阿拉造勒_了[*]（间）房子，买勒_了[*]（部）车子。

　　c. 我今朝要则_和（两个）朋友一总生_{一起}吃饭。

(15)a. [*]（部）脚踏车破掉嗮。

　　b. 你，[*]（碗）面，吃吃光！

由此可见，普通话的光杆名词是通指（包括类指和狭义通指）、有定和无定三分对立的格局，但是吴语富阳话的光杆名词的语义功能非常单一，只能表示通指，而表示个体指称的定指和不定指的功能则由量名短语承担。浙江境内其他一些吴语方言如桐庐话和东阳话的光杆名词的解读，也存在着和富阳话类似的情况。

（三）关系从句中光杆名词的指称

我们现在需要探讨的问题是：当光杆名词被关系从句修饰时，它的解读是否和单独使用时的情况一样？

例（16）展示了"葛"引导的关系从句修饰光杆名词的情况。这里有三点需要注意。第一，这三个例句均为典型的特征通指句，是对一般情况的概括，而非事件句（episodic sentence）；第二，"关系从句＋光杆名词"一般只能出现在主语或者话题的位置；第三，其中的"关系从句＋光杆名词"不表示定指或特指，而是通指性名词短语。它们的解读与例（13）中的光杆名词类似。

(16)a. [[讲过葛]摊头_{话语}]要算数。

　　b. [[苍蝇叮过葛]菜]吃不得葛。

　　c. [[上半年生葛]小人_{小孩}]还是[[下半年生葛]小人_{小孩}]好。

即使有时候被关系从句修饰的名词短语有很强的有定性倾向，它们的使用环境仍是通指句。例（17）的两种情况下，都不是指特定的一餐饭或者一包香烟，而是泛指"你烧的饭"和"他吃的香烟"。例（17a）有一定的情态意义，表示"你烧的饭我永远不来吃"，是对不可能情况的一种概括；例（17b）是对"他吃的香烟"的特征的一个概括。

（17）特征通指句

　　a.[[你烧葛]饭]我勿来吃。

　　b.[[伊吃葛]香烟]都蛮贵格。

当表示定指或特指时，中心语往往必须为量名短语或者指示词短语。试比较例（17）与例（18）：

（18）事件句

　　a.[[你日中_{中午}烧葛]顿饭]我勿吃。

　　b.[[伊将刚吃葛]格支香烟]蛮呛格。

"关系从句＋光杆名词"唯一不用于通指句的情形是：当主句的谓语表示数量关系时，该复杂短语似乎可以表示有定。如例（19a）表示"他所造房子的数量非常多"；例（19b）表示"我今天摘的茶叶数量多于前天摘的茶叶数量"。

（19）a.[[伊造过葛]房子]无千得万_{成千上万}。

　　　b.[[我今朝摘葛]茶叶]比前日子_{前天}多。

综上，吴语富阳话中，无论是使用光杆形式还是使用非光杆形式（如被关系从句等修饰性成分修饰），普通名词都只能解读为类指或（狭义）通指，不可能有定指或不定指这些表示个体指的用法。

三、量名短语的指称：个体指

吴语富阳话中使用不同的名词短语形式来表示通指和个体指。我们在第二部分看到，富阳话的光杆名词只能表示通指，不能表示有定和无定等个体指。在这一语言中，我们往往需要借助量词来表示个体指，其背后的语义机制可能是量词可以将光杆名词从其类指解读转换成相应的个体指解读。

(一)量名短语的有定性与关系从句的关系

根据 Li 和 Bisang① 的考察,富阳话中的量名结构在不同语境中可以解读为有定或无定。这两种解读的区分很大程度上取决它们的句法位置和信息结构。一般来说,位于动词前的量名短语解读为有定,而动词后的量名短语解读为无定,因为前者往往充当(次)话题,后者则充当焦点表示新信息。② 相关例子详见例(20)③:

(20)a. SVO:[个美国老师]_{有定}买勒_得[本中文书]_{无定}。

　　b. SOV:[个美国老师]_{有定}[本中文书]_{有定}买嗲。

　　c. OSV:[本中文书]_{有定},[个美国老师]_{有定}买嗲。

当光杆名词有修饰语时(如人称代词、形容词、介词短语和关系从句),它们只能解读为有定。如例(21)所示,这些复杂名词短语可以不求助于存在量化词"有"或者分配算子"都"而独立作主语,并且表示定指。

(21)a. [[我]本书]无掉_{不见}嗲。(人称代词+量名)

　　b. [[桌床浪_{桌子上}]本书]无掉_{不见}嗲。(介词短语+量名)

　　c. [[红葛]本书]无掉_{不见}嗲。(形容词+量名)

　　d. [[我买葛]本书]无掉_{不见}嗲。(关系从句+量名)

我们着重介绍量名短语被关系从句修饰的情况。我们在上文提到量名短语本身有有定或无定两种解读的可能,但是,一旦被关系从句修饰,该复杂量名短语只能解读为有定,如例(22):

---

① Xuping Li and Walter Bisang, "Classifiers in Sinitic Languages: From Individuation to Definiteness-marking", in *Lingua*, Vol. 122, No. 4(March, 2012), pp. 335-355.

② Li 和 Bisang 提出的该规律适用于一般情况下(default setting)量名短语所获得的解读。一些特殊的动词或者谓语形式可以违逆(overriding effects)这一规律。比如,心理动词"喜欢"所带的宾语,虽然出现在动词后,但是它可以解读为有定。Xuping Li and Walter Bisang, "Classifiers in Sinitic Languages: From Individuation to Definiteness-marking", in *Lingua*, Vol. 122, No. 4(March, 2012), pp. 335-355.

③ 富阳话中体标记"了₁"的语音形式为 le? 或 te?,其本字应为"得",而"了₂"常见的语音形式为 die,应该是"得"和语气词的和音形式。

(22)a.[[门口种葛]株杨梅树]一卯〔一次〕勒〔都〕还未生过。

b.[[你写拨〔给〕我葛]封信]我看勒〔了〕三卯〔三次〕。

c.[[你上日子〔昨天〕买葛]双球鞋]多少钞票？

"关系从句＋量名"的有定性可以从它被允许的句法位置得到验证。富阳话中被关系从句修饰的量名短语只能出现在动词前的论元位置。如例(23)所示，普通话中被关系从句修饰的名词性短语也表示定指，它可以出现在动词后作宾语。但是，吴语富阳话中，当宾语是"关系从句＋量名"时，它不能出现在SVO的语序中〔例(24a)〕，只能通过前置（object preposing）等手段，出现在SOV〔例(24b)〕或者OSV〔例(24c)〕这两种语序中。

(23)我弄丢了[你昨天买的那双球鞋]。（普通话）

(24)a.＊我无掉〔弄丢〕[你昨日子〔昨天〕买葛双球鞋]嗨。（富阳话）

b.我克把[你昨日子〔昨天〕买葛双球鞋]无掉〔弄丢〕嗨。

c.[你昨日子〔昨天〕买葛双球鞋]我克把你无掉〔弄丢〕嗨。

量名结构表示有定时，其指称为说话者和听话者都"熟悉"的某一个体，即能从语境中获知足够信息确定谈论的对象。① 我们认为，关系从句的作用就是补充说明这部分语境信息，或使该语境信息显性化，从而有助于听话者确定说话者谈论的具体对象。

"关系从句＋量名"结构除了使用个体量词表示单数之外〔例(21)、例(22)〕，也可使用非个体量词或者不定量词表有定复数（plural definites）。例(25a)使用集体量词"班"，表示一个复数概念"这班人"或者"这些人"。例(25b)中"种"是一个不定量词，可以对应于普通话的"些"；当表示有定时，它的意义为"这些"。这两例中，关系从句的作用和例(22)中相似：提供足够的语境信息，增加谈论复数个体的辨识度。

(25)a.[[谈天葛]班人]我一个勒〔得〕勿认识。

b.[[阿拉格卯〔现在〕吃葛]种〔些〕水]是山泉水。

---

① 刘丹青:《汉语关系从句标记类型初探》,《中国语文》2005 年第 1 期,第 3—15 页。
Xuping Li and Walter Bisang, "Classifiers in Sinitic Languages: From Individuation to Definiteness-marking", in *Lingua*, Vol. 122, No. 4(March, 2012), pp. 335-355.

很多学者①认为,虽然汉语没有定冠词,但是它可以存在一个完备的 DP 结构(如:[$_{DP}$ D[$_{NumP}$ Num[$_{ClP}$ Cl[$_{NP}$ N]]]]),因为它有指示词和人称代词这些定指性成分的存在。Li 和 Bisang② 提出,吴语(富阳话)也有一个类似的 DP 结构,并且认为吴语的定指量词必须实现在 DP 层面,即量词只有由量词中心语移位到限定词中心语后(Cl⁰-to-D⁰ raising),才能得到一个有定的解读。换言之,无定的量名短语,量词处于的 Cl⁰ 位置,而有定的量名短语,量词处于 D⁰ 的位置。

我们认为,之所以富阳话中的量名短语一旦有了关系从句之类的修饰语,它只表有定而不表无定,是因为汉语没有"数词+关系从句+量词+名词"或者"指示词+关系从句+量词+名词"这样的线性关系。归根结底是因为,汉语的关系从句的中心语一般要求为有定,不能是无定,如普通话的"关系从句+指量名"或"关系从句+光杆名词$_{有定}$",而在吴语中,则需要迫使量词移位到限定词 D⁰ 的位置或者使用指示词来满足这一有定性要求。

我们会在第四部分专门讨论数量短语的指称问题,我们也会考察数量短语和关系从句之间的制约关系。

(二)"框式量词式"关系从句

普通话中关系从句有两种基本形式——"指示词+关系从句+名词"和"关系从句+指示词+名词",见例(2)。除了这两种常见形式以外,方梅③发现在北京话中有所谓的"框式指示"关系从句,即指示词可以分别出现在关系从句的前后,其形式为"指示词+关系从句+指示词+名词"。

(26)a. 就是[那]最酸的,被各种糟人玷污得一塌糊涂,无数丑行借其名大行其道的[那个]字眼。

---

① Audrey Li and Yen-Hui,"Plurality in a Classifier Language",in *Journal of East Asian Linguistics*,Vol. 8,No. 1(Jan. ,1999),pp. 75-99.

② Xuping Li and Walter Bisang,"Classifiers in Sinitic Languages:From Individuation to Definiteness-marking",in *Lingua*,Vol. 122,No. 4(March,2012),pp. 335-355.

③ 方梅:《从章法到句法——汉语口语后置关系从句研究》,中国社会科学院语言研究所、《中国语文》编辑部编:《庆祝〈中国语文〉创刊 50 周年学术论文集》,商务印书馆 2004 年版,第 70—78 页。

b.所以另找了别人——就是[那]曾被李四爷请来给钱先生看病的[那位]医生。

吴语富阳话有类似方梅讨论的北京话"框式指示词"关系从句，但是组成框式成分的往往是量词，即"量词＋关系从句＋量词"，我们称之为"框式量词式"关系从句。

根据我们的观察，富阳话中"框式量词式"关系从句只适用于"主语关系化"（subject relativization），如例（27），不适用于"宾语关系化"（object relativization），如例（28）。

(27)a.[个[[欢喜吃咖啡葛]个老师]]叫何事什么名字？

b.[个[[看门葛]个老倌]]是山里人。

c.[班[[割稻葛]班人]]到何里哪里去嗻？

(28)a.*[袋[[上个月买来葛]袋米]]吃光嗻。

b.*[只[[伊敲破葛]只碗]]勿值铜钿不值钱。

c.*[篇[[你写葛]篇文章]]叫何事什么？

除此之外，表示工具的名词也可以被关系化：

(29)a.[把[[烧开水葛]把茶壶]]呢？

b.[部[[接客人葛]部车子]]拨给伢他们借去嗻。

c.[只[[泡茶葛]只杯子]]无掉弄丢嗻。

例（27）至例（29）三组例子，如果删除最左边的量词，所有句子全部成立。换言之，并不是所有的中心语为量名短语的关系从句都能被嵌入另一个量词。"框式量词式"关系从句只接受主语或介词宾语的关系化，但是不接受直接宾语的关系化。我们认为其中的原因和关系从句与中心语的语义关系直接相关。

我们在文章第一部分提到，富阳话的关系从句需要结构助词"葛"强制出现，起到引导关系从句的作用。但是，例（27）和例（29）中，关系从句引导词"葛"可以被删除。删除"葛"后的例子分别重复如例（30）和例（31）。我们认为，此时关系从句后的量词是一个关系化标记，而最左边的量词是一个真正的定指量词。

(30)a. [个[欢喜吃咖啡个老师]]叫何事_{什么}名字?

　　b. [个[看门个老倌]]是山里人。

　　c. [班[割稻班人]]到何里_{哪里}去嗻?

(31)a. [把[烧开水把茶壶]]呢?

　　b. [部[接客人部车子]]拨伢_{他们}借得去嗻。

　　c. [只[泡茶只杯子]]无掉_{弄丢}嗻。

例(30)中,被关系化的主语一般都是表人名词([＋human])或表有生命度的名词([＋animate])。中心名词被关系化后,它们类似于普通话用"的"字结构表示一类人,如"喜欢喝咖啡的""看门的""割稻的"这一类结构。不过,例(30)中"量词＋关系从句＋量词＋名词"一般表示具有某特征的群体的某个具体代表。同样,例(31)中介词宾语(更确切地说,工具格宾语)被关系化,所以它们可以表示具备特定功能的某一个工具,类似于"烧开水的""接客人的"和"泡茶的"。这两类关系从句中,中心语和关系从句往往有某种较为单一的语义关系,比如主语关系化从句的中心语往往为施事者(agent),而工具格宾语关系化从句的中心语往往表示工具(instrument)。相对而言,直接(或间接)宾语关系化从句中,中心语和关系从句的语义关系较为复杂,可以是受事(patient)、历事(experiencer)或受益者(beneficiary)等。

例(30)、例(31)中结构助词"葛"的省略或许正是和这种特殊的语义相关。我们可以暂且理解为主语/工具名词关系化过程中,关系从句和中心名词的语义紧密度较高。最后,我们指出,例(27)和例(30)[或者例(29)和例(31)]虽然在意义上没有太大的区别,但是关系化标记"葛"的有无会影响名词短语的内在结构。简单来说,我们认为例(32a)是核心标记手段,例(32b)是从属标记手段,关系引导词"葛"是关系从句标记①。

(32)a. [只[泡茶只杯子]]

　　b. [只[[泡茶葛]只杯子]]

本小节总结如下,吴语富阳话必须使用量名短语表示个体指。量名成分单独使用时,它可以表示无定或者有定,其相应的句法地位应分别为 ClP 和

---

① 　刘丹青:《汉语关系从句标记类型初探》,《中国语文》2005 年第 1 期,第 3—15 页。

DP。但是，量名成分一旦被关系从句等修饰性成分所修饰，它只能表示有定，这是关系从句受"中心语有定性"这一语义要求的制约所导致的。

四、数量短语和指示词短语的指称特点

(一)数量短语的强无定性

汉语中(如普通话和吴语富阳话)，数量名短语表示某种数量信息，它通常表无定。如：例(33a)中，"三个同学"只有在存在量化词"有"出现的情况下，才能作主语；例(33b)中，如果没有全称量化词"都"，无定表达"三篇文章"也不能出现在主语的位置上。

(33)a. *(有)三个同学蹲勒门口等你。

　　b. 三篇文章*(都)写好嘚。

我们在第三部分提到，关系从句所修饰的中心语一般需要有定短语。这一论断在数量短语中得到了很好的验证。如例(34)所示，富阳话中，数量成分一旦被形容词、介词等成分修饰后，所得到句子的接受度并不高。

(34)a. ??? 桌床浪四本书是我葛。

　　b. ??? 厚葛三床被放勒何里，忘记掉嘚。

　　c. ??? 竹葛五个衣架破掉嘚。

提高例(34)中相关例句接受度的其中一种手段是在数量短语前插入指示词，如远指词"唔搭"(音：nta)。但是，由于富阳话的个体指示词源自方位指示词，比如"唔搭"本义为"那儿"，因此"唔搭＋数量名"所指物体需要能够提供足够的方位信息，否则句子还是不自然。对比例(34)和例(35)：

(35)a. 桌床浪唔搭那四本书是我葛。

　　b. ??? 厚葛唔搭那三床被放勒何里那里，忘记掉嘚。

　　c. ??? 竹葛唔搭那五个衣架破掉嘚。

另外一种更为有效的提高这些句子的接受度的方法是把例(34)所示句子

中的确数词换成高降调的概数词"两$_{儿}$",如例(36)。

(36)a. 桌床浪两$_{儿}$本书是我葛。

　　b. 厚葛两$_{儿}$床被放勒何里,忘记掉嘚。

　　c. 竹葛两$_{儿}$个衣架破掉嘚。

换言之,富阳话中表示确量的数量短语一般不能被修饰,而表示约量的数量短语"两$_{儿}^{高降调}$＋量＋名"可以被修饰语修饰。这是由"两$_{儿}^{高降调}$"本身的特殊性决定的。带"两$_{儿}^{高降调}$"的数量短语和量名短语一样,可以表示有定或无定,其具体解读由句法位置决定,如动词前[例(37a)]和动词后[例(37b)]的区别。不过,当有关系从句修饰时,该数量短语只能表示有定,如例(37c)。因此,例(36)和例(37c)实属同一种情况。

(37)a. 两$_{儿}$斤橘子你放好勒何里$_{哪里}$？（有定）

　　b. 我早更买勒两$_{儿}$斤橘子。（无定）

　　c. [[娜阿姨担来葛]两$_{儿}$斤橘子]你放好勒何里$_{哪里}$？

我们提出,当数量短语"两$_{儿}^{高降调}$＋量＋名"表示有定时,概数词"两$_{儿}^{高降调}$"需要由数词中心语的位置提升到限定词中心语的位置,即 Num^0-to-D^0 提升。换言之,数词范畴中,由于使用频率等因素,概数词"两$_{儿}^{高降调}$"的语法化程度可能要高于其他数词,它更容易被重新分析成表示定指的成分。

(二)指示词短语的指称

指示词短语一般表示定指,所以它们应该很容易接受关系从句的修饰。前文提到,普通话中关系从句和指示词至少有两种语序,即"关系从句＋指示词＋名词"和"指示词＋关系从句＋名词",可分别称为"关外式"关系从句和"关内式"关系从句①。通过比较书面和口语文本,唐正大②发现,在书面语中"关外式"和"关内式"都使用,但是在口语中"关内式"基本不说。这一观点在

---

① 唐正大:《汉语关系从句的类型学研究》,中国社会科学院研究生院博士学位论文,2005年。

② 唐正大:《汉语关系从句的类型学研究》,中国社会科学院研究生院博士学位论文,2005年。唐正大:《关系化对象和关系从句的位置——基于真实语料和类型分析》,《当代语言学》2007年第2期,第139—150页。

我们考察的吴语富阳话的口语材料中得到了极好的验证。

富阳话的远指代词为"唔搭"，近指代词为"格"，在关系从句中远指代词的使用频率要大大高于近指代词。据我们观察，富阳话只有"关外式"而无"关内式"关系从句，即关系从句往往出现在指示词左侧。对比使用远指代词的例（38）、例（39），近指代词的例（40）、例（41）。

(38)a.[[你昨日子借来葛]唔搭_那本书]呢？

　　b.[[伊上半年去葛]唔搭_那个地方]叫何儿_{什么}名字？

(39)a.*[唔搭_那本[[你上日子借来葛]书]]呢？

　　b.*[唔搭_那个[[伊上半年去葛]地方]]叫何儿_{什么}名字？

(40)a.[[你手把里驮_拿葛]格只杯子]我美国买来格。

　　b.[[你将刚讲葛]格句谈头]蛮有道理。

(41)a.*[格只[[你手把里驮_拿葛]杯子]]我美国买来格。

　　b.*[格句[[你将刚讲葛]谈头]]蛮有道理。

我们认为，之所以富阳话没有类似于普通话的"关内式"关系从句与以下原因有关。吴语中指示代词必须和量词一起出现，即"格/唔搭＋量词"才等于this/that。一旦"格/唔搭＋量词"这个成分出现在最左边，关系从句所修饰的中心语就变成了光杆名词，而非量名短语，这是富阳话所不允许的。正如我们在第二、第三部分论述的，光杆名词被关系从句修饰时只能表示通指；关系从句为事件谓语时，中心语往往需要由量名短语充当。所以像例（39）和例（41）这样的结构在富阳话中是不合语法的。

但是，指示词可以脱离量词，单独置于短语的最左边。省略量词时"唔搭"为处所指示词，表示"那儿"的意思。此时，"唔搭"不和后面的名词短语构成成分，所以可以有例（42）所示的句子。

(42)a.唔搭_那[黑颜色葛件衣裳]是何侬_谁格？

　　b.唔搭_那[底_在叫葛只狗]是阿拉格。

小结如下，吴语富阳话中的数量短语是强无定性短语，而指示词短语则是强有定性短语，它们的指称性差异决定了它们能否被关系从句修饰。因为关系从句需要有定中心语，因此吴语富阳话只有"关系从句＋指示词短语"的语序，而没有"关系从句＋数量短语"的语序。

五、总　结

　　本文对吴语富阳话的几类名词性的指称特点进行了较为详细的考察,现对相关观点总结如下。

　　第一,无论是否有修饰语,富阳话的光杆名词一般解读为通指或类指,它通常作特征通指句的主语。换言之,类指是富阳话的光杆名词的固有解读,关系从句等修饰语并不能作为一个类型转换算子(type-shifter)将光杆名词从类指解读转换成表示个体的集合。这是富阳话光杆名词区别于普通话和粤语的一个最为明显的语义特点。

　　第二,富阳话表示个体指时,需要借助量词才能实现。光杆量名短语可以表示有定和无定。关系从句能赋予量名短语或者数量名短语这些非定指的短语一个有定的解读,这些复杂短语通常出现在情景句的动词前。这从另一个侧面说明,富阳话的量名短语不是与生俱来就是有定的,其定指性需要在语境中得以确定,并且从句法上看,它借助修饰语等句法成分[或"提升"(raising)这一句法操作]才能实现。

　　第三,富阳话的数量短语一般情况下表示无定,也不能接受关系从句的修饰,但是唯独概数词"两几^{高降调}"除外,它可以有有定的解读,并且可以被关系从句修饰。这说明富阳话中的关系从句本身要求中心语为有定性成分。此外,我们也观察到富阳话的关系从句可以修饰指示词短语,但是只有"关外式"关系从句,而"关内式"从句几乎没有。我们认为富阳话中"关内式"关系从句缺失的原因是其光杆名词表示类指,不接受由"事件谓语"构成的关系从句修饰。

　　　　　　　　　　　　　　　　　　　(原载《中国语文》2018 年第 1 期)

数字与影像

印刷媒介数字化与文化传递模式的变迁

——兼谈数字出版新业态

陈　洁

　　20世纪,人类经历了多次重大技术变革,每种新技术都具有革命性意义。联合国教科文组织在《迈向知识社会》报告中,将信息和传播新技术革命称为第三次工业革命。报告写道:"几十年来,这些大规模技术变革一直影响着知识的创造手段、传播手段和处理手段,以至于有人认为,我们将迎来知识的新数字时代。"①当前,手机数字出版物、网络社群数字载体、数字期刊等诸多新媒介形式的出现,无不全面展示着印刷媒介数字化时代的到来。新技术改变了图书、报纸、期刊的固有形态,使人们逐渐置身于数字化浪潮之中。

　　印刷媒介在人类文明发展史上的作用受到充分肯定:将纸张上的符号转变成一定意识的能力,乃是人类文明发展的基本动力之一。当人们在享受数字化生存所带来的便利和舒适时,不禁会产生这样的疑问:当印刷媒介形态变化之时,相对于印刷文化和纸文明,数字媒介是否会产生新的文明? 它会对固有的文化传递模式、文化生产方式产生何种影响? 这些或许正是当前诸多现状背后亟待深思的问题。在文本内容、文本主体的互动与历史演变中,从新媒介和新媒介群体的技术与人文诉求中,可以看出印刷媒介转型的大趋势,以及后喻文化与新媒介形态、新文化生产方式与文化群体契合的大潮流。

---

① United Nations Educational, Scientificand Cultural Organization, *Towards Knowledge Societies:UNESCO World Report*, Paris: UNESCO Publishing, 2005, p. 24.

一、印刷媒介数字化浪潮

出版是现代科技与文化结合的产物,纵观印刷媒介发展史,实则是技术发展和文化变迁史。数字化技术的发展使科学与文化的融会同样成为 21 世纪人类文化整合的重要部分。技术发展催生了媒介形态的变化,新的媒介具有独特的传播特点,这些特点背后又代表着不同的文化背景。媒介形态是阅读存在的基础,每一种媒介决定了每一种社会文化的整体面貌。

(一)技术发展与印刷媒介的变迁

印刷媒介是通过印刷复制手段在纸张上传播文字信息的传播媒介,其形态有图书、报纸、期刊等。广义的印刷媒介甚至还包括标语、传单、海报等印刷品。印刷媒介使连续性符号通过油墨在纸张上特定分布,而其诞生得益于造纸术、印刷术的发明和广泛应用。造纸术的发明突破了数千年来人类简单利用自然物质材料记载符号与文字的方法,为印刷媒介的产生提供了载体基础。印刷术的出现促使印刷媒介诞生,使文化和文本能够大批量地制造与传播。之后,廉价纸张、蒸汽动力和机器排版又促使出版成了名副其实的产业。

二十余年来,以计算机技术、通信技术为代表的数字化技术使印刷媒介产生了革命性的变化。纸张自诞生之日起便有不可取代的位置,以往数次技术进步都没能动摇纸张的地位。而这次技术变革促成了数字出版的诞生,使沿用了数千年的纸张面临数字媒介的挑战。

显然,每一种新媒介的出现对印刷媒介都是一种挑战。电话、广播、电视在历史各阶段的相继出现曾使印刷媒介一度萧条,马歇尔·麦克卢汉等学者甚至认为数字传媒的出现,必然导致印刷媒介的死亡。但印刷媒介并没有消失,甚至与以往相比仍显示出较为强劲的发展态势。对此,菲德勒作出这样的解读:一切形式的传播媒介都在一个扩大的、复杂的自适应系统内共同相处和共同演进。每当一种新形式出现并发展起来,它就会长年累月和程度不同地影响其他每一种现存形式的发展。① 当网络、手机这些新兴的传播平台出现之后,印刷媒介的内容又逐渐转移到了新兴的平台之上,卷起了一股数字化浪潮。文本和传播内容复制不再局限于印刷的途径,电子书、数字报纸、数字期刊、社群数字内容载体等纷纷涌现。但这股数字化的浪潮还没有从根本上颠覆印刷媒介,其原因在于:一方面,目前数字报、电子书等形式仍然沿用和依托以文字为主的内容;另一方面,阅读主体的阅读习惯还没有发生根本性转变。

(二)印刷媒介数字化概览及传播特点

从 20 世纪 80 年代开始,印刷媒介的数字化浪潮越来越强劲。早在 1987 年,美国《圣何塞信使报》首次将该报内容送入初创阶段的因特网,成为世界上第一家基于因特网的电子报纸。其后,美国 60％的期刊纷纷推出在线期刊,欧美的一些报刊在数字化风潮下已决定停出印刷版。② 在图书出版领域,传统出版社也正积极拓展数字出版业务。方正阿帕比公司将数字出版平台推广至全国各大出版社,不仅将出版社所拥有的纸书数字化,还将这些内容广泛应用于数字出版平台,实现数字内容与纸书的复合式出版,或曰"全媒体出版"。人民文学出版社、作家出版社、上海译文出版社等纷纷在网易云阅读、咪咕阅读平台上线可在线阅读的电子书;浙江大学出版社研发了"立方书"融媒体出版物;山东教育出版社积极尝试 AR、VR 图书出版;浙江出版联合集团、知识产权出版社推出了网络自助出版平台。韩国、日本正日益关注"泛在图书"。在泛在环境下印刷媒介数字化已是大势所趋。

较之传统纸媒介,数字化媒介在保留原有优势的基础上又有着自身的传播特点,这也是印刷媒介数字化有着强劲势头的原因所在。以手机数字出版物为例,其与传统报纸在传播过程中便有着显著的不同:首先,传播内容包括文字、图片、音频、视频,既保留了印刷媒介的文字,又加入了数字媒介的视觉优势;其次,从传受关系上来讲,传统报纸对读者的反馈信息收集即时性差、读者定位相对模糊,数字出版物不仅给用户发送其所需要的新闻,更可实现跟踪、调查、互动等各方面的功能;最后,从传播效果上来看,受众根据自身喜好

---

① 罗杰·菲德勒:《媒介形态变化:认识新媒介》,明安香译,华夏出版社 2000 年版,第 24 页。

② 查国伟:《数字化,中国纸媒的自我拯救》,《传媒》2006 年第 6 期,第 18 页。

订制不同版面的新闻,使传播更加分众化、小众化。现代人生活节奏越来越快,越来越习惯于信息的快餐式消费,相较于传统报纸,手机数字出版物更能体现出随身携带、反复阅读的便捷性。现今时代,复合式传播悄然兴起,信息资源在新技术下的融合是大势所趋,印刷媒介数字化正是多媒体融合进程中的现象之一。

(三)媒介所蕴含的文化背景

人类传播史上经历了几次重大的媒介形态变革,从口传媒介、印刷媒介到数字媒介,每一种媒介背后都蕴含着超越其自身工具性质的意义。媒介不仅决定人们对世界的认识,还决定人们怎样去认识世界。以梅罗维茨为代表的传播学者认为,新媒介与旧媒介不同,它改变了依赖于早期传播手段的那些社会方面。① 媒介技术发展对人类认识世界产生重要影响,进而与社会变迁之间存在一定联系。印刷数字化的过程正是印刷媒介和数字媒介融合的过程,体现了两种媒介所蕴含的文化背景的交织,展示了新旧媒介之间的汇合。

印刷媒介在人类历史上具有重要地位,在纸张上印刷出连续性的符号使人类的知识得以迅速传播。"这个知识炸药的冲击,便利性和持久性混合而产生的爆炸,无孔不入,在古今各种宗教中都可以感觉到它的威力。"②在历时一千余年的过程中,反对罗马教会的各种声音不绝于耳,但却几乎没有影响力。而在印刷机出现后数以百万册的《圣经》的印制,使基督教新教在抗议教会的进程中得以形成。

印刷媒介在推动人类文明发展的同时,使人类社会日益依赖媒介的存在,从而形成一系列传播规则。人们通过阅读形成对外界的认识,印刷媒介中的世界是理性、严肃而又明确的。各个国家通过白纸黑字来制定法律、创作文学和传播思想,可以说,没有印刷媒介便没有世界文明。尼尔·波兹曼将印刷机统治思想的时期称为"阐释年代":"阐释是一种思想的模式,一种学习的方法,一种表达的途径。所有成熟话语所拥有的特征,都被偏爱阐释的印刷术发扬

---

① 约书亚·梅罗维茨:《消失的地域:电子媒介对社会行为的影响》,肖志军译,清华大学出版社 2002 年版,第 65 页。

② 保罗·莱文森:《思想无羁》,何道宽译,南京大学出版社 2003 年版,第 167 页。

光大:富有逻辑的复杂思维、高度的理性和秩序,对于自我矛盾的憎恶,超常的冷静和客观以及等待受众反应的耐心。"①

数字化后的文本实现了非线性阅读,数字文本中的结构便是根据各单元文本内容将信息内容划分成的线性单元。各种数字化的印刷媒介以文字为主,逐渐和其他媒介融为一体。在这种混合媒介使用的过程中,人们的交流方式、交流对象和文化传递模式也日益受其影响。

二、印刷媒介数字化与米德的"三喻文化"

在研究新媒介对人们的诸多影响时,可发现它与人类学家玛格丽特·米德所述的社会文化模式的转变有着惊人的吻合。米德在其经典著作《文化与承诺:一项有关代沟问题的研究》中,从文化传递方式的视角出发,将人类文化划分为三种基本类型:前喻文化、并喻文化和后喻文化。文化传递模式可以是从长辈到晚辈或是同辈之间平行传递,还可以是晚辈传递给长辈。文化传递模式的三个过程,正是从"前辈的过去就是他们(年轻一代)的未来",到年轻一代自主创造符合自己的时代模式,再到年轻一代将知识文化传递给他们生活在世的前辈。② 文化传递的这种差异,与媒介的使用有着千丝万缕的联系。印刷媒介数字化技术的不断发展,恰恰使这一代人所经历的、所接触的不同于前一代,这正体现了后喻文化的"反向社会化"过程。

(一)前喻文化与口传媒介

前喻文化是原始社会的基本特征,在没有文本文字、碑文记载的社会中,口语传播是人们之间交流的主要途径。在这种典型的前喻文化中,文明的传播不附载于物质载体,而是存在于其社会成员的记忆之中,文明的历史、文化的传递均是通过口传媒介传播的。前喻文化的传递完全依赖于长辈向晚辈口

① 尼尔·波兹曼:《娱乐至死》,章艳译,广西师范大学出版社 2004 年版,第 83—84 页。
② 玛格丽特·米德:《文化与承诺:一项有关代沟问题的研究》,周晓虹、周怡译,河北人民出版社 1987 年版,第 7 页。

耳相传,而对历史加以编纂的前辈们对历史的变迁进行神话般的描述,抑或根本否认变化。在口语传播中,"那些能够详细描述发生在以往相对稳定时期的事情的人,谈起发生在近来的不甚稳定时期内的事却可能漏洞百出"①。为了保证口述历史的连续感,人们总是遗忘变化的细节和过程。

由于没有印刷媒介的文字符号,人们之间的传播不存在对文字的解读和释义。口语传播具有自身的权威性,生活在单一文化中的长辈很少对自身行为产生疑惑,晚辈将其传授的生活经验和各种知识看成理所当然。在这样的族群中,人们有着绝对的忠诚,"这样孩子们就能够在成长的过程中毫无疑问地接受他们的祖辈和父辈视之为毫无疑问的一切"②。通过这种传播方式,年轻一代的社会化过程全部在前辈的严格掌控之下进行,沿袭着传统的生活道路和生活方式。

(二)并喻文化与印刷媒介

尽管并喻文化的产生与印刷媒介的使用并没有直接联系,但是并喻文化模式的发展却离不开印刷媒介。在各个国家的不同地区,以及来自世界不同地方的人们的经验之间,同样存在着相互间的并喻学习。这种并喻学习离不开印刷媒介的广泛流传,图书、报刊等承载着人类智慧和知识,以超越以往的速度向各地传播。

促使并喻文化产生的因素也与印刷媒介有着密切的联系。科学技术的进步、宗教信仰的改变和自然资源的进一步开发均离不开知识的迅速传播,而知识的普及离不开印刷媒介这一传播载体。在前喻文化中,祖辈的智慧和权力是新一代所羡慕的,而当他们发现图书、报刊中所描绘和传授的另一种知识对当前生活更有助益时,便会审视祖辈的生活,而不会完全沿袭其生活足迹。人们开始间接地接受关于自然、社会的知识,人与人之间的关系也不似前喻社会那样亲近。但并喻文化存在的时间十分短暂,很快被前喻文化所涵化。因为,

---

① 玛格丽特·米德:《文化与承诺:一项有关代沟问题的研究》,周晓虹、周怡译,河北人民出版社 1987 年版,第 44 页。

② 玛格丽特·米德:《文化与承诺:一项有关代沟问题的研究》,周晓虹、周怡译,河北人民出版社 1987 年版,第 47 页。

图书、报刊所承载的知识并不足以使每一代人都认为他们的行为不同于前一辈是天经地义的事。

(三)后喻文化和数字化浪潮

"二战"以来科技的迅猛发展,使世界几乎在顷刻间发生骤然变化,掌握新技术的人们置身于数字化沟通网络平台之上。在地球村,年轻一代能够"互相分享长辈以往所没有的、今后也不会有的经验"[①]。印刷媒介的数字化,使人类知识的传播达到了前所未有的速度。而没能完全掌握新型介质使用方法的长辈,无法知晓晚辈所了解的世界。在信息急剧更新的时代,由于长辈和晚辈对新事物理解和吸收快慢不同,在长辈丧失教化的绝对权力之时,晚辈获得了前所未有的"反哺"能力,使文化知识改变了单向传递的模式。

梅罗维茨认为,印刷媒介有利于形成社会场景之间的隔离,从而促成知识的垄断,数字媒介则倾向于打破隔离、融合社会场景,最终使权威消解。[②] 于是父辈不再是年轻一辈的人生向导,面对纷繁变化的世界,他们只能向年轻一辈学习新的技术使用方法和面对未来的一些人生方略。在这全新的信息社会,前辈的经验已逐渐丧失了"传喻"的价值,而新一代无疑引领了文化变革的时代潮流,将新技术、新媒介迅速融入自己的学习、生活与生存状态中,开辟了一个与以往完全不同的崭新时代。

后喻文化之所以能成为一种新的文化传递模式,就在于推动这个世界变革的力量总是取决于具有颠覆传统思想和观念的人,而且通常就是具有活力与叛逆精神或思想的年轻人。国内外印刷媒介数字化浪潮的肇始者,均是传统印刷媒介之外的、具有新思维范式的人。这一现实给人如下启示:新的技术需要具有创新精神的人去创造,并由不受传统观念束缚的新群体去接纳和使用。伴随着计算机、互联网、手机等新阅读介质和文化交流平台出现而成长起来的新一代,是网络文化创造与传播的主体。相互间的交流使这一代人的知

---

① 玛格丽特·米德:《文化与承诺:一项有关代沟问题的研究》,周晓虹、周怡译,河北人民出版社 1987 年版,第 75 页。

② 约书亚·梅罗维茨:《消失的地域:电子媒介对社会行为的影响》,肖志军译,清华大学出版社 2002 年版。

识和信息获取量得到了近乎几何级数的增长,以一代人或一群人的形式与父辈交流。周晓虹认为,孩子们与同学或同伴的交往是子代获取各种新知识和新价值观念的途径,这也成了向父母进行"文化反哺"的知识蓄水池。[①] 于是,在这样的文化中产生了一批与下一代同处于一个代际的父辈,他们在新环境中以平等的心态与年轻一代进行交流。

在这种新型的后喻文化中,代表未来的是晚辈,而不再是父辈和祖辈。在信息高速发展的今天,任何学识渊博、懂得教育之道的人都很难允诺,他能将文化传递给下一代。目前的社会是多种文化传递模式并存,不能否认的是,文化传递和媒介之间存在互为影响的关系,后喻文化必将逐渐成为新时代的主导。

三、文化传递模式引发文化生产方式的改变

随着数字技术的广泛发展,印刷媒介的存在形态逐渐多样化。在新媒介的使用过程中,人与人、人与社会的关系随之发生转变。未来不再是当今的简单延续,而是现在的发展之果。新技术的变革使人们使用媒介的方式发生改变,阅读习惯的改变影响着文化生产方式。图书是印刷媒介古老而又主要的组成部分,是人类文明代代延续的工具之一。出版业不能无视新技术的发展带来的文化传递模式的变迁,要深思在新时期运用好新兴的科学技术,使传统出版业跟上时代发展的步伐,为新时期的人类文明尽绵薄之力。

(一)后喻文化形成过程中的阅读习惯对文化生产的影响

在印刷媒介数字化浪潮中,年轻一代对新兴技术的熟练使用和对新文明的接受超过了前代。中国新闻出版研究院公布的一项全国国民阅读与购买倾向抽样调查结果显示,我国国民纸质图书阅读率持续走低。[②] 这应引起业界、

---

① 周晓虹:《文化反哺:变迁社会中的亲子传承》,《社会学研究》2000 年第 2 期,第 61 页。

② 中国出版科学研究所课题组:《全国国民阅读与购买倾向抽样调查有六大发现》,《出版发行研究》2006 年第 5 期,第 9 页。

学界和政界各方的足够重视,因为国民阅读是文化生产发展的原动力,阅读率下降的直接后果是出版市场容量下降,而这场下滑风波又源于新兴技术革命对阅读习惯的改变。于是在北京国际出版论坛上有专家疾呼:"不是所有的问题都有资格关乎我们的未来,但是新技术却有足够的分量,它是我们必须面对的。"①实际上,新技术的作用不只是在当前方得以凸显的,追溯人类文明发展史,每一次新兴科学技术的诞生,都使媒介的使用形态发生变化,并对人类文化传递模式产生重大影响。

文化生产如果不能适应社会发展的需要,就不仅会使文化产业的发展停滞不前,而且在深远意义上会影响整个社会的进步发展。如今,阅读时代的热潮已经风光不再,人们的兴趣在海量资讯中逐渐分化。在阅读环境大为改变的情况下,轻松、轻快、轻巧的浅阅读逐渐占据主流。数字化的印刷媒介使阅读不再是精英文化的体现,谷歌的学术搜索与百度的国学搜索意味着引经据典不再是学者的专长,大众同样可以利用网络图书馆来搜索资料,其精确程度可及具体的章节和段落。

早在 2006 年,《国家"十一五"时期文化发展规划纲要》就明确提到了博客、网络出版等词汇,这是政府对新兴媒介的认可。十年过去,《"十三五"国家战略性新兴产业发展规划》不仅涉及建设"数字中国"的构想,并完整地提出了数字创意产业战略,要求提高数字创意内容产品原创水平,加快出版发行行业数字化进程。在"2006 中国数字出版年会"上,柳斌杰教授在题为《数字化带动我国出版业的现代化》的演讲中阐述了关于数字化的问题,其中提及的复合出版系统便是新形势下文化生产的方向之一。这一系统能使出版环节各主体协同工作,在终端呈现多种介质的载体,实现跨媒体传播。随着数字技术和互联网技术的进一步推动,互联网技术的广泛应用,4G 手机的上市,印刷媒介与这些新兴技术的结合将会愈加紧密,对人们的生活和社会文化也会产生更加深远的影响。在这样的形势下,出版界必须对未来的发展趋势有前瞻性的认识。

印刷媒介的数字化加快了出版传播的速度,使某一国家出版的图书、期刊、报纸利用互联网技术能在瞬间传遍现代社会所能到达的每个角落。信息

---

① 参见"2006 北京国际出版论坛"主持人张福海的发言,后收入《出版业正面临数字化竞争》,《中国新闻出版报》2006 年 8 月 29 日,第 1 版。

的流动加剧了全球化的进程,网络的发展使人类传播活动突破了空间和时间的种种局限,从技术上实现了信息传播的最大自由。为此,我们须大力加强出版业的数字化,加快后喻文化的建构。目前的数字出版市场让诸多出版机构既爱又恨,当然,也有像日本航海者出版社那样的成功者,其积极顺应时代,掌握着数字出版市场的主导权,并通过"扩张图书计划"吸引了广泛的读者。① 出版商应当意识到,印刷媒介数字化对于传统出版业的冲击,本质上源于作为其服务对象的读者群体的结构性变动。这不但包括阅读方式的数字化,更重要的是,阅读习惯中接受信息、消费图书的动机改变了。移动互联网络的发展催生出跨地域、年龄、职业等要素,以共同兴趣为纽带的社群。它的实时在线、即时交互功能使人与人更为协同。数字出版意义上的社群网络,是在此基础上出现的以发现、支持、分享、讨论等方式阅读数字产品,且具有社交关系的用户集群。社群网络效应在于,单个用户行为通过人际交互指数放大,产生一种体现多数成员心理的社群意志,社群成员之间的相互影响和社群意志成为个人消费图书的重要动力,反向推动出版商调整市场策略。在移动终端和社交媒体软件的支持下,社群网络和社群网络效应无疑是数字出版下一阶段发展的核心动力之一。图书出版产业正走向社群化,基于不同社群需求的定制出版,利用社群力量推动的网络自出版、众筹出版等,都展现出全新的出版内容与方式,而 O2O 模式也同样给社群营销带来机遇。总之,出版商构建新型的社群网络出版模式几成必然。也正是由于草创未就,社群网络出版对于传统出版机构和数字出版商都一视同仁,是新旧媒体共同的蓝海,它将呼唤一种强调社群用户深度介入的参与式出版的出现。当然,图书出版社群化只是印刷媒介数字化发展至今的突出表现之一,未来仍有一段漫漫长路需要探寻。

(二)数字化时代文化生产发展路径探微

数字化时代文化生产方式的转变,需要从数字内容产业的大格局来把握方向。数字内容产业亟待成为经济的新一轮推动力,它由影视制作、交互数字电视应用和内容制作、在线和交互式游戏、基于互联网的市场营销及设计和广

---

① 长冈义幸:《出版大冒险》,甄西译,国际文化出版公司 2006 年版,第 99—112 页。

告、在线教育内容研发、移动内容研发和出版、版权管理及其他软件应用相关的创意产业等组成。① 数字内容产业的一个重要组成部分便是数字出版产业，其产品形式有数据库、数字出版物、在线内容及各类增值服务等。数字出版无疑是近年来文化生产方式转变中备受瞩目的领域，并已列入国家重点发展规划。在数字出版新业态中，社群效应使图书的单倍价值呈几何级数增长。如哈珀·柯林斯集团 2014 年首次探索网络直销纸质书和有声读物，进行在线营销，用行业便利连接读者与作者，形成了数个社群平台，集团也因此获得了丰富的读者资源。以网络文学版权运营为代表，社群效应下的粉丝经济使图书衍生价值形成了可持续的多媒体产业链。

数字内容是数字出版产业的核心，数字出版产业的发展离不开整体产业链的流通和运行，包括数字内容的市场需求、生产控制、版权保护以及多种形式的产品流通等。尤其是在全球化时代，文化生产不可能在某一国家或民族中处于封闭状态，频繁的信息交流与文化融合要求文化生产须置身于国际社会之中。

在这样的背景下，出版人须考虑内容、技术、市场三者之间的互动，明确自身最关键的作用在于对数字内容的获取、再创造和制作加工，实现内容的增值。

生产方式的变革为出版业带来了新的理念、新的发展思路和发展机遇。我国发展数字出版要从三个层面齐头并进，即出版社的数字内容生产，出版行业的发展和整合，以及相关管理部门的推动和规范。出版机构发展数字出版可分三步走：一是根据自身情况自主或联合其他机构研发数字化的内容资源库，为以后进一步发展做好准备；二是全面建立和使用数字内容管理平台，将数字内容的生产、管理和控制纳入整合的系统之中②；三是明晰数字内容使用和改编的权利，在此基础上根据市场需求有选择性地重点研发若干项目。在"三步走"的同时，要根据出版机构本身的定位拓展相关业务，依托传统文化品

---

① Centre for International Economics，"Australian Digital Content Industry Futures"，2005-05-11，http://www. thecie. com. au/content/publications/CIE-digitalcontentindustryfutures. pdf，2009-05-04.

② 陈洁：《出版社数字内容管理平台的构架和实施》，《科技与出版》2009 年第 1 期，第 55—57 页。

牌,掌握数字出版主导权,培训数字出版的管理人才和应用型人才。

一般认为,专业出版领域和数字技术的契合程度是最高的,教育出版次之,大众出版和数字技术的契合程度最低。尽管如此,在教育出版、专业出版和大众出版各自领域中,不同的出版主体均有其自身优势,对应不同的定位和可拓展的空间。教育出版适合发展信息服务模式,专业出版适合发展基于知识结构的定制服务模式,大众出版适合发展与相应市场互动的模式。大众出版的数字化进展相对缓慢,其中又以传统报刊遭受的冲击最大。究其原因,报刊的文章以短小精悍见长,在互联网海量信息的覆盖下,在短平快阅读习惯的冲击下,传统报刊很容易陷入"酒香也怕巷子深"和"随意粘贴复制"的困境。为此,传统报刊必须主动"送货上门",把内容放置到读者触手可及之处。大众出版的预设读者与社群网络的用户基础具有一致性,因此大众出版在营销上需要充分发挥社群网络的传播效应。移动化的社交媒体平台解决了报刊营销棘手的渠道问题,它通过社群网络让用户与报刊建立长期关系。由社交媒体平台发动用户在线订阅,再引导用户的周边产品消费行为,就是部分报刊的社群营销尝试。学术期刊在社群网络资源利用上已经做出示范,如学术出版商爱思唯尔推出了在线学术社群平台。"今日头条"通过整理聚合他源内容,吸引了大量用户关注,用户只需下载 App 就可以对分散的信息进行主题归类阅读,可以说,渠道的快捷性在其中起了主要作用。

正如媒介演进的结果是包容共存,出版业是以一种融合范式而非革命范式联结传统出版社与数字出版商的,基于人际信任的社群分享和社群营销离不开新旧媒体的合作,它们存在极大的共赢面。在具体的图书销售模式中,传统出版社、数字出版商和社群网络将会越来越多地呈现"你中有我、我中有你"的面貌。一些网络自媒体在这方面已经取得了成效,形成了以品牌信誉为基础进行分享和营销、多家传统出版机构"众星拱月"的态势。以"罗辑思维"为例,它作为自媒体推送创意内容吸引用户,但是本身却不售卖内容,而是通过VIP 制、会员专属等方式强化关注者的社群感受,依靠品牌信誉销售月饼、茶叶、图书等商品赚取社群红利。在新旧媒体融合方面,作为新媒体的"罗辑思维"与中信出版社、社会科学文献出版社、新华文轩等传统出版发行商合作,在微店积极推广新书、再版书。

在历届中国数字出版博览会及各类关于数字出版的主题论坛上,总是只有一些实力雄厚的大型出版社和报业集团发声,在大部分出版社克服各方面阻碍涉足数字出版领域之时,一些网络公司、民营出版工作室却已大幅实现收益。可见,文化生产机构亟待认清阅读方式、生产方式所引发的产业巨变,数字化时代的文化生产需要新技术,也需要宏观思维、想象空间,更需要后喻文化中那种颠覆传统的思想和观念。

(三)媒介数字化与现代人精神诉求的满足

在寻求文化生产发展路径之时,不能忽视生产方式的改变反过来又进一步加速了数字化、后喻文化发展的进程。印刷媒介数字化的一个趋势便是将文本文字进行视觉化、立体化开发。如漫画书早已不是人们早期印象中那样的刻板无趣,而是融入基于创意的整个动漫产业链之中。在数字化环境下,当文字叙述不再是首要的选择,丰富的信息通过图像化的语言来阐述,纸媒为新型阅读器代替时,出版界不能忘记自身作为内容提供商的重要定位。

现代社会的多重压力使人们在现实生活中总想寻求一片虚拟的梦幻空间,宁愿沉醉其中久久不愿醒来。近年来,中国都市之中产生了这样一个群体,三十岁左右的他们却停留在未成年人的心理状态,从小到大没有脱离过对父母、对家庭的依赖。苏格兰作家詹姆斯·巴利笔下的彼得·潘正是这样一个代表人物,他永远都不想长大,生活在梦境一般的"永无乡"中。这些新一代的年轻人从长辈那里找不到人生的向导意义,只能通过新兴的数字化技术与同辈进行交流,甚至只能在虚拟的数字化媒介中寻求人生真谛。数字出版物使印刷媒介更加生动化、虚拟化,给置身于虚拟的数字媒介中的现代人一种新奇的幻想、惬意的超脱和片刻的安慰。但不容置疑的是,数字化媒介内容是最核心的所在,担负着传承人类文明的使命。随着内容需求越来越多元化,传统的选题策划注定面临更高的市场风险,而社交媒体的搜索、编辑、发布、链接等功能创造了一种以社群为单位的用户创造内容场景,用户自主自觉地创造满足自己喜好的故事和知识。一些出版商积极尝试用户创造内容的出版方式,把产生于社群的内容出版成书售卖给更多人。

在一个科学技术不断推陈出新、现实世界迅速变化的环境中,在一个现代人紧张忙碌且又面对令人目眩的海量信息的媒介环境中,人们力求获取信息和传递信息的快速、简洁、方便、高效。深层的诉求其实还有文本创作、传播、共享,以及拥有话语权、参与权等民主化诉求。知识共享就是对原有权威知识体系的解构,人们更希望以一种平等交流的姿态获取知识。社群网络的风靡,原因之一就在于社群成员之间的相互认可安抚了现代化快节奏生活中的焦虑,社群在具体公共事件上的影响力又让个人感受到了强烈的存在感、归属感。图像化、社群化仅仅是一个浅层次的诉求,社群最终要以自我创造内容为手段构建起独立的精神世界、价值理念和意义系统。例如,虚构创作中的同人小说,往往是众人共同构建了一个独立于作者权威的艺术世界,它是现代人以文学的形式表达内心世界的方式。对于出版商来说,同人小说的出版既是对用户创作和社群理想的尊重,也是对一种新型同人版权运营思路的有益探索。

正如《迈向知识社会》报告中所明确提出的,知识社会的核心是为了创造和应用而生产、转化、传播知识和思想内容的能力。[1] 印刷媒介的数字化无疑体现了这种能力。随着新媒介群体的不断扩大和读者阅读习惯的逐渐改变,随着文化传递模式、文化生产方式的转变,数字媒介作为思想文化的平台,其作用和影响力将日益凸显。

(原载《浙江大学学报》2009 年第 11 期,后增补之部分产业相关内容载于《中国出版》2017 年第 10 期,《新华文摘》2018 年第 4 期全文转载)

---

[1] United Nations Educational, Scientificand Cultural Organization, *Towards Knowledge Societies*:*UNESCO World Report*,Paris:UNESCO Publishing,2005,p. 27.

动画与未来电影

盘 剑

　　动画与未来电影的关系如何？动画会对未来电影产生怎样的影响？未来电影因为动画而将成为什么样子？这是在理论上值得探讨、在实践中需要及时解决的现实问题,因为其中隐含着电影发展的趋势。能否深入了解这一趋势直接影响到我们的电影研究能否走在前列,而能否及时掌握这一趋势则关系着我国电影创作、生产在新一轮的竞争中能否抢占先机。

一

　　在未来电影格局中,动画电影可以占据怎样的地位？如果时间倒退到2008年以前,我们对中国动画电影的未来可能完全没有信心,因为直到2008年《风云决》的问世,《宝莲灯》于1999年创下的2400万元的票房纪录竟保持了近10年时间！如果时间再倒退到20世纪90年代我们看到迪士尼的《狮子王》之前,我们对世界动画电影的前景可能也不存任何奢望,因为我们一直以为动画片只是小孩子的玩意,没想到成年人也会为之疯狂！如今,时间已经到了2011年,当我们在《狮子王》之后又经过《玩具总动员》《冰河世纪》《怪物史莱克》《功夫熊猫》乃至《阿凡达》等一大批疯狂卖座的美国动画片的一次又一次"启蒙"以后,当我们亲眼看到从2008年到2011年,我国国产动画电影连破纪录,单片票房连超千万元,甚至连年出现了"亿元影片"以后,我们便逐渐认识到动画电影在未来的电影格局中有可能占据极其重要的地位。

　　以下几组统计数据或许更能说明问题。

759

从图1可以看出,2008年以后,中国国产动画电影的年产量猛增,2009年相比2008年增加了11部。2010年虽然出品量又降到了16部,但这一年全国动画电影的拍摄立项数目达到了84部①——动画电影的生产周期较长,这一拍摄立项数意味着2011年、2012年动画电影的出品数量将大幅度上升。毫无疑问,随着动画电影产量的不断上升,其在国产电影中所占的比重也将不断增加。

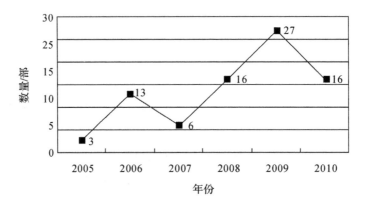

图1　2005—2010年中国国产动画电影数量统计

当然,动画影片数量的增加是受票房刺激的结果(表1)。

表1　2008—2010年票房超千万元的国产动画影片

年份	首映日	片名	片种	总票房/万元
2008	7月19日	《风云决》	动画电影	3000
2009	1月16日	《喜羊羊与灰太狼之牛气冲天》	动画电影	7300
2009	6月19日	《马兰花》	动画电影	1000
2009	7月24日	《麦兜响当当》	动画电影	7060
2010	1月29日	《喜羊羊与灰太狼之虎虎生威》	动画电影	12685
2010	4月23日	《黑猫警长》	动画电影	1500
2010	7月9日	《长江7号爱地球》	动画电影	1700

---

① 根据国家广播电影电视总局2010年度动画电影拍摄备案公示数据统计,详见:http://www.sarft.gov.cn/catalogs/psgs/index.html。

2008年是一个拐点,在这一年,《风云决》以3000万元的票房打破了《宝莲灯》保持了近10年的票房纪录,从此国产动画电影每年都有新的票房纪录诞生,而且每一个新的纪录其金额都超过前一纪录将近一倍或者一倍以上。如2009年的《喜羊羊与灰太狼之牛气冲天》总票房为7300万元,比2008年《风云决》的3000万元多了4300万元;2010年的《喜羊羊与灰太狼之虎虎生威》又以1.2685亿元超出《喜羊羊与灰太狼之牛气冲天》5325万元。如此巨额的票房对于国产动画电影来说是前所未有的,其破纪录的速度和所"破"金额的幅度之大也是前所未有的。显然,正因为这样,才会有越来越多的动画电影投入生产。

但以上还只是限于动画电影本身的前后对比。如果将动画电影放在当前整个电影的格局中来看,又会是怎样的呢? 它能与普通的真人电影平分秋色、甚至更胜一筹吗?

表2显示,尽管国产动画电影在2010年首次诞生了"亿元影片",创造了国产动画的神话,但还是没有进入2010年度国产电影票房前10名的排行榜。不过,这也只是说明我国的国产动画电影还跟不上国产电影迅猛发展的速度,并不意味着动画电影本身无法与真人电影抗衡、无法在整个电影格局中占据重要地位。我们且看一个进口电影的票房排行榜(表3)。

表2　2010年国产电影票房排名前10位影片

排名	片名	片种	票房/万元
1	《唐山大地震》	真人故事片	67332
2	《让子弹飞》	真人故事片	60365
3	《非诚勿扰Ⅱ》	真人故事片	44137
4	《狄仁杰之通天帝国》	真人故事片	29228
5	《叶问2:宗师传奇》	真人故事片	23404
6	《赵氏孤儿》	真人故事片	19310
7	《大兵小将》	真人故事片	16218
8	《大笑江湖》	真人故事片	15393
9	《山楂树之恋》	真人故事片	14662
10	《锦衣卫》	真人故事片	14470

数据来源:国家广播电影电视总局网站(http://www.sarft.gov.cn)。

表3　2010年进口电影票房排名前10位影片

排名	片名	片种	票房/万元
1	《阿凡达》	动画电影	137870
2	《盗梦空间》	真人故事片	44207
3	《爱丽丝梦游仙境2》	真人故事片	22640
4	《敢死队》	真人故事片	21876
5	《哈利·波特与死亡圣器(上)》	真人故事片	20581
6	《钢铁侠2》	真人故事片	17637
7	《诸神之战》	动画电影	17518
8	《波斯王子:时之刃》	真人故事片	15822
9	《生化危机:战神再生》	真人故事片	13795
10	《玩具总动员3》	动画电影	11920

数据来源:国家广播电影电视总局网站(http://www.sarft.gov.cn)。

这一排行榜显示,2010年我国进口的10部最卖座的影片中,动画电影占了3部。虽然按影片数量计算动画电影只占三成,但这3部动画片的总票房达到了16.7308亿元,而另外7部真人故事片的总票房为15.6558亿元——3部动画电影的票房超过7部真人故事片1.0750亿元! 而且,名列榜首的《阿凡达》,其将近14亿元的票房几乎是榜上其他所有真人故事片票房的总和。这一现象是令人震惊的,它说明动画电影的"吸金力"或者对观众的吸引力、影响力不仅不输于真人故事片,而且还能超越之。其实这种现象在国外已经屡见不鲜,例如在北美电影市场上,经常有动画电影高居一周票房榜首,把一些真人故事片远远地抛在了后面。由此,我们便不难推测,动画电影在未来电影格局中将不仅会与真人电影并肩而立,而且还有可能占据"黄金板块",成为电影片种的一名"新贵"。

二

当然,考量动画与电影的未来不能只有票房一个观测点。票房在某种意义上决定着影片的成败和电影的存亡,因为其不仅仅意味着金钱,更意味着观众的认可度——如果说"没有观众就没有戏剧"(这是戏剧的金科玉律),那么对于电影来说也是一样的;然而,基于观众认可的票房只是最后的"果",其中应该还有更加关键、更加重要的"因",即它是如何吸引观众、赢得观众、让观众认可并且由衷喜爱的? 这便涉及电影的艺术表达。因此,讨论动画与未来电影的关系还有必要弄清楚动画对未来电影艺术表达的影响。

我们不妨以《阿凡达》为例来讨论这个问题。

其实,《阿凡达》并不是完全的动画片,它有真人的表演——其 60% 的画面采用 CG(computer graphics)动画制作,40% 的镜头由真人演出——从这一意义上说,它应该是一部"真人+动画"的影片,就像《加菲猫》一样。然而,也正因为这样,它更能说明问题。

我们不妨设问:《阿凡达》为什么要用动画制作主要角色和大部分(特别是一些关键的、重要的)场景? 如果这些角色和场景不用动画制作其结果会怎样? 答案非常明确而简单:如果不是这样,它不可能席卷中国 13 亿多元人民币、全球 20 多亿美元的票房。当然,正如前文所说,这不只是金钱的问题,还意味着观众的认可,而观众的认可则意味着它选择了一种令观众着迷的艺术表达方式。看过这部影片的观众都知道,该片的叙事元素和模式并无多少新意:科幻,外星,战争,爱情,正义战胜邪恶。那么让观众着迷的是什么呢? 毫无疑问,正是它的动画制作——《阿凡达》虽然有 40% 的镜头由真人演出,但却只有大约 25% 的镜头是完全采用传统的方式在摄影棚拍摄的,其他基本上都应用了电脑创造的世界与表演捕捉相结合的虚拟环境。导演卡梅隆运用本身没有镜头,只有一个 LCD 显示屏和用来记录在一场戏中其相对于演员的定位和朝向的标记器的"虚拟摄像机",凭借他通过 14 年的苦心研究所掌握的数字技术,以及 2000 人的制作团队(其中包括 800 名特效人员),如魔法般的创造了一个名叫"潘多拉"的奇异星球。在这个星球上,有六只脚的槌头雷兽(Hammerhead Titanothere)、身穿装甲的长颈马(Direhorses)、像翼手龙一样的斑溪兽(Banshee)、无数闪着光芒的树木和各类植物、漂浮着的山峰和不可思议的景色,更有身高 9 英尺的蓝色外星人,以及人类意识对这种外星躯体的进入和控制。而所有这一切都是从无到有凭空创造出来的,完全来自于导演疯狂的脑海。影片不仅"无中生有"地想象了一个奇异世界和一系列奇异的事情,而且将这个奇异世界和这些奇异的事情"无中生有"地呈现在观众面前,完全颠覆了传统电影实地选景、摄影棚搭景、演员表演、摄影机拍摄、胶卷剪辑的成像、制作和艺术表达方式。正是这种用技术实现想象、充当故事配角的"无中生有"的艺术创造让观众获得了一种全新的审美体验,让观众完全沉迷于其创造出的不可思议的艺术世界当中。由此可见,《阿凡达》虽然有真人表演,但它独特而巨大的艺术魅力基本上跟真人表演无关,而完全来自动画制作——也正因为如此,我们说它不是真人电影,而是动画电影。

其实,《加菲猫》也是这样。"加菲猫"虽然是只猫,但这只"猫"不是现实中存在的有血有肉的猫,而是用动画制作出来的虚拟猫,尽管它栩栩如生、活灵活现,看起来比真实的猫还要真实。当然,也正因为是"做"出来的,所以它才更独特、更有趣、更有性格、更具有表现力,因而也更让观众着迷。毫无疑问,如果没有这只用动画制作出来的"虚拟猫",《加菲猫》的价值将大打折扣。

从《阿凡达》以及《加菲猫》的例子可以看出,动画使电影获得了一种全新的艺术表达和前所未有的艺术魅力。这种艺术表达的核心机制是"完全的无中生有"。尽管所有虚构的艺术都具有"无中生有性",传统的真人电影也是如此;但真人电影"虚构"或"无中生有"的只是内容,即故事以及故事中的角色,而故事的展示与叙述却都是由真实的演员通过在真实的场景中扮演角色行动而完成的,并通过摄影机镜头的客观记录而形成影像——显然,这些演员、场景、摄影机都不是"无中生有"的,而是一种客观存在;以此创造的影像也具有客观实体的对象。动画则不然。动画影像中既没有真实的生命体存在,也没有真实的客观场景,甚至连影像本身都是用没有镜头的虚拟摄影机创造的。这种"完全的无中生有"之所以比传统真人电影作为"物质现实的复原"而"以真实表现虚构"更具有艺术表现力,对观众也更具有艺术魅力,是因为它突破了所有限制,表达更加自由。

首先,它突破了演员的限制。真人电影中的角色是由演员扮演的,优秀的演员当然极具可塑性,但可塑性再强,其毕竟是真实的人(或动物),而作为一种自然生命体必然要受到各种客观条件的限制,某些动作是难以完成的,某些表演也是不可能做到的。例如"加菲猫"如果是一只真实的猫,它就绝不可能有那么丰富、细腻、个性鲜明、表现力极强的动作和表情。又如《阿凡达》中的那些 9 英尺高、蓝色皮肤、在悬崖上飞速攀缘、在森林中自由穿梭,并能与斑溪兽心灵相通驾驭其在空中翱翔的外星人,如果由真人扮演显然也非常困难。事实上,这里还不仅仅是能否完成表演的问题,还涉及观众心理上能否接受和认同的问题。如果是真人电影,观众势必按照客观真实的逻辑去判断演员表演的可信度,所以凡是那些用钢丝吊着演员在空中飞来飞去的表演总是让观众觉得虚假。但如果是动画角色,观众考虑的就不是其客观真实性了,因为观众知道他/她/它是制作出来的,在这种情况下,角色完全成为一种艺术符号。毫无疑问,作为一种艺术符号,它已不再受客观真实的逻辑约束,它唯一的功能就是表达,只要表达的内容(情感、思想)是真实的,它就能被完全地接受和认可。因此,动画便以天马行空的想象任意创造角色,并形成了一套反常规思维、违背客观真实、为真人演员所无法运用的造型与动作语言,如身体变形、肢解,超常规行为,以及抽象的具体化和感官的错位表达,等等。

例如《猫和老鼠》中的一个经典场面:老猫 Tom 追逐着老鼠 Jerry,二者都跑得极快,如风驰电掣。快到悬崖边时,Jerry"唰"的一声躲开了,Tom 却不明就里,冲了出去,一开始还没意识到,在空中继续奔跑,然后突然意识到脚下空虚,一愣,一顿,便掉了下去,"叭"的一声摔在地上,还没等站起来,一辆大卡车开了过去,Tom 被压成了一张薄薄的皮,被风一吹,就像纸一样卷起一角飘了起来,并转眼又恢复了原状。这样的动作设计既表现了老鼠 Jerry 的聪明和老猫 Tom 的愚笨,又让人们跟着老猫真切地体验了一种超常规的、令人难以想象的惊险,感受了一种难得的刺激,并满足了某种潜在的渴望——人们潜意识中对自己无法或不敢尝试的危险经历的渴望。显然,这种身体的变形和超常规行为对于任何真实的生命体(不论人或动物)来说都是不可能做到的,因而也是不真实的;但动画观众不仅不会指责它的不真实,反而会为这种超常规甚至反常规的设计拍案叫绝。

除了身体变形和超常规动作,肢解也是经典动画片中常见的动画表达方式或动画语言。以《海绵宝宝》为例,在《与章鱼哥罢工》一集里,有这么一个场面:为了反抗蟹老板的残酷剥削和压榨,章鱼哥鼓动同在"蟹堡王"汉堡店里打工的海绵宝宝和他一起罢工。出于朋友之情,海绵宝宝同意了,但他内心其实非常热爱自己的烹饪工作,并不愿意离开。所以,当章鱼哥拉着他走出汉堡店的时候,他挣脱章鱼哥扑到了"蟹堡王"巨大的玻璃窗上。章鱼哥走过去把他硬拉下来,谁知身子拉开了两只手却留在了玻璃上面,而且章鱼哥刚一放手他的身子又弹了回去;章鱼哥再次将他拉开,这次却是一对眼珠子留在玻璃上,十分留恋地睁大着;当章鱼哥第三次拉开海绵宝宝弹回去的身子时,玻璃窗上赫然贴着海绵宝宝的一颗跳动的心脏! 这三次身体的肢解无疑将海绵宝宝内心对汉堡店、对他原来工作的留恋之情充分地表现了出来。这样的表现方式显然是真人电影所无法运用的,其表现之独特和表现力之强显然也令真人电影难以企及。

抽象的具体化和感官的错位表达同样如此。所谓抽象的具体化,是指运用绘制的方式将角色原本抽象的或不可见的思想、意识、情感甚至某种感觉等具体、直观地呈现在观众面前。例如《猫和老鼠》中,当 Tom 看见一只年轻、漂亮的雌猫时,两个眼珠顿时变成了两颗红“心”,有时两颗红“心”还会合成一颗飞起来;如果雌猫也对 Tom 产生了爱意,也会飞出一颗粉色的“心”,两颗“心”在空中相撞,然后被一支利箭相穿。两个角色不需要任何行动和表白,“心”的来往就将它们各自内心的情感以及相互之间的情感交流、沟通充分地表现了出来。感官的错位表达则是用视觉表现嗅觉、用味觉表现触觉,或者相反:Tom 正在屋里吃鱼,鱼的香味被用线条描绘出来,袅袅绕绕地从窗口飘了出去;Jerry 咬住了香味的那一头,不停地吞咽着,身子也随之腾空,跟着香味从窗口飞进了屋子……这里,首先将只可闻的香味具体化为可见的线条——由嗅觉转视觉,然后又用 Jerry 的身子腾空表现了鱼对 Jerry 的巨大的吸引力,而这种吸引力呈现的则是鱼香诱惑的不可抵御、老鼠的本性或 Jerry 的性格。

其次,它突破了场景的限制。传统的真人电影中,由于角色由真实的生命个体扮演,也就势必要求其场景同样客观真实。当然,由于蒙太奇的运用,电影的时空可以任意转换,这使它相比于舞台戏剧的场景表现有了更大的自由。但真人电影的场景毕竟都是客观存在的,其客观性不仅对演员与角色的行动有所限制,而且它也往往只能作为角色活动的环境而存在,除了与情节相关的特定氛围(如“在美国黑色影片中,海岸码头闪闪发光的路面给人一种焦躁不安或冷酷无情的印象”[①])外,并无、也不能有更多表达。而动画,一方面借助于3D 技术完全可以超真实地模拟客观自然、社会环境;另一方面,它还可以将环

---

① 克里斯蒂安·麦茨:《电影符号学的若干问题》,李恒基、杨远婴主编:《外国电影理论文选》,上海文艺出版社 1995 年版,第 383 页。

境、场景虚化,或完全符号化。在模拟客观环境时,动画不仅能够做到极度真实,其真实度完全不输于摄影机的实景拍摄,让观众莫辨真伪;而且它可以让"客观环境"完全满足任何剧情的需要——这是实景或搭景做不到的。例如《阿凡达》中悬在空中的山,蓝色的外星人小伙们拉着藤蔓往上攀缘,然后在悬崖边骑上神奇的翼兽在山与山之间的空中风驰电掣般飞行。这虽然是真实的呈现,但又绝非现实中所有——其"景"既找不到,也搭不出。在虚化环境时,动画可以将一切具象符号化。具象符号化有两种方式:一是具体的事物被简化成某种符号,或具体事物被特定的符号所替代;二是一些具体的事物被赋予了某种含义,具有了符号的性质和特征。例如,中央电视台《快乐驿站》栏目中的动画片《有事您呼我》,根据郭冬临主演的小品改编,主要讲述主人公因为妻子升任大堂经理自己却一事无成怕被瞧不起便请楼上"二哥"(邻居)每天用电话传呼他,装成影视圈各大名人都找他的"大忙人"而欺骗妻子,以寻求心理平衡的故事。片中的传呼机既是一个道具也是一个符号,它体积巨大,先是像船一样载着主人公,然后又用一条粗大的绳索捆绑在主人公的背上,其含义不言自明。在表现主人公每天在单位的工作时,其工作环境则被简化为一圈会议席位和几个被设计成机器人模样的、坐在席位上打呼噜的同事,于是,具体的人和事也成了"平庸""无聊""无所事事"的象征。可见,动画既突破了真人电影场景的自身建构局限——没有不能建构的场景,也突破了真人电影场景的表达功能局限——不再局限于客观外在的表达,从而使其在场景运用或时空表现(表现时空和用时空来表现)上获得了空前的自由。

最后,它突破了摄影机的限制。相比于戏剧的剧场演出中观众只能从其固定的席位观看,电影通过摄影机从不同的角度、运用各种景别以及移动机位拍摄,其"画面"无疑更加丰富、生动,表现力更强。但摄影机毕竟还有死角,还有不可跨越的轴线,即还有一定限制,还有无法到达的位置,还有无法呈现的视野。而动画则突破了摄影机的最后限制:它采用模拟摄影的方式,一方面运用虚拟摄影机"拍摄",另一方面便是完全在电脑上制作(CG 动画),其景别(包括远景、全景、中景、近景和特写)、焦距(标准焦距、长焦距、短焦距)、角度(平、俯、仰)、视点(主观镜头、客观镜头)、运动(推、拉、摇、移、跟)等都通过电脑模拟实现——虚拟摄影机是没有"镜头"的,而 CG 动画制作甚至连摄影机都不存在。既然没有了镜头和摄影机,自然也就没有了摄影机及其镜头拍摄难以到达的死角和不能跨越的轴线。

毫无疑问,当演员、场景、摄影机的限制都被突破以后,电影作为艺术将无所不能表现,由此或有可能带动人类想象力和创造力的空前释放。

三

众所周知,电影是一种活动照相,其诞生基于照相术的发明,因而活动照相机——摄影机的运用便不仅是电影创作的最基本的工具,也是电影之成为电影的重要标志。从这个意义上说,当动画电影或动画让电影不再使用摄影机,而是运用没有镜头的虚拟摄影机,或者完全依靠电脑制作完成时,这种动画电影或 CG(数字)电影还是"电影"吗?

确实,虚拟摄影机和电脑制作对电影的最根本的特征——作为"物质现实的复原"的纪实性提出了严峻的挑战。"绘画、文学、戏剧等等,不管它们跟自然界有多大牵扯,它们并不真正地再现它。毋宁说,它们是利用自然界作为原料来构造出含有独立性质的作品。原料本身在艺术作品中已无所存留,或者说得更精确些,所有能存留下的东西都已被改造得足以体现出作品所要表达的意图。从某种意义上来说,现实生活素材在艺术家的意图中消失了。"①而"电影和照相确实是唯一能展示其原始材料的艺术"这一点早在电影发明初期即已得到承认。"德国批评家海尔曼·谢弗埃尔在 1920 年时即已预言人类将通过电影'而熟悉整个地球,就像熟悉他自己的房子一样,尽管他可能从未走出过他那小村子的狭小天地'。三十多年之后,加勃里尔·马塞尔用类似的语句表明了他的意见。他赞美电影——特别是纪录电影——具有深化和进一步密切'我们跟作为我们栖息所的大地之间的关系'的力量。'而且我应当说,'他补充道,'由于我容易对惯见的东西——那就是我在现实中不再去看的那些

---

① 齐格弗里德·克拉考尔:《电影的本性——物质现实的复原》,邵牧君译,中国电影出版社 1981 年版,第 380 页。

东西——感到厌倦,电影所特有的这种力量对我说来似乎真正具有复原的作用.'"①可见纪实性不仅是电影区别于戏剧、文学、绘画等艺术门类的本质特征,而且也是其对观众的独有魅力所在。为了维护这一本质特征,安德烈·巴赞甚至不惜将被公认为电影艺术基础的蒙太奇贬为一种次要的电影表现手段,提出在其有违电影的纪实性/真实性时应该加以限制乃至禁用:"想象的内容必须在银幕上有真实的空间密度。在这里,蒙太奇只能用于确定的限度之内,否则就会破坏电影神话的本体","若一个事件的主要内容要求两个或多个动作元素同时存在,蒙太奇应被禁用"。②

传统意义上的电影的纪实性无疑来自于摄影机及其镜头的照相功能,因此,没有镜头的虚拟摄影机的运用和没有摄影机的全数字(CG)制作便似乎损害甚至丢掉了电影的纪实功能。

诚然,如果仅仅以是否运用照相手段和是否具有客观对象来衡量电影的纪实性,那么动画电影和受动画影响的未来电影确实难以再提纪实性。然而,事实上,尽管以客观事物或人物为对象的照相术是电影获得纪实性的重要方式,但却并不是唯一方式。因为电影的纪实不等于对生活的记录,除了完全的纪录片,电影摄影机所拍摄的实际上都是演员对角色的扮演和为虚构情节所设定的场景。或者说,传统电影的纪实实际上也是对虚构对象的纪实,即先对虚构的情节、角色、场景进行日常生活式的客观创造,然后再通过摄影机对这些客观的虚构对象进行影像转换,其中不仅对象本身具有明显的虚构性,摄影机的拍摄也带有摄影师对镜头角度、焦距、景别、视点等的多重主观选择。既如此,以 3D 数字技术为手段的动画电影也并非不具备电影的这种纪实功能,例如当它创造的角色和场景让我们信以为真(如《阿凡达》中潘多拉星球上的丛林、奇峰、翼兽、外星人,《加菲猫》中的加菲猫)的时候——只不过它不是以真实的演员来扮演虚构的角色、以客观的场景来充当设定的环境,然后通过摄影机拍摄将一切转换为影像,而是直接按照真实的原则设计角色的形象、动作及其活动的环境,并通过建模、渲染形成连续运动的影像,呈现出观众虽难以

① 齐格弗里德·克拉考尔:《电影的本性——物质现实的复原》,邵牧君译,中国电影出版社 1981 年版,第 383、385—386 页。
② 李恒基、杨远婴主编:《外国电影理论文选》,上海文艺出版社 1995 年版,第 241 页。

置信却又难以置疑的"生命"存在。

如果说"纪实性"是电影作为媒介的本质特征,那么作为艺术,电影的本质特征主要在于其独特的表现性。当卢米埃尔兄弟只是将摄影机架在其自家的工厂大门面前如实记录工人上下班情形的时候,电影还不是真正的艺术。电影是如何成为艺术的呢? 一是向戏剧学习,通过演员的表演叙述故事;二是发明蒙太奇,通过剪辑重新组合时空从而自由地创造艺术世界、表现思想和情感。其中,后者是完全属于电影的;而前者则经历着一个逐渐摆脱戏剧影响寻找电影独有特征的过程,因为只有完全获得自己的本质特征才能充分展示电影的独特魅力。"生活化表演""摄影机参与表演""蒙太奇剪辑创造表演"等等,应该是电影表演区别于戏剧表演的重要特点。而在传统真人电影中,尽管摄影机的拍摄和蒙太奇的剪辑具有一定的作用,但最后的表演效果主要还是取决于演员的表演,这与戏剧还是基本相同的;而且,电影演员所掌握的表演技巧和所拥有的表演意识(通过专业训练所培养出来的)一般也很难与戏剧演员有很大的区别。因此,电影表演作为电影成为独立艺术所必须具备的独特表现性的核心构成始终抹不去戏剧的痕迹,这在我国尤其明显,也因此电影界曾多次开展如何与戏剧"离婚"的讨论。

动画电影或许可以解决上述问题。如前所述,动画电影突破了演员的限制,这种突破实际上不仅是什么都可以表演,而且也是什么都可以不表演,因为它没有演员,只有角色,也就不受演员带有戏剧色彩的表演技巧和表演意识的影响,可以让角色直接根据故事情节行动。这样,只要影片的故事情节、场景是非戏剧化的,就有可能产生非戏剧化而纯电影化的表演、表现。事实上,"只有角色、没有演员"本身就与戏剧表演划清了界限。

电影还有一个非常重要的本质特征,就是它的科技性。电影不仅是科学技术发展的产物,而且还是随着科学技术的发展而发展的。这已是常识。根据这一常识我们不难判断,未来电影肯定更加科技化。从这一角度看,已发展到 CG、3D 时代的动画电影无疑充分表现了电影的科技本质,更充分体现了电影的未来发展趋势。

四

目前,《阿凡达》已经取代《泰坦尼克号》成为全球电影票房总冠军,动画电影正在全面崛起,其在整个电影版图中的势力范围迅速扩大。这不仅意味着动画电影将在未来的电影格局中占据重要地位,而且也意味着未来电影的创作、生产将会运用更多的动画元素、动画技术,由此甚至可能导致未来电影总体的"动画性"。当然,这种"动画性"并没有消解电影的本质特征,恰恰相反,正如本文的论述,它实现了对电影本质特征的强化和提升。

(原载《文艺研究》2011 年第 9 期)

"有意味的形式"：
关于电视剧审美特性的探讨

郑淑梅

电视剧是电视荧屏上演剧审美的艺术，电视剧的魅力在于它能以直观、形象的影像故事，提供给它的观众一份日常时空中适意、亲切的审美愉悦。所以，一部电视剧成功与否，取决于它内在的审美意味，换句话说，即取决于它是否能成为"有意味的形式"。

"艺术品表现的是关于生命、情感和内在现实的概念"，是"情感的形式或是能够将内在情感系统地呈现出来以供我们识认的形式"。① 电视剧艺术作品同样如此。我国电视剧的发展历史证明，真正受欢迎的电视剧是那些"好看又有意味"的成功之作。"好看"指的是有戏可看，即有精彩的故事结构设计、人物形象塑造及精彩的影像画面演绎；"有意味"指的是在好看的故事上负载令人感动、令人回味的内在意蕴。优秀的电视剧作品是内在审美概念和外在表现形式之间和谐统一的完整结构，既满足观众的视听之娱又传达丰富的审美信息。日本电视剧艺术家鸭下先生认为："看电视剧实际上就是接受某种'信息'，观众对这种信息会有所感，我们的工作就是为了制造这种信息，问题是要造得丰富。还有更重要的一点，我们应该注意：由于电视观众是客观的，同时，在观众自身内也存在着大量的信息，这样一来，电视剧往往比电影容易引起这种信息的释放。我所追求的就是要激起观众内心的信息释放。"② 这里所谓的"信息"，应当就是

---

① 苏珊·朗格：《艺术问题》，滕守尧译，中国社会科学出版社1983年版，第25页。
② 曾庆瑞、卢蓉：《中国电视剧的审美艺术》，北京广播学院出版社1997年版，第8页。

对于生活的多种感受及心理诉求，成功的电视剧作品也就是成功地传达了这份感受，并相应地激活了观众内在的感受，从而满足了一定的审美心理需求。电视剧的美也由此而生。

一、"第二重生活空间"艺术

电视剧艺术本体特征决定了"直观—感知"成为电视剧艺术接受的主要方式，电视剧画面的视觉本性把我们引入直接的感知体验中。其艺术的感染力恰恰在于它能提供直观的生活场景的延伸，因而给予观众的也往往是现实感知的延伸，他者的、自我的、状态的、现实的、历史的，它既是"日常生活的一种补偿"，更是"更新对于外部现实和自身内部现实的感知认识，并获得看待事物的新的方式和经验"。[①]

(一)电视剧是"日常生活的补偿"，是日常生活的拓展延伸

电视剧是家居的生活空间中的审美，又是以日常化的时间序列和方式的参与，所以，它提供给观众的是一个艺术的"第二重生活空间"。观众在审美参与时，下意识里，是从日常的生活感知直接进入屏幕中的艺术生活的感知，同时，又从屏幕中的艺术体悟中来反观和体味屏幕前自身的现实的生活和生存状态。1999 年在央视一套首播的 18 集电视剧《牵手》获第十七届中国电视金鹰奖优秀长篇连续剧，其成功主要由于它提供给观众切实的生活感知，屏幕上钟锐、夏晓雪和丁丁的生活是我们芸芸众生的现实生活中随处可见的场景，它的感染力是它真实中蕴含的大量信息，他们日常生活中所有的人伦亲情的喜悦和满足，现实的问题与矛盾带来的种种烦恼和忧愁，所有这些都直接给予观众感同身受的生活感知，因而也牵动了观众的心。在钟锐和晓雪之间，没有大吵大闹，没有惊心动魄的矛盾。"过不去的就是这种日复一日的平淡"，在他们之间难作是非曲直的评判，但他们婚姻的挫折，爱情的不幸，却足以触动观众。

---

① 马以鑫:《接受美学新论》,学林出版社 1995 年版,第 112 页。

正是这种真实的平常人生,恰似于我们身边的生活,共通于我们的日常生活感知,当我们被剧情所吸引和打动时,不自觉地已将现实的生活感受融进并加深了对艺术的体会,同时艺术的审美体验又反过来深化了观众对自己现实人生的认知和理解,电视剧艺术的美也就在这共通的感知与体悟中不知不觉地萌生、形成了。

(二)电视剧观众投入剧情,获取对于自身生存状态的感知

人们需要对生活的理解和评价,需要对自我和自身生存状态的认识。电视剧艺术满足观众通过投射到故事中的影子来实现自我观照的心理需求,在把故事中的世界同自己的世界组织在一起时,镜像式地反观自身,从而构造自己生存状态的形象,在获取审美愉悦的同时得到当下的精神依托以及对未来的把握。"由于电视媒介所具有的即时传真的性质,它所提供的幻象让接受者感到更贴切、更真实,更像生活的原生形态。这种类似生活原生形态的再现,满足了人们观照现实的外部世界,并由此实现对自我生存状态的理解和评价的本能需求,而产生精神上的愉悦。"①

1995 年,22 集电视连续剧《咱爸咱妈》播出后,一位吉林的老太太,坚持要把她丈夫留下的抚恤金寄给剧中的乔家伟,帮乔父治病,使乔家和睦。这部连续剧讲述了为儿女们操劳一生的老父亲突然患上不治之症,已经成家立业的长子乔家伟、次子乔家男,还有读博士的长女和上大学的小女儿,为了救治老父亲和安慰老母,尽心尽力,各尽孝心,联系住院、托人情、看人脸色,瞒着病中的父亲想尽了种种办法凑足了昂贵的医疗费用,一切"为了生咱养咱的爸妈"。编剧赵韫颖说,这部戏为观众讲了一个实实在在的故事:"写儿女尽孝,写养老送终,写为人之子,写天地良心……"养老送终是个古老的话题,是自古至今的人之常情、人之本性。剧中的乔家儿女为了治愈生养自己的老父亲,为了骨肉亲情,承受着一系列的磨砺和艰难,表现出真挚强烈的人伦亲情。无论年长或年幼,幸运或不幸,观众都能从中获得一份真切的认知,并从对他人生活的感知中感知自我,从他人的经历中联想到自己的经历,从他人的生活中感受到自

---

① 苗棣:《电视艺术哲学》,北京广播学院出版社 1997 年版,第 56 页。

己的生活，也就是将剧中的生活同自己的生活组织在一起，从而构造出自己的生存面貌。

（三）观众通过电视剧的观赏，获得对生活的感知

这份艺术的形象感知，除了对自身生存状态的感知、感悟外，还包含有更为广阔的对自身生存环境的整体了解和感知，以及对社会发展前景的寻求。1986 年电视剧《新星》播出后，山西电视台和中央电视台曾先后收到数千封观众来信，有许多来信要求上级派李向南这样的县委书记到他们家乡。剧中古陵县作为艺术典型环境，体现了 20 世纪 80 年代中国社会的种种社会问题和价值观念的冲突。当代人或许不是认识最深刻者，但必定是感受最深刻者。观众作为剧中生动体现的复杂的社会现象和人生境遇的最深切的感受者，他们在投入剧情、参与欣赏的同时，也投入了对社会、时代和自身生存环境的关注与感知。他们在李向南这个理想化的艺术典型身上看到了社会发展的前景，看到了希望，感受到了一种激励。

电视剧是无限丰富的。它恰似艺术哲学家莱维·施特劳斯笔下的"万花筒"，现实人生的一个个生活片断构成了电视荧屏上千变万化的艺术图景，大千世界、天上人间、古往今来，人类和社会生活的各个方面都可以成为电视剧"万花筒"中的"大大小小的碎片"。电视剧通过可长可短、灵活多样的艺术结构形式，多方式、多手法、多风格地重构和组合，构成了丰富多彩、不断变化的电视剧艺术。在当代日益封闭和互相隔离的家庭生活中，观众不仅可以通过电视剧了解现实生存环境和生存状态，而且可以通过电视剧了解历史的发展，把握时代的风云变幻，感知更为深广的文化蕴涵。2000 年央视播出的阎建钢导演的 32 集电视剧《东周列国·战国篇》，把战国时代诸侯纷争、群雄逐鹿的历史艺术地展现在屏幕上，塑造了一批华夏民族特定历史时期卓砺风发、个性张扬的历史人物。"大天大地大文章，大恶大善洗性灵"是史者对战国的写照，被称为"古今第一奇局""天地间第一变局"的战国是中国文化史上最活跃、最富创造性、最有生命力的时代。

二、"电视上的演剧审美"艺术

电视剧是深深介入的艺术,而家又是人类情感最自然、最集中的流露场所。所以,我们常常可以看到,当一部电视剧成功地吸引观众时,痴迷的观众会每天定时守候在屏幕前,迫不及待地投入剧情之中,与剧中人物一道体味悲喜人生,为剧中人或开怀畅笑,或唏嘘落泪。

电视剧是电视屏幕上演剧的艺术,它以直观形象的声画语言讲述一个个人生片断、人物故事。优秀的电视剧作品常常有意识地以人生的悲欢沧桑、喜怒哀乐或人物形象丰富的情感体验来召唤观众的情感投入。这种在故事情节中内含的"召唤结构",往往隐含丰富的情感信息,凭借这些信息可以激活观众内心的信息释放,从而达到吸引观众投入剧情并产生共鸣的审美效果。

坐在屏幕前的观众,在打开电视机时也往往内含一份审美的期待,期待着感动,期待着投入,期待着在作品中找到情感投注的对象。接受美学的代表人物姚斯与霍拉勃指出:作品可以通过预告,公开的或隐蔽的信号,熟悉的特点或隐蔽的暗示,预先为读者提出一种特殊的接受,它召唤以往的阅读记忆,将读者带入一种特定的情感态度之中。[1] 电视剧的审美接受同样如此,它要召唤观众的"阅读记忆",即观众此前内在储存的一切审美的能力与需求。它包括观赏者的生活经历与体验、艺术修养、审美水平以及审美趣味、审美经验等等。所以,一部电视剧能否吸引观众,关键就在于它能否成功地设计作品的召唤结构,满足观众的审美期待,激活观众强烈的情感体验。成功的电视剧作品应是"召唤结构"与观众"审美期待"的双向建构。

电视剧审美活动往往伴随着强烈的情感活动,观众在投入剧情的同时,也往往将自身强烈的情感体验投注到剧中的人物身上。1990 年播出的 50 集电视剧《渴望》获得巨大成功,其打动和吸引观众的主要因素是主人公刘慧芳的命运故事。观众喜爱她的善良、真诚和美好、贤淑,所以她成了观众关心、同

---

[1] H.R. 姚斯、R.C. 霍拉勃:《接受美学与接受理论》,周宁、金元浦译,辽宁人民出版社1987 年版。

情、期待的核心人物，成为观众审美心理悬念的中轴线。尽管有不少观众尤其是年轻的女性观众，并不欣赏她过于容忍、温顺和谦恭的性格，但是"善良者的不幸"，以及同为女人的那份理解，让她们同样投注了强烈的情感。观众因对刘慧芳的关爱、同情，而生出对给她带来不幸的王沪生的痛恨和谴责。她的善良贤淑反衬出王沪生的极端自私自利和忘恩负义，王沪生的姐姐王亚茹也成了不讨人喜欢的角色。慧芳并不因为沪生的嫌弃和亚茹的不理解而放弃自己做人的原则，多年来始终如一地视小芳为己出，给予这个不幸的孤儿以人间最博大宽厚的母爱。这种美好善良的情感尤其牵动人心。

"电视剧作为一种受大众传播媒介制约的艺术样式，它首先重视的是欣赏作用。它要使观众通过观看心灵得到抚慰和满足。因此，它要使观众能够连续地津津乐道地观看，就必须以观众'期待视野'为核心，以此引起观众关怀、期待与注视，引起他们的爱或恨、同情或仰慕等等一系列情感体验。"①对于电视剧《牵手》，观众"期待视野"所投射的对象是钟锐、夏晓雪和丁丁。作品的前半部分也是以他们为核心展开故事，从而打动观众的。电视剧开始时刻画了钟锐这个不戴眼镜的软件专家，他的略带不羁的洒脱，他的理想主义色彩，使他成为一个非常富有光彩的人物，让观众一下子就在感情上认同他、喜爱他。他一心要做中国的比尔·盖茨，以振兴中国软件事业。面对正中电脑公司方总的利欲诱惑和屡屡设障，始终不低头、不屈服，艰难地创办了自己的软件公司。这时候，观众为他的理想、抱负，为他创业的执着和艰难所感动，情感的天平偏向于他，而非其妻晓雪。但是随着剧情的发展，在走进他的家庭生活，甚至完全走进他与晓雪、丁丁的生活空间之后，观众又同样被晓雪所打动，并逐渐有了更为丰富而深刻的体验与触动。著名演员蒋雯丽以其精湛的演技，把这样一个外表柔顺，有文化、有气质，也有一些普通女人弱点的少妇演绎得出神入化、楚楚动人。观众看到，作为丈夫的钟锐尽管有着值得称道的事业心和人生理想，却完全忽略了家庭生活，忽略了妻子的存在，他也许是个成功的创业者，却是个不称职的丈夫。而作为妻子的晓雪，一人奔忙于工作和家庭两头，辛苦劳累，独揽了家中的一切，为丈夫、为儿子，她完全放弃了自己的事业。她没能在丈夫创业的紧要关头及时给予理解和支持，确有她的局限性所在。

---

① 曾庆瑞、卢蓉：《中国电视剧的审美艺术》，北京广播学院出版社 1997 年版，第 102 页。

她因过于投入家庭而忽略了对人的社会意义的追求,与钟锐之间已存在距离和隔阂,但她也自有她的苦衷和无奈。家庭作为人生的立足点,它的分量并不轻于事业,当丈夫把全部的重担都推给妻子一人,自己只顾事业时,妻子何来能力既承负家庭重担又使事业臻于成功?所以,当钟锐与王纯触动真情后,晓雪却不知情,仍然把家庭作为她唯一的依托,一次次试图挽回夫妻感情,却一次次失败。这时候,观众情感的天平是倾向于晓雪的,观众同情晓雪,却也理解钟锐。作品正是由于对他们夫妻家庭生活和情感变故的自然而生动的演绎,牢牢地攫住了观众的心,引领观众投入其中,获得一份醇厚浓烈的情感体验和对家庭、婚姻、情感的深沉思考。但是这部剧在后半部分由于观众"期待视野"所投注的对象钟锐和晓雪不再是故事的核心,使得后半部分非常明显地逊色于前半部分。钟锐与晓雪离异,王纯退出,晓雪失业后为再就业终于重拾荒疏已久的事业,并逐渐找回了失落的自信和人生的社会意义。而钟锐在独身带丁丁的生活中,渐渐体会到了晓雪当初的付出以及蕴含其中的对自己、对儿子、对家庭的深沉爱意和沉甸甸的责任,对晓雪的愧疚日渐强烈;同时,晓雪的变化也令他欣喜,他发现,自己其实是离不开晓雪的,心中又燃起最初曾有的浓浓爱意。这时的晓雪,经历了事业上的拼搏,对钟锐也多了一份理解,而且在她的内心深处,也始终爱着钟锐……这是男女主人公离异后的情况,但这些已不再是故事的核心,转而牵扯出晓雪与姜医生和大款沈五一的情感纠葛,还有晓冰与何涛的爱情磨难。这些情节的设置因有悖于观众的审美期待,令观众觉得牵强生硬而不能接受。观众不明白为何让那么年轻、充满理想与活力的何涛好端端地死在姜医生的手里?这只能增加观众对姜医生的憎厌,并更加不能理解晓雪何以会在和钟锐并未绝情的情况下突然接受姜医生,之后又在与钟锐之间仍存情愫且冲突化解的情况下,莫名其妙地接受了沈五一。总之,整部戏在第九集之后似乎脱离了人物心理情感发展的轨迹,前半部分精心描述并深深吸引观众的男女主人公之间的情感经历游离出情节的核心,不仅令观众觉得杂乱牵强,而且更为严重的是破坏了男女主人公性格的塑造,晓雪的个性魅力、钟锐的灵性光彩在后半部分都失落在生硬的情节波折中,令观众扼腕痛惜,欲弃不忍。

对于电视剧艺术而言,观看意味着体会,意味着感受。富有个性魅力的人物形象是电视剧成功的关键,也是引起观众情绪反应和情感投入的最重要元素,而那些在屏幕上被侧重塑造和表现的人物也往往会成为观众情感认同的对象,如果观众不能在感情上与人物取得共鸣,他们的兴趣就难以持久。1998年播出的由张绍林导演、李雪健主演的 43 集电视剧《水浒传》的缺憾也主要在于作品与观众之间的情感错位,而错位的关键就在于对主要人物宋江的形象挖掘和表现不够。宋江虽然武功不佳、无壮士气概,但他靠"及时雨"的仗义疏财、扶危济贫,靠过人的胸襟谋略,靠与梁山众好汉的肝胆相照、生死可托的兄弟情义而为众好汉仰慕,被推崇为众人首领。他既有"宁让朝廷负我,我决不负朝廷"的忠君思想,也有为众兄弟谋一条好出路的兄弟情义,并不是简单的一个"投降派"就可以概括他的个性。在他身上,"忠"和"义"并存,构成了他的复杂性和局限性,也多少体现了许多梁山好汉和农民起义的局限性。但是这部电视剧,由于情节编排及人物刻画失之偏颇,导致宋江性格内在的"忠"和"义"的两重性没能得到很好的体现。剧中梁山聚义后情节择取的重心全落在他对朝廷的"忠"上,加上最后几集《血洒陈桥驿》《征方腊》《魂系涌金门》中浓墨重彩的悲剧性画面的视觉冲击,使宋江成为断送梁山好汉性命的叛徒,成为观众切齿痛恨的投机小人,并因此造成整部作品的意蕴传达与观众的审美接受之间十分强烈的情感错位,也因而缺失了作品应有的历史和社会内涵,丧失了英雄悲剧的苍凉感而只剩下悲哀和丧气。

三、"现代荧屏说书"艺术

电视剧是新的时代条件下的"民间艺术",电视剧的艺术符号经由电视网络直接进入寻常百姓家,深入当代社会各个角落,面向最广泛的大众。我国从 20 世纪 80 年代中期开始到今天,电视机已从城市普及到乡村再到边远的山区。随着电视网络的发展和电视机的普及,在我国这样一个人口大国,观看电视剧名副其实地成为最为民间化、真正大众化的文化行为。在现代大众传媒手段中,电视剧可以说是最具民间性的审美文化传媒。

电视剧传承了传统说书艺术叙事审美的文化任务。在现代传媒条件下,审美的选择日趋多样,但故事性地表现世俗情态、市民情趣的通俗艺术仍然是广大民众的审美需要。然而,传统的小说、戏剧等艺术样式进入现代社会后发生了很大的改变：一方面，五四以后，由于特定的政治目标和社会状况，文化走向政治化。以往作为通俗艺术主体的小说、戏曲在转变为现代白话小说和现代话剧之初就主要地成为文化精英思想启蒙的工具，在那样一个变迁动荡、内忧外患的年代，曾发挥了警醒民众奋起抗争的突出作用。但是在那以后，现代文艺则日益走向片面的政治宣教，以至于完全偏离了文艺本体而成为政治的附庸。从五四到"文革"的半个多世纪，现代小说和戏剧一步步远离了普通民众。另一方面则是小说和戏剧叙事性的消解。进入现代社会以后，在西方各种现代派的文艺思潮、流派的影响下，现代艺术逐渐走向反叙事。如英国小说理论家福斯特把故事称作一种低级的隔代遗传的形式。为了使小说和戏剧"高级化"，现代的小说家和戏剧家往往有意识地消解叙事，有意识地消解故事性，专事于形式上的创造，往往以越来越艰深晦涩的艺术形式疏离民众，小说和戏剧成为只有少数人能够把玩欣赏的艺术。时代的进步给大众带来了参与艺术审美和文化创造的权利和能力，但现代形态的小说和戏剧却逐渐背离了大众对于通俗艺术的审美需求。在这种情况下，新崛起的电影和电视艺术，尤其是电视剧借助电视传媒直接走进百姓的日常生活，在把思想和艺术带给千家万户的同时，也很自然地承担起了满足大众叙事审美需求的历史任务，在现代小说和戏剧自觉消解叙事意味的时候填补了叙事审美的空缺。电视剧尤其是电视连续剧与在传统说书基础上发展起来的传奇、话本及章回体小说在叙事策略与文化内涵上有着天然的传承关系。

电视剧的美源于屏幕上创造的丰富具体的细节和生动的情感体验，它的载体不是词语，而是活动的画面。通过观看，电视剧将画面信息传递给观众，依据的是审美主体间的共通感觉，唤起观众某种共同经验。电视剧画面的美得之于逼真性与假定性的统一，逼真直观的生活图像是借助电子技术进行的虚拟的展现，在人们的日常家庭生活环境中虚拟出一个真实可感的艺术空间，观众在全身心地投入电视画面虚拟的艺术世界时，便获得了一种审美心理的满足，这正是一种投入的幻觉审美。

电视剧观众通过对活动的画面的观看进行审美活动。从这个角度来看，电视剧思维与电影思维都是一种感性思维，是一种非语词感性经验的认知形态。匈牙利著名电影理论家伊芙特·皮洛在论述电影思维时曾说："为什么我们要把电影思维视为神话思维家族的一个支系？通过对这一种亲缘关系的深入探讨,我们可以摒弃那种认为感性思维是理性思维的低级形态的传统观念。由于感性经验的实效性和多样性,先于纯理性的认知所涉及的范围远比范畴思维的范围宽泛。这种认知囊括各种印象和感觉(感情的、智力的、梦的和想象的'工作'),由此可见,非语词认知形态与外界有着广泛的联系。""从这种认知方式的不可区分性中产生出一种独特的普泛性。一方面,感性思维是万民共享的智力工具;另一方面,它是'神奇的'可以用作万能的工具,因为它以同样的逻辑研究千变万化的生活现象和形形色色的生活领域……"①从非语词的认知状态来说,电视剧和电影一样,借助"万民共享的智力工具——感性思维"实现了一种独特的"普泛性"和现代神话效能。而且电视剧由于大众传媒和特定的家庭性审美优势,甚至还超越了电影的"普泛性",直接将这一丰富的世俗神话娱乐送进千家万户。在一天的工作和劳累之后,欣赏电视剧往往能让人们压抑紧绷的情绪得到放松和释放,通过观看,观众可以卸下白日里全部的紧张和压力,投入剧情之中,在畅游于审美时空中实现现实世界中难以实现的愿望,圆一份世俗的梦想。1996 年播出的 40 集电视剧《宰相刘罗锅》,主人公是一个身有残疾的"罗锅",他满腹经纶,绝顶聪明,机敏过人,不仅位极人臣,官封宰相,做出了一番经天纬地的大事业,成为皇帝须臾不可离的国之栋梁,而且得美人赏识,打败了情敌(皇帝),娶了一位美丽聪慧的王府千金为贤内助,连皇上都十分艳羡,妒恨不已,几番争夺美人却始终未能如愿。刘罗锅身居相位而耿直廉正,两袖清风,这一形象极大地满足了观众心中的多重期待。电视剧《还珠格格》系列中的小燕子和紫薇的传奇经历,同样具有神话性质。一个平民女子,一个只凭一幅画、一把扇欲认皇帝父亲的孤女,她们进入皇宫后的种种经历以及最后的圆满结局,都不可能以历史事实或客观性加以推断,但它的确顺应了观众心中的渴盼,满足了观众美梦成真的心理。电视剧审美除了提供给观众一种审美心理的满足,让观众释放现实的压抑、弥补现实的缺憾外,还可以提供给观众一种振奋和刺激的审美快感。像《天龙八部》中的萧峰,行侠仗义,大快人心,他的"降龙十八掌"天下无敌;虚竹,由一个籍籍无名的少林小和尚成为身具盖世武功的武林后起之秀,而且凭借与西夏公主的奇缘当

---

① 伊芙特·皮洛:《世俗神话——电影的野性思维》,崔君衍译,中国电影出版社 1991 年版,第 23 页。

上了驸马；还有像《射雕英雄传》中的郭靖、洪七公、"老顽童"周伯通，以及《三国演义》《水浒传》中的英雄好汉，他们超凡奇异的生涯，他们英勇无畏、侠肝义胆的性格，往往可以给囿于平淡中的人们一份新奇，一种激动和振奋，领略另外一种生命形态和"力"与"勇"的冲击。

"神话是通过表现个人身上最具个性的特点达到普泛性的。它谈的是整体的人，是人的道德—精神的完整存在。这种存在造成一种从本质上可以打动人心的强烈情感效果。神话是'自我'和'非我'之间、异质的自我意识与同质的外部世界形象之间的桥梁。神话是禁忌与欲望的满足，在神话中寄托着有关可能的统一性和创造出平衡可感世界的令人欣慰的淡淡希望。"①优秀的电视剧作品正是以生动的现实生命存在为依据，按照人的内心世界的活动机制，来追踪这个世界的无限丰富性，使观众得以在平凡庸常的结构中找到新的神话，满足多样的审美需求。

（本文为首次发表）

---

① 伊芙特·皮洛:《世俗神话——电影的野性思维》,崔君衍译,中国电影出版社 1991 年版,第 95 页。

冷战文化、青春书写与影像表现

——以《星星·月亮·太阳》《青春之歌》和
《蓝与黑》为中心的文学考察

金　进

当历史跨过 1949 年的时候,中华大地开始了一场巨大的历史变革。这一年,经过三大战役之后的中国人民解放军于年初打响了渡江战役,向国民政府统治的南方地区推进;同年 10 月 1 日,中华人民共和国宣布成立,定都北京,开始了中国历史的新纪元。同年,国民党政权败退台湾,尽管蒋介石不断地往返于台湾与大陆各残余据点打气,亲临上海、广州、重庆、成都、厦门等地,但终究抵挡不住人民解放军的强大攻势,仅做困兽之斗。而同时期的香港,各方政治势力和意识形态缠斗不已,也造就了香港文学多元复杂的发展状况。"二战"结束之后,海峡两岸暨香港的文学都开始回眸历史,胜利也好,失败也罢,作家们都在重构刚刚逝去的现代历史,或为中国共产党革命历史的合法性作注脚(《青春之歌》),或展示沦陷区的日常生活和抗战斗争(《星星·月亮·太阳》),或为国民党腐败的历史进行辩解(《蓝与黑》)。一些作家书写自己刚刚逝去的战斗中的青春,如:杨沫①的《青春之歌》,这部小说从 1951 年开始创作,1955 年 4 月初完成初稿,1958 年由作家出版社出版,1959 年改编为同名电影;

---

① 杨沫(1914—1995),原名杨成业,祖籍湖南湘阴,生于北京。著有长篇小说《青春之歌》(1958)、《东方欲晓》(1980)、《芳菲之歌》(1986)、《英华之歌》(1990);中短篇小说集《苇塘纪事》(1957)、《红红的山丹花》(1978);散文集《不是日记的日记》(1980)、《自白——我的日记》(1985)以及电影剧本《青春之歌》(1958)等。

王蓝①在 1958 年出版了《蓝与黑》,1966 年同名电影由香港邵氏电影公司出品;徐速②于 1953 年推出《星星·月亮·太阳》,在 1961 年由香港电懋公司拍成电影。这三部作品从小说到电影都在华语地区风行一时,也成为中国当代文学的经典作品。

一、冷战区域中的青春书写:历史洪流中的时代青年

从中国现代文学的发展脉络来看,中国大陆地区文学继承的是抗日根据地(以及之后的解放区文学)的传统,强调文学为工农兵服务,强调文学作品反映阶级斗争,同时建设新的社会主义现实主义的文学传统。1949年 7 月第一次文艺工作者代表大会的召开,确定了"文艺为工农兵服务"③的文艺方针,确定了中国大陆文学的发展方向。在同期的海峡对岸,台湾地区继承的是国统区文学的传统,不过随着 1950 年 4 月以张道藩为主任

---

① 王蓝(1922—2003),笔名果之,祖籍河北阜城。著有长篇小说《银町》(1942)、《蓝与黑》(1958)、《长夜》(1960)、《期待》(1960);短篇小说集《美子的画像》(1942)、《鬼城记》(1944)、《师生之间》(1954)、《女友夏蓓》(1957)、《吉屋出租》(1959);长诗《圣女·战马·枪》;报告文学《太行山上》(1943);文学评论集《写什么怎么写?》(1955)等。

② 徐速(1924—1981),原名徐斌,又名徐直平,祖籍江苏宿迁。著有长篇小说《星星之火》(1952)、《星星·月亮·太阳》(上册,1953;中、下册,1954)、《樱子姑娘》(1960)、《疑团》(1963);短篇小说集《第一片落叶》(1958);散文集《心窗集》(1961)、《一得集》(1961)、《百感集》(1970)、《故人》(1981);诗集《去国集》(1957);杂文评论集《唧环集》(1974)、《徐速小论》(1979)、《徐速散评》(1980)。

③ 具体参见周扬《新的人民文艺——在全国文学艺术工作者代表大会上关于解放区文艺运动的报告》,这是周扬 1949 年 7 月 4 日在第一次文代会上作的关于解放区文艺运动的报告,后载于中华全国文学艺术工作者代表大会宣传处编辑:《中华全国文学艺术工作者代表大会纪念文集》,新华书店 1950 年版,第 69—97 页。

委员的所谓的"中华文艺奖金委员会"宣告成立,奖助对象以撰写"反共文学"①作品的作家为主。笼络政策确立之后,同年 5 月 4 日被定为文艺节,并且召集当时一百余位作家在当天组成所谓的"中华文艺协会",陈纪滢担任大会主席。参加这次大会的,包括蒋经国、张其昀、邓文仪以及程天放等,这个事实说明了对文艺活动的干涉,已是党政不分了。而同时期的香港文学,亲共产党的左派、亲国民党的右派以及亲美的第三势力并行于世,但各方文化势力互相攻讦的现象屡屡发生。无论是海峡两岸文学一致为政治服务的文学创作方向,还是香港的左、中、右派的共存互斗,都是在 20 世纪 50 年代东西两大阵营对立这一冷战格局下形成了"文化冷战"(Cultural Cold War)②的对抗形态。

《星星·月亮·太阳》(1953)、《蓝与黑》(1958)和《青春之歌》(1958)三部小说都是以全面抗战前后中国青年一代参与抗日救亡的爱国故事为题材,同时旁及他们各自家族、事业和爱情等各种社会关系,作家们用自传性的笔法重构刚刚逝去的历史,以一种饱满的理想主义情怀来回顾和书写青春岁月。《星星·太阳·月亮》是徐速的长篇代表作,讲述的是徐坚白与朱兰、秋明、亚南三位女性的恋爱过程。但小说并不囿于英雄儿女的卿卿我我,更多着墨于四个人在全面抗战前后参与救亡运动的积极与热情。《蓝与黑》是一部青春题材的小说,以张醒亚与唐琪两人的爱情经历为线索,以全面抗战前后的中国沦陷区、国统区两地变迁为背景,展示了张、唐二人曲折的人生经历,同时又对张、唐两家在乱世中的生活故事进行了描述,为我们展示了丰富的时代故事和历史图景。当时《联合报》十分赞赏这部小说中战斗青春的一面,认为:"本书对

---

① 1949 年 11 月,孙陵主编的《民族报》副刊率先喊出"反共文学"的口号。之后冯放民在其主编的《新生报》副刊更提出了"战斗性第一,趣味性第二"的宣言,以后的十数年间,有成百上千的创作蜂拥出现。有关 20 世纪 50 年代"反共文学"的材料,可参见司徒卫:《五十年代自由中国的新文学》,《文讯》1984 年第 7 期,第 13—14 页。李牧:《新文学运动历史中的关键时代:试探五〇年代自由中国文学创作的思路及其所产生的影响》,《文讯》1984 年第 7 期,第 144—162 页。

② 1947 年美国杜鲁门(Harry Truman,1884—1972)在国会提出杜鲁门主义外交政策,展开对外经济援助的马歇尔计划,正式拉开了东西方"冷战"的序幕,也启动了"文化冷战"。"冷战"及"冷战文化"方面的参考资料有:Stephen J. Whitfield, *The Culture of The Cold War*, Baltimore, Maryland: The Johns Hopkins University Press, 1990. Christina Klein, *Cold War Orientalism: Asia in the Middlebrow Imagination*, 1945-1961, Berkeley, Los Angeles, London: University of California Press, 2013.

青年男女在爱情、思想、革命各方面可歌可泣牺牲奋斗之表现有深刻之描写，对大学生生活、新闻记者生活、恋爱生活、战场生活，尤多生动之描写。"①《青春之歌》更是饱含着从战争时代走出来的杨沫，对刚刚逝去的中共革命历史进行回忆和讲述的冲动。她在1959年12月的《再版后记》中写道："国庆十周年前夕，我漫步在首都天安门前。……那时，聚集到这里来的却是那些怀着沉痛的心情，带着满身的尘土甚至带着斑斑的血迹，声嘶力竭地呼喊着'打倒日本帝国主义''中国起来救中国'的青年人。那时，徘徊在这里的人们，眼看着雄伟的天安门油漆剥落，仿佛沉睡在厚厚的灰尘中，谁的心情不感到沉重？谁的眼睛里不是满目凄凉？……可是这种情景，今天的青年同志再也不能看到——永远也无法看到了！要想看，只能从历史、文物，尤其从文艺作品中去找寻。"②

除了对逝去的革命历史的重述冲动之外，自传性也是成就三部小说的重要原因。自传体会增加作品的真实感，让读者有着阅读的快感。徐速这样回忆："那是抗战的第三年，我和几位同学流亡到后方去，当时报国心切，便投考了军事学校。在校不久，日军在中原地区发动攻势，从河南向陕西推进的战车部队已达到历史名女人杨贵妃的故乡——灵宝，如果潼关一失，西方便无险可守了，当时，西南战场也很吃紧，独山失守，重庆动摇，于是，西安的达官贵人纷纷西迁到甘肃去，其实，甘肃又能坚守到几时呢？一种亡国的悲戚，在我们学校里立刻弥漫起来。大家都感觉到这回可完了，同学们纷纷请缨，要求实弹武装，到前线去，不能教敌人的子弹从背后打进来。果然，学校当局批准了我们的要求，起先在我们高一班的同学中，选拔体格坚强的充任火箭炮手，立刻赶赴前线，其余按照正规军编制，克日出发。"③王蓝也讲述过创作中的自传因子："当我在一个美术学院西画系快读到毕业时，七七抗战开始了，这一个新的时代给我一生的影响当然比我死掉一个姐姐来得更大：我家的楼房两分钟内变成了一片瓦砾，存在我画室内的七百多张素描水彩与油画被烧了个一干二净。我开始更深刻地懂得了国仇家恨。……因此，我参加了秘密抗日工作。收发

---

① 参见王蓝：《写什么怎么写？》，红蓝出版社1955年版，第93页。
② 杨沫：《再版后记》，《青春之歌》，人民文学出版社1977年版，第671页。
③ 徐速：《家书》，《心窗集》，高原出版社1968年版，第36—38页。

电报,偷散传单,自制炸弹,运输枪支,狙击烧杀……这样的生活距离文绉绉的摇笔杆的生活该有多远呢? 度过了两年惊险,我被敌人通缉,不得不离开敌区,便跑上了太行山,另一个新的生活开始了:每天挟着枪骑着马,在高山深谷,在风沙飞扬或是冰天雪地里,过了半年红胡子般的游击生活,这样的生活又距离摇头摆尾咬文嚼字的生活有多远呢? 可是,这些都成了我日后写作生活中最珍贵的燃料。"①杨沫 1957 年 9 月也在小说前言中这样说:"断续经过六年,把这书写成之后,我确有如释重负的轻快之感。……一九三三年前后,在残酷的白区地下斗争中,我直接接触的和间接听到的共产党员和革命青年的英勇斗争、宁死不屈的事迹,是怎样的使人感动呵! 是怎样的使人想跟他们学习、想更好地生活呵! 这些人长期活在我的心中,使我多年来渴望有机会能够表现他们。"②

可以说,这三部长篇小说都是自传性的青春记忆与革命历史题材的完美融合,这种融合吸引了大量的读者,直接导致它们分别成为各区域华语文学的畅销书。徐速《星星·月亮·太阳》由香港高原出版社分别于 1953 年 5 月出版上集、1954 年 8 月出版中集、1954 年 9 月出版下集。到 1955 年 5 月的时候,就已经有了第三版,到了 1960 年,已经连印十一版,总销量超过十万册。当时各种冒名、盗版,逼得出版社每次都要登出启事,如"本社出版之徐速先生所著各书,驰誉文坛,畅销各地。近查有不肖书商,以他人伪作假冒作者名义出版,如流行于台湾市场的《八千里路云和月》《琴声泪影》,以及在星马出售之伪作《影子》《疑团》等,多至数十种。冀图鱼目混珠,欺骗读者"。③《蓝与黑》曾获得 1958 年台湾"文艺学术奖"。而《青春之歌》的销量更是惊人,该书在第一版当年就发行了 121 万册,在以后的两年里,小说的销量一度达到四五百万册。

前面我们讲述过,"文化冷战"直接导致华语文学创作的三大区域产生了不同意识形态下所理解和阐释的"战斗中的青春"。作为台湾军中作家的代表,王蓝创作了很多反共倾向的小说,这些小说或套用一些经典的文学情

① 王蓝:《情感:写作的原始动力》,《写什么怎么写?》,红蓝出版社 1955 年版,第 9—11 页。
② 杨沫:《初版后记》,《青春之歌》,人民文学出版社 1977 年版,第 672 页。
③ 《本社启事》,徐速:《樱子姑娘》,高原出版社 1960 年版,第 417 页。

节,如《师生之间》(1951)的庆老师用弟弟保护从事地下工作的"我",套用的是赵氏孤儿的老故事;或刻意营造悲情历史,如《老将军》(1950)中出淤泥而不染的国民党将军、长篇小说《长夜》(1959)中被强行拆散的情侣的悲剧命运;或者有意抹黑共产党人的形象,如《卜莱蒙斯基》(1950)中借白俄卜莱蒙斯基的人生遭遇,抹黑共产党人。总的来看,这些作品的情节都非常矫揉造作,作家在创作中的刻意为之,使得这些作品都不耐读,总是在作品中强插入类似"共区""共谍""共军窝""铁幕"等冷战味十足的词语。此外,像"我无法逃脱,也无法实现我那个放置毒药的计划;我痛苦极了,面对着共干的庆祝、狂欢、骄横、作威作福,与善良人民的凄苦、恐惧、被奴役、被迫害,我几乎萌起自杀的念头。可是,我又不甘心那么做;苟有一息尚存,我总得设法投奔自由"(《期待》,第 42 页)这样的段落,罔顾历史真实,读多了让人感到极度不适,我宁愿把他绝大多数的作品看作政治压抑文学本体的个案。王德威认为:"反共复国小说既为一种政治小说,自难免因意识形态而兴,因意识形态而颓的命运。但口号之外,这些作品里也铭刻上百万中国人迁徙飘零的血泪,痛定思痛的悲愤,不应就此被轻轻埋没。重思反共小说,我以为它应被视为近半世纪以来伤痕文学的第一波……我们可以不(再)认同反共的意识形态,但却不能看轻因之而生的种种,而非一种,血泪伤痕。明乎此,我们又怎能轻易地认为这是一种逝去的文学呢? 如果我们希望在下一个世纪毋须再见到另一波的伤痕文学或意识形态小说,那么正视反共的功过,正是此其时也。"①如果我们从这个角度来细读王蓝作品,倒是会发现王蓝作品中对国民政府腐败无能的愤懑,对中华大地民心思变,中国共产党顺应历史潮流领导新中国的无可奈何。如长篇小说《期待》中对表姨丈的人生经历的描绘:"他对我异乎寻常的客气,逢人便捧我为游击英雄、抗日志士。他又告诉我他是在上海奉政府命令担任地下工作,为求掩护才跟日本人合营商业;可是,我总直觉地感到我这位长辈的神态、言行不大对。然而,他有一个能说会道的嘴巴,说得天花乱坠,叫人半信半疑。他居然又在重庆作了官,官邸里一位如花似玉的少妇——比慧琴的年纪大不了太多,那是他的'抗战夫

---

① 王德威:《一种逝去的文学? ——反共小说新论》,邵玉铭、张宝琴、痖弦主编:《四十年来中国文学》,联合文学出版社 1994 年版,第 79、82 页。

人'。……在上海,我没有见到表姨丈,他已衣锦荣归,做了接收官员,并且又搞了一个'胜利夫人'。"(第30、33页)虽然他意在表达混乱的时局,但也无意中展示了国民党反动政府的腐败。虽然他的立场跟杨沫不同,但作为一名创作者,他的洋洋洒洒的反共段落中也不断透露着国民党政府的不堪,更为重要的是,其中的很多描写已经失去了文学作品的魅力,变成一种赤裸裸的政治宣传。

《星星·月亮·太阳》流行于我国台湾、香港地区和南洋(主要是今天的新加坡、马来西亚一带),销量大,影响大,也引起了香港其他阵营的攻击,这部经典之作被人冠上"抄袭"的恶名。宋逸民、齐又简、万人杰、张赣萍等人著《星星·月亮·太阳是抄袭的吗?》一书,以文艺批评论集的形式,对徐速发表的《〈星星·月亮·太阳〉写作经过》进行批判:"徐速教授即使没有'抄袭'姚雪垠的《春暖花开的时候》,但却在'人物个性的描写'上和在'描写的语汇'上,的确'因袭'了姚雪垠的。如果这个错觉能够成立的话,这就难怪徐速教授敢打'影射'的官司,而不敢把那个'深苔'扯到法庭上去了!"①这本书中,最重要的一篇是齐又简的《春、星二书比较谈》。在这篇长达150页的论文中,齐又简把徐速和姚雪垠的两本书从主题、主要人物形象、配角形象、相似的情节、相似的文字进行了比较,根据齐又简所说,这篇"'比较谈'自二月五日——九期开始,到现在已连载了十三期,而时间也长达三个月之久,这样的'读书报告'似乎未免过长"②。徐速并不承认自己对姚雪垠《春暖花开的时候》的借鉴,只是很平淡地回应:"其次,我对用《星星·月亮·太阳》作为书名也不大满意,看来很俗气,用这些名词作为书名的,如老舍的《月牙儿》,徐讦学生的《月亮》,以及丁玲的《太阳照在桑干河上》,多到不可胜数,至于在文章里引用的更触目皆是,用来象征女性性格的更多。果然,现在就有人指出这本书是抄袭姚雪垠的《春暖花开的时候》,很可能也是为了姚氏也使用过这些词汇来形容女性。好

---

① 林真:《"是"与"非"之间——评徐速的〈第六,愧不敢当〉》,宋逸民、齐又简、万人杰、张赣萍等:《〈星星·月亮·太阳〉是抄袭的吗?》,高峰出版社1970年版,第4—5页。

② 齐又简:《〈星星·月亮·太阳〉是抄袭〈春暖花开的时候〉吗?》,宋逸民、齐又简、万人杰、张赣萍等:《〈星星·月亮·太阳〉是抄袭的吗?》,高峰出版社1970年版,第202页。

在《春》书已由高原出版,在此也就不解说了。"①而"没有在报刊上公开答复读者的询问,并不是'摆架子',也不是'不屑理会'。我觉得凡事批评,对作者总有好处的,有则改之,无则加勉。如果为个人作品而辩护,的确有点出风头的嫌疑。今日文艺界的吹、捧、标榜的风气,或者别有用心的谩骂、毁谤,已经够瞧的了,还是收敛一点好"②。这是他更直接的回应,可见徐速并无心去回应各种诽谤。

值得一提的是,最早对徐速的《星星·月亮·太阳》进行批评的是左派报刊《新晚报》③,之后,香港右派文学期刊《万人杂志》和《当代文艺》对徐速的作品进行了围攻。左、右两派期刊大战不已,其目的就是抹黑"第三势力"的徐速,打击亲美一支的力量。不过平心而论,把姚雪垠的《春暖花开的时候》仔细读完,我们会发现,无论是左派《新晚报》还是右派的《万人杂志》,都在撒谎,除了时代背景相同,从故事发生的地点、人物形象的塑造以及情节的设置上看,两部作品根本没有任何关联,我更愿意把齐又简等人的围剿看作一个噱头,一个为了欺骗读者买书的骗局。

二、影像改编中的缝隙:文学本体性的魅力

1961 年,香港电懋影业将《星星·月亮·太阳》改编成同名电影,由易文导演,由电懋当红影星张扬(饰演徐坚白)、尤敏(饰演朱兰)、葛兰(饰演马秋明)、叶枫(饰演苏亚南)、苏凤(饰演江雨)主演,凭借此片,电懋在隔年举办的首届台湾金马奖颁奖礼上,获得最佳剧情片、最佳女主角(尤敏)、最佳编剧(秦亦孚)和最佳彩色摄影奖。电影对小说情节进行了一些改编,如用徐坚白在乡下过寒假的时候,让他和朱兰一起看星星,来代替小说中大量的直接的对"星星"的评论。小说中李志忠和朱兰的定亲,是在小说中间的部分,

---

① 徐速:《〈星星·月亮·太阳〉写作过程》,宋逸民、齐又简、万人杰、张赣萍等:《〈星星·月亮·太阳〉是抄袭的吗?》,高峰出版社 1970 年版,第 6 页。

② 徐速:《再版题记》(1955 年),《星星·月亮·太阳》,高原出版社 1962 年版,第 9—10 页。

③ 1969 年 10 月 20 日香港《新晚报》发表文章《啼笑皆非的"社会调查"》,文中指出徐速的《星星·月亮·太阳》是抄袭姚雪垠所著的《春暖花开的时候》。

而电影直接把定亲放在开头部分,并让李志忠直接以革命军队排长的身份出场,这个改动,突出的是徐坚白和朱兰的抗婚私奔、李志忠家人"没有出门的姑娘,三更半夜跟男人在荒野私会,成什么话?我们李家,可不要没有出门就偷汉子的媳妇。这宗婚事我们是退定了"的指责,让电影情节落到五四文学以来的爱情与婚姻自由的个性解放上,也与小说中一开始就有的反封建的进步思想合上了节拍。小说中的朱兰,个性怯懦内向,离家出走之后的她,成为工厂女工,同时上夜校,还向报刊投稿,与报刊兼职编辑苏亚南有着书信来往,最后成为一名战地护士。电影中,没有了苏亚南这条线索,而改为马秋明劝说她不要与徐坚白私奔,以防让徐坚白的奶奶和家族背上骂名。朱兰最后由马秋明带出乡下,在城里学医,成为一名战地护士。电影中的朱兰保留了小说人物顾全大局的性格特点,特别是谎称自己与李志忠结婚以成全徐坚白和苏亚南,隐瞒自己患有肺结核这一情节,成就其甘于寂寞、富有牺牲精神的"星星"形象,从而让小说中仅作为配角的朱兰成为电影中贯穿始终的重要角色。值得指出的是,徐速的小说是一种青春书写的底色,青年人之间对爱情婚姻的思考和探索是小说的重要内容。小说前半部分,徐坚白面对青梅竹马的朱兰和城中的表妹秋明,就像《红楼梦》中贾宝玉面对林黛玉和薛宝钗的情感疑惑,徐速似乎也在有意模仿宝钗黛的爱情模式:孤女朱兰楚楚可怜且体弱多病,因肺结核而死;富家千金马秋明温柔大方而才德兼备,后看破红尘成为修女。前者因顽疾而亡,后者对爱情死心,这种不幸的青春爱情很能勾起青年读者的伤感情绪,满足读者的阅读期待。同时,小说中有一些直抒胸臆的表达十分贴切感人,如:"秋明的美,像一朵刚要开放的荷花,丰润的,华贵的。阿兰姐却像幽谷里的兰草,清濯的,超俗的。如果从自然界的感觉来说,阿兰正像天边的一颗寒星,使人觉得它的晶莹可爱;而秋明却是那一轮光辉四射的月亮了"(上册,第19页),"在我认识的三个女性中,如果说秋明的温柔,象征着圣洁的月亮;阿兰姐的幽怨,象征着一颗孤独的寒星;那么,亚南的矫健豪迈的作风,当然是一个光明的太阳了"(上册,第38页)。另外,徐速在爱情描写上不流于俗套,如徐坚白的一段心理独白:"在憧憬与企盼中,我开始了新的生活方式。第一个星期,我极力净化自己的精神生活,也可以说是一种麻痹的、达观的自我陶醉。我想象和亚南会晤时的欢欣,阿兰在家庭中的天伦幸福,秋明在艺术造诣上的成就,以及她们对我的谅解。我深深地感觉到,男女之间,如果能摈弃了自私的占有观念,真正像兄弟姐妹的相爱,才是在人类感情上一种伟大的表现。在这样的想象中,我渐渐从烦恼的圈圈中解脱出来"(第 61 回)足见小说中情感描写的单纯,这种细腻的恋爱心理刻画,极大地迎合了正处于爱美耽美、敏感多思的青春期少男少女的阅读口味。

前面我们说过,在三部长篇小说中,从小说人物的阶级属性来说,他们都属于小资产阶级。在中国现代文学中,小资产阶级一直是左翼文学特别关注的群体,一方面是知识分子的阶级属性,另一方面是从阶级斗争的角度,小资产阶级的革命性一直是一个非常暧昧的话题。以《青春之歌》为例,小说中就有关于小资产阶级的一些对话,如卢嘉川有段与戴愉的争论:"至于在知识分子当中进行宣传,这是党给我的任务。毛泽东同志在《中国社会各阶级的分析》里,首先就叫我们闹清谁是我们的朋友,谁是我们的敌人。他就说小资产阶级是我们最接近的朋友;甚至中产阶级的左翼都可能是我们的朋友……记住! 戴愉同志,你和我也并不是无产阶级出身的呀!"(第139 页),其对话就是基于毛泽东关于小资产阶级的相关论述。在小说中,林道静经历着北京大学外围斗争、定县农村斗争和北京大学内部党组织活动的几重考验,连姓名都变成秀兰、路芳这类更接地气的名字,整个的脉络就是加强林道静身上的革命性。另外,林道静的形象也引发了争论,"当杨沫同志刚刚完成电影文学剧本第一稿时,在《中国青年》上却出现了郭开的否定《青春之歌》、否定林道静的文章。当然他那种错误的论断并没有动摇我们把《青春之歌》搬上银幕的决心。但是在我们的队伍中,也有个别人,读过郭开的文章后,把对林道静一贯崇敬的心情换上了怀疑的神色。我们曾经多次研究并批判了郭开的思想,我们认为郭开对于《青春之歌》的批评是片面主观的,是违反辩证唯物主义和历史唯物主义的。郭开认为林道静没有具备共产党员的条件,不配做一个共产党员;林道静之所以能够入党,这不过是作者在顽强地歌颂小资产阶级而已。如果这些论点可以成立的话,那么在目前建设社会主义的时代,在我们党成为执政党的今天,那些入党的青年就更值得考虑了。当然我不是说白色恐怖的年代和人民胜利后的今天,党员的标准就有所不同,我只是说,在国民党反动统治的年代,一个党员受的考验更加严峻"①。

　　从小说中知识分子的革命道路来看,《青春之歌》中的林道静走上革命道路,其中的阶级论的经典对白是林道静的说法:"我是地主的女儿,也是佃农的女儿,所以我身上有白骨头也有黑骨头。……直到我认识了一个最好的人,这个人才告诉我应当走什么样的道路,怎么去反抗这不合理的社会,怎样用阶级观点去看人看事。我这才……可以这样说吧,我的白骨头的成分这才减少了。"(第226页)②小说情节方面经典的论述就是林道静的三次抉择:"林道静的道路,总的说是一个小资产阶级知识分子逐步改造成无产阶级知识分子的道路,但是她的具体道路可以大体上分成三个阶段:第一个阶段是从她投海自杀遇救到与余永泽同居;第二个阶段是她受到革命思想的影响,和余永泽从思想分歧发展到政治分歧而终于决裂,这是林道静选择人生道路的过程,这两个阶段构成了影片的前半部;第三个阶段是她找到了革命道路后,在革命斗争中受到严酷的考验,开始成为一个自觉的革命者,成为一个共产党员。这三个阶段,是林道静的世界观逐步发生变化,性格逐步发展的生动过程。影片对这三个阶段的表现是十分清晰的、十分令人信服的。"③"《青春之歌》是一部革命成长小说,这种小说起源于20世纪30年代茅盾的《虹》。杨沫在阐释女主角的情感世界的时候取得了巨大成功。但在这部小说诞生之初,小说中主要人物的小资产阶级出身和对工农阶级的缺乏关注,让杨沫备受批评。作为回应,杨沫在中国农村地区增加了阶级斗争的元素,修改了故事。修改没有安抚所有的批评,但小说持续普及,特别

---

① 崔嵬:《〈青春之歌〉创作中的几点体会》,中国电影出版社编:《青春之歌——从小说到电影》,中国电影出版社1962年版,第252页。

② 小说中还特别注释白骨头、黑骨头"出自俄罗斯民间传说。白骨头代表贵族,黑骨头代表奴隶和劳动人民"。

③ 陈默:《谈林道静的形象》,《电影创作》1960年第5期;收入中国电影出版社编:《青春之歌——从小说到电影》,中国电影出版社1962年版,第297页。

是在 1959 年 10 月成为一部电影后。"①《青春之歌》出版后,先后受到周扬、何其芳、茅盾等文艺界权威的肯定,同时,收到了大量的读者来信,"北京大学、北京 29 中、北京 6 中、北京石油学院、北京无线电工业学校、河北北京师院等学校纷纷给母亲来信,邀请母亲与同学们见面"②,可见小说中的青春书写对青年一代的影响。正如老鬼所说:"《青春之歌》没有那些传奇情节,靠一个有小资味儿的女主人公的真实生活经历,抓住了读者的心。这种影响,比一个战斗故事,一场剿匪战斗,也许更深入灵魂,更为广大学生和知识文化界所接受。"③

相较于林道静与精神导师冯森(卢嘉川)、江华(李孟瑜)的革命情谊互动,《星星·月亮·太阳》中的徐坚白和《蓝与黑》中的张醒亚两个人物形象的塑造就有了很大的区别。徐坚白参加革命,一方面是因为自己恋爱上的失败,另一方面是苏亚南进步思想的影响,徐速在塑造苏亚南形象的时候,在人物性格的刻画上,也大伤脑筋,"原先,我对这本书的理想太高了,也曾大言不惭地要将真、善、美的精神在创作中表现出来;出题目容易,交卷子就不这样简单。阿兰是真,秋明是善,亚南是美,我是如此分配的"④。小说中的阶级斗争观念没有《青春之歌》中那么明显,更多的是让徐坚白、朱兰、马秋明和苏亚南四位青年人投身到抗战的时代潮流中,突出的是在民族危亡的大时代下,思想进步的年

---

① 原文是:*The Song of Youth* is a revolutionary Bildungsroman whose roots may be raced to works like Mao Dun's *Rainbow* in the 1930s. Yang Mo's ability to delve into the emotional world of the heroine as she matures into a communist made the work a great success. Although it dealt with one of the few acceptable themes at the time,namely the CCP underground movement before 1949,it did not escape criticism both before and during the Cultural Revolution of the bourgeois nature of the main characters and the lack of attention to peasants and workers. In response,Yang Mo revised the story by adding elements of class struggle in rural China. The revisions did not appease all the critics,but the popularity of the novel continued to grow,especially after it was made into a film in October 1959. 参见:Kang-I Sun Chang and Stephen Owen, eds. , *The Cambridge History of Chinese Literature*, *Volume* Ⅱ: *From 1375* , Cambridge:Cambridge University Press,2010,p. 604.

② 老鬼:《母亲杨沫》,长江文艺出版社 2005 年版,第 89 页。

③ 老鬼:《母亲杨沫》,长江文艺出版社 2005 年版,第 93 页。

④ 徐速:《书成赘语》(1954 年),《星星·月亮·太阳》(中集),高原出版社 1954 年版,第 1—2 页。

轻一代抗日救国的热情和奋斗精神。另外,两者的不同也表现在《青春之歌》和《星星·月亮·太阳》两部小说在后续的改编和修订版本中的不同。《青春之歌》的电影剧本是杨沫本人完成的,有评论者说:"小说和电影是两种不同的文艺形式,把一部三十多万字的长篇小说,改编成一部影片,不能不经过一番艰巨的再创造。在这方面,中外有过不少成功的例子,也有过一些失败的例子。《青春之歌》的改编,可以说是我国电影改编工作中最新的成功例子之一。小说作者杨沫同志亲自担任了改编工作,如果拿发表在《电影创作》去年 2 月号上的电影文学剧本跟小说原作比较,我们可以看得出杨沫同志在改编过程中是付出了巨大劳动的,特别是她虚心地吸取了去年对小说的讨论中一些正确的意见,使影片克服了小说中存在着的某些缺点;而从《电影创作》去年12月号上发表的电影导演剧本上,我们又可以发现导演崔嵬、陈怀皑同志对改编工作也作出了很大的贡献。"①另外,从 1959 年《中国青年》第 2 期发表郭开的《略谈对林道静的描写中的缺点》开始,对《青春之歌》的批判不断,直到茅盾和马铁丁出面撰文才平息②,这也使得小说在后来的改编中有了很多新的限制因素。"小说出版以后,在报刊上曾经展开讨论;改编电影之前,北京电影制片厂也曾经邀请读者座谈,征求他们的意见。这样,改编时便能够吸取群众的智慧,改掉了一些小的瑕疵。例如,小说描写卢嘉川与林道静之间有一种不很明显的爱情,这是不好的。因为那时林道静是一个有夫之妇,他们没有权利相爱。这些描写对这两个人物有损害。电影删除了这种关系。又如,卢嘉川的牺牲,在小说里交代得比较隐晦,弄得一些粗心的读者纷纷猜测。电影不但交代明确,而且利用镜头剪接上独有的方便,把卢嘉川的牺牲和林道静自发地贴他留下的标语交叉起来表现,使这两者的关系更加密切,获得了新的意义,教人感到共产党员是杀不尽的,老战士倒下去,新战士又站了起来。"③而《星星·月亮·太阳》的修订过程,没有意识形态方面的压力,一直到

① 陈默:《谈林道静的形象》,《电影创作》1960 年第 5 期;收入中国电影出版社编:《青春之歌——从小说到电影》,中国电影出版社 1962 年版,第 296 页。

② 茅盾:《怎样评价〈青春之歌〉》,《中国青年》1959 年第 4 期。马铁丁:《论〈青春之歌〉及其论证》,《文艺报》1959 年第 9 期。

③ 吴荫循:《试评〈青春之歌〉的改编》,《电影创作》1962 年第 2 期;收入中国电影出版社编:《青春之歌——从小说到电影》,中国电影出版社 1962 年版,第 297 页。

重版了十一次后，在 1962 年新一版中，徐速才开始修订这部小说，但重点集中在"词句和段落的清理"上，加上少量的"情节的增删"①，修订之后的新一版，继续着徐速"我觉得文艺创作不应该是鼓吹个人的信仰思想或者为某一派学说或政见作宣传工作。……本书并不是什么文艺宗派的产物，作者本人也不属于任何一派，至于'新现实派'这个名词的概念，作者根本不十分了解，也不求了解"②的创作原则，着眼于爱情故事的格局，对小说的情节进行了一些调整和梳理，没有政治意识形态的介入。正是小说和电影对意识形态方面的有意规避，使得《星星·月亮·太阳》"这部作品如此流行，并在 1961 年被拍摄成一部彩色史诗片（片长 214 分钟），这是一部明星云集的大片。这种成功后来又在王蓝 1958 年出版的《蓝与黑》，以及 1966 年被拍摄成同名电影的时候，重新出现了"③。

《蓝与黑》属于"反共文学"的范畴，但"在国民党的文化政策的压力下，这些力图寻找失去的家园的作品被政府所认可。然而，我们必须要注意到，这些关于怀旧和谴责共产主义的写作不一定就是对官方意识形态的奴隶遵守，而更多的是作为作家个人的战争和散居经历的自然产物。他们的作品构成了一种从政治动荡和历史创伤中产生的'伤痕文学'。其中的很多作品超越了政治正确性，达到了相当的艺术水准"④。小说中的张醒亚、唐琪、季震亚、季慧亚等

---

① 徐速：《新版附记》(1962 年)，《星星·月亮·太阳》，高原出版社 1962 年版，第 14—16 页。

② 徐速：《再版题记》(1955 年)，《星星·月亮·太阳》，高原出版社 1962 年版，第 9—10 页。

③ 原文是：The work was so popular that in 1961 it was made into an epic film(running 214 minutes) in color, with a star-studded cast and scenes shot in Taiwan. Such phenomenal success was repeated with the publication of Wang Lan's *Blue and Black* in 1958 and the making of the film in 1966. 参见 Kang-I Sun Chang and Stephen Owen, eds. , *The Cambridge History of Chinese Literature* ,Volume II : *From 1375* ,Cambridge：Cambridge University Press, 2010, p. 638.

④ 原文是：In light of GMD cultural policy, it is understandable that works that looked to the lost homeland were lauded. It is important to keep in mind, however, that writing about nostalgia and condemnation of communism should not necessarily be regarded as prompted by slavish conformity to the official ideology, but rather as a natural outgrowth of the writers' personal experiences of wars and diaspora. Their works constitute a kind of "scar literature" that grew out of political turmoil and historical trauma. At their best, these works go beyond political correctness and achieve considerable artistry. 参见 Kang-I Sun Chang and Stephen Owen, eds. , *The Cambridge History of Chinese Literature Volume* II : *From 1375* ,Cambridge：Cambridge University Press, 2010, p. 616.

青年人也经历自己抗战前后的民族苦难。小说的主题是反共,如对八路军的诋毁:"这回,我们是打了一次较大的胜仗;然而,我们胜得很别扭,胜得很痛苦——因为在敌兵的弃尸中,我们竟发现了一个八路军——一个都不会错,贺大哥和不少人都认识他的面孔,当初和贺大哥为购粮征粮争得面红耳赤的八路代表就是这个人。这会是真的吗?这些人都穿的是日本黄呢子军服,戴的是红太阳标志的日本军帽,而他们竟是八路军化装的?这是玩的什么把戏呀?这可又有什么意义呢?"(第258页)对抗战的评价,也是一种泛人性论的倾向,有时甚至会丢失掉民族尊严和民族斗争的根本底线,如小说中有一段在电影中所没有的描写:"我首先在他的衣角上发现到一条染了血的'千人缝',跟着一个小皮夹,自他的上衣中滚掉出来,打开它,一堆日本军中票和'神符'之外,一张俊美的日本少女的像片,立刻摄住了我的目光。像片背后,是几行日文,受过两年沦陷区教育的我,已能懂得那是一首热恋的情诗,下面签着赠送人的名字——春风春代子。……想着,想着,我不再憎恨任何人。我变成世界上最宽容最富同情心的人。我原谅唐琪,我原谅侮辱她的医生常宏贤,我原谅高大爷和高大奶奶,我原谅所有的日本兵……唯一我不能原谅的剩下发动这次战争的日本军阀!"(第244—245页)

《青春之歌》中林道静的扮演者谢芳出身高级知识分子家庭,父亲是神学院教授,曾留学海外,精通英文,母亲曾是冰心的大学同学,谢芳还是基督徒。良好的家庭背景和教养使得谢芳的气质十分符合林道静这一小说人物,这也是电影成功的重要原因。《星星·月亮·太阳》中的尤敏、葛兰、林枫的角色挑选,无疑也是助力电影成功的重要因素。谈及《蓝与黑》,我们就要谈谈女主角的扮演者林黛,她出身名门,父亲是程思远,而且戏路很广,在《情场如战场》(1957)中她所饰演的叶纬芳就被称为"具生金蛋功能的女明星"①。她所塑造的唐琪,身上综合着东方传统女性的宽容大度和现代女性的敢做敢当。1966年,林黛也凭自己这部未完成的遗作《蓝与黑》荣获第十三届亚洲影展特别纪念奖。可以说,从小说到电影的改编,从主角到配角的挑选,都成功地用文学本体中的人性关怀的一面,冲淡了小说中或隐或显的意识形态存在。当然,这些电影作品的成功也少不了导演、编剧的努力。《青春之歌》的导演崔嵬提拔

---

① 张爱玲:《张爱玲:电懋剧本集1·好事近》,电影资料馆2010年版,第1页。

谢芳,组织最优秀的演员阵容:秦怡演林红,于是之演余永泽,康泰演卢嘉川,于洋演江华,赵联演戴愉,赵子岳演地主,连次要的角色王晓燕的母亲,都由著名演员王人美出演。电影编曲是作曲家瞿希贤,乐队指挥是指挥家李德伦。另外,北京市委第一书记彭真亲自指示让这部影片成为庆祝新中国成立十周年的献礼电影,拨给崔嵬当时最好的电影胶片,指示陈克寒、邓拓、杨述等为完成之后的《青春之歌》做审查,最终一致批准上演,从而推出了这部中国当代电影的经典之作。① 同理,《星星·月亮·太阳》中如果没有张扬、尤敏、葛兰、叶枫,以及监制钟启文、制片宋淇、导演易文、编剧秦亦孚,没有《月朦胧》《送郎一》《送郎二》《打胜仗》《光明的前程》《好儿童》(葛兰主唱、周之原作词、姚敏选曲),这部影片一定会失色很多。同样,《蓝与黑》如果没有导演兼编剧陶秦,演员林黛(饰演唐琪)、关山(饰演张醒亚)、丁红(饰演郑美庄)的出色表演,没有主题曲《蓝与黑》(方逸华演唱)、插曲《痴痴地等》(静婷主唱)(这两首名曲都是由才子陶秦作词、王福龄作曲)、没有这些人的配合和努力,也不能囊括1966年第十三届亚洲电影节最佳影片奖、特别纪念奖、最佳导演、最佳编剧、最佳男女主角、最佳男女配角、最佳音乐等一众大奖,以及台湾金马奖优等剧情片奖。

三、结　语

卢玮銮曾这样评述香港右翼文人:"所谓'右翼'文人,背井别乡与前途未卜的渺茫,经济一时无法解决的困顿,笔下充满对异地文化的轻视,文字弥漫人生途上不可预知的彷徨。他们多写有家归不得的悲情,怀故园斥异地,形成柔弱、无奈、空泛的呓语式文风,张弓拔弩的反共叫喊并不多见。"② 这一段可以

---

① 1959年9月25日至10月24日,文化部在全国各大城市同时举办"庆祝建国十周年国产新片展览月",一共展出35部优秀影片(包括故事片18部,纪录片7部,科教片7部,美术片4部)。短短24天里,观众就达1.2亿人次,每天平均有500万人次的观众。之后,这些影片推广全国,1959年全年观众人次突破40亿。故事片中除了《青春之歌》,还有《林则徐》《聂耳》《五朵金花》《林家铺子》《万水千山》《回民支队》等后来成为经典的影片。

② 卢玮銮:《五六十年代的香港散文身影》,黄继持、卢玮銮、郑树森等:《追迹香港文学》,牛津大学出版社1998年版,第30页。

用来比照徐速的创作,他的创作中确实少了王蓝作品中的反共冲动。平心而论,因意识形态而兴,因意识形态受过,《青春之歌》《蓝与黑》这两部分属于不同阵营的作品很快陷入尴尬处境。随着中国大陆文艺界越来越"左",20世纪60年代初期,大量的中国现代文学作品受到批判,当代作家也不能幸免,《青春之歌》也成为被批判的"文艺毒草",除了作者杨沫,所有支持小说创作和电影拍摄的文艺界人物皆受牵连。而同时期的台湾文学,因为政治环境的变化,随着现代主义文学和台湾乡土文学的兴起,20世纪50年代盛极一时的"反共文学"和怀乡文学也因为包含过多的中国大陆因素被政府所警惕和压制。王蓝曾说:"台湾大学教授卢月化先生读了我的《蓝与黑》后给我许多嘉勉,并且鼓励我用台湾现实社会充作小说题材,继续创作。"①其中的潜台词就是他的创作必须转型,联系起当时的历史情境,王蓝后来创作现实题材的作品,这种改变也是历史的必然。

抗日战争是中国人民十四年艰苦卓绝抵御日本帝国主义侵略者的民族战争,它也是中国近代自鸦片战争以来,第一次战胜外国侵略者,重振中华民族民族自信心的战争。虽然意识形态的影响是政治文化影响作家本体的结果,但亲历过抗战前后中华民族救亡图存的伟大历史的作家们,难忘的就是自己所抛洒青春热血的激情岁月,这种青春激情就是他们创作成功的根本原因。另外,三位作家的思想源流上可归结到五四文学精神,无论是杨沫的革命文学热情,徐速批判香港商业社会的创作初衷,还是王蓝对沦陷区黑暗现实的批判,都可以看作五四文学中启蒙与批判传统的延续。跨越1949年之后,中国现代文学在文学地理上面被分成中国大陆、台湾、香港三块区域,在"文化冷战"的影响下,三块区域的文学工作者如何在政治与文学的缝隙中保存文学本体的价值与魅力,五四文学的精神传统如何在三块区域的文学中继承和变化,以及中国现代文学传统与当代文学创作之间的互动和建构,这些都是我们联通海峡两岸暨香港文学,突破单一的中国大陆现代文学的框架,以达到对中国现代文学更全面认识的重要一步。

(原载《文学评论》2017年第3期)

---

① 王蓝:《期待》,红蓝出版社1960年版,"后记"第320页。

风险、利润与现代出版业的起源

于　文

　　高风险性是出版业的核心经济特性,其根源是图书生产与消费的高度不确定性。这种特殊风险深刻影响了出版业的方方面面,塑造了出版业独特的盈利模式、分工结构与组织形态。因此,出版学理论和出版业转型研究都亟待加强对该经济特性的研究,其中,现代出版业起源研究能最细致地展现风险性对出版业之影响。因为"起源"是新事物区别于旧事物的本质的显现过程,包含了新事物的基本矛盾和基本特征。本文聚焦现代出版业起源,以揭示风险与利润机制在现代出版业形成中的作用,进而深化对出版变迁规律和出版本质特征的认识。

一、现代阅读市场及其风险性

　　现代出版业起源于18—19世纪工业革命时期的西欧,典型标志是现代出版商的产生、现代大众阅读市场的形成和蒸汽动力印刷机的应用。与之对应的传统出版业以西欧文艺复兴与启蒙时代书商和中国古代书坊为代表,以行会制度、手工生产和简单商业组织为特征。作为工业革命与现代社会的肇始地,英国也是现代出版业的起源国。与20世纪初中国现代出版起源伴随西方制度移植不同,英国现代出版起源是市场环境变化所诱致的内源自发性制度变迁,能更典型地展现图书高风险性的影响与特殊利润机制的形成。

(一)读写变迁与现代出版市场

读写文化的变迁是一切出版转型的源头。18 世纪是英国"从前工业社会向工业社会过渡的时期,也是社会结构发生分化整合的时期"①。新社会结构必然产生与之适应的读写传播系统,以维系其运转。因此,18 世纪末的英国读写传播发生了结构性转变,现代图书市场逐渐形成。

1. 现代作者的出场

在传统社会中,图书是统治阶层及附属知识精英的专属工具。上层阶级借助图书传习典籍、交流思想,以维系统治。对广大中下层民众来说,"获取生产生活资料的日常生活是生活的全部",所有信息需求,如生产生活经验和日常精神交流,于亲人乡邻的口语交往中便可获得。"在这种社会,语言就足够传递世代间的经验……哪里用得着文字?"②自 15 世纪末谷登堡发明印刷术起,西欧书商的投资对象就是那些有持续大量需求的图书,如古希腊罗马的诗书典籍,中世纪的宗教律论,文艺复兴时代的经典论著。新作品不仅产出量少,而且主要靠口头、手抄传播,或自费印刷。只有少数经过手抄、戏剧传播获得流行度的"当代"作品才会成为书商的投资对象。

18 世纪下半叶,现代社会随着工业革命在英国逐步形成,社会交往方式发生了根本转变。现代社会的本质是开放、异质化的社会,人们在高度分工的基础上形成全新依赖关系。现代社会的"团结以个人差异性为基础……每个人都拥有自己的行动范围"③,从而累积不同的经验、知识和思想。人们需要及时分享这些信息以实现现代社会的运转。书籍世界因此而活跃起来。作者开始多样化,不仅知识分子透过出版展开新知学术的共时交流,财务能手、采矿专家、殖民贸易大亨等行业能人也通过著述与彼此隔离的广大同行分享专业经验。1703 年,英国出版的财经类书籍为 81 种,到 1793 年上升至 323 种,超越

---

① 舒小昀:《分化与整合:1688—1783 年英国社会结构分析》,南京大学出版社 2003 年版,第 1 页。

② 费孝通:《乡土中国》,上海人民出版社 2006 年版,第 18 页。

③ 涂尔干:《社会分工论》,渠东译,生活·读书·新知三联书店 2000 年版,第 91 页。

宗教、文学等传统大类。①

一方面,城市工商业的发展在造就了一批富裕中产阶级家庭的同时,也造就了一批具有读书写字的能力,并有闲暇时间的女性阶层,千百年来的男性著述垄断局面被打破。"1760 年到 1790 年,流行小说的三分之二都出自女性之手,女性小说家数目不断增加。"②经济专业化分工和商品经济的发展,将她们从家务中解放出来。她们也成为重要的作者,一开始只是模仿着写一些言情小说表达自己的情愫或是与家人、闺蜜分享,后来随着印刷业的发展,特别是杂志报纸的发展(报刊发表要比出版图书容易得多),她们有了表达的空间。很快,她们中的佼佼者就开始被书商相中,作品被出版成畅销书。最后很多妇女甚至可以靠写作为生了,18 世纪下叶开始,女性作家的比例越来越大。

另一方面,职业作家的表现更为突出。职业作家同样是现代出版业的产物。越来越多的英国作家通过销售作品养活自己,即"私人捐赠和有限受众转向公众捐赠和潜在、无限的受众"③。客观地说,即使在今天,职业作家创作的书也占不到所有图书种类的半数。但是他们却是最商业化的,对出版业形态结构的影响最大;也是最面向大众的,因为他们依靠市场生存。在 18 世纪伦敦的布拉格街出现了"按劳动量领取薪酬的文人,计酬标准就是他们创作的诗歌行数或者所写文章的长短。书商们强有力地支配着这些无名的作家,他们沦为书商的雇工"④。虽然经常受到当时高贵人士的嘲讽,但他们确实是一类全新的作者,而且他们中也走出了许多成功者。更重要的是,他们还象征着能够养活作者的读者群出现了。正如洛文塔尔针对 18 世纪作者的变化所评述的:

到了 18 世纪中叶,在伦敦文学市场混饭吃的估计有几万人。要成为一个专业作家再也不需要是文人或大学毕业生了,现在那些想挣点外快的家庭主

① John Barnard, *The Cambridge History of the Book in Britain*, Vol. 5, Cambridge: Cambridge University Press, 2009, p. 46

② Jane Spencer, *The Rise of the Woman Novelist: From Aphra Behn to Jane Austen*, New York: Blackwell, 1993.

③ 利奥·洛文塔尔:《文学、通俗文化和社会》,甘锋译,中国人民大学出版社 2012 年版,第 82 页。

④ 吴伟:《格拉布街:英国新闻业往事》,北京大学出版社 2010 年版,第 124 页。

妇和簿记员也开始写小说了,包括乡下的那些曾涉足过植物学或考古学的牧师也是如此。这些作家中,几乎没有人感到有任何必要捍卫自己的作品和利益,而且几乎没有人明确地关注过文学标准的问题。①

威廉斯的研究也显示出 18 世纪作者世界所发生的巨大的变化。"在 18 世纪,大多数作家来自于专业人士家庭和小店主家庭,在文学中也出现了常常被描述为中产阶级文学的一些新的形式与模式。"②

2. 现代读者的转变

读者的变化更为关键,阅读需求是出版的根本驱动力。工业化与城市化造就了一批以商人、工厂主、公务员、专业人员为代表的中产阶级家庭。工业革命前夕,英国的土地贵族、"中间阶级"和劳动者家庭的数目分别为 1.2%、58.8% 和 40%;收入分别为 14.3%、74.7% 和 11%。③ 中产阶级的崛起意味着大众读者的出现,阅读不再是少数者的行为。"从 18 世纪 40 年代开始,大批的私人藏书目录开始越来越多地出现在中产阶层的家庭的遗产清单中,这些'奢侈品'过去只会出现在大户之家的清单中。"④

相对于数量的变化,读者构成的多元化对现代出版市场的形成更加关键。在短短几十年内,在以往那些习惯于一家之主在傍晚时分为全家朗诵《圣经》的中低产阶级家庭里,孩子们也开始阅读报纸、传单、小说,甚至游记历险故事。主妇们对阅读也从最初的暧昧状态转变为兴趣盎然,她们主要阅读宗教读本和浪漫爱情故事。"瓦特认为在新兴中产阶级读者中,女性的人数超过男性。妇女阅读理查森(Richardson)、菲尔丁(Fielding)、斯莫利特(Smollett)和戈德史密斯的作品,不仅是为了消遣,而且为了寻求道德指南,从而培养与其家庭新获得地位相适应的行为方式。"⑤男士们多阅读诗歌和戏剧,如印刷版的

---

① 利奥·洛文塔尔:《文学、通俗文化和社会》,甘锋译,中国人民大学出版社 2012 年版,第 99 页。
② 雷蒙德·威廉斯:《漫长的革命》,倪伟译,上海人民出版社 2013 年版,第 354 页。
③ 杨杰:《英国工业革命的基础和环境》,《杭州大学学报》(哲学社会科学版)1997 年第 3 期。
④ Robin Myers and Michael Harriseds, *Sale and Distribution of Books from 1700*, Oxford: Oxford Polytechnic Press, 1982.
⑤ 刘易斯·科塞:《理念人——一项社会学的考察》,郭方等译,中央编译出版社 2004 年版,第 42—43 页。

莎士比亚剧本。就连普通劳动者阶层最后也加入读者的行列。"如果说18世纪读写文化征服了社会的中层,那么自19世纪初始,它开始向下普及(先是城市周边地区,然后延伸到乡村地区),并以基督教传统价值观念为媒介,向下层人民灌输纪律、职业道德、公民责任等统治阶级的主要观念。"①煤气灯等照明灯具开始在体力劳动者的住所普及,使更多人具备读书的条件。因为对于劳动者来说,即使他们想阅读,也得到晚上才能有空闲。所有这些变化都使得新兴的出版商开始意识到,他们面对的环境已经和父辈有很大不同了。至少他们要开始面向两个大类的读者群体:一类是愿意出高价买好书的精英人士;另一类则是文化品位一般的中下层老百姓。而他们的父辈只需要关注前者,因为后者是几乎可以忽略不计的。

中产阶级是现代社会和新生产方式的组织者,阅读对他们而言既是生活方式,也是生存之需。他们通过教科书和文库读本接受学校教育和新知,通过杂志获取参与现代生活的实用信息,通过专业书籍提升工作技能,通过通俗文学进行消遣阅读。中产阶级的阅读口味,赋予出版物更丰富的类型与社会功能。"阅读不再是终点,而成为求知途径。"②

许多历史资料也的确表明,读者开始越来越需要阅读他们同代人的出版物了,因为这是他们在新社会中的生存发展之需。"这个由商人、手艺人、店主和办事员组成的中产阶级,为了完善自我而转向读书。因为急于在修养和知识方面与上层阶级一争高下,他们求助于报纸、杂志和书籍——特别是小说。读书成为人们迷恋的活动,并且得到了那些已获得社会地位和把读书视为提高地位的手段的人们的赞赏。"③《约翰逊传》被誉为历史上最伟大的传记,该书忠实记录了大文豪约翰逊(Samuel Johnson,1709—1784)的各种逸事、细节和人物对话,其中自然少不了论及对阅读的看法。这些材料为我们捕捉18世纪中后期的读者阅读动机等心态提供了难得的材料。约翰逊博士认为真正的阅读应以学习为目的,而且人应该根据自己的兴趣来阅读。这些观点在今天看

---

① 史蒂文·罗杰·费希尔:《阅读的历史》,李瑞林等译,商务印书馆2009年版,第250页。
② 史蒂文·罗杰·费希尔:《阅读的历史》,李瑞林等译,商务印书馆2009年版,第35页。
③ 刘易斯·科塞:《理念人——一项社会学的考察》,郭方等译,中央编译出版社2004年版,第41页。

来不足为奇,而且依然为大众所认同。但在当时,这种阅读观念的出现却是革命性的,因为阅读不再是接受神圣与权威的训教,而是读者自主地带着功利目的去阅读。读者拥有了明确的自我意识,开始通过书籍寻找那些依靠日常的人际传播无法获取的,但是对他们的社会生存非常有意义的知识和信息。

约翰逊在谈到当代作家的作品,也就是本文论述的"新书"时,态度非常明确:

> 阅读必须紧跟时代的步伐。有人认为当代出版物大量繁殖有害于经典文学。但社会让我们不得不为追赶潮流而阅读大量劣质的东西。因为在与人交谈时,一个读了几本现代作品的人,比读过古代最杰出作品的人,其虚荣心更容易得到满足。结果,好作品就因为没有时间而被弃置一旁。但必须认识到,在当代,知识的传播更为广泛;另外,妇女也开始阅读了,这些都是巨大的进步。[①]

约翰逊作为 18 世纪中后期的一位当事者,他的观察与描述和本文的基本论点是一致的,那就是 18 世纪后期的英国读者开始更多地追求同时代作家的作品,新知识被广泛传播,新的观点也是大家最需要的,妇女也开始阅读,而且她们更关注时髦的新内容。1763 年《批评者周刊》中的评论中这样写道:

> 书商们每年冬天都要特意出版足够多的图书来帮助消费者度过漫长冬日。他们中大多数都不能区分好坏,对提供给他们的任何书都满意。女性读者更是来者不拒,毫不选择,只要是新书她们就会去读。[②]

由此可见,图书不再仅仅是那些传递权威思想和精英文化的工具,而有了更加丰富的社会功能,不同的人出于不同的目的来交流不同的信息,既包括最新的专业领域的资讯,也包括纯粹为了消遣的故事。而且,这一时期读者的变化还表现在人们开始追求人际交往范围之外的更广阔的人生经验的获取,这是社会生活复杂化的结果。而在当时,阅读可能就是获得处于异时空的同代人的生产生活体验的最好途径,虽然读小说仍被视作一种堕落和虚度光阴的

---

① 包斯威尔:《约翰逊传》,罗珞珈、莫洛夫译,中国社会科学出版社 2004 年版,第 116 页。

② Tobias George Smollett, *The Critical Review: Or, Annals of Literature, Volume 16*, Memphis: Books LLC, 2009, p. 449.

行为,但越来越多的人开始迷恋小说阅读。的确,在当时,小说成为很多人获取更多人生阅历的重要途径。还有一些人则希望从中获得更为深刻的个人需求,获得"哲学或道德方面的指引。这一指引不再是以规则的形式描述出来,而是在行为实践中总结得出的"①。

(二)图书出版的特殊风险

全新的阅读市场使新书成为英国社会的主体阅读需求,创新成为现代出版的显著特征。而图书的不确定性又使以创新为特征的现代出版成为冒险的行业。所谓图书的不确定性,是指预测一本新书的市场反应和实际需求极其困难。单个企业生产与实际社会需求是商品经济的基本矛盾,任何生产都具有不确定性。但大多数产品的生产可借助经验和调查方法,实现相对准确的预测。汽车生产商可根据已有款型的销量确定新款汽车产量;农业种植户可根据价格变化调整种植规模。因为这些产品具有同质性或相似使用价值,消费也是连续性的。而出版商要预测一本新书的实际需求则比其他商品困难得多。从简·奥斯汀到 J. K. 罗琳,许多名家都有被知名出版商无情退稿的经历;积压库存与高退货率是各国出版业的顽疾。正如法国出版家伽利玛所言:"如果你说话总那么肯定,那你当不了出版人。在这个行业干了四十年后,我只能告诉你,我们永远无法预知一本书的命运。"②

这种不确定性源自文化产品的精神属性与物质属性的双重性及其派生属性。首先是内容唯一性。作为精神成果的书籍,具有鲜明的个体性。每本书都是独一无二的存在。这就使出版商的经验积累非常困难,他们不能因为张三的书畅销,就预测李四的书好卖。埃斯卡皮说:"如果把出版商比作工厂主,那么他每出版一本书就创办了一个新工业门类。理论上说,他不可能积累经验,即不可能有预见性。"③其次是价值偶然性。商品价值是由社会平均劳动时

---

① Ifor Evans, *A Short History of English Literature*, 3rd edtion, Harmondsworth: Penguin,1970.

② 皮埃尔·阿苏里:《加斯东·伽利玛:半个世纪的法国出版史》,胡小跃译,人民文学出版社 2010 年版。

③ 罗贝尔·埃斯卡皮著,于沛选编:《文学社会学:罗·埃斯卡皮文论选》,浙江人民出版社 1987 年版,第 140 页。

间决定的,而文化产品是作者的个性创造,生产者是唯一的,因而不存在社会平均劳动时间。阅读也是个人化的,不同读者对同一本书的评价可能有天壤之别。而且图书的使用价值集中于精神内容,滞销图书只能回炉化浆。狄德罗在 18 世纪末就意识到:"图书只有印刷一定印量才能以合理价格销售。但绸布店仓库里积压的过时布料还有一定价值,而出版商积压的一种糟糕的图书就什么都不是了。据统计,在每 10 项出版投资中,有 1 个能成功已经很不错了,有 4 个从长远看能不赚不赔,有 5 个则要亏本。"①因此,创作和阅读的双向个体性与图书销售所要达到的规模效应形成尖锐的矛盾,导致了现代出版市场的极大风险性。

因此,不确定的根源在于出版业自身文化属性与产业属性的矛盾,即文化规律对资本逻辑的不适应。因为文化产品的经济价值主要来自于文化价值,而文化价值的形成过程是极其不稳定的,并不取决于生产者投入的劳动时间,而是"在那些复杂的社会象征圈子,即我们所谓的文化中建构的……从而使控制和产生利益变成一个非常难懂而难以预测的过程"②。费斯克看待大众的自主性和创造性视角可以部分地解释这种不确定性的成因。"大众对文化工业产品加以辨识,筛选其中一部分而淘汰另一部分。这种辨识行为往往出乎文化工业本身的意料之外,因为它既取决于文本的特征,也同样取决于大众的社会状况。"③也就是说,无论文化产业在利润驱使下如何取悦大众,大众并不是如一些观点所认为的那样对资本提供的所有文化商品无辨识地照单全收,而是受到了各种非理性因素的影响。在现实生活中,就体现为大众飘忽不定的选择常常使大多数图书、电影、唱片和其他产品变成一项昂贵的失败投资。文化生产与消费的高度不确定性同资本驱动下社会化大生产对市场回报率的确定性、可控性的追求形成了强烈的冲突,使得任何文化产业的投资都蕴含着巨大的风险性。

---

① 转引自 Robert Escarpit, *The Book Revolution*, London: Harrap, 1966, p. 115.

② 贾斯汀·奥康诺:《艺术与创意产业》,王斌、张良丛译,中央编译出版社 2013 版,第 105 页。

③ 约翰·费斯克:《理解大众文化》,王晓珏、宋伟杰译,中央编译出版社 2001 年版,第 145 页。

二、从联合垄断到独立竞争：风险与应对

为适应现代出版的复杂性，出版业在企业组织层面逐渐形成高度分工与专业化。不确定性的应对是揭示现代出版起源及其本质特征的基本线索。从18世纪末开始，一些敢于创新的书商开始放弃旧的联合出版制，转而独立从事专门化的出版经营。

（一）新目标与新风险

在现代出版商产生前，书商是西欧书业的主角。他们身兼出版商、发行商，有时还有印刷商等数职于一身，但却比现代出版商要轻松。他们的产品与其他消费品一样，品种固定、需求稳定。这是前现代出版业的共同特征，在18世纪前的法国，"印刷的主要任务，在于传播纯正的古代经典……书商兼出版商只发行销路有保障的书，包括重印的旧畅销书与宗教书……原创著述反而令人避之唯恐不及"[①]。自15世纪末印刷术进入英国后的三个世纪，近代英国书商先后建立了书商公会的特许出版制、书股出版制度和联合出版制度（share-book system）。这些制度带有浓郁的重商主义经济色彩，以封闭、垄断为特征。18世纪上半叶是联合出版制的盛行期，几十位伦敦书商控制英国出版市场，按股份联合拥有畅销书的版权，共同投资、共同销售。由于现代金融、现代版权保护和现代发行体系尚未健全，联合出版对解决融资、版权保护和发行等问题具有优势。所以许多存世的18世纪英国图书的扉页上会同时出现五六个出版商的商号。

然而从18世纪70年代起，第一批现代意义的"出版商"开始在英国出现。他们中包括从父辈接手家业的托马斯·朗文（Thomas Longman），也包括学徒出身的约翰·纽伯里（John Newbery），还有从外行转入的约翰·默里（John Murray）等。他们更愿意独自出版图书，而很少与其他书商联合出版；他们逐

---

① 费夫贺、马尔坦：《印刷书的诞生》，李鸿志译，广西师范大学出版社2006年版，第147页。

渐关掉自己的书店,退出图书的联合批发,而只关心图书出版。大概半世纪后,现代出版观念逐渐形成,他们开始自称出版商(publisher),而不再是书商(bookseller)。

这场经营转型源自书业环境的转变。一方面,新阅读需求使新书成为诱人的出版市场。新时代的阅读需求为当时的书商提供了新的市场机遇,那就是依靠出版新书来赚钱。因为此时的新书也同过去的经典书籍一样,具有广泛的需求。新书不仅需求广泛且多样,供给也是持续的。在印刷媒体占绝对统治地位的时代,社会中的许多新兴经济活动与生活方式,例如专业学习、科学研究、思想交流、经验共享、娱乐休闲,都要求出版业提供和传递更多更及时的最新图书。因此,书商们要想占领新书市场,就不可能再像过去一样依靠口头、手抄、自费印刷等中间传播渠道来完成文本的初级传播,再决定投资哪些图书。他们必须主动发现读者潜在需求,主动推出那些可能成功的书稿,甚至主动开发新的图书产品,制造新的需求。总之,新的市场环境为书商们提供了新的市场机遇,树立了新的目标。

另一方面,新书市场具有特殊高风险,失败率极高。但有些书商并未望而却步。因为在一定条件下,高风险意味着高回报。通过相应的战略与新组织结构,不仅能降低风险,还能在经营者间产生比例不等的收益。不确定性可分为两类:"一类是发生概率有广泛共识的风险;另一类是人们在认识上分歧极大的风险。"①前者如灾害,风险率对所有经营者相同,可通过保险规避,属可预测成本。而后者如新作品的出版风险,是认识分歧极大的风险,是真正的不确定性。由于市场主体个人承担决策和控制能力不同,产生的回报也不同,这种差异化回报构成了投机利润。因此,新书出版更像是投机者的冒险。

风险回报可视为版权的垄断性带来的超额利润。在版权保护期内,图书定价存在很大的超额利润。"版权赋予垄断和制定垄断价格的权利。在规定期内,想购买某本书的读者没有其他生产者选择,版权拥有者可任意制定价格

---

① 富兰克·H.奈特:《风险、不确定性和利润》,王宇、王文玉译,中国人民大学出版社2005年版。

（以消费者最高承受度为上限）。"①因而在版权保护制度相对完善的国家，普遍采取"图书差级定价"。出版者向有硬性需求或价格不敏感的读者提供精装本，而向易受价格和替代品影响的不稳定读者发行平装本。图书的超额利润是生产商面向不确定性生产的回报，是对出版者冒险成功的奖赏。

（二）承担不确定性的人

当新书成为首要目标时，组稿（acquisition）与选题（commissioning）成为出版的第一要务。"当生产的不确定性大大增加，按部就班做事情成了次要，主要问题和首要功能是决定做什么和如何做。"②当书商要将资本投向新书稿时，他们的首要工作不再是按部就班地组织印刷发行，而是决定"出什么书"和"如何出"。所以，新书组稿与选题的本质是承担和应对新书风险，这是现代出版商区别于旧书商的本质功能。

关于如何应对不确定性，奈特指出："一是整合，通过概率归类减少不确定性；二是专业化，选择乐意承担不确定性的人来减少风险，因为预测能力因人而异。除出色的判断力、预见力和充分信息源外，职业投机者的另一优势是决策次数多而产生归类效应。"③18 世纪末，一部分英国书商热衷于主动物色新书稿和作者，主动策划他们觉得有利可图的选题。这些人更像职业投机者，他们往往独具慧眼而又具有经营头脑与魄力，而且更专注于某个细分领域，如少儿出版、医学出版，通过增加在该领域的决策次数，获取更全面的市场信息。这种应对不确定性的能力往往是需要付出经济成本的，除了经验的累积、个人的才能禀赋外，要获取充分的信息来源或掌握能够降低不确定性的知名作者，就必须投入必要的社交成本。

当应对不确定的能力作为一种间接成本在出版活动中不断加强，而且成为图书出版中的核心利润来源时，旧书商的联合出版制度的生产模式就愈发

---

① William St Clair, *The Reading Nation in the Romantic Period*, Cambridge: Cambridge University Press, 2004, p. 30.

② 富兰克·H. 奈特：《风险、不确定性和利润》，王宇、王文玉译，中国人民大学出版社 2005 年版。

③ 富兰克·H. 奈特：《风险、不确定性和利润》，王宇、王文玉译，中国人民大学出版社 2005 年版，第 176 页。

不合时宜。因为按照联合出版制度，书的加印再版都是该书的所有版权持股人按照持股比例参与前期投资，并联合批发。对于产出的分配，都是按照拥有版权书商的持股比例来进行分配的。虽然这种方式既分摊了直接生产成本，也分摊了风险，对出版有确定需求的书是非常合理而且安全的制度。然而，这个制度的一大特点就是以单个产品为中心的联合，这就意味着所有参与联合出版的书商只可能为这一次生产的直接成本（如编辑费、纸张费、印刷费、登报广告费，有时候还包括支付给作者的费用）支付费用，而不可能为其他的间接成本支付费用。因为在联合出版制度中，每本书的版权所有者以及每人的股份都是不同的，而且随着内部的转让，参股人数和份额都在变化。

于是，一些新书出版成功率特别高的书商，也就是在组稿与选题方面具有个人天赋的书商开始越来越不愿意与其他书商联合出版、分摊利润了。我们从那时书商的记录中了解到类似的想法。理查德·菲利普（Richard Phillips）原本是莱斯特郡的地方书商，他于1796年在伦敦帕特诺斯特街开设了自己的书店。他通过出版一些最新修编的教科书赚了很多钱，还出版了一套非常成功的少儿丛书。他渐渐发现，"只要他能够自己出版足够畅销好卖的书，他获得的收益要比用同样的钱去参加联合出版更大"①，这就意味着他开始考虑放弃联合出版和批发，而是独立地出版和发行自己的出版物。事实也的确如此，一本关于他的回忆录有如下记载：

> 他只面向公众出版有内在价值的图书，以至于他的事业不断扩张，最后不得不搬离圣保罗教区，去寻找面积更大的店址……可以确定的是他是伦敦第一位"出版商"，他只卖自己出版的书，这些书大多数卖得很好，以至于他不得不雇用很多店员。②

如果以只经营自己独立出版的书为标准，菲利普可能是英国第一位现代

① Alan Rauch,"Preparing 'The Rising Generation'：Romanticism and Richard Phillips's Juvenile Library 1800-1803", in *Nineteenth-Century Contexts*, Vol. 15, No. 1 (Jan., 1991), pp.3-27.

② *Memoir of Sir Richard Phillips 1802*. 转引自 G. Pollard,"The English Market for Printed Books：The Sanders Lectures 1959", in *Publishing History*, No. 4(1978), pp.7-48.

意义的出版商。但他肯定不是最早开始有这种想法的人,甚至在 1774 年之前,许多有冒险意识的书商就开始了类似的行动,只不过刚开始他们都主要还是按照联合出版制度经营自己的生意,独立从事出版可能只是出于偶然或是被逼无奈,但是他们的行动最终汇聚成了历史的潮流。

因此,18 世纪末的许多英国书商开始把更多精力投入组稿素质的养成上,包括建立作家联盟和走专业化发展之路等。首先,出版者与作者的联盟变得必要而紧密。因为对 18 世纪以前的英国书商而言,他们要么是出版前代人写的旧书,要么是出版经过中间渠道(口传、手抄、自费印刷)流传的同时代人的新书。前者有时代隔绝,后者是间接联系。他们绝不会像后来的出版商那样与读者共同孕育一部反响未知的新作品。所以,当出版者依靠连续的出版新书来发现和制造有成功潜力的图书时,作者与出版者必然结成紧密的联盟。首先,与作者保持密切的往来,及时掌握最新的创作信息,是获得优质稿源的关键。其次,培育和打造知名作家能够降低需求的不确定性。因为作者的知名度和作者固定的创作风格与水平是读者判断新作品价值的重要依据。最后,与作者亲密的私人关系能够实现出版商出版风格和作者创作风格的统一,使作者创作的作品更符合出版商的选题意图,保证选题成功。在当时,出版者与作者的互动程度很高,以至于最后的图书成品很多几乎是两者共同的作品,很难区分彼此。作者与出版商的故事从此成为出版史中最精彩的章节,因为它最生动地展现了出版的冒险性与复杂性。

"图书业长久以来就是一个建立在社会交往与互动基础之上的行业,尤其是作者与书商的交往",这个特点在"产业化的过程中进一步加强了"。① 约翰·默里父子两代人的经营特点就很能说明这个问题。老约翰·默里(1737—1793)被英国出版史学家普遍认为是第一批现代意义出版商的代表人物。从 1768 年开业到 1793 年去世,默里一生共出版 971 种书,完全独立出版和发行的图书比例高达 30.9%,加上他与一两位书商朋友合伙出版的图书,他

---

① Adrian Johns,"Changes in the World of Publishing",James Chandler ed., *The Cambridge History of English Romantic Literature*,Cambridge:Cambridge University Press,2009,p. 384.

自己发行的书总计占比达到 48.7%,而他参加联合出版制的书只有 14.6%。① 而且他出版的书基本上都是同时代作者首次出版的新书,这些书的再版率也非常高。默里的成功得益于他致力于经营良好的作者关系。"默里主要是依靠他的朋友圈子,当然他们许多都是作家,比如兰霍恩(John Langhorne)、卡特赖特(Edmund Cartwright)、斯图尔特(Gilbert Stuart),或者通过他们的作家朋友来获得有价值的书稿,他经常在旗舰街 32 号的书店里或附近的酒店里宴请各类朋友,讨论有价值的选题,或者讨价还价,分享对作品的判断。"②默里非常注重其图书风格的一致性,他要求作品必须清楚简明,让读者更容易接受。因此在出版苏格兰学者威廉·理查森的《莎士比亚剧作人物分析》时,他们保持密切的通信,默里要求理查森在写作和修改的过程中体现这条原则。最后该书非常成功,加印了十多版。③ 他的儿子小约翰·默里(1778—1843)则更加具备现代出版商的特质,他继承了父亲的经营策略,他的客厅成为当时伦敦最大牌的沙龙,拜伦、司各特和简·奥斯汀都是他的长期作者,尤其是拜伦,他们的通信集几乎就是拜伦大半生的传记,仅拜伦在欧陆游历期间的通信就有上百封。信中既提到拜伦如何接受默里关于他的诗歌的修改建议,也说明默里很多好的作品和作者信息都是拜伦提供给他的。④ 这种特征也表现在所有具有现代出版商色彩的英国书商身上,被称为"书商国王"的乔治·罗宾逊(George Robinson,1737—1801)在伦敦的郊区别墅例行款待各色作者。⑤ 莱斯利·查德(Leslie Chard)将书商约瑟夫·约翰逊(Joseph Johnson,1738—1809)的成功归为他和作者的关系,他每周一次的晚餐在伦敦很有名气,他的

① "A Checklist of Murray Publications,1768-1795",Zachs William,*The First John Murray and the Late Eighteenth-Century London Book Trade*,Oxford:Oxford University Press,1998.

② Zachs William,*The First John Murray and the Late Eighteenth-Century London Book Trade*,Oxford:Oxford University Press,1998,p. 75.

③ Humphrey Carpenter,*The Seven Lives of John Murray:The Story of a Publishing Dynasty,1768-2002*,London:John Murray,2009,p. 16.

④ Andrew Nicholson ed.,*The Letters of John Murray to Lord Byron*,Liverpool:Liverpool University Press,2007.

⑤ G. E. Bentley,Jr.,"Copyright Documents in the Geoarge Robinson:William Godwin and Others 1713-1820",in *Studies in Bibliography*,Vol. 35(1982),pp. 67-110.

作家朋友不仅带来他们最新的作品,而且带来新的作者,这为他提供了高质量的书稿来源。他的晚宴来宾包括学者、牧师、医生和作家,都是重要的作者阶层。① 作者与出版者的结盟还表现在经济的依赖上。19世纪初期,很多出版商开始给作家预付稿费,这在之前也是很少见的。这不仅增加了作家写作的确定性,而且也建立了作家与出版商长期的资金依赖关系,例如默里与拜伦、约翰逊与雪莱就是如此。②

降低不确定性的另一方法就是类型化。18世纪中叶后的重要转变就是"同质化的读者开始被变化多样而又交叉重合的读者所取代。书商们尝试去更加精确地区分和定义这些新市场。"③18世纪中期后,出版型书商越来越专业,如专门出版哥特体小说的威廉·莱恩(William Lane)、出版航海书籍的芒特(Mount)和佩奇(Page),擅长理论书籍的里文顿(Rivington)及世界首个童书出版商纽伯里。这个转变过程受到书商个人专长、家庭背景的影响,更是市场竞争的结果。总之,当他们更专注的时候,他们"失手"的可能就减少了。

三、从一体经营到分工协作:利润与分化

现代出版业起源的第二条线索是发行的专门化。当善于捕捉市场的书商专注于出版冒险时,另一些书商发展成现代形态的图书批发商,还有的则只经营图书零售。所谓发行专门化,是指图书销售成为与"出版"相对独立的系统和纯粹的商业组织。这些书商不再出版图书,即马克思所说,只实现价值而不再创造价值。这两条线索相辅相成,共同构筑出版业的现代格局。

连续性出版新书首先遇到的是发行瓶颈。因为每本书都是唯一的垄断产品,可面向全国甚至全球市场销售,以达到获利规模。每本书的潜在读者广泛

---

① Leslie Chard,"Bookseller to Publisher:Joseph Johnson and the English Book Trade,1760 to 1810",in *The Library*,Vol. 5,No. 2(June,1977),pp. 138-154.

② William St Clair,*The Reading Nation in the Romantic Period*,Cambridge:Cambridge University Press,2004,p. 166.

③ James Raven,*The Business of Books*:*Booksellers and the English Book Trade*,New Haven:Yale University Press,2007.

分布而不确定,而实现新书超额利润的关键就是让潜在读者买到书。18 世纪下半叶,英国的地方和海外图书市场迅速发展。19 世纪初,英格兰 316 个城镇中共有 988 个书商登记,没登记的书店更多。① 出版商要与这些书商一对一地联系,几乎不可能。

而对书店的经营者而言,也只有保证品种数才能增加客流与销量。然而,与每本书的出版商分别联系是困难的,尤其是对于边远地区的书商而言。时间差和距离在当时是商贸大敌,尤其是文化产品。因为杂货铺老板尚且可对每月蜡烛、红酒的进货量心中有数,这些商品的消费连续而稳定。而对书店老板来说,每本书的销量都不同,有些书能在库房积压四五年。总之,漫长而不确定的销售周期使书商很难开展现款交易,而主要采取赊销。然而在现代金融与信用体系产生前,赊销意味着交易双方必须熟识。所以,这种双向多头交易效率非常低下。

为此,作为中间商的图书批发商开始出现。乔治·罗宾逊最初于 1755 在里文顿出版社(Rivington)工作,18 世纪 60 年代开始自己创业,和其他书商一样参加联合出版制。但到了 18 世纪 80 年代,当越来越多的书商开始放弃联合出版,转向独立出版时,他并没有跟风进入独立出版大军中,而是发现了另一个商机:充当专业的图书批发商。因为此时的出版商变成了一个个彼此竞争的独立企业,如同作者、读者和书店一样分散而多样。联合出版的衰弱就意味着联合批发的减少,如果他从许多出版商那里购买图书再分销给零售商,尤其是批发给地方城市的书商,那一定比拥有已经过期的旧书版权要赚钱。他的判断是准确的,他很快成为当时最大的批发商。专业批发商的出现正解决了独立出版带来的发行问题。② "伦敦的出版商如默里、奈特(Charles Knight)和科尔伯恩(Henry Colburn)将大量与小书商打交道的工作交给了批发商,他们可以更加专心于为出版新书而需要承担的大量选稿和宣传的工作。"③作为

---

① N. Mckendrick,John Brewer and J. H. Plumb, *The Birth of A Consumer Society*: *The Commercialization of Eighteenth Century England*,London:Europa Publications,1982.

② G. Pollard,"The English Market for Printed Books:The Sanders Lectures 1959", in *Publishing History*,No. 4(1978),pp. 7-48.

③ Henry Curwen,*A History of Booksellers*,*the Old and the New*,London:Chatto and Windus,1873.

出版生产链条上的一个独立环节,批发业务的巨大需求导致的高利润,也吸引了其他新出版商的注意,比如朗文和瑞文顿也相继在伦敦开设了自己的发行部门。但是这并不是说出版还没有和发行分离,相反,这恰恰说明了发行事业的专门化。因为朗文公司是专门成立的批发事业部,由专门的擅长发行的合伙人赫斯特(Hurst)来管理经营。发行部门与出版部门是完全独立的两个事业部,账务上也是独立核算,类似于不同业务的子公司,他们批发的图书既不限于自己的书,也不限于某个联盟内,而是代销所有出版商的书,就像其他专业的发行公司一样。当然,因为主业发展的需要,朗文最后还是放弃了批发事业部。①

图书零售也呈现新变化,标志性事件是拉金顿(Lackington)于 1789 年在伦敦创办的名为"缪斯殿堂"的书店。拉金顿曾是伦敦书业的大佬,在变革大潮下,他做出了第三种选择——专注图书零售。拉金顿发现出版不再是只销售高价书的行业,新出版业需要拥有全新理念的书店来适应新读者。他针对图书发行回款周期长的问题,开设了一家与出版商现款交易的书店,条件是出版商必须给足够低的折扣,以保证快速销售。他大获成功,他的书店名噪一时,成为伦敦最大的书店。② 拉金顿的低价模式不仅加快了资金流动,而且让冒险出版成为可能:出版商因获得更多的现金流,得以出版更多的新书。

四、出版的专门化——出版商的诞生

所有的市场因素——版权、资本、销售等都因为新的出版战略而发生改变,反过来进一步加强了出版专门化的趋势。出版商逐渐消除了发展障碍,与之相配套的市场制度逐渐形成,他们得以更加专心致志地从事他们的冒险活动。最后,出版商不仅成为一个身份明确、轮廓清晰的职业,而且形成了自己

---

① Asa Briggs, *A History of Longmans and Their Books 1724-1990*: *Longevity in Publishing*, London: British Library, 2008, p. 126.
② James Lackington, *Memoirs of the First Forty-Five Years of the Life of James Lackington*, Google Books, 1792, pp. 335-336.

独立的意识形态。

(一)关店与搬家

出版商形成的标志是出版的专门化,即将出版作为独立的事业或独立的部门来运营,而不能简单地认为出现了只出书不卖书的人。既出书又卖书并不矛盾,直到今天很多出版单位中(如出版社经营的书店)依然存在这样的经营方式。但无论如何,18世纪末至19世纪初那些越来越专注于出版业务的书商开始关闭专营他们图书的门店而只从事出版。这是具有象征意义的事,他们像今天大多数出版社一样将发行交给批发商和零售商来完成,自己就是纯粹的出版商。这也标志着出版商长达半个世纪的产生形成过程基本完成,成为一个明确的市场主体。

最具现代意义的转变是在1785年前后,诺贝尔兄弟关闭了他们的零售书店。他们从1744年开始专注于通俗小说的出版,一开始也开设了自营书店和流通图书馆,但后来出版业务量越来越大,18世纪60年代大约有十分之一的小说都是他们出版的,到1778年他们一共出版发行了170种最新小说。这样大的业务量使得他们对自己书店的零售业绩越来越忽略不计。最终,他们关掉了自己的书店,只给其他书店和图书馆供货。①

但诺贝尔兄弟还保留了他们的流通图书馆,虽然不卖书,但也是终端发行的一种模式。而最具典型意义的事件还是在19世纪初期。这一时期,许多书商都开始放弃旧做法,专门从事出版。朗文公司的第三代传人托马斯·诺顿·朗文(Thomas Norton Longman,1771—1842)是将这个趋势明朗化的第一人。1810年,他将出版业务和联合出版业务完全分开,雇用专门的雇员——既不是合伙人也不是家族成员,来经营专门独立的联合出版事业部。与此同时,他还关闭了零售门店。虽然他后来还成立了专门的古旧书店,但那都是专人管理、独立核算的事业部门,而不再是出版、发行混为一体了。朗文公司成为当时最具现代意义的出版社。几乎是在同一时间,约翰·默里二世、里文

---

① James Raven, "The Noble Brothers and Popular Publishing, 1737-1789", in *The Library*, Vol. 6-12, No. 4(Dec., 1990), pp. 293-345.

顿也都相继关停了他们的零售书店,更加专注于出版。①

(二)作为一种观念的出版商

关书店和独立出书只是出版商产生的象征性事件,正如斯特拉恩转向出版商的标志不是关闭印刷厂,而是将印刷业务作为一项独立的辅业,转而投身专职的出版事业。作为一种观念的出版商在出版从业者内部的形成,以及获得全社会的认可,是出版商形成的最基本标志。在英国,publisher 这个词最初被用来指代图书销售商,而且是比较低级的书商,其一般游走在各地乡镇贩卖图书。② 但到了 19 世纪初期,现代意义的出版商,作为全新的概念不仅被出版商自身与全社会所广泛认同和使用,而且出版商真正形成了自己独立的意识形态与自我认同。

约翰·默里二世可能是最早具备并且明确地表明这种独立意识的人。1799 年,他接手父亲老约翰·默里留给他的生意,成为一名书商。1803 年,他扫除了"阻碍他进入更有意义工作的障碍",那就是与老默里的委托人海利(Samuel Highley)结束了自 1793 年以来的商业合作。海利是老默里在世时最得力的总管,老默里在临终前将生意交给他代管,直到小约翰·默里成年。但是当小约翰·默里正式接管生意之后,他对海利坚持老派书商的经营方式,例如主要实行联合出版制度非常不满。因为小默里受到的良好教育以及社会交往经历让他意识到时代已完全不同。1812 年,在结束与海利的合作后,他将店铺搬离了书商、印刷商的大本营——旗舰街,来到当时社会名流聚集的伦敦西区重新营业。这次搬迁意义非凡,印证着书商间相互联合的时代过去,以及出版商与作者结盟时代的开启。③

1805 年,默里写给亚历山大·亨特(Alexander Hunter)的一封信中非常明确地表明了新一代出版商对自己的认同已然形成。他说:"处理来自乡村城

---

① John Feather, *A History of British Publishing*, London & New York: Routledge, 2006, p. 77.

② Cyprian Blagden, "Publishing: An Historical Survey", in *National Provincial Bank Review*, No. 11(1960).

③ Zachs William, *The First John Murray and the Late Eighteenth-Century London Book Trade*, Oxford: Oxford University Press, 1998, p. 234.

镇的订单的生意全部被我取消了,因为这项工作与我更加重要的计划——作为出版商的工作格格不入。"①他拒绝那些当时伦敦书商的日常事务,而使自己能全身心从事最重要的工作。他在给作家司各特的信中写道:"作为一名出版书商(publishing bookseller),他的工作既不是在他的书店中,甚至也不在他的关系中,而是他的脑子中。"②这清晰地表明了默里已经对出版商的本质有了清楚的认识,出版商就是依靠智慧与才能来发现和创造具有潜在需求的新书,并用好的办法通过批发和零售等渠道将书卖出去的人。他不再是书商、批发商、印刷商,而只是出版商。

从 1788 年的《绅士杂志》(Gentleman's Magazine)上出现的对于出版商的评论中,我们同样可以看到,在 18 世纪末期的作者群体眼中,英国出版商与传统书商已经有了本质的区别:

> 如果没有他们的帮助,我们现在将会处于怎样的位置? 由于他们的资助和事业心,在传记、地理学的系统以及百科全书、字典方面,我们都有收益。在法国和意大利,这类作品是由文人学者拟订写作计划并且付诸实施,由国王或者贵族提供赞助;书商与此毫无瓜葛,直到他们拿到书稿为止。在我们这里情况恰好相反,书商策划选题,并组织作者完成。在这个国家,他们实际上是唯一的文学赞助人。

虽然这篇文字的作者自始至终都使用"书商"一词,但在他眼中,英国书商制定出版决策、投资出版项目,已经与欧洲大陆依然只会印刷和销售图书的老派书商有了本质区别。在当时的英国人眼中,出版商的职业形象已经从普通图书从业者中独立出来。总之,是否由不同的人来承担,或者说是否使用"出版商"的称谓,并不是出版商与书商、印刷商的绝对区别,观念上和管理运行上的专门化才是区分的关键。经过近一个世纪的发展,作为一项独立事业和一

---

① Samuel Smiles, *A Publisher and His Friends: Memoir and Correspondence of John Murray, with an Account of the Origin and Progress of the House, 1768-1843*, Montana: Kessinger Publishing, 2004, p. 24.

② Samuel Smiles, *A Publisher and His Friends: Memoir and Correspondence of John Murray, with an Account of the Origin and Progress of the House, 1768-1843*, Montana: Kessinger Publishing, 2004, p. 371.

种观念的出版商在英国形成了。虽然还不成熟,但已具备基本的现代特质。出版商的形成是 18 世纪末英国旧书商大分化的组成部分,在这次转型过程中,有的发展为出版商,有的则成为批发商和零售商。分化背后的基本原因是利润的来源与实现机制发生了改变,在现代出版业中,出版商追求的是少数成功图书中的超额利润,而发行商追求的是商业销售的利润。

(原载《出版科学》2012 年第 6 期)